KB042252

전면개정판

한국경찰사

김형중 저

박영사

전면개정판 머리말

「한국경찰사」를 출간한 것이 엊그제 같은데, 어언 2여 년 세월이 흘러갔으나 여전히 만족스럽지 못한 것이 필자의 마음이었다. 「한국경찰사」는 내 분신과 같다. 그러나 거기에 하자(瑕疵: 흠)가 있으면 언제든 고쳐야 한다는 것이 내 자신과의 약속이었다.

출간 후 주변에서 너무 전문적이고 분량 자체가 방대하여 읽기조차 힘들다는 등의 반응이 있었고, 그에 따라 전체 흐름을 살펴보건대, 상당한 타당성이 있는 지적이었음을 느낄 수 있었다.

한국경찰사는 한국경찰의 역사이며, 경찰역사의 근원이다. 그러나 넓게 보면 한국사의 각론 분야 중 경찰역사 일부분만이 그 영역을 차지하고 있다. 따라서 한국경찰사 역시 한국사의 영역을 완전하게 탈피할 수 없는 한계가 있는 것만은 틀림이 없다.

필자가 처음 「한국경찰사」의 핵심내용을 경찰제도와 경찰기능에 치중하여 기술하였기 때문에, 그 시대의 중요사건이나 국제관계 등을 소홀히 하여 균형감각을 상실하였다는 점, 그리고 그 당시의 정치·사회·경제 그리고 대외관계를 무시하고 경찰제도나 경찰기능만을 고집한다면, 소탐대실이라는 결과를 가져올 수도 있다는 점을 인정하지 않을 수 없다.

따라서 출간된 「한국경찰사」 내용 중에서 각 시기별로 경찰제도와 기능에 관련된 중요사건과 대외관계(국제관계)를 삽입하여 그 당시의 경찰권이 어떻게 행사되었는지 인과관계 여부를 찾아볼 필요성이 있다.

그리고 그 내용이 방대하여 양적인 면에서나 가독성 면에서 독자들에게 쉽게 접근성이 제한된다면 이 또한 필자가 원하는 바도 아니다.

이런 이유 등으로 2여 년이 지난 현 시점에서 독자들에게 보다 전문성·접근성·가독성 등을 높이기 위하여 전면 재개정을 해야 함을 느끼게 되었고, 여기서 재탄생한 것이 바로 「전면개정판 한국경찰사」이다.

「전면개정판」 한국경찰사의 기본틀은 「한국경찰사」이다. 그렇기 때문에 「한국경찰사」의 분량이 상당부분 줄어들고 실록상의 사례들이 요약·정리됐다고 해서 「한국경찰사」의 기본틀이 무너지는 것은 아니다.

다만 이번 전면개정판은 기존 「한국경찰사」와는 달리 각 시기별로 중요사건과 국제관계 등을 첨가하고, 방대한 내용과 사례들을 요약·수정하여 재탄생시켰다는 점에 그 의의를 두어야만 할 것 같다.

우리가 경찰역사를 배우는 이유는 무엇인가? 경찰은 경찰의 역사를 알아야 하고, 거기서 자기의 정체성을 세우며, 경찰의 존재 가치를 확인함으로써 자긍심을 갖는 것이 당연한 권리이자 의무이다. '자기의 족보도 모르고, 자기 민족의 역사도 모르는 민족은 미래가 없다'라는 경구나, '역사는 현재와 과거의 끊임없는 대화'라고 설파한 「역사란 무엇인가」의 저자 E.H 카의 말을 되새기면서, 끝으로 이 책이 나오기까지 물심양면으로 지원을 아끼지 않은 박영사 안상준 대표님, 박세기 차장님 그리고 특히 편집부 윤혜경 양에게도 이 자리를 빌려 감사의 말씀을 드리면서…

2020년 2월 해송정에서
김형중

머리말

민족이 있으면 역사가 있고 역사가 없으면 민족이 없다는 말이라든가, 역사를 모르는 민족에게는 미래가 없다는 말이 있다. 이러한 경구는 민족과 그 나라의 역사는 불가분의 관계임을 우리에게 시사해 주고 있는 것이다. 역사란 결코 박제화된 먼 과거의 연대기가 아니라 각 시대마다 그 시대의 사회체계와 생활양식을 만들면서, 몇천 년에서 몇백 년에 이르기까지 부침(浮沈)과 영욕을 거듭하면서 발전해 왔다. 그리하여 우리가 역사를 배우고 연구하는 뜻은 어제의 거울에 오늘의 우리 모습을 비추어 보고, 보다 나은 내일의 삶과 도약을 이룩하려는 데 그 목적이 있는 것이다.

한국경찰사는 한국경찰의 역사이며, 경찰역사의 근원이다. 그럼에도 불구하고 한국경찰의 뿌리라고 할 수 있는 한국경찰사 영역은 아직까지도 학문공동체가 합의하고 공유하는 상위이론체계로서의 패러다임(paradigm)이 결여되어 있는 것만은 틀림이 없다. 이제 우리 경찰도 건국 이후를 기점으로 셈하여 보면 수십 년의 호흡이고 풍상이라고 할 수 있기 때문에, 더욱더 경찰의 혼과 뿌리를 찾는 데 주력해야 될 시점에 와 있고, 이것은 우리 모두의 의무이자 책임이라고 생각한다.

필자가 통사성격의 한국경찰사를 써야겠다는 생각을 품게 된 것은 37살의 나이였다. 당시 필자는 신임순경을 교육하여 배출하는 중앙경찰학교 교수계장직을 맡고 있었는데, 신임순경에게 가르치는 「한국경찰사」의 내용이 해방 이후의 경찰역사에 한정된 것이었다. 무릇 개개인의 가계마저 자기 집안의 족보를 중요시하는데, 하물며 국가를 지탱하는 거대한 조직의 하나인 경찰에는 왜 그럴듯한 자기역사서가 없을까 하고 상당히 충격을 받았던 기억이 난다. 물론 지금이나 과거에도 경찰역사서가 없었던 것은 아니나, 그것은 경찰조직 내에서만 발간되어 사용되었고, 시중에는 그러한 서적이 없었다. 1972년 내무부 치안국에서 발간되어 경찰조직 내에서 배포되었던 「한국경찰사」라는 방대한 책이 있었다. 그러나 이 책은 너무 산만하고 난해할 뿐만 아니라 대개가 한문으로 되어 있어서 가독성 측면에서 접근하기가 쉽지 않아, 그저 장식용에 가까울 정도로 취급되어 있을 뿐이었다. 그러나 이 책은 본서(本書)를 출간하는 데 가장 근간이 되는 저서였고, 영감을 많이 준 책이었던 것만은 틀림이 없는 사실이다. 이런 점에서 한국경찰사라는 미지의 영역을 개척해 주신 선배님들에게 고마움의 마음을 전하고 싶다. 왜냐하면 역사는 조금씩 조금씩 쌓여가면서 이루어지기 때문에, 그 초석을 놓아 준 것이 이분들이기 때문이다.

각설하고 이후부터 「한국경찰사」를 쓰기 위한 일련의 과정은 그리 순탄한 것만은 아니었다. 우선 이를 쓰기 위해서는 필자 자신의 완성된 이론적 지식을 갖고 있어야 하는 것이 전제가 될 수밖에 없었다. 그래서 그 결과물로 1996년에 "고려시대 경찰관료제에 관한 연구"로 행정학 박사를 취득하였으나, 법제사 측면에서 또 부족한 영역이 있음을 알게 되었다. 다시 법학분야를 공부하기 시작하여 2004년 "행정경찰기능에 관한 법·제도사적 연구"로 법학박사학위를 취득하였다. 통상 두 분야의 학문은 서로 이질적인 면이 많아 오늘날에도 학제 간 학문교류는 거의 없는 상태로, 서로 독자적인 영역을 고수하고 있는 것이 현 실정이다. 바쁜 경찰업무를 수행하면서 이러한 박사과정을 강행군한 탓으로 허리를 3번이나 수술하는 과정을 거치게 되었고, 그 결과 운동은 불가하고 단지 걸을 수 있는 몸상태가 되었지만, 그마저도 고맙게 생각한다. 세상에 노력하지 않고는 결과물을 딸 수 있는 것은 아무것도 없다는 평범한 진리가 있기 때문에…

드디어 2008년 약 30년 동안 젊은 청춘을 바쳤던 경찰조직에서 명예퇴직하고, 대학이라는 생소한 조직에서 제2의 인생을 시작하게 되었다.

10년이라는 대학교수생활을 하는 동안 경찰사와 관련된 논문 다수를 발표하였고, 이에 관련된 수많은 자료들을 수집하였다. 그렇게 하여 발간된 책이 바로 이 「한국경찰사」이다. 이 책은 아래와 같은 내용을 담고 있다.

첫째, 한국사든 한국경찰사든 간에 역사는 무엇보다도 시간의 흐름을 알아야만 한다. 이 책은 인과관계에 의하여 원인과 결과를 알기 쉽게 풀어 썼다. 따라서 각 시기나 왕조별로 시작되는 도입부분에 「총설」란을 두어 전체의 흐름을 이해할 수 있도록 하였고, 이를 경찰조직과 연계시키는 방법론을 채택하였다.

둘째, 본서(本書)는 규범학(법학)과 사실학(경찰행정학) 양자의 내용을 가능한 한 모두 기술하려고 시도하였다. 즉 규범학적 입장에서는 법·제도적 측면을, 사실학적 입장에서는 기능적 측면을 중심으로 양자영역을 체계화시키려고 노력하였다. 다만 양자영역과 관련된 부분은 대개가 한문으로 된 내용이어서 가독하기가 쉽지 않다는 측면이 있어서, 사례를 중심으로 기술하여 독자들의 이해도를 높이는 데 주력하였다.

셋째, 역사인식에 있어서 오늘날에도 실증주의적 사고가 대부분을 지배하고 있는 것만은 사실이다. 따라서 본서(本書)에서는 되도록 원사료를 발굴하고 분석·비판하여 객관적·역사적 사실만을 기술하고자 노력하였다. 그러나 역사란 지나간 사실을 연구하는 학문이기 때문에, 고대·중세 부분에서는 관련 사료 부족으로 추론할 수밖에 없는 현실적인 한계가 있을 수밖에 없었다. 이런 경우에는 추론이나 위험성을 최대한 줄이기 위하여 그 당시의 사회상이나 법·제도를 통하여, 유사한 근거를 제시할 수밖에 없었다는 점을 밝혀둔다.

넷째, 본서(本書)에서는 그간 단편적으로 발간된 경찰 관련 문헌이나 연구논문 등에서 관행적으로 인용되던 출처의 오류나, 연구자의 주관에 의해 경찰기관이 아닌 기관이 경찰기관으로 고착화되어 있는 부분을 철저히 고증하여 새로 정립화시켰다. 예컨대, 「한사군시대의 경찰조직」, 「고려국초의 순군만호부」, 「조선조 시대의 다모」 등이 대표적인 사례이다. 이런 이유로 본서(本書)의 분량이 많아질 수밖에 없었다는 점을 이 자리를 빌려 밝혀둔다.

다섯째, 필자가 가장 신경을 쓴 부분 중의 하나가 각주부분이다. 본서(本書) 전체의 내용의 신뢰도를 높이기 위하여 무려 3,500여 개의 각주를 달았고, 본문 중에 어려운 한문 단어는 괄호 안에 현대식으로 해석을 붙여 이해도를 높이려는 데 주안점을 두었다.

'역사에서 배울 것이 없으면 버릴 것을 배우라'는 말이 있다. 이 책을 통하여 경찰선배들의 삶을 이해하고 자신을 돌아볼 수 있는 계기를 가졌으면 하는 것이 필자의 바람이다.

끝으로 이 책이 나오기까지 물심양면으로 도와준 이들을 거론하지 않을 수 없다. 먼저 학계에 투신한 후 10여성상을 방학 동안 필자 곁에서 건강을 챙겨주고 교정까지 일일이 보아준 평생 반려자 이경숙 여사, 바쁜 직장생활과 학교생활에도 불평 한마디 없이 컴퓨터 작업을 하여준 큰 딸 은지, 아들 도훈, 경기도 파주에서 경찰관으로 근무하는 둘째 딸 효지, 스튜어디스로 일하는 셋째 딸 현지 등 가족 전체가 이 일에 매달리고 격려해 주었다. 그리고 이 책 표지를 비롯하여 필자가 발간한 저서 등에 도안을 도맡아 해 준 큰 사위 길태현, 격려 전화로 힘을 준 파주경찰서에 근무하는 둘째 사위 강성윤 등 잊을 수 없는 추억을 준 가족에게 고마움을 전한다. 뿐만 아니라 수많은 문헌자료를 국회도서관을 찾아다니면서 공급하여, 본서(本書)의 내용을 풍부하게 해 준 부산외국어대 법·경찰학부 정의롬 교수, 동국대 조상현 박사, 신라대학교 법·경찰학부 이도선 교수, 동국대 박사과정에 있는 박찬혁 군의 도움 또한 잊을 수가 없다.

끝으로 본서(本書)를 출간하기까지 물심양면으로 지원을 아끼지 않은 박영사 안종만 사장님, 최준규 차장님, 그리고 편집부 김효선 대리, 디자이너 조아라 양에게도 이 자리를 빌려 깊은 감사의 말씀을 드리며, 아울러 우리나라 경찰의 앞날에도 무궁한 발전이 있기를 기원드리며.....

2016. 2.

해송정에서

제1장 총 설

제2장 고대국가의 경찰제도

제5장 고 려

제6장 조 선

제1장 총 설

제1장
총 설

제1절 한국경찰사의 학문성

Ⅰ. 한국경찰사의 정체성

한국경찰사는 아직까지 학문공동체가 합의하고 공유하는 상위이론체계로서의 Paradigm이 결여되어 있다고 볼 수 있다. 따라서 정상과학으로서 학문성을 확보하고 있다고 보기는 어렵고, 정상과학으로서의 학문성을 위한 이론적 개발단계에 있다고 보는 것이 타당하다. 한국경찰사는 「한국경찰의 역사」를 말하며, 오늘날의 경찰역사의 근원이 된다.

Ⅱ. 경찰의 개념

1. 역사적·제도적 개념

1) 한국경찰사적 측면에서 경찰의 개념을 어떻게 볼 것인가?. 경찰이 "사회질서를 유지하는 것"이라는 데는 이론(異論)의 여지가 없으나, 사회질서를 유지하는 국가기능에는 경찰작용만이 아니고 군사작용같은 것도 광의의 "사회질서 유지작용"에 포함된다. 따라서 각 국가마다 경찰이 담당하는 사무의 범위와 이를 실천하는 방법이 다 다르다고 보아야 한다.[1] 경찰[2]이라

1) 김형중, 「한국고대경찰사」, 서울: 수서원, 1990, p.11.
2) 경찰(Police)이란 단어는 그리스어의 「Polis」라는 단어를 그 기원으로 한다. 고대 그리스시대의 「Polis」란

는 용어는 오늘날의 법치국가에서는 일반적으로 사회공공의 질서유지를 위한 권력작용, 즉 소극적인 질서유지·위해방지·위해제거 등에만 국한하는 의미로 이해되고 있다. 따라서 이 점에서 동·서양의 경찰개념은 근대국가에 관한 한 어느 정도까지 보편성과 정형성(定型性)을 보여주고 있다.

2) 경찰개념은 본래 논리적 개념·실질적 개념으로서가 아니라, 역사적·제도적 개념으로서 발전하여 왔다. 그러기 때문에 경찰개념의 역사적·제도적 개념은 근대 이전에는 각각 나라마다 상이한 변천과정과 특징을 갖고 있다고 보아야 할 것이다.

2. 대륙법계 국가의 경찰개념

오늘날 각국의 경찰개념과 제도는 독일·프랑스 등을 중심으로 한 대륙법계와 영국·미국을 중심으로 한 영미법계로 크게 대별된다.

초기의 대륙법계 국가의 경찰개념은 국가통치적 차원에서 접근하여 개인보다 국가나 사회공공의 안녕·질서유지를 목적으로 국민에게 명령이나 강제함으로써 국민의 자유를 제한하는 권력적 작용으로 정의되어진다. 반면 영미법계는 사회구성원 스스로가 범인을 체포할 수 있는 전통에서 경찰이 유래하였다. 따라서 영미법계 국가는 경찰개념을 자경치안 사상에서 접근하여 국민의 생명·신체 및 재산의 안전과 보호가 주목적이었다. 이러한 사상은 결국 현대의 자치경찰체제를 탄생시켰고, 이러한 점에서 대륙법계 경찰개념과 중요한 차이가 있다.[3)]

1) 대륙법계 경찰개념의 변천과정

대륙법계 경찰개념은 고대 → 중세 → 경찰국가시대 → 법치국가시대로 넘어가면서, 그때마다 의미있는 변천을 이루어 내었다.

(1) 14세기~16세기 중세독일의 경우, 약 14세기경부터 종래 봉건 제후의 통치권으로서 인정되던 재판권·입법권·과세권 등 영주고권(領主高權)의 체제에 공공질서와 복리를 위한 특

사회구성원들의 생명·재산·건강을 보전하고 법의 집행을 담보하기 위해 형성된 사법 및 행정체계를 총칭하는 용어였다. 「Polis」란 개념에서 '시민의 생존과 복지를 보살피는 일체의 관리활동'을 뜻하는 그리스어 「Politcia」 또는 라틴어 「Politia」라는 축소개념이 파생되고, 이것이 영어의 politics, policy, police로 이어졌다. 영어로 Police라는 말은 18세기부터 사용되었는데, 이 단어는 질서를 유지하기 위한 목적으로 설립된 조직화된 집단으로 정의되고 있다(James J. Fyfe. Jack R. Greene, William F. Walsh, O. W. Wilson, and Roy Clinton Mcaren, Police Administration, 5th ed. New York: The McGraw-Hill Co., 1997, p.4).

3) 이상규, 「신행정법(하)」, 서울: 법문사, 1988, pp.229-230.

별한 통치권으로서의 경찰권이 접목되기에 이르렀다. 16세기경이 되면서 유럽에서의 경찰개념은 통상적으로 교회행정을 제외한 일체의 국가행정을 경찰이라고 하여, 경찰권은 절대주의적 국가권력의 기초가 되었다. 따라서 경찰은 결국 세속적인 사회생활의 질서를 공권력에 의해 유지하는 작용을 의미하며, 이때까지 유럽의 경찰권은 여전히 일반행정으로부터 분리되지 않은 상태였다.

(2) 17세기와 18세기 말 유럽의 경우 교회권력이 약화되었고, 반면 국가권력을 점차 강화되었으며, 결국에는 절대군주가 군림하였던 중앙집권적 국가가 등장하였다. 이때 국가작용의 분화가 요청되면서 국가작용 전체를 의미하던 경찰로부터 외교·사법(司法)·군사·재정 등이 분리되었다. 그에 따라 경찰의 범위는 사회공공의 안녕질서와 공공복리를 위하여 행하여지는 내무행정(內務行政)을 뜻하는 것으로 축소되었다. 여기서 경찰의 범위가 내무행정으로 축소되었다는 것은 양적인 의미의 축소를 말하는 것이고, 내무행정에 관한 국가의 임무는 더욱 확대되어 오히려 질적으로는 강화되었다는 것을 의미한다. 당시 경찰은 단순히 소극적인 치안유지를 위한 작용뿐만 아니라, 국민의 공공복리를 위한다는 미명하에 필요하다면 개인의 윤리적·종교적인 생활까지도 국가의 강제력을 동원해서 실현할 수 있다고 생각하였다. 이런 까닭으로 절대국가를 경찰국가 또는 복리국가라고 부르기도 한다.

(3) 법치국가시대

① 적극적인 복리경찰개념에서 소극적 목적으로서의 경찰개념의 대두

절대국가체제는 1789년 프랑스혁명을 계기로 3권분립과 법치주의로 대체되기 시작했다. 이러한 자유주의 법치국가의 권력분립사상은 경찰국가시대에 인정되던 적극적인 복리경찰을 경찰 개념에서 제외시키는 한편, 국민에게 강제·명령하는 권력적 작용인 경찰권을 제한하려는 노력으로 나타났다.

② 소극적 목적으로의 경찰개념의 전환과정

경찰권을 제한하려는 노력은 '경찰의 소극적 목적으로의 제한'이라는 역사적 결과물을 탄생시켰다. 경찰에 관한 최초의 실정법으로는 1794년 프로이센 일반란트법(一般州法)[4]을 들 수 있으며, 그 후 1795년의 프랑스의 경죄처벌법전,[5] 1931년에는 드디어 독일 「프로이센 경찰행정법」에서 "경찰직무의 범위가 소극목적에 한정된다"는 경찰개념을 최초로 법제도화하였다.

4) 1794년 프로이센 일반란트법은 "공공의 평온·안녕 및 질서를 유지하고 또한 공중 및 그의 개개 구성원들에 대한 절박한 위험을 방지하기 위하여 필요한 조치를 취하는 것이 경찰의 직무"라고 규정하고 있다(김동희, 「행정법Ⅱ」, 서울: 박영사, p.187).

5) 프랑스의 경죄처벌법은 "경찰은 공공의 질서·자유·재산 및 개인의 안전의 보호에 임한다"라고 규정하고 있어 경찰의 직무를 소극목적에 한정하고 있다(경죄처벌법 제16조).

그리고 이렇게 정해진 경찰개념은 서구 여러 나라의 경찰개념으로 정착되기에 이르렀다.

2) 한국

(1) 고조선~조선시대까지의 경찰개념과 경찰제도의 변천

① 고조선에서 조선시대까지의 경찰개념

고조선에서 조선시대까지의 경찰개념은 국왕이 최고 권력자이자 최고 명령자였다. 입법·행정·사법·군사·경찰권이 모두 국왕을 통하여 실현되는 국가체제였다. 따라서 초기의 대륙법계 국가의 경찰개념과 동일한 범주에 속한다고 볼 수 있다.

② 경찰제도의 변천

㉠ 고조선에서 고려말 이전까지는 경찰은 여전히 독립하지 못한 상태에서, 국가의 다른 행정부분에 혼입(混入)·분산되어 운영되었다. 그중에서도 국가의 치안확보의 임무는 독립한 경찰조직과 경찰관 두지 않고 병사(兵士)로서 그 임무를 수행하도록 했기 때문에, 자연 군사행정 안에서 그 일부를 이루고 있었다.

㉡ 그 후 고려말 원(元)의 지배체제하에서 원시적이나마 경찰기구로서 체제를 갖춘 순군만호부가 조선초기까지 존재하였고, 조선시대 제10대 중종 때 포도청이 설치되면서 독자적인 포도금란(捕盜禁亂)의 업무를 수행하였으나, 그 이외에도 행정관청(형조·병조 등)·각 군문(軍門) 등이 경찰업무의 일부분을 처리하는 혼합적인 형태였다.[6] 그 후 조선말 제26대 고종 31년(1894)의 갑오개혁에 의해서 근대적 의미의 경찰제도[7]를 우리나라에 도입하는 역사적 계기를 만들었다.

㉢ 현대의 대륙법계 경찰개념이 최초로 형성된 것은 한일강제합병기에 일본의 경찰제도를 이어 받으면서 시작되었고, 해방 이후로는 지속적으로 영미법계의 영향을 받았다. 그러기 때문에 오늘날의 한국 경찰[8]의 개념은 대륙법계와 영미법계의 경찰 개념이 융합·조합된 상태로, 경찰법 제3조(경찰의 임무)와 경찰관직무집행법 제2조(직무의 범위)상에 법제화되어 정의되어지고 있다.

---

6) 김형중·최자영, "그리스 근대경찰 형성과정에 보이는 오스만 터키적 전통, 대륙법, 영미법의 혼효연구－한국근대경찰 형성과정의 비교", 대구사학회, 2011, pp.7－15.

7) 근대경찰이란 적어도 법치주의에 입각해서 모든 경찰활동이 법령의 근거에 의해서 이루어지는 경찰을 말한다. 고종 31년(1894) 6월 28일 김홍집 내각은 동년 7월 14일에 경찰조직법인 「경무청관제직장」과 일종의 경찰작용법이라고 할 수 있는 「행정경찰장정」을 제정하였다(김형중, 「경찰학총론」, 서울: 형지사, 2014, pp.147－148).

8) 우리나라의 경우 근세 이전까지는 「경찰」이라는 용어 자체를 사용한 적이 없다. 다만, 「경찰」이라는 용어 대신에 신라시대에 나병(邏兵: 순찰부대), 고려시대의 금오위·야별초·순마(巡馬)·순군 등으로 사용되었고, 조선시대에는 포도대장·포도부장·포도군관·나졸·포졸 등의 용어가 「경찰」이라는 의미로 인식되었다.

제2절 한국경찰사의 시대구분

시대란 역사의 경과를 사실의 유형 혹은 일정한 경향에 따라 시간적으로 구분하는 것이다. 이러한 시대구분은 역사의 발전과정을 체계적으로 인식하려고 할 때 어쩔 수 없이 부딪히게 되는 과제인 동시에, 중요하면서도 매우 어려운 과제 중의 하나임에는 틀림이 없다.[9)]

Ⅰ.선사시대와 역사시대의 구분

1. 선사시대

선사시대(先史時代)란 글자 그대로 역사시대 이전의 시기를 뜻하기 때문에, 역사기록이 없는 시대를 말한다. 역사기록이 없는 시대를 아는 방법은 당시 사람들이 사용하고 남긴 유적이나 유물을 통해 추정할 수밖에 없다.[10)]

2. 역사시대

선사시대와는 달리 역사시대는 “어떻게 구분해야 될 것인가”라는 명제와 관련하여서는 여러 가지 기준점이 제시되고 있다. 보통은 「국가의 형성」을 선사시대와 역사시대를 경계선으로 설정하고 있고, 이를 바탕으로 역사시대를 다양한 방법으로 나누는 견해 등이 제시되고 있다. 예컨대, 대표적인 것으로 (1) 「고대」－「중세」－「근대」라는 시기구분법이 있고, (2) 또 왕조에 따른 시기구분법이 널리 사용되고 있기도 하고, (3) 위의 두 가지 시기구분법을 적절하게 결합해 사용하는 경우도 있다.[11)]

3. 한국경찰사적 측면에서의 시대구분

경찰사적 측면에서의 시대구분은 지금까지 그 기준이나 근거 등이 전연 제시되고 있지 않기 때문에, 시대구분에 대한 정설이 확립되기까지에는 여러 가지 시대구분법이 제시될 수밖에 없는 것이 현실정이다.

---

9) 김형중, “고려시대 경찰관료제에 관한 연구”, 경성대학교 박사학위논문, 1966, p.22.
10) 강종훈 외, 「미래를 여는 한국의 역사」, 서울: 웅진 지식하우스, 2011, p.16.
11) 강종훈 외, 위의 책, p.17. 예컨대, 「고대」라는 시대를 다시 왕조의 구분법으로 나누어 고조선－삼국시대－남북국시대(통일신라와 발해)로 구분하고 있는 것 등이 그 예이다.

1) 2분법적 시기구분

본서(本書)에서는 사학계의 전통적인 시기구분법에 따라 대체로 전기와 후기로 나누는 2분법을 적용하였으나, 일정한 시기에 획기적인 경찰기구의 창설이나 제도개혁이 되어 이들에 의해 한 시기가 주도되었다면, 그 시기를 별도로 한 시기로 분리하여 기술하였다. 대표적인 예로 고려시대의 경우에는 전기 → 무인정권기 → 후기의 3시기로 구분하였고,[12] 조선시대는 전기→ 후기 → 갑오개혁과 한국경찰의 근대화과정(구한말) 순으로 체계화하여 3시기로 구분하였다.[13]

2) 근대시기의 시기구분

근대시기의 경우는 제도적·기능적으로 경찰제도가 전환되는 시기를 기점으로 하여, 일제강점기의 경찰 → 임시정부의 경찰 → 미군정하의 경찰 → 해방 후 공화국시기로 구분하였다.

---

12) 예컨대, 고려시대의 경우에는 전기 → 무인정권기 → 후기의 3시기로 구분하였다. 고려전기는 태조의 건국(918)에서 제18대 의종 24년까지, 무인정권기는 의종 24년부터 제23대 고종 45년까지, 후기는 순마소(후에 순군만호부로 개칭됨)가 창설된 제25대 충렬왕대를 기점으로 하였다. 무인정권기는 고려전기와는 달리 제24대 원종 11년 5월에 야별초가 창설되었다. 야별초는 순찰과 포도금란(捕盜禁亂)을 주업무로 하였고, 처음으로 중앙에서 도적을 잡기 위하여 여러 도에 파견되는 등 경찰사적으로 상당히 중요한 의미를 지니고 있다. 그 후 원(元)의 내정간섭으로 제25대 충렬왕 때 순마소가 설치되면서 야별초를 폐지하고 경찰업무를 전담하였다. 이처럼 무인정권기의 야별초나 후기의 순군만호부는 한 시기를 이끌어 나가는 경찰기관이었다. 따라서 전기와 후기 사이에 무인정권기를 삽입하는 이유도 여기에 있다.

13) 조선의 경우에도 고려시대와 마찬가지로 3시기로 구분하였다. 조선전기는 제1대 태조(1392)의 건국에서 제14대 선조 때의 임진왜란까지, 제26대 고종 31년(1894) 갑오개혁까지를 후기로 하였다. 그리고 갑오개혁기 이후부터는 근대경찰이 시작되는 시기이므로(구한말), 이 시기는 별도로 구분하였다. 따라서 조선시대는 전기 → 후기 → 갑오개혁과 한국경찰의 근대화과정 순으로 체계화시켰다.

제2장 고대국가의 경찰제도

제2장
고대국가의 경찰제도

제1절 부족국가 형성기 이전의 원시치안

덴마크의 톰슨(Thomson)은 인류의 발전과정을 석기·청동기·철기 시대의 3시기로 구분하였다. 선사시대란 문자의 기록이 없는 석기시대를 말하며, 또한 원시사회라고 말할 수 있다. 우리나라의 구석기 시대·신석기 시대의 기본적인 사회 단위는 혈연중심의 씨족공동체였고, 그 후 부족사회로 발전하였다.

Ⅰ. 구석기 시대

1. 시기

우리나라와 그 주변지역에 구석기 시대 사람들이 살기 시작한 것은 약 70만년 전으로 추정되고, 이들은 찍개,[1] 주먹도끼 등의 석기를 만들어 채집과 사냥을 하며 살았다.

2. 시기 구분

구석기 시대는 '뗀석기'라 하여 돌을 깨뜨려서 특별한 가공 없이 각 조각들을 쓰임새에 맞

1) 찍개는 자갈돌을 거칠게 떼어 내 한쪽 면이나 양쪽 면에 날을 세운 석기를 말한다.

는 것으로 골라 그대로 사용했던 시기를 말하며, 석기를 다듬는 수법에 따라 전기·중기·후기로 나눌 수 있다.

◆◆ 구석기 시대 유물 및 유적지

구 분	유 물	유적지	특 징
전기 구석기 (70만~10만년 전)	한 개의 몸돌을 여러 용도(채집과 사냥)로 사용→찍개, 주먹도끼 등	충북 단양 금굴	우리나라에서 가장 오래된 유적지(약 70만년 전)
		경기 연천 전곡리	주먹도끼(아슐리안형[2])가 동아시아에서 최초로 발견
		평남 상원 검은모루 동굴	동물화석, 뗀석기 출토
중기 구석기 (10만~4만년 전)	큰 몸돌에서 떼어낸 격지(돌조각)를 이용해 작은 석기로 제작, 점차 한 개의 석기가 하나의 용도로 사용됨→긁개, 밀개, 찌르개 등[3]	함북 웅기 굴포리	• 해방 이후 북한에서 최초로 발견된 유적지(1963) • 박편석기(석재의 한쪽만을 가공한 석기)와 맘모스 화석 발견
		충북 제천 점말 동굴	코뿔소 뼈에 사람의 얼굴을 새긴 유물 출토
후기 구석기 (4만~1만년 전)	좀돌날(돌날의 조건을 갖춘 것 중 그 크기가 돌날보다 작은 것)은 실제 크기가 너무 작아 손에 쥐고 도구로 이용하는 것은 불가능하여 조합식 석기(끼움식 석기[4])로 만들어 사용→슴베찌르개[5] 등	충남 공주 석장리	• 해방 이후 남한에서 최초로 발견된 유적지(1964) • 전기 구석기에서 후기 구석기까지의 유물 출토
		제주 빌레못 동굴	동물 화석 발견
		충북 단양 수양개	• 고래·물고기 등을 새긴 조각, 슴베찌르개 발견 • 석기 제작소임이 밝혀짐
		충북 제천 창내 유적	지상에 막집을 짓고 산 흔적 발견

2) 아슐리안형은 주먹도끼가 처음으로 많이 나온 프랑스 생 아슐지방의 이름을 따서 붙인 이름이다. 주먹도끼는 찍개보다 진화된 것으로, 손에 쥐기 좋도록 돌의 양쪽 면을 잘 다듬은 석기를 말한다. 전곡리의 주먹도끼는 1978년 주한미군 병사 그렉 보웬에 의해 우연히 발견됨으로써, 지금까지 정설로 인정되던 모비우스의 학설이 수정되는 계기가 되었다. 즉, 전곡리의 주먹도끼가 발견되기 이전에는 전기 구석기 시대 내내 동아시아에서는 찍개를 사용하고, 주먹도끼는 인도 서쪽에서만 발전했다는 설이 정설이었다.
3) 긁개는 긁을 때, 밀개는 밀 때, 찌르개는 송곳처럼 구멍을 낼 때 사용하였다.
4) 조합식 석기는 나무나 뼈, 뿔에 기다란 방향으로 홈을 파고, 그 틈새에 큰 돌(몸돌)에서 떼어 낸 여러 개의 좀돌날을 가지런히 끼워 만든 것으로, 보다 발전된 형태의 석기들을 사용하였다.
5) 슴베찌르개는 구석기 시대 후기에 사용된 것으로, 슴베(자루 속에 박히는 부분)가 달린 찌르개로서 창의 용도로 사용하였다.

◆◆ 주먹도끼(연천 전곡리 출토)

◆◆ 슴베찌르개(충북 단양 수양개 출토)

3. 사회상

1) 사회생활

(1) 구석기 시대는 각 씨족을 단위로 하여 폐쇄적인 생활영역을 갖고 있었으며, 공동의 생산과 분배를 기초로 한 평등사회였다. 따라서 사유재산도 노예제도도 없었고, 혈연으로 뭉친 공동체였으므로 권력적 작용은 뚜렷하지 못하였다.

(2) 무리사회에서 질서를 잡고 먹거리를 확보할 때나 전략을 세워 공격을 단행할 때, 씨족공동체를 이루는 마을의 지도자는 필수적이었으나 권력을 갖지는 못하였다. 이러한 원시시대의 지배자는 이후 부족장이나 군장(君長)으로 이어졌다.

2) 주거생활

동굴·바위그늘·강가에 막집(후기)을 짓고 살았으며 주거가 일정하지 않았다. 구석기 후기의 막집자리에는 기둥자리·불땐자리 등의 흔적이 남아 있고, 집터의 규모는 작은 것은 3~4명, 큰 것은 10명이 살 수 있을 정도의 크기였다.

3) 경제생활

(1) 동물의 뼈나 뿔을 이용한 뼈도구와 뗀석기를 이용하여 사냥과 채집을 위주로 하는 경제생활을 하였고, 사냥감이나 식량을 얻기 위하여 무리를 지어 이동하였다.

(2) 사냥도구로는 주먹도끼·찍개·팔매돌 등을 사용하였고, 조리도구로는 긁개·밀개 등을 제작하여 사용하였다.

4) 예술활동

구석기 후기에는 석회암이나 동물의 뼈·뿔 등을 이용하여 조각을 새겼다. 충남 공주 석장리와 충북 단양 수양개에서는 고래와 물고기 등을 새긴 조각이 발견되었는데, 이는 사냥감의 번성을 비는 주술적 의미를 가진 것으로 추정하고 있다.

Ⅱ. 신석기 시대

1. 시기

우리나라 신석기 시대는 기원전 8000년경부터 시작되었고, 유적은 주로 큰 강 유역이나 해안지역에서 발견되고 있다.

2. 시기 구분

신석기 시대는 구석기 시대의 수렵·채집 경제를 벗어나 원시농경과 목축에 의한 식량 생산을 하게 되면서 채집단계에서 생산단계로의 경제상의 큰 변화가 나타났는데, 이를 가리켜 「신석기 혁명」이라고 한다.

1) 도구 기술의 혁신

정착생활이 시작된 것과 더불어 도구를 만드는 기술에도 혁신이 일어났다. 돌을 떼어 내 도구를 만들던 방식에서 벗어나 돌을 갈아서 여러 가지 형태와 용도를 가진 석기를 제작하였다(돌을 갈아 만든 낚시바늘, 그물추, 화살촉, 칼 등). 이처럼 돌을 갈아 만든 석기를 간석기(마제석기라고도 함)[6]라고 하여, 이전의 '뗀석기'와 구분한다. 따라서 간석기를 사용하는 시대를 이전의 구석기 시대와 구분하여 「신석기 시대」라고 부른다.

2) 토기 제작

신석기 시대의 혁명에서 빼놓을 수 없는 것이 토기 제작이다. 신석기 시대부터 음식물의 저장과 조리를 위하여 흙으로 그릇을 빚어 말리거나 불에 구워 만든 토기를 제작하여 사용하였다. 신석기를 대표하는 토기는 빗살무늬 토기[7]이다. 빗살무늬 토기 제작 이전에는 이른 민

6) 간석기는 돌의 전면 또는 필요한 부분을 갈아 만든 석기로 주로 신석기 시대와 청동기 시대에 사용되었다.
7) 빗살무늬 토기는 그릇 표면을 빗살같이 길게 이어진 무늬 새기기로 누르거나 그어서 점, 금, 원 등의 기하학 무늬를 표현한 신석기 시대의 대표적인 토기이다.

무늬 토기·덧무늬 토기[8] 등이 만들어졌으며, 빗살무늬 토기 제작 이후에는 물결무늬 토기·번개무늬 토기·덧띠새김무늬 토기[9]등이 제작되었다.

◆◆ 간석기(돌도끼) ◆◆ 덧무늬 토기 ◆◆ 빗살무늬 토기

3. 신석기 시대의 유적지 및 유물

유적은 주로 큰 강 유역이나 해안지역에서 발견되고 있는데, 신석기 시대도 전기·중기·후기로 나뉜다.

◆◆ **대표적인 신석기 유적지 및 유물**

시기	유적지	유물	비고
신석기 전기	강원도 양양군 손양면 오산리, 부산 동삼동, 제주 고산리 등	낚시바늘, 장방형 돌칼, 이른 민무늬 토기, 덧무늬 토기	강원도 양양 오산리 유적은 가장 오래된 신석기 시대의 집단 유적지이다. 이곳에서 낚시바늘, 장방형 돌칼, 이른 민무늬 토기, 덧무늬 토기 등이 출토되었다.
신석기 중기	서울 암사동, 경기 미사리, 함경북도 웅기군 굴포리 서포항, 평안남도 온천군 궁산리	돌촉, 돌창, 그물추, 돌괭이, 돌도끼, 뼈송곳, 뼈바늘, 빗살무늬 토기, 민무늬 토기 등	신석기 전기·중기에는 아직 간석기보다는 뗀석기 및 잔석기가 주류를 이루고 있었다.
신석기 후기	서울 암사동, 황해도 지탑리, 부산 다대동 등	돌도끼, 긁개, 찍개, 돌괭이, 반달돌칼, 돌촉, 번개무늬 토기, 평저 빗살무늬[10]·물결무늬 토기 등	• 신석기 말기를 거쳐 청동기 시대로 들어서면서 한국 전역에서 뗀석기가 소멸되고 본격적인 간석기 성행단계로 돌입하게 되었다. • 서울 강동구 암사동은 신석기 중·후기의 유적지로 25기의 주거지가 확인되었다.

8) 덧무늬 토기는 빗살무늬 토기와 함께 신석기 시대의 대표적인 토기로, 주로 신석기 시대 전기에 사용된 것으로 추정된다.
9) 덧띠새김무늬 토기는 신석기 시대 말에 등장하여 앞선 빗살무늬 토기 문화와 약 500년간 공존하다가 점차 청동기 시대로 넘어갔다.
10) 평저형 토기에는 바탕흙에다 돌을 모래알만 하게 잘게 부숴 섞어 만든 것이 많으며, 수적으로는 적으나 조

4. 신석기 시대의 생활

1) 사회생활

(1) 부족사회

혈연을 바탕으로 한 씨족이 기본 구성 단위였으며, 한 씨족이 다른 씨족과의 혼인(족외혼)을 통하여 부족을 형성하였다.

(2) 모계중심의 사회

모계의 혈통을 중시하였고, 이에 따라 풍요와 다산을 상징하는 여인상이 많이 제작되었다. 대표적인 유적지로는 함북 청진시 농포리에 있는 신석기 시대 조개더미 유적지를 들 수 있다. 이 유적지의 중요성은 무엇보다도 흙이나 돌로 만든 여성상(흙), 개의 머리(흙), 새 모양(납석)의 조각품이 출토되었다는 점이다.

◆◆ 여성상	◆◆ 1개의 머리
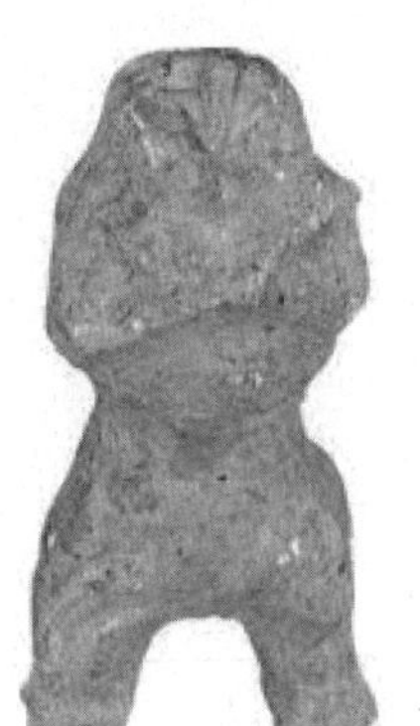	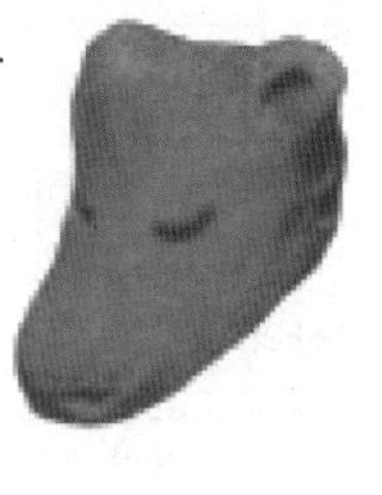

출처: 여성상과 개의 머리 조각품

(3) 평등사회

신석기 시대의 부족사회도 구석기 시대의 무리사회와 같이 아직 계급이 발생하지 않았고(지배와 피지배의 관계), 연장자나 경험이 많은 자가 자기 부족을 이끌어 나가는 평등사회(공동생산, 공동분배)였다.

개가루를 섞은 것도 있다. 토기의 색은 갈색이나 흑갈색 계통이 대부분이며, 토기 겉면을 반들반들하게 갈아서 광택이 나는 것도 있다.

2) 주거생활

주로 강가나 바닷가에 움집을 짓고 살았으며, 바닥을 원형이나 모서리가 둥근 네모꼴이었고 움집의 중앙에는 불씨를 보관하거나 취사와 난방을 위한 화덕이 위치하였다. 남쪽으로 출입문을 내었으며, 화덕이나 출입문 옆에는 저장 구덩이를 만들어 식량이나 도구를 저장하였다. 규모는 4~5명 정도의 한 가족이 살기에 알맞은 크기였다.

3) 경제생활

(1) 농경과 목축 시작

① 신석기 후기부터 농경의 시작(신석기 혁명)으로 정착생활과 목축이 이루어졌고, 조·피·수수와 같은 원시적 농경이 소규모로 시작되었다. 농경의 증거로는 황해도 봉산 지탑리와 평양 남경 유적에서 탄화된 좁쌀이 발견되었다는 점과, 돌괭이·돌삽·돌낫 등 돌로 만든 농기구 사용이 이를 증명한다.

② 사냥과 고기잡이

사냥과 고기잡이가 경제생활에서 차지하는 비중이 점차 줄어들었지만, 농업 생산력의 미약으로 사냥과 고기잡이는 여전히 식량을 얻는 중요한 수단이었다. 사냥은 주로 돌살촉·돌창으로 사슴류와 멧돼지 등을 잡았고, 고기잡이에는 여러 가지 크기의 그물추(어망추)와 작살, 돌이나 뼈로 만든 낚시 도구 등을 이용하였다.

③ 원시적 수공업

가락바퀴[11]로 실을 뽑고 뼈바늘로 옷이나 그물 등을 제작하였다(직조생활).

◆◆ 가락바퀴

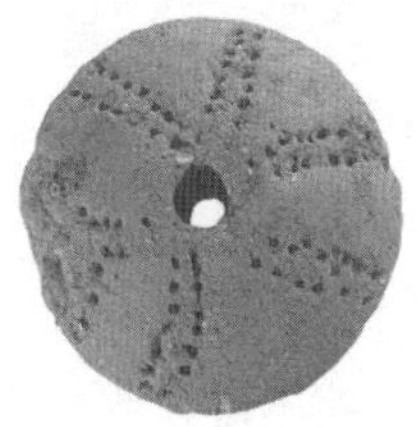

중앙의 둥근 구멍에 축이 될 막대를 넣어 고정시키고, 막대 위 끝에는 갈퀴를 만든다. 가락바퀴가 회전하면 실의 원료가 꼬임과 동시에 감기면서 실을 뽑을 수 있다.

---

11) 가락바퀴는 신석기 시대부터 청동기 시대까지 실을 만들 때 사용했던 도구이다. 실을 감는 도구인 '가락'을 끼워 사용했기 때문에 가락바퀴라고 부르며, '방추자'라고도 한다. 가락바퀴는 가락의 중심을 잡아줌과 동시에 회전시키는 역할을 한다.

4) 종교생활

원시신앙은 농경과 정착생활로 인해 자연의 섭리를 생각하게 되면서 나타났다.

(1) 애니미즘(Animism)

애니미즘은 생물은 물론 무생물 같은 모든 사물에 생명과 영혼이 존재한다고 믿는 정령신앙을 말하며, 그중에서도 태양과 물에 대한 숭배가 으뜸이었다.

(2) 샤머니즘(Shamanism)

샤머니즘은 원시종교의 한 형태를 의미하는 말로, 영혼이나 하늘을 인간과 연결시켜 주는 존재인 무당과 그 주술을 믿는 신앙이다.

(3) 토테미즘(Totemism)

신석기 시대에 형성된 토속 신앙으로, 각 씨족들이 특정한 동물(곰, 호랑이 등)이나 식물(떡갈나무 등)을 자기 씨족의 수호신으로 삼는 것을 말한다. 함북 웅기군 굴포리 서포항 유적에서 개·뱀·망아지 등의 조각이 발견되어 이를 증명하고 있다.

(4) 영혼불멸 사상과 조상숭배

사람은 죽어도 영혼은 소멸되지 않는다고 믿었으며, 자신들의 조상을 숭배하였다.

5) 예술활동

흙으로 빚어 구운 사람 얼굴 모습, 동물의 모양을 새긴 조각품, 조개껍데기 가면[12], 조가비(조개의 껍데기) 또는 짐승의 뼈나 이빨로 만든 장식물과 치렛감(장신구) 등이 있다.

◆◆ 조가비(조개껍데기) 가면

12) 조가비에 세 개의 구멍을 뚫어서 사람의 얼굴을 만들었다. 부산시 동삼동 조개더미 유적에서 출토된 것으로 얼굴 모양 조가비탈은 실제 착용했다기 보다는 마을 공동의식이나 축제 때 의식용으로 사용된 것으로 추정된다.

Ⅲ. 사회생활규범의 존재와 경찰의 탄생

1. 사회생활과 규범

원시사회에서 공동생활을 영위하고 있는 한, 공동체를 규제하는 일정한 사회생활 규범의 존재는 필요불가결의 요소라고 볼 수 있다. 다만 이때의 사회생활규범은 대부분 불문법과 관습법이며, 사회통제력은 종교적 색채가 농후한 주술적 규범이었다고 볼 수 있다.[13]

2. 경찰의 존재가치

1) 사회구성원의 보호

인류가 단순한 무리생활에서 어느 정도 통일적인 조직을 가진 부족사회[14]를 형성하면서 사회적 규범 등이 만들어졌고, 이러한 부족사회를 유지하기 위해서는 어느 정도의 권력적 작용은 필수적인 요소였다. 다만, 각 씨족이나 부족을 단위로 하여 폐쇄적인 생활영역을 갖고 있었기 때문에 권력작용은 뚜렷하지 못하였다. 따라서 이때부터 경찰활동이 시작되었다고 볼 수 있다. 이러한 경찰력은 사회 내의 질서나 규범을 위반하는 행위에 대한 사회구성원의 보호가 제1차 목적이었고, 그 외에 다른 사회와의 관계에서 그 집단을 보호하는 역할도 수행하면서 점차 조직화되어가는 과정을 거치게 되었다고 볼 수 있다.

2) 실질적 의미의 경찰개념(광의의 의미의 경찰)

원시사회의 씨족사회나 부족사회의 경찰은 형식적 의미의 경찰개념이라고 말할 수는 없고, 실질적 의미의 경찰[15] 또는 광의의 의미의 경찰이라고 할 수 있다. 따라서 경찰의 역사는 실질적 의미의 경찰이 모태가 되고, 형식적 의미의 경찰(제도적 의미의 경찰)[16]은 그 모태를 바탕으로 역사 발전과 사회 변화에 따라 변천되면서 진화되고 제도화되었다고 볼 수 있다.

---

13) 중앙문화연구원, 「한국문화사신론」, 서울: 중앙대학교 출판국, 1975, pp.48－49.

14) 부족이란 일정한 지역에서 같은 언어·종교를 가지고 공동체 생활을 하는 혈연집단이다. 부족사회는 율령과 통치체제가 갖추어지지 않은 국가 이전의 사회형태를 말한다.

15) 실질적 의미의 경찰이란 “사회 공공의 안녕과 질서를 유지하기 위하여 일반통치권에 근거하여 국민에게 명령·강제하는 권력적 작용”이라고 정의할 수 있다. 본래 실질적 의미의 경찰개념은 실제 경찰기관의 담당 업무와는 관계없이 경찰작용의 성질에 착안하여 학문상으로 정립된 개념이다.

16) 형식적 의미의 경찰은 「정부조직법」이나 「경찰법」 등의 실정법적 근거에 기초한 경찰활동을 말한다. 따라서 형식적 의미의 경찰개념은 제도상·실정법상 개념이라 할 수 있으며, 보통 경찰기관에서 직무상 행하는 모든 작용을 말한다(예컨대, 생활안전·수사·형사·정보·교통경찰 등).

제2절 국가의 형성

Ⅰ. 청동기 시대

1. 청동기의 보급

청동기 시대는 인류가 청동기(靑銅器)라는 금속재료[17]를 주로 사용하며 문명을 꽃피운 시대를 말한다. 즉, 청동기가 생산되어 도구로 사용하기 시작한 때로부터 철기를 처음 사용하기 시작한 때까지를 가리킨다. 한반도에서의 청동기는 생산이 어렵고 양이 적었기 때문에 청동기 시대 전 기간 동안 간석기(마제석기)를 병용해서 사용할 수밖에 없었고, 철기가 일반화되기 이전인 철기 시대 초기에도 청동기를 병용하였다. 청동기 시대는 기원전 2000년경~기원전 1500년경에 시작되었다.

2. 특징

우리나라는 신석기 시대 말기를 거쳐 청동기 시대로 들어서면서 중국 농경문화의 영향을 강하게 받게 되었고, 아울러 북방 초원지대의 청동기 문화(구리+주석)의 영향도 흡수하게 되었다.

3. 주거 및 사회생활

1) 주거생활

(1) 청동기·초기 철기 시대의 주거지는 뒤로는 산을 끼고(배산) 앞으로는 하천이 흐르는(임수) 야트막한 언덕에 자리 잡아 주변이 한눈에 내려다 보이도록 하였고(배산임수의 구조), 소단위로 모여 거주하였다.

(2) 집터의 형태는 대체로 직사각형이었으며, 움집에서 점차 '지상가옥'으로 바뀌어 갔다. 따라서 집터의 형태는 막집(구석기 시대) → 움집(움집을 만들 때 주춧돌 사용, 신석기 시대) → 지상가옥(청동기 시대)으로 발전해 갔다. 움집 중앙의 화덕은 한쪽 벽으로 옮겨

17) 인류가 돌이 아닌 최초로 발견한 광물은 구리이다. 그러나 구리는 농기구나 무기로 쓰기에는 너무 약해 잘 구부러졌기 때문에 합금술이 발달하였는데, 거기서 나온 것이 바로 청동이다. 청동은 구리에 주석과 아연 등을 섞어서 만든 것인데, 두 금속을 섞을 때 비율을 잘 맞춰야 하고, 불의 온도 또한 고온(1,200℃)을 요구하기 때문에 생산하기가 무척 어려웠다.

지고, 저장구덩이는 따로 설치하거나 한쪽 벽면을 돌출시켜 만들었다. 그리고 집터의 규모는 4~8명 정도의 가족이 살 수 있는 정도의 크기였다.

(3) 주거용 외에 창고·공동작업장·집회소·공공의식장소 등도 만들어졌는데, 이는 사회조직이 점차 발달하였으며 복잡해졌음을 의미하는 것이다.

2) 사회생활

(1) 남녀의 역할분화

사회조직이 점차 발달하면서 여성은 집안일을 담당하고, 남성은 농경이나 전쟁과 같은 바깥일에 종사하였다. 이 시기에 가부장적 사회구조가 확립되었다.

(2) 빈부의 격차와 계급의 분화

처음 정착한 땅에서 초기적인 농사를 지으면서 안정적으로 살다보니 인류의 수명은 늘고 인구는 기하급수적으로 늘어났다. 그 결과 생산력이 증대하며 발생한 잉여생산물을 힘이 강한 자가 개인적으로 소유하게 되면서 생산물의 분배와 사유화가 나타나기 시작하였다. 이에 따라 빈부의 격차와 계급의 분화가 촉진되었고, 제도와 규율이 더 많이 필요하게 되었다.

(3) 군장(족장)의 등장

인구가 증가하면서 초기 정착지 땅으로만 농사를 지어서는 식량을 충당할 수 없게 되자(식량부족) 더 크고 기름진 땅을 찾아나서는 정복활동이 활발해졌고, 이에 따라 권력과 경제력을 지닌 군장(君長)[18]이 출현하였다.

(4) 선민사상

정치·경제적으로 우월한 부족들은 스스로 하늘의 자손이라 믿는 선민사상을 가지고 약한 부족을 통합하였다. 우리나라 최초의 국가인 고조선 역시 천강족(하늘에서 내려온 민족)이라는 선민사상을 그 바탕으로 하고 있다.

4. 경제생활

1) 농업의 본격화(밭농사 중심)

(1) 간석기(마제석기)가 다양해지고 기능이 개선되면서 농경이 본격화되었다. 반면 농경이

---

18) 군장이라 함은 여러 부족을 병합함으로써 영역을 확장하여 고대국가의 초기 단계에 접어든 사회를 군장사회라 하며, 그 지도자를 군장이라 하였다(이이화, 「한국사 이야기 ① 우리민족은 어떻게 형성되었나」, 서울: 한길사, 1998, p.46).

발달하면서 사냥이나 고기잡이의 비중은 줄어들고 가축의 사육이 증가했다.

(2) 일부 저습지에서 벼농사를 짓기 시작하였지만, 여전히 조·보리·콩 등의 밭농사가 중심이었다. 벼는 '충남 부여 송국리', '경기도 여주 흔암리' 등에서 탄화된 볍씨가 출토되어 농경을 했다는 것을 증명하고 있다.

(3) 청동기에 사용된 석기 농기구로는 반달돌칼[19]·바퀴날 도끼[20]·홈자귀[21] 등이 있었으나, 청동기로 만든 농기구는 없었다.

◆◆ 반달돌칼 ◆◆ 바퀴날 도끼 ◆◆ 홈자귀

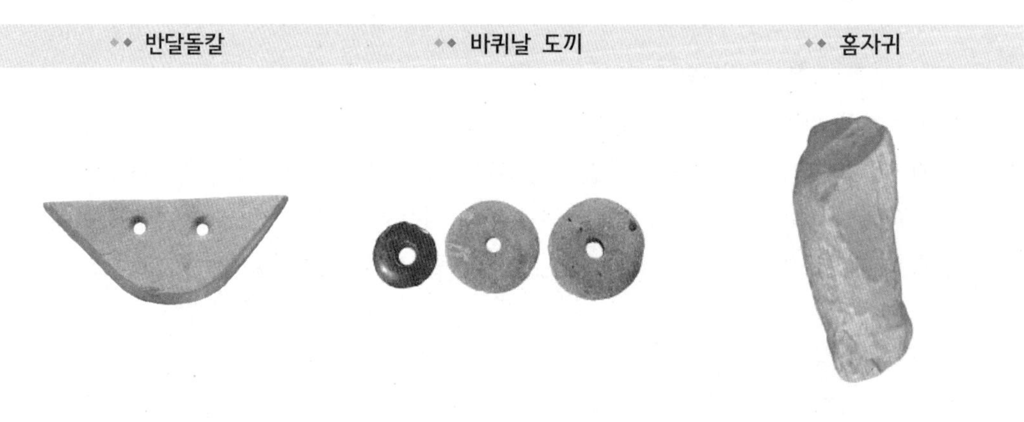

5. 예술

청동기와 철기 시대의 예술은 종교나 정치적 요구와 밀착하여 나타났다.

1) 주술적(의식용) 성격

청동으로 만든 의식용 도구에 호랑이·사슴·사람의 손 모양 등을 조각하거나, 또는 흙으로 빚은 짐승이나 사람 모양의 '토우'를 제작하여 의식을 행하는 데 사용하였다.

---

19) 반달돌칼은 청동기에도 사용된 대표적인 석기 농기구이다. 두 개의 구멍에 줄을 끼워 넣어 손잡이를 만들고 곡식의 이삭을 베는 데 사용하였다.
20) 바퀴날 도끼(흙가락 바퀴)는 돌 가운데 구멍이 뚫려 있고, 테두리에는 돌아가면서 날이 세워져 있다. 톱니형도 있으며, 오늘날의 절단기와 비슷한 역할을 했다.
21) 홈자귀의 '홈'이란 오목하고 길게 패어진 것을 말하며, '자귀'란 나무를 깎아 다듬는 연장을 말한다. 농사에 이용되어 고랑을 파거나, 나무를 내리쳐 도려내거나 구멍을 뚫는 데도 사용하였다.

2) 바위그림(암각화)

암각화의 제작 시기는 신석기 말에서 청동기 시대에 이르기까지로 추정되며, 암각화는 당시의 사람들이 자신의 바람을 기원하는 마음으로 커다란 바위 등 성스러운 장소에 새긴 그림을 말한다.

(1) 울산 울주(대곡리) 반구대 바위그림(암각화)

절벽암반에 육지동물(호랑이, 멧돼지, 사슴)과 바다고기(작살 맞은 고래, 새끼를 배거나 데리고 다니는 고래의 모습 등), 그리고 사냥하는 장면 등 총 200여 점의 그림이 새겨져 있다. 이러한 모습은 사냥과 고기잡이의 성공과 풍성한 수확을 기원하는 마음으로 바위에 새긴 것으로 추정된다.

(2) 경북 고령 장기리 바위그림(암각화)

고령 장기리 암각화는 동심원이 3개, 십자형(十자형 1개) 등의 기하학적 무늬가 새겨져 있는데, 이는 태양숭배(동심원은 태양을 상징)와 풍요로운 생산을 기원하는 주술적인 내용을 바위나 성스러운 장소에 새긴 것으로 추측된다.

6. 유적·유물

1) 청동기의 사용

(1) 청동기는 누구나 사용한 것이 아니라, 주로 지배자의 장식품·무기·제사도구 등으로 사용되었다. 청동기 시대의 대표적인 유물로는 비파형 동검, 청동거울, 청동방울 등을 들 수 있다. 군장(지배자)들은 청동검과 함께 청동방울,[22] 청동거울[23]을 몸에 걸치고 정치와 제사를 주관하는 두 가지 역할을 수행하였다.

(2) 비파형 동검

비파형 동검은 타원형의 몸통을 가진 현악기 비파와 비슷하게 생겼다고 하여 붙여진 이름으로, 고조선의 세력이 뻗쳤던 만주·한반도 전역에 이르는 넓은 지역에서 출토되고 있다. 따라서 이 지역들은 청동기 시대에 같은 문화권에 속하고 있었음을 알려주고 있다.

---

22) 청동방울은 제사를 지낼 때 흔들어 방울소리를 냈는데, 신을 불러오는 역할을 하였다.

23) 당시의 청동거울은 거친무늬 거울이라 표면에 얼굴이 잘 보이지 않았기 때문에, 얼굴을 비춰보는 것이 아니라 단지 지배층의 권위를 드러내는 하나의 수단이었다(제사장이 목에 걸고 제사를 지낼 때 사용했던 거울). 비파형 동검도 마찬가지로 지배층이 소유하던 물건이었다.

비파형 동검(칼날+손잡이)

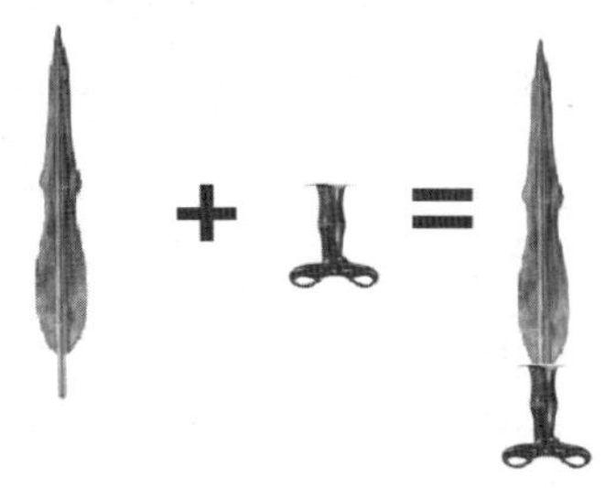

비파형 동검과 훨씬 뒤에 만들어진 세형 동검(한국형 청동검)은 그 모양새는 다르지만, 조립해서 쓴다는 공통점이 있다. 칼날과 손잡이를 따로 만들어 끼우는 것이기 때문에, 처음부터 칼날과 손잡이를 하나의 몸체로 만든 중국의 청동검과 뚜렷하게 구분된다.

2) 토기 제작

(1) 민무늬 토기(무문토기)

① 한반도의 토기는 빗살무늬 토기(신석기 시대)에서 무문토기(無文土器, 청동기 시대)로 이어졌다. 무문토기는 아무런 무늬가 없는 청동기 시대의 그릇을 말하는데, 무늬 없는 토기를 순우리말로 고쳐 부른 것이 '민무늬 토기'이다.

② 민무늬 토기는 청동기 시대의 대표적인 토기로, 지역에 따라 모양이 약간씩 다르다. 밑바닥이 평평한 원통 모양의 화분형과 밑바닥이 좁은 팽이형이 기본적인 모양이며, 빛깔은 적갈색이다.

(2) 미송리식 토기

평북 의주 미송리 동굴에서 처음 발굴되었다. 밑이 납작한 항아리 양쪽 옆으로 손잡이가 하나씩 달리고 목이 넓게 올라가서 다시 안으로 오므라들고, 표면에 접선무늬가 있는 것이 특징이다. 미송리식 토기와 비파형 동검의 분포지역은 고조선의 영역과 일치하기 때문에(만주로부터 한반도 전역), 이 지역이 청동기 시대에 같은 문화권에 속하고 있었음을 보여준다.

민무늬 토기

미송리식 토기

3) 무덤양식

(1) 고인돌

① 고인돌은 말 그대로 '돌을 고였다'하여 붙여진 이름인데, 청동기 시대의 대표적인 무덤 형식으로 '지석묘'라고도 부른다. 전 세계에서 발견되고 있지만, 고인돌의 40퍼센트 이상이 한국에 있어 한국은 '고인돌 종주국'으로 불린다.

② 고인돌은 덮개돌의 형태에 따라 크게 '북방식(탁자식)'과 '남방식(바둑판식)' 등으로 나뉜다.[24] 대체로 북방식(탁자식) 고인돌은 대부분 한반도 중부 이북에 주로 나타나는데, 대표적인 것이 강화도의 북방식 고인돌이다. 한편, 고임돌이 작거나 없는 고인돌(바둑판식 고인돌)은 전라도나 경상도를 비롯한 남부지방에서 발견되고 있는데, 대표적인 것이 전북 고창 고인돌이다.

(2) 돌무지무덤

청동기 시대에는 고인돌과 돌널무덤(석관묘)[25] 등이 만들어졌고, 고인돌이 발전하여 시신을 묻고 그 위에 돌을 쌓은 무덤이 돌무지 무덤[26]이다. 대표적인 돌무지 무덤으로는 요동(랴오둥)반도에 있는 강상무덤(중국 요령성 여대시 강상언덕에 있는 고조선초기의 지방귀족의 무덤)과 누상무덤(중국 요령성 여대시 후목성역에 있는 고조선의 무덤)을 들 수 있는데, 1964년에 함께 발굴되었다. 강상무덤의 유물로는 비파형 동검·창끝·비녀·청동기를 만드는 거푸집과 장식품 등이 출토되었고, 누상무덤에서도 비파형 동검·청동도끼·명도전·철제낫 등이 출토되었다. 그리고 강상무덤에서는 약 140여 명의 인골이, 누상무덤에서는 50여 명의 인골이 발견되었다. 이 무덤을 통해서 당시의 고조선 사회는 청동기 문화가 매우 발달해 있었으며, 순장제도가 있는 사회였음을 알 수 있다.

◆◆ 강화도의 북방식(탁자식) 고인돌

◆◆ 남방식(바둑판식) 고인돌

24) 북방식(탁자식) 고인돌은 잘 다듬은 판석 3~4매를 땅 위에 고임돌로 세워 돌방을 만들고 시신을 놓은 뒤 그 위에 덮개돌을 얹은 모습이고, 반면 남방식(바둑판식) 고인돌은 땅 아래에 판석을 세우거나 깬 돌을 쌓아 무덤방을 만들어 시신을 묻고 땅 위에 고인돌을 낮게 놓은 상태에서 덮개돌을 얹은 모습이다.

25) 돌널무덤은 청동기 시대 무덤 형식의 하나로 돌을 상자처럼 짜서 만든 형태이다. 만주계통의 묘제로서 한반도 전체에 분포되어 있다.

26) 돌무지 무덤(적석총)은 일정한 구역의 지면에 구덩이를 파거나 구덩이 없이 시체를 놓고 그 위에 돌을 쌓아 묘역을 만든 무덤을 말한다.

7. 청동기 시대와 경찰

청동기 시대(고조선)의 개막과 더불어 모든 사람이 함께 일하고 함께 나누는 공동체는 사라졌다. 지배자와 피지배자로 나뉜 사회가 더 커져서 나타난 것이 바로 관료, 조직, 법, 군대와 경찰 등을 갖춘 국가의 등장이다.[27] 이때 청동기 문화를 바탕으로 성립한 국가가 우리나라 최초의 국가인 고조선이다. 기록상 고조선은 B.C. 4세기에 왕·대부 등의 관료 및 군사의 존재가 확인되는데, 당시의 경찰활동에 대해서는 고조선시대의 경찰에서 구체적으로 후술하였다.

Ⅱ. 철기 시대

1. 개요

철기 시대는 구리와 주석 등을 섞어 도구를 만들었던 청동기 시대의 뒤를 이은 시기이다. 한반도에서는 B.C. 5세기경부터 철기를 사용했는데, 고조선과 지리적으로 가까운 중국의 연나라[28]에 전해진 것으로 추측된다. 실제 고조선은 B.C. 4세기 말에 철제무기를 사용하던 연의 장수 진개의 침입으로 사방의 2천여 리를 상실하고 만번한(오늘날 청천강으로 추정)을 경계로 연나라와 대치하기도 하였다. B.C. 2세기 초에는 중국 전국시대의 7웅(진, 초, 제, 연, 한, 위, 조)은 진(秦)에 의하여 통일되었고, 진이 분열된 후 초한전에서 승리한 유방에 의해 한(漢) 제국이 탄생하였다. 이 과정에서 연(燕)과 제(濟)나라에 살던 사람들 중 망명하는 자가 많았는데, 그중 위만이 1,000여 명을 이끌고 망명한 후 변경을 수비하는 박사(오늘날의 국경수비대장)직을 기반으로 세력을 기른 다음 고조선의 준왕을 몰아내고 임금의 자리에 올랐다. 그러나 B.C. 2세기 말에 고조선은 더욱 강력한 철제무기를 사용하던 한(漢)나라에게 패해 멸망했고, 고조선에는 낙랑군 등 한사군(한군현)이 설치되었다. 이후 낙랑군을 통해 중국의 철기문화가 한반도 전역에 전파되었고, 이 과정에서 낙랑군의 영역 밖에 있는 남쪽의 삼한(마한, 변한, 진한)에서도 철제 농기구 사용이 일반화되면서 농작물의 생산량이 크게 늘어났다. 특히 변한에서는 우수한 철이 생산되어 주변 지역은 물론이고 낙랑군과 대방군 그리고 왜(倭)로 수출되었으며, 철을 화폐처럼 사용하기도 하였다.[29] 그 후 변한을 모태로 한 가야(금관가야)도 중국 군현(한사군)과 왜인에게 철을 공급·판매하는 무역중계지로서의 역할을 하면서,[30] 가야 전체를 대표하는 맹

---

27) 강응천·김덕련 외, 「타임라인 한국사」, 서울: 다산에듀, 2013, p.24.

28) 당시 중국은 전국 7웅(진, 초, 제, 연, 한, 위, 조)이 할거하던 전국시대였는데, 그중 연과 제는 고조선과 정치·문화적 교섭이 가장 활발했던 나라이다.

29) 삼국지 권30 위서30 동이전 제30 동이전 한전(韓傳).

30) 이기백·이기동, 「한국사강좌」, 서울: 일조각, 1982, p.159.

주로 부상하였다.

2. 철기문화의 보급

1) 철제농기구 사용

철기 시대의 농기구로는 쇠도끼·쇠화살촉·쇠낫·반달쇠칼·쇠호미 등을 들 수 있는데,[31] 이러한 농기구의 사용에 의한 농업의 발달로 경제기반이 확대되었다.

2) 철제무기 사용

철기 시대로 들어서면서 철제무기를 바탕으로 한 정복전쟁이 더욱 활발해짐에 따라 영역국가들이 등장하기 시작하였다. 북부지역에서는 고조선(강성기 고조선과 위만조선)·부여·초기 고구려·낙랑(고조선 멸망 후)·옥저·동예 등이 등장하였던 시기이고, 중남부 지역에서는 삼한에 이어 백제·신라 및 가야 등 고대국가가 형성되었던 시기이다.

3. 철기문화의 형성과 중국과의 교류

1) 중국 화폐 출토

B.C. 4~3세기에 해당하는 명도전(明刀錢)[32]이 압록강 중류지방에서 서북지방에 걸쳐서 철기류와 함께 출토되었고(평안남도 덕천군 청송리), 중부지역과 서남부지역(충남 부여, 전북 익산, 장수 남양리) 유적 등에서는 철기로 된 농기구류가 발굴되었다. 따라서 위만조선의 건국을 전후로 하여 한반도로 들어온 철기문화의 여파가 남부지역까지 도달했을 것으로 추정된다. 그리고 중국 화폐인 명도전, 반량전 등의 출토는 중국과의 활발한 교류가 이루어졌음을 시사해 주고 있다.

2) 붓의 출토

경상남도 창원 다호리 유적에서 삼한시대의 붓이 출토되었는데,[33] 이는 B.C. 1세기에 한자를 사용한 것을 보여주는 고고학적 물증이다. 따라서 창원 다호리 유적에서 출토된 붓은 삼한시대 대외교역의 서사용구(書寫用具: 글을 쓸 때 사용하는 용구)로서 그 의미가 크다 하겠다.

---

31) 평안북도 위원 용연동 유적에서는 중국 연나라 제품이 분명한 쇠도끼·쇠낫·쇠호미 등의 농기구 등이 발굴되었고, 평북 영변 세죽기 유적에서는 명도전·포전(布錢) 등의 화폐와 덧띠토기 등이 발굴되었다.

32) 명도전은 중국 연나라의 동으로 만들어진 화폐로서 표면에 '명(明)'자가 새겨져 있어서 붙여진 명칭이다.

33) 붓은 문서작성을 위한 문방용구이다. 창원 다호리 유적 1호분에서는 붓 5점과 나무판에 쓴 글씨를 긁어서 지우는 용도로서 사용된 손칼(삭도)이 출토되었다.

4. 청동기의 변화

1) 청동기 사용의 변화

철제무기의 사용으로 청동기는 이 시기부터 의식용 도구로 변하였다.

2) 독자적 청동기 문화 발전

(1) 청동기 시대 후반 이후 비파형 동검은 세형동검(한국식 동검)으로, 거친무늬 거울은 잔무늬 거울[34]로 형태가 변화하였다. 세형동검은 비파형 동검보다 가늘고 날카로우며 손잡이 부분에 이르러 오목하게 들어가 있다. 세형동검은 한반도에서만 발견되는 독특한 모양이기 때문에 '한국형 동검'으로 불린다.

◆◆ 세형동검 ◆◆ 잔무늬 거울

(2) 초기 철기 시대에 들어서면서 한반도에서는 청동제품(검, 창, 도끼 등의 공구류)을 제작하던 주물틀인 거푸집이 전국의 여러 유적지에서 발견되었다. 대표적인 것으로는 전남 영암의 일괄 거푸집이 유명한데, 이로 보아 영암의 한 곳에서 당시의 장인집단이 전업적(專業的)으로 청동기를 제작하였음을 알 수 있다. 따라서 이런 변화 등은 한반도에 독자적인 청동기 문화가 발전했음을 보여주는 것이다.

---

34) 청동기 후기에 들어서면서 비파형 동검과는 형식이 다른 세형동검과 잔무늬 거울이 나타난다. 잔무늬 거울은 청동기 전기에 사용되었던 거친무늬 거울의 무늬에 비해 기하학적 무늬가 다양해지고 무늬가 섬세하므로 잔무늬 거울이라 한다.

5. 토기와 무덤 양식의 변화

1) 토기의 다양화

청동기 후기로 들어서면서 민무늬 토기는 모양과 형태가 다양해졌는데, 대표적으로 덧띠토기와 검은 간토기 등을 들 수 있다.

(1) 덧띠토기는 한국식 동검과 더불어 후기 청동기 시대의 대표적인 유물이다. 덧띠토기는 철기의 보급, 한사군 설치 등 급진전한 문화발전 속에서 새롭게 만들어진 토기라기보다는 이전의 토기(민무늬 토기)를 개량한 전통적인 토기라 볼 수 있다. 덧띠토기는 아가리에 진흙 띠를 덧붙여 아가리를 두껍게 만든 민무늬 토기를 말한다.

(2) 검은 간토기(흑색마연토기)는 여러 형태가 있으나 목이 길고 몸체가 둥근 항아리가 주를 이룬다. 검은 간토기는 표면에 흑연 등의 광물질을 발라 마연(돌, 쇠붙이 따위를 갈고 닦음)하여 광택이 있는 검은색을 낸 흑색토기로, 청동기 시대부터 초기 철기 시대에 걸쳐 사용된 민무늬 토기의 한 형식이다.

◆◆ 덧띠토기　　◆◆ 검은 간토기

2) 무덤

철기 시대의 대표적 무덤으로는 널무덤(토광묘)과 독무덤을 들 수 있다. 널무덤(토광묘)은 원래 구덩이를 파고 직접 시체를 묻는 것이지만, 지하에 구덩이를 파고 나무널로 사각형 벽을 만들어 시신을 안치하는 무덤도 널무덤이라 할 수 있다. 반면 독무덤(옹관묘)은 나무널(목관)이나 돌널(석관)이 아닌 크고 작은 독 두 개를 맞붙여서 관으로 쓰는 무덤 양식이다.

◆◆ 독무덤(옹관묘)

6. 철기 시대와 경찰

청동기에서 철기 시대로 들어서면서 정복전쟁이 더욱 활발해짐에 따라 권력과 경제력을 가진 지배자(군장)가 등장하고 그 후 점차 한반도에서는 고대국가로 전환되는 과정을 겪게 된다. 이에 따라 지배층을 중심으로 경찰권도 강화되고, 당시의 사회질서 유지와 법을 집행하던 치안군의 존재는 필수적인 요소 중의 하나였다고 추정된다. 다만, 당시의 경찰은 독립된 조직이 아닌 미분화된 상태로, 군사행정이나 사법행정(司法行政)에 혼입되어 운영되었다고 추정된다. 이에 대해서는 고대국가의 경찰기능에서 구체적으로 기술하였다.

제3절 고조선

신석기 시대를 이어 한반도에서는 기원전 10세기경에, 그리고 만주지역에서는 이보다 앞서는 기원전 15~13세기경에 청동기 시대가 전개되었다. 이처럼 금속무기를 사용하는 강력한 부족세력이 등장함에 따라, 이전의 부족공동체는 붕괴되고 세력이 강한 족장(군장: chief)들이 주변을 정복·통합하여 마침내 국가를 이룩하였다. 이 시기에 성립된 우리나라 최초의 국가가 고조선이다.

◆◆ 고조선의 세력범위와 동이족의 분포지역

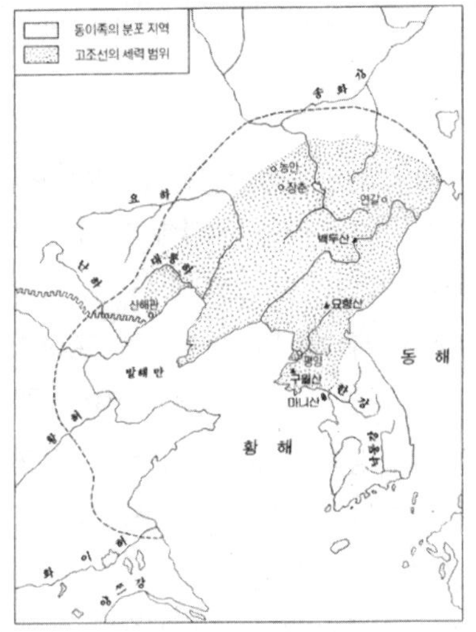

고조선 시기의 대표적인 유물로 간주되는 것으로, 비파형 동검과 북방식 고인돌을 들 수 있다. 특히 비파형 동검은 만주로부터 한반도 전역에 이르는 넓은 지역에서 출토되고 있다. 이와 같은 동검의 분포는 미송리식 토기(밑이 납작한 항아리 양쪽 옆으로 손잡이가 하나씩 달리고, 표면에 집선(集線)무늬가 있는 것이 특징임) 등과 함께 이 지역의 청동기 시대와 같은 문화권에 있음을 보여주고 있다. 주로 청천강 이북·요령성과 길림성에 분포되고 있는데, 고조선의 유물로 간주된다. 한편, 동이족의 분포는 고대의 한(韓)민족이라 할 수 있는 예, 맥, 고구려, 북옥저, 읍루 등을 아우르는 지역으로 추정되고 있다.

Ⅰ. 고조선의 성립과 발전

1. 단군과 고조선

1) 건국

고조선은 단군왕검(檀君王儉)이 B.C. 2333년[35]에 만주 요령지방을 중심으로 건국하였고 점차 인접한 족장 사회들을 통합하면서 한반도까지 진출하였는데, 이와 같은 사실은 비파형 동검과 북방식 고인돌의 출토분포로써 알 수 있다.

2) 단군신화

단군신화에 관한 기록은 삼국유사[36]·제왕운기(이승휴, 고려말 충렬왕)·세종실록지리지(춘추관, 조선 단종)·응제시주(권람, 조선 세조)·동국여지승람(노사신 등, 조선 성종)·신증동국여지승람

35) B.C. 2333년의 B.C.는 'Before christ(그리스도 탄생전)'의 줄임말로 「기원전」이라는 뜻이다. 반면 단기(檀紀)는 '단군기원(檀君紀元)'의 줄임말로 단군이 고조선을 세운 해를 말한다. 단군기원과 관련하여 조선 전기에 서거정이 쓴 동국통감에서 단군왕검의 건국연도를 서기전 2333년으로 추정함으로써, 그 후 근대에 들어 동국통감에 따라 단군기원을 정하였다.

36) 삼국유사(三國遺事)는 고려후기 승려 일연(一然)이 고구려·백제·신라 삼국의 설화와 단군조선·기자조선·위만조선·삼한·한사군 등의 일을 모아 적은 책이다.

(이행, 조선 중종) 등에 수록되어 있다.

(1) 단군신화

① 고조선의 성립

단군신화는 청동기 문화를 바탕으로 한 고조선의 성립이라는 역사적 사실을 반영하고 있다.

㉠ 옛날 환인(桓因)의 서자(장남이 아닌 아들을 지칭) 환웅(桓雄)이 세상에 내려와 인간세상을 구하고자 하므로 아버지가 환웅의 뜻을 헤아려 천부인(天符印) 3개를 주어, 세상에 내려가 사람을 다스리게 하였다. 환웅이 무리 3,000명을 거느리고 태백산의 신단수(神檀樹)에 내려와 신시(新市)라 이르니, 그가 곧 환웅천왕이다. 그는 ㉡ 풍백(風伯)·우사(雨師)·운사(雲師)에게 곡식·수명·질병·형벌·선악 등을 맡기고, ㉢ 무릇 인간살이 삼백 예순 가지 일을 주관하여 세상에 살면서 교화를 베풀었고, ㉣ 인간을 널리 이롭게 하였다. 이때 곧 한 마리와 범 한 마리가 같은 굴 속에 살면서 환웅에게 사람이 되게 해 달라고 빌었다. 환웅은 이들에게 신령스러운 쑥 한 줌과 마늘 20개를 주면서 이것을 먹고 100일 동안 햇빛을 보지 않으면 사람이 된다고 일렀다. ㉤ 곰과 범은 이것을 먹고 근신하기 3.7(21일)만에 곰은 여자의 몸이 되고 범은 못참아 사람이 되지 못하였다. 웅녀(熊女)는 그와 혼인해 주는 이가 없어 신단수 아래에서 아이를 배게 해달라고 축원하였다. ㉥ 이에 환웅이 잠시 변하여 혼인하여서 아이를 낳으니 그가 곧 단군왕검(檀君王儉)이다. … 그는 1500년 동안 백악산에서 나라를 다스렸다(삼국유사 권제1 기이 제2).

② 단군신화에 나타난 사회의 모습

단군신화가 비록 비현실적인 표현들로 꾸며져 있다고는 하지만, 그 속에는 고조선이 건국될 무렵의 사회 모습과 역사적인 사실들이 함축적으로 반영되어 있다.

㉠ **선민사상**: “옛날 환인의 아들 가운데 환웅이 있어”라는 뜻은 자기 부족의 우월성을 하늘을 내세워 지배를 정당화시킨 것이다.

㉡ **농경사회 반영**: 풍백(바람)·우사(비)·운사(구름)은 농경을 주관하는 날씨를 상징하며, 쑥·마늘은 농업을 중시했던 청동기 시대의 사회모습을 나타낸 것으로 볼 수 있다.

㉢ **사유재산의 성립**: “무릇 인간살이 삼백 예순 가지 일을 주관하여”의 「주관」은 지배계급이 출현하였음을 의미한다.

㉣ **홍익인간**: “인간을 널리 이롭게 한다”라는 글귀는 지배층의 통치이념이 홍익인간이었음을 의미한다.

㉤ **토템사상**: 곰·화랑이와 환웅의 관계는 여러 정치 세력이 서로 무력으로 정복하고 통합되는 과정에서 곰을 숭배하는 부족과 환웅부족이 연합하였고, 호랑이를 숭배하는 부족은 배제되면서 고조선이 건국되었음을 반영한 것이다.

㉥ **제정일치**: 단군이 1500년 동안이나 나라를 다스렸다는 기록은 제사장을 뜻하는 「단군」과

정치적 우두머리를 뜻하는 「왕검」의 역할을 겸한 지배자가 대대로 고조선의 최고 우두머리였다는 사실을 의미하며, 제정일치 사회였음을 알 수 있다. 이것은 단군조선의 역사가 그만큼 오래되고 합법적이었음을 1500년이라는 아주 긴 시간으로 표현한 것이다.

③ 단군신화의 의미

신화[37]와 역사적 사실은 다르다. 단군을 역사로 인식하는 문제와 신앙의 대상으로 숭배하는 문제는 엄격히 구별되어야 하기 때문에, 삼국유사 등에서 기록된 신화적인 내용들을 그대로 믿을 수 없다. 따라서 단군왕검이 세웠다고 전하는 고조선의 건국신화 자체가 결코 역사가 될 수는 없으나, 그 속에 담겨 있는 역사성까지 전혀 배제할 수는 없다. 오늘날 과학적 역사를 추구하면서도, 단군신화에 왜 일정한 의미를 부여하고 있는가? 그것은 고조선과 단군은 우리 민족사의 출발점으로, 우리 역사의 유구성과 독자성 그리고 혈통적인 연속성을 강조하기 위한 것이라고 볼 수 있다. 그러기 때문에 단군신화의 이런 사실과 이념은 고려·조선·근대를 거치면서 나라가 어려운 처지에 있을 때마다, 우리 민족의 전통과 문화의 정신적 지주로서 버팀목이 되어온 것만은 부인할 수 없는 사실이다.

2. 강성기(기자조선)

1) 기자동래설

중국 주(周)의 호왕(虎王: 주나라를 세운 무왕을 일컫는 말임)이 기자(箕子)를 조선(朝鮮)에 봉(封)했다는 기자조선을 믿어야 할 것인가? 기자는[38] 서기전 12세기경에 조선으로 온 것으로 되어 있는데, 이 기자동래설(箕子東來說)은 중국문헌은 물론 우리 측 문헌(삼국유사·제왕운기 등)에도 다수 기록되어 있다. 그러나 오늘날 학계에서는 그 존재를 인정치 않고 있으며, 이를 대체하여 단군조선보다 더 발전했다는 뜻에서 강성기의 고조선 또는 후기 고조선[39]으로 부르고 있기도 하다.

2) 통치구조

기원전 5~4세기 무렵 중국은 전국시대라는 혼란기였고, 이 과정에서 고조선은 중국이나

37) 건국신화는 세계 각국의 신화에 공통되는 속성이기도 한데, 그 대표적인 것으로 고대 그리스 신화·중국의 삼황오제·이스라엘의 야훼신·일본의 천조대신(天照大臣) 등을 들 수 있다.

38) 기자는 은나라의 '삼인(三仁)'으로 꼽히는 현자였다. 그는 은왕실의 근친으로 포악한 주(紂)임금에게 선정을 베풀라고 충고하였으나 듣지 않자 조정을 떠났다. 그러나 막상 주나라의 주(周)의 무왕이 은의 주(紂)임금을 치고 나라를 차지하자, 주나라의 신하가 되는 것을 거부하고 조선으로 나왔다는 것이다. 조선조 유학자들이 기자를 받드는 주된 근거는 기자가 조선에 중국문화의 혜택을 받게 하였다는 이유라고 보고 있다(이이화, 「우리민족은 어떻게 형성되었나 ①」, 서울: 한길사, 1999, p.187).

39) 이이화는 위만이 세우고 인근 지역을 정복하면서 넓혀간 조선을 「후기조선」으로 부르고 있다(이이화, 앞의 책, p.211).

주변 종족들에게 동북아시아를 대표하는 정치체나 국가로 인식되기 시작하였다. 삼국지(三國志)에 인용된 위략(偉略)에 의하면, 기원전 4세기 무렵 조선의 후(候: 고조선의 준왕)가 왕이라 칭하고 연(燕)을 칠 계획을 했고, 이 계획을 대부(大夫: 관리의 품계)[40)]인 예(禮: 관리의 이름)의 충간(中諫: 충성스러운 마음으로 윗사람의 잘못을 간하는 것)으로 중지하였다고 기술하고 있다. 한편, 사기 조선열전에 의하면 "패수(오늘날의 청천강)이북에서 망명해 온 위만을 준왕이 신임하여 박사(博士)[41)]로 삼고, 100리의 땅을 떼어 주고 그곳을 수비하는 중책을 부여하였다"고 하고 있다. 이로 보아 고조선 강성기(고조선 후기)에는 이미 관료체계가 조직되어 있었다고 볼 수 있다.

(1) 중층구조

조선의 왕(준왕)은 주변에 산재한 정치집단의 부족연맹체의 장으로서의 직책을 수행하였고, 각 부족은 각각 부족장이 거느리는 중층구조체제였다.

(2) 관료조직

B.C. 4세기경 연맹정부(중앙)에는 부왕 → 준왕 등의 왕이 등장하여 왕위를 세습하고 그 밑으로 대부(大夫)·박사(博士) 등과 같은 관료체계가 갖추어져 있었고, 부족별로는 부족장(군장)들이 각기 자기 부족을 거느리는 지배체제로 운영되었다. 따라서 당시의 경찰권은 이들에 의해 통수(統帥)되었다고 추정된다.

3. 위만조선

1) 위만조선의 계승과 멸망

(1) 중국 최초의 침략과 고조선 영역의 축소

고조선은 왕검성[42)]을 중심으로 독자적인 문화를 이룩하면서 착실하게 발전하여, 당시 중국의 전국 7웅 중의 하나인 연(燕)[43)]과 대적할 정도로 성장하여 동방의 중심세력이 되었다. 그

---

40) 대부는 중국 고대 주(周)나라에서는 귀족의 호칭이었으나, 이후 동아시아에서는 관리의 품계를 가리키게 되었다.

41) 박사는 중국 고대 진(秦: 중국 최초의 통일국가)나라 이래 동아시아에서 전문학자나 기술자에게 주던 벼슬이었다. 준왕이 위만에게 준 박사관직이 여기에 해당하는 벼슬인지, 고조선 고유의 벼슬인지는 불확실하다. 여기서는 지방장관으로서, 국경수비대의 책임자를 말하는 것 같다.

42) 왕검(王儉)은 오늘날 북한 평양시를 말한다(사마천 지음, 김원중 옮김, 「사기열전 ②」 서울: 민음사, 2010, p.481.

43) 중국전국시대 전국 7웅(진·초·제·연·한·위·조) 중 연(燕)과 제(濟)는 고조선과의 사이에 정치·문화적 교섭이 가장 잦았던 나라이다. 연은 지금 북경부근을 중심으로 하여 동(東)으로 조선과 인접하고, 제(濟)는 산둥반도로서 고조선과 상대하고 있었다. 따라서 그들의 발달된 문명(예컨대, 금속기 문명)이 고조선에 미친 영향은 자못 컸을 것이라고 추정된다.

러나 B.C. 4세기말 요동으로 침입하는 '연(燕)'의 세력에 밀리면서 쇠약해지기 시작하였다. 연의 소왕때 장수 진개를 보내 요서지역을 포함한 고조선의 서쪽을 공격하여, 그곳에 요동군을 설치하고 요새를 쌓았다. 고조선은 이때 사방의 2천여 리를 상실하고 만번한(滿潘汗)[44]을 경계로 연나라와 대치하게 되었다.

(2) 위만의 고조선 계승

① 위만의 망명

당시 중국정세는 전국시대의 7웅이 진(秦)에 의하여 멸망하고, 진(秦)은 최초의 통일국가가 되었다. 그 후 진(秦)이 분열되어 초한(楚漢)전에서 유방이 승리하면서 한(漢)제국이 탄생되었고, 이때 연(燕)지역은 한(漢)나라 군대에 의해 점령당하고 말았다. 이 과정에서 연(燕)과 제(濟)나라에 살던 사람들이 고조선으로 망명오는 자가 많았고, 그 중 위만(衛滿)[45]이 1,000여 명을 이끌고 입국한 것도 이때이다. 위만은 준왕(準王)의 신임을 받아 서쪽 변경을 수비하는 일종의 국경수비대장의 직책인 박사 관직까지 받게 되었다. 위만은 이것을 기반으로 세력을 기른 다음 수도인 왕검성에 쳐들어가 준왕을 몰아내고 스스로 왕이 되었다(B.C. 194). 새로 왕이 된 위만은 나라 이름을 그대로 「조선」이라고 하였고, 도읍도 옮기지 않았다. 그래서 이후의 고조선을 「위만조선」이라고 부른다. 이때 왕검성을 내주고 쫓겨난 고조선의 준왕은 자신을 따르는 신하들과 백성을 데리고 한반도 남쪽(한강 이남)으로 내려가 한왕(韓王)[46]이 되었다.

② 위만정권의 번영

위만정권은 왕검성을 중심으로 한반도 서북부를 비롯해 남쪽과 동쪽으로 세력을 계속 확장하여 주변에 있던 진번·임둔·동옥저까지 세력을 넓혔다. 이런 정복을 통해 위만조선은 주변지역에 대한 지배를 확고히 다지면서, 주변소국들이 요동지역의 중국 군현과 직접 교역하는 것을 통제하였다.

---

44) 만번한은 오늘날 패수(浿水: 청천강)라고 보는 것이 일반적인 견해이다. 패수는 고조선 때 강 이름으로 북요동과 경계를 이루는 강을 말하며, 이외에도 패수를 대동강이나 예성강 등으로 보는 견해도 있다. 오늘날 우리학계의 지배적인 통설은 청천강설이 유력하다. 반면 북한에서는 예성강설이 공식 견해인 듯하다(이기동, 「북한에서의 고조선연구」 시민강좌 제2집, 1988, p.99).

45) 위만조선은 위만이 고조선의 준왕을 내쫓고 세운 정권이다. 위만은 전한(前漢)의 고조가 연왕으로 책봉한 노관의 부하 장수였다. 전한 초기의 혼란 속에서 노관이 흉노 땅으로 도망하자, 위만은 자기를 따르는 1,000여 명의 세력을 이끌고 전한과 고조선의 경계지역으로 이주했다. 위만은 고조선으로 들어올 때 상투를 틀고 오랑캐 옷을 입고 있었다.

46) 한(韓)은 당시 한반도 남부의 권력자나 그가 다스리던 부족국가를 가리키던 말로, 한반도 남부의 소국들은 서서히 모여 마한·진한·변한이라는 연맹국가체계를 이루게 되었다.

(3) 한(漢)의 침략과 위만조선의 멸망

① 중국 한(漢)과 외신의 약 체결

위만조선은 기원전 2세기경에 중국 한(漢)나라와 '외신(外臣)의 약(約)'47)을 맺었다. '외신의 약'의 주요 내용은 '조선왕은 한나라의 외신(外臣)이 되어 요새 밖에 만이(蠻夷: 남쪽오랑캐)를 통솔하고 그들에게 변경을 노략질 못하도록 하며, 또 만이의 군장(君長)들이 한(漢)나라의 천자를 알현하고자 하면 이것을 막아서는 안 되고, 대신 군사와 재물을 제공한다'는 조건이었다. 그 결과 위만조선은 중국 한(漢)의 우수한 철기문화(농업과 무기생산중심의 수공업 발달)를 가지고 동쪽과 남쪽의 작은 나라들을 복속시켜 영역이 수천리에 이르게 되었다.48)

② 외신의 약의 위반과 위만조선의 멸망

㉠ '외신의 약'의 위반

위만의 손자 우거왕은 '외신의 약'에도 불구하고 한(漢)나라에 입조한 일이 없었다. 뿐만 아니라 진번과 이웃하고 있는 여러 나라가 천자를 알현하기 위해 글을 올려도 길을 막아서 직접 중국의 한(漢)과 교역하는 것을 막아 이를 독점하려고 하였다. 이런 이유 등으로 한무제가 사신 섭하를 고조선에 파견하여 한(漢)의 속국이 될 것을 요구하였으나, 우거왕이 이를 거절하였다.

㉡ 한의 침략과 위만조선의 멸망

당시 위만조선의 우거왕의 이러한 행동은 몽골에서 만주로 뻗어 오던 강대한 세력인 흉노가 고조선과 연결될 것을 두려워하고 있던 한(漢)나라에게는 전쟁의 빌미를 제공하는 좋은 단초가 되었다. 한무제는 흉노와 남월을 복속시킨 다음 수륙양면으로 대규모 침략을 감행하였다. 고조선은 1차의 접전에서 패수서군(浿水西軍)의 활약으로 대승하였고, 이후 약 1년에 걸쳐 중국 한(漢)의 군대에 맞서 완강하게 대항하였다. 그러나 장기간의 전쟁으로 지배층의 내분이 일어나면서 결국 고조선은 멸망하였는데, 이때가 B.C. 108년이었다.

2) 위만조선의 통치구조와 경찰권

고조선은 일정한 통치구조를 갖춘 국가단계에 도달해 있었지만, 그 사회구조는 기본적으로 촌락공동체에 토대를 둔 종족 연합상태를 완전히 탈피하지 못하고 있었다. 따라서 고조선의 통치조직은 중국 한(漢)제국과는 달리 분화가 덜 된 상태였고, 초보적 단계의 수준이었다.

---

47) 중국 한(漢)나라 왕실에 있는 신하들은 내신(內臣)이라 부르고, 이에 대비되는 신하를 외신(外臣)이라고 하였다. 약(約)이란 국가 간의 약속, 즉 국제상 조약의 의미를 가지며, 법에 준하는 강제력 구속력을 갖춘 제도적 장치였다. 그러나 위만조선과 중국 한(漢)사이에 체결된 약(約)의 실제내용은 중국 한의 일방적인 내용이 아니고 양자의 쌍무적 입장을 대등하게 반영하고 있었고, 다만 중국을 중심으로 한 고대 동아시아 세계의 국제질서를 규정하는 제도적이고 요식적인 행위에 불과하였다는 것이다(김한규, "위만조선과 중국측 사료에 대한 재검토", 부산여대 논문집 8, 1980, pp.8－10).

48) 사기 권115 조선열전.

(1) 관료조직(지배층)

① 위만조선은 왕을 중심으로 통치조직을 정비했으나, 왕은 지배층을 대표하는 상징이었을 뿐 모든 사람에게 군림하는 절대적인 존재는 아니었다. 따라서 고조선의 통치조직은 중앙정부에 각 지역의 기반을 가진 지배족장 세력들을 중앙관료로 편입하는 중층구조를 가진 관직체계였다.

② 위만조선의 왕(위만·위만의 손자 우거)들은 대거수(大渠帥: 규모가 큰 부족장) 또는 거수(渠帥)를 통해 지역사회에 대한 통제를 가했고, 그 가운데 중앙으로 진출한 부족세력들이 귀족으로 편입되면서 관료로써 왕의 지휘를 받으며 국가를 이끌어 나갔다. 이 경우 중앙직과 지방직을 불문하고 문관직은 모두 상(相)[49]이라 부르고, 무관직을 장군(將軍)이라고 칭하였는데, 이들은 당시 문무관료였고 지배층이었다.

㉠ 고조선은 위만을 통치하기 이전부터 이미 토착화된 관제가 있었고, 그러한 토착사회의 기반 위에 중층구조적 관직체계를 갖추고 국가를 운영하였다고 볼 수 있다. 대표적인 예로 위만조선의 중앙관직에 보이는 조선상·니계상(尼谿相) 등은 그의 출신 부족명이 관직명이 된 것으로,[50] 이러한 관직명은 원시부족장제의 잔재 유품 중의 하나일 것이라고 추정하는 견해도 있다.[51]

㉡ 한편, 위만조선 멸망 당시 우거왕과 뜻이 맞지 않아 조선상(朝鮮相)인 역계경을 따라 한강 이남인 진국(辰國)[52]으로 간 사람이 2천호였다. 당시 2천호라는 집단적 대이동은 촌락공동체에 토대를 둔 종족적·부족적 연대 없이는 거의 불가능하다는 점도, 중앙과 지방의 중층구조적 관직체계였음을 입증하는 하나의 근거가 된다.

(2) 피지배층

고조선에는 귀족 아래에 민(民)이 있고, 다시 그 아래에 노비로 구분되는 신분이 이미 형성되어 있었다. 이러한 신분구조는 통치조직이나 대외정복 등 대외관계가 발전함에 따라 차츰 세습되었다(예컨대, 포로노예·형벌노비 등의 세습화).

49) 위만조선의 관제는 중국 한(漢) 제국과는 달리, 중앙의 대신직이나 지방의 장관직을 불문하고 모두 상(相)이라는 명칭을 사용하였다. 이에 대하여 「사기」 조선전에서 「응소」는 주(註)를 달면서 "오랑캐들"은 관기(관의 기강이나 구조)를 모르기 때문에 중앙이나 지방을 불문하고 모두 상(相)이라 칭하고 있다"고 혹평하고 있기도 하다.

50) 위만조선 멸망 당시의 문무관료로서는 조선상 노인(路人), 상(相) 한음, 니계상(尼谿相) 참(參), 장군 왕겹 등이 있었다(사기 권115 조선열전 제55; 한서 권제95 조선조 65 조선조).

51) 이병도, "위씨조선 흥망고", 서울대 논문집, 인문사회과학4, 1956, p.16.

52) 진국은 한반도 남쪽의 일부를 지배하던 정치세력으로, 지금의 충청남도 직산에 있던 목지국을 가리킨다는 견해가 있다.

(3) 경찰권의 행사

경찰권 행사의 주체로는 중앙에 왕과 그 밑에 문무관료계층(조선상·상·장군 등) 등이 있었고, 지방의 경우는 부족장 등이 당연히 경찰권을 행사하였다. 다만 고조선시대에는 경찰업무를 전담하던 중앙기관이나 지방기관은 미독립·미분화 상태에 있었고, 실무는 군이자 경찰업무를 집행하던 치안군이 그 역할을 수행하였다고 추정된다. 반면, 평민이나 노예 등은 피지배층으로서 경찰권 행사의 객체였다.

3) 경찰권의 행사와 법적 기반

고조선시대의 경찰조직과 기능을 살펴보는 일은 현존하는 문헌이 거의 없기 때문에, 어떤 위험성마저 내포될 수 있다. 그러나 경찰사적 입장에서 볼 때, 고조선의 경찰제도와 기능을 추적하는 작업은 한국 경찰의 정통성과 자주성의 근간을 밝히는 일이기 때문에, 그 의미는 실로 중요하다고 볼 수 있다.[53)]

(1) 고조선의 인구

고조선의 치안문제와 관련된 사안 중의 하나가 인구문제이다. 단군조선이나 강성기 조선(또는 후기조선)의 경우 문헌상 자료부족으로 그 인원을 정확히 진단할 수 없는 한계가 있다. 그러나 위만조선의 경우는 중국 문헌상의 「한서지리지」나 「후한서」 등에 의해서 대략 그 인구수를 25만~40만 정도로 추정할 수 있다.[54)] 따라서 이러한 인구수를 가진 고조선은 치안유지를 위한 법과 경찰의 존재는 필요 불가결의 요소였다.

(2) 8조금법(금법8조)

한 사회의 법률에는 그 당시의 사회의 성격과 지배체제를 잘 반영해 주고 있는데, 고조선의 8조금법(八條禁法)은 당시의 사회상과 지배구조를 잘 드러내고 있다. 8조금법은 우리나라에서 가장 오래된 법이지만, 중국의 「한서지리지」 연조(燕條)[55)]에 8가지 내용 중 3가지만 기록된

---

53) 현재까지 고조선의 사회와 정치에 관한 기록은 삼국유사에 남아 있는 고조선에 관한 내용과 중국의 사기·한서지리지 등에 남아있는 것이 전부라고 할 수 있다. 그나마 다행히도 한서지리지에는 고조선의 법속(法俗)에 관한 내용이 짤막하게나마 보이고 있어서, 고조선의 사회가 어떤 상태였는지 실마리를 제공해 주고 있다.

54) 반고(班固)가 쓴 한서지리지에 의하면, 낙랑군은 위만조선을 멸망시킨 한무제 원봉(元封) 3년에 설치되었는데, 낙랑은 "옛 조선국(위만조선을 말함)이다"라고 기술하고 있다(이용원 해역, 「한서지리지. 구혁지」, 서울: 자유문고, 2007, p.172). 이 기록에 따르면 위만조선은 낙랑군 지역과 거의 일치한다고 볼 수 있고, 이로보아 위만조선의 인구수는 낙랑군의 인구수와 큰 차이가 없다고 볼 수 있다. 한서지리지(漢書地理志)에 의하면 "낙랑군(樂浪郡)은 6만 2천 8백 12가구, 인구는 40만 6천 7백 48명, 25개현(조선현 외 24현)이 있었다"라고 하고 있고, 후한서에서는 낙랑군의 경우 4백 92가구, 인구는 25만 7천 50명이라고 하고 있다. 이러한 사료들을 종합해 보면, 위만조선의 인구는 대략 25~40만 정도 되었던 것으로 추정된다.

55) 한서지리지 권28하 지리지.

채 지금까지 전해지고 있다.

① 사람을 죽인 자는 즉시 죽인다(相殺以當時償殺)

이 대목은 응보형주의, 즉 동해보복(同害報復)사상의 표현이다. 여기서 주목해야 될 점은 "즉시 죽인다"는 구절인데, 두 가지 측면에서 그 의미를 찾아볼 수 있다.

첫째, 죄인에게 형벌을 행사하는 것은 국가의 주요 통치행위일 뿐 아니라 경찰력이 뒷받침되어야 시행할 수 있다는 점이고,

둘째, 경찰권행사의 주체는 중앙정부의 관료 및 각 부족장(군장)들에게는 재판과 형집행을 할 수 있는 권한이 주어져 있다는 점을 시사해 주고 있다.

② 남에게 상처를 입히면 곡식으로 갚게 한다(相傷以穀償)

이 구절은 원시적인 복수대신에, 정치권력의 중재에 의해서 곡식의 교환이나 벌금이 중심수단으로 사용되고 있다는 점을 특징으로 하고 있다. 이는 당시 농업생활이 경제생활의 기초였음을 추측하게 하는 대목이다. 다만 이 조항도 남에게 상해를 입혔을 경우 부자들은 곡식으로 배상하면 그만이지만, 가난한 자들은 곡식으로 변상하는 것 조차 가혹한 형벌이었다고 볼 수 있다.

③ 남의 물건을 도둑질한 자는 남자의 경우 도둑맞은 자의 노(奴)로, 여자는 비(婢)로 삼는다(相盜者男 沒入爲其家奴, 女子爲婢). 자속(自贖: 배상)하려면 50만 전의 돈을 내야 한다. 비록 속죄하여 양민이 되더라도 수치스러워 혼인하려 해도 배필을 구할 수 없었다. 이러한 구절들은 그 당시의 풍속과 사회상을 엿볼 수 있는 몇 가지 단서들을 제공하고 있다.

㉠ 도둑질 한 자를 노비로 삼는다는 조항이다. 이 조항은 전쟁으로 인해 획득한 노예뿐만 아니라, 물건을 훔쳤다는 이유만으로도 형벌노비로 만들겠다는 의도가 깔려 있다. 이러한 규정은 사유재산과 노비제도가 존재하였고(계급사회), 당시 화폐를 사용하였음을 시사해 주고 있다. 따라서 8조금법을 통해서 가장 혜택을 받은 사람은 중앙의 관료와 지방의 부족장(군장) 등과 같은 귀족세력들이었고, 일반 백성들은 수탈과 노역의 대상이 될 수밖에 없었다.

㉡ 죄를 벗고자 하는 자는 50만 전을 내야 한다는 구절은 여러 가지 의문점을 제시해 주고 있다. 첫째, 상해죄는 곡물로 대체하면서, 절도죄는 금전으로 규정하고 있다는 점이다. 만약 당초부터 배상제도가 규정되었다면, 돈으로 속전(贖錢)하는 속전법(贖錢法)이 아니라 부여·고구려에서와 같이 전통적으로 내려오는 곡물법이어야 마땅하다.[56]

둘째, 속전(贖錢) 50만 전이란 그 시대의 금법(禁法)으로는 상당히 무리가 있고, 이를 충족하여 죄를 면하는 사람은 거의 없다고 보아야 한다. 당시 50만 전이란 금액은 중국 한대(漢代) 당시 사형수로부터 속전 50만 전을 징수하고 사형을 감해 주었던 액수였고,[57] 당시 한대(漢代)

---

56) 도적질한 물건 하나(一)에 대하여 12배를 배상하는 것을 말한다.

57) 한서 권6 무제기(武帝紀) 천한(天漢) 4년 9월조 및 태조 2년 9월조.

의 50만 전은 황금 50근에 해당하는 것이다.[58] 따라서 이 규정은 원래 고조선때부터 제정된 것이 아니고, 중국 한(漢)이 고조선을 멸망시킨 후 한사군을 설치하고 한대(漢代)의 중국 입법례(立法例)에 따라서 개정되거나 신설된 것으로 추정된다. 즉, 후대의 「한서지리지」나 「후한서」에 추가로 삽입한 것으로 볼 수 있다.[59] 이와 같이 절도죄에 속전법을 규정한 것은 고조선 땅에 한군현을 설치하고 조선에 대한 식민지 정책을 시행하면서, 조선에 정착한 중국 한인(漢人)의 재산보호를 위한 일종의 정책적 차원의 배려라고 생각된다.[60]

셋째, "비록 속죄하여 양민이 되더라도 수치스러워 혼인하려 해도 배필을 구할 수 없었다"는 구절은 금법(禁法)의 조항이 아니고, 당시의 풍속을 말하는 것이라고 볼 수 있다. 따라서 고조선 사회는 범법자에 대한 도덕적 비난뿐만 아니라, 사회적·법적 제재에 의하여 통제되고 있는 사회였음을 시사해 주고 있다.

넷째, "그 나라 사람들은 마침내 도둑질을 하지 않고 밤에도 문을 닫는 일이 없으며, 여자들은 정조가 굳고 음란하지 않았다"는 규정은 그 당시의 치안상황이 상당히 양호하였다는 것을 보여주고 있다. 특히 '여자들은 정조가 굳고 음란하지 않았다'는 구절과 관련하여서는, 8조금법 중에는 간음죄에 관한 규정이 포함되어 있었을 것이라고 추정하는 견해가 상당수 제기되고 있다.[61] 그 이유는 간음을 금지하는 것은 본래 동이민족이 가장 중시하던 금법(禁法) 중의 하나였기 때문에, 고조선에서도 간음을 금하는 법속이 있었다고 추정하고 있는 것이다. 그러나 고조선의 경우 간음을 금하는 규정이 있었다면 '여자들은 정조가 굳고 음란하지 않았다' 그리고 '간음을 한 부녀자는 사형이나 비(婢)로 삼는다'는 문구가 삽입되어 있어야 한다. 즉, 형벌에 대한 규정이 있어야 하는 것은 당연한 이치이다. 그럼에도 불구하고 처벌을 명하는 금간(禁姦: 간음을 금하는 것) 규정이 없었다는 것은 간음죄가 8조금법 내용 중의 하나가 아니라, 풍속이나 관습상 당연히 지켜져야 할 도덕적·윤리적 가치기준이었다고 보는 것이 타당하다.

Ⅱ. 고조선시대의 범죄예방과 통제

고조선시대에도 군이자 경찰부대, 즉 치안군의 존재는 필수적이었다. 이들에 의해 살인·

58) 이병도, 「한국고대사연구」, 서울: 박영사, 1976, pp.57-64.
59) 이병도, 「한국사고대편」, 서울: 을유문화사, 1959, pp.145-146.
60) 위만조선이 멸망한 후 중국 한은 고조선에 한군현을 설치하였는데, 반고의 한서지리지 연조에 보면, "…한군현을 설치한 후…풍속이 점차 각박하여져서 이제는 법금(法禁)이 60여 조로 불어났다"고 기술하고 있으나, 60여 조의 법금의 내용은 오늘날 전하여지고 있지 않다. 따라서 고조선 멸망 이후 중국 후한시대의 반고(한서지리지)나 남북조시대와 남송의 범엽(후한서)이 한군현 설치 이후의 한(漢)의 입법례를 8조금법의 내용에 추가·보완 시켰다고 추정하는 이유가 여기에 있다.
61) 이병도, 앞의 책, p.147; 김용태 외, 앞의 책, p.14.

상해·절도·풍기단속 등이 이루어졌다는 사실(史實)은 중국의 사기·삼국지위서동이전·한서지리지·후한서 등을 근거로 그 일단의 면을 살펴볼 수 있다.

1. 사법경찰적(司法警察的) 기능

위만조선은 정치적 대군장이 지배하던 연맹왕국시대에서 중국식 왕호를 쓰던 집권적 영역국가시대로 넘어가던 시대였다. 동서양을 막론하고 근세 이전의 경찰활동은 범인을 검거하여 더 이상 범죄를 저지르지 않도록 하는 사후예방책을 근간으로 하고 있다. 그러기 때문에 고조선 사회역시 살인·상해·절도 등의 개인적 법익을 우선적으로 하는 사회목적적 치안[62]에 치중하였다고 볼 수 있다. 따라서 고조선시대의 치안군의 역할도 범인을 체포하고 형(刑)을 집행하는 전통적인 사법경찰기능이 주된 영역이었다.

2. 행정경찰적 기능

1) 풍속경찰

고조선 사회의 치안군은 행정경찰적 기능(풍속경찰)도 일부 수행하였다. 고조선시대는 여성에게 윤리적·도덕적인 정조를 강조하였다. 따라서 당시 고조선 사회는 관습적·도덕적·윤리적으로 상당히 높은 수준이었다고 추정된다. 그러나 그 이면에는 이를 유지하기 위한 치안군의 엄중한 풍기단속활동이 있었기 때문이다. 당시 동북아시아권에 속하는 고대 중국 진(秦)의 공손앙은 간음한 자를 고발하지 않은 자는 연좌죄를 적용하여 참수형보다 더 무거운 요참(腰斬: 허리를 자르는 형벌)에 처하였다. 이처럼 간음에 대한 강력한 금제(禁制)는 남자가 전투에 출정하게 되는 경우, 집에 남게 되는 여자들에 대한 효과적인 통제방환의 일환이었다.[63] 이러한 고조선의 통제방환은 남성들의 지위가 상승되는 남권우월사상으로 정착화되어 갔고, 반면 이것은 여성의 지위를 하락시키는 주요한 요인의 하나로 작동하였을 것이다. 여기에는 당시 치안군의 풍속경찰적 단속활동이 일정 부분 기여한 면이 있다고 생각되어진다.

2) 노비단속

남의 물건을 도둑 한 자는 남자의 경우 도둑맞은 자의 노(奴)로, 여자는 비(婢)로 삼았는데, 이를 단속하고 집행하는 것은 곧 군이자 경찰부대인 치안군의 몫이었다. 따라서 고조선의 지배층이 형벌노비를 통해 자신의 지위와 재산을 지켜 나갈 수 있었던 것도, 이들 치안군이

62) 사회목적적 치안은 사회공공의 안녕 및 질서유지를 목적으로 하는 경찰의 활동을 말한다.
63) 조성기, 「난세지략」, 서울: 둥지, 1997, p.151.

존재했기 때문에 가능했던 것으로 보인다.[64] 이러한 노비 등의 단속 문제는 고려시대의 순군만호부와 조선조시대의 포도청으로 이어져, 경찰업무 중의 하나로 인식되어졌다.[65] 이런 점으로 보면 노비 등에 대한 단속업무는 고조선시대로부터 시작되었다고 보아도 무방하다.

3. 경비경찰

고대에서 근세 이전까지의 대부분의 경찰활동은 보위경찰(保衛警察) 내지는 전투경찰적 성격을 띠었다고 볼 수 있는데, 국가보위에 대한 전투경찰적 경찰활동은 고조선시대에서부터 그 기원을 찾을 수 있다. 우리나라 역사상 최초로 외부로부터 침략을 받은 것은 고조선시대(3세기경)에 중국 연(燕)으로부터의 침략을 들 수 있다.[66] 그 후 기원전 109년에 당시 세계 최대의 제국이었던 한(漢)나라로부터 침략을 받고, 1년간이나 치열한 투쟁을 벌이다가 멸망하였다. 이것은 철제무기를 사용한 한(漢)나라와 이제 겨우 금석병용시대(金石併用時代)에 들어간 고조선과의 무기싸움을 의미하는 것이기도 하다. 고조선의 치안군도 이러한 악조건 속에서 국가보위와 사회질서유지를 위하여 그 소임을 다하였다고 추정된다.

4. 형의 집행기관으로의 기능

1) 고조선의 뇌옥(감옥)은 오늘날처럼 감금 그 자체가 자유를 구속하고 복역시키는 집행시설로서의 감옥은 아니었고, 주로 범죄자를 심문하거나 속납이 되기까지 이들을 구금하여 도주를 막으려는 목적에서 임시로 가두어 둔 시설에 불과하였다고 생각된다.

2) 살인자는 사형에 처하고, 상해죄는 곡식으로, 절도죄는 노비로 만들었고, 죄를 벗고자 하는 자는 50만 전의 돈을 내야하는 속형(贖刑)[67]제도가 있었다. 따라서 상해나 절도를 범한 자에 대하여는 곡식이나 금전을 내기 전까지는 일시적이나마 범죄자를 옥에 가두고, 속납(贖納)이 되면 석방시키는 뇌옥이 있었던 것만은 틀림이 없고, 이를 집행한 것 역시 치안군의 역할이었다.

---

64) 김형중, 「한국중세경찰사」, 서울: 수서원, 1998, p.13.

65) 고려 제26대 충선왕 2년에 전지(傳旨)로서 "순군만호부는 포도(捕盜). 순찰 및 옥수(獄囚: 죄인)의 일. 민간인들의 싸움질·살상 및 우마(牛馬) 도살 등의 일만을 처리하고, 전지(田地: 논과 밭)와 노비에 관련되는 일은 관계하지 말고, 순찰로서 일을 삼으라"고 명(命)하고 있다. 이는 경찰이 노비문제에도 깊숙이 관여하고 있다는 것을 보여주는 구체적인 사례라고 볼 수 있다(「고려사」 권85 志 권제39 형법2 충선왕 2년조).

66) 연(燕)은 진개라는 장수를 보내어 조선의 사방을 침공하여 2천여 리(2천여 리는 서울시 절반 정도임)의 땅을 빼앗고, 만번한(청천강)에 이르는 지역을 경계로 삼았다.

67) 속형(贖刑)은 금이나 동(銅)을 속납함으로써 감형 또는 면제할 수 있게 하는 제도를 말한다. 속형제도는 백성에 대한 중한 형벌을 면제하는 한편, 국가에서 필요한 동(銅)을 수납하려는 "두 가지 측면"에서 취하여졌던 규정으로 보인다. 이와 같은 맥락에서 본다면 속형(贖刑)제도는 고조선시대를 그 기원점으로 볼 수 있다.

제4절 한군현(漢郡縣)시대

Ⅰ. 총 설

우리나라에서 현존하는 문헌상 경찰조직체계와 경찰업무를 수행한 관료 등에 대하여 비교적 잘 정비된 제도를 갖추기 시작한 것은 한군현시대를 그 기원점으로 보아야 한다.[68] 왜냐하면 한군현이 한반도에서 축출되고 난 후 삼국시대에서 통일신라시대까지의 경찰기능은 행정·군사 부분 속에 혼입되어 운영됨으로써, 분화가 거의 이루어지지 않았기 때문이다. 그 결과 경찰조직체나 그 기능면에서 한군현시대보다 훨씬 체계적이지 못하였다. 오늘날 한사군시대의 경찰에 관한 연구는 거의 미진한 상태에 있다고 해도 과언이 아니다. 이러한 현상은 첫째, 문헌의 자료부족과 그 내용도 극히 단편적이고 평면적으로 기술되어 있어서 전체적인 통일성을 기하기가 어렵다는 점이 하나이고, 또 하나는 한사군이 과연 한반도에 존재했을까 하는 부분 등이 여전히 논란의 대상이 되고 있다는 점을 주요 원인으로 들 수 있다.

Ⅱ. 한사군의 위치와 설치배경

◆◆ 한사군(낙랑군) 시기의 부족분포

68) 김형중, “고려전기 금오위의 조직과 기능에 관한 연구”, 한국경찰연구, 2011, p.4.

1. 고조선의 멸망과 한사군의 설치

1) 한(漢)의 침략

한문제가 고조선을 침략한 이유는 첫째, '외신(外臣)의 규정'을 어긴 것에 대한 응징이었고, 둘째, 고조선이 흉노[69]와 연합할 수 있는 위험을 사전에 제거하고, 흉노의 왼팔을 끊는다는 목적을 지니고 있었다.[70] 이런 이유 등을 가지고 한(漢)제국은 고조선을 침공하여 약 1년간 전쟁이 지속되었고, 결국 B.C. 108년에 고조선은 멸망하였다. 당시 한(漢)나라의 정책 하나하나가 흉노에 관한 대책이었다고 볼 수 있는데,[71] 한무제의 위만조선 정벌과 한군현 설치는 동방에서 흉노의 세력을 견제하고 고립시키는 원대한 전략의 일환이었다.

2. 한사군의 설치배경

1) 한(漢)은 고조선을 멸망시키고 그 영역과 주변에 군현(郡縣)을 설치하고 관리와 군대, 상인들을 이주시켜 식민도시를 건설했는데, 이를 보통 "한군현" 또는 한사군(漢四郡: 네 개의 군)이라고도 부른다. 4군(四郡) 중 진번·임둔군은 원래 고조선 주변에 있던 소국의 이름을 그대로 사용하였는데, 우리 토착민들의 저항으로 기원전 82년에 철폐되었다. 그 후 7년만인 기원전 75년에는 현도군도 고구려의 저항으로 더 이상 버티지 못한 채 요하 유역으로 쫓겨갔다가 폐지되었다. 다만 낙랑군만이 서기 313년 고구려와 백제의 공격을 받아 쫓겨나기까지 비록 한반도 일부분이지만 421년 동안 오늘날의 평양을 중심으로 남게 되었다.

---

69) 흉노에 관한 이야기는 사마천의 사기로부터 시작된다. 기원전 1세기 흉노와의 전쟁에 출정했던 장군 이릉은 투항해 외몽골 지방에서 생애를 보냈는데, 이에 벗인 사마천도 사건에 연루되어 결국 궁형을 받게 된다. 사마천에 의해 쓰여진 사기의 흉노열전은 흉노에 관한 최초의 기록이다. 흉노는 몽골고원의 북아시아에서 역사상 최초로 등장한 기마유목 민족이었으며, 한나라의 정책 하나하나가 흉노에 관한 대책이었다고 볼 수 있다. 중국 최초의 통일국가 황제인 진시황도 흉노의 침입에 대비해 44개에 달하는 도성을 쌓았는데, 이것이 오늘날 중국을 상징하는 만리장성이다. 만리장성의 건설은 흉노로 하여금 역사상에 용맹한 이름을 떨치게 했지만, 지금은 역사상에 사라진 고대 유목국가에 불과하다(사와다 이사오 지음, 김숙경 옮김, 「흉노」, 서울: 아이필드, 2007, pp.29－30)

70) 동으로 조선을 정벌하여 현도와 낙랑을 세웠다. 이로써 흉노의 좌비(左臂: 왼팔)를 끊었고, 서쪽으로 대완(大宛) 등 36개국을 정벌하여 흉노의 오른팔을 끊었다(한서 권73, 위현전).

71) 전 국토를 통일한 한고조(유방)는 '평성의 치(平聲의 恥)'에서 쓰라린 경험을 맛보았기 때문에, 처음으로 흉노의 실력을 절감하고 흉노와 화평을 맺게 되었다. "평성의 치(平聲之恥)"라 함은 흉노의 묵특(부족의 통솔자)이 40만 대군과 한고조의 32만 군대가 평성(산서성 대동의 남쪽)에서 싸움한 결과, 묵특의 교묘한 전략에 고립되어 한고조(漢高祖)가 백등산(白登山)에서 7일 동안 굶주림으로 고생하게 된 사건을 말하는 것이다. 기원전 201년의 '평성의 치' 이후 한은 고조의 유언을 받들어 흉노와의 전쟁을 피하였고, 황실의 공주를 선우에게 보내는 등 흉노를 후하게 대접했다. 이러한 흉노와의 관계를 단절한 것은 제17대 한무제(漢武帝)였다(사와다 이사오 지음, 김숙경 옮김, 앞의 책, 2007, pp.41－49).

2) 중국 한(漢)이 한사군을 설치한 이유는 첫째, 자기 나라의 군현을 조선 땅에 두고 자기 나라의 태수(太守)를 임명하여, 조선을 비롯한 동이의 나라들(예컨대, 남쪽의 삼한이나 북쪽의 부여·옥저등)을 분리시켜서 통치할 수 있는 기반을 마련하기 위한 것이었다.

둘째, 한(漢)은 한사군을 설치하고 토착민의 거수(渠帥: 우두머리 또는 집단의 수장)들에게 관직과 인수(印綬: 옛날에 관리가 몸에 지니고 있던 인장과 끈) 그리고 관례복 등을 수여하여 조공관계를 맺었다.

셋째, 그 이외에도 한(漢)은 낙랑군을 통해 주변의 여러 정치세력에 대한 통제와 함께 교역의 이익을 보장받으려고 한 것도 한사군을 설치한 목적 중의 하나이다. 이러한 예는 고조선과 비슷한 시기에 똑같이 '외신(外臣)'으로서 한(漢)에 의해 멸망하고, 군현화(郡縣化)의 길을 갔던 남월(南越)[72] 등의 경우에서도 볼 수 있다.[73]

3. 낙랑군의 통치구조

1) 낙랑군부(樂浪郡府)의 편제

낙랑군은 고구려·백제·신라의 성장과정에 길라잡이 관계를 유지했다고 볼 수 있고, 한편으로 중국의 발전된 문물을 받아들여 새로이 성장하는 삼국의 문화, 그리고 한반도 남쪽에 있던 삼한의 문화에도 많은 영향을 끼쳤다고 볼 수 있다.

(1) 이중적 지배체제

낙랑군의 구조는 중국식 군현체제와 기존 토착인의 국가 또는 읍락 나름의 독자적인 지배체제[74]가 결합된 형태였으나,[75] 낙랑군이 설치된 초기에는 고조선 지역의 토착주민과 한인(漢人)을 구별하는 현상이 뚜렷했다.[76] 그러나 군현 지배가 장기화됨에 따라 고조선과 중국 한(漢)계 주민이 점차 융화되어, 1세기 후반에는 평양지역을 중심으로 「낙랑인」으로 불리는 사람들이 나타나게 되었는데, 이를 확인할 수 있는 고고학 자료가 바로 귀틀무덤[77]의 유행이다.

---

72) 남월은 조타(趙陀, B.C. 203~137?)가 세운 나라이다. 남월은 현재 중국의 상소성·강서성·절강성·복건성 등을 포함한 지역을 말한다(동북아역사재단 편, 「漢書 外國傳 譯註·下」, 2009, p.482).

73) 송호정. "중국에서의 낙랑군", 한국고대사연구34, 2004, pp.20-25.

74) 낙랑군이 존재하던 시기의 토착인 사회는 고구려처럼 국가의 단계로 발전한 대상이 있었는가 하면, 읍락의 상태에 머문 사회도 있었다. 따라서 지역이나 종족, 주민에 따라 발전의 정도가 균일하지 않았다.

75) 권오중, "중국에서의 낙랑군", 한국고대사연구34, 2004, pp.20-25.

76) 삼국지 위서 동이전 예전에, 한무제는 조선을 정벌하여 멸망시키고, 그 지역을 분할하여 4군을 설치하였다. 이 뒤로부터 호족(胡族: 여기서 호는 고조선의 주민을 가리킨다)과 한족(漢族)사이에 점차 구별이 생겼다(漢武帝伐滅朝鮮, 分其地爲四郡·自是之後, 胡漢稍別)(三國志卷30 魏書 東夷傳 濊傳)고 하고 있다. 이처럼 토착인 고조선인들에게는 차별대우를 하고, 반면 소수의 한인(漢人)들이 다수의 토착민을 지배할 수 있는 이중적 주민구성체제를 정착화시켰다. 여기서 고조선 지역의 토착주민이라 함은 모두 조선·예맥·(고)구려 등 현지 동이(東夷)인임을 뜻한다고 볼 수 있다(漢書 卷二十八下 地理志).

77) 낙랑인의 등장을 확인할 수 있는 귀틀무덤을 보면, 고조선계 주민의 한화(漢化)현상과 한계(漢系)주민의

(2) 낙랑군의 조직체계

낙랑군에 대한 한의 통치방식은 한 대(漢代)의 군현조직을 낙랑군에 도입하여 통치하였는데, 군(郡)→현(懸)→향(鄕)→리(里)의 체계로 운영되었다. 한사군 특히 낙랑군은 초기에 속리를 요동에서 데리고 왔는데, 이는 초기의 통치체제를 조기에 확립하기 위한 필수적인 조치였다. 그리고 이후에는 점차적으로 토착인을 속리로 임명하였다.

① 유주자사

전한(前漢)[78] 무제는 기원전 106년에 전국의 행정체계를 13주(州)로 나누고, 주(州) 밑에 수개의 군(郡)을 두었다. 각 주(13개주)에는 각각 1인의 자사(刺史)를 두었는데(13자사부), 10개의 군국(郡國)[79]을 감찰하기 위해 설치되었다. 낙랑군은 요동군(遼東郡)[80] 요서군(遼西郡)[81]과 함께 유주(幽州) 자사의 지배하에 있었다.

㉠ 유주자사(幽州刺史)는 지방장관인 군(郡)의 태수(예컨대, 낙랑태수·요동태수 등)들을 거느렸는데, 유주자사는 태수 등이 통치하는 군(郡) 등을 순회하면서 민정시찰(치안상태)과 감찰등을 주임무로 하였다.[82] 초기에 낙랑군의 경우 군(郡)과 현(懸)의 관원들은 한(漢)의 중앙정부(천자)로부터, 혹은 그 소속인 유주자사로부터 임명·파견되었다.

토착화 현상이 뒤섞여서 종족적 식별이 상당히 어렵다는 점을 들 수 있다(강동훈 외, 「한국의 역사1」, 웅진지식하우스, 2011, p.80). 귀틀무덤(목관묘)은 봉토 안에 네모진 긴 나무로 귀틀집을 짓는 방식으로 만든 무덤으로, 낙랑에서 사용한 무덤 형식 중의 하나이다. 귀틀무덤의 껴묻거리(죽은 자를 매장할 때 함께 묻는 물건)로는 청동용기·칠기·장신구 등 중국 한 대(漢代)의 유물이 많다.

78) 전한(前漢, 기원전 202년~기원후 8년)은 진(秦)에 이어 중국을 두 번째로 통일한 왕조이다. 수도는 장안이었는데, 그 위치가 후에 세워진 후한의 수도 낙양보다 서쪽에 있어서 서한(西漢)이라고도 불린다. 이러한 전한을 멸망시키고 신(新)나라를 세우고 제위에 오른자가 왕망이었다. 그러나 신(新)나라는 건국된지 15년 만에 유방(한고조)의 방계후손 광무제 유수에게 멸망당하였고, 광무제 유수가 한 왕조를 다시 부흥시킨 나라가 후한(後漢)이다. 후한은 수도를 낙양에 두었는데, 그 위치가 전한의 수도 장안보다 동쪽에 있기에 동한(東漢)이라고도 한다.

79) 군국제라함은 한(漢)나라 고조가 실시한 지방제도로 군현제와 봉건제를 조화시킨 것이다. 유방(한고조)은 자신을 따라 싸운 공신들을 우대하기 위하여 일단은 7명을 왕으로 봉하고 공신들을 열후(列侯)로 삼아 1개 현(縣)을 단위로 한 봉읍을 지급해 그곳에서 징수된 조세가 그들의 수입이 되도록 하였다(봉건제). 그리고 이러한 왕국(王國)과 후국(候國)을 제외한 나머지 영토는 진(秦)의 군현제를 본받아 다스렸다(군현제). 따라서 군국제는 천자(天子)에 직속되는 군(郡)과 제후를 분봉(分封)한 국(國)으로 나누어 통치하였는데(군현제와 봉건제의 조화), 낙랑군의 경우 천자가 지방관을 파견하여 통치하는 군(郡)에 해당하며, 제후에게 통치를 위임한 국(國)은 아니었다.

80) 요동군은 중국 전국시대 연(燕)나라 땅에 설치했다. 관할구역은 지금의 요령성 대릉하 동쪽에서, 개원시 남쪽, 그리고 청천강 하류 이북지역이었다. 요동군에는 지방장관인 요동태수가 있었다(동북아역사재단 편, 「漢書 外國傳 譯註·上」, 동북아역사재단, 2009, p.57).

81) 요서군은 중국 전국시대 연나라 땅에 설치했다. 전한(前漢)시대에는 유성(柳城)이라고 불렀다. 관할구역은 지금의 하북성 요서현, 당산시 동쪽, 대동강 하류 서쪽에서 장성 남쪽까지의 지역이었다. 지방장관인 요서태수가 있었다(동북아역사재단 편, 위의 책, p.57).

82) 漢書卷二十九上百官公卿表第七上(師古曰…漢官典職儀云刺史班宣, 周行郡國, 省察治狀, …斷治寃獄…).

㉡ 유주자사는 실질적으로 경찰권을 행사하였다고 볼 수는 없지만, 낙랑경찰통수부의 사법권과 경찰권의 감독기구였다.

② 군(郡)

군현의 관리는 한(漢) 제국(중앙)에서 파견한 관리인 장리(長吏)와 지방에서 현지 임용한 속리로 나눌 수 있다.

㉠ 장리

당시 군(郡)이라 함은 오늘날 우리나라의 도(道)에 해당하고, 한사군의 각각의 군(郡)에는 중국의 중앙에서 파견하는 장관급인 태수가 있었고, 그 밑에 차관급으로 부관인 승(丞)을 두었다. 한편 태수의 보좌겸 감시역으로 도위(都尉)를 두었는데, 도위부에는 도위와 승을 두었다. 다만, 변방에 있는 군(郡)에는 「승」 대신 병마(兵馬)만을 관장하는 장사(長史)를 두었다. 따라서 전한 시대의 낙랑군의 최상위 조직체계는 태수부(태수가 있는 곳)와 도위부(태수의 보좌역겸 감시역으로 도위가 있는 곳)로 구성되어 있었다. 태수부에는 한(漢) 제국에서 파견한 태수·승·장사 3인이, 그리고 도위부에는 도위 1인과 승 1인을 두었는데, 이들이 장리(長吏: 지위가 높은 관리)였다.

㉡ 속리(屬吏)

낙랑군의 행정조직을 실제 움직인 것은 속리들이였다.

태수부가 있는 군(郡)에는 속리(하급관리)를 두었는데, 군(郡)의 태수가 현지에서 지역출신자들을 임용하였다. 오늘날 낙랑군의 속리로서 오관연(행정과 규율담당)·결조사[83](감옥관장)·소부(小府: 재정관장)등이 확인되고 있다.

③ 현(懸)

㉠ 장리

군(郡)관할하의 현(懸)에는 그 대소에 따라 현령(縣令: 만호 이상)과 현장(懸長: 만호 미만)을 두고, 그 밑에 승(丞)과 위(尉)를 두었다. 「승」은 일반행정을 맡고, 위(尉)는 경찰행정을 담당하였다. 군(郡)과 마찬가지로 여기까지가 중앙에서 파견된 장리(長吏)다.

㉡ 속리

하급관리는 역시 현지에서 속리를 채용했으며, 대체로 군태수부와 같았다. 소리(小吏)로는 봉급 백석(百石) 이하인 두식(斗食)과 좌사(佐史)를 같이 두었는데,[84] 각각 문치(文治)의 보좌와 도적을 잡아가두는 일을 맡아보게 하였다.[85]

---

83) 현재 확인된 낙랑군 속리 중에 후한 초 결조사(決曹史)직을 수행하였던 양읍(楊邑) 등의 이름이 보이고 있다(後漢書 卷七十六).

84) 漢書 百官公卿表, "縣有丞尉, 秩四百石至二百石, 百石以下有斗食, 左史之秩, 是爲少吏".

85) 내무부치안국, 앞의 책, p.221.

④ 향(鄕)

㉠ 유질·색부·유요

향(鄕: 10정이 1향임)은 지금의 읍·면에 해당하는데, 큰 향에는 유질(有秩)을, 작은 향(小鄕)에는 색부(嗇夫)라고 불리는 장(長)이 있었고, 그리고 경찰업무를 담당하던 유요(遊徼)[86]를 두었다.

㉡ 삼로(三老)

삼로[87]는 교화와 권농을 도모하는 자치적 성격의 향관(鄕官: 향의 관리)이었다. 읍군(邑君)·삼로(三老)는 군현(郡縣)의 장(長)에 의해 임명되기는 하였지만, 이들은 군현 지배 기구 내에 편제되어 군현(郡縣)을 직접 움직이는 속리(屬吏)와는 구별된다.

⑤ 정(亭)·리(里)

㉠ 향의 하부조직으로 오늘날 동(洞)에 해당하는 정(亭)과 리(里)가 있었다. 정(亭: 10리가 1정임)은 본래 지방치안을 담당하는 기구로서, 10리(里) 1정(亭)에 정장(亭長) 1명을 두었다. 정장(亭長)은 도적을 막는 일만을 담당하고 주민들의 일을 담당하지 않았으며, 그 외에 경찰업무를 수행하던 정후(亭候) 등이 있었다.[88]

㉡ 리(里)에는 일리백가(1里百家: 1리에 백가구)를 관장하는 이괴(里魁), 그리고 민(民)에는 10가구를 주재하는 십(什)과 5가구를 주재하는 오(伍)를 두었다.

4. 낙랑군시대의 경찰조직

1) 경찰 조직

(1) 도위(都尉)

낙랑군시대의 경찰제도는 근대적 경찰제도와 아주 유사한 조직체계를 갖추고 운영되었다. 군(郡)의 태수는 군사·행정·사법·경찰권을 총괄하는 장관이었고, 무관(武官)인 태수의 보좌겸 감시역인을 수행하던 도위가 치안 관련 업무를 실질적으로 관장하였다. 그리고 이러한 경찰권

86) … 游徼徼循禁賊盜(漢書 卷十九上 百官公卿表 第七上).

87) 삼로는 한(漢)이 토착사회의 크기에 따라 그 지역의 우두머리에게 부여한 직명(職明)이다. 후(候)는 현(縣) 크기의 집단의 군장(君長)에게, 읍군(邑君)·삼로(三老)는 소규모 공동체의 장(長)에게 각각 준 칭호이다. 삼로(三老)는 원래 중국 전국시대 이래 현(縣) 아래의 조직인 향(鄕)의 우두머리에게 붙이던 명칭이었다(국사편찬위원회, 「中國正史 朝鮮傳 譯註一」, 1990, p.279). 삼로는 관원이 아니었으며, 백성의 교화와 관민(官民)의 이해를 조정하기 위하여 재력과 학식, 그리고 덕망도 겸비한 읍락의 거수 등이었다. 이들은 한의 지배 이후 읍군·삼로의 직을 보유하여 기존의 하호(下戶)를 통치했다고 볼 수 있다(…無大君長 自漢以來 其官有候邑君三老統主下戶)(三國志卷30 魏書東夷傳濊). 이와 같은 정책은 한(漢)이 일방적인 관치(官治)의 한계를 인식하고 현지 호족세력을 선발하여 향리의 자율적인 질서를 존중함으로써, 통치의 안정을 도모하려는 정책의 산물이라고 볼 수 있다.

88) 後漢書 志 第二十八 百官五.

행사에 실무를 담당하던 속리로서는 감옥을 관장하던 결조사(決曹史) 등이 있었다.

(2) 현위(縣尉)

① 현(縣)에는 그 대소에 따라 현령과 현장을 두었고, 그 밑에 병금(兵禁: 군사와 치안)을 장악하고 방비하던 현위를 두었다. 현위는 큰 현에 좌위 1인·우위 1인을 각각 두었고, 작은 현에는 위(尉)1인을 두었다.

② 현위는 주로 도적을 다스렸다. 고소·고발인의 고소·고발 내용이 불충분하면 백방으로 탐색을 하면서 전과(前科) 및 우범자 등을 조사하여 범죄의 단서를 찾는 것이 주요 임무였다. 변경이 가까이 있는 군(郡)에는 모두 현위를 배치하여 백리(百里)마다 한 사람을 두었다고, 한률(漢律)은 전하고 있다.[89]

(3) 유요

현(懸) 아래에 행정조직인 「향」에는 순찰과 도적을 방비하는 유요를 두었다. 유요는 중국 최초의 통일국가인 진(秦)나라에서 수도 궁성을 중심으로 시작된 순찰기구로서, 중위(中尉)라고도 부르기도 하였다.[90]

(4) 정장

정(亭)에는 「정장」과 「정후」 등을 두어 순찰 등을 전담하게 하였는데, 특히 정장은 2척판(二尺板: 경찰봉으로 약 60.66cm)을 소지하고 순찰을 하면서 도적을 추궁하고 포승으로 범법자를 체포하였다.

(5) 이괴

「리」에는 일리(一里)에 백가구(百家口)를 관장하는 이괴(里魁)를 두었고(일리백가), 민(民)에는 십(什: 10가구를 주재)과 오(伍: 5가구의 주재)를 두어, 풍속경찰업무 등(상호검찰과 선·악의 일 등을 감독)의 말단행정을 담당하였다.

2) 낙랑군시대의 경찰지휘체계

낙랑군시대의 경찰조직은 도위부의 도위(都尉) → 현(縣)의 현위(縣尉) → 향의 유요 → 정(亭)의 정장(亭長)과 정후(亭候) 등이 지휘라인에 있었다. 이런 측면에서 볼 때 낙랑군시대의 경

---

89) 김형중, 「한국경찰사」, 서울: 박영사, 2016, p.47

90) 유요(遊徼)의 명칭은 진(秦)의 유요 → 한무제 때 집금 → 당(唐)의 금오위 등으로 명칭이 변경되는 과정을 거치고 있다. 이러한 당(唐) 대의 금오위의 명칭은 우리나라 고려시대 2군 6위 중의 하나인 금오위가 그 명칭을 계수(繼受)하고 있다(고려사 권77지 권31 백관2 서반조).

찰지휘체계는 비교적 완비되었다고 볼 수 있다.

3) 경찰권 행사의 법적근거

(1) 사회복잡화·다변화로 인한 금법의 증가

고조선시대의 팔조금법(八條禁法)은 낙랑군시대로 접어들면서 금법(禁法)이 60여 조로 늘어났다.[91] 그러나 이러한 법령의 갑작스런 증가는 고조선인들이 선진 중국문물을 수용함에 따라 일어난 변화는 아니라고 보아야 한다. 이는 소박하고 단순한 사회구조와 문화를 지녔던 고조선 사회에 한군현이 설치되면서 일방적인 문화적 충격과 수탈적 상업정책에 따른 결과라 할 수 있다.[92] 이에 따라 경찰기구도 중국식의 관료제로 전환되었고, 경찰권행사에 따른 법적근거도 점차 마련되었다.

(2) 낙랑설령(樂浪挈令)

① 낙랑설령의 내용

반고(班固)의 한서지리지에 전하는 금법 60조는 낙랑군에서 존재하던 낙랑설령(樂浪挈令)이라는 법령 안에 포함된 법조항이었다. 낙랑설령은 고조선시대의 관습법 등을 고려하여 한(漢) 제국이 제정한 특별법으로서, 토착사회를 지배하는 데 필요한 낙랑군 자체의 속률(俗律)이었다.[93] 이러한 낙랑설령과 같은 속률(俗律)은 한제국이 이민족(異民族)지역에 군현을 설치하고 많은 설령 등을 제정하였는데, 대표적인 것으로 난대설령(蘭臺挈令)[94]을 들 수 있다.

② 낙랑설령의 적용범위

낙랑설령 60여 조는 고조선 토착민들에게 당연히 적용되었고, 낙랑 60여 조에 포함되지 않는 범죄와 처벌은 중국 본토의 한률(漢律)을 사안에 따라 토착민에게만 특별히 적용시켰다고 생각되어진다.

(3) 낙랑군 지역 이외의 경찰권

낙랑군은 지방장관이 직무를 보는 군치(郡治: 평양의 조선현)중심으로 중국에서 도래한 한인(漢人)들이 읍락을 이루고 있었고, 낙랑군 영역 밖에 있는 삼한 지역 등은 그들의 통제 밖에 있었다. 따라서 삼한지역 등은 기존 토착세력의 지배구조와 지배세력이 그대로 유지되어 독자

---

91) 漢書地理志燕條 "…多至六十餘條". 낙랑군의 60여 조 금법의 내용은 오늘날 전하여지지 않고 있다.
92) 송호정, 앞의 논문, p.52.
93) 大庭脩, 「秦漢法制史硏究」, 상해인민출판사, 1991, pp.93－96.
94) 난대설령의 내용 중에는"사면령이 있어도 어떤 범행은 궁형(宮刑)에 처하라"고까지 규정하고 있기도 하다. 이는 한(漢)의 법령이 특정지역(한군현이 설치된 지역)에서 시행되는 특별령보다 우선시 되어 적용됨을 의미한다(武威地區博物館, 「甘肅武威早披東漢墓」『文物』, 1993, p.37).

적인 군사력과 경찰권을 행사하고 있었다.[95)]

(4) 감옥

① 낙랑군의 수도 평양의 조선현은 태수가 직무를 보는 군치(郡治)[96)]였으며, 아울러 이곳을 다스리는 현령이 머무는 현치(懸赤)였다. 낙랑토성[97)] 내에는 군 태수의 사적 공간과 집무를 보는 공적 공간이 구분된 상당한 규모의 관아가 중심적 위치를 차지하고 있었고, 토성 내에는 태수 지휘하의 군대가 주둔하는 군영이 있었다. 그리고 주변에는 창고·주방·감옥·졸(卒)의 숙소가 있었던 것으로 추정된다.

② 낙랑군의 군(郡)과 현(懸)에는 감옥이라는 존재를 통하여 범죄자를 통제하였다. 낙랑군 태수부에는 감옥을 관장하던 결조사[98)] 등이 있었고, 현(縣)에는 좌사(左史)라는 속리를 두어 도적을 잡아 가두는 일을 맡아보게 하였다.[99)]

5. 낙랑군시대의 경찰기능

1) 사법·행정경찰 기능

한사군(낙랑군)시대의 경찰은 사법경찰 기능(현위) 이외에도 순찰·풍속 등의 광범위한 행정경찰업무도 수행하였다. 향에는 유요, 정(亭)에는 정장 등이 순찰 등을 전담하였고, 리(里)에는 이괴 등이 풍속경찰 업무를 담당하였다.

2) 역기능

(1) 한(漢)제국의 속국이었던 남만·서남 등지에서 토착세력들에 의한 반란이 속출되었는데, 이것은 토착사회에 대한 군역이나 가혹한 조세부과가 그 원인이었다.[100)] 낙랑군의 경우에

---

95) 三國志 魏書 東夷傳 裵注, "魏略曰…其語非韓人 聞之 男子曰 我等漢人 名戶來 我等輩千五百人伐樹木爲韓所擊得皆斷髮爲奴積三年…).

96) 중국 한(漢)대의 성(城)은 국가권력의 상징으로서 군치(郡治)·현치(縣治)는 지방행정구역의 중심이자 중국 중앙에서 파견한 지방관이 거주하는 곳이다. 낙랑군 수도의 평양의 조선현(朝鮮懸)은 태수가 직무를 보는 군치(郡治)였으며, 아울러 이곳을 다스리는 현령이 머무는 현치(縣治)였다. 오늘날 서울시장이 직무를 보는 서울특별시 중구 세종대로에 서울시청이 있고(군치), 서울특별시 중구 청장이 직무를 보는 중구청(현치)이 있는 형태와 동일하다.

97) 낙랑토성의 규모는 서북한 지역에 분포하는 이 시기의 다른 토성에 비해 규모가 상대적으로 컸는데(한 변의 길이가 350~400m이고 총길이는 약 1.5km였다), 이는 낙랑토성이 군치였기 때문이다. 당시 낙랑토성에는 25개현(조선현 등)이 있었다(오영찬, 「낙랑군연구」, 서울: 사계절, 2006, pp.94-95).

98) 낙랑군 태수부의 속리로서 감옥을 관장하던 결조사 양읍 등의 관직과 성명이 오늘날 확인되고 있고, 현에는 속리인 두식과 좌사를 각각 두어 문치의 보좌와 도적을 잡아 가두는 일을 맡아보게 하였다는 사실(史實)에서 감옥의 존재를 시사해 주고 있다(오영찬, 위의 책, p.82).

99) 내무부치안국, 앞의 책, p.22.

도 이러한 경제적 착취 등에 경찰력이 동원되었음을 두말할 나위가 없다.

(2) 낙랑군은 인접 옥저 등의 군장이나 거수들에게 현(縣)의 장리에 준하는 예우보장과 관작수여 등을 통하여 조공을 강요하고 토산물을 수탈하였다. 여기에는 경찰이 상당 부분 그 악역을 담당하였다고 볼 수 있다.

제5절 남북 부족국가시대

Ⅰ. 총 설

고조선의 멸망으로 한사군이 등장하고, 북쪽의 부여(서기전 200년경) 계통의 나라와 남쪽의 삼한이 성장하면서 한국 고대사회는 새로운 정세에 놓이게 되었다. 그러나 이 시기의 토착인 사회는 초기 고구려처럼 국가의 단계로 발전한 대상이 있었는가 하면, 읍락(邑落)의 상태에 머문 사회(옥저·동예)도 있었다. 한반도 전체가 국가형태를 갖춘 것은 철기 시대이다. 따라서 남북 간의 차이와 그 출발 시기가 다르기 때문에, 지역이나 종족·주민에 따라 발전의 정도가 균일하지 않았다.

◆◆ 남북 부족국가의 분포

북쪽에는 부여·초기 고구려·옥저·동예가 나라를 형성했고, 남쪽에는 삼한이 자리를 잡았다.

100) 후한 환제 때에는 군·현·향·정의 세금이 너무 가혹하여 처를 바치거나 자식을 파는 경우도 있었고, 혹은 스스로 목을 매는 경우도 허다하였다. 이는 지방수령들이 현지 실정을 정확히 파악하지 못한 것이 주 원인이었다. 당시 파군(巴郡)의 판순만이(板楯蠻夷)족이 반란을 일으켰고(後漢書 卷 八十六 南蠻西南夷傳), 또 건무 18년 이족(夷族)의 거수(渠帥) 동잠이 여러 종족과 함께 반역을 일으켜 장리(長吏)를 살해한 사건 등이 속출하였다(後漢書 卷86 南蠻西南夷傳).

Ⅱ. 북방 부족국가의 발달

1. 부여(夫餘)

부여는 북만주 평원의 농안·장춘지방을 중심으로 발달한 부족연맹국가였다. 농경과 목축을 주로 하였고, 특산물로는 말·주옥·모피 등이 유명하였다. 부여는 서기전 4세기경에 성립되어 이미 1세기초에 왕호를 사용하였고, 중국과 외교를 맺는 등 발전된 국가의 모습을 보였다. 그러나 북쪽으로는 선비족,[101] 남쪽으로는 고구려와 접하고 있다가 3세기 말 선비족의 침략을 받아 크게 쇠퇴하였고, 고구려 제21대 문자왕(文咨王) 3년(494)에 고구려에 항복하였다. 부여는 약 800년 동안 지속하였는데, 부여의 지배세력이나 구성원들은 동이족의 한 갈래인 맥족(貊族)이었다.

1) 정치사회구조와 경찰권행사

(1) 부(部)체제의 통치제도

① 5부족 연맹체[102]

부여의 지배체제는 5부족 연맹체로서 왕이 다스리는 지역 이외에 4부족장이 따로 자기 부족을 다스렸다. 왕(부족연맹장격)은 제가(諸加)들이 추대하였으며, 자연재해(수해·한해)로 오곡이 잘 익지 않으면 그 책임을 물어 왕을 교체하기도 하였다. 따라서 왕권은 극히 미약하였다.

㉠ 중앙에는 왕이 직접 통치하였으며, 왕 아래 마가·우가·저가·구가 등의 제가(諸加)가 있고, 관인으로 대사·대사자·사자[103] 등이 있었다.

㉡ 지방은 제가(부족장)들이 각기 한 지방을 맡아 다스렸는데, 부족장 아래에는 사(使)자가

---

101) 선비(鮮卑)는 고대 아시아 민족의 하나로 중국의 전국시대 무렵부터 만주에 웅거하여 세력을 떨쳤으며, 선비의 일파가 3세기경에 글안족으로 발전하였다(이홍식 편, 「국사대사전」, 서울: 한국출판사, 1982, p.729).

102) 부여는 5부족 연맹체로서 왕이 다스리는 지역 이외에 4부족장이 따로 자기 부족을 다스렸다. 따라서 각 지역을 다스리는 부족장의 명칭이 마(馬: 말)·우(牛: 소)·구(拘: 개)·저(猪: 돼지)였다. 이때는 농경사회가 완전히 정착된 시기가 아니어서 다섯 종류의 가축을 다섯 부족에게 나누어 주고 그 가축들을 경쟁적으로 번식시키게 하였다. 각 부족이 기르는 가축이 토템신앙으로 정착되면서 나온 놀이가 바로 윷놀이이다. 도는 돼지(猪), 개는 개(拘), 걸(왕이 다스리던 부족에게 주던 가축인 갈)은 양(羊), 윷은 소(牛), 모는 말(馬)을 상징한다. 이들 순서는 동물의 달리는 속력과 관계가 있는데, 「도」는 한 발씩, 「개」는 두 발씩, 「걸」은 세 발씩, 「윷」은 네 발씩, 「모」는 다섯 발씩을 갈 수 있다는 것에서 알 수 있다. 이 윷놀이는 농한기인 겨울철이면 남녀노소 귀천이 없이 많은 사람들이 즐겼다고 전해지고 있다(민병덕, 「핵심한국사」, 서울: 혜원, 2008, p.36; 역사신문편찬위원회, 「역사신문」, 서울: 사계절, 1995, p.30). 따라서 윷놀이의 기원은 부여의 관직(제가)에서 유래된 것으로 추측되고 있다.

103) 사자(使者)는 대가(大加)의 밑에서 행정적 업무를 담당하는 관인(官人)이다. 사자는 원래 씨족 내부에서 신분이 열등한 자로 조세와 부역을 총체적으로 책임지던 관리였다. 그러다가 점차 그 기능이 중요시되어 여러 층의 사자(使者)로 분화되어 가면서 점차 그 지위가 높아져, 행정적 관료로서 성장하였다.

붙은 관료(대사자·사자)들이 있었다.

② 제가평의회(諸加評議會)

부여의 지배체제는 왕을 정점으로 하되 왕 아래 마가·우가·저가·구가라고 불리는 부족장들이 모여 모든 주요사항을 논의하고 결정하였는데, 이를 「제가평의회」라고 한다. 제가들은 제가평의회의 구성원이면서 동시에 대신들로 각기 한 지방을 다스렸다.

③ 사출도(四出道)

수도를 중심으로 동·서·남·북의 방위에 따라 지방을 4개 구역으로 나누었으며, 그것을 사출도[104)]라고 하였다. 수도가 있는 중앙지역(국왕이 다스리는 곳)에는 가장 강력한 부족이 있고, 이 중앙 부족을 중심으로 사방(동·서·남·북)에는 4가(마가·우가·저가·구가)들이 각각 사출도의 도(道)를 관장·지배하였다.

(2) 부여의 사회구조

지배계급으로는 왕·제가·관리 및 호민 등이 있었고, 피지배계급으로는 양인(농민)인 하호(下戶)와 천민층인 노비 등이 있었다.

① 지배층

국왕은 중앙에 위치하여 제가(諸加)를 통할하고, 제가는 사출도, 즉 4부(部)에 할거(割據)하면서 소속 호민(豪民) 하호(下戶)를 통솔하였다.[105)] 제가의 경우 큰 곳은 수천가이며, 작은 곳은 수백가였다.

② 호민

호민(豪民)은 지방과 중앙의 중개자 역할을 하면서 지배자로 군림했다. 읍락에서 실질적으로 하호(下戶)나 노예들에게 경찰권을 행사하는 것은 이들이었다. 왜냐하면 호민은 중앙권력과 밀접한 관계를 맺고 조세와 부역 또는 전쟁동원 등의 업무에 관여하는 일선책임자였다.

③ 양인(농민)

농민은 하호(下戶)로서 지배층의 지배를 받는 일반 부족원이나 읍락원(邑落員)을 가리킨다. 적군의 침입이 있으면 제가(諸加)들이 몸소 전투를 하고, 하호는 양식을 져다가 음식을 만들어 주는 등 부분적으로 노동력을 강제당하기도 하였다.

---

104) 사출도란 명칭은 중앙의 도로에서 네 지역으로 출발했다는 뜻이다. 제가들은 네 명이었는데(마가·우가·저가·구가), 이들은 부족연맹의 대신들로서 각기 한 지방을 맡아 다스렸다(이이화, 「한국사이야기① 우리민족은 어떻게 형성되었나」, 서울: 한길사, 1998, p.282).

105) 삼국지 권30 위서(魏書)30 동이전 제30 부여전.

④ 노비

노비는 최하층 천민신분으로 전쟁 중에 노역만 제공할 뿐 전투에 직접 참가하지 않았다. 이들은 개별적으로 권력자에 예속되어 있었고 순장(殉葬)의 대상이 되기도 하였는데, 많을 때는 순장되는 노비가 100여 명 가량이나 되었다.[106)]

2) 인구 및 법속

(1) 인구

부여는 장성(長城)[107)]의 북쪽에 있는데, 현도(한사군의 현도를 말함)에서 천리쯤 떨어져 있었다. 국토의 면적은 사방 2천리가 되며 호수(戸數)는 8만으로, 부여의 인구수는 36만 8천에서 39만 2천 명 정도였다.[108)] 부여는 산릉과 넓은 들이 많아서 동이(東夷)지역에서는 가장 넓고 평탄한 곳이었고, 영토 또한 지금의 만주땅 3분의 2를 차지하고 있었다. 부여인들은 체격이 크고 성질은 굳세고 용감하며, 근엄·후덕하여 다른 나라를 쳐들어가거나 노략질하지 않는 평화로운 민족이었다.

(2) 법률

부여의 법속은 중국 사서인 「후한서」[109)]에 4조목의 법이 전해지고 있는데, … "그 풍속은 형벌이 엄하고 각박하여 ① 살인자는 사형에 처하고 살인자의 가족들은 적몰하여 노비로 삼는다. ② 도둑질을 하면(훔친 물건의) 12배를 변상하게 했다. ③ 남녀 간에 음란한 짓을 하거나 부인이 투기하면 모두 죽였다. ④ 투기하는 것을 더욱 미워하여 죽이고 나서 그 시체를 나라의 남산(南山) 위에 버려서 썩게 한다. 친정집에서(그 부인의 시체를)가져 가려면 소나 말을 바쳐야 내어 준다. 형이 죽으면 형수를 아내로 삼는데, 이는 흉노의 풍습과 같다"고 기술하고 있다. 이로보아 부여의 법률은 귀족들의 사유재산과 노비소유, 그리고 가부장제와 일부다처제를 보호하는 것을 특징으로 하고 있다.

① "살인자는 사형에 처하고, 그 가족은 데려다 노비로 삼는다"는 구절은 당시 부여의 법

---

106) 삼국지 권30 위서30 동이전 제30 부여전.

107) 장성(長城)은 중국 북방에 외적을 방어하기 위해 세워진 성벽으로 흔히 만리장성이라 불린다. 지도상의 연장은 약 2,700km이지만, 기복이 있거나 중첩된 부분을 고려한다면 5,000km에 달한다. 장성의 기원은 B.C. 221년 진시황제(秦의 始皇帝)가 통일한 후 흉노를 방어하기 위하여, 전국시대의 제국(진·초·제·위·조 등)들이 모두 국경에 세웠던 것들을 보수하여 임조(臨兆)에서 요동에 이르는 만리의 장성을 수축하였다. 따라서 여기서 말하는 장성은 현재의 만리장성을 의미하는 것이 아니고, 연(燕)·진(秦)시대에 쌓은 장성을 의미한다(국사편찬위원회, 「中國正史譯註1 조선전」, 1987, pp.218−219).

108) 호(戶) 8만은 고구려의 홍기(興起)와 제2차 현도군의 설치 시기인 B.C. 82년 이후부터 A.D. 2년 사이의 인구로 보고 있는데, 당시 A.D. 2년의 부여의 인구수는 36만 8천~39만 2천에 해당된다고 보고 있다(국사편찬위원회, 위의 책, p.222).

109) 후한서 권85 동이열전 제75 부여국.

속이 고대 법률의 특징인 보복법의 성격을 띠고 있었고, 이미 부여에는 연좌제법이 시행되고 있었음을 시사해 주고 있다.

② 일책십이법

도둑질하면 훔친 물건의 열두 배를 갚게 했는데, 이것을 통상적으로 일책십이법(一責十二法)이라 부른다. 이러한 일책십이법은 고대사회에서는 드물게 보는 과중한 처벌이었다. 이것은 절도범에 대한 처벌적 측면도 있었지만 노비를 만들어 내기 위한 일종의 착취 수단이었고, 지배계급의 사유재산보호를 위한 정책적 입안제도였다.

③ 간음한 자는 사형에 처한다.

음란과 투기에 대한 금법(禁法)은 철저한 남성위주의 가부장적 가족제도와 일부다처제(一夫多妻制)를 유지하기 위한 것이었다. 고대사회에서는 음란과 투기의 절제가 여성이 지켜야 할 덕목으로 강조되었다. 그러나 동북아시아권에서 사형에 처하는 경우는 고대 중국의 진(秦)과 한(漢)나라 그리고 부여사회에서만 보이는 독특한 형벌이었다.

(3) 뇌옥(감옥)

삼국지 위서 부여전에 "이천리에 걸쳐 팔만호의 백성이 정착하여 살았으며 궁실과 창고·뇌옥(牢獄)[110]이 있었다"고 전하고 있다. 따라서 우리나라 역사상 뇌옥이라는 용어가 처음 확인되는 것은 부여에서 그 기원점을 찾아볼 수 있다. 다만 이때의 감옥은 독자적인 형벌집행을위한 시설이 아니라, 형벌을 받기 위해 대기하는 자들을 임시로 가두어 두는 시설에 불과하였다.

(4) 풍속

① 순장

부여의 지배세력들은 노비들을 생산수단으로, 심지어 순장의 대상으로 삼았다. 순장의 풍속은 절대주의적 권위하에서 지배세력들에게 노예(비자유인)에 대한 생사박탈권이 주어졌을 때 가능하다. 따라서 부여의 지배세력들에게는 강력한 권한 등이 부여되고 있었음을 알 수 있다.

② 영고

영고는 음력 정월에 지내는 제천행사로 풍성한 수확제·추수감사제 성격을 띠고 있는 국중대회(國中大會: 나라의 큰 행사)였다. 이때는 날마다 먹고 노래하고 춤을 추었고, 형옥을 중단

110) 뇌옥(牢獄)은 바로 감옥을 뜻하는 것이다. 우리나라의 행형사(行刑史)적 측면에서 볼 때, 갑오경장 이전까지는 감옥이라는 용어는 사용된 적이 없고, 옥(獄)·뇌옥 또는 형옥(刑獄)·영어(囹圄)·전옥(典獄) 등으로 문헌상에는 쓰이고 있다. 우리나라에서 감옥이라는 명칭이 본격적으로 사용되기 시작한 것은 1894년 이후 조선시대의 전옥서가 감옥소로, 1908년에는 감옥소가 다시 경성감옥으로 바뀌었는데, 감옥이라는 명칭이 본격적으로 사용된 것은 이 무렵부터이다(김형중, "고려전기의 감옥조직과 그 기능에 관한 연구", 교정연구 제57호, 2012, p.230). 따라서 죄지은 자를 가두는 「감옥」이라는 용어는 일본에서 들여온 말이다(심재우, 「네 죄를 고하여라」, 서울: 산처럼, 2011, p.211).

하고(감옥을 열고) 죄수를 석방하였다.

③ 형사취수제

형사취수혼(兄死取嫂婚)이라고 하는데, 형이 죽은 뒤에 동생이 형수를 아내로 삼는 혼인제도이다. 형사취수의 결혼형식은 부여·고구려·흉노 등 북방민족 사이에서도 널리 행해지고 있었는데, 이는 남성중심적인 재산상속의 한 형태이자 노동력 확보의 목적을 가지고 있었다.

④ 우제점법(牛蹄占法)

우제점법은 소의 발굽모양을 보고 국가의 중대한 일을 예견하던 점법이었다. 즉, 전쟁이 발생하였을 때에는 하늘에 제사를 지내고 그 길흉을 판단하는 방식으로 소를 죽여서 굽의 모양을 보아 합하는 것을 길하게 여겼고, 벌어지는 것은 흉하다고 여겼다.[111] 우제점법은 고구려에도 이와 같은 관습이 있었다고 중국 문헌은 전하고 있다.[112]

⑤ 흰색숭배

부여인들은 국내에 있을 때의 의복은 흰색을 숭상하여, 흰 베로 만든 큰 소매달린 도포와 바지를 입고 가죽신을 신었다.[113]

3) 범죄예방과 통제

(1) 경찰권과 군사권

제가는 수장(首長)으로서의 독자적인 세력기반을 지니고 있었기 때문에, 군사권과 지방경찰권을 가지고 있었다.

(2) 부여인들은 집집마다 자체적으로 갑옷과 무기를 보유하고 있었으며(무기자담의 원칙), 적군의 침입이 있으면 제가들은 자신들의 예하에 있는 일반 부족들을 지휘하여 왕의 기치아래 모여 몸소 전투에 참여하였다.

(3) 각종 범죄에 대한 예방과 검거 등의 치안유지도 제가들의 몫이었다. 부여시대는 백성이 모두 병사가 되는 부민개병(部民皆兵)인 동시에 백성이 모두 경찰이 되는 부민개경(部民皆警)인 지방경찰체제로 운영되었다. 여기서 부민개경이라 함은 모든 백성이 범죄예방을 위한 경찰활동을 했다는 것이지, 경찰기구로서의 역할은 했다는 것을 의미하는 것은 아니다. 이러한 초기국가의 경찰활동에는 공동사회원 전원이 동원되었고, 범죄에 대한 제1차적 책임은 각각의 마을에 있었던 것이 세계적인 공통현상이었다.[114]

---

111) 삼국지 권30 위서30 동이전 제30 부여전.
112) 한원(翰苑) 권30 고려조 위략(偉略)
113) 삼국지 권30 위서30 동이전 제30 부여전.
114) 고대 영국에서는 공공의 안녕을 유지하는 제1차적 책임은 각각의 마을에 있었다. 앵글로색슨 시대에는 별

(4) 경찰의 기능

① 사회목적적 치안

부여의 경찰활동은 주로 사회목적적 치안에 주력하였다. 즉, 살인·절도·간음·투기죄 등 주로 개인의 생명보호와 가부장적 가족제도를 중심으로 한 공동체적 질서유지를 최우선적으로 하였다. 그렇다고 해서 국가존립에 관한 국가목적적 치안까지 등한시하였다는 것을 의미하는 것은 아니다.

② 국가목적적 치안

고조선시대와는 달리 부여시대에 들어와서는 모반죄를 제정하여, 왕권에 반기를 드는 행위에 대하여는 연좌제를 실시하는 등 가혹하게 처벌하였다.[115] 따라서 점차적으로 부여의 경찰활동은 사회목적적 치안에서 국가목적적 치안으로까지 그 영역이 확대되었다. 그 후 역모 등의 반역죄는 삼국시대부터 조선조 전 과정을 통하여 능지처참 등으로 가장 잔인하게 처벌하였고, 연좌죄까지 적용시킨 가장 큰 범죄 중의 하나로 고착화되었다.

③ 형집행적 기능

㉠ 형벌에는 사형·노비형·배상형(賠償刑)·사체유기형·적몰형(籍沒形) 등이 있었다. 따라서 이러한 형벌을 집행한 것도 사법치안기구로서의 역할을 한 치안군의 임무 중 하나였다.

㉡ 제천행사인 영고 때에 형옥을 중단하고 죄인을 석방하였다. 이것은 국가가 죄인에게 은전을 베푸는 것인데, 이러한 부여의 사면제도는 오늘날 특별사면제도의 기원점으로 보아도 무방하다. 치안군은 특별사면과 관련된 죄수석방 등의 업무에도 형집행기구로서의 역할을 수행하였다고 추정된다.

2. 초기 군장국가시대의 고구려

1) 총설

삼국사기의 기록에 의하면 고구려는 부여에서 남쪽으로 내려온 주몽에 의해서 건국되었다(B.C. 37). 주몽은 부여의 지배계급 내의 분열, 대립 과정에서 박해를 피해 남하하여 압록강 중류인 동가강유역의 졸본(환인)지방에 자리를 잡고 일어났다. 그러나 이 지방에는 이미 B.C. 3세기경에 고구려를 건설할 토착세력이 결집되어 가고 있었다. 고구려의 위치는 요동의 동쪽 천리 밖에 있었다. 남쪽으로는 낙랑조선[116]과 예맥·동쪽은 옥저·북쪽은 부여와 경계를 접하고 있

도의 경찰조직이 없었던 대신 지역마다 10가구가 하나의 집단을 이루어 치안을 유지하였는데, 이를 「10인조합」이라고 불렀다. 10인조합의 구성원들은 순찰을 하면서 도적을 발견하면 고함을 질러 추격하고 체포해야 할 의무를 지고 있었으며, 실패하면 국왕에 대하여 연대책임을 지고 처벌되었다(김형중, 「경찰학총론」, 서울: 형지사, 2014, p.107).

115) 우거왕(右渠王)때 계부(季父: 아버지의 막내아우)인 우가(牛加)가 반역의 마음을 품자, 왕은 계부의 부자를 사형에 처하고, 그들의 재물을 적몰하였다(삼국지 권30 위서30 동이전 제30 부여전).

116) 이때의 조선은 평양을 중심으로 한 지역, 즉 낙랑군 지역을 가리킨다(국사편찬위원회, 「중국정사 조선전

었고, 면적은 사방 2천 리가 되고 호수(戶數)는 3만이었다. 고구려 지역은 대부분 큰 산과 깊은 계곡으로 된 산악지대였기 때문에, 농토가 부족하여 힘써 일을 하여도 양식이 부족하였다. 기원전 75년(B.C. 75)에 현도군이 토착민들의 항거로 더 이상 버티지 못한 채 요하 유역으로 쫓겨 갔다가 폐지되었는데, 고구려의 부족연맹형성은 이미 이 무렵에 시작되었다고 볼 수 있다. 특히 고구려는 졸본지방에서 압록강 가의 국내성(통구지방으로 지금 중국의 길림성 집안을 말함)으로 옮기면서, 북방의 중국세력과 남방의 낙랑군을 공략하는 투쟁과정을 거치면서 요동지방으로 진출하였다. 한편 동쪽으로는 부전고원을 넘어 옥저·동예를 잠식하면서 강력한 국가로 부상하였다.

2) 정치제도와 경찰권행사

(1) 정치제도

① 5부족 연맹체

원래 고구려를 이룩한 중심세력은 소노부(消奴部)·절노부·순노부·관노부·계루부의 5부족이었다. 여기서 「노(奴)」는 부족단위의 집단, 즉 원시적 소국(小國)내지 부족국가를 말한다. 따라서 고구려의 부족연맹사회[117]는 5족(族)이 핵심세력이었는데, 처음에는 소노부에서 왕이 나왔다가 점차 계루부에서 왕이 세습되었고 절노부는 왕비족이 되었다.

㉠ 중앙

왕 아래로 상가[118]·대로[119]·패자[120]·고추가[121] 등의 독자적 군사력을 가진 족장인 대가(大加)들이 있었으며, 그 밑으로 사자(使者)·조의(皁衣)·선인(先人) 등의 관원이 있었다.

역주1」, 삼국지 권30 위서30 동이전 고구려전, 1987, p.241).

117) 연맹체사회는 혈연적인 요소를 중심으로 씨족과 부족사회를 유지하는 과정에서 몇 개의 부족사회가 서로 연맹하여 지연적(地緣的)인 지배구조로 전환하는 하나의 정치체제를 이룬 단계를 의미한다. 그리고 이 단계를 거쳐 고대국가로 발전하였다.

118) 상가(相加)에 대해서는 여러 가지 견해가 있으나 통설적인 견해는 없다. 그러나 대체로 부족의 대가(大加) 중에서 대표자 격으로 선출된 사람이거나 제가회의의 의장, 또는 재상(국무총리격)의 지위였을 것이라고 추정하고 있다.

119) 대로는 1품에 비견되는데, 수상격의 최고 관위라고 보고 있다. 대로는 3년에 한 번씩 바꾸는데, 직책을 잘 수행하면 바꾸지 않기도 하였다. 무릇 교체하는 날 불복하는 자가 있으면 서로 싸움을 한다. 이때 왕은 궁문을 닫고 지키다가 이긴 자를 「대로」로 인정하여 준다고 신당서는 전하고 있다(신당서 권220 열전 제145 동이 고려전). 대로 직책은 6세기 후반 이후의 귀족연립정권체제하에서 「대대로」라는 명칭으로 변형 발전되면서, 국가운영을 주도하는 실권자의 지위가 되었다.

120) 삼국지 위서 동이전 고구려전에 "대로가 있으면 패자를 두지 않고, 또 패자가 있으면 대로를 두지 않는다"고 하고 있다. 따라서 양자의 지위는 동격인 것 같다. 다만 대로가 3년마다 교체시 불복하는 자가 있으면 싸움을 하고, 우세한 부족장에 의하여 그 직이 쟁취된 경우에는 「대로」이고, 왕의 임명에 의한 경우에는 「패자」였던 것으로 추정하고 있다.

121) 고추가는 왕의 종족(宗族)으로서의 대가·소노부(본래 왕족)의 적통대인(嫡統大人)·왕비족인 절노부의 대인(大人)에게 부여한 특별한 존칭이었다.

㉡ 중앙 이외의 각 부(部)

각 부(部)의 부족장인 대가(大加)는 중앙의 왕처럼 각기 사자·조의·선인 등의 관원을 거느렸는데, 부족장의 대표를 상가(相加)라고 호칭하였다. 각 부족장들은 관원을 거느린 경우 그 명단을 모두 왕에게 보고하였고, 대가 소속의 사자·조의·선인은 회합할 때 왕가 소속의 사자·조의·선인과 같은 열(列)에는 앉지 못하였다.

② 제가평의회(귀족회의)

제가평의회는 고구려 귀족의 대표회의로 왕을 선출하거나, 죄를 지은 자가 있으면 제가들이 평의(評議)하여 사형에 처하고 가족은 몰수하여 노비로 삼는 등의 중요한 결정을 하였다.[122]

③ 경찰권

㉠ 중앙연맹에는 왕·상가·대로·패자·고추가 등의 고위 관리층이 치안에 관한 중대사안들을 논의·결정하였고, 실무상의 경찰권행사는 사자·조의·선인 등의 관원이 행하였다고 추정된다.

㉡ 중앙 이외의 4부족(순노부·소노부·관노부·절노부)의 경우는 각 대가와 그 예하에 독자적으로 둔 사자·조의·선인 등의 관원 등에 의해 경찰권이 행사되었다. 따라서 5부족 연맹체 당시의 경찰조직은 중앙집권체적인 경찰권행사가 아니라, 5부연맹에 각기 분산된 지방자치체적 분권형체제로 운영되었다고 볼 수 있다.

◆◆ 고구려 5부족 연맹체의 정치체제

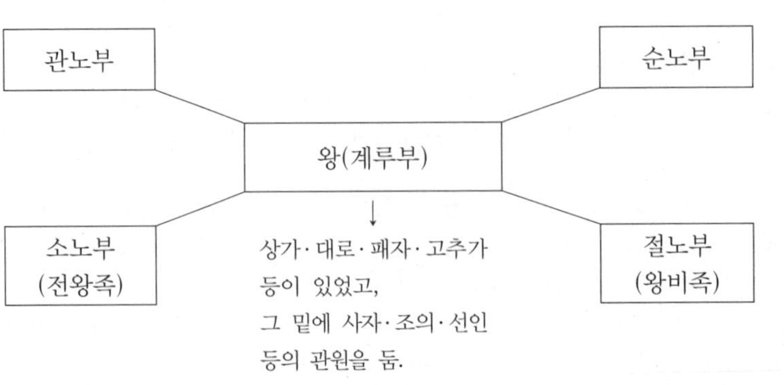

122) 삼국지 권30 위서30 동이전 제30 고구려전; 후한서 권85 동이열전 제75 고구려전.

(2) 치안관계와 법속(法俗)

① 사회구조

고구려의 사회구조는 지배층과 피지배층으로 구분되며, 법속 역시 지배층을 위한 제도적 산물이었고, 하호와 노비 등의 피지배계층은 생산활동에 주력하는 부류들이었다.

㉠ 지배층

대가(大加), 즉 상류층은 농경에 종사하지 아니하고 앉아서 먹었는데, 그 인구가 만여 명에 달하였고, 하호(下戶)들이 먼 곳에서 양식·고기·소금을 짊어지고 와서 그들에게 음식물 등을 공급하였다.[123)]

㉡ 피지배층

하호들은 재산이 매우 적거나 아예 없는 열악한 경제조건에 놓여 있는 자들이었다. 이들은 농업노동자들이라고 할 수 있으며 귀족이나 토호에게 매여 살았고, 이들에게 하호세를 바쳐야 했다.[124)]

㉢ 사회구조의 계급화

귀족과 관료를 포함하는 상류층은 각 계급에 따라 복식(服飾)을 달리하였다. 대가(大加)와 와 주부[125)]들은 머리에 책(幘: 머리를 싸는 모자)을 쓰고, 소가(小加)는 절풍(折風: 고깔모양인 모자)을 쓰고, 귀족들은 숫돌과 칼을 차고 다녔다.[126)] 고구려 초기의 사회는 지배계급과 생산 활동에 주력하는 하호, 그리고 노예 계층 등으로 사회구조가 점차 계급화되어 가고 있음을 보여주고 있다.

② 경제

㉠ 부경(桴京)

고구려의 초기 호수(戶數)는 3만이었고, 면적은 사방 2천 리로 그 면적은 부여와 동일하다. 고구려인은 원래 부여인의 한 갈래로서 언어와 풍속이 같은 점이 많았다. 다만 큰 산과 골짜기가 많고 넓은 들이 없어서 식량이 부족하였다. 따라서 지리적 여건상 호전적이고 정복적인 기마민족의 기질로 말미암아 약탈경제에 의존하였고, 이런 이유 등으로 고구려는 집집마다 부경(桴京)이라는 작은 (양식)창고를 두었다.

㉡ 고구려의 말은 모두 적어서 산에 오르는 데 편리하였고, 「맥궁」이라는 화살이 특산물로 유명하였다.

---

123) 삼국지 권30 위서 동이전 고구려전.

124) 이이화, 「한국사이야기② 고구려 백제 신라와 가야를 찾아서」, 서울: 한길사, 1998, p.141; 국사편찬위원회, 「중국정사 조선전 역주1」, 삼국지 위서 동이전 고구려전, 1987, p.237.

125) 주부(主簿)는 중국의 영향을 받은 명칭으로 왕의 측근에서 행정을 주관하던 직위이다. 후에 삼국시대의 고구려 관위(官位)의 3등급인 「울절」을 주부라고 하고 있다.

126) 삼국지 권30 위서30 동이전 제30 고구려조.

③ 법속(法俗)

부족국가시대인 고구려 초기의 법속은 대체로 부여와 언어와 풍속이 비슷하였고, 이러한 법속은 삼국시대의 고구려의 법률과 풍속으로 그 전통이 계속 이어졌다. 부여의 법속과 구별되는 고구려 초기의 법속으로는 성 풍속과 감옥의 존재 여부 등을 들 수 있다.

㉠ 유녀(윤락녀)

중국 문헌(수서·양서·주서 등)에 의하면 고구려 당시의 남녀에 관한 인식은 희박하였고, 성적인 면에서도 상당히 개방적이었으며, 유녀(遊女)가 많았다고 전하고 있다.[127] 고구려 초기에 유녀가 많다는 것은 윤락녀가 많다는 것을 의미하며, 당시 윤락행위가 성행하였음을 시사해 주고 있다. 고구려 초기의 이러한 유녀문제는 현존하는 문헌상 윤락녀에 관한 최초의 기록물이라고 볼 수 있다.

㉡ 형사취수제

형이 죽으면 동생이 형수를 아내로 삼는 형사취수혼(兄死娶嫂婚)[128]은 남성우월적인 남녀 관계이자 남성중심적인 재산 상속의 한 형태라고 볼 수 있다. 따라서 고구려시대에도 부여시대와 마찬가지로 자유분방한 사회분위기를 국가의 통제력으로 억누르고 남성위주의 제도로 고착화시켰다는 점에서는 동일하다.

㉢ 서옥제(데릴사위제)

어린 신랑이 혼인을 정한 뒤 여성의 집에 서옥(사위의 집)을 짓고 이곳에서 머무르면서 자식을 낳고 장성하면 아내를 데리고 신랑의 집으로 돌아가는 풍습이다. 따라서 고구려는 고구려 초기부터 혼례와 관련하여 재물이나 화폐를 주고받는 일은 거의 없었다. 만약 재물을 받는 자가 있으면 '계집종으로 팔아먹었다'고 하여 매우 수치로 여겼다.[129]

㉣ 동맹

제천의식(하늘에 제사지내는 것)인 국중행사(國中行事)를 매년 10월에 지냈는데, 이를 동맹(東盟)이라 하였다. 이때 수신제(隧神祭)도 함께 지냈다. 수신제는 평소 국도(國都)의 동쪽 큰 동

127) 수서(隋書) 권81 열전 제46 동이 고려전; 양서(梁書) 권 54 열전 제48 제이(諸夷) 고구려전; 주서(周書) 권49 열전 제41 이역상(異域上) 고려전. "고구려는 부인이 음란하고 유녀가 많다(수서). 그 나라의 습속은 음란하여 남녀가 야합하는 경우가 많고(양서), 유녀(윤락녀)가 있으니 (그녀에게는) 일정한 남편이 없다(주서)"고 전하고 있다.

128) 형사취수혼 제도는 씨족사회에서 다른 씨족원이었던 여자가 자기 남편의 죽음과 함께 다른 씨족의 남자와 재혼하여 전 남편의 재산을 가지고 갈 경우, 씨족의 재산과 인적 손실이 생기는 것을 방지하기 위해 생겨난 것으로 보인다. 형사취수제는 죽은 고국천왕의 왕비였던 우씨가 그녀의 유언에 따라 전 남편 고국천왕 곁에 묻히지 않고 둘째 남편인 산상왕 곁에 묻힘으로써, 형사취수의 원칙이 무너지는 계기가 되었다. 원래 남편이 죽은 뒤 여자가 동생에게 다시 시집을 가더라도, 죽은 후에는 전 남편의 곁에 묻히는 것이 관례였다. 이와 같은 형사취수제도의 파기는 사적 소유제도가 점차 발달하면서 친족공동체적 유대나 공동체적 소유형태가 분해되어, 권위나 재산이 형제상속에서 부자상속으로 바뀌어 가고 있는 것을 의미하는 것이다.

129) 신당서(新唐書) 권220 열전 제145 동이 고려전; 통전(通典) 변방문(邊防門) 동이(東夷) 고구려전.

굴, 즉 국동대혈(國東大穴) 안에 모셔 둔 수신(隧神)[130]의 신체(神體)를 이때 압록강으로 모시고 나와 제사하는 행사였다.

④ 뇌옥(감옥)

㉠ 부족국가인 고구려 초기에는 부여와는 달리 감옥은 없었다. 삼국지 위서(魏書)나 후한서(後漢書)에 보면 "뇌옥(牢獄)은 없고, 죄를 지은 자가 있으면 제가(諸家)들이 모여 평의(評議)하여 사형에 처하고 처자는 몰수하여 노비로 삼았다"[131]고 전하고 있다. 이는 정복국가로 발전해나가는 과정에서 법속 역시 엄격해질 수밖에 없었고, 강력한 경찰권행사가 필요했기 때문인 것으로 풀이된다.

㉡ 부족국가인 고구려 초기에는 뇌옥이 없었으나, 그렇다고 해서 고구려 전 과정을 거쳐서 뇌옥이 없었다는 뜻은 아니다. 고구려도 고대국가체제로 확립되어가면서 국가의 규제를 상징하는 뇌옥시설은 필수적인 국가권력의 상징물이었다.[132]

3. 옥저·동예

1) 옥저(沃沮)

부여와 거의 같은 시기에 일어났던 여러 작은 나라들 중의 하나인 옥저는 함경도 및 강원도북부의 동해안 지방에 위치하였고, 인구는 2만 5천 명 정도였다. 옥저는 초기의 부족사회로서 통합된 국가조직으로 발달하지 못한 상태에서 고구려에 복속되었다.

(1) 정치조직

① 왕이 없는 군장국가로서, 읍락(邑落)에는 각각 대(代)를 잇는 장수(長帥: 우두머리)인 읍군, 또는 삼로라고 불리는 군장이 다스렸다.

② 고구려는 동옥저를 복속시키고 그 지역인물 중에서 대인(大人)을 두고 사자(使者)[133]로 삼아 주관하게 하고, 본국(本國: 고구려)의 대가로 하여금 그곳의 조세·조포(담비가죽)·어염(소금)·기타 해산물 등을 통괄 수납케 하였다. 뿐만 아니라 동옥저의 미인을 보내게 하여 종이나 첩으로 삼기도 하였다.[134]

---

130) 수신제의 수신은 고구려의 시조 동명성왕의 어머니 유화로 추측되고 있다.

131) 삼국지 권30 위서30 동이전 제30 고구려전; 후한서 권85 동이열전 제75 고구려전.

132) 고구려 제4대 민중왕(대무신왕이 아우인데, 대무신왕의 사후 태자가 어려서 정사를 맡아볼 수 없자, 나라사람들이 왕으로 추대함) 즉위 44년 11월에 죄수를 대사(大赦: 크게 사면함)했다는 구절에서 죄수들을 가두는 감옥이 있었음이 충분히 입증된다(삼국사기 권제14 고구려본기 제2 민중왕 즉위년 11월조).

133) 여기서의 사자(使者)는 고구려의 관직명이며, 고구려 초기에는 대가(大加) 아래 소속되어 있었다. 고구려는 때에 따라 정복지의 집단의 장(長)이나 유력자를 사자로 임명하여 조세수취를 담당케 하는 간접지배형식을 택하기도 하였는데, 옥저의 경우가 그 예이다.

134) 국사편찬위원회, 「중국정사 조선전 역주1」, 삼국지위서동이전 동옥저전, 1987, p.266.

(2) 습속(習俗)

① 함흥평야 일대에 위치하여 농사짓기에 적합하였고, 어물·소금 등 해산물이 풍부하였다. 사람들의 성질은 질박하고 정직하며 굳세고 용감하였으며, 소나 말이 적고 창을 잘 다루며 보전(步戰: 보병에 의한 전투)을 잘하였다.

② 민며느리제(예부제)

동옥저의 음식·주거·의복·예절은 고구려와 흡사하였다. 혼인풍속은 고구려의 서옥제(데릴사위제)와는 정반대로 매매혼제도인 예부제(豫婦制: 민며느리제)[135]였다.

③ 세골장(洗骨藏: 가족공동무덤)

세골장은 이차장(二次葬) 또는 이중장제(二重葬制: 장사를 두 번 지내는 일)의 일종으로 사람이 죽으면 시체는 모두 가매장을 하되, 겨우 형체가 덮일 만큼 묻었다가 가죽과 살이 다 썩은 다음에 뼈만 추려 항아리나 돌방(석실)에 다시 안치하는 장례법이다.[136] 세골장은 오늘날에도 우리나라의 서·남해안 및 도서지방, 일본의 오키나와 등에 초분(草墳)[137]이라는 형태로 남아 있다.

2) 동예(東濊)

예(濊)는 옥저와 함께 고구려의 동쪽에 위치하고 있었기 때문에 동예라고 하였으며, 민호(民戶)는 2만이었다.[138] 오늘날 강원도 북부지방인 강릉 일대라고 보고 있다.[139]

(1) 정치조직

예(濊)에는 대군장(大君長)이 없고, 그 관직에 후(侯)·읍군(邑君)·삼로(三老) 등이 있어서 하호(下戶)를 통치하였다. 동예도 옥저와 같이 강력한 부족국가를 형성하지 못하고, 한(漢)으로부터 형식적인 현후(縣候)의 봉작(封爵)을 받아 후국(候國)으로 있다가 고구려에 복속되었다.

(2) 습속(習俗)

언어와 예절 및 풍속은 대체로 고구려와 같지만, 의복은 달랐다. 그들의 성질은 조심스럽고 진실하며 욕심이 적고 염치가 있어, 남에게 도움을 청하지 않는 기질을 가지고 있었다. 그들은 길이가 3장(丈)이나 되는 창을 만들어 때로는 여러 사람이 함께 잡고서 사용하기도 하며,

---

135) 여자의 나이 10세가 되면 배필을 정하고, 여자가 남자 집에 가서 성장한 후에 남자가 예물을 치르고 혼인을 하는 일종의 매매혼이었다.

136) 삼국지 위서 동이전 동옥저.

137) 초분이라함은 시체를 넣는 임시초옥을 초분이라 하고, 대개 100일 내지 3년 후에 초분을 열어 세골한다.

138) 삼국지 권30 위서30 동이전 제30 예전(濊傳).

139) 이이화, 앞의 책, p.291.

보전(步戰)에 능하였다.

① 동예는 토지가 비옥하고 해산물이 풍부하였고, 특산물로는 단궁(활)·반어피(바다표범의 가죽)·과하마(果下馬)[140] 등이 유명하였다.

② 무천

해마다 10월이면 하늘에 제사를 지내는데, 주야로 술을 마시며 노래를 부르고 춤을 추었다. 이를 무천(舞天)이라 하였다. 이 무천제는 부여의 영고와 고구려의 동맹과 같은 제천행사로서, 추수감사제와 같은 성격을 지니고 있었다.

③ 족외혼

동성끼리는 결혼하지 않는 동성불혼(同姓不婚)[141]의 관습이 있었고, 또 호랑이를 신(神)으로 여겨 제사를 지내는 풍습이 있었다. 호랑이에게 제사를 지냈다는 내용은 동예의 기록이 가장 오래된 것으로,[142]이는 동물숭배의 토테미즘(범토템)에서 유래한 것으로 보인다.

(3) 형제(刑制: 법률)

① 삼국지 위지 동이전 예전에 "살인자는 사형에 처하고 절도는 적었다"고 전하고 있다. 이로보아 옥저 동예의 두 사회는 통합된 국가조직체로 발전되지 못한 관계로 경찰기능은 정치적 색채가 없는 순수한 민생치안적 활동에 주력한 것 같다.

② 각 부족의 영역을 함부로 침범하지 못하게 하였으며, 만약 다른 부족의 생활권을 침범하면 책화(責禍)라 하여 노비와 소·말로 변상하게 하였는데, 이는 씨족사회의 유습이라고 볼 수 있다.

3) 옥저·동예의 경찰기능

(1) 자치체적 부족사회

옥저·동예의 두 사회는 왕이 없었고 각 읍락마다 거수(渠帥: 우두머리)가 있었는데, 이들은

---

140) 말을 타고 과일 나무 아래를 지날 수 있다는 데에서 유래한 것으로 조랑말(오늘날 제주도에서 보이는 키가 작은 말)을 뜻한다.

141) 같은 성(姓)씨 끼리 결혼을 금하는 풍습은 한군현시대에 중국의 영향을 받은 것으로 생각되어진다. 중국은 같은 성끼리의 결혼에 대하여 "금수와 같다"고 하여 주(周)시대에서 시작하여 한(漢)시대는 동성불혼의 제도가 확립되었다. 우리나라의 경우 동성불혼의 경우 일관되지 못하고, 신라·고구려시대에는 왕족의 계급적 내혼(內婚)을 비롯하여 동성혼(同姓婚)이 일반적으로 행하여졌다. 그러다가 고려 충선왕대에 이르러 종실(宗室)의 동성혼(同姓婚)을 금하는 동시에 일반에게도 동성혼 및 근친혼에 대한 금지령을 내렸다. 조선시대에 들어와서는 유교사상의 영향과 명률(明律)의 규정을 의용하여 동성혼을 철저히 금지시켰다(김용태 외, 「한국법제사개요」, 원광대학교 출판국, 1981, p.37).

142) 국사편찬위원회, 「중국정사 조선전 역주1」, 삼국지위서동이전 예전, 1987, p.280.

민간에 섞여 살고 있었다. 따라서 옥저·동예는 여러 읍락들이 자치체(自治体)를 이루어 각 부락별로 운영되었다고 볼 수 있다. 이런 까닭에 옥저·동예 두 사회는 권력집중이 없는 미숙한 부족사회로서 치안조직 같은 것도 보잘 것 없었다고 생각 되나, 다만 법속(法俗)만큼은 매우 엄했던 것 같다.

(2) 경찰기능

① 동예에는 오늘날의 영토고권(領土高權), 작게는 지역관할권이라고 볼 수 있는 책화(責禍)제도가 있었다. 이 책화제도는 지역을 침범하는 자에 대하여 민·형사상의 책임을 묻는 일종의 형벌이었다. 따라서 이 지역에서의 치안군의 역할은 지역경계를 순찰하고 침입을 방지하는 것이 주임무였다고 추정된다.

② 옥저와 동예는 중앙집권적 경찰이 아닌 지방자치적 경찰기능의 원형을 보여주는 한 사례라고 할 수 있다. 즉, 그들 사회 전체를 총괄하는 왕이 없고 각 읍락마다 거수(渠帥)들이 있어, 이들(후·읍군·삼로)에 의해 자치경찰권이 행사되었다는 점만은 분명해진다.

Ⅲ. 남방 부족국가의 발달(삼한)

1. 삼한의 말뜻

한강 이남에 분포되어 있던 부족사회의 집단을 총칭하여 진국(辰國)또는 삼한(三韓)이라 불렀는데, 삼한이 중국에 알려진 것은 서기전 2세기 무렵이었다. 중국 한인(漢人)들은 우리나라 북방의 주민들을 예·맥이라 하였고, 남방(南方)의 주민들을 한(韓)이라 칭하였다. 이러한 한(韓)의 칭호는 점차 확대되어 진국(辰國) 중 영남지방은 변(弁: 고깔)과 같은 관(冠)을 쓰는 풍습이 있다 하여 변진(弁辰)[143] 또는 변한(弁韓)이라고 불리어졌고, 진국(辰國)의 중심부인 충청·전라도 지방은 마한(馬韓)[144]이라고 호칭하게 되었다. 따라서 마한·진한·변한의 호칭은 낙랑한인(樂浪漢人)에 의하여 불리어진 지역적 명칭에 불과한 것이었고, 다른 의미는 없다고 보아야 할 것이다.

143) 흔히 삼한(三韓)을 마한·진한·변한을 가리킨다. 그러나 사료상(思料上)으로는 변한이 아니라 변진(弁辰)이다. 변진은 오늘날 김해 등을 위시한 일원을 말한다.

144) 마한은 조선왕 준(準)이 위만에게 패하여 바닷길로 남하하여 한반도 서남부에서 재건한 조선, 즉 한계(韓系)의 나라이다.

2. 삼한의 위치

1) 마한

마한은 오늘날 대개 경기·충청·전라도 지방으로 54개의 부족국가[145]로 형성되고, 큰 나라는 만여 호(萬餘戶), 작은 나라는 수천가(數千家)로서 그 호수(戶數)는 총 10만여 호에 달하였다. 마한의 54개의 부족국가 중 목지국(目支國)[146]과 백제국(百濟國: 지금의 경기도 광주) 등이 그 대표적인 국가이며, 후에 백제(百濟)의 모태가 된 것으로 추정하고 있다.

2) 진한

진한(辰韓)[147]은 대개 경상도 일대의 낙동강 유역으로 12개의 부족국가가 있었다. 그중 사로국(斯盧國: 경주)·호로국(戶路國: 상주) 등이 중심이 되는 국가이며, 후에 신라의 발생지가 되었다.

3) 변한(변진)

변진은 낙동강 하류 일대로서 구야국(狗耶國: 김해)·안야국(安耶國: 함안) 등이 그 대표적인 국가이며, 후에 가야의 모체가 되었다. 진한과 변진(변한)은 큰 나라의 경우 4~5천호, 작은 나라는 6~7백호로서 총호수(總戶數)가 4~5만에 달하였다. 이렇게 볼 때 이 나라들의 인구는 작은 나라는 3천여 명, 큰 나라는 5만여 명으로 추정된다.

3. 삼한의 정치조직과 경찰권

1) 마한 목지국

(1) 삼한의 여러 소국들은 마한의 목지국의 마한왕 또는 진왕을 최고 맹주로 받들었고, 이 진왕(辰王)[148]은 마한인에 의해서만 승계되었다. 그렇다고 해서 진왕은 세습되는 것이 아니었고, 여러 부족장이 추대하는 자리이자 명분상의 군왕이었다.

---

145) 여기서 말하는 국가는 부족의 거주지인 읍락(邑落)을 의미하는 것이다.

146) 목지국(目支國)은 마한의 54여 개국 가운데서 한 때 가장 강한 위치에 있었던 사회인 것 같다. 오늘날 목지국의 위치에 대해서는 익산·직산지방·인천 등 여러 견해가 제시되고 있다.

147) 진한(辰韓)은 북조선(낙랑)방면에서 남하한 유이민(流移民)으로 형성되었던 나라이다.

148) 진왕은 목지국을 다스린 지배자이며, 마한사회에서 가장 강한 위치에 있던 자리였다. 목지국은 넓은 평야지대로서 물산이 풍부하고, 바다를 통해 중국의 군현과도 쉽게 교통할 수 있는 위치에 있었다. 이런 점들이 삼한의 맹주로서 위상을 갖게 하는 데 큰 힘이 되었다.

(2) 삼한의 정치적 지배자

① 삼한(마한·변한·진한)의 모두 작은 읍에는 각각 거수(渠帥: 우두머리)가 있는데, 가장 세력이 큰 자를 신지(臣智), 그 다음으로 검측(儉側), 견지(遣支), 살해(殺奚), 읍차(邑借) 등으로 불리는 지배계급이 있었다.[149] 다만 이들 간에는 세력의 강약 유무에 따라 그 호칭에서 차이가 난다.[150]

② 삼한의 통치체제는 삼한의 여러 작은 부족국가들이 자기가 복속하는 상위의 부족국가를 받들고, 그 상위의 부족국가인 변한·진한의 군장은 또 마한의 왕(또는 진왕)에게 복속하는 연맹제와 비슷한 정치형태를 띠고 있었다고 볼 수 있다.

(3) 삼한의 관료

삼한의 정치적 지배자들은 위솔선·읍군·귀의후·중랑장·도위·백장 등의 관료를 두었으며, 이들 지배자와 관료들에 의해 경찰권이 행사되었다고 추정된다.

4. 삼한의 습속

1) 마한

마한·진한·변진(변한)은 동이족의 주류였다. 마한은 토착세력 중에 가장 강력한 힘을 지닌 나라였다. 우리나라에서 철기문화가 발달하기 전까지 마한은 삼한의 맹주국이었고, 한족(韓族)의 중심이었다. 그러나 전체적으로 볼 때 마한의 사회는 아직 권력의 결집을 보지 못한 소국할거(小國割據)의 미숙한 부족사회였다.

(1) 제정분리(정치와 종교)

① 천군(天君)

삼한(마한)에는 신지·검측·견지·읍차 등과 같은 군장(정치적 지배자) 이외에 제사장인 천군(天君)이 있었다. 여러 국읍(國邑)에 각각 한 사람씩을 두고 소도(蘇塗)에서 천신(天神)에 대한 제사를 주관하였는데, 이를 「천군」이라 하였다. 따라서 제사장인 존재는 삼한(마한)사회가 이미 제정(祭政) 분리의 상태에 있었음을 의미한다.[151]

---

149) 후한서 권85 동이열전 제75 한전.

150) 「신지」는 주지(국왕의 의미)의 의미이며, 검측은 조기(소국왕 또는 귀족), 견지는(수장 또는 귀족), 읍차는 조지(장)을 의미한다.

151) 일반적으로 초기 사회에서는 제정일치가 보편적인 현상이었으나, 사회가 세분화되기 시작하면서 정치인과 사제(司祭)의 임무가 나누어졌고, 전문적인 사제가 천군이 되었다. 따라서 마한의 경우에는 이미 제정이 분리되어 있음을 알 수 있다.

② 소도와 경찰권

㉠ 「소도」는 천군이 주관하는 별읍(別邑)이며, 군장의 세력이 미치지 못하는 일종의 신성지역이었다. 마한의 여러 국읍에는 각각 별읍을 두어 「소도」로 정해 성역화하고 그곳에서 제사를 지냈으며, 그 한가운데에 솟대[152]라고 불리는 큰 나무를 세워 소도임을 표시하였다.

㉡ 소도지역은 죄인이라도 도망을 하여 이곳에 숨으면 잡아가지 못하였는데(돌려보내지 아니 하였는데), 일종의 수사권이 미치지 못하는 치외법권적 지역이었다.[153]

㉢ 소도는 치외법권적 지역이면서도, 범인의 반사회적 성격을 개선하는 장소이기도 하였다. 삼국지 위서 동이전 마한전에 "그들이 소도를 세운 뜻은 부도(浮屠: 부처)와 같으나, 소행에 대한 선악의 구별은 있었다"고 전하고 있다. 이는 소도에 도망하여 온 범죄자들의 소행에 대한 옳고 그름을 구별하여 죄과에 따라 용서와 포용 그리고 바르게 살도록 인도하는 교화의식도 병행하였던 장소임을 의미하는 것으로 풀이된다.

㉣ 서양의 고대사회(그리스·로마)에서도 삼한(마한)의 소도처럼 범죄인·노예 등이 도망하여 보호를 받는 장소, 즉 피난처를 아질(asyl, asylum)[154]이라 하였다. 서양의 경우 피난처로는 수도원·교회·사원·대장간 등으로 나라나 시대에 따라 달랐다. 오늘날 국제법상 망명권(asylum)이 협약되어 있고, 치외법권을 누리는 외국공관이 이 아질 역할을 하고 있다.

(2) 사회모습

① 주거지

마한에서는 무덤형의 초옥토실(草屋土室: 움집)을 만들어 살았는데, 그 모양은 마치 무덤과 같았다. 출입구는 위에 있고 온 집안 식구가 그 속에 함께 살며, 장유(長幼)와 남녀구별이 없었다.[155] 근래에 무덤형태 집인 토실이 공주 등지에서 발굴되었는데, 이는 마한의 특징적인 집형태로 추정되고 있다.

② 두레

㉠ 두레[156]는 중남부지방 논농사 지대에서 한 마을의 성인남자들이 협력하여 농사를 짓거

152) 솟대란 기다란 장대위에 나무새를 얹어놓은 신간(神竿: 신령을 모시기 위한 깃대)으로, 하늘 높이 계시는 신명과 인간을 연결시키는 매체라고 보고 있다(이규태, 「자존심의 한국학」, 서울: 기린원, 1992, p.109).

153) 오늘날 이러한 소도지역은 경남 영산과 창녕의 경계지점인 영산의 「지이달이」, 개성의 덕물산에 있는 「최영 신당」, 제주도의 「삼만으리소: 이재수의 난 때 피란처인 서귀포시 표선면 토산리」등의 신역이 곳곳에 산재해 있다. 삼국지 위서 동이전 한전은 소도와 관련하여 "…그 지역으로 도망 온 사람은 누구든 돌려보내지 아니하므로 도적질 하는 것을 좋아하게 되었다"고 전하고 있다.

154) 「아질」이라는 말은 그리스어의 「불가침」을 의미하는 asylos에서 유래하였으며, 본래는 「성역의 진리」라는 뜻이다. 영어로는 asylum, 프랑스어로는 asile로 표기된다.

155) 삼국지 위지 동이전 마한전.

156) 두레의 유래에 대해서는 고대 씨족 공동사회에서 찾는 것이 다수적인 견해이지만, 남한시대에 농사의 시작과 끝에 행하던 음주가무가 두레라는 주장도 제기되고 있다.

나, 부녀자들이 서로 협력하여 길쌈을 하던 공동노동조직을 말한다.

㉡ 삼한(마한)은 원시공동체적 유풍인 두레를 통하여 여러 가지 공동작업(모내기·김매기·벼베기 등)을 하였다. 두레의 운영과 기능의 불가결한 요소로는 공동회연을 들 수 있다. 대체로 김매기를 마친 뒤 공동작업에 직접 참여한 사람들이 모여 음식과 술을 먹고 농악에 맞추어 여러 가지 연회를 곁들여 뛰고 놀면서, 1년의 노고를 잊고 결속을 재확인 하였다. 마한에는 5월과 10월에 제천행사를 열어 이와 같은 공동회연을 행하였다.

③ 천행사(제사)

마한에서는 해마다 씨를 뿌리고 난 뒤인 5월 「수릿날(단오)」에는 군중이 모여서 신에게 제사하고 주야로 음주와 가무를 즐겼으며, 또 가을 곡식을 거둬들이는 10월(상달)의 「계절제」도 또한 그러하였다.[157] 이와 같은 행사는 낙종기(落種期: 씨 뿌리는 시기)와 추수기(수확기)의 계절제로서, 고대 농경사회에 널리 행하여졌던 습속이었다.

④ 문신

삼국지 위서 변진전에는 "그 나라는 왜(倭)와 가까운 지역이므로 남녀가 문신을 하기도 한다"고 하고 있고, 후한서 동이열전 변한전에는 "변진(변한과 진한)은 왜국과의 거리가 가깝기 때문에 문신한 사람이 상당히 있다"고 기술하고 있다. 우리나라의 경우 문신과 관련된 최초의 기록은 중국의 삼국지 위서 동이전 변진전에서 그 근거를 찾아볼 수 있다. 이러한 문신습속은 삼국시대(백제)[158]를 거쳐 전승되었고, 고려시대에 들어서면서 형벌 문신으로 전환되는 과정을 거쳐 조선시대에는 형벌문신과 함께 문신습속이 일반사회에서도 유행하였다.

⑤ 무덤

삼한지역은 전통적으로 사용되던 널무덤(토광묘)[159]이 주된 무덤이었다. 그러나 마한지역은 널무덤은 물론 다른 지역(진·변한지역)에서 볼 수 없는 독특한 묘제인 주구묘(周溝墓)[160]

157) 삼국지 위서 동이전 마한전.

158) 삼국시대에는 실제로 문신습속이 없었기 때문에, 그 어디에도 그러한 기록이 없다고 주장하는 견해도 있고(조현설, 「문신의 역사」, 서울: 살림, 2003, pp.73-74), 또 문신습속이 중세에 상스럽다 하여 단절되었다고 보는 견해도 있다(이규태, 「눈물의 한국학」, 서울: 기린원, 1987, p.154). 그러나 위의 견해들은 중국문헌인 남사(南史)의 기록을 간과한 데서 비롯된 것이다. 중국의 남사 동이열전 백제조에 "…그 나라는 왜에 가까이 있는 까닭에 문신한 자들도 꽤 있다"고 하여, 백제의 경우에도 문신은 엄연히 존재하고 있었음을 입증하고 있다(남사 권79 열전 제69 이백(夷貊)하 백제전). 문신에 대하여는 필자의 「한국경찰사 남북 부족국가사대」를 참조할 것.

159) 널무덤은 땅에 구덩이를 파고 시체를 묻은 무덤을 말하며, 토광묘라고도 한다. 원래는 구덩이에 직접 시체를 묻는 것이지만, 넓은 의미에서는 나무로 만든 널(관)을 사용한 무덤도 널무덤이라고 할 수 있다.

160) 주구묘란 매장시설(매장 주체부)을 중심으로 봉분 가장 자리에 일종의 배수시설(해자 형태)과 같은 도랑을 돌린 것을 말한다. 대표적인 주구묘로는 천안 청당동 고분군·보령 관창리 고분군·전남 나주 고분군 등을 들 수 있다.

등도 사용하였다.

(3) 경제생활(특산물)

동물과 초목은 대략 중국과 동일하였다. 큰 밤이 생산되는데 그 크기가 배만큼 크고, 또 세미계(細尾鷄: 닭)가 나는데 그 꼬리의 길이는 모두 5척(尺) 남짓되었다.

2) 진한(辰韓)

(1) 사회구성원

진한지역은 고조선이 망하자 북쪽의 유민(流民)들이 대거 내려와 터를 잡았는데,[161] 이들은 중국 진(秦)나라에서 전쟁과 노역을 견디지 못해 남으로 이주해 온 사람들까지도 받아들였다.[162] 따라서 진한은 토착세력과 이주집단이 어우러진 부족국가였다.

(2) 습속

① 사회모습

"진한 사람들의 말은 마한과 달라서 나라(國)를 방(邦), 활(弓)을 호(弧)라 하고, 서로 부르는 것을 모두 도(徒": 사람, 무리의 뜻)라 하여 진(秦: 중국)나라 사람들과 흡사하였다. 지금도 진한(辰韓)을 진한(秦漢)이라고 부르는 사람이 있다"고 삼국지 위서 동이전 한(韓)전 변진전에 전하고 있다.

② 경제생활과 풍속

진한의 토질은 오곡이 자라기에 적당하였고, 양잠이 성행하여 비단을 잘 짰다. 그들의 풍속은 노래하고 춤추며 술마시고 비파뜯기를 좋아하였다. 마한과 비슷하며, 병기도 역시 마한과 같았다.[163]

---

161) 고조선 멸망 당시 조선의 상(相) 벼슬을 한 역계경(歷谿卿)은 우거왕에게 한(漢)나라와 싸우지 말 것을 간하였으나 듣지 않자 예하부족 2천여 호를 이끌고 이동한 것이 바로 남쪽의 진한, 즉 진국(辰國)이었다(삼국지 권30 위서30 동이전 제30 한조). 따라서 위만조선 당시에 진국(辰國)이 남쪽에 존재하고 있었다는 것은 틀림없는 사실이다.

162) 삼국지 위서 동이전 한(韓)전에 "진한은 마한의 동쪽에 위치하고 있다. (진한의)노인들은 대대로 전하여 말하기를 (우리들은) 옛날의 망명인으로 (중국)진(秦)나라의 고역(苦役)을 피하여 한국(韓國)으로 왔는데, 마한이 그들의 동쪽 땅을 분할하여 우리에 주었다"고 하고 있다. 이 기록의 진위여부를 전부 다 수긍할 수는 없지만, 중국에서 내란 등 소요가 심할 때는 우리나라로 많은 피난민들이 유입되곤 한 문헌의 근거들은 상당수 있다. 따라서 우리나라 진한지역에도 중국 진(秦)의 유랑민이 유입될 가능성은 충분히 있다고 보아야 한다.

163) 진서(晉書)동이열전 진한(辰韓)전.

3) 변진(변한)

(1) 사회모습

① 변진(변한)은 진한(辰韓)사람들과 뒤섞여 살았는데, 주거·의복은 모두 진한과 같았고 언어와 풍속은 서로 비슷하였다. 그들의 주거지는 나무토막을 가로 쌓아 가옥을 지은 귀틀집[164]에서 살았는데, 그 모양이 중국의 뇌옥과 비슷하였다.[165]

② 행인들은 서로 길을 양보하였고, 특히 남자가 가는 길을 여자가 앞에서 가로 건너지 않는 풍습이 있었다. 이러한 변진의 행자양로(行者讓路: 여자가 남자 앞에서 가로 건너지 않는 것)의 풍습은 후세에도 상당기간동안 유풍으로 이어져 내려왔다.

5. 법속(法俗)

삼한의 법속의 내용은 오늘날 전하여지지 않고 있으나, 대체로 부여와 고구려 초기시대와 비슷하였을 것이라고 추측되어진다.

1) 형제(刑制)

부여의 법속처럼 삼한의 형벌제도 역시 제정법이 아닌 관습법인 규범 등에 의해서 다스려졌다고 추정된다. 따라서 고대사회의 공통적인 법속인 살인·상해·절도죄 등이 존재하였고, 특히 절도죄는 소도의 사례 등을 통하여 그 존재를 입증할 수 있다.

2) 경찰의 조직과 기능

(1) 경찰의 조직

① 경찰조직은 관제(官制)나 병제(兵制)와 분리되지 않은 미분화상태에 있었다. 따라서 연맹왕국의 국왕 및 여러 소국의 군장(부족장), 그리고 그 밑에 있는 관리(위솔선·중랑장·도위 등) 등에 의해서 경찰권이 통수(統帥)되었고, 그 체제는 부여와 마찬가지로 지방자치경찰체제로 운영되었다고 볼 수 있다.

② 삼한사회는 모든 백성이 군인이었고, 무기자담(武器自擔)의 원칙이 적용되었다. 그렇다고 해서 모든 백성이 경찰업무를 수행한 것은 아니고, 경찰이자 군부대 역할을 한 치안군이 별도로 존재하였음은 분명하다. 그것은 소도에 도망하여 들어가면 포졸역할을 수행하는 자들이 그 소도지역에 들어가지 못하였다는 사실 등에서 그 근거를 찾을 수 있다.

---

164) 귀틀집이란 큰 통나무로 정(井)자 모양으로 귀를 맞추어 층층이 얹고 틈을 흙으로 발라 지은 집을 말한다.
165) 삼국지30 위서30 동이전 제30 변진전.

(2) 경찰(치안군)의 기능

① 마한사람들은 활·창·큰 방패를 잘 쓰며, 진한과 변진의 병장기는 마한과 같고, 변진은 보전(步戰)을 잘하였다. 따라서 삼한의 경우 치안군이 사용했던 경찰장구 역시 동일하였고, 전투적 기능 역시 상당하였다고 추정된다.

② 삼국지 위서 동이전 한조 위략(魏略)에 의하면 "진한의 우거수(족장)로 있던 염사치가 낙랑군으로 귀순하기 위하여 가는 도중에 밭에서 참새를 쫓는 남자 1명을 만났는데, 그가 말하기를 "우리들은 중국 한(漢)나라 사람으로 이름은 호래(戶來)이다. 우리들 1,500명은 목재를 도벌하다가 한(韓)의 습격을 받아 포로가 되어 모두 머리를 깎이고 노예가 된지 3년이 되었다" 라고 전하고 있는데, 이 내용에서 일련의 경찰기능을 추론할 수 있다.

㉠ 마한은 인구도 많았지만 철기문화에 힘입은 강력한 무기 등을 소지하여, 중국 한인(漢人) 1,500명을 제압할 수 있는 충분한 군사력과 경찰력을 보유하고 있었다고 볼 수 있다.

㉡ 낙랑군 설치를 전후하여 중국 한인(漢人)이 한반도로 대거 유입되었으나, 중국 한(漢)이 한반도에 설치한 낙랑군의 통제권은 삼한(三韓)까지 그 영향력이 전혀 미치지 못하고 있음을 시사해 주고 있다. 이것은 목재를 도벌하던 1,500명의 한인들이 포로가 되어 노비로서 노역을 하고 있었다는 점에서도 입증이 되고, 특히 이들 한인(漢人)에 대한 처벌권이 삼한지역 내의 부족장에게 있었음을 보여주는 단적인 사례라고 볼 수 있다.

6. 삼한사회의 역사적 의미

1) 삼한단계로 들어서면서 차츰 한반도 전역이 본격적인 철기문화 단계로 진입하였고, 그 후 철기 시대 후기의 문화발전은 삼한사회의 변동을 가져와 새로운 사회를 출현시키는 계기가 되었다.

2) 삼한은 삼국과 가야로 이어졌다. 지금의 한강유역에서는 백제국이 성장하여 마한지역을 통합하였고, 진한은 경주지역의 사로국에 통합되어 신라의 기틀을 다져 갔고, 변한(변진)은 각 소국이 독립국가의 형태를 유지한 채 구야국(김해)을 중심으로 가야연맹체를 이루면서 새로운 국가형성의 씨앗을 뿌려 나갔다. 따라서 삼한은 우리나라 역사시대를 본격적으로 알리는 삼국시대 형성에 기본적인 단초를 제공하였다는 점에서 그 역사적 의미가 있다 하겠다.

Ⅳ. 가야(伽倻)

1. 총 설

가야는 고구려·백제·신라와 더불어 520년[166] 동안이나 존속했던 엄연한 독립국가로서, 그 영토 또한 백제와 신라에 못지않았다. 그럼에도 불구하고 가야는 왜 우리나라 역사에서 미미한 존재가 되었을까? 이에 대하여는 다음과 같은 원인 등에서 그 이유를 찾아볼 수 있다. 첫째, 고려시대의 경주 출신 김부식이 삼국사기를 저술하면서 신라를 삼국의 정통국가로 보고 모든 역사를 신라 중심으로 서술하면서, 그 과정에서 신라에 병합된 가야를 신라사의 한 흐름으로 보았기 때문이었다.[167] 이러한 역사관은 지금과는 달라서 민족이나 영토 개념보다는 왕족이나 왕실 등을 중심으로 쓸 수밖에 없었다는 것도 그 이유 중의 하나이다. 둘째, 가야는 고구려·백제·신라처럼 중앙집권 국가로 발전하지 못하고 연맹왕국체제에서 멸망당한 것도 그 원인 중의 하나라고 보아야 할 것이다. 셋째, 문헌사료의 부족에서 오는 한계는 고대사 연구에서 공통적인 것이지만, 특히 가야사 분야에서는 삼국에 비하여 더욱 심각한 형편이다. 뿐만 아니라 고고학적 측면에서 볼 때도, 삼국에 비해 유물이 적게 발견되는 것 등도 그 원인 중의 하나이다.

가야가 존속하였던 시대를 흔히 삼국시대라고 한다. 그 과정에서 가야의 역사가 사라진 것이다. 그러나 가야는 엄연히 기원 전후부터 서기 6세기(5620) 중엽까지, 주로 경상남도 대부분과 경상북도 일부 지역을 영유하고 있었던 여러 국가들의 연맹왕국이었다. 초기에는 김해의 금관가야를 중심으로 연맹체를 형성하였으나, 5세기경 고구려와 신라의 압력으로 큰 타격을 받고 그 세력이 약화되었다. 5세기 이후 고령 지방의 대가야를 중심으로 연맹의 세력권이 재편되었으나, 끝내 중앙 집권국가로는 발전하지 못하고 6세기 중반 신라에 통합되었다. 가야에 관한 역사책으로는 고려 문종 대 금관주지사(金官州知事: 김해 지역에 파견된 지방관)를 지낸 문인이 저술한 가락국기(駕洛國記)가 있었다고 하나, 현재 전하는 것은 이를 발췌한 삼국유사의 「가락국기」[168]뿐이다. 이 기록은 내용이 워낙 소략(小略)하기 때문에, 가야사를 복원하는 데 많은 어려움이 있었다. 그러나 근래에 가야의 역사에 대한 연구가 활발히 이루어지고 있고, 고분 등이 계속해서 발굴되면서 유물들이 쏟아져 나와 매우 수준 높은 문화를 영위하였던 나라로 인식되고 있다. 그럼에도 불구하고 지금까지 가야에 대해서는 소국연맹체이기 때문에, 고대국가의 범주에 넣지 않으려는 경향이 일반적이었다. 그러던 것이 최근에는 기

---

166) 가야는 서기 42년에 건국하여 562년에 신라에 의해 멸망당하였기 때문에, 삼국시대 700년 기간 중의 520년 동안이나 존속했다고 볼 수 있다. 고려 때 일연이 쓴 삼국유사속의 「가락국기」에는 490년 설과 520년 설 두 가지 설을 다 적어 놓고 있다(삼국유사전 제2 가락국기).

167) 민병덕, 「핵심한국사」, 서울: 혜원, 2008, p.60.

168) 일연 저, 강무학 역, 「삼국유사신강」상, 서울: 배재서관, 1990, p.153.

원후 4세기경부터 562년까지는, 삼국시대에 가야시대를 추가하여 사국시대(四國時代)로 설정하는 것이 바람직하다는 견해가 제시되고 있다.

2. 전기 가야연맹의 성립과 흥망

1) 변진(변한) 12국과 가야 6국

(1) 성립

가야는 변진 12소국[169) → 소국 연맹체 → 초기 고대국가 등의 단계를 거쳤다. 즉, 서기 2세기경에는 이 지역에 소국(小國)들이 나타나기 시작하여 3세기에는 12개의 변한 소국들이 성립되었으며, 그중에서 김해의 구야국(금관가야)을 중심으로 통합되어 변한 소국 연맹체, 즉 전기 가야연맹(6가야연맹)을 이루었다.[170)]

(2) 건국(금관가야 중심)

전기 가야연맹의 맹주인 금관가야는 김수로에 의하여 건국되었는데(42년), 그 세력 범위는 낙동강 유역 일대에 걸쳐 있었다. 초기 가야연맹 중 가장 강력했던 것은 김해의 금관가야였고, 후기에는 대가야(고령가야)였다.

2) 전기가야의 번영과 치안역량

(1) 발전

① 가야 여러 나라 중에서도 맨 처음 두각을 나타낸 것은 낙동강 하구에 위치한 금관가야였다. 금관가야는 A.D. 1세기경부터 해상 교역의 중심지로 발전하여, 낙랑군이 일본 열도에 보내던 사신이 탄 배의 기항지 혹은 중개지의 역할을 맡았다.[171)]

② 금관가야의 경우 사철(砂鐵)이 많이 생산되었기 때문에 중국 군현(群縣)과 왜인(倭人)에게 공급·판매하는 일종의 창구역할을 맡게 되었고, 이로 말미암아 해상 무역권을 장악하게 되었다. 따라서 금관가야는 일찍부터 고대 항해왕국으로서 번영하여 낙동강 하류의 가야소국들은 물론 가야 전체를 대표하는 맹주로 등장하였다.

---

169) 변진의 12나라 가운데 세력이 강했던 것은 구야국(김해)과 안야국(함안)이었다. 변진 12국은 당시 삼한 전체를 이끄는 목지국(진왕)에 속하는 상태에 있었고, 그 아래에 여러 명의 힘센 신지(臣智)들이 있었다. 그들 중에서도 김해의 구야국 신지와 함안의 안야국 축지(蹴支)가 가장 서열이 높았다.

170) 6가야는 금관가야(김해), 아라가야(함안), 고령가야(함녕), 대가야(고령), 성산가야(경북, 경산), 소가야(고성)를 말한다(일연 지음. 김원중 옮김, 「삼국유사 권제1 기이제1」, 서울: 민음사, 2007,p.57).

171) 이기백 · 이기동, 「한국사강좌」1, 서울: 일조각, 1982, p.159.

(2) 가야연맹의 치안역량

① 치안인구

2~3세기 당시에 변진 12국은 각기 2,000호 정도를 지배하는 독립 세력이었지만 상대적인 규모의 차이가 존재하였다. 하나의 소국이 2,000호라면(1호를 5인으로 추정함), 그 인구는 1만 명 정도로 추산된다.[172] 그러나 하나의 소국이 일률적인 규모가 아니어서, 소국에 따라 큰 나라는 4~5천 호, 작은 나라는 최소 600호로서, 그 격차는 무려 8~9배의 차이가 있었다. 그러므로 삼한 소국은 그 대소의 차이에 따라 치안역량에도 상당한 차이가 있었다고 보이며, 이와 같은 현상은 전기가야연맹에 그대로 적용된다.

② 가야소국 사이의 상호관계

변진 소국, 즉 전기 가야소국들은 대외적으로 각기 자기가 속한 국가이름을 사용하여 인정받고, 그 안에 1인의 지배자 또는 대표자가 존재하는 독립적 정치집단이었다. 전기가야는 그 소국의 크기에 따라 지배자의 호칭에 차이를 두었는데, 신지[173]·검측·번예·살해·읍차 등 다섯 등급의 칭호가 있었다. 이처럼 변진 소국의 지배자들 사이에는 상호 간의 서열 관념이 매우 발달하였고, 그 결과 변진소국들 사이에 연맹체 조직의 질서가 정연하게 자리잡고 있었다.

③ 가야소국(변진 소국)들의 내부구조

㉠ 전기가야소국

3세기의 변진 소국, 즉 전기 가야소국의 내부구조는 하나의 국읍(國邑)과 다수의 읍락(邑落)집단으로 구성되어 있었다.[174] 국읍의 주수(主帥: 정치체의 수장)는 각 읍락의 거수(遽帥: 마을의 우두머리)들을 통제하는 권력이 강력하지 못하였고, 또한 천군의 종교적 권위를 초월하지 못한 한계가 있었다. 그러기 때문에 각 소국은 자기가 관할하는 지배영역을 쉽사리 확장할 수 없었다.

㉡ 후기 가야소국

㉮ 후기 가야소국은 평상시 소국의 수효가 13개 정도여서, 전기 가야소국의 12국과 비슷했다. 다만 6세기의 가야지역 소국은 하나의 국읍과 몇 개의 읍락으로 구성되어 있었고, 기본적인 지배권력은 각 소국 한기(旱岐: 수장의 칭호)에게 분산되어 있었다. 따라서 후기 가야소국들은 기본적으로 전기 가야소국들과 거의 비슷한 내부구조를 갖추고 있었다.

㉯ 다만, 가야소국들 중에서 아라가야와 대가야에는 다른 소국의 한기층보다 우월성이 인정 되는 '왕'의 칭호가 공식화되어 있었고, 그 두 왕이 가야소국들 전체에 대한 최고 책임자로

---

172) 이현혜, "삼한의 국읍(國邑)과 그 성장에 대하여", 역사학보69, 1976, p.5.

173) 신지를 축지(蹴支)·진지(秦支)라고도 한다. 신지·검측·번예·살해·읍차 등은 모두 국읍(國邑)의 장수(長帥: 우두머리)에 대한 칭호이며, 그 중 신지는 제일 격이 높고 유력한 거수의 칭호이며, 제일 하급은 읍차였다.

174) 삼국지 권30 위서30 동이전 한전(韓傳).

인정되었다. 따라서 6세기 중엽 당시에 아라가야와 대가야는 대내적이고 대외적인 양측면에서 가야지역의 소국들 전체에 대한 공동 맹주의 지위에 있었다.

㉢ 가야소국의 수장 명칭의 변경과정

전기 가야소국의 수장으로는 신지·검측·번예·살해·읍차가 있었고, 후기 가야소국의 수장은 한기였다. 다만 아라가야와 대가야의 수장은 공동맹주였기 때문에, "왕(대왕)"으로 호칭되었다.

3) 전기가야연맹(금관가야)의 쇠퇴와 해체

① 4세기 초부터 백제와 신라의 팽창에 밀려 전기가야연맹은 약화되기 시작하였고, 고구려가 낙랑·대방 양군을 멸망시키자 전기 가야연맹은 유력한 교역상대마저 잃게 되었다.

② 4세기 말경에 고구려의 남침이 강화되자 백제는 이에 대항할 목적으로 왜(倭)의 군사적 지원을 얻으려 하였고, 한편 신라는 고구려의 힘을 빌어서 백제와 왜(倭)의 연합에 맞서고자 하였다. 이때 전기 가야연맹은 백제와 왜의 연합세력에 동조함으로써 대립되는 두 세력의 각축장으로 화하고 말았다.

③ 4세기 말~5세기 초에 들어가면서 신라를 후원하는 고구려 광개토왕의 공격을 받고 금관가야는 가야연맹의 중심세력으로서의 권력을 상실하였고, 가야영역은 낙동강 서쪽 연안으로 축소되었다. 금관가야는 532년(신라 법흥왕 19년)에 금관국왕(가락국왕) 김구해(金仇亥)가 왕비(妃) 및 삼자(三子: 장남 노종·이남 무덕·삼남 무력)와 더불어 나라의 보물을 가지고 가서 신라에 항복하였다.175) 이로써 금관가야는 532년에 신라에 정식 병합되면서, 520년만에 역사 속으로 사라지고 말았다.

3. 후기 가야연맹의 대두와 멸망

1) 5세기 초반

전기 가야연맹의 중심은 김해에 도읍을 정한 구야국(금관가야)이었으나, 전기 가야연맹이 해체되면서 김해를 중심으로 하는 동남부 지역의 세력이 약화되었다. 반면에 후견지역이었던 고령·합천·거창 등지의 세력은 자신의 세력을 유지하고 있었다.

2) 5세기 후반

(1) 국내관계

후기 가야연맹의 중심은 고령의 대가야였다. 가야는 백제와 신라의 각축 속에 명맥을 유지해 나갔다.

---

175) 삼국사기 권제4 신라본기 제4 법흥왕 19년조.

① 백제의 침입

고령의 대가야를 맹주로 하는 가야 여러 나라는 서남 및 서북 두 방면에서 신라로부터 위협을 받게 되자, 백제와 왜의 힘을 빌려 이에 대처하기도 하였다. 한편 백제는 무령왕 13년(513)에 대가야의 영역인 기문(지금의 전북 임실, 남원지방)을 침공하여 대사(지금의 하동)까지 진출하였다.

② 결혼동맹과 안라회의

㉠ 백제 무령왕의 침공사건 이후 대가야는 신라와 결혼동맹을 맺어(법흥왕 9년, 522년)[176] 우호관계를 유지하였으나, 7년만인 529년에 결혼동맹이 깨지면서 신라는 다시 가야지역의 진출을 도모하였다.

㉡ 이때 가야 내부의 나라들은 「안라회의」를 소집하였는데, 안라회의는 안라국(함안)[177]이 주도하였다. 안라회의에서 가야가 왜에게 친밀감을 보이자, 불안감을 느낀 백제 성왕(9년)이 안라를 침공하여 함안의 안라국과 서남 일대의 나라들을 백제의 영향권 아래에 두었다. 이 사건이 있고 나서 금관가야가 신라에 투항하자, 대가야는 백제와의 동맹을 맺고 신라에 대항하였다.

③ 이러한 세력싸움 과정에서 후기가야연맹의 소국들은 점차적으로 백제와 신라에 분할점령 되었고, 결국 대가야[178]마저 신라 진흥왕(52년)에 의하여 멸망하면서 가야연맹은 완전히 해체되었다.

(2) 국제 관계

5세기 중엽 이후 고구려는 평양천도(427)를 계기로 적극적인 남하정책을 펴기 시작하였고, 이러한 상황하에서 위기의식을 느낀 가야국왕 하지(금관가야의 왕으로 추정됨. 신라 소지왕 1년)는 중국 남조(南朝)[179]에 사신을 보내어 중국과 외교관계를 맺고 이 난국을 타개하려고 시도하기도 하였다.

---

176) 법흥왕 9년(522) 3월에 "가야국왕이 사신을 파견하여 혼인을 청하므로, 왕은 이찬(伊湌)비조부(比助夫)의 여동생을 보내 주었다"고 기술하고 있는데, 이때 가야국왕은 고령의 대가야국왕을 말한다.

177) 안라국(아라가야)은 금관가야가 해체되고 난 후 대가야와 더불어 마지막까지 버티던 가야의 두 나라 중 하나였다. 안라국은 526년 대가야 멸망까지 존속하였다가 그 직후에 신라에 병탄된 것으로 보인다.

178) 대가야는 시조 「이진아시왕」으로부터 16대 마지막 왕인 「도설지」까지 5백 20년만에 멸망하였다(삼국사기 권제34 잡지 제3 지리(地理) 강주 고령군조).

179) A.D. 479년 가야왕 하지(荷知)가 중국 남제(南齊)에 사신을 보내 자신의 존재를 알렸는데, 이 남제서(南齊書)는 중국 정사 중 가락국에 대하여 유일하게 기록하고 있는 문서이다(남제서(南齊書)권58열전 제39 만(蠻) 동남이(東南夷) 동이 가락국).

4. 가야연맹의 경제와 문화

1) 가야연맹의 경제

(1) 가야의 소국들은 일찍부터 벼농사를 짓는 등 농경문화가 발전하였고, 농경문화의 바탕 위에 토기의 제작기술이 보급되고 수공업이 일어나 크게 번성하였다.

(2) 중계무역의 발달

가야연맹은 풍부한 철의 생산과 해상교통을 이용하여 낙랑·대방 그리고 왜의 규슈 지방과의 중계무역으로 많은 이득을 얻었다.[180]

2) 가야연맹의 문화

(1) 유물

가야고분에서 금동관·철제무기와 갑옷·수레형토기 등이 발굴되어 가야문화의 높은 수준을 보여주고 있다.

(2) 가야연맹 문화의 영향

가야토기는 일본에 전해져 스에키토기에 직접적 영향을 주었으며, 우륵의 가야금은 신라에 전해져서 신라의 궁정음악으로 채택되는 등 신라문화에도 영향을 주었다.

5. 가야연맹의 치안

1) 전기 가야연맹

가야사는 크게 전기 가야연맹과 후기 가야연맹으로 나누어 볼 수 있다. 전기 가야연맹은 김해의 구야국(김해가락국, 뒤의 금관가야)을 중심으로 한 경남해안 및 낙동강 유역의 변진 12국의 역사를 말한다. 3~4세기는 전기 가야연맹시기로서 가야문화의 전성기로 볼 수 있다. 그러나 전성기의 말기인 400년경에 국제관계에 휘말려 중심 소국들이 고구려와 신라연합군[181]의

---

180) 삼국지 위서 동이전 변진조에 "나라에서는 철이 생산되는데", 한(漢) · 예 · 왜인(倭人)들이 모두 와서 사간다. 시장에서의 모든 매매는 철로 이루어져 마치 중국에서 돈을 쓰는 것 같으며, 또(낙랑과 대방의) 두 군(郡)에게도 공급하였다"고 전하고 있어, 가야연맹의 무역 중계지로의 위치를 잘 설명해 주고 있다.

181) 399년 왜의 공격을 받은 신라 내물왕은 고구려 광개토대왕에게 구원을 요청하자, 400년 광개토대왕은 보병과 기병 5만 명을 신라에 파견하였다. 고구려군은 신라 영토에서 왜를 소탕하고, 백제·왜와 연합한 가야까지 공격하였다. 이때 김해의 구야국(금관가야)은 치명타를 입었으며, 낙동강 동쪽의 가야소국들은 거의 대부분 신라쪽으로 넘어가고 말았다. 이 사건을 계기로 전기 가야연맹은 와해되기 시작하였다.

공격으로 산발적으로 멸망함으로써, 전기가야연맹은 해체되었다.

2) 후기 가야연맹

후기가야연맹은 5~6세기 동안 고령대가야를 중심으로 한 경상 내륙 및 낙동강 서안 10여 소국들의 역사를 말하며, 고령의 대가야가 중심세력이었다. 그러나 후기 가야연맹 대두 직후부터 인근 지역들이 벌써 백제와 신라 간의 쟁탈대상이 되어, 이 국면에서 역시 대규모의 영역국가, 즉 통일왕국으로 비약하지 못하고 신라에게 병합되고 말았다. 이와 같이 가야연맹이 강력한 고대국가로 성장하지 못한 이유는 소국들의 세력이 큰 차이가 없이 서로 비슷비슷했고, 연맹의 분열을 통일하고자 하는 노력부족과 구심력을 갖지 못한 연맹체제였기 때문이었다.

3) 가야연맹의 경찰

가야시대는 경찰사적 측면에서 볼 때 문헌사료가 지나치게 부족하여 정확히 진단할 수는 없다. 그러나 삼한시대와 비슷한 법속과 경찰권행사를 바탕으로 연맹의 각 소국 지배자들을 중심으로 치안질서와 군사작전업무가 이루어졌을 것이고, 실무적으로는 이를 집행하는 치안군이 당연히 존재하였을 것이다. 다만, 가야연맹국가는 중앙집권적 경찰체제라기 보다는 지방자치적 성격이 농후한 경찰체제로 운영되었다고 보아야 할 것이다.

제3장 삼국시대의 경찰

제3장
삼국시대의 경찰

제1절 고 구 려

Ⅰ. 총 설(삼국의 발전)

고구려 초기의 부족연맹시대의 왕권은 아주 미약하였다. 그 이유는 5부족 중에서 조금 힘이 센 부족장을 부족장 대표회의에서 추대하거나 선출하는 방식으로 왕이 되었기 때문이다. 그래서 부족장들이 마음에 안 들면 왕을 갈아 치울 수도 있었다. 각 부족장들은 자기가 다스리는 영토에서는 독자적인 지배체제를 갖추고 있었다. 그들은 가신들과 세금징수원을 두어 일반 백성(하호)들을 지배했다. 따라서 각 부족장들은 자신의 영토에서는 행정·입법·사법·경찰권을 모두 행사하는 왕이나 마찬가지였다. 이런 부족들 중에서 가장 영향력이 있는 가문의 지배자들을 대가(大加)라고 불렀고, 각 부족의 실력자들인 대가들이 모여 국정을 논의하는 모임을 제가회의(諸加會議)[1]라고 했다. 제가회의는 고구려의 권력핵심기관으로, 이 모임에는 왕의 옹립이나 폐위·전쟁선포·중앙의 고위관리 임명·국사범의 처리 등 중요한 국사를 결정했다.[2] 그렇기 때문에 실질적으로 왕권보다는 오히려 대가(大加)들의 권한이 더 컸다고 볼 수 있다. 그러나 고대국가체제가 확립되는 삼국시대에 들어서면서부터는 왕권을 중심으로 하는 지배체제로 정착화되기에 이르렀다. 삼국시대를 흔히 고대국가라고 칭한다. 고대국가의 가장 큰 특징은 정복적 성격에 있다. 강력한 왕권을 정점으로 하여 정벌·지배과정이 활발해졌으며, 영토의

1) 제가회의(諸加會議)란 부족문제나 대외적인 문제가 발생했을 때 연맹부족들의 의견을 조정하기 위해 부족장 회의를 소집하는 합좌제도(合坐制度)이다.
2) 임병주, 「삼국왕조실록」, 서울: 들녘, 1998, p.81.

확장과 획득이 왕의 제일 큰 과제였다. 고대국가의 정치는 기본적으로 왕정체제였다. 종래의 부족장은 귀족이나 관료로 흡수되는 한편, 왕권의 강화와 더불어 세습제가 확립되고, 불교의 공인·율령의 반포 등을 통해 관료제가 성립되었다.[3] 특히 중앙의 관리나 군대가 지방에 파견되는 등 군사적 기능을 제일로 하였는데, 이것은 강력한 중앙집권제를 확립시키는 계기가 되었다. 따라서 이러한 관료제의 형태는 한국전통사회의 원형(原型)이 되었다고 볼 수 있다. 그러나 삼국시대는 선진문화의 수용이나 지리적 위치에 따라 고대국가로서의 발전과정은 차이를 보이고 있다.

Ⅱ. 고구려의 고대국가의 발전과정

1. 고구려의 발전기

1) 태조왕(1세기 후반)

삼국 중 제일 먼저 국가체제를 정비한 것은 고구려였다. 졸본성에서 국내성으로 도읍을 옮긴 고구려는 1세기 후반 제6대 태조왕 때에 이르러 계루부 고씨의 형제상속에 의한 왕위계승(형제상속)을 확립하였고, 옥저와 동예를 복속시켜 고대국가적인 체제를 갖추었다.

2) 고국천왕(2세기 후반)

제9대 고국천왕은 서기 176년(신대왕 12년) 3월에 형인 발기를 제치고 태자에 책봉되었다가, 3년 뒤인 서기 179년 12월에 신대왕이 사망함에 따라 고구려 제9대 왕에 올랐다.

고국천왕은 즉위 후 대대적인 정계개편과 능력중심으로 인재를 뽑아 국가를 운영하였다.

(1) 중앙집권체제의 정비

형제상속에서 부자상속으로 왕위계승을 바꾸었으며, 부족적인 전통을 지닌 5부를 행정적 성격의 5부제[4]로 개편시켜 족장들을 중앙귀족으로 편입시켰다.

---

3) 삼국사회는 전반적인 철기문화의 기반위에 지배와 피지배의 계급이 철저하였다. 각 지방의 지배세력들이 독립성을 잃고 왕권에 복속하는 대신, 지배층은 그들의 지위와 신분을 유지하기 위하여 정치·군사·신분제도를 마련하여 관료제가 형성되기 시작하였고, 그 후 율령·관복·골품제가 나타나게 되었다.

4) 행정적 성격의 5부라 함은 종래의 부족명인 계루부를 내부(內部), 절노부를 북부, 순노부를 동부, 관노부를 남부, 소노부를 서부로 바꿔 부족적인 전통을 지닌 5부가 행정적 성격인 5부로 전환됨을 의미하는 것이다.

(2) 행정적 성격의 5부제

행정적 성격의 5부는 내평5부와 외평5부로 구별된다.

① 내평5부(기내5부)

내평5부는 수도권 중심의 행정구역 명칭으로 왕도가 5부로 구분되는 것을 의미하는데, 내부(內部: 임금이 거처하는 도성)·동부·서부·남부·북부를 말한다. 이러한 5부에는 대가(大加)가 그 부(部)의 장(長)의 지위를 세습하고 부내(部內)를 통솔하였으며,[5] 때로는 사병(私兵)을 거느리기도 하였다.[6]

② 외평5부(지방, 기외5부)

외평5부는 지방을 크게 동·서·남·북·중부의 5개 행정구역으로 나눈 것을 의미한다.

(3) 진대법의 시행

고국천왕은 귀족들의 반대에도 불구하고 을파소를 국상으로 등용하여 자영소농민을 보호하고, 지배층의 노예가 되는 것을 방지하기 위해 진대법을 시행하였다.[7] 진대법(환곡제도)은 백성들이 가장 많이 굶주리는 3월에서부터 7월까지 국창(나라의 창고)을 열어 구제곡을 빌려주었다가 추수한 뒤인 10월에 상환케 하는 구휼제였다. 이는 당시로서는 거의 혁명적인 제도로서, 후에 고려와 조선의 환곡제도의 기초가 되었다.

3) 동천왕(3세기 중반)

동천왕은 중국의 위·촉·오 삼국시대에 오(吳)와 외교관계를 수립하여 위(魏)를 견제하였으며,[8] 서기 242년 한(漢)의 옛 요동 서안평(현재 하북성 덕주)을 공격하여 중국과 낙랑의 통로

---

5) 제27대 영류왕 당시 연개소문은 그의 아버지가 사망하자 아버지의 「대대로」의 직책을 이어 받아 서부대인이 되었다(노태동, "삼국시대의 부(部)에 관한 연구", 한국사론2, 1975).

6) 내무부치안국, 「한국경찰사」, 서울: 광명인쇄공사, 1972, p.30.

7) 태조왕때 본격화된 대외정복활동은 고구려 사회에 막대한 부를 주었으며, 이로 인하여 지배집단의 경제력은 더욱 증대되었다. 더욱이 귀족들은 농민의 어려운 처지를 이용하여 봄철에 배고파 굶주리는 농민에게 비싼 이자를 조건으로 곡식을 빌려주었다가, 가을에 이를 갚지 못할 경우 농민의 땅과 재산을 헐값으로 매입하거나 아무것도 없는 빈민일 때에는 그 농민의 자식을 노비로 삼아버렸다. 진대법의 시행은 귀족의 고리대로 인한 백성들의 채무노비가 되는 것을 방지하기 위한 하나의 방책이기도 하였다.

8) 동천왕 당시 중국은 위·촉·오의 삼각 구도가 정착되어, 조조와 유비가 병사하고 그들의 아들인 조비, 유선이 대를 이어받았고, 손권만이 건재한 상태였다.
이들은 스스로 왕을 칭하였는데, 위(魏)는 조비가 220년에 국호를 「위」라 하고 낙양을 도읍으로 삼았으며, 「촉」은 유비가 221년에 국호를 한(漢)이라 하고 성도를 도읍으로 삼아 유선이 유비의 뒤를 이었고, 손권은 229년에 국호를 오(吳)라 하고 경구(남경)를 도읍으로 삼았다. 이들 3국은 세력다툼을 벌이며 중국 통일을 꿈꾸었고, 이 과정에서 고구려의 동천왕은 그들의 역학관계를 이용하여 대륙에서의 영향력을 확대하고자 하였다. 「위」와 「오」는 지리적으로 고구려와 가까웠기 때문에, 고구려의 후원을 받기 위해 경쟁적으로 고구려

를 차단하려 하였다. 이에 위(魏)의 실권자 사마의는 서기 246년 8월에 유주자사 관구검에게 군사 1만을 내주어 고구려를 치게 하여, 한때 국내성이 함락되기도 하였다. 고구려의 결사항전으로 위군은 물러갔지만, 도성인 환도성이 불에 타고 많은 도성민이 죽임을 당하였다. 이 때문에 동천왕은 도읍을 평양으로 옮겨야 했다.

4) 미천왕(4세기 초반)

제15대 미천왕은 봉상왕[9]이 폐위되자 국상[10] 창조리에 의해 임금으로 즉위하였다, 미천왕은 즉위 후 서안평을 점령하고 낙랑, 대방군을 공격하여 한반도에서 중국 군현을 완전히 소멸시키기고 대동강 유역을 확보하였다.

5) 고국천왕(4세기 중반)

제16대 고국천왕은 임금으로 있는 동안 내내 서쪽의 전연과 남쪽의 백제와 대결했다. 고국천왕 342년에 북의 전연 모용황의 침입으로 수도인 환도성이 함락당하기도 하였고, 371년에는 백제 근초고왕의 공격으로 고국천왕이 평양성에서 전사하면서 국가적 위기를 맞기도 하였다.

6) 소수림왕(4세기 후반)

고구려는 건국이래 처음으로 국왕(고국천왕)이 전사하면서 위기상황을 맞이하였다. 그러나 제17대 소수림왕이 즉위하면서 고대국가로서의 제도와 문물을 정비하여, 광개토대왕 때 고구려가 사방으로 팽창할 수 있는 기반을 마련하였다.

(1) 불교수용

북중국 전진[11]과 우호적인 관계를 맺고, 372년 전진으로부터 불교[12]를 받아들여 백성의

와 외교관계를 맺고자 하였다.

9) 봉상왕은 재위기간 중 숙부인 고달가를 죽였고, 동생 고돌고에게도 반역 혐의를 씌워 그를 죽였다. 이때 돌고의 아들 을불(후에 미천왕)은 달아나 신분을 숨기고 머슴살이와 소금장수를 하였다, 봉상왕의 악정이 계속되자 국상 창조리를 중심으로 한 신하들이 봉상왕을 폐위시키고 을불을 제 15대 고구려 임금으로 추대하였다(삼국사기 건 제17 고구려본기 제5 미천왕 원년 9월조).

10) 국상(国相)은 제가회의에서 선출되었으며 그 임기는 종신이였다. 대표적인 국상으로는 제8대 신대왕때의 명림답부, 제9대 고국천왕때의 을파소, 제12대 중천왕 때 명림어수, 제14대 봉상왕때의 창조리를 들 수 있다. 고구려 시대의 국상체제는 제15대 미천왕때까지 이어져 온 것으로 보이며(고구려 본기에는 그 후 국상에 관한 기록은 보이지 않음), 그 이후에는 대대로 체제로 바뀌어진 것으로 추정된다(김형중 「한국경찰사」, 서울: 박영사, 2016, p.93)

11) 전진은 오호십육국의 하나로 전연을 멸망시켰다. 350년에 세워져 394년까지 존속했다.

12) 372년 전진의 외교사절과 함께 온 승려 「순도」가 고구려에 불교를 전했다.

사상통일을 이루고자 하였다.

(2) 태학설립

소수림왕 2년에 우리나라 최초의 중앙국립대학을 설립하였다. 대학은 중앙집권적 정치제도에 적합한 관리를 양성하기 위한 교육기관으로, 상류계급의 자제들만이 입학할 수 있는 귀족학교였다.

(3) 율령반포

소수림왕 3년(A.D. 373)에 율령을 반포하여 통치체제를 정비하였다.[13] 이러한 율령이 반포는 그 이전에는 성문법이 없었다는 말이고, 또 이때 처음으로 시행하였다는 것을 의미한다.

2. 고구려의 전성기

1) 광개토대왕(4세기 말～5세기 초)

(1) 영토확장

제19대 광개토대왕[14]은 즉위와 동시에 과감한 영토확장정책을 감행하였다.

① 만주지방으로는 숙신(여진)을 정벌하고, 요동지방은 후연(선비족)을 정벌하여 요동을 포함한 만주 대부분을 차지하였다.

② 남쪽으로는 백제의 한성을 침공하여 아신왕[15]을 굴복시켜 한강 이북의 땅을 차지하고, 신라 내물왕을 도와 신라에 침입한 왜를 격퇴하는 등 한반도 남부에까지 영향력을 확대하였다.

(2) 연호사용

우리나라 최초의 독자 연호인 '영락(永樂)'을 사용하였는데(영락은 광개토대왕이 사용한 연호이다), 이는 고구려가 중국의 속국이 아니라 자주국가임을 대외에 드러낸 것이다.

① 광개토대왕릉비

㉠ 건립

광개토대왕릉비는 제19대 광개토대왕의 공적을 기념하기 위해 그의 아들 제20대 장수왕

---

13) 삼국사기 권제18 고구려본기 제6 소수림왕 3년 조.

14) 광개토대왕은 영토를 크게 확장한 왕이라는 뜻이다.

15) 백제 17대 아신왕 때의 가장 중요한 일은 고구려 광개토대왕이 남진(南進)이였다.
광개토대왕 비문에 의하면 아신왕 5년 고구려는 광개토대왕의 친정으로 백제 왕성을 함락시킨 다음 아신왕의 항복을 받아 낸 것으로 되어있으나, 삼국사기상의 「백제본기」 와 「고구려본기」에는 그러한 기록이 누락되어 있다.

이 세운 입석비로서, 광개토왕이 죽은 2년 뒤 (414년)에 능과 함께 건립되었다. 광개토대왕릉은 국강상(国岡上)에 마련되었으며, 묘호는 '국강상광개토경평안호태왕'이라 하였고, 약칭으로 '호태왕비'라고 부른다.

㉡ 주요 내용

호태왕 비문은 크게 세 단락으로 나누어져 있다.

㉮ 제1단락은 주몽의 신화 및 고구려의 건국과정과 비의 건립경위, 제2단락은 광개토왕의 대외정복활동에 의한 기록,[16]왕릉을 지키는 수묘인 명단과 수묘지침,[17] 수묘인 관리규정 등을 기록하고 있다.

㉯ 일제시대 때 일본이 비문의 일부를 변조하여 지금까지 국제적인 논란이 되고 있으며, 전한(前漢)의 서풍인 예서체로 쓴 것으로 한국 것으로는 가장 큰 비석이다.

2) 장수왕(5세기)

(1) 평양천도

국내성의 귀족세력을 약화시키고 남진정책을 추진하기 위하여 427년에 평양으로 천도하였다. 고구려가 국가조직을 완비하고, 고대국가로서 극성기를 맞이한 것은 5세기 장수왕 때의 평양천도 이후의 일이다.

(2) 영토확장

① 한강 이남 차지

백제의 수도 한성을 함락하여 (백제 제21대 개로왕 패사) 한강 전 지역을 차지하였고, 남양만(경기도 황성시 남양반도와 그 서쪽의 도서군)부터 죽령(경북 영주시 풍기읍과 충북 단양군 대강면 사이에 있는 고개)을 연결하는 선까지 세력을 확장하였다. 장수왕은 고구려의 남하정책을 기념하여「중원고구려비(481)」를 건립하였다.

---

16) 광개토왕의 대외정복활동으로 359년에 비려, 398년에 숙신정벌, 400년 신라지방의 왜구정벌, 410년 동부여 정벌, 백제를 공격하여 한강으로 진출(396년 병신년 부분)한 사실 등이 기록되어 있다.

17) 수묘인(守墓人: 묘지기)은 삼국시대 및 통일신라시대 왕이나 귀족의 능묘를 지키고 제사 등의 행사에 동원되었던 연호(烟戶: 戶)를 말하며, 수묘호(守墓戶)또는 수릉인 이라고도 부른다. 고구려 제8대 신대왕 15년 9월 국상 명림답부가 113살로 사망하자 그가 묻힌 질산(質山)에 묘지기 20가호(家戶)를 둔 사실이 있고, 광개토대왕릉비에도 수묘인(묘지기) 연호(호) 330호의 편성과 수묘제의 관리규정(…묘를 지키는 이는 이제부터 서로 팔아 넘겨서는 안 되고, 부유한 사람이라 할지라도 또한 함부로 사들여서는 안 된다) 등이 기록되어 있다.

◆◆ 「중원고구려비」의 주요 내용 및 의미

- 5세기 후반 충북 중원지방(충북 충주시)에 「고구려비」를 건립하였는데, 이는 신라와의 관계에서 고구려의 주도권을 다시 한번 강조하기 위한 것으로 보인다.
- 5세기 장수왕 때 남하정책으로 백제의 한성을 점령하고, 한강 이남 지역까지 영토가 확장되었음을 보여주고 있고, 신라왕을 매금(마립간)으로 지칭하면서 신라를 고구려에 종속된 나라로 인식하고 있다.
- 「중원고구려비」는 한반도에 유일하게 남아 있는 '고구려비'라는 점에서 큰 역사적 의의를 가지고 있다.
- 5월에 고려대왕이 상왕공(相王公)과 함께 신라의 매금(마립간)을 만나 영원토록 우호를 맺기 위해 중원에 왔으나, 신라 매금이 오지 않아 실현되지 못하였다. 이에 고구려대왕은 관노부 대사자 다우환노를 이곳에 머물게 하여 신라 매금을 만나게 하였다.

② 대외활동

장수왕은 중국 남북조(남쪽의 제나라, 북쪽의 북위)[18]와 각각 교류하면서 대립하고 있던 두 세력을 조정하여 중국을 견제하였다.

(3) 경당

① 고구려 경당(扃堂)에 관한 기록은 중국 문헌인 「구당서」[19]와 「신당서」에 "습속은 서적을 매우 좋아하며, 문지기. 말 먹이 따위의 (가장) 미천한 집에 이르기까지 각 거리마다 큰 집을 지어 「경당」이라 부른다. 자제들이 결혼할 때까지 밤낮으로 이곳에서 독서와 활쏘기를 익히게 한다"고 기술하고 있다.

② 고구려의 경당은 신라의 화랑도와 마찬가지로 원시 청소년(미성년자)집회에 그 기원을 두고 있으며, 성립연대는 장수왕15년(427) 평양천도 이후부터 건립되었다고 추정하고 있다.

③ 경당은 지방에 설립한 우리나라 최초의 미성년 교육기관으로, 독서뿐만 아니라 군사적인 훈련(활쏘기) 등을 하는 문무겸비의 교육기관으로 볼 수 있다.

---

18) 남북조시대는 진(晋: 위진남북조시대의 중국왕조) 나라와 수(隋)나라 중간시대에 해당하며, 이 동안 중국은 남북으로 분열되어 각각 왕조가 교체해서 흥망하였다.
남조(南朝)는 한족의 왕족인 송(宋)나라의 문제(文帝)에서 시작되어 제(齊)·양(梁)·진(陳)의 4왕조가 교체하여 나라를 세웠다가, 수(隋)의 문제에게 멸망될 때까지를 가리킨다. 북조는 오호십육군의 혼란을 수습한 북위(北魏)의 태무제때부터 시작되어, 동위·서위·북제·북주 등의 5조를 말하며, 북위가 5호 16국을 통일한 시점에서부터 수의 문제에게 멸망할 때까지의 기간을 말한다. 고구려 장수왕은 남북조시대의 남조의 제(齊)나라와, 그리고 북조의 북위와 원만한 외교관계를 맺으며 내정을 안정시켰다.

19) 구당서 권199상 열전149상 동이 고려조.

◆◆ 고구려 전성기의 강역

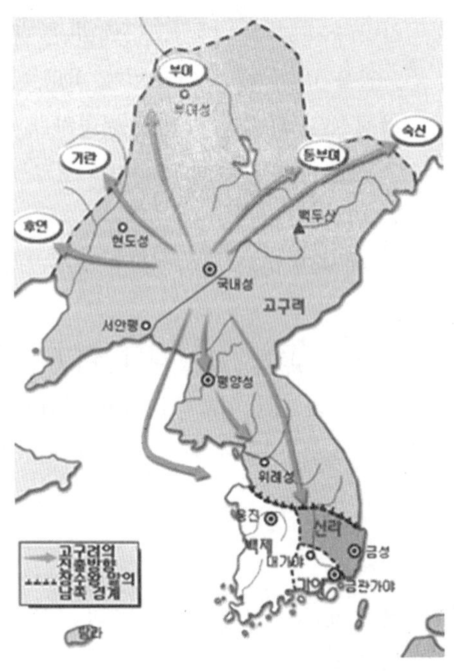

3) 문자왕(491–519)

제21대 왕으로 장수왕의 손자이다. 494년 동부여를 복속하고, 497년에 신라 우산성, 512년에 백제 가불성, 원산성을 점령하였다. 전체적으로 보면 고구려는 광개토대왕 이래 세력이 강해지기 시작하여 장수왕을 거쳐 문자왕에 이르는 동안 판도가 넓어지고 세력은 더욱 강성해져 대국으로 발전하였다.

6세기 말 동아시아의 정세는 중국을 통일한 수(隋)나라 그리고 이어 등장한 당과 신라사이에 동서 세력이 형성되었고(수·당·신라), 이를 견제하기 위해 고구려는 북쪽의 돌궐·남쪽의 백제·왜와 연결하는 남북세력을 구축하여(고구려·돌궐·백제·왜), 이에 대응하였다.

(1) 고구려와 수나라의 전쟁

① 남북조로 분열되었던 중국을 통일한 수나라가 고구려를 위협하자, 고구려는 제26대 영양왕대에 수나라의 요서지역을 공격하였다(598).

② 을지문덕의 살수대첩

수의 문제가 30만 대군으로 고구려를 침공하였으나 격퇴당하였고(1차 침입), 수의 양제가

2차로 113만 육군을 거느리고 고구려 요동성을 공략하였으나 실패하였다. 이에 우중문이 30만 별동대를 편성하여 평양성을 공격하였지만, 살수(청천강)에서 을지문덕에게 대패를 당하였다. 이를 살수대첩이라 한다.

③ 그 후 수양제는 3차로 30만 대군을 거느리고 고구려를 침입하였으나, 국내 반란으로 회군하였다. 이러한 수양제의 무리한 토목공사와 침략전쟁 그리고 내란으로 수는 멸망하게 되고, 수를 계승한 당나라가 건국되었다(618년).

(2) 고구려와 당의 전쟁

당의 건국되던 초기에는 고구려와 화해 기류가 조성되어 고구려는 수나라 포로를 당나라에 돌려보내고, 당나라는 수양제가 잡아갔던 고구려 포로를 돌려보냈다. 그러나 곧이어 당이 동북아시아로 세력을 뻗쳐 오자, 고구려는 국경지방에 천리장성을 쌓고 방어체제를 강화하는 등 당의 침략에 대비하였다.

① 천리장성 축조(631-647)

제27대 영류왕은 25년 1월에 당나라에 대해 강경노선을 걷던 서부대인(西部大人)[20] 연개소문을 천리장성 축조의 책임자로 보내 그를 견제했으나, 그해 10월 연개소문은 정변을 일으켜 반대세력(영류왕)을 숙청하고 영류왕의 동생 보장왕을 옹립하고 대막리지에 올라 최고 권력자가 되었다.[21]

② 안시성 전투(645)

당태종은 645년 4월 연개소문의 정변을 꾸짖는다는 명분 아래 10만 대군을 이끌고 고구려를 침략했다. 당의 군대는 요하를 건너 요동성·개모성·비사성 등을 빼앗고 전략적으로 중요한 안시성을 공격하였다. 안시성에서 성주 양만춘과 군·민이 합심하여 60여 일간이나 완강하게 저항하자, 9월 당태종은 안시성 성주의 지략을 치하하며 비단을 선물한 뒤 당나라로 퇴각하였다. 그 후에도 두 차례를 침입하였으나 실패하면서, 당의 동북아시아 지배야욕은 좌절되었다.

---

20) 천리장성은 동북은 부여성(농안)으로부터 서남(남쪽은 비사성으로 오늘날의 대전)은 바다에 이르렀는데(그 길이는), 천여 리나 되었고, 무려 16년만에 공사를 마쳤다(삼국사기 권제20 고구려본기 제8 영류왕 14년 2월조).

21) 서부대인은 고구려 5부 중의 서부를 지배하던 고구려의 최고관직으로(연개소문의 아버지 역시 서부대인으로 연개소문이 이를 승계하였다), 「대가」 혹은 「대대로」라고 불렀다(노태동, "삼국시대의 부(部)에 관한 연구", 한국사론2, 1975). 연개소문은 천리장성 성곽 축조를 감독하면서 요동지방의 군사력을 장악하여 정권을 잡을 수 있었다(삼국사기 권49 열전 제9 연개소문전).

3. 고구려의 멸망과 부흥운동

1) 한반도 정세의 변화(나·당 연합군의 결정)

고구려가 수. 당의 침략을 막아내는 동안 신라에서는 신흥귀족인 김춘추가 김유신과 제휴하여 권력을 장악한 후 집권체제를 강화하였다. 이어 신라는 고구려와 백제에 대항하면서 삼국 간의 항쟁을 주도해 나갔다. 한편 신라는 대외적으로 당과 군사동맹을 맺어 백제와 고구려를 멸망시키고 한반도를 통일하려 하였고, 중국의 당나라 역시 신라를 이용하여 한반도를 장악하려는 야욕을 가지고 있었으므로 자연스럽게 나·당 연합군이 결성되었다.

2) 고구려의 멸망

(1) 고구려의 멸망

고구려는 거듭된 전쟁으로 국력의 소모가 심하였고, 연개소문이 죽은 뒤 지배층이 권력쟁탈전으로 국론이 분열되어 있었다. 결국 동북아시아의 패자로 군림하던 고구려도 나·당 연합군의 공격으로 평양성이 함락되면서 멸망하였다(668년).

당나라는 보장왕을 비롯한 대신 등 20여 만을 당나라로 데려갔다. 당나라는 고구려 점령지에 9도둑부 42주로 나누고, 평양에 안동도호부를 설치하여 직접 다스리기 시작했다.

(2) 고구려의 부흥운동

670년 고구려 대형 검모잠이 보장왕의 서자 「안승」을 왕으로 추대하고 한성(지금의 황해도 재령)과 오골성을 근거지로 부흥운동을 전개하였다. 이들은 한때 평양성을 탈환하기도 하고 뒤에는 신라의 도움을 받으면서 기세를 떨치기도 하였다. 그러나 고구려 부흥군 사이에서 내분이 일어나 「안승」이 검모잠을 죽이고 신라에 망명하면서 고구려 부흥운동은 실패하였다.

망명한 「안승」은 신라에 의해 보덕국왕에 봉해졌고,[22] 신문왕 3년(683)에 김씨 성을 하사받고 신라의 귀족이 되었다.

Ⅲ. 고구려의 통치체제

1. 고구려의 관제(관등조직)

관제(官制: 관등제)는 관리들의 등급을 정한 것으로, 종래의 족장적 성격을 띤 다양한 세력

---

22) 신라는 안승과 그의 추종세력을 금마저(지금의 전북 익산)에 머물게 하고, 안승을 고구려왕(보덕국왕)에 봉하였다.

집단이 왕 아래 하나의 체계로 조직되어 상하관계를 이룬 체제를 말한다.

1) 중앙관제

(1) 관등제의 운영

고구려는 4세기경에 관등제와 행정구역을 정비하면서 각 부(5부)의 귀족들을 관료조직으로 흡수하여 14관등(혹은 12관등)을 두었다. 이때 부족적 성격이 행정적 성격으로 전환되었다.

(2) 관등제의 특징

① 고구려 관제는 그 관등 수가 일정치 않다. 중국 사서인 「삼국지」[23]에서는 9등급, 수서(隋書)[24]에는 12등급, 구당서(舊唐)書)[25]는 12등급, 「한원 고려 조소인 고려기」에는 14등급으로 각기 다르게 기술되어 있다. 본서(本書)에서는 그중에서 가장 상세한 한원(翰苑)고려조 소인(所引) 고려기(高麗記)를 바탕으로 서술하였다.

② 고구려의 관등제는 일면에 있어서는 신분계층을 구분하는 제도적 장치로, 또 다른 면에서는 관직적 기능도 대행(代行)하는 점을 특징으로 들 수 있다.

따라서, 제1관등인 「대대로」에서 제5관등인 「조의두대형」까지는 신라의 진골과 마찬가지로 최고계급의 독점물이었다,[26] 그리고 이러한 특권층 밑으로 제6관등에서 제14관등까지의 신분계층이 있었다.

---

23) 삼국지(三國志)는 진(晉)나라의 진수가 지은 책으로 삼국시대(위 · 촉 · 오) 45년간의 정사(正史)이다.

24) 수서(隋書)는 당태종 연간(630년경)에 위정 등이 편찬한 책으로, 수나라 37년간의 정사를 담고 있다.

25) 구당서(舊唐書)는 오대 후진의 출제 연간인 945년에 유구등이 황제의 명에 의해서 편찬된 것으로, 당나라 289년간(618－907)의 역사를 서술한 정사이다. 반면, 신당서(新唐書)는 송나라 인종 연간(1044－1060)에 구양수 등이 칙서를 받들어 편찬한 것으로 당나라 289년간의 역사를 담고 있다.

26) 무전행남(武田幸南), 「고구려관위제 と전개」, 조선학보8, 1978, pp.40－43.

(3) 고구려의 관등(관제)

등급	관등명	기능	귀족회의
1	대대로(막리직, 대막리직)	• 대대로는 관등 중 제1관등으로 일명 토졸(吐捽)이라고 하였으며 국사를 총괄하는 수상이였고, 관품은 정1품임. • 대대로는 제2대 유리왕 대의 대보직에서 그 기원을 찾을 수 있으며, 그 변천과정은 다음과 같음. 대보(제2대 유리왕, 국사총괄하는 재상직)[27] → 좌·우보 (제3대 대무신왕) → 국상(제8대 신대왕) → 대대로(설치연대미상이나 장수왕 때 정착된 것으로 추정됨) → 막리지, 대막리지(제28대 보장왕)로 변천함. ■ 국상(国相) • 제8대 신대왕 이전에는 왕이 제가회의를 직접 주재했으나, 국상이 제가회의를 주재하는 의장으로서의 기능을 수행함. • 국상은 제가회의에서 선출되었으며, 그 임기는 종신직이였음. ■ 대대로(大對盧) • 대대로는 수상이면서 귀족회의체의 의장으로서, 임기는 3년에 교대하는 것이 원칙임. • 고구려 후기에 들어서면서 유력한 귀족들은 임기에 구애됨이 없이 대대로직을 그대로 계승함(제28대 영류왕대의 연개소문) ■ 막리지·대막리지 대대로는 제28대 보장왕 때에 「막리지」로 불렀고, 「대막리지」는 막리지를 격상시켜 만든 비상위의 직으로 연개소문의 맏아들 남생이 「대막리지」를 역임하였음.	대대로는 최고 귀족 회의체의 의장
2	태대형	• 고구려 관등의 하나로 관품은 정2품이였고, 형계(兄系)관위(官位)로서는 최고위층이였음. • 고구려의 관등제에서 눈에 띄는 것은 태대형·조의두대형·대형(大兄)·소형(小兄)·제형(諸兄) 등 「형(兄)」의 명칭이 붙는 관등이 압도적으로 많은 것이 특징임. • 형(兄)은 연장자 또는 가부장적 족장의 뜻으로 갖고 있는데, 이는 과거의 족장적인 성격을 지니고 있던 것이 중앙집권적 귀족국가로 전환하는 과정에서 각기 상응하는 여러 '형(兄)'이라는 관직명으로 개편된 것으로 보임.[28]	최고귀족 회의체의 구성원

27) 「대보」라는 관직 명칭은 제2대 유리왕 22년 12월조에 「대보」의 관직에 있던 협보((陜父: 주몽을 도와 고구려 건국을 도운 인물)가 왕이 사냥에 열중하고 민생에 소홀함을 지적하자, 이에 유리왕이 대보직을 박탈하자 분하게 여기고 남한(삼한)으로 가버린 사건에서 처음으로 「대보직」이라는 관직명이 보이고 있으나, 그 이후에는 이 명칭을 찾아볼 수가 없다. 제3대 대무신왕 때 「대보」직이 「좌보」와 「우보」체제로 전환되었다(삼국사기권 제13 고구려본기 제1 유리왕 22년 12월조) 신라의 경우에도 초기에 「대보」가 군국(軍國)의 일을 총괄하는 재상이였다. 신라 남해 차차웅 7년 7월에 탈해를 대보로 삼아 군무와 국정을 맡겼다(신라본기 제1남해 차차웅 7년 7월조).

28) 김철준, "고구려. 신라의 관료조직의 성립과정", 이병도 박사 회갑기념논총, 1956, p.702.

등급	관등명	기능	귀족회의
3	울절 (주부 또는 오절)	• 제3관등으로 주부 또는 오졸(烏拙)이라고도 부르며, 관품은 종2품이였음. 호적과 문서를 관장하였음.	최고귀족회의의 구성원
4	태대사자 (太大使者)	• 태사자의 기원은 고구려 초기(3세기경)의 사자(使者)라는 관원의 명칭에서 유래됨. • 사자(使者)는 「형(兄)」과는 달리 일반 씨족원 가운데서 행정적인 관료로서 성장한 계층으로, 후에 사자는 태대사자·대사자·소사자·발위사자·상위사자 등으로 분화. • 태대사자는 사자계(使者系)관위로서는 첫 번째임.	최고 귀족회의의 구성원
5	조의두대형 (皁衣頭大刑)	• 조의(皁依)는 고구려 초기 왕뿐만 아니라 대가(大加)들도 둘 수 있었는데, 「조의」라는 명칭은 검은 옷을 입은 데서 비롯된 것으로 추정됨. 4세기 이후 고구려의 관등조직이 정비되면서 사라졌지만, 그 흔적은 「조의두대형」에 남아 있음. • 제5관등으로, 관품은 종3품임.	• 고구려 후기 최고 귀족회의체구성원. • 고구려의 관등제도는 신분적 성격이 강함, 따라서 국가의 기밀에 참여할 수 있고, 또한 장군이 될 수 있는 관등은 제5관등인 「조의두대형」이상이였음.
6	대사자(大使者)	일명 대사(大使)라고도 하며 관품은 정4품이고, 사자계관위로서는 두 번째임.	국자박사(國子博士)·대학박사·통사(통역)·전서객(典書客: 문서 작성을 맡아하던 벼슬) 등은 모두 소형(小兄)이상으로 보(補)하였음.
7	대형(大兄)	관품은 정5품이었고, 형계(兄系)관위로서, 그 서열은 세 번째 해당함.	
8	발위사자 (拔位使者)	관품은 종5품이었고, 사자계관위로서는 대사자 다음에 위치함.	
9	상위사자 (上位使者)	관품은 정6품이었고, 사자계관위로서는 최하위에 위치함.	
10	소형(小兄)	관품은 정7품이었고, 해당하며 형계(兄系)관등의 네 번째에 해당한다.	
11	제형(諸兄)	관품은 종7품직에 해당하며, 형계(兄系)관등의 하나로 최하위에 속한다.	
12	과절(過節)	과절의 관품은 정8품이고, 부과절은 종8품직에 해당한다. 과절과 부과절은 「한원」 고려기에만 나오며, 다른 문헌에서는 찾아볼 수 없다. 따라서 「과절」과 「부과절」을 제외하고 고구려의 관제를 12등관제로 보기도 한다.	
13	부과절 (不過節)		
14	선인(仙人)	관품은 정9품으로 관명중 최하위에 속한다.	

2) 지방관제

(1) 지방조직

고구려는 최상급 지방행정단위로 5부를 두고 지방장관을 파견하였다.

따라서 중앙에 내평5부(왕도 중심의 5부), 지방에는 외평5부(중부·동·서·남·북), 그리고 특수행정구역(3경)이 있었다.

① 지방 5부(중·동·서·남·북)

지방 5부의 지방 통치는 욕살→처려근지(도사)→대모달→말객 등의 체제로 운영되었다.

㉠ 욕살

주현(州縣)은 60개로서, 대성(大城: 큰성)에는 욕살 1인을 두며, 이는 중국의 도독(都督)[29] 격에 해당한다.

㉡ 처려근지(도사)

대성 외에 (다른) 여러 성(城)에는 「처려근지」를 두는데, 도사(道使)라고도 하며 당나라의 자사(刺史)[30]와 비슷하다. 그리고 보좌하는 속료(관료)[31]가 있어 일을 분담하여 관장하였다[32].

㉢ 욕살과 처려근지는 각기 아래에 대모달(大模達)과 말객(末客) 등의 비장(裨將: 지방장관이 데리고 다니던 무관)이 있어 1,000여 명을 지휘·통괄했는데,[33] 직책에 따라 그 인원수에 차이를 두었다. 대모달은 조의두대형(종3품) 이상으로 맡게 하고, 말객은 대형(정5품)이 맡게 하였다.

㉣ 특수행정구역(3경)

3경(평양성, 옛 수도인 국내성, 지금의 황해도 제령의 한성)을 별도로 두고 관리를 하였고, 그리고 변방지역인요동과 현도 등 수십 개의 성(城)에도 모두 관사를 두어 관할 통치하였다.[34]

---

29) 「도독」이라 함은 중앙 이외의 외지(外地)에 많은 관할 구역을 나누어, 그 지역의 사령관이 단일하게 관할 구역의 군사를 영도하게 지정한 제도로서 중국 삼국시대의 조조에 의해서 처음으로 시행되었다. 이 제도는 군(郡)에 병권이 집중한 체제로 전투할 때의 수요에는 적합하지만, 그 지역사령관이 대군을 양성하고 보유할 때는 위험한 점도 있다.

30) 원래 자사(刺史)는 당에서 안사(安史)의 난 이후 절도사 이하 관찰사·단련사·자사·방어사를 설치하고 외관제(外官制)를 편성했을 때 그 하나로 지방에 파견한 것이다. 우리나라는 고려 성종 2년(983년)에 12목(牧)을 개편하면서 12절도사를 두고, 이보다 작은 주군에는 도단련사·단련사·자사·방어사를 설치해 군사적인 절도사체제를 이루었다.

31) 처려근지(도사) 아래로 가라달(可邏達: 중국의 장사(長史)에 비견됨)과 루초(婁肖: 중국의 현령에 비견됨) 등의 막료가 있었다고 추정하고 있다(『한원(翰苑)』 소인(所引) 『고려기』).

32) 구당서 권 199상 열전1제 149상 동이 고려전; 신당서 권220 열전 제145동이 고려전.

33) 대모달은 일명 대당주(大幢主)라고도 부르는데, 이는 여러 당(幢)의 연합부대장을 가리키는 듯하고, 또 그 밑에 1천 명의 병사를 지휘하는 무관인 말객은 단위 부대장인 당주(幢主)를 가리키는 것으로 보고 있다(이기백. 이기동, 「한국사강좌」Ⅰ, 서울: 일조각, 1982. p.218).

34) 주서(周書) 권49 열전 제41 이역(異域)상(上) 고려전.

② 지방행정조직의 성격

고구려의 지방행정조직은 그대로 군사조직이기도 하였으므로, 각 지방의 지방관은 곧 군대의 지휘관이었다. 따라서 큰 성의 지방장관인 욕살과 큰 성 이외의 여러 성(城)의 장관인 처려근지(도사)가 행정·사법·경찰권을 장악하였고, 그 밑에 무관으로 대모달과 말객을 거느리고 유사시에 군사권을 행사하였다.

2. 고구려의 병제(兵制: 군사조직)

1) 중앙 병제

(1) 고구려 발전기까지에는 중앙관제와 병제(兵制: 군사행정)와의 뚜렷한 구별은 없었고, 중앙관계(中央官階)에 있는 관료들이 전쟁 시에는 군사의 사령관이나 지휘관으로 출정하여 관제와 병제가 혼용되어 그 직무를 수행하였다.

(2) 고구려는 제 19대 광개토대왕 때 이르러서야 비로소 중앙에도 병제(兵制)상의 기구변화가 차츰 분화되는 현상을 보이고 있다.

① 광개토대왕은 비상시 군대편성조직으로 보이는 장사(長史),[35] 사마(司馬: 중국 당대의 무관으로 부주(府州)의 상급보좌관), 참군(參軍: 무관직) 등의 관직을 처음으로 신설하였는데, 이들 관직은 주로 대외관계나 군사업무에 있어서 왕의 참모역할을 한 것으로 보인다.

② 종전의 부병군사제에서는 군역 복무규정이 없었으나 중앙집권적 왕권이 확립된 뒤로는 형식상으로나마 복무년한을 3년으로 제한하였고, 부역도 16세를 기준으로 동원하였다.[36]

2) 지방병제

지방병제는 그대로 지방행정조직이었으므로 욕살 → 처려근지(도사) → 대모달 → 말객 등이 군사행정을 총괄하였고, 전쟁 시에는 각 지방장관인 욕살이 서로 지원·응원을 하는 상호협력 관계를 유지하였다.[37]

---

35) 장사(長史)는 막부(幕府: 장군의 집무하는 곳)의 상층부를 구성하는 속료(관리)이다. 중국 사서의 동이전에 의하면, 고구려는 중국의 막부체제를 수용하고 있었다(양서 권54 열전 제48 제이(諸夷) 고구려전). 광개토대왕 때 장사·사마·참군을 설치하였고, 적어도 제 20대 장수왕 때는 막부체제가 운영되었다. 고구려의 장사는 백제·왜 등 당시 다른 국가의 경우와 마찬가지로 주로 중국 왕조와의 외교관계를 맡아 하던 관직이었다.

36) 제19대 장수왕 이전까지는 15살 이상이면 노역에 동원시켰다(이이화, 앞의 책, p.218); 고구려 14대 봉상왕은 열다섯 이상을 흉년인데도 궁궐수리에 동원하여 백성의 원망이 일어나자 국상 창조리가 왕을 갈아치우고, 미천왕을 왕위에 즉위시켰다(삼국사기 권제17 고구려본기 봉상왕 9년 정월조).

37) 제28대 보장왕 4년 5월조에 "당태종이 안시성에 다다라 군사를 내어 공격하자, 이때 북부의 욕살 고연수와 남부의 욕살 고혜진이 아군과 말갈병 15만 명을 거느리고 안시성을 구원하려고 출동하였다(삼국사기 권제21 고구려본기 제9 보장왕 4년 5월조).

3. 율령(律令)

1) 율령의 의의

율(律)은 범죄와 형벌에 대한 규정을 말하고(형벌법전), 영(令)은 통치에 필요한 조치를 임금이 그때그때 반포하는 것을 말한다(행정법전). 율(律)은 일단 조문으로 정해지면 그대로 시행되었고, 영(令)은 한 번 내려지면 관습법으로 굳어져 특별한 경우가 아니면 선왕(先王)의 제도라 하여 존중되었다. 현재 고구려 율령에 대한 내용은 전하여지지 않고 있다.

2) 율령의 반포

삼국사기 고구려본기에 의하면 소수림왕 3년(A.D. 373)에 비로소 율령(律令)이 반포되었다.[38] 고구려의 율령은 우리나라 최초의 성문법으로 왕권을 합법적으로 시행하고, 일원적인 법체계로 국가를 통치하며 지배권을 행사하는 기준이 되었다고 볼 수 있다.

3) 율(律)

(1) 죄

삼국사기 및 중국 사서(史書)에 기록되어 있는 죄명을 복원시켜 체계화하면 다음과 같다.

① 모반(謀反: 내란죄)·모반죄(謀叛罪: 외환죄)

반역을 하거나 반란을 음모한 자는 기둥에 묶어 불로 지진 다음 목을 베고, 그 집을 적몰하였다. 즉, 내란죄와 외환죄를 범한 자는 화형과 참형으로 처벌하였다.

② 국상불종죄(國相不從罪)

제9대 고국천왕 13년 4월에 을파소가 국상에 임명되자 기득권 귀족들이 일제히 들고 일어나 반대하므로, 고국천왕은 "국상에게 복종하지 않은 자는 귀천을 가리지 않고 일족을 모두 멸족시킨다"고 국상불종죄를 선언하였다. 이러한 국상불종죄는 국상제도가 운영되던 제15대 미천왕 시대까지 그 효력이 존속되었다고 볼 수 있다.

③ 권력남용죄(勸力濫用罪)

제3대 대무신왕 때 3명(구도·일구·분구)의 비류부장(沸流部長: 비류부의 우두머리)이 사람들이 처첩과 우마를 빼앗는 등의 권력남용을 하자 서인(평민)으로 만들었고, 제9대 고국천왕 때 왕후의 세력을 믿고 남의 자녀와 밭과 집을 약탈한 죄를 범한 어비류와 좌가려를 왕이 죽이려 하자 이들은 반란을 꾀하기도 하였다.[39]

---

38) 삼국사기 권제18 고구려본기 제6 소수림왕 3년조.
39) 삼국사기 권제16 고구려본기 제4 고국천왕 12년 9월조.

④ 투기죄(妬忌罪)

제12대 중천왕 때 왕후 연씨와 관나부인이 서로 모함을 하고 투기를 하였다. 사냥에서 돌아오던 중천왕에게 관나부인이 왕후 연씨로부터 생명의 위험을 받았다고 하자, 중천왕이 관나부인을 가죽부대에 넣어 바다에 던져버렸다.[40] 고구려의 투기죄에 관한 처벌은 부여의 법속에서 유래한 듯하다.

⑤ 무고죄

제14대 봉상왕이 그의 동생 돌고를 죽이자, 돌고의 아들 을불(후에 미천왕)이 화를 입을까 두려워 도망다니면서 압록강 일대에서 소금을 팔았는데, 어느 날 강동 사수촌 노파가 소금을 사면서 소금을 더 달라하자 을불이 이를 거절하였다. 이에 앙심을 품은 노파가 을불이 자기의 신발을 훔쳤다고 무고하여 압록재(압록강 지역행정책임자)로부터 태형을 받고 석방되었다.[41] 우리나라에서 무고에 관한 범죄(무고죄)는 여기에서부터 그 기원점을 찾을 수 있다.

⑥ 수성항적죄(守城降敵罪)·임진패배죄(臨陳敗北罪)

삼국시대의 군형률(軍刑律)은 상당히 엄하여 성을 지키다가 적에게 항복한 자를 말하며, 임진패배죄는 전쟁에 임하여 적에게 항복한 자를 말하는데, 모두 참형, 즉 목을 베어 죽였다.

⑦ 불효죄

제2대 유리왕 28년에 태자 해명이 부왕의 뜻에 따르지 않고 센 힘을 자랑하여 이웃나라와 원한을 맺은 죄로 자결을 명하였다.[42] 불효죄는 당률(唐律)에서도 10악(惡) 중 7번째에 해당하는 죄명이었다.

⑧ 살인죄

살인자를 죽이는 것은 고조선 8조의 금법(禁法)에서도 "사람을 죽인 자는 즉시 죽인다"고 규정되고 있는데, 살인에 대한 금제(禁制)는 고대사회에서는 공통된 법속이었다.

⑨ 절도죄

중국문헌인 수서(隋書)·북사(北史)·신당서에는 모두 "도둑질한 사람에게는 (도둑질한 물건의) 10여 배를 징수하였다"고 기술하고 있으나, 유독 구당서 고구려전에서만 "도물(盜物: 도덕질

40) 삼국사기 권제17 고구려본기 제5 중천왕 4년 4월조.
41) 삼국사기 권제17 고구려본기 제5 미천왕조.
42) 이웃나라인 황룡국(黃龍國)국왕이 해명태자가 활의 명수라는 말을 듣고 그의 무용을 시험해 보기 위해 특별히 만든 강궁을 사신에게 보냈는데, 그 활을 해명태자가 부러뜨리자 황룡국왕이 그의 무례함을 유리왕에게 따졌다. 그 후 황룡국왕이 해명태자를 자신의 궁으로 초대하자(살해하기 위한 음모), 거리낌 없이 늠름하게 이에 응하자 오히려 죽이지 못하고 예를 갖추어 돌려보냈다. 사태가 이렇게 되자 유리왕은 해명태자에게 자결을 명하였다(삼국사기 권13 고구려본기 제1 유리왕 28년 3월조).

한 물건)의 12배를 물어 주게 하였다"고 전하고 있다. 따라서 구당서 고구려전의 일책십이법은 아마도 '10배'의 오류인 듯하다. 고구려시대의 절도죄에 대한 10여 배의 배상은 가난한 자에게는 너무 가혹한 것으로 이러한 처벌규정은 지배자들(있는 자들)을 위한 입법정책이라고 볼 수 있다.

⑩ 우마도살죄(牛馬屠殺罪)

구당서 고구려전에 "우마(牛馬: 소와 말)를 도살한 자는 노비로 삼는다"라고 한 것은 그만큼 소와 말을 중요시 했다는 뜻이고, 군사상 또는 산업상으로 우마가 필수적이었다. 우마도살죄는 조선시대까지 그 맥이 이어져 소를 함부로 잡지 못하게 하였고, 어쩔 수 없이 잡을 때에도 허락을 받아야 하는 등 그 규제가 상당히 심하였다.

⑪ 간음죄(姦淫罪)

부여에서 갈라져 나온 고구려의 경우, 성에 대한 규제는 그리 심하지 않았다. 동북아시아권에 있었던 기마유목민[43]들은 종족유지를 위해 직계관계, 즉 아버지와 딸, 어머니와 아들 사이의 성적 결합을 금지했을 뿐 형제 이하에서는 거의 무제한의 성적 결합을 허용하였다. 따라서 고구려의 경우 형사취수제에서 보듯이 자유로운 성적 결합은 지극히 정상적이었다.

(2) 형(刑: 처벌)

중국문헌을 비롯한 우리나라 문헌에 의하면, 고구려의 형벌은 대개 생명형으로 족형(族刑)·참형(斬刑)·갱살(坑殺)·기시(棄市)·화형·자진형 등이 있었다. 신체형으로는 유형(流刑)·태형·장형이 있었고, 재산형으로는 속형(贖刑)·몰수, 그리고 그 이외에 노예형·출면형(黜面刑: 관직을 파면하여 서민으로 만드는 형벌) 등이 있었다.

① 생명형

생명형으로는 족형·참(斬)·갱살(坑殺)·기시(棄市)·화형(火刑)·자진(自盡)·육시형(戮屍刑) 등을 들 수 있다.

㉠ 족형(族刑)

범죄자 개인에게만 형사책임을 국한하지 않고 그 가족 및 친족 등에 대하여도 무조건 연대책임을 물어 극형을 과하는 것으로서, 고대형벌사상의 한 표현이다. 특히 모반(謀反)이나 모반(謀叛)에 대하여는 삼족[44]이나 9족[45]을 멸하였다.

---

43) 아버지가 죽으면 아들이 아버지의 후처를 아내로 삼고, 형제가 죽으면 남아있는 형제가 그 아내를 데려다 자기 아내로 삼는다고 사기 흉노열전을 전하고 있다(사마천, 김원중 옮김, 「사기열전2」, 서울: 민음사, 2011, p.348).

44) 삼족에 대하여는 여러 가지 설이 있다. 중국 예기(禮記: 중국 고대의 유가의 경전)에는 부(父)·자(子) 그리고 손(孫)을 말하고, 의례(儀禮: 중국 고대의 지배자 계급의 관혼상제 등의 예법을 기록한 책)에는 부(父)의 형제·자신의 형제·자(子)의 형제를 말하고 있고, 사기(史記)에는 부모·형제·처자 또는 부의 족, 모의 족, 처의 족으로 각기 다르게 기술하고 있다. 본서에서는 사기(史記)의 3족을 기초로 하였다.

45) 9족이라 함은 부족(父族)3, 모족(母族)3, 처족(妻族)3을 의미하기도 하는데, 각 국가나 왕조마다 차이가 있다.

㉮ 중국

당나라 당태종 당시 9족 멸문사건[46]이나, 명(明)나라 연왕(후에 성조)대의 10족[47]을 멸한 사건이 대표적이다.

㉯ 삼국(고구려·백제·신라)

중국의 영향을 받아 고구려를 필두로 하여 조선조까지 족형제도가 답습되었다. 고구려에서는 족형(族刑)이 실시된 직접적인 사례는 찾아볼 수가 없으나, 고국천왕의 국상불종죄에 대한 멸족선언 등에서 간접적으로 족형제도가 있었음을 추정할 수 있다. 반면, 백제나 신라의 경우에는 반역죄와 관련하여 처자를 주살하거나 9족을 멸하는 사례가 삼국사기 곳곳에서 산재하여 기술되고 있다.

㉡ 참형(斬刑)

참(斬)은 동양제국에서 오랫동안 행하여진 처형방법으로, 주로 큰 도끼(도검 등)로 목을 절단하여 치사(致死)케 하는 형벌이다. 중국의 사서는 참(斬), 우리나라 삼국사기에는 주(誅) 또는 주살(誅殺)이라는 용어를 많이 사용하고 있다.

참형(斬刑)은 삼국시대 전 시기동안 모반(내란 및 외환죄)·퇴군(전장에서 후퇴한 죄)·살인 등에 적용되었다.

㉢ 갱살형(산채로 파묻어 죽이는 형)

갱살(坑殺)은 고대부터 동양제국에서 행하여진 대량 처형방법의 하나였다. 이와 같은 갱살방법은 전쟁과정에서 자주 사용되었는데, 고대 중국에서는 갱살이 다반사로 행하여졌다(후한말 조조의 서주 대학살 사건 등). 우리나라에서의 갱살형에 관한 최초의 기록은 고구려 제2대 유리왕 때였다. 유리왕 19년에 교시(郊豕: 제사지낼 때 쓰는 돼지)가 도망가자, 제사 물건을 관리하는 관원(탁리와 사비) 2인이 돼지를 추적하여 생포하고 돼지다리를 끊어 버렸다. 이에 유리왕은 하늘에 제사지내는 재물을 상하게 하였다는 이유로 이들을 생매장시켜 버렸다.[48] 고구려와 마찬가지로 백제시대에도 갱살방법이 자주 사용되었다.[49]

---

46) 당나라 이세민(당태종)은 역성혁명을 한 후 이에 반발하는 호족세력인 왕세충·설인고 등 9족을 멸문시켰다. 또 명나라 태조 주원장의 사후 건문제(建文帝)가 왕위를 계승하였는데, 연왕 주체(朱棣)가 모반하여 도읍에 입성하였다. 연왕(후에 성조)은 재능과 학식, 인품이 뛰어난 방효유를 이용해 왕위찬탈을 지지하는 여론을 만들기 위해 「즉위조서」를 쓰게 하였다. 이때 방효유는 "연왕이라는 도적이 제위를 찬탈하다"라고 몇 글자 적고는 붓을 땅에 던지고 울면서 욕하기를 "죽으면 죽었지 조서의 초안을 작성할 수 없다." 이에 연왕 「주체」가 "너는 9족을 생각하지 않느냐?", 방효유가 "십족을 멸한다 해도 나를 어찌할 수 없을 것이다"라고 말함으로써, 그 결과 「십족」이 멸문당하는 화를 입게 되었다(평위쥔 지음, 김태경 옮김, 「십족을 멸하라」, 서울: 글 항아리. 2013, pp.100－110).

47) 백제의 경우 온조왕 34년에 마한의 옛 장수 주근이 반역하자 이를 토벌하고, 자살한 주근의 허리를 끊은 다음 그의 처자를 죽였고(삼국사기 권제23 백제본기 제1온조왕 34년 10월조), 신라의 경우 진평왕 53년에 이찬 칠숙과 아찬 석품을 모반죄로 참형시키고 그 외 9족을 멸문시켰다(삼국사기 권제4 신라본기 제4 진평왕 53년 2월조).

48) 삼국사기 권제13 고구려본기 유리왕 19년 8월조.

49) 갱살형의 대표적인 예를 보면, 백제온조왕 18년에 말갈이 변경을 침략하자 칠중하(임진강 하류)에서 추장

㉣ 기시형(棄市刑)

기시는 동양제국에 있어서 오랫동안 집행된 사형방법의 일종으로, 사형장소를 사람이 많이 모이는 시장등에서 행하고 시체를 길거리에 버리는 처형 방식이다. 이것은 형(刑)을 공개적으로 집행하여 처벌함으로써 일반예방 및 위협의 효과를 거두려고 하는 것이다. 고구려 형벌에 "반란을 음모하는 자가 있으면 많은 사람을 불러 모아 횃불을 들고 서로 다투어 지지게 하여, 온 몸이 짓무른 뒤에 참수하였다"는 규정도 공개사형의 일종이며, 기시형이라고 할 수 있다. 기시형은 백제와 신라의 경우에도 삼국사기 여러 곳에서 그 사례를 찾을 수 있다.[50]

㉤ 화형

화형(火刑)은 내란죄나 외환죄를 범한 자에 대하여 참수(斬首: 목을 베어 죽이는 것)하기 전에 가하는 혹형(酷刑)이다. 삼국시대에는 반역죄 등에 대하여 화형 후 목을 베는 처형방식이 일반화된 듯하나, 고려 이후부터는 화형의 예를 찾아볼 수가 없다.

㉥ 자진형

이것은 군왕(君王)이 신하에게 검(劒)을 주고 자결(自決)을 명(命)하는 형벌로서, 일종의 사죄(死罪)의 명예형이다.[51] 이러한 자진형은 고려나 조선시대로 들어서면서, 군왕이 왕족 또는 사대부(士大夫)에게 독약을 내려 자살을 강요하는 사약(賜藥)의 형태로 대체되었다.

㉦ 능지처참

사형의 방법 중 가장 가혹한 것으로 '능지처참(陵遲處斬)' 또는 '능지처사'가 있다. 능지처참은 일단 죽인 후에 다시 그 시체를 머리·왼팔·오른팔·왼다리·오른다리·몸체를 찢어 각지(各地)로 보내어 사람들에게 보이는 형벌이다. 능지처참의 한 방법으로 「거열형」[52]과 「부관참시형」[53]이 있다.

소모를 사로잡아 마한으로 보내고, 나머지 무리는 모두 산채로 구덩이에 묻어버렸다(삼국사기 권제23 백제본기 제1온조왕 18년 10월조).

50) 기시형의 예로 백제의 경우 삼근왕(三斤王) 2년에 좌평 해구와 은솔 연신이 모반하자, 해구는 격살되고, 연신(燕信)은 고구려로 도망갔기 때문에 그 처자를 잡아 웅진(熊津)의 거리에서 참형을 시키고 있고(삼국사기 권제26 백제본기 제4 삼근왕 2년 봄조), 또 신라의 경우에는 진덕왕 53년 5월에 이찬(伊湌)칠숙과 아찬(阿湌)석품이 더불어 모반하다가 동시(東市: 동쪽 시장)에서 참형당하였다(삼국사기 권제4 신라본기 제4 진평왕 53년 5월조).

51) 삼국사기 권제17 고구려본기 제5 봉상왕 2년 9월조. 고구려 제14대 봉상왕 2년 9월에 그의 아들 돌고(미천왕의 아버지)이 역심을 품었다 하여 자진하게 하였다.

52) 거열형은 머리와 사지(四肢)를 4개의 수레(또는 5개의 수레)에 묶은 다음 수레를 사방으로 달리게 하여 신체를 찢어 버리는 잔혹한 형벌로서, 일명 환형(轘刑)이라고 한다. 신라 경문왕 14년 5월에 아찬 근종이 궁궐을 침범하자 이를 격파하고 근종을 잡아 거열형에 처하였다(삼국사기 권제11 신라본기 11 경문왕 14년 5월조).

53) 부관참시는 이미 죽은 자의 무덤을 파헤쳐 시체를 꺼낸 다음 참형 또는 능지처참의 형을 집행하는 것을 말한다. 삼국시대에는 능지처참을 행한 사례는 보이지 않고 있으나, 조선시대에는 연산군 때 가장 많이 사용되었다.

② 신체형(편형·태형)

편형과 태형은 신체를 때리는 형벌로서, 범죄의 경중에 따라서 가죽 또는 태(笞)로 때리는 횟수를 달리하였다. 편형과 태형(笞刑)은 현존하는 문헌상 고구려시대[54]에서부터 출발하여 고려시대를 거쳐 조선시대 왕조에서는 5형(五刑) 중의 하나로 정착되었다.

③ 재산형

㉠ 속형

속형은 물품이나 금전을 관아에 바치고 형(刑)을 면제받는 것을 말하는데, 속형은 고조선이나 부여 이래의 관습형법이었다. 우리나라 문헌상 속형(贖刑)은 고조선시대의 8조금법 중의 제2조목 "…남에게 상처를 입힌 자는 곡식으로 배상하고…"라는 구절에서 그 기원을 찾을 수 있다. 고구려시대에는 물건을 도둑질한 자는 (그 물건의 주인에게) 10배 또는 12배를 물어 주는 일책십법(일책십이법: 一責十二法) 제도 등의 속형제도가 있었다.[55]

㉡ 몰수형

중국사료인 구당서(舊唐書)·북사(北史)·신당서(新唐書)고(구)려전에 "모반자(내란죄나 외환죄)를 범한 자는 그 집(家)을 적몰한다"라고 하고 있는데, 이는 전재산을 몰수하는 것을 의미한다.

④ 기타

㉠ 노예

㉮ 전쟁노비

노예는 크게 전쟁노예와 형벌노비로 대별해 볼 수 있다. 고대국가에서 전쟁을 하는 중요한 목적 중의 하나가 영토 확장과 사람이었다. 전쟁에 이겨 새로 영역을 확보하고 돌아오면 공로자들에게 땅과 사람을 나누어 준다. 따라서 개인의 토지 소유가 확대되었고, 전쟁포로는 농노가 되거나 가내 노비가 되었다. 이러한 전쟁노비는 통일신라 이후로 정복전쟁이 사라짐에 따라 전쟁노비는 소멸되어갔다.

㉯ 형벌노비

정복전쟁을 통해 노비를 조달하는 것은 한계가 있었다. 따라서 자체적으로 노비수요를 충당할 수밖에 없었고, 그 결과 형벌노비를 만들어 지배계급의 재산과 지위를 보존시키려 하였다. 형벌노비는 고조선사회에서부터 삼국시대까지 이어져 내려왔다.[56]

---

54) 제15대 미천왕이 임금으로 옹립되기 전에 그의 백부 봉상왕이 그를 죽이려 하자 도망쳐 소금행상을 하다가 압록강 동쪽의 사수촌 마을 노파의 무고로 인하여 태형을 받은 것이 최초의 사례이다.

55) 고구려 대무신왕 11년에 10악(惡)의 죄에는 장(杖)을 때리고 병행하여 속(贖)으로 징수하라는 속형을 명하였다(증보문헌비고 권127 형고(形考) 형제(形制)).

56) 우마를 죽인자는 노비로 삼았고(구당서 동이전 고구려전), 만약 가난하여 배상할 수 없는 자나 공사(公私)간에 빚을 진 자에게는 모두 그의 아들이나 딸을 노비로 주어 보상할 수 있도록 하였다(북사 권94 열전 제8조 고구려전).

㉡ 명예형

출면형은 관직을 파면하여 서민으로 만들어버리는 형벌이다. 출면형은 명예형의 하나로서, 오늘날 자격상실과 자격정지에 해당된다. 대무신왕 15년 3월에 권력을 남용한 3대신(구도·일구·분구)을 퇴출하여 서인으로 삼았는데, 이 사례가 출면형과 관련된 최초의 기록이다.

Ⅳ. 범죄예방과 범죄통제

1. 경찰권

고구려는 정복국가로서 발돋움하면서 전문적인 군대·형벌제도·감옥 등의 공적 권력기구들도 더욱 강화되어 갔다. 그러나 경찰기구는 미분화상태로서 전문적인 경찰기관은 존재하지 않았고, 군이자 곧 경찰인 치안군이 경찰활동을 전담하였다.

1) 경찰활동

고구려 초기의 경찰활동은 살인·상해·절도 등 주로 개인적 법익보호에 치중하였으나, 중앙집권적인 고대국가로 전이되어 가면서, 모반죄(내란·외환죄)·수성항적죄(守城降敵罪: 적에게 항복한 죄)·임진패배죄(臨陳敗北罪: 적에게 패배한 죄)·권력남용죄 등의 국가목적적 치안의 중요성 역시 강화되었다.

2) 경찰권 주체

고구려 시대의 경찰권의 통수권자는 중앙의 경우 국왕과 5관(대대로·태대형·울절·태대사자·조의두대형)이었고, 대사자(정4품)이하 선인(정9품)까지가 치안계획을 수립·시행하는 실무진이였다. 지방의 경우는 욕살→처려근지(도사)→대모달→말객 등이 경찰권 행사의 주체였다.

2. 치안상태 및 치안역량

1) 치안상태

(1) 사회구조

고구려의 사회계층은 크게 귀족·평민·천민(노예)의 신분 구조 체제였다.

① 지배계급(왕·귀족)

고구려는 내평(기내)5부(部) 이외의 정복지역은 세력의 크기에 따라 성이나 촌단위로 개편하여, 지방통치의 중심으로 삼고 지방관을 파견하여 지방민을 직접 지배하였다. 전쟁에는 왕의 친위군과 5부(部)의 직할군이 모두 동원되었다. 중앙의 귀족과 지방의 태수는 군사 동원 책임자들이었다. 호민은 지배계급은 아니나 그 지역의 유지로서, 권력자(대가)들은 이들을 통하여 읍락을 지배하였다.

② 피지배계급

㉠ 하호(下戶)는 농업에 종사하는 평민으로서 하급 군졸의 구성원이였고, 국가 기본재정의 원천인 조(租)[57]·용(庸)·조(調)의 징수대상이었다. 하호는 농사철에도 전쟁에 동원되는 일 이외에 남녀 15살 이상이면 궁궐이나 토목공사에 동원되어 부역을 하는 등 노동력을 징발당하기도 하였다.

㉡ 사회구성원의 최하층에는 노비가 있었는데, 이들은 주인에게 예속되어 생활하고 있는 천민층이였다. 노비들은 궁궐을 짓거나 성을 쌓을 때에도 특별한 경우가 아니면 동원되지 않았고, 주 임무는 전쟁터에서 귀족을 따라다니며 잔심부름을 하거나 상전의 집에서 수종을 들고 잔심부름을 하는 것이었다. 삼국성립기에 노비들에게는 인권이라는 말은 거론할 필요조차 없었으며, 이들은 주인이 죽었을 때 함께 묻는 순장제도[58]의 희생물이기도 하였다.

(2) 사회장

① 고구려는 "대체로 법을 준엄하게 적용했기 때문에 범하는 자가 적었고, 심지어는 길가에 떨어진 물건도 줍지 않았다"[59]고 구당서에서 전하고 있다. 따라서 치안상태는 상당히 양호하였다고 볼 수 있다.

② 삼국에서는 왕족을 비롯한 옛 부족장 세력이 중앙의 귀족으로 재편성되어 지배층으로서의 특권을 누렸고, 이러한 특권을 유지하기 위하여 율령 등을 재정하였다. 반면, 평민(농민층)과 노예 등은 피지배층으로서 정치적이나 사회적으로 많은 제약을 받았고, 지배층의 착취대상[60]이었다. 그럼에도 불구하고 삼국사기 등의 문헌에서 농민이나 노예 등의 반란사건 등의

57) 조(租)는 토지를 통해 내는 조세이고, 용(庸)은 부역 대신 곡식을 바치는 것이고, 조(調)는 특산물을 바치는 것이다.

58) 순장제도의 희생자는 대부분 노예였으나, 강제순장이 아닌 자사순장(自死殉葬: 자발적으로 죽어 피장자와 함께 묻히는 것)도 있었다는 점에 주목할 필요가 있다. 그 예로 고구려 제11대 동천왕이 죽자 수많은 사람들이 슬퍼하며 따라 죽었다고 삼국사기는 전하고 있다(삼국사기 권제17 고구려본기 제5 동천왕 23년 9월조).

59) 구당서 권199상(上) 열전 제149상(上) 동이 고려전.

60) 고구려 당시의 귀족과 평민의 삶을 문헌을 통해 보면, (1) 고구려의 대가(大加)들은 농사를 짓지 않고서도 앉아서 먹는 자들인데, 그 수가 만여 호나 되고, 하호는 먼 곳에서 양식과 고기와 소금을 운반해서 그들에게 공급했고(삼국지 권30 위서 30 동이전 제30 고구려전); 가난한 사람이 많다. 겨울철에는 모두 구덩이를 길게 파서 밑에다 숯불을 지펴 방을 덮인다(구 당서 권 199 상 열전 제 149상 동이고려전). (2) 손순은 신라 모량리 사람으로 아버지가 죽은 후 처와 같이 남의 집에서 일을 하고 양식을 얻어 늙은 어머니를 봉양

기록이 없는 것으로 보아, 이들에 의한 치안불안요인은 그리 많이 발생하지 않은 것으로 보인다.

2) 치안역량

(1) 치안인구

고구려는 제6대 태조대왕 이후부터 고대국가적인 체제를 갖추면서 1~2세기에 고대국가의 기반을 확립하였다. 고구려 초기의 호수(戶數)는 3만이었으나 점차 늘어나 5만 호를 헤아렸고, 인구수로 환산해 보면 약 20만여 명으로 추정된다. 그리고 당나라에 의해 멸망할 때 고구려의 규모는 176개 성(省), 총 69만 7천여 호(약 350만 명)의 인구였다. 그러나 큰 성과 여타 성의 인구수는 대소에 따라 차이가 있었다.

(2) 군사·치안장비

고구려의 군사체제는 보병과 기병으로 편성·운영되었고, 특히 갑옷을 입고 전투에 나섰기 때문에 기동성이나 안전면에서 대단히 위력적인 효력을 발휘하였다. 고구려인들의 무기는 활·화살·칼·창이었다. “고구려의 말은 모두 적어서 산을 오르는 데 편리하고, 국민은 기력을 숭상하여 활·화살·칼·창을 잘 쓰고, 갑옷을 입으며 전투에 익숙하였다.[61]

(3) 수박

고구려에서는 군사들의 힘과 용기를 기르기 위해 씨름과 수박(手搏)[62] 등의 경기를 장려하였는데, 이는 아마도 전투 중 근접전에 유용하게 사용할 수 있는 기술의 하나로 개발된 것으로 보인다.

3. 범죄예방

1) 중앙과 각 성의 치안체계

고대국가의 경우 경찰의 기능은 범죄예방적 측면보다는 범죄통제적 측면, 즉 범인을 체포하고 형을 집행하는 전통적인 사법경찰기능(司法警察機能)이 주된 영역이었다.

(1) 대성(大城: 큰성)

큰 성에는 태수에 해당하는 지방장관인 욕살이 행정·사법·경찰권을 총괄하였다.

하였다. 그에게는 어린 아들이 있었는데 항상 어머니의 밥을 빼앗아 먹는다고 해서 부부는 서로 의논하여 늙은 어머니를 위하여 아이를 땅에 묻고자 하였다(삼국유사 권 제5 효선제9)

61) 양서(梁書) 권54 열전 제48 제이(諸夷) 고구려전.

62) 수박이라 함은 손 수(手)에 칠 박(搏), 즉 손으로 치고받는다는 뜻으로, ‘맨손 격투’라고 볼 수 있다.

(2) 성(城)과 진(鎭)

큰성 이외의 성(城)과 진(鎭)에는 처려근지(處閭近支) 혹은 도사(道使)를 두었다. 그리고 그 밑에는 참좌분간(參佐分幹: 보좌하는 간부)과 무관인 대모달과 말객(末客)을 두어 문무(文武)의 업무를 분장시켰다.[63]

(3) 3경(京)

수도 평양 이외에 옛 수도인 국내성[64]과 한성(漢城)[65]의 두 별도(別都: 특별관사)를 두었는데, 이것을 3경(京)이라 칭하고 치안과 행정을 관장케 하였다.[66] 이와 같이 수도 평양성 이외에 두 별도(別都)인 국내성과 한성을 둔 것은 그대로 중앙의 수도와 같은 역할을 하면서, 군사와 치안조직의 중심지로 피지배계급에 대한 통제와 외적 방어라는 임무 수행도 동시에 하려는 목적 등이 있었다.

2) 범죄예방기구

고구려의 치안은 중앙의 조직(왕과 14관등)과 지방 장관등을 중심으로 경찰권이 행사되고, 순찰 등의 범죄예방적 기능도 전반적으로 체계화되어 있었다고 볼 수 있다. 다만 범죄예방과 관련된 중앙조직과 기능에 관해서는 현존하는 문헌상 그 근거를 찾아볼 수 없다. 지방의 경우에는 각 성 밑에 말단기구인 「재(宰)」와 「무려라(武厲邏)」 등의 치안기구에 의해 수행되었다.

(1) 재(宰)

지방치안기구인 재(宰)에 관한 최초의 기록은 삼국사기 고구려 본기 미천왕대에 등장하는 압록재(宰)라는 용어이다. 압록재는 압록강 지역에 설치한 행정기관 또는 행정관을 지칭하는 것으로, 이곳의 장(長)은 그 지역의 행정권과 사법경찰권을 장악하고 모든 업무를 처리하였다.

고구려의 재(宰)는 오늘날의 지구대(지구대장)나 파출소(파출소장), 또는 주민센터(구 동사무소)의 기능을 동시에 수행하던 관서로서, 중국식 명칭이다.

(2) 무려라

① 여러 견해

무려라는 고구려시대에 군사작전과 순찰 등 경찰기능을 수행하였던 최전방 기지였다. 이

---

63) 신당서 권220 열전 제145 동이 고(구)려전.

64) 국내성은 유리왕대부터 고국원왕까지 고구려의 수도였다. 대체로 지금의 만주 집안현(輯安縣) 통구라고 보고 있다.

65) 한성(漢城)은 고구려의 별도(別都)로서 지금의 황해도 재녕(載寧)지방으로 비정(比定)되고 있다.

66) 주서(周書) 권49 열전 제41 이역(異域)상(上) 고려전.

무려라에 대해서는 여러 가지 설(說)이 제기되고 있으나, 통설적인 견해는 없다.[67] 따라서 무려라에 대한 실체는 현존하는 「해동역사」와 「삼국사기」의 두 문헌을 토대로 종합·분석해 보면 보다 정확히 그 기능을 추출해 볼 수 있다.

② 무려라의 기능

㉠ 무려라(武麗邏)는 고구려 요수 서쪽에 있었던 관사(官司) 겸 국경감시소였고, 그 관사에 배치되었던 치안군의 기능은 요수를 건너는 사람을 단속하는 것이 주 임무였다.

㉮ 원래 요동과 요서는 춘추전국시대 이후 중국 역대 정권의 동방전략요충지역이었고, 수문제와 당태종이 고구려를 침범하는데 필수적으로 거쳐서 가야 하는 길목이기도 하였다. 그렇기 때문에 고구려는 이러한 주요한 지역인 요동과 현도 등에 수십개의 성을 두고 그 밑에 모두 관사(官司)를 두어 통치할 수밖에 없었다.

㉯ 해동역사 고구려전에 보면 "…요수 서쪽에 라(邏)를 설치하여 요수를 건너는 자를 경찰(警察)하였다"고 전하고 있을뿐,[68] 「무려라」라는 용어는 보이지 않는다. 그러나 삼국사기 고구려본기 영양왕 23년 정월조와 7월조의 내용을 보면, 영양왕 정월 임오년에 수양제가 100만 대군을 거느리고, 요수를 건너 침공하였고, 수차례 공방 끝에 수나라가 얻은 것은 "오직 요수 서쪽의 우리 「무려라」를 빼앗고, 요동군과 통정진(현재의 중국 요령성 신민시 고대산 일대)을 설치하였을 뿐이었고, 이때가 영양왕 23년 7월이었다"고 전하고 있다.[69] 이로 보아 고구려는 요동과 요서지방에 수십개의 관사인 라(邏)를 설치하여 운영하였고, 그중 하나가 요수 서쪽의 관사겸 국경초소로 사용하던 「무려라」였다고 추정된다.

㉰ 「무려라」를 오늘날의 순찰제도(방범경찰)의 효시라고 보는 견해도 있으나, 우리나라의 방범순찰의 효시는 한군현체제하에서 정(亭)에 배치된 정장(亭長)을 방범경찰관의 효시라고 보아야 한다. 그 후 한사군이 한반도에서 축출된 후 고구려시대에 들어와서 국경에 「무려라」등의 라(邏)를 설치하였고, 이곳에서 군이자 경찰업무를 수행하던 치안군이 순찰과 국경출입 단속의 임무를 수행하였던 것으로 추정된다.

㉡ 해동역사 고구려전에 "요수 서쪽에 라(邏)를 설치하여 요수를 건너는 자를 「경찰」했다"고 전하고 있는데, 여기서의 「경찰」을 오늘날의 「경찰」이라는 용어로 보려는 경향도 있다. 그러나 고구려전에 나오는 경찰(警察)은 "경계하고 살핀다"는 동사적 의미이지, 오늘날의 조직적·제도적인 「경찰」 전체를 총칭하는 명사적 의미의 경찰용어는 아니다. 우리나라에서 제도적·조

---

67) 무려라는 국내의 질서를 유지하고 국경을 경비하기 위해 오늘날의 경찰 또는 헌병에 해당하는 순라군이었다는 견해(백남운·박광순 역, 「조선사회경제사」, 서울: 범우사, 1989, p.170), 무려라는 '곳에 둔 라(邏)', 즉 순라소의 의미로 고구려가 요수의 나루를 감시하기 위하여 둔 감시소라고 보는 견해(이병도, 「역주 삼국사기」, 1977, p.315) 등이 있다.

68) 한치연 편, 「해동역사 세기(世紀) 7 고구려 2」 자치통감에서의 인용문.

69) 삼국사기 권제20 고구려본기 제8 영양왕 23년 7월조.

직적 의미의 「경찰」이라는 용어는 고종 22년(1885)을 기점으로 사용되었고,[70] 이러한 기록은 경찰사적 측면에서 상당히 중요한 의미를 내포하고 있다.

4. 범죄통제(감옥)

감옥은 범죄를 저지른 자 또는 범죄를 저질렀다는 혐의가 있는 자를 가두는 곳으로 국가 권력이 실질적으로 발현되는 장소이다. 따라서 고대 국가의 형벌과 감옥제도는 권력자의 정치적 행사이자 범죄자에 대한 경고 메시지 그리고 일반 백성에게는 일반 예방적 효과를 노리는 일종의 무기이기도 하다. 우리나라에서의 감옥은 부여에서부터 그 기원을 찾을 수 있고, 삼국시대에도 예외는 아니었다. 다만 삼국시대의 경우 감옥의 역할은 재판이나 확정된 다른 형벌을 집행하기 전에 죄수를 가두어 두는 곳일 뿐, 감금 그 자체가 형벌이 되는 근대적 의미의 형(刑)을 집행하기 위한 시설은 아니었다.[71]

1) 고구려의 초기사회

고구려에는 감옥이 없고 범죄자가 있으면 제가(諸加)들이 모여서 평의(評議)하여 사형에 처하고 처자는 몰수하여 노비로 삼았다"[72]고 삼국지 동이전은 전하고 있다. 이런 연유 등으로 고구려시대에는 감옥이 없었다고 일반적으로 인식하고 있으나, 이는 초기의 부족연맹체 국가체제시기에 있었던 기록만을 그대로 믿었던 결과이다.

2) 삼국시대의 고구려

삼국사기 고구려본기 전편을 통해 살펴보면 뇌옥(감옥)이라는 용어는 찾아볼 수 없으나, 국가경축일[73]·국중대회·재난발생[74](혹서·혹한·천재지변)시 국왕들은 죄수들을 대거사면하였다. 이와 같은 사례는 고구려에도 감옥(뇌옥)이 존재하였음을 입증하는 확실한 단서라고 할 수 있다.

---

70) 고종 22년(1855) 10월 29일에 통리교섭통상사무아문에서 "인천항에 이미 경찰관을 두었으니, 부산과 원산 두 항구에도 똑같이 설치하여야 한다"고 고종에게 의견을 개진하고 있다. 이로보아 인천항에는 이미 근대적 경찰관이 배치되었고, 이 시기부터 「경찰관」이라는 명칭이 처음으로 문헌상에 그 모습을 드러내고 있다.

71) 배종대·정승환, 「행형학」, 서울: 홍문사, 2002, p.19.

72) 삼국지 권30 위서30 동이전 제30 고구려전; 증보문헌비고 권지(卷之)127 형고(刑考)2.

73) 삼국사기 권제13 고구려본기 제1 유리왕 23년 2월조. 제2대 유리왕 23년 2월에 왕자 해명을 세워 태자로 삼고 국내의 죄수를 대거 사면하였다.

74) 삼국사기 권13 고구려본기 제2 대무신왕 2년 정월조. 제3대 대무신왕 2년 정월에 서울에 지진이 일어나자, 죄수를 대거 하면하였다.

제2절 백 제

Ⅰ. 총 설

백제의 기원은 본래 부여족 계통의 고구려 유민이다. 삼국사기 백제본기에 의하면 고구려를 건국한 주몽의 첫아들인 유리가 북부여에서 졸본부여로 와서 태자로 책봉되자, 둘째 부인의 아들인 온조(차자)가 남하하여 마한의 영내[75]인 하남 위례성(지금의 경기도 광주)에 도읍을 정하고 국호를 십제(十濟)라 하였다가 후에 백제(百濟)[76]로 개칭하였다(B.C. 18년). 백제는 제8대 고이왕대에 이르러 지배영역도 크게 확대되어 북쪽으로 예성강, 동쪽으로는 춘천, 남쪽으로는 안성과 성환, 서쪽으로는 서해에 이르는 영역을 확보하였다. 이런 영역의 확대에 힘입어 백제는 한강 유역의 새로운 맹주로 등장하여 마한의 지배국인 목지국(目支國)을 점차 압도해 나갔다. 백제는 이후 한강유역에서 주체적인 정치세력의 등장을 방해하고 있던 낙랑·대방군에 대해서도 공세적인 입장을 취해, 고이왕 14년(247)에 마한세력과 낙랑·대방군과의 갈등을 이용하여 목지국을 병합하고 마한이 갖고 있던 맹주권을 장악하였다. 특히 백제는 고이왕 때에 16관등과 6좌평 등의 관료체제가 확립되었으며, 율령(律令)을 반포함으로써 고대국가체제의 기틀이 마련되었다. 그리고 고이왕의 뒤를 계승한 근초고왕은 북으로 대방군의 고지를 확보한 후 북진하여 고구려의 고국원왕을 패사시켰고, 요서지방에 진출하였다. 나아가 남으로 「마한」을 완전히 정복하였고 낙동강 유역의 가야세력까지 영향권 안에 넣었다. 이처럼 백제는 4세기 중엽 근초고왕을 전후하여 극성기를 맞으면서 6세기 초기까지 요서지방을 필두로 산동반도와 일본의 북구주(北九州)까지 그 세력을 뻗쳐, 이른바 백제세력권을 형성하였다. 대외적으로도 중국 송(宋)·제(齊)·양(梁) 등의 남방세력을 조정하여 한때는 강력한 세력으로 등장함으로써 산동반도 일대나 북큐슈 일대에 개척민과 문화를 이식시켰고, 상업권을 확대하였다. 그 후 무령왕 때 다시 중흥의 기틀을 마련하였고, 이를 계승한 성왕(聖王)대에는 서울을 사비(泗沘: 지금의 부여)로 옮기고, 국호를 남부여(南扶餘)로 고쳐 국운을 쇄신하였다. 그러나 신라의 진흥왕

75) 온조가 처음 남쪽으로 무리를 이끌고 내려오면서 한강 주변을 중심으로 정착할 때, 마한왕이 한강 주변의 100리쯤 되는 땅에 살도록 허락해 주었다는 기록이 삼국사기 백제본기에 전하고 있다(삼국사기 권제23 백제본기 제1 시조온조왕 24년 7월조).

76) 수서(隋書) 백제전에 의하면 백제란 국호는 '백가제해(百家濟海)'란 뜻이다. 즉, 백 개의 부족집단이 바다를 건너와 세운 국가란 뜻이다(수서 권81 열전 제46 동이 백제전). 국내의 사서(史書)에 등장하는 백제의 국호는 십제(十濟) → 백제(佰濟) → 백제(百濟)로 변했다. 또 우리나라 삼국사기에는 오간, 마려, 을음 등 10명의 신하가 보좌하여 세운 국가이다. 다시 말해 십제 단계일 때 백제는 열 개 정도의 부족집단이 연합해서 국가를 형성하고 있었음을 의미한다. 그러다가 "날로 백성들이 즐겁게 따르므로 국호를 백제로 바꾸었고, 그 세계(世系: 조상)는 고구려와 함께 부여에서 나왔기 때문에 부여를 성씨(姓氏)로 삼았다"라고 하고 있다(삼국사기 권제23 백제본기 제1 온조왕).

과 관산성(지금의 옥천)에서 싸우다 성왕이 패사하면서 중흥의 길은 꺾이었고, 한강유역은 신라가 차지하며 나제동맹(羅濟)마저 결렬되었다.

이런 일련의 과정을 거치면서 결국 의자왕 20년 당(唐)의 소정방이 이끄는 13만 대군과 신라 김유신이 이끄는 5만의 군대에 의해 사비성은 함락되고 백제는 멸망하였다. 이때 중국 당(唐)은 백제 옛 땅에 웅진·마한·동명·금련(金漣)·덕안 등 5도독부를 두기도 하였다.

Ⅱ. 백제의 고대국가의 발전과정

1. 백제의 발전기

백제는 한강유역의 토착민과 고구려 계통의 북방 유이민의 결합으로 성립되었다. 백제는 우수한 철기문화를 보유한 유이민 집단이 지배층을 형성하였고, 한강유역으로 세력을 확장하려던 한군현(낙랑군)을 막아내면서 성장하였다.

1) 고이왕(3세기 중반)

(1) 중앙집권체제의 정비

① 국내

제8대 고이왕은 형제상속에 의한 왕위계승을 확립하였다.[77] 그리고 좌장제도[78]의 설치와 6좌평, 16관등제의 관직체제를 만들어 지방족장을 중앙관료로 편입시키고, 백관의 공복(관복

77) 제6대 구수왕이 죽고 사반왕이 제7대 왕위에 즉위하자 어리다는 이유로 폐위시키고 고이왕이 왕위에 올랐다. 삼국사기에 따르면 고이왕은 4대 개루왕의 아들이자 5대 초고왕의 동생이라고 기록되고 있으나, 고이왕은 개루왕의 아들이 아니라고 보는 것이 일반적인 견해이다. 이런 이유 등으로 백제의 왕위 계승권이 새로운 세력에게 넘어간 사건으로 해석되고 있기도 하다. 고이왕 이전에 백제는 여러 세력이 연맹체였고, 국왕은 각 세력의 우두머리 중 하나에 지나지 않았으나, 고이왕이 왕위에 오르면서 왕권을 강화하고 체제를 정비해 고대국가의 기틀을 다졌다.

78) 좌장이란 제도는 그 실체가 거의 알려져 있지 않으며, 그 기능조차 구체적으로 밝혀진 것이 없다. 좌장(左將)제도는 고이왕 7년 4월에 진충을 좌장으로 삼아 내외병마사를 맡긴 것이 좌장에 대한 최초의 기록이고, 고이왕 14년(247) 2월에는 진물을 좌장으로 삼아 병마사(중앙과 지방의 군사업무)를 맡겼다. 따라서 좌장은 군권통제와 깊은 관련성이 있는 최고위 직위였다. 그 후 고이왕은 27년(260) 정월에 6좌평 16관등제를 마련하였는데, 좌장제도는 6좌평 16관등제보다 약 20년 앞서 설치된 중앙기구이다. 문제는 좌장제도보다 20년 늦게 설치된 6좌평 중 군사권과 경찰권을 장악하고 행사하던 병관좌평과의 기능상의 차이점이다. 오늘날 군사와 관련된 권한은 크게 군정권과 군령권으로 나누어 볼 수 있다. 군정권은 인사·군수권을 말하며, 군령권은 작전지휘권을 말한다. 백제의 경우 좌장은 군령권을 담당하였고, 병관좌평은 주로 군정(軍政: 인사·군수)업무를 담당하였다. 이는 오늘날 인사·군수권은 각 군 참모총장에게 있고, 작전지휘권은 합참의장에게 그 권한이 있는 것과 같은 형태이다.

제)을 제정하였다. 또한 정사를 보던 초기 관청인 「남당」[79]을 설치하고 율령을 반포하여 중앙 집권국가의 기틀을 다졌다.

② 대외관계

마한의 중심세력이던 목지국(지금의 충남직산)을 병합하여 한강 유역을 완전히 장악하고 마한의 맹주로 부상하였고, 대방군[80]을 선제 공격해 대방태수를 죽이고 낙랑군도 공격하는 한편, 중국의 선진문물을 수용하고 체제를 정비하였다.

2) 근초고왕(4세기 중·후반)

(1) 영토확장

제13대 근초고왕의 업적중에 가장 눈에 띄는 것은 영토확장이다 그는 동·서·남·북쪽으로 백제의 땅을 크게 확장하여 그 영토는 본토인 백제의 몇 배나 되었고, 백제 역사상 가장 넓은 영역을 확보하였다.

① 마한 전 지역 확보·가야공격·고구려와의 충돌

㉠ 마한의 대부분을 정복하였으며, 전라도 남해안까지 세력을 넓히는 한편 가야를 압박하였다.

㉡ 백제와 고구려와의 충돌은 영토 확장과정에서 필연적으로 발생한 패권다툼의 결과였다. 고구려와 백제는 황해도 지역을 놓고 고구려와 대결하여(369년 9월), 이 싸움에서 고구려의 고국원왕[81]이 전사하였다.

---

79) 남당(南堂)은 신라와 백제에 모두 존재했으며, 정청(政廳: 문신들이 모여 정사를 논의하고 처리·집행하던 곳)의 기능을 담당하였다. 남당은 원시적인 집회소에서 기원한 것으로, 여러 소국들이 연맹체를 구성해 이른바 연맹왕국을 이룬 단계에 이르러서는 종래의 부족집회적인 성격에서 탈피해 중앙 정청의 성격을 띤 것으로 변하였다. 백제의 경우 고이왕 28년(261)에 왕이 이곳에 앉아 정사(政事)를 논의하였다(삼국사기 권제24 백제본기 제2 고이왕 28년 정월조).

80) 대방군은 황해도에 있던 옛 지명으로, 고조선이 멸망한 뒤 중국 한나라가 설치한 4군 가운데 하나인 진번군이 설치되었던 곳이다. 그 후 토착세력의 반발로 진번군은 곧 낙랑군에 통합되고 낙랑군은 이곳에 남부도위(南部都尉: 중국 한의 진번군을 낙랑군에 병합할 때 진현군의 7현을 남부로 고치고 그 관할을 위하여 남부도위를 두었는데, 남부도위는 낙랑군에서 태수를 보좌한 무관직이었다)를 설치하였다. 2세기 후반 한(韓)·예(濊)의 토착세력이 강성해져서 이 지방을 공격하게 되자 남부도위는 위기를 맞게 되었다. 이때 204년 아버지의 뒤를 이어 사실상 요동지방의 지배자가 된 공손강은 후한의 헌제 때 낙랑군 소속 둔유현(지금의 황해도 황주) 이남의 땅을 떼어서 새로 대방군을 설치하였다. 공손씨 정권은 189년 238년까지 요동을 다스렸고 중국왕조로부터 반독립상태였다.

81) 백제왕(근초고왕)이 태자와 함께 정예 3만명을 거느리고 고구려에 처들어가서 평양성을 공격하였다. 고구려왕 사유(斯由: 고구려 고국원왕의 이름)가 힘을 다해 싸워 막았으나 빗나간 화살에 맞아 죽었다. 왕이 군사를 이끌고 물러났다(삼국사기 권제24 백제본기 제2 근초고왕 24년 9월조).

② 해상세력권 형성

중국의 요서와 산동반도, 일본의 규슈지방까지 진출하고 동북아시아 해상세력권을 형성하였다.

(2) 왕위의 부자상속

근초고왕은 제12대 고이왕계통[82]인 계왕이 죽자 제13대 근초고왕이 왕위에 올랐다. 근초고왕은 초고왕 계통인 제11대 비류왕의 둘째 아들이다. 근초고왕은 초고왕 계통의 왕위계승권을 확립하고 중앙집권체제를 강화하였다.

(3) 역사서편찬

박사[83] 고흥으로 하여금 역사서인 서기(書記)를 편찬하게 하였으나, 현재 전해지지 않는다. 서기가 편찬된 시기는 백제가 국가의 제도를 정비하고 대외적으로 발전을 이루던 시기이다.

(4) 칠지도 하사

백제와 왜의 국교수립은 (왜의)신공황후 46년(서기366)에 이뤄졌다.[84] 칠지도는 곧은 칼날 좌우로 각각 가지칼이 세 개씩 있는데, 도합 7개의 칼날이 있다 하여 칠지도라고 한다. 백제에서 만들어 왜왕(신공황후)에게 보낸 것으로 백제와 왜의 밀접한 관계를 상징한다.

---

82) 백제의 경우 일반적으로 제10대 분서왕까지는 제8대 고이왕 계통이 이어지고, 제11대 비류왕때 제5대 초고왕 계통이 다시 왕위에 오른 것으로 본다. 제12대 계왕은 고이왕 계통이지만, 재위기간은 2년에 불과하다. 제13대 근초고왕부터는 초고왕 계통이 왕위를 잇게 된다.

83) 박사는 백제 관제(官制)의 하나로써, 유교 경전을 교수하는 임무를 맡았다. 백제의 박사는 유교 경전에 밝은 학자뿐만 아니라 의(醫), 역(易) 등 잡업 및 기와 등 기술업에 전문적인 지식을 가진 자에게도 수여되었다. 「고흥」은 백제 근초고왕대의 학자로, 「서기」를 편찬한 것 외에 구체적인 행적을 알 수 없는 인물이다.

84) 박영규, 「백제왕조실록」, 서울: 웅진닷컴, 2000, p.163.

◆◆ 제13대 근초고왕시대의 백제영토(A.D. 371년경)

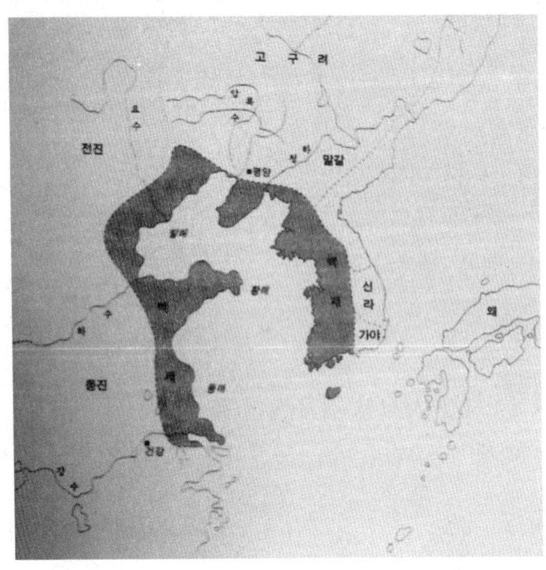

3) 침류왕(4세기말)

제15대 침류왕은 즉위한 지 (384년) 19개월만에 사망하였다. 침류왕 384년에 인도 승려 마라난타가 동진[85)]에서 건너와 불교를 전래하면서 불교가 공인되었다. 백제는 불교를 공인함으로써 확대된 영토와 강화된 왕권을 뒷받침하는 보편적인 이념체계를 갖추게 되었다.

4) 비유왕(5세기 전반)

제20대 비유왕 3년(429)에 중국 남송에 사신을 보내 국제무대에서 정식으로 백제왕으로 대접받기에 이르렀고, 433년 고구려 장수왕의 남하정책에 대항하여 신라의 눌지왕과 나제동맹(결혼동맹)을 체결하였다.

5) 개로왕(5세기 후반)

제21대 개로왕은 고구려의 남하가 지속되자 427년에 중국 남북조시대[86)]의 북위에 국서를

85) 동진(東晉)은 진(晉)나라 후반에 해당하는 중국의 왕조이다. 낙양에 도읍을 둔 서진(西晉)왕조의 마지막 황제였던 사마업이 316년에 소수민족의 침입으로 포로가 되면서 망하자, 이듬해 황실의 후예인 사마예가 건강(지금의 난징)에 진(晉)왕조를 다시 세웠는데, 이것을 「동진」이라고 한다.

86) 개로왕 당시 중국은 남북조시대로 접어 들어 남과 북이 각각 하나의 왕조 아래 지배체제를 구축하고 있었다. 남북조 시대의 남조는 중국 남부 동진 장군 유유가 「동진」을 무너뜨리고 송나라를 건국하는데, 이때부터 남북조가 시작된다. 동진이 무너진 뒤 중국 남부에는 네 나라(송·제·양·진)가 차례로 들어섰다. 한

보내 양국이 힘을 합쳐 고구려를 협공하자는 제의를 하는 등 외교활동을 벌였으나, 장수왕의 공격으로 아차산성에서 전사하고 한강 전역을 상실하였다.[87]

6) 문무왕(5세기 후반)

백제 22대왕으로서 개로왕이 고구려군에게 죽임을 당하자 한성에서 왕위에 올라 웅진(熊津)[88]으로 천도하였다. 정치적 혼란으로 왕권약화와 귀족세력이 국정을 장악하게 되면서, 대외무역활동마저 침체되었다. 재위 4년에 병관좌평 해주에 의해 피살되었다.

7) 동성왕(5세기 후반)

제24대 동성왕 15년 3월에 신라(소지왕 때) 이벌찬[89] 비지(比智)의 딸과 결혼동맹을 통하여 고구려에 대항하였다[90]

2. 백제의 중흥

1) 무령왕(6세기 초반)

제25대 왕으로 한강 유역을 고구려에 빼앗긴 뒤 혼란에 빠져있던 백제를 안정시켰는데, '백제의 중흥 군주'라는 평가를 받고 있다.

(1) 22담로 설치

지방에 22담로라는 특별행정구역을 설치하고 왕족을 파견하여 지방통제를 강화하였다. 그리고 제방을 수리하여 농업생산력을 높이고, 유식자(놀고 먹는자)를 귀농시켜 민생 안정과 노동

(漢)족이 세운 이 네나라(남조)는 모두 건강(지금의 난징)을 수도로 삼고, 북방민족이 세운 북부의 왕조(북조)와 대립하였다. 남조는 유유에 의해서 세워진 송(420년)부터 남조의 마지막 왕조 진(陳)나라를 멸망시키고 수나라가 중국 천하를 통일한 때(589)까지를 말한다. 반면 북조는 오호십육국(五胡十六國)의 혼란을 수습한 북위(北魏)의 태무제 때부터 시작되어, 이 북위가 동위와 서위로 분열하고 동위는 북제(北齊)에게, 서위(西魏)는 북주(北周)에게 교체되었다가 북주가 북제를 멸망시키고 한때 화북지역을 통일하였으나, 얼마 못가서 외척 양견(문제)이 제위를 양위받고 건국한 수가 남조 최후의 왕조인 진(陳)을 멸망시키고 중국 천하를 통일한 때까지를 말한다. 백제 제21대 개로왕 당시에 개로왕이 국제 외교를 통한 북위는 비교적 왕권이 안정되어 있던 데 비해, 남송(남조시대의 하나)은 반란과 반정이 반복되고, 함부로 황제가 교체되는 혼란을 겪고 있었다.

87) 고구려왕이 병사 3만 명을 거느리고 백제를 침입하여 수도인 한성을 함락시키고, 백제왕 부여 경(개로왕)을 죽였으며 포로로 남녀 8천 명을 사로잡았다

88) 웅진은 제22대 문주왕 즉위년(495)부터 성왕 16년(538)에 사비로 천도하기까지 63년간 백제의 왕도였다. 현재의 충남 공주시이다.

89) 이벌찬은 신라 17관등 중의 제2관등이다.

90) 삼국사기 권 제 26 백제본기 제 4 동성왕 15년 3월조.

력 확보를 이룩하는 한편, 가야지역으로 진출하여 섬진강 일대를 백제 영역으로 확보하였다.

(2) 외교교섭강화

중국 남조의 양나라[91]와 수교하여, 양(梁)나라 고조(高祖)로부터 영동대장군[92]이라는 작호를 책봉 받았는데, 이러한 「영동대장군」이라는 작호는 무령왕릉 묘지석[93]에 그대로 사용되고 있다.

2) 성왕(6세기 전·중반)

제26대 성왕은 '식견이 뛰어나고 일을 잘 결단하였다'고 하여, 나라 사람들이 생시에 「성왕」이라고 불렀다고 한다.

(1) 체제정비

① 사비천도

성왕 16년(538) 봄에 대외진출이 쉬운 사비(부여)[94]로 옮기고, 국호를 남부여(南扶餘)[95]로 고치면서 중흥을 꾀하였다.

② 행정조직정비

중앙에는 22개의 중앙 관청을 설치하였고, 수도는 5부로, 지방은 5방으로 행정구역을 정비하였다.

③ 불교진흥과 일본에 불교전파

성왕 19년(541)에 열반경[96] 등의 주석서(註釋書)를 중국 양나라로부터 수입하고, 겸의[97]을 등용하여 불교를 진흥시키고 일본에 노리사치계[98]를 보내 불교를 전파하였다.

---

91) 중국 남북조 시대 남조의 하나로 502~557년까지 존속하였다. 4대 56년 만에 진(陳)나라에게 망하였다.
92) 영동대장군은 중국 남북조시대의 양나라 무산계(武散階)의 하나로 관품은 정3품이다.
93) 무령왕릉지석에 "영동대장군 백제 사마왕(무령왕의 이름을 사마 혹은 융이라고 하였다)은 개로왕 7년 임오(461)에 출생하여 40세 되던 501년에 즉위하고 재위 23년(62세)만인 계모년 5월 7일 임진일에 돌아가셨다" 기록되어 있다.
94) 백제의 마지막 수도로서, 현재의 충남 부여군 부여읍이다.
95) 남부여는 성왕이 사비로 천도하면서 개칭한 국호이다. 남부여는 백제가 고구려와 더불어 부여로 갈라져 나온 나라로서, 이제 옛 부여의 영광을 남쪽에서 이루겠다는 의지가 표현된 이름이다.
96) 열반경은 불타가 만년에 왕사성을 출발하여 최후를 맞게 된 쿠시니가라에 이르기까지의 여정과 그 사적(事跡)·설법의 모양과 입멸(入滅)후의 화장·유골의 분배 등을 기술하고 있다.
97) 겸의는 백제 성왕 때 우리나라 최초로 인도에 가서 불교를 구해온 승려(구법승)이다. 그는 인도에서 가져온 경전을 번역하여 백제 불교의 계율을 정립하는 데 큰 힘을 쏟았다.
98) 노리사치계는 백제시대의 귀족으로 일본으로 건너가 처음으로 불교를 전해주었다고 알려진 인물이다. 생몰년미상이다.

④ 대외활동

신라의 진흥왕과 연합하여 일시적으로 한강 유역을 확보하였으나, 신라 진흥왕의 배신으로 신라에 한강 하류지역을 빼앗기고, 성왕은 관산성 전투[99)]에서 전사하였다(554년). 이로써 나·제동맹은 결렬되고 백제의 중흥마저 실패로 끝나게 되었다.

3) 의자왕

제31대 의자왕은 백제의 마지막 임금으로, 태자로 있을 당시에 해동증자(海東曾子)[100)]라고도 불렸다. 의자왕 때의 한반도 정세는 신라 김춘추의 외교로 나·당 연합군이 결성되던 시기였다.

(1) 백제의 멸망

① 원인

백제 멸망의 원인은 내부적 요인과 외부적 요인이 결합된 결과였다. 내부적으로는 정치질서의 문란과 지배층의 향락으로 국방이 소홀해졌고, 외부적으로는 나·당 연합군의 공격으로 멸망하였다(660년).

② 과정

김유신[101)]의 신라군은 계백 장군의 5천 명 결사대를 황산벌[102)]에서 격파하였고, 당군은 기물포(오늘날의 금강 하구)로 침입하였다. 백제는 결국 사비성이 함락되면서 멸망하였다.

---

99) 관산성은 현재의 충남 옥천 부근으로 비정된다. 삼국사기 백제본기에는 「구천」으로, 삼국사기 신라본기에는 「관산성」으로 나온다. '백제왕 32년 가을 7월에 왕은 신라를 습격하고자 몸소 보병과 기병 50명을 거느리고 「구천」에 이르렀다. 신라의 복병이 나타나 그들과 싸우다가 혼전 중에 난병에게 살해당했다(삼국사기 권제26 백제본기 제5 성왕 32년 7월조)'

100) 의자왕은 어버이를 효성으로 섬기고 형제와는 우애가 있어서 당시에 해동증자라고 불렀다고 삼국사기는 전하고 있다(삼국사기 권제28 백제본기 제6 의자왕).
해동(海東)은 발해의 동쪽에 있는 나라라는 뜻으로 우리나라를 일컫는 이름이다. 증자(曾子)는 춘추시대 노나라의 유학자이고 공자의 제자인데, 높여 불러 증자라고 하였다. 효도를 강조하였으며, 공자의 덕행과 학설을 정통으로 조술(祖述)하였다.

101) '이 날 소정방(당나라가 백제를 공격할 때 총사령관)이 부총관 김인문 등과 함께 기벌포(금강 하구)에 도착하여 백제 군사와 마주쳤다.…(소)정방은 신라군이 늦게 왔다는 이유로 군문에서 신라 독군 김문영의 목을 베고자 하니, 김유신이 군사들 앞에 나아가 "황산전투를 보지도 않고 늦게 온 것을 이유로 우리를 죄주려 하는구나. 죄도 없이 치욕을 당할 수 없으니, 결단코 먼저 당나라 군사와 결전을 한 후에 백제를 쳐야겠다"라고 말했다(삼국사기 권제5 신라본기 제5 태종 무열왕 7년 7월 9일조).

102) 황산은 현재의 충남 논산시 연산면에 비정된다. 황산벌 전투에서 계백의 5천 결사대는 김유신이 거느린 신라의 5만 대군과 네 번에 걸쳐 접전을 펼쳐 연전연승하였으나, 10:1의 절대적인 전력의 열세로 전멸하고 말았다.

(2) 백제의 부흥운동

무왕의 조카 「복신」과 승려 「도침」은 주류성(지금의 충남 한산)에서, 달솔 흑치상지는 임존성(현재의 충남 예산군 대흥면)에서 왕자 풍을 왕으로 추대하고 사비성과 웅진성을 공격하였으나, 나·당 연합군에 의하여 진압되었다. 이때 왜군이 백제 지원을 나섰으나, 백강(오늘날의 충남 부여군의 금강)전투에서 패배하고 말았다.

Ⅲ. 관제(官制)

1. 중앙관제와 경찰권

1) 초기의 중앙관제와 지방제도

(1) 중앙관제

백제 초기 시조 온조 때에 중앙조정은 재상격인 우보(右輔)에 의해 운영되었으며[103], 제2대 다루왕 7년 2월에 좌·우보 제도가 정착되었다.[104] 좌우보에는 왕족을 비롯한 유력한 귀족 그리고 토착세력들을 임명하여 죽을 때까지 그 자리에 있게 하였으며, 전임자가 죽은 이후 후임자가 그 뒤를 잇는 것이 관례였다.[105]

(2) 지방제도

지방제도는 온조왕 33년에 도성중부를 합해 동·서·남·북부의 5부체제였다.[106] 그러나 백제는 고구려의 5부나 신라 6부와 같은 연맹체 또는 지역분할 체제를 두지 않았기 때문에, 이들 나라보다 훨씬 중앙집권적인 체제였다.

(3) 백제의 2보(좌·우보)와 지방 5부의 백제 행정체계는 제2대 다루왕 10년(서기 37)부터 시작하여, 고이왕 27년(서기 260)에 좌평(佐平)제도가 성립될 때까지 지속되었다.[107]

---

103) 삼국사기 권제23 백제본기 제1 시조온조왕 2년 3월조

104) 삼국사기 앞의 책, 시조온조왕 41년 정월조.

105) 이이화, 앞의 책, p.138.

106) 온조 31년에 남·북부, 33년에 동·서부를 두어 수도지역까지 합쳐 5부제가 성립되었고, 이러한 백제초기의 전국 행정구역으로서 4부제는 사비시대의 5방(方)으로 정비되었다. 그 후 수도 행정구역도 웅진시대부터 지배층세력을 수도로 집중시켜 지배체제를 강화한 뒤에 다시 '5부'로 나누게 되었다고 보고 있다(김철준, "백제사회와 그 문화", 한국고대사회연구, 1975). 따라서 수도 5부제의 시작은 웅진시대부터라고 볼 수 있다.

107) 박영규, 「한권으로 읽는 백조왕조실록」, 서울: 웅진닷컴, 2000, p.387.

2) 6좌평 16품관계(官階)

(1) 6좌평

백제는 제8대 고이왕대에 이르러 국토가 확장되고, 대륙에도 영토가 개척되면서 전면적인 관제(官制) 및 행정체계의 개편이 이루어졌다. 고이왕은 7년 4월에 중앙집권력의 강화를 위해 좌장(左將)이란 기구를 설치하여 내외병마권을 관장하게 함으로써, 각 부족들의 군사력을 약화시켰다. 그 후 고이왕은 좌장제도를 운영하면서 27년(260) 정월에 6좌평 16관등제를 전면 공포 실시하였다. 따라서 이전까지의 좌우보 제도가 재상중심의 정치라면, 6좌평 제도는 왕 중심의 정치라 할 수 있다. 6좌평은 1품관으로서, 내신좌평(비서실장격으로 왕명출납), 내두좌평(물자와 창고관리), 내법좌평(장례 및 의례 관련한 왕과 관련된 공적행사주관), 위사좌평(친위부대 관장), 조정좌평(형옥담당 등 사법기관), 병관좌평(지방의 군무와 국방담당, 오늘날의 국방부장관)을 말한다. 백제의 관등제도는 고구려와 마찬가지로 신분계층을 구분하는 한편, 관직적 기능을 대행하는 것이었다(예컨대, 제1관등인 좌평은 동시에 제1급 관부의 장관직명이기도 했다).

(2) 16품관계(官階)

6좌평 16품관계는 좌평을 1품으로 하여 그 아래 15품계가 설치되었고, 그 품계[108]에 따라 복색이 구별되었다.

◆◆「백제의 16관등 및 복색」

<table>
<tr><td rowspan="3">16관등 및 복색</td><td>1</td><td>2</td><td>3</td><td>4</td><td>5</td><td>6</td><td>7</td><td>8</td><td>9</td><td>10</td><td>11</td><td>12</td><td>13</td><td>14</td><td>15</td><td>16</td><td>근거</td></tr>
<tr><td>좌평</td><td>달솔</td><td>은솔</td><td>덕솔</td><td>한솔</td><td>나솔</td><td>장덕</td><td>시덕</td><td>고덕</td><td>계덕</td><td>대덕</td><td>문독</td><td>무독</td><td>좌군</td><td>진무</td><td>극우</td><td rowspan="2">주서 권49 열전 제41 이역(上) 백제전</td></tr>
<tr><td colspan="6">자색</td><td colspan="5">비색(붉은 색)</td><td colspan="5">청색</td></tr>
</table>

(3) 상좌평

① 6좌평 제도는 제18대 전지왕 4년(408)에 전지왕의 이복동생 여신(餘信)을 상좌평으로 삼아 군사와 정사를 맡게 하면서 전환기를 맞게 되었다. 백제의 관계(官階)에서 상좌평[109]이란 관직이 이로써 시작되었는데, 오늘날 내각책임제의 총리와 같은 직책이었다. 상좌평이 설치되기 전 수석좌평은 내신좌평이 맡았는데, 이와 같은 상좌평 제도의 도입은 왕권의 약화를 의미

108) 품계를 관계(官階)라고 부르기도 한다.

109) 전지왕은 왜국에 볼모로 머물다가 아신왕의 급작스런 죽음 이후에 여신·해구·해수 등의 힘에 의해 왕위에 올랐기 때문에 그들에게 정사를 맡길 수밖에 없었고, 그 결과로 나타난 것이 바로 상좌평제도이다.

하며 동시에 왕족 및 귀족세력이 강화되었음을 뜻한다.

② 상좌평은 정치 상황의 변화에 따라 그 역할과 비중이 달라지기 일쑤였고, 좌평이란 품계를 상좌평·중좌평·하좌평 등으로 세분화시키기도 하였다. 특히 30대 의자왕대에는 그의 서자 41명이 모두 좌평에 임명됨으로써, 허수아비 기구로 전락하고 말았다.[110)]

3) 중앙의 행정체계 및 군사조직

(1) 중앙의 행정체계

백제는 16관등제를 기반으로 중앙과 지방의 행정 및 군사조직이 짜여졌으나, 성왕 때 사비성으로 옮기면서 제도를 개편하여 중앙에 22부(部)를 설치하였다.[111)] 궁정과 왕실의 업무를 맡은 행정관서인 내관12부(部), 그리고 일반서정(一般庶政)을 담당하던 외관(外官)10부체제로 운영되었고, 부(部)의 장(長)인 장리(長吏)[112)]는 3년마다 한 번씩 교체되었다.

① 내관12부

내관(內官)12부는 궁정과 왕실의 업무를 맡은 행정관서이다. 내부12부 중 치안과 관련된 부서로는 전내부(前內部: 국왕 신변 경호), 마부(馬部: 어마와 군마사육),[113)] 도부(刀部: 무기제작), 법부(法部: 의장 및 율령관제)를 들 수 있다.

② 외관10부

외관10부는 일반서정을 담당하던 행정관서였다. 외관10부 중 사군부(司軍部: 각 지방의 병마통제), 사구부(司寇部: 형벌업무), 점구부(點口部: 호구 및 순찰 등)[114)]는 치안활동과 밀접한 관련성이 있다.

---

110) 의자왕 17년(657) 정월에 "왕서자(王庶者) 41명을 좌평으로 삼고 각각 식읍을 주었다"고 삼국사기 백제본기는 전하고 있다(삼국사기 권제28 백제본기 제6 의자왕 17년 정월조).

111) 주서(周書) 권49 열전 제41 이역상(異域上) 백제전; 북사(北史) 권94 열전 제82 백제전.

112) 북사 백제전에는 장리(長吏)로 표기하고 있으나, 수서(隋書) 동이열전 백제조에는 장사(長史)로 기술하고 있다. 이 장리 또는 장사는 각 관서의 장(長)으로서, 이는 백제사회에서 옛날의 족장선거의 유풍을 이어받아 각 관서의 장(長)을 3년 교대의 법에 의하여 선거하였음을 말하여 주는 것이라고 보는 견해가 있다(김철준, 「신라상고세계와 그 기년」 『한국고대사연구』, 서울: 지식산업사, 1975, p.66). 반면, 장리는 높은 관직에 있는 관리로서 3년만에 교대되었던 각 행정관부의 고위층 관리이며, 22부(部)의 장(長)이 바로 장리가 아니었을까 추측하는 견해도 있다(이종욱, "백제의 좌평", 진단학보45, 1978). 아무튼 두 견해는 내용상 약간의 차이는 있지만, 각 부의 장(長)이라는 데는 의견이 일치하고 있다.

113) 마부를 어마(御馬: 임금이 타는 말)를 관리하는 관청으로 보는 견해도 있으나(정구복·노중국 외, 「역주 삼국사기4 주석편하(下)」, 서울: 한국정신문화연구원, 1997, p.160), 임금이 타는 말 이외에도 군마의 사육까지도 담당하였던 관청으로 보는 견해도 있다(백남운·박광순 역, 앞의 책, p.231).

114) 점구부의 경우는 호구파악의 업무를 담당하던 관청으로 보는 견해가 있고, 순찰·경비에 관한 업무를 맡아보던 관청으로 보는 견해도 있다(백남운·박광순 역, 앞의 책, p.231).

(2) 중앙의 군사조직

도성은 상부(上部: 동부)·전부(前部: 남부)·중부(中部)·하부(서부)·후부(後部: 북부)의 5부로서, 2품관인 달솔이 통솔하였다. 이들이 거느린 군사는 각기 500명이었다. 따라서 도성(왕도)수비와 치안유지의 상비군은 2,500명 정도로 추산된다. 그리고 부(部)에는 5항(巷: 부의 하부단위로 상·전(前)·중·하·후로 되어 있었음)이 있었는데, 여기에는 사(士: 선비)와 서인(庶人: 서민)이 거주하였다.

4) 중앙의 치안 관련 기구와 경찰권행사

(1) 16품관계와 경찰권

① 16관등 중 치안품계로는 왕을 제외하고, 좌장·상좌평·위사좌평·조정좌평·병관좌평, 그리고 좌평을 보좌하는 2품관인 달솔 이상의 그룹들이 총체적으로 군사·사법·경찰업무를 통수(統帥)하였다고 보여진다.

② 실무적인 경찰권 행사는 관품이 비교적 낮은 7품관인 장덕(將德), 13품인 무독(武督), 14품인 좌군(左軍), 15품 진무(振武), 16품 극우(克虞) 등이 수행하였고, 그 명칭으로 보아 이 품계들은 '하급 군인부류'로 추정된다.[115] 따라서 당시에는 군이 곧 경찰로서의 역할을 수행하였기 때문에, 이들이 곧 경찰업무를 시행하던 실질적인 관리였다.

(2) 중앙행정기구와 경찰권

중앙의 행정기구인 22부 중 내관(內官)인 경우에는 전내부·마부·도부·법부(法部) 등이, 그리고 외관10부의 경우에는 사군부(司軍部)·사구부(司寇部)·점구부가 일선치안 업무에 직·간접적으로 관여하였다고 볼 수 있다. 따라서 22부의 관서의 장(長)인 장리(長吏) 또는 장사(長史)가 치안행정의 고위층 관리로서 경찰권을 통수하였다고 추정된다.

2. 지방관제와 경찰권

백제의 지방행정제도는 왕권강화의 핵심적인 작업으로서, 대체로 제26대 성왕(聖王)의 사비 천도와 더불어 정비되었다. 그러나 성왕 이전에 이미 지방통치조직으로 담로제(擔魯制)가 시행되고 있었다.

1) 담로제

(1) 담로는 중국의 군현과 같은 기능을 가진 지방통치 지배조직이었다. 즉, 담로는 지방지배의 거점으로서의 성(城)을 의미하는 동시에 그것을 중심으로 하는 일정한 통치영역을 의미

---

115) 제12품인 문독(文督)과 제13품인 무독은 우리나라 역사에 있어서 처음으로 문무(文武)의 구분을 표시한 증거라고 보는 견해가 있다(김철준, "백제사회와 그 문화", 한국고대사연구, 1975, p.63).

하는 말이다.[116] 담로에 파견된 지방관은 대개 왕족 출신이거나 유력한 귀족 가문 출신이었고, 이는 담로가 중앙집권화의 기초가 되었다는 뜻이기도 하다.[117]

(2) 담로제[118]는 웅진으로 천도한 이후에도 계속 시행되었으나, 제25대 성왕의 사비천도를 전후하여 지방조직을 정비하면서 담로제도는 지방조직에 흡수되었다. 따라서 제25대 성왕 이전까지의 지방은 담로가 당연히 행정·사법·경찰권을 총괄하였다.

2) 방제(方制)와 군제(郡制)

(1) 5방제와 군(郡)체제

① 5방제

제26대 성왕은 사비천도를 전후하여 웅진시대 이래 행해졌던 내외관제를 대폭 정비하면서 지방통치조직도 개편하였다. 이때 지방통치조직인 종래의 「담로제」를 개편하여, 전국을 크게 동·서·남·북·중(東西南北中) 5방(方)으로 나누었다.[119] 이들 5방성(五方城)에는 각각 방성(方城)의 장관인 방령(力領) 1인을 두었는데, 대개 2품관인 달솔(達率)로 임명하였고 방좌(方佐)가 그를 보좌하였다.

② 군제(郡制)

각 방(方)에는 6~10개의 군(郡)이 있고 군(郡)에는 장수(將) 3명씩을 두는데, 4품관인 덕솔(德率)로 임명하였다.

③ 소성(小城: 작은 성)

군(郡)은 내부에 몇 개의 작은 성(현)을 두고 있었는데, 이들 작은 성은 방령과 군장(군의 장수)의 명령을 받았다.

(2) 지방관제의 변천과 지방군(地方軍: 군사력)

백제 지방군(地方軍)은 1방(方)에 대략 700~1,200명 정도의 병력이 있었다는 것이 통설적인 견해이다.

① 지방관제

백제의 지방관제는 22담로(웅진시기) → 방(사비시기) → 군(郡) → 소성(현)체제로 개편되었다.[120]

---

116) 양서(梁書) 권54 열전 제48 제이(諸夷) 백제전.
117) 박영규, 앞의 책, p.390.
118) 지방의 22담로제 설치시기는 대체로 12대 근초고왕대로 보고 있는 것이 다수설의 입장이다.
119) 북사 권94 열전 제82 백제전.
120) 백제말기의 지방조직은 5방성 37군(郡) 200성(城)으로 확대되었다(삼국사기 권제28 백제본기 제6 의자왕

② 지방의 경찰권

㉠ 방(方)

각 방령은 700인 이상 1,200명 이하의 군대를 거느렸고, 성(城)의 내외에 거주하는 서민 그리고 관할 군(郡)과 소성(현)을 관리하였다.

㉡ 군(郡)·소성(현)

군(郡)에는 군장(郡將: 군의 장수) 3인이 방령과 같은 임무를 수행하였고, 소성(현)에는 성주(城主)[121]가 파견되어 소성(현)의 업무를 관장하였다. 따라서 지방의 경우 방령→군장→성주(城主) 등이 군사권과 경찰권을 총괄하여 행사하였다.

㉢ 방군(軍)

백제 지방군(地方軍)은 1방(方)에 대략 700~1,200명 정도의 병력이었다.[122] 방(方)에서 거느리는 군사(700명 이상~1,200명) 중 일부가 평시에는 헌병 또는 치안관으로서의 기능을 수행하다가, 전시에는 그 전원이 군인으로서의 임무를 수행하였을 것으로 보인다.[123]

3. 율령(律令)

우리나라의 삼국사기 전편을 보면 고구려는 소수림왕 3년에 율령을 반포하였고, 신라는 고구려보다 150여 년 뒤인 법흥왕 7년(520)에 율령을 반포하였다. 반면, 백제의 율령반포는 현존하는 문헌상 그 내용이 전하여지지 않고 있으나, 제8대 고이왕 때 율령을 반포한 것으로 추정하고 있다.

1) 죄의 유형

백제의 형제(刑制)는 대체로 고구려와 아주 유사하다. 백제의 경우 고구려와 마찬가지로 내란죄·외환죄·퇴군죄[124]·살인죄·절도죄·간음죄 등이 있었으나, 다만 살인죄·절도죄·뇌물죄 등에서는 그 양형에서 상당한 차이를 보이고 있다.

20년 2월조).

121) 소성(현)의 장(長)은 성주 또는 도사(道使)로 불렀다(일본서기 권19 흠명기 4년조).

122) "5방에는 각각 방령1인을 두어 달솔로 임명하였고, 군(郡)에는 장수 3인이 있으니 덕솔로 임명하였다. 방(方)에서 거느리는 군사는 1천 2백 이하 7백인 이상이었다. 도성 내외의 백성들과 기타 작은 성(城)들이 모두 여기에 예속되었다"(주서 권49 열전 제41 이역(異域)상(上) 백제조).

123) 백남운·박광순 역, 「조선사회경제사」, 서울: 범우사. 1989, p.216; 내무부치안국, 「한국경찰사」, 서울: 광명인쇄공사, 1972, p.40

124) 당시 동북아시아권에서는 일반적으로 적에게 항복하거나 전쟁에 패배한 자(수성항적죄·임진패배죄)는 참수형에 처하는 것이 공통된 군율이었다.

(1) 살인죄

우리나라 삼국사기와 중국사료인 주서 및 북사 등의 백제전에는 '사람을 죽인 자는 목을 베었다'고 기술하고 있다. 그러나 오직 구당서 백제전에서만은 '살인을 한 자는 노비 3명으로서 속죄(贖罪)케 한다'고[125] 하여, 양형상에 상당한 차이를 보이고 있다. 백제의 경우 살인죄라도 노예 3명으로 대체하는 일종의 벌금제도는 생명형이 아닌 일종의 재산형이다. 당시의 노예는 살인죄도 벗어나게 할 수 있을 정도로 소중한 인적재산이었다.[126] 따라서 참수형에 처하기보다는 살아 있는 생산도구를 3배 배상으로 징수하는 쪽이 보다 유리했을 것이다. 이런 측면에서 보면 살인죄를 범한 자에게 노예 3명으로 대체하는 백제의 속죄형은 우리나라에서 최초로 적용되고 시행되었던 재산형의 일종이라고 보아도 무방하다.

(2) 관인수재(官人受財: 공무원뇌물수수) 및 절도죄

"(일반인이) 도적질을 하였다면 유배시키고 도적질한 물품의 2배를 징수[127]"한 반면, 관인(官人: 공무원)으로서 뇌물을 받거나 도둑질을 한 자는 (그 물건의) 3배를 추징하고, 이어서 종신금고형[128]에 처하였다.[129] 이러한 관리들의 뇌물수수를 금지하는 법은 제8대 고이왕 29년에 만들어졌는데, 오늘날로 치면 부정부패방지법이다. 삼국 중에 관인(官人: 공무원)의 뇌물죄와 절도죄를 일반인보다 강력하게 처벌한 것은 백제시대가 유일하다.

2) 형벌(刑罰)의 유형

백제시대의 형벌은 고구려와 대체로 비슷하다. 주로 생명형으로서 극형인 족형(族刑)·참형(斬刑)·유형(流刑)·종신금고형(終身禁錮刑: 명예형)·재산형(속형)·노예형 등이 있었다. 형벌의 구체적인 내용은 고구려의 형벌과 동일하다.

4. 범죄예방과 통제

1) 범죄예방

백제시대에도 고구려와 마찬가지로 경찰권을 행사하던 독자적 경찰기구는 창설되지 않았고, 군사·사법(司法)·경찰기능이 미분화 상태에 있었다. 따라서 경찰업무는 독자적인 활동이라기보다는 광범위한 행정업무 중에 혼입(混入)되어 수립·시행되었다. 그리고 일선 현장은 군이자 경찰업무를 수행하던 치안군이 그 기능을 담당하였다.

---

125) 구당서 권199상 열전 제149상 동이 백제전

126) 백남운·박광순 역, 앞의 책, pp.228-229.

127) 주서 권49 열전 제41 이역상 백제전; 북사 권94 열전 제82 백제전.

128) 종신금고형이란 일평생 관직에 나갈 수 없는 명예형의 일종이다.

129) 삼국사기 권제24 백제본기 제2 고이왕 29년 정월조; 구당서 권199상(上) 열전 제149상(上) 동이 백제전.

(1) 치안상태

① 사회구성원

사회구성원은 지배층(왕족 및 귀족)·상인(常人: 서민)·귀화민·노예층으로 구성되어 있었다.

㉠ 지배층(왕족 및 귀족)

삼국의 중앙지배층은 정복지역을 세력의 크기에 따라 성이나 촌 단위로 개편하여 지방통치의 중심으로 삼고, 지방관을 파견하여 지방민을 직접 지배하였다. 그러나 실제로는 지방관의 수가 많지 않아서 주요 거점만을 지배하는 데 그쳤고, 그 나머지 지역은 자치를 허용하여 간접적으로 주민을 지배하였다. 왕족 및 귀족들은 농경지의 점유자·관직의 독점자·노예 소유자로서 모든 특권을 누렸다.

㉡ 상인(常人: 서민)

상인(常人)은 백성·서민 등으로 지칭되는 자유민이었으나, 지배층의 사전(賜田)이나 또는 국가로부터의 대여지를 경작하는 자유농민에 불과하였다. 더군다나 정복사업이 진행되면서 이들은 병역으로 시달리고, 더구나 조용조의 부담이 가중되어 그들은 무더기로 실업자가 될 수 밖에 없었다.[130)]

㉢ 귀화민

신라·고구려·일본·중국 등에서 귀화한 귀화민은 정치상의 권리는 전혀 없었고, 사회적인 권리도 많이 제한을 받으면서 일정한 부락에 거주하였다.[131)]

㉣ 노예

노예(노비)는 그 소속에 따라 관노비(官奴婢)·공노비(公奴婢)·사노비(私奴婢) 등이 있었다. 관노비는 관청에 전속되어 있고, 공노비는 관유(官有)노예로서 관청 이외의 공적 기관에 속해 있었고, 사노비는 귀족들의 사유노예였다. 이들 노예야말로 가장 중요한 생산동력이었다. 그러나 귀화민이나 노예 등의 존재는 치안상태와 관련하여서 직접적으로 그리 크게 영향을 미치지 않았다고 보인다.

② 치안상황

백제 일대기를 거치는 동안 백성들의 생활과 치안상황은 그다지 양호한 편은 아니었다. 백제는 건국 초기부터 벼농사의 권장과 위급하지 않은 일 이외에는 백성을 동원하지 말도록 하였고, 심지어 제2대 다루왕 2년에는 백성들의 술 빚는 것을 금지하기도 하였다.[132)] 경제상

---

130) 제24대 동성왕 21년 여름에 크게 가물어 백성이 기아에 허덕이며 서로 잡아먹었고 도적이 많이 출몰했다. 이때 고구려로 도망간 한산인(漢山人: 경기 광주사람)이 2천 명에 이르렀다(삼국사기 권제26 백제본기 제4 동성왕 21년 여름).

131) 백제에는 신라·고(구)려·왜(倭)인 등이 섞여 있으며, 중국사람도 있었다(수서 권81 열전 제46 동이 백제전). 이 기록을 토대로 백제는 당시 동아세계(東亞世界)에 있어서 해상무역활동의 중심지였고 신라·고구려·왜·중국인이 잡거하는 국제화가 이룩되었다고 주장하는 견해도 있다(이명계, "백제의 중국대륙에서의 상업적 군사적 활동배경과 성격", 서울대학교 석사학위논문, 1981, p.15).

132) 삼국사기 권제23 백제본기 제1 다루왕 11년 가을조. 다루왕 때 백성들이 술 빚는 것을 금지한 조치는 우

황이 악화되면서 고구려나 신라로 망명하는 백성의 숫자가 300명에서 2천 명에 이르렀다.[133]

2) 치안역량

(1) 강역

백제는 건국 초기 한산(廣州: 광주)으로 천도하고 판도를 정했는데, 그 범위는 남쪽은 웅천(오늘의 공주지방)에 이르고, 서쪽은 바다에 닿고, 동쪽은 주양(오늘의 춘천부근)에 도달하고, 북쪽은 패하(예성강)에 이르렀다.[134] 그 후 고구려와 신라 사이에 전투과정에서 그 영역의 범위는 시종 변경되었으나, 대체로 동부는 지리산에 이르고, 서남부는 바다에 닿고, 북부는 한강에 접하게 되었다고 보고 있다.[135] 따라서 치안영역은 상당히 광대하였고, 이에 따른 치안유지에는 상당히 애로점이 있었다고 추정된다.

(2) 인구

삼국유사는 백제 전성기의 호수를 15만 2천 3백 호로, 삼국사기는 백제 멸망 당시 인구를 76만 호라고 하고 있어 어느 기록이 정확한지는 알 수 없다. 그러나 대체로 백제 전성기 때의 인구를 호당 5명으로 추계한다면 약 76만 1천 5백 명 정도이고, 멸망당시 인구는 380만 정도로 늘어났다고 추정할 수 있다. 따라서 백제의 강역이나 인구수, 그리고 각 방(方)에 예속된 군사의 수(700명~1,200명의 군사)를 비교해 보면, 군사작전과 치안에만 전념했다고 가정하더라도, 치안 역량은 상당히 열악했다고 볼 수 있다.

3) 경찰기능

(1) 행정경찰적 기능

광의의 행정경찰은 사회공공의 안녕과 질서유지를 직접목적으로 하고 범죄예방 활동을 하는 것이 주임무이다. 백제시대의 대표적인 광의의 행정경찰기능으로서는 순찰·호구조사·경호경비·시장단속 등을 들 수 있다.

① 순찰

광의의 순찰개념은 돌아다니면서 살펴본다는 뜻을 내포하고 있다. 이런 의미에서 고대국

리나라 역사상 최초의 금주령이라고 볼 수 있다.

133) 제1대 온조왕 37년 3월에 한수(漢水: 한강)의 동북 부락 주민이 기근으로 고구려로 망명한 사람은 1천호였고(삼국사기 권제23 백제본기 제1 온조왕 37년 3월조), 제13대 근초고왕 28년 7월에 청목령(개성)에 성을 쌓았는데, 역(役)에 시달린 독산성 성주가 남녀 300명을 거느리고 신라로 달아났고(삼국사기 권제24 백제본기 제1 근초고왕 28년 7월조), 제24대 동성왕 21년 여름에는 기근이 발생하여 한산사람 2천 명이 고구려로 도망갔다(삼국사기 권제26 백제본기 제4 동성왕 21년 여름).

134) 삼국사기 권제23 백제본기 제1 시조 온조왕 13년 월조.

135) 동사강목 권하 백제강역고.

가에서 근세 이전까지 국왕이 민정시찰을 하거나, 지방장관이 해당 지역을 순회하면서 백성들의 애환을 살피는 일 또한 광의의 순찰개념에 포함된다고 볼 수 있다.

㉠ 국왕의 순무

경찰권행사의 최고위층인 국왕이 일정한 지역을 순회하면서 치안상태와 백성들의 애로를 해결해 주는 순무(巡撫: 순회하면서 백성들을 위무함)행사는 순찰 중에서도 최고의 순찰이라고 볼 수 있다. 백제의 경우에도 이와 같은 순무활동은 백제 전 시기를 통하여 시행되었다.[136]

㉡ 사군부(司軍部)

중앙의 외관(外官)10부(部) 중의 하나인 사군부(司軍部)의 주 업무 중의 하나가 순찰 관련 업무였다. 사군부는 군사업무를 담당하던 관청으로서, 군이자 경찰업무를 수행하던 경찰부대를 실질적으로 관장하던 곳이었다. 따라서 일반서민과 직결되는 범죄예방과 검거계획을 수립하고 시행하던 치안기구 중의 하나였다.

② 호구조사

㉠ 호구조사와 순찰·경비를 담당하던 중앙외관(外官)으로 점구부[137]를 들 수 있다. 호구조사는 고대에서부터 시작하여 호구조사가 경찰업무에서 배제되는 현대(제6공화국, 노태우 정부)까지 경찰임무의 주요한 요소 중의 하나였다. 호구조사(호구와 인구파악)는 경찰의 순찰활동과 병행하여 가가호호의 실태를 조사하는 것을 전제로 해야 한다.

㉡ 호구조사의 변천과 폐지

외근경찰관의 업무 중의 하나인 호구조사는 고대에서부터 현대의 제5공화국(전두환 정부)까지 유지되었던 가장 오래된 제도였다. 고대에서는 국역(國役)과 세금징수 등이 주목적이었고, 제5공화국에서는 범죄예방적 측면에서 시행되었다. 그 후 제6공화국(노태우정부)으로 접어들면서 주민들의 반발과 그 효율성에 의문이 제기되었다. 그 결과 시대의 조류에 부합되지 않는다고 하여 외근경찰관의 호구조사는 폐지되었고, 대신 경찰방문[138]과 방범진단[139]으로 대체되었다.

---

136) 제2대 다루왕 28년 봄. 여름에 한재가 들자 죄수를 살펴 사형할 죄도 사면하였고, 제20대 비유왕 2년 2월에 4부(部)를 순무하여 가난한 자에게 곡식을 차등있게 하사하였다(삼국사기 권제23 백제본기 제1 다루왕 28년 봄, 여름조; 삼국사기 권제25 백제본기 제3 비유왕 2년 2월조).

137) 점구부의 기능에 대하여는 호구파악의 업무를 담당하던 관청으로 보는 견해와, 순찰·경비를 맡아보던 관청으로 보는 견해가 있다.

138) 경찰방문은 경찰관이 관할 구역 내의 각 가정·상가 그리고 기타 시설 등을 방문하여 청소년선도·소년소녀가장·독거노인·장애인 등 사회적 약자보호활동 및 안전사고방지 등의 지도·상담·홍보 등을 행하여, 민원사항을 청취하고 필요시 주민의 협조를 받아 방범진단을 하는 등의 예방경찰활동을 말한다.

139) 방범진단은 범죄예방 및 안전사고방지를 위하여 관내 주택·고층빌딩·금융기관 등 현금다액 취급업소·상가·여성운영업소 등에 대하여 방범시설·안전설비의 설치상황·자위방범역량 등을 점검하여 미비점을 보완하도록 지도하거나 경찰력 운영상의 문제점을 보완하는 활동을 말한다.

③ 경호경비

백제시대의 경호·경비 관련 기구로서는 위사좌평, 그리고 내관(內官: 궁중관서) 중의 하나인 전내부(前內部)를 들 수 있다.

㉠ 위사좌평

위사좌평은 6좌평 중의 하나로서, 왕궁 숙위에 관한 업무를 총괄하는 장관직이었다. 경호경비는 국왕의 신변을 보호하는 것이다. 따라서 가장 신뢰할 수 있는 측근을 임명할 수밖에 없다. 대표적인 예로 제24대 동성왕 때의 백가(苩加)는 무려 15년간이나 위사좌평으로 재직하면서 동성왕을 보필하였다.[140]

㉡ 전내부

궁중관서 중의 하나인 전내부(前內部)는 국왕의 근시(近侍)의 기능, 즉 국왕을 측근에서 호위하는 기능을 가진 관청이었다.[141] 이처럼 백제시대에는 왕궁 숙위에 관한 업무를 관장하는 부서로 장관급인 위사좌평과 내관(궁중관서) 중의 하나로서 측근 호위를 맡아 보던 관청인 전내부가 양립하여 경호경비업무를 담당하였다. 따라서 현존하는 문헌상 최초의 호위기구와 그 기능에 대하여 나타나기 시작한 것은 백제시대부터였다.

④ 시장단속

중앙 12개의 외관(外官) 중의 하나인 시부(市部)가 시장업무를 관장하였는데, 주서(周書)에는 도시부(都市部)로 기술되고 있다.[142] 도시부는 경제정책상의 필요에 의하여 관(官)에서 설치한 관설(官設)시장이었다. 도시부는 비단 시장의 개폐(開閉)·매매에 관한 일정한 관례·상품의 배열·시장가격의 지정·시장질서의 유지·분쟁의 해결·불법매매의 단속·상점의 세금 및 벌금의 징수·궁중용품의 조달 등의 업무를 수행하였다.[143] 따라서 경찰사적 측면에서 볼 때 시부(市部) 또는 도시부는 최초로 경제사범을 단속하는 경찰기구로서, 오늘날 경제사범을 단속하는 수사과 일부 업무의 기원으로 보아도 무방할 것이다.

(2) 사법경찰적 기능

사법경찰(司法警察)은 행정경찰과는 구별되는 개념이다. 동서양을 막론하고 현대 이전까지는 범죄예방적 측면을 중시하는 행정경찰기능보다 사법경찰적 기능이 주류를 이루고 있었다.

① 중앙의 사법경찰 관서

백제의 사법적 경찰기구로는 조정좌평·법부·사구부를 들 수 있다.

140) 제24대 동성왕 8년 2월에 백가를 위사좌평으로 삼았고, 동왕 23년 8월에 가림성을 쌓고 위사좌평 백가로 하여금 진수(鎭守: 군대를 주둔시켜 군사상 중요한 곳을 지키는 일)케 하였는데, 이로 보아 위사좌평으로서의 재직기간은 무려 15년이나 된다(삼국사기 권제26 백제본기 제4 동성왕 8년 2월조; 동성왕 23년 8월조).

141) 정구복·노중국 외, 역주 삼국사기4 주석편(하), 서울: 정신문화연구원, 1997, p.629.

142) 삼국사기 제39 잡지 제8 직관(職官)중(中) 외관조; 주서 권49 열전 제41 이역상(異域上) 백제전.

143) 백남운·박광순 역, 위의 책, p.249.

㉠ 조정좌평

6좌평 중의 하나인 조정좌평은 형벌과 감옥에 관한 업무를 총괄하였다.[144] 초고왕 2년 정월에 "진정(眞淨)을 조정좌평으로 삼았는데, 그는 왕후의 친척으로 성질이 사나워 정사(政事)에는 가혹하고 권세를 믿고 마음대로 처결하므로 나라 사람들은 그를 싫어하였다"[145]고 삼국사기는 전하고 있다.

㉡ 법부

법부(法部)는 중앙의 내관(內官)12부 중의 하나로서, 왕실의 의례(儀禮)및 법률관계의 업무를 담당하였다. 대체로 법부는 일반서민과는 직접적인 관련성은 없었다고 보이며, 의례와 법률관계에 대하여 왕을 자문하고 보좌하는 업무를 수행하였다고 추측된다.

㉢ 사구부

중앙의 외관(外官)10부(部) 중의 하나인 사구부(司寇部)는 형벌의 업무를 담당한 관청으로, 주례(周禮)에서 그 명칭을 따온 것으로 보인다.[146] 사구부는 일반서정(一般庶政)을 담당하는 부서로서, 일반서민과 직결되는 부서였다. 따라서 일반인의 범죄와 관련된 제반사항은 사구부에서 총체적으로 처리하였다고 볼 수 있다.

② 사법경찰관의 자질

백제의 관리들은 기마술과 활쏘기 등의 무(武)를 숭상하였을 뿐만 아니라, 경전과 사서 그리고 잡학 등 문(文)에도 능통하여 문무겸전을 갖추고 있었다.[147] 따라서 사법경찰업무를 수행하였던 사법경찰관리들은 상당한 수준의 법률적 지식과 상대방을 제압할 수 있는 무예소지자, 즉 문무겸전의 병사들이 아니었을까 추정된다.[148]

4) 범죄통제

삼국사기 백제본기 전편을 통하여 보더라도 감옥에 관한 구체적인 명칭이나 운영 등의 기록은 찾아볼 수 없다. 그러나 삼국사기 백제본기 전편을 통해 살펴보면, 백제 전 시기동안 총 5회[149]에 걸쳐 대거 사면[150]을 하고 있는 것으로 보아 죄수를 가두는 감옥이 존재하였음은 충분히 입증된다.

---

144) 삼국사기 권제24 백제본기 제2 고이왕 27년 정월조; 증보문헌비고 권지(卷之)127 형고(刑考)1.

145) 삼국사기 권제24 백제본기 제2 근초고왕 2년 정월조.

146) 주례(周禮) 권34 추관사구(秋官司寇)5.

147) 수서(隋書) 권81 열전 제46 동이 백제전. "병기로는 활, 화살, 칼, 창이 있었다. 그들의 습속은 기사(騎射: 말을 타고 활을 쏘는 것)를 숭상하고, 경전과 사서(四書)를 애독하니, 뛰어난 사람은 제법 문장을 엮을 줄도 알았다. 또한 음양. 오행도 이해하였다".

148) 이병도, "백제학술 및 기술의 일본 전파", 한국고대사연구, 1976, p.581.

149) 제2대 다루왕 3회, 제9대 분서왕 1회, 제30대 의자왕 1회 총 5회에 걸쳐 대사(大赦: 사면)를 하였다.

150) 사면은 그 적용지역의 범위에 따라 대사(大赦)와 곡사(曲赦)로 나눌 수 있다. 대사(大赦)는 전국의 죄수를 대상으로 열 가지의 흉악범죄, 곧 10악(惡)을 저지른 사람을 제외한 모든 죄수를 용서해 방면하는 것을 말한다. 반면, 일부의 특정 지방을 대상으로 죄수를 사면해 주는 것을 곡사(曲赦)라고 한다. 따라서 대사는 사면의 대상이 전국적인 것을 뜻하고, 곡사는 일부 지역에 국한하여 사면하는 것을 말한다.

제3절 신 라

Ⅰ. 총 설

신라는 변진(弁辰) 12국 중 하나였고, 원래는 사로국(斯盧國)이라고 불리는 작은 나라였다. 그러다가 마한의 지배세력이 약해진 틈을 타서 사로국을 중심으로 여섯 씨족의 부족연맹[151]을 결성하고, 급량부(及梁部)의 박혁거세를 거서간(居西干),[152] 즉 수장으로 선출하여 이를 영솔하게 함으로써 탄생한 것이 서라벌[153](신라)이다.

이처럼 초기 사로국의 사회구성은 매우 복합적·중복적·다원적이었다. 이 시기에 서라벌의 촌장들은 각기 부병(部兵)을 거느리고 있었다. 이는 곧 권력의 분산을 뜻하며, 지방통치체계가 정비되지 않았음을 뜻하는 것이기도 하다. 3세기에 이르러 신라는 각 부족의 연합 혹은 군사적 정복의 결과로 고대부족연맹국가로 진입하였다. 4세기가 되면서 한반도에 진출한 한군현이 고구려에 의해 축출되고 백제가 고구려와 함께 한반도 중부지역을 장악하며 고대국가로 성장하자, 이때 신라도 낙동강 동쪽의 경북 일대를 지배하는 고대국가로 진입하였다. 이 시기가 바로 내물마립간(奈勿痲立干, 356~402) 통치기간인데, 내물마립간 때가 신라 역사상 주목할 만한 시대였다.

「삼국유사」 왕력(王曆)에는 그 전까지 신라의 왕호로 사용하던 거서간·차차웅·이사금 등을 사용하지 않고, 대군장(大君長)을 의미하는 '마립간(痲立干)'이라는 왕호(王號)를 그에게 붙이고 있다. 이것은 사로국이 이때부터 왕국(王國)으로 비약하고 있었음을 보여주고 있는 것이다. 또한 이때부터 그동안 박·석·김 3씨 성에 의한 교체 왕위 계승이 사라지고, 김씨가 왕위를 세습하는 제도가 확립되었다. 경찰사적 측면에서 볼 때 신라시대에 가장 심도 있게 접근해야 될

151) 여섯 씨족은 급량·사량(沙梁)·본피·모량·한지(혹은 한기라고도 함)·습비가 모체가 되어 고대국가로 발돋움했다. 6개 씨족과 그 성씨(姓氏)의 관계에 대하여는 삼국사기나 삼국유사에서 일부의 성을 각기 다르게 표현하고 있어 여러 견해가 제시되고 있기도 하다.

152) 혁거세왕의 칭호는 '거서간' 또는 '거실한'이었는데, 이는 신라어로 왕 또는 귀인을 지칭하는 말이다. 신라인들이 왕을 '거서간'이라고 한 것은 원래 변진의 왕을 마한에서 파견했기 때문에 변진인들은 왕을 '거서간'이라고 불렀고, 따라서 거서간이라는 말은 '서쪽에 살던 왕'이란 뜻으로 마한 속국시대의 용어라고 할 수 있다. 이미 앞에서 기술하였듯이 변진의 왕은 마한 왕이 지명한 마한 출신 사람만 될 수 있었고, 왕위는 세습되었다. 그러나 이때 변진 6부의 촌장이 모여 왕으로 세운 사람은 마한 사람이 아니라 변진 사람인 혁거세였다. 변진 출신의 혁거세가 왕으로 옹립되었다는 것은 변진이 마한의 지배를 벗어났다는 뜻이기도 하다(박영규, 「신라왕조실록」, 서울: 웅진닷컴, 2001, p.25); 중국문헌인 양서(梁書) 동이열전 신라조에 보면 "진한의 왕은 항상 마한 사람을 세워 대대로 이어가고, 진한 스스로 왕을 세울 수 없었고… (진한은) 항상 마한의 지배를 받았다"고 기술하고 있다.

153) 역사서에 나타난 신라의 국명은 사로·사라·서야벌·서라벌 등 다양하게 사용하고 있다. 국호를 정식으로 「신라」라고 한 것은 지증왕 4년(503)이었다.

부분은 지증왕대에서 법흥왕대까지의 법·제도적 변천과정이다. 왜냐하면 당시의 법·제도적 변화를 통하여 경찰권행사의 주체와 그 한계를 가늠할 수 있는 뿌리를 제공하고 있기 때문이다.

제22대 지증왕 즉위 6년(505)에 시행된 주·군·현 제도와 군주제(軍主制)는 경찰권행사의 주체와 그 범위가 확대되는 계기를 마련하였다고 볼 수 있다. 한편 제23대 법흥왕 7년(520)에 율령(律令)의 반포와 병부(兵部)의 설치(516~517경), 그리고 진골(眞骨) 귀족사회의 대표자인 상대등(上大等) 제도가 채택되었다. 이것은 신라가 대내적으로 왕권이 확립되었음을 의미하는 것이다.[154] 나아가 동왕 14년(527) 내지 22년(535)경에 불교를 공인함으로써, 신라는 고구려나 백제와 마찬가지로 국가의 통일을 위한 사상적 뒷받침을 얻게 되었다. 이러한 일련의 고대국가체제를 갖추면서 제24대 진흥왕 때에는 한강 유역까지 확보하면서, 장차 통일전쟁의 발판을 마련하였다. 그 후 6세기부터 7세기의 100년 동안은 최절정기에 올라 있던 신라가 백제와 고구려부터 협공을 당해 국가의 존망이 위태롭기도 하였다. 그러나 김춘추와 김유신의 맹활약으로 위기를 극복해 내고 마침내 백제와 고구려를 멸망하고 삼국통일의 위업을 달성하게 되었다. 그 결과 신라는 삼국을 통일함으로써 전제왕권이 한층 강화되었고, 진골로 대표되는 귀족세력은 왕권에 철저히 복속되었다. 이때 중앙이나 지방의 여러 행정·군사조직도 완비되고 유교적 통치질서가 정치이념으로 뿌리를 내렸다.[155]

Ⅱ. 신라의 고대국가로의 발전과정

1. 신라의 발전기

1) 내물왕(352~402)

(1) 제17대 내물왕은 마지막 석씨 왕인 16대 흘해왕이 죽고, 두 번째 김씨왕인 내물왕이 즉위했다(402). 내물왕은 연맹체 대표를 뜻하던 「이사금」에서 으뜸가는 우두머리라는 뜻의 「마립간」[156]으로 왕의 칭호를 바꿨는데, 이는 왕권 강화를 상징한다.

(2) 내물왕은 강해진 왕권을 바탕으로 박씨와 석씨를 배제하고 김씨가 왕위를 세습하는 체제를 확립하였다.

---

154) 이기백, '상대등고(上大等考)', 역사학보19, 1962; 신라정치사회연구, 1974, pp.93-95.

155) 임병주, 「삼국왕조실록」, 서울: 들녘, 1998, p.312.

156) 「마립간」이라는 호칭 사용과 관련하여, 삼국유사와 삼국사기의 기록이 상이하다. 「삼국유사」는 제 17대 내물왕 때부터, 「삼국사기」는 제19대 눌지왕 때부터 마립간 호칭이 사용됐다고 전하고 있다. 이 중 「삼국유사」의 기록이 통설이다.

2) 눌지왕(417~458, 5세기 전반)

(1) 부자상속

제19대 눌지왕은 제18대 실성왕을 몰아내고 왕위에 올랐다. 눌지왕은 즉위 직후 박제상[157]을 시켜 고구려와 왜에 각각 인질로 가 있던 동생들을 돌아오게 하는 한편, 왕위의 부자상속을 확립하였다.

(2) 나·제동맹 체결(434)

신라에 군대를 주둔시키며 신라를 신하의 나라로 간주하던 고구려의 간섭에서 벗어나기 위해 백제의 비유왕과 나제동맹을 체결하였다. 백제와 신라는 동맹을 맺은 후, 두 나라 중 어느 한 나라가 고구려의 공격을 받으면 다른 나라가 지원군을 보내어 협력한다는 내용이었고, 493년에는 혼인동맹으로까지 나아갔다(백제왕자와 신라 이벌찬의 딸). 나·제동맹은 553년까지 120년 동안 지속되었다.

(3) 불교의 전래

제18대 눌지왕 때 고구려에서 묵호자라는 승려가 건너와 신라에 불교를 전래했다고 삼국유사는 전하고 있다.[158]

3) 소지왕(479–550, 5세기 후반)

제21대 소지왕은 자비왕의 큰 아들로서, 어려서부터 효행을 지녔으며 겸손하고 공손해 사람들이 모두 감복했다고 한다.

(1) 수도 행정구역 정비

① 우역설치 등

소지 마립간 9년(487) 사방에 우역을 설치하였고, 동왕 12년(490)에 수도인 경주에 처음으로 시사(市肆: 시장거리의 가게)를 열어 사방의 물화를 유통시켰다.

---

157) 눌지왕의 동생들을 인질로 보낸 것은 실성왕이었다. 실성왕도 즉위하기 전 고구려에 인질로 가 있었는데, 그를 인질로 보낸 것은 내물왕이었다(실성왕은 내물왕의 사촌아우인데, 내물왕의 왕자들이 너무 어렸기 때문에 왕자들을 대신해서 보냈다). 실성왕이 내물왕의 자식들을 인질로 보낸 그 목적 중의 하나는 내물왕의 아들들이 자신의 왕권을 위협하지 못하게 하기 위한 것으로 보인다.
눌지왕이 명(命)에 의하여 삽라군 태수 박제상(朴堤上)은 고구려(복호왕자)와 왜(미사흔 왕자)에 볼모로 잡혀있던 왕제(왕의 동생)들을 고국으로 탈출시켰으나, 자신은 왜왕에게 잡혀 유배되었다가 살해되었다(삼국사기 권제3 신라본기 제3 눌지마립간 2년 봄. 가을조). 박제상은 신라의 대표적인 충신으로 불리어지고 있다.

158) 삼국유사 권제3 홍법 제3

② 방리제(方里制)의 확대

방리제(方里制)는 제20대 자비왕대 서라벌(경주)의 방리제를 실시하였다. 방리제는 서라벌을 방(坊)과 리(里)로 나눠 구획한 도시계획으로, 6부의 독자적인 기능을 줄이고 왕권을 강화시키기 위한 일련의 정책 중의 하나였다. 소지마립간 이후 서라벌(경주)의 도시 확장은 방리제의 틀에 맞추어 진행되었다.

(2) 결혼동맹

백제의 비유왕과 신라의 눌지왕이 나제동맹을 맺은 후, 493년에는 백제 동성왕의 결혼 요청을 받아들여 이벌찬(신라의 17관등 중 가장 높은 관직)의 딸을 시집 보냄으로써 결혼동맹을 맺었다. 그 결과 고구려의 남하에 대비하는 신라와 백제 양국의 공수(攻守)관계가 더욱 공고해져 494년 고구려가 신라를 침입했을 때는 백제가, 그리고 495년 고구려가 백제를 공격했을 때는 신라가 각각 구원병을 파견해 고구려의 남하를 강력하게 저지하였다.

4) 지증왕(500~514, 6세기 초반)

제22대 지증왕은 소지왕의 육촌 동생으로, 소지왕이 후사없이 사망하자 지증왕이 왕위를 잇게 되었는데, 당시 나이는 64세였다.

(1) 체제 정비

지증왕 4년(503) 10월 그동안 '서라벌'이라 했던 나라 이름을 한자식으로 바꿔 '신라'[159]로 정했다(한화정책). 따라서 이때부터 그동안 왕을 가리키던 '마립간'이라는 칭호도 폐지하고, 정식으로 왕(한화정책)이라 부르게 했다.

(2) 행정구역 정비

지증왕 6년(505) 2월에 수도(6부)와 지방(5주)의 행정구역을 정비하고, 지방에 주군현(州郡縣)제도를 실시하였다. 실직주[160]를 설치하고 이사부를 군주(軍主)[161]로 삼았는데, 군주의 명칭은 이때부터 시작되었다.

---

159) 국호의 「신라」의 의미는 '왕의 덕업이 날로 새로워지고, 사방을 망라한다'는 뜻으로, 지방세력 통제 강화를 의미한다.

160) 실직주는 현재의 강원도 삼척시이다.

161) 군주는 주(州)의 군사 및 행정의 최고 책임자이다. 지증왕 때부터 주로 주(州)의 장관을 지칭하는 용어로서만 사용되었는데, 진골 신분이 독점하였다.

(3) 순장폐지 및 우경 시행

① 순장폐지

이전에는 국왕이 죽으면 남녀 각 5명씩을 순장했는데, 지증왕 3년 2월에 순장법을 폐지하였다. 우리나라에서 순장은 부여에서 그 기원을 찾을 수 있다.

② 우경 실시

지증왕 3년 3월에 군주(郡主) 등에게 각각 명하여 농사를 권장케 하였고, 처음으로 소를 부려 논밭갈이를 하는 우경을 시행하였다.

(3) 동시(東市) 설치

지증왕 10년(509) 정월에 서울에 상설시장인 동시(東市: 신라 서울의 동쪽에 만들어진 시장)를 설치하였고, 동시(東市)를 주관하는 관료로 감(監) 2인, 대사(大舍) 2인을 두었다.

(4) 우산국 정벌

지증왕 13년 6월에 이사부로 하여금 우산국(현재의 울릉도)을 정벌케 하여 신라에 복속시켰다. 그 결과 고구려가 신라 동해안 지역으로 진출하는 것을 저지하고, 고구려의 대외교섭력을 차단하는 효과를 가져왔다.[162] 한편, 고려와 조선시대에는 일시 공도정책(空島政策)을 써서, 이곳 주민을 육지로 옮겨 울릉도가 빈 섬이 되기도 하였다.

5) 법흥왕(514~640, 6세기 전반)

제23대 법흥왕은 국가의 통치기반을 확립하였고(병부설치·율령반포·불교공인 등), 금관가야를 정복하여 신라의 영토를 확장하였다.

(1) 체제정비

① 법흥왕 4년(517) 4월에 중앙부서로서 병부(兵部)[168]를 설치하였고, 상대등제도[169]와 골품제도를 정비하였다.

---

162) 강봉룡, "이사부 생애와 활동의 역사적 의의", 한국이사부학회, 2009, pp.11-30.

168) 병부는 군사업무를 총괄하던 중앙관서를 말하며(오늘날의 국방부를 말한다), 병부령(令)은 병부의 장(長, 국방부장관)을 말한다. 법흥왕 3년(516)에 병부에 영(令: 장관)을 설치했다(삼국사기 권38 잡지 직상 병부조).

169) 귀족회의체를 보다 효과적으로 통제하기 위해 상대등 제도를 마련하였다. 상대등의 관직은 이때 처음 생겼는데, 지금(고려)의 재상과 같다(삼국사기 권4 신라본기제4 법흥왕 18년 3월조).

② 법흥왕 7년(520) 정월에 율령[170]을 반포하고, 17관등제와 백관의 공복(公服)[171]을 제정하였다.

(2) 불교공인

법흥왕 15년(528)에 이차돈의 순교[172]를 통해 불교가 공인되었다. 불교공인 연대에 대해서는 삼국유사에서는 법흥왕 14년, 해동고승전에는 법흥왕 16년으로 되어 있는 등, 여러 가지 견해가 제기되고 있다.

(3) 연호사용

법흥왕 23년(538) 처음으로 건원(乾元: 연호를 처음으로 정한다는 뜻임)이라는 연호를 사용함으로써, 자주 국가로서의 위상을 높였다.

(3) 대외정책

법흥왕 19년(532) 전기 가야연맹의 중심인 금관가야가 신라에 합병되었다.[173] 금관가야의 마지막 왕인 김구해(구해 왕)는 훗날 신라의 삼국통일에 공헌한 김유신의 증조할아버지이다.

2. 신라의 전성기

1) 진흥왕(540~576, 6세기 중·후반)

제24대 진흥왕은 법흥왕의 외손자로서, 한강유역을 차지하고 신라의 국가적 위상을 높인 정복 군주이다.

---

170) 오늘날 구체적인 내용은 전하여지지 않고 있으나, 백관의 공복과 17관등, 골품제 등에 관한 규정이 포함되었다고 추정하고 있다. 법흥왕대의 율령반포는 신라의 왕권강화와 국가의 통일적인 통치를 가능하게 한 법적 기초라 할 수 있다.

171) 관리의 등급에 따라(붉은색·자주색 등) 관복의 종류를 정하였는데, 이는 관리들이 왕 앞에서 정해진 옷을 입어야 한다는 것을 뜻하며 그만큼 왕의 권위가 높아졌다는 것을 의미한다.

172) 독실한 불교신자 이차돈이 불교에 반대하는 귀족들 앞에서 참형을 당하였는데, 그의 죄목은 신성한 신라 고유의 제사터인 천경림에서 나무를 베어 흥륜사라는 불교사찰을 세우려 한 것이었다. 이찬돈은 사형시 자기가 죽은 뒤에 이적(異跡: 기이한 일)이 있을 것이라고 예언했는데, 그의 잘린 목에서 피가 솟구쳤는데 그 색이 우유빛처럼 희었다. 뭇 사람들이 괴이하게 여겨 다시는 불교를 헐뜯지 않았다(삼국사기 권제4 신라본기 제4 법흥왕 15년조).

173) 금관국의 왕 김구해가 법흥왕 19년에 신라에 항복한 후, 그의 자손들은 진골에 편입되어 무열왕계와 결합하여 삼국통일을 이루는 데 크게 기여하였다.

(1) 체제정비

① 연호사용

진흥왕 12년(551) 정월에 연호를 개국(開國: 나라를 새로 연다는 뜻) → 태창(泰昌, 진흥왕 29년) → 홍제(진흥왕 33년 정월) 등의 연호를 사용하여 자주의식을 드러냈다.

② 화랑도 공인

진흥왕 37년(576) 봄에 처음으로 원화(源花: 여성화랑)제도를 시행하였으나 곧 폐지하고, 그 후 화랑도를 국가적인 조직으로 개편하였다. 화랑에 관하여 김대문은 화랑세기(花郎世紀: 김대문이 지은 화랑에 대한 전기)에서 "어진 보필자와 충신은 이로부터 나왔고, 훌륭한 장수와 용감한 병졸은 이로부터 생겼다"고 전하고 있다.[174]

③ 불교 장려

진흥왕 5년(544) 2월에 신라 최초의 불교 사찰인 「흥륜사」를 준공하고, 동왕 27년 2월에 신라의 최대 사찰인 「황룡사」[175]를 건립하였다.

그리고 혜량 등을 등용하여 불교 교단 조직을 정비하고 사상적 통합을 도모하였다.

④ 국사편찬

진흥왕 6년(545) 7월에 대아찬 거칠부 등에게 명하여 「국사」를 편찬케 하였다.

삼국의 국사편찬(고구려 영양왕 때의 「신집(新集)」, 백제 근초고왕 때의 「서기(書記)」, 신라 진흥왕 때의 「국사」)는 모두 율령 반포와 국가의 제도정비 그리고 대외적으로 팽창하던 시기에 국가와 왕실의 위엄을 내외에 과시할 목적으로 행하여졌다. 세책 모두 현재는 전하지 않아 어떤 내용이 실려 있는지는 알 수 없다.

⑤ 음악장려

우륵(대가야 출신 음악가)이 신라에 귀화하자 진흥왕은 우륵이 만든 가야금곡을 궁중음악으로 삼았으며, 우륵을 국원(國原: 지금의 충북 충주)에 거처하게 하고 계고(관등은 대나마)·법지(관등은 대나마) 등에게 가야의 음악을 전수하게 하였다. 충주의 탄금대(彈琴臺)는 우륵이 가야금을 연주하던 곳을 뜻한다.

⑥ 대외활동(영토확장)

㉠ 진흥왕 12년(551) 거칠부 등에게 명하여 고구려를 침입케 하여 10개 군(郡, 단양 일대를

---

174) 삼국사기 권제 4 신라본기 제4 진흥왕 37년 봄조.

175) 진흥왕 14년 2월에 왕이 담당관청에 명하여 월성 동쪽에 새 궁궐을 짓게 하였는데, 황룡이 그곳에 나타났으므로 왕이 이상하게 여겨 「계획」을 바꿔 절로 만들고 이름을 「황룡사」라 하였다(삼국사기 천 권제4 신라본기 제4 진흥왕 14년 2월조)

포함한 고구려 영토)을 빼앗고,[176] 단양 일대의 백성을 선무(宣撫: 민심을 안정시키는 일)한 목적으로 「단양적성비」를 세웠다.

㉡ 진흥왕 14년(553) 7월 백제가 차지했던 한강 하류지역을 빼앗아 신주(新州: 현재의 경기도 하남시와 경기도 광주시 지역으로 추정됨)를 설치했다. 이로써 신라는 백제와의 한강 유역 주도권 다툼에서 승리하였고, 한강 유역은 신라의 독차지가 되었다.

한편, 진흥왕 554년 7월 백제 성왕이 한강유역을 빼앗은 신라에 복수하기 위해 군사를 이끌고 공격에 나섰다가 관산성(지금의 충북 옥천)에서 신라의 매복 공격에 전사함으로써, 나제동맹은 완전히 깨졌다.

㉢ 진흥왕 23년(562) 9월에 대가야를 정복하여 낙동강 유역을 완전히 점령하고, 고구려를 공격하여 북으로 원산만까지 진출하였다.

㉣ 진흥왕의 영토확장은 단양적성비와 4개의 순수비(巡狩碑: 임금이 살피어 돌아다닌 곳을 기념하기 위하여 세운 비석)을 통해 알 수 있다.

◆◆ 진흥왕 대의 기념비

비 명		건립연대	내 용
단양적성비		진흥왕 12년(551)	6세기 진흥왕 때 신라가 죽령을 넘어 단양 일대에 고구려 영토를 차지하여 (10개 군) 영토를 확장하고 한강상류 지역을 차지했다는 사실, 그리고 단양적성지역의 백성들을 위로할 목적으로 세웠다. 1978년에 발견된 「단양적성비」는 거칠부 등이 고구려의 10개 군(郡)을 공격하여 빼앗은 시기를 전후하여 건립된 것이다.
4대 순수비	북한산비	진흥왕 16년(555)	6세기 진흥왕 때 신라가 한강 하류까지 장악했다는 사실을 보여준다. 이로써 신라는 당항성(경기도 남양부의 백제 때 이름, 신라에 편입 후 당항성이라고 부름)을 통해 중국과 직접 교역할 수 있었고, 신라가 삼국통일로 가는데 큰 발판이 되었음을 알려준다.
	창녕비	진흥왕 22년(561)	6세기 진흥왕이 대가야를 복속하고 낙동강 유역까지 진출했음을 알려준다.
	황초령비	진흥왕 28년(568)	6세기 진흥왕 때 신라가 함흥지방까지 진출했음을 알려준다.
	마운령비	진흥왕 28년(568)	6세기 진흥왕 때 신라가 함흥지방까지 진출했음을 알려준다.

176) 삼국사기 권제4 신라본기 제4 진흥왕 12년 정월조.

Ⅲ. 관제(官制)

고구려·백제의 경우에는 관제(官制)와 병제(兵制)가 뚜렷하게 구별되지 않아, 경찰업무가 혼합·중복되어 운영되어 왔다. 그러나 신라시대에 들어서면서부터, 관제(官制)[177]와 병제(兵制: 군사제도)[178]가 뚜렷이 구별되는 경향을 띠고 있다. 따라서 신라시대부터는 중앙과 지방관제 속의 경찰기구와 기능 그리고 군사제도상의 경찰기구와 기능을 별도로 구별하여 이해해 둘 필요가 있다.

1. 중앙관제

1) 중앙관계(官階)

(1) 17등관계(官階)

신라의 경우도 고구려와 백제처럼 관등제도는[179]는 신분계층을 구분하는 제도적 장치였을 뿐만 아니라, 관직적 기능을 대행(代行)하는 것이기도 하였다. 신라의 관등제도는 6세기 초 법흥왕 때에 완성되었다. 이 중 17등의 관계(官階)는 신분제도인 골품제도와의 상관관계를 명확히 나타내주고 있다.

① 골품제도(골제와 두품제)

골품제도는 골제(骨制)와 두품제(頭品制)가 합쳐진 것인데, 골제는 왕실 내부에서만 의미가 있었다. 이는 왕비간택이나 왕위계승, 또는 왕실 후예의 신분을 결정하는 잣대였다. 그리고 왕실이 팽창되고 그들이 주요 귀족으로 자리를 잡으면서 자연스럽게 귀족사회에 서열이 발생하였는데, 이것이 두품제이다. 그 후 이것들이 6세기 초에 이르면 「골품제」로 정착되어 법으로 규정되었다. 그 뒤로 400여 년간 골품제는 신라 사회의 계급을 구분하는 원리로 작용하였다.

㉠ 골품제는 귀족 6두품과 왕실의 성골과 진골을 합해서 8개의 신분으로 구분되었다. 왕위에는 원칙으로 제1골인 성골(聖骨)이, 그리고 성골이 없을 때에는 제2골인 진골(眞骨)이 나아갈 수 있었다. 그리고 성골·진골 밑에 두품(頭品)을 두어 6두품(六頭品), 5두품, 4두품의 구별이 있었고 3두품 이하의 기사는 문헌상 보이지 아니하나, 아마도 하급신분층이었다고 생각된

---

177) 관제(官制)라 함은 협의로는 행정기관의 설치·조직 및 직무범위 등에 관한 제도만을 의미하고, 광의로는 입법·사법·행정부의 기관뿐만 아니라 독립기관들(예컨대, 고려시대의 어사대, 오늘날의 감사원 등)도 포함하여 모든 기관의 설치·조직 및 직무범위 등을 정한 제도를 의미한다.

178) 병제(兵制)라 함은 군사상의 모든 제도를 말한다.

179) 관등제도는 관리들의 등급을 정한 것으로, 종래의 족장적 성격을 띤 다양한 세력집단이 왕 아래 하나의 체계로 조직되어 상하관계를 이룬 것이다. 고구려는 4세기경에 각 부의 관료조직을 흡수하여 14관등(또는 12관등)을 두었고, 백제는 고이왕 때에 이미 6좌평제도와 16관등제의 기본 틀을 마련하였다. 신라도 법흥왕 때 각 부의 하급 관료조직을 흡수하여 17관등제를 완비하였다.

다. 따라서 이러한 골품제하에서 관계(官階)의 요직을 독식한 것은 왕족출신의 진골이었다.

㉡ 4·5·6품은 중급 귀족으로 관리가 될 수 있는 신분이었으나, 중급 귀족의 꼭대기에 있는 6두품은 '득난(得難)'이라고 하여 좀처럼 얻기 어려운 신분이었다. 그럼에도 불구하고 이들 6두품도 중앙관부의 우두머리는 될 수 없었다.

② 17등관계(官階)

㉠ 관리에 임명된 사람들은 대부분 4·5·6두품과 진골들이었고, 이들이 오를 수 있는 관등(官等)은 17개로 나누어졌고, 이 또한 골품에 의한 제약이 있었다. 즉, 1등 이벌찬(각간)에서 5등 대아찬까지는 성골 또는 진골만이, 6등 아찬에서 9등 급벌찬까지에는 6두품만이, 10등 대나마와 11등 나마는 5두품만이, 그리고 제12등 대사(大舍)에서 17등 조위(造位)까지는 4두품만이 될 수 있었으며,[180] 3두품 이하는 서민층을 형성하였다.

㉡ 특권과 제약

관리들은 두품에 따라 자주색·붉은색·푸른색·노란색으로 관복이 구분되었다.[181] 그리고 이러한 관위(官位)는 1대에 한하지만, 골품과 두품은 세습제였다. 뿐만 아니라 결혼·의복·주택·생활용기·우마차의 자재 등에서도 두품에 따른 특권과 제약이 가해져 있었다.

(2) 17등관계(官階) 이외의 관등(官等)

신라의 경우 17관등을 초월한 관등이 있었는데, 바로 상대등과 대각간·태대각간이었다.

① 상대등

㉠ 상대등이란 대등(大等: 화백에 참가하여 주요 국사를 맡아보던 중앙 관직)으로 구성된 귀족회의의 의장을 말한다. 이 상대등은 그 명칭에서 미루어 볼 때 대등(大等)을 격상시켜 만든 것으로 보인다. 화백회의의 의장인 상대등은 진골 중에서도 이벌찬 또는 이찬과 같이 높은 관등에 오른 인물이었고, 때론 상대등을 맡고 있던 사람이 왕위를 계승하는 경우도 있었다. 따라서 상대등에 임명될 수 있는 자는 이벌찬과 이찬 관등을 소지한 진골출신자이어야 하였으며, 문벌이 기준이 되었다.

㉡ 상대등은 귀족의 대변자로 17관등을 초월하여 임명되던 최고 관직으로서 나라의 정사를 맡아 다스렸다. 그러나 왕권이 점점 강화됨에 따라 상대등이 차지하던 정치·사회상의 권한이 점차 무력해지게 되었다. 특히 태종무열왕대에 김유신을 상대등에 임명함으로써,[182] 이전의 시대처럼 왕권을 견제하는 귀족회의 대표로서의 상대등의 기능은 없어지고 전제왕권의 방파제 구실로 변모하였다.

---

180) 삼국사기 권제38 잡지(雜志) 제7 직관(職官)상(上).
181) 삼국사기 권제33 잡지(雜志) 제2 복색조(服色條).
182) 태종무열왕 7년(660) 정월에 상대등 금강이 죽으므로, 이찬 김유신을 상대등으로 삼았다(삼국사기 권제5 신라본기 제5 태종무열왕 7년 정월조).

② 태대각간

17등의 관계(官階) 중 1등 이벌찬(각간)의 상위(上位)에 대각간·태대각간(太大角干)이 있었다. 대각간과 태대각간은 17관등체계를 넘어서는 비상위의 관등으로서, 태대각간은 대각간 위에 설치된 관등이었다. 대각간·태대각간은 태종 무열왕 7년(서기 660)에 백제를, 그리고 문무왕 8년(서기 668)에 고구려를 멸망시키는데 공로가 컸던 김유신을 표상하기 위하여 설정한 것이었다. 따라서 상대등과 대각간·태대각간은 17등 관계(官階) 이외의 비상위(非常位)의 관등이었다.

2) 중앙관서

(1) 신라초기의 중앙행정

① 남당

㉠ 신라의 경우 신분에 따른 관등 승진의 제한은 관직에도 자연스럽게 영향을 미쳤다. 신라 초기의 중앙행정은 남당(南堂)[183]과 깊은 관련성이 있다. 남당은 원래 부족집회소의 후신(後身)으로서 중앙관청의 성격을 지닌 것이었으며, 임금과 신하들의 좌석을 구별하는 좌석표인 궐표로 석차(席次)와 좌석을 정한 군신(君臣)의 회의장소였다.

㉡ 신라초기의 남당은 왕과 관리가 모여 국가의 정사를 의논하고 행정사무를 집행하던 회의겸 행정집행처였다. 그러다가 정무(政務)가 점차 복잡해짐에 따라 행정기능과 그 소속관리를 분리하여 타처(他處)로 옮겨 이를 품주(稟主)로 하고, 남당은 순수한 중대회의(화백)나 의식을 행하는 반형식적인 존재로 변하였다.

㉢ 화백(회의)

남당에서 시행되던 군신(君臣)의 중대정무회의인 화백은 국사(國事)와 관련된 일을 결정할 때 한 사람의 이의만 있었도 중지하는 만장일치제를 채택하였다.[184] 화백은 통일 이후에 평의전으로 개칭되었다.

② 품주

㉠ 품주는 일명 조주(租主)[185]라고도 한다. 제24대 진흥왕 26년(565)에 조조(租調: 조세로 받던 곡식과 특산물)의 출납을 담당하는 재정기관으로 설치되어, 진덕여왕 5년(651)까지 약 1세기간 동안 존속하였다.

---

183) 백제에는 고이왕 28년(261)에 왕이 남당에 임석하여 대신들로부터 정사(政事)를 들었고, 신라의 경우는 제12대 첨해왕 3년(249)과 제13대 미추왕 때 남당에 관한 기사가 보이지만, 실제로 성립된 것은 내물왕 때로 보고 있는 것이 일반적인 견해다. 이것은 고려시대의 도당회의(都堂會議)인 도병마사(都兵馬使)와 조선의 비변사의 전신(前身)이라고 할 수 있다.

184) 신당서 권220 열전 제145 동이 신라전.

186) 조주라 불린 까닭은 품주의 주된 업무가 조(租)를 거둔 후 창고에 저장, 관리하는 것이었기 때문이다.

㉡ 품주는 국왕의 가신적(家臣的)기구에서 출발하여 처음에는 국가의 재정에 관한 일을 맡았으나, 왕권의 성장에 따라 다수의 관부(官府)가 분립되는 시점에 맞추어 품주 또한 국가 기밀과 서정을 총괄하는 행정부로 변하였다. 이 관부가 바로 집사부이다.

3) 중앙경찰관서와 경찰권

(1) 신라초기

신라는 건국초기에서부터 제16대 흘해 이사금까지는 왕의 친위세력과 6부족연맹(기성 정치세력)의 권력투쟁이 역사라고 볼 수 있다. 따라서 군사와 경찰권 그리고 조세권 등은 여전히 촌장들이 행사하였고, 거서간·이사금(왕)은 정기적으로 나라 안을 순시하고, 부족연맹회의에서 건의하거나 의결된 사항을 반포하는 일 등만을 하였다. 이런 바탕에서 왕의 통치는 제한적일 수밖에 없었다.

(2) 중앙경찰관서

① 17대 내물마립간(내물왕) 때에 와서 점차 중앙집권적인 정치체제를 갖추게 된 이후부터 남당(南堂) 중심의 정치가 되었다. 따라서 남당에서의 화백·기타 회의에서의 의결된 치안 관련 사항은 각급 치안 관련 중앙관료들에 의해 처리되었다고 추정된다.

② 그 후 집사부·병부·사정부·좌우이방부·선부·승부 등이 차례로 설치되었고, 이들 기관과 그 관료들에 의해서 경비·교통·사법(司法)·해양 등의 경찰업무가 기획되고 하달되었다고 볼 수 있다.

◆◆ 「중앙경찰관서(제23대 법흥왕~제30대 문무왕대까지의 경찰 관련 조직)」

관부명	설치년대	직 무	관 등
집사부	진덕왕 5년(651)	• 국가 기밀 및 서정(庶政) 총괄. • 행정을 분장하는 여러 관부를 거느리는 최고관부로서 치안업무와 관련된 사항도 당연히 결정하는 최고의 관부였음.	• 장관: 영·인(중시라고 부르며, 대아찬 이상으로 임명). • 차관: 전대등(처음 품주의 장관이었으나 집사부 개편으로 차관으로 격하됨. 나마에서 아찬까지 임명). • 실무관직: 대사·사지·사(史) 등 총원은 27명.
병부	법흥왕 4년(517)	• 군사 관계의 업무를 총괄하는 관청. • 신라 최초의 병부령은 이사부.	• 장관: 영 1인(대아찬 이상). • 차관: 대감. • 실무관직: 제감, 노사지도 등

<table>
<tr><td>사정부</td><td>제24대 진흥왕 5년(544) 경(卿)설치 → 제29대 태종무열왕 6년(759)에 사정부로 격상</td><td>• 관원의 규찰과 탄핵을 맡은 관청(오늘날의 감사원과 유사한 감찰기관).
• 엄격히 말하면 독자적인 경찰기구라고는 볼 수 없음.</td><td>• 장관: 영(令) 1인, 아찬에서 각간까지의 관등.
• 차관: 경(卿) 2인, 급찬에서 아찬까지의 관등.
• 실무관직: 대사·좌·사(史) 등, 후대로 갈수록 관원 수 증가.</td></tr>
<tr><td rowspan="2">좌·우이방부(左右理方府])
좌이방부와 우이방부를 합쳐 「좌우이방부」로 부름</td><td>좌이방부: 제28대 진덕왕 6년 설치</td><td>• 형률과 법령 제정을 담당한 관청
• 우이방부 설치되기 전까지는 좌이방부만이 존재함.</td><td>• 장관: 영(令) 1인.
• 차관: 경(卿) 2인.
• 실무관직: 좌·대사·사(史) 15인의 관원.</td></tr>
<tr><td>우이방부: 제30대 문무왕 7년(667) 설치.</td><td>• 좌이방부와 직무는 동일함.
• 통일기를 전후하여 제도의 정비 등 법제 업무의 증가로 우이방부 설치.</td><td>• 장관: 영(令) 2인.
• 차관: 경 2인
• 실무관직: 좌·대사·사(史) 등 14인의 관원</td></tr>
<tr><td>승부(乘府)</td><td>제26대 진평왕대 설치 추정, 장관인 영(令)을 설치함.</td><td>• 국가의 말과 수레 관장.
• 수레관계의 업무는 본래 병부에서 관장하였으나, 후에 병부에서 분리되어 설치됨.
• 오늘날 교통과 관련된 업무를 총괄하는 부서로, 교통 관련 최초의 관서이자 최고의 관청임(중앙교통관청의 효시).</td><td>• 장관: 영 2인.
• 차관: 경 2인.
• 실무관직: 대사·사지·사(史) 등 13인의 관원.</td></tr>
<tr><td>선부(船府)</td><td>제26대 진평왕 5년 선부서(선박관계의 책임관서) 설치하고 병부 소속에 둠 제30대 문무왕 18년(678)에 병부에서 분리, 선부 설치.</td><td>• 공사(公私)의 선박과 수군(水軍)을 관장.
• 고기잡이 어부를 규제·단속.
• 대외적으로 중국과 일본과의 대외무역창구 기능 수행.
• 해상교통과 관련된 최초의 독립관청으로 오늘날 해양경찰관서의 효시임.</td><td>• 장관: 영 1인
• 차관: 경 2인
• 실무관원: 대사·사지·사 등 11인의 관원.</td></tr>
</table>

③ 경찰업무 기획과는 달리 현장의 치안유지는 군이자 경찰기능을 수행한 치안군 또는 나병(邏兵: 순찰병)들에 의해 범죄예방(순찰 등)과 범죄통제(범인검거 등)가 실질적으로 이루어졌다고 생각되어진다.

2. 지방조직 및 통치방식

1) 개설

(1) 지방의 행정

신라의 경우 군(郡) 규모의 여러 성(城)을 통할하는 커다란 행정구획이 이른바 대성(大城)이었다.[187] 제22대 지증왕 6년(505)에 국내의 지방을 주(州)·군(郡)·현(縣)으로 나누어 조직하였는데, 주(州) 조직이 이른바 대성(大城)이다. 따라서 지방은 원칙적으로 대성(大城)·성(城)·소성(小城)의 3단계로 행정구획이 짜여졌는데, 여기에 임명되는 관리들은 모두 중앙 정부로부터 파견되었다. 이들의 임무는 행정·군사·치안을 총괄하는 포괄적인 책임자였다.

(2) 통치방식

신라의 경우 지방통치의 중심이 된 것은 지난날 부족들이 웅거하던 지역에 쌓은 성(城)이었고, 성(城)을 중심으로 한 지배방식은 삼국이 거의 동일하다. 이 성(城)은 나중에 중국식 명칭을 빌어서 군(郡)이라고 표현하기도 하였으나 그 본질은 변하지 않았다. 그러나 성(城)이라고 하여 모두 같은 것은 아니었다. 일반적으로 군(郡) 규모의 성보다 작은 단위의 것을 소성(小城) 혹은 촌(村)이라 하여 군(郡)과는 구별하였다(통일신라 시대의 현(縣)이 이에 해당함).

2) 주(州)·군·현제도

(1) 주(州)

① 제22대 지증왕 6년(505)에 주·군·현[188]을 정하면서 아울러 실직주(悉直州: 현재의 강원도 삼척시)를 설치하고 이사부를 군주(軍主)로 삼았는데, 군주(軍主)의 명칭이 이로부터 시작되었다. 주(州)는 오늘날 도(道)의 성격을 띠고 있고, 대성(大成)에 설치한 장관을 군주(君主)라고 칭하였다. 대성인 주(州)는 제일 늦게 설치되었는데, 주(州)의 설치 이전에 군(郡) 규모의 성과 작은 단위의 소성 혹은 촌(村)이 존재하고 있었다.

② 군주는 주(州)의 군사·행정·경찰권을 행사하던 최고 책임자였다. 지증왕이 확립한 군주제는 군사적 필요에 따라 수시로 이동할 수 있는 군정적 성격을 지녔으며, 중앙과 지방을 연결하는 실질적인 중간통치기구로서 기능하는 외직(外職)이었다. 이러한 군주제의 실시는 종전과는 달리 중앙에서 파견한 군주(軍主)에 의해 지방의 군사·행정·경찰권이 통제되고, 왕권

---

187) 신라와는 달리 고구려의 지방조직은 동·서·남·북·내(內)의 5부(部)로 나누었고, 백제는 동·서·남·북·중(中)의 5방(方)으로 구분하여, 큰 방(方)은 10개군(郡), 작은 방(方)은 6~7개 군(郡)을 관할하였다.

188) 지방제도로서 주군현제도의 실시는 신라처럼 많은 성읍국가 혹은 연맹왕국을 합병·연합시켜 귀족국가로 전환시키는 과정에서 서로 이질적인 단편들을 연결시켜 주는 접합제의 역할을 하였고, 뿐만 아니라 지방제도로서 주군현제도의 확립은 중앙집권적인 통치체제의 확립을 위한 필수적인 제도적 장치였다(이기백·이기동, 앞의 책1, 153).

의 지시에 의해 군사권과 경찰권을 행사할 수 있는 중간통치기구로서의 토대가 마련되었다. 이 후 이 군주제는 신라가 삼국을 통일하는 데 상당한 역할을 하였다.

(2) 군(郡)·현(縣)

① 대성(大城)보다 작은 규모의 성(城)을 군(郡)이라 하였는데, 군(郡)·현(縣)은 오늘날 구청이나 군(郡)에 해당된다고 볼 수 있다. 군(郡)의 장관을 처음에는 당주(幢主)라 하였고, 통일 이후에는 태수(太守)로 명칭이 변경되었는데, 일반적으로 성주(城主)라고 불렀다.

② 성주는 중앙 귀족으로 임명하여 현지에 파견되었는데, 관등이 사지(舍知)에서 중아찬까지인 자로 임용되었다. 성(城)에는 지방군대가 조직되어 있어서 성주의 임무는 행정 이외에도 오히려 성병(城兵: 성의 병사)의 편성 및 동원에 관한 책임을 지는 군사적인 성격이 강하였다.

(3) 소성(小城) 혹은 촌(村)

군(郡)규모보다 작은 단위의 성을 소성(小城) 혹은 촌(村)이라 하여, 그 장관으로 도사(道使)를 두었다. 이러한 작은 규모의 성은 통일기에 이르면 현(縣)으로 개편되고, 도사는 현령 또는 소수(小守)[189]로 개칭되었다. 통일 전에는 소성의 장관은 도사가, 그리고 통일 후에는 현령 또는 소수가 중앙에서 파견되어 촌락사회를 다스렸다.

(4) 소경(小京)

① 소경의 설치

제22대 지증왕 13년(512)에 주·군·현제도와는 별도로 소경(小京)제도가 운영되었다. 소경(小京)은 왕경(王京: 서울)을 모방한 지방의 특수행정구역을 말한다. 소경에는 장관인 사신(仕臣) 혹은 사대등(仕大等)을 중앙에서 파견하여 통치하였다.

② 소경의 설치 목적

소경을 설치한 목적은 아직 완전히 정복하지 못한 성읍국가(城邑國家)를 세력권 속에 넣기 위한 하나의 회유책으로서,[190] 혹은 일단 정복한 국가의 경우라도 그 지배층을 연고지로부터 다른 먼 곳으로 옮겨 효과적으로 감독·지배하기 위한 하나의 방책으로 설치하였다.

③ 소경과 주·군·현 제도의 차이점

주·군·현 제도는 주(州)·군(郡)이 군사적 거점의 성격이 강한 데 반하여, 소경은 지방의

---

189) 현(縣)에 파견되는 현령과 소수의 차이는 아마도 현의 규모나 군사적 중요도에 따라 구분된 것이 아닐까 추정하고 있다(정구복·노중국·권덕영 외, 역주 삼국사기 주석편 하(下)」, 경기: 한국학 중앙연구원출판부, 2002, p.593.

190) 지증왕 13년에 처음으로 설치한 아시촌의 경우를 그 예로 들 수 있다.

정치·문화 중심지로서의 성격이 강했을 뿐만 아니라 주(州)와 군(郡)을 감시하는 기능도 가지고 있었다는 점에서 차이가 난다.[191] 그 후 3소경은 국원(지금의 충주)을 제외하고는 모두 폐지되었고, 통일신라 때에는 5소경으로 확장되었다.

(5) 촌·부곡

① 촌주(村主)

촌(村)·부곡(部曲)은 마을 단위의 행정구역으로 행정적인 지역촌을 의미한다. 촌락의 우두머리는 촌주(村主)였는데, 이러한 촌주는 중앙에서 파견된 지방관인 군주(君主)·당주(후에 태수)·도사(후에 현령 또는 소수) 등을 보좌하는 것이 주임무였다.

② 향·부곡

㉠ 향·부곡의 성격

향·부곡은 신라지방의 하급행정 구획단위로서, 향·부곡 두 지역 역시 모두 현령의 통제를 받았다. 오늘날에도 향·부곡의 성격에 관해서는 여러 견해가 제시되고 있으나, 대개 옛날의 전쟁포로자·혹은 역모죄인의 유족, 또는 반란이 거듭 발생한 향읍, 기타 어떤 특수 생산노비의 집단거주 등으로 발생된 것이 아닌가 추정하고 있다.[192] 따라서 이 향·부곡의 사람들은 일반적인 양민과 달라서 그 신분이 노비·천민에 유사한 특수한 열등계급의 지위에 있었다고 보고 있다.

㉡ 부곡의 경우는 때로는 현(縣)보다도 큰 호구(戶口)를 갖기도 하며, 경우에 따라서는 국가에 대한 반역죄로 현(縣)에서 부곡으로 강등되는 수가 있었다. 따라서 일반적인 행정구획과 향·부곡을 구별하는 기준이 호구의 많고 적음과는 아무런 관계가 없었다. 이러한 향·부곡의 존재는 고려시대까지도 계속 되었으나, 조선초에 이르러 소멸되었다.

3) 지방의 관리(官吏)

신라는 통일 직전에 전국을 5주 3소경과 수많은 군현을 두었다.

(1) 주(州)의 관리

주(州)에는 장관으로 군주(軍主)를 두고, 차관직으로 장관을 보좌하는 주조(州助) 혹은 주보(州輔)를 두었다. 그리고 그 밑에 장사(長史)와 사마(司馬) 등의 보좌관을 두었는데, 통일 후 행정구획이 확장되면서 9주에 각각 1인씩 두어 주(州)의 장관인 도독(都督: 통일 후 군주의 명칭이 개칭된 것임)을 보좌하게 하였다.

191) 한우근, "고대국가성장과정에 있어서의 대복속민시책(상)", 역사학보12, 1960, pp.113－114.
192) 이홍식 편, 「국사대사전」, 서울: 한국출판사, 1982, p.1705.

(2) 군(郡)·현(縣)의 관리

군(郡)에는 장관으로 당주(幢主: 통일 후에 태수로 개칭됨)를 두었는데, 통일 후 군(郡)의 수는 115개였다. 현(縣)에는 처음에 장관으로 도사(道使)를 두었으나, 통일 이후 현령 또는 소수로 개칭하였다.

(3) 소경(小京)의 관리

지증왕 15년에 소경(小京)에 장관으로 사신(仕臣) 혹은 사대등을 두었고, 일명 소윤(小尹)이라고도 불렀다. 통일 후에는 사대사 5명을 두었는데, 5소경에 각각 1명씩 배치하여 소경의 장관인 사신을 보좌하였다.

4) 지방의 경찰권 행사

지방의 경찰 지휘체계는 주(州)의 군주(장관) → 군(郡)의 당주(후에 태수) → 현(縣)의 도사(후에 현령 또는 소수)체제로, 그리고 주군제도와 별도인 소경에는 사신(혹은 사대등)체제로 운영되었다. 따라서 이들에 의해 군정·사법·경찰권이 포괄적으로 행사되었다.

Ⅳ. 병제(兵制)

삼국 중 정치제도와 관련하여 관제(官制)와 병제(兵制)가 뚜렷하게 구분되기 시작한 것은 신라시대부터였다. 병제(兵制)에 관하여는 삼국사기 시위부와 제군관(諸軍官: 여러 군관)조에서 구체적으로 기술되고 있다.[193)]

1. 무관(武官)

1) 시위부(侍衛府)

시위부는 궁성의 숙위(宿衛) 및 국왕 행차시에 호종과 경호를 담당하던 국왕 직속의 부대로서, 경찰경호사적 측면에서 볼 때 중요한 단서 등을 제공하고 있다. 시위부는 제28대 진덕왕 5년(651)에 시위부가 설치되었고,[194)] 시위부가 법제적으로 완성된 것은 제28대 진덕왕 5년 때의 일이라고 추정된다.[195)] 시위부에는 장군·대감·대두(隊頭)·영(領)·졸(卒) 등이 있었는데, 모두 정원과 위계(位階)가 있었다.

---

193) 삼국사기 권제40 잡지 제9 직관하.
194) 삼국사기 권제4 신라본기 제4 진평왕 46년 정월조. "시위부에 대감 6인을 두었다."
195) 삼국사기 권40 잡지 제9 직관하 무관조.

(1) 장군(將軍)

시위부는 3도(三徒)가 있었는데, 3도(三徒)라 함은 바로 시위부에 설치된 3부대(部隊)를 말하는 것이다.196) 그리고 장군은 6명이었는데, 이들 장군은 2명이 1조가 되어 각각 1도(徒: 1개 부대)를 맡아 윤번으로 숙위와 호종의 업무를 수행하였다. 시위부의 장군직을 맡을 수 있는 관등은 급찬에서 아찬까지였다.

(2) 대감(大監) · 대두(隊頭) · 항(項)

① 대감

대감은 진평왕 46년 시위부가 설치될 당시의 최고지휘관으로서 6명이었다. 그러다가 대감은 진덕왕대에 감(監)이 설치되면서 혁파되었다가, 제31대 신문왕 원년(681)에 장군직이 설치되면서 부지휘관으로 복설(復設)된 것으로 보인다.197) 따라서 시위부의 최고지휘관의 명칭은 진평왕대의 대감(大監) → 진덕왕대의 감(監) → 신문왕대의 장군 순으로 변천되어 왔다.

② 대두 · 항

대감 밑에 대두(隊頭)와 항(項) 그리고 졸(卒)이 있었다. 대두는 15명이었는데, 관등이 사지(舍知)에서 사찬까지인 자로 임용하였다. 항(項)은 36명이었는데, 관등이 사지에서 대나마까지인 자로 임용되었다.

③ 졸(卒)

㉠ 졸(卒)은 117명으로 관등이 선저지(先沮知)에서 대사까지로 임용하였기 때문에, 여기서의 졸(卒)은 시위부의 일반 병사를 말하는 것이 아니라 군관의 일종을 말한다.198) 그리고 졸(卒) 아래에 병졸집단이 있었다.

㉡ 시위부에 배속된 군사의 충원은 국왕의 개별적인 모집에 의해 이루어졌는데, 이는 시위부가 왕의 측근 경호부대였기 때문이다.

2) 제군관(諸軍官: 여러군관)

무관직인 군관(軍官)으로는 보면, 장군(將軍) · 대관대감(大官大監) · 대대감(隊大監) · 제감(弟監) · 당주(幢主) · 감(監) · 삼천졸(三千卒) 등 다수가 있었는데, 이들 모두 정원 · 관등에 따라 옷깃의 색깔 및 군부대의 표지 등의 구별이 있었다.

---

196) 이기백 · 이기동, 「한국사강좌1」 고대편, 1982, p.340.
197) 삼국사기 권제8 신라본기 제8 신문왕 원년 10월조.
198) 이문기 「신라병제연구」, 1995, pp.152－157.

(1) 장군(將軍)

장군은 중요 군부대 최고지휘관의 명칭이다. 장군직은 진흥왕대에 와서 6정(停)을 비롯하여 각종 군단(軍團)조직이 편성되면서, 중앙과 지방의 중요한 부대에 지휘관으로 두어졌다. 장군직은 행군(行軍)조직의 편제에 따라 좌장군(左將軍)·우장군(右將軍)으로 나누어지기도 하고, 행군시 책임의 고하에 따라 상장군(上將軍)·대장군(大將軍)·하장군(下將軍)·부장군(副將軍) 등으로 나누어졌다. 장군은 모두 36명이었는데, 대당과 5정(대당과 5정을 합쳐 6정이라 부름)에 두었다.

(2) 대관대감(大官大監)

제24대 진흥왕 10년(549)에 설치하였다. 6정과 9서당에 설치된 군관으로, 장군 다음의 부지휘관이다. 대관대감은 진흥왕 10년에 설치될 당시에는 대감(大監)이었다. 그러나 제30대 문무왕 2년 이후에 대대감(隊大監)이 설치되면서, 대감은 대관대감으로 개칭되었다. 모두 62명으로 대당과 정(停) 그리고 당(幢)에 배치되었다. 대당[199]과 정에 배치된 대관대감은 금(衿)이 없었고, 당(幢)에 배치된 대관대감은 금(衿)을 붙였다. 여기서 금(衿)이라 함은 새의 무늬를 넣어서 만들어 장수와 군사의 옷에 붙여 부대를 구별하는 데 사용한 휘장을 말한다. 오늘날의 부대 휘장이나 부대 마크에 해당된다.

(3) 대대감(隊大監)

대대감은 기병을 거느리는 자와 보병을 거느리는 자로 나누어졌는데, 6정(停)·9서당 등의 부대에 설치된 무관을 말한다. 통일 후 문무왕 2년 이후에 설치된 것으로 보고 있다.[200] 모두 70명이었는데, 금(衿)을 붙였다.

(4) 제감(弟監)

제감은 진흥왕 23년(562년)에 설치하였다. 6정과 9서당 및 계금당에 설치된 무관직을 말한다. 여기서 계금당은 부대의 휘장에 그물처럼 무늬를 새긴 부대로 보고 있다.[201] 이 군관들은 주로 기병을 거느리고 있어서 기병중심의 부대라고 할 수 있다.

(5) 당주(幢主)

6정 밑에 여러 당(幢)을 두었는데, 당주는 군부대인 당(幢)의 지휘관을 말한다. 당주로서는 삼천당주, 개지극당주(갈고리창을 주로 하는 부대의 지휘관) 등이 있었다.

---

199) 대당(大幢)이라 함은 신라왕도에 배치된 왕도 수비의 핵심군단을 말하며, 6정 중의 하나이다. 그 이외에 5정은 귀당(상주정)·한산정·완산정·하서정·우수정을 말하며, 6정(停) 밑에 여러 당(幢)을 두었다. 여기서 정(停)은 병영, 즉 군부대의 주둔지를 말한다.

200) 정상수웅(井上秀雄), 「신라사기초연구」, 동명출판주식회사, 동경, 1974, p.142.

201) 이인철, 「신라정치제도사연구」, 서울: 일지사, 1993, p.350.

(6) 감(監)

각 당(幢)에 두었던 군관으로, 장군이나 당주를 보좌하는 부지휘관을 말한다. 예컨대, 개지극당감은 개지극당에 두었던 부지휘관급의 군관을 말한다.

(7) 삼천졸(三千卒)

삼천당에 두었던 군관을 말하며, 졸병을 의미하는 것은 아니다. 졸(卒)은 병사를 의미하지만, 여기서의 졸(卒)은 대나마 이하의 관등을 가진 자를 임용하였기 때문에 군관의 일종으로 보아야 한다는 것이 다수의 견해이다.

2. 군편성과 부대운영

1) 군의 편제

(1) 통일 전 신라

① 대당(大幢)의 설치

신라초기에는 6부(部)의 군인으로 왕도(王都)를 지켰다. 그러나 6세기부터 중앙집권적인 군사제도가 확립되면서 왕경(王京) 주위를 당(幢)이라 부르는 부대가 각 성(城)에 배치되었고, 이것이 발전하여 정(停)과 서당(誓幢)으로 변했다. 진흥왕 5년(544)에 6성에 배치된 6개 부대를 통합하여 대당(大幢)을 설치하였다. 이것이 신라 군사력의 기본이 되는 6정 군단의 효시가 되었다.

② 대당 이외의 5개정의 설치

신라는 550년대에 비약적으로 영토가 확장되면서 점령지에 주(州)마다 군단을 설치하였고, 그 결과 대당(大幢) 이외에 5개정 등 모두 6정(停)이 편성되었다. 6정 군단은 지방관이 거주하는 주치(州治)[202]에 배치되었는데, 주치의 이동과 함께 그 소재지가 이동되었다.

(2) 통일 후의 신라군(軍)의 편제

통일 후 군사제도는 9서당(九誓幢) 10정(停) 제도로 변모하였고, 이외에도 기병조직이나 국경수비대 등 별도의 군사조직이 추가로 설치되었다. 이처럼 신라의 군제(軍制)는 일률적으로 논할 수 없을 정도로 복잡하다.

신라의 군사제도는 통일전의 6정과 통일 후의 10정 · 48당(幢) · 5주서(五州誓) · 2궁(弓) · 3변수(三邊守) 등으로 구성되어 있었다.[203]

---

202) 주치(州治)라 함은 지방행정구역의 중심이자 중앙에서 파견한 지방관이 거주하는 곳을 말한다. 특히 지증왕 이후부터 통일 직전까지는 군사전략상 필요하면 주(州)를 설치하거나 폐지하고 주치의 이동도 서슴치 않고 단행하였다.

① 6정(六停)

6정(六停)은 대당(大幢)·상주정(上州停: 귀당)·한산정·우수정(牛首停)·하서정·완산정으로 이루어진 군단이다. 6정은 제24대 진흥왕 5년(544)에 대당(大幢)을 설치하면서 시작되었고, 이후 신라의 영토 확장과 더불어 순차적으로 설치되었다. 이 중 왕도수비를 맡은 대당을 제외한 나머지 5개의 정(停)은 지방민을 징발하여 편성한, 이른바 '주병(州兵)'을 기본적 군사력으로 하고 있다.

경찰사적 측면에서 볼 때 통일 이전의 군사제도인 6정은 경찰권 행사와 관련하여 매우 중요한 의미를 지닌다. 지방의 경우 5정의 지휘관과 지방장관이 경찰권행사의 주체였고, 현장에서 범죄예방과 범인검거 등의 역할을 한 치안부대는 이들 예하에 있던 부대 중의 하나였다. 6정의 존치와 폐지과정을 도표화하면 다음과 같다.

6정(六停)설치와 폐지

정명(停名)	위치	설치연대	폐지연대	복치시대(復置時代)	금색(衿色: 부대 구별 휘장이나 부대마크의 색)	부대위치
대당(大幢)	오늘날의 경주	진흥왕 5년			자백(紫白)	• 수도에 살고 있는 자로 구성된 부대 • 군관: 장군, 대관대감, 대대감, 제감 등 대당 이외의 5정의 구성원은 대체로 대당과 유사함.
상주정	경북 상주	동왕 13년		문무왕 13년(673)에 상주정을 귀당(貴幢)으로 개칭	청적(靑赤)	• 상주(경북 상주)의 주치에 두었던 부대. • 문무왕때 「귀당」으로 개칭.
한산정(본래 신주정)	서울 지역	동왕 14년 신주정 설치	동왕 29년 신주정을 폐지하고 남천정 설치	진평왕 26년 남천정을 폐지하고 한산정 설치	황청	• 한산주(오늘날 서울지역)의 주치에 두었던 부대.
우수정(牛首停)	강원도 춘천시	진흥왕 17년 비열흘정 설치		문무왕 13년 비열흘정 폐지, 우수정설치	녹백(綠白)	• 우수주(강원도 춘천시)의 주치에 두었던 부대.

203) 삼국사기 권제40 잡지 제9 직관하 무관(武官)조.

하서정	강원도 강릉시	지증왕 6년 실직주 설치		태종왕 5년 실직정 폐지하고, 하서정 설치	녹백	• 하서주(강원도 강릉시)의 주치에 두었던 군부대.
완산정	전주 지방	진흥왕 16년 하주정 설치	신문왕 5년 하주정 폐지	신문왕 5년 완산정 설치	백자(白紫)	• 완산주(전북 전주시)의 주치에 두었던 군부대.

② 당(幢)

당은 원래 깃발을 의미하며 군부대를 지칭하는 것으로 사용되었다.

이러한 당은 ㉠ 지역의 중요성에 의한 것(예컨대, 수도 경주에 배치된 핵심군단을 대당이라고 부르는 경우), ㉡ 금색에 의하여 구별하는 것(9서당은 모두 부대를 구별하기 위하여 청색·적색 등의 색으로 구별하였는데, 오늘날의 부대휘장이나 부대마크로 구별하는 것과 동일함), ㉢ 특수전문부대에 의한 것(예컨대, 적의 성을 돌파하거나 파괴하는 것을 전문으로 하는 충당 등) 등으로 구별하여 명칭을 붙였다.

③ 서(誓)

'서(誓)'는 주로 포로병·귀화민 등으로 편성된 특수부대를 말하는데, 5주서라 함은 신라의 9주(州) 중 5개의 주(청주서 외 4개 서)에 설치된 지방군단을 말한다.

④ 2궁(二弓)

'2궁(二弓)'은 외궁이라고 하며, 주로 활을 쏘는 자로 편성된 2개(한산주궁척·하서주궁척)의 특수부대를 말한다.

⑤ 3변수당(三邊守幢)

'3변수당(三邊守幢)'은 신라가 삼국을 통일한 후에 변경을 경비하기 위해 설치한 3개의 수비부대를 말한다(한산변·우수변·하서변). 군대는 보병·기병·수병(水兵)·결사대[204] 등으로 편성되었는데, 그 인원수는 그때그때의 사정에 따라 변경되었다.

2) 군사의 모집과 운영실태

(1) 군사의 모집

신라의 병기는 동양에서 최고로 발전한 중국의 그것과 같은 것이었으며, 국민개병주의(國民皆兵主義)였다. 대체로 일반 장정은 모두 봉수군·수병(戍兵: 변방을 지키는 병사)·순라병(巡邏

204) 김춘추가 고구려에 가서 60일이 지나도 돌아오지 않자 선덕여왕이 김유신에게 명하여 결사대 1만 명을 거느리고 나아가게 했다. 결사대는 그때그때의 상황에 따라 만들어지고 그 인원수도 일정치 않았다(삼국사기 권제45 신라본기 제5 선덕왕 11년 8월조).

兵) 등으로 편입되고, 각각 둔영(屯營)과 부대로 나누어져 있었다.[205] 이것이 대체로 6~7세기 경의 신라의 하부군사구조체제였다.

(2) 편성 및 동원

중앙에서 파견된 성주의 임무는 행정 이외에도 성(城)의 병사의 편성 및 동원에 관한 책임자였다. 성병(城兵)은 현지에 살고 있는 주민들을 모집해 편성하였는데, 그들은 평상시에는 농경에 종사하다가 위급한 때에는 군사적 목적을 위하여 동원되기도 하였다.[206] 그리고 성주의 지시를 받아 촌락사회의 군사력을 편성·동원하는 책임을 맡은 자가 군사(軍師)였다.[207] 그리고 이러한 군사에 의해 모집·편성된 부대를 군사당(軍師幢)[208]이라 하였는데, 이들은 당주(幢主, 성주)의 통제를 받는 예하부대라고 추정하고 있다.[209]

3. 기타(화랑도)

1) 기원

(1) 화랑(花郞)은 처음에 원화(源花)라고 하여 미녀 2인[210]을 뽑아서 만든 것이 시초였으나, 서로 질투 끝에 살인까지 벌이는 사태가 발생하면서 조직 자체가 와해되기에 이르렀다.

(2) 그 후에 조정에 의해서 다시 아름답고 잘생긴 남자를 뽑아 곱게 단장해서 화랑(花郞)[211]이라 하여 이를 받들게 하였다. 화랑도는 국가가 필요로 하는 인재를 양성·확보하려는 데 있었고, 그 이면에는 군대를 보충할 목적으로 제정되었다고 볼 수 있다.

---

205) 문자와 갑병(甲兵)은 중국과 같다. 건장한 남자는 모두 뽑아 군대에 편입시켜 봉수·변수·순라로 삼았으며, 둔명마다 부오(部伍)가 조직되어 있었다(북사(北史) 권94 열전 제82 신라전; 수서(隋書) 권81 열전 제46 동이 신라조).

206) 이기백·이기동, 「한국사강좌 고대편」, 서울: 일조각, 1982, p.236.

207) 군사(軍師)라 함은 신라 군제(軍制)의 하나인 군사당(軍師幢)의 하급무관직을 말한다(목촌성(木村誠), "신라군현제の확립과정と촌주제", 조선사연구회논문집13, 1976, pp.15-16).

208) 군부대로서의 군사당은 그 명칭에서 미루어 볼 때, 군사충원을 담당한 것으로 생각된다. 진평왕 26년(604)에 처음 설치되었다. 군관(軍官)은 군사당주(軍師幢主)·군사감(軍師監) 등으로 구성되었다(정구복·노중국·권덕영 외, 「역주삼국사기4 주석편(하)」, 2012, p.171).

209) 목촌성, 앞의 논문, pp.15-16.

210) 이 미녀 2명을 중심으로 그 무리가 300명이나 모였는데, 미녀 중의 1인인 준정(俊貞)이 남모(南毛)를 자기 집으로 유인하여 독한 술을 권하여 취하게 한 다음, 그녀를 끌어다가 강물에 던져 죽였다. 그러나 사건이 발각되어 준정은 사형되고, 그 무리들은 화목을 잃고 분산되고 말았다. 원화는 곧 여성 화랑을 의미한다고 보아야 한다.

211) 화랑이라 함은 신라의 청소년 수련집단을 이끄는 중심인물 혹은 그 집단 자체를 말한다. 대표적인 것으로 화랑 김유신이 거느린 낭도 집단인 용화향도를 들 수 있다. 삼국유사에서는 이를 주로 국선(國仙)이라 하였다.

(3) 화랑도는 민간의 청소년 단체로서 군사적 교육기관의 임무를 띠고 출발하였으나, 그렇다고 법률로서 제정된 공적인 국가기관은 아니었고, 반관반민(半官半民)의 성격을 띠는 조직체였다.[212)]

2) 조직

(1) 구성원

화랑집단의 구성원은 화랑 1명과 그를 지도·고문하는 승려,[213)] 그리고 진골 이하 평민에 이르는 천여 명의 낭도들로 구성되었는데, 한 시대에 몇 개의 집단이 존재하였다.

(2) 수련시간

화랑집단의 구성원은 원칙상 3년을 수련기간으로 정하고 적합한 연령은 대체로 15~18세였고, 자신의 의사에 따라서 자발적으로 맺어졌던 일종의 결사체였다. 이 기간 동안 그들은 충(忠)과 효(孝) 등의 덕목을 수련·연마하고, 산수(山水)를 유람하며 가악(歌樂)을 즐기는 등의 집단의식과 인성을 배양하였다.

(3) 공 헌

화랑도는 진흥왕 이후 문무왕에 이르는 동안 가장 융성하였다가 그 후로는 점차 쇠퇴의 길을 걸었다. 그러나 이러한 화랑제도는 삼국통일 과정에서 전사집단(戰士集團)으로, 그리고 관인선발의 장(場)으로 널리 활용되었다. 특히 경찰사적 측면에서 볼 때 화랑도(花郎徒)는 통일신라 때까지 서울이나 지방의 치안질서유지에도 일정 부분 치안군의 기능을 수행하였다고 추정된다.

Ⅴ. 율령(律令)

1. 율령반포 이전의 형정(刑政)과 율령반포

1) 율령반포 이전의 법규

신라초기의 법령은 고구려나 백제의 그것과 거의 유사하였다. 따라서 범죄의 종류로는 모

---

212) 삼국사기 권제4 신라본기 제4 진흥왕 37년 봄조.

213) 원광법사는 승려이면서도 불교에 치우치지 않았다. 그는 이미 임금의 신하요 아들이 된 자는 부처의 계명을 지키기 어렵다 하여 세속적인 5개 조의 계명을 가르쳐 현실에 입각한 국가주의를 채택하였고, 그 결과 나온 것이 세속오계이다. 세속오계는 ① 임금을 충성으로 섬기라(事君以忠: 사군이충), ② 효도로서 부모를 섬기라(事親以孝: 사친이효), ③ 믿음으로 벗을 사귀라(交友以信: 교우이신), ④ 싸움에 물러나지 말라(臨戰無退: 임전무퇴), ⑤ 함부로 죽이지 마라(殺生有擇: 살생유택)는 것이었다.

반죄·살인죄·간통죄 등이 존재하였고, 형벌로는 족형·참형·기시형·태장 등이 있었다.

2) 율령반포 후의 율령격식(律令格式)

(1) 율령격식

율(律), 영(令), 격(格), 식(式)은 모두 법률(法律)을 뜻한다. 이 네 가지에 의해서 법전(法典)의 한 체계를 이루게 된 것은 수당시대였다. 율령격식은 각각 단독의 법전조규(法典條規)이기는 하지만, 상호 간에 불가분의 관계가 있다. 율(律)은 형벌적·제제적 법률, 즉 형법을 말하며, 영(令)은 명령적·금지적 법률, 즉 일반적인 행정법규로서 서로 밀접한 관계를 맺고 있다. 격(格)은 율과 영(令)을 수정·증보한 것으로 율령에 대한 보충적 의의를 지니고 있었다. 식(式)은 대부분 율령에 관계된 사항의 세목(細目)을 규정하는 법률로서, 오늘날의 시행세칙과 동일하다고 볼 수 있다.

(2) 율령의 반포와 격식의 완성

① 율령의 반포

신라의 율령(律令)은 법흥왕 7년(520)에 반포되었는데, 그 구체적 내용은 오늘날 전해지지 않고 있다.

② 격(格)

격(格)은 태종무열왕(김춘추) 원년(654)부터 책정된 것 같다. 태종무열왕은 이방부령(理方府令: 이방부장관) 양수(良首) 등에게 종래의 율령을 자세히 참조하여 이방부격(理方府格)[214] 60여 조를 수정하게 하였다.[215] 따라서 격(格)이라는 것은 율령을 수정·증보한 입법을 뜻하는 것이다.

③ 식(式)

식(式)에 대한 자료는 현존하는 문헌상 찾아볼 수 없다. 다만 제30대 문무왕 21년 7월에 율령격식에 불편한 것이 있으면 고쳐서 널리 알리라"[216]고 유조(遺詔: 유언)한 것으로 보아 삼국통일을 완성한 문무왕 때에는 신라의 율령격식을 모두 갖춘 법전이 마련되어 율령정치가 본격화되었음을 시사해 주고 있다. 그 후 제40대 애장왕 6년(805) 8월에 공식(公式)[217] 20여 조를 반포하였고, 제42대 흥덕왕 9년(834)에는 신라의 의복령·기용령(器用令)·옥사령(屋舍令) 등의

---

214) 이방부격(理方府格)이라 함은 당시 중국 당나라의 형부격(刑部格)에 해당한다. 따라서 이방부격 60여 조를 수정하게 하였다는 것은 율령(律令)을 고친다는 뜻이므로, 아주 중요성을 갖는 입법(立法)이라고 볼 수 있다.
215) 삼국사기 권제5 신라본기 제5 태종무열왕 원년 5월조.
216) 삼국사기 권제7 신라본기 제7 문무왕 21년 7월조.
217) 삼국사기 권제10 신라본기 제10 애장왕 7년 3월조. 여기서 공식(公式) 20여 조는 중국 당령(唐令)의 공식령(公式令)에 해당하는 것으로, 신라의 일정한 공문서식을 규정한 것을 말한다.

개정이 있었고, 경덕왕 17년에는 직원령(職員令)[218]을 하달하여 관리들의 기강을 잡았다.

(3) 법령(율령강식) 제정·개정의 담당기관

① 좌우이방부

신라의 법령제정과 개정의 업무는 좌·우이방부에서 담당하였다. 제28대 진덕왕 5년(651)에 좌이방부를 두었고, 제30대 문무왕 7년(667)에 우이방부를 설치하였다. 신라는 이처럼 통일 이후에 좌·우이방부를 둠으로써, 통일기를 전후하여 법제(法制)와 관계된 업무량을 효율적으로 처리하였다.

② 율령에 관한 교육

율령에 관한 교육의 업무는 율령전(律令典)에서 담당한 것으로 보인다. 통일 후 경덕왕 17년(758)에 "율령박사 2인을 두었고",[219] 동왕(同王) 17년 이후에 박사를 6명으로 증원시켰다.[220]

③ 율령과 경찰권

통일신라의 율령격식은 경찰권을 행사하는 주체에 대한 법적 근거인 동시에 경찰권을 제약하는 법적 근거였으며, 군이자 경찰부대의 구성원(치안관)에게는 행동규범과 동시에 행동지침으로 작용하였다. 따라서 경찰사적 측면에서 중요한 의미를 지닌다. 다만, 통일 후 제정되거나 개정된 내용 등에 관하여는 현존하는 문헌상 그 실체를 정확히 파악할 수 없다는 데 그 한계가 있다.

2. 율(律)

율(律)은 형벌적·제재적 법률, 즉 죄(罪)와 그에 대한 형벌을 말한다.

1) 죄(罪)

범죄의 종류로는 ① 5역죄(五逆罪), ② 모반죄(내란죄와 외환죄), ③ 사병이직(詐病離職) ④ 배공영사(背公營私) ⑤ 지역사불고언(知逆事不告言) ⑥ 기방시정(欺謗時政) ⑦ 적전불진(敵前不進)·

---

218) 경덕왕 17년 2월조에 "중앙과 지방의 관리로서 휴가를 청하여 만 60일 이상 휴가를 얻은 자는 해직으로 간주하라"는 교시를 내려 관리들의 기강을 잡았다. 이것은 국가의 조직운영에 관한 행정법규, 즉 직원령(職員令) 중의 하나인 가녕영(가녕이란 관료에게 주는 휴가를 말함)이라고 생각된다(삼국사기 권제9 신라본기 제9 경덕왕 17년 2월조).

219) 삼국사기 권제9 신라본기 제9 경덕왕 17년 4월조.

220) 삼국사기 권제39 잡지 제8 직관중. 율령박사는 율령에 관한 일을 담당하던 율령전(律令典)의 속관이다. 이는 당나라의 율령박사를 모방한 것으로, 율령박사를 증원한 것은 유학적 가치관에 바탕을 둔 법치주의를 강화하려는 의도라고 보아야 한다.

적전퇴각(敵前退却) ⑧ 군령위배(軍令違背) ⑨ 기타 등이 있었다.

(1) 5역죄(五逆罪)

오역죄란 무간지옥에 떨어질 정도의 지극히 악한 행위로 아버지·어머니를 죽이는 행위 등의 다섯 가지 죄악을 말한다. 신라의 국왕들은 국내의 죄수들에 대하여 죄의 경중을 가리지 말고 전부 석방하라는 대사령(大赦令)을 내리는 경우에도, 유독 5역죄에 해당하는 자는 사면에서 제외시켰다.[221] 이것은 국가사회의 도덕과 신분사회의 기본질서를 파괴하는 죄질에 대하여는 감경이나 사면도 배제시킨다는 법·제도적 의미가 내포되어 있다.

(2) 모반죄(謀反罪: 내란죄)와 모반죄(謀叛罪: 외환죄)

당률(唐律)에 보면 모반죄(謀反罪)는 사직을 위태롭게 한 죄로, 오늘날의 내란죄에 해당된다. 반면 모반죄(謀叛罪)는 국가를 배반하고 적을 이롭게 한 죄로, 오늘날 외환죄에 해당한다. 모반(叛反)의 예는 극히 많아 삼국사기 신라본기 전편에 산재되어 기술되고 있으나[222], 모반(謀叛)의 예는 극히 드물다.[223]

(3) 사병이직(詐病離職: 직무유기 또는 직무태만죄)

사병이직이라 함은 병(病)을 사칭하여 한가히 놀며 국사(國事)에 마음을 쓰지 않는 것인데, 오늘날의 직무유기나 직무태만의 일종이다. 직무유기나 직무태만에 대한 처벌로 당사자뿐만 아니라, 연좌제를 적용하여 그 일족까지 처벌하였다.[224]

(4) 배공영사(背公營私: 관물횡령 등)

이것은 관물횡령이나 관물무역에 관한 죄로 추정된다. 제32대 효소왕 10년 5월에 영암군(지금의 전남 영암군 영암읍) 태수 일길찬 제일(諸逸)이 공익에 배반하고 사사로이 이익을 도모하자, 곤장 100대를 때리고 귀양을 보낸 사건을 그 대표적인 예로 들 수 있다.

(5) 지역사불고언(知逆事不告言: 불고지죄)

지역사불고언죄는 역모사건을 알면서도 국가기관에 신고하지 않은 죄로,[225] 오늘날 국가

---

221) 삼국사기 권제6 신라본기 제6 문무왕상 9년 2월조.

222) 삼국사기 권제10 신라본기 제10 헌덕왕 14년 3월조. 웅천주도독 헌창이 그의 부친 주원(周元)이 왕위에 오르지 못하자, 국호를 장단이라고 부르고 모반(謀反)을 하였다.

223) 삼국사기 권제7 신라본기 제7 문무왕하(下) 13년 7월조. 아찬 대토(大土)가 모반(謀叛)하여 당나라에 붙으려 한 사실이 발각되어 주살되었다.

224) 삼국사기 권제6 신라본기 제6 문무왕 2년 8월조. 문무왕 2년 8월에 대당총관 진주와 남천주 총관 진흠이 거짓으로 병을 핑계 삼아 한가로이 지내며 국사를 돌보지 않자, 그들의 목을 베고 그의 일족을 멸하였다.

보안법상의 불고지죄에 해당된다. 신라의 경우 국사범(國事犯)에 대한 처벌은 역모자뿐만 아니라, 그 정을 알면서 신고하지 않은 자와 그 가족까지도 연좌하여 처벌하였다. 이처럼 국가존립과 관련된 범죄는 추호도 용납하지 않는 것이 고대국가의 공통된 법이념이었다.

(6) 기방시정(欺謗時政: 정치를 거짓으로 비방한 죄)

기방시정이라 함은 정치를 거짓으로 비방하는 죄를 말한다.[226] 기방시정죄는 지금은 폐지된 제3공화국시절의 국가원수모독죄와 유사하다.

(7) 적전부진(敵前不進: 적 앞에 나아가지 않은 죄)·적전퇴각(敵前退却: 적을 보고 퇴각한 죄)

전쟁 중에 적앞에 나아가지 못하거나 적을 보고 퇴각하는 죄를 말한다. 고대의 율령은 적에게 패하거나, 적을 보고 물러서는 행위에 대하여는 참형에 처하는 것이 기본원칙이었다.

(8) 군령위배(軍令違背)

군령위배는 군령을 위반한 죄를 말한다. 군(軍)의 생명은 죽음도 불사한다는 명령제일의 원칙을 근간으로 한다. 이러한 멸사봉공의 이념적 토대는 고대국가부터 그 기원점이 형성되었다. 따라서 전쟁에서 비록 대단한 공을 세웠더라도 군령(軍令)을 위반하였다면,[227] 공(功)보다는 군령위반을 우선시하는 것이 대원칙이었다.

(9) 기타 살인·절도·우마도살죄 등의 범죄는 고구려나 백제의 형률과 거의 대동소이하나, 다만 삼국시대별로 당시의 실정에 맞는 영(令)을 제정하여 시행하였다. 신라의 경우 요언혹중(妖言惑衆: 요사한 말로 현혹시킨 죄)의 죄를 규정하여 처벌하기도 하였다.[228]

---

225) 삼국사기 권제8 제8 신문왕 원년 8월초. 신문왕 8월 28일에 반역을 도모한 흠돌등과 사귀면서 그들의 반역한 사실을 신고하지 않은 병부령(국방부장관) 이찬 군관과 그의 친아들 1명을 자진케 하였다.

226) 삼국사기 권제11 신라본기 제11 진성왕 2년(888) 2월조.

227) 삼국사기 권제6 신라본기 제6 문무왕 8년 10월조. 문무왕 8년 10월 22일(고구려를 멸한 직후) 논공행상을 하면서, 아술(오늘날의 충남 아산시 영인면)의 사찬 「규율」이 사천싸움에서 다리 아래로 내려가 물을 건너 진격하여 적과 싸워 크게 공(功)을 세웠다. 그러나 군령(軍令)을 받지 않고 스스로 위험한 곳에 들어갔기 때문에 공(功)은 비록 제일이었으나 포상은 받지 못하였다. 그는 분하게 생각하고 목매어 죽고자 하였으나, 주위사람들이 구하여 죽지 못하였다.

228) 삼국사기 권제10 신라본기 제10 홍덕왕 3년 4월조. 홍덕왕 3년 4월에 요망한 사람(오늘날의 사이비교주)이 빨리 부자가 되는 술법을 가지고 있다고 선전하여 많은 사람을 현혹하자, 사이비교주를 먼 섬으로 쫓아버렸다.

3. 형(刑: 형벌)

신라 형벌의 종류는 대체로 앞에서 기술한 고구려의 율(律)과 같이 족형(族刑)[229]·거열형[230]·기시형·부관참시형·참형·자진형·유형 등이 있었다. 신라시대의 범죄와 형벌제도는 모두 당시의 통치체제를 유지하기 위한 하나의 제도적 수단이었지, 그 이상의 것은 아니었다.

4. 영(令)

신라 율(律)이 신라의 형벌법전이자 금지법이라면, 신라 영(令)은 비형벌법전(非刑罰法典)이자 행정규정이며, 그리고 명령법(命令法: 임금의 명령)에 해당한다.[231] 즉, 다시 말하면 신라 율이 죄와 형벌에 대한 법이라면, 신라 령은 국가의 조직운영에 관한 행정법규와 그 운영에 대하여 정한 것을 말한다. 신라령은 삼국사기 전편을 통하여 권농에 관한 것, 제방·수리에 관한 것, 군사에 관한 것, 교통에 관한 것, 심지어 순장금지에 관한 것 등 허다한 임금의 영(令)들이 하달되고 있다. 그러나 그 편목(篇目)[232]과 내용에 대하여는 현존하는 문헌상 그 기록을 찾아볼 수 없다.

Ⅵ. 범죄예방과 통제

신라시대 경찰의 업무와 기능은 다른 군사행정이나 사법행정과 함께 일반행정 기관에서 처리되었고, 별도의 경찰조직으로 나아가지는 못하였다. 그 결과 경찰행정에 관하여는 중앙관제와 지방관제체제하의 행정관료들에 의해서, 그리고 현장에서 행하는 행정경찰기능(순찰·방범 등의 범죄예방)과 사법경찰기능(범인검거 등)은 군인이자 경찰부대인 치안군에 의해서 그 업무가 수행되었다.

---

229) 신라의 경우 족형의 예는 삼국사기에 총 7가지 사례가 보이고 있다. 그중 진평왕 53년 5월에 이찬 칠수가 이찬 석품과 더불어 모반하다가 왕에게 발각되었는데, 칠수를 잡아 동시(東市: 동쪽 시장)에서 참형하고 그의 9족(부계·모계·처계)을 없애버린 것을 그 대표적인 예로 들 수 있다.

230) 중국에서의 거열형은 진(秦)·한(漢) 시대에 주로 시행되었고, 수(隋)·당(唐) 이후에는 법전상에서 없어졌다. 그러나 신라의 경우 제48대 경문왕 14년(874)에 이찬 근종이 반역을 하자 그를 붙잡아 거열형에 처한 사례나, 또 고려시대 제32대 우왕 8년에 김극공(金克恭)이 환형(轘刑)에 처해진 사례가 보이고 있다(고려사 권113 열전 최영전). 이로 보아 우리나라의 경우 중국보다 상당히 오랜기간 동안 거열형이 시행되었다고 보인다.

231) 내무부치안국, 앞의 책, p.65.

232) 편목이라 함은 편장(篇章)에 붙인 제목과 그 순서를 말한다.

1. 사회구성원의 생활상

삼국 중 신라의 경우 고구려·백제와는 달리 확연하게 차이가 나는 것이 골품제도였다. 이 제도는 골품(骨品), 즉 개인의 혈통의 존비에 따라서 정치적인 출세는 물론 혼인·가옥의 크기[233]·의복의 빛깔[234]·우마차의 장식에 이르기까지 사회생활 전반에 걸쳐 여러 가지 특권과 제약이 가해졌다. 이러한 골품제도는 신라가 삼국통일을 거쳐 그 멸망에 이를 때까지 변함없이 신라사회를 규제하는 근본적인 틀로서 기능하였다.[235] 신라는 대체로 귀족·평민·천민·노비 네종류의 신분이 있었다.

1) 귀족층

골품제도하의 신분계급적인 신라사회에서 주도권을 행사하고 최고의 특권을 누린 것은 진골이었다. 즉, 진골은 곧 왕족이었으므로 신라는 왕족이 지배하는 사회였다고 할 수 있다. 이처럼 진골을 비롯한 여러 귀족층들은 기득권을 누리며 정복전쟁에서 이기거나 나라에 공로를 세우면 토지를 하사받아 식읍(食邑)[236]으로 삼았고, 포로를 배당받아 노비로 삼았다.[237] 따라서 신라 귀족들은 온갖 특혜를 누렸고, 중앙에 살던 지방에 살던 일반 백성 위에 군림하였다.

2) 평민(平民)

(1) 치안과 관련하여 왕과 귀족층들이 경찰권의 주체라면, 평민과 천민 그리고 노예는 경찰권행사의 대상이었다. 평민은 전쟁에 동원되고 조세를 물고 부역에 끌려 나갔다. 이 중에서 성쌓기·궁궐짓기·제방쌓기·도로닦이에 가장 많이 동원되었고, 남녀 15살 이상이면 동원되는

---

233) 흥덕왕 9년의 규정에 의하면 진골의 경우는 집의 길이와 넓이가 24척을 넘지 못하며, 6두품은 21척을, 5두품은 18척을, 4두품과 평민은 15척을 넘지 못하도록 하였다(삼국사기 권제33 잡지 제2 옥사조(屋舍條)).

234) 색복(色服: 의복제도)은 제5관등인 대아찬 이상 자색(紫色), 제9관등인 급벌찬 이상 비색(緋色), 제7관등인 나마 이상 청색(靑色), 그리고 제17관등인 조위 이상은 황색의 복장을 하였는데, 이는 진골·6두품·5두품·4두품에 각기 상응하고 있다. 심지어 이러한 규정은 진골 여자와 6두품 여자, 5두품 여자, 4두품 여자, 평인(平人) 여자에게도 적용되었다.

235) 이기백, 이기동, 「한국사강좌 고대편」1, 서울: 일조각, 1982, p.217.

236) 식읍은 국가에서 왕족·공신·봉작자(封爵者)에게 지급하던 일정지역의 수조권(收租權) 혹은 수조호(收租戶)를 말한다. 우리나라에서는 삼국시대부터 식읍(食邑)의 존재가 나타나는데, 주로 주변에서 탈취한 지역을 원래 그곳을 지배하던 지배층에게 식읍으로 주던 것이 일반적인 형태였다. 조선 세조 이후 우리나라에서는 식읍이 완전히 폐지되었다(정구복·노중국·권덕영 외, 「역주 삼국사기 주석편 상(上)」, p.117).

237) 가야 반란을 평정하고 그 공로를 논할 때 사다함이 으뜸이었다. 이에 왕은 좋은 토지와 포로 200명을 상으로 주었으나, 사다함이 세 번이나 사양하였다. 왕이 굳이 주므로 이를 받아 포로는 풀어 양인이 되게 하고 토지는 군사들에게 나누어주니, 나라 사람들이 그것을 아름답게 여겼다고 삼국사기는 전하고 있다(삼국사기 권제4 신라본기 제4 진흥왕 23년 9월조).

규정은 삼국이 동일하였다.

(2) 농민들은 국가의 주요한 수취(收取)대상이자 노동력을 착취당하는 대상이었다. 이런 과정에서 농민층의 분화는 쉬지 않고 진행되어 토지를 잃고 용민(傭民: 고용농민)으로 전락하거나, 유인(遊人: 떠돌이)층이 되거나 도적으로 전락할 수밖에 없었다.[238] 평민은 치안유지면에서 볼 때 가장 주된 관심의 대상이었으나, 국왕이나 귀족들은 이를 간과하고 있었다. 삼국이 무너진 결정적인 이유 중의 하나도 하류계층의 불만 등에 의한 농민반란과 유랑민의 증가 등이 가장 중요한 요인 중의 하나였다.

3) 천민(賤民)

신라시대의 천민을 논할 때 연관지어 논의되어지는 것이 향(鄕)·부곡(部曲) 등 특수행정구획의 거주민이다. 이 거주민에 대하여 여러 가지 견해가 제시되고 있으나, 향·부곡에 거주하는 주민은 양인(良人)이 아닌 천민이었다고 보는 견해가 지배적이다.[239] 이처럼 신라의 경우 지배세력과 피지배세력 간에는 어떠한 힘으로도 뛰어넘을 수 없는 장애물이 존재하고 있었다.[240]

4) 노예

(1) 신라의 노예발생은 반드시 정복국가의 성립에 의해 시작된 것은 아니며, 그 기원은 원시적 부족국가의 역사만큼이나 오래되었다고 볼 수 있다. 노예는 크게 형벌노비·전쟁노비(포로)·부채노비·매매노비[241]·세습노비[242]·외거노비·가내노비 등으로 분류해 볼 수 있다.

---

238) 삼국사기 권제3 신라본기 제3 눌지마립간 16년 봄조. 눌지 마립간 16년 봄에 "곡식이 귀하여 소나무 껍질을 먹었다."

239) 이기백·이기동, 앞의 책, p.325.

240) 지배세력과 하층민(평민과 천민)과는 옷 색깔로도 등급이 있었다. 지배층들은 자기들의 상징인 옷 색깔(태대각간부터 대아찬까지는 자주색)을 침범하지 못하게 하였다. 그러나 평민들은 관도 쓰지 못했고, 가죽신도 신지 못했고 물감을 들인 옷도 입지 못하고 백의(흰색)을 입었다. 가난한 평민과 천민들은 채색옷을 만드는 시간과 경제적 이유 등으로 상당한 부담이 되었기 때문에, 물감을 들이지 않는 베옷이나 갈포 같은 옷을 입었다. 이런 연유로 흰 옷은 태양을 숭배하는 사상에서 유래된 것도 아니고 순백의 청결을 좋아해서 입은 것은 아니었다. 다만 이러한 관습과 의식이 결부되었을 뿐이라고 보는 견해도 있다(이이화, 앞의 책, p.150－151).

241) 삼국사기 권제3 신라본기 제3 눌지마립간 4년 7월조. 제 19대 눌지마립간 4년에 "봄과 여름에 크게 가물고, 7월에 서리가 내려 곡식이 죽게 되자 백성들이 굶주려 자식을 파는 사람이 있었다. 이에 왕은 죄수들을 조사하여 풀어주었다.

242) 세습노비는 노예의 혈통에서 출생된 노예로, 그 자손은 태어나면서부터 자동적으로 노예가 되도록 제도화된 세습적인 노예를 말한다. 노예의 결혼은 노예들의 자유의사에서가 아니라 원칙적으로 그 소유자 계급의 노예 증산계획에 의해 이루어졌다. 세습노비는 신라의 경우 가장 자연스러운 노예공급원이었다.

(2) 노예제도는 그 역사가 오래된 것만큼이나, 오늘날까지도 그 잔재 또한 여전히 남아 있다. 하나는 지하경제를 좌지우지하는 불법고리대금업이고, 또 하나는 자기 자신을 매매하여 외딴섬 등에서 염전이나 새우잡이 등으로 착취당하는 현대판 노예 등을 들 수 있다.

2. 행정경찰과 사법경찰적 기능

신라의 경찰활동은 크게 행정경찰적 기능과 사법경찰적 기능으로 대별해 볼 수 있다.

1) 행정경찰적 기능

신라의 경우 순찰·경비경호·교통·경제활동 등 범죄예방 측면에서 기능한 조직 등이 상당수 있었다.

(1) 국왕의 순행(巡行)

① 초기 국왕의 임무

신라초기에 왕에 대한 호칭은 거서간(居西干)[243] → 차차웅[244] → 이사금[245] → 마립간[246] → 왕 순으로 명칭이 바뀌어 가는 과정을 거치고 있다. 제1대 혁거세 거서간에서부터 이사금으로 불리던 시대까지의 왕들은 실권을 장악하지는 못하였으나, 상징성과 구심력은 결코 단순하지 않아 상당히 존중되었다. 그러나 국왕의 임무는 정기적으로 나라 안을 순행(巡行)하면서 민정을 시찰하고 건의한 사항을 반포하거나, 적이 침입하면 6부의 군사를 동원시켜 적을 물리치는 일 등이 전부라고 해도 지나치지 않는 말이었다.[247]

---

243) 거서간은 진한 사람들이 쓰던 말로서, 왕이라는 뜻이었다(혹은 귀인을 이르는 말이라고도 한다).

244) 신라초기 왕의 칭호를 자충(慈充)이라고도 하였다. 차차웅은 방언(중앙에 대한 지방의 말, 여기서는 중국말에 대한 신라 고유의 말을 뜻함)에서 무당을 일컫는 말이다. 무당은 귀신을 섬기고 제사를 받드는 까닭에 세상 사람들이 그를 두려워하고 공경하여, 마침내 존장자(尊長者)를 일컬어 자충이라 하였다(삼국사기 권제1 신라본기 제1 남해차차웅).

245) 신라초기의 왕호로 삼국사기에는 제3대 유리왕으로부터 제18대 실성왕까지 이사금의 왕호를 사용하였다. 계림잡전을 쓴 김대문은 이사금은 연장자의 표징인 잇금(齒理)을 의미한다 하였다. 반면 유리왕대부터 이사금이라 칭한 이유는 이때 이르러 몇 개 부족의 연맹이 성립된 결과 부족연맹장이라는 의미에서 사용된 것이라고 보고 있는 견해도 있다(김철준, 「고구려 신라의 관계(官階)조직의 성립과정」『한국고대사회연구』, 서울: 지식산업사, 1975, p.143).

246) 김대문은 마립(麻立)은 방언에서 말뚝을 일컫는 말이라고 하였다. 왕의 말뚝은 주(主)가 되고 신하의 말뚝은 그 아래에 배열되었기 때문에, 이로 말미암아 (왕의) 명칭으로 삼았다고 하고 있다(삼국사기 권제3 신라본기 제3 눌지마립간).

247) 남해차차웅(왕) 11년에 왜구의 함선 100여 척이 바닷가의 민가를 노략질하였으므로, 6부의 정병을 출동시켜 이를 막았고, 연달아 낙랑이 또다시 침입해 금성을 공격하자 이때에도 6부의 군사 1천여 명이 동원되었다. 이 사례에서 보듯 신라초기에는 왕이 군대를 통솔하지 않고 6부의 군사가 방어에 나서고 있다. 이처럼 6부 세력이 군사력을 지니고 있었기 때문에 왕권이 미약할 수밖에 없었다. 그 후 점차 왕이 스스로

② 중앙집권체제하의 국왕의 순행

국왕이 나라 안을 순찰하면서 민정을 살피는 것은 국가기강을 바로잡고 불쌍한 백성들을 발굴하여 사회통합을 이루는 데 중요한 원동력이었다. 경찰사적 측면에서 볼 때 국왕의 친순(親巡: 직접 순행)과 사신(使臣) 등의 일시적인 파견에 의한 감찰 등은 관료들에게는 항상 임금이 지켜보고 있다는 인식을 심어주었고, 뿐만 아니라 민심을 안정시키고 그 지역 치안을 살펴보고 감독하는 다목적적인 효과를 기대할 수 있는 제도적 장치라고 볼 수 있다.

(2) 치안기구에 의한 행정경찰활동

고대사회에서 범죄예방 측면과 관련하여 가장 핵심이 되는 것은 순찰·경비경호·교통·시장단속 등이었다.

① 순라(순찰)

㉠ 순라병(나병)

㉮ 신라의 경우에 나병(邏兵: 순찰병)이 존재하였다. 신라는 국민개병주의(國民皆兵主義)로서 일반 장정이 모두 봉수병(봉화를 올리는 병사)·변수병(변방을 지키는 병사)·순라병(巡邏兵) 등으로 편입되고, 각각 둔영과 부대로 나누어져 있었다.[248)]

㉯ 순라병은 군이면서 경찰역할을 한 치안군을 가리킨다. 삼국시대에는 모든 군(軍)이 경찰업무를 수행한 것이 아니라, 군이면서 경찰기능을 수행한 치안부대가 순찰 등 범죄예방과 범인검거를 주임무로 하였다고 추정된다.

㉡ 변수병

변방이나 국경지역에서 순찰하는 순라군(巡邏軍)은 치안부대가 아닌 군부대로서, 경계나 경비임무를 맡는 방수, 즉 변수군을 말한다.

② 교통경찰

신라는 정복사업이 진행됨에 따라 국가적인 대규모 교통망의 필수적이었고, 그 필요에 의해서 설치된 것이 우역이다.

㉠ 우역의 설치시기 및 기능

㉮ 우역은 제21대 소지마립간 9년(487) 3월에 우역을 설치하고, 담당관청에 명하여 관도(官道: 국가의 주요 간선도로)를 수라하게 하였다.[249)]

㉯ 우역의 기능은 군령(軍令) 및 관령(官令)의 전달기관으로 국가에서 설치한 통신기관이었다. 여기에는 관도·역·역마 등의 통신수단 등을 관리하는 역관(역의 관리)과 역리(驛吏: 역참

군대를 거느리고 전쟁에 나가는 일이 많아지면서, 승리를 거두어 리더십을 과시하기도 하고, 고국원왕처럼 죽음을 당하기도 하였다.

248) 수서 권81 열전 제46 동이열전 신라조.

249) 삼국사기 권제3 신라본기 제3 소지마립간 9년 3월조.

에서 일을 보던 하급관원) 그리고 관서 등이 있었다.

㉡ 우역의 관장부서

㉮ 우역을 관장하는 중앙관서로는 「승부」가 있었고, 늦어도 제26대 진평왕 6년에 설치되었다고 추정하고 있다. 승부(乘府)는 나라의 말과 수레를 관장하던 관부로서, 수레 관계의 업무는 본래 병부에서 관장하다가 이 업무가 병부에서 분리하여 승부가 만들어진 것으로 보고 있다[250].

㉯ 국가에 직속된 우역의 지방관서로는 서울인 경도(京都)에 경도역을 두었다. 경도역은 역참(역마를 교대하던 곳)과 우역(말로 우편물을 전달하는 곳)관계의 업무를 관장한 관청이었다. 여기에는 대사 2명을 두었는데, 관등이 사지에서 나마까지 임용하였다.[250]

㉰ 왕도(王都)에는 건문역(乾門驛)·간문역(艮門驛)·곤문역(坤門驛)·태문역(兌門驛)·감문역(坎門驛)이 있었고, 또 왕도에서 사방으로 뻗어 간 도로 망으로는 북해통(北海通)·염지통·동해통·해남통·북요통이 있었다고 삼국사기 잡지지리 삼국유명미상지분(삼국에서 이름만 있고 어디인지 알 수 없는 곳)에서 전하고 있다.[251] 따라서 오늘날로 치면 왕도(서울)에는 서울역을 중심으로 한 용산역·청량역 등이 있고, 지방으로 뻗어간 경부선·경인선 등의 형태를 띠고 있었다고 볼 수 있다.

㉢ 우역제의 기원

신라의 우역제는 고려 때의 순관(巡官)제도로 이어졌는데(고려때는 병부가 총괄), 이러한 순관제도는 국내 도로와 역참을 관리하기 위하여 중앙에서 파견된 지방관원이었다.[252] 이처럼 신라의 우역제는 군사·치안상 유지를 위하여 절대적으로 필요한 교통기관으로서, 고려에서 조선조에 이르기까지 그 근간을 이루는 기원점이 되었다.

③ 경제경찰

제21대 소지마립간 12년 3월에 서울에 시장을 개설했는데, 이것은 국가에서 서울에 처음으로 창설한 '경시(京市: 서울의 시장)'였다.

㉠ 동시전(東市典)의 설치

㉮ 제22대 지증마립간(왕) 10년 정월조에 동시전(東市典)을 설치하였다. 동시전(市典)은 신라 왕도의 동쪽에 위치한 상설시장을 말하는 것이며, 동쪽 시장의 제반 업무를 관장한 관청이었다.

㉯ 동시전의 관료로는 감(監)2명·대사(大舍)2명·서생(書生)[253] 2명·이(吏) 4명을 두고,[254]

---

249) 이기백, 「품주고」『신라정치사회사 연구』, 1974, p.142.
250) 삼국사기 권제38 잡지 제7 직관상.
251) 삼국사기 권제37 잡지 지리4 삼국유명미상지분조.
252) 순관(巡官)은 현종 때 관역사(館驛使)로 고쳤는데, 경찰형벌권을 갖고 있었다(고려사 권77지(志) 제31 백관2 관역사조; 고려사 권102 열전 권제15 김인경전).

이들 관서와 관원은 시장 개폐의 시작·도량형의 사용·상인 간의 분쟁·시장범죄·일용품의 조달·잉여생산물의 판매 등에 관한 사무를 관장하였다.[255]

㉡ 서시전·남시전 설치

제32대 효소왕 4년에 다시 서시전(西市典)과 남시전(南市典)을 두었다.[256] 서시전은 왕도 내의 서쪽에 설치한 상설시장으로, 서시(西市)의 업무를 관장한 관청이다. 한편, 남시전은 신라 왕도 내의 남쪽에 설치한 상설시장으로, 남시(南市)의 업무를 관장한 관청이었다. 그 관료는 동시전과 같았다.

㉢ 통일 후 국가에서 설치한 시장이 잇따라 설치되면서 시장관계를 둘러싼 상인 간의 분쟁·시장범죄 등의 치안수요가 증가하였고, 이에 따라 경찰업무도 상당히 증폭되었으리라고 추정된다.

2) 사법경찰적 기능(통제적 기능)

(1) 좌이방부

신라의 경우도 범죄예방을 중시하는 행정경찰적 기능보다 사법경찰적 기능이 주류를 이루고 있었다. 사법경찰적기구로는 통일신라 이전에 중앙에 형옥과 법률을 담당하던 최상층 관청은 좌이방부였다.

(2) 형옥(감옥)

신라시대의 형옥 존재 여부는 문헌상 확인할 길은 없으나, 국왕이 죄수들을 사면하는 사례를 근거로 감옥이 존재하였음을 입증할 수 있다.

① 통일신라 이전의 왕들의 사면은 제3대 유리이사금(왕) 2년에 죄인들을 대사(大赦)한 것을 시발점으로 하여 제27대 선덕왕까지 약 20회 정도에 이르고 있다. 따라서 신라의 감옥에는 많은 범죄자들이 수용되고 있었음을 알 수 있다.

② 사면에는 그 적용지역이 범위에 따라서 대사(大赦)와 곡사(曲赦)로 나누어 시행하였다. 대사(大赦)는 사면의 대상이 전국적인 것을 뜻하고 곡사(曲赦)는 일부지역에 국한하여 적용하는 사면을 말한다. 사면은 대부분 대사형식으로 이루어졌으나,[257] 곡사(曲赦)의 형식으로 이루어지는 사례도 다수 있었다.

---

253) 서생(書生)은 동시전의 실무관직으로 거래장부 관계를 관장하던 관리로 보인다.
254) 삼국사기 권제28 잡지 제7 직관상
255) 백남운·박광순 역, 앞의 책. p.308.
256) 삼국사기 권제8 신라본기 제8 효소왕 4년 10월조.
257) 삼국사기 권제1 신라본기 제1 파사이사금 2년 3월조. 제5대 파사이사금 2년 3월에 각 주·군으로 돌아다니며 민심을 안정시키고, 죄수들의 정상을 살펴서 사형죄에 해당하지 않는 사람은 모두 대사하였다.

제4장 남북국시대
(통일신라와 발해)

제4장
남북국시대(통일신라와 발해)

제1절 통일신라시대

Ⅰ. 총 설

1. 개요

신라가 삼국을 통일함에 따라 늘어난 영토와 인구의 확대는 필연적으로 국가조직의 재편성이 요구되었다. 이에 따라 왕권이 강화되고, 귀족을 중심으로 한 관료체제가 정비되었다. 문무왕은 행정을 책임지는 집사부 수장인 중시에 형제들을 임명하여 왕권의 안정을 꾀했고, 진흥왕 때 이미 설치된 3소경 제도를 더욱 발달시켜 5소경 제도를 두었다.[1] 그리고 통일 이후 군사조직을 중앙의 9서당과 지방의 10정으로 개편하였다. 신라의 전제왕권은 제31대 신문왕(682~692)에 의해서 확고히 되었는데, 왕권강화에 장애가 되는 진골들을 철저히 탄압하여 피의 숙청을 단행하였다.[2] 이러한 신문왕 원년(681)의 피의 숙청은 곧 전제왕권을 뜻하는 것이다. 그럼에도 불구하고 최고 신분층인 진골귀족이 정치적으로나 사회적으로 차지하는 비중은 여전히 컸다. 그들은 중앙관청의 장관직을 독점하였고, 합의를 통하여 국가의 중대사를 결정하는 전통도 여전히 유지되었다.

---

1) 임병주, 앞의 책, p.424.
2) 신문왕 원년(681) 8월에 소판 김흠돌(신문왕의 장인)이 불만을 품고 반란을 일으키자 3일만에 김흠돌 일당을 제압하여 참수하였을 뿐만 아니라, 말단의 가담자들까지도 색출하여 살해하였다(삼국사기 권제18 신라본기 제8 신문왕 원년 8월조).

한편, 6두품 출신은 학문적 식견과 실무능력을 바탕으로 국왕을 보좌하면서 정치적 진출을 활발히 하였다. 그렇지만 신분의 제약으로 인하여 중앙관청의 우두머리나 지방의 장관에는 오를 수 없었다. 삼국통일 이후에는 골품제도에는 약간의 변화가 나타나고 있었다. 골품의 구분이 하급신분층에서부터 점차 희미해지면서, 3두품에서 1두품 사이의 구분은 실질적인 의미를 잃고 평민과 동등하게 간주되었다. 이렇게 통일 후 신라 사회는 변화되어 가는 일련의 과정을 거치면서 중앙집권제의 분권화·평민의 빈민화·관리의 가렴주구·지방의 반란·도적의 봉기 등 여러 가지 모순이 드러나게 되었고, 결국 신라는 경순왕 9년(935)에 붕괴되고 천년사직은 역사적으로 소멸되고 말았다.

2. 신라의 삼국통일

1) 당의 한반도 지배의지

나·당 연합군에 의하여 고구려와 백제가 멸망한 후 당나라는 백제에 웅진도독부, 고구려에 안동도호부를 둔 데 이어 신라마저 「계림도독부」를 설치하여 직접 지배하였다. 그러자 신라는 고구려 부흥군·백제 유민들과 연합하여 전면전에 나섰다.

2) 나·당전쟁

(1) 매초성 전투

제30대 문무왕 15년 신라군은 이근행이 이끄는 20만 명의 당나라 대군을 매초성[3](買肖城)에서 격파하였다.

(2) 기벌포 전투

문무왕 16년(676) 설인귀가 이끄는 당나라 수군을 기벌포(지금의 충남 장항)에서 섬멸하고, 평양에 있던 안동도호부를 요동성으로 축출하면서 삼국통일을 완성하였다.

3) 삼국통일의 의의와 한계

(1) 의의

당의 세력을 무력으로 축출하였고(자주적 성격), 고구려와 백제 문화의 전통을 수용하고 경제력을 확충함으로써 「민족 문화 발전의 토대」를 마련하였다.

---

3) 삼국사기 권43 열전 김유신전 하(下)에서는 「매소천성」이라 하였다. 현재의 경기도 양주시 고읍동으로 보는 견해와 현재의 경기도 연천군 청산면 대전리 산성에 비정하는 견해도 있다. '肖는 「초」와 「소」의 두 가지 음이 있는데, 학계에서는 주로 「초」로 읽어 왔으나, 당시에는 '매소성'으로 읽었을 가능성이 높다.

(2) 한계

① 외세(중국 당)에 의존하였다는 점과, ② 대동강에서 원산만 이남에 국한된 불완전한 통일이라는 점에서 한계성을 가지고 있다.

3. 통일신라의 발전

1) 신라 중대[4]의 정치

신라는 삼국통일 후 영역이 확대되고, 인구의 증가·생산력 증대·강력한 군사력을 바탕으로 왕권의 전제화와 정치적인 안정을 이룩할 수 있게 되었다.

2) 무열왕(654~661)

(1) 최초의 진골 출신

654년 3월 진덕여왕이 후손 없이 죽자 김춘추가 후대를 받아 즉위하니, 제29대 태종무열왕이다. 진골귀족 최초의 왕이다.

(2) 왕권의 전제화 강화

① 집사부의 기능 강화

왕명을 받들고 기밀 사무를 관장하는 집사부와 그 장관인 중시(中侍, 경덕왕대에 시중으로 개칭함)의 기능을 강화하는 한편, 상대적으로 화백회의의 기능을 약화시키고 상대등 세력을 억제하였다.

② 이방부의 영(令: 장관)인 양수 등에게 명하여 율령(律令)을 정비하였고, 백제를 멸망시켜 삼국통일의 기반을 마련하였다.

3) 문무왕(661~681)

661년 6월 태종무열왕이 죽고 맏아들 김법민이 왕위에 오르니, 이가 곧 제30대 문무왕이다.

---

4) 신라 사람들은 시조로부터 경순왕까지를 삼대(三代)로 나누어, 처음부터 제28대 진덕왕까지 28명의 왕을 상대(上代)라 하고, 제29대 무열왕부터 제36대 혜공왕까지 8명의 왕을 중대(中代)라 하였으며, 제37대 선덕왕부터 제56대 경순왕까지 20명의 왕을 하대(下代)라고 일컬었다고 삼국사기는 전하고 있다(삼국사기 권제12 신라본기 제12 경순왕 9년 11월조). 그러나 삼국유사에는 신라사를 제1대 혁거세거서간에서 제22대 지증마립간까지를 상고(上古)시대, 제23대 법흥왕대부터 제29대 태종무열왕까지를 중고(中古)시대, 제30대 문무왕부터 제56대 경순왕까지를 하고(下古)시대로 구분하고 있다. 본서에서는 삼국사기의 시대구분에 따라 기술하였다.

(1) 삼국통일의 완성

문무왕 16년(676) 삼국통일을 완성하고 영토확장과 인구증가를 바탕으로 통일왕국을 형성하였다.

(2) 중앙과 지방행정조직의 개편

① 문무왕 18년(678)에 선부(船府)[5]를 독립하여 설치하고 선부령(선부의 장관) 1인을 두어 선박에 관한 사무를 전담하게 하였고, 좌우이방부[6]에 경(卿)을 각 1인씩 더 두었다.

② 문무왕은 진흥왕 때부터 설치한 소경(小京)을 확충하여, 동년에 북원소경(北原小京: 현재의 강원도 원주시), 동왕 20년(680)에 가야군(加耶郡: 현재의 경남 김해지방)에 금관소경을 설치하였다.

(3) 의상의 역할

의상(義湘)은 원효와 함께 통일기 신라를 대표하는 고승이다. 문무왕 16년(676) 2월 의상은 왕명을 받들어 부석사(현재의 경북 영주시 부석면 봉황산 기슭에 있는 절)를 창건하는 등 전제왕권을 강화하는 데 기여하였다.

4) 신문왕(681~692)

제31대 신문왕 시기는 신라가 삼국을 통일한 후의 증대된 중앙관서의 업무, 그리고 확대된 지방영토를 통치하기 위한 제도적 정비기라고 볼 수 있다.

(1) 왕권강화

신문왕 원년(681) 8일 소판 김흠돌(신문왕의 장인)의 모반사건[7]을 계기로 귀족세력을 숙청하고 정치세력을 재편성하였다.

(2) 지방행정조직 정비

지방에 완산주(지금의 전주)와 청주(清州: 지금의 경남 진주)를 설치하여 9주제를 완성하였

5) 선부는 진평왕대의 「선부서」에서 발전한 관청으로, 처음에는 병부(兵部)의 대감과 제감(弟監)이 선박에 관한 일을 맡아보았는데, 문무왕대에 선부를 독립하여 설치하였다. 선부령은 선부의 장관으로 관등이 대아찬에서 각간까지인 자로 임명하였다(삼국사기 권38 잡지 직관 상 선부조).

6) 이방부는 성문(成文)의 율령격식을 제정·집행하는 관청으로 후대의 형부(刑部)와 비슷하고, 좌·우이방부가 있어 각각 영(令) 2인, 경(卿) 2인이 있었다. 이 가운데 경(卿) 1인은 진덕왕 대에 두어졌고, 경 1인은 문무왕 18년에 1명 증가·배치되었다.

7) 김흠돌의 반란은 확대된 영토에 대한 지배권을 둘러싸고 통일전쟁에 공이 많은 진골세력과 통일의 결과물을 왕권으로 집중시키려는 세력 간의 충돌로 보는 견해 등 여러 견해가 제시되고 있다. 이 사건을 계기로 상대등으로 대표되는 귀족세력들을 철저히 제거하여 왕권의 전제화를 공고히 하였다.

고, 수도의 편재성(어느 한쪽으로 치우쳐 있다는 뜻)을 보완하기 위해 서원소경(현재의 충북 청주시 지역)과 남원소경(현재의 전북 남원시) 두 곳을 더 설치하여, 5소경제도를 완성하였다.

(3) 군사조직 정비

중앙의 군사조직을 개편해 신라인을 중심으로 고구려·백제·말갈인을 널리 포섭하여 9서당(민족융합적 성격)을 완비하고, 지방군인 10정(1주에 1정 배치가 원칙, 단 한주(漢州)에만 2정 배치)을 조직하였다.

(4) 토지제도

문무왕 9년(689) 정월에 문무관리(중앙과 지방관리)에게 관료전(녹봉을 차등 있게 지급)을 지급하고 녹읍(祿邑: 관리들에게 전답으로 지급하던 제도)을 폐지하여,[8] 관리의 경제기반을 마련하였다.

(5) 교육제도

국학(國學: 예부에 속한 중앙교육기관)을 설립하여 유학사상을 강조하고 유교정치이념을 확립시켰다. 경덕왕대에 대학감으로 고쳤다가 혜공왕대에 「국학」으로 명칭을 복고하였다.[9]

(6) 6두품의 진출

왕권이 전제화되면서 진골귀족의 세력은 약화된 반면, 그동안 정치적으로 성장할 수 없었던 6두품 세력이 학문적 식견을 바탕으로 왕권과 결탁하여 왕의 정치적 조언자로 활동하거나 행정실무를 총괄하였다.

(7) 기타

① 화왕계(花王戒)

신문왕대에 설총[10]이 지은 설화로서, 신문왕이 우화를 듣고 설총에게 "그 이야기를 글로 써서 장차 왕이 될 사람에게 귀감이 되도록 하라"고 지시한 것으로, 설총의 유일한 유문(遺文)이다.

② 신묘한 피리 만파식적(萬波息笛)

신문왕이 동해 바다에 갔다가, 용을 만나서 「만파식적」을 얻었다고 했다. 이 피리를 불면 적병이 물러가고, 백성들의 병이 나았고, 가물 때는 비가 내리고, 장마 때는 비가 그치고, 바람

---

8) 삼국사기 권제8 신라본기 제8 신문왕 9년 정월조.
9) 삼국사기 권38 잡지 직관 상(上) 국학조.
10) 설총은 원효대사와 요석공주(요석궁에 살던 과부 공주)의 자식이다. 지금까지 전하는 설총의 저작은 없으나, 삼국사기 열전 설총조(條)에 실려 이 내용이 기록되어 있다.

이 그치고 파도가 잠잠해졌으므로, 만파식적이라 부르고 국보로 삼았다.[11]

5) 성덕왕(702~737)

第33대 성덕왕은 왕권 강화를 위해 노력하고 정전(丁田)을 실시해 많은 세금을 거두어 재정을 안정시켰다.

(1) 정전 지급

성덕왕 21년(722) 8월에 정전(丁田)[12]을 지급하는 토지개혁을 실시하여 농민생활 안정과 국가 재정 확충에 힘썼다.

(2) 누각(누각전)

성덕왕 17년(718) 6월에 처음으로 누각(漏刻: 시간 측정을 맡은 누각전)을 설치하였다. 누각전에는 박사 6명과 사(史) 1명을 두었다.

6) 경덕왕(742~765)

第35대 경덕왕은 중국식 관료제도를 받아들여 전제왕권을 뒷받침하려 했고, 이로 말미암아 귀족들과 끊임없는 갈등을 빚게 되어 경덕왕 이후 전제왕권이 흔들리기 시작하였다.

(1) 녹읍 부활

① 제31대 신문왕 9년(689)에 경제적 기반을 없애기 위해 녹읍제를 폐지하였다. 그러나 경덕왕 16년(757) 3월에 중앙과 지방의 여러 관리들에게 매달 주던 녹봉을 없애고 다시 녹읍제(祿邑制)를 실시하였다.[13]

② 70년 만에 다시 부활된 녹읍제는 귀족의 힘과 왕권이 역전되는 가장 극명한 조치로써, 이 녹읍제를 통해 중앙과 지방귀족들은 막대한 부를 쌓아 왕권에 도전하면서 왕권은 약화되었다. 이후 약 150여 년 동안에 21명의 왕이 재위기간은 평균 7년 정도여서, 신라 하대의 혼란상을 초래하였다.[14]

---

11) 삼국유사 권제2 기이(紀異) 제2 만파식적; 삼국사기 잡지(雜誌)편에서, 김부식은 "괴이쩍어 믿을 수 없다"고 하면서 그 존재에 대해 부정적이다. '만파식적'을 풀이하면 '거센 물결을 잠재우는 피리'라는 의미이다.

12) 정전(丁田)은 정(丁: 성년 남자)을 기준으로 하여 백성들에게 나누어 준 토지이다. 그러나 이것은 국가가 실제적으로 토지를 백성들에게 지급하였다는 것이 아니라, 자영농민이 본래부터 소유 경작하고 있던 토지를 국가가 공식적으로 인정한다는 의미이다. 이 정전제도의 시행으로 농업생산력이 증가와 더불어, 국가는 농민으로부터 더 많은 세금을 거둬 국가재정을 튼튼하게 할 수 있었다(임병주, 삼국왕조실록, 서울: 들녘, 1998, p.432).

13) 삼국사기 권제9 신라본기 제9 경덕왕 16년 3월조.

14) 임병주, 앞의 책, p.436.

(2) 전제왕권 보호 정책

① 제도개혁

경덕왕은 행정책임자인 집사부 중시(中侍)를 통해 일련의 개혁 정치를 수행해 나갔다. 경덕왕 6년(747) 정월에 중시의 명칭을 시중(侍中)으로 고쳤고, 동왕 7년(748) 8월에 처음으로 정찰(貞察)[15] 1인을 두어 관리들의 잘못을 살펴 바로잡게 하였다.

② 한화정책

경덕왕의 제도개혁은 귀족세력을 견제하는 동시에 전제왕권을 강화하려는 일종의 유교적 이상정치인 「한화정책」이었다.

㉠ 경덕왕 16년 12월에 지방 9개주의 명칭을 비롯한 모든 군현의 명칭을 중국식으로 바꾸고(예컨대, 사벌주를 상주로 고침),

㉡ 동왕 18년(759) 정월에 중앙관부의 모든 관직명을 중국식(예컨대, 대사를 낭중으로 고침)으로 고치는 적극적인 한화정책을 추진하였다. 그러나 이러한 한화정책은 제36대 혜공왕대에 모두 원래대로 환원시켰기 때문에, 경덕왕의 한화정책은 성공을 거두지 못했다.[16]

(3) 불국사와 석굴암 창건(조형예술 발달)

신라의 재상 김대성이 경덕왕의 명에 따라 불국사를 다시 짓고 석불사[17](훗날 석굴암으로 개칭)를 새로 지었다.

7) 혜공왕(765~780)

(1) 치열한 왕위 다툼 발생

제36대 혜공왕대는 경덕왕 때부터 드러났던 전제왕권과 귀족 간의 갈등이 극에 달해, 치열한 왕위다툼이 발생하였다. 8세기 후반 대공의 난,[18] 96각간의 난[19] 등이 발생하였고 김지

---

15) 경덕왕 5년에 궁내 관리들의 감찰기관인 내사정전(內司正典)을 설치하여 정찰 2명을 두었다(삼국사기 권39 잡지 직관조). 그런데 여기에서 정찰 1명은 내사정전의 「정찰」보다 2년 후에 처음으로 설치하였다고 하고 있으므로, 이는 「내사정전」의 정찰과는 다른 별도의 「사정부」와 같은 기관에 속해 있던 「정찰」로 일반 관리들을 감찰하는 임무를 띠고 있었다고 추정된다.

16) 임병주, 앞의 책, p.437.

17) 동해안의 문무왕 수중릉을 향해 세워진 석불사(석굴암)는 한국의 대표적인 석굴 사찰로 신라인의 염원을 담고 있다.

18) 제36대 혜공왕이 8살의 어린 나이로 왕위에 오르자 어머니 경수태후가 섭정을 하면서 제대로 정치를 하지 못하자 각간 벼슬을 하던 대공이 반란을 일으켜 왕궁을 33일이나 포위할 정도로 위세를 과시했으나, 끝내 관군에게 격퇴당했다. 경수태후는 대공의 9족을 멸하고 그의 재산을 몰수하였다.

19) 대공의 난을 계기로 전국은 혼란에 빠졌으며, 전국에서 일어난 귀족들이 서로 싸우는 사태가 3년이나 지속되었다. 이때 반란을 일으킨 귀족과 이를 진압한 귀족들의 수를 합치면 96명에 이른다고 해서, 이를 '96각간의 난'이라고 한다.

정의 난 때 혜공왕이 피살되었다. 그 후 155년간 21명의 왕이 교체되는 등 왕권은 약화되고 지방통제력 또한 약화되었다.

(2) 신라 하대의 시작

① 신라의 왕족인 김지정이 반란을 일으켜 혜공왕과 왕비를 죽였으나, 역시 왕위를 노리는 상대등 김양상 등에 의해 피살되고 김양상이 왕위에 오르니, 이가 곧 제37대 선덕왕이다.

② 김양상은 17대 내물왕의 후손이다. 이로써 태종무열왕과 그 후손들로 왕위가 이어져오던 무열왕계의 왕위세습이 단절되면서 신라의 중대는 막을 내리고, 내물왕계가 왕위를 차지하는 하대가 시작됐다.

4. 신라말기의 정치 변동과 호족세력의 등장(신라 하대)

1) 신라 하대의 사회 동요

(1) 왕위 쟁탈전의 전개

8세기 후반 이후(780년, 혜공왕 사후) 진골 귀족들 사이에서 치열한 왕위 쟁탈전이 전개되었다. 그 결과 진골연합정치가 시작되었고, 이에 따라 집사부 시중보다 화백회의와 상대등의 권력이 강화되었다.

(2) 지방세력의 반란(9세기 전반)

정부의 지방통제력이 약화되면서, 왕위 계승 다툼에 지방세력이 가담하였다.

① 김헌창의 난(822)

웅천주(웅주)도독 김헌창은 그의 아버지 주원(周元)이 왕이 되지 못한 것을 이유로 반란을 일으켜 나라 이름을 장안, 연호를 경운이라 하였다. 그러나 중앙군에게 패배하여 사태가 불리해지자, 김헌창은 웅진성(공주)에서 자결하였다.[20]

② 김범문의 난(825)

김헌창의 아들 범문이 고달산(현재의 경기도 여주군 북내면의 혜목산으로 추정됨) 도적 수신의 무리와 함께 다시 난을 일으켰으나 실패했다.

③ 장보고의 난(846)

청해진에서 세력을 키워 해상무역에 크게 기여한 장보고가 왕위쟁탈전에 가담하나 실패하였다.

---

20) 삼국사기 권제10 신라본기 제10헌덕왕 14년 3월조.

㉠ 장보고의 이름은 궁복이다. 그는 당나라에 들어가 군중소장(軍中小將: 중국 무녕군의 소장)의 관직에 있다가 흥덕왕 3년에 귀국하여 청해(지금의 완도)에 진(鎭)을 설치하여 해적에게 잡혀 노비로 끌려오는 신라인을 쓸어버리겠다는 계획을 흥덕왕에게 건의하자, 흥덕왕은 군사 1만 명을 내주고 청해진대사라는 직함을 하사하였다.

㉡ 청해진대사가 된 장보고는 해적들을 소탕하고 완도 청해진을 근거로 하여 황해와 중국해 및 동해의 해상권을 장악하여 큰 세력을 이루어, 신라말기의 대표적인 지방세력으로 발전했다.

㉢ 838년에 김명(金明)이 희강왕을 살해하고 제44대 민애왕이 되자, 김우징을 도와 군사를 일으켜 민애왕을 죽이고 김우징을 제45대 신무왕으로 추대하였으며, 그 공으로 감의군사(感義軍使)에 봉해졌다.

㉣ 제46대 문성왕이 즉위하자 제45대 신무왕과의 약속에 따라 자기 딸을 왕비로 삼으려 하였다. 그러나 진골 귀족들의 반대에 부딪히자 반란을 일으켰다가 부하 염장에게 피살당하였다. 그의 죽음은 통일신라말기 한때 사회경제적 중심계층으로 부상하였던 상인세력과 해양세력의 몰락을 가져왔다.

㉤ 장보고의 업적은 일본에도 독자적인 사절[21]을 파견할 정도로 세력권을 형성하였으며, 중국 산동성에 적산법화원[22]을 창건하여, 이를 기점으로 교관선(견당매물사)을 보내기도 하였다.

㉥ 9세기경 일본 승려 엔닌은 신라는 동양3국(한국·중국·일본) 중 조선술이 가장 뛰어나고 항해술이 발달하여 황해와 동지나해 그리고 대한해협의 해상권을 장악하였다고 평가하였는데,[23] 이것은 통일신라시대에 장보고라는 인물이 있었기 때문에 가능했던 것으로 보인다.[24] 이처럼 통일신라말기의 해양활동은 중앙의 관제(예컨대, 선부)와는 전연 별도로 장보고의 독자세력에 의해 해상권이 완전 장악되었고, 동시에 이들에 의해 강력한 해양경찰권이 행사되었다고 추정된다.

---

21) 841년 청해진대사 장보고가 교역을 하기 위해 일본에 회역사 양원을 보냈으나, 장보고의 사신은 공식 사절이 아니기 때문에 처음에는 거부 반응을 보였다. 그러나 회역사를 통해 들어가는 신라와 당나라의 서적·비단·도자기 등이 일본 귀족들에게 인기를 끌었기 때문에 일본 정부는 결국 청해진과의 교역을 허락하였다. 당나라로 가는 견당매물사와 일본으로 가는 회역사는 모두 신라의 국가 사절이 아닌 청해진의 민간 교역선이었다. 이것은 장보고의 권위가 그만큼 높았음을 증명하는 것이다.

22) 839년 청해진대사 장보고가 당나라와 교역을 하기 위해 견당매물사(遣唐賣物使)를 중국에 보냈는데, 견당매물사 최병대사가 도착한 것은 장보고가 중국적산포에 세운 법화원이었다(적산법화원). 적산법화원은 대표적인 「신라원」인데, 「신라원」은 당나라 땅에 신라인이 세운 절을 말한다. 한편 산동반도 일대에 신라 유학생·유학생·승려·상인 등이 모여 살던 신라마을을 「신라방」이라고 하였다.

23) 엔닌은 일본 헤이안 시대의 승려로 자신의 저서인 입당구법순례행기(入唐求法巡禮行記)에 장보고의 교관선(견당매물사가 타고 있던 교역배)이 들어온 사실을 기록으로 남기고 있다.

24) 민병덕, 「핵심한국사」, 정기: 파주, 2008, p.134.

(3) 지방 호족(토착세력)의 성장

① 지방호족의 등장

㉠ 호족은 권력 투쟁에서 밀려나 지방에서 세력을 키운 몰락한 중앙귀족, 무역에 종사하면서 재력과 무력을 축적한 세력, 해상·군사세력, 지방의 토착세력인 촌주 출신 등으로 구분된다.

㉡ 이들은 농민봉기를 배경으로 「반독립적인 세력」으로 성장하여 자기 근거지에 성을 쌓고 사병을 양성하여 스스로 성주 또는 장군을 자처하였으며, 지방의 행정권·군사권·경찰권을 장악하였다.

(4) 농민 봉기

중앙정치의 부패와 귀족들의 수탈에 농민들은 토지를 잃고 초적[25]이 되거나 노비가 되었다.

① 원종과 애노의 난

제51대 진성여왕 3년(896) 신라의 사벌주(현재의 경상북도 상주)에서 원종과 애노의 농민 봉기가 최초로 일어났고,[26] 이 난을 계기로 전국 곳곳에서 반란이 일어나 중앙정부는 점점 더 지방에 대한 통제력을 잃어 갔다.

② 적고적의 난

진성여왕 10년(896) 나라의 서남쪽에서 붉은색 바지를 입어 스스로를 다른 사람과 다르게 하였기 때문에 사람들은 그들을 「적고적(赤袴賊)」이라고 불렀는데, 이들 적고적은 서울의 서부 모량리에까지 이르러 민가를 약탈하였다.[27]

(5) 6두품 세력의 불만

① 신라 하대의 6두품

㉠ 6두품은 중앙 귀족임에도 관직 승진의 제한으로 반신라적 성향이 강하였다. 이들은 골품제의 모순을 비판하고 호족세력과 연계하여 새로운 사회개혁을 추구하였다.

㉡ 진성왕 8년 2월에 당나라 유학에서 돌아온 6두품 최치원은 진성여왕에게 사회개혁안

---

25) 도적이라는 개념에는 두 가지 뜻이 있는데, 하나는 남의 물건을 훔치는 순수한 도적을 지칭하는 경우이고, 또 하나는 통일신라 멸망기에 농민과 천민 등 하부계층에서 일어난 도적떼를 들 수 있다. 이들은 중앙과 지방관의 농민에 대한 압박과 수탈로 농촌사회가 피폐하고 유랑민이 증가하여 마침내 도둑의 무리로 전환된 것을 의미하는데, 우리나라 사서(史書)상에는 이들을 「초적」이라고 부르고 있다.

26) 삼국사기 권제11 신라본기 제11 진성왕 3년. 진성왕 3년 나라 안의 여러 주·군에서 공물과 조세를 보내오지 않아, 나라의 창고가 텅비어 나라의 씀씀이가 궁핍해졌다. 왕이 사신을 보내어 독촉하였지만, 이로 말미암아 곳곳에서 도적들이 벌떼처럼 일어났다. 이에 원종과 애노등이 사벌주를 근거로 하여 반란을 일으키니 왕이 나마 영기에게 명하여 잡게 하였다. 영기가 적진을 쳐다보고는 두려워하여 나아가지 못하였다.

27) 삼국사기 권제11 신라본기 제11 진성왕 10년.

시무(時務) 10여 조[28]를 건의하였으나, 귀족들의 반발로 실패하였다.

(6) 새로운 사상의 수용

① 선종의 영향

㉠ 귀족사회 분열이 심화되자 진골의 후원을 받는 교종(화엄종·법상종)에 맞서 선종[29]은 지방 세력들의 지지를 받았고, 선종이 유행함에 따라 승탑과 탑비가 많이 축조되었다.

㉡ 선종은 실천적인 성향과 개혁적인 성격을 지녔으며, 호족의 이념적 지주로서 고려왕조 개창에 사상적 바탕이 되었다.

(7) 풍수지리설 신봉

신라가 망하고 고려가 들어설 무렵인 나말여초에 도선국사(827~898)[30]가 출현하였다. 도선국사는 신라의 선종 발전에 기여하였고 풍수지리설을 처음 도입한 인물로서, 풍수지리설은 호족의 세력강화에 도움이 되었다. 풍수지리설의 도입과 영향은 경주 중심의 지리개념에서 벗어나 지방의 중요성이 증대되었음을 의미한다.

Ⅱ. 관제(官制)

1. 중앙관제

1) 집사부

통일신라의 중앙관제는 일부의 개편을 제외하고는 대체로 삼국시대의 것을 답습하였다.

(1) 통일신라의 정치기구의 핵심적인 존재는 집사부였고, 반면 귀족들의 합좌기관인 화

---

28) 진성여왕은 최치원의 개혁안을 높이 평가하여 최치원에게 아찬이라는 벼슬을 내렸다. 시무 10여 조는 전해지지 않고 있다. 당나라의 신라 유학생 최치원은 황소의 난 토벌대장인 고변의 종사관으로 채용되어 토황소격문(황소를 토벌하는 격문)을 써서 이름을 날렸다.

29) 교종은 경전에 대한 깊은 이해를 강조하는 교파의 일종이나, 반면 선종은 마음으로부터 진리를 깨닫는 게 중요하다고 믿는 교파이다. 선종은 일반 대중이 더 쉽게 불교에 접근할 수 있어서 불교대중화를 앞당기는 계기를 마련하였다.

30) 도선은 신라말기의 승려이며, 풍수설의 대가로, 15세에 출가하여 월유산 화엄사에서 스님이 되었다. 도선이 유명해진 것은 고려 태조 왕건이 그의 예언대로 송악에서 태조가 태어났기 때문에, 태조 이후의 고려 왕들은 그를 극진히 존경하였다. 특히 도읍지와 궁궐 터를 잡을 때(예컨대 조선의 태조 이성계와 무학대사) 풍수사상에 절대적으로 의존하여 천년 넘게 이어져 온 전통도 도선국사의 영향에서 비롯되었다고 볼 수 있다.

백회의의 중요성은 약화되었다(귀족의 대표인 상대등의 약화).[31] 집사부의 장관인 시중의 지위는 강화되고(행정부의 수반으로 국정총괄), 집사부 아래에 위화부(관원 인사에 관한 일을 맡아보던 관청)와 13부를 두고 행정업무를 분담하였다.

(2) 집사부의 관원으로는 장관인 시중[32] 밑에 시랑·낭중(대사)[33]·원외랑(員外郎)[34]·낭(史를 개칭한 명칭)[35] 등이 있었다.

2) 실무관료의 증원과 관직신설

집사부의 관할 속에서 행정을 분담하였던 관부(官府)들은 통일 이전과 별로 다름이 없으나,

(1) 제30대 문무왕 11년에 치안관련기구인 병부(兵部)·승부(乘府)·사정부(司正府)·선부(船府)·좌우이방부(左右理方府) 등의 기구에 말단 행정 담당직인 사(史)를 20명으로 증원하였다.

(2) 제31대 신문왕 5년에 지금까지 없었던 제4관직인 사지(舍知)를 설치하였다. 이로써 통일신라시대의 중요한 관부(官府)의 관리체계는 영(令) → 경(卿) → 대사(大舍) → 사지(舍知) → 사(史)를 기본 틀로 하여 정비되기에 이르렀다. 이것은 최고 책임자인 장관 → 정책의 입안자인 차관 → 그 밑에 실무를 주관하는 자 → 실무를 담당하는 자 → 말단의 보좌관 등으로 체계화됨을 의미한다.

3) 통일신라의 치안관제

치안관제로는 최고위인 집사부·병부·사정부·좌우이방부·승부·선부 등을 들 수 있고, 이들이 각각 부처별로 나누어 그 기능을 분장·관리하였다.

---

31) 신문왕 원년 8월에 상대등이던 김군관(金軍官)이 김흠돌의 반란을 사전에 알고서도 이를 고발하지 않았다는 죄목으로 처형된 이래, 상대등의 활동이 거의 눈에 띠지 않고 있다.

32) 진덕왕 5년(651)에 설치된 집사부의 장관인 중시(中侍)를 통일 후의 경덕왕대에 와서 시중(侍中)으로 고쳤는데, 대아찬에서 이찬까지의 진골이 임명되었다. 중시는 귀족의 대표인 상대등과 달리 왕의 행정적 대변자의 역할을 수행하여, 전제 왕권의 강화·유지에 큰 기능을 하였다. 그리고 통일신라 후반기에 와서는 단순히 왕권의 옹호자·대변자가 아니라, 왕위계승의 유력한 후보자요 경쟁자가 되었다.

33) 경덕왕 18년(759)에 종래의 대사(大舍)를 낭중으로 개칭하였다. 신라 집사성의 실무관직이다.

34) 경덕왕이 사지(舍知)를 원외랑으로 고친 것으로 보인다. 신라 집사성의 실무관직이다.

35) 신라 집사성의 하급 실무관직으로 사(史)를 개칭한 명칭이다. 후대의 소위 '이직(吏職)'적 성격을 가진 관직으로 인원이 20명에 달하고 있다. 이들은 정책 결정에는 발언권을 가지지 못하지만, 결정된 사항에 대해서는 의견을 제시하고 봉박할 수 있었다(이기백, 앞의 논문, p.161).

(1) 병부(兵部)

통일 후 제30대 문무왕 15년(675)에 장관인 병부령 1인을 증원하였는데, 이는 통일과업을 완수한 후 군사업무체제를 재정비하기 위한 것이었다. 병부의 경우 관직명칭(차관인 대감은 시랑으로 개칭)은 수시로 개칭되었으나, 관직체계 자체는 변경이 없었다.

(2) 사정기관

신라는 감찰기관으로 사정부·내사정전·외사정을 두었다.

① 사정부(司正府)

중앙관료들을 감찰하는 사정부(司正府)는 제29대 태종왕 6년(659)에 설치하였고 통일 후 경덕왕이 숙정대로 고쳤으나, 제36대 혜공왕 때 다시 옛 이름인 사정부로 복구하였다.

② 내사정전(內司正典)

내사정전은 왕실관계의 제반업무를 맡은 궁중관원들을 감찰하는 기관이었다. 통일 후 경덕왕 4년에 설치되었고,[36] 내사정전 소속으로는 정찰(貞察)이라는 실무관직을 두었다.

③ 외사정(外司正)

외사정은 제30대 문무왕 13년(673)에 설치하였는데, 외사정은 지방관을 감찰하는 관직이었다. 외사정은 주(9주)와 군(郡, 115군)에만 파견되었고, 현(縣)까지는 파견되지 않았다.

(3) 좌우이방부(左右理方府)

좌이방부는 제28대 진덕왕 5년에 설치하였고, 우이방부(右理方府)는 제30대 문무왕 7년(667)에 설치하였다. 진덕왕 때 설치된 좌이방부가 있었음에도 불구하고, 우이방부를 설치한 이유는 통일기를 전후하여 제도의 정비 등 법제와 관계되는 업무량이 늘게 되자, 이를 효율적으로 처리하기 위한 조치였다.

(4) 승부(乘府)

승부는 나라의 말과 수레를 관장하던 교통관련 관청이었다. 수레관계 업무는 본래 병부에서 관장하였는데, 늦어도 진평왕대에는 이 업무를 분리하여 승부가 만들어진 것으로 보고 있다. 통일 후 제35대 경덕왕 때에 사어부(司馭府)로 개칭하였고, 동왕 18년에 관원인 대사(大舍)를 주부로, 사지(舍知)를 사목(司牧)으로 개칭하였다.

36) 삼국사기 권제9 신라본기 제9 경덕왕 4년 7월조.

(5) 선부(船府)

① 제26대 진평왕 5년(583)에 선부서(船府署)를 두어 병부에 속하게 하고, 그 관리로 대감과 제감을 두었다. 그 후 제30대 문무왕 18년(678)에 선부라는 명칭으로 독립된 관청을 만들었고, 이때 영(令: 장관)이 설치되었다.

② 통일 후 제35대 경덕왕 18년에 대사를 주부로 고쳤고, 선부의 사지(舍知)도 사주(司舟)로 개칭하였다.

③ 통일 말기로 가면서 선부의 기능은 미약해졌고, 반면 중앙관제인 선부와는 별개의 수군 겸 해양경찰부대인 장보고의 해상활동이 위력을 떨쳤다.

4) 중앙의 행정구역 및 치안상황

(1) 삼국통일 후 중앙의 6부(部) 밑에 55개의 리(里) 밑에는 360방(方)이 있었고, 수도(경주)의 총 호수는 17만 8천 9백 36호였다.

(2) '수도(경주)에는 부호대가(大家)는 35개 있었고, 4계절에 따른 별장이 있으며, 성중(城中)에는 기와집만이 즐비하고 초가집은 하나도 없었고 노랫소리는 끊이지 않았다'고 삼국유사는 전하고 있다.[37] 따라서 치안상황은 상당히 안정적이었다고 추정된다.

2. 지방관제

신라는 통일 후 확대된 영토를 통치하기 위하여 지방조직 역시 크게 확대·개편하였다. 지방조직의 기본이 된 것은 주(州)·군(郡)·현(縣)이었다. 통일 이후 신라 왕실은 중앙집권화를 위해 노력하였는데, 그 결과 통일 전의 6주3소경에서 통일 후에는 9주5소경으로 조직화되었다.

37) 일연지음, 김원중 옮김, 「삼국유사」, 서울: 민음사, 2007, pp.68－70.

◆◆ 9주 5소경

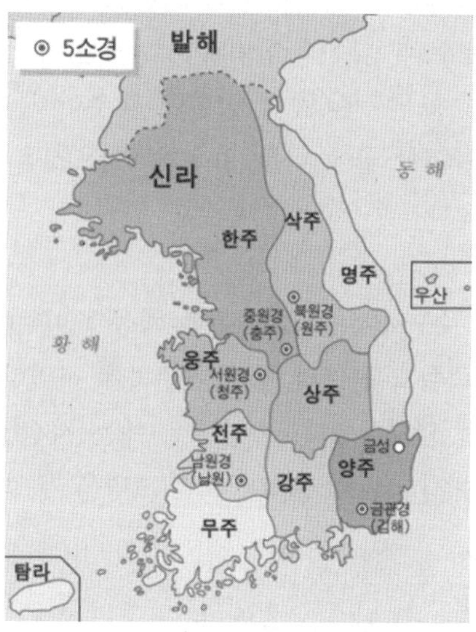

1) 9주(州)

(1) 주(州)의 장관은 총관(후에 도독)으로, 그 권한은 군사적 기능이 약화된 반면, 행정적 기능이 강화되었다. 총관(도독)의 임무는 행정권·경찰권·군사권을 관장하는 것이었고, 규정상 급찬 이상 이찬까지의 관등을 가진 자가 임명되었다. 그 밑으로는 각 주(9주)마다 주조 1명(도독을 보좌)과 막료로서 장사(長史: 장관의 속관으로 사마보다 위의 관직)와 사마(司馬) 등을 두었다.

(2) 9주는 북쪽에서부터 한주(漢州)·삭주·명주·웅주·전주·강주·양주·무주를 말한다.

(3) 외사정(外司正: 지방의 감찰기관)

신라는 중앙관료들을 감찰하는 사정부(司正府), 궁중내료(宮中內僚)들을 감찰하는 내사정전(內司正典), 지방관을 감찰하는 외사정을 두었다. 제30대 문무왕 13년(673)에 외사정을 설치하였는데, 주(州)에는 2명, 군(郡)에는 1명을 배치하였다.[38] 외사정은 주(9주)와 군(115군)에만 파견되었고, 현(縣)까지는 파견되지 않았다.[39]

---

38) 외사정은 133명이였는데(삼국사기 잡지 직관 무관조), 이는 9주에 각 2명씩 18명과 115군(郡)에 각 1명씩 115명을 합한 수와 일치한다.

39) 삼국사기 권제40 잡지 직관하 무관 외관조.

2) 5소경(五小京)

(1) 소경(小京)은 신라 수도를 모방하여 3경을 설치하였으나, 통일 후 제31대 신문왕 5년(685)에 서원소경(西原小京: 청주)과 남원소경(南原小京: 남원)이 설치되면서, 5소경(五小京)체제가 완비되었다. 5소경은 동·서·남·북·중의 방향에 맞추어서 다섯으로 정리하였는데, 아마 이것은 왕경(王京: 경주)이 동쪽 한 끝에 너무 치우쳐 있는 것을 감안한 보완조치라고 생각되어진다.

(2) 소경(小京)에는 신라 수도 6부(部)의 귀족과 백성을 이주하여 살게 하였고, 가야·백제·고구려 등 패망한 국가의 귀족들도 옮겨서 함께 거주하게 하였다. 따라서 5소경은 지방세력을 견제하는 데도 주요한 역할을 담당하였다. 소경(小京)에는 사신(仕臣: 소경의 장관) 각 1명씩이 임명되었고, 그 차관으로 사대사(仕大舍: 별칭은 소윤) 1명을 두었다.

신라의 5소경

소경명	현지명	설치연대
중원소경	충주	진흥왕 18년(557)
북원소경	원주	문무왕 18년(678)
금관소경	김해	문무왕 20년(680)
서원소경	청주	신문왕 5년(685)
남원소경	남원	신문왕 5년(685)

3) 군(郡)·현(縣)

주(州) 밑에는 전국에 115개의 군(郡)과 286개의 현(縣) 있었고, 군·현의 외관은 모두 중앙으로부터 임명되었다.

(1) 군(郡)에는 태수 1명을 파견하였고, 그 이외에 지방관을 감찰하는 외사정 1명이 파견되었다.

(2) 현에는 그 규모나 중요도에 따라서 장관으로 소수(小守)[40]가 임명되기도 하고, 혹은 현령(縣令)이 임명되기도 하였다. 소수(小守)는 85명이었고 현령(縣令)은 201명이었다.

40) 소수(小守) 또는 제수(制守)라고 하였는데, 소수에 임명될 수 있는 자는 원칙적으로 문적(文籍: 국학출신) 출신이어야 했다(삼국사기 권제10 신라본기 제10 원성왕 5년조).

◆◆ 통일신라시대의 외관(지방관직)

주(州)	소경(小京)	군(郡)	현(縣)		비고
도독(총관)	사신(사대등)	군태수(太守)	소수(제수)	현령	지방장관
주조(州助)	사대사(소윤)	외사정			주조(보좌관)·사대사(차관)·외사정(소경의 장관인 사신을 감찰하는 관리)
장사 또는 사마					속료(막료)
외사정					지방장관인 도독·태수를 감찰하는 관직

4) 촌(村)·향(鄕)·부곡(部曲)의 통치

(1) 촌(村)·리(吏)

① 촌(村)

소경(小京)과 주·군·현 밑에는 작은 행정구역인 촌(村)이 설정되어 있었다. 통일전부터 촌락에는 촌주(村主)가 있었는데, 이들은 촌의 우두머리로 중앙에서 파견된 군주·도사·태수·현령 등을 보좌하면서 행정사무를 관장하였다.

통일기에 이르러 중앙으로부터 지방통제가 진전됨에 따라서 그 지위를 법·제도적으로 더욱 명확하게 규정하였다. 신분적으로는 진촌주(眞村主)[41]와 차촌주(次村主)[42]로 나누어, 이를 중앙귀족의 5두품과 4두품에 해당되는 것으로 규정하였다.[43]

② 리(吏)

촌주와 비슷한 위치에 있었던 것으로는 주·군·현의 리(吏)를 들 수 있다. 주·군·현의 리(吏)는 촌주와 같이 토착세력 출신이지만, 주·군·현의 말단행정 보좌직으로 중앙정부의 의존도는 촌주보다 더 컸었다.

③ 지방세력의 통제수단(상수리제도)

중앙정부에서는 촌주나 주·군·현의 리(吏)들을 통제하기 위하여 상수리(上守吏)제도[44]를

41) 진촌주(眞村主)는 신라의 지방민(토착민)이 가질 수 있었던 최고 신분이었다. 진촌주는 신라에서 지방의 자연촌 및 몇 개를 묶은 단위인 행정촌(行政村)의 촌주가 갖는 신분이다.
42) 신라의 지방민(토착민)이 가질 수 있었던 중간 신분이다. 차촌주는 신라에서 지방 자연촌(인위적이 아니고 자연적으로 이루어진 촌)의 대표자가 갖는 신분이다.
43) 이종욱, "남산신성비를 통하여 본 신라의 지방통치체제", 역사학보64, 1974, pp.56-57.
44) 상수리제도는 고려시대 기인제도의 전신(前身)이다. 상수리제도는 지방세력의 자제들 중 한 명을 뽑아 중앙에 볼모로 와 있게 함으로써 그 지방세력을 견제하고 왕권을 강화하고자 한 것이다.

마련하였다. 이 제도는 통일 이후 전제왕권을 중심으로 한 중앙집권체제가 강화되면서, 지방세력을 통제하기 위한 하나의 방법으로 사용되었다.

(2) 향·부곡

주·군·현 밑에는 또 향(鄕)·부곡(部曲)이 있었다. 행정계통상의 위치로는 촌(村)과 비슷하였다고 볼 수 있으나, 그 주민의 신분이 촌민(村民)과는 달리 천민이었다는 점에 차이가 있다.[45] 향·부곡에도 토착세력이 있어서 향·부곡에 대한 행정사무를 관할하고 있었다고 추정된다. 그 이유는 고려시대에도 향·부곡에 토착세력가 출신인 리(吏)가 있었기 때문에, 이러한 추정이 가능하다고 생각되어진다.

(3) 촌단위의 호구조사

① 호구조사와 치안관계

호구조사는 치안질서유지와 깊은 상관성이 있으며, 그러한 관계는 고대부터 1980년대 초반까지 그 명맥을 유지해 왔다.[46]

② 신라장적

㉠ 고구려나 백제의 경우에도 조세를 부과하는 세제(稅制: 세금제도)가 존재한 것만은 틀림이 없으나, 그 구체적인 내용은 오늘날 전하여지지 않고 있다. 그러나 신라의 경우 일본의 나라현(奈良縣) 동대사(東大寺) 정창원에 보관되어 있는 호적(戶籍)에 관한 민정문서[47]가 발견됨으로써, 촌(村) 단위까지 호적이 작성되었음을 알 수 있는 계기가 되었다. 이 신라장적(新羅帳籍)은 통일신라시대 이후인 제35대 경덕왕 14년(755)경에 작성된 것으로 추정되고 있으며, 3년마다 개정되는 것으로 되어 있는 촌단위의 장적(帳籍)이다.

㉡ 신라장적은 오늘날처럼 호주(戶主)를 중심으로 기록되어 있는 것이 아닌 단순히 나라에서 조세와 군역(軍役) 그리고 부역 등을 거둬들이기 위한 호구조사의 성격을 지녔다고 볼 수 있다. 그러나 경찰사적 측면에서 볼 때 호구조사는 세작(細作: 간첩)이나 범죄자를 색출하고 검거하는 경찰활동과 깊은 상관성이 있다.

---

45) 이기백, 이기동, 앞의 책, p.339.

46) 1980년대 초까지만 해도 파출소의 각각의 외근 경찰관은 동사무소의 호구조사와는 달리, 자기가 담당하는 구역의 가구들을 순찰하면서 불순분자 또는 범죄용의자들이 거주하고 있는지, 그리고 주민들의 이동 상황을 파악하고 이를 근무일지와 호구조사카드에 기재하도록 규정화되어 있었다. 그러나 이러한 경찰활동은 행정의 간소화와 주민들의 민원제기 등으로 1980년 중반부터 폐지되었다.

47) 이 민정문서는 신라장적(新羅帳籍) 또는 정창원 신라장적 등으로 불리고 있다.

Ⅲ. 병제(兵制: 군사조직)

1. 중앙군사조직

삼국통일 이후에도 대내외적으로 가장 핵심이 되는 기능은 군사조직이었다. 따라서 신라 통치의 성격은 현저하게 군사적일 수밖에 없으며, 치안업무의 대부분도 군(軍)이 담당했다고 해도 과언이 아니다.

1) 시위부(侍衛府)

(1) 시위부(侍衛府)는 명칭 그대로 왕과 왕궁의 수비와 경호를 담당하던 국왕 직속의 특수부대(경호부대)였다. 시위부는 제28대 진덕여왕 5년(651)에 법·제도적으로 완성되었고, 이때 3도(三徒: 3개 부대)로 편성·운영되었다.

(2) 통일 후 제31대 신문왕 원년(681)에 시위감을 혁파하고, 장군 6명을 설치하였다.[48] 장군(將軍)은 시위부의 최고 지휘관으로서, 장군 2명이 1조가 되어 각각 1도(徒: 1개 부대)를 맡아 윤번으로 숙위와 호종의 임무를 맡았다.

2) 9서당

(1) 통일 이전의 신라를 대표하는 군사조직인 6정(停)은 통일시대에 들어서면서 이미 그 존재가 희미해진 반면, 9서당이 통일시대 신라를 대표하는 군사조직이었다. 9서당은 통일 이후 왕도에 배치된 9개의 부대를 말하며, 9서당은 부대의 칭호에 '서당(誓幢)'이 붙어 있는 것이 공통점이다.

(2) 9서당은 장군 → 대관대감(大官大監) → 대대감(隊大監) → 제감(弟監) → 감사지(監舍知) → 소감(小監) → 화척(火尺) 순으로 편제되어 있었고,[49] 보병부대와 기병부대로 구성되었다.

---

48) 신문왕 원년(681)에 시위부를 재편한 것은 김흠돌의 난 이후 귀족세력의 위협으로부터 전제왕권을 보호하기 위한 조처였던 것으로 보인다. 종전의 시위부의 장관은 여타 부대의 장군(將軍)과는 달리 관등이 급찬에서 아찬까지인 자로 임명하였다.

49) 장군은 중요 군부대 최고 지휘관의 명칭으로, 중앙과 지방의 중요한 부대에 지휘관으로 두어졌다. 대관대감은 장군 다음의 부지휘관이다. 대대감은 6정, 9서당, 계금당 등의 부대에 설치된 무관으로 마군(馬軍: 기병)을 거느리는 자와 보병을 거느리는 자로 나누어졌다. 제감이나 감사지는 6정과 9서당 및 계금당에 설치된 무관직을 말하는데, 감사지는 6정이나 9서당에서 예하 부대에 하달하는 명령이나 연락을 담당한 것으로 추정하고 있다(이인철, 「신라정치제도사 연구」, 서울: 일지사, 1993, pp.370－371). 소감은 대감을 보좌하는 무관직이고, 화척은 당나라나 일본의 율령군제에서 군사 10명을 통솔하는 '화장(火長)', '화두(火頭)'와 관련된 것으로 보는 견해가 있다.

그리고 이들 예하에 군사당(軍師幢: 군사충원 담당), 대장척당(大匠尺幢: 축성기술자들로 편성된 부대), 보기당(보병과 기병부대), 착금기당(著衿騎幢: 기병부대) 등이 배속되어 있었다.

(3) 9서당은 통일 이전 6정의 하나인 대당(大幢)과는 비교될 수 없을 정도로 큰 부대였고, 금색(衿色)에 의하여 구별되는 획일적인 부대명칭을 지니고 있었다. 이러한 획일성은 통일 이전의 귀족적 전통을 부인하는 것이며, 국왕에 직속된 부대로서 전제왕권을 뒷받침하는 군사조직이었다.

(4) 9서당의 구성은 신라인으로 구성된 것이 3개, 고구려 유민으로 구성된 것이 1개, 말갈인으로 구성된 것이 1개, 백제 유민으로 구성된 것이 2개, 보덕성민(報德城民)[50]으로 구성된 것이 2개였다. 9서당은 제34대 효소왕 2년(693)에 장창당(장창을 주무기로 하는 부대로 문무왕 12년에 만들어짐)을 비금서당으로 개칭하면서 완성되었다.

2. 지방군사조직

1) 10정(停)

통일 후 지방에는 10정 5주서 및 3변수당 등의 증설이 있었는데, 이러한 것들은 대체로 제31대 신문왕 때에 완성되었다.

(1) 10정(停)은 통일신라의 9주(州)를 기준으로 하여, 각 주(州)에 하나씩 배치되었고, 다만 한주(漢州)만은 2개의 정(停)을 배치하였다. 이러한 10정은 통일신라의 군사적 지방통치의 거점이었으며, 치안을 위한 군사조직이기도 하였다.

(2) 10정에 배속된 군관은 대대감(隊大監) → 소감(少監) → 화척(火尺) 계열과, 삼천당주(三千幢主) → 삼천감(三千監) → 삼천졸(三千卒) 계열로 이루어졌다.[51] 대대감에서 화척에 이르는 군관은 모두 기병을 거느리는 군관이어서 기병중심의 부대라 할 수 있고, 삼천당주에서 삼천졸에 이르는 군관[52]은 보병부대였다.

---

50) 고구려가 나당연합군에 의해 멸망한 후 고구려 잔민을 수습하여 왕으로 추대된 고구려 왕족 안승이 신라에 투항하자, 신라는 안승을 보덕국왕으로 삼았다. 그 후 신문왕 3년에 안승을 서울로 불러 소판(蘇判)의 관직을 주고 보덕국을 없애자 안승의 아들 대문이 반란을 일으켰고, 이 반란 평정 후 보덕성민은 남원으로 옮겨졌다. 따라서 보덕성민은 보덕국민(고구려 유민)을 말한다.

51) 정구복 · 노중국 · 권덕영 외, 앞의 책(주석편 하), pp.567－568.

52) 삼천의 군관으로는 지휘관인 삼천당주(三千幢主)와 삼천당에 두었던 군관 삼천졸(三千卒)이 있었다.

2) 5주서(五州誓)

(1) 주(州)를 단위로 배치된 군대로는 10정(停) 이외에 5주서가 있었다. 5주서는 9주 중 5개의 주(州)에 설치된 지방군단으로서, 제30대 문무왕 12년(672)에 설치되었다.

(2) 5주서는 청주서(菁州誓: 현재의 경남 진주시)·완산주서(현재의 전북 전주시)·한산주서(현재의 경기도 광주시)·우수주서(현재의 강원도 춘천시)·하서주서(현재의 강원도 강릉시)를 말하며, 기병(騎兵) 중심의 부대였다.

3) 3무당(三武幢)

3무당은 백금무당(白衿武幢)·적금무당·황금무당을 말한다.[53] 군관은 감사지·화척·군사당주·보기당주(步騎幢主)·삼무당주(三武幢主)로 구성되었다. 3무당은 군관의 편성과 기능으로 볼 때 보병부대와 기병부대로 이루어진 것으로 보인다.

4) 3변수당(三邊守幢)

북방 경비를 위한 보병부대로 추정하고 있으며,[54] 제31대 신문왕 원년에 설치하였다. 3변수당은 한산변(漢山邊: 한산주에 주둔한 변수당)·우수변(牛首邊: 우수주에 설치한 변수당)·하서변(河西邊: 하서주에 설치한 변수당)을 말한다.

5) 패강진전(敗江鎭典)

(1) 통일 이후 신라는 국방과 치안상 중요한 지역에 진(鎭)을 설치하였는데, 패강진(敗江鎭)도 그중의 하나이다. 패강진전[55]은 통일 이후 패강(현재의 대동강) 이남의 옛 고구려 땅을 다스리던 특수한 관청이었다.

(2) 패강진전의 관원은 두상대감(頭上大監: 패강진전의 장관)·대감(大監)[56]·두상제감(頭上弟監: 패강진전에 설치된 관직)·제감(弟監: 패강진전에 둔 무관직)·보감(步監: 명칭으로 미루어 볼 때

---

53) 3무당 중 백금무당은 백제유민으로 구성되었고, 적금무당은 보덕국민으로 구성된 부대이며, 그리고 황금무당은 고구려유민으로 구성된 부대라고 보고 있는 견해가 있으나(정상수웅(井上秀雄), 「신라사기초연구」, 동경: 동평출판주식회사, 1974, pp.180-181), 확실하지 않다.

54) 이인철, 앞의 논문, p.356.

55) 선덕왕 2년에 패강진전에 두상대감을 설치하였고(삼국사기 권40잡지 직관하 패강진조), 동왕 3년 2월에 "왕이 한산주를 두루 돌며 살펴보고 백성들을 패강진으로 옮겼다"고 하고 있다(삼국사기 권제9 신라본기 제9 선덕왕 3년 2월조). 선덕왕 3년 2월 한산주 백성의 이주를 계기로 패강진은 영구적인 진(鎭)이 되었다.

56) 패강진전에 설치된 관직이다. 대감이란 직은 병부(兵部)에서는 차관으로, 6정·9서당 등 중요 군단에서는 장군 다음의 무관직으로 나온다. 따라서 패강진전의 대감도 무관직이라 할 수 있다.

보병을 거느린 무관직) 등이 있었다. 따라서 패강진전의 관원은 일종의 무관직으로 구성되었고, 따라서 패강진은 이들에 의해 군사·행정·사법· 경찰 ·부역·조세 등 포괄적인 권한이 행사되었다고 추정된다.

6) 기 타

(1) 통일신라기로 들어서면서 많은 종류의 군단과 당(幢) 등을 두었고, 또 그것을 세분화시켜 운영하였다. 예컨대, 특수한 무기를 다루는 4개의 특수부대인 4설당(四設幢),[57] 그리고 장창당(長槍幢: 장창을 주무기로 하는 부대로 후에 비금서당으로 개칭)·개지극당(갈구리창을 주로 하는 전투부대) 등 기술화·전문화된 부대들이 있었다.

(2) 통일신라기의 군편제(군부대의 기계화 및 기동력 강화에 따른 편성)는 복잡·다기하게 운영되었는데, 이는 외적 방어와 국내 치안유지의 임무를 수행하는데도 필수불가결의 요소였다. 당시의 군사조직망은 곧 치안조직망이라고도 할 수 있는데, 수도를 비롯하여 전국에 뻗어 있었다.

Ⅳ. 범죄예방과 통제

1. 치안상태

통일 후 신라의 전제왕권은 제31대 신문왕(681~692)에 의해서 확고하게 되었고, 가장 극성기를 구가한 것은 제33대 성덕왕(702~737)이었다. 그 후 이를 바탕으로 100여 년 동안 안정된 사회가 유지되었다. 그러나 사회·경제적 측면에서 볼 때 지배층과 평민층 간의 빈부의 차이와 사회적 대우 등에서는 여전히 넘지 못할 장벽이 존재하였다. 그리고 그러한 격차는 통일말기에 접어들면서 더 심화되었다.

1) 통일 후 번성기의 생활상

(1) 귀족층의 생활상

① 통일신라의 서울인 금성(경주)은 정치와 문화의 중심지로서 귀족들이 모여 사는 대도시로 번성하였다. 그리고 5소경은 과거 백제·고구려·가야의 일부 지배층은 물론 신라의 수도

57) 4설당은 노당(弩幢: 화살을 전문으로 하는 부대)·운제당(雲梯幢: 높은 곳에 올라가는 사다리 등을 전문으로 다루는 부대)·충당(衝幢: 적의 성을 돌파하는 망루가 있는 병거(兵車)를 다루는 부대)·석투당(石投幢: 투석용 수레를 전문으로 하는 부대)을 말한다.

에서 이주한 귀족들이 거주하는 지방의 문화 중심지였다. 전성기의 금성은 바둑판처럼 반듯하게 구획된 시가지에 궁궐·관청·사원을 비롯하여 귀족들의 저택과 민가가 즐비하게 들어서 있었다. 그리고 집은 대부분이 기와로 지붕을 이었고, 밥 짓는 데도 숯을 사용할 정도였다.[58)]

② 통일기 이후의 번성의 기틀은 제30대 문무왕대부터 시작되어 제31대 신문왕대에 거의 정착되었다고 볼 수 있는데, 문무왕의 유언[59)]에서도 보듯이 삼국통일 후 전국적인 치안상태는 상당히 양호하였다는 것을 시사해주고 있다. 그러나 이러한 풍요로움은 사치와 호화를 일삼게 되는 상태로까지 변질되면서, 신라 사람들이 본래 지녔던 소박함과 강인함은 서서히 사라져 갔다.

(2) 평민들의 생활상

① 삼국시대의 신라는 생산활동이 노예 중심이었다면, 통일기 신라시대 생산활동의 중심은 촌락민을 중심으로 한 노동력이 절대적인 비중을 차지하였다. 농민들은 신라사회를 지탱하는 근원지였다. 그럼에도 불구하고 지배층의 호화로운 생활과는 대조적으로 자신의 토지를 경작하며 근근이 생활하였다.

② 농민들이 가장 두려워하는 것은 자연재해로 인한 굶주림이었다. 가장 번성기로 인식되고 있는 제33대 성덕왕 6년(707) 1월에 흉년의 여파로 많은 사람이 굶어 죽었고,[60)] 제35대 경덕왕 14년(755) 봄에 곡식이 귀하여 백성들이 굶주릴 때 자식이 다리의 살을 베어 그 아버지에게 먹이기도 하였다.[61)] 이처럼 통일기에도 농민들의 굶주림 상태는 심각하였고, 당시 사회·경제

---

58) 제49대 헌강대왕대에는 서울에서 동해 어귀에 이르기까지 집들이 즐비하게 늘어서 있고 담장이 서로 맞닿았는데, 초가집은 한 채도 없었다. 길에는 음악과 노랫소리가 끊이지 않았다고 삼국유사에 전하고 있다(삼국유사 권제2 기이편(紀異篇) 제2 처용랑과 망해사조). 또 삼국사기 신라본기 헌강왕 6년(880) 9월 9일에 "왕은 좌우군신과 더불어 월상루에 올라서 사방을 관망하였는데, 서울 백성의 집들이 서로 이어져 있고 노래와 음악소리가 끊이지 않았다. 왕이 시중 민공을 돌아보고 말하기를 '내가 듣건대 지금 민간에서는 기와로 지붕을 덮고 짚으로 잇지 않으며, 숯으로 밥을 짓고 나무를 쓰지 않는다는데 이게 정말인가?' 민공이 대답하기를 '신(臣)도 역시 일찍이 그와 같이 들었습니다'라는 내용이 기술되어 있다. 이 내용은 통일신라의 풍요로움과 번영을 시사해 주는 대목으로 많이 인용되고 있기도 한다(삼국사기 권제11 신라본기 제11 헌강왕 6년 9월조).

59) 제30대 문무왕 21년 7월 1일 왕의 유조(遺詔)에 "무기를 녹여 농기구를 만들었으며, 세금을 가볍게 하고 요역을 덜어주니 집안이 넉넉하고 백성들이 풍요하며 인간의 삶이 편안해지고 나라 안에 근심이 없게 되었다. 곳간에는 (곡식이) 산언덕처럼 쌓여 있고 감옥은 풀이 무성하게 되니, 신과 인간 모두에 부끄럽지 않고 관리와 백성의 뜻을 저버리지 않았다고 말할 만하다"고 하고 있다(삼국사기 권제7 신라본기 제7 문무왕 21년 7월조).

60) 성덕왕 6년 1월에 흉년의 여파로 많은 사람들이 굶어 죽어 그들에게 하루에 벼 3되씩 7월까지 나누어 주었다(삼국사기 권제8 신라본기 제8 성덕왕 6년 정월조; 삼국유사 권2 기이편 제2 성덕왕조).

61) 경덕왕 14년 봄에 백성들이 굶주릴 때 향덕이란 사람은 가난하여 어버이를 봉양할 수 없으므로 다리의 살을 베어 그 아버지에게 먹였고, 어미가 종기가 나서 거의 죽게 되자 종기를 입으로 빨아내어 고쳤다. 왕이 소문을 듣고 그에게 벼 300섬과 집 한 채 그리고 구분전(口分田)을 내려주었다(삼국사기 권제9 신라본기 제9 경덕왕 14년 봄조; 삼국사기 권제48 열전 제8 향덕(向德)조.

적 조직하에서 빈부의 대조적 생활과 계급의 차이는 필연적인 것이었다.

2. 하대(下代: 통일신라 말)의 사회모순과 치안상태

1) 신라 하대의 모습

신라 하대(下代)에 들어서면서 (1) 대토지 소유제 확대,[62] (2) 일반농민의 빈민화(사회혼란),[63] (3) 왕실과 귀족의 사치와 향락,[64] (4) 관리의 부정부패,[65] (5) 도적의 봉기, (6) 지방 호족의 반란 등으로 중앙정부의 지방통제는 거의 사라져 갔고, 치안상태는 극히 불안정하였다.

2) 신라의 멸망

(1) 신라의 마지막 왕 경순왕의 이름은 김부(金傅)이다. 견훤은 후백제군을 이끌고 신라의 서라벌로 쳐들어가 왕궁을 짓밟은 뒤 포석정에 있던 경애왕을 습격해 자살하도록 강요했다. 그리고 제46대 문성왕의 6대손인 김부를 신라의 제56대 왕위에 오르게 하니, 이가 곧 경순왕이다.

(2) 경순왕 9년(935) 11월에 고려에 귀부(스스로 가서 복종함)함으로써, 한국 역사상 가장 오랜 세월 이어진 신라왕조가 막을 내렸다. 왕건은 자신의 장녀인 낙랑공주를 경순왕에게 시집을 보내는 한편, 신라의 옛도읍 서라벌(금성)을 경주로 고쳐 경순왕에게 식읍으로 하사하고, 경순왕을 경주의 사심관(고려시대에 서울인 송악에 머물면서 고향의 일에 관여하던 벼슬아치)으로 삼았다.

(3) 고려에 항복하는 것을 끝까지 반대한 신라의 마의태자(경순왕의 큰 아들)는 통곡하며 개골산(겨울의 금강산 명칭)에 들어가 베옷(마의)을 입고 풀뿌리와 나무껍질을 먹으며 살았다고 전해지고 있다.

3. 범죄통제

1) 신라의 경우 통일신라 이전과 그 이후에도 범죄통제와 관련하여서는 크게 달라진 것은 없다. 다만, 제29대 태종무열왕 6년에 관리를 감찰하기 위한 중앙행정관서로 사정부(司正府)·궁중내료들을 감찰하는 내사정전(內司正典)·지방관을 감찰하는 외사정(外司正), 그리고 일반관

62) 경덕왕 16년에 녹봉제에서 녹읍제로 전환되면서 진골귀족과 사원의 장원화(사원은 면세의 특권으로 점차 지주에서 장원의 소유자로 진전됨)로 백성에 대한 수탈이 더욱 심해졌다.
63) 각종 자연재해·기근·과세의 가중·고리대업의 성행 등은 일반 농민을 더욱 피폐화시켰다.
64) 왕실과 귀족의 사치와 향락은 국가재정을 고갈시키는 주요한 요인 중의 하나였다.
65) 진성여왕대에 들어서면서 미소년 2–3명을 불러들여 음란한 짓을 하고 이들에게 요직을 주어 국정을 맡기니, 이로 인하여 뇌물과 상벌이 불공평하고 기강이 무너지면서 멸망의 길로 들어서게 되었다.

리들을 감찰하는 정찰(貞察)을 둔 것 등에서 약간의 차이가 날 뿐이다.

2) 범죄통제문제와 관련하여서 주목되는 것은 통일신라 이후 전 과정을 거쳐서 국왕의 사면권이 자주 사용되었다는 점이 통일 이전과 확연히 구분되어진다. 삼국사기 신라본기 전편을 통해서 보면 태종무열왕부터 경순왕까지 28명의 왕 중에서 8명의 왕(제39대 소성왕·제44대 희강왕·제45대 신무왕·제47대 헌안왕·제50대 정강왕·제53대 신덕왕·제54대 경명왕·제56대 경순왕)을 제외한 20명의 국왕이 사면권을 행사하였다. 그러나 이러한 민심안정정책으로서의 사면권 행사도 통일신라 멸망기에 접어들면서 그리 큰 효과를 보지 못하였고, 결국 통일신라는 역사 속으로 사라지는 비운을 겪게 된다.

제2절 후삼국시대

Ⅰ. 총설

10세기에 접어들면서 신라말의 혼란을 이용하여 견훤과 궁예가 독자적인 정권을 수립하였다. 따라서 신라의 지배권은 경주 일대로 축소되면서 다시 삼국이 정립되는 후삼국시대가 전개되었다. 이러한 분열은 고려에 의하여 재통일을 이룩할 때까지 약 50여 년간의 분열상태를 유지했는데, 이를 후삼국시대라 일컫는다.

Ⅱ. 후백제

1. 건국

1) 신라의 비장 벼슬을 하던 농민출신 견훤이 군진·호족세력을 토대로 완산주(지금의 전북 전주)에서 백제의 명분을 잇는다는 명분으로 후백제[66]를 건국하였다.

2) 견훤은 중국에 오월에 사신을 보내 외교관계를 맺었고, 중국 후당으로부터 '백제왕'이라는 칭호를 받아 중국으로부터 외교적 승인을 받기도 하였으나(925년),[67] 신라와는 적대적이었다.

---

66) 최근에는 당시 이미 고구려의 옛 땅에 발해가 있어서 이 시기를 통틀어 「남북국시대」라고 부르는 경향이 있기 때문에, 엄밀한 의미에서 「후삼국」이라는 용어는 적절치 못하다는 견해도 있다(임병주, 앞의 책, p.477).

67) 임병주, 앞의 책, p.483.

2. 멸망

1) 견훤에 의해 옹립된 경순왕이었지만, 경순왕과 백성들이 고려 태조 왕건에게 신라를 넘기려고 한 이유는 견훤의 잔인함이 결정적인 요인으로 작용했기 때문이었다.

2) 견훤은 농민에 대한 지나친 조세부과로 반감을 샀으며, 호족세력의 포섭에도 실패하였다. 그 후 견훤은 형제간의 왕위싸움으로 큰 아들인 신검에게 금산사에 강제유폐 당하자, 금산사를 탈출하여 고려에 투항하였다. 936년 왕건은 대군을 이끌고 공격해 후백제를 멸망시켰다.

Ⅲ. 후고구려

1. 건국

1) 신라 제56대 경순왕 5년(901) 궁예가 초적·호족세력을 토대로 고구려를 부활시키겠다고 선언하여 송악(개성)에 건국하였다. 궁예가 후고구려를 세우고 스스로 왕이 됨에 따라 신라는 삼국을 통일시킨 후 200년 만에 붕괴되고, 신라·후백제·후고구려의 후삼국시대가 시작됐다.

2) 국호 명칭도 후고구려→마진→태봉으로 바꾸었고, 도읍지도 송악에서 철원으로 옮겼다. 통치기구로 광평성(신라의 집사부를 계승한 관부로 국정최고기구)·병부 등 19개의 기구를 설치하고, 관제도 9관등의 등급을 마련하였다.

2. 멸망

1) 905년 궁예는 수도를 철원(국호를 태봉으로 고침)으로 옮긴 뒤 자신을 보살[68]이라고 부르게 하고 관심법(신통력)을 얻었다 하여, 부인 강씨와 두 아들을 죽이고 자신에게 반대하는 세력을 숙청하였다. 한편, 궁예는 사람들에게 신라를 멸도라고 부르게 하고 신라로부터 오는 자는 모조리 죽이는 등 포악한 성격과 행동으로 신하들의 반발을 사게 되었고,[69] 왕건이 왕으로 추대되자 도망 중 강원도 평강에서 죽었다.

---

68) 궁예는 큰 아들을 청괄보살, 막내 아들은 신광보살로 삼았고, 외출할 때는 비구 승려 200여 명을 시켜 범패를 부르며, 뒤를 따르게 하였다.
69) 삼국사기 권제50 열전 제10 궁예전.

2) 궁예는 군사를 일으킨 지 28년 만에 삼한의 3분의 2를 차지하고도 통일을 이루지 못하고 실패하였다. 이것은 궁예가 고대적인 통치방법에서 벗어나지 못한 채, 신라타도에만 급급하여 새로운 시대를 이끌어 갈 만한 사상과 정치철학을 가진 능력 있는 인물은 아니었기 때문이다.

Ⅳ. 후삼국시대의 치안

후삼국시대의 경우 조직적으로 체계적인 경찰기능에 관하여 논하는 것 자체는 다소 무리가 있는데, 그 이유는 다음과 같다.

1. 통일신라말기의 중앙정부는 왕권쟁탈로 약 150년 동안 20여 명의 왕이 비합리적인 방법에 의하여 교체됨으로써, 왕권의 불안정·관료기강의 해이 등으로 경찰기능을 수행할 만한 능력 자체를 보유하지 못하고 있었다.

2. 후백제나 후고구려는 철학이나 이념적 철학이 없었을 뿐만 아니라, 초기에는 선동적 구호로서 규합된 집단으로 출발하였기 때문에 조직적이고 체계적이지 못하였다.[70]

3. 지배층의 분열과 도적들의 봉기 그리고 농민들의 반란으로, 호족들은 스스로 이에 대비하기 위하여 사병(私兵)을 양성하여 치안을 유지하였다. 따라서 각 지방은 성주 또는 장군이라고 지칭하는 자들의 사병에 의하여 경찰기능이 수행되었다고 볼 수 있다. 이런 측면에서 사병화된 군경부대에 의한 치안활동은 국가에서 인정한 공식적인 관료가 아니기 때문에, 경찰조직의 기능이라고 논할 수 없는 한계가 있다.

---

70) 견훤은 후백제군을 이끌고 경주로 쳐들어가 왕궁을 짓밟은 뒤, 경애왕을 자결하게 하고 왕비를 욕보였으며, 그 부하들도 풀어 궁녀들을 욕보이고 재물들을 약탈하게 하는 등 조직을 무계통적이고 무철학적으로 운영하였다.

제3절 발 해

Ⅰ. 총 설

1. 개요

우리는 발해에 대하여 얼마나 알고 있을까. 그리고 발해에 대한 인식은 어떠한가. 지금까지 각급 교육과정을 통해 수년 동안 배우고 들은 바는 발해는 당연히 한국사 속에 포함된 것이라고 인식되어 온 것만은 틀림이 없다. 그러나 대체로 발해는 "고구려 부흥 운동의 결과 성립된 나라이며, 발해를 세운 대조영은 고구려 장군이고, 발해의 지배층은 고구려 사람이다"라는 인식 정도를 갖고 있는 것이 일반적인 경향이다.

이와 같이 대조영의 발해 건국은 오늘날뿐 아니라 우리 역사에서도 너무 단순하게 다루는 경향을 나타내고 있다. 이것은 발해에 대한 기록이 빈약하고, 또 인식주체의 사상에 따라 소홀하게 취급하거나 왜곡했기 때문이다. 우리는 발해의 역사가 우리 민족의 역사라고 주장한 데 반하여, 중국은 발해를 중국에 소속한 지방정권 또는 왕조라고 주장하고, 러시아와 일본은 발해를 말갈족의 국가라는 인식을 깔고 있다.[71] 우리나라에서 발해에 대하여 관심을 갖기 시작한 것은 조선후기 실학자 유득공(柳得恭)의 발해고(渤海考)에서부터 시작되었다.[72]

유득공의 발해고는 남쪽의 신라, 북쪽의 발해라는 「남북국시대론」의 출발을 알리는 계기가 되었다. 오늘날 이 두 나라의 역사시대를 두고 남한에서는 「남북국시대」로 보고, 북한에서는 「남북조시대」로 보고 있다. 두 가지 다 우리의 역사 영역을 확대한 관점이라는 데는 동일하다. 발해국은 698년부터 926년까지 지금의 북한지역과 중국 길림성, 흑룡강성, 요령성일부, 그리고 러시아 연해주 남부에까지 영토를 갖고 있었던 왕조였다. 대략 45만km^2에서 최대 59만km^2로 고구려보다 1.5～2배, 신라보다 3～4배 정도로, 한국 역사상 최대의 강역을 갖고 있었다. 그럼에도 불구하고 발해국의 역사가 아직도 미지의 세계로 알려진 것은 기전체나 편년체와 같은 체계적인 기록이 없기 때문이다.[73]

---

71) 국사편찬위원회, 「중국정사조선전역주2」, 1988, pp.408－411; 구당서 권199하 열전149하 북적 발해말갈전.

72) 유득공은 발해고에서 "옛날에는 고씨가 북에서 고구려를, 부여씨가 서남에서 백제를, 박·석·김씨가 동남에서 신라를 각각 세웠으니, 이것이 삼국이다. 여기에는 반드시 삼국사가 있어야 할 것인데, 고려가 편찬한 것은 잘한 일이다. 그러나 부여씨와 고씨가 멸명한 다음에 김씨의 신라가 남에 있고, 대씨의 나라가 북에 있으니 이것이 남북국이다. 여기에는 마땅히 남북사가 있어야 할 터인데, 고려가 편찬하지 않은 것은 잘못이다(발해고).

73) 동북아역사재단 편, 「발해의 역사와 문화」, 서울: 동북아역사재단, 2007, p.10; 대표적 발해사 연구 서적으로는 제왕운기(이승휴), 발해고(유득공), 해동역사(한치윤), 동사강목(안정복), 아방강역고(정약용), 발해세가(홍석주), 조선상고사(신채호), 발해강역고(서상우) 등이 있다.

2. 발해의 성립과 종족 구성

1) 발해의 건국

(1) 고구려 장군 출신 대조영이 고구려 유민과 말갈집단들을 규합하여 만주 길림의 돈화시 동모산(지금의 태백산 동북인 돈화현으로 추정함) 기슭에서 진국(辰國)의 성립을 선포하고 국왕이 되었다(698년). 이에 따라 신라와 함께 남북국의 형세(유득공의 발해고)를 이루게 되었다.

(2) 독자적 연호 사용

대조영은 '천통', 제2대 무왕은 '인안',[74] 제3대 문왕은 '대흥', 제10대 선왕은 '건흥' 등을 독자적인 연호로 사용하여, 발해의 자주정신과 주체적인 국가관을 뚜렷이 나타내었다.

2) 고구려 계승의식 표방

발해의 제3대 문왕 대흥 21년에 일본에 국서를 보낼 때 '고려국' 또는 '발해국왕', '고려 국왕'이라는 공식 호칭을 사용하였고,[75] 문화적으로는 온돌장치·연꽃무늬·불상 양식(이불병좌상), 굴식 돌방무덤(정혜공주묘)의 모줄임 구조 등에서 고구려 문화의 유사성을 엿볼 수 있다.

2. 발해의 종족 구성

발해의 종족 계통에 대해서는 두 개의 견해가 첨예하게 대립하고 있다.

1) 우리나라 학자들은 중국 사서인 구당서 북적열전 발해 말갈전[76]을 근거로 '고려별종설'[77]을 채택하여 발해 왕국의 건국 주체를 대조영과 소수의 고구려인으로, 피지배층은 다수의 말갈족이었다고 보는 견해이다.

---

74) 신당서 권219 열전 제144 북적 발해전.

75) 발해 제2대 무왕 인안 8년에 24명이나 되는 대규모 사절단을 파견하면서, 일본 효무천왕에게 보낸 국서 중에서 "발해국은 고려(고구려)의 옛 영토를 회복하고 부여 이래의 오랜 전통을 이어받고 있다"고 표방하였고, 제3대 문왕 대흥 21년에 문왕이 보낸 국서에 대하여 일본왕의 답서 또한 「고려 국왕에게 보내는 답서」로 되어 있다(박시형, 송기호해제, 「발해사」, 서울: 이론과 실천, 1979, p.53).

76) 말갈은 고대에서 중세에 걸쳐 만주 동반부(東半部)와 흑룡강 하류의 지방에 살던 부족의 이름으로 수·당시대에 말갈로 표기(表記)되고 있다. 수서 말갈전에 따르면 말갈은 속말부(粟末部)·백산부(白山部) 등 7부(部)로 나누어져 송화강 상류인 백도눌(伯都訥)에서부터 송화강 하류 및 흑룡강 하류까지, 동남(東南)은 장백산 일대의 넓은 지역에 걸쳐 흩어져 살면서 통일은 이루지 못한 저문화족을 총칭해서 부른 말이다. 고구려가 팽창할 당시에는 백산부(白山部)와 속말부(粟末部)가 고구려에 병합되기도 하였다.

77) "발해 말갈의 대조영은 본래 고(구)려의 별종이다. 고(구)려가 멸망하자 조영은 가속을 이끌고 영주(지금의 중국 조양 부근)로 옮겨 살았다(구당서 북적열전 발해 말갈전)."

2) 반면 중국 학자들은 중국사서인 신당서 북적 열전 발해조[78]를 바탕으로 "발해 왕국의 주체는 본래 고구려에 부속되어 있었으며, 성(性)은 대(大)씨이다. 고려(고구려)가 멸망하자 무리를 이끌고 읍루의 동모산을 차지하였다"는 '속말갈설'을 근거로 채택하여 발해 왕국의 주체인 대조영을 속말갈인이라고 주장하고 있다.[79] 이러한 견해 차는 발해의 종족계통을 고구려로 보느냐, 아니면 말갈로 보느냐에 따른 시각 차이에서 오는 것이라고 볼 수 있다.

3. 발해의 발전과 멸망

1) 발해의 발전기

발해사는 10대 선왕(宣王) 대인수(大仁秀) 시기를 전후로 하여 정치 발전기를 구분하고 있다. 전기는 대조영이 건국한 뒤부터 9대 간왕(簡王) 대명충이 사망한 818년까지로, 후기는 10대 선왕이 즉위한 해로부터 멸망한 해까지로 본다.

(1) 무왕(8세기 전반)

① 대무예는 대조영의 아들로 제2대의 왕위에 으르니, 이가 곧 무제이다. 8세기 초 영토 확장에 힘써 북만주 일대를 장악하였다.

② 당·신라와는 적대적 관계였고,[80] 돌궐·일본과는 친선관계를 유지하여 당과 신라를 견제하였다. 연호를 '인안'이라고 하여 자주적 국가로서의 모습을 보였다.

(2) 문왕(8세기 전·중반)

발해는 제3대 문왕(대흠무) 때에 대당관계의 정상화를 토대로 대대적으로 왕권 중심의 중앙집권체제가 정비되었다.

① 체제정비

㉠ 중앙에 3성(省) 6부(部)를 설치하고, 관복제(官服制)·관등제(官等制) 등을 제정하였고, 지방에는 5경 15부 62주의 행정구역을 설치하였다. 그리고 부병제(府兵制)로 대표되는 군사제도를 정비하였다.

㉡ 당(唐)의 율령을 수용하여 율령국가로서의 체제를 갖추었고, 유학과 불교를 받아들여 통치의 사상적·이념적 토대를 마련하였다.

---

78) 신당서 북적열전 발해전.

79) 한규철, 「발해의 대외관계사—남북국의 형성과 전개」, 서울: 신서원, 1994, p.87.

80) 당 현종 17년에 발해의 무예(2대 무왕)가 장수 장문휴를 파견하여 해적을 이끌고 등주자사(登州刺使) 위준을 공격하자, 당의 현종은 급히 문예를 파견하여 유주의 군사를 동원시켜 이를 공격했다고 신당서는 전하고 있다(신당서 권29 열전 제144 북적 발해전).

㉢ 문왕은 3번에 걸쳐 도읍지를 옮겼는데, 785년 무렵에 마지막으로 상경(上京)에서 동경(東京)으로 천도하고, 연호를 '대흥'이라 칭하였다.

㉣ 대외관계

당과 친선관계를 맺어 중국문물을 수용하였고, 신라와는 상설 교통로인 신라도를 개설하여 사신 등을 교환하였다.

(3) 선왕(대인수, 9세기 전반)

제10대 선왕 대인수(大仁秀)는 건국 이래 120여 년 동안 대조영계로 일관해 온 기존의 왕계와는 다른 새로운 정권을 수립하였다. 이러한 선왕의 즉위와 치적은 단순히 왕계의 교체만을 의미하는 것이 아니라, 발해의 정치·사회적인 분위기를 쇄신시켰다는 점에서 중요한 시기로 지적되고 있다.[81]

① 체제정비

발해의 부흥은 제10대 선왕에 이어 11대 대이진, 12대 대건황, 13대 대현석대에 융성기를 맞이했다. 이때 발해의 영역은 제10대 및 제13대 대현석(大玄錫)대에 가장 넓어, 사방5천리에 이르렀다. 제10대 선왕(대인수)은 광대한 영토를 효과적으로 통치하기 위하여 5경 15부 62주의 지방행정체제를 완비하였다.

② 영토확장(대외정책)

말갈을 복속하고 요동지방으로 진출하였으며, 남쪽으로는 신라와 국경을 접할 정도로 고구려 옛땅을 대부분 차지하였다. 이 시기에 발해는 당(唐)으로부터 '해동성국'[82]이라는 칭호를 얻기도 하였다.[83]

2) 발해의 멸망기

(1) 지배층의 내분

15대 대인선(大諲譔)이 왕위에 오를 무렵 문관우위의 정책은 무관들에게 불만을 촉발시키는 요인이 되었고, 결국 귀족들이 사병을 거느리고 투쟁을 벌이는 계기가 되면서 발해의 세력은 약화되었다.[84]

---

81) 동북아역사재단 편, 앞의 책, p.15.
82) 발해를 두고 '해동성국'이라고 부르는데, 이는 발해가 그만큼 부강한 나라였음을 의미한다. 한편 이러한 칭호의 이면에는 발해가 강력한 철기문화를 발달시키고 있음을 가리키는데, 발해의 제철기술은 바로 고구려의 철생산과 제철기술을 계승한 것이었다. 고구려는 일찍부터 5부족 중 계루부를 중심으로 두만강 유역에서 제철기술을 발전시켰다(이만열, 「우리역사 5천년을 어떻게 볼 것인가」, 서울: 바다출판사, 2000, p.90).
83) 동북아역사재단 편, 앞의 책, p.15.
84) 이이화, 「한국사 이야기④ 남국신라와 북국발해」, 서울: 한길사, 1998, p.280.

(2) 거란의 침입

중국의 서북쪽에 국력을 키우고 있었던 거란의 야율아보기는 901년 7개 부의 우두머리를 제거하고 통치력을 확보했다. 그는 줄기차게 정복전쟁을 벌였는데, 925년에 발해의 부여부를 사흘만에 공략하고, 부여부에서 출발한 지 6일만에 상경용천부(수도)를 포위하여 사흘만에 왕인 대인선에게 항복을 받았다. 결국 발해는 나라를 세운지 229년만에 역사 속으로 소멸되고 말았다.

Ⅱ. 관제(官制)

발해국은 이민족에게 멸망당하는 바람에 스스로 쓴 역사책을 남기지 못하였고, 이런 연유로 치안과 관련된 국가제도나 법률 등에 관한 내용은 그 기록조차 찾아볼 수가 없다. 다만 신당서 발해전에 발해국가제도에 대하여 간단한 내용이 서술되어 있을 뿐이다.

1. 중앙관제

발해국가의 중앙직제의 골격은 3성(三省) 6부(六部) 제도를 기본으로 하고, 그 아래에 1대(臺)·7시(寺)·1원(院)·1감(監)·1국(局)의 행정조직을 두었다.

1) 3성

3성은 선조성(宣詔省: 정책결정)·중대성(정책을 수립)·정당성(6부를 총괄하는 집행기관인 동시에 가장 높은 기관)을 말한다. 선조성에는 장관인 좌상(당나라의 문화성에 해당하는 기구, 정2품 시중), 중대성에는 장관인 우상(당나라의 중서성에 해당하는 기구), 그리고 정당성의 대내상[85]은 선조성의 좌상과 중대성의 장관인 우상보다 서열상 우위에 있었다. 대내상 아래 좌사정(左司正)과 우사정(右司正) 1명씩을 두었고, 사정 밑에는 좌윤·우윤이 각각 1명씩 두어 이들을 보좌하였다. 그리고 좌윤은 6부 중 충·인·의부를, 우윤은 지·예·신부를 각각 분담하였다.[86] 따라서 정당성의 대내상은 치안관련 업무도 총괄하는 최고상층부 관리였다.

---

85) 발해의 정당성은 당(唐)의 상서성에 해당하며, 6개부를 총괄하는 최고 집행기관인 동시에 가장 높은 기관이다. 정당성 장관인 대내상(1명)은 모든 국가기관들의 관료를 통제·지휘하는 권한을 가지고 있었다.

86) 김진광, 「발해 문왕대의 지배체제연구」, 서울: 박문사, 2012, pp.289-293.

2) 6부

(1) 6부의 업무

① 6부는 충부(忠部: 당의 이부에 해당됨)는 문관의 임명·공훈 및 봉작(공작과 후작 등의 지위) 수여·관리들의 인사고과를 심사하는 직무를 맡았다. 인부(仁部: 당의 호부에 해당됨)는 토지와 조세관련 사무를 맡았고, 의부(義部: 당의 호부에 해당)는 의례·시험·외교사무 등을 맡았다. 지부(智部: 당의 병부에 해당됨)는 군대와 무관의 임명·봉수·역참·군마와무기·왕궁 호위·성(城) 등 군사와 치안에 관련된 업무를 관장하였다. 예부(禮部: 당의 형부에 해당됨)는 율령(법률과 명령)·형법·천민에 관한 정무·재판 등의 사법행정(司法行政)을 관장하던 부서였다. 신부(信部: 당의 공부에 해당됨)는 교량·도로수선·공장(工匠)관련 사무를 맡아 보았다.

② 각 부의 장관으로는 경(卿) 1인이 있었고, 그 아래에 낭중(郎中: 당의 낭중관에 해당하며 종5품상에 해당함)과 정원이 없는 약간 명의 원외(員外: 당의 원외랑에 해당하며 종6품상에 해당함)가 있었다.

(2) 치안관련 중앙기관

① 치안과 관련된 중앙의 최고기관은 6부를 장악하여 총괄하던 정당성의 대내상을 최고상층부로 하여, 6부 중의 지부(智部)의 장관인 경(卿)이 군사권과 행정경찰권을 지휘하였고, 예부(禮部)의 장관은 형률과 재판 등의 사법경찰업무를 지휘하였다. 그리고 그 예하에 관료들이 행정경찰과 사법경찰업무를 계획·수립하여, 일선 실무부대로 그 계획을 하달·시행하는 임무를 수행하였다.

② 발해의 치안과 관련된 치안라인은 왕 → 대내상 → 6부 중 지부·예부의 장관인 경(卿) → 낭중 → 원외 등으로 경찰 상층부가 구성되었다고 추정할 수 있다.

3) 기타

3성 6부 이외에도 1대·7시·1원·1감·1국을 두었는데, 이 중 치안과 관련된 기타 중앙관청으로 1대인 중정대(中正臺)를 들 수 있다. 중정대는 모든 관료들의 비위를 규찰하는 감찰기관으로, 그 장관은 대중정(大中正)이고 그 밑에는 소정(小正) 1명이 있었다. 그러나 엄격히 말하면 중정대는 오늘날의 감사원의 기능과 유사하다고 볼 수 있고 경찰업무는 아니다. 다만 범죄수사와 관련된 비위가 인지되면 수사가 개시된다는 측면에서, 광의의 사법경찰업무에 포함된다고 보아도 무방할 것이다.

2. 지방관제

1) 경(京)·부(部)·주(州)·현(縣)

발해는 광대한 영토유지와 여러 종족계통의 주민들을 통치하기 위하여, 건국 초기부터 지방제도를 정비하면서 완비시켜 나갔다. 지방의 행정제도는 5경(京)·15부(部)·62주(州)를 골간으로 하였고, 지방행정의 중심적 위치는 15부였다.

(1) 5경(京)은 상경용천부(상경은 용천부에 설치된 수도로서 발해왕조기간 중 가장 오랫동안 존속된 기본 수도이다)·중경현덕부·동경용원부·남경남해부·서경압록부 등이다. 발해는 15부 가운데 중요한 곳에 5경(京)을 두었는데, 이는 정치적·전략적·경제적 필요에 따라 이를 거점으로 삼아 넓은 영토를 효과적으로 통치하고자 설치한 것이다.

(2) 15부(部)

① 부여부(扶餘府)는 부여의 옛 땅에 두었는데, 거란에 대비하여 군사를 주둔시켰고, 읍루의 옛 땅에는 정리부(定理府)를 두어 동쪽을 다스리게 하였다. 그 외에도 안변부·솔빈부(率賓府)·동평부·철리부·회원부·안원부 등을 두었는데, 그중 솔빈부에서 기른 말은 발해의 명물로 꼽혔다.

② 외국과 교통하는 곳에도 부(府)를 설치하였는데, 동남쪽 바닷가에 둔 용원부는 일본도(일본으로 가는 길)·남해에 둔 남해부는 신라도(신라로 가는 길)·압록강 언저리에 둔 압록부는 바다로 당과 통하는 조공도·장령부는 육지로 돌궐이나 당과 통하는 영주도 등을 두었다.[87]

2) 부(府)·주(州)·현(縣)의 관리

(1) 부(府)의 장관으로 도독(都督)을 두어 관할 주들을 지휘·감독하였고, 그 관할 62주(州)에는 자사(刺史)[88]가, 현(縣)에는 현승(縣丞)[89]이 각각 설치되었다. 행정조직 아래에 말단인 촌락이 있었고, 촌락에는 수령(首领)이라는 이름의 토착세력 지배자가 다스렸다.

(2) 발해의 지방행정은 중앙에서 임명한 도독과 자사가 있었고, 그 아래에 토착세력 지배자인 수령(首领)과 백성들이 존재하였다. 발해의 도독과 자사는 해마다 소속된 주·현을 순찰하

---

87) 이이화, 앞의 책, p.92.

88) 자사는 주(州)에 1명을 두어 해마다 소속된 현(縣)들을 순찰하면서 풍속과 죄수들을 살폈으며, 홀아비와 과부들을 구휼하였다. 소속관원은 알려진 것이 없다(김육불 편저, 발해사연구회 옮김, 「발해국지장편」中, 서울: 신서원, 2008, pp.394－395).

89) 현(縣)에 현승을 1명 두었다. 풍속을 인도하고 백성들의 억울한 사정을 살피고 소송과 옥사를 판결하는 일을 관장하였다. 소속된 관원은 알려진 것이 없다(김육불 편저, 발해사연구회 옮김, 앞의 책, pp.394－395).

면서 풍속과 죄수들을 살폈고, 현의 현승은 백성들의 억울한 사정을 살피고 소송과 옥사를 판결하였다.[90] 따라서 지방의 행정·군사·재판·경찰권은 당연히 이들 도독·자사·현승 등에 의해서 행사되었고, 촌락의 수령도 이들에 의해 감독·통제되는 선에서 경찰권을 독자적으로 행사하였다고 추정된다.

Ⅲ. 병제(兵制)

발해는 사방 5천리에 달하는 국토 안에 5경 15부 62주의 행정구역을 설치하면서, 군사제도도 병행하여 정비하였다. 군대는 중앙군과 지방군으로 조직되었다.

1. 군의 편제

발해의 중앙군대제도는 10위와 8위제로 학자에 따라 의견이 나누어지고 있으나, 8위제가 다수설이다. 중앙군의 8위제에 대하여는 사서에서도 매우 간단하게 기술되어 자세히 알 수는 없으나, 김육불이 편찬한 「발해국지장편」[91]에 보면, 무관들에 대한 직무와 그 인원수를 구체적으로 알 수 있다.

2. 군관 및 8위의 임무

1) 각 위(衛)에는 대장군과 장군 각 1인을 두었고, 그 아래 낭장 등 중간 지휘관을 두었다. 8위 중 좌맹분위·우맹분위·좌웅위·우웅위·좌비위·우비위가 궁성의 수비와 숙위를 담당하였다. 그리고 남·북 좌우위가 지역을 방위하였다.

2) 이 8위 제도는 당의 16위를 모방하여 발해의 현실에 맞게 제도화하여 운영된 것 같고, 지방의 군사조직이나 특수부대 등의 실상은 알려져 있지 않다.

---

90) 김육불 편저, 앞의 책, pp.394－395.
91) 발해국지장편(渤海國志長編)은 만주 요양지방에 살던 김육불(1887~1962)이 발해에 관련되는 자료를 모아 엮은 책으로, 1935년에 완성하여 만주에서 간행하였다. 여기에는 발해의 흥망과 유민의 변천에 대한 내용을 담고 있다. 특히 김육불은 「발해국지장편」을 통해 발해사를 중국의 동북지방사라는 입장을 표명하였는데, 이는 발해의 역사는 곧 중국사라는 인식을 드러내고 있는 것이나 마찬가지이다(김육불 편저, 앞의 책, pp.385－388).

3. 군사의 모집

1) 발해는 봉건국가였고, 경제적 기초는 주로 토지에 대한 봉건 소유였다. 따라서 국가나 개인의 지주적 소유제로 병농합일(兵農合一)의 부병제(府兵制)를 실시한 것으로 보인다. 즉, 국민개병제를 원칙으로 하였다.

2) 구당서 북적열전 발해말갈조에 보면 "사방이 2천리이며, 편호(編戶)는 10여만이고 승병(勝兵: 날랜군사) 수만 명이다"라고 기술하고 있다. 여기서 편호는 일반 백성을 의미하는 것이고, 이들은 규정에 따라 조세와 부역을 바치고 병역과 요역에 차출당하였다. 특히 생산과 정복이 상호 결합된 전통시대에는 노약자나 어린이나 모두 군사가 되었고, 심지어는 한 집안의 부자나 형제가 모두 군대에 포함되어 대외전쟁의 수요를 충족시켰다.

Ⅳ. 율령(律令)

1. 경찰권 행사의 주체

발해의 경우도 삼국시대와 마찬가지로 중앙에는 국왕을 중심으로 하여 대내상·6부의 경(卿)·그리고 그 밑의 관료들에 의하여, 그리고 지방에는 도독·자사·현승과 촌락의 우두머리인 수령에 의해 경찰권이 통수되었다고 볼 수 있다.

2. 경찰관련 법령

발해의 경우 경찰업무나 관련 법령 등에 대하여 오늘날 전해지는 것은 없고, 다만 제3대 문왕대에 군정성격의 제도를 율령체제로 바꾸어 나간 것으로 보고 있다. 이때 율령은 당률(唐律)을 모법으로 하고, 고구려율을 가미한 성문율령이었다고 추정하고 있다. 이는 구당서 북적열전 발해 말갈전에서 "풍속은 고구려 및 거란과 같다"는 대목에서도 그 근원을 찾을 수 있다.

1) 결혼목적 부녀납치행위 불처벌

발해사람들은 남녀 간 혼인에는 예의를 따르지 않고 먼저 빼앗아 달아나는 일이 많았다. 나라가 망한 뒤 2백년 동안 그러했다고 기록되고 있다. 이것은 약탈혼인지, 서로 미리 약속해 놓고 빼앗아 가는 혼인풍인지는 현재로서는 확실히 알 수 없다. 이와 같은 행위에 대해서 금나라(말갈족이 세운 나라) 세종 17년(1177)에는 일찍이 이를 엄히 금했고, 어긴 자는 간음죄로 다스렸다. 그러나 발해의 경우는 이것이 관습적으로 허용된 것 같다.

2) 부녀투기죄 불처벌

(1) 일부일처제

발해는 일부일처제의 가족제도가 일찍부터 확립된 것으로 보인다. 발해의 여성들은 모두 사납고 질투가 많아 대개 다른 성씨의 열사람과 자매를 맺어 자기의 남편을 번갈아 가며 살피고, 첩실을 두는 것을 용납하지 않았다. 만약 측실(첩을 일컬음)을 얻은 지아비가 나들이 했다는 소식을 들으면, 반드시 그 애첩을 독살하려 모의하였다. 어떤 지아비가 첩을 얻었는데도 아내가 이를 알지 못하면, 여러 부인들이 떼지어 모여 첩에게 매질을 하고 다투어 투기했다고 「발해국지장편」[92]에서 전하고 있다.

(2) 동북아시아권(삼국시대·중국)의 부녀투기죄와 유녀(遊女: 창녀)

중국이나 삼국시대의 귀족출신 남성들은 신분에 따라 많은 첩을 거느렸고, 데리고 있던 여자 노비도 성(性)의 대상이었다. 특히 고구려의 경우 투기하는 부녀자를 처벌하는 부녀투기죄도 있었다.

고구려에는 유녀라고 부르는 창녀가 있었고, 그 주변 민족인 거란과 여러 나라에 모두 여창(女倡: 창녀)이 있었고, 남자들은 첩실과 여종을 두고 있었다. 그러나 발해사람만은 없었다.

(3) 부녀투기 행위는 불처벌

발해는 삼국시대와는 달리 간음죄와 부녀투기죄가 없었던 것으로 보이고, 간음이나 측실을 두는 행위는 여성들에 의하여 사회적·문화적·관습적으로 제어되었다고 볼 수 있다. 따라서 오늘날 윤락행위로 처벌되는 성매매 행위도 발해에서는 찾아볼 수 없을 정도로, 여권의 신장이 두드러지게 나타나고 있는 것도 특기할 만하다.

3. 순 장

발해시대에도 순장의 풍속이 여전히 존속되고 있었다. 1949년 수도 상경이 위치하던 돈화현 육정산에서 문왕의 넷째 딸인 '정혜공주묘'가 발견되었는데, 31명의 시종을 순장한 흔적이 발견되었다.[93] 이러한 순장은 신라시대의 경우 지증왕 3년 3월에 금지된 후 순장의 풍습은 사라지고 없었다.[94] 그런데 그보다 훨씬 후대인 발해에서 순장의 풍습이 되살아나고 있다는 것은 황제를 중심으로 한 전제왕권주의로 복귀하고 있음을 시사해 주고 있다.

92) 김육불 편저, 앞의 책, p.451.
93) 이이화, 앞의 책, pp.152－153.
94) 삼국사기 권제4 신라본기 제4 지증왕 3년 3월조.

Ⅴ. 범죄예방과 통제

발해의 치안은 고구려나 신라의 초기와는 달리 귀족회의를 통하지 않고 국왕이 강력한 전권을 행사하였기 때문에, 치안상태는 삼국시대보다 훨씬 안정적이었다고 생각된다.

1. 사회구조와 경제생활

1) 사회구조

(1) 발해의 사회신분은 왕을 비롯한 왕족·귀족·평민(편호)·그리고 하층민인 부곡 및 노비로 이루어져 있었다. 이들 신분을 다시 지배집단과 피지배집단으로 구별하는 것은 성씨의 유무(有無)에 있었던 것으로 생각된다.[95)]

(2) 발해의 왕성(王姓)은 대씨(大氏)이고, 유력가문의 성은 고(高)·장(張)·양·오·이씨 등 불과 몇가지밖에 되지 않았다. 발해의 부곡[96)]과 노비 등은 성이 없었고, 모두 그 주인을 따랐다고 하고 있다. 이는 상전에게 강하게 예속되어 있음을 뜻한다.

(3) 발해도 삼국과 마찬가지로 지배층의 생활이 호화롭고 화려한 대신 피지배층의 생활은 열악하였다. 이는 정효공주의 무덤에서 발견된 벽화에서 "몸종들이 둘러서서 시중을 들고 있고, 악사들이 음악을 연주하며, 시종이 일산을 받쳐 들고 햇빛을 가리고 있는 모습 등"에서 당시의 지배층의 모습을 유추해 볼 수 있다.

2) 경제생활

(1) 발해는 동북쪽에 치우쳐 있고 그 땅이 바다와 맞닿아 있으며 기후가 매우 춥다. 그러므로 사나운 새·특이한 짐승·무늬 있는 돌·어류와 패류·약재 같은 것들이 많이 난다. 하지만 굶주려도 먹을 게 없고 추워도 모두 옷을 해 입을 수가 없다. 언어가 다른 곳에 통사(通使: 통역)들이 사방으로 퍼져 나가 생산되는 물건을 각국에 실어 날라 쌀·조·포목·비단 등으로 바꾸어 나라사람들의 생활필수품으로 삼았다. 나라를 세운지 200여 년 동안 이렇게 하지 않은 날이 하루도 없었다"고 전하고 있다.[97)]

---

95) 윤재윤, "발해사회, 경제사 연구의 현황과 과제", 한국사연구, 2002, p.244.

96) 여기서의 부곡(部曲)은 신라의 부곡과 같은 것이라기 보다는, 중국 당(唐)의 그것과 같이 개인에게 예속된 천민을 말하는 것으로 생각된다. 따라서 이들 부곡·노비는 경제적인 이유거나 혹은 그 밖의 다른 이유로 말미암아 사회적으로 몰락하여 천민화된 부류라고 볼 수 있겠다(이기백·이기동, 앞의 책, p.354).

97) 김육불 편저, 앞의 책, p.459.

(2) 발해가 꾸준히 무역에 열중한 까닭은 특산품을 팔아 넉넉하지 못한 곡식이나 옷감을 사오기 위한 것이었다. 발해의 특산품은 말과 짐승가죽(호랑이 가죽·물개가죽·토끼가죽·담비가죽 등)·인삼이나 우황 등의 약재·사향·꿀·다시마·미타호의 가자미 등과 같은 것들이었다.

특히 15부의 하나인 솔빈부에서 나는 발해의 말은 명마로 소문이 나서 당나라에 1년에 두 번 30필의 말을 보내기도 했고, 중국의 유명한 장수들은 이를 확보하여 군마로 사용했다. 이런 면에서 본다면 대조영이 짧은 기간 동안에 발해를 건국할 수 있었던 이유 중의 하나가 말을 이용하는 기동력에 있었을 것이다.

(3) 발해는 동해·남해바다·송화강·흑룡강, 그리고 경박호 등 내륙의 강하천·호수 등에서 수산업[98]이 매우 활발히 진행된 나라였다. 발해는 국토가 북방에 치우치고 추운 기후로 인하여 식료·의료 및 기타의 생산에서 부족한 것들이 적지 않았기 때문에, 교역에 의해서 수요를 충족시키는 것이 중요한 수단이었다. 발해의 대외무역은 중국·일본·거란 등과 활발하게 진행되었다.

(4) 반면, 신라와는 공식무역을 하지 않았고, 민간무역은 신라도[99]를 통해 부분적으로 이루어졌다고 보이는데, 이에 관한 문헌기록은 거의 보이지 않는다. 다만 삼국사기에는 신라에서 북국(발해)[100]에 사신을 파견하였다는 기사가 간단히 두 번 있을 뿐이고,[101] 그 외에 양국이 내왕하거나 무역 등을 시사하는 자료는 아무것도 없다.

(5) 발해는 이처럼 모자라는 옷감과 식량과 생활필수품을 교역에 의존할 수밖에 없었기 때문에 생존조건은 신라보다 열악했다고 볼 수 있다. 따라서 제2대 무왕과 제3대 문왕 때 3성 6부와 지방행정체제 등을 비교적 빠르게 정비하여 체계화하였으나, 경제적인 면에서는 빈부의 차이로 인하여 발해 전 과정을 통하여 절도범죄가 성행했을 것이라고 추정된다.

---

98) 남해(발해국 5경중의 하나인 남경남해부)의 다시마·미타호의 가자미 등은 그 나라가 귀중히 여기는 것이다(신당서 북적열전 발해전).

99) 신라도는 동경용원부가 있는 책성에서 함경도에 있는 천정군을 따라 내려오는 길이다. 이 길에 39개의 역이 있었다고 하는데, 민간인들은 서로 왕래하면서 무역을 했던 것으로 추정된다.

100) 발해건국 초기에는 중국 사람들과 중국을 맹종한 신라 사람들은 걸핏하면 발해를 '말갈'이라고 얕잡아 불렀다.

101) 신라 제38대 원성왕 6년 3월에 일길찬 백어(伯魚)를 북국의 사신으로 보냈고, 제41대 헌덕왕 4년 9월에 급찬 숭정을 사신으로 보냈다는 기록 외에는, 그들이 발해에 가서 무슨 활동을 하였는지 전혀 알 길이 없다(삼국사기 권제10 신라본기10 원성왕 6년 3월조; 헌덕왕 4년 9월조). 신라의 경우는 발해의 실체를 인정하면서도 멸시하였고, 헌덕왕 18년에는 1만 명을 동원하여 대동강 경계에 장성 300리를 쌓았는데, 이는 발해의 침입에 대비한 것이다(삼국사기 권제10 신라본기 제10 헌덕왕 18년 7월조).

2. 발해의 영역과 치안상태

1) 발해의 영역

(1) 대조영이 처음 나라를 세운 때에는 사마귀만한 땅덩이에서 일어났다고 기록되고 있다. 그러나 발해 건국 사실을 돌궐 등 이웃 나라에 알릴 무렵에는 땅이 5천리, 호구(戶口)가 10여만, 승병(勝兵: 날랜 군사)이 수만 명이었다. 이 땅덩어리는 부여·옥저·변한(동쪽 일부를 가리키고 있는 것으로 보임)·조선[102] 등 바다 북쪽에 있던 여러 나라의 땅을 거의 다 차지하였다고, 신당서 발해전에서는 기술하고 있다.

(2) 발해국이 역사적으로 더 큰 의미를 지니는 것은 평양과 요동의 아래쪽을 차지 못하는 대신, 장백산(백두산)[103]을 발해의 영역에 두었다는 점 때문이다. 발해는 건국 후 약 30여 년 동안 정복전쟁을 활발하게 벌여 남쪽으로는 압록강 상류 언저리까지(뒤에는 대동강 상류까지 내려왔음) 내려와서 당(唐)의 경계와 맞대고, 서쪽으로는 요동의 일부지역을 차지하여 당·거란·돌궐과 경계를 삼고, 동쪽으로는 연해주와 함경도 아래까지 내려와서 신라와 맞닿았고, 북쪽으로는 송화강 상류에서 흑수부와 경계를 삼았다. 따라서 고구려 영토의 3분의 2를 차지한 셈이 된다.[104] 이러한 광활한 영토는 치안유지적 차원에서 볼 때 지배층에게는 상당한 부담으로 작용하였다고 생각된다.

2) 치안상태

(1) 문헌기록상의 근거에 의하면 초기에는 승병(날랜군사) 수만 명, 중·말엽에는 20만 명 정도의 숫자로 5,000리 영토를 관장하였다는 셈이 된다. 그럼에도 불구하고 제10대 선왕 및 13대 대현석 시대에 당으로부터 '해동성국'이라는 칭호를 받은 것은, 발해국의 치안상태가 극히 안정적이었다는 것을 시사해 주고 있는 것이다.

(2) 발해의 치안상태가 안정적인 이유는 무엇이었을까

① 발해인들 속에서 지배적인 사상이 된 것은 옛날 고구려 이래 전통적으로 이어받은 애국사상과 상무의 기풍이었다. 발해국지장편에 보면[105] "발해의 남자들은 지모가 많고 용감하

---

102) 학계에서는 발해왕국의 서쪽 경계는 농안 부근(지금의 중국 장춘 서북)으로, 남쪽 경계는 압록강구에서 동으로 함경남도의 덕원 북까지가 경계였다면, 옛 고구려 땅인 부여·옥저를 차지하였다고 볼 수는 있으나, 변한·조선 등의 땅까지도 발해가 획득하였다고 쓴 신당서 발해전의 기사는 과장된 표현이라고 보고 있다.

103) 백두산은 중국 송(宋)대에 이르러서부터 중국인이 장백산이라고 부르게 되어 현재에 이르고 있다.

104) 이이화, 앞의 책, p.82.

105) 김육불 편저, 발해사연구회 옮김, 발해국지장편 권16 발해국지14－족속고 제3, 2008, pp.457－458.

기가 다른 나라 사람들보다 뛰어났다. 세 사람이 모이면 호랑이를 잡을 수 있다"고 기록되어 있는 것으로 보아, 그들이 얼마나 용맹한지를 충분히 알 수 있는 대목이다. 그리고 발해국 당시 및 그 멸망 후 시기까지도 외국인들의 기록에는 일반적으로 발해사람들의 기질·생활풍습 등에 대하여 남자들은 용감하고 부지런하였으며, 여자들은 모두 정숙하여 주위의 다른 여러 나라 사람들과는 뚜렷이 구별된다고 하고 있다. 이 또한 발해민들의 우수한 기질을 엿볼 수 있는 단서가 된다.

② 지방을 5경(京)·15부(府)·62주(州)로 분할하여 통치한 것도 치안상태 안정에 하나의 요인이었다고 생각된다. 지방행정의 중심적 위치는 15부였고, 그 밑에 62주의 행정구역이 있었다. 주(州)는 다시 1~2개의 현으로 나누어 각각 지방장관인 도독·자사·현승을 두어, 이들에게 행정·사법·군사·경찰권을 행사하는 포괄적인 권한을 부여하였다.

③ 한편, 발해는 그 넓이가 2천 리이고 주현관역(州縣館驛: 주현의 숙박업소나 역)이 없고, 곳곳에 촌리가 있는데 모두가 말갈의 부락이었고, 그 백성은 말갈이 많고 토인(土人: 고구려 유민을 말하는 것으로 보임)은 적었다.[106] 따라서 발해는 민족구성원이 복잡하여 소수의 지배층인 고구려 유민의 지방통치가 그렇게 용이하지는 않았을 것이다.

④ 중앙에서 파견된 관리는 경(京)·부(府)·주(州)·현(縣)까지였고 중앙에서 파견되지 않은 다수의 말갈부락은 토착세력가인 수령(首令)에 의해 다스려졌다. 여기서 수령(首令)이라 함은 중앙에서 임명된 지방관과 일반 평민인 백성 사이에 끼여 있었던 세력이었다. 이들은 관인(官人)이 아니어서 품관(品官)을 가지고 있지 않았지만, 백성 바로 위에 군림하는 지배자였다. 즉, 관료에 포함되지 않은 독자적인 지배자들이었다. 수령은 백성 바로 위에 있는 세력이라는 점에서 이들은 신라의 촌주(村主)와 비견할 수 있지만, 신라의 촌주보다 훨씬 독자성을 지니면서 일반인들을 장악하고 있었다고 보인다.[107] 따라서 신라의 촌주가 토착유력자라고 한다면, 수령은 토착지배자라고 부를 수 있다.

⑤ 지방통치의 한계

중앙에서 임명된 지방관은 이들을 매개로 하여 백성들을 간접적으로 통치했고, 수령은 전통적인 부락장 출신들로서 상당한 독자성을 향유하고 있었다. 따라서 중앙에서도 이들의 존재를 무시할 수가 없었기 때문에, 현실적으로 이들의 세력을 인정할 수밖에 없었다. 이러한 수령제도는 발해 중앙세력의 지방에 대한 침투력에 한계가 있었음을 단적으로 보여주는 사례라고 볼 수 있다.[108]

106) 유취국사(類聚國史) 권193 수속부(殊俗部)발해 상(上) 정력(廷曆) 15년 4월조.
107) 송기호, 「발해정치사 연구」, 서울: 일조각, 1995, p.151.
108) 발해 사신단이 일본으로 갈 때 전체 인원인 105명 가운데 수령이 65명으로 과반수를 차지하여서, 심지어 뱃사공보다 많았다는 점은 중앙에서도 이들의 현실적인 세력을 인정한 배려였다고 볼수 있다(송기호, 앞의책, p.152).

3) 지방의 경찰권 행사

발해는 5경 15부의 주·현 가운데 고구려 유민이 비교적 많았던 곳에서는 주현제(州縣制)를 실시하였고, 말갈족이 집단을 이루어 살고 있는 지역에는 부족제를 인정하였다. 따라서 발해의 경찰권은 주·현까지는 중앙에서 파견된 관리들에 의하여 행사되었고, 말갈족 부락에는 수령들이 독자적으로 경찰권을 행사하는 자치경찰적 성격이 강한 이중적 구조로 운영되었다고 볼 수 있다.

4) 지방의 병제(군대제도)

(1) 지방의 군대제도는 지방장관인 도독·자사·현승 등이 해당 지역의 군대 지휘관으로 되어 있는 것을 기본으로 하고 있었다. 따라서 평시에는 예하의 군대들을 징집·훈련·무기·군량·군마·전투 기재 등을 준비하며, 전시에는 해당 군대를 징발·동원하여 전투를 지휘하였다. 그리고 지방군대의 각 단위들에는 중앙군대에 준하여 각급 무관들이 배치되었다.

(2) 경찰사적 측면에서 볼 때 실질적(현장)으로 치안유지는 군이면서 경찰부대인 치안군이 그 업무를 수행하였다고 볼 수 있다. 그러나 이러한 통치체제도 후기에 들어가면서 매우 약화되어, 치안상태는 극히 불안정한 상태에 놓이게 되었다.

3. 행정·사법적 경찰기능

1) 순찰과 감옥

발해의 (주의 장관인) 자사는 해마다 소속된 현(縣)을 순찰하면서 풍속과 죄수들을 살폈고, 현(縣)의 현승은 백성들의 억울한 사정을 살피고 소송과 옥사(獄事)를 판결하였다.

(1) 발해의 지방장관들은 수시로 지방 순시를 하여 백성들의 억울한 사정을 살폈는데, 이는 곧 범죄예방적 측면에서의 활동이라고 볼 수 있다.

(2) 감옥

자사와 현승은 풍속과 죄수들을 살피고 소송과 옥사(獄事: 감옥에 관한 업무)를 판결하는 것도 그들의 주된 업무였는데, 이로 보아 발해의 재판제도와 범죄자를 가두는 감옥이 존재하였음을 알 수 있고, 이러한 기구들에 의해 범죄통제가 이루어졌다고 볼 수 있다.

2) 해상·수상교통

(1) 발해의 수상운수

발해시대의 경찰기능에 대하여는 문헌상 기록이 없어 구체적으로 논할 수는 없으나, 해상·수상교통에 대하여는 그 편린을 찾아볼 수 있다.

① 발해는 당·일본·거란·신라 등과 해상을 통한 활발한 교류를 하였다. 특히 발해에서 수상운수가 발전한 것은 발해의 자연 지리적 조건과 떼어 놓고 생각할 수 없다. 발해는 영토의 서남부와 동부에 긴 해안선을 가지고 있었을 뿐만 아니라, 내륙에 흥개호·경박호 등 큰 호수들과 압록강·대동강·송화강·흑룡강 등 큰 강들이 있었다. 따라서 수상운수를 발전시킬 수 있는 유리한 지리적 조건을 가지고 있었다. 발해의 중심 지역에는 아무리 외진 지역이라 하더라도 100여리, 멀리는 200～300리 정도만 가면 송화강의 본류 또는 지류에 닿을 수 있었다. 그로 인하여 모든 지역에서 송화강까지만 물품을 운반하면, 중심 지역의 어느 곳에나 수로를 이용하여 그것을 운반할 수 있었다.[109]

② 발해에서의 수상운송은 각지에서 나는 특산물(예컨대, 태백산의 토끼[110]·남해[111]의 다시마·책성[112]의 된장·부여의 사슴·막힐의 돼지[113]·솔빈의 말 등)과 농산물(예컨대, 환도의 자두·낙유의 배) 그리고 그 밖의 여러 가지 물자가 수송에 널리 이용되었다.[114] 뿐만 아니라 군사 등을 수송하는 등 비롯한 군사적 목적에도 이용되었다.

(2) 해양·수송관장 기관

① 정사와 수부

발해는 해양·수상활동을 관장하기 위하여 신부(信部: 당나라의 공부에 해당함) 아래에 2개의 소속기관을 두었다. 하나는 정사(正司)[115]인 신부였고, 또 하나는 지사(支司)인 수부(水部)가 있었다. 신부는 발해의 영선(배제작·수리 등의 업무)·관청수공업 등을, 수부(水部)는 전국의 산림·도

---

109) 동북아역사재단 편, 앞의 책, p.235.

110) 태백산은 곧 지금의 장백산(백두산)이고, 길림과 가까우니 그곳에서 산출되는 토끼는 반드시 흰 토끼이다. 발해의 풍속에 그것을 귀한 것으로 여기므로 조공품으로 삼았다고 전하고 있다(발해국지장편 발해국지15 식화고 제4).

111) 남해는 발해 남경남해부에 속한다.

112) 책성은 동경용원부의 별칭이며, 그곳에서 나는 된장은 이름 있는 산물이었다.

113) 막힐부는 부여의 옛 땅이고, 부여는 돼지치기를 잘하고 고기를 먹으며 그 가죽으로 옷을 만든다. 그 풍속에 돼지를 귀하게 여기니, 부여국의 옛 습속을 그대로 따르고 있다고 전하고 있다(발해국지장편 발해국지15 식화고 제4).

114) 신당서 권219 열전 제144 북적발해전.

115) 발해는 6부 밑에 국(局) 단위의 부(部)를 두었는데, 정사(正司)는 기본이 되는 국(局)을 말하고, 지사(支司)는 정사(正司) 다음 가는 국(局)이라는 뜻으로 풀이되고 있다. 따라서 6부 중의 하나인 신부(信部) 밑에 그와 같은 이름으로 된 국(局) 단위의 신부와 그 아래에 지사인 수부가 있었음을 의미한다.

로·강하천 행정 등을 각각 분담하여 그 업무를 수행하였다고 생각된다.

② 해양·수상경찰권 주체

㉠ 6부 중의 하나인 신부(信部)에는 장관인 경 1명과 소경 1명을 두었고, 그 소속기관인 정사의 신부에는 낭중 1인이 맡고, 그 밑에 원외랑이 있었으나 정원은 알려진 것이 없다. 수부(水部)도 낭중 1인이 맡고, 그 밑에 원외랑이 있었으나 정원은 알려진 것이 없다.[116)]

㉡ 발해의 해양과 수상에 관한 해양경찰활동은 6부 중의 신부(信部) 장관인 경 1명이 총괄적으로 지휘·감독하고, 그 소속기관인 국(局) 단위의 신부와 수부에는 낭중 1인과 원외랑이 업무를 분장하여 해양과 수상경찰권을 행사하였다고 볼 수 있다. 그리고 현장에서의 치안업무는 군이자 경찰부대인 치안군이 해양과 수상을 분리하여 그 기능을 수행하였다고 추정된다.

---

116) 김육불 편저, 발해사연구회 옮김, 「발해국지장편」 권16 발해국지13－직관고제2, 서울: 신서원, 2008, pp.372－373.

제5장 고려

제5장
고 려

제1절 총 설

Ⅰ. 중세 사회의 성립과 전개

1. 고려의 성립과 민족의 재통일

신라는 골품제의 모순으로 붕괴되었고, 후백제는 자체분열로, 그리고 후고구려의 궁예는 복수심과 폭정으로 민심을 얻지 못하고 결국 자멸의 길을 걸었다. 이들은 신라를 몰락으로 이끌어가는 데에는 크게 작용하였으나, 그 후 어떠한 질서를 수립해야 할 것인가에 대한 뚜렷한 목표가 없었다. 결국 양자는 모두 전제군주로 화(化)하여 왕위에서 쫓겨나고, 결국 왕건에 의해서 후삼국이 통일되면서 고려라는 재통일 국가가 형성되었다.

1) 고려 건국

궁예를 몰아낸 뒤 신하들의 추대 형식을 빌려 왕위에 오른 왕건은 고구려 계승을 내세워 국호를 고려라 하고(918년, 연호는 천수), 송악에 도읍을 세웠다.

2) 민족의 재통일

(1) 고려의 정책

지방세력을 흡수·통합하였고, 대외적으로는 중국 5대(후당·후진·후한·후양·후주)[1)]와 교류

1) 태조 왕건이 고려를 건국하던 시기는 당나라가 멸망하고, 오대십국이 열리던 시기였다. 907년 황소의 부장

하였다.

(2) 후삼국 통일

신라에 우호정책을 펼쳐 신라를 병합하고(935), 후백제를 정벌하였으며(936), 후삼국뿐만 아니라 발해의 고구려 유민을 수용하여 민족의 재통일을 이루었다.[2)]

3) 고려 개창의 역사적 의의(중세 사회로의 전환)

고려의 건국과 후삼국의 통일은 단순한 왕조 교체에 그치는 것이 아니라, 고대 사회에서 중세 사회로서의 전환이였다. 특히 나말 여초의 변동(고려건국)은 외세의 간섭 없이 자체 내에서 독자적으로 이루어졌다는 점에서 더 큰 의의가 있다.

4) 중세 사회의 성격

구분	고대(통일신라)	중세(고려)
성격	안정을 추구하는 보수적 국가임	고구려 옛땅을 회복하기 위한 「북진정책」을 추진하는 과정에서 북방 유목민족들과 항쟁하면서 더욱 성장함(자주적 민족국가)
사회	폐쇄적인 신분사회였음(신분 본위)	지배세력이 개방적인 신분사회로 전환됨(개방적 신분사회)
문화	진골 중심의 중앙(귀족)문화 중심이었음 신분적(골품제)·종교적 제약(불교)	지방의 호족세력이 사회적 지배세력으로 대두하였고, 성종 때부터 「호족」중심의 새로운 신분체제로서 문벌귀족사회가 형성됨 신분과 종교 제약 탈피 문화수준 향상

이었던 절도사 주전충이 당의 마지막 황제 소선제로부터 선양의 형식으로 제위를 물려받아 후양(後梁)을 세운 이후, 중국 중원지역에서는 후당·후진·후한·후주의 다섯 왕조가 이어지고, 그 이외의 지역에는 오·남당·오월·민·형남·초·남한·전촉·후촉·북한의 10국이 할거했다. 이것은 주전충이 황제가 되긴 했지만 중국 전체의 황제는 아니었기 때문에, 각 지역의 절도사들이 저마다 왕을 칭하고 나라를 세웠기 때문이다. 따라서 중국은 십여 개의 크고 작은 나라로 분열됐다. 이 시기는 중국최후의 대분열기로서, 이 시기를 오대십국(5개의 큰 나라와 10개의 작은나라)시대라고 한다. 960년 후주의 노장 조광윤은 공제로부터 선양형식을 밟아 송을 건국함으로서 이시기를 마감하였다.

2) 당시 고려에 온 발해 유민 중에는 관리·장군·승려 등이 상당수 있었는데(926년 발해 멸망), 태조는 이들을 적재적소에 임명하여 후삼국 통일에 활용하였다. 특히 발해의 태자 대광현(발해 마지막왕 대인선의 아들)이 여러 신하와 군사들 수만 명을 이끌고 고려로 망명하자, 대광현에게 왕계라는 이름을 내려 왕씨종실에 들어오도록 하는 등 동족 의식을 분명히 하였다. 발해와 고려는 둘다 고구려를 계승한 나라로 왕건은 발해를 '형제의 나라'로 여겼고, 발해를 정복한 거란을 노골적으로 미워하였다.

Ⅱ. 고려의 시대 구분

1. 시대 구분의 여러 기준

고려시대의 구분에 대하여는 여러 가지 견해가 제시되고 있으나, 기본적으로는 무인난(의종 24년)을 분수령으로 하여 고려전기와 후기로 나누고, 다시 고려전기는 초기(10세기, 호족)와 중기(11~12세기, 문벌귀족)로, 고려후기는 무신집권기(무인정변, 1170) → 원간섭기(13세기) → 원명교체기(14세기)로 구분하고 있다.

◆◆ **고려시대 구분(918~1392년)**

<table>
<tr><th colspan="3">고려전기</th><th colspan="2">고려후기</th><th>고려말</th></tr>
<tr><th colspan="2">초기(10세기)</th><th>중기(11~12세기)</th><th>무신 집권기 (무인정변, 1170)</th><th>원간섭기</th><th>원명교체기 (14세기)</th></tr>
<tr><td colspan="2">호족</td><td>문벌귀족(호족 중심의 새로운 신분체제)</td><td>무신</td><td>권문세족</td><td>신진사대부</td></tr>
<tr><td colspan="2">자주적</td><td>보수적·사대적</td><td></td><td>보수적·친원</td><td>진취적·개혁적</td></tr>
<tr><td>대외 관계</td><td>요(거란) (916~1125년)[3]
북송(960~1127년)[4]</td><td>금(1115~1234년)[5]
남송(1127~1279년)[6]</td><td colspan="2">원(1271~1368년)</td><td>명 (1368~1644년)</td></tr>
</table>

3) 요(遼)는 10~12세기에 중국 북방에서 거란이 세운 정복 왕조로서 중국식 국호이다. 당나라가 멸망하고 중국이 혼란에 빠지자 거란족(몽골족의 일파) 추장 야율아보기가 거란제국을 세웠다. 거란제국은 북아시아 대부분과 「발해」를 정복한 뒤, 936년에는 중국의 황하 유역까지 진출해 다수의 중국인마저 지배하에 두었다. 거란(요)은 고려전기에 3차례(1차 성종, 2·3차 현종)나 침입하였다. 1114년 여진족인 금나라와 송나라의 협공으로 1125년에 멸망하였다.

4) 송은 조광윤이 오대 최후의 왕조 후주의 공제 시종훈에게 선양을 받아 세운 나라이다. 국호는 송이었으나, 금(金)나라에 의해 개봉에서 쫓겨나 남하한 뒤에는 남송(南宋)과 구별하여 북송(北宋)이라 불리었다. 남송과 더불어 송, 또는 송조(宋朝)라고 한다.

5) 금(金)은 여진족이 건국한 중국의 왕조로서, 중앙아시아와 중국 북부를 지배하였다. 금은 건국한 뒤 송나라와 동맹을 맺었으나, 1125년에 요(거란)나라와 송나라를 멸망시키고, 남송과의 사이에 국경을 정하고, 남송의 황제는 신하로서 마땅히 지켜야 할 예를 갖추어 금나라의 황제를 대하게 하였다. 1234년에 몽골·남송 연합군의 공격을 받아 멸망하였다.

6) 남송(南宋)은 통일왕조 송(宋)나라의 후기를 이르는 말이다(1127~1279). 여진족이 세운 금(金)이 요(거란)를 쳐서 멸망시킨 후, 1126년 송(宋)의 수도 개봉(開封)을 쳐서 왕들(휘종과 흠종)을 포로로 잡아가면서 송나라 왕실의 혈통이 중단되었다(이를 정강의 변이라고 부른다). 난을 피해 남쪽으로 도망간 흠종의 동생 고종이 남중국의 임안(지금의 항주)에 도읍하여 「남송」을 재건하였다. 금(金)과 화의하고 중국의 남부지역을 지배하였으나, 1234년 몽골에 의하여 금나라가 멸망한 후, 1279년에 몽골에 의해 남송 역시 멸망

2. 고려시대 경찰의 시대 구분

고려시대의 경찰기구는 고려전기의 치안기구 → 무인집권기의 야별초 → 고려 원간섭기의 순군만호부가 각기 그 조직과 기능에서 영역이 다른 특징 등을 갖고 있다. 따라서 본서(本書)에서는 사학계통에서 보는 시대 구분과는 달리 고려전기, 무인기, 고려후기(원간섭기에서 고려말)의 3시기로 구분하였음을 밝혀둔다.

Ⅲ. 고려전기의 정치구조

1. 태조의 정책

태조왕건은 왕권강화와 정국안정을 위해 호족과의 혼인과 사성(賜姓)정책·조세경감·노예해방·북진정책 등을 표방하였다.

1) 호족 세력 통합 정책

통일국가 고려의 초기 형태는 호족연합체적 성격이 짙었기 때문에, 지방호족들의 세력은 언제나 왕권을 위협할 수 있는 요소로 작용할 수 있었다.

(1) 정략결혼과 사성정책

유력한 지방호족과는 혼인을 통하여 이들과의 유대를 강화하였고,[7] 개국이나 국가업무에 큰 공이 있는 자에게 왕(王)씨 성(姓)을 하사하는 사성정책을 시행하였다.

(2) (호족) 중앙관리로의 흡수

태봉(후고구려)의 관제를 중심으로 신라와 중국의 제도를 참고하여 정치제도를 마련하고, 개국공신과 지방의 호족들을 관리로 임명하거나 역분전[8]을 제공하였다.

(3) 향촌 자치 허용

지방에는 호족자치제를 실시하여 호족들에게 호장·부호장 등의 향직을 주고, 그 지방의

하였다. 그 후 몽골에 의해 중국에 세워진 나라가 원(元)제국이다.

7) 고려초기의 왕건의 후비는 총29명이었고, 이러한 혼인정책은 그가 죽고 난 뒤 이복형제들을 전면에 내세운 호족들의 왕권 경쟁으로 고려 왕실은 왕권다툼의 각축장으로 몰고 가는 계기가 되었다.

8) 고려 태조 23년(940) 처음 실시된 토지분급제도이다. 후삼국을 통일한 지 4년 뒤, 공로가 컸던 신하와 군사에게 토지를 나누어 주었다. 분급의 기준은 관계(官階)나 관직이 아니라 고려 왕실에 대한 충성도와 공로에 따른 것이었다. 이것은 신라시대의 문무관료전을 계승한 것이며, 고려시대 토지분급제도인 전시과의 선구가 되었다.

치안을 책임지도록 하여 지방의 중·소 호족들에게 향촌 사회에서의 지배권을 부분적으로 인정해 주었다.

(4) 지방세력 견제책

지방호족들을 견제하고 지방통치를 보완하기 위하여 기인제도(감시)와 사심관제도(우대)를 실시하였다.

2) 민생안정책

(1) 수취체제 개편(조세 경감)

태조는 왕위에 오른 뒤 취민유도(흩어진 백성을 모으는 것)를 내세워 호족들이 지나치게 세금을 거두지 못하게 하고, 조세제도를 합리적으로 조정하여 세율을 10분의 1로 낮추었다.

(2) 흑창설치·노비해방

흑창은 빈민에게 곡식을 빌려주었다가 추수기에 상환하도록 하는 구휼기관으로, 고구려의 진대법과 유사한 제도이다. 성종 5년(986) 그 기금을 1만 석으로 증가시키는 한편 명칭도 「의창」으로 바꾸었다. 그리고 전란 중에 억울하게 노비가 된 자를 해방하였다.

3) 통치규범

(1) 정계(政戒)와 계백료서(誡百寮書)를 지어 신하들이 지켜야 할 규범을 제시하였다(예절서로써 현재는 전하지 않는다).

(2) 훈요십조는 태조 왕건이 후손에게 남긴 유언으로서, 후대 왕에게 불교를 중시하고 백성을 위한 정치를 하라는 의미의 뜻이 고스란히 담겨져 있다.

4) 북진 정책

(1) 고구려 계승 의식

태조는 고구려의 계승자라는 뜻에서 국호를 「고려」라 하고, 국가의 자주성을 강조하기 위해 천수(天授)라는 연호를 사용하였다.

(2) 서경중시

고구려의 옛 땅을 되찾고자 하는 열망으로 북진정책을 추진하여 평양을 서경(西京)으로 삼고, 북진 정책의 전진 기지로 적극 개발하였다.

(3) 거란에 대한 강경책

거란이 사신을 파견하여 화친의 뜻으로 낙타 50필을 보내오자, 발해를 멸망시킨 무도한

국가로 인식하여 사신을 섬으로 귀양 보내고 낙타를 개경의 만부교 아래에서 굶겨 죽게 하였다(만부교 사건).

5) 숭불 정책

(1) 연등회·팔관회 강조

고려의 불교는 통일신라의 불교를 승계하여 정치·사회·문화 등 다방면으로 지배력을 공고히 하는 데 이바지하였다. 태조는 「훈요십조」에서 불교를 숭상하여 연등행사를 성대하게 하고, 민족의 전통적 제전인 팔관회를 열도록 하였다.

(2) 유교

유교는 태조 때에 신앙생활을 주도한 불교 등과 함께 정치적 지도이념으로 부상하게 되었고, 성종 초에는 유교가 정치이념으로 기능하였다. 그 외에 도교·풍수지리·도참사상도 유행하는 등 고려시대의 사상계(思想界)는 복합적인 성격을 그 특징으로 하고 있다. 그러나 사회 전반에 끼친 영향력의 면에서는 불교에 비견할 만한 것은 없었다.[9] 고려사회의 지도이념은 불교는 수신(修身)의 도(道)로, 유교는 치국(治國)의 지도원리로 삼았기 때문에, 유교의 발전은 불교와의 조화 위에서 성립되었다.

2. 혜종(943~945년)

태조의 정략결혼은 오히려 왕자들과 외척들 사이에 왕위 계승 다툼을 야기하는 부작용으로 나타나, 제2대 혜종은 암살기도에 신경 쇠약을 앓다가 세상을 떠났다. 그러자 왕규(태조 왕건의 장인 중의 한 사람)가 자기의 외손자를 왕위에 옹립하려다 왕식렴(태조 왕건의 동생)에 의하여 제거되었다(왕규의 난).[10]

3. 정종(945~949년)

1) 서경천도 계획

제3대 정종은 즉위하자마자 박술희[11]와 왕규 등 개경의 공신 세력을 제거하고 수도를 왕

---

9) 김형중, 「한국중세경찰사」, 서울: 수서원, 1998, pp.60－61.

10) 왕규는 태조 왕건의 장인 중 한 사람으로(경기지방광주의 호족), 자기 외손자를 왕위에 앉힐 욕심으로 혜종에게 자객을 보냈으나 도리어 자객이 혜종에게 살해 당했다. 이에 왕규가 직접 칼을 들고 혜종의 침실로 쳐들어 갔으나 혜종이 미리 피하여 실패하였다.

11) 박술희는 혜종의 후견인으로서 그의 공으로 혜종이 태자로 책봉되었다. 박술희는 자기의 신변보호를 위하여 호위병 약 100명을 거느렸는데, 정종이 의심하여 박술희를 갑곶(오늘날의 강화)에 유배보내고, 왕규가 왕명을 사칭하여 그를 죽였다(고려사 92 박술희전).

식렴이 있는 서경으로 천도하고자 하였으나, 공신들의 반대로 실패하였다.

2) 광군설치

광군(光軍)은 정종 2년(947) 거란의 침입을 막기 위하여 설치한 지방호족의 지휘 아래 있던 농민예비군이다. 병력은 30만 명이었고, 지휘부로는 광군사(光軍司)[12]를 두었다.

4. 광종의 개혁정치(949~975년)

제4대 광종은 노비안검법과 과거제도 실시 그리고 백관의 공복 등을 제정하여 호족세력을 억압하고 왕권을 강화시켜 나가기 시작하였다.

1) 전제왕권의 확립(독자적 연호 사용)

공신과 호족세력을 숙청하고 국왕의 권위를 높이기 위하여 황제라 칭하고, 광덕·준풍[13] 등 독자적인 연호를 사용하였다. 개경을 황도(皇都)로 부르고, 서경을 서도(西都)라고 칭하였다.

2) 백관의 공복 제정

관료들이 위계질서를 확립하기 위하여 백관의 공복을 중국 제도에 따라서 자·단·녹·비의 4등급으로 복색을 구분하였다. 한편 광종의 개혁정책에 묵은 세력의 불만이 이곳저곳에서 불거지자, 광종은 대상(大相) 준홍과 좌승 왕동을 제거시키는 등 공신들을 가차없이 제거하였고, 개혁정책에 반대하는 특권세력 및 사회불만세력 등을 억압하기 위하여 임시감옥을 설치하기도 하였다.[14]

3) 과거제도 실시

(1) 유학을 의한 신진 인사를 등용하여 신·구세력의 교체를 도모함으로써 공신들의 세력을 약화시키는 등 왕권을 강화하려는 목적에서 실시되었다.

(2) 중국 후주에서 귀화한 쌍기의 건의에 따라 시행되었으며, 문예와 유교 경전을 시험하여 문반관리를 선발하는 제도였다. 공신의 자제를 우선적으로 등용하던 종래의 관리등용제도

12) 광군사는 고려시대 광군을 통할하던 관청으로 개경에 설치하였고, 그 뒤 얼마동안 광군도감이라고 하다가 현종 2년(1011) 다시 광군사로 환원하였다. 광군은 처음에 지방 실권자인 호족이 지휘권을 행사하고 광군사는 이들 호족을 통하여 광군을 통할하였으나, 후에 광군사가 이를 직접 관장하였다.

13) 광종의 후반기에 중국의 정세는 '5대 시대'의 마지막 후주가 무너지는 혼란기에 있었기에, 광종은 후주의 연호를 버리고 '준풍'이라는 독자적인 연호를 사용하였다. 그 후 송이 후주를 무너뜨리고 국가의 기틀을 확립하자 963년 송의 연호를 사용하였다.

14) "참소하는 간신이 때를 만나 충성스럽고 어진 이를 모함하고, 종은 주인을 고소하며 자식은 부모를 참소하여 옥이 늘 가득찼다.…사람마다 두려워하여 두 사람이 서로 이야기를 나누지 못하였다(고려사절요 권2 광종).

를 억제하고, 새로운 관리 선발기준을 마련한 것이다. 그 결과 호족들은 신진관료들에게 관직을 내줘야 하는 상황에 처하게 되었다.

4) 노비안검법

956년에 실시된 노비안검법은 후삼국 혼란기에 불법적으로 노비가 된 자를 조사하여 양인으로 해방시켜 주기 위한 일종의 노비해방법이었다. 당시 호족들이 거느리고 있던 노비의 상당수는 고려 통일과정에서 포로로 붙잡힌 양인이거나 대호족의 강압에 의하여 노비가 된 자로서, 이들은 대호족들의 경제적·무력적 기반이었다. 따라서 노비안검법의 실시는 대호족들의 경제적·무력적 기반이 사라진다는 것을 의미한다.

5) 주현공부법(州縣貢賦法) 실시

주현공부법은 지방의 주(州)·현(縣)을 단위로 해마다 바치는 공물과 부역의 액수를 정한 법률로서, 국가의 재정 마련을 위해 실시하였다.

6) 제위보(濟危寶)설치

광종 14년(963)에 설치된 백성들의 빈민의 구호 및 질병치료를 맡은 상설기관으로, 제34대 마지막 임금 공양왕 3년(1391)에 폐지되었다.

7) 외교관계

처음으로 중국의 송(宋)[15]과 문화적·경제적 목적에서 외교관계를 수립하였으나, 군사적으로는 중립적 자세를 취하였다.

5. 경종의 개편(975~981년)

1) 귀족의 반동정치

제5대 경종의 즉위하면서 광종대에 설치됐던 임시감옥을 모두 헐고 대사면령을 내림으로써, 15년 동안 지속되던 공포정치가 막을 내렸다. 이와 같은 경종의 화합정책으로 종래의 공신계열(호족세력)이 재등장하게 되면서(반동정치), 광종의 개혁을 추진해왔던 세력은 제거되었다.

---

15) 광종시대의 중국은 5대10국시대를 종결하고 송(宋)이 일어나 중원을 안정시킴으로써 동북아시아는 송을 맹주로 하는 새로운 외교관계를 정립하게 되었다.

2) 시정전시과(始定田柴科)[16]의 시행

새로 개편된 중앙 관료들의 경제적 안정을 위한 경제적 개혁으로, 그들을 중앙집권체제 내에 편입시키기 위한 목적으로 시행되었다.

6. 성종(981～997년)의 중앙집권체제의 완성

제6대 성종이 집권하면서 유교적 정치이념을 실현하기 위해 6두품 출신의 유학자들을 등용하였고, 이러한 유교정치는[17] 중앙집권적체제를 완성하는 데 지대한 역할을 하였다.

1) 최승로의 시무 28조

(1) 성종 원년(982) 6월에 정치이념을 명확히 할 목적으로 5품 이상의 모든 관리에게 봉사(封事: 밀봉한 상소문)를 올리게 하였는데, 이때 최승로의 「시무 28조」가 채택되어 정치방향과 체제정비를 위한 기본적인 골격이 형성되었다.

(2) 최승로는 유교의 진흥과 과도한 재정낭비를 가져오는 불교 행사의 억제를 요구하고, 태조로부터 경종에 이르는 5대 왕의 정치적 치적에 대한 잘잘못을 평가하는 5조정적평(五組政積評: 태조·혜종·정종·광종·경종 다섯 임금의 정치 업적을 평가한 글)을 건의하여 교훈으로 삼도록 하였다.

2) 성종의 개혁 정치

성종은 최승로의 건의를 수용하여 유교적 정치이념에 따른 통치체제를 정비하고, 중앙집권체제를 확립하였다.

(1) 정치적 개혁

① 중앙의 통치 기구 개편

㉠ 당(唐)의 3성(중서성·문하성·상서성) 6부(이·호·예·병·형·공부)를 모방하여 2성(중서문

16) 고려 초부터 역분전(役分田)제도 등 몇 차례에 걸쳐 토지제도의 정착을 시도했지만 번번히 실패하고 말았다. 제5대 경종대에 이르러 처음으로 「전시과」를 마련하여 토지제도를 정착시켰다. 전시과는 관품(官品: 관리의 품계)과 인품(人品: 덕망이나 학문적 업적)을 병용한 토지분급제도로서 경종 원년(976)에 직산관전시과(職散官田柴科)가 설치되면서부터이며, 이것을 「시정전시과」라고 한다. 이 제도는 목종 원년(998)에 양반급군인전시과(兩班及軍人田柴科)로 개편되었는데, 이것을 개정전시과(改正田柴科)라고도 한다.

17) 유교사회로 전환하기 위한 정비작업에 돌입하면서 충효사상을 강조하고 계급질서에 주력함으로써 양반사회(문반과 무반), 평민사회(농·공·상), 천민사회(노비와 천민)의 구분이 명확해졌다.

하성·상서성)[18] 6부를 마련하고, 송의 관제를 모방하여 중추원[19]과 삼사[20]를 설치하였다.

㉡ 성종은 고려의 실정에 맞게 별도로 독자적인 관제인 두 개의 회의기관을 만들었는데, 하나는 국방과 군사문제를 관장하는 도병마사(都兵馬使)[21]이고, 또 하나는 대내적인 법제(法制)와 격식을 관장하는 식목도감(式目都監)이었다.

② 지방제도 정비

전국의 주요 지역에 12목을 설치하고 지방관인 목사를 파견하여 지방에 대한 통치가 가능하게 하였고, 지방의 중·소호족을 「향리」로 편입하여 지방세력을 견제하였다(향리제도).

(2) 사회적 개혁

① 의창 설치

태조 때 설치한 빈민구제기관인 흑창에 보관하는 곡식을 1만 석 늘리고 이름을 의창으로 개칭하였고, 이 제도는 조선 초까지 이어졌다.

② 상평창 설치

개경·서경·12목에 물가 조절 기관으로서 설치하였다. 상평창은 풍년에 곡가가 떨어지면 국가는 곡물을 사들여서 곡가를 올리고, 흉년이 들어 곡가가 오르면 값을 내려 팔아 물가를 조절하는 기관이었다.

③ 노비환천법 실시

노비환천법은 제4대 광종때 실시된 노비안검법에 따라 노비 신분을 벗고 양인(평민)이 된 사람을 다시 노비로 만들 수 있는 법제도로서, 신분질서 확립을 목적으로 실시되었다.[22]

(3) 경제적 개혁

① 권농정책

호족들이 소유한 무기를 거둬들이고 이를 농기구로 만들어 보급하였고, 재해를 입었을 때 조세를 감면해 주는 면재법(免災法)을 시행하였다.

② 건원중보 제작

최초의 금속화폐인 철전(건원중보)을 발행하였다. 중국 당나라에서 발행됐던 건원중보라는

---

18) 2성 중 중서문하성은 정책심의기관으로 최고의 관부였으며, 장관은 문하시중(門下侍中)이었다. 상서성은 6부(部)를 관장하여 정책을 집행하는 기관이었다.

19) 중추원은 중서문하성과 더불어 양부(兩府)라 불리었다. 왕명출납·궁중의 숙위·군사기밀 등을 맡아보던 특별관청이다.

20) 삼사(三司)는 국가 전곡의 출납과 회계를 관장하던 관청이다.

21) 도병마사는 고려시대의 최고 의사결정기구로, 중서문하성과 중추원의 고위관리들이 모여 국가의 중대사(주로 국방과 외교)를 의논했다. 도병마사는 원나라 간섭기에 도평의사사로 개편되었다.

22) 노비였다가 양인이 된 자가 옛 주인을 능멸하거나 옛 주인의 친족과 다툼을 벌이면 다시 노비 신세로 돌아가야 하는 제도이다.

화폐를 모방해 앞면에는 「건원중보」라는 화폐 이름을 새기고, 뒷면에는 위아래에 고려를 뜻하는 '동국(東國)'이라는 글자를 새겼다.

(4) 문화적 개혁

① 성종 11년(992) 교육 조서를 발표하여 중앙에 국자감[23]을 설치하고, 지방(군·현)에 향교를 개설하여 경학박사와 의학박사를 파견하였는데, 이것이 향학(鄕學)의 시초이다.

② 성종 9년(990) 서경에 수서원(일종의 도서관)을 설치하여 여러 유생들로 하여금 역사서적 을 발취·필사하게 하여 보관하도록 하였다. 또 동왕 14년(995)에 고려초기 내서성(內書省)[24]을 비서성(秘書省)으로 고쳤는데, 비서성은 고려 경적(經籍: 유교의 사상과 교리를 써놓은 책)과 축문작성 등에 관한 일을 관장하던 관청으로 개경에 설치한 일종의 도서관이다.

③ 문신월과법(文臣月課法) 실시

성종 14년(995) 문신들에게 매월 시부(時賦)[25]를 지어 바치게 한 제도이다. 중앙문신은 매월 시 3수와 부 1편, 지방문신은 매년 시 30수와 부 1편을 제출하게 하였다. 이는 관리들의 질적 향상을 도모하기 위한 유학진흥책의 하나였다.

Ⅳ. 문벌귀족사회의 성립과 동요

1. 문벌귀족사회의 성립

1) 출신 유형

제6대 성종 이후 중앙집권적인 국가체제가 확립됨에 따라 중앙에는 새로운 지배층이 형성되어 갔다. 이들은 지방호족 출신으로 중앙관료가 된 계열과 신라 6두품 계통의 유학자들이었다.

2) 문벌귀족의 형성 및 특권

문벌귀족은 여러 세대에 걸쳐 중앙에서 고위 관직자들을 배출한 가문을 말하며, 여러 가지 특권을 가지고 있었다.

(1) 정치적으로는 과거와 음서[26]를 통하여 관직을 독점하고, 중서문하성과 중추원의 재상

23) 국자감은 신라의 「국학」을 잇는 국립교육기관(국립대학)으로, 주역 등 유학과 한문학의 고전들을 주로 가르쳤다.
24) 내서성은 고려초기 경적과 축소(祝梳: 축문)에 관한 관청으로, 성종 때에 비서성으로 개칭되었다.
25) 시부(詩賦)라 함은 시(詩)와 부(賦)를 말한다. 시는 정형화되어 있으나, 부(賦)는 서술과 한시(漢詩)가 하나의 작품 안에 동시에 들어있는 문체로, 운문에 비해서 형식이 자유롭고 서술적인 성격이 강하다. 따라서 부는 시와 산문의 중간형태의 문체이다.
26) 음서는 부(父)·조부(祖父)의 음덕에 따라 그 자손을 관리로 등용하는 제도이다. 과거제도는 실력에 의해

이 되어 정국을 주도해 나갔다.

(2) 경제적으로는 관직에 따라 과전(科田)·공음전[27]·사전(私田)[28] 등의 토지 겸병이 이루여져, 정치권력과 함께 경제력까지 거의 독점하였다.

(3) 사회적으로는 귀족들끼리 혼인관계를 맺거나, 왕실과 혼인관계를 맺어 외척으로서의 지위를 이용하여 정권을 장악하기도 하였다.

2. 문벌귀족사회의 동요

1) 과거를 통하여 진출한 지방 출신의 관리들 중 일부는 국왕을 보좌하는 측근세력이 되어, 문벌귀족과 대립하였다. 이자겸의 난과 묘청의 난은 문벌귀족과 측근세력의 대립과 갈등이 표면으로 드러난 사건이었다.

2) 이자겸의 난(1126년)

(1) 배경

11세기 이래 대표적인 문벌귀족인 경원 이씨는 문종~인종까지 80여 년간 정권을 잡았고, 특히 이자겸은 예종과 인종때 거듭 외척(인조의 외할아버지)이 되어 왕권을 능가하였다. 이자겸 세력(문벌귀족)들은 금(金)의 사대요구를 받아들여 금나라와 사대관계를 맺었으나,[29] 반면 왕의 측근세력들은 왕을 중심으로 결집하면서 이자겸의 권력 독점에 반대하고 나섰다.

(2) 결과

이자겸은 반대파를 모조리 죽이거나 유배보내고 척준경과 함께 난을 일으켜 왕위 찬탈을 시도하였으나,[30] 인종이 척준경[31]을 회유하여 이자겸을 제거하고 척준경도 정지상[32]의 탄핵을 받고 축출됨으로써 이자겸의 세력은 몰락하였다. 이자겸의 난은 중앙지배층 사이의 분열과

서 관리를 선발하는 제도이고, 음서는 가문에 기준을 둔 등용제도이다.

27) 공음전은 공신과 5품 이상의 관리에게 지급하던 토지로 자손에게 세습할 수 있었던 반면, 전시과는 토지수급자가 죽거나 관직에서 물러날 때는 그 토지를 반납하게 되어 있었다. 따라서 공음전은 음서와 함께 고려사회를 귀족사회로 인식하는 근거가 되고 있다.

28) 사전(私田)은 권력을 이용하여 불법적으로 개인이나 국가의 토지를 차지하는 것을 말한다.

29) 1126년 금(여진족)나라가 요(거란족)나라를 멸망시킨 뒤(1125년), 고려에 사대(事大)의 예를 갖추라고 요구하자, 이자겸을 중심으로 한 문벌귀족체제는 이 요구를 받아들여 금나라와 사대관계를 맺었다.

30) 이자겸은 '십팔자(十八子, 세글자를 합치면 李가 된다)'가 왕이 된다는 도참설을 퍼뜨리며 인종을 독살하고 왕위에 오르려 했으나 실패했다.

31) 척준경은 무신으로 이자겸과 함께 인종을 폐위하고자 대궐에 침입했다. 왕의 회유로 뜻을 바꾸어 이자겸을 잡아 귀양을 보내고 공신이 되었다. 이후 세도를 마구 부리다가 탄핵을 받고 유배되었다가 복권되었으나 곧 죽었다.

32) 정지상은 고려중기의 문신으로, 그 당시를 대표하는 문장가였다.

귀족사회의 동요를 일으켜, 문벌귀족사회의 붕괴를 촉진하는 계기가 되었다.

3) 묘청의 서경천도운동(1135년)

이자겸의 난 이후 왕권이 약화되자, 인종은 민심안정과 국방력 강화를 위한 정치개혁을 추진하였다. 이 과정에서 김부식을 중심으로 한 보수적 관리들과 묘청[33]·정지상을 중심으로 한 지방출신의 개혁적 관리들 사이에 대립이 벌어졌다.

(1) 묘청세력과 개경 귀족세력(김부식 중심)

① 묘청세력은 풍수지리설[34]을 내세워 서경(평양)으로 도읍을 옮겨, 보수적인 개경의 문벌귀족세력을 누르고 왕권을 강화하면서 자주적인 혁신정치를 시행하려 하였다. 이들은 서경의 명당인 임원역(평남 대동군 부산면 신궁동)에 대화궁을 짓고, 칭제건원(황제를 칭하고, 연호를 세움)을 하고 금나라를 정벌하자고 주장하였다.

② 풍수·도참 등에 비판적이었던 김부식 등의 개경 귀족세력은 민생안정을 내세워 금나라 정벌은 물론 서경천도를 반대하였다.

(2) 묘청의 난

묘청 세력은 서경천도를 통한 정권 장악이 어렵게 되자 서경에서 나라 이름을 「대위국」이라 하고 연호를 「천개」라 하여 서북지방을 장악하였으나(1135년), 김부식이 이끈 관군의 공격으로 약1년 만에 진압되고 말았다(1136년).

① 성격(개경파와 서경파의 비교)

구분	개경파	서경파	비교
중심세력	김부식중심, 보수적 관리(문벌귀족)	묘청·정지상 중심, 개혁적 관리(지방세력)	귀족세력과 지역세력 간 대립
사상	유교사상	풍수지리설·자주적 전통사상	풍수지리설이 결부된 자주적 전통사상과 사대적 유교 정치사상의 충돌
대외정책	금(金)에 대한 사대주의	금국정벌(북진정책), 칭제건원	
역사의식	신라 계승의식	고구려 계승의식	고구려 계승이념에 대한 이견과 갈등
성격	사대적·보수적	자주적·개혁적	보수와 개혁의 충돌

33) 묘청은 승려로, 당시 문인이었던 서경 출신 정지상이 인종에게 추천하여 등용된 인물이다.

34) 묘청은 개경은 기운이 쇠약해졌으니 "서경으로 옮기면 주변 36개국이 고려에 조공을 바칠 것"이라 하며 서경천도운동을 벌여 나갔고, 인종도 묘청의 말에 솔깃하여 서경에 궁궐을 짓도록 명령했으나(1128년), 묘청의 황당한 언행에 실망한 인종은 서경천도를 중단하다고 선언하였다.

② 영향

㉠ 묘청의 난이 진압된 뒤, 서경의 분사제도(分司制度)[35]는 분사어사대[36]와 분사 감군[37](監軍)을 제외하고는 모든 관서들을 혁파시켰고, 명종 8년(1178)에 서경의 모든 관서들이 중앙의 6조에 분속되어 일원적인 행정체계를 이루게 되었다. 그 결과 서경의 분사제도는 완전히 붕괴되고, 중앙정부와 대등했던 서경의 행정기구는 토관직(土官職: 평안도와 함경도 지방 사람들에게 특별히 베푼 벼슬)으로 격하되었다.

㉡ 신채호의 「조선 역사상 일천년래 제일 대사건」

근대 민족주의 역사학을 세운 신채호는 「조선연구사초, 1929년」에서 "묘청과 김부식의 싸움은 독립당 대 사대당의 싸움이며, 진취사상 대 보수사상의 싸움이라면서, 이 싸움에서 김부식이 이기는 바람에 조선사가 사대적·보수적·속박적 사상인 유교사상에 정복되고 말았다. 만약 이와 반대로 묘청이 이겼더라면 조선사가 독립적·진취적 방면으로 진전하였을 것이니, 이것을 어찌 일천년래 제일 대사건이라 하지 않을 수 있는가"라는 글을 싣고 있다.

Ⅴ. 통치체제의 정비

1. 중앙의 통치조직

고려는 당의 제도를 받아들이면서도 고려의 실정에 맞게 이를 조정하였다. 고려의 통치체제는 성종 때에 마련한 2성 6부제를 토대로 하여 문종 때에 이르러 완성되었다.

1) 2성 6부

(1) 2성

① 중서문하성(재부)

고려시대의 최고관서로서 중서문하성(중서성과 문하성의 통합기구)을 두었고, 그 장관인 문하시중이 국정을 총괄하였다. 중서문하성을 재부(宰府)라고도 한다. 중서문하성은 상층조직인 재부(宰府)와 하층조직인 낭사(郎舍)로 분리된 상하 이중조직이었다.[38]

---

35) 분사제도는 고려시대에 서경(西京: 지금의 평양)에 중앙정부의 행정기구와 비견되는 독립적인 행정기구, 즉 분사(分司)를 설치한 제도를 말한다. 서경은 고조선·고구려의 옛 수도로서, 군사적인 요지인 동시에 유서깊은 문화도시였다. 신라말기의 도선의 풍수지리설을 태조가 숭상하게 되어 그 영향으로 서경에 개경의 관아를 모방한 분사(分司)를 설치하였다.

36) 분사어사대는 고려전기 서경의 풍속을 바로 잡고 관리를 규찰·탄핵하는 일을 담당하던 서경에 설치한 관제 중의 하나이다.

37) 감군은 서경감군사의 준말로서, 서경에서 군무(軍務)를 감독하는 무관직이다.

38) 고려사 권76지(志) 권제30 백관(百官)1.

㉠ 재부(재신)

종2품 이상의 고관으로 백관을 통솔하고, 국가의 중요정책을 심의하는 기능을 가졌다. 재신(宰臣)들은 군왕과 더불어 정사를 의논하여 처리하였을 뿐 아니라, 그 집행기관인 상서6부의 판사(判事)까지 겸임하여 국정 전반을 관장하는 지위에 있었다.

㉡ 낭사

㉮ 하층부인 낭사는 정3품 이하 종6품의 관리로 간쟁(왕의 잘못을 논함)·봉박(잘못된 왕명을 시행하지 않고 되돌려 보냄)·서경(관리의 임명과 법령의 개정이나 폐지 등에 동의하는 권한)의 기능을 맡아보며, 정치의 잘못을 비판하였다.

㉯ 낭사는 어사대와 함께 대간(臺諫)을 구성하였는데, 비록 어사대와 규정된 임무가 조금 차이가 있긴 하지만, 흔히 어사대와 같이 상소를 올려 군주의 과실과 비위를 논하는 상호 보조적 관계를 유지하였다.

② 상서성

실제 정무를 나누어 담당하는 6부(이·호·예·병·형·공부)를 두고, 정책의 집행을 담당하였다.

(2) 6부

6부는 중앙관제인 이부(吏部)·병부(兵部)·호부(戶部)·형부(刑部)·예부(禮部)·공부(工部)의 합칭이다. 고려시대의 6부는 관직 체계상 중서문하성이나 상서성의 하급단위 기구였으나, 실질적으로는 상서성이나 중서문하성을 거치지 않고 직접 국왕과 연결되는 등 중심적인 기능을 담당하는 행정제도였다.

2) 2성 6부 이외에 치안관련 중앙의 관서로는 중추원(추부), 어사대 등이 있었다.

3) 귀족 중심의 정치

(1) 귀족합좌 회의기구(중서문하성의 재신, 중추원의 추밀)

귀족합좌 회의기구로서 도병마사·식목도감·대간 등을 들 수 있다. 고려의 독자성을 보여주는 관청인 도병마사와 식목도감은 재신과 추밀[39]이 함께 모여 국가의 중요한 일을 결정하는 곳이었다. 이러한 회의기구의 존재는 고려 귀족정치의 특징을 잘 나타내 주는 것이다.

① 도병마사

도병마사는 국방 문제를 담당하는 임시 기구였으나, 고려후기 충렬왕 때 도평의사사(도당

39) 중서문하성이 2품 이상의 재신과 3품 이하의 간관(諫官)으로 나뉘어 각기 재부와 낭사를 구성하고 있었던 것과 마찬가지로, 중추원도 각각 추밀(2품 이상의 고관으로 군사기밀을 관장)과 승선(3품 이하의 관리로 왕명 출납의 업무 담당)으로 나누어, 각각 추부(樞府)와 승선방(承宣房)에서 따로 일을 보았다. 추밀과 승선은 지위뿐만 아니라 직능상으로도 완전히 구분되어 있었다.

이라고도 부름)로 개편되면서 구성원이 확대되고 국정 전반에 걸친 중요한 사항을 담당하는 최고 정무기구로 발전하였다. 도평의사사는 조선초기에 폐지되었다(1400년).

② 식목도감

식목도감은 임시 기구로서 국내 정치에 관한 법의 제정이나 각종 시행 규정을 다루던 회의기구였다.

③ 대간제도

대간은 어사대의 관원과 중서문하성의 낭관으로 구성되었다. 이들은 간쟁권·봉박권·서경권을 가지고 있었고, 비록 직위는 낮았지만 고위 관리들의 활동을 지원하거나 제약하여 정치 운영에 견제와 균형을 이루는 기능을 수행하였다.

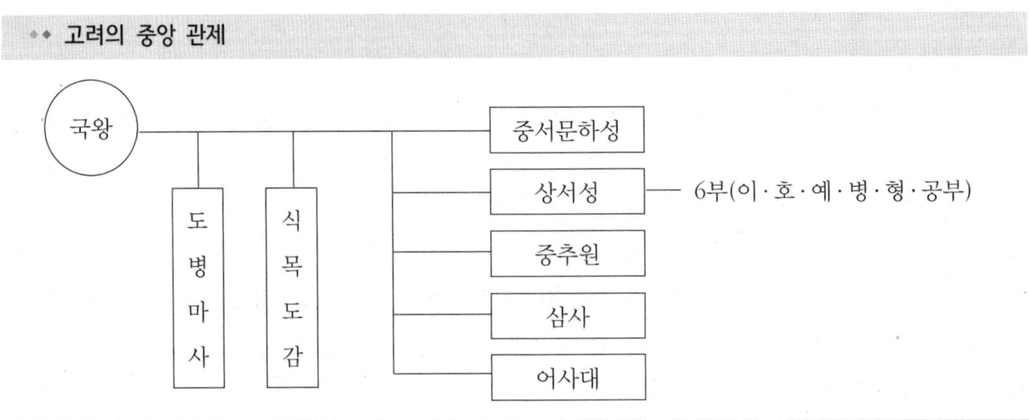

2. 지방행정조직의 정비

1) 지방제도 정비

고려초기에는 지방호족들에게 자치권을 부여하였으나, 제6대 성종대에 12목을 설치하여 지방관을 파견하였고, 향리제도를 마련하였다. 그 후 제8대 현종대에 전국을 경기(개경부에서 관할)와 5도 양계로 나눠고, 5도 아래에 3경·4도호부·8목을 비롯하여 군·현·진을 설치하여 지방제도를 정비하였다.[40)]

(1) 5도(일반행정구역)

① 5도(道)는 상설행정기관이 없는 일반행정 단위로서 「안찰사」[41)]가 파견되어 도내의 지

40) 변태섭, "고려전기의 외관제", 한국사연구 2권, 1968, pp.193-199.

41) 고려시대 지방행정조직은 5도와 양계로 구성된 2원적 행정조직이었다. 5도는 행정적 조직으로 중앙에서 안

방을 순찰하였다. 도(道)에는 주(州)와 군(郡)·현이 설치되고 지방관이 파견되었으나, 속현에는 지방관이 파견되지 않는 속현이 더 많았다. 따라서 이러한 속현의 실제적인 행정사무(조세·공물징수 등)는 향리들이 담당하였다.

② 속현과 향·부곡·소 등 특수 행정구역은 지방관이 파견되는 주현을 통하여 간접적으로 중앙정부의 통제를 받았다. 그 후 제16대 예종대(12세기 초)에는 속현의 향리를 감찰하기 위해서 비정규직 수령으로 「감무」[42]를 파견하였다.

(2) 양계(군사행정구역)

일반행정(5도)과 분리한 군사행정구역으로 북방의 국경지대에 양계(동계와 북계)를 설치하여 병마사(정3품)를 파견하였고, 군사적 요충지에는 진(鎭)을 설치하였다.

(3) 3경(京: 특별행정)

3경(京)은 처음 개경·서경(평양)·동경(경주)였으나, 제11대 문종 이후 동경 대신에 남경(한양)으로 바꾸었다. 서경에는 분사제도라 하여 개경의 수도정부와 유사한 기구와 체제를 갖추고 있어, 역대 임금이 자주 이곳에 행차하였다.[43]

(4) 4도호부와 8목

① 4도호부

제8대 현종 초에는 5도호부를 설치하였으나, 동왕 9년 행정구역 재개편시 4도호부 8목이 되었다. 처음 도호부가 설치된 곳은 안동(지금의 경주)·안서(지금의 해주)·안남(지금의 전주)·안북(지금의 영주)이었으나, 시기에 따라 수시로 폐지되고 새로 설치되기도 하였다. 4도호부는 군사적 방비의 중심지 역할을 하였다.

② 8목

제6대 성종은 최승로의 건의에 따라 최초로 전국 12주(州)에 주의 장관인 목사를 파견하였고, 제8대 현종 9년에 전국의 행정구역을 재개편하여 12목에서 8목으로 하였다. 이에 대하

찰사를 파견하였고, 양계는 군사적 조직으로 병마사를 파견하였다. 안찰사는 도(道)의 장관(오늘날의 도지사 또는 광역시장)으로, 중앙과 주·현을 잇는 중앙행정기구로서 상당한 역할을 수행하였다. 안찰사는 중앙관직을 가진 채로 파견되었고, 임기는 6개월이였으며 사무기구(사무를 처리하는 관리)도 두지 않았다(박용운, 「고려시대사」, 서울: 일지사, 1991, p.124).

42) 고려때에는 속군, 속현, 향·부곡·소 등에는 지방관이 파견되지 않은 곳이 다수 존재하였다. 감무가 처음 설치된 것은 예종 1년(1106)으로, 41현(縣)을 두었다. 감무파견의 목적은 유민을 안주시켜 중앙집권을 강화하기 위한 방환으로, 종래 지방관이 파견되지 않았던 군현까지 감무를 설치하게 된 것이다. 감무는 과거급제자를 임명하는 것이 원칙이었으나, 주현에 파견된 현령보다 한 품계 낮게 책정되었다. 감무파견은 조선조 태종 때까지 계속되었고, 태종 13년(1413) 감무를 「현감」으로 개칭할 때까지 약 200여 군·현에 설치되어 있었다.

43) 김형중, 「한국경찰사」, 서울: 박영사, 2016, p.288.

여는 지방관제에서 구체적으로 기술하였다.

3. 군역제도와 군사조직

고려의 군사제도는 중앙군과 지방군의 이원 조직으로 구성되어 있었다.

1) 중앙군

(1) 2군 6위

① 구성

중앙군은 국왕의 친위부대인 2군(응양군·용호군)이 수도경비와 국경방어를 담당하는 6위(좌우위·신호위·흥위위·금오위·천우위·감문위)로 구성되어 있었다. 6위는 성종 14년(995)에 편성되었고, 2군의 성립은 6위보다 좀 더 늦은 현종 무렵으로 보는 것이 사학계의 다수적 견해이다.[44]

② 특징

중앙군은 「직업군인」으로 편성되어 있었다. 이들은 군적에 올라 군인전을 지급받고 그 역(役)은 자손에게 세습되었으며, 군공을 세우는 경우 무신으로 신분을 상승시킬 수 있는 중류층이었다.

2) 지방군

① 구성

지방군은 국경지방인 양계에 주둔하는 주진군(州鎭軍)과 5도의 일반 군현에 주둔하는 주현군(州縣軍)으로 이루어졌다.

㉠ 주진군(양계)

주진군은 상비군으로 좌군·우군·초군으로 구성되어 국경수비를 전담하였던 특수전투부대였다. 주진군에는 기마부대인 마대(馬隊)와 궁수들로 구성된 노대(弩隊)가 소속되어 있었는데, 이것은 양계가 북방민족의 침입에 노출되어 있는 특수지역이었기 때문이었다.[45]

㉡ 주현군은 수령의 지휘 아래 외적을 방비하고 치안을 유지하였으며, 각종 노역에 동원되었다. 주현군에 속한 인원은 4만 8천여 명이었으며, 이들은 일종의 예비군이였다.

② 특징

지방군은 군적에 오르지 못한 일반 농민으로 16세 이상의 장정들로 조직되어 있었고, 이

---

44) 이기백, 「고려병제사 연구」, 서울: 일조각, 1968, pp.69－79; 정경현, "고려전기 2군6위제 연구", 서울대학교 박사학위논문, 1992, p.96.

45) 김형중, 앞의 책, p.322.

들은 군인전을 지급받지 못하였다.

3) 시기별 특수군

시기별 특수군으로는 제3대 정종(947년)때 광군(거란대비), 제15대 숙종(1104년)때 별무반,[46] 제24대 원종(최우 집권시)삼별초, 제32대 우왕때 연호군(왜구대비)[47]을 들 수 있다.

제2절 고려전기의 경찰

고려전기에는 독립된 경찰기구가 존재하지 않았기 때문에, 관제(官制)와 병제(兵制)에서 그 조직과 기능을 찾아볼 수밖에 없다.

Ⅰ. 중앙관제(官制)

고려는 건국 초에 신라와 태봉(泰封)의 제도를 이어받았는데, 태조왕건이 즉위 후 단행한 인사조치에서 그 관부(官府)의 면모를 알 수 있다.[48] 여기에는 광평성(廣評省)·내봉성(내봉省)·내의성(內議省)·순군부(徇軍部)·병부(兵部)·내군부(內軍部) 등 12개의 성(省)·부(部)가 들어 있는데, 신라 것보다 태봉의 제도를 더 많이 활용했던 것 같다. 이 중 일반적으로 고려초기의 치안과 관련된 중앙기관으로는 순군부·내군부·병부 등을 들 수 있다.

1. 순군부(徇軍部)

1) 문제의 제기

고려건국 초기의 치안기구와 관련하여 치밀한 논증이 필요한 부분은 중앙관제상의 순군부

46) 윤관의 주장으로 설치된 「별무반」은 기병으로 구성된 신기군, 보병으로 구성된 신보군, 승병으로 항마군이 편성되어 있었다. 조정은 이들 별무반을 통하여 여진정벌을 준비하였다.

47) 연호군은 정규직 군인이 아닌 임시로 지방의 농민을 징발하여 왜구의 침입에 대처하기 위한 군사조직이었다. 우왕 2년(1376)에 이 제도가 효과를 거두지 못하자 폐지하였다. 그러나 왜구 침입의 더욱 심해지자 보통 군인보다 신분이 낮은 사람으로 구성된 연호군을 새로 조직하였다. 연호군(煙戶軍)은 노비와 사노(私奴)로 구성된 일종의 노예군(軍)으로서, 이들에게 화살·화살촉·창검 가운데 한 가지씩을 갖추어 5명을 한 조로 묶고 소속 지휘관이 지휘하에 싸움을 익히게 하였다.

48) 고려사 권1세가 권제1 태조 1원년 6월 병진조.

(徇軍部)이다.[49] 순군부는 고려국초(國初)의 권력구조에 있어서 중요한 의미를 지니고 있었던 것만은 틀림이 없으나, 현존하는 사료(史料)로는 순군부의 확실한 정체를 알 길이 없어 논쟁의 대상이 되고 있다. 오늘날 사학계 쪽에서는 고려초 순군부를 병권(兵權)과 군사통수권을 장악하던 기관으로 보고, 병부(兵部)와의 상관성 여부를 논의의 주 대상으로 하고 있다.[50] 반면, 경찰학계 쪽에서는 순군부를 모든 병사(兵事: 군사에 관련된 사무)를 관장하던 군사지휘권의 통수부(統帥府)일 뿐만 아니라, 군경(軍警)이 분리되지 않은 상태에서 군사·경찰임무를 동시에 장악하였던 중앙경찰기관으로 보고 있다.

2) 순군부(徇軍部)의 성격

(1) 건국초기 병권(兵權)의 소재

① 고려건국 초기의 중앙관제인 광평성[51]과 내봉성[52]은 정치적인 성격의 관부(官府)였다. 반면, 군사기구로 국가사회의 질서유지를 위한 권력적 작용을 하던 최고기관, 즉 병권과 군사통수권(軍事統帥權)을 장악하고 있던 곳은 순군부와 병부였다.

② 문제는 고려왕조가 건국과 동시에 병권(兵權)과 관련있는 병부와 순군부(徇軍部) 두 기관을 동시에 왜 설치하였을까 하는 점이다.

(2) 순군부의 성격

순군부(徇軍部)의 성격에 관하여는 사학계에서 보는 시각과 경찰학계에서 보는 시각과는 상당한 격차가 있다.

① 사학계

순군부의 실체에 관하여는 사학계 분야에서도 다양한 주장이 제기되고 있는데,

㉠ 병부(兵部)는 군정(郡政)과 선군(選軍) 등의 임무를 맡아보던 기관인 반면, 순군부는 군

---

49) 이에 대하여는 필자의 "고려국초 순군부의 실체에 관한 小考" 논문을 참조할 것(김형중, "고려국초 순군부의 실체에 관한 小考", 경찰학연구 제13권 제1호(통권 제33호), 2013).

50) 이기백, 「고려병제사연구」, 서울: 일조각, 1968, pp.54－58; 이병도, 「한국사 중세편」, 서울: 을유문화사, 1961, p.126.

51) 광평성은 태봉국에서와 마찬가지로 고려초기에 있어서도 모든 정사(政事)를 총괄하는 제1관부였다고 주장하는 견해가 있다(변태섭, 「고려초기의 정치제도」, 서울: 지식산업사, 1981, p.13). 반면 광평성은 당시 정치세력의 중심이 호족이었다는 사실을 감안할 때, 그것은 행정기구라기보다 호족세력을 대변하는 국가의 정책결정기관일 가능성이 크다는 견해도 유력하게 제기되고 있다(이태진, "高麗宰府의 成立", 역사학보 56권, 1972, p.13; 이기백, "귀족적 정치기구의 성립", 한국사 5, 1975, pp.18－20).

52) 내봉성을 주로 인사를 관장하는 관부(官府)로 보는 견해가 있는가 하면(이태진, 앞의 논문, pp.9－10), 내봉성은 왕의 측근에서 명령을 받들고 실천하는 기관이면서도, 형사소송업무도 맡아 보았다는 견해도 있다(변태섭, "고려시대의 중앙정치기구의 행정체계", 역사학보 47권, 1970; 변태섭, "고려정치제도사연구", 서울: 일조각, 1971, p.94).

사지휘권의 통수부(統帥府)였다고 보는 견해가 있고,[53] ㉡ 또 하나는 순군부(徇軍部)는, 즉 순군부(巡軍部)로서, 각 부대를 보호 혹은 순찰하고 포도금란(捕盜禁亂)의 업무를 장악하던 후세의 순군만호부(巡軍萬戶府)와 같은 기관이라고 주장하는 견해이다.[54] ㉢ 끝으로 병부는 왕권의 지배를 받는 국왕 직속의 병권 장악의 기관인 반면, 순군부는 중앙에서 호족들의 권익을 대변하면서, 그들의 군대에 관한 업무를 관장하는 종합적인 기관으로 보는 견해이다.[55] 이 견해가 대체적으로 긍정적인 반응을 얻고 있다.[56]

② 경찰학계

순군부의 성격에 관하여 경찰관련 학자들은 대부분 순군부를 고려전기의 중앙경찰기관으로 보고 있는데, 이에 대하여도 여러 가지 견해가 제시되고 있다.[57]

㉠ 청주인 현율이 순군부(徇軍部)의 순군낭중(순군부의 차관급)으로 임명되자, 개국공신 배현경과 신숭겸이 이를 반대하였는데, 이는 순군부가 병부 이상의 군사실권을 갖고 있었기 때문이었다. 그러기 때문에 순군부는 현대의 계엄사령부 및 치안국 등과 같은 군사·경찰실무를 겸하였던 기관이라고 보아야 한다는 견해이고,[58] ㉡ 순군부(徇軍部)는 단순한 상병지관(常兵之官)이 아니고 모든 병사를 관장하던 군사지휘권의 통수부일 뿐만 아니라, 군경(軍警)이 분리되지 않은 상태에서 군사·경찰임무를 동시에 장악하던 기관이라고 보는 또 하나의 견해가 있

53) 이기백, 「고려병제사연구」, 서울: 일조각, p.55. 고려 국초에는 왕실세력이 일방적으로 호족들의 세력을 견제할 수 있을 만큼 강력하지 못하였고, 호족들은 개인적으로 사병(私兵)을 거느리고 있었다. 따라서 태조는 왕권을 강화하려고 태조 원년(1년)에 병부를 설치하였다. 그럼에도 불구하고 군사권을 분산시켜 병부(兵部)는 군정(軍政: 군사에 관한 인사·보급 등의 행정사무)를 맡고, 순군부는 군령(軍令: 군사상의 명령이나 법령 시행), 즉 군사지휘권의 통수부로서 역할을 분담시켰다고 주장하는 견해이다. 그러나 이 논리는 권력구조 역학상 타당성이 없다고 보인다(예컨대, 오늘날 각 군 참모총장은 인사·군수권만 갖고 있는 반면(병부), 합참의장은 작전지휘권(순군부)을 갖고 있는 것과 유사하다).

54) 이병도, 「한국중세사편」, 서울: 을유문화사, 1961, p.126. 고려 초의 순군부(徇軍部)와 원간섭기의 순군부(巡軍府)는 동일 기관이 아니다. 후자의 순군부(巡軍府)는 원간섭기의 순군만호부의 약칭으로 흔히 순군부(巡軍府)라고 통칭되고 있다. 따라서 고려초기의 순군부(徇軍部)가 고려 태조 원년에 설치된 군사권과 관련있던 기관인 반면, 고려말의 순군부(巡軍府: 순군만호부의 약칭)는 원(元)제도의 영향을 받아 순찰·포도(捕盜)·형옥(刑獄)관계의 일을 맡아보던 우리나라 최초의 전문적 경찰기관이었다. 따라서 고려 국초에 설치된 순군부(徇軍部)와 고려 말에 설치된 순군부(巡軍府)를 동일시 하는 것은 잘못된 견해이다.

55) 하현강, 「한국중세사론」, 서울: 신구문화사, 1989, p.65.

56) 이태진, 앞의 논문, p.8; 이기백, "귀족적 정치기구의 성립", 한국사 5, 1975, p.21; 하현강, 앞의 책, pp.65-66.

57) 그 대표적인 것으로 내무부치안국에서 발간된 「한국경찰사(1)」(내무부치안국, 「한국경찰사」, 서울: 광명인쇄공사, 1972, pp.88-90), 임규손의 「고려왕조의 경찰제도」(임규손, "고려왕조의 경찰제도", 동국대학교 논문집 제11집, 1978. p.2), 강욱 외 6인 공저 한국경찰사(강욱 외 6인 공저, 「한국경찰사」, 경찰대학, 1998, pp.50-53) 등을 들 수 있다.

58) 내무부치안국, 위의 책, pp.89-90. 개국공신 배현경과 신숭겸이 반대한 이유는 지난날에도 청주인 순군리(徇軍吏) 임춘길이 반역을 도모한 것도 병권을 가지고 있었기 때문인데, 다시 청주인 현율을 병권(兵權)의 직인 순군낭중으로 임명하는 것은 이해할 수 없다는 이유에서였다.

고,[59] ㉢ 끝으로 순군부는 오늘날의 경찰기관을 겸임하였다기보다는 군사·치안의 계획 및 결정의 업무를 수행하는 최고의 군사기관으로서 실제의 경찰업무는 수행하지 아니하였고, 오히려 그 하부에 있던 병부가 경찰기관으로서의 업무 및 기능을 더 수행하였을 것이라고 보는 견해이다.[60]

(3) 순군부의 실체

고려국초의 순군부는 경찰관련 업무와는 상관성이 없는 부서로 보아야 한다. 왜냐하면 순군부는 호족의 군사력이 정부의 군사력보다 우위에 있을 때 설치된 여러 호족 협의체적인 군사지휘권의 통수부였고, 제4대 광종 때부터 왕권이 강화되면서 호족세력의 약화와 더불어 순군부의 기능도 점차 약화되기 시작하였다.[61] 그 후 제6대 성종 때 왕권이 확고하게 자리매김하면서, 순군부는 호족세력의 소멸과 더불어 고려의 권력구조에서 그 자취를 감추게 되었기 때문이다. 따라서 순군부는 고려전기 중앙경찰기관에서 배제시키는 것이 타당하다.

2. 내군부(內軍部)

내군부는 고려초기 경찰업무의 일부, 즉 궁중경호의 임무를 담당하였던 부서로서, 궁중기물(宮中器物: 의장·의례에 쓰는 용기 및 무기)을 관리하고 장악하던 기관이었다.[62]

1) 내군부의 최고 지휘관은 내군장군[63]이었고, 그 직위는 국왕도 가까이할 수 있는 지위에 있었고, 또 상당히 군대 통솔에 유능한 인물이었다.[64]

---

59) 임규손, 앞의 논문, p.2.

60) 이 견해 역시 설득력이 없다(강욱·김석범 외, 「한국경찰사」, 경찰대학, 2006, pp.50−53). 순군부와 병부(兵部)는 동일한 권력구조선상에 놓여 있었고, 병부는 순군부의 하부기관이 아니다. 이는 태조 즉위년에 순군낭중 현율을 병부낭중으로 전보 발령한 사례에서도 입증된다(고려사 권1 세가 권제1 태조 1; 고려사절요 권1 태조 1). 그리고 병부는 실무상의 경찰업무를 수행하는 집행부서가 아니었고, 중앙관제인 병부(오늘날의 국방부)는 최고의 군사·경찰기관으로 군사나 치안 계획을 수립·결정하고, 그 계획을 하달하는 최상의 부서였다. 그리고 실질상의 경찰업무를 수행하던 중앙경찰기관은 중앙병제상의 2군 6위 중 「금오위」였다.

61) 제2대 혜종은 하루가 멀다하고 터지는 호족세력의 암살기도에 신경쇠약을 앓다가 1년 만에 세상을 떠날 정도로 왕권은 미약하였다. 만약 순군부가 중앙의 경찰기관이었다면 국왕의 신변을 보호하는 것이 그들의 최상의 임무이다. 그럼에도 불구하고 청주인 현율이 순군낭중으로 임명시 개국공신들이 이를 반대하였고, 또 제4대 광종은 왕권강화를 위하여 호족세력들을 무자비하게 숙청한 후에 순군부를 군부(軍部)로 개편하는 조처를 취하였다. 그 후 호족세력의 약화와 더불어 순군부도 그 자취를 감추었다. 따라서 순군부는 여러 호족의 군사력과 연결된 협의체적인 군사지휘권의 통수부(統帥府)인 반면, 병부(兵部)는 군사와 치안에 관한 왕령(王令)을 이행하는 기관이라고 보아야 할 것이다.

62) 고려사 권76지(志) 권제30 백관1 위위시조(衛尉寺條).

63) 태조 원년 6월 27일 막강한 순군낭중 민강을 내군장군으로 임명한 것은 그만큼 민강을 신뢰하고 유능하였다는 것을 인정하는 사례라고 볼 수 있다.

64) 박용운, 「고려시대사」, 서울: 일지사, 1991, p.64.

2) 내군부는 태조 원년 내군경을 설치하였는데, 제4대 광종 11년에 사위시(司衛寺)로 개칭하였다. 그리고 제6대 성종 14년의 관제대 개편시 사위시가 위위시(衛尉寺)로 개칭되면서, 그 업무 또한 왕궁에서 사용하는 모든 기물(器物)을 관리하는 부서로 전환되었다. 그리고 궁중경호는 2군이 담당하게 되었다.

3. 2성 6부

1) 2성(二省)

제6대 성종대에 이르러 고려 왕조의 기본 골격이 대략 짜여지는데, 고려시대 통치의 중핵이 되었던 2성 6부·중추원·대간제(臺諫制) 및 관료의 질서체계인 문산계(文散階) 등이 모두 성종 당대에 이루어졌다.65)

(1) 2성(省)은 중서문하성과66) 정책을 집행하는 기관인 상서성을 말한다. 중서문하성은 국가의 중요 정책을 심의·결정하고 정책을 비판하는 고려시대의 최고 관서였고, 상서성은 정책을 집행하는 기관으로서 국가의 모든 정령(政令: 정치상의 명령)은 상서성을 통하여 시행되었다.

(2) 일반적으로 고려시대에는 최고 정무기관(政務機關)으로 기능한 중서문하성을 가장 중요한 기구로 인정하고 있으나, 경찰사적 측면에서 볼 때는 상서성(尙書省)이 보다 더 중요한 의미를 가진다. 상서성은 백관을 총괄하고 그 밑에 6부(이·호·예·병·형·공부)가 소속되어 있는 등 중앙의 여러 서(署)나 행정기구는 모두 상서성의 통할하에 있었다. 따라서 상서성은 고려시대의 치안정책을 수립하고 시행하는 최고 상부기관이었다.

2) 6부 중의 병부(兵部)

(1) 병부의 직제와 기능

① 병부는 신라 및 태봉의 제도를 그대로 승계한 것으로서 무관(武官)에 관한 인사행정·군무(軍務)·의장위병(儀仗衛兵)·우역(郵驛)67)의 정사(政事)를 관장하였고, 병부상서(정3품)가 최고 지휘관이었다.

② 병부는 시대에 따라 그 명칭이 수시로 개칭되었는데(상서병부 → 군부사 → 병조 → 병부

---

65) 박용운, 앞의 책, p.64.

66) 고려 문종 15년까지는 정식으로 중서성과 문하성을 합쳐 내사문하성(內史門下省)이라 호칭하고 간략하게는 문하성(門下省)이라고 일컬었음, 그 후부터는 정식으로 「중서문하성」이라고 불렀다(변태섭, 앞의 책, 1971, pp.47－56).

67) 중앙 관아의 공문을 지방 관아에 전달하며, 외국사신의 왕래나 벼슬아치의 여행과 부임시 마필(馬匹)을 공급하던 곳을 말한다.

→군부사), 고려말 제34대 공양왕 1년에 군부사를 다시 병조(兵曹)로 개칭한 것이 마지막이었다.

(2) 치안관련업무

병부는 상서성에 직속되어 군사에 관한 업무도 관장하였지만, 일정 부분 치안에 관한 계획수립과 결정 등의 업무에도 관여하였다. 즉, 무관(치안관련관리)에 관한 인사행정·우역(교통)·순라(순찰)[68]·위장위병(경호) 등의 행정경찰적 경찰소관사무를 관장하였다. 병부의 예하관서로는 순관(巡官)·금화원(禁火員) 등이 있었다.

3) 6부 중의 형부(刑部)

(1) 형부의 직제와 기능

① 형부는 상서성에 직속되어 법률·소송·형옥에 관한 일을 맡아보던 관청이었다. 주로 관민의 모든 범죄분쟁을 조사하고 처형했던 곳으로, 오늘날의 사법경찰기능이 대부분 형부의 업무에 포함되었다.

② 형부도 병부와 마찬가지로 그 명칭이 수차례나 변경되었는데(의형대 → 형관 → 상서형부 → 전법사 → 형조 → 이부) 고려 마지막 임금인 제34대 공양왕 1년에 이부(理部)를 다시 형조로 복구시켰다. 형조의 명칭은 조선시대까지 그대로 유지되었다.

③ 형부는 제11대 문종 때 관원이 확장되었는데, 형부상서(정3품)가 최고 수뇌부였고, 가장 말단 관리로 장수(杖首) 26명을 두었다.[69] 형부 소속의 장수는 매를 때리는 관원인데, 장수 26명이나 배치하였다는 것은 범죄사실을 추궁하면서 고문이 합법적으로 시행되었음을 시사해 주고 있다.

(2) 형부의 예하관서

형부의 예하관서로는 경제경찰업무를 수행하던 경시서와 형옥을 관장하던 전옥서 등 특정 경찰업무를 처리하던 관서 등이 있었다.

(3) 형부옥(刑部獄: 형부의 감옥)

① 형부옥의 존재

고려전기의 중앙의 감옥으로는 형부옥(刑部獄)·전옥서(典獄署)·가구소옥 등이 있었다. 형부옥은 체계상 고려시대에 설치된 감옥 중 가장 핵심적인 위치에 있었다. 형부의 감옥은 중죄

68) 병부관원들은 군사·순찰 등의 치안업무를 수시로 행하였다. 제8대 현종연간에 국경을 순찰하던 병부랑 중 피위종·예빈주부 정민의 등 5명이 국경지역에서 사냥하던 거란장군 야율철할을 살해하기도 하였다(고려사 권5 세가 권제5 현종2).

69) 고려사 권76 志권제30 백관1 형조.

인(重罪人)이나 정치범과 같은 중요인물, 관리 그리고 사회질서를 무너뜨리는 도적 등을 가두는 중앙의 가장 중요한 최고의 감옥이었다. 여기에는 옥직검점군(獄直檢點軍: 옥의 숙직자를 점검하는 군사)이 배치되어 형부옥과 전옥서 관리의 근무실태와 외곽순찰을 담당하였다. 옥직검점군의 인원은 장교 4인과 군인 25인이었다.[70)]

② 형부옥(刑部獄)의 위치 및 감옥형태

㉠ 위치

개경의 주요 관청은 개경 궁성 내외로부터 황성안, 황성바깥의 일정 구간에 집중적으로 분포되어 있었다. 황성 안에는 중서성·추밀원·상서성 등이 있었고, 황성 밖에는 동문(정문)인 광화문에서 동쪽으로 난 관도(官道)에 주요 관청이 늘어서 있었다.[71)] 관도의 남쪽에는 병부·형부·이부가 서로 마주보고 있었고, 형부옥은 형부의 뒤쪽 편에 있었다.[72)]

㉡ 감옥형태

형부옥의 건축모양은 원형시설로서, 담장이 높고 가파르며 반지처럼 동그랗게 생긴 형태였다. 고려 태조 1년(914)에 운영된 원형감옥은 서양의 감옥 원형 개념인 벤담의 파놉티콘 양식의 계획보다 무려 873년 정도 앞서 시행되었다고 볼 수 있다.[73)]

4. 어사대(御史臺)

1) 어사대의 직제와 기능

① 어사대는 신라 때의 사정부(司正部)를 계승한 것으로서 시정(時政: 정치의 득실)을 논의하고 풍속을 바로잡으며, 백관(百官)을 감찰하여 기강을 진작하고 관리의 부정을 탄핵하던 관청이었다. 그러나 본래의 업무 이외에도 경제문제[74)]·윤상을 어지럽히는 행위[75)]·노비계약문제[76)] 등에도 간섭하는 등 그 업무가 극히 광범위하였다.

---

70) 고려사 권83 志 권제37 兵3 검점군.

71) 전경숙, "고려시대 개경의 군사시설과 방위구역", 한국중세사연구 제28호, 2008, p.425.

72) 선화봉사 고려도경 16관부.

73) 1791년 영국의 철학자 제레미 벤담은 일종의 이중원형 건물인 파놉티콘 양식을 제안하였다. 수용실의 문은 내부가 들여다보이도록 만들어지고 그 앞에는 좁은 복도가 설치되도록 고안하였다. 중앙에는 원형의 감시탑이 있어 각 수용실을 단번에 파악할 수 있고, 수용자가 항상 감시당하고 있는 상태를 그 핵심개념으로 한다.

74) 고려시대 유통하던 포자(布子: 관에 납부하여 표시한 기표로 오늘날의 화폐기능을 함)의 도장(印)을 관장하던 관서는 경시서가 이를 주관하였는데, 어사대는 경시서의 남용 등을 살피고 조사하는 업무도 부차적으로 담당하였다(고려사 권79지(志) 권제33 식화2 공민왕).

75) 승속(중과 일반인)들이 만불향도라 이름 짓고 술과 병기를 팔고 포악한 짓과 유희를 하여 윤상과 풍속을 어지럽히자, 어사대와 금오위로 하여금 단속하도록 한 사례 등으로 보아, 윤상과 풍속관계에도 간여하였음을 알 수 있다(고려사 권85지(志) 권제39 형법2 인종 9년 6월조).

76) 노비에 대한 부정한 문서계약에 대하여 헌사(憲司: 사헌대 관리)로 하여금 벼슬아치들의 비위 등을 조사하

② 어사대는 시대에 따라 그 명칭이 수시로 개칭되었는데(어사대 → 금오대 → 사헌대 → 어사대 → 감찰사 → 사헌부 → 감찰사), 고려말 공민왕 5년에 마지막으로 「사헌부」로 명칭을 바꾸면서 고려말까지 존속하였다. 제11대 문종 때 어사대에 판사(정3품), 대부(정3품)[77] 등의 최고 지휘부와 그 이하 관료 등을 두었다.

2) 치안관련 업무

감찰이라는 용어는 신라 때 사정부(혹은 숙정대)의 설치목적 중에 "백관을 감찰하여"라는 구절에서 그 기원점을 찾을 수 있으며, 고려시대의 어사대는 현재의 감사원의 기능과 아주 유사하다. 오늘날 경찰 조직 내부의 경찰청의 감사관실·지방경찰청 청문감사관실 등은 경찰 속의 또 다른 경찰로, 과거의 어사대의 일부 기능을 수행하고 있다고 볼 수 있다.

5. 중추원(中樞院)

1) 중추원의 직제 변천과 기능

(1) 중추원(추밀원 또는 밀직사로도 부름)은 왕명출납·궁중의 숙위(宿衛)·군기(軍機) 등을 맡아보던 특별관청으로, 제6대 성종 10년에 설치되었다.[78]

(2) 중추원도 시대에 따라 그 명칭이 수시로 개칭되었는데(중추원 → 중대성 → 밀직사 → 추밀원), 고려말 공민왕 11년에 「밀직사」로 개칭한 것이 마지막이었다.

2) 중추원의 구성

중추원은 상·하 이중으로 조직되어 있었다, 상층부는 추밀(종2품 이상으로 군사기밀관장), 하층부는 승선(정3품 관리)으로 구성되어 있었고, 이들은 각각 그 집사기구로 추부(樞府)와 승선방을 따로 갖고 있었다.[79] 따라서 추밀과 승선은 같은 중추원의 관원이지만, 지위와 직능상으로도 완전히 구분되어 있었다.

(1) 추밀

상층부인 추부(樞部)는 2성(二省: 재부라고 함)과 합칭하여 양부(兩府)라 하고, 양부(兩府)의

여 분쟁을 막도록 지시한 사례 등이 보인다(고려사 권85지(志) 권제39 형법2 소송 공양왕 4년조).

77) 대부(大夫)는 어사대부를 말하며 어사대로 개칭하면서 둔 장관으로, 이는 중국의 관제를 그대로 모방한 것이었다.

78) 고려사 권76지(志) 권제30 백관1 밀직사조.

79) 변태섭, 「고려정치제도사연구」, 서울: 일조각, 1971, pp.95-96.

고관(高官)을 재추(宰樞)[80]라고 하여 함께 국정을 의논하였다. 추밀의 관장사항은 군사기밀 또는 군사기무(機務)였다.

(2) 승선

추밀에 반대되는 하층부의 승선단(承宣團)은 왕명출납을 관장하였다. 국왕에게 올라가는 장계나 품달사항 그리고 왕명의 하달사항도 승선을 통하여 이루어졌다. 따라서 승선은 요직의 관원이었으며, 그렇기 때문에 특별히 내상(內相)이라고 불렀다.[81]

3) 치안관련 업무

중추원은 숙위(宿衛: 궁성 내지 왕실에 대한 경호)를 관장하였는데, 고려시대에 있어서 궁성의 숙위에는 대체적으로 두 갈래 측면에서 숙위가 이루어졌다.

(1) 하나는 무인(武人)이 병기를 들고 궁성의 내외를 문자 그대로 숙위하는 것을 말하며, 중방(重房)[82] 등 군사기관에서 담당하였다. 오늘날 청와대 외곽을 맡아보는 101경비단의 기능과 유사하다.

(2) 또 하나는 문신들에 의한 궐내 숙위를 말한다. 따라서 군사에 의한 궁성숙위와 중추원 자체의 문신들에 의한 궐내숙위(숙직)와는 엄격히 구분되어야 한다.

6. 사수시(司水寺)

고려 성종 때 재편성 된 중앙관서로 6부(部)소관하에 서무분장기관인 7시(寺)를 두었고, 장관으로 경(卿: 종3품)을 두었다. 그 후 15시(寺)로 증설되면서 판사(정3품)가 수장(首長)으로 배치되었다.

1) 사수시의 직제 변천과 기능

(1) 사수시는 병선군(兵船軍: 전쟁에 필요한 장비를 갖춘 배와 군인)을 관장하던 중앙관청이

---

80) 재추(宰樞)의 합좌 아래 국가의 중대사를 합의 결정하는 최고의 정무기관이 바로 도평의사사(都評議使司)였다.

81) 박용운, 앞의 책, p.95.

82) 고려시대의 중앙군으로는 왕의 친위군인 응양군 · 용호군의 2군과 수도경비와 국경방어 임무를 맡은 6위를 두었다. 이들 부대에는 상장군 · 대장군 등의 무관을 두어 지휘하게 하였는데, 2군 6위의 상장군 · 대장군으로 구성되는 군사최고회의 기구가 중방이었다. 여기서 군사문제를 다루었는데, 중방은 무신정변 이후 권력의 중추기관이 되었다.

었다.[83] 고려시대에는 잦은 왜구침입과 해적선의 출몰로 해양경찰부대는 해양권 사수에 중요한 역할을 하였고, 이러한 해양경찰부대를 뒷받침한 관청이 사수시였다.

(2) 사수시는 제6대 성종 때 설치된 후 그 명칭이 그대로 존속되다가, 원간섭기인 제26대 충선왕 때부터 시작하여 그 명칭이 수차례 변경되었는데(사수시 → 도부서 → 사수서 → 사수시), 제34대 공양왕 3년에 도당(都堂: 도평의사사)의 건의에 따라 사수시(司水寺)에 도선지유(都船指諭: 사수시의 속관)와 관선전군(官船典軍: 사수시에 두었던 관직)을 두었다.[84]

7. 기타부서

6부 예하의 관서(官署)로서 경찰업무를 관장하던 곳은 도관·경시서·전옥서·가구소·금화원 등이었다.

1) 도관(都官)

(1) 도관의 기능과 관원의 변천

① 도관은 노비의 문서와 장부 그리고 이에 관한 소송을 담당한 형부의 예하기관이었다. 제11대 문종 때 비로소 상서도관(尙書都官)의 기구를 확정하였다. 이때 장관급인 영(令)은 배치하지 않았고, 최고 관품인 낭중(정5품) 2인을 두었다.[85]

② 도관은 그 시기의 사안에 따라 다른 관청에 병합되거나 또는 관원을 증가·배치시키기도 하였다.

㉠ 제25대 충렬왕 34년에 도관을 언부(충렬왕 34년 그의 아들 충선왕이 형부를 고친 이름)에 병합하였으나, 언부의 업무량이 증가하면서 다시 「도관」을 설치하였다. 그리고 제34대 공양왕 4년에 「도관」을 인물추변도감[86]에 병합하였다.

㉡ 관원의 명칭과 인원도 수시로 변경되었다. 제25대 충렬왕 원년에 낭중을 고쳐 정랑으로, 원외랑을 좌랑(佐郎)이라 하였고, 제26대 충선왕 친정(親政) 2년에 도관에 정랑과 좌랑을 두었고, 제34대 공양왕 5년에 다시 낭중·원외랑으로 고쳤다.

(2) 치안관련 업무

원(元)의 간섭기하의 순군만호부(약칭 순군부로 부름)는 순찰·포도(捕盜: 도적 잡는 일)·형옥

---

83) 고려사 권76지(志) 권제30 백관1.
84) 고려사 권76지(志) 제30 백관1.
85) 고려사 권76지(志) 권제30 백관1 도관조.
86) 인물추변도감은 고려 때 노비의 해방이나 그에 관한 소송 등의 일을 맡아보던 관청으로, 고려 34대 공양왕 3년에 인물추고도감을 고친 것이다.

(刑獄)·민간인들의 싸움과 살상·소나 말의 도살·전지(田地) 그리고 노비에 관계되는 일까지도 모두 맡아서 처리하였다. 따라서 순군만호부는 노비와 관련된 업무까지 단속하였고, 단속된 노비관련사범에 대한 소송은 도관이 담당하였다.

2) 경시서(京市署)

(1) 경시서의 직제

① 경시서는 수도 개성의 시장·전포를 검찰(檢察)하여 상인들의 부정행위를 단속하던 형부의 예하 관서로서, 조선조까지 존속되었다.[87]

② 경시서는 제7대 목종 때에 비로소 경시서령(京市署令)을 두었는데, 경시서령은 장관급이 아닌 정7품인 영(令)을 말한다. 그 후 제25대 충렬왕 24년에 영(令)을 올려 권참(權參: 문무백관이 임금에게 문안드릴 때 참여하는 종6품 이상 3품 이하까지의 관원의 총칭)으로 높이기도 하였다.

(2) 경시서의 기능

경시서의 기능은 ㉠ 물가매매에 사용하던 포자(布子: 화폐의 기능을 하던 포)에 표인(標印 : 표시한 도장)을 행하는 일, ㉡ 공정가격을 평정(평정: 평가하여 정하는 일)하고 표식하여 적정매매를 강행하고, 그 해의 풍년과 흉년을 참작하여 미곡가를 조절하는 일, ㉢ 상평창(常平倉)의 미곡을 사고 파는 업무를 행하는 일 등을 주관하였다.

3) 전옥서(典獄署)

(1) 전옥서의 직제와 기능

전옥서는 형부감옥의 관리를 담당하던 곳으로써 건국 초기부터 설치되었고,[88] 제6대 성종 14년에 대리시(大理寺)[89]로, 제11대 문종(文宗)대에 다시 전옥서로 고치고 영(令) 1인을 두었는데, 영(令)은 장관이 아닌 정8품관이었다.

(2) 전옥서와 형부와의 관계

형부와 전옥서는 일원적인 체계하에 놓여 있으면서, 전옥서는 형부의 하위기관으로 형부옥에 이송된 범죄자들을 직접 관리하는 부서였고, 그 임무는 죄수들을 격리 수용하고 도망을

---

87) 고려사 권77지(志) 권제31 백관2 경시서조.

88) 고려사 권77 志 권31 백관2 전옥서조.

89) 제6대 성종때의 대리시(大理寺)의 명칭은 중국 당의 감옥인 대리시옥과 동일하다. 당시 수도 장안에는 대리시옥·경조부옥·장안현옥·만년현옥이 있었다(최재영, “당전기 장안성의 구조와 치안조직”, 진단학보 109권, 2010, p.259); 대리시옥에는 중앙관부에서 도형 이상의 중형을 저지른 사람 및 금오위가 체포된 사람이 수감되었고, 반면 경조부옥·장안현옥·만년현옥 등에는 그 관할 지역에서 범죄를 저지른 사람이 수감되었다(당6전 권6 상서형부 형부낭중).

방지하는 것이 그들의 본분이었다.

4) 가구소(街衢所)와 가구소옥(街衢所獄)

(1) 가구소

① 가구소는 원래 큰 길인 가(街)와 거기서 갈라지는 좁은 길인 구(衢)를 뜻하는 곳이다. 가구소는 제11대 문종 16년에 도성 예하의 11현을 속하게 하는 등 개경의 확대 및 이에 따른 치안수요가 증가하자, 문종 30년에는 관제 개혁과 함께 가구소가 설치되었다.[90]

② 가구소는 수도 개경의 치안유지를 담당하기 위하여 궁성 외에 설치된 경찰관서였다.[91] 가구소에는 고정으로 가구감행(街衢監行)이라고 부르는 단위부대가 투입되었는데, 이들의 임무는 개경의 전 시가지인 가구(街衢: 거리)를 순찰하면서 범죄예방과 범인을 검거하는 것이었다. 가구감행에는 장교 2인·나장(螺匠) 10인·도전(都典) 11인·군인 40인이 파견되어 근무하고 있었고,[92] 지휘관으로는 가구사(街衢使)[93] 또는 가구별감(街衢別監)이 이들을 통솔하였다고 추정하고 있다.

(2) 가구소옥

① 기능

㉠ 가구소에는 옥(獄)을 두어 운영하였는데,[94] 이 옥은 금오위·가구소의 가구감행·순검군(巡檢軍)[95]에 의하여 체포된 범죄자(犯罪者)를 구치(拘置)하거나 치죄(治罪)하는 일종의 구류

---

90) 고려사 권77지(志) 권제31 백관2 제사도감각색(諸司都監各色條)조. "문종 30년에 가구소를 두었다"는 사실 외에는 직명이나 그 임무 등에 관하여 언급된 기록은 찾아 볼 수가 없다.

91) 가구소는 오늘날 청와대 지역을 관할하는 서울지방경찰청 종부경찰서와 유사한 기능을 수행하였다고 볼 수 있으나, 기능면에서 볼 때는 고려시대의 가구소는 그 범위가 수도 전체였고 그 권한도 방대하였다.

92) 고려사 권83지(志) 권제37 병(兵)3 검점군조.

93) 가구사와 가구별감의 관계에 대해서는 정확히 알 길은 없다는 견해도 있으나(한우근, "려말선초 순군연구" 진단학보 제22권, 1961, p.15), 정중부가 무신난을 일으키는 과정에서 먼저 가구소를 습격하여 그 별감을 살해하였고(고려사 권128 열전 권제41 정중부전), 무신장군 정존실이 언광이 집을 사는데 약속과는 달리 돈을 적게 주고 가지려 하자(35근에서 단지 23근만 줄려고 함) 언광의 이를 거절하므로, 언광을 강도로 몰아 무고하였다. 가구사(街衢使)가 거짓말인 줄 알면서도 정존실의 난폭함을 두려워하여 언광과 그의 처를 가둔 사실이나(고려사 권128 열전 제41 이광정전), 문종 30년 이래 개경에 가구소라는 것을 설치하여 그 「별감」으로 하여금 개경 시가와 궁성 외에 대하여 순찰을 돌도록 하였고, 무인난 때에도 개경에서 가장 먼저 당한 것은 그 별감들이었다. 따라서 가구소는 개경의 치안유지를 담당하는 경찰기구가 분명하고(백남운, 「조선봉건사회경제사」, 동경: 개조사, 소화 12, p.677), 가구사는 최고 지휘관 그리고 별감은 가구사를 보좌하던 보좌관이었다고 추정된다(김형중, 앞의 책, p.277).

94) 가구소는 무신난이 성공한 뒤에 정중부 등에 의하여 문신들을 체포하고 살해하는 근거지가 되었다(고려사 권128 열전 권제41 정중부전).

95) 일반적으로 개경 시내를 정기적으로 순검(巡檢)하는 부대는 주로 금오위였고, 범죄발생이 가능한 우범지대에 순검기능을 수행한 조직은 순검군 등이었다. 순검군(巡檢軍: 순검의 임무를 맡은 부대로 검점군·간수군·위숙군 등이 있었음)은 수도 개성 그리고 심지어 해상의 각 요소 등에 분산 배치가 되어 수시로 순찰검색을 하는 것이 그들의 임무였다(고려사 권10세가 권제10 선종).

소였다. 그렇기 때문에 가구소옥에는 개경의 치안을 담당하던 여러 기관에서 체포된 범죄자들이 대부분 수감되었다.

㉡ 형부옥이 주로 정치범 등 신분적으로 높은 인물들을 투옥한 반면, 가구소옥은 강도·절도·싸움을 하는 자·민심을 교란시키거나 질서를 파괴하는 자 등 주로 개성 내의 일반 범죄자들[96]을 가두는 감옥이었다.[97]

② 운영과 폐해

㉠ 가구소옥에 투옥된 일반범죄자들은 나장(螺匠)들에 의해서 관리·통제되었다고 추정된다. 통상적으로 중요시설에는 검점군(범죄발생이 가능한 개경의 우범지대에 중앙에서 순검을 하기 위하여 구성된 조직 중의 하나)이 파견되었으나, 나장은 보이지 않는다. 그러나 가구감행에는 다른 기관에 없는 나장 10인을 소속시키고 있다.[98] 나장은 형관(刑官: 고려초기에 형벌을 관장하던 관청)에 배속되었던 하급직원이다. 따라서 이들에 의해 가구소옥의 경비와 죄수관리가 주로 이루어졌다고 생각된다.

㉡ 그 후 무신난 이후 가구소와 가구소옥의 기능은 권세가에 밀착 봉사하는 등의 도구로 전락되는 커다란 변화를 겪게 되었다. 무신난 이후 종래의 공식 정부기구의 기능이 약화됨에 따라, 형부옥의 기능 또한 당연히 제 기능을 다하지 못하였다. 따라서 무인들은 형부옥보다는 검점군에 의해 지원되어 관리·운용되는 가구소옥이 훨씬 장악하기가 쉽고 용이하게 이용할 수 있었기 때문에, 가구소를 주로 활용하였다. 가구소는 고려 제11대 문종 때 설치되어 고려말까지 존속되다가, 조선 태조 즉위년에 폐지되어 역사적으로 소멸되고 말았다.

5) 금화원(禁火員)

(1) 금화원의 설치배경

고려시대에도 화재는 무수히 발생하였다. 제3대 정종대에 서경(평양)중흥사 9층탑과 경주 황룡사 9층탑이 불탄 것을 비롯하여, 제8대 현종대에는 개경 인수문외 민가 2천 호가 타고, 또 구주의 관창(官倉: 관의 창고)과 민가 840여 호가 불타고,[99] 동왕(同王) 13년 2월 병진(丙辰)에는 궁성동북랑(궁성동북에 붙어 있는 딴 채) 150여 간이 불타는 등[100] 일일이 다 헤아릴 수 없을

96) 가구소옥이 일반범죄자를 주로 취급했다는 사실은 다음과 같은 사례 등에서 입증된다. 고려사 열전 염신약전에 보면, 무신 정중부는 문신 염신약의 땅을 빼앗고 후에 돌려준 것을 계기로, 정중부의 종이 염신약의 종으로부터 수확한 곡식을 빼앗으려 하여 싸움이 되었는데, 이때 정중부가 개입하여 염신약의 종을 가구소옥에 투옥한 후 살해하였다(고려사 권99 열전 권제12 염신약전). 또 앞에서 기술하였듯이 장군 정존실이 언광(彦光)을 그 처와 함께 은12근을 강탈했다는 죄목으로 무고하여 가구소에서 이들을 가구소옥에 가둔 사건이 있었다. 이런 사례들은 모두 정치범이 아닌 싸움질·강도죄 등의 일반범죄자들이다.

97) 박진훈, “고려시대 감옥의 설치와 운영체계”, 역사와 현실 제47권, 2011, p.160.

98) 고려史 권80지(志) 권제37 병(兵)3 검점군.

99) 임규손, 앞의 논문, p.14.

100) 고려사 권4 세가 권제4 현종 13년 2월조.

정도였다. 화재와 관련하여 특히 국가에서 중요정책의 하나로 삼을 수밖에 없는 것이 미곡의 관리였다. 따라서 이러한 경향각지의 창고관리는 중요한 국가업무 중의 하나였고 많은 인원이 창고 관리업무에 종사하였다.

(2) 미곡창고 관리와 금화원

① 고려는 전기부터 수도 개성과 각 지방 창고소재지에 방화관계를 담당하던 관리, 즉 금화원(禁火員)을 배치하였는데, 그 이유는 대형 미곡창고의 화재가 주요 원인이었다. 제11대 문종 20년(1066) 2월 기해(己亥)에 운흥창(雲興倉)[101]에 화재가 있었는데, 이후로 창름부고(倉廩府庫: 미곡창고나 궁전의 문서나 재물을 보관하는 창고)에 일반관리 외에 따로 금화원(禁火員: 방화를 전담하는 관리)를 특별히 두었다. 그리고 이들 금화원에 대하여는 어사대가 수시로 그 근무상태를 점검하여 만일 일직을 궐(闕: 마땅히 해야 할 일을 빠뜨림)하는 자가 있으면, 그 관품(官品)의 고하를 막론하고 먼저 구금하고 뒤에 보고하였다.[102]

② 문종 이후 배치한 금화원 관리의 수효라든가 직제에 대하여 고증할 문헌은 없으나, 지역 및 창고 규모에 따라 관리의 수나 직제는 일정하지 않았던 것으로 보여진다.

(3) 금화원의 변천과정

① 고려시대의 금화원 제도는 조선조로 이어져 소방제도인 금화(禁火)와 소방관청인 금화도감(禁火都監)[103]이 설치되었고, 이들 임무 역시 화재예방과 진압이 주목적이었다. 그 후 1948년 정부수립과 동시 경무부가 내무부 치안국으로 축소되면서 동시에 소방업무를 담당하는 소방과가 설치되어 지속되어 오다가(1970년 정부조직법 개정으로 서울과 부산만 소방업무를 지방자치로 이전하고, 여타 지방은 경찰이 소방업무를 담당), 1971년 서울에서 발생한 대연각 화재사건[104]을 계기로 내무부에 민방위 본부가 설치되고(1975년 7월 민방위기본법 제정), 경찰에서 관장하던 소방업무는 민방위 본부소방국으로 완전히 이관되었다.[105]

② 금화(禁火)제도(소방업무)는 고려시대에서부터 제3·4공화국까지는 경찰기관에서 관장

---

101) 운흥창의 명칭은 고려사 세가 문종 20년 2월조 외에 다른 곳에서는 찾아볼 수 없다. 그러나 이 운흥창의 화재가 국가적인 큰 손실을 가져왔으며, 결국 이 화재를 기화로 내외 각 창고에 금화원 관리를 배치하는 계기가 되었다는 점에서 그 규모가 상당히 컸던 것으로 추정할 수 있다.

102) 고려사 권8세가 권제8 문종 20년 2월조.

103) 금화(禁火)는 화재예방과 화재발생시 불을 끄는 방식 등을 규정한 소방제도를 말한다. 한편, 금화도감은 방화(放火)의 임무를 띤 관청을 말한다.

104) 1971년 12월 25 서울특별시 중구 충무로 소재 22층짜리의 대연각호텔에서 일어난 화재사고를 말한다. 163명이 사망하고 63명이 부상당했다. 재산피해는 당시 소방서 추정으로 약 8억 3820만 원이었다. 현재는 리모델링하여 고려대연각타워로 존재하고 있다. 대연각 화재사건은 소방의 중요성과 함께 소방업무가 발전하는 중요한 계기가 되었다.

105) 경찰청, 「경찰백서」, 서울: 해동문화인쇄, 1995, pp.33－37.

하던 업무 중의 하나였다. 고려시대의 금화원은 오늘날 소방관의 효시로 보아도 무방하다.

6) 순관(巡官: 후에 관역사)

(1) 역참

① 역참제도의 의의와 변천

㉠ 고대에서 조선조까지 육상교통의 유일한 기관이 되었던 것이 역참이었다. 역참은 신라 시대를 기원점으로 하여,[106] 고려 제6대 성종대에 와서 중앙집권의 관료제도가 강화되어 감에 따라 신속 정확한 교통기관의 설치와 운영이 무엇보다도 시급한 업무 중의 하나였다. 즉, 공문서의 전달·관공물(官公物)의 운송·출장관원의 편의제공 등을 제공할 수 있는 관영(官營)시설과 기관이 필요하였는데, 이것이 바로 역참제도이다.

㉡ 제6대 성종은 전국에 525개소의 역을 두고 이를 22도(道)의 관할하에 두었으며,[107] 도로를 대·중·소의 3로(路)로 구별하고 역(驛)도 그 위치와 역사(役事)의 경중에 따라 6개 등급으로 나누는 등 상당히 정비된 체계를 갖추었다. 그리고 역로(驛路: 역참으로 통하는 길)의 구간을 획정하여 대개 10여 개의 역을 한 도(道)로 하였다.

② 역참제도의 변천

㉠ 역참의 임무 중 가장 중요한 것은 군사정보의 전달이었다. 따라서 송달물과 관련된 전송절차를 엄격히 규정하여, 이를 어길 시에는 처벌하였다.[108] 특히 전달사물이 긴급을 요할 때는 완급의 정도에 따라 문첩(공문서)이 든 가죽 전대 위에 방울을 달아 전송하는 현령(懸鈴)전달방식을 채택하여 운용하였다.

㉡ 3급시에는 3개의 방울을 다는 3현령(懸鈴), 2급시에는 2현령, 1급시에는 1현령으로 하여 누구나 그 소리를 들으면 역마가 달리는 사실의 긴급정도를 짐작할 수 있게 하였다. 제15대 숙종 8년에는 역리들이 이러한 공문·경보 전달에 필요한 역마를 부실하게 한 자는 강등시켜 상호(常戶: 변방에 유배하여 군역에 충당하게 하는 것)로 삼게 하였다.[109]

㉢ 진역(津驛: 강·포구 등에 설치된 역)[110]은 피각전송(皮角傳送: 가죽과 뿔에 문첩을 넣어서 전하는 방법)방식을 택하였는데, 2월부터 7월까지 3급은 3개의 역, 2급은 5개의 역, 1급은 4개

---

106) 신라 소지마립간 때에 이미 사방우역(四方郵驛)을 두고 관도(官道)를 수리한 바 있다.

107) 22개의 역(驛)을 둔 도(道)이름 중 가장 많은 역(驛)을 관할한 도(道)는 운중도(雲中道)로서 43개의 관할 역을 가지고 있었다. 역로는 평양→순천→영원→태천 순으로 가는 코스였다. 반면 가장 작은 역을 관할한 도(道)는 산예도(狻猊道)로서 10개의 관할 역을 가지고 있었다. 역로는 개성→정백→장연→송화(松禾)→송화등지(松禾等地)로 가는 코스였다.

108) 고려사 권81지(志) 권제 36兵1 참역조(站驛條) 이하 내용 중 중요부분을 발췌하여 의역하였기 때문에, 원문과 상이할 수 있음을 밝혀둔다.

109) 고려사 권82지(志) 권제 36兵1 참역조.

110) 육상의 교통기관인 역참이 있었다면, 강·포구 등에는 진(津: 나루)이 있었는데, 여기에는 진졸(津卒)이 배치되어 있었다. 이처럼 진(津)은 육상의 순관제도와는 다른 지휘체계로 운영되고 있었다.

의 역을 가며, 8월에서 정월까지는 3급은 5개의 역, 2급은 4개의 역, 1급은 4개의 역을 가도록 하였다. 이처럼 진역은 육상의 전달방식과는 다르게 계절과 전송사물의 완급도에 따라 주행격수(走行驛數)를 달리하였다.

③ 역참관련 조직도

고려시대의 교통관련 조직도를 체계화해 보면, 중앙에는 병부의 장관인 영(令)이 우역(郵驛: 역참)의 모든 업무를 총괄하였고, 그 예하에 공역서[111]를 두어 여러 도의 정역(程驛)을 관장하였다. 따라서 이들이 교통관련 상위층을 구성하고 있었고, 하부 구조는 외직(지방관)으로 초기에 순관(巡官) 또는 관역사가, 후기에는 역승(또는 별감)이 실무적으로 업무를 순찰·감독하도록 하는 체계로 운영되었다.

(2) 순관(巡官)

① 순관(巡官)은 한 도(道)의 책임관원으로서 각자가 담당하는 각 역을 순찰·감독하고 연도를 경비하며 군사 경보(警報)를 전달하고, 교통경찰·운수경찰(運輸警察)·지방의 정보사찰을 병행하였던 것으로 보인다.[112]

② 순관(巡官)은 서반 외직(西班外職: 무관의 외직)에 속하며 일종의 순검관(巡檢官)이었다. 이들 순관(巡官)에게는 경찰형벌권이 부여되고 있었다.[113]

㉠ 고려시대의 각 역에는 역장(驛長: 역참의 장)·역리(驛吏: 역참의 관리)·역졸(驛卒: 역참을 지키는 군사) 등을 두어 역로(驛路)를 관리케 하고 마필(馬匹)을 대비케 하였고, 공수전 등 역전(驛田: 역의 경비를 충당하는 전답)을 두어, 그 조(租: 토지를 대상으로 하는 곡물의 부과)의 수입으로 경비를 충당시켰다.

㉡ 고려말 제34대 공양왕 원년에 처음으로 역승[114] 또는 별감을 두었고, 조선조 중종 30년에 와서는 찰방(察訪)으로 고쳐졌는데, 그 관장임무는 고려시대 역승과 동일하였다.

---

111) 고려사 권77지(志) 권제31 백관 2 공역서조. 공역서(供譯署)는 병조예하에 두었던 사무분장 기관으로, 여러 도의 정역(程驛: 역로에 있는 모든 역참을 말함)을 관장하였다. 제11대 문종 때에 공역서의 기구를 확정하여 영(令: 종7품) 2인·승(丞: 종8품) 2인·사(史) 2인·막사(幕士) 40인을 두었다. 고려말기에 접어들면서 공역서는 청탁을 받고 역마사용증을 사사로이 발행하여, 역마의 수가 줄어드는 등 부정부패가 극에 달하였다.

112) 내무부치안국, 앞의 책, p.101.

113) 고려사 권102 열전 권제15 김인경전.

114) 고려시대 역승에 대하여는 구체적으로 알 수 없다. 그러나 조선조시대 종 6품관인 찰방과 동일시되므로, 고려시대 역승은 자기가 관할하는 도(道)의 역을 총괄하는 외관직의 관리였다고 추정된다.

Ⅱ. 지방관제(地方官制)

1. 지방관제의 변천

1) 고려전기의 군·현제

고려건국 초기에는 지방호족들은 거의 반독립적인 자치체제를 유지하고 있었다. 태조는 이들에 대한 회유책으로써 중앙관청과 동일한 위계(位階)의 직위를 부여하여, 지방의 행정치안을 거의 자치적 운영에 위임하였다.[115] 고려왕조가 본격적으로 지방에 외관(外官)을 파견한 것은 성종 2년 12목(牧) 설치가 그 시초이다. 고려시대에는 전국에 약 500여 개의 군현(郡縣)이 존재하였지만, 모든 군현에 외관이 파견된 것은 아니었다. 즉, 고려전기에는 수령이 파견된 주현(主縣)은 130여 개였는데 비하여 수령이 파견되지 않은 속현(屬縣)은 373개 정도였던 것으로 보아, 이때까지는 중앙통치력의 지방침투가 불완전하였음을 알 수 있다. 이들 속현들은 수령이 설치된 주현(主縣)에 예속되어 중앙의 간접지배를 받는 행정체계를 이루고 있었다.[116]

2) 계수관

고려초기는 주현의 수가 또한 적지 않아 이들을 일률적으로 통제하기가 곤란하였으므로 몇 개의 큰 군현을 계수관(界首官)[117]으로 삼아 제한된 기능에서나마 중간 기수의 역할을 하도록 하였다. 그러므로 같은 군현(郡縣)이라 하지만 고려의 군현제는 계수관과 일반 주현(州縣), 그리고 속현(屬縣)의 누층적 구성체계로 되어 있었다.

3) 5도 양계·지방제도 대개편

(1) 계수관 제도의 시행에도 불구하고 군현통제가 별 효과를 거두지 못하자, 제6대 성종 8년에 계수관을 대신하여 중앙정부와 군현사이의 중간기구로서 5도양계(五道兩界)를 설치하였다. 즉, 남부지방에는 5도(五道)를, 그리고 북부지방에는 양계(兩界)를 설치하였다.

(2) 또 성종 14년에는 전국을 4도호부 10도 128주 449현 7진(鎭)으로 지방제도를 대대적

115) 김형중, "고려시대 경찰관료제에 관한 연구－순군만호부를 중심으로", 경성대학교 박사학위논문, 1996, p.59.

116) 변태섭, 「한국사통론」, 서울: 삼영사, pp.189－211.

117) 고려 때의 관직으로 5도양계가 설치되기 전까지 지방행정의 지방관직이었다. 그러나 계수관은 군현의 향공(鄕貢: 고려시대 관내 주·부·군·현을 분담하여 다스리던 계수관시험에 1차로 합격한 사람에 대한 호칭이었다)을 선발하여 천거하거나, 외옥수(外獄囚: 지방의 죄인)에 대한 심문 등 제한된 임무만 담당하였고, 실질적인 행정체계는 수령이 직접 중앙으로부터 지휘를 받았다. 이들 계수관은 유수관(3경의 장관)·도호부사·목사 등이 겸임하였다(이홍식 편저, 앞의 책, p.91).

으로 개편했으나, 제8대 현종 9년(1018)에는 행정구역을 4도호부(都護府)·8목(牧)·외관(外官: 지방에서 파견한 수령 등)이 상주하는 56개의 주군(州郡)·28개의 진(鎭)·20개의 현으로 통폐합시키는 대대적인 재편을 하였다.

(3) 이때 전국 20개 현(縣)에 행정관인 현령(縣令)을 배치하면서, 치안관인 현위(縣尉)를 임명하였는데, 경찰사적 측면에서 중요한 의미를 갖는다. 고려전기의 지방관제는 5도양계·경(京)·도호부·목(牧)·군·현 등의 체제였다.

2. 5도양계

1) 5도

(1) 안찰사 명칭의 변천

제6대 성종 8년에 중앙정부와 군현사이의 중간기구로서 5도양계를 설치하였고, 5도[118]에는 안찰사(도의 장관)를 파견하여 도(道)내의 군현을 통할하는 상부행정기관으로 삼았다. 안찰사는 시대에 따라 그 직위명칭이 수시로 개칭되었다. 초기의 절도사(節度使) → 안찰사(제8대 현종 3년) → 도부서(제11대 문종) → 안찰사(제16대 예종 8년) → 안렴사(제25대 충렬왕) → 도관찰출척사(제33대 창왕 1년) → 중앙의 대신이 겸임하는 안찰사의 겸임을 해제하고, 따로 임명(제34대 공양왕 1년) → 관찰사·경력사[119] 직위설치(공양왕 2년) → 관찰사 폐지하고 안렴사로 복귀 → 고려멸망으로 이 제도는 역사적으로 소멸하였다.

(2) 안찰사의 기능

① 안찰사는 도내의 주현을 순행하면서 ㉠ 수령의 선정 여부를 살펴 출척(黜陟: 관직을 떨어뜨리거나 혹은 올림)하는 일 ㉡ 민생의 질고(疾苦: 병에 걸리는 일)를 묻는 일 ㉢ 형옥의 심치(審治: 잘 살펴서 치료하는 것) ㉣ 조세의 수납 ㉤ 군사적 기능 등을 맡아보았다. 그러나 안찰사는 전임관으로서의 외직(外職)이 아니라, 사명지임(使命之任: 임금의 명을 받고 행하는 직무)이었다.

② 안찰사는 양계의 병마사보다 권한 면에서는 약한 편이었으나, 수령에 대한 행정·사법[120]·경찰권의 남용에 대한 심리와 통제 등을 할 수 있는 권한을 갖고 있었다. 따라서 안찰

---

118) 5도는 양광·경상·전라·교주·서해를 말하며, 양계는 동계(東界)와 북계(北界)로 나누었다.
119) 경력사(經歷使)는 안찰사 예하의 사무기구였다. 안찰사는 경직(京職: 중앙관직)을 가진 채로 사신으로 보내졌고, 봄·가을에 교대되어 그 임기는 6개월이었다. 그러다가 제34대 공양왕때 안찰사를 도(道)의 전임관(고정직)으로 만들면서, 임기도 1년으로 연장하고, 또 안찰사 예하의 사무기구로 경력사를 두었다.
120) 고려사 권84지(志) 권제38 형법1. 안찰사(충렬왕대의 안렴사)는 노비 등의 송사문제에도 직접적으로 관여하였다(제25대 충렬왕 12년 3월조).

사는 중앙과 주·현을 잇는 중앙행정기구로서 상당한 역할을 수행했다고 보여진다.

2) 양계(兩界)

(1) 양계의 조직과 변천

① 양계의 조직

㉠ 5도(道)의 군현에는 외관(지방관)이 없는 속군(屬郡)과 속현(屬縣)이 많이 있었으나, 양계는 국경지대라는 특수성 때문에 주(州)와 진(鎭)에는 거의 전역에 방어사·진사(鎭使)·진장(鎭將) 등의 외관이 파견되었다. 즉, 방어(주)진과 지주부군(知州府郡)에는 5품인 (방어)사(使) 또는 지사(知事), 그 아래에 6품인 부사(副使), 7품인 판관 등이 있었고, 진(鎭)[121]에는 7품인 (진)장(將), 8품인 부장(副將)이 배치되었다.

㉡ 진(鎭)은 지방행정구획의 하나로서 군사와 치안상 중요한 의의를 가지고 있다. 진(鎭)의 설치는 신라시대부터 비롯하였다.

(2) 양계조직의 붕괴

① 양계(兩界)의 지배조직은 제23대 고종 18년 몽골침입 등을 계기로 일대 변동이 일어나게 되었고, 양계지역 역시 특수군사적인 행정구역으로서의 성격을 잃고, 방어주·진은 일반 행정기구인 주현으로 개편되었다.

② 양계의 행정기구인 주현으로 개편되면서 양계에도 5도(道)와 같이 도관찰출척사(都觀察黜陟使: 제33대 창왕 1년에 안찰사의 명칭을 개칭한 것임)가 설치되었고,[122] 이때부터 고려는 전국이 단일화된 행정조직으로 편성화되었다고 볼 수 있다.

(3) 병마사의 권한과 그 한계

① 병마사의 권한

양계의 장관인 병마사(兵馬使)가 언제부터 배치되었는지는 정확히 고증할 길이 없다. 다만 제6대 성종 8년에 병마사의 존재가 확인된다.[123] 고려시대의 양계는 병마사를 정점으로 하여 그 휘하에 서북면의 안동도호부(영주)와 동북면에 안변도호부(등주)를 두고, 다시 그 아래에 각 주(州)·진(鎭)을 소속시켜 일원적인 지배체제를 형성하고 있었다.

㉠ 병마사는 도(道)의 안찰사가 부임할 때와는 달리 옥대자금(玉帶紫襟: 왕이나 높은 벼슬아

---

121) 진(鎭)은 지방행정구획의 하나로서 군사와 치안상 중요한 지역이었다. 진(鎭)의 설치는 신라시대부터 비롯하였는데, 고려 때는 29개의 진(鎭) 중 1개 진(鎭)만 서해에 있었고, 나머지는 양계(동계 16진, 북계 12진)에 분포되어 있었다(김형중, 「한국중세경찰사」, 서울: 수서원, 1998, p.120).

122) 변태섭, 「고려정치제도사연구」, 서울: 일조각, 1971, p.125.

123) 고려사 권77지(志) 권제31 백관2 외직조.

치들이 옥으로 장식하여 두른 띠와 자주빛의 옷깃)과 부월(斧鉞: 임금이 장수나 제후에게 생살권을 부여한다는 뜻에서 주던 도끼모양의 의장)을 주어 그 권위를 표시케 하였고, 지방의 죄인(외옥수: 外獄囚)에 대하여도 수시로 감사·검찰할 권한을 갖고 있었다.

㉮ 병마사는 사법권도 갖고 있어서 가벼운 죄는 재량으로 처리하고 중한 죄수는 구금 연월일을 기록하여 보고하도록 하여, 경한 죄에 대하여는 재량처결권까지 갖고 있었다.

㉯ 도의 안찰사와 병마사가 비록 병렬적인 위치에 있었다고 하지만, 병마사의 지위가 안찰사보다 우월한 지위에 있었다고 볼 수 있다. 임기는 6개월이었으며, 치안을 문란하게 하고 인민을 살상하는 자를 제어하지 못하면 그 책임을 지도록 하였다.

② 병마사의 권한에 대한 통제

병마사는 양계지역의 군정(軍政)과 민정(民政)을 총괄하는 장관으로서 일원적인 지배체제의 막강한 지휘자였으나, 국경지대라는 특성으로 상당한 군사력을 보유하고 있었다. 따라서 이에 대한 제어장치 또한 마련되어 있었다.

㉠ 중앙의 문하시중·중서령·상서령을 판사(判事)로 삼아 경성(서울)에 머물면서 동북면의 병마사를 관장케 하여, 그의 전제(專制)를 억제·감독케 하였다.

㉡ 양계 내에는 분도(分道)가 있어 그곳에는 감창사(監倉使)[124]가 따로 파견되었다. 이들은 양계의 조세업무와 창름(倉廩: 미곡창고)에 대한 관리·감독이 주임무였으나, 분도(分道)의 통치일반에도 깊이 관여하였다.[125] 따라서 병마사는 중앙(문하시중·중서령·상서령)의 판사와 분도(分道)의 감창사에 의하여 직·간접으로 통치업무에 많은 견제를 받았다. 이는 본래 양계가 군권(軍權)이 집중된 중요한 곳이기 때문에, 반란 등 불상사를 미리 방지하기 위한 계산된 중앙정부의 조치였다.

3. 경(京)

1) 3경(京)의 설치

고려시대 지방관제를 처음 설치할 당시부터 중요한 위치를 차지하여 온 것은 도호부(都護府)·목(牧) 그리고 경(京)이다. 경(京)은 통상 왕경(王京: 수도)으로서의 개경을 제외한 3경(京)을 말한다. 3경 중 제일 먼저 설치된 것이 서경(西京: 평양)이었고, 제6대 성종 때 동경(東京: 경주)이 설치되고, 제11대 문종대에 이르러 다시 남경(南京: 지금의 서울)을 둠으로써 3경이 되었다.

---

124) 감창사는 동서북면(東西北面)에 이를 두었다고 고려사는 전하고 있다(고려사 권77지(志) 권제31 백관2).
125) 김남규, "고려 양계의 감창사에 대하여", 사총 17, 18합집, 1973, p.246.

2) 서경

3경 중 가장 중시된 것이 서경(西京)이었다. 서경은 태조 왕건이 신라통일기 이래로 황폐해진 평양에 지금의 황해도 지방 백성을 옮겨 그 기반을 튼튼하게 하면서, 처음에는 평양대도호부를 두었다가 서경으로 개편하였다.

(1) 분사제도

태조는 서경(평양)을 중시하여 중앙정부(개경)와 유사한 기구와 체제를 갖춘 분사제도를 실시하였다. 그 후 제6대 성종 14년에 지서경유수사(知西京留守事: 3품 이상) 1인을 두고, 그 관원으로 부유수(副留守: 4품 이상) 1인, 판관(6품 이상) 2인, 사록참군사(司祿參軍事) 2인과 장서기(掌書記) 1인은 모두 7품 이상으로 하고, 법조(8품 이상) 1인을 두는 등 분사제도를 대폭 정비(개편)하였다.

(2) 서경의 직제 변동

① 서경의 기구체제는 묘청의 난 이후 많은 타격을 받았는데, 제17대 인종 14년 4월에 유수(留守)·감군(監軍)·분사어사(分司御使) 등 중앙정부에서 파견한 관원 이외의 예전 직제는 모두 없애버렸다.[126] 이는 서경세력을 약화시키려는 정책에서 나온 것이었다. 그러나 서경제도의 존폐문제에 대하여 의견이 구구하자 6조(의조·병조·호조·창조·보조·공조)를 두고,[127] 6조에는 각각 영(令: 8품관) 2명·승(丞: 9품관) 2명씩을 두었고, 그 후에도 직제의 변동이 여러 번 있었다.

② 제25대 충렬왕 16년(1290)에 서경에 유수관[128]을 설치하였고, 제31대 공민왕 때에는 평양부(平壤府)로 개칭하였다. 이처럼 서경은 해당 국왕의 당시 사정에 따라 기구와 체제의 변동이 심하였다.

(3) 경찰권 행사 주체

3경은 고려건국 초 이래부터 정치적으로 매우 중요한 의미를 지니고 있었음은 물론 중간행정기구로서 차지하는 위치도 상당하였다. 그리고 3경 내의 행정·사법·경찰권은 3경 장관인 유수사(留守使)와 그 예하 관료들에 의하여 통수(統帥)되었다고 볼 수 있다.

---

126) 고려사 권77지(志) 권제31 백관2 외직조.
127) 고려사 권77지(志) 권제31 백관2 외직조.
128) 유수관은 고려시대 3경(京)에 두어 그곳을 다스리게 한 외관직을 말하는데(예컨대, 서경유수관·동경유수관), 유수사는 유수관의 가장 높은 벼슬로서, 처음에는 품계를 3품 이상으로 하였다가 후에 종3품으로 정하였다.

4. 도호부(都護府)

1) 도호부의 설치

5도호부는 제8대 현종 초에 설치되었는데, 동왕 9년 행정구역이 재개편되면서 4도호부와 8목으로 되었다. 이 양기구는 고려 일대에 걸쳐 실질적으로 지방의 최고행정기구였다. 도호부의 최고 책임자는 도호부사(都護府使: 지방장관, 3품 이상)으로 그 관할 아래 지주사(知州事)[129]·지군사(知郡事)[130]·현령(縣令) 등을 두었다. 처음 도호부가 설치된 곳은 안동(지금의 경주)·안서(지금의 해주)·안남(지금의 전주)·안북(지금의 영주)의 넷이었으나, 수시로 일부가 폐지되고 새로 설치되기도 하였다.

2) 도호부의 기능

(1) 대도호부는 문종 때에 안서(지금의 해주)와 안북(지금의 연주) 같은 큰 대호부에는 대도호부사(3품 이상) 1인을 두었고, 규모가 중간쯤인 중도부에는 중도호부사(4품 이상) 1인을 두었다.

(2) 도호부는 시기에 따라 기구자체가 수시로 변동하여 일정치 않았기 때문에, 도호부와 관련하여서 총체적으로 분석하여 설명하는 데는 한계가 있다. 그러나 도호부는 3경과 8목(牧)처럼 군·현의 상급기구로서, 지방통치상 중요한 역할을 수행하였다.

5. 목(牧)

1) 목의 설치와 변천

(1) 고려 조정이 상주하는 외관(外官: 지방관)을 파견하여 지방에 대해 본격적으로 통제를 가하기 시작한 것은 제6대 성종 2년에 12목(牧)을 설치하면서부터이다. 성종은 최승로의 건의[131]에 따라 양주·광주·충주·청주·공주·상주·전주·나주·진주·승주(昇州)·해주·황주(黃州)의 전국 12지역에 주(州)의 장관인 목사(牧使)를 파견하였다. 고려는 이때부터 중앙의 통제력이 본격적으로 지방에까지 침투되기 시작하였다.

---

129) 고려시대에 지방행정구역인 주(州)의 가장 높은 벼슬.

130) 고려시대에 지방행정구역인 군(郡)의 가장 높은 벼슬이다. 3품관으로 임명할 경우에는 판군사(判郡事), 3품 이하의 관원으로 임명할 경우에는 지군사(知郡事)라 하였다.

131) 성종 원년 6월에 최승로가 "태조가 통일한 후에 외관을 두고자 하였으나 대개 초창기이기 때문에 겨를이 없었습니다. 지금 향호(鄕豪)가 매양 공무를 빙자하여 백성을 침탈하니 백성이 견디지 못하고 있습니다. 청컨대 외관을 두소서. 비록 한꺼번에 다 보낼 수는 없더라도 먼저 10정도의 주현을 아울러 1관(一官)을 두고, 관(官)마다 각 각 두서너 관원을 두어 백성을 다스리도록 맡기십시오"라고 상소하여, 시행되었다(고려사 권75지(志) 권제29 선거3).

(2) 제8대 현종 9년에 전국의 행정구역을 재개편하여 12목 중 4개의 목(공주·승주·양주·해주)을 제외한 8목으로 하였다. 목사는 정3품 이상으로 1인으로 하였는데, 그 예하의 관원품계와 인원은 대도호부와 같다.

2) 목사(牧使)의 기능

목사의 주요 업무는 관할지역에 대한 농업의 장려·호구(戶口)의 확보·교육의 진흥·공부(貢賦)의 징수 등의 행정권, 사법권(송사의 처결), 병권(군정의 수비), 경찰권(치안유지)을 가졌다. 이러한 목사제도는 조선 초까지 지방관직으로 이어져 중요한 위치를 차지하였다.

6. 군(郡)·현(縣)

1) 군현제도

군현제도는 전국을 몇 개의 행정구획으로 나누고 여기에 중앙에서 임명한 지방관을 파견해 다스리던 중앙집권적 지방행정제도이다.

(1) 군현제도의 변천과 완성

① 군현제도는 원래 통일신라시대부터 9주 아래 120군(郡)과 305현(縣)을 설치하고, 군에는 태수(太守) 그리고 현(縣)에는 현령 또는 소수(小守)를 중앙에서 파견하였다.

② 군현제도의 개편

㉠ 고려초기에는 지방에 수령이 파견되지 못하고 호족들의 자치에 맡겨져 있다가, 제6대 성종 2년(983)에 최초로 12목(牧)을 설치하였다.

㉡ 제8대 현종 때 여러 도(道)의 안무사(按撫使)를 폐지하는 동시에 전국의 행정구역을 재개편하여, 4도호(都護)·8목·56지주군사(知州郡事)·28진(鎭)·20현(縣)을 설치하였다.[132] 이때 고려의 지방관제는 4개의 도호부(부사)와 8개의 목(목사)을 중심으로 그 아래에 외관(外官)이 상주하는 56개의 주·군(지사)과 28개의 진(장)·현(령)으로 편성되어, 중앙의 행정력이 군·현 단위까지 미치게 되었다. 이후에도 고려의 외관제는 다소 변동이 있었으나, 기본체제에는 큰 변함이 없었다. 그러므로 고려의 지방제도는 현종 9년에 일단 완성되었다고 볼 수 있다.[133]

(2) 군수·현령의 기능

고려시대의 지방관으로는 대도호부사(도호부사)·목사·군수·현령(7품 이상)·감무[134]·현위

132) 변태섭, "고려전기의 외관제", 한국사연구 제2호, 1968, pp.193-199.
133) 박용운, 앞의 책, p.120.
134) 문종때에 현에는 현령을 두고 7품 이상으로 하였고, 예종 3년에 소현(小縣: 작은 현)에 감무(監務)를 두

(8품 이상)를 배치하였는데, 이들을 수령 또는 원님이라고 불렀다. 이들 수령은 자기의 관할에서 지방관으로서, 행정·사법·경찰권을 행사하였다.

2) 수령의 임무

(1) 수령의 자격

수령은 문반(文班)으로 진출하는 관료의 길로서, 문반은 원칙적으로 지방관을 거친 뒤에 경관(京官: 중앙의 관료)에 임명되었다. 수령은 주로 과거시험 합격출신이나 사무처리능력 그리고 청렴한 인물을 선발하였으나, 무인난 이후 무신이 선발되면서 점차 수령 임명이 문란해져 말기에는 글자도 모르는 자가 임명될 정도로 심각하였다.

(2) 수령의 임무

제8대 현종 9년 2월에 여러 주부(州府)의 관원이 지켜야 할 6조(條)를 새로 정하였는데, ① 백성의 질고(疾苦: 괴로워 함)를 살필 것, ② 흑수(黑綬: 관원)와 장리(長吏: 하급 관리)의 재능을 살필 것, ③ 도적과 간사한 자를 살필 것, ④ 백성의 금범(禁犯: 범죄를 금하는 것)을 살필 것, ⑤ 백성의 효제(孝悌: 부모와 형을 잘 섬김)와 염결(廉潔: 청렴하고 결백함)을 살필 것, ⑥ 이원(吏員: 관리)이 돈과 곡식을 산실(散失: 잃어 버리는 것)하는 것을 살필 것 등이었다.135)

(3) 수령제도의 계승

고려시대의 수령제도는 조선시대까지 이어져 여러 차례 개편을 거쳐 「경국대전」에 부윤(종2품)·대도호부사(정3품)·목사(정3품)·도호부사(종3품)·군수(종4품)·현령(종5품)·현감(종6품) 등을 두었고, 이들은 관찰사의 지휘를 받았다.

3) 현 위

경찰사적 측면에서 볼 때 고려시대의 현위(縣尉)제도는 우리나라의 최초의 경찰관서였다는 점에서 중요한 의미를 지니고 있다. 그럼에도 불구하고 이 현위에 대하여는 일반적으로 지금의 경찰서장, 그리고 그 관서를 위아(尉衙: 경찰서)라고 알려져 있을 뿐, 심도 있는 연구는 크게 진전을 보지 못하고 있다.136)

었다. 공민왕 2년에 현령·감무는 7품이하로 충당하였고, 뒤에 현령·감무를 고쳐 「안집별감」이라 하여 5·6품으로써 이를 삼았다. 신창(辛昌: 제32대 우왕과 제33대 창왕을 말함) 때 다시 고쳐 현령·감무라 하고 5·6품으로 하였다. 감무는 제16대 예종 때부터 큰 현에는 현령, 작은 현에는 「감무」라는 지방관을 처음 배치하여 중앙의 통제력을 보다 강화시켰다(고려사 권77지(志) 권 제31 백관 2 외직조).

135) 고려사 권75지(志) 권제29 선거3.

136) 이병도, 「한국사 중세편」, 서울: 을유문화사, 1961, pp.487－488.

(1) 현위제(縣尉制)의 기원

현위제도는 그 기원점을 어디서 찾아야 할 것인가? 일반적으로 지금까지 연구되어 온 단편적인 연구와 단행본 등에서는 고려시대 제8대 현종때부터 설치되어 운영된 것으로 보고 있다. 그러나 우리나라에서 현위제도의 기원은 한군현시대를 그 기원점으로 삼아야 할 것이다.[137)]

① 한사군의 설치와 현위제

㉠ 고조선을 멸망시킨 후 중국 한(漢)은 한사군(漢四郡)을 설치하고 각각의 군(郡)에는 한(漢)나라 중앙에서 파견된 장관급인 태수(太守), 그리고 태수의 보좌겸 감시역으로 도위(都尉)를 두었다.[138)] 낙랑군의 태수부에는 태수·보좌관인 승(丞)·장사(長史)[139)] 3인을 두었고, 도위부에는 도위 1인과 승(丞) 1인을 두었는데, 이들이 중국 한(漢)제국에서 파견된 장리(長吏)로서 최고위직에 해당된다. 이들의 임무와 역할은 행정·군사·사법·경찰권까지 행사하던 통수부(統帥府)였다.

㉡ 현령·현위

낙랑군 관할하에 현(縣)은 전한(前漢) 시기에는 25개의 현(縣), 후한대에는 18개의 현(縣)으로 이루어졌다.

㉮ 현(縣)에는 크고 작음에 따라 현령(縣令: 만호 이상의 현)과 현장(縣長: 만호 미만의 현)을 두고, 그 밑에 병금(兵禁)을 장악하고 도적을 방비하던 위(尉), 즉 현위(縣尉)를 두었다.[140)] 현위(縣尉)는 큰 현에 좌·우위를 두었고, 작은 현에는 위(尉) 1인을 두었다. 군(郡)과 마찬가지로 여기까지가 장리(長吏)다.

㉯ 현위는 주로 도적을 다스렸는데, 범인을 수색하고 검거하는 사법적 기능을 담당하였다.

② 현위제의 계승

한사군(낙랑군)시기에 도입되어 시행되던 한(漢)의 현위제도는 낙랑군이 한반도에서 완전히 축출되고 삼국시대가 도래되면서 우리나라 경찰역사에서 사라졌으나, 다시 고려시대로 들어서면서 부활되는 계기를 맞게 되었다.

(2) 현위제도의 설치시기 및 배경

경찰기관 관서의 장(長), 즉 오늘날 경찰서장급인 현위(縣尉)와 위아(尉衙: 경찰서)의 설치

---

137) 현위와 관련된 구체적인 내용은 필자가 학술등재지에 발표한 연구논문을 참고하기 바란다. 여기에서는 핵심내용만 발췌하여 수록하였음을 밝혀둔다(김형중, "고려시대 현위제의 실체에 관한 小考", 경찰학연구 제14권 제4호(통권 제40호), 2014, pp.201－223).

138) 오영찬, 「낙랑군 연구」, 서울: 사계절, 2006, p.110.

139) 장사는 관직 이름으로 군부의 속관이었다. 한(漢)대에는 장군에게 속해 있었는데, 막부의 일을 총괄하는 일을 담당했다.

140) 후한서 지(志) 제28백관5. 후한서 백관지에 의하면 "이들은 수사과정에서 고소·고발인의 명분이 서지 않으면 백방으로 탐색하고 전과 및 우범자 등을 조사하여 범죄의 단서를 찾는 것을 그 직무로 하였다"고 기술하고 있다.

시기는 현존하는 문헌상 그 시기는 정확하게 진단할 수 없다.

① 현위제도의 설치시기

㉠ 고려사 백관지 외직(外職)조에 보면 "여러 현(縣)에 문종이 7품 이상인 영 1인과 8품인 위(尉) 1인을 두었다"[141]고 하여 현의 장관인 현령(縣令)과 치안관인 현위(縣尉)의 품계를 규정하고 있을 뿐이다.

㉡ 고려시대의 현위제도의 설치시기는 대체적으로 제8대 현종 9년으로 추정된다. 현종 9년 2월에 4대도호부·8목·56지주군사·28진장·20현령을 두는 대폭적인 행정구역 재개편을 하였다. 제8대 현종초기에는 거란·동여진 등의 주변국과 잇따른 전쟁을 겪었고, 거란의 제2차 침공 후 언제 침입할지 모르는 불안한 정치·사회정세하에 있었다. 이에 따라 백성들로 하여금 안심하고 생활할 수 있도록 지방치안을 확보하는 것이 급선무 중의 하나였다. 그 결과 현종 9년 20개 현에 새현령의 배치와 함께, 치안관인 「현위」를 새로 임명배치 하였다고 추정된다.[142]

㉢ 현위의 품계규정

제11대 문종 원년 7월에 황해도 장연현에 사는 문한이라는 사람이 미쳐서 그 부모를 죽이고 또 친누이와 어린이 등 4명을 살해하자 기시형에 처해졌다.[143] 이때 장연현의 현령 최덕원과 (현)위(尉) 최숭망(崔崇望)[144]은 선정(善政)을 베풀어 백성을 교화시키지 못하여 이런 불상사를 일어나게 하였고, 또한 보고하는 것도 지연시켰다는 이유로 파직되었다. 이 사례에 따르면 현위제도는 이미 제11대 문종 원년 이전에 시행되었고, 다만 현령7품과 현위8품의 품계규정만은 문종대에 규정되었다는 것을 알 수 있다.

㉣ 현위의 증가 배치

현령 또는 현위의 수는 반드시 현종 9년에 정한 20개 현에만 국한되지 않고, 상황에 따라서 증가하기도 하였다. 제19대 명종 2년 6월 좌승선 이준의가 "고성현(固城縣)에는 위(尉) 1인을 더 두자"고 건의하자, 현위 1인을 더 증가 배치하였다.[145] 이로 보아 이미 고성현에는 치안관인 현위가 배치되고 있음을 시사해 주고 있다. 경남 고성현은 옛날부터 유배지와 왜구의 침입 장소로 유명한 곳이었다. 따라서 기존의 치안관인 현위 1인 외에 1인을 더 추가하자고 하는 것은, 이러한 치안상황을 감안한 조처라고 볼 수 있다.

---

141) 고려사 권77지(志) 권제30 백관2 외직조.

142) 내무부치안국, 앞의 책; 김형중, 앞의 논문, p.69.

143) 고려사 권84지(志) 권제38 형법1 대악조; 고려사 권7세가 권제7 문종 원년 7월조.

144) 고려사 형법지 대악조에는 (현)위 '최숭망'으로, 고려사 문종세가 원년 7월조에는 (현)위 '최덕망(崔德望)'으로 기록되어 있어 그 이름의 진위를 정확히 파악할 수가 없다. 따라서 현위와 관련하여 이 사례가 대표적인 것으로 자주 인용되고 있기 때문에, 이 부분에 대하여는 착오 없기를 바란다(고려사 권84지(志) 권제38 형법1; 고려사 권7세가 권제7 문종 원년 7월조).

145) 고려사 권19세가 권제19 명종 2년 6월조.

(3) 현위(縣尉)의 성격과 그 직무

① 현위의 성격

현위는 오늘날의 경찰서장 격으로서, 1개의 현에 행정관인 현령과 함께 치안을 담당하던 치안관이 분명하다. 문제는 현령과 현위와의 관계이다.[146]

② 현령과 현위와의 관계

당시 군현제도의 전체적인 틀을 본다면 현령(縣令)은 7품관으로 행정·사법·조세 등 현(縣) 내의 업무를 총괄하면서, 형식상 8품인 현위(縣尉)를 감독하는 직제상의 상위자였고, 반면 현위는 관내의 공안 및 질서유지 등 치안관련문제에 대해서만 한정하여 그 업무를 수행하였다고 볼 수 있다. 따라서 행정조직 품계상 현령은 7품 이상이었고, 현위는 그 아래 8품으로 한 단계 낮은 직급이었다.

③ 안검(按檢)의 대상

현령과 현위는 별개의 관직이었고, 업무자체도 분리되어 있었다. 중앙에서는 지방의 부사·목사·현령·「현위」 등에 대해서 수시로 사신을 보내 그들의 선정과 악정을 살펴 신상필벌을 행하는 안검(조사하여 살핌)을 실시하였는데, 그중 현령과 현위는 별도의 안검대상이었다. 따라서 현위는 지방의 치안관으로서, 현령과는 별개의 관직이었음이 틀림없다.

④ 한 개의 현(縣)에 두 기관이 병립

고려시대의 지방제도로서의 현령과 현위제도의 병립적인 운영은 순기능적 측면도 있었지만, 역기능적 측면도 상당하였다. 현위제도는 오늘날 한 구(區)에 구청장과 경찰서장 또는 한 군(郡)에 군수와 경찰서장의 두 관청을 동시에 두고 운영하는 행정조직 체계의 기원점이 된다고 볼 수 있겠다.

⑤ 현위의 직무와 권한

㉠ 현령과 현위는 범죄와 비행방지 그리고 사건처리 등의 일을 집행하고 이를 중앙에 보고할 의무를 지고 있었다. 이는 문종 원년 장연현에 사는 백성 문한의 사건을 보더라도 입증된다. 따라서 현령과 현위는 치안을 문란하게 하고 인민을 살상하는 자를 제어하지 못하면 공동책임을 지는 등 불가분의 관계에 있었다.

---

146) 이병도는 현위를 지금의 경찰서장, 위아(衛衙)를 경찰서로 밝힌바 있고, 임규손은 현위는 관내의 치안유지와 질서유지 및 풍속경찰과 사법경찰의 집행을 직접분담하고, 현령은 감독책임을 맡았다고 보고 있다(임규손, 앞의 논문, p.216). 반면 경찰대학 강욱·김석범 등은 위아(衛衙)를 경찰서로 보는 것에는 무리가 있고, 오히려 현위는 현령의 업무를 보조하면서, 특히 고려시대에 치안을 담당하는 군사(무관)였다고 보고 있다(강욱·김석범 외, 앞의 책, pp.62-63). 그러나 이 견해는 현위를 무관으로 보는 등 상당한 오류를 지니고 있다. 왜냐하면 현위는 무관직이 아니고 외관직이었으며, 또한 현령의 보조기관도 아니었다. 따라서 이 견해는 설득력이 없다고 보아야 한다.

ⓛ 치안수립과 치안력 확보 그리고 작전임무, 즉 다중범죄 진압업무도 현위의 기본업무였다. 제19대 명종 6년(1176) 1월에 공주의 천민집단 명학소(鳴鶴所)[147]에서 망이(亡伊)와 망소이(亡所伊) 등이 주동하여 난을 일으켰다. 조정에서는 명학소를 충순현으로 승격시키고 내원승(내원서: 궁중의 꽃과 과실나무를 관리하던 관아의 종8품 벼슬) 양수택을 현령으로, 내시(內侍)[148] 김윤실을 현위(縣尉)로 임명 파견하여 난민들을 위무하게 하는 등 회유책을 폈다. 따라서 다중범죄진압과 더불어 현지의 민심을 안정시키는 것도 현위의 업무 중 하나였음을 알 수 있다.

ⓒ 현위의 역기능

㉮ 현위의 활동은 순기능적 측면도 있었지만, 역기능적 측면도 만만치 않았다. 특히 한 현(縣)에 현령과 현위, 즉 두 관청이 알력으로 상호 반목함으로써, 그 해가 고스란히 백성에게 미친 사건이 발생하였다. 제19대 명종 12년 2월에 부성현(富城縣: 지금의 충청도 서산군)의 현령과 현위사이에 불화(갈등)가 생겨 그 해(害)가 죄 없는 백성에게 미쳐 현민(縣民)이 그 고통을 참을 수가 없었고, 이로 말미암아 현민들이 봉기하여 위아(尉衙: 경찰서)의 재복(宰僕: 우두머리 노비)과 비(婢: 여자 노예)를 죽이고 현령(縣令)과 현위(縣尉)의 아문(衙門: 관청)을 폐쇄하여 출입하지 못하도록 하였다. 이에 조정에서는 부성현의 호칭을 삭제하고, 현령과 현위를 두지 않았다. 따라서 현(縣)에서 두 관청 간의 상호 반목은 결국 그 현(縣)의 백성에게 피해가 돌아갈 수밖에 없는 결과를 낳았다는 점에 주목할 필요가 있다.

㉯ 치안관인 현위와 위아(尉衙: 경찰서) 소속의 하급관리사 노비들의 횡포와 권력남용을 가장 큰 역기능적 측면의 하나로 꼽을 수 있다. 부성현 민란 당시 현령이 있는 관청인 현아(縣衙: 군청)의 하급관리나 노비들은 그대로 놔두고, 위아(尉衙: 경찰서)의 재복(宰僕: 노비의 우두머리)과 여자 비(婢: 여자 노예)만을 살해하였다. 이는 위아(경찰서)의 재복과 노비 대(對) 민중과의 갈등이 주요인이었다고 보여 진다. 이들은 아마도 경찰권이라는 무기를 가지고 권력을 남용하고 민중의 재산을 수탈하는 등, 횡포가 현령 산하의 관리들보다 훨씬 심하였기 때문인 것으로 풀이 되어진다.

147) 망이·망소이의 난은 천민들의 행정구역인 '소(所)'에서 일어났다는 것이 일반농민반란과는 다른 점이다. 이들 천민들이 반란을 도모한 것은 천민신분에서 벗어나는 한편 지배계층의 수탈과 횡포를 저지시키기 위한 것이었다.

148) 일반적으로 내시(內侍)와 환관을 동일시하는 경향이 있으나 그 개념은 전연 다르다. 내시는 고려 때 숙위(宿衛) 및 근시(近侍: 궁중에서 임금의 호위와 지시를 맡아보던 일)의 업무를 맡아보던 관원이었다. 내시는 재예(才藝)와 용모가 뛰어난 귀족자제 또는 시문(詩文)과 경문(經文)에 능통한 문신(文臣)출신으로 임명하였는데, 관인등용의 한 통로 구실을 하였다. 내시는 문종 후반기부터 등장하였는데, 이들은 상당한 권한을 누리며 정치에 개입하였다. 무인난을 일으키는 데 단초를 제공한 김돈중도 내시로 있었고, 무인난 때 주역인 이고와 이의방에 의해 죽임을 많이 당한 것도 문관과 내시였다. 그러나 환관은 원의 간섭기에 내시보다 환관이 차츰 이 자리를 많이 차지하게 되면서 천시의 대상이 되었다(이이화, 「한국사이야기⑥ 무신의 칼 청자의예술혼」, 서울: 한길사, 1999, pp.34－128; 이홍식 편, 앞의 책, p.347).

(4) 현위(縣尉)제도의 의미와 폐지

① 현위제도의 의미

고려 제6대 성종·제8대 현종·제11대 문종 대에 걸쳐 지방제도가 정비되면서 지방경찰로서 중요한 임무를 수행하던 기관은 현위(縣尉)가 장(長)으로 있던 위아(尉衙: 경찰서)였다. 이러한 위아의 현위(경찰서장)는 무인정권기에 들어서면서 지방에 민란과 도적떼가 횡행하면서 현(縣) 내의 치안유지와 민란의 진압 등에 주도적 역할을 하였고, 반면 경찰권 남용으로 일반 백성에게 미치는 영향 또한 적지 않았다. 따라서 고려시대의 현위제는 경찰사 측면에서 볼 때 중앙에서 파견된 최초의 치안관제도로서 중요한 의미를 지닌다.

② 현위제도의 폐지

고려사 백관지 외직조에는 "고종 43년에 제현위(諸縣尉)를 폐지하였다"[149]라고 간단히 기술되고 있을 뿐, 폐지 원인이나 그 경위 등에 대하여는 전연 언급이 되고 있지 않다. 그러나 현위제의 폐지와 관련하여 당시의 관제 변천과 정치·군사정세 등과 연계시켜보면 몇 가지 사안을 추정해 볼 수 있다.

㉠ 관제상의 불균형적인 모순과 현위제도의 필요성 희박

㉮ 현위제는 제8대 현종 9년에 유수관·4대도호부·8목·56지주군사·28진장·20현을 둘 때, 별도로 현위를 설치하였다는 것은 일종의 특례적인 조처였다. 고려사 백관1 외직조에 보면, "예종 3년에 작은 현에 감무(監務)를 두었다. 고종 34년에 제현위(諸縣尉)를 파하였다"고만 쓰여 있는데, 이는 현령이 배치되지 않는 작은 현(縣)에는 새로운 감무관이 설치되었음을 의미한다. 따라서 현령과 현위가 배치되지 않은 작은 현에는 「감무」가 현 내의 행정·사법·경찰관계의 일을 도맡아서 시행하였음을 알 수 있다.

㉯ 현위는 처음 주(州)·군(郡)하의 큰 현(縣)에 현령을 배치하면서, 관원의 수와 예하 작은 현의 치안 등의 사정을 참작하여 따로 치안관인 현위를 배치하였다. 그러나 차츰 관제상의 불균형적인 모순을 조성하고, 한편으로는 제16대 예종 3년에 작은 현에 감무관을 설치하여 행정·사법·치안 등을 담당하게 되면서부터, 현위의 존재가치는 점차적으로 그 중요성을 상실해 갔다고 추정된다.

㉡ 두 관아 간의 모순과 충돌

현위제의 폐지 중 가장 큰 원인으로 한 현(縣)에 행정과 사법을 총괄하는 현령과 치안관계만을 맡아보던 현위가 분리·운영되면서, 두 관아 간의 마찰과 갈등으로 그 피해가 마을 주민에게 직접적으로 영향을 끼쳤다는 사실을 들 수 있다.

㉢ 대몽항쟁과 현위의 역할

㉮ 현위의 폐지는 야별초(삼별초)와 지방별초와의 관계에서도 그 원인을 찾아볼 수 있다.

149) 고려사 권77지(志) 권제31 백관2 외직조.

고종 때는 몽골군과의 전투과정을 통한 영토수호전쟁의 시기였고, 대몽항전에 있어서 후반으로 갈수록 정부군의 활약은 거의 없고 그 대신 야별초(삼별초)가 핵심적인 주력부대였다. 야별초(삼별초)는 최우 집권 이후(고종 6년에서 고종 36년간) 약 30년 동안 지방에 파견되었고, 이와는 별도로 지방에도 독자적으로 지방별초가 편성·운영되고 있었다.

㉯ 이러한 주현 별초군들의 활발한 독자적인 활동은 현령의 위치를 공고히 하는 계기과 된 반면, 군사권이 없이 치안권만을 보유하고 그 지역의 치안유지를 책임지는 현위의 활동은 당연히 위축되고 그 필요성이나 존재가치도 유명무실해졌다고 볼 수 있다.

㉰ 현위제도는 제8대 현종 9년대에 설치되어 제23대 고종 43년까지 250년간이나 존속되었다가 상기 여러 요인들이 복합적으로 결합되면서 역사적으로 소멸되고 말았다.

7. 사병(司兵)·촌장(村長)

1) 사병(司兵)

제6대 성종대에 지방에 주(州)·목(牧)을 설치하기 전까지는 지방의 행정 치안은 거의 자치적 운영에 속하였던 만큼, 경찰조직 역시 자치적인 향직단체의 일부에 속하였다. 당시 지방 행정조직은 그 직명이나 향직의 품계가 대개 중앙의 그것을 원용하였다.

(1) 고려초기 향리직제

① 향직단체의 구성은 최고 책임자인 당대등, 부책임자인 대등(大等)이 있었고, 그 아래 낭중·원외랑·집사 등을 두어 주군현의 행정을 총괄하게 하였다.

② 향직단체(鄕職團體)를 구성하는 행정 3부문은 총부·병부·창부였다. 그중 병부는 공안과 질서유지를 총괄하던 치안부서였다. 따라서 당시 각 주군현의 병부의 장(長)인 경(卿)은 연상(筵上: 고려초기 군사·치안관계의 일을 맡아보던 향리)·유내(維乃: 고려초기 지방향리직의 하나) 등의 관원을 지휘·감독하고, 각 촌의 대감·제감의 협력을 얻어서 관내의 치안을 확보하였다.

(2) 성종 이후의 향리직제

① 성종대의 향리직제(사병)

성종 2년(983)에 중앙집권정책을 실시하고(12목 설치 등) 지방호족을 향리의 직제로 편제할 때. 주·부·군·현의 모든 향직단체에 대하여 개편을 단행하였다. 이때 종전의 주군현 향직단체의 장(長)인 당대등을 호장, 대등을 부호장, 낭중을 호정, 원외랑은 부호정, 집사는 사(史)로 바꾸었다. 그리고 종래의 3부 중의 하나인 병부를 사병(司兵)으로 개칭하고, 병부의 장(長)인 병부경을 병정(兵正), 그 밑의 연상을 부병정, 유내를 병사(兵史)로 각각 고쳐 격을 낮추었다.

이러한 조치는 중앙의 병부(兵部)보다 하위직제임을 명시하기 위한 조처였다.

② 현종 9년(1018)에 지방제도를 정비하면서 향리의 정원을 정할 때 병정·부병정은 1~2명, 병사는 4~10명으로 하였고, 공복(公服)을 제정할 때 병정은 비삼(緋衫: 붉은색의 관복)에 가죽신과 홀(笏: 벼슬아치가 임금을 만날 때에 손에 쥐던 물건)을 가지게 하고, 병사는 천벽삼(天碧衫: 하늘 빛깔의 옷)과 홀은 하되 가죽신은 신지 못하게 하여 지위를 구분하였다.

③ 문종 5년(1051)에는 향리의 승진 규정을 정하면서 전체 9단계 가운데 병정은 3위, 부병정은 6위, 병사는 8위에 각각 배치하였다.

2) 촌장(村長)

(1) 고려초기의 촌(村)

신라하대에서 고려시대 초기에는 중앙의 행정통제가 아직 주군현에까지 미치지 못한 까닭으로, 지방의 촌단위에는 자치적인 향직단체가 거의 지방행정을 수행하였다. 따라서 말단 행정의 촌의 경우에는 대감[150]에게 조세징수·전지(田地)의 분배·주민들의 신분 사정(査定)·상벌의 시행 등을 직접 시행하게 하였는데, 지방수령들은 대개 그들의 의견에 따를 수밖에 없었다.[151]

(2) 성종대의 촌장

촌의 대감이나 제감은 경찰행정의 모든 일을 주관하던 제1·2인자였고 실력자였다. 그러나 성종 6년(987)에 촌의 대감을 촌장으로, 제감을 촌정으로 명칭을 격하시키는 일련의 조치를 취하였다. 이것은 지방향직단체(총부·사병·창부)와 말단 행정조직인 촌이 주목(州牧)의 직접 통제하에 들어가는 것을 의미하나, 그렇다고 해서 촌장의 업무가 큰 변동이 있었던 것은 아니었다. 다만 동일한 업무를 수행하면서도 주목(州牧)의 감독과 통제를 받아서, 종전의 거의 자치에 가깝던 지방행정이 좀 더 통제화되었다고 볼 수 있다.

8. 사심관(事審官)

1) 기 원

태조 18년(935) 신라의 마지막 왕인 김부(경순왕)가 항복해 오자 신라를 합병하면서, 옛땅

150) 대감이나 제감이라는 칭호는 신라시대부터 유래된 것으로 중앙과 지방의 고위 문관직의 칭호이며, 제감은 대감 다음 지위의 직위였다(예컨대 신라시대의 병부장관인 병부령 바로 아래 차관급이 대감이고, 그 아래 국장급이 제감이었다). 이처럼 신라시대에 있어서 권위 있는 고위 무관직의 칭호가 고려초기에는 촌장의 칭호로 쓰였고, 조선조에 와서는 정2품 이상의 당상관(堂上官)을 「대감」으로 존칭한 것도 이러한 신라시대의 고위 문관직 「대감」에서 유래한 것으로 보인다.

151) 내무부치안국, 앞의 책, p.97.

을 경주라 개칭하고 그를 경주의 사심(관)으로 삼았다. 동시에 여러 공신들을 각각 출신지역의 사심관으로 임명해 부호장(副戶長) 이하의 향직(鄕職)을 다스리게 한 데서 비롯되었다. 따라서 사심관제는 신라왕 김부로 사심관을 삼아 경주의 향관직(鄕官職)을 관할케 한 것이 그 기원점이 된다. 고려초의 사심관제도와 기인제도(其人制度)는 지방세력에 대한 중앙통제의 중요한 정책적 수단 중의 하나였다.

2) 구성 및 통제

(1) 사심관의 구성

사심관은 태조 18년에 처음으로 실시되었으나, 성종 2년(983)에 지방관제가 정비되면서 사심관 제도에도 변화가 있었다. 제6대 성종 15년에 사심관의 수를 제한하여 장정(壯丁) 500인 이상의 주에는 사심관 4인, 300인 이상 주(州)에는 3인, 그 이하 주에는 2인으로 규정하였다. 이처럼 사심관을 복수로 임명한 것은 1인의 1명으로 인한 권력의 집중을 막으려는 정책이었다.

(2) 사심관의 통제

① 제8대 현종 초년에 사심관과 향리의 혈연관계를 단절시키는 제도를 시행하여 부(父) 및 친형제가 호장이 된 자는 사심관으로 채용하지 못하도록 규정하였고, 동왕 10년에는 기인(其人)과 백성의 거망(擧望: 추천하여 올림)에 의하여 임명할 것을 규정하는 동시에 비록 거망이 비록 적더라도 조정의 현달(顯達: 벼슬·명성·덕망이 높아서 이름이 세상에 드러남)이나 대대로 문벌이 높은 자는 관의 추천으로 임명할 수 있게 하였다.[152]

② 제11대 문종 11년에는 귀향하여 민폐를 끼치는 사심관이 있으면 안렴사(按廉使)·감창사(監倉使)로 하여금 개경으로 압송하여 죄형을 과하는 동시에, 사심관의 임면(任免)을 맡는 사심주장사(事審主掌使)를 두어 이들의 행패를 통제하도록 하였다.[153]

③ 제17대 인종 2년에는 향리의 자손은 비록 향역(鄕役: 지방에서 향리가 치르는 부역) 등을 면하였다 하더라도, 자기 처의 친척이 아직도 향직에 있으면 사심관이 될 수 없도록 하였다.[154]

3) 사심관의 폐해

① 정중부의 반란으로 제19대 명종이 즉위하면서 중앙의 행정력이 약해져서 지방에까지 그 힘이 미치지 못하자, 사심관의 민폐는 끊이지 않았다. 그들은 향리에 대한 감독권과 경찰권을 남용하여 공전(公田)을 점령하고, 막대한 민호(民戶)와 종들을 가로채어 사복을 채우고 원래의 목적과는 아주 동떨어진 존재가 되어 버렸다.[155]

---

152) 고려사 권75지(志) 권제29 선거3.
153) 고려사 권75지(志) 권제29 선거3.
154) 고려사 권75지(志) 권제29 선거3.
155) 임규손, 앞의 논문, pp.214-215.

② 제27대 충숙왕 5년 4월에 주군(州郡)의 사심관을 폐지하자 백성들이 심히 이를 기뻐하였으나, 얼마 안 되어 권력 있는 호족들이 스스로 사심관이 되어 그 폐단은 전보다도 더 심하였다.[156]

③ 제31대 공민왕 때 신돈이 자기의 세력 기반을 튼튼히 하기 위해서 5도도사심관(五道都事審官)이 되려고 한 일도 있었으나,[157] "사심관은 대도(大盜)보다 더 나쁘다"고 생각한 공민왕은 끝내 이를 허락하지 않았다. 이처럼 사심관은 처음 설치목적과는 달리 제19대 명종 이후부터 고려 멸망기까지 그 폐단이 극심하여, 백성들이 가장 기피하고 원망하는 대상 중의 하나였다.

4) 경찰사적 의미

사심관제는 순기능 측면보다 역기능 측면이 보다 많은 제도였다. 그러나 사심관제도는 지방말단 행정을 자기의 권한하에서 감독하고 통제하였다는 점에서는 지방자치체적 성격을 가지고 있었다고 볼 수 있다. 사심관은 향민의 신분 등을 사정(査定)하는 사찰업무(査察業務)와 풍속경찰 업무 등을 병행하여 처리하였다. 이런 점으로 볼 때 비록 불완전하기는 하나, 지방자치경찰의 한 형태라 보아도 무방하다.

Ⅲ. 병제(兵制)

1. 개설

국가통치의 수단으로 중앙과 지방의 통치구조 이외에 군사체제와 군사관계의 규정이 무엇보다 중요하다. 왜냐하면 중앙과 지방의 관제(官制)와는 달리 일선에서 실질적으로 치안업무를 수행하던 부서는 병제(兵制)관련 기구들이기 때문이다. 고려의 군사조직은 중앙군과 지방군(주현군, 주진군)으로 구성되어 있었다.

1) 군사제도

(1) 고려시대의 군대는 직업군인과 의무군인으로 구성되었는데, 농민 출신의 의무군인이

---

156) 고려사 권75지(志) 권제39 선거3. 충숙왕 때 사심관의 폐해가 극심하자 사심관이 차지한 땅과 백성을 몰수한 일이 있는데, 민(民) 2,360호, 종 137명, 사전(賜田) 315결 등 엄청난 수에 달하였다.

157) 공민왕 18년에 신돈이 5도도사심관이 되고자 하여 삼사(三司)로 하여금 상서(上書)하여 사심관을 복구할 것을 청하게 하였으나 "우리 황고(皇考)께서 조재(早災: 재앙)를 만나 분향하여 하늘에 고(告)하고 이 관(사심관)을 파(罷: 폐지)하니 하늘이 이에 비를 내렸는데, 과인이 가히 선왕(先王)의 뜻을 잊을 수 있겠는가"라고 하고 그 상서를 불태웠다고 고려사는 전하고 있다(고려사 권75지(志) 권세39 선거3).

다수를 차지하였다. 중앙군은 임명직인 대정(大正) 이상의 장교 이외에 군반씨족(軍班氏族)[158] 이라 불리는 직업군인(오늘날의 부사관제와 유사함)이 있었다. 이들은 지배세력의 말단으로서 군인전[159]을 지급받고 그 역은 자손에게 세습되었다.

(2) 군인 신분

① 고려의 신분은 귀족(왕족을 비롯한 5품 이상의 고위관료), 중류(중앙관청의 서리·향리·하급장교), 양인(자유농민층과 백정 등), 천인(천민과 노비)으로 구성되었다. 이 중 군대에 동원되는 사람은 양인이었다.

② 양인은 정호(丁戶)와 백정(白丁)으로 나누어진다. 정호는 부·목·군·현에 살면서 토지를 소유하여 농업에 종사하는 비교적 부유한 계층을 말한다. 따라서 모든 양인이라 해서 군대에 동원되는 것은 아니었고, 정호가 조세와 부역 그리고 군대에 동원되었다. 군인은 16세에서 59세의 양인이면 의무적으로 군대에 복무하는데, 3년에 한 번 꼴로 교대하여 개경에 가서 경비를 서거나 국경지대로 나가 복무하였는데, 이를 번상(番上)이라고 하였다. 동원되는 군인들에게는 군인전을 지급하였는데, 여기에서 나오는 소득으로 음식·옷·무기까지 스스로 마련하였다. 군인전은 모든 군인에게 지급하였으나, 직업군인에게는 더 많이 지급되었다. 반면, 백정은 농토가 없어 남의 땅을 소작하거나 품팔이를 하는 농민들을 백정이라 하였다. 백정은 법제적으로 과거 응시에 제약이 없었고, 전지(田地)를 받는 군인으로 선발될 수도 있었다. 이들은 일단 군대에 나가지 않았으나, 비상시에 동원되는 예비군에 편입되었고, 조세·공납·역(役)이 부과 되었다.[160]

2. 중앙군

중앙군은 궁성수비와 왕의 시위 등의 역할을 맡은 친위부대 2군과 전투부대·경찰부대·의장대·경비부대 등이 소속된 6위로 나뉘어진다. 이들 2군 6위의 지휘관은 정3품의 상장군(上將軍)·종3품의 대장군·정4품의 장군이 지휘하였으며, 그 아래에는 정5품의 중랑장(中郎將)·정6품의 낭장(郎將)·정7품의 별장(別將)·정8품의 산원(散員)·정9품의 위(尉)라는 직급이 있었다. 말

158) 고려의 군사제도는 중앙군과 지방군으로 구분되는데, 특수층의 장정을 뽑아 군대를 편성하였다. 이들은 일종의 직업군인으로 별도의 명부가 있어 씨족까지 함께 수록하였다. 이들은 군역의 대가로 군인전을 지급받아 가족의 생활비는 물론 무기까지 스스로 마련하였다. 중기 이후 일반민으로 별무반이 편성될 때까지 유지되었다(이이화, 「최초의 통일국가 고려」, 서울: 한길사, 1999, p.91).

159) 목종 원년에 제정된 전시과의 지급대상자 속에는 군인도 제17과에 마군(기마병), 제18과에 보군(보병)에게 각기 전(田) 23결, 전 20결을 지급하도록 규정되어 있었다. 군인전은 20세가 되면 받고, 60세에는 반환하였지만 자손이나 친족이 있는 사람은 그 토지를 대신 받을 수 있었다.

160) 박용운, 앞의 책, p.301; 이이화, 앞의 책, p.100.

단인 대(隊)는 25명으로 구성되었고 지휘관을 대정(隊正)이라 하였는데, 대정은 품계 이외의 직책이었다. 중앙군에는 4만 5천 명이 소속되어 있었다. 고려전기의 2군 6위 제도는 우리나라의 범죄예방과 검거 그리고 호위(경호)제도의 기본 틀을 제공하고 있다는 점에서, 경찰사적으로도 그 의미가 크다고 평가할 수 있다.

1) 2군

2군은 응양군과 용호군을 말하며, 국왕의 친위부대였다.

(1) 응양군

① 응양군은 1령(領)[161]으로 되어 있었으며 상장군 1인·대장군 1인을 두었고, 영(領)에는 장군 1인·중랑장 2인·낭장 2인·별장 2인·산원(散員) 3인·위(尉) 20인·대정(隊正) 40인으로 하였다.[162]

② 응양군은 1령으로 편성되어 병졸이 1천 명에 불과하였으나 그 지위는 6위보다 상위에 있었고, 또 같은 2군이라도 응양군의 상장군(上將軍)이 가장 우월한 직위에 있었다. 응양군의 최고지휘관인 상장군을 특별히 반주(班主)[163]라고 부르는 것도 그 때문이다.

(2) 용호군

용호군은 2령(領)으로 되어 있으며, 상장군 1인·대장군 1인으로 하였다. 각 영(領)에는 장군 각 1인·중랑장 각 2인·낭장 각 5인·별장 각 5인·산원 각 5 인·위(尉) 각 12인·대정은 각 40인으로 하였다. 용호군은 2령으로 편성되어 있어서 병졸은 2천 명이었고, 응양군과 더불어 6위의 상위에 있었다.

(3) 2군(二軍)의 임무

2군(二軍)은 우리나라의 경호사적 측면에서 상당히 중요한 의미를 지니고 있다. 그 이유는 문헌상 오늘날의 경호업무와 관련하여 가장 근간이 되는 제도이기 때문이다.

① 상장군·대장군의 임무

응양·용호군의 상대장군(上大將軍)을 근장상대장군(近杖上大將軍)이라 칭하였고, 장군은 친종장군(親從將軍)이라 칭하였으며 중랑장 이하도 또한 근장(近杖)이라 칭하였다. 이들의 임무는 임

161) 고려시대의 군제(軍制)의 특징은 각 부대의 병력이 영(領)단위로 구성되어 실질적으로 운영되었다. 고려 때의 1령(領)은 1,000여 명으로 구성되어 있었다.

162) 고려사 권77 백관지(志)2 서반조.

163) 반주란 무반의 장(長)이라는 뜻으로 응양군 상장군이면서 군부상서를 일컫는 말이다(고려사 권77 백관지(志)2 서반 응양군 세주(細註) 참조).

금을 호위하는 병사들의 감독과 중국에서 사신이 오는 경우에도 호위를 총괄하는 감독자였다.

② 군장(장교)의 임무

군장은 왕의 측근에서 호위임무를 수행하는 용호군 장교로서, 왕이 출입할 때에는 10여 명이 우선(羽扇: 깃털로 만든 가리개를 말함)과 금월(金鉞)[164]을 들고 뒤따랐다.

③ 경호군사의 임무

왕의 신변을 보호하는 용호군의 말단 호위군사들은 장교 이상의 간부들과는 달리 복장도 간편하고 무기도 실전에 사용할 수 있도록 1자 정도의 창을 들고 있었고, 부대원은 대략 3만 명 정도였다.[165]

(4) 2군의 자격과 선발과정

2군 6위의 자격(근장장교)은 3위(6위 중의 좌우위·신호위·흥위위 등 세 위(衛)를 말함)와 응양군의 공신자손 및 문반(文班) 6품 이하의 무예가 있는 자를 모아 시험하여 과등(科等)을 정하여 선발하거나,[166] 또는 제영부(諸領府: 여러 영부) 중에서 풍채가 준수하고 공로가 많은 자를 국왕이 직접 뽑기도 하였다.[167] 뿐만 아니라 근위군사의 교육훈련까지도 임금이 직접 명하였다.[168]

2) 6위(六衛)

2군이 친위군단인 데 비하여 6위는 주로 전투부대였다. 6위의 성립시기에 대하여는 여러 가지 견해가 제시되고 있지만, 그 시기는 성종 14년(995)으로 보고 있는 것이 사학계의 통설적인 견해이다.

(1) 좌우위·신호위·흥위위·감문위

6위는 좌우위·신호위·흥위위·금오위·천우위·감문위를 말한다. 이 중 좌우위(左右衛)·신호위(神虎衛)·흥위위(興威衛) 3위는 경찰업무와는 직접 관련성이 없는 전투부대였다. 좌우, 신호, 흥위의 3위(衛)는 경군(京軍)의 핵심이 되는 주력부대로서 개경과 변방의 방위를 맡았고, 감문위는 궁성내외의 여러 문을 수위하는 것이 주임무였다.

---

164) 금월은 대략 주부(柱斧: 도끼 모양을 한 깃대)와 비슷하다. 왕이 행차하면 용호친위군장 한 사람이 이를 잡고 뒤따른다.

165) 고려도경 권제11 장위(仗衛)1 용호중맹군.

166) 고려도경 권제24 절장(節仗)편.

167) 고려사 권81지(志) 권제35 병1 현종 9년 9월조.

168) 고려사 권81지(志) 권제35 병1 문종 13년 10월조.

(2) 금오위

금오위는 오늘날의 경찰업무를 대부분 담당하였다고 보는 것이 통설적인 입장이다. 고려시대의 금오위[169]는 중국 당(唐)의 제도를 답습하였는데, 충선왕 이후로 금오위의 칭호를 여러 번 순라경찰(순찰)을 의미하는 비순위로 개칭되는 과정만 간략하게 기술되어 있을 뿐,[170] 그 이외에는 현존하는 문헌에서 더 이상 찾아볼 수가 없다.

① 금오위의 조직과 위치

㉠ 금오위의 조직

㉮ 고려시대 금오위는 중국 당의 16위 제도를 답습하였다.[171] 6위 중의 하나인 금오위는 수도 개성의 치안을 책임지고 있는 군이자 경찰부대였는데,[172] 이러한 일은 주로 이곳 소속의 정용군[173]이 담당했으리라고 추정하고 있다.

㉯ 금오위의 지휘간부로는 상장군 1인·대장군 1인·영(領)에는 장군 이하 대정(隊正)까지 78명이 배치되어 있었다. 다만 금오위는 3위(좌우위·신호위·흥위위)에 있던 보승군(保勝軍)[174]이 없고 대신 역령 1령(領)으로 구성된 것이 특징이다.

㉰ 금오위의 소속 장병은 정용 6령(領)과 역령(役領)[175] 1령으로 합하여 7,000명의 군사가 있었다.

㉡ 금오위의 위치

㉮ 개경의 주요 관청은 황성 바깥의 일정구간에 집중적으로 분포되어 있었다. 관도(官道)의 북쪽에는 서쪽으로부터 차례로 호부·공부 등이, 관도의 남쪽에는 병부·형부·이부가 서로 마주보고 있었다.[176]

㉯ 2군 6위 중 감문(監門)·천우(千牛)·금오(金吾)·3위(三衛)는 북문 안에 있었고, 금오가 조금 동쪽에 있는 것은 수비(守備)와 호위의 임무를 맡고 있기 때문이었다고 고려도경은 전하고 있다.[177] 따라서 감문위·천우위·금오위의 순으로 관도의 북쪽인 제상리 쪽에 있었고, 성문의 수비를 담당하는 감문위와 왕의 행차에 동원된 천우위는 궁과 가까운 서쪽에, 개경의 방어

---

169) 금오위에 대한 구체적인 내용은 필자가 학술등재지에 발표한 연구논문을 참고하기 바란다(김형중, “고려전기 금오위의 조직과 기능에 관한 연구”, 한국경찰연구학회 제10권 제3호, 2011, pp.3－34).

170) 충선왕이 금오위를 고쳐 비순위(備巡衛)로 하였고, 공민왕 5년에 다시 금오위로 칭하였고, 11년에 다시 비순위로 하였으며, 18년에는 다시 금오위로 칭하였고, 뒤에 다시 비순위로 고쳤다(고려사 권77지(志) 권31 백관2 서반조).

171) 고려사 백관지 서문에 태조 2년에 당 제도를 모방하여 3성 6부·9시·6위 제도를 답습하였다고 기술하고 있다(高麗史 권75志 권제30 百官1序文).

172) 이기백, 「고려병제사연구」, 서울: 일조각, 1968, pp.72－73.

173) 정용군은 오늘날의 기마병이었다고 추정하고 있다(이기백, 앞의 책, pp.72－73).

174) 보승(保勝)은 오늘날의 보병으로 추정하고 있다(이기백, 앞의 책, pp.72－73).

175) 역령은 역군(役軍)과 동일한 뜻으로 볼 수 있으며 이들 명칭으로 보아 노동부대인 것도 같지만, 그러나 역령이 금오위에 소속된 것으로 보면 혹은 복역하는 죄수의 감독군이라고 추정하고 있기도 하다(이기백, 앞의 책, pp.72－73).

176) 선화봉사(宣和奉仕) 고려도경(高麗圖經) 권16 관부(官府)조.

177) 선화봉사 고려도경 권16 관부조.

와 치안을 담당한 금오위가 좀 더 동쪽에 위치하였다.

② 금오위의 범죄예방기능

금오위는 군이자 곧 치안군으로서 수도개경을 중심으로 궁궐 및 도성의 수비·순찰·경호(임금 행차·사신영접 등)·포도금란(捕盜禁亂)·야간통행금지·비위예방 등의 치안업무를 책임지고 있었다.

㉠ 순찰과 포도금란(捕盜禁亂)

㉮ 통행금지와 해제 등에 관한 권한이 금오위에 있었다. 위술(韋述)의 서도잡기(西都雜記)[178]에 보면 "서도(西都) 경성(京城: 개성) 거리에 금오위가 장악하여 자정이 넘으면 구호를 하여 야간에 통행을 금지하였다. 다만, 정월 15일 밤만은 왕명에 의해 금오가 통행금지를 푸는데 15일을 전후로 각 하루를 그렇게 하였다고 쓰여 있다. 이처럼 금오위는 평상시에는 날이 저물면 성문을 닫고 일반인들의 도성 출입을 막고, 자정이 넘으면 도성 내에서 통행을 금지시키는 업무를 수행하였다. 따라서 금오위는 순찰 등 야간 통행금지와 해제라는 경찰권을 통하여 범죄예방에 중심축인 역할을 수행하였다고 볼 수 있다.

㉯ 수도개경의 범죄예방과 관련한 순찰 등의 업무를 금오위가 전부 담당한 것은 아니었다. 일반적으로 개경 시내를 정기적으로 순검하는 부대는 주로 금오위였고, 범죄발생이 가능한 우범지대에 순검하는 기능을 수행한 부대는 검점군(중앙군에 소속된 순검임무의 부대로 순검군의 하나)이었다.

㉡ 국왕호위와 외교사절 경호

㉮ 금오위는 국왕호위와 외교사절의 경호와도 깊은 상관성이 있었다. 원래 금오위는 중국 진(秦)대부터 천자가 궁성 밖 출입 시 주로 선도(先導)업무와 비상사태에 대비하는 것이 임무였다. 이러한 임무는 당대(唐代)에 들어와서도 진(秦)대와 거의 유사하였으며, 다만 도로를 정상대로 유지하는 것 등의 임무가 추가되었을 뿐이다. 따라서 중국 당대의 금오위는 어가선도·순찰·포도금란·수렵·목축·도로관리의 업무 등을 광범위하게 수행하였다.

㉯ 고려시대의 금오위도 중국 당(唐)대의 금오위와 유사하게 경호기능적 임무를 수행하였다. 금오위는 사신을 영접하는 의전과 행사시 군 부대로는 맨 마지막 행렬에 합류하고 있었고,[179] 또 금오장위군은 검붉은 색의 소매 넓은 적삼[180]을 입었으며, 깃발과 덮개가 같은 의식

178) 고려사 권19 세가 권제19 명종 1 주(註) 참조.

179) 고려도경 절장편에 "근년에 사신이 고려국에 갈 때마다 사신을 맞이하는 준비된 의장(儀仗: 의전과 행사)의 화려함과 호위하는 군사도 많았으며, 예의가 심히 근면하고 지성스러웠다. 사신 영접 시에 맨 먼저 여러 의장대 가운데 신기대(神旗隊)가 선두에 서고, 청의(靑衣)용호군이 투구와 갑옷을 입고 창과 방패를 들었는데 거의 만 명에 이르는 병사들이 두 갈래로 나누어서 길을 끼고 행진하며, 다음은 기병(騎兵)이 따랐는데 활과 화살을 가졌고 칼을 찼으며…다음에는 천우위, 다음은 금오위로써 금오장위군(金吾仗衛軍)이 오는데 황색 깃발과 표범 꼬리가 달린 의장용 창 및 꽃무늬로 장식된 덮개 천막을 잡고 약간의 간격을 두고 행진한다…맨 마지막으로 정사(正使)와 부사(副使) 순으로 따르고 있다고 행렬을 묘사하고 있다(고려도경 권제24 절장편).

180) 금오위는 진(秦)대부터 붉은 비단옷을 입었는데, 고려시대의 금오위도 중국과 마찬가지로 검붉은 색의 옷을 입고 있다는 점은 당의 제도를 모방했다는 것을 단적으로 보여주는 사례라고 할 수 있겠다.

용 물건을 들고 창합문(대궐문) 밖에 서있었다고 고려도경은 전하고 있다.[181] 따라서 금오위는 궁궐·수도개성의 수비·순찰 및 포도금란의 임무 외에도, 국왕이나 중국사신 등에 대한 호위 업무 그리고 도로에서 발생할 수 있는 위험발생요소들을 사전에 제거하기 위한 도로관리업무도 그들의 몫이었다.

㉢ 경비경찰

금오위는 궁궐과 수도 개성의 수비를 위한 경비경찰적 기능을 수행하였다. 금오위는 통행을 금지하고 해제하는 권한도 가지고 있었기 때문에 평상시에는 날이 저물면 성문을 닫아 도성 내에서의 통행을 금지시키고, 비상시에는 도성 주변의 일반인들을 성안으로 집결시키고 성문을 지켜 적의 침입을 막는 형태로 근무가 이루어졌다. 물론 이때에 금오위 단독으로 수비(守備)에 당하는 것이 아니었고, 궁성 내외의 여러 문을 수위(守衛)하는 임무를 맡은 위숙군(圍宿軍)[182]과 함께 그 임무를 수행하였다고 추정된다.

㉣ 금령(禁令)의 단속

㉮ 금오위는 오늘날 협의의 행정경찰, 즉 규제행정업무 등에 대하여도 광범위한 경찰권을 행사하였다. 고려시대의 경우 전 왕조를 통하여 금령(禁令)의 내용으로 통제한 내용 중의 하나가 벌채·도살·수렵 등의 행위였다.[183]

㉯ 특히 수도인 개경부근의 생나무를 벌채(伐採)하지 못하도록 장교·군인들을 배치시키기도 하였는데,[184] 이는 아마도 금오위에 배치된 검점군이 아닌가 추정된다. 금오위는 이외에도 윤상(倫常)과 풍속을 어지럽히는 행위에 대해서도 단독 또는 어사대와 합동으로 단속하는 등 그 업무범위는 거의 무한대에 가까웠다.[185]

③ 금오위의 범죄통제기능

㉠ 금오위는 순찰·금란(禁亂) 등의 범죄 예방적 기능도 수행하였지만, 포도(捕盜), 즉 도적

181) "금오장위군(金吾仗衛軍)은 검붉은 색의 소매 넓은 적삼을 입었으며 모자(두건)를 말아서 쓰는데 윗부분은 색깔로 물을 들여 묶었다. 각각 방위별 빛깔에 따라 한 방위가 한 부대(隊)가 되고 한 부대가 한 빛깔이 된다. 사이사이에 둥근 꽃무늬를 수놓아 장식하였다. 깃발과 덮개가 같은 의식(儀式)용 물건을 들고 창합문(대궐문)밖에 서있다"고 하여 금오위가 경호와 관련성 있음을 시사해 주고 있다(고려도경 권제11 장위1).

182) 위숙군(圍宿軍)은 문자 그대로 궁성 내외의 여러 문을 수위하는 임무를 맡은 부대로서 대장군·중랑장(中郞將)·장군·장상(將相)·군인 등의 등급이 있었으며, 총원이 488명에 달하였다. 위숙군은 광화문·통양문·주작문 등 수십 개의 문에 배치되어 있었다(고려사 권83지(志) 권37 병3 위숙군조).

183) 현종(顯宗) 12년(1021) 9월에 황주(黃州)의 세장지(世長池) 및 용림록(龍林麓)에서 고기를 잡고 나무하는 것을 금하였다(고려사 권85지(志) 제39 형법2 금령조).

184) 개성의 동교(東郊: 동쪽 교외)의 탄현…그리고 서교(西郊)의 약사원…노곡의 생목림(生木林)에는 장상(將相) 1명·장교 1명·산직장상(散職將相) 2명·군인 6명이 배치되었다(고려사 권83지(志) 권제37 병(兵)3 검점군조)고 하는데, 아마 여기에 배치된 병력도 금오위에 파견된 검점군의 일원이라고 생각되어진다.

185) 고려사 권85지(志) 권제39 형법2 금령(禁令)조. 제17대 인종 9년 6월에 승속잡류(승과 일반인) 등이 만불향도라는 단체를 만들어 염불과 독경 그리고 술을 팔고 유희를 하는 등 윤상을 어지럽히자, 어사대와 합동하여 이들을 단속하였다.

을 체포하는 것도 금오위의 중요한 기능의 하나였다. 고려는 국초부터 감옥을 설치하고 운용하였는데, 금오위는 원래 전옥(典獄)과 관계되는 6위 중의 하나였다.

㉡ 고려시대의 범죄통제는 금오위·여러시설에 배치된 검점군·여러 기관에서 운영된 순검군 등에 의해 체포된 자를 형부옥·전옥서·가구소옥에 수감하여 통제하는 체제로 이루어졌다. 따라서 금오위는 범죄자를 감옥으로 이송하기 전 단계에서, 이들을 체포하고 검거하는 사전적 통제기능으로서의 역할도 일정 부분 수행하였다고 볼 수 있다.

(3) 천우위(千牛衛)

① 천우위는 국왕을 숙위·시위하던 부대였다. 천우대장군·천우비신장군·비신장군은 천우위 소속으로서 궁전에서 대례(大禮)·대조회(大朝會) 시에 왕을 시종·시위(侍衛)하는 임무를 띠고 있었으며, 여기서 비신(備身)이라 함은 국왕의 신변경호를 뜻하는 말이다.

② 천우위의 조직편성은 상령(常領: 육상에서 국왕을 숙위·시위하던 부대) 1령과 해령(海令: 국왕이 바다나 강 등으로 어가 이동시 왕을 시종하는 해군으로 추정)[186] 1령으로 도합 병졸은 2천 명이었다. 천우위 장교로는 상장군 1인·대장군 1인·그리고 각 영(領)에는 장군 1인·중랑장 각 2인·낭장 각 5인·별장 각 5인·산원(散員) 각 5인·위(尉) 각 20인·대정 각 40인으로 구성되어 있었다.

③ 천우위의 위치는 궁궐 내외의 수비를 담당하는 감문위 그리고 왕의 행차에 동원된 천우위는 궁과 가까운 서쪽에 위치하여 언제든 출동할 수 있는 지근 거리에 있었다.[187]

3) 기타 치안관련병제(兵制)

2군 6위 외에도 중앙에는 경찰업무를 분담하던 병제상의 많은 기관들이 있었다.

(1) 공학군과 견룡군

2군 6위와 관련하여 논의가 되고 있는 것으로 공학군(控鶴軍)과 견룡군(牽龍軍)을 들 수 있으나, 그 실체에 관하여는 여전히 논의의 대상에 있다. 이기백은 공학군(控鶴軍)을 2군의 응양군으로, 견룡군[188]은 용호군에 비견시키고 있고, 반면, 주등길지(周籐吉之)는 견룡군을 6위 중의 천우위(千牛衛)와 관계가 있을 것이라고 주장하고 있다.[189]

186) 이기백, 앞의 책, p.90; 박용운, 앞의 책, p.286.
187) 고려도경 권16 관부(官府)조.
188) 무신난을 일으킨 대표자격인 정중부가 견룡군 교위출신이었고, 이의방과 이고(李高)또한 견룡군 장교였다.
189) 주등길지, 「高麗前期の鈴轄 巡檢と牽龍一宋の鈴轄 巡檢·牽龍官との關聯いおして」, 1976; 《東洋大學大學院紀要」13. "高麗朝 官僚制の硏究". 法政大學出版局. 1980, pp.511－531. 동양대학 대학원기요 고려기 관료제연구 법정대학출판국, 1980, pp.511－531.

① 공학군(控鶴軍)

서긍은 고려도경에서 "공학군은 왕을 가까이 모시는 군대(근위병)로서 검붉은 무늬의 비단포를 입었는데, 대략 수십인이 조서를 실은 가마를 받들고, 왕이나 사신이 사사롭게 조서를 보려고 왕래할 때에는 상자와 대그릇으로 받들고 있다"고 그 기능을 간략하게 기술하고 있다.[190] 따라서 공학군은 국왕의 측근부대이기는 하나, 주로 국제외교와 관련된 업무 등을 수행하는 외교관련 의전근위병이 아니였을까 추정된다.

② 견룡군(牽龍軍)

금군(禁軍)이라 함은 국왕을 호위하는 최측근 경호부대를 말하는데, 고려전기에는 2군과 천우위(6위)가 있었다. 그 후 금군 내의 부대 가운데 유달리 주목받는 것이 견룡군이었다.

㉠ 견룡군의 존재가 문헌상 최초로 나타나는 시기는 제15대 숙종 때였다. 숙종 7년 9월 무자(戊子)에 회복루에서 견룡관[191]에게 명하여 활을 쏘게 하였고,[192] 동년 11월에 왕이 우타천(牛他川)에 이르렀을 때 범이 갑자기 튀어나오자 이를 퇴치한 것은 견룡교위 송종소였다. 이로 보아 견룡군은 국왕의 신변을 보호하는 최측근 경호부대의 하나라는 것이 입증된다.

㉡ 견룡군은 국왕의 경호뿐만 아니라, 임금의 숙위임무까지도 담당하였던 핵심 중의 핵심부대였다. 무신난의 주역인 정중부는 의종때에 견룡군이었는데, 수창궁 북문[193]을 마음대로 출입하자 어사대가 계급을 강등하자고 의종에게 건의하기도 하였다. 수창궁 북문 출입은 곧 국왕이 있던 내정(內庭: 궁궐의 안)을 출입하는 것을 의미한다. 따라서 내정(임금이 잠을 자던 곳)을 숙위하던 부대는 견룡군이라고 보아도 무방하다.

㉢ 견룡군의 창설 이유

제15대 숙종은 2군과 천우위 등의 친위대가 있음에도 불구하고 견룡군을 창설한 것은 당시의 상황과 깊은 연관성이 있다고 추정된다. 첫째 숙종은 정당하지 못한 방법으로 왕위를 차지했기 때문에,[194] 자신과 같이 왕권에 도전하는 무리들이 생길 가능성이 항시 존재한다고 보았다. 이에 따라 또 다른 강력한 친위군 창설의 필요성을 느꼈을 것이고, 둘째, 군대의 지휘권이 고위 무관들에 의해 상당부분 독립되어 있는 상황에서, 2군이나 천우위만으로는 자신의 신변을 보장받을 수 없다는 판단까지도 하였을 것이다. 따라서 새로운 친위군의 창설은 필수적이었고, 그 결과 나타난 것이 견룡군의 설치였다고 볼 수 있겠다.[195]

---

190) 고려도경 권제11 장위.

191) 견룡은 고려시대에 국왕이 순행(巡行)할 때에 위장대(衛仗隊, 측근경호)의 일종이며, 견룡관은 견룡의 지휘관을 말하는 것으로 보인다(고려사 권11 세가 권제11 숙종 7년 9월조).

192) 고려사 권11세가 권11 숙종 7년 9월조

193) 수창궁(임금이 기거하던 궁전이름) 북문은 항시 봉쇄되어 있었는데, 교위 정중부 등이 마음대로 열고 출입하여 스스로 오만하니 이를 처벌해야 한다고 어사대에서 진언하였다(고려사절요 권11 의종 원년 12월조).

194) 제15대 숙종은 어린 조카 헌종(제14대)을 밀어내고 즉위한 후 10년간 통치하였다.

195) 전태인, "고려시대 무예활동을 통한 친위조직연구", 체육대학교 박사학위논문, 2005, p.79.

(2) 간수군(看守軍)

간수군[196]은 각 관서·창고·관택(館宅: 관청에서 관리에게 빌려주어 살도록 지은 집)·봉화·사찰 등을 지키던 군인이었다. 2군 6위 가운데 금오위·감문위에 소속되었으며, 장상(將相)·잡직장상·군인·감문위군 등 총 415명으로 구성되어 있었다.

(3) 위숙군(圍宿軍)

위숙군은 문자 그대로 궁성 내외의 여러 문을 수위(守衛)하는 임무를 맡은 부대였다. 대장군(大將軍)·중랑장(中郎將)·장군·장상(將相)·군인 등의 등급이 있었으며, 총원은 488명이었다. 주로 감문위의 군사가 여기에 배치되었다.[197]

(4) 검점군(檢點軍)

① 개경시가의 특정지역이나 교외의 시설에 배치되어 순검(巡檢)하는 임무를 맡았던 중앙의 특수부대였다. 검점군이 배치된 특정한 지역 및 시설로는 시전(시장)·가구감행(街衢監行: 거리순찰)·5부(部: 수도 내의 5부)·옥직(獄直: 옥을 지키는 것)·좌·우창(倉: 창고)·금오위 등이 있었다.[198] 검점군에는 각기 일정한 수의 장상·장교·군인·나장(螺匠)·도전(都典) 등이 배속되었고 총원은 490명에 달하였다.

② 검점군의 설치시기는 정확히 진단할 수 없으나, 제11대 문종 이전에 같은 순검군인 간수군·위숙군 등과 더불어 완비되었을 것으로 추정된다. 제18대 의종대의 무신난 이후 「야별초」가 새로 설치되어 순검의 기능을 담당하게 되고, 이에 따라 종전의 순검제는 유명무실하게 되어가면서 소멸된 듯하다.

3. 지방군

고려의 지방군은 군적에 오르지 못한 일반농민으로 16세 이상의 장정들로 구성되었다. 지방군은 5도(道)의 주현군과 양계의 주진군(州鎭軍)으로 이루어졌는데, 5도의 주현군과 양계(兩界)의 주진군은 그 성격이나 기능면에서 상당한 차이가 있다.

1) 주현군(州縣軍)

주현군(州縣軍)은 경기지역과 5도에 두었는데, 전투부대인 보승군과 정용군·노동부대인

---

196) 고려사 권83지(志) 권제37 병(兵)3 간수군조.
197) 고려사 권83지(志) 권제37 병(兵)3 위숙군조.
198) 고려사 권83지(志) 권37 병(兵)3 검점군조.

일품군(一品軍)[199]·이품군·삼품군으로 구성되어 있었다.[200] 5도의 주현군은 수령의 지휘 아래 치안과 방수(防守: 막아서 지킴) 및 노역의 임무를 담당하였는데, 평시에는 농사에 종사하면서 동시에 군역을 치렀다. 주현군에 속한 인원은 4만 8천여 명이었으며, 이들은 일종의 예비군이었다고 볼 수 있다.[201]

2) 주진군(州鎭軍)

(1) 주진군(州鎭軍)은 양계(동계와 북계)에 둔 특수전투부대였다. 이들은 초군·좌군·우군으로 구성된 상비군(정규군)으로서 국경수비를 전담하였다. 주진군에는 주현군에 없는 특수부대가 많았는데, 여기에는 기마부대인 마대(馬隊)와 궁수들로 구성된 노대(弩隊)가 소속되어 있었다.

(2) 주진군에는 지휘관으로 도령(都領)을 비롯하여 낭장·별장·교위·대정 등이 있었다. 주진군의 지휘관은 평상시에는 지역사령관인 방어사와 진장(鎭將)의 지휘를 받았다.[202] 따라서 양계지역에서는 방어사·진장·도령·낭장·별장·교위·대정 등에 의해서 치안유지를 위한 경찰권이 행사되었다고 볼 수 있다.

---

199) 일품군은 이품군·삼품군과 함께 동원목적이 공역(工役)이라는 점에서, 전투부대인 보승군·정용군과는 그 성격이 다르다. 일품군의 동원은 일반적으로 일정한 주기로 이루어져 교체되었다. 초기에는 2번(番)으로 나누어 가을에 교체했으며, 그 기간은 1년으로 하였다가 명종 21년(1191)부터 3번 교대제로 하였다. 일품군의 지휘는 향리가 담당했는데, 이는 일품군이 그 지방농민들로 구성되었음을 시사해 주고 있는 것이다.

200) 이이화, 앞의 책, p.91.

201) 박영규, 앞의 책, p.483.

202) 이이화, 앞의 책, p.91.

◆◆ 고려의 통치조직

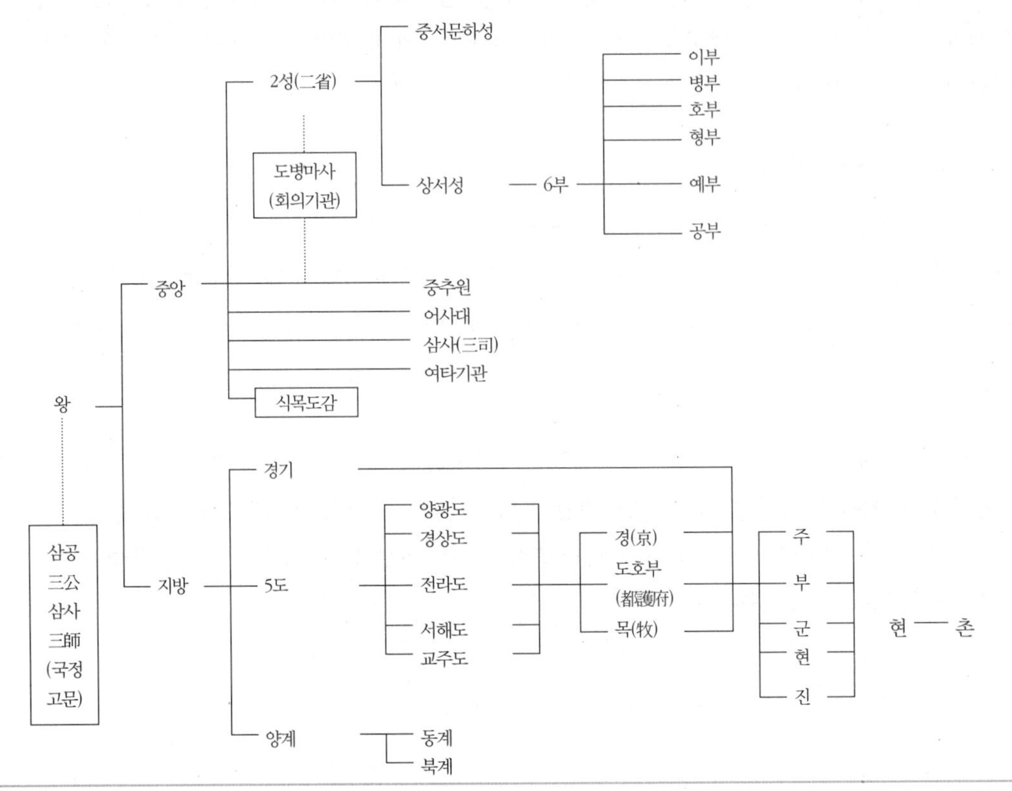

Ⅳ. 형정(刑政: 형사에 관한 행정)

1. 개 요

고려시대 전 과정을 통하여 경찰권행사의 기반이 되었던 형법은 당률(當律)을 모방하여, 고려시대 실정에 맞게 시의(時宜: 그 당시의 사정에 알맞음)를 참작하여 운영하였다.[203] 고려시대의 경찰권행사는 우선적으로 군주의 절대적인 권력을 옹호하고 그 지배체제를 유지 존속시키는 데 그 목적이 있다고 보아야 한다. 고려시대의 형사법(刑事法)은 국가권력을 제한하여 관헌(官憲)의 자의적인 독단을 배제하기 위한 측면도 있었지만, 민중을 위협·경계하는 권력적 무기 중의 하나로써의 기능이 보다 강하였다고 볼 수 있다. 그러나 고려조에 있어서의 형정(刑政)은 일반적으로 신중을 기하였고 형벌도 가혹하지 않았는데, 이는 살생을 엄금하는 불교사상의 영

203) 고려사 권84지(志) 권제38 형법1.

향을 많이 받았기 때문이었다.[204] 따라서 고려사회의 정치의 방향과 이상은 불교정신에 입각한 자비사상이었고, 이에 따라 경찰권 행사도 고려사회의 지도이념을 대표하는 선에서 행사되고 제한되었다고 생각된다.

2. 형법(刑法)

고려시대의 율령에 관하여는 현재까지 전래되지 않아 그 내용은 알 길이 없고, 다만 고려형법에 관한 자료로는 고려사 형법지에 수록되어 있는 것이 유일하다. 고려의 형법은 옥관령2조·명례(名例)12조·위금(衛禁)4조·직제(職制)14조·호혼(戶婚)4조·도적6조·포망(捕亡)8조·단옥(斷獄)4조 등 총 71조로 구성되어 있었고,[205] 그 이외의 법은 주로 임금의 교지나 전지(傳旨)에 의한 금령(禁令)으로 이루어져 있었다. 그러나 그 중에는 행정법규와 민사법규가 혼합되어 있어 순수한 의미의 형법지라고 말할 수는 없다.

1) 고려율(高麗律)의 구성

(1) 명례(名例: 형벌의 명칭과 집행규례)[206]

명례는 형벌의 명칭과 집행규례, 즉 집행규정과 형벌에 쓰이는 매의 규격 그리고 집행방법 등을 규정한 것이다.

① 형벌

고려시대의 형벌은 태형(笞刑)·장형(杖刑)·도형(徒刑)·유형(流刑)·사형(교형과 참형)의 5형(刑)이 있었다.

㉠ 태형(笞刑)

㉮ 태(笞)는 소형장(小荊杖)으로 형조(荊條: 싸리나무가지)를 사용하고, 태장(笞杖)의 길이는 5척(五尺)[207]으로 대두(大頭: 앞부분)의 둘레는 7분(分)이고 소두(小頭: 뒷부분)의 둘레는 3분으로, 장형(杖刑)인 둔장(臀杖: 둔부를 치는 형벌)보다 작았다.

㉯ 형량(刑量)에 있어서 태(笞)는 10대에서 50대까지의 5등급이 있었으며, 주로 경죄(輕罪)에 가해졌다. 집행방법은 태형과 장형의 경우, 형구(形具)의 촌법(寸法: 치수)과 용법(用法: 사용법)의 도수(度數: 때리는 수)에 있어서 차이가 있을 뿐, 재료나 죄인을 형판(刑板)에 엎드리게 하여 둔부를 노출시켜 때리는 집행방법은 동일하였다.

㉰ 5형(刑)은 모두 속동(贖銅: 형벌을 면하기 위하여 동을 바치는 것)에 의한 감형제도가 인정

204) 이병도, 「한국사중세편」, 서울: 을유문화사, 1967, p.355.
205) 고려사 권84지(志) 권제38 형법1 서문.
206) 고려사 권84지(志) 권제38 형법1 명례조.
207) 척(尺)은 금(金)나라 척을 사용하였다(고려사 권84지(志) 권제38 형법1 형장식「刑杖式」).

되었다(예컨대 태형 50대인 경우, 속동액 5근을 바치면 절감형량은 10대였다).

㉡ 장형(杖刑)

㉮ 장형(杖刑)은 큰 형장(刑杖)으로 치는 형벌로서 60대에서 100대까지의 5등급이 있었다. 장형의 집행방법은 등을 치는 척장형(脊杖刑)과 둔부를 치는 둔장형으로 구분된다. 등을 치는 척장형의 척장의 길이는 5척으로 대두(大頭)의 둘레는 9분(分)이고, 소두의 둘레는 7분이었다. 둔부를 치는 둔장형의 둔장의 길이는 5척으로, 대두의 둘레는 7분이고, 소두의 둘레는 5분으로 태형의 둔장보다 둘레가 두꺼웠다.

㉯ 장형(杖刑)은 유형(流刑)에 병과되기도 하였고, 심하면 장독(杖毒)으로 사망하는 경우가 종종 있었다. 장형(杖刑)의 경우에도 태형과 같이 속납에 의해 감형되었는데, 판결형량이 100대인 경우, 속동액은 10근이며 절감형량은 20대였다.

㉢ 도형(徒刑)

㉮ 도형(徒刑)은 징역형으로 배역(配役)이라고도 하며, 수형자에게 노역을 과하거나 노비로 만들어 사역(使役)케 하는 형벌을 말한다.

㉯ 도형은 1년, 1년반, 2년, 2년반, 3년의 5등급이 있었다. 도형의 경우도 판결형량이 1년인 경우, 속동액은 20근이며 절감형량은 13대였다.

㉣ 유형(流刑)

㉮ 유형(流刑)은 귀양형으로서 자유형 중의 하나로써, 배(配)·방(放)·천(遷) 등으로도 불려진다. 유형은 2천리, 2천 5백리, 3천리의 3등급으로 나누어지며 다른 형벌과 같이 부과하거나 감형할 수 있었다(예컨대 2천리는 장(杖) 17대에 배역(配役) 1년 그리고 속동(贖銅) 80근이었다). 유형은 일정한 형기가 없어 국왕의 사면이 없는 경우에는 영구히 고향에 돌아갈 수 없었다.

㉯ 유형은 일정한 죄에 대한 형벌이 아니라 사형을 가하기에는 가볍고 도형을 과하기에는 중할 때에, 그 중간형을 요하는 범죄에 대하여 적용하였다. 유배지는 왕도(개성)를 기점으로 하여 거리를 측량하고 기후와 교통편 및 죄상 등을 참작하여 유배장소를 지정하는데, 대개 육지의 변경지방이나 무인도 또는 유인도였다.

㉰ 유형에는 부처(付處: 중도부처)·귀향·이향(移鄕) 등이 있었다. 부처(중도부처의 준말)는 관원에 대하여 과하는 형(刑)으로써, 일정한 지역을 지정하여 머물러 있게 하는 형벌이다.[208]

귀향은 원칙적으로 관인에 대한 형벌이나 간혹 승(僧)·노비에게도 귀향의 형벌이 있었다. 그러기 때문에 귀향은 고향으로 돌아가는 것이 아니고, 향(鄕)·소·부곡의 향으로 추방되어 유주(留住 : 머물러 삶)를 강제당하는 것을 의미하는 것이다. 향·소·부곡의 백성은 전지(田地)의

208) 귀향은 범법관원에 과하는 형벌이며 범법자를 자기 고향에 보내어 근신케 하는 것이라고 주장하는 견해도 있으나(김용태 외, 앞의 책, p.153), 이것은 잘못된 해석이다. 귀향은 유형의 일종이다. 고려사 형법 직제조에 보면, "감독의 책임 있는 관리가 관물을 도적질하면 도(徒)나 장(杖)을 과함은 물론 직전(職田: 현직 관리에게 지급한 토지)을 몰수하고 귀향(歸鄕)시켰다(고려사 권84 형법지(志), 직제조).

분배를 받지 못하였고, 대대손손 무거운 신공(身貢 : 나라에서 부과하던 공물)의 의무를 진 천인으로 서울이나 지방의 노비보다 더 한층 떨어진 최하급 천민집단의 구성원이었다. 따라서 귀향의 형이 결정되면 향이 있는 배소에서 임금의 사면이 있기까지에는 종신토록 근신케 하였다. 고려후기에 접어들면서 점점 향·소·부곡의 인구도 늘고 농경생활이 제한되어 향·소·부곡민의 생활이 일반 평민이나 다름없이 성장하였고, 고려말기와 조선초기에는 향·소·부곡이 승격되거나 혹은 군·현이 모반을 일으킬 때에는 향이나 부곡으로 강등시켰다. 따라서 군·현과 향·소·부곡의 차이가 점점 없어져 조선시대에 이르러서는 귀향의 형벌적인 원초적인 의미를 상실하고 정배(定配 : 장소를 정하여 귀양보내던 형벌)와 같은 뜻으로 변해버렸다. 그 결과 「향」은 본향 또는 고향의 뜻으로만 이해하게 된 것이다.

이향은 유형보다는 가볍고 귀향보다는 무거운 형벌로써, 범법자를 타향에 보내어 거주케 하는 형벌이었다.[209)]

㉤ 사형

사형은 범죄인의 생명을 박탈하는 가장 중한 형벌이므로, 극형(極刑)이라고도 하였다. 사형은 그 집행방법에 따라 교형(교수형)과 참형(斬刑)으로 구분되며, 다같이 속동액은 120근이었으나, 절감형량은 정해지지 않았다.

② 고한(辜限)

고려시대에 특이할 만한 형벌제도로 「고한(辜限)제도」를 들 수 있다. 고한(辜限)이라 함은 보고기한(保辜期限)의 줄임말로써, 남을 상해한 사람에 대하여 맞은 자를 치료해주고 상처가 다 나을때까지 처벌을 보류하는 기간을 정한 제도를 말한다. 고려사 형법지(志)에 있는 고한(辜限)의 규례를 보면 “수족(手足: 손과 발)으로 사람을 쳐서 상하게 한 자는 10일, 다른 물건으로 사람을 상하게 한 자는 20일, 칼과 끓인 물 그리고 불로써 사람을 상하게 한 자는 40일, 사지(四肢: 팔다리)를 꺾거나 부러뜨린 자는 50일”로 그 한도를 정하고 있다. 오늘날 교통사고 발생시 치료와 함께 당사자의 합의기간을 유예해주는 것과 유사한 제도이다.

③ 위금(衛禁)

위금(衛禁)은 금지조항을 규정한 것으로 4조(條)로 되어 있다. 본족(本族)[210)]·외족(外族)[211)]·처족 등이 같이 근무하는 것을 금지하는 상피(相避),[212)] 말을 탔을 때 길을 피하는 피

---

209) 현종 11년 5월 을묘에 유사(有司: 담당업무를 맡은 관리)가 “정유년(성종 16년)간에 청주인 성윤이 죄를 지어 마땅히 이향(移鄕: 다른 향으로 옮기는 것)하여야 함에도 나이가 70이 되었기 때문에, 유배를 면제하여 부양케 하는 것이 어떻겠습니까”라고 진언하고 있다(고려사 권81 병지(兵志), 현종 11년 5월).

210) 부자손(父子孫)·동생형제(同生兄弟)·당형제(堂兄弟) 등 부계(父系)의 가계를 말한다.

211) 모(母)의 부모·모의 동생형제(同生兄弟) 등 모계의 가계를 말한다.

212) 통상적으로 상피제도는 조선조시대부터 시작된 것으로 인식되고 있으나, 고려시대부터 그 기원을 이루고 있다. 상피라 함은 행정 내지 사법(司法)사무의 공정을 기하기 위하여 친족관계에 있는 자가 서로 상하관

마식(避馬式), 서울과 지방의 관리들이 올리는 공문서 양식을 규정해 놓은 공첩상통식(公牒相通式) 등이 있었다.

④ 직제(職制)

14조로 구성된 직제(職制)는 관리들에 대한 처벌규정으로, 여기에는 뇌물수수·재판업무·노비송사·간통죄 등에 관련하여 구체적으로 형벌을 정하고 있다.

⑤ 호혼(戶婚)

4조로 되어 있는 호혼은 호적법과 혼인법을 위반한 죄 등을 주로 규정하고 있는데, 가장(家長)이 인구보고에서 숫자를 속여 과역(課役: 부과된 역)을 면제받는 경우·인근에서 강도를 당한 것을 듣고 구하지 않는 데 대한 공동체 의무위반·존속유기·인신매매 등이 있다.

2) 고려 형법상의 범죄의 유형

고려율 중 치안업무와 직접적으로 관련된 조항을 추출하여, 이를 다시 오늘날 형법상의 체계와 유사하게 범죄의 유형을 재정리해 보면 다음과 같다.

(1) 국가적 법익에 관한 범죄

① 모반·대역죄

모반죄(謀反罪)라 함은 오늘날 내란죄에 해당하는 죄이고, 대역죄(大逆罪)는 사직(社稷)을 모해(謀害)하는 죄인데, 고려사 형법지에는 이에 대한 기록은 보이지 않는다. 다만 서긍이 지은 고려도경에도 대역과 불효죄는 참(斬)했다고 기록되어 있는 것으로 보아, 그 존재가 있었음은 분명하다.[213)]

② 왕실의 권위를 침해하는 범죄

종묘(宗廟)·산릉 및 궁궐을 파훼하거나 그것을 모의하는 행위를 처벌하는 규정은 구체적으로 기술되어 있지는 않으나, 고의로 관부나 묘사(廟社: 종묘와 사직을 아울러 이르는 말)를 불에 태워 없애는 경우, 옥사(獄事: 반역·살인 따위의 크고 중대한 범죄를 다스림) 대소를 불문하고 도(徒) 3年에 처하였다.[214)]

③ 왕법장(枉法贓: 뇌물죄)

㉠ 어느 시대를 막론하고 공무원의 뇌물죄에 관하여는 삼국시대부터 이미 준엄하게 처벌하였다. 왕법장은 오늘날 수뢰죄에 해당하는 죄로써, 법을 왜곡하여 뇌물을 받음으로써 성립하

(上下官), 또는 관련 있는 관직에 취임하는 것을 금(禁)하는 제도이다.

213) 김용태 외, 앞의 책, p.154.

214) 고려사 권85지(志) 권제39 형법2 금령(禁令)조.

는 범죄이다.

㉡ 고려시대에는 왕법장을 기본적 구성요건으로 하고, 뇌물을 받고 법을 왜곡하지 아니하거나(불왕법장),[215] 직무와 관계없이 뇌물을 받은 좌장(坐贓)죄의 경우에는 형을 감경하였다. 다만, 뇌물죄(왕법장)는 어느 형태(불왕법장·좌장 등)의 범죄이건 모든 장물의 액에 따라 과형의 형량이 달랐고, 또 공범에 대하여는 형을 감경하였다.

㉮ 왕법장(뇌물죄)

왕법장은 1척(1尺)에는 장(杖)100이고, 1필(匹)에는 도(徒) 1년이며... 5필에는 3년, 6필에는 유(流) 삼천리, 15필에는 사형(교형)을 시켰다.

㉯ 불왕법장(법대로 하되 뇌물만 받은 죄)

국법을 어기지 않고 뇌물만을 받은 죄의 불왕법장(不枉法贓)은 1척에 장(杖)90이고 2필에 장100…4필에도(徒) 1년…14필에는 유(流)2천리, 30필에는 역(役)과 유(流)를 가(加)했다. 관품이 있는 자가 범한 것은 관으로 하여금 마땅히 거둬들이게 하고, 4필 이상은 관을 파면시키고 녹(祿)이 없는 자는 죄1등을 감하였다. 그리고 40필에는 역(役)과 유(流)를 가(加)하였다.

㉰ 좌장

좌장은 직무와 관계없이 뇌물을 받은 죄로써, 형이 감경되었다. 좌장을 저지른 자는 1척에 태20이고 1필에는 태30이며…4필에는 장60이고…5필에는 도(徒) 3년이며 뇌물을 준 자는 죄 5등을 감하였다.

④ 직권남용에 관한 죄

㉠ 재관침탈사전죄(관리가 개인의 밭을 침탈한 죄)

재관침탈사전(在官侵奪私田)이라 함은 관직에 있으면서 개인의 밭을 침탈한 자로서 사전(私田)의 크고 작음에 따라 형량이 정해졌고, 또 탈취한 사전이 과수나 야채를 심는 밭인 경우에는 형이 가중되었다.

㉡ 감주어감수내간죄(피구금부녀간음죄)

감주어감수내간(監主於監守內奸)은 오늘날 피구금부녀간음죄에 해당하는 범죄이다. 감독자와 감옥을 지키는 책임자가 자기 관할의 감옥 안에서 간범(姦犯)하였을 경우 화간이면 도(徒) 2년, 남편이 있는 부녀를 범하면 2년반, 강간은 3년이었다. 화간을 한 부녀는 죄 1등을 감하였다.[216]

㉢ 왕징조세죄(공무상 횡령죄)

왕징조세(王徵租稅)는 오늘날 공무상 횡령죄에 해당된다. 이것은 조세를 속여 자기의 수입으로 한 죄이며, 장물의 액수에 따라 형량을 달리 하였다. 또 녹이 있는 자와 없는 자에 따라

---

215) 뇌물을 받고 법을 굽히지 아니하였다는 것은 뇌물을 받고도 법규정대로 시행한 것을 의미하며, 이를 불왕법장(不枉法贓)이라고 한다.

216) 고려사 권84지(志) 권제38 형법1 간비(姦非)조.

형을 달리하였는데, 녹이 있는 자는 역(役)과 유(流)를 가(加)하고, 녹이 없는 자는 25필에 역과 유를 가하였다.[217)]

⑤ 직무에 관한 죄

㉠ 이정불각탈루죄(과실 인구보고 누락 및 연령증감죄)

이정불각탈루(里正不覺脫漏)죄는 이정(里正: 촌장)이 고의 없이 과세의 기초가 되는 인구보고를 탈루시키거나, 연령증감을 하여 역을 부과하는 것을 말한다.[218)] 고의없이 과실로 한 행위이므로, 세입과 세출에 차질이 생긴 경우 1구(口)에 태40이였고,…30구(口)에 도(徒) 1년이었다.

㉡ 가장탈호죄(家長脫戶罪: 고의 인구보고 누락 및 연령증감죄)

가장탈호죄는 한 집안에 가장이 정을 알면서 고의로 인구보고에서 인원을 누락시키거나, 연령을 증감하여 과역(科役)을 모면하는 것을 말한다. 가장탈호의 경우 1구에 도 1년…9구이면 도 3년에 처하였다.

㉢ 기훼제서문서죄(공문서 손괴 및 위조죄)

기훼제서문서(棄毁制書文書)는 오늘날 공문서 손괴 및 위조죄에 해당되는 범죄를 말한다. 제서(制書) 및 관문서(官文書), 즉 공문서를 손괴한 자는 1척에 장60이고 1필에 장70이고,…5필에 도(徒) 1년 … 30필에 유(油) 2천리로 처벌했다. 또 관문서(官文書)를 변조하여 증감시킨 자는 문서를 망실하거나 과실로 훼손한 자와 같이 2등을 감했다.[219)]

㉣ 임감지범법(臨監知犯法: 범죄인지후 미조치죄)

임감지범법은 관리로서 같은 5보내(五保內)에서 발생한 도죄(徒罪: 도형)에 처할 범죄를 알고 있으면서 이를 규탄하지 않을 경우 장 60이고, 유죄(流罪: 유형)를 규탄하지 않으면 장100이며, 사죄(死罪: 사형)를 규탄하지 않으면 도(徒) 1년이고, 도 이하(徒以下)의 죄는 규탄하지 않아도 불문에 부쳤다.[220)] 오늘날의 직무유기죄에 해당한다.

⑥ 무고죄

주친(周親: 극히 가까운 친척)·존장(尊長: 웃어른 또는 부모를 말함)·외조부모 등을 무고하면, 무고한 죄에다 죄 2등을 가하여 가중처벌했다.[221)]

---

217) 고려사 권85지(志) 권제39 형법2 금령(禁令)조.
218) 고려사 권84지(志) 권제38 형법1 호혼(戶婚)조.(218)
219) 고려사 권85지(志) 권제39 형법2 금령(禁令)조.
220) 고려사 권84지(志) 권제38 형법1 호혼(戶婚)조.
221) 고려사 권84지(志) 권제38 형법1 대악(大惡)조. 존장의 죄를 고발하면 비록 사실대로라 하더라도 도(徒) 1년 반이고, 유죄(流罪: 유형)에는 2년 반, 사죄(死罪: 사형)에는 3년이고, 무고이면 무고한 죄에다 죄 2등을 가했다.(221)

⑦ 도주죄

도적질을 한 자가 유배한 곳에서 도망을 하면 형을 결정하여 얼굴에 삽루(鈒縷: 얼굴에 글자를 새김)하여 멀리 떨어진 주현(州縣)으로 유배하였다.[222]

(2) 사회적 법익에 관한 죄

① 방화죄

㉠ 고의로 관부(官府)·묘사(廟社)·개인의 사택과 재물을 태우면 옥사(屋舍: 집)의 대소와 재물의 많고 적음을 불문하고 도 3년이며, 장(贓: 타인 소유의 재물)이 5필에 차면 유(流) 2천리이고 10필이면 교형에 처하였다. 그리고 방화로 인하여 타인을 살상한 자는 고의로 살상한 죄로 논했다(오늘날 방화살인죄).

㉡ 고의로 옥사(屋舍)와 오곡을 적재한 것을 태운 자는 수괴는 사형에, 종범은 둔장20에 처했다.[223]

② 실화, 연소죄

모든 실화자로서, 2월 1일 이후 10월 3일 이전에 야전(野田)을 태운 자는 태50이고, 타인의 택사(宅舍)와 재물을 연소시킨 자는 장(杖)80에 처했다.

③ 간범죄(姦犯罪)

간범죄는 강간죄와 간통죄를 말하며 그 대상에 따라 차이를 두었다. 고려시대에는 일반적으로 화간한 여자쪽은 남자보다 한 등급 낮게 처벌한 반면, 남자가 유부녀와 간통했을 경우에는 한 등급 높게 처벌하였다. 특히 유부녀가 음란하면 자녀안(恣女案: 음란한 여자의 이름과 죄명을 기록한 명부)에 등록하여 침공(針工: 바느질 하는 노비)으로 정속(죄인을 종으로 삼는 일)시켰다.[224]

㉠ 노비, 천민이 양민을 간범한 죄

노비와 천민이 양인을 간음한 죄이다. 부곡인(部曲人) 및 노비가 주인 또는 주인의 주친(周親: 매우 가까운 친족)의 존장을 간범하였을 경우에는 화간이나 강간을 불문하고 사형(교형·참형)에 처했으나, 화간인 경우에 부녀는 형을 감경했다. 그리고 주인의 시마(緦麻: 3개월 동안 상복을 입는 친족)[225] 이상의 친족을 간범하였을 경우에도 형을 감경하였다.

---

222) 고려사 권85지(志) 권제39 형법2 도적포도부조.

223) 고려사 권85지(志) 권제39 형법2 금령(禁令)조.

224) 예종 3년에 유부녀가 음란하면 자녀안에 등록하여 침공으로 종속시키게 하였다(고려사 권84지(志) 권제38 형법, 호혼(戶婚)조). 고려시대의 자녀안(일종의 행정적 형벌임)은 조선시대로까지 이어져 양반집 여자가 품행이 나쁘거나 세 번 이상 개가하면 이 자녀안에 이름이 올려지는데, 이것은 집안의 불명예가 됨은 물론 자식들까지도 출세를 못하는 등 많은 불이익을 당하였다.

225) 시마복을 입는 친족의 범위를 시마친이라 한다. 시마친의 범위는 위로 고조를 중심으로 한 후손, 아래로는 4대손, 즉 8촌까지를 망라하고 있다.

㉡ 친족 간의 간범죄(姦犯罪)

아버지와 할아버지의 첩, 백숙모, 고모, 자매자손의 처, 형제의 딸을 간(姦)하면 강간인 경우는 물론 화간인 경우에도 사형(교형)에 처하고, 아버지와 조부가 총애하는 노비를 간(奸)하면 죄2등을 감했다.[226)]

㉢ 여승과 여도사를 간범한 죄

여승과 여도사를 간(奸)한 자는 화간인 경우는 도(徒) 1년반이고 강간은 도(徒) 2년이며, 화간한 여승과 여도사는 도(徒) 2년반이나, 강간을 당하였을 경우에는 처벌하지 않았다.

④ 도박죄

㉠ 삼국시대

도박은 인류역사만큼이나 오래되었다. 우리나라의 경우 삼국시대부터 그 기원점을 찾을 수 있다.[227)] 고구려·백제·신라 삼국의 경우 심지어 왕들마저도 바둑을 즐겨 했고,[228)] 백제 개로왕인 경우 고구려 간첩 승려 도림과 바둑에 빠져, 나라와 자기 몸을 그르치기도 했다.

㉡ 고려시대

㉮ 고려시대에 들어서면서 과거의 「유희」의 일종으로서 즐겼던 바둑과 장기도 내기성 도박으로 변질되어갔고, 심지어 내기장기로 중국 송나라 상인에게 아내까지 빼앗긴 이야기가 「예성강곡」에 전해 오고 있기도 하다.[229)] 그리고 이 밖에 전문적인 도박 기물을 사용하지 않고 활쏘기 내기 등을 통한 사행성 놀이도 유행하였다.

㉯ 박희(博戲: 도박)로서 금전과 물건을 내기한 자는 각각 장100이며, 도박장소 제공자 및 노름밑천을 제공하고 합세하여 도박을 한 자도 장100에 처했다. 그러나 음식을 걸고 궁사(弓射)로써 무예를 익히는 자는 비록 금전과 물건을 걸어도 죄가 되지 않아 처벌받지 아니하였다.[230)] 이것은 오늘날과 형법상의 도박죄 중 일시적인 오락 정도에 불과한 때에는 예외로 한다는 형법 제246조 단서조항과 거의 유사하다고 볼 수 있다.

⑤ 윤리강상에 위반한 죄

부모나 남편의 상을 듣고도 슬픔을 잊고 풍류와 잡된 놀이를 하는 자는 도(徒) 1년, 상이

---

226) 고려사 권84지(志) 권제38 형법2 간범(姦犯)조.

227) 중국의 역사책인 구당서(舊唐書)에 "고구려 사람은 위기(圍棋: 바둑)와 투호(投壺: 병을 일정한 거리에 놓고 그 속에 화살을 던져 승부를 가리는 놀이)를 좋아한다"고 하고 있고, 또 주서(周書)에는 "백제에는 여러 가지 놀이가 있으나 바둑이랑 장기를 더욱 좋아한다"고 기술하고 있다(구당서 권199상 열전 제149상 동이 고려전; 주서 권49 열전 제41 이역상 고려전).

228) 신라 제34대 효성왕이 왕위에 오르기 전 궁궐 잣나무 아래에서 어진 선비 신충(信忠)과 바둑을 두었다는 기록이 삼국유사에 전하고 있다(일연 지음, 김원중 옮김, 「삼국유사」, 서울: 민음사, 2007, p.573).

229) 이에 대한 내용은 필자가 쓴 한국경찰사(김형중, 「한국경찰사」, 서울: 박영사, 2016, pp.613－619)에서 구체적으로 서술하였다.

230) 고려사 권85지(志) 권제39 형법2 금령(禁令)조.

끝나기 전에 상복을 벗고 보통 옷을 입은 자는 도 3년, 초상난 것을 숨기고 초상을 치르지 않는 자는 유(流) 2천리, 거짓으로 조부모와 부모가 사망하였다고 휴가를 내거나 직무를 회피하는 자는 도(徒) 3년에 처하였다.

(3) 개인적 법익에 관한 죄

① 살인죄

살인죄의 경우도 오늘날과 같이 여러 가지 형태로 분류하여, 그 범죄형태에 따라 처벌방식도 각기 달리하였다.

㉠ 존속살인

주친(周親)의 존장과 외조부모 및 부부의 부모를 살해하려고 꾀하였으면, 비록 상하지 안했어도, 즉 미수인 경우에도 사형(참형)에 처하였다. 그리고 대공(大功)[231]의 존장을 살해하려고 하였으면 유(流) 2천리이고, 이미 살인행위에 착수했으나 상해에 그친 경우나 살해의 결과가 발생한 경우에는 사형(교형·참형)에 처했으며, 소공(小功)[232]과 시마(緦麻)의 존장을 살해하려고 한 경우도 또한 같았다.[233]

㉡ 유아살인

주친(周親)의 나이어린 사람을 살해하려고 꾀한 경우 도(徒) 2년반, 실행에 착수했으나 상해에 그쳤다면 3년, 살인의 결과가 발생하였다면 유(流) 3천리에 처하였다. 특히 어떤 목적을 위하여 위의 행위 등을 하였다면 형을 가중시켰는데, 오늘날 형법상의 목적범과 동일한 개념이라고 볼 수 있다.

㉢ 처를 폭행치사하거나 살인한 죄

남편이 처를 폭행치사케 하거나 고의로 살해하였을 경우 사형(교형 또는 참형)에 처하나, 과실로 살해하였을 때는 논죄하지 아니했다.

② 폭행·상해죄

㉠ 존속상해죄

조부모와 부모를 구타하면 참형에 처하고 과실로 상해를 입히면 도(徒) 3년, 과실로 구타하였으면 유(流) 3천리에 처했다. 백숙모와 외조부모를 구타하면 도(徒) 3년에 처하고 치상이면 유(流) 2천리, 중상해면 교형, 치사면 참형에 처했다. 그리고 과실상해이면 감형되었다. 또

---

231) 대공(大功)은 굵은 베로 지은 상복으로 대공복(大功服)이라고도 하며, 대공친(대공을 입어야 하는 친척으로 남편의 조부모, 남편의 백숙부모, 남편의 종형제·종자매·질부, 종손 등)이 상을 당할 때는 대공(대공복)을 입는데 그 기간은 9개월이다.

232) 소공(小功)은 약간 가는 베로 지은 상복이다. 소공친의 범위는 할아버지 형제의 내외(증조부·종조부·종조모), 아버지의 사촌형제 내외(종숙부·종숙모), 6촌형제(재종형제), 4촌형제의 아들(종질), 형제의 손자(종손) 등이고, 외가로 외할아버지·외할머니·외삼촌·이모 등이다. 소공친이 상을 당할 때는 소공(소공복)을 5개월간 입는 것이 원칙이었으나, 실제로는 경제적 이유나 일상 생활조건에 따라 줄여지기도 하였다.

233) 고려사 권84지(志) 권제38 형법1 대악(大惡)조.

처첩이 남편의 조부모와 부모를 구타하면 교형, 치상이면 참형에 처하고 과실상해면 도(徒) 2년반, 과실로 상해했으면 도(徒) 3년에 처했다. 그리고 처의 부모를 구타하면 10악(惡)[234] 중의 불목(不睦)에 준하여 논죄했다.

㉡ 형제자매 구타죄

친형제자매를 구타하면 도(徒) 2년반, 상해를 가하면 도(徒) 3년, 중상해를 가하면 교형에 처하고, 치사케 하였다면 참형에 처했다. 그리고 과실일 경우 형을 감경했다.

㉢ 처첩구타죄

남편이 처를 폭행치상하면 장80(중상해이면 그 정도에 따라 장90에서 도 2년까지), 치사인 경우에는 교형에 처했다. 처가 첩을 구타한 경우도 이와 같다.

③ 유기죄

㉠ 존속유기죄

조부모·부모가 있는데 자손이 별도로 호적을 하고 재물을 달리하여 부양하지 아니하면 도(徒) 2년에 처하고, 복상(服喪: 상복을 입는 기간) 중에 별적(別籍: 호적을 갈라 따로 만듦)하면 도(徒) 1년에 처하였다.

㉡ 가출죄

처가 함부로 떠나면 도(徒) 2년이고, 개가하면 유(流) 2천리에 처하였다. 첩이 함부로 떠나면 도(徒) 1년, 개가하면 2년반이었다. 이러한 부녀를 취한 자에게도 같은 벌이 과해졌으나, 유부녀인줄 알지 못하였으면 벌하지 않았다.

④ 인신매매죄[235]

㉠ 자기의 자손을 화매(和賣: 매매당사자의 합의에 의한 매도)하여 노비로 삼게 한 경우는 도(徒) 1년에 처하고, 남의 집의 부녀·아동을 약취매매하면 도(徒) 1년반, 그러한 사정을 알면서 합의하여 고의로 매매한 자(방조자)는 형을 가중하였다.

㉡ 친형제, 질(姪: 조카), 외손(外孫: 외손자)을 화매하여 노비로 삼게 한 자는 도 2년반, 약취매매한 자는 도 3년에 처했다. 그리고 그것이 미수에 그쳤거나 방조한 자에게는 형을 감경시켰고, 기타의 친척을 매매한 자는 일반인, 즉 남의 집 자손, 부녀자, 아들을 매매한 자와 동일하게 처벌하였다. 그리고 관노비나 사노비가 양민의 아들을 유괴하여 매매한 자는 범인이 여자인 경우 초범은 율에 의하여 처단하고, 재범은 귀향(歸鄕)시키고, 남자인 경우 초범은 귀

---

234) 10악이란 1) 모반(謀反: 내란죄) 2) 모대역죄(왕실의 존엄을 해하는 죄) 3) 모반죄(謀叛: 외환죄) 4) 악역죄(惡逆: 가족 내지 가족윤리를 해치는 죄) 5) 부도죄(不道) 6) 대불경죄(大不敬) 7) 불효죄 8) 불목죄(不睦: 가족 간의 불화를 일으키는 죄) 9) 불의죄(不義) 10) 내란죄(內亂: 친족 간의 간음죄)를 말한다. 원래 이 10악의 죄는 중국에서 일체의 용서나 죄의 경감을 불허하는 범죄로서 북제(北齊)때 10대 범죄로 규정하였고, 수(隋)나라 때 10악이라 개칭하였으며, 이것을 다시 당이 계수하였다.

235) 고려사 권84지(志) 권제38 형법1 호혼(戶婚)조.

향시키고, 재범은 상호(常戶)[236]에 충당했다.

⑤ 모욕죄

조부모와 부모에게 욕설을 퍼부어 창피를 주면 교형에 처하고, 과실로 욕하면 도(徒) 3년에 처했다. 그리고 백숙모와 외조부모를 욕하면 도 1년에 처했다. 친형제자매를 욕하거나 처첩이 아버지의 조부모와 부모를 욕하였을 경우도 처벌하였다.[237]

⑥ 고발죄

조부모와 부모를 고발하는 경우 교형에 처했다. 주친(周親)의 존장·외조부모·부부의 조부모를 고발하면 비록 사실을 고발하였다 하더라도 도 2년에 처하고, 유죄에 해당하는 죄를 고발하면 3년, 사죄(사형)에 해당하는 죄를 고발하면 유(流) 3천리에 처했다.

⑦ 재산범죄

㉠ 절도죄

㉮ 절도를 범하여 그 장물의 액이 5관에 이르면 사형에 처하고 5관에 차지 않으면 척장20에 유배 3년에 처하고, 1관 이하는 죄를 헤아려 결정했다. 여자에게는 유형(流刑)을 면제했고, 동거하는 비유(卑幼: 항렬이 낮은 사람이나 나이 어린 사람을 아울러 이르는 말)가 타인과 공모하여 자기의 집 재물을 절취하였을 경우, 타인은 형이 감경되나 비유는 형을 가중시켰다.[238]

오늘날 친족상도(親族相盜)의 경우 가족적 정의(情誼)를 고려하여 형을 면제시키는 등의 조치를 취하고 있으나, 고려시대의 경우는 오히려 자기집 재물을 절취한 경우 그 형을 가중시키고 있다. 이러한 사상은 아마도 윤리강상의 문제와 맥락을 같이 한다고 보아야 할 것이다.

---

236) 인신매매의 경우 남자는 귀향, 재범은 상호에 충당했다는 뜻은 충상호(充常戶)를 의미하는 것이다. 고려초기의 사회구조는 군·현과는 별도로 각 지방에 향(鄕)·소(所)·부곡(部曲)과 진(津: 주요 강변의 요충지에 설치했던 나루터로, 일명 진관 또는 도(渡)라고 하였다. 대표적으로 고려시대의 예성강변의 벽란도, 조선시대의 노량진 등을 들 수 있다)·역(驛)·관(館: 숙박시설이나 건물)·처(處)·도(島)에 천민집단 구역이 널리 산재되어 있었다. 인신매매의 경우 범인이 남자인 경우에는 초범이면 귀향보내고, 재범이면 충상호(充常戶)에 충당했는데, 이로 보아 귀향보다는 충상호가 더 무거운 형벌이었다. 예종 원년 7월에 "승도(僧徒: 사미승·비구·비구니 등 스님을 통틀어 일컫는 말임)가 간음을 범하면 향호(鄕戶)에 충당되어(충향호) 사면을 거쳐서도 풀려나지 않는 법은 가혹한 법이라 할 것이며…(고려사 권85지(志) 권제39 형법2 휼혈조 예종 원년 7월), 또 인종 5년에 여러 사원의 승(僧)이 여색(女色)을 간(奸)하면, 직(職)의 유무를 막론하고 그 율(律)에 의하여 처결하고 상호에 충당하였다(충상호)(고려사 권84지(志) 권제38 형법, 간비조 인종 5년). 한편 귀향을 보내면서 더하여 향호(鄕戶)에 편입하는 충편호 형벌도 있었다. 승인이 사원의 미곡을 훔치면서 귀향시켜 편호(編戶)에 충당시켰다(충편호)(고려사 권84지(志) 권제38 형법, 직제조). 이 경우는 귀향에 더하여 충편형의 병과형을 의미한다. 그러므로 예종 때의 충양호, 인종 때의 충상호, 고려사 형법 직제항에서 「충편호」는 같은 뜻을 가진 용어로 보아야 할 것이다. 따라서 충양호(충상호·충편호)는 천민집단(사냥·도살업·옹기구이·대장장이 등)의 구성호인 향호(鄕戶)에 편입한다는 뜻으로 풀이되어지고, 이와 같은 처벌은 신공의 무거운 의무를 지는 천민으로의 전락을 의미하는 것이다.

237) 고려사 권84지(志) 권제38 형법1 대악조.

238) 고려사 권85지(志) 권제39 형법2 도적 포도부조.

㉯ 타인의 밭과 정원에서 오이와 과일을 가지고 간 자는 1척(尺)에 장60이고, 1필에 장70… 5필에 도(徒) 1년, 30필에 유(流) 2천리, 40필에 3천리였다. 강제로 가지고 간 자는 도적으로서 논하고, 곧 먹어버린 자는 장물죄로 논했다.239)

㉡ 도벌죄

타인의 묘영내(墓塋內: 무덤 내)의 수목을 벌(伐)한 자는 1척에 장60이고, 1필에 장70…5필에 도(徒) 1년 25필에는 3년…30필에 유(流) 2천리, 40필에 3천리를 과했고, 친속내묘(內墓: 일정한 범위 안에 있는 무덤)의 수목을 도벌한 자도 또한 같다.240)

㉢ 공갈죄

타인을 공갈 협박하여 타인의 재물을 취한 자는 1척에 장70이고, 1필에 장80…4필에 도(徒) 1년, 20필에 3년…25필에 유(流) 2천리, 35필에 3천리이고 40필에 차면 수괴는 사형에 처했다.241)

㉣ 사기죄

틀린 약방문으로 사람을 치료한다고 속여 재물을 취한 자는 장물의 액수에 따라 최하 장60에서 최고 유(流) 2천리에 처하고, 장물의 액이 35필에 이르면 도형(徒刑)과 유형(流刑)을 병과하였다. 그리고 타인을 사취하여 얻은 재물인 것을 알고서 산 자는 감추어 둔 자보다 2등을 감하였다.

㉤ 부당이득죄

㉮ 마땅히 분배하여야 할 재물을 분배할 때 공평하게 하지 않은 자는 2필에 태(笞) 20이고, 5필에 태50, 20필에 장100…30필에 도(徒) 1년, 50필에 2년에 처하였다.

㉯ 부채를 관사(官司)에 고하지 않고 강제로 재물을 차압하여 원금을 넘게 한 자는 장물의 액에 따라 최하 태(笞)20에서 최고 도(徒) 3년에 처하고, 부당이득분을 채무자에게 돌려주게 하였다.

㉥ 도경죄(盜耕罪)

공사(公私)의 전토(田土: 논밭)를 몰래 경작하면 도경전(盜耕田)의 넓고 좁음에 따라 최하 태(笞)30에서 최고 도(徒) 1년반의 형을 과하고, 도경전이 황무지 밭이면 형을 감했다. 강제로 빼앗아 경작한 자는 형이 가중되었다.

㉦ 장물죄

㉮ 절도·사기한 장물인 줄 알면서 고의로 매입한 자는 1필에 태20이고, 5필에 장60, 6필에 도(徒) 1년, 50필에 2년반이며, 알고서 감추어 둔자는 죄1등을 감했다.

㉯ 타인이 사기하여 얻은 재물인줄 알면서 그것을 걸취(乞取: 구걸하여 얻는 것)한 자는 1척

239) 고려사 권85지(志) 권제39 형법2 금령(禁令)조.
240) 고려사 권85지(志) 권제39 형법2 금령(禁令)조.
241) 고려사 권85지(志) 권제39 형법2 금령(禁令)조.

에 태20이고, 1필에 30, 8필에 장100…14필에 도(徒) 1년, 50필에 3년에 처했다.

(4) 기타 부가형

고려시대의 형제(刑制)는 태(笞)·장(杖)·도(徒)·유(流)·사(死)의 5형(刑) 20종이었다. 그러나 이외에도 부가형으로 삽면형(경면형·자자형이라고도 함)·제명·수직첩(除名)·적몰가산(籍沒家産)·파직 등이 있었다.

① 형벌문신(삽면형)

㉠ 형벌문신의 부정적 이미지 형성과정

㉮ 우리나라의 경우 중국의 유가적 신체관의 영향을 받아 삼국시대를 거쳐 고려시대에 들어서면서는 문신습속이 아닌 형벌문신으로서 법·제도화되기에 이르렀다. 따라서 문신에 대한 부정적 이미지의 기원은 고려시대부터 찾아볼 수 있다.

㉯ 형벌문신에 관하여는 고려사 전편을 통하여 다수의 사례가 기술되고 있는데, 당시 경면(黥面)·자면(刺面)[242] 등의 형벌문신은 아마도 당(唐)·송(宋)代의 형법체계를 수용한 것으로 생각되어진다.[243]

㉡ 형벌문신(삽면형)의 대상

㉮ 소와 말을 잡는 사람은 귀천을 막론하고 형을 결정하여 얼굴에 삽면(얼굴에 죄명을 새김)을 하고 먼 땅의 주현에 충입시켰고,[244] 또 도둑질을 범하여 유배한 곳에서 도망한 자는 형을 결정하여 얼굴에 삽루(鈒鏤)하여 먼 땅의 주현(州縣)으로 유배시켰다.[245] 따라서 삽면은 쉽게 부과하는 것이 아니라, 소나 말을 도살하거나, 유배자가 유배지에서 도주했을 때 일종의 가중처벌형식으로 가해졌다.

㉯ 고려시대에는 중한 범죄자도 아니고 범죄행위를 하지 않은 노비에 대하여서도 주로 형벌문신이 행하여졌다는 것이 특이할 만하다.[246] 노예의 형벌문신에 대하여 단초를 제공한 것은 제4대 광종대에 제정된 노비안검법에서 그 기원을 찾을 수 있다. 노비안검법의 시행에 따라 지방에서나 중앙에서 주인의 잘못을 고발하는 노비, 주가(主家: 주인집)를 침해하는 노비, 주가(主家)를 탈출하는 노비가 꼬리를 물고 잇따라 노비관계는 큰 사회문제로 대두하게 되었다.

242) 삽면형은 경면형(黥面刑) 또는 자자형(刺字刑)이라고도 하며, 얼굴(경면)이나 팔꿈치에 자자(刺字: 얼굴이나 팔뚝에 자자도구를 이용하여 살을 따고 흠을 내어 죄명을 찍어 내는 일)하여 표적이 나게 하는 형벌이었다.

243) 송남정·박숙현, "타투와 문신에 관한 소비자인지도 및 유래에 나타난 차이점 비교", 한국의류학회지 제31권 제1호, 2001, p.110.

244) 고려사 권85지(志) 권제39 형법2 금령(禁令)조.

245) 고려사 권85 형법지(志)2 도적 포도부조.

246) 문종 3년에 공사(公私)의 노비가 3회나 도망한 경우 얼굴에 삽면, 즉 흑침으로 얼굴에 무늬를 놓아 주인에게 돌려주기도 하였다(고려사 권85지(志) 권제39 형법2).

그 결과 이러한 노비문제에 대하여 국가에서 직접 처벌하여 관장하게 된 사유가 여기에 있는 것이다. 따라서 이러한 문제 있는 노비들에 대한 삽면형(형벌문신)의 시행은 조선조시대까지 그 맥을 잇게 되는 악순환을 거치게 된다.

㉢ 범죄통제수단으로서의 삽면형

고려시대의 형벌문신은 대개 범죄인의 안면을 칼로 새겨 흉터를 남기는 삽면과 얼굴에 인묵(引墨)하는 경면(黥面)이 주류를 이루었으며, 이것들은 통상적으로 병과형(併科刑)으로 과(科)해졌다. 이러한 형벌문신은 전과자이며 동시에 요시찰인임을 알리기 위한 수단이기도 하였다.[247)]

② 제명 · 수직첩(收職牒)

㉠ 제명(除名)이란 관직과 관품을 모두 박탈하고 서민(양민)에 편입시키는 것을 말한다. 관품이 있는 사람이 왕법장물(뇌물수수죄)이 1필 이상이면 제명하고, 녹이 없는 자는 1등을 감하고, 24필이면 교형에 처하였다.[248)]

㉡ 수직첩은 관직과 관품의 임명장인 고신(告身)을 환수하는 것으로 제명과 뜻이 같다. 관리가 감독에 당하면서 스스로 도적하는 것과 재물을 받고 법을 굽히는 자는 도장(도형과 장형을 말함)을 물론하고 직전(職田: 관료들에게 나누어 준 토지)을 거두어 귀향시켰다.[249)]

③ 적몰가산(籍沒家産)

적몰가산은 중죄인을 처벌하고 재산을 몰수하는 형벌이다. 태조 1년 6월에 마군대장(馬軍大將: 기병대장) 이흔암이 모반하자 거리에서 참수하고 그 재산을 몰수하였고, 원종 10년 4월에는 평장사(平章事)[250)] 유경을 흑산도로 유배보내고 그 집을 적몰하였다.

④ 파직 · 파역(罷役)

파직은 유품관인(有品官人: 관품이 있는 사람)이 왕법장죄(뇌물수수죄)가 아닌 불법행위를 범하였을 때에 4품 이상이면 파면시켰고, 녹이 없는 자는 죄 1등을 감하였다.[251)]

파역은 관인 아래에서 잡사를 맡아 돕는 이원(吏員)의 직무를 박탈하는 것을 말한다.

---

247) 김형중, 「한국중세경찰사」, 서울: 수서원, 1998, p.194.
248) 고려사 권84지(志) 권제38 형법1, 직제조.
249) 앞의 책, 직제조.
250) 고려시대의 정2품 관직을 말하며, 문종 때에 문하시랑 평장사 · 중서시랑 평장사 · 문하평장사 · 중서평장사가 있었으며, 정원은 각 1인이었다. 그러나 실제로 문하평장사 · 중서문하평장사는 설치되지 않았고, 대신 문화시랑동중서문하평장사와 중서시랑동중서문하평장사가 설치되어 있었다.
251) 앞의 책, 직제조.

Ⅴ. 형사소송법규

고려시대의 형정(刑政)은 불교사상의 영향을 받아 인명에 대하여 신중을 기했다는 사실은 재판에 관한 여러 가지 통제 규정을 보더라도 충분히 확인할 수 있다. 이하에서는 필자가 고려시대의 형법지(刑法志)에서 형사소송법상의 내용만을 추출하여, 오늘날의 형사소송법상의 체계로 대별(大別)하여 정리하였음을 밝혀둔다.

1. 관할에 관한 규정

지방의 범죄자 중 경죄(輕罪)를 범한 자는 지방행정관이 심리·판결하고, 중죄(重罪)를 범한 자는 중앙의 형정관서(刑政官署: 형사에 관한 일을 맡아보던 관청)에 보고하여 양정(量定)토록 하였다. 따라서 중죄(重罪)는 중앙에서, 경죄(輕罪: 가벼운 죄)는 지방장관이 심리·결정하도록 책임소재와 관할구역을 분명하게 규정하여 그 범위 내에서 심리·판결하도록 하였다.

2. 수사·심리에 관한 규정

1) 고 소

동서양을 막론하고 수사개시는 형정관서(刑政官署)의 범죄인지와 피해자의 고소 등에 의하여 주로 이루어졌다. 고려 태조 17년 5월조에 영(令)을 내려 고소를 당한 자가 소환에 불응하면 반드시 재차 소환하여 먼저 장(杖) 10대를 쳐서 소환불응죄로 다스리고 나서 그 후에 범한 죄를 논하도록 하였고, 또 관리가 이 영(令)을 준수하지 않고 고의로 지체하면 날짜를 계산하여 처벌하는 규정을 두었다.[252]

2) 심리(審理)에 관한 규정

(1) 합의제 운영

고려시대의 심리제도는 현재의 합의제와는 다른 형태이나, 심리의 공정과 신중을 기하기 위한 제도라는 점에서는 일맥상통하다고 볼 수 있겠다. 그러나 중형에 관한 심리는 중앙과 지방이 상당한 차이를 보이고 있다. 중앙의 경우 중형의 심리·판결에는 반드시 3사람 이상의 관리가 배석하는 것을 법제화(法制化)하였다.[253] 반면 지방에서 중죄(重罪)를 범한 자를 문초할 때는 목(牧)이나 도호부의 경우에는 목사(牧使) 이하 전원이, 그리고 군·현의 군수·현령이 심

252) 고려사절요 권1 태조 17년 5월조.
253) 고려사 권84지(志) 권제38 형법1 직제조.

문할 경우에는 계수관 1명이 다시 질문을 하도록 규정하였다. 따라서 지방은 중앙과는 달리 반드시 3명의 합의제가 이루어진 것은 아니었으나, 심리에 신중을 기한 것만은 틀림이 없는 사실이다.

(2) 3심제

사형수의 경우에는 다른 죄와는 달리 오늘날과 같은 3심제를 채택하였다. 따라서 3심제의 기원은 현존하는 문헌상 고려시대를 기원점으로 보아도 무방하다.

① 제11대 문종 원년 8월조에 형부(刑部)가 사형을 재차 건의하자 왕이 말하길 "인명은 중한데 죽은 자는 다시 살아나지 못하므로, 항상 사형수를 다룰 때에는 반드시 세 번 복심(覆審)함을 원칙으로 하고 또한 심리도 그 정실을 잃을까 염려되니 신중히 하라"[254]고 전교하였다.

② 제9대 덕종 3년 7월에 "형부에서 올린 참(斬)과 교(絞)에 관한 심리문을 보니 법으로서는 반드시 죽여야 하나, 그러나 죄가 의심스러우면 가벼운 것을 따르라"고 하면서,[255] 아울러 "국왕이 최후 결정을 내리기 전에 3심제를 하더라도 억울한 것이 있을 경우, 사형을 당하면 소송을 하고자 하여도 길이 없기 때문에 신중을 기하라"고 재삼 당부하고 있다. 특히 이 지시 내용 중에서 "죄가 의심스러우면 가벼운 것을 따르라"는 구절은 오늘날 '의심스러울 때는 피고인의 이익으로'라는 형사소송법상의 기본원칙과 맥을 같이 하고 있음을 알 수 있다. 따라서 이와 같은 사상이 고려시대에 이미 거론되고 있다는 사실은 형사소송법상 중요한 의미를 가진다고 보아야 한다.

(3) 심리기간의 제한

범죄자를 부당하게 장기간 구금하는 것을 방지하기 위하여 심리기간에 제한을 두었다.

① 살인죄를 범한 자에게는 처음 단계는 엄중히 아홉까지 단서로서 문초하고, 21일을 격하여 둘째 단계에서는 엄중히 열두 가지 단서로써 문초하고, 28일을 격하여 셋째 단계에서는 엄중히 열다섯 가지 단서로써 문초하도록 고려사 형법지 직제조에서 규정하고 있다.[256]

② 숙종 원년에 숙종은 모든 관리가 송사(訟事)를 결정함에 있어서 소사(小事: 작은 일)는 5일, 중사(中事)는 10일, 대사(大事)는 20일, 도죄(徒罪) 이상의 옥(獄)을 안치(按治: 조사하여 다스림) 함에는 30일로 하여 이미 정한 기한(期限)이 있으니, 내외소사(內外所司: 관계관)로 하여금 이를 지키도록 하라"[257]고 명령하고 있다. 이처럼 고려시대에는 모든 관리들에게 사안별로 심

254) 고려사 권84지(志) 권제38 형법2 휼형(恤刑)조.
255) 앞의 책, 휼형조.
256) 고려사 권84지(志) 권제38 형법1 직제조.
257) 위의 책, 직제조.

리기한을 지키도록 일정한 제한을 가하고 있다.

3. 고문금지

1) 고려시대의 형정(刑政)은 불교사상에 바탕을 둔 통치이념으로 형벌도 가혹하지 않았다고 보는 것이 일반적인 경향이나, 당시의 실정은 통치이념과는 상당한 괴리가 있었다. 고려조에 있어서의 형사소송절차는 관권주의적(官權主義的)인 규문절차였으므로, 범죄인의 자백을 받아내기 위하여 고문이 다반사로 행하여졌다.

2) 불교사상을 바탕으로 하는 고려왕조에서조차 '자백은 증거의 왕'이라는 사상이 지배적이었다. 따라서 역대 국왕들이 지향하는 인명중시사상이나 고문금지에 대한 강력한 지시도 실제 현장에서는 거의 침투되지 않았고,[258] 고문이 일반적으로 상습화되고 관례화되어 있었다.

4. 행형제도(行刑制度)

1) 감옥조직과 운영

(1) 중앙의 감옥제도

우리나라의 감옥제도는 현존하는 문헌상 부여시대를 그 기원점으로 하여 삼국시대를 거쳐 고려왕조에 이르러서는 완벽한 정도는 아니지만, 이미 행형시설이나 운영면에서 어느 정도 체계가 잡혀 있었다고 볼 수 있다. 고려시대의 감옥체계는 크게 수도 개경을 중심으로 한 중앙과 지방으로 나누어 운영되었다.

① 중앙의 감옥제도 중 가장 핵심적인 위치에 있었던 곳은 형부의 감옥, 즉 형부옥(刑部獄)이었다. 형부옥은 정치범·관리·사회질서를 문란케 하는 도적 중에서 중형죄(重刑罪)를 범한 자를 수감하는 감옥이었고, 전옥서는 형부의 하위기관으로 형부옥에 이송된 범죄자들을 직접 관리하는 부서였다.

② 가구소(街衢所)는 개경 도성의 중심지에서 도적체포·치안 및 질서유지를 담당하던 기관으로, 여기에는 가구소옥(街衢所獄)이 설치되어 있었다. 형부옥이 주로 신분적으로 높은 인물들이 투옥된 반면, 이 가구소옥에는 강도·절도·싸움을 한 자·민심을 교란시키거나 질서를 어

---

258) 앞의 책, 휼형조. 제16대 예종 때에는 "이미 죄를 자복한 자는 경중을 논할 것 없이 반드시 고문을 하지 말도록" 지시하였고, 제17대 인종 2년에는 "죄의 경중을 따지지 않고 무식한 장수(杖首: 형부에 속하여 곤장치는 일을 맡아보던 이속)가 참혹하게 고문하여 목숨을 잃고 있으니, 죄를 조사하여 심문하고 곧바로 죄를 과(科)하고, 고문한 장수는 구금시켜 죄를 결정하여 몹시 고되고 견디기 어려운 일에 충당하라고 지시하고 있다.

지렵힌 자 등 주로 개성 내의 일반 범죄자들을 가두는 감옥으로 이용되었다.

(2) 지방의 감옥제도

① 주·군·현의 감옥

㉠ 「고려사 지리지」에 기록되어 있는 500여 개 군현 중에서 감옥이 설치된 것으로 기술되어 있는 곳은 광주·평주·나주·청주·경주·남경·영주·상주·전주·진주·수원·창녕·보주·금주·서경 등으로 15~16개에 불과하였다. 그러나 이것은 아마도 대표적인 감옥시설의 사례이며, 외관(外官)이 파견된 주현 지역에는 기본적으로 옥이 설치되어 있었다고 보아야 할 것이다.[259]

㉡ 외관이 파견되지 않은 속현 지역의 감옥 존재 여부

㉮ 제8대 현종 9년에는 전국의 행정구역을 재개편하였고, 이때 중앙의 행정력이 군·현의 행정단위에까지 미쳐 주·속현체제가 정비되면서, 종전에 없었던 사(史)급의 이직(吏職: 말단직원)이 신설되었다.[260] 그 중 사옥사(司獄史)는 군·현에서 죄인의 구금과 처벌 등 감옥의 운영을 실질적으로 담당하던 관원이었다.

㉯ 당시 사옥사의 정원을 보면 1,000정(丁) 이상의 주·부·군·현에는 4명, 500정 이상에는 2명, 300정 이상에는 2명을 두었으나, 100정 이하의 주·부·군·현에는 사옥사를 두지 않았다. 이것은 아마도 100정 이하의 군현은 속현지역으로 편재하여 외관을 파견하지 않았기 때문에, 감옥이 설치되지 않아 사옥사 역시 신설되지 않은 것으로 보인다.

㉰ 고려사의 기록을 보면 독자적인 지역경계와 주민을 가지고 있던 속현지역의 경우에도 향리들이 범인 체포 등의 기능을 수행하고 있었다.[261] 그러나 감옥시설이 없었기 때문에, 속현의 향리들은 범죄자를 창고시설과 유사한 사적 시설에 구금하였을 것으로 추정된다.

② 지방 감옥의 행정체계

㉠ 유기적인 행정(감옥)체계

고려시대 지방의 감옥은 3경과 8목(광주·청주·상주·전주·진주·나주 등), 3도호부(안북대도호부·안서도호부·안변도호부) 그리고 군현 등에 설치되었다. 외방감옥은 경·목·도호부의 계수관과 지방 군현의 수령들과 유기적인 행정체계를 이루면서 운영되었고, 계수관의 행정적인 감독하에 최종적으로는 중앙의 형부옥과 연계되는 체계를 구축하고 있었다.

㉡ 중앙과 지방감옥과의 관계

중앙과 지방감옥과의 관계는 외방(外方)의 중죄수들인 경우, 계수관이 있는 상급행정기관

---

259) 이규보가 전주목(全州牧)의 관할인 진례현을 비롯한 여러 현령이 파견된 주현의 감옥을 순찰한 일 등은 이를 확실히 증명해 주는 사례라고 볼 수 있다(이규보, 「동국이상국집」, 권23 남행월일기(南行月日記)).

260) 예컨대, 식록사(食祿史: 봉급관계직원)·약점사(藥店史: 의료 등 업무직원)·사옥사(司獄史: 죄인을 관리하는 직원) 등이었다(김형중, 「한국중세경찰사」, 서울: 수서원, 1988, p.111).

261) 고려사 권121 열전 권제34 정운경조.

인 경·목·도호부의 감옥으로 이송되었고, 때로는 중앙정부의 명(命)에 따라 중앙에 있는 형부의 감옥으로 이송되기도 하는 등 지방과 유기적인 체제로 운영되었다. 반면, 지방의 범죄자 중 경죄를 범한 자는 지방장관(수령)이 심리·판결하도록 하여, 독자적인 권한과 감옥운영을 위임하는 2원적 체제였다.

③ 감옥의 운영실태와 수용자의 처우

고려시대 감옥의 운영실태와 수감자의 처우는 고려의 통치이념과는 달리 현실적으로는 관권주의적 규문절차였기 때문에 고문이 다반사였고, 구금에서 오는 폐해와 시설도 극히 비위생적이었다. 따라서 국왕들은 구금에서 오는 폐해를 방지하기 위하여 수많은 교지(敎旨)를 내리기도 하였다.[262)]

2) 휼형제도(恤刑制度)

휼형제도라 함은 백성을 불쌍히 여겨 만든 형벌에 관한 제도를 말하는데, 오늘날의 행형제도(行刑制度)보다도 인권적 측면에서는 상당히 진일보한 측면도 있었다.

(1) 임산부의 귀휴제도(歸休制度)

모든 부인이 옥중에 있으면서 산월(産月)에 임한 자는 보증인을 세우고 출옥시키되, 사형에 처할 죄인은 산후 만 20일로 하고, 유죄(流罪) 이하는 만 30일로 하였다.[263)]

(2) 상(喪)을 당했을 때의 귀휴제도

① 모든 사죄(死罪)를 범한 자로서 옥중에 있으면서 악역(惡逆) 이상이 아니면 부모상·남편상·조부모상을 만난 자는 휴가를 7일간 주어 애도를 표하게 하였고, 유(流)와 도죄(徒罪)는 30일로 하되 보증인을 세우고 나가게 하였다.

② 유배지로 가는 도중에서 죄수가 부모의 상을 만나면 귀휴(歸休) 15일을 주고, 집안 식구중에 사망자가 있으면 7일을 주었다.

---

262) 현종 9년 윤4월에 "3월의 절기(節氣)에는 영어(囹圄: 감옥)를 살피고 수갑과 족쇄를 벗기며, 함부로 볼기를 때리지 말며, 옥소(獄所)를 정지하고, 7월의 중기(中氣)에는 감옥을 수리하고 경한 죄를 결정하라"고 지시하였고(고려사 권85지(志) 권제39 형법2 휼형조); 제34대 공양왕 4년 3월에 전옥(전옥소)은 죄인이 모이는 곳인데 나쁜 기운이 스며들어 질병이 쉽게 발생하니, 죄로서 죽은 것이 아니라 옥(獄)속에서 병으로 죽게 되니 심히 불쌍하다. 그러므로 수형자의 치료를 위하여 의관(의료관원) 1인을 6개월마다 서로 교대하여 전적으로 전옥을 맡기라는 헌사의 상소문이 있었다.

263) 고려사 권85지(志) 권제39 형법2 휼형조.

(3) 기타 휼형제도

유배지로 가는 도중에 죄인의 부인이 해산하면 귀휴(歸休)를 20일 주고, 집안의 여자와 여자노비는 귀휴(歸休)를 7일간 주었다. 또 연령이 70세 이상의 부모에게 봉양할 자가 없는데, 그 아들이 죄를 범하여 섬으로 유배에 해당하는 자는 유배지로 보내지 않고 그대로 머물면서 효양(孝養)케 했다.[264]

(4) 형집행금지일

통상 송사가 결정되면 즉시 그 형이 집행되었으나, 국가의 기일(왕의 제삿날)·10직(直)[265]·속절(俗節: 명절)[266]·신일(愼日: 신중히 해야 하는 날)[267]에는 형의 집행이 금지되었다. 이것은 오늘날 잉태 중에 있는 여자,[268] 국가경축일, 그리고 공휴일과 토요일에는 사형집행을 금지하고 있는 것과 맥락을 같이 한다고 볼 수 있다.[269]

Ⅵ. 경찰관련업무

삼국시대의 경찰기능은 전통적인 사법경찰(司法警察)이 주된 영역이었으나, 고려시대에 들어서면서 순찰 등 행정경찰 업무도 다양하고 광범위해져가는 경향을 보이고 있다. 따라서 치안기구도 사법경찰 이외에 순찰·해양·소방·위생·경제·교통업무 등 거의 사회 전 분야에 대하여 예방하고 단속하는 광의의 행정경찰업무를 수행하기에 이르렀다. 그리고 특히 이러한 업무수행을 하는데, 관리들이 복무지침을 전국에 하달하여 이를 바탕으로 공무생활을 규율했다.

1. 형정(刑政) 이외의 행정규칙(복무지침)

① 고려시대에는 형정(刑政) 이외에도 관리들에게 복무지침을 시달하여 공무생활(公務生活)의 방향을 제시했는데, 오늘날로 치면 행정규칙이라고 할 수 있다. 따라서 지시에 의한 복무지침은 오늘날의 행정규칙의 일종으로, 관료는 물론 일반 백성도 구속하는 효력을 갖고 있었다.

② 삼국시대에도 관리들에게 임금의 교지나 전지(傳旨)를 통하여 산발적으로 지시한 적은

264) 고려사 권85지(志) 권제39 형법2 휼형조.
265) 10직(直)은 초(初)1일·초(初)8일·14일·15일·18일·23일·24일·28일·29일·30일을 말한다.
266) 속절은 원정(元正: 설)·한식·단오·추석 등을 말한다.
267) 신일은 세수자오일(歲首子午日: 새해첫날 자정과 정오), 2월 초 1일을 말한다.
268) 형사소송법 제469조 제1항
269) 형의집행 및 수형자의 처우에 관한 법률 제91조 제2항.

있지만, 이를 지침화하여 시행한 것은 고려시대부터라고 보아야 한다. 제6대 성종 9년 7월에 관료 김심인이 6정(正)·6사(邪, 그리고 자사(刺史) 6조(條))를 상서(上書: 신하가 임금에게 올리던 글)하였다.[270]

이에 따라 성종은 이러한 6정·6사의 내용을 중앙정부의 각 관서에, 그리고 자사(刺史) 6조는 지방 주·현의 관아(官衙)청사에 써 붙여서, 관리들이 출입할 때마다 읽고 반성하여 복무지침으로 삼게 하였다.

1) 6정(正)

6정(正)은 행하면 번영한다는 뜻으로 6가지의 복무지침을 말한다. 그중에서 첫째 조항 "모든 일은 움이 트지 않고, 형상과 조짐이 나타나기 전에 분명히 판단하여, 위험한 일을 미연에 방지해야 한다"는 구절과, 넷째 조항 "일의 성패를 막아 구제하여 전화위복하게 하라"는 구절은 예방경찰을 위한 지침이라고 볼 수 있다. 따라서 치안업무를 관장하는 장관이나 경찰고위층 관료들에게는 최상위의 지표라고 볼 수 있다.

2) 6사(邪)

6사(邪)[271]는 6정(正)의 반대로서 관리로서의 옳지 못한 일, 즉 금하지 않으면 안 될 여섯 가지의 바르지 못한 행위를 말하는 것이다. 6정(正)과 6사는 오늘날 치안업무와 관련된 고위관리의 복무지침이라고 볼 수 있다.

3) 자사6조(刺史六條)

자사6조(刺史六條)[272]는 수령(守令), 즉 지방의 장관으로서 반드시 행하여야 할 일을 말하는 것이다. 성종은 이 자사6조를 지방의 주현관아 청사에 써 붙여서 관리들이 출입할 때마다 보고 느껴 실천하도록 지시하였다. 자사6조는 지방수령이 지켜야 할 복무지침이라고 볼 수 있다.

(1) 자사6조의 내용

① 자사6조는 첫째, 서민의 병고와 실직한 자를 살피는 것이요, 둘째, 묵수(墨綬)[273]·장리

---

270) 고려사 권93열전 권제6 김심언(金審言)조.

271) 6사(邪)는 첫째, 구신(具臣: 벼슬자리에 있는 것만 좋게 여기고 녹을 탐하는 신하), 둘째, 유신(諛臣: 아첨하는 신하), 셋째, 간신(姦臣), 넷째, 참신(남을 헐뜯는 신하), 다섯째, 척신(권세를 농단하고 왕명이라 꾸며서 부귀영화를 누리는 자), 여섯째, 망국의 신(臣: 임금의 악을 국내외에 알려 나라를 망하게 하는 신하)을 말한다.

272) 자사6조는 김심언이 창작한 것이 아니라, 중국 한서(漢書)자사(刺史)의 6조문(六條文)을 원용한 것이다.

273) 흑색의 인수(印綬: 인끈으로 관리가 차던 끈)인데, 6백석 이상의 관리에게 주었다. 여기서는 관리를 지칭한다.

(長吏) 이상의 자가 머물고 있는 곳을 살피는 것이요, 셋째, 백성에게 도적질 하는 것과 간활(奸猾: 간특하고 교활함)한 자를 살피는 것이요, 넷째, 전범률(田犯律: 밭관련 범죄에 대한 법)과 4계절의 금령(禁令)관계를 살피는 것이요, 다섯째, 백성이 부모와 형을 잘 섬기고 청렴하고 결백하며 행동거지가 바르고 재능이 있는 자를 살피는 것이요, 여섯째, 관리가 돈과 곡식을 장부에 기입하지 아니하고 들여오고 나가는 것을 살피는 것이다. 이러한 자사(刺史)6조의 내용은 그 어느 하나 경찰업무와 관련 되지 않는 것이 없지만, 특히 셋째 조항은 범죄예방에 관련된 것이고, 넷째 조항은 토지범죄와 계절에 따른 금지명령을 어긴 경우, 다섯째, 공금횡령죄 등에 관한 것으로 경찰업무와 직접적인 관련성을 갖고 있다고 볼 수 있다.

② 제8대 현종 9년(1018) 2월에 여러 주부(州府)의 관원이 지켜야 할 봉행6조(奉行六條: 받들어 행하여야 할 6조)를 새로 정하여 반드시 실천하도록 하였으나, 그 내용은 정종때의 자사6조를 요약한 것이다. 이 봉행 6조는 자사6조와는 달리 지방의 관원이 지켜야 할 복무지침이었다.

(2) 6정·6사·자사6조는 우리나라 문헌상 최초이며, 가장 오래된 행정상의 복무지침이라고 보아도 무방하다.

2. 광의의 경찰활동

1) 경찰권의 법적 근거

고려시대의 치안관 및 치안군들은 고려율(高麗律),[274] 국왕의 전교(傳敎: 임금이 명령을 내림), 교지(敎旨: 승정원의 담당 승지를 통하여 전달되는 임금의 명령), 제서유위율(制書有違律),[275] 제서훼기율(制書毁棄律: 제서에 적힌 임금이나 세자의 명령을 어긴 죄를 처벌하던 법규), 관례나 관행 등을 토대로 경찰권을 행사하였다고 볼 수 있다.

2) 사법경찰(司法警察)

현대의 사법경찰의 기능은 범죄를 수사하고 범인을 체포하는 것이 주임무이다. 반면 고려시대의 경우에는 도적을 검거하고 처단하는 것이 사법경찰의 핵심 업무였다. 이는 고려사 형법지에 도적(盜賊) 포도부(捕盜附) 항을 별도로 마련하여 도적을 잡고 죄를 결정하는 권한까지 규정하고 있는 것을 보아도 충분히 알 수 있는 대목이다.[276]

---

274) 고려 일대의 제도는 모두 중국 당나라의 제도를 모방하였는데, 형법 또한 당률(唐律)을 모체로 하고 거기에다 고려의 특수사정과 시의를 참작하여 13장 총조목 71조로 구성하였다. 오늘날 고려률은 그 정문(正文)이 전래되지 않아 그 내용은 알 길이 없다.

275) 제서(制書)라 함은 임금의 명령을 일반에게 알릴 목적으로 적은 문서로서 조서(詔書)와 같은 뜻이다. 따라서 제서유위율이라 함은 제서(制書)에 적힌 임금의 명령을 어긴 행위를 처벌하던 법규를 말한다.

276) 고려사 권85지(志) 권제39 형법2 도적 포도부조. 감검(監檢: 감독하고 검사함)을 받지 않은 자는 내부에

3) 행정경찰

(1) 해양경찰

① 해양경찰의 활동

㉠ 범죄예방을 위한 순찰 등은 수도 개성을 중심으로 하여 2군 6위 중의 금오위·순검군 가구소 관리 등이 주로 그 임무를 수행하였고, 지방은 지방수령의 책임하에 순찰 등의 활동이 이루어졌다. 반면, 육상뿐만 아니라 해상에도 오늘날의 해양경찰과 같은 순검군(巡檢軍)들의 활동이 대단히 활발하였다. 당시 서해상에는 중국 송(宋)·왜(倭)인 등이 포함된 해적선의 출몰이 심하여 요소요소에 순포군사(巡捕軍士)들이 배치되어 검문검색을 하였다.[277]

㉡ 고려시대의 해상순검선의 구조와 근무형태

고려시대의 배와 노의 건조기술은 보잘 것이 없었고, 배 가운데 돛대 하나를 세워 놓고 위에는 누각방(감시선실)이 없으며, 단지 노와 키만이 있었다. 뱃사공과 순시 병졸은 모두 푸른 옷을 입고 호루라기를 불면서 징을 치면서 순검을 하는데, 순시선에는 각 돛대 끝에 작은 깃발 하나씩을 세우고 자기 구역을 표시하는 글씨를 썼고(예컨대, 공주를 순시하는 배는 공주순검이라고 표시함), 그리고 각 순시선마다 위사(尉司)라는 글자가 있으나, 사실은 포도(捕盜: 경찰)관리였다고 고려도경은 전하고 있다.[278]

(2) 소방경찰

① 금화원리(禁火員吏)

경찰업무 중의 하나로 방화관계를 담당하였던 금화원리(禁火員吏) 제도는 제11대 문종 20년 2월에 시행되었다. 그렇다고 해서 금화원만이 소방업무에 종사한 것은 아니며, 이와 관련된 관아(官衙) 및 간수군·위숙군·검점군·주현군(州縣軍)들도 실화를 감시하고 소방에 종사하였다. 고려시대의 금화원은 관청이 아닌 관리에 불과하였고, 소방관청이 창설된 것은 조선시대부터이다.

② 처벌규정

고려시대의 경우에는 실화도 있었지만, 방화에 의한 화재가 주류를 이루었다. 따라서 화재와 관련하여서는 관리에게 그 책임을 물었을 뿐 아니라, 민간인이 실화·방화를 하였을 경우에

서는 5부 원리(員吏)·별감·이정(里正)이, 외부에서는 색원(色員: 일정한 일을 맡았거나 또는 책임을 맡은 관원)·장리(長吏: 수령)·장교·아전이 죄를 결정한다(고려사 권85지(志) 권제39 형법2 도적 포도부조).

277) 제13대 선종 10년(1093) 여름에 안서도호부 관할하에 있는 연평도의 순검군이 해적선 1척을 포획하였는데, 이 해적선에는 송(宋)나라 사람이 12명, 왜인이 19명이었고, 배안에는 활과 화살촉·도검 등 많은 무기와 수은·진주·유황 등의 보물이 있었다. 생포한 해적들은 모두 유배시키고, 이들을 생포한 순포군사들은 모두 포상을 받았다(고려사 권10세가 권제10 선종 10년 7월조).

278) 고려도경 권제33 주즙순선조.

도 엄중 처벌하였다.

㉠ 2월 1일부터 10월 3일간에 실화로 밭과 들을 소실한 자는 태(笞)50, 인가(人家)·재물을 연소한 경우에는 장(杖)80의 형에 처하였다.

㉡ 관부 및 사가(私家) 그리고 사택재물에 방화한 자는 가옥의 칸수 대소와 재물 다과의 구별 없이 도(徒) 3년형에 처하였다.

㉢ 인가나 양곡 쌓은 곳에 불을 놓았을 때에는 주범은 사형, 종범은 둔장 20대의 벌을 가하였다.[279)]

(3) 경제경찰

고려시대에는 경제업무도 경찰업무 중의 하나였다. 물가 그중에도 곡가상승에 대한 조치, 간사한 상인배를 적발처벌, 부정도량형기(不正度量衡器)의 색출 및 사주전(私鑄錢: 사사로이 돈을 주조하는 것)의 단속 등을 주로 하였다.

① 제7대 목종대에 개경의 시전·점포의 조사업무를 관장하던 경시서에 영(令) 이하 승정(丞正) 등의 관원을 배치시켜, 시전의 부정을 검찰하고 건전한 상업의 발전을 도모하였다.

② 제11대 문종대에는 특별히 양곡을 계량하는 곡(斛: 열말의 용량)의 규격을 정하여 중앙과 지방에서 동일하게 사용하도록 하였다.[280)] 그리고 이러한 표준양기(標準量器)를 사용하도록 권장했음에도 불구하고, 이를 위배하는 자에 대해서는 처벌하는 규정도 마련하는 등 특단의 조치를 취하기도 하였다.

③ 제6대 성종 15년 4월에야 비로소 주전을 사용하기 시작하였고,[281)] 제15대 숙종 2년에는 주전관아를 설립하고 주전도감을 설치하여 전화(錢貨: 돈)를 대대적으로 시행하였고, 화폐의 이름을 해동통보라 하였다. 뿐만 아니라 활구(闊口: 은병)로 통칭되던 특수전폐(特殊錢幣)도 주조하여 사용하였다. 활구전(은병)은 은1척으로 제조되었기 때문에 이를 위조한 화폐위조사범무리가 생겨나자, 이에 따라 관제 은병화에 모두 표인(標印)을 하여 구별하고, 사사로이 주전을 만드는 자를 적발하여 엄중 처단하였다.[282)]

279) 고려사 권85지(志) 권제39 형법2 금령(禁令)조.
280) 고려사 권84지(志) 권제38 형법1 직제조.
281) 고려사 권79지(志) 권제33 식화(食貨)2 화폐조.
282) 활구전은 은1척으로 1개의 병(瓶)을 만든 것인데, 그 모양은 우리나라의 지형을 본 뜬 것이었다. 이러한 활구는 당시 귀중품인 은으로 만들었기 때문에, 은병 하나의 값은 포100여 필이나 되었다. 그러기 때문에 일부 간교한 백성 중에는 은병(활구전)에 동(銅)을 섞어서 사사로이 주조하는 무리가 생겼다. 따라서 숙종 6년 6월에 관제 은병화에는 모두 표인(標印: 증거가 될 만한 쪽지)을 하여 구별하게 하고, 사사로이 주전을 만드는 자를 적발하여 엄중 처단하도록 법을 제정하였다.

(4) 풍속 경찰

① 간통죄

㉠ 풍속관계에 있어서는 대체로 간통·도박·미신 등을 단속하고 처벌하는 것도 경찰업무 중의 하나였다. 일반적으로 고려사회는 일부다처제라고 생각하는 경향이 있지만, 꼭 그렇다고 만은 볼 수 없다. 고려 말 원(元)의 지배체제 이전에는 궁중을 제외하고는 대체로 법적으로 일부일처였다가, 고려 말에 일부다처의 사회였던 몽골의 영향으로 일부 관인층 사이에 일부다처의 경향이 유행한 것으로 보인다.

㉡ 고려시대의 경우 간음을 강력하게 처벌하고 재혼을 금지시키는 것 등은 차별적 여성관이라는 측면도 있지만, 한편으로는 오랜 전쟁 등으로 실제 남성의 비율이 여성의 비율보다 적었기 때문에, 윤리적·제도적으로 이를 통제할 수밖에 없는 한계가 있었음을 간과해서는 안 된다.

② 근친혼·재혼금지

㉠ 근친혼

근친혼은 고려초기에도 왕실은 물론 민간에 있어서도 행하여졌다.[283] 그러나 제11대 문종 12년부터 근친혼에 대한 일부 제약이 가해지기 시작하여, 제25대 충렬왕 34년에는 외사촌 간의 통혼을 금하였다. 그리고 제31대 공민왕 16년에는 사망한 아내의 자매 및 배다른 종자매(從姉妹)를 취하지 못하도록 하였다. 이처럼 근친혼에 관한 금령(禁令)의 범위가 넓어짐에 따라 차츰 근친혼이 적어지게 되었고, 근친 간의 간음은 교수형에 처하는 등 법제상으로도 더욱 엄중히 취급하였다.[284]

㉡ 재혼

재혼의 경우에는 정3품의 관리의 처로서 명부(命婦)의 지위에 있는 자는 무기한으로 재가를 금하였고, 정3품 판사 이하 6품까지의 관리의 처는 남편이 사망한 3년 내에는 재가함을 금하였다. 이런 점으로 보아 재가(再嫁)가 절대적으로 금지되었다고는 할 수 없으나, 재가를 악덕시하여 과부의 수절을 존중히 여기는 풍조는 고려조에서부터 연유한다고 보아야 한다.

(5) 노비와 경찰

① 노비종모법(奴婢從母法)

㉠ 고려의 신분제도 중 가장 낮은 계급은 천민과 노비인 천인계급이었다. 그중 노비는 재물과 동일시되어 매매·증여·상속 등의 처분이 허용되었고 세습되었다. 노비는 관아에서 부리는 공노비(公奴婢)와 사노비(私奴婢)로 구별된다. 이들은 대개 신라시대로부터의 잔존노비와 전쟁포로들이었으며, 인간이면서 우마와 교환되기도 하고, 또 권문세가의 증뢰(贈賂)의 목적물이

---

283) 고려사절요 권2 혜종 2년조.

284) 할아버지와 아버지의 첩, 백숙모, 고모, 자매, 자손의 아내, 형제의 딸을 간(奸)하면 화간인 경우에도 교형(絞刑)에 처하였다(고려사 권84지(志) 권제38 형법1 간범조).

되기도 하였다.

㉡ 제10대 정종(靖宗) 5년(A.D. 1039)에는 노비종모법을 제정하여 아버지가 양인(良人)이라 할지라도 모(母)가 비(婢)인 경우에는 노비로 취급하였다.

② 만적의 난

㉠ 고려전기와는 달리 무신의 난의 주역인 이의민이 천민 출신으로 최고 권력자가 되면서, 농민이나 천민들 중에서 이의민을 동경하며 신분상승을 꾀하는 경향이 일어났다. 신분상승 운동의 절정은 바로 최고 권력자인 최충헌의 사노(私奴) 만적이 일으킨 만적의 난이다.[285)]

㉡ 노예의 신분상승

㉮ 노예는 비록 큰 공이 있다 하더라도 돈과 비단으로 상을 받거나, 양인으로 되는 경우가 있거나, 또 외거노비[286)] 중에 재산을 모아 양민의 신분을 얻는 사람은 있었다. 그러나 관직을 재수받는 일은 없었다.

㉯ 최항이 권력을 잡고 나서 인심을 얻고자 처음으로 집 솔거노비인 이공주(李公柱)·최양백·김인준을 별장으로 삼고, 섭장수(聶長守)는 교위로 삼았다. 그리고 최씨정권의 마지막 집권자 최의(崔竩)는 노예들의 건의에 따라 이공주(李公柱)를 다시 낭장으로 삼기도 하였다.[287)] 이와 같은 처사는 옛날 법제(法制)에도 없는 극히 예외적인 일이었다.

㉢ 노비의 단속기관

노비는 노비법에 의해 당연히 경찰권 행사의 대상이었다. 충선왕 2년에 "순군부(순군만호부)는 본래 도적을 잡기 위하여 설치되었는데 민간의 싸움질과 우마도살 및 토전(土田: 논과 밭)과 노비에 관한 사건까지도 모두 맡아서 처리하고 있는데, 앞으로는 토전(논과 밭)과 노비에 관련되는 일은 하지 말고 순찰로서 일을 삼으라고"[288)] 하명하고 있는 것으로 보아, 순군만호부가 노비관계의 일까지 단속하고 처리하였음은 분명해진다. 그럼에도 불구하고 이러한 명령은 지켜지지 않았고, 고려말까지 여전히 노비문제는 경찰단속업무 중의 하나였다.

(6) 기타 금령(禁令)위반 단속경찰

고려의 형법은 총 71조로 구성되어 있었고, 그 이외의 법은 주로 임금의 교지(敎旨)나 전

---

285) 장군과 재상이 어찌 종자가 따로 있느냐. 때가 오면 누구든지 할 수 있는 것이다. 그러므로 우리는 각기 상전을 죽이고 노예문적을 불살라 삼한에 천인을 없게 하자고 만적 등 6명이 모의를 꾸몄다가 율학박사 노비 순정의 고발로 100여 명이 최충헌에게 죽임을 당했고, 율학박사 한충유에게는 합문지후의 벼슬이 내려지고, 노비 순정은 백금 80냥을 포상받고 양인으로 신분이 상승되었다.

286) 외거노비는 주인집에 거주하지 않고 독립된 가정을 가지면서 자기의 재산을 소유할 수 있었던 노비를 말하며, 주인의 토지를 경작하면서 조(租)만 바쳤다. 반면, 솔거노비는 주인집에 거주하면서 가내 노동이나 경작을 하던 노비를 말한다.

287) 고려사 권129 열전 권제42 반역3 최충헌, 최우, 최항, 최의전.

288) 고려사 권85지(志) 권제39 형법2 도적포도부조.

지(傳旨)에 의한 금령(禁令)으로 이루어져 있었다. 이러한 금령(禁令) 중에 핵심적인 것은 소나무 벌채·우마도살·명승지에서의 수렵금지 등이었다.[289] 이는 동식물의 번식과 아울러 불교의 영향에 의한 살생금지도 그 원인 중의 하나라고 볼 수 있다. 한편 술을 만드는 것에 대하여는 금제(禁制)가 없었던 것으로 보이나, 다만 사찰에서만은 술 제조를 못하도록 금지시켰다.[290] 그리고 이러한 금령(禁令)에 위반한 자를 단속하는 업무는 당연히 군이자 경찰부대인 치안군의 몫이었다.

Ⅶ. 고려전기 대외관계의 전개

1. 거란의 침입과 전개

1) 거란의 침입 배경

10세기 초에 야율아보기가 거란 제국(요)을 세운 후 송(宋)과 연결되어 있던 정안국을 토벌하고 고려와의 관계를 개선하려 하였다.

그러나 고려는 친송배요정책으로 오히려 북진정책을 추진하고 거란을 배척하였다.

2) 거란의 침입과 격퇴

(1) 거란의 1차 침입(성종, 993년)

① 거란의 소손녕은 고려가 차지하고 있는 고구려의 옛 땅을 내놓을 것과 송과 교류를 끊고 자신들과 교류할 것을 요구하면서 80만 대군으로 침입하였다.

② 서희의 외교 담판

고려는 청천강에서 거란의 침입을 저지하는 한편, 서희가 거란과 협상에 나섰다. 이때 거란으로부터 고려가 고구려의 후계자임을 인정받고 압록강 동쪽의 강동 6주를 확보하는 한편, 거란과 교류할 것을 약속하였다.

---

289) 성종 7년 2월조에 "정월 중기 후에는 벌목을 금지하고 어린 짐승 새끼나 알을 상하지 않게 하라"고 명하였다(고려사 권3 세가 권제3 성종 7년 2월조), 현종 12년 9월조에 "황주의 세장못과 용림록에서 고기를 잡고 나무하는 것을 금하였다.

290) 현종 18년 6월에 장의·삼천·청연 등의 절의 중들이 합계 360여 섬의 쌀로 양조한 사실을 양주의 목사가 보고하자 이를 단죄하였다는 기록으로 보아, 이때 사찰에서 술 제조가 성행하였음을 알 수 있다(고려사 권5세가 권제5 현종 18년 6월조).

(2) 거란의 2차 침입(현종, 1010년)

① 거란군이 퇴각한 뒤 송나라와 비공식적인 친선관계를 계속 유지하면서 거란과 교류하려 하지 않았다. 이에 거란은 강조의 정변[291]을 계기로 거란의 성종이 직접 40만 대군을 이끌고 쳐들어와 강동 6주를 요구하였다.

② 거란은 공격을 계속해 개경까지 함락시켰으나, 현종의 입조조건으로 거란군이 퇴군할 때 양규가 귀주에서 격퇴하였다.

(3) 거란의 3차 침입(현종, 1018년)

① 현종의 입조조건과 강동 6주 반환요구를 거절하자, 소배압이 10만 대군으로 침입해 왔다. 개경부근까지 침입해 온 거란은 도처에서 고려군의 저항을 받고 퇴각하던 중 귀주에서 강감찬이 지휘하는 고려군에게 섬멸되었다. 이때 10만 병력 가운데 살아 돌아간 자는 수천 명에 불과하였다. 이를 귀주대첩이라 한다.

② 결과

㉠ 고려가 거란의 계속되는 침략을 막아내자 거란은 더 이상 고려를 공격할 수 없었고, 송(宋)을 침입할 수도 없었다. 결국 고려가 거란과 싸워서 승리함으로써 고려·송·거란 사이에는 세력의 균형이 유지될 수 있었다.

㉡ 나성축조

강감찬의 건의로 쌓기 시작한 나성 공사(목종 12년, 1009)가 현종(1029) 때 완성되어(23km에 이르는 나성), 도성 수비가 한층 강화되었다.

㉢ 천리장성 축조(제9대 덕종~제10대 정종)

북방민족의 침입을 막기 위해 쌓기 시작한 천리장성(고려장성)이 11년의 대역사(大役事) 끝에 완공되었다(1044년). 압록강 유역부터 동해안의 도련포에 이르는 천리장성은 성벽의 높이가 4~7m에 이르러 한국 역사상 가장 규모가 큰 성으로 꼽힌다.

2. 여진정벌과 9성 개척

1) 여진족과의 충돌

(1) 초기의 여진

여진은 한때 말갈이라 불리면서 오랫동안 고구려에 복속되어 있었고, 발해가 멸망한 뒤에

291) 강조의 정변이라 함은 제7대 목종의 모후인 천추태후(헌애왕후)와 자신의 정부 김치양과 공모하여, 그들에게서 태어난 아들을 차기 왕으로 앉히기 위해 온갖 음모를 꾸며 왕위를 빼앗으려 하자, 강조가 군사를 일으켜 김치양 일파를 제거하고 목종을 폐위한 사건을 말한다. 이 사건으로 제8대 현종이 왕위에 즉위하였다.

는 여진으로 불리면서 발해의 옛 땅에서 반독립적 상태로 세력을 유지하고 있었다. 고려는 두만강 연안의 여진을 경제적으로 도와주면서 회유와 동화정책을 펴서 이들을 포섭해 나갔다.

(2) 12세기 초의 충돌

12세기 초 만주 하얼빈 지방에서 일어난 완예부의 주장이 여진족을 통합하면서 두만강 유역까지 침범하여 고려와 충돌을 빚게 되었다.

2) 윤관의 여진 정벌

(1) 여진족과의 1차 접촉에서 패한 고려는 기병중심의 여진족을 보병만으로 상대하기 어렵다는 것을 깨닫고, 숙종 때 윤관의 건의에 따라 기병을 보강한 특수부대인 별무반[292]을 편성하여 여진 정벌을 준비하였다.

(2) 동북9성 축조

제16대 예종(1107년)때 윤관은 별무반을 이끌고 천리장성을 넘어 135개의 여진족 마을을 점령한 후 점령지역(동북지방 일대)에 모두 9개의 성을 쌓고, 남쪽지방에서 6만 9,000여 호에 이르는 백성을 이주시켰다.

(3) 9성의 환부

여진족이 거듭 공격해 오자 고려 조정은 다시는 침략하지 않고 해마다 조공을 바치겠다는 여진족의 조건을 승낙하고 1년 만에 9성 지역을 돌려주었다(1109년).

3) 여진의 금(金)건국(1115년)과 사대요구 수종(1125)

그 후 여진족은 아구다(阿骨打)가 여진의 여러 부족을 통일하여 1115년 국호를 금(金)이라 칭하고, 1117년 고려에 형제관계를 요구하여 왔고, 1125년 요(遼)를 멸망시킨 뒤에는 고려에 사대(事大)의 예(군신관계)를 강요할 뿐만 아니라 송나라의 교류에도 간섭하였다. 고려는 그들의 사대요구를 둘러싸고 정치적 분쟁을 겪기도 했지만, 현실적으로 금과 무력 충돌을 하기 어려운 점을 고려하여 결국 금의 요구를 받아 들였다. 당시 집권자인 이자겸은 정권유지를 위하여 금과 평화관계를 유지하는 것이 유리하다고 판단하였던 것이다.

---

292) 별무반은 기병인 신기군(문무산관 · 이서 · 상인 · 농민들 가운데 말을 가진 자로 구성), 보병(과거에 합격하지 못한 20살 이상의 남자들 중 말이 없는 자로 구성), 항마군(승려를 뽑아서 구성)에 활과 포를 다루는 각종 특수부대가 결합된 조직이었다(고려사 절요).

제3절 무신정권시대

Ⅰ. 무신정권의 성립

1. 무신정변(1170)

1) 원인

고려는 건국 후 약 200년간은 중앙집권제도의 확립과정에서 유교적인 통치기구를 정비하고 과거제를 실시해 나가는 과정에서 문신의 지위는 높아졌고, 상대적으로 무신의 지위는 저하되었다. 제18대 의종 역시 측근세력을 키우면서 문신들에게 의존하고 향락에 빠지는 등 실정을 거듭하였고, 여기에 군인전을 제대로 지급받지 못한 하급군인들의 불만도 고조되고 있었다. 이러한 지배체제의 모순이 정치적으로 폭발한 것이 무신정변이다(1170년).

2) 과정

정중부, 이의방 등 무신들은 정변을 일으켜 다수의 문신을 죽이고,[293] 의종을 폐하여 거제도로 귀양보낸 후 제19대 명종을 세워 정권을 장악하였다.

3) 결과

(1) 정치면에서는 무신정권의 수립으로 왕권이 약화되고 문벌귀족사회는 붕괴되었다. 그 후 27년 동안 무신 간의 권력쟁패전(정중부 → 경대승 → 이의민 → 최충헌)을 지나 최씨무단정치가 계속 되었고, 무신 임유무가 몰락할 때까지 74년간이나 무인정치는 지속되었다.

(2) 경제면에서는 전시과체제가 붕괴되고, 무신에 의해 토지의 독점이 이루어져 사전(私田)과 농장이 확대되었다.

(3) 문화면에서는 지눌의 조계종이 발달하였고 패관문학[294]과 시조문학이 발생하였다.

---

293) 무신의 난 때 정중부가 보현원에서 무신들에게 의종과 문신들을 공격하라고 명령하면서 "무릇 문신(文臣)의 관을 쓴 자는 서리(낮은 계급의 관리)라도 죽여서 씨를 남기지 말라"고 한 말이다. 이 말은 문벌귀족의 시대에 무신들이 얼마나 문신들에 대해 깊은 원한을 가지고 있었는지를 잘 보여주는 대목이다.

294) 패관(稗官)이란 옛날 중국에서 임금이 민간의 풍속이나 정사를 살피기 위하여 거리의 소문을 모아 기록시켰던 벼슬이름인데, 이 뜻이 발전하여 이야기 짓는 사람도 패관이라 일컫게 되었다. 뒤에 이들이 민간에 떠도는 전설·설화 등을 모아 엮은 가설항담에는 자연히 그들의 창의성이 가미되고 윤색됨으로써 흥미 본위로 흐름에 따라 하나의 산문적인 문학형태로 등장하게 되었다. 여기서 패관소설·패사(稗史) 등으로 불리는 설

(4) 사회면에서는 하극상 풍조가 만연하면서 신분질서가 동요되었고, 그 결과 중앙 정부의 지방 통제력이 약화되면서 농민과 천민의 대규모 봉기가 일어났다.

2. 무신 간의 정권 쟁탈

1) 정중부(1170~1179)

(1) 중방정치

① 중방조직은 2군 6위의 상장군·대장군의 합좌기관으로서 일종의 통수부였다.

상장군과 대장군은 2군 6위에 각각 1인씩 설치되었으므로 상장군 8인, 대장군 8인으로 도합 16명이었다.

② 중방은 군사에 대한 일을 논의하던 공식적인 왕권기관으로, 문신들이 정권을 잡고 있을 때에는 별다른 영향력이 없었다. 그러나 정중부 등의 쿠데타로 무신정권이 성립되면서 중방은 군사·경찰·규탄·인사·형옥(刑獄) 등에 있어서 왕권을 능가하는 초월적인 권력을 행사하였다.[295)]

③ 그 후 최충헌이 권력을 잡은 시기부터는 독자적인 지배기구인 교정도감[296)]을 마련하여 중방의 역할을 대신하였다. 이때부터 중방은 형식적인 제도로 고려 말까지 존속하였다.

(2) 김보당의 난

계사의 난이라고도 하며, 동북면 병마사로 있던 김보당이 정중부·이의방 등을 몰아내고 의종을 복위하자는 명분으로 난을 일으켰으나, 이의민에 의해 수습되었다.

(3) 조위총의 난

제19대 명종 4년(1174) 서경유수 조위총이 무신정권에 반대하여 지방군과 농민을 규합하여 3년간 항쟁하였으나, 최충헌에 의해 수습되었다.

화문학이 형성된 것이다. 이인로의 「파한집」, 이규보의 「백운소설」, 이제현의 「역옹패설」 등이 있다.

295) 민병하, 「고려무신정권연구」, 성균관대학교 출판부, 1990, p.17.

296) 교정도감은 제21대 희종 5년에 최충헌이 반대세력을 제거하기 위하여 설치한 사적기구이자 임시기구로써, 최초로 최충헌은 그 장(長)의 직(職)인 교정별감이 되었다. 그 후 최우→최항→최의로 이어지다가 최씨정권의 몰락 뒤에는 김준→임연→임유무로 이어지면서 국가의 서정(庶政)을 전단하였다. 특이한 것은 최충원에 의하여 처음으로 설치된 교정도감은 사적 기구였으나, 뒤에는 공적(公的) 기구화되었다는 점이다. 고려사 백관 제사도감각색조(諸司都監各色條)에 보면 "최충헌이 정권을 마음대로 하여 시행하는 모든 일은 반드시 교정도감에서(입안되어) 나왔다"고 하여 고려사에 공식 기구조항으로 등록되어 있고, 교정도감의 長인 교정별감을 왕이 임명하였다는 점 등으로 보아 후일에는 공적(公的)인 기구가 되었음을 알 수 있다(고려사 권77志 권제30 百官2 제사도감각색조).

(4) 망이·망소이의 난

공주명학소의 난이라고도 불리우며, 제19대 명종 6년(1176) 천민집단 공주명학소에서 과도한 부역과 차별대우에 항의하며 일으킨 민란이다. 이때 조정은 회유책으로 명학소를 충순현으로 승격하기도 하였다.

2) 경대승(1179~1183)

(1) 도방설치

① 제19대 명종 9년 청년장군 경대승이 정중부를 제거하고 나서, 자신의 신변보호를 위하여 자기 집에 결사대 백수십 명을 모아 긴 목침과 큰 이불로 함께 행동하게 하였다. 그리고 불의의 변을 막기 위하여 이들로 하여금 숙직 경비에 당하게 하였다. 이를 도방(都房)이라고 한다.

② 도방은 일종의 사사로이 만든 사병집단제(私兵集団制)로서 원래 사병(私兵)들의 숙소를 가리키는 것이었으나, 뒤에는 숙위대(宿衛隊)를 가리키는 말로 사용되었다.

③ 경대승 집권 시 창설된 도방은 신변호위기구 이외에도 비밀탐지·반대세력의 숙청 그리고 경대승의 권세를 배경으로 한 사병(私兵)등의 약탈·살생 등이 자행되는 기구가 되어, 그 폐단이 자못 컸었다.

명종 13년(1183) 7월에 경대승이 병사하자 그 다음 달에 이를 폐지하였다.

(2) 전주 관노의 난

죽동(竹同)의 난이라고도 하며, 전라북도 전주에서 관노들이 일으킨 반란이다. 명종 12년(1182) 전주 사록(司錄)[297] 진대유가 상호장(上戸長)이택민을 시켜 관선(官船)을 만드는 사람을 독려하면서 가혹하게 다루자, 기두(旗頭: 기를 들고 신호하는 일을 맡은 사람) 죽동 등 6명이 관노(官奴) 등을 규합해 난을 일으켰으나, 40여 일 만에 진압되었다.

3) 이의민(1183~1196)

(1) 중방 중심의 정치

이의민은 경대승이 병사하자 정권을 장악한 천민출신 집권자로 성품이 사납고 잔인하였다. 최충헌 형제에게 피살당하였다.

297) 사록(7품 이상)과 법조(8품 이상)는 규모가 큰 주(州)·목(牧)이 있는 지방의 수령을 보좌하면서 경찰과 사법 업무를 관장하였다. 사록과 법조는 동시에 배치되는가 하면, 어떤 곳에는 부사 밑에 사록만을 두고 법조는 두지 않았고, 어떤 곳은 법조만을 두었다. 전주사록 진대유는 자신의 생활이 청렴함을 믿고 형벌을 극히 혹독하게 하니 백성들이 많이 괴로워하였다(고려사 권21 세가 권제21 명종 12년 3월조).

(2) 김사미·효심의 난

명종(1193)때 김사미는 운문산(청도)을 본거지로 불평분자를 모아서 난을 일으켰고(김사미·패자의 난), 효심은 초전(울산)에 웅거하여 망명자를 불러 모아 부근을 약탈하는 한편 이의민과 내통하여 힘을 길렀다. 이들은 그 후 연합하여 세력을 증대한 후 각 지방에서 약탈을 일삼았다. 김사미와 효심의 난은 표면적으로 신라부흥운동이지만, 실질적 원인은 무신정권의 가혹한 농민수탈이었다. 따라서 반란이 일어난 지리적 위치가 경상도 지역이라, 난의 지도자들이 신라부흥을 표면적으로 내세운 것이라고 볼 수 있다.

4) 최씨정권

(1) 최충헌(1196~1219년)

① 정치적·경제적 측면

진강후[298] 최충헌[299]은 민란을 진압하고, 반대파를 제거하며 시작되었다. 정권을 잡자 무신정권 초기의 혼란을 극복하기 위하여 「봉사 10조」[300]와 같은 사회개혁책을 제시하는 한편, 농민항쟁의 진압에도 적극적으로 나섰다. 그러나 사회개혁책은 흐지부지되고, 그는 오히려 많은 토지와 노비를 차지하고 사병을 양성하며 권력 유지에 치중하였다.

㉠ 교정도감 설치

교정도감(최충헌)을 설치하여 최씨 정권의 반대세력을 제거하고 국정을 총괄하였고, 장관인 교정별감의 자리는 최씨 일가가 독점하였다.

㉡ 도방 부활

최충헌이 그 신변에 위협을 느끼게 되자 신변의 호위와 집권체제의 강화를 위하여 경대승에 의하여 설치하였다가 폐지된 도방을 부활시켜 강화하였다. 최충헌의 가병(家兵: 최충헌이 양성한 사병)은 관(官)을 압도할 만큼 숫자가 많았으며, 적어도 3천 명은 훨씬 넘었던 것으로 추정된다.[301] 도방은 최우때 설치된 삼별초와 함께 최씨정권을 유지하는 군사적 기반이 되었다.

㉢ 경제적으로는 전라도와 경상도 일대에 대규모 농장을 형성하였다. 그 결과 국고의 수입감소로 국가적 재정난을 가져오게 하였고, 공사(公私)의 조세에 대한 탐관오리와 권세가의 노예 등에 의한 불법적 수탈은 민생고를 극도에 달하게 하였다.[302]

---

298) 최충헌이 진강후로 책봉되면서 받은 진강군 일대의 식읍을 관리하기 위하여 설치한 기구가 「흥녕부」이다.

299) 최충헌은 임금을 폐하고 세우는 것을 자기 마음대로 하였으며, 항상 조정 안에 있으면서 자기 부하들과 함께 가만히 정안(政案: 관리들의 근무성적을 매기는 것)을 가지고 벼슬을 내릴 후보자로 자기 당파에 속하는 자를 추천하는 문안을 작성하고, 승선이라는 벼슬아치에게 주어 임금께 아뢰게 하면 임금이 어쩔 수 없이 그대로 좇았다. 그리하여 최충헌의 아들 최이(훗날의 최우), 손자 최항, 최항의 아들 최의의 4대가 정권을 잡아 그런 관행이 일반화되었다(이제현의 역옹패설).

300) 필요 이상의 관원을 도태시킬 것·승려를 단속하고 왕실의 고리대업을 금할 것·관리등용에서 인물을 가려 등용할 것 등 10가지 사회개혁책을 「봉사10조」라고 한다.

301) 시종(侍從)과 문객이 3천 인에 달하였다(고려사 권129 열전 권제40 최충헌 조).

302) 민병하, 앞의 책, p.94.

② 사회적 측면

㉠ 조계종 후원

왕실·귀족과 연결되어 있던 교종을 억압하고 지눌의 조계종을 후원하였다. 승려에 의한 반란은 최충헌이 집권하고 나서 자주 일어났는데, 최충헌·최우 부자는 불교계를 강온 양면 작전을 써서 회유하거나 협박하였으며, 자신들을 반대하는 교종 승려들을 몰아 죽였다.[303] 대표적인 것이 제23대 고종 4년 정월에 개성에서 일어난 승려의 난을 들 수 있다.[304]

㉡ 만적의 난(1198년)·최광수의 난(1217년)

만적의 난은 최충헌의 사노비인 만적이 일으킨 신분해방운동이다. 반면 최광수는 병졸 출신으로 서경병마사 상장군 최유경이 평소 사졸들을 핍박하고 백성들을 수탈하자, 이를 빌미로 고구려 부흥을 자처하며 서경에서 병졸들을 모아 난을 일으켰으나, 피살되었다.

(2) 최우(최이, 1219~1249)

① 정방(政房)설치

최충헌의 뒤를 이은 최우도 교정도감을 통하여 정치권력을 행사하였고, 더 나아가 자기 집에 정방을 설치하여 모든 관직에 대한 인사권을 장악하였다. 최씨정권시대의 최고 인사기구였으며, 공민왕 때 폐지되었다.

② 서방(書房)설치

도방·교정도감·정방·삼별초와 함께 최씨 세습정권 중심 기구의 하나로서, 문학적인 소양과 함께 실무능력을 갖춘 문신들을 등용하여 고문역할을 담당하게 하였다(이규보·이인로 등). 고종 14년(1227)에 최우에 의해 설치되어 원종 11년(1270)까지 존재하였다.

③ 삼별초 설치

도적체포(야별초), 국왕의 호위 같은 공적인 임무를 맡기도 하였지만, 최씨정권의 사병조직적 성격도 갖고 있었다.

무신정권기에는 최씨정권의 사병적인 요소가 많았으나, 항몽전에서는 유격전술로 몽골병을 괴롭혔으며, 무신정권이 무너지고 고려정부가 개경으로 환도하자 개경 정부 및 몽골군에 대항하여 항쟁하였다.

---

303) 이이화, 「역사속의 한국불교」, 서울: 역사비평사, 2002, pp.165−166.

304) 개성의 홍왕·홍원·경복·왕륜 등의 여러 사찰과 시흥의 안양·광주의 수리 등 여러 사찰 출신의 승군(스님으로 구성된 군대로서, 거란족의 침입에 대비하기 위하여 승려 수만을 뽑아 군에 편입하였다)이 최충헌을 죽이려 난을 일으켰다. 이에 최충헌은 가병(家兵)으로 승군을 쳐서 3백여 명을 죽였고, 또 남계사 냇가 주변에서 3백여 명을 죽여 그 수가 전후를 합하여 모두 800여 명이나 되어 쌓인 시체가 산과 같았고, 사람들이 그곳을 수개월동안 지나다니지를 못하였다고 고려사는 전하고 있다.

④ 최씨정권의 한계

최씨 정권의 집권으로 무신정권이 정치적으로 안정되었지만, 국가 통치질서는 오히려 악화되었다. 최씨 정권은 권력의 유지와 이를 위한 체제의 정비에 집착했을 뿐, 국가의 발전이나 백성들의 안정을 위한 노력에는 소홀하였다.

◆◆ 무신정권의 주요 권력기구

기구	설치자	성격
중방	제8대 현종	무신의 최고회의기관.
도방	경대승, 최충헌	사병집단으로 무인정권의 군사적 배경이 됨.
정방	최우	최씨정권 최고인사기구(공민왕 때 폐지).
서방	최우	최씨정권 문인우대기구.
교정도감	최충헌	관리비위규찰·인사행정·세정 등을 담당함. 장(長)인 교정별감이 국정을 장악함.
삼별초	최우(설치시기는 견해의 대립이 있음)	삼별초는 치안유지를 위해 설치한 야별초에서 시작됨. 야별초에 소속한 군대가 증가하자 이를 좌별초·우별초로 나누고, 몽골병사와 싸우다 포로가 되었다가 탈출한 병사들로 신의군(神義軍)을 조직하고, 이를 좌·우별초와 합하여 삼별초라 부름.

Ⅱ. 무신정권시대의 경찰기관

제18대 의종(毅宗) 24년(1170) 정중부 등에 의해 일어난 무신정변(武臣政變)은 모든 분야에 커다란 변화를 가져온 것도 사실이며, 경찰조직도 예외는 아니었다.

고려 무신정권기의 통치형태는 크게 두 시기로 나누어 볼 수 있다. 전기는 정중부·경대승·이의민 등이 정권을 독단하던 27년간의 무신정권 전기시대와, 후기는 최씨정권 성립 이후부터 임유무(林惟茂)가 몰락할 때까지의 74년간을 들 수 있다.[305] 즉 제19대 명종 1년(1171)에서부터 신종(神宗)·희종(熙宗)·강종(康宗)·고종(高宗)·원종(元宗) 11년(1270)까지를 말한다.

고려는 의종 24년 무신정변에 의해 무인전단(武人專斷)의 정치가 시작되고 몽골의 침입에 의하여 무너질 때까지 고려전기의 모든 통치조직은 형식상 기구에 불과하였고, 실질적인 정치운영과 경찰권 행사는 공적인 중방기구와 그들에 의해 창안된 야별초·도방(都房)·교정별감·정방(政房)·마별초 등에 의해서 수행되었다.

305) 민병하, 「고려무신정권연구」, 성균관대학교 출판부, 1990, p.17.

1. 야별초(夜別抄)

무신정권기는 고려전기와는 달리 정치·경제·사회·문화·대외관계 등에 있어서 분명한 특색을 보이고 있는데, 그중 하나가 무신정권기의 독자적인 지배기구 설치와 그 운영을 들 수 있다. 무신정권기의 지배기구 가운데 공적인 기구로는 무신정권성립기의 중방과 야별초를 들 수 있고, 무신정권 확립기에 들어서면서는 최씨 정권하의 사적기구인 도방(都房)과 마별초 등을 들 수 있다. 특히 야별초(삼별초)는 최우 이후 무력 기반으로써 가장 강력한 무기이기도 하였다.

1) 야별초의 기원과 성격

(1) 야별초의 기원

야별초[306]의 설치기원에 대해서는 일반적으로 제24대 원종 11년 5월조에 "처음에 최우(崔瑀)가 나라 안에 도둑이 많아 용사를 모아 매일 밤에 순찰하게 하여 단속함으로써 그 이름을 「야별초」라 하였는데, 도둑이 전국에서 일어나자 그를 나누어 각 도(道)에 보내어 도둑을 잡게 하였다. 그러나 군사의 수가 대단히 많아져서 이를 나누어 좌(左)와 우(右)로 삼았다. 또 나라 사람으로 몽고에 잡혀갔다가 도망 온 자들로서 그 일부를 삼아 「신의(神義)」라고 하였는데, 이를 합하여 삼별초(三別抄)라고 하였다"[307]라는 기록으로 보아, 야별초 운영은 최우대에 시작된 것은 분명하나, 정확한 설치연도에 관하여는 견해의 대립이 있다.[308]

(2) 중앙의 야별초와 지방별초의 관계

① 중앙의 야별초

최우는 그의 부친 최충헌의 권세를 이어받아 그의 가병(家兵)을 더욱 확대·조직화하면서, 정방(政房)[309]이라는 기구를 설치하였다. 이렇게 하여 정권(政權)과 군권(軍權)을 완전히 장악하게 되자, 그의 가병은 단지 가병으로서의 성격과 기능을 넘어서 전국 병권(兵權)의 중추적인

306) 야별초의 별초(別抄)는 특별히 가려 뽑은 군대, 즉 특선부대(特選部隊)라는 뜻으로, 전투에서 흔히 선봉에 서는 용감한 군인들을 지칭하는 말이다. 제15대 숙종때 윤관에 의하여 조직된 별무반 등도 이때의 별초와 마찬가지로, 정규군을 대신하거나 정규군이 감당할 수 없는 특수임무를 띠고 등장하였다는 점에서는 그 공통성이 있다 하겠다.

307) 고려사 권81지(志) 권제35병(兵)1 5군(五軍)조.

308) 이병도나 임규손 등은 야별초의 설치연도를 명종·신종 연간으로 보고 있으나, 김상기·민병하·박용운 등은 고종 6년부터 19년 사이로 추정하고 있다.

309) 정방(政房)은 최우가 고종 12년(1225)에 그의 사가(私家)에 설치한 인사행정(金全政)을 취급하던 기구였으며, 최우 이후에도 역대 권신들에 의하여 계승되었다. 최씨정권에 의한 백관(百官)의 인사행정은 최충헌 때에는 교정도감을 중심으로 행하여 오다가 최우 때 그것을 분리시켜 인사행정을 전담하는 기구로 설치된 것이 바로 정방이다. 따라서 정방이 설치된 후에는 정책적인 인사행정은 교정도감에서 행하여진 것 같고, 정방에서는 실질적인 인사행정이 행하여진 것 같다.

군대조직으로 개편할 필요성이 있었다. 따라서 종래 명목만이라도 남아 있는 공식 병제(兵制)와는 달리 따로 야간에 순찰을 돌면서 폭력행위 등을 단속하는 것을 명목으로 하는 일종의 별초군을 편성하였는데, 이것이 바로 야별초이다.[310] 이로써 최우의 가병(家兵)은 도방숙위군과 마별초 이외에, 다시 야별초(좌·우별초)와 신의군으로 편성된 삼별초가 조직되어, 실질상으로 공식 병제에 대신하여 중앙군의 역할을 하게 되었다.

② 지방 별초

㉠ 별초의 명칭은 최우가 조직하여 운영한 야별초보다 약 50년 이전에 이미 지방에 조직되어 운영되었다.[311] 별초의 성격은 결사대로서 선봉대 또는 별동대에 해당되는 특수부대였다. 그리고 그 기능에 따라 전봉별초(戰鋒別抄)·경주별초 등으로 불렸다. 다만 이때의 별초(別抄)는 그 명칭이나 성격으로 보아 정규적이고 상비적인 것이 아니고, 임시적이고 기동적인 편성으로 운영되었다고 볼 수 있다.

㉡ 무신정권 이후의 중앙병권은 지방에까지 제대로 미치지 못하였고, 지방군(地方軍)의 편제 역시 약화되었다. 그러기 때문에 지방에 따라서는 경주별초와 같이 도적 방지를 목적으로, 지방 독자적으로 일종의 자위 야경군(夜警軍)을 편성·운영한 것이 아닌가 추측이 된다.[312]

㉢ 그 후 최우 집권 이후(고종 6년)에야 비로소 야별초가 조직되었고, 밤에 도둑을 막기 위한 방법으로 중앙뿐만 아니라 지방에도 야별초를 파견시켰다. 따라서 최우시대부터 지방에 파견된 중앙적 성격의 부대인 야별초와 종래의 지방 독자적인 야별초가 양립하여 상당기간 동안 운영되었다.[313]

(3) 야별초의 성격

야별초는 최우의 사설경찰부대인가 아니면 국가의 공병(公兵)으로서의 경찰부대인가 하는

---

310) 한우근, "려말선초순군연구", 진단학보 제22권, 1961, p.18.

311) 명종 4년(1174)에 원사(元師) 기탁성이 서경에서 반란을 일으킨 서경유수(西京留守)조위총을 칠 때 최충헌이 용감하다는 말을 듣고 그를 선발하여 별초도령(別抄都令)으로 삼았다는 기록에서, 별초라는 명칭이 문헌상 처음으로 나타나고 있다(고려사 권129 열전 권제42 반역최충헌조). 따라서 최우 이전에 별초에 대한 기록을 보면 최충헌의 별초도령, 그리고 제20대 신종(神宗) 5년(1203)에 영주(경북영천)와 사이가 벌어져 있던 경주별초군 등과의 싸움 등의 기록으로 보아, 중앙군뿐만 아니라 지방군에도 별초군이 편성되었음을 알 수가 있다(고려사 권21 세가 권제21 신종 5년 10월조; 고려사절요 권14 신종 5년 10월조).

312) 한우근, 앞의 책, p.18; 민병하, 앞의 책, pp.121-122.

313) 고종 18년에 몽고 "원사(元師) 철예탑(徹禮塔)이 대병(大兵)을 거느리고 귀주(지금의 평북 귀성)에 이르자, 서북병마사 박서 및 삭주술장(朔州戌將) 김중온, 정주분견장군(靜州分遣將軍) 김경손이 정주(평북 의주). 삭주. 위주. 태주(泰州)의 수령과 함께 각각 군대를 거느리고 귀주에 모여, 김중온의 군대는 귀주성의 동쪽과 서쪽, 김경손의 군대는 남쪽을 지키게 하고, 도호별초(都護別抄)와 위주·태주의 별초(別抄) 250여인은 나뉘어 성의 3면을 지키게 하였다"고 기술하고 있다(고려사 권103 열전 권제16 박서(朴犀)·김경손조). 여기서 도호별초는 「귀주별초」를 말하는 것이며, 위주·태주의 별초250여인도 지방별초를 뜻한다. 따라서 최우 때에 와서는 지방군 별초의 독자적인 편성·운영이 보편화되었다는 것을 의미하기도 한다.

점은 경찰사적 측면에서 상당히 중요한 의미를 가진다고 볼 수 있다. 왜냐하면 경찰은 국가를 지탱하는 무력장치의 한 축으로써, 사회공공의 안녕과 질서를 유지하는 국가권력의 상징이기 때문이다. 그러므로 야별초가 최우의 사설경찰부대로서의 의미를 가진다면 국가경찰로서의 존재가치가 없다고 보아야 할 것이다. 이런 의미에서 야별초가 공병(公兵)에 속하느냐 또는 사병(私兵)에 속하느냐 하는 문제는 가장 핵심적인 사안이라고 볼 수 있다. 야별초의 성격에 관하여는 여러 가지 견해가 제시되고 있지만,[314] 대체로 「사병화된 공병」, 즉 「사병화된 경찰군」으로서, 국가적 권력기구의 성격을 가졌다고 보는 견해가 긍정적인 반응을 얻고 있다.[315]

2) 야별초의 직제(職制)와 기능

(1) 야별초의 직제(職制)

야별초(삼별초)는 중앙군이었다. 이들은 물론 각 지방에 파견되어 그곳에서 임무를 수행하기도 했지만, 그의 조직과 소속은 어디까지나 경군(京軍)에 해당하는 군대였다. 삼별초를 따로이 경별초(京別抄)라 부르는 것도 그 때문이다. 이처럼 야별초(삼별초)는 중앙에서 조직되고 활동했으나, 여러 도(道)에서 도적이 일어남에 따라 각 도(道)로 파견되어 도적을 잡게 되었다. 그러나 지방에서의 활동은 중앙에서 파견된 별초군(別抄軍)[316]에 의해서만 이루어진 것이 아니고, 지방의 주(州). 군(郡). 현(縣)단위 자체에서도 별초군을 조직하여 독자적으로 운영되고 있었다.

① 야별초의 구성원

야별초의 구성원은 첫째, 날쌔고 용감한 자들로 구성된 보졸(보병)이었고, 둘째, 삼별초 중의 하나인 신의군(神義軍)은 몽고에 포로로 되어 갔다가 도망하여 온 고려 사람으로 편성되었기 때문에, 이들 구성원은 몽고에 대한 적개심이 높고 정신무장이 확고한 자들이었다.

② 직제(職制)

야별초는 도방(都房)에 소속되어 있었으며, 지휘관으로서는 도령(都領)[317] · 지유(指諭)[318] ·

---

314) 구체적인 것은 필자의 논문을 참고하기 바란다(김형중, "고려 무신정권기의 경찰조직과 그 기능에 관한 연구", 한국공안행정학회보 제52호, 2013, pp.86－90.

315) 윤용혁, "최씨무인정권의 대몽항전자세", 사총(史叢) 제21, 22집, 1977, pp.309－310; 박용운, 앞의 책, p.444.

316) 중앙의 야별초를 단순히 별초(別抄)라고도 하였고, 지방의 야별초를 지방별초로 기술하고 있기도 하다. 반면 지방 독자적으로 조직 운영한 야별초의 명칭도 그 앞에 주현(州縣)의 이름을 붙인 동경야별초 또는 경주별초군 등으로 야별초 또는 별초 등으로 혼용하여 표기하고 있음은 마찬가지이다(고려사 권21 세가 권제21 신종 5년 10월조).

317) 제23대 고종 22년 8월에 최우의 도방 소속 야별초 도령 이유정이 스스로 적을 치겠다고 청하자, 군사 160명을 주어 보냈다(고려사 권23 세가 권제23 고종22년 8월조).

318) 제23대 고종 19년 6월에 강화도로의 환도 문제가 논의될 때, 야별초 지휘관 김세충이 "개경은 태조 이래

교위(校尉) 등이 있었다. 이러한 야별초의 지휘관의 명칭은 고려전기 5군의 직제였던 도령·지유·교위 등의 명칭을 그대로 사용하고 있다. 이러한 조처는 야별초로서 명목만 남은 관군(官軍)에 대체하려는 의도가 있었음을 시사해 주고 있다.

(2) 야별초의 기능

야별초는 최씨가병(崔氏家兵)으로서 출발하여 처음에는 도적을 잡고 폭행을 금지시킬 목적으로 편성되어 여러 도에 파견하여 치안업무를 수행하였다는 점에서는, 고려전기의 금오위나 순검군 등의 역할과 큰 차이는 없다고 볼 수 있다. 다만 치안업무의 범위나 범죄통제적 측면에서는 현격한 차이가 있음에 주목할 필요가 있다.

① 야별초의 범죄예방과 통제적 기능

㉠ 범죄예방

㉮ 고려전기의 범죄예방은 병제(兵制)상의 금오위·검점군·순검군 등에 의해 실질적으로 이루어졌고, 또 이들에 의해 체포된 범죄자들은 관제상의 형부옥·전옥서·가구소옥 등의 통제기관에 의하여 구금되었다. 그리고 무신정권기의 야별초가 설치된 동기도 도둑이 빈번하게 발생하자 이를 잡기 위한 것이었다. 따라서 순찰과 포도금란(捕盜禁亂)이 야별초의 주임무였다.[319)]

㉯ 고려전기 경찰의 활동범위가 수도개경을 중심으로 주로 이루어졌다면, 야별초의 활동범위는 수도를 비롯하여 지방에 걸치는 전국적이었다는 점에 현격한 차이가 있다. 이처럼 야별초의 광범위한 활동은 고려전기 병제상의 2군 6위를 형식상의 명목만 남은 무기력한 존재로 전락시켰고, 이에 대체되어 야별초가 순찰·포도금폭(捕盜禁暴) 등 경찰업무를 담당하는 주역으로 등장하게 되었다.

로 역대에서 2백년간 수호하여 온 곳으로 성이 견고하고 군사와 식량이 넉넉하다. 마땅히 힘을 다하여 죽기로 사직을 지켜야 할 것인데, 여기를 버리고 어디로 도읍을 옮긴다는 말이냐"라고 항의한 점으로 미루어 보아 그 지위의 정도가 상당하였음을 알 수 있다. 이때 야별초 지휘관 김세충의 직위는 야별초 지유였는데, 야별초의 지유는 무관으로서의 최고의 지위인 정3품 관직이었다고 추정된다(제24대 원종 8년 9월에 야별초 지유 김초정을 안찰사(정3품)로 부임시켰다는 것을 근거로 하여 추정함).

319) 야별초가 포도금란(捕盜禁亂)의 임무를 수행한 기록 등은 고려사, 고려사절요 등 전편 곳곳에 산재하여 기술되고 있다. 원종 9년 12월에 "야별초를 파견하여 (김)준과 여러 아들 및 그 도당들을 체포하여 모두 목을 베었다"는 기록이 보이고(고려사절요 권18 원종 9년 12월조), 또 원종 5년 5월조에 "횡천(橫川) 사람인 시가대(屎加大)는 아들 8인에 사위 1인이 있었는데, 그들 9인은 산간 계곡에서 고기잡이와 사냥으로 생활을 하여왔다. 홍천과 횡천 사람들이 그들의 횡포를 미워하며 도내를 순행하는 「야별초 지휘」에게 고소하여 잡아가기를 청하였다. 그들의 집에 가보니 마침 9인은 사냥에 나가고 없어서 그들의 부모와 처자를 죽이자, 이들 9인이 보복하려고 드디어 도둑을 일으켰다"고 쓰여 있다(고려사 권26 세가 권제26 원종 5년 5월조). 이러한 사례들을 보면 야별초가 도적예방과 검거 그리고 반역 단속 등의 업무도 수행하였음을 보여주고 있다.

㉡ 범죄통제

㉮ 무신정권기의 범죄통제도 고려전기와는 전연 다른 기관을 활용하고 있다. 고려전기의 범죄통제가 주로 관제(官制)상의 형부옥·전옥서·가구소옥 등이 중심이었다면, 무신정권기는 도방예하의 야별초에 의해서 범죄통제가 주로 이루어졌다.

㉯ 야별초에는 옥(獄: 야별초옥)이 설치되어 있었고, 여기서 죄인을 구금·심문하는 사법경찰적 기능(司法警察的機能)을 수행하였다. 그렇다고 해서 고려전기의 관제상의 형부·전옥서·가구소 등의 감옥을 전연 사용하지 않았다는 것을 의미하는 것은 아니다. 예컨대, 가구소의 경우도 최충헌·최우시대까지 구류·처형장소로 이용되었으며,[320] 충렬왕대 이후까지도 역시 존속되었다.[321]

② 전투경찰로서의 기능

㉠ 야별초가 오늘날까지 크게 주목받는 것은 몽골 침략군의 전투에서 혁혁한 공적을 남기고 있기 때문이다. 이와 같이 야별초가 경찰 고유의 임무수행과 동시에 군대로서의 역할을 수행한 것은, 종래의 관군(官軍)이 유명무실하여 제구실을 다하지 못한 데 따른 결과라고 볼 수 있다.

㉡ 야별초는 중앙의 야별초로서, 그리고 지방별초 단독으로, 또는 지방의 군민(軍民)과도 합세하여 몽고병을 공격하는 주력부대가 되기도 하였고, 혹은 정찰전을 위하여 편의부대(사복부대)를 운영하기도 하였다.

㉢ 지방별초는 중앙에서 파견된 야별초와 합류한 것도 있지만, 대부분 그대로 존립하면서 독자적인 활동을 하였다.[322]

㉣ 중앙의 야별초(삼별초)의 총 인원은 정확히 진단할 수는 없지만, 평상시 포도금란(捕盜禁亂)이나 외적침입시에도 그 출동 인원수는 20~30명 내지 200~300명 그리고 최대 3,000명 내외 정도였다고 추정된다.

③ 경호경비경찰로서의 기능

야별초는 첫째, 왕의 친위대로서 역할을 수행하기도 하였고,[323] 둘째, 때와 장소 그리고

---

320) 용호군졸(龍虎軍卒) 중미(仲美)가 (최)충헌이 보냈다고 사칭하고 봉주(鳳州)에 있는 일흥창(日興倉)에 가서 은백(銀帛: 은빛이 나는 비단)을 거두어 역마로 집에 실어 왔는데, 어떤 사람이 잡아서 신고하였다. 이에 (최)충헌이 가구소(街衢所)에 부탁하여 심문하고 목을 베어 저잣거리에 3일 동안 목을 매달았다는 기록에서, 무인정권기에도 가구소의 옥(가구소옥) 또한 여전히 이용되고 있음을 알 수 있는 대목이기도 하다(고려사 권129 최충헌전부(附) 최의전).

321) 충렬왕 원년 6월 경술조(庚戌條)에 낭장 장득청과 대정(隊正) 곽분기가 촉호사(促虎使)를 따라 다니며, 그 위세를 의지하여 뇌물을 받다가 가구소에 구인되기도 하였다(고려사 권28 세가 권제28 충렬왕 원년 6월조).

322) 고려사 권24 세가 권제24 고종 40년 11월 신묘조. 고종 40년 교위 장자방은 소수의 병력을 가지고 적진지의 우두머리 등 20명을 사살하였는데, 이는 지방별초의 독자적인 활동이었다.

323) 고종 45년에 "왕이 왕륜사에 행차하였는데, 도방·야별초·신의군·서방(書房)이 앞뒤에서 왕가를 옹호하

상황에 따라 공복(公服) 또는 군복(軍服)을 입지 않은 사복부대(편의복장)로 국왕의 호위임무도 수행하였다.[324]

④ 기타의 기능

야별초는 순기능적 측면도 있었지만, 역기능적 측면도 그에 못지 않았다.

㉠ 야별초는 국가에서 많은 봉급을 받았다. 뿐만 아니라 권신들은 야별초 대원들이 공을 세우면 죄인들의 재물을 몰수하여 이들에게 나누어 주는 등 특별대우를 하였다.[325] 이를 미끼로 무신정권하의 권신들은 이들을 마음대로 부렸으며, 정권의 비호를 받은 이들 또한 다른 군사들에게 횡포를 부리기 일쑤였으며, 백성들을 침탈하는 일도 서슴지 않았다. 야별초 지유였던 송길유는 죄수를 심문할 때 기상천외한 방법으로 고문을 하여 거짓자백을 시키는 등의 만행을 부리기도 하였다.[326]

㉡ 야별초는 정치경찰로 또는 권신(權臣)의 도구로서 쿠데타의 주역이 되기도 하였다. 제23대 고종 45년 3월에 유경·김준 등이 최항(崔沆)에 이어 집권하고 있던 최의(崔竩)를 제거하여, 4대 60여 년간 계속 되어온 최씨정권의 종말을 고하게 한 세력도 야별초였다. 따라서 야별초의 지휘자인 별초지유(別抄指諭)의 거취와 야별초영(夜別抄營)의 향배는 정권쟁탈의 성공여부에 하나의 관건이 되기도 하였다.

㉢ 야별초는 대몽항전의 후반기에 있어서 허약한 정부군(政府軍)을 대신하여 가장 괄목할 만한 활약상을 보여, 고려 무인(武人)의 자주정신과 감투정신을 드날렸다고 평가받고 있기도 하지만, 야별초는 본래의 목적을 일탈하여 권신들의 조아(爪牙: 자기를 수호하고 보좌해주는 사람)로 이용되어 정적을 제거하는 데 전위대 역할을 하였고, 또 권신의 비호 아래 백성들을 고문하고 재물을 침탈하는 등 온갖 만행을 저지르는 어두운 이면사도 갖고 있다는 점을 간과해서는 안 될 것이다.

2. 마별초

1) 마별초는 최우가 몽골의 영향을 받아 편성한 것으로 보인다. 같은 가병(家兵)이라도 도방은 보병부대였고, 마별초는 기병부대였다. 최씨정권의 가병으로서의 마별초의 편성은 그 호위체제의 큰 발전을 뜻한다.

고 나아가니 보는 사람이 감격하여 눈물을 흘렸고, 이에 고종은 정유(丁酉)에 별도로 야별초·신의군에게 쌀 3곡, 은 1근, 포 3필씩을 하사하였다"라고 했다.

324) 고종 40년 11월에 몽골 사신 몽고대 등이 오자 왕이 강을 건너 승천신궐(승천부 새궁궐)에서 이들을 맞을 때, 야별초 80명이 평상복 속에 갑옷을 입고 왕을 수행하였다(고려사 권24 세가 권제24 고종 11월 신묘조).

325) 고려사 권81지(志) 권제35 병(兵)1 5군(軍)조.

326) 송길유는 늘 죄수를 심문함에 있어서 두 손의 엄지손가락을 함께 잡아매어 대들보에 달고 다시 두 발의 엄지발가락을 함께 잡아매어 거기에 큰 돌을 매달아 땅에서 한 자 가량 떨어지게 하고, 그 밑에 숯불을 피어 놓은 다음 두 사람을 좌우에 세워놓고 교대로 등허리를 번갈아 치게 하니 죄수들이 그 아픔을 이기지 못하여 문득 거짓 자백을 하였다고 그 잔혹함을 고려사 열전 송길유 전에서 전하고 있다.

2) 마별초는 단순한 기병만이 아니라 의장대의 구실도 하여, 최씨무인정권의 위세를 과시하는데 큰 구실을 한 것으로 보인다.[327]

Ⅲ. 무인정권기의 경찰의 특징

1. 최씨정권의 기반

고려전기의 경찰활동은 관제(官制)와 병제(兵制)상의 치안관련 기구들에 의해서 범죄예방과 통제가 이루어졌다. 그러나 무신정권기하의 무인전단(武人專斷)의 정치가 시작되면서 고려전기의 공식적인 관제나 병제 등의 치안기구는 형식상 존재하였을 뿐, 실질적인 정치운영과 경찰권행사는 공적인 기구인 중방(重房)·야별초 그리고 사적(私的)기구인 도방(都房)·교정별감·정방(政房)·마별초 등에 의해서 운영되었다. 그러나 그중에서도 가장 강력한 무기 중의 하나가 삼별초의 모태가 되는 야별초였다. 야별초는 최우 이후 무신정권기간 동안 경찰군(警察軍)으로서, 한편으로는 대몽항전에 있어서 핵심적인 주력부대였다.

2. 야별초의 역사적 의미

1) 고려전기까지 경찰활동은 관제와 병제를 축으로 하여 수도개성에 한정하여 범죄예방과 통제가 주로 운영되었다. 그러나 무신정권기인 최우 때에 야별초가 설치되면서, 순찰과 포도금란(捕盜禁亂) 등의 경찰고유업무가 최초로 중앙에서 지방까지 확산되었다는 것을 가장 큰 특징으로 들 수 있다. 이런 맥락에서 볼 때 야별초는 전국적으로 경찰고유의 독자적인 조직으로 분화될 수 있는 단초를 제공하였다고 볼 수 있다.

2) 경찰역사의 연속성 측면을 들 수 있다. 고려말 제24대 원종(元宗) 11년에 야별초가 폐지되고 난 후, 제25대 충렬왕 때에 원의 제도의 영향을 받아 수도 개경을 중심으로 순찰· 포도(捕盜)·형옥(刑獄) 등 관계의 일을 맡아 하던 순마소(후에 순군만호부로 개칭)가 설치되었다. 그 후 전국에 33개 순포(巡鋪: 오늘날의 지방경찰청 단위)를 설치하여, 전국 치안을 장악하기에 이르렀다.

327) 마별초는 사열할 때 장니(障泥: 마구의 하나)를 황금으로 장식하고, 말의 머리와 꼬리에 금엽나화(금엽이 달린 비단으로 만든 조화)를 꽂았다. 따라서 마별초는 의장대의 역할까지도 수행하였음을 알 수 있다.

제4절 고려후기의 정치 변동

Ⅰ. 서 설

고려조 후기에 와서는 정치·경제·사회부분의 변동에 따라 많은 변천이 있었다. 제19대 명종조 이후 무신들의 집권과정에서는 도방과 야별초가 치안질서 유지의 핵심기구였다. 그러나 이 과정에 몽골의 침략은 29년간 계속되었고, 이에 맞서 강력한 항몽정책을 추구하던 최씨정권은 제23대 고종 45년(1258) 3월에 최의가 피살되면서 4대 60년간 계속되어 온 최씨정권이 몰락하였다. 그 후 몽골의 압력에 의하여 고종 46년 3월에 몽골의 사자가 강화도에 이르러 고려태자의 입조에 관한 절차를 논의하였다. 이어서 몽골군이 철수를 개시하였으며, 제24대 원종 11년(1270) 5월에 이르러 개경으로 환도하였다. 이에 배중손과 김통정을 중심으로 반몽정권이 수립되고, 제주에서 대몽항쟁을 계속하던 삼별초의 저항은 만 4년만인 1273년 4월에 종말을 맞게 되었다. 이후부터 고려는 몽골의 내정간섭을 많이 받아 자주성의 위축을 면치 못하게 되었다.

Ⅱ. 원(몽골)의 내정간섭

1. 일본 원정에 동원

고려는 먼저 몽골의 일본 원정에 동원되었다. 몽골은 국호를 원(元)으로 바꾼 후 두 차례에 걸친 일본 원정을 단행하면서 고려로부터 선박·식량·무기를 비롯한 전쟁 물자와 함께 군대와 선원 등 인적 자원도 징발하였다. 2차 원정 때는 정동행성(충렬왕, 1280)[328]을 설치하여 준비하였으나, 두 차례 모두 태풍으로 인하여 실패하였다.

2. 내정간섭 기구

1) 정동행성(征東行省)

일본 원정을 준비하기 위하여 설치된 정동행성이 내정간섭기구로 남아 제31대 공민왕(70여년) 때까지 존속되었다.

---

328) 각주 추가파일 부탁드려요~

2) 이문소(理問所) 설치

(1) 이문소는 원(元)의 간섭기에 정동행성의 부속기관 중 가장 강력한 기구로서, 고려인을 취조·탄압하였다. 그 소속 관원은 이문(理門, 정4품) 2명, 부이문(종5품) 2명, 지사 1명, 제공안 1명이 있었다.

(2) 이문소는 처음 대원관계 범죄를 다스리는 임무로 출발하였으나, 차츰 부원세력(원에 기대어 고려와 고려인에게 심각한 피해를 입힌 세력)의 권익을 옹호하여 전민(田民: 밭과 백성)의 침탈을 방조하였으며, 이를 고려의 지방관이 다스리면 이문소가 그 지방관을 불법적으로 투옥·압박하였다. 특히 이문소 관리들의 횡포와 전권은 고려 말에 이르러 더욱 심하였다.

3) 순마소 설치

반원(反元) 인사의 색출과 개경의 치안을 담당하기 위하여 설치되었는데, 후에 순군만호부로 개칭되면서 고려말에서 조선조 초기까지 순라군 총본부로서 무소불위의 권력을 행사한 중추적인 경찰기관이었다. 따라서 이 순마소는 고려와 조선조를 잇는 교량적 치안기구로서 대단히 중요한 위치와 중요한 의미를 지니고 있다.[329]

4) 만호부 조직

만호부는 고려후기에 원(元)나라의 영향을 받아 설치된 군사조직체제이다. 충렬왕 7년(1281)에 금주(지금의 마산)·합포·고성 등 남해안 요충지에 만호부를 두었고, 공민왕 때에 이르러 서경(평양)·의주·강계·탐라(제주) 등에 설치하였다.

조선시대에는 만호(萬戸)라는 직책은 남았으나, 만호부체제는 소멸되었다.

5) 다루가치 파견

(1) 다루가치는 몽골의 관직으로서 각 관서의 장(長)을 호칭한 직명이다. 다루가치가 최초로 고려에 배치된 것은 제1차 몽골 침입 때의 일로 몽골은 군대 철수의 조건으로 서북면 지방(평양과 평안도) 14개 성에 72명의 다루가치를 두고, 민정(民正)을 맡아 보게 하여 고려 관민과 불화가 잦았다.

(2) 제23대 고종 45년(1259) 고려가 몽골에 항복하기 위해 중국에 보냈던 태자(제24대 원종)가 돌아올 때에 세조 쿠빌라이가 보낸 다루가치와 함께 왔으며, 원종 14년(1273) 삼별초의 항쟁이 좌절된 뒤 제주에 설치한 탐라총관부에도 다루가치가 배치되었다.

---

329) 순마소(후에 순군만호부로 개칭)에 대하여는 중앙의 경찰기관에서 구체적으로 기술하였다.

(3) 다루가치는 제25대 충렬왕 초기에도 계속되어 고려의 정치를 간섭하였으나, 충렬왕이 원나라 세조의 부마가 신임을 얻게 되면서 다루가치의 간섭을 견제할 수 있었다. 충렬왕 4년(1278) 원나라에 직접 들어가 그 폐지를 약속받은 뒤 완전히 철수하였다.

6) 응방

(1) 응방은 매의 사육과 사냥을 맡은 관서로 우리나라에 처음 설치된 때는 충렬왕 1년(1275)이고, 충렬왕 7년(1281) 응방도감으로 제도화되었다. 응방은 궁궐 안을 비롯하여 전국 각지에 설치되었는데, 특히 함경도 지방은 해동청의 산지로서 중시되었다.

(2) 응방은 매의 나포·사육은 물론 원나라에 매를 생포하여 보내고 왕의 사냥행사에도 참가하였다. 고려의 응방은 면역·면세의 특권을 가지고 있었으며, 경제적 기반으로 많은 사전(賜田)을 받았고 노비와 소작인을 거느렸다. 당시 응방의 횡포와 폐해가 극심하여 여러차례 폐지와 복구를 거듭하였다.

3. 관제의 개편

1) 부마국체제

고려는 오랜 항쟁의 결과, 원(元)에 정복당했거나 속국이 되었던 다른 나라들과는 달리 원(元)의 부마국으로 전락하게 되었다.[330] 충렬왕은 왕위에 오르기 위해 귀국할 때 이미 몽골풍속에 따라 머리를 변발하고 복장도 호복(胡服)을 하고 있었고, 또한 원 세조의 딸 제국대장공주와 결혼하여 원 황제의 부마가 되었다.

2) 관제의 격하

원(元)의 압력으로 기존의 3성 6부를 1부 4사(一府四司)로 폐합시키면서, 관제를 부(府)로 격하시켰다. 즉 중서문하성과 상서성을 합쳐 첨의부로, 6부(六部)를 4사(司)로 통합하였고, 중추원을 「밀직사」로 격하시켰다.

3) 용어의 개칭(호칭격하)

폐하를 전하로, 짐은 고(孤)로 바꾸고, 태자는 세자로 한 단계씩 떨어뜨렸다. 왕의 시호도 조(祖), 종(宗) 대신에 「왕」이라 하였고, 왕명의 첫 머리에 충(忠)자를 넣어 원(元)에 충성을 표

330) 고려의 태자나 왕자는 어려서 인질로 몽골에서 자라 그곳에서 결혼을 하고 생활하다가 고려로 귀국하여 왕이 될 수 있었다.

시하게 하였다.

4) 영토의 상실과 수복

(1) 쌍성총관부

원(元)은 고종 말년에 고려 동북부 지역을 지배하기 위하여 함경도 화주(영흥)에 쌍성총관부를 설치하여 철령 이북의 땅을 직속령으로 편입하였다.

(2) 동녕부 설치

제24대 원종 때 자비령 이북의 땅을 차지하여 서경(평양)에 동녕부를 설치하였다.

(3) 탐라총관부 설치

탐라총관부는 고려말기에 오늘날의 제주도에 둔 원(元)나라의 행정기관이다.

고려말기 삼별초의 난을 평정한 후 몽골은 지금의 제주도에 탐라총관부를 두고 다루가치를 두어 다스렸으며, 충렬왕 3년(1277)에는 목마장을 설치하여 자신들의 마필 수요를 충당했다. 충렬왕 27년(1301)에 고려에 반환하였다.

(4) 영토의 수복

동녕부와 탐라총관부는 충렬왕 때 다시 찾았으나, 쌍성총관부는 공민왕 때 쌍성총관부를 공격해 무력으로 회복할 때까지 원(元)의 지배를 받았다.

5) 사회·경제적 수탈

(1) 사회문화적으로는 관직명이나 일상생활에도 몽골어(사람을 홀치, 왕의 식사를 수라 등의 용어로 사용)·몽골식 의복과 머리(채두변발)·족두리·연지 등의 몽골풍속이 생겨났고, 몽골음식(증기류의 소주, 설렁탕 등)이 수입되기도 하였다. 그리고 처녀공출을 피하기 위한 조혼 등이 성행하였다.

(2) 경제적으로는 금·은·자기·나전칠기·인삼·매 등을 요구·강요하였고, 처녀, 과부, 환관까지도 요구하였다. 이를 위해 「결혼도감」[331]과 「과부처녀추고별감」[332]이 생기기도 하였다.

---

331) 결혼도감은 제24대 원종 15년(1274)에 남송(南宋)의 군인으로 원(元)나라에 항복한 만자(蠻子)에게 시집보낼 여자 140명을 몽골이 요구하자, 이에 필요한 공녀(貢女)를 모집하기 위해 설치된 임시관청이었다.

332) 과부처녀추고별감은 원종 15년(1274)에 설치한 결혼도감에서 유래하였는데(원나라가 요구하는 공녀를 선발하는 일을 하던 관청), 충렬왕 2년(1276)에 원나라가 다시 투항군 500명의 아내를 마련하기 위해 고려의 처녀를 요구하자 과부처녀추고별감을 설치하였다. 그러나 공녀 모집이 여의치 않자 충렬왕 13년에는 관가에 신고 후에 혼인하도록 법으로 정했다.

6) 원의 간섭으로 인한 결과

원의 간섭으로 우선 자주성에 심각한 손상을 입었고(자주성의 손상), 원의 압력과 친원파의 책동으로 인해 고려의 정치는 크게 왜곡되었다. 한편으로는 왕권이 원(元)에 의지하여 유지됨으로써, 통치질서가 무너져 제기능을 수행하지 못하였다(왕권약화).

Ⅲ. 원간섭기의 개혁정치

1. 권문세족의 성장과 횡포

1) 원의 간섭을 받으면서 이전 시기부터 존속하였던 문벌 귀족 가문, 무신정권기에 새로 등장한 가문, 원(元)과의 관계를 통하여 성장한 가문 등이 이른바 권문세족으로서 새로이 자리잡았다.

2) 권문세족은 첨의부 등의 고위관직을 독점하고 도평의사사의 구성원이 되어 권력을 장악하였고, 양민을 억압하여 노비로 삼는 등 사회모순을 격화시켰다. 이에 대하여 신진 관리들을 중심으로 개혁을 추진하려는 움직임이 일어났다.

2. 충렬왕의 개혁정치

1) 전민변정도감 설치

전민변정도감은 고려후기 권세가에게 점탈된 토지나 농민을 되찾아 바로 잡기 위해 설치된 임시 개혁기관이었으나, 큰 성과를 거두지는 못하였다.

2) 기타

도병마사를 도평의사사로 확대 개편하였고, 장학재단으로 섬학전을 설치하였으며, 「삼국유사」, 「제왕운기」도 이 시기에 편찬되었다.

3. 충선왕의 개혁정치

1) 사림원 설치

사림원은 제26대 충선왕[333] 때 정방을 폐지하고 왕명의 출납과 문서를 작성하고, 인사행

---

333) 충선왕은 성품이 총명하고 굳세어 결단력이 있었다. 이로운 것을 일으키고 폐단을 제거하여 시정(時政:

정을 관장하던 중앙관청이었다. 충선왕 즉위한 해(1298)에 설치되었다가 원나라에 의해 강제로 퇴위를 당하던 그 해 8월까지 존속되었다.

2) 각염법, 의염창 설치

(1) 각염법

각염법은 충선왕 때에 실시된 소금의 전매법이다. 각염법은 소금의 생산과 유통에 관한 권리를 국가기관의 관리하에 두고 그로부터의 수익을 수취하는 법을 말한다. 그러나 각염법은 생산부문에서 소금 공급의 부족과 유통부문에서 관염관(소금을 관리하는 관원)들의 부정, 그리고 사염의 성행 등 여러 가지 폐단이 노출되어 정상적인 시행을 보지 못하였다. 그러나 각염법은 국가재정의 측면에서는 일정한 소임을 수행하고 있었으므로, 각염법이라는 명목 자체는 폐지되지 않고 고려 말까지 존속되었다.

(2) 의염창

의염창은 각염법의 제정에 따라 설치된 관서로, 소금을 저장하고 배급하는 일을 맡아 보았다.

3) 전농사 설치

국가의 큰 제사에 쓸 곡식을 맡아보던 관청으로, 제7대 목종 때 사농경(司農卿)을 두었다가 뒤에 폐지되고 충선왕 때 전농사를 두었고, 제31대 공민왕 때 전농시(典農寺)로 개칭하였다. 그 뒤 동왕 18년(1369)에 사농시로 고쳐지면서 폐지되었다가 동왕 20년(1371)에 다시 전농시로 개칭하여 고려 말까지 존속되었다.

4) 만권당 설치

만권당은 충선왕이 원나라 연경에 세운 개인 도서관을 말한다. 충선왕은 정치개혁에 뜻을 두어 이를 실천하려다 실패하자 본래부터 학문과 예술을 사랑하는 성품에 따라, 왕위를 아들에게 선양하고, 충숙왕 1년(1314) 만권당을 마련하였다. 당시 충선왕을 따라 연경에 들어갔던 백이정이 학문을 연구하는 데 큰 도움을 주었다. 충선왕은 만권당에 원나라의 유명한 학자인 조맹부 등을 불러 중국 고전과 성리학[334]을 연구하도록 했고, 고려에서도 이제현 등을 불러

그 당시의 정치나 행정에 관한 일)은 그런대로 볼 만한 것이 있었으나, 부자(父子: 충렬왕과 충선왕) 사이는 실로 부끄러운 일이 많았다. 오랫동안 상국(上國: 원나라)에 있었는데, 스스로 귀양가는 욕을 당하였다(고려사절요). 충선왕은 즉위하자 정방을 폐지하는 등 개혁정치를 폈으나, 충선왕과 사이가 나빴던 그의 아내 계국대장공주가 친정인 원나라 황실에 불만을 토로하고 원나라도 그를 괘씸하게 여겨 옥새를 빼앗는 사태가 벌어졌다. 결국 충선왕은 왕위에 오른 지 7개월 만에 쫓겨나고 아버지 충렬왕이 복귀했다.

334) 성리학은 이(理) · 기(氣)의 개념을 구사하면서 우주의 생성과 구조, 인간 심성의 구조, 사회에서의 인간의

들여 백이정으로부터 성리학을 배우게 하였다. 이처럼 만권당은 고려와 원나라의 문화교류에 핵심적인 역할을 하였다. 백이정이 이제현에게 전수한 성리학은 삼은(목은 이색·도은 이숭인·포은 정몽주)으로 불리는 학자들에게 전해져 고려의 학문으로 정착하게 되었다.

5) 수시력 채용

수시력(授時曆)은 고려시대부터 조선중기까지 사용되었던 역법(曆法: 계절, 날짜 등의 계산법)으로, 충선왕 때에 원나라의 역법서인 수시력[335]을 채용하였다.

4. 충목왕의 개혁정치

1) 정치도감 설치

제29대 충목왕 3년(1347)에 고려사회의 모순과 폐단을 시정하기 위해 설치되었던 폐정개혁기관이었다. 경제적으로는 권문세가와 환관족속의 폐단을 시정하기도 하였으나, 정치적으로는 국내의 친원세력과 원나라의 간섭으로 3개월만에 와해되었고, 제30대 충정왕 원년(1349)에 정식으로 폐지되었다.

2) 양전사업(量田事業) 실시

양전사업은 국가재정을 확보하기 위한 일종의 토지조사 사업으로, 권문세족을 견제하기 위해 실시하였다.

3) 충선왕과 충목왕은 위와 같이 개혁의지를 불태웠으나, 원(元)의 간섭으로 실패하였다.

5. 공민왕의 개혁정치

1) 시대적 배경

제31대 공민왕 때에 이르러(14세기 중반) 원 제국이 쇠퇴하고 중국 한족(漢族)의 반항운동이 치열해지면서, 원(元)은 그 정치적 지배의 힘이 약화될 수 밖에 없었다. 공민왕은 이러한 원·명

자세 등에 관하여 깊이 사색하는 형이상학적 학문이다. 중국 송·명나라 때 학자들에 의해 성립된 학설로, 일명 주자학이라고 한다. 우리나라에는 고려말기에 들어와 조선의 통치이념이 되었고, 길재, 정도전, 김종직에 이어 이이, 이황에 이르러 조선 성리학으로 체계화되었다.

335) 1281년 원나라에서 수시력을 만들었다. 수시력은 1년을 365, 2425일로 계산하는 등 중국 역사상 가장 정밀한 역법(계절, 날짜 등의 계산법)이었다. 중국에서 명나라까지 약 400년간 쓰였으며 우리나라의 역법에도 큰 영향을 줬다. 역법을 연구한 이유는 주로 농사의 시기를 알기 위해서였다.

(明) 교체기를 이용하여 개혁정책과 반귀족정책 등을 시도하였으나, 공민왕 자신의 실정으로 신하에게 살해되는 비운을 겪게 된다.

2) 반원자주정책

(1) 친원파 숙청

공민왕은 개혁을 위해 기철[336] 등의 친원세력을 숙청하였다. 기철은 원(元)의 세력이 약해지자 친원파 권겸 등과 결탁하여 친척과 심복들을 요직에 앉혀 세력기반을 구축하였으나, 배원정책을 쓴 공민왕이 즉위한 뒤 반란을 꾀하다 권겸과 함께 주살되었다.

(2) 정동행성(이문소) 폐지

정동행성은 충렬왕 6년(1280)에 설치하여 공민왕 5년(1356)까지 존속하였는데, 평장사(平章事)란 관직을 두고 내정을 간섭하였다. 특히 활리길사라는 평장사는 노예제도 개혁까지 시도하기도 하였다. 정동행성의 중심은 이문소였다. 공민왕은 친원파 숙청에 이어 고려의 내정을 간섭하던 정동행성 이문소를 폐지하였다.

(3) 관제복구

관료 정치를 회복하기 위해 몽골식 관제를 폐지하고 원간섭 이전의 문종 때에 완비된 2성 6부체제로 복구시켰다.

(4) 몽골풍 폐지

공민왕은 즉위 초에 채두변발의 몽골풍속을 폐지하였고, 공민왕 5년(1356)에는 원(元)의 연호를 폐지하였다.

(5) 쌍성총관부 수복

제23대 고종 45년(1258)에 조휘 등의 반역으로 철령 이북의 땅이 원(元)에 속하게 되었다. 그 후 공민왕 5년(1356)에 유인우로 하여금 무력으로 쌍성총관부를 공격하게 하여 철령 이북의 땅을 수복하였다.

(6) 요동지방 공략(동녕부 정벌)

중국의 원(元)·명(明) 교체기의 공백상태를 이용하여 고구려의 옛 땅을 되찾기 위하여 요

---

336) 기철의 누이동생이 원나라 순제의 후궁으로 들어가 제2황후로 책봉되어 태자를 낳았다. 충혜왕 때 원나라에서는 기철을 행성참지정사(行省參知政事)로 임명하자, 고려에서도 정승을 내리고 덕성부원군으로 봉군하였다. 그러자 기철은 누이동생의 세력을 믿고 세도를 부려 민폐가 많았다.

동지방을 공략하여 동녕부를 점령하였다. 그러나 추위와 기근으로 장기적으로 점령하지 못했기 때문에 모처럼의 정벌은 아무 효과를 거두지 못하고, 결국 요하 동쪽의 땅은 명나라의 영토로 남게 되었다.

3) 왕권강화정책

공민왕의 반원자주정책은 친원파의 반발로 중단될 위기에 놓이자, 이에 대외적인 개혁의 완수를 위해서는 대내적으로 왕권을 강화하고 권문세족들을 눌러야 했다.

(1) 정방폐지

왕권을 제약하고 신진사대부의 등장을 억제하고 있던 무신정권인 유물인 정방을 폐지하고 문관의 인사권을 이부(吏部)로 돌려 주었다.

(2) 유학교육 강화와 과거제도 정비

성균관을 통하여 유학교육을 강화하고 과거제도를 정비하여 많은 신진사대부를 배출하였다.

(3) 전민변정도감 설치

승려 신돈을 등용하여 권문세족들이 부당하게 빼앗은 토지와 노비를 본래의 소유주에게 돌려주거나 양민으로 해방시켰다.[337] 이를 통하여 권문세족들의 경제기반을 약화시키고 국가 재정수입의 기반을 확대하였다.

6. 개혁의 실패원인

제31대 공민왕 때의 개혁은 권문세족들의 강력한 반발로 신돈이 제거되고, 개혁추진의 핵심인 공민왕까지 시해되면서 중단되고 말았다. 이 시기의 개혁은 개혁추진세력인 신진사대부 세력이 아직 결집되지 않은 상태에서 권문세족의 강력한 반발을 효과적으로 제어하지 못하여 실패하고 말았다.

337) 신돈이 전민변정도감을 두기를 청하였다(고려사 권132 열전 권제45 반역6 신돈조).

Ⅳ. 신진사대부의 성장

1. 출신배경

신진사대부[338]는 고려전기 이래 지방 향리로 머물던 중소 지주들이 고려후기부터 성리학을 수용하고 과거를 통하여 중앙의 관리로 진출하였다. 고려 말에 이르러 이들은 정치권력을 장악하고 조선을 건국하였는데, 이들을 신진사대부라 한다.

2. 정치활동

1) 신진사대부들은 학문적 교양뿐만 아니라 정치적 실무능력도 갖춘 학자적 관료로서, 친원적이고 친불교적인 권문세족과 정치적으로 대립하였다. 따라서 이들은 개혁정치를 추구하여 권문세족의 비리와 불교의 폐단을 비판하였다.

2) 고려 말에 이르러 홍건적과 왜구의 침입을 격퇴하면서 성장한 신흥무인세력과 손을 잡으면서 사회의 불안과 국가적인 시련을 해결하고자 하였다.

Ⅴ. 고려의 멸망

1. 신흥무인세력의 등장

신흥무인세력이란 홍건적과 왜구의 침입을 격퇴하는 과정에서 이성계를 중심으로 새로 등장하고 성장한 세력을 말한다.

2. 위화도 회군

1) 요동정벌

第32대 우왕 말에 중국 명(明)은 쌍성총관부가 있던 땅에 철령위를 설치하여 명(明)나라 땅으로 편입하겠다고 통보하였다.[339] 그러자 친원적인 최영은 명나라의 요동지역을 정벌하자

338) 사대부란 사(士)와 대부(大夫)를 합친 말로서 전근대 중국과 한국에서 문무관료 전체를 가리키거나 문반 관료만을 가리키는 말로 쓰였지만, 역사 용어로는 송나라 때, 한국에서는 고려후기에 등장한 중소 지주 출신의 학자 관료를 가리키는 말로 사용되었다. 따라서 한국사에서는 고려후기에 새로이 진출하여 조선을 건국한 학자 관료들을 신진사대부라고 하여 다른 시기의 사대부와 구별한다.

339) 우왕이 즉위한 이래 고려가 공민왕 때의 반원·친명 정책을 바꿔 다시 원나라(북원)와 친하게 지낸 데 대

고 주장해 이성계와 조민수를 지휘관으로 하는 명나라 정벌에 나서게 되었다.

2) 경과

(1) 우왕 14년(1388)에 최영의 주장에 따라 요동정벌군이 파견되었으나, 요동으로 가던 도중 위화도(압록강 가운데 자리하고 있는 평북 신의주시 상단리와 하단리에 딸린 섬)에서 조민수와 상의해 정벌을 중단해 달라는 4불가론[340]의 진정서를 서경에 있던 우왕에게 보냈다. 우왕과 최영이 이를 허락하지 않자, 이성계의 요동 정벌군은 반란군이 되어 개경으로 들이닥쳐 최영을 유배시키고 우왕을 추방하였다. 그리고 그의 아들 창왕을 세웠다. 이를 계기로 친명파 이성계는 조선왕조건설의 정치적·군사적 터전을 마련하게 되었다.

(2) 위화도회군에서 실권을 잡은 이성계는 우왕, 창왕을 신돈의 자손이라는 명분으로 내세워 폐위하고,[341] 제34대 마지막 임금인 공양왕을 세웠다. 그리고 중국 명(明)과의 관계를 호전시켜 나갔다.

3. 과전법 실시

1) 과전법(科田法)은 고려말기에 정도전·조준 등 개혁파 사대부들이 사전(私田)의 폐단을 없애고 새로운 경제질서를 확립하기 위해 공양왕 3년(1391)에 토지개혁을 단행하여 과전법을 만들었다. 과전법은 조선이 건국된 이후에도 계승되어 명종 11년(1556) 직전법(職田法)을 폐지하고 녹봉제를 실시할 때까지 조선의 양반관료사회를 유지하는 제도적 기초가 되었다.

2) 권문세족의 경제적 기반을 파괴하고 고려전기의 전시과체제로 돌아가는 토지개혁을 실시하면서 온건한 개혁을 원하는 조민수와 이색을 물러나게 하고, 권문세족이 가지고 있던 토지소유문서를 모조리 불살라 버렸다. 그 결과 고갈된 재정이 확충되고 신진 관료들의 경제적 기반이 마련되었으며, 피폐한 농민 생활의 개선과 필요한 국방재원을 확보할 수 있었다.

한 반격이었다.

340) 4불가론은 첫째, 작은 나라가 큰 나라를 거스르는 일은 옳지 않습니다. 둘째, 여름철에 군사를 동원하는 것은 적당치 않습니다. 셋째, 요동을 공격하는 틈을 타서 남쪽에서 왜구가 침벌할 염려가 있습니다. 넷째, 군사들이 전염병에 걸릴 염려가 있기 때문에, 정벌을 중단하는 것이 옳다는 내용이었다.

341) 이성계를 비롯한 조준, 정도전 등은 정몽주와 함께 개혁을 추진하면서, 1389년 폐가입진(廢假立眞: 가짜를 폐하고 진짜를 세운다)의 명분으로 창왕을 폐하고 제20대 신종의 7대 손인 왕요를 왕위에 올리니, 고려의 마지막 왕 공양왕이다. 이성계와 정몽주는 친명세력이었다. 그러나 정몽주는 개혁을 통해 고려왕조의 발전을 기대했지만, 이성계, 정도전 등은 혁명을 통해 새로운 왕조를 개창하려 했다(역성혁명). 따라서 정몽주와 이성계는 둘 다 유교적 왕도정치가 실현되는 새로운 사회를 꿈꾸었으나, 역성혁명을 통해 직접 자신의 새 왕조를 꿈꾸는 이성계에게는 정몽주를 제거하는 것 이외에는 다른 방법이 없었다.

4. 조선의 건국

급진개혁파(혁명파)는 역성혁명을 반대하던 정몽주 등의 온건개혁파를 제거한 후 도평의사사의 의결을 통해 곧 선양(禪讓: 임금이 살아 있으면서 다른 사람에게 왕위를 물려줌)의 형식으로 왕위에 오르면서, 고려왕조는 역사속으로 사라지고 말았다.

제5절 고려후기의 경찰기구

Ⅰ. 총 설

고려전기는 군이자 경찰부대인 금오위 등이 포도금란 등의 임무를 수행하였고, 무인정권기에는 야별초(삼별초)가 순찰과 포도금란 등의 업무를 주로 담당하였다. 그러다가 원종 14년(1273) 려·원(고려와 원) 연합군에 의해 삼별초가 토벌당하면서, 야별초 또한 폐지되었다.

한편 고려에 설치한 정동행성의 관리들의 횡포에 대하여 이들을 비난하는 익명의 벽보[342]까지 붙는 등 원의 지배에 대한 사회적 불만이 팽배해지기 시작하였다. 따라서 원(元)으로서는 여러 불만요인들을 제거하고 병란에 이은 치안확보가 필수적이었다. 원(元)은 먼저 몽골풍의 병제(兵制)인 만호부제(萬戶府制)를 고려에 이식하여 전국 주요 지점에 군사겸 치안기지로 5군만호부를 두어 전국을 장악하였다. 그리고 치안공백을 메우기 위해 발족한 것이 원(元)의 제도를 모방한 순마소(후일 순군만호부로 개칭됨)이다. 순마소 설치 이후 고려후기의 경찰활동은 원(元)의 제도를 모방한 치안기구와 기존의 경찰기구(금오위, 가구소 등)와 병행하면서 새로운 방향으로 전개되었다.

Ⅱ. 경찰기관

1. 중앙의 경찰기관

1) 순마소

(1) 순마소의 설치시기

순마소의 설치시기에 관해서는 여러 견해가 제시되고 있으나,[343] 문헌 사료의 부족으로

---

342) 제주 사람이 익명의 글을 만들어 저자거리에 게시하였는데, 정동행성의 관리가 뇌물을 받고 제주 만호 임숙을 풀어주고 다시 제주 임지로 발령한 것을 비난하는 내용이었다(고려사절요 권24 충숙왕 1년 정월조).

343) 임규손은 원종 말이나 혹은 충렬왕 초에 순군(巡軍) 혹은 순마소가 발족하였다고 보고 있고(임규손, "고려왕조의 경찰제도", 동국대학교 논문집 제11집, 1978, p.221), 이상식은 충렬왕 3년 3월에, 오갑균은 충

정확하게 고증할 수는 없다.

① 중국 원(元)은 이미 고려 제24대 원종 5년(원 세조 중통 5년)에 주(州)·부(府)의 역과 도로에 순마(巡馬)라는 치안기구가 설치되어 이미 운영되고 있었다.[344)]

② 제25대 충렬왕 4년 가을 7월에 원(元)의 황실에다가 "근자에 개경 부근에서 납치사건이 자주 발생하고 있는데, 5월 4일 어린 중 2명과 남녀 7명을 납치하고 가는 6~7명의 무리들에게 납치된 「대정」이라는 사람과 친구 1명이 개경 밖에서 저녁에 납치되었습니다. 다행히 대정이라는 사람이 도망쳐 나와 (원나라의)관청에 신고하자 순마(巡馬)가 추적하여 1명을 체포하여 물으니, 본국(원나라)의 관리 정교의 가노(집 노비) 달달다화라고 하였습니다. 바라건데 이런 악인이 있으면 본국에서 철저히 조사하여 처벌하여 달라고 글을 올렸고, 이때에 다루가치가 몽골의 제도에 의하여 순마소를 두어 매일 밤 순찰하면서 사람의 밤 활동을 금지시켰다"고 고려사는 전하고 있다.[345)]

③ 위 사례에 의하면 대정(大貞)이라는 남자가 순마와 함께 범인을 추적하여 검거한 시점은 충렬왕 4년 5월 4일이었고, 「순마」라는 용어가 최초로 나타나고 있는 것도 이때의 일이다. 따라서 순마소의 설치시기는 충렬왕 4년 5월 중순 이후로 보아야 할 것이다.

(2) 순마소의 조직과 운영

① 순마소의 조직

㉠ 순마소의 최고지휘관은 순마천호(巡馬千戶) 또는 순마지휘였다. 그런데 순마천호는 몽골병제식 직명(職名)인 데 반하여, 순마지휘(巡馬指揮)의 「지휘」라는 직명은 고려 원래의 5군직제 명칭 중의 하나이다. 따라서 원의 간섭기인 제25대 충렬왕 이후부터는 경찰기관의 직명은 원의 황제가 수여하는 몽골 병제식(兵制式) 관직명인 순군천호와, 또 하나는 고려 조정에서 직접 관직명을 수여한 순마지휘 또는 순마지유라는 명칭이 혼재되어 사용되었다.[346)]

㉡ 하부조직으로는 포도금란(捕盜禁亂)의 업무를 담당하던 순마군(巡馬軍)이 배치되었는데, 이들을 통칭 순군(巡軍)이라고 불렀다. 이들은 초기에 왕명에 의하여 고위관료들을 체포하기도 하였으나,[347)] 이들의 주임무는 어디까지나 순찰과 도적예방이었다.

② 순마소의 운영

순마소에는 전장(田庄)과 촌락이 예속되어 있었고, 여기에서 나오는 여러 가지 부역(賦役:

렬왕 3년(1277)에 순마소를 설치하였다고 보고 있고(이상식, "의금부고(考)", 역사학연구 제4권, 1975, p.600; 오갑균, "조선시대 사법기구와 운영에 관한 연구", 단국대학교, 1990, p.6), 한우근은 충렬왕 2년초에서 동 3년 5월 사이에 순마소를 설치하였다고 주장하고 있다(한우근, "려말선초순군연구", 진단학보 제22권, 1961, p.24).

344) 원사(元史) 하 권101 병지(兵志)4 궁수(弓手)조.

345) 고려사 권28세가 권제28 충렬왕 4년 7월 임진조.

346) 고려사 권30 세가 권제30 충렬왕 19년 6월 병술조; 고려사절요 권21 충렬왕 19년 6월조.

347) 고려사 권122 열전 권제35 최세정전(傳).

국가나 공공단체가 국민에게 의무적으로 책임 지우는 노역)으로 공사(公私)수요에 충당하였다.[348)]

(3) 순마소에서 순군만호부로의 변천과정

① 원래 5만호부제 중의 하나인 「왕경등처관군만호부(王京等處管軍萬戶府)」는 일본정벌을 목적으로 수도 개경에 설치하였는데, 이 기구는 원(元)나라가 고려를 지배하는 데 가장 핵심적인 기반이었다. 그리고 이러한 무력적 토대 위에 별도로 수도 개경의 치안을 유지하기 위하여 순마소(巡馬所)가 설치·운영되었다고 볼 수 있다. 그 후 충렬왕 20년(1294) 1월에 원세조가 사망하면서 원의 일본정벌, 즉 동정계획(東征計劃)은 좌절되었다. 따라서 수도 개경에 일본정벌을 위해 설치되었던 「왕경등처관군만호부」의 군사후방기지의 본래적 역할은 상실되고 말았다.

② 그 후 충렬왕 26년 12월에서 동왕 33년 3월 이전 사이에 「왕경등처관군만호부」와 순마소(巡馬所)가 병합되어, 치안기구인 순군만호부(巡軍萬戶府)로 개편되었다고 추정할 수 있다.[349)] 그 이유는 첫째, 순마소라는 칭호는 충렬왕 26년 11월의 기사를 최후로 하여, 그 이후로는 고려사나 고려사절요 등에서 그 명칭을 찾아볼 수 없고, 둘째, 충렬왕 33년 이후로는 순마소 또는 순마옥(巡馬獄: 순마소에 설치되었던 감옥)이라는 명칭을 찾아볼 수 없는 대신에, 순군부(巡軍府: 순군만호부의 약칭) 또는 순군옥(巡軍獄)으로만 기술되고 있기 때문이다.[350)]

2) 순마소에서 순군만호부로서의 조직 변천과 기능

(1) 순마소의 기능

① 순마소는 수도 개경의 내외를 순찰하며 수도의 치안을 유지하던 순라군(巡邏軍), 즉 경찰부대였다. 순마소는 충렬왕초에 순마소 또는 순군(巡軍)으로 발족하였는데, 고려사 충렬왕 세가(世家)에는 이 관서를 모두 순마소라고 기록하고 있다. 이것은 아마도 업무수행의 신속을 요하는 이 관서의 관리들이 대개 말을 타고 기마경찰의 활동을 하였던 데서 연유된 것으로 보인다.[351)]

② 순마소 설치의 원래 목적은 개경 수도 내외에 한정된 일반적인 방도금란(防盜禁亂)에 있었다. 그러나 점차 발전함에 따라 그 설치목적이 변질되어 갔고 명칭도 「순군만호부」로 개칭되면서 그 맡은바 업무도 무한대에 이르렀다.

---

348) 고려사 권85지(志) 권제39 형법2 금령조(禁令條).: 고려사절요 권20 충렬왕 4년 4월조; 내무부치안국, 「한국경찰사」, 서울: 광명인쇄공사, 1972, p.139.

349) 순마소가 「순군만호부」로 개편된 시기에 관해서는 이설(異說)이 많다. 임규손은 순군만호부의 개편시기를 충렬왕 26년 11월 이후 30년 2월 이전 사이에 확정된 것으로 추정하고 있고, 한우근은 충렬왕 26년 12월에서 동왕 33년 3월 이전 사이에 개편되었다고 주장하고 있다. 고려사의 사례 등을 근간으로 해서 볼 때 한우근의 견해가 타당하다고 보여진다.

350) 제25대 충렬왕 33년 3월조에 "전왕(원종)이 동지밀직사사(同知密直司事) 김문연과 상호군(上護軍) 김유를 밤에 순군부(巡軍府)로 보내어…"라는 대목에서 순군부(巡軍府)라는 칭호가 처음으로 나타나고 있다(고려사 권32 세가 권제32 충렬왕 33년 3월조).

351) 내무부치안국, 「한국경찰사」, 서울: 광명인쇄공업사, 1972, p.139.

(2) 순군만호부(巡軍萬戶府)

① 순군만호부의 지휘체계

충렬왕 초기 순마소가 운영되던 시기에는 원(元)의 병제(兵制)명칭과 고려의 5군병제(五軍兵制)의 직명(지휘 또는 지유)이 혼재되어 사용되었으나, 순군만호부로 개편되면서 원(元)의 만호부(萬戶府) 직제상의 용어로 완전히 바뀌었다.[352]

㉠ 상부조직

최고지휘관은 도만호(都萬戶)로 오늘날의 경찰청장, 상만호(上萬戶)는 치안정감, 만호(萬戶)는 치안감, 부만호는 경무관, 진무(鎭撫)는 총경, 천호(千戶)는 경정계급 정도로 추정된다.[353]

㉡ 하부조직

하부조직은 순마(巡馬)에서 순군(巡軍)으로 명칭이 변경된 군졸(경찰관)이 배속되었는데, 이들의 업무는 초기의 순마(巡馬)와는 달리 그 업무가 무한대에 가까웠다.

② 순군만호부의 조직변천

㉠ 순포설치

순마소가 「순군만호부」로 개편되면서, 순군만호부의 조직편성에도 커다란 변화가 있었다. 제27대 충숙왕 3년(1316) 8월에 지방의 주요한 33개 곳에 순포(巡鋪: 순군이 주재하던 시설로 오늘날의 지방경찰청의 역할을 담당하였음)가 설치되었다. 이로써 순군만호부는 중앙과 지방 간의 지휘체계가 확립되어 계층제적 구조가 확립되었고, 그 결과 원시적이나마 오늘날의 경찰청과 유사한 골격을 갖추게 되었다.

㉡ 공민왕대의 직제개편

㉮ 공민왕은 정동행성의 비리와 함께 순군만호부의 폐단이 심하다는 것을 이유로 이들을 혁파시키려고 하였으나,[354] 친원세력의 반발로 유야무야되었고, 다만 직제상에 「순군제조」와 「순군경력」등의 관직명이 사용되는 등[355] 직제상에 약간의 변화가 있었을 뿐이다(공민왕 12년 2월).

㉯ 공민왕 18년에 관제(官制)가 전면적으로 고려 본래의 관직명으로 재복구되었다. 그 결과 순군만호부도 사평순위부(司平巡衛府)로 고치고 직관(職官)도 제조(提調) 1인·판사(判事) 3인·참상관 4인·순위(巡衛) 6인·평사관(評事官) 5인으로 규정하여, 기존의 순군만호부의 직제를 완전히 이탈하여 새로운 체제로 개편되었다.[356]

---

352) 고려사 권77지(志) 권제31 백관(百官)1 제사도감 각색조(諸司都監 各色條).

353) 김형중, 「한국중세경찰사」, 서울: 수서원, 1998, p.253.

354) 고려사 권32 세가 권제32 공민왕 5년 10월 무오조(戊午條).

355) 공민왕 12년 2월에 찬성사(贊成事) 김용을 순군(巡軍)의 제조관(提調官)으로 삼았다는 기록이 보이고, 공민왕 14년 가을에 "편조(신돈)가 상호군 이득림과 순군경력 오이남을 나누어 보내, 최영을 순군에 투옥하여 조사하게 했다"라는 기사에서 「순군경력」이라는 관직명이 보인다. 따라서 이때는 공민왕이 원(元)을 배척하고 개혁을 시도하는 시기이기 때문에, 「원」의 관제와는 다른 독자적인 관직명이 사용되기 시작하였다.

356) 고려사 권77지(志) 권제31 백관(百官)1 제사도감 각색조.

㉰ 사평순위부의 기능은 대간(臺諫)과 더불어 죄인을 치죄하기도 하였고, 경우에 따라서는 죄인을 헌사(憲司)로부터 이첩받아 신문하고 처리하기도 하였다.[357] 이처럼 순군만호부는 고려 멸망기에 이르러 원래의 임무인 방도순작(防盜巡綽)의 임무뿐만 아니라, 신문·투옥 등 사법(司法) 분야의 업무도 전담하였다.

㉢ 사평순위부에서 순군만군부로 복원

㉮ 제31대 공민왕 말년부터 이미 왕권은 쇠약해지고, 실제 정권은 권신(權臣)에 의하여 농단되었다. 그리고 우왕(禑王)7년 5월에 이르러 우왕을 옹립한 이인임이 문하시중이 되고 최영이 수시중(守侍中)이 되었다. 그리고 이 시기를 전후하여 사평순위부(司平巡衛府)도 친원적(親元的)경향이 농후하였던 이인임·최영 등에 의해서 원지배하의 체제였던 순군만호부로 다시 복귀되었고, 직제(職制) 또한 도만호·상만호·부만호·천호·제공 등의 관직명으로 복원되었고,[358] 순군만호부(순군부)는 집권세력들의 각축장으로 악용되기 시작하였다.[359]

㉯ 고려 멸망기에 와서는 순군부와 순군부옥(순군옥)은 새로 대두된 세력들이 이를 장악하기 시작하면서, 순군만호부는 대립되는 구세력을 제거하는 데 핵심적인 권력기관이 되었다. 그러기 때문에 심지어 고려 마지막 왕인 제34대 공양왕조차도 무소불위의 순군만호부의 권력에 대하여 두려움을 느낄 정도였다. 공양왕 2년에 왕이 지경정사(知經筵事) 정몽주에게 "…이제 순군(巡軍)이 법률에 의하지 않고 문득 참독(慘毒: 참혹하게 해독을 끼침)을 가하여 무고한 사람을 죽이고…하물며 재상(宰相)인 경우 중죄(重罪)가 있다 하더라도 죽음을 내리는 것이 타당하거늘, 한 번 죄망(罪網)에 걸려들면 함부로 고문을 가하여 옥중에서 죽고, 혹은 저자(市)에서 참(斬)하니 내가 일찍이 이를 싫어하였다"[360]고 토로할 지경에 이르고 있다. 이로 보아 순군만호부를 배경으로 하여 얼마나 경찰권이 남용되고 그 폐해가 심하였는지 알 수 있기도 하다.

---

357) 최영의 여조카의 남편 판사 안덕린이 함부로 사람을 죽임으로 양광도의 수령이 수갑을 채워 헌사(憲司)에 보냈다. 이때 최영이 판순위부사(경찰기관의 최고위층)였기 때문에 도당(都堂)이 최영과의 연고를 생각하여 죄를 가볍게 하기 위하여 순위부(巡衛府)로 옮겨 가두었다. 이에 최영이 노하여 말하기를 "내가 순위(巡衛)에 있는데, 어찌 그를 국문하겠는가"라고 하고 그(안덕린)를 헌사(憲司)로 돌려보내 결단하도록 하였다는 기록에서 「판순위부사」라는 직책이 보이고 있다(고려사 권113 열전 권제26 최영전). 이처럼 사평순위부에서는 죄인을 헌사(사헌부)에서 이첩받아 처리하기도 하였다.

358) 고려사 권77지(志) 권제31 백관2 순군만호부조. "신우가 다시 고쳐 순군만호부라 하였고, 공양왕 원년에 포도금란을 관장하게 하였다."

359) 우왕 3년에 집권세력인 이인임과 임견미 등은 함께 권력을 휘두르던 지연(충주인으로 어머니는 무녀, 신우대에 문하찬성사 판판도사사와 순군만호부 등의 직을 지냈다) 일파를 순군옥에 구인시켜 주살시켰고(고려사 권125 열전 권제38 지연전), 그리고 우왕 14년까지에는 이인임과 임견미 일당의 세력은 도만호, 상만호 등의 관직을 독차지하여 무고한 아녀자들까지도 순군옥에 가두고 국문하는 등 횡포를 부렸다, 그러나 이들도 최영, 이성계 세력에 밀려서 새로 교체된 순군관(순군만호부의 고위층을 총칭하여 부르던 명칭으로, 도만호 전평리, 부만호로 후일 제2대 왕으로 즉위한 이방과 등이 있었다)에 의하여 신문을 받고 주살되었다.

360) 고려사 권45 세가 권제45 공양왕 2년 계측조.

③ 순군만호부의 조직과 운영

제25대 충렬왕대에 설치된 순마소로부터 고려 마지막 왕인 제34대 공양왕대의 순군만호부까지의 변천과정을 도표화하면 다음과 같다.

◆◆ **설치연대 및 직제(職制)의 변화**

실치연대	관서명	직제	감옥
충렬왕 3년 5월 이전	순마소 (巡馬所)	지휘관으로서 순마천호(巡馬千戶) 등의 몽골식 병제 관직명과 순마지유(혹은 순마지휘) 등의 고려 관직명이 혼용되어 사용됨. 그리고 순마소에는 순찰과 도적을 잡는 순마(巡馬) 또는 순군(巡軍)으로 부르는 군졸이 배치되었음.	순마소에는 순마소옥(巡馬所獄)이 설치되어 피의자 구금·간관(諫官)투옥·정적 제거 등 경찰 본래 목적 이외의 용도로 악용되기 시작함.
충렬왕 33년 3월~36년 12월 이후	「왕경등처관군만호부」와 「순마소」가 병합하여 「왕경등처순군만호부」로 개편되었고, 단순히 「순군만호부」로 호칭함. 문헌상에는 순군부(巡軍府)로 통칭하여 기술하고 있음	원의 만호부직제(萬戶府職制)상의 도만호·상만호·만호·부만호·진무·천무·제공 등의 무관직 용어로 개칭하여 사용함. 충숙왕 3년(1316) 지방의 주요한 곳에 33개의 순포(巡鋪)를 설치하여, 전국 치안을 장악하는 교두보를 마련함.	• 만호직은 고급문관들이 겸직하고, 중급 순군관리(천호·진무 등) 등은 군관이나 환관(내시) 등의 신분에서 임용됨. • 순마소옥(巡馬所獄)이 순군옥(巡軍獄)으로 명칭이 바뀌어 사용됨. 순군옥에는 순군영사라는 하급관리를 두어 순군옥 등을 관장하게 하였음.
공민왕 12년 2월~14년 7월	순군만호부의 직제가 일부 변경됨	순군만호부 직제에 없는 순군제조(巡軍提調)와 순군경력(巡軍經歷)이라는 새로운 직관(職官)이 보임. 이와 같은 용어의 사용은 공민왕 18년 순군만호부 직제에 대한 전면적인 개편의 신호탄이라고 볼 수 있음.	순군(巡軍) 또는 순군옥(巡軍獄) 명칭으로 그대로 사용됨.
공민왕 18년	사평순위부 (司平巡衛府)	관원의 명칭을 원의 만호부제상의 무관직명(武官職名)에서 벗어나, 제조(提調)·판사(判事)·참상관(參詳官)·순위(巡衛)·평사관(評事官) 등 고려의 독자적인 이름으로 전환시킴.	순군옥(巡軍獄)도 순위부옥(巡衛府獄)으로 명칭이 바뀌고 있으나, 그냥 순군(巡軍)으로 사용하기도 함.
신우(辛禑)	순군만호부	우왕(禑王) 대에 다시 순군만호부로 복귀되었고, 직제(職制)도 원의 지배체제하의 만호부제(萬戶府制)의 명칭으로 복구됨.	순위부옥(巡衛府獄)이 다시 순군옥(巡軍獄) 또는 순군(巡軍)으로 문헌상 기록되고 있음.

④ 순군만호부(순마소)의 기능

순군만호부의 전신(前身)인 순마소는 원래 순찰·포도(捕盜)·형옥(刑獄) 등의 업무를 수행하기 위하여 고려 수도 개경에 설치된 치안부대였으나, 그 업무는 방대하였다.

㉠ 순마소(순군만호부)는 도적을 잡고 범죄예방을 위한 중심기관이었다.

㉮ 순마소의 설치목적은 원래 포도(捕盜)와 순찰이었다. 그러나 이것은 외형상의 목적이었고, 실질적으로는 순번(巡番: 순찰을 도는 차례)의 기마병으로 하여금 매일 밤 순찰을 하면서 개경내외에 살고 있는 백성들의 야간집회를 금지시키고, 또 몽골의 기병이 도로의 야음을 잠행하면서 순찰 등의 일반경찰 업무에 종사토록 하기 위한 목적으로 설치되었다고 보아야 한다.[361] 즉 원(元)의 치안상 필요에 의해 고려인을 통제하기 위한 하나의 수단이었다. 이처럼 순마소의 설치목적이 단순하지만은 않지만, 순마소가 수도 개경을 중심으로 포도와 금란(禁亂) 등의 공안 확보를 위한 치안기구로 출발한 것만은 틀림이 없다.

㉯ 순마소가 순군만호부로 개편되면서 그 업무도 포도금란·시위(侍衛)·구금·특명(왕명) 사항 처리뿐만 아니라, 반대파 제거 등 정치경찰의 역할까지도 광범위하게 수행하였다. 이러한 순군만호부의 기능이 확대되자 충선왕 2년에는 순군부는 포도(捕盜)·투구(싸움질)·우마(牛馬)의 도살단속 그리고 순찰 등에만 전념하고, 토전(土田: 논과 밭)과 노비에 관련된 일은 관여치 말라고 지시하기도 하였다.[362]

㉰ 제27대 충숙왕대에 이르러 악소배(불량배)들이 떼를 지어 다니면서 재물탈취·부녀강간·우마도살 등의 범죄가 전국 곳곳에서 발생하자,[363] 동왕 3년 8월에 순포(巡鋪) 33개소를 전국에 설치하였는데, 이는 경찰사적 측면에서 상당히 중요한 의미를 지니고 있다.

무신집권기의 야별초와 고려말의 순군만호부는 처음에는 수도 개경 내외에 한정하여 경찰업무를 수행하였으나, 점차 전국적으로 치안상태가 불안해지자 무신정권기에는 야별초를 지방에 파견하였고, 원의 간섭기인 충숙왕대에는 전국 주요 지점에 순포를 설치하여 전국 치안을 장악하기 시작하였다. 이와 같은 조처는 중앙과 지방의 유기적이고 체계적인 조직정비를 통하여 경찰권을 일사불란하게 행사할 수 있는 중앙집권적 경찰체제가 확립되어 가고 있음을 의미하는 것이다.

㉱ 한편 범죄예방과 관련하여 순찰을 담당하던 부서 또한 순군만호부였다. 그렇다고 해서 순군만호부만이 전적으로 순찰을 담당한 것은 아니었다. 순군(巡軍)은 단독으로 순찰을 하는 경우가 대부분이나, 경우에 따라서는 홀치(忽赤: 궁중경호원)와, 혹은 사헌부와 합동으로 순찰을 하고 단속을 하는 경우도 있었다.[364]

---

361) 백남운, 「조선봉건사회경제사」 동경: 개조사, 소화 11년, pp.677－679.
362) 고려사 권85지(志) 권제39 형법2 도적(盜賊)포도부(捕盜附)조.
363) 고려사 권85지(志) 권제39 형법 2 금령(禁令)조.
364) 고려사 권81지(志) 권제39 병(兵)1 오군(五軍).

㉡ 순마소(순군만호부)는 방수(防戍: 국경·변방·해안가 등을 지키는 것)의 업무에도 직·간접으로 관여하였다. 순마는 방수군(국경이나 변방을 지키는 부대)에 선발되어, 부역(赴役: 병역이나 부역을 치르러 나감)을 하는 수도 있었고, 한편 방수(防戍)책임을 다하지 못한 장군들을 다스리기도 하였다.[365]

㉢ 순마소는 왕권 및 원실권력(元室權力)에 추종하는 도구로 전락하기도 하였다.

㉮ 순마소는 국왕의 수족이 되어, 옳고 그름을 건의하는 신하들을 제거하는 도구로서 이용되었다. 따라서 어사나 간관(諫官)이라 하더라도 왕의 뜻에 거슬려서는 순마소에 구인되는 일은 흔한 일이었다.[366]

㉯ 순마소(순군만호부)는 원의 지배하에서 원나라의 제도를 본떠 설치되었기 때문에, 원실권력(元室權力)의 지시를 따를 수밖에 없었고, 이에 따라 순마소는 원의 황제 또는 공주의 명으로 혹사당할 수밖에 없었다. 충렬왕 13년에 충렬왕의 왕비인 제국대장공주(齊國大長公主)는 양가자녀를 간택하여 원으로 들여 보내려 할 때, 중랑장 최중경이 제국공주에게 보고하지 않고 미녀를 충렬왕에게 바쳤다는 이유로 순마소에 구인되는 수모를 당하기도 하였다.

㉰ 순마소(순군만호부)는 원실(元室)에 공납하기 위한 처녀색출에도 동원되었다. 충렬왕 24년(1298) "왕이 순마소에 명하여 양가의 딸을 뽑아 원의 황제 및 사신에게 보내려고 할 때, 임금은 백료(百僚: 벼슬아치)에게 딸이 있는 양갓집을 은밀히 알리라고 지시하였다. 이에 원한이 있는 자들은 딸이 없는 집에 거짓으로 딸을 감추어 두었다고 무고하여 소동을 일으키니, 개들도 편안할 수 없었다"[367]고 고려사는 전하고 있다.

또 고려사절요는 당시의 정황에 대하여 "밤중에 순군(巡軍)과 홀치들이 집집마다 수색하고 다녔으며, 처녀가 보이지 않으면 종을 결박하여 숨긴 곳을 대라고 캐물었다. 딸을 두지 않은 집들도 놀라고 소란스러워 원망하는 소리가 마을마다 가득하였다"고 전하고 있다.[368] 당시 귀족이나 양가의 딸마저 공녀로 바쳐졌고, 공녀를 면하는 방법은 일찍 사위를 들이는 것이었다. 따라서 이때부터 딸이 열두서너 살만 되면 혼인을 시키는 조혼(早婚)이 유행하였다. 이와 같은 순마소의 기능은 순군만호부로 개편된 후에도 왕실이나 왕의 뜻에 거슬린 자에 대한 징계처벌을 하는 등 왕가를 위시한 권세가에 추종·봉사하는 기구로 전락되는 비운을 겪기도 하였다.

㉣ 순마소(순군만호부)는 정치적 이해관계에 따른 권력적 탄압수단으로도 이용되었다. 원은 고려에 대하여 왕위계승은 물론 왕실의 혼인관계·관제(官制)·교령(敎令)에까지 간섭하여

365) 충렬왕 17년 정월 을미에 적이 공격해오자 도망하여 귀화한 방수군 책임자 안호 정수기를 구치소에 구인시켜 처단하였다.

366) 충렬왕대에 폐행(嬖行: 아첨하여 사랑받는 신하)의 거짓말을 믿고 감찰어사 허유전을 순마소에 가두는 등 각종 사례가 고려사에 산재되어 기술되고 있다(고려사 권31 세가 권제31 충렬왕 20년 12월조).

367) 고려사 권31 세가 권제31 충렬왕 24년 춘정월 임인조.

368) 고려사절요 권21 충렬왕 13년 9월조.

정권을 지배·견제하였고, 심지어 친원파들 간에 의하여도 왕실 간의 불화가 조성되었다. 그리고 이러한 왕실 간의 불화와 정권의 쟁탈에는 순군부가 어떠한 형태로든지 개입이 되어 있었다. 대표적인 것이 아버지인 충렬왕과 아들 충선왕[369] 사이의 정치적 역학관계였다.[370] 이처럼 정권의 쟁탈에는 순군부가 제일 먼저 점거되는 권력기관이었고, 그렇기 때문에 순군부는 권력 추이에 따라 집권자에게 추종·봉사할 수밖에 없는 한계가 있었다.

㉤ 순군만호부(순군부)는 범죄통제기관, 즉 감옥으로서의 기능을 수행하여 그 폐단이 극히 심하였다.

㉮ 고려 멸망기로 접어들면서 순군만호부는 본래 목적인 방도금란보다는, 오히려 국왕 개인의 전횡과 정적제거 등의 도구로 악용되었다. 충렬왕 초기 순마소가 설치되면서 순마소 내에 순마소옥(巡馬所獄)이, 그리고 순군만호부로 개칭되면서 통칭 순군옥(巡軍獄)이라 불리는 감옥이 설치되어 자체적으로 범죄자를 투옥할 수 있는 시설이 운영되었다. 따라서 고려전기 때부터 설치되어 운영되던 형부옥(형부에 설치된 감옥)·전옥서·가구소옥(街衢所獄) 등의 역할은 상당히 약화되었고, 순마소옥 또는 순군옥이 오히려 감옥체계상 주도적인 위치를 차지하였다. 그러기 때문에 순군옥은 순기능적 측면보다 오히려 역기능적 측면이 훨씬 강하였다.

㉯ 순마소옥과 순군옥(巡軍獄)은 일반평민보다는 귀족 및 특권계층 그리고 관료들에 대한 구금이 빈번하게 이루어졌다는 점이 특이하다. 가장 심한 경우는 제32대 우왕대로써, 순전히 유락(遊樂)을 행하다가도 왕의 기분에 어긋나면 순군부나 순군옥에 구인하는 일도 적지 않았다.[371]

(3) 위화도 회군과 순군만호부의 역할

① 명나라 정벌에 나섰다가 위화도에서 회군하여 개경에 돌아온 이성계 일행은 흥국사에서 모의 끝에 최영을 순군(巡軍)에 구인하여 심문한 후, 고봉현(현재의 고양)에 귀양 보낸 후 죽

369) 고려26대 충선왕은 충렬왕의 셋째아들이었다. 1298년(충렬왕 24년) 충선왕이 왕위에 오르고, 부왕(충렬왕)은 태상왕(太上王)이라 했다. 충선왕은 통치기구 개편을 통해 왕권을 강화하려 하였고, 원의 지시로 만든 기구도 없애버려 다루가치의 권한을 제약하였다. 그러나 기득권 세력들은 그의 독단적인 개혁에 반대하였고, 왕비 계국공주마저 질투로 인하여 원(元)에 충선왕이 반원적인 행태를 보인다고 무고하였다. 이에 원은 충선왕의 입조를 명령하였고, 왕이 연경으로 가는 도중에 옥쇄를 빼앗아 제25대 태상왕(충렬왕)에게 주었다. 충선왕의 개혁정치는 7개월 만에 그쳤고 다시 충렬왕이 복위하였다. 충선왕은 10년간 계국공주와 원나라 서울에 머물다가 1308년 부왕 충렬왕이 죽자 곧 바로 고국으로 돌아와 폐위된 지 10년 만에 복위하였다. 재위기간은 1298, 1308~1313년이다.

370) 충렬왕 33년 3월에 충렬왕이 원(元)의 수도에 머무르고 있을 때, 그의 아버지 충선왕은 김문연(동지밀직사사), 김유(상호군)를 파견하여 순군부를 점거하고 정부요직을 대량 교체하였고, 4월에는 반대파를 주멸(목을 베어 죽임)시키는 사태까지 일으켰다.

371) 우왕 11년 2월 경술에 (임금)우가 사냥하고 밤에 돌아오다가 순군옥에 이르러 친히 수인(囚人)에게 가(枷: 죄인의 목에 씌우는 칼)를 씌우기도 하였고(고려사 권135 열전 권제48 우왕 11년 2월 경술조); 동년 2월 갑신에 (임금) 우가 정비궁(定妃宮)에 행차하다가 길에서 사동(私僮: 개인이 데리고 있는 하인)을 만나자, 그 말을 빼앗아 타고 친히 그 사동을 묶어 순군옥에 가두는 등 도저히 정상적인 사람의 행동으로 볼 수 없는 만행을 저지르고 있다.

이고 항거하는 우왕(禑王)도 강화도로 유배보냈다. 그 후 이성계 일파는 우왕에 이어 창왕(昌王)을 다시 폐하고, 고려의 마지막 왕 공양왕을 옹립하면서 사실상의 실권을 장악하였다.[372] 이 과정에서 순군부(巡軍府)는 이성계 세력에 의하여 그 반대파의 세력을 제거하는데 중추적인 역할을 수행하였다.

② 제34대 공양왕 4년 정월에 이성계 일파는 순군관리(巡軍官吏)로 자파(自派)의 인물인 조준 등을 임명하고 정적들에 대한 심문을 본격적으로 시작하였다. 그리고 동왕 4년 3월에 이성계 일파의 세력에 대하여 마지막으로 대항하던 정몽주가 아들 이방원이 보낸 조영규 등에 의해 살해되고, 정몽주 일파도 순군부(巡軍府)에 투옥되어 심문받고 유배되었다.[373] 이처럼 이성계 일파는 전제(田制)반대와 우왕복위 모의자 그리고 이성계 세력을 배척하는 자들에 대하여 잔혹한 옥사(獄死)를 일으켰는데, 이러한 옥사(獄死)의 주역은 순군만호부(巡軍萬戶府)였다.

③ 고려말 조선조 개창기에 순군만호부는 이성계 심복 조준 등의 지휘 아래 정권장악에 대한 전위역할(前衛役割)을 수행하여, 신왕조(新王朝) 건설에 주역이 되었다.[374] 그 결과 순군만호부는 조선조 개창과 더불어 신왕조 초기에는 범죄예방기구로, 또는 국왕의 사적기구로 악용되는 등 무소불위의 기관으로 공포의 대상이 되기도 하였다.

3) 홀치(忽赤: 홀적)

(1) 홀치제도

① 홀치기구 설치

고려전기는 절대왕권이 성립되는 시기로서 국왕과 왕실을 중심으로 하는 공적 경호중심의 호위제도였다. 무신집권기에는 고려전기의 공식적 호위제도인 2군 6위·공학군·견룡군 등은 형식적인 기구에 불과하였고, 도방을 중심으로한 사적 경호체제가 주류를 이루었다. 이러한 도방제(都房制)는 제24대 원종 11년(1270)에 반원파(反元派)의 무장 임연·임유무 부자가 제거됨과 동시에 폐지되었다. 그 후 본격적으로 친원정책(親元政策)이 실현되면서, 또 하나의 경호부대라고 할 수 있다. 홀치기구는 제24대 원종 15년 8월에 충렬왕이 즉위하면서 창설되었다.

② 구성원

㉠ 원의 간섭 이후에 궁중시위강화의 필요에 따라, 성중애마(成衆愛馬)의 일원(一員)으로

---

372) 김상기, 「고려시대사」, 서울: 동국문화사, 1961, pp.777－785; 강응천 외, 「타임라인 한국사」, 서울: 다산 에듀, 2013, p.1381.

373) 고려사절요 권35 공양왕 4년 3월조.

374) 한우근, "려말선초순군연구", 진단학보, 1961, p.46; 김형중, "고려시대 경찰관료제에 관한 연구", 경성대교 박사학위논문, 1996, p.213.

우달치(于達赤)[375]·속고치(速古赤)[376] 등이 신설되었다. 성중애마는 성중관(成衆官)[377] 혹은 애마(愛馬)라고도 하는데, 애마(愛馬)는 부대·조합·단체 등의 뜻을 가진 몽골어의 표기(表記)이다. 따라서 성중애마라 함은 궁성을 숙위하는 근시관(近侍官: 왕의 측근에서 시위하던 관리)을 말하는데, 이러한 성중애마는 조선조 제7대 세조 말년까지 대체로 성중관으로 쓰여지다가 그 후 폐지되었다.

㉡ 충렬왕은 제24대 원종의 큰 아들로 원종 13년에 세자의 몸으로 원나라에 들어가서 인질로 머물러 있었는데, 이때를 전후하여 세자와 함께 인질로 갔던 고관자제들이 상당수 있었다. 그 후 원종의 사후 충렬왕이 즉위하면서 일찍이 왕과 함께 원나라에 입시(入侍)한 의관자제(衣冠子弟: 문벌 있는 집안의 자제)뿐만 아니라, 그동안 원나라에 왕래하며 원(元)의 풍속이나 언어 등에 익숙한 다른 내외국인들[378]을 포함시켜 원나라식의 숙위병을 조직하였다. 그리고 그 칭호를 홀치라고 이름하였다.[379]

(2) 홀치의 변천과정과 운영

① 홀치의 변천과정

홀치는 원종 15년 충렬왕이 즉위하면서 창설되었고, 동왕 1년 정월에는 홀치4번(番)을 3번으로 변경하였고, 동왕 8년 5월에는 달달인(達達人: 몽골인)을 홀치3번에 나누어 배치하여, 원나라의 제도에 따라 3숙(三宿: 사흘밤)을 하고 교대하는 체제로 전환시켰다. 따라서 이때부터 홀치의 구성원으로 달달인(몽골인)이 추가로 배치되어, 고려인과 혼합 편성되어 운영되었다. 그 후 제26대 충선왕 1년 6월에 다시 홀치를 나누어, 3번 교대를 다시 4번 교대로 개편하고, 마지막으로 제32대 우왕 4년(1378) 10월에 홀치4번(番)을 고쳐 근시(近侍)4위(전·후·좌·우)로 개편하였고, 4품 이하의 녹관(祿官: 유급관료)만을 두었다. 이러한 근시위(近侍衛: 홀치의 개편조직명칭)는 고려멸망 후 조선건국 초기까지 일시 존속되었다가 폐지되었다.[380]

---

375) 원(元)의 영향을 받아 설치된 고려말기의 관직이다. 임금의 신변을 호위하던 일종의 숙위병으로 추측된다(이홍식 편저, 「국사대사전」, 서울: 한국출판사, 1982, p.979).

376) 원나라의 영향을 받아 설치된 고려말기의 관직으로, 숙위병 내지는 임금의 측근에서 잔심부름을 하는 관원으로 추측되는데, 숙위병으로서의 성격이 더 강했던 것 같다(이홍식 편저, 앞의 책, p.803).

377) 성중관(成衆官)의 명칭은 고려중기부터 생긴 것으로 추정하고 있다. 성중관은 원의 간섭 전까지는 내시(內侍)·별감(別監)·사의(司衣)·사문(司門) 등 문반(文班)에 소속되어 숙위하거나 왕을 시종하던 궁관(宮官: 궁의 관리)을 이르던 말이었다. 그러나 원의 간섭 이후에는 궁중시위를 강화하기 위하여 우달치·속고치(시구르치)·별보(別保) 등의 시위(侍衛)군사까지를 성중애마(성중관)라 통칭하여 불렀다.

378) 충렬왕 8년 5월조에 "달달인(몽골인)을 홀치3번에 분속시켰다"는 기록이 보이는데, 이러한 사실들은 홀치의 조직원 중에는 이미 많은 친원계(親元系)의 외국인이 참가하고 있음을 알 수 있다(고려사 권28 세가 권제28 충렬왕 8년 5월조).

379) 고려사 권82지(志) 권제36 병(兵)2 숙위조.

380) 조선 태조 3년 8월 1일(무진조)에 "…항상 근무하는 숙위병은 3군 각영(各領)과 각 애마(愛馬)를 적당히 제정하여 숙위병 가운데 날쌔고 용감한 자를 뽑아서 녹관(祿官)에 충당하되, 서로 교대해 가면서 녹관을

② 홀치의 운영

㉠ 홀치는 그 배치장소에 따라서 대전홀치(大殿忽赤)·세자부홀치(世子府忽赤) 등으로 구별하여 호칭하였다. 이러한 홀치부대들이 집합하는 장소로는 궁궐 밖에 따로 홀치청(忽赤廳)·홀치방(忽赤房)으로 호칭하는 시설이 있었으며, 그 홀치방이 있는 동리(洞里)를 홀치방동(忽赤房洞)이라고 불렀고 개성부(開城府) 내에 있었다.

㉡ 이밖에도 홀치와 같이 원나라 제도를 모방한 것으로 조라치(詔羅赤)[381]·팔가치(八加赤)[382]·파오치(波吾赤) 등의 직명이 보이는데, 이들 역시 홀치와 거의 같은 기능을 수행하였다고 보여진다. 고려 말의 숙위체제는 홀치·조라치·팔가치·충용위[383] 등 여러 부대가 산재되어 있어서, 상당히 비체계적으로 운영되었다.

(3) 홀치의 기능

① 순기능

홀치는 고려전기나 무신집권기와는 달리 친원왕실(親元王室)의 경호를 위하여 친원계(親元系)의 인물로 조직화되었다는 점을 그 특색으로 들 수 있다. 홀치의 처음 설치목적은 궁중의 숙위를 그 임무로 하였으나, 인원이 증가함에 따라 그 기능도 점차 확대되었다.

㉠ 홀치의 최초기능은 단순히 왕실을 경호 숙직하는 일이었다. 그러나 점차적으로 업무가 확대되면서 순찰 등 범죄예방과 단속에도 투입되었다. 제27대 충숙왕 12년 5월에 순군과 홀치 등에 명하여 따로 순찰하도록 하여, 도로에 왕래하는 한잡인(閑雜人: 쓸데없이 왔다 갔다 하는 사람)을 금(禁)하게 하는 업무에 동원시키기도 하였다.

㉡ 홀치부대는 외침 등 대외적인 비상사태가 발생하였을 때, 궁중경호뿐만 아니라, 지방까지 출동하여 방위임무를 수행하기도 하였다. 충렬왕 16년에 동쪽의 도적(합단의 무리)이 온다는 말을 듣고 홀치·응방·순마를 모두 합한 하나의 통합 방위부대를 평성하여 이에 대처하기도 하였다.[384] 이처럼 고려말기에는 기존의 병제는 유명무실하였고, 이들 홀치·순마 등이 주력부대였다. 처음에 홀치부대는 임금의 신변경호를 위한 목적으로 창설되었으나, 그 후 수도개성의 치안유지·작전경비에 투입되는 등 다목적용으로 활용되었다.

받게 하라…"고 지시하는 내용 중에 「애마」라는 단어가 보이고 있는 것으로 보아, 조선초기까지 애마가 존속하였음을 시사해 주고 있다(태조실록 권6 태종 3년 8월 무진조). 홀치제도는 세종실록에 보면 국초(國初)에 응양위를 폐지하면서, 이때 같이 혁파되었다고 하고 있다.

381) 조라치는 하예(下隷: 노예)의 뜻을 가진 몽골어이다.

382) 팔가치는 몽골어인데 관군(管軍)이나 관성(管城)의 뜻이 있다고도 하고, 또는 숙위병의 뜻이 있다고 풀이되어지기도 한다.

383) 제31대 공민왕 5년 7월 을유에 충용위(忠勇衛)4위를 설치하였는데, 유사시에 왕궁경호·어가호종·왜구토벌 등에 활용할 목적으로 설치하였다. 따라서 홀치부대와는 다른 성격의 경호부대였는데, 조선초 제2대 정종까지 존속하였다(정종실록 권4 정종 2년 5월 8일조).

384) 고려사 권81지(志) 권제35 병(兵)1 오군(五軍)조.

② 역기능

홀치는 원(元)의 제도를 원용한 것이기 때문에, 그 부작용 또한 만만치 않았다.

㉠ 홀치는 궁중 숙위를 담당하였기 때문에, 홀치의 지휘관과 그 부대원들은 일종의 특권의식이 형성되어 있었다. 충렬왕 6년 5월에 "홀치에게 명하여 격구[385]를 치게 하고 왕이 공주와 더불어 양루(凉樓)에 거동하여 관람하는 등"[386] 홀치와의 친밀관계를 묘사한 내용이 충렬왕 세가(世家)에 산재하여 기술되고 있다. 따라서 이러한 왕과 왕비의 과도한 총애는 홀치지휘관이나 부대원들의 권력남용을 촉발시키는 계기가 되었다.

㉡ 홀치는 때로 왕명이나 대신들의 지휘를 받아서 고위관료들을 체포하는 일까지도 맡아 처리하였다. 고려후기 정부의 당하관(堂下官)의 임명은 최후로 첨의부 간관(諫官)들의 서명이 있어야만 결정되었다. 그럼에도 불구하고 충렬왕은 친근관계로 인하여 공적과 자격에 맞지 않는 보직을 명하는 경우가 많았다. 이에 간관들은 이부(吏部: 인사담당부서)에서 올라오는 보직자의 임명장(고신)[387]에 서명하지 않는 일이 자주 있었다. 충렬왕 4년 4월에 낭사(郎舍)[388]를 자격이 없는 자로 임금이 임명하려 하자 고신(告身: 임명장)에 서명하지 않았다. 이에 충렬왕이 여러 번 독촉하였지만 간관들이 이를 듣지 않자, 홀치의 지휘관인 최숭에게 명하여 사헌대부 백문절과 함께 정언(正言)벼슬인 정문·장석 등 9명을 잡아 가두게 하고 관직을 파(罷)하였다.[389] 사헌대부는 정3품 대간(臺諫)벼슬이다. 그럼에도 불구하고 일개 홀치의 지휘관이 대간과 정언(正言: 간쟁과 봉박에 관한 일을 맡아보던 종6품 낭사벼슬)을 잡아 가두게 하는 일은 심히 국가의 체면을 손상시키는 행위라고 볼 수 있다. 이로 보더라도 당시 홀치의 권력이 어느 정도였는지를 가늠할 수 있는 단서를 제공하고 있다.

㉢ 홀치의 역기능 중 가장 비난받는 것은 관폐와 민폐를 자주 끼쳐 관민의 원망의 대상이 되었다는 점이다. 제25대 충렬왕 2년 3월에 "여러 도(道)의 안렴사로 하여금 홀치가 마음대로 역마를 타는 것을 금하게 하였고",[390] 제27대 충숙왕 5년 5월에는 "홀치·사복(司僕)·순군(巡軍) 및 권문(權門: 권력 있는 집안)이 지방에 사람을 보내 백성들의 논과 밭을 아무런 근거 없이

385) 격구(擊毬)라 함은 두 패로 나누어 말을 타고 하는 경기로, 장(杖)으로 공을 쳐 우열을 다투는 옛 무술을 말한다. 단오에는 국왕 이하 백관이 참관하였고, 상류층 오락으로 조선조시대에는 무과시험 과목이었다.

386) 고려사 권29 세가 권제29 충렬왕 6년 5월조.

387) 고신(告身)이란 오늘날의 사령장(공무원 임명장)과 같은 것이다.

388) 고려시대 중서문하성 또는 문하부(門下府)에 속한 정3품 이하의 관원에 대한 총칭이다. 좌우간의대부(左右諫議大夫)로부터 정언(正言)까지를 포함하며 간쟁(諫諍: 간하여 다툼)과 봉박(封駁: 왕의 교지내용이 합당하지 못할 경우 이를 봉합하여 되돌려 공박하는 제도)을 임무로 하였다. 낭사는 고려초기에 내사문하성이 설립된 성종 1년(982)에 처음으로 설치되었다. 낭사는 왕에 대한 충성스러운 건의와 과오에 대하여 건언하고 봉박하기 때문에 청렴하고 덕망과 성품이 강직하여야 임명될 수 있었다. 낭사는 청렴직으로 임금을 보좌하는 만큼 불체포특권, 수령을 비롯한 하급관원을 천거할 수 있는 권한 등이 주어져 매우 특권적 위치에 있었다.

389) 고려사 권28 세가 권제28 충렬왕 4년 4월조; 고려사 권106 열전 제19 백문절전.

390) 고려사 권82지(志) 권제36 병(兵)2 참역(站驛)조.

억지로 차지하거나, 거짓으로 꾸민 문서를 내세워 백성들의 것을 차지하고 돌려주지 않아 백성들의 원망이 가득하니, 앞으로 이러한 행위를 하는 자는 칼을 씌워 조리돌리고 먼 섬으로 유배시키겠다"고 강력하게 지시하고 있기도 하다. 그러나 이러한 국왕의 하교는 공염불에 불과하였고, 이들에 의한 지방의 폐해는 고려 멸망기까지 지속되었다. 이는 당시 국왕마저 원제국과 고려내부 친원세력의 눈치를 볼 수밖에 없는 주위환경이 주원인이었다고 볼 수 있다.

2. 지방의 경찰기관

1) 현위제(縣尉制)의 폐지

고려전기 성종·문종대에 걸쳐 지방제도가 정비되고, 현종대에 대대적인 지방행정기구 개편에 따라 지방경찰로서 치안업무를 전담하던 기관은 위아(尉衙: 지금의 경찰서격임)였다. 그리고 위아의 장(長)은 오늘날 경찰서장격인 현위(縣尉)였다. 이 현위제도는 고려후기로 접어들면서 지방의 민란과 도적이 횡행하던 시기에 있어서 각 현(縣)의 치안에 대한 책임과 활동이 활발하였으며, 또 일반국민에게 미치는 영향도 적지 않았다. 이러한 현위제도는 제23대 고종 43년에 모두 폐지되었는데,[391] 이것은 경찰사적 측면에서 볼 때 큰 변혁 중의 하나였다.

2) 사록(司錄)과 법조(法曹)

(1) 사록과 법조는 고려전기부터 설치된 직제(職制)로서, 후기로 가면서 점차 그 업무가 중시되면서 고려 말까지 존속되었다. 사록은 7품 이상이었고, 법조는 8품 이상이었다.

(2) 부(府)·목(牧) 등의 관서(官署)에서는 사록과 법조가 경찰과 사법(司法)관계를 직접 담당하였고, 주(州)·군(郡)에는 판관(判官: 7품 이상)이 경찰과 사법관계를 관장하였다. 이러한 사록과 법조의 지방관제는 후기에 접어들면서 여러 차례의 변천이 있었다. 제25대 충렬왕 34년에 동경 유수관인[392] 경우 부윤(府尹)·판관(判官) 밑에 사록·법조가 동시에 배치되는가 하면, 제16대 예종 11년에는 대도호부나 대도독부 그리고 주목(州牧)에는 부사·목사 밑에 모두 판관(判官)·사록만을 배치하고 법조는 두지 않았으며, 각 중도호부에는 어떤 곳에는 부사 밑에 사록만을 두고, 어떤 곳에서는 법조만을 두었다.[393] 따라서 사록과 법조는 규모가 큰 주목(州牧)이 있는 지방의 수령을 보좌하면서, 경찰과 사법(司法) 전반에 대한 실무업무를 처리하였다. 사록과 법조는 실무적으로 사법과 경찰업무를 관장하였기 때문에, 지방사회나 지방민에게 미치는 영향은 상당하였다고 볼 수 있다.

---

391) 고려사 권84지(志) 권제38 형법1 직제조.

392) 유수관은 3경(서경·동경·남경)에 두어 그곳을 다스리게 하던 외관직을 말하며, 단순히 유수라고 명칭하기도 하였다.

393) 고려사 권77지(志) 권제31 백관2 외직조.

Ⅲ. 고려 말의 범죄예방과 통제

범죄에 대한 예방 그리고 그에 대한 통제대책은 시대와 장소를 막론하고 항상 사회적 핵심문제로 부각되어 왔다. 이런 점에서 범죄문제는 국가의 안녕과 질서유지에 직접적으로 직결된다고 볼 수 있고, 우리나라의 경우도 예외일 수는 없다. 따라서 치안문제 특히 범죄예방과 범인검거가 주임무인 경찰조직의 존재는 고대국가 이후 현대국가에 이르기까지 선택과 고려의 대상이 아닌 필수조건이었다.

1. 고려 말의 치안상황

1) 서설

고려후기는 고려전기나 무인집권기와는 달리, 순군만호부·홀치 등의 경찰기구가 중심축으로 존재하면서 활동하였다. 그러나 한 국가가 멸망의 길로 접어들 때에는 경찰기구도 순기능적 측면보다, 권력남용과 부정부패 등의 역기능 측면이 보다 강하게 나타나는 것은 공통된 현상이다. 무신정권이 무너지고 왕정(王政)이 회복되었으나 고려는 급기야 몽골, 즉 원나라의 부마국으로 전락하고, 약 백년 동안 원나라의 지배를 받게 되었다. 그 과정에서 백성들은 굶어 죽는 자가 태반이었고, 심지어는 어린 자식을 나무에 잡아매고 가는 자들이 있는 등 비참한 상황이었다.[394] 이러한 고려 말의 치안상황의 부재는 국왕의 악정이 주요 요인으로 작용하기도 하였다.

(1) 제28대 충혜왕은 희대의 패륜아였고, 고려왕실을 위기에 처하게 한 인물이었다. 충혜왕은 왕위에 오르자 닥치는 대로 음탕한 짓들을 일삼기 시작했는데, 충숙왕 8년 5월 병인(丙寅)에 자신의 장인 홍탁의 후처 황씨와 간음하고, 경오(庚午)에 부왕(충숙왕)의 후비인 수비 권씨를 간음하였고, 8월에 또 부왕의 후비인 숙공휘녕공주를 강간하였다. 뿐만 아니라 신하의 아내,[395] 일반 민간의 남편이 있는 아녀자에 대한 강간행위[396]도 수도 없이 행하여 정사를 어지럽혔다.

---

394) 고려사 권제24 세가 권제24 고종 42년 3월조; 동왕(同王) 4월조.

395) 충혜왕 3년 2월 갑오에 예천군 권한공의 둘째 처 강씨가 아름답다는 말을 듣고 호군(護軍) 박이자적(朴伊剌赤)을 시켜 궁중에 들이게 하였는데, 박이자적이 임금보다 먼저 간통한 사실을 알고 왕이 직접 두 사람을 때려 죽였고, 그 해 11월에는 내시 전자유의 집에 갔다가 그의 처 이씨를 강간하였으며, 그 며칠 뒤에는 자기가 때려죽인 박이자적의 첩의 집에 행차하였고, 또 4년 3월 을묘밤에 재신(宰臣) 배전의 집에 행차하여 그 처와 그 아우 금오의 처를 간음하는 등, 그 만행이 충혜왕 세가(世家)에 수도 없이 기술되고 있다(고려사 권36 세가 권제36 충혜왕 3년 2월조; 동왕(同王) 3년 11월조; 동왕 4년 3월조).

396) 제27대 충숙왕(충혜왕의 부)은 일찍 선비에게 시집간 남씨(南氏)를 빼앗아 간음하고, 노영서의 처로 삼아주었다. 그 후 자식인 제28대 충혜왕이 또한 남씨와 사통(私通)하다가 얼마 후에 다시 노영서에게 주고, 또

(2) 충혜왕 4년 3월 을해에는 연회장을 만들기 위해 민가 100여 채를 헐어 넓게 담장을 쌓고 또 사람과 밭을 빼앗았고, 4월 경술에 경성(개경)에 근거 없는 소문이 유포되기를 "왕이 민가(民家)의 어린아이 수십 명을 붙들어 새로 짓는 대궐의 주춧돌 밑에 파묻으려 한다"고 하자, 집집마다 놀래어 아이를 안고 도망하고 숨는 자가 있었으며, 악소배(惡小輩: 깡패)는 이틈을 타서 마음대로 강탈하고 탈취하였다고 고려사는 전하고 있다.[397] 이러한 충혜왕의 행동은 단순히 음탕한 행위에만 그치지 않았으며, 매일같이 연회를 베풀고 민간의 재물을 갈취하고 백성들을 강제부역시킴으로써 원성이 끊일 날이 없었다. 이처럼 국가의 존립과 치안을 통수하는 통치권자가 오히려 국가를 위기에 몰아넣고 치안불안의 요소를 제공한 것이 바로 충혜왕이었다. 오죽하면 후대의 고려사를 지은 찬자들이 "충혜왕은 영민한 재질이 있었으나 그것을 선한 일에 쓰지 못하였다. 악소(惡小: 깡패)들을 옆에 두어 황음하고 방자하였고…도로에서 죽었으니 마땅한 일이었다"고 평가하고 있다.

(3) 충혜왕 이후 제29대 충목왕은 8살에 즉위하여 12살에 생을 마감하자, 모후 덕녕공주가 섭정하였고, 제30대 충정왕도 12살에 왕위에 올랐으나, 2년 3개월 끝에 원(元)에 의해서 폐위당하고 비참한 최후를 맞이하였다. 제30대 충정왕 3년 8월 병술에 왜구가 130여 척의 배를 거느리고 자연도와 삼목도에 침입하여 인가를 불살라 거의 다 태웠다. 이런 상황에서 고려조정은 속수무책이었고, 관리들은 출전명령을 내려도 듣지 않는 등[398] 전국 치안상태는 회복불능의 단계까지 이르렀다. 이후 제31대 공민왕이 즉위하여 배원정책과 고려의 국권회복을 시도했으나 실패로 돌아가고, 제32대 우왕을 걸쳐 제33대 창왕대에 이르러 고려는 멸망하고 말았다.

2) 정치권력과 고려깡패

(1) 조직폭력배의 기원

한국의 폭력조직배는 고려말에서 그 기원을 찾을 수 있다. 난세는 권력과 폭력의 유착으로부터 시작되게 마련인데, 고려말기는 이 악소배(惡紹輩)[399]의 황금시대였다.

(2) 조직폭력배와 정치권과의 관계

① 제19대 명종대 내시벼슬을 하던 "정국검의 집은 개성 수정봉 아래 있어 음침하고 험한

자주 그 집에 행차하는 등 패륜행위는 도를 넘어서고 있다(고려사 권36 세가 권제36 충혜왕 8년 8월조).

397) 고려사 권36 세가 권제36 충혜왕 4년 4월조.

398) 충정왕 3년 8월 계사(癸巳)에 인당(印瑭) 등에게 명하여 바다에 들어가 왜(倭)를 잡으라 하자, 이권(李權)이 돌아와 왕께 아뢰기를 "신은 장수(將帥)가 아니고 또 녹(祿)을 먹지 아니하였으니, 감히 명을 받들지 못하겠다"고 굳이 사양하며 가지 아니하였다는 기록에서, 이미 왕의 통치권은 실종되었다고 볼 수 있다(고려사 권37 세가 권제37 충정왕 3년 8월조).

399) 옛날에는 깡패를 악소(惡小)라 불렀었다(이규태, 「눈물의 한국학」, 서울: 기린원, 1987, p.230).

산길을 올라가야만 했다. 그는 그 길목에서 5~6명이 악소배(불량배)들이 항상 모여 있다가, 자색 있는 양가의 부인들을 보면 억지로 겁탈하고 옷과 물건까지 빼앗는 것을 종종 목격하곤 하였다. 하루는 검은 비단옷으로 성장한 부인이 겁탈당하는 것을 보고 정국검이 참을 수가 없어 그와 동행했던 종들을 시켜 그중 3명을 잡고 보니, 대장군 이부(李富)의 생질 및 권세 있는 무관의 자질(子姪)이었다."[400]

② 제27대 충숙왕 때 재상 벼슬인 신여계(申汝桂)의 처 김씨(충숙왕비의 고모)가 비녀를 거느리고 밤길을 가다가, 10여 명의 조직폭력배(악소배)에게 겁탈을 당한 사건이 있었다. 이 사실을 김씨의 조카인 숙비에게 일러 이를 추적하여 일당을 잡고 보니, 이 폭력배는 당시 임금의 총애를 받고 있던 세도가 권준의 비호를 받고 있음이 드러나자, 이를 다스리지 못하고 풀어줄 수밖에 없었다.

③ 제28대 충혜왕은 엽색행각을 위해 이 악소배들에게 '고신(告身)'이란 사령장을 주어 미녀를 강탈해 이러한 폭력조직을 이용하였다.[401] 동왕 4년 겨울밤에는 이 친위폭력배인 봉골(鳳骨) 등 3명이 왕이라 사칭하고, 주부 벼슬인 공보의 집에 들어가 그의 아내를 강간하는 등 만행을 저질렀다.[402] 이와 같이 악소배가 만행을 저지르게 된 근본적인 원인은 충혜왕이 악소배들에게 내려주었던 고신(告身)의 효력 때문이었다. 충혜왕 때 악소배에게 내렸던 고신(사령장)은 다음 대(代)인 제29대 충목왕 즉위년 정묘에 감찰사를 시켜 악소들의 고신(告身)을 모두 회수시켰다.[403]

④ 제31대 공민왕 때에 세자로서 원나라에 있을 때 가까이 모셨다는 여세로 횡포를 부렸던 정승 조일신(趙日新)이 그의 정적인 기(奇)씨 일문을 암살하는 데도 그의 사조직인 폭력배를 동원하였다. 이처럼 고려말기에는 임금이 악소배를 사병으로 이용한 것 이외에도 무신과 권신들마저 자신의 세력을 과시하는 전위대로 이들을 부양하였다. 따라서 고려말기의 정치력은 구조적으로도 조직폭력배를 다스릴 수 없는 상황이었다.

(3) 조선조 시대 이후의 조직폭력배와 정치권과의 관계

① 조선조 제7대 세조 때 정난공신이 된 홍윤성(洪允成)도 십수명의 창두(蒼頭: 폭력배)를 먹여 기르면서 갖은 횡포로 재산을 축적하고 부귀를 누렸다. 그는 자기 집 앞 개울에서 말을 목욕시킨다는 단순한 이유만으로도 이들 창두들을 시켜 그 양민을 현장에서 박살시켰는데, 이는 권력과 폭력이 유착한 대표적인 사례라고 볼 수 있다.

---

400) 고려사 권100 열전 제30 정국검전. 이 사건은 "청탁이 오고 가면서 법관이 이를 치죄하지 않으려 하였으나, 형부원외랑(刑部員外郞) 조문식(趙聞識)이 홀로 항의하여 그들을 심문하여 곤장으로 쳐 죽이니, 이를 잘하였다"는 백성 여론이 있었다.

401) 고려사 권36 세가 권제36 충혜왕 4년 8월 무신조.

402) 앞의 책, 4년 8월 경인조.

403) 고려사 권37 세가 권제37 충목왕 즉위년 정묘조.

② 한말에는 일본 폭력배인 천우협(天佑俠)이라는 비밀 폭력결사 30여 명이 경복궁에 난입하여 민비를 살해하였고, 또 통감부시대에는 흑룡회라는 야쿠자 조직과 친일파인 이용구가 만든 일진회가 서로 합작하여 폭력조직을 결성하였다. 이들은 고종을 강제 양위시키고, 합방을 공작하는 등 만행을 저질렀다.[404)]

③ 폭력조직이 지휘체제를 갖추면서 각 조직 간의 대립과 갈등이 심화되고, 그 과정에서 조직폭력의 전형적 특성인 수법의 잔인성·활동영역의 확보성·상호연대성·신분위장성 등이 나타나기 시작한 것은 일제시대부터였다.

④ 자유당 정권말기에 와서는 이러한 조직폭력배를 정치깡패로 악용하였는데, 이것은 고려말기의 현상과 매우 유사성을 띄고 있다고 볼 수 있다. 이처럼 조직폭력배의 역사는 아주 오래 되었는데, 우리나라의 경우는 그 기원점을 고려말기로 보아도 무방할 것이다.

3) 관(官) 기강의 문란과 통제

(1) 중앙

① 고려무신집권기부터 내우외환과 함께 집권자들의 탐욕과 권력남용의 폐해로 인하여, 인사행정 등 관기(官紀)가 문란하고 뇌물수수가 성행하였다. 제19대 명종 11년 9월에 재상 송유인과 이광정 등이 왕에게 건의하여 10도(十道)에 찰방사(察訪使[405)])를 보내어 (관리를) 승출(陞黜)[406)]케 하였다. 이때 장죄(贓罪: 뇌물죄)에 걸려 파직된 자가 990여 명으로 모두 다 문적(부정관리명단)에 기록되었다. 이에 (문적에 기록된 자들이) 모두 은50여 척을 내어 집권자 정중부에게 뇌물을 주고 삭제코자 하였으나, 정중부조차도 그 뜻을 이루지 못하였다. 이후 권신귀족들에게 크게 뇌물을 주어 삭제할 것을 청하였고, 이것이 주효하였는지 임금의 교지로 모두 용서가 되었는데, 식자(識者: 지식인)들이 이를 듣고 개탄하였다는 구절이 고려사 명종세가에 기술되고 있다.[407)]

② 이러한 상황은 고려후기로 접어들면서 극도로 문란해지기 시작하였는데, 대표적인 것이 중앙의 인사행정이었다. 제27대 충숙왕 16년 9월에 밀직(密直) 김지경이 전주(銓注: 인사발령부서의 책임자)[408)]를 맡아 제수(除授: 왕이 관리를 임명하는 모든 행위)[409)]를 오로지 자기 마음대

404) 내무부치안국, 앞의 책, pp.485-487.

405) 백성의 어려움을 살피고 지방관들의 부정부패 등의 여부를 규찰하는 일을 임무로 하였다. 고려초기의 안찰사의 기능과 유사하나, 안찰사가 춘추에 정기적으로 파견되었음에 반해, 찰방사는 필요할 때 간헐적으로 파견되었다. 고려말에는 수개 도(道)의 감찰을 겸하는 찰방사가 생겨나기도 하였는데, 주로 4품에서 6품에 이르는 관원이 임명되었다.

406) 승출이라 함은 지방관리의 고과(考課)를 평가하여, 그 벼슬을 올리고 내리는 일과 관련하여 올린 지방관에 대한 근무보고서를 말한다.

407) 고려사 권20 세가 권제30 명종 11년 9월조.

408) 전주(銓注)라 함은 인물을 심사하여 벼슬자리를 배정하는 직책을 말한다. 충숙왕 7년에 정방(政房)을 복구하였는데, 동왕(同王) 16년 9월에 밀직사 김지경이 정방에서 관리들의 인사발령을 담당한 것을 말한다.

409) 시험이나 천거 등의 임명절차를 거치지 않고 왕이 직접 벼슬을 내리는 일을 말한다. 원래는 현재의 관직

로 하였다. 인사의 비목(批目: 국왕의 재가를 받은 인사발령의 조목)이 내려오면 인사부서에 근무하는 자들이 서로 다투어 지우고 고쳐 써넣어, 주색(朱色: 붉은 색)과 묵색(墨色: 검은색)을 구별할 수 없게 만들었다. 당시 사람들이 이것을 일러 흑책정사(黑冊政事)[410]라고 하였다.[411]

(2) 지방

① 지방수령 등의 탐욕스러운 행태 또한 중앙의 그것과 별반 차이가 없었다.

밀성(密城)의 수령 오중후(吳仲候)란 자는 수산현 옛 언덕을 헐고 밭을 만들어 자기 것으로 만들려고 합포 만호로 발령난 인후[412]를 초청하여 해상에서 주연을 베풀던 중 만호 인후의 흥을 돋우기 위하여 돼지머리를 이고 춤을 추다가 물에 빠져 죽은 사건이 발생하였다. 이 사건은 오중후가 지방수령이라는 자기 체면도 생각하지 않고 몽골인 만호 인후에게 아부하다가 발생한 것이다. 이로 보아 당시 공직 기강이 어느 정도 해이하였는지를 알 수 있는 대목이다.

② 당시 상납물은 관례화되어 있었기 때문에, 민중의 피해는 악순환의 연속이었다.

㉠ 지방관은 당시 의례적으로 행해지던 상납물을 바치지 않을 경우, 중앙관직으로 나가는 것이 그리 쉽지가 않았다. 따라서 민중의 재산을 수탈하거나 추렴하여 바쳐야 했고, 그 와중에 자신도 착복함으로써 민중의 피해는 이루 말할 수가 없었다. 이와 같은 현상은 당시 제도상의 모순이 낳은 결과물이었다고 볼 수 있다.

㉡ 대표적인 상납물로는 봉송(封送)·예물(例物)·별선(別膳) 등이 있었다.[413]

㉮ 봉송은 모든 주현의 관리와 관직으로 진출하는 자는 모두 자기가 출신한 관청이나 급제진사(及第進士)에게 재화와 물건을 보내어 납부하는 것을 말한다.

㉯ 예물이라 하면 출사(出使: 벼슬아치가 지방에 출장가던 일)하는 관리가 정리(丁吏: 벼슬아치의 등급에 따라 그 종자로서 배속되어 있던 장정)를 거느리고 올라오는데, 이르는 곳의 주현마다 모두 물품 따위를 선물로 주는 것을 말한다.

㉰ 별선이라 함은 외관(지방관)이 초하루에 선물을 진상하는 이외에 백성의 토산물 및 주육(술과 고기) 등의 물품을 거두어 권문세가에 보내는 것 등이었다. 이러한 상납물 등은 결국 지방관들이 백성들의 고혈을 짜낸 결과물이라고 볼 수 있고, 이들에 대한 백성들의 시각은 증

을 해임하고 새로운 관직을 내려 취임시킨다는 뜻이나, 일반적으로 왕이 관리를 임명하는 모든 행위를 제수라고 하였다.

410) 흑책(黑冊)이란 어린 아이들이 쓰는 두꺼운 종이에 검게 칠하고 기름을 먹여 글씨 쓰는 연습을 하던 것을 말한다. 고려후기 인사행정의 문란을 지적한 용어이다.

411) 고려사 권75지(志) 권제29 선거3 전주(銓注)조.

412) 인후는 본래 몽골인으로 제국공주(齊國公主)를 따라왔던 사속인(私屬人: 개인적으로 데리고 다닌 사람)으로, 충렬왕이 처음 중랑장(中郞將)으로 임명하였는데, 그 위세와 횡포가 대단히 심하였다(고려사 권121 열전 권제36 인후전).

413) 고려사 권84지(志) 권제38 형법1 직제조.

오와 기피의 대상이 될 수밖에 없었다.

2. 범죄예방적 측면

1) 순찰 등 방범활동

고려후기 중앙의 순찰·포도금란(捕盜禁亂)·살상 등의 일은 경찰기관인 순군만호부가 주로 처리하였고, 지방에서는 외관(外官: 지방관)이 이를 처리하였다.

2) 광의의 행정경찰업무

삼국시대부터 근대에 이르기까지 경찰은 풍속·윤리·위생·경제·교통·소방 등의 업무까지 도맡아 처리하였다. 이러한 광의의 행정경찰업무는 경찰기관인 순군만호부외에도 형조·병부·사헌부 등의 여러 기관이 합동 또는 단독으로 처리하기도 하였는데, 이는 행정업무가 분화되지 않았음을 의미하는 것이다.

(1) 풍기경찰

풍기(風紀)관계에 있어서는 대체로 남녀 간의 간음을 금하여 엄형으로 다스렸고, 도박과 미신을 금지하였는데, 이러한 규정은 일반 백성들에게 적용되는 것이었고, 지배계급은 예외였다.

① 제28대 충혜왕 때에는 왕뿐 아니라 그 밑의 신하들마저 남의 처를 강간하는 것은 예사롭게 생각할 정도였다. 이처럼 고려 멸망기에 들어서면서 풍속윤리가 급속히 문란해지기 시작했다.

② 고려 멸망기에 승도(僧徒)와의 간음행위는 사회적으로 가장 큰 문제였다.

㉠ 고려 멸망기에 이르러 개성 내의 부녀자들이 존비노소없이 불자가 되어 제를 베풀고 점등하며 떼를 지어 산사(山寺)에 가서 승인(僧人: 중)과 사통(私通)하는 자가 많이 발생하였다. 이에 조정에서는 일반 백성은 그 아들까지 처벌하고 양반의 집에는 그 남편까지 처벌하는 금령(禁令)을 하달하는 한편, 부녀자들의 불사(佛寺)왕래를 금하는 조치를 취하였다.[414]

㉡ 승도와의 간음행위는 고려 멸망기로 접어들면서 더욱 심화되었다. 제31대 공민왕 때 권력을 이용하여 온갖 음란한 행동도 서슴지 않은 요승 신돈[415]을 그 대표적인 예로 들 수 있다.[416]

---

414) 고려사 권85지(志) 권제39 형법2 금령(禁令)조.

415) 신돈의 이름은 편조, 자는 요공이며 속성은 신(辛), 돈(旽)은 개명이다. 그는 공민왕의 신임을 기회로 사대부의 처들이 신승(神僧)이라 하여 설법을 듣고자 오면 사통(私通)을 하였고, 송사하는 자가 부인으로 용모가 아름다우면 그 집에 머물면서 간음하고 송사를 이기게 하는 등 음란한 행위를 수도 없이 행하였다. 이에 대하여 당시의 사인(士人: 양반)들이 이를 갈았다고 고려사는 전하고 있다(고려사 권132 열전 권제45 반역6 신돈전).

416) 고려사 권85지(志) 권제39 형법2 금령(禁令)조.

③ 도박을 하는 자는 물론 도박을 개장하는 자까지도 처벌하였고, 무당 등에 대한 단속도 수시로 행하였다.

㉠ 당시 요언으로 대중을 현혹하는 무당들이 사대부집에서 가무를 하고 신을 제사하는 폐단을 막기 위하여, 각부(개경5부)에서 모두 이들을 찾아내어 성밖으로 쫓아 보내기도 하였다. 제26대 충선왕 5년 2월 갑술조에 효가(曉可)라는 중이 요사한 환술을 부려가면서 민중을 현혹시킨 사건이 있었는데, 그를 잡아다 심문하고, 사기를 쳤음을 자백시켜 순군옥(巡軍獄)에 하옥시키기도 하였다.[417)]

㉡ 순군만호부는 사회적 혼란을 부추기는 요인들을 제거하는 것도 자기들의 몫이었고, 이들을 가두는 곳은 순군만호부의 옥(獄)인 순군옥(巡軍獄)이었다.

(2) 경제경찰

고려 무신정권기의 막바지인 제23대 고종대에는 오랜 기간 동안의 전란과 흉년으로 생산은 감소하고 물가는 상승하여 백성들은 더욱 피폐해졌다.

① 충렬왕 8년 6월 경시서에서 쌀 가격을 다시 조정하여 국민식생활의 안정을 기하려고 하는 등 일련의 조치를 취하였으나, 여의치 않았다.[418)]

② 고려 멸망기인 제32대 우왕 7년 8월에는 경성(개경)의 물가가 상승하고 이 기회를 틈타 상인들이 다투어 폭리를 취하자, 최영(崔瑩)은 모든 물가를 경시서에서 평가하여 결정하고, 세인(稅印: 증서나 장부에 인지세를 납부했음을 증명하기 위하여 찍는 도장)을 찍은 후에야, 매매하게 하였다. 그리고 세인(稅印)이 없는 자는 장차 등살뼈를 추려서 죽인다고 하고, 이에 큰 칼쿠리를 (경시)서(署)에 걸어서 보이니 이러한 일이 일어나지 않았다고 고려사는 전하고 있다.[419)] 이와 같은 경제관련 단속은 주로 형부의 예하관서인 경시서에서 단속하고 처벌하였다.

---

417) 중 효가는 꿀물과 쌀가루를 가지고 사람들에게 보이면서 이것은 감로수며 사리(舍利)라고 속였는데, 이것을 마시고 간직하는 자도 있었다. 또 자기 몸을 화장하면 7일 후에는 부활(부처)한다고 속여 사기극을 연출하기도 하였다. 즉 화장을 한다고 섶을 태워 연기와 불꽃을 사방에 일어나게 한 후, 자기는 미리 파놓은 섶속의 굴속으로 들어가 감과 밥을 먹고 그대로 7일만에 재를 헤치고 나오는 속임수를 사용하여 백성들을 현혹시켰다. 이에 헌사(憲司: 사헌부)가 그 속임수를 깨닫고 심문하여 그 실정을 밝힌 사건을 말한다(고려사 권34 세가 권제34 충선왕 5년 2월조).

418) 충렬왕 8년 6월조에 도평의사사에서 "민생의 근본은 미곡에 있다. 백금이 비록 귀하나 배고프고 추운 것은 구할 수가 없다. 따라서 은병(銀甁) 한 개를 쌀로 쳐서 경성(서울)에서는 16석(石)으로 셈하는 데, 그해 농사의 풍년과 흉년을 보아 그 값을 정하도록" 결정하였다. 그러나 실지로 은병을 사용하는 부류는 귀족 층에 한정되어 있었기 때문에, 일반 백성들에게는 그리 큰 영향은 미치지 못하였다(고려사 권79 지(志) 권제33 식화(食貨)2 충렬왕 8년 6월조).

419) 고려사 권79지(志) 권제39 식화(食貨)2 시고(市估)조; 고려사 권113 열전 권제26 최영전.

(3) 교통경찰

① 역참은 고려전기부터 병부예하의 순관(관역사)이 22도에 배치되어 있었다. 그 후 30년간의 몽골과의 전란이 종식단계로 들어가던 제24대 원종 13년 봄에, 정역소복별감(程驛蘇復別監: 쇠잔한 역을 회복시키는 임무를 맡은 별감)을 각 도에 파견하여 역관(驛館)·역마 등의 복구에 주력하였다.

② 충렬왕 2년 3월에 여러 도의 안렴사로 하여금 홀치가 함부로 역마(驛馬)를 타는 것을 금지시켰고, 동왕(同王)4월에는 답자색(劄子色: 역마배급을 증명하는 문서를 발급하는 기관)규정을 마련하여, 포마답자(鋪馬劄子: 마필의 배급을 증명하는 문서) 없이는 누구를 막론하고 역마를 타지 못하도록 하였다.[420] 이처럼 역참의 기능을 회복하고 재건을 위한 시도는 충렬왕 이후에도 계속되었다.

③ 고려 마지막 임금인 제34대 공양왕 원년 12월에는 정역별감(程驛別監) 이외에 매 역(驛)에 5·6품의 역승(驛丞)을 두도록 하였다.[421] 그러나 이러한 공양왕의 역참 개선의 노력도 고려조가 무너지면서 수포로 돌아가고 말았다.

3. 범죄통제적 측면

1) 중앙

(1) 고려후기의 순군만호부는 순찰과 포도금란(捕盜禁亂)·싸움질·우마도살·노비업무에 관여하는 등 범죄예방 뿐만 아니라 범죄통제기능도 수행하였다. 특히 고려멸망기에 접어들면서 순군만호부는 국왕의 심기를 거스린 신하들을 투옥시키는 전횡의 도구로 이용되거나, 정적들을 제거하는 정치적 도구로도 활용되었다. 따라서 고려후기 범죄통제기관은 순군만호부내의 순군옥이 중추적인 위치를 차지하였다. 그렇다고 해서 기존의 형부옥과 가구소의 감옥이 사용되지 않았던 것은 아니다.

(2) 이외에도 사헌부·어사대·병부 등도 일정한 범위 내에서 경찰권과 재판권을 행하는 등 범죄통제기관으로서의 기능을 수행하였다.

2) 지방

(1) 지방의 범죄통제는 외관(外官: 지방관)이 파견된 주현지역에는 기본적으로 감옥이 설치되어 있었고, 죄인을 구금하고 처벌하는 등의 업무를 관장하던 사옥사(司獄史)가 배치되었다.

420) 고려사 권28 세가 권제28 충렬왕 2년 4월조.
421) 고려사 권82지(志) 권제36 병(兵)2 참역(站驛)조.

(2) 외관이 파견되지 않은 속현지역에는 현사(縣司)와 향리 등이 범인 체포의 기능을 수행하였고, 또 그 이들에 의해 검거된 범죄자들을 구금시킬 시설이 어떠한 형태로든지 존재하였다고 추정된다.

Ⅳ. 고려시대 경찰과 시사점

고려시대는 불교사상을 기반으로 하여 인간관계를 종적관계로 보는 불평등한 인간관계, 즉 상하계층적 또는 지배와 피지배적 관계였다. 그 결과 개인의 자유보다는 권위와 명분을 앞세우는 사상이 지배적이었다. 이러한 사상을 기반으로 한 고려시대의 경찰제도와 경찰활동 역시 백성을 위한 경찰권행사라기보다는, 전제왕권을 유지하기 위한 기능적 측면이 강하였다고 볼 수 있다. 고려시대의 경찰은 고려전기·무신집권기·고려말기로 대별(大別)해 볼 수 있다.

1. 고려전기의 경찰

고려시대 전기에는 경찰업무를 전담하는 기구가 아직 분화·독립되지 못하고, 관제(중앙관제와 지방관제)와 병제(兵制)속에 혼재되어 운영되었다.

2. 무신집권기의 경찰

무신집권기에는 공식적인 관제와 병제상의 경찰기구가 형식상으로 존재하였을 뿐 유명무실하였고, 집권자들에 의해 창설된 중방, 야별초 등이 중추적인 경찰기관으로 활동하였다.

3. 고려후기의 경찰

고려후기의 순군만호부는 우리나라 고유의 경찰제도는 아닐지라도 점차 토착화되어 가면서, 원시적이나마 오늘날과 근사(近似)한 체제를 갖춘 최초의 경찰기관이었다는 점에서 그 의미는 크다 하겠다. 이런 측면에서 볼 때 순군만호부의 조직과 기능은 일반적으로 과소평가되는 측면이 강한 반면, 오히려 조선중기 이후의 포도청에 관한 조직과 기능적 측면이 과대포장된 면이 적지 않다고 볼 수 있다. 그렇다고 해서 고려시대 전 과정을 통해서 볼 때, 경찰관련 기구가 순기능적 측면만이 있는 것은 아니었다. 오히려 경찰권을 남용하여 백성들을 수탈하였고 심지어는 왕권(王權)을 싸고도는 정쟁(政爭)의 도구화로 전락하기도 하였다.

4. 결론

한 조직의 역사를 연구하는 이유 중의 하나가 "역사에서 배울 것이 없으면, 버릴 것을 배우라"는 경구(警句)처럼, 순기능적 역할은 과거를 거울삼아 발전적이고 미래지향적인 방향으로 전환시켜야 할 필요성이 있는 반면, 역기능적 역할은 과거의 잘못된 전철을 다시 되풀이 하지 않도록 하는 노력, 즉 반면교사(反面教師)의 장(場)으로 삼아야 할 것이다. 이런 점에서 고려말기에서 조선조 단종까지 존속하던 순군만호부의 축소과정과 역사적으로 소멸되는 인과과정을 되짚어 볼 필요가 있다.

제6장 조 선

제6장
조 선

제1절 총 설

Ⅰ. 개 요

고려 말의 혼란과 모순 속에서 성장된 세력에 의해 건립된 조선왕조는 왕조의 교체에 따른 정책상의 차이는 있었으나, 고려왕조와 질적인 차이는 없었다. 역사적 발전과정에서 볼 때 고려시대가 고대와 근세를 연결하는 교량적인 시대라고 한다면, 조선왕조는 고려왕조의 조직원리나 명칭 등 거의 고려 제도의 원형을 답습하면서 출발하였다고 볼 수 있다. 이런 점에서 본다면 조선왕조는 고려왕조보다 진일보된 사회이기는 하지만 그것은 중앙집권적인 전제국가라는 동질사회 내에 있어서의 발전에 불과했으며, 지배체제에 있어서나 사회구조에 있어 두 왕조 사이에는 본질적인 차이는 크게 없다고 보아야 한다. 따라서 고려나 조선왕조는 경찰국가체제라고 보아도 무방할 것이다.

Ⅱ. 조선시대 시기 구분

조선시대의 구분에 대하여는 여러 가지 견해가 제시되고 있다. 조선시대 경우 임진왜란(1592년)을 기준으로 전기와 후기로 나누기도 하지만, 좀 더 세분화하여 전기 → 중기 → 후기로, 또는 전기 → 후기 → 구한말(대한제국 ~ 한일강제병합)로 구분하기도 한다.[1]

1) 본서(本署)에서는 전기 → 후기 → 구한말(대한제국)의 견해에 따라 기술하였다.

조선시대 시기 구분

구분	전 기		후 기	구한말(대한제국 이후)[2]
	초 기	중 기		
시기	15세기	16세기	17~19세기 전반	19세기 후반~20세기 초
	근 세[3]		근대 태동기[4]	개항기[5]

2) 구한말은 조선의 후신인 대한제국에서 한일합병이 되는 1910년 10월 29일 이전의 시기를 통상적으로 구한말이라고 한다. 원래 고조선도 정식 명칭은 조선이었지만, 후대에 이성계가 조선을 세우면서 구별하기 위하여 옛고(古)자를 붙여 고조선이라고 하였다. 이런 맥락에서 보면, 지금 우리나라의 정식 국호는 대한민국이다. 그리고 고종이 아관파천에서 돌아와 국호를 대한제국, 연호를 광무라 하였다. 그래서 「대한」이라는 말이 두 번 나오는데, 이것을 구별하기 위하여 옛날의 「대한」이라는 뜻으로 「구한말」이라고 하였다.

3) 근세는 중세(고려)와 근대의 과도기적 시기를 구분하는 용어이다. 즉 근세는 중세 이후 왕권이 크게 강화되었던 절대주의가 나타났던 1500~1800년대 사이를 뜻한다.

4) (1) 근대는 1945년에 시작하는 현대 (1차 대전이 끝난 1919년 이후로 보통 분류하나, 1945년 이후로 간주하여도 큰 무리는 없다)의 바로 이전 시대를 일컫는 말이다. 한국사의 경우 대체로 개화기(1875년 윤요호사건) → 대한제국 건립 → 갑오개혁 → 일제강점기(1945년 8.15 광복)까지를 근대로 간주한다.

(2) 윤요호사건을 개화기로 보는 이유는 당시 일본은 메이지유신(1868년)으로 근대화 개혁을 단행한 후, 일본은 조선과의 교섭을 시도하였으나 흥선대원군의 양이정책(오랑캐를 배척하는 정책)으로 실패하였다. 그러나 1873년 흥선대원군이 물러나고 고종이 친정하게 되면서 개국의 분위기가 일어났다. 한편, 일본은 조선과의 수교를 좀 더 신속히 하기 위한 방법으로 포함외교(포함을 앞세운 무력시위로 상대국을 압박하여 목적을 달성하는 강제적 외교 수단)를 시도하였는데, 그 첫 번째 사건이 윤요호사건이다. 윤요호사건은 일본 군함 윤요호가 포함외교의 일환으로(1875년 9월 20일), 조선해안을 탐측 · 연구하기 위해 왔다고 핑계를 대고 강화도 앞바다에 불법으로 침입하자 해안 경비를 서던 수군이 방어적 공격을 하였다. 이에 대한 보복으로 함포공격을 가하고 영종진(오늘날의 영종도)에 상륙하여 근대무기로 공격하여 조선군에게 큰 피해를 입히고(무기도 다량 탈취), 또 주민들을 방화 · 살육하는 등 만행을 저지르고 퇴각하였다. 그 후 일본은 다시 강화도 앞바다에서 무력시위를 하고, 이 사건에 책임을 물어 수교통상을 할 것을 강요하였다. 그 결과 이듬해인 1876년 2월 26일 「강화도 조약」을 체결하였고, 조선은 일본에 개항을 하게 되었다. 윤요호사건은 일본 제국주의 대륙침략의 단초였으며 신호탄이었다.

5) 개항기는 개화시대(開花時代)를 말하는데, 강화도 조약(병자수호조약)이후 종래의 봉건적인 사회질서를 타파하고 근대적 사회를 지향해가던 시기를 말한다. 고종 13년(1876) 강화도 조약 이후 쇄국의 문이 열리자 그 후 다른 나라와도 잇달아 통상이 체결되어 외국의 선진문명에 접촉하게 되었고, 이런 개항기를 통해 사회의 모든 부분이 일정 부분 변하기는 하였으나, 구체제의 모순들을 근본적으로 혁파하지는 못하였다.

Ⅲ. 조선시대 경찰의 시대 구분

조선시대 경찰은 크게 세 가지 측면에서 큰 변혁기를 맞게 된다.

1. 제1차 변혁

고려 말에 원의 제도를 모방하여 설치·운영된 순군만호부가 조선왕조로 그 조직이 승계되었고 조선 제3대 태종까지는 모든 국왕의 경찰권행사가 순군만호부를 중심축으로 운영되었다. 그 결과 권한 비대와 형조와의 업무 중첩 등으로 폐지론이 건의되기 시작하였다. 제6대 단종 원년에 이르러 순작(순찰) 사무는 군부(軍府)로 이양되고, 포도금란의 업무는 사헌부·형부·승정원 등 타기관의 해당 관련업무로 분산·이관되면서 최초의 경찰전문기관인 순군만호부는 역사적으로 소멸되고 말았다. 이것이 제1차적 변혁이다.

2. 제2차 변혁

포도청이 설치되기 전까지는 임시 포도장과 포도부대를 편성·운영하는 임시 예방적 체제로 운영되었다. 그러다가 제11대 중종말기에 경찰사상 처음으로 독립된 관청인 포도청이 설치되었는데, 이것이 바로 제2차적 변혁이다. 포도청이 실질적으로 운영되기 시작한 것은 제13대 명종(재위기간 22년)대부터인데, 조선조를 통틀어 가장 도적떼가 성행하던 시기였다. 그리고 제14대 선조대에 임진왜란이 일어나게 되면서, 정치·사회·경제적으로 많은 변화를 가져왔다.

3. 제3차 변혁

고종 31년(1894년) 갑오개혁은 조선시대의 경찰관청인 포도청이 소멸되고, 적어도 법치주의에 입각해서 법령을 근거로 하여 경찰활동이 이루어졌는데, 이것이 제3차 변혁이다.

4. 본서(本署)에서는 사학계에서 조선시대를 구분하는 것과는 달리 변혁기를 중심으로 하여 조선전기(조선건국~임진왜란 이전까지) → 조선후기(임진왜란~갑오개혁까지) → 조선말기(갑오개혁~대한제국 멸망, 즉 구한말까지)로 시대를 구분하여 기술하였다.

제2절 근세와 근대 태동기의 정치

Ⅰ. 국왕 중심의 통치체제 정비 과정

1. 태조(1392～1398)

위화도 회군으로 정권을 장악하여 전제개혁을 단행하고(과전법 실시로 권문세가의 경제기반 붕괴), 온건개혁파를 제거한 후 조선을 건국하였다.

1) 국호 개정

이성계는 공양왕을 폐위한 후 스스로 '권지국사'[6]라는 최고 권력자의 지위에 오른 후, 1392년 12월 국호를 '조선'으로 고치고 고조선의 후계자임을 자처하였다.

2) 한양천도[7]

1394년 10월 서울을 한양으로 옮겨 한성부라 칭하였는데, 한양은 풍부한 농업생산력을 보유하였고, 교통과 국방의 중심지였다.

3) 3대 정책 방향 제시

숭유억불정책(유교 숭상, 불교 탄압정책), 중농억상정책(농업을 근본으로 하고 상업을 억제하는 정책), 사대교린정책[8]을 추진하였다.

4) 의흥삼군부 개편

고려시대의 도평의사사를 무력화시키고, 의흥친군위(임금을 받들어 의롭게 일어난 친위군)를 설치하였고, 태조 2년(1393)에 '의흥삼군부'로 개편하였다. 제2대 정종대에는 '삼군부'로 개편하였다.

---

6) '권지국사'라 함은 임금이 즉위하여 중국의 승인을 받기 전까지 사용한 임시칭호이다. 고려 태조왕건은 '권지고려국왕사'였고, 연산군을 폐위시키고 왕위에 오른 중종은 '권지국사'였다.

7) 한양천도는 (1) 고려 구 귀족세력의 약화, (2) 농업 생산력 풍부, (3) 교통·국방상의 요지, (4) 남경 길지설 수용(한양은 고려시대에 개경·서경과 더불어 3경 중의 하나로, 풍수지리설에서도 명당으로 불리던 곳이었음) 등의 의미를 가진다.

8) 조선왕조가 다른 나라와 맺은 외교관계의 기본틀은 사대(事大)와 교린이었다. 사대(事大)는 큰 나라를 섬긴다는 뜻으로 중국과의 외교관계를 설명하는 용어이고, 교린은 이웃나라와 친하게 지낸다는 뜻으로 일본이나 여진 등과 맺은 외교관계를 설명하는 용어이다. 따라서 사대와 교린은 구별되는 개념이다.

5) 조선개국과 정도전의 역할

(1) 정도전은 42세에 이성계와 역성혁명을 결의하였고, 조선 건국 후 왕도정치(王道政治: 인과 덕을 바탕으로 하는 정치)를 바탕으로 재상 중심[9]의 정치를 강조하였다(조선경국전).

(2) 조선경국전·경세문감[10]을 저술하여 민본적 통치규범을 마련하였고, 특히 '불씨잡변' 저술을 통하여 불교를 비판하고 성리학을 통치 이념으로 확립하였다. 1차 왕자의 난 때 정안대군 이방원(태종)에게 제거되었다.

2. 태종(1400～1418)

두 차례의 왕자의 난을 통해 개국 공신 세력을 숙청하고 권력을 장악한 뒤 왕권을 강화하는 정책을 추진하였다.

1) 의정부(議政府)

(1) 의의

의정부는 조선시대 백관의 통솔과 서정(庶政: 여러 방면에 걸친 정치 또는 행정상의 일)을 총괄하던 최고관부로서, 도당(都堂) 또는 묘당(廟堂)이라고도 하였다. 의정부에는 수상에 해당하는 영의정과 좌·우의정의 3장관을 두었는데, 의정부는 이 3의정(議政)의 합의제 관부였다.

(2) 의정부 서사제와 6조 직계제

① 의정부 서사제

태조 이성계는 국초부터 의정부 서사제[11]를 도입하여 추진하였다. 이 제도는 국왕에게 집중되는 국정을 경륜이 풍부한 의정부 3정승이 함께 처리한다는 데 의미가 있지만, 실질적으로는 의정부의 권한이 강해지고 상대적으로 왕권이 약화될 가능성이 높았다.

② 6조 직계제

제3대 태종 14년(1414) 때 왕권 강화를 위하여 6조의 장관을 정3품에서 정2품(판서)으로

9) 정도전은 훌륭한 재상을 선택하여 재상에게 정치의 실권을 부여해서 위로는 임금을 받들어 올바르게 인도하고, 아래로는 백관을 통괄하고 만민을 다스려야 한다고 주장하였다(조선경국전).

10) 정도전은 '경세문감'에서 재상·감사·대간·간관·수령·무관의 직책에 대하여 차례로 논하면서, 특히 간관의 지위는 비록 낮지만 직무는 재상과 동일하다고 기술하고 있다(삼봉집).

11) 의정부 서사제(議政府 署事制)라 함은 6조에서 만든 업무를 의정부에 보고하고, 의정부에서는 3정승이 모여 6조에서 올라온 보고 내용의 가부를 헤아려 왕에게 보고하고, 그리고 왕이 의정부에서 올린 내용을 보고 교지를 내리면 의정부에서 받아 6조로 돌려보내 시행하도록 한 제도이다.

올리고 6조의 판서로 하여금 모든 업무를 국왕에게 직접 보고하도록 하였는데, 이러한 제도를 6조 직계제라고 한다.[12] 양체제는 조선건국시기인 태조 때의 「왕-의정부-6조체제」의 의정부 서사제 → 「왕-6조」의 6조 직계제(태종 14년) → 의정부 서사제 채택(세종 18년) → 6조 직계제 부활(세조) → 의정부 서사제로 부활(중종)되는 등 조선왕조 중기에 이르기까지 몇 번에 걸쳐서 번갈아 실시되었다. 이와 같은 현상은 각기 왕권과 신권(臣權)의 양쪽 중 어느 쪽이 강화되느냐에 따른 결과물이라고 볼 수 있다.

2) 사간원(司諫院)

사간원은 조선 제3대 태종 1년(1401)에 처음 설치되었으며, 국왕에 대한 간쟁(諫爭)과 논박을 담당한 관청이다. 사헌부와 함께 대간(臺諫)이라 불렀고, 홍문관·사헌부와 함께 삼사(三司)라 하였고, 또 형조와 사헌부와 함께 삼성(三省)이라 하였다. 수장은 대사간이었으며 정3품의 벼슬이었다.

3) 사병혁파

개국공신들의 개인병력을 혁파하고 군사를 삼군부로 집중시켜 군사지휘권을 장악하였고, 왕권을 강화하기 위하여 갑사·별시위·겸사부 등의 금군(禁軍: 친위군)을 두었다.

4) 국가 재정 안정책

(1) 호적 작성

양안(量案: 토지를 측정하여 만든 토지대장)을 기본으로 삼아 호구법(戶口珐: 세금과 병역을 위하여 호구별로 인구를 등록하던 제도)을 제정하여 3년마다 호적을 작성하도록 하였다.

(2) 호패법 실시

유민 방지와 인적 자원 확보를 목적으로 16세 이상의 모든 남자는 호패를 착용하도록 하였고, 양반으로부터 노비까지 대상이었다.

(3) 사원정리

숭유억불이라는 개국 이념에 따라 사원의 토지와 노비몰수 그리고 전국의 242개의 사원만 남겨두고 정리하여 국가재정확보를 도모하였다.

---

12) 태종 8년 1월에 의정부의 서무(庶務)를 6조(六曹)로 이관시켰다(태종실록 권15 태종 8년 1월임자조). 그리고 태종 14년 4월에 정부조직을 개편하여, 업무를 육조에서 나누어 맡도록 개혁하였다. 이때부터 의정부가 관장한 것은 오직 사대문서(事大文書)와 중죄수를 다시 심의하는 것뿐이었다(태종실록 권27 4월 경신조).

(4) 기타 정책

신문고 설치·서얼차대법·삼가금지법(三嫁禁止法: 과부의 재가를 막기 위한 법으로 성종 때 재가금지법으로 확정·공포되었고, 그 대상은 양반의 정실부인이였다) 등을 시행하였다.

3. 세종(1418~1450)

1) 의정부 서사제 실시

유교정치 구현을 위해 태종 때 실시하였던 6조 직계제를 폐지하고 의정부 서사제를 실시하여,[13] 왕권과 신권의 조화를 추구하였다.

2) 집현전 설치

(1) 집현전은 왕립 학술 연구기관으로서 학문과 정책·제도 입안·문물 연구·문헌 편찬 등의 일에 간여하였고, 왕에게 자문을 해 주는 역할을 하였다. 집현전은 제9대 성종대의 홍문관, 제22대 정조대의 규장각으로 계승되었다.

(2) 집현전은 훈민정음 창제에 큰 기여를 하였으며, 세종은 집현전 학자들을 일반 관리보다 우대하였다.

3) 유교윤리 강조

국가행사를 오례(국가에서 행하는 5가지 의례)[14]에 따라 유교식으로 거행하였으며, 사대부에게는 「주자가례[15]」의 시행을 장려하고, 백성들에게는 「삼강행실도[16]」를 통해 유교윤리를 실천하도록 장려하였다.

4) 공법(貢法) 제정(수취체제의 확립)

(1) 세종은 전국의 토지 생산력을 실제로 반영하고 또 해마다 나타나는 풍년과 흉년의 차이를 제대로 파악할 수 있는 방법을 마련했는데, 그 결과가 공법(貢法)이다.

---

13) 세종실록 권72 세종 18년 4월 무신조.
14) 나라에서 행하던 오례로서는 길례(吉禮: 제사에 관한 의례)·흉례(凶禮: 국상이나 국장에 관한 의례)·군례(軍禮: 출정시 등에 관한 의례)·빈례(賓禮: 국빈을 맞이하고 보내는 것에 관한 의례)·가례(嘉禮: 즉위·책봉·국혼 등에 관한 의례) 등이 있었다. 우리나라는 조선 성종 때 국조오례의(國朝五禮儀)를 제정하여 오례가 확립되었다.
15) 중국 송나라 주자가 가정에서 지켜야 할 예의범절에 관해 저술한 책이다.
16) 제4대 세종 때 백성들을 가르치기 위해 만든 윤리 그림책으로, 조선과 중국의 충신·효자·열녀의 이야기를 담고 있다.

(2) 세종 26년(1444)에 토지의 비옥도를 여섯 등급으로 나누는 「전분6등법(田分六等法)[17]」과 해마다 풍흉의 정도를 아홉 등급으로 나누는 「연분9등법(年分九等法)[18]」을 같이 적용하여 1결당 4두~20두를 거두도록 하였다.

5) 국방 강화책

(1) 4군 6진 개척

여진족을 토벌하고 압록강 유역의 변경지대에는 최윤덕 등을 시켜 「4군」을, 두만강 유역은 김종서 등을 시켜 「6진」을 설치하여 고려 때보다 북쪽 국경이 늘어나게 됐다.

(2) 쓰시마(대마도) 정벌

세종 1년(1419) 이종무에게 227척 1만 7000여 명의 군사를 주어 쓰시마 섬을 정벌하였고, 그 후 3포(동래 부산포·경남 진해의 웅천 내이포·울산 염포)를 개항하여 일본인들이 들어와 장사를 할 수 있도록 하였다.

6) 민족 문화의 발전

(1) 천문학의 발전

① 천문학을 주관하던 곳은 서운관이었는데, 조선초기에 이미 천문을 관측하기 위한 두 곳의 간의대가 설치되어 있었다. 그 후 미흡한 것들을 보완하여 세종 14년부터 천문의상(天文儀象)의 제작과 함께 석축 간의대가 세종 16년에 준공되었다. 그리고 세종 20년(1438) 3월부터 이 간의대에서 서운관 관원들이 매일 밤 천문을 관찰하였다.[19]

② 「혼천의[20]」는 천체 관측기구로 장영실을 중심으로 한 기술제작진이 고안한 것이다. 이 혼천의는 천구의(天球儀: 별과 별자리를 천구 위에 놓여 있는 것처럼 표시한 천구의 모형)와 함께 물레바퀴를 동력으로 움직이는 시계장치와 연결된 것으로서 일종의 천문시계의 성격도 가졌다.

③ 천문학의 발전은 해시계와 물시계의 발명을 가져왔는데, 해시계로는 앙부일구,[21] 물시

---

17) 세금을 매기는 기준인 1결은 땅의 비옥도에 따라 크기가 달랐다. 1등전은 땅이 비옥하므로 같은 면적에서 많이 수확할 수 있고, 6등전은 1등전과 수확을 같이 하려면 더 많은 면적이 필요했다. 따라서 땅의 비옥도에 따라 토지 1결의 면적을 다르게 해 놓고 그 1결을 기준으로 세금을 거두었기 때문에, 전분6등법은 토지 비옥도에 따라 차등 징수하기 위한 법이라고 볼 수 있다.

18) 연분9등법은 농작의 풍흉을 9등급으로 나누어 지역단위로 세를 거두는 법으로 일종의 정액세법이다.

19) 세종 권80 20년 3월 무오조.

20) '혼천'은 고대 동양의 우주관이다. 계란 같은 우주 한가운데 평평한 대지가 둥둥 떠 있는 모습을 하고 있다. '혼천의'는 이 같은 혼천을 관측하는 기기를 말한다.

21) 세종 대의 해시계로는 앙부일구·현주일구·천평일구·정남일구 등이 있었다. 해시계를 일구(日晷: 해의 그림자)라고 한 것은 이것들이 모두 해의 그림자로 시간을 알 수 있도록 했기 때문이다. 앙부일구는 우리나라 최초의 공중시계(公衆時計)였고, 현주일구와 천평일구는 규모가 작은 일종의 휴대용 시계였고, 정남일

계로는 자격루[22]와 옥루[23]가 제작되었다.

④ 측우기의 발명 또한 이 시기 과학기술에서 주목할 만한 업적으로, 오늘날의 강우량 계측기에 해당된다. 측우기는 강우량 측정용으로 쓰인 관측 장비인데, 세종 23년(1441)에 발명되어 중앙의 관상감과 각 도의 감영 등에서 새로운 강우량의 측정제도로 활용되었다.

(2) 기타

① 인쇄술

세종 16년에 청동활자인 갑인자(甲寅字), 동왕 18년에는 납활자인 병진자(丙辰字)가 주조되어 조선시대의 금속활자와 인쇄술은 대체로 완성을 보게 되었다.

② 편찬사업

「칠정산내외편(七政算內外篇: 역법)[24]」·「효행록」·「농사직설[25]」·「향약집성방[26]」·「의방유취[27]」·「총통등록[28]」 등을 편찬하였다.

③ 음악적 업적

유교정치에 있어서 중요한 것이 유교적 의례인데, 국가의 의례인 오례에는 그에 합당한 음악이 따르기 마련인데, 그것이 아악이다.

㉠ 세종은 박연 등을 시켜 아악기를 만들게 하고, 아악보도 새로 만들게 해 조회아악·회례아악(會禮雅樂)·제례아악(祭禮雅樂) 등을 제정하였고, 그 뒤 아악은 국가·궁중의례에 연주되었다.

㉡ 세종은 친히 정대업(定大業)과 봉래의(鳳來儀) 등 대곡(大曲)을 작곡하였다. 현재 국악원에서 연주되는 「여민락(與民樂)」도 「봉래의」 일곱 곡 중 한 곡이며, 정대업과 보태평(保太平)은 현재 무형문화재 제1호로 지정되어 있다.

구는 매우 정밀한 해시계로 이것으로 관측하면 자연히 남쪽이 정해지면서 시각을 알 수 있도록 되어 있었다(박영규, 앞의 책, p.71).

22) 자격루는 자동으로 시간을 알리는 자동시보장치가 달린 물시계로, 일종의 자명종이다.

23) 옥루는 세종 20년(1438) 1월에 장영실이 만든 자동물시계이다. 물이 떨어지는 힘으로 인형이 북·종·징을 쳐서 시각과 경(更)을 알렸다. 모든 기관은 사람의 힘을 빌리지 않고 자동으로 이루어졌다.

24) 칠정산(七政算)은 우리 하늘에서 일어나는 각종 천문현상 및 북극 고도 관측과 각종 역법이론을 연구하여 우리 실정에 맞는 역법(曆法)을 말한다. 칠정산내편은 중국 원(元)의 「수시력」과 명(明)의 역법인 「대통력」을 참고하여 만든 우리 역법이고, 칠정산외편은 회회력(아라비아 역법)을 참고하여 만든 우리 역법이다. 세종 때의 칠정산내외편의 편찬으로 조선의 역법은 완전히 정비되었다.

25) 농사직설은 조선의 풍토에 맞는 농사법을 연구해 편찬한 농업서적이다. 「농사직설」은 이후 조선의 대표적인 농업서적이자 농업을 권장하는 업무의 지침서로 활용되었다.

26) 「향약집성방」은 세종 15년(1433)에 발간된 향약(우리나라 향토에서 생산되는 약재만을 말함)에 관한 의약서이다.

27) 「의방유취」는 「향약집성방」을 완성한 후, 다시 한방 의서들의 유취(類聚: 같은 부류에 딸리는 것을 모음)를 수집·편찬하였는데, 동양 최대의 의학사전이다.

28) 「총통등록」은 화포들의 주조법과 화약사용법, 그리고 규격을 그림으로 표시한 책을 말한다.

㉢ 세종은 기보법(記譜法: 음악을 기록하는 방법으로, 음의 고저와 장단을 표시하는 것)을 창안하였는데, 「정간보(井間譜)」가 그것이다. 세종은 이 정간보를 사용해 향악인 정대업과 봉래의 등을 기보하였다. 정간보는 현재에도 국악에 사용하고 있는데, 이것은 세조 때에 약간 개량된 것이다.

4. 세조(1455～1468)

수양대군은(제5대 문종의 동생) 김종서·황보인 등이 모반을 꾀했다는 명목으로 계유정난[29]을 일으켜 왕위를 차지하고, 왕권을 강화하기 위한 정책들을 펴게 되었다.

1) 6조 직계제 부활

6조 직계제를 재실시하여 강력한 왕권을 행사하고, 「집현전」과 경연(신하가 왕에게 유교경전과 역사를 교육하면서 동시에 학문과 정책을 토론하던 제도)을 폐지하여 공신이나 언관들의 활동을 억제하였다.

2) 경국대전 편찬 착수

국가의 통치체제를 확립하기 위하여 역대의 법전과 각종 명령 등을 종합하여 「호전(戶典)」과 「형전(刑典)」을 간행하는 등 경국대전을 편찬하기 시작하였다.

3) 직전법 시행

과전법 시행으로 관리에게 지급할 토지가 부족해지자 현직관리에게만 토지의 수조권(토지를 소유하고 농사짓는 농민에게 수확량의 일부를 조로 거둘 수 있는 권리)을 지급하는 직전법을 시행하였고, 수신전(守信田)[30]과 휼양전(恤養田)[31]의 지급을 중단하였다.

4) 유향소 폐지

이시애의 난(1467년)[32]을 계기로 유향소를 폐지하고 토호세력을 약화시키는 등 중앙집권

---

29) 제5대 문종이 몸이 약해 일찍 병으로 사망하자, 김종서·황보인 등이 13세에 불과한 단종을 보필하면서 지나친 권세를 누린다며 불만을 품어오던 중, 왕실의 권위를 회복한다는 명분으로 거사하여, 김종서와 사육신(단종복위를 기도하다가 능지처참당한 성삼문·하위지·이개·박팽년·유성원·유응부) 등을 제거하고 왕위에 오른 사건을 「계유정난(1453)」이라고 부른다.

30) 수신전은 고려말기·조선시대에 과전(科田)을 받던 사람이 죽고 그의 아내가 수절할 때 주던 토지를 말한다. 자식이 있으면 과전의 전부를, 자식이 없으면 그 반을 주었다.

31) 고려 말·조선시대에 과전(科田)을 지급받은 벼슬아치의 부부가 다 죽고 그 아들·딸이 아직 어릴 경우에 그 아들·딸을 구제하기 위하여 아버지의 과전을 물려주게 한 토지를 말하는데, 20세가 된 뒤에는 국가에서 환수하였다.

32) 함길도(지금의 함경도)의 지방 세력가인 이시애가 중앙정부에 대한 지방민의 불만을 이용해 반란을 일으켰

체제를 강화하였다.

5) 국방력 강화

보법 제정(양인을 정군과 보인으로 묶는 법), 5위제 수립(중앙군을 5위제도로 개편), 진관체제 실시(지역단위 방위체제로 편성) 등 국방력 신장에도 힘을 기울였다.

6) 간경도감 설치

세조는 불교를 숭상하여 원각사 10층 석탑을 세우고, 불교경전을 번역·간행하기 위해서 원각사 안에 「간경도감」을 설치하였다.

5. 성종(1469~1494)

제9대 성종은 모든 기초를 완성시켰다는 뜻의 성종(成宗)이라는 묘호를 얻었을 만큼 조선 개국 이래 가장 평화로운 시대를 열어 갔다.

1) 경국대전 반포

경국대전의 편찬을 마무리하여 반포함으로써 조선 사회의 기본 통치 방향과 이념을 제시하였으며, 이로써 조선왕조의 통치체제가 확립되었다.

2) 홍문관(옥당) 설치

세종 대의 집현전을 계승한 홍문관을 설치하였다. 홍문관은 학문 연구 및 국왕의 자문기구 역할을 담당하였고, 왕과 신하들이 함께 모여 정책을 토론하고 심의하는 중요한 자리가 되었다.

3) 유교 정치 이념의 강화

(1) 사림 등용

고려말기에 도입된 성리학[33]은 신진사대부라는 새로운 계층을 출현시켰다. 조선이 건국

다. 세조가 즉위한 뒤 중앙 집권 정책을 강화하여 중앙 출신 수령이 지방 유지들의 자치기구인 유향소를 철저히 감독·감시하면서 지방민과 갈등을 빚었다. 회령부사를 지내다 상을 당해 사퇴한 이시애가 길주에서 불만세력을 모아 반란을 일으켰다. 세조는 난을 진압하고 함길도를 남북으로 나누고, 유향소와 관련되었다고 하여 유향소를 폐지하였다.

33) 조선은 성리학의 나라라고 할 수 있다. 조선사대부들의 정신세계를 지배한 것은 중국 송(宋) 대의 학자 주희가 체계화하고 집대성한 성리학이었다. 조선의 선비들은 주희를 신성불가침한 성역으로 받들고 주자학을 공부했다. 성리학은 고려시대에 안향을 시초로 이색·정몽주 등에 의해 받아들여졌고(이들은 조선 건국에 불참하였고, 사림의 뿌리가 됨), 정도전과 권근 등에 의해 조선의 국시(國是)가 되었다.

◆◆ 훈구파와 사림파의 분열

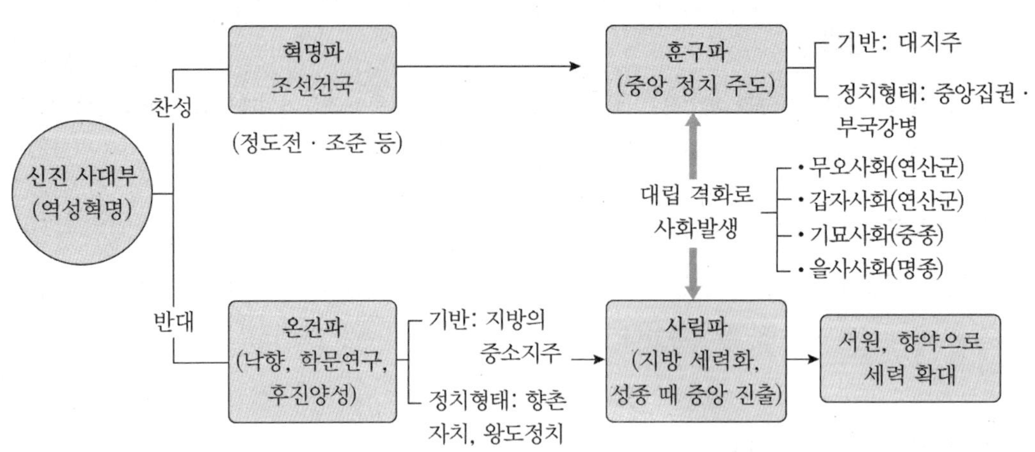

되면서 훈구파와 사림파로 분열되었다.

(2) 성종은 1480년대 접어들면서 고려 말의 대표학자인 정몽주와 길재의 후손에게 녹을 주는 한편, 그들의 학맥을 잇는 김종직과 그의 제자들을 삼사(사헌부·사간원·홍문관)를 비롯한 언론기관 등에 배치하여 훈구세력을 철저히 견제하였다. 그 결과 사림파가 정치에 나서면서 훈신과 사림의 세력균형을 이룸으로써 왕권을 안정시켰다.

4) 유향소의 부활

사림의 정치적 영향력의 강화로 유향소가 부활되고, 성리학적 향촌질서가 확립하기 시작하였다.

5) 도첩제(도승제) 폐지

성종은 도첩제를 폐지하고 승려들의 도성출입을 금지하는 등 승려를 엄하게 통제하였고, 일정 숫자의 사찰만을 남긴 채 대부분의 사찰을 폐쇄하는 등 불교에 대한 압박을 가하는 한편, 성리학의 발전에 더욱 박차를 가하면서 도학(주자학의 별칭)정치의 기틀을 잡아나갔다.

6) 관수관급제(官收官給制) 실시

제7대 세조 때 직전법을 실시하였으나, 관리들이 직전세(職田稅)를 지나치게 많이 거두는 폐단이 발생하였다. 이러한 폐단을 방지하기 위하여 성종 원년(1470)에 국가가 직접 토지를 관리하고(국가가 관리들에게 준 수조권을 대행하여 국가가 세금을 거둠), 수조권에 해당하는 만큼을 수조권을 가진 관리들에게 지급하는(녹봉을 지급하는) 「관수관습제」를 도입하였다.

7) 사창제(社倉制) 폐지

사창제는 민간에서 곡식을 저장해두고 백성들에게 대여해 주던 제도였다. 이 제도는 사(면)를 단위로 설치·운영한다고 하여 「사창」이라고 했는데, 관(官)에서 운영하는 환곡제도와는 차이가 있다. 사창은 세종 30년(1488)과 문종 1년(1451)에 각각 사창을 설치하였다. 그러나 세조 때에 접어들어 사창의 관리가 허술해 원곡이 없어지고 이자가 실제로는 사채나 다를 바 없는 고리대라는 주장이 높아지자, 성종 1년(1470)에 사창을 폐지하였다.

8) 편찬사업

노사신의 「동국여지승람」, 서거정 등의 「동국통감」·「삼국사절요」·「동문선」, 성현 등의 「악학궤범」, 강희맹 등의 「국조오례의」 등 다양한 서적을 편찬하였다.

Ⅱ. 선조, 광해군의 양난의 극복과 대외관계(중국 청과의 관계)

1. 임진왜란

1) 왜란 전의 조선 정세(제11대 중종~제14대 선조)

일본의 무역요구가 더욱 늘어난 데 대하여 조선 정부의 통제가 강화되면서, 이의 해결과 도요토미 히데요시(풍신수길)의 무모한 정복야욕이 임진왜란의 한 원인이 되었다.

(1) 왜구 약탈

삼포왜란(임신약조)[34] → 사량진왜변(정미약조)[35] → 을묘왜변(교역중단)[36] 순으로 일본의 침략이 격화되었다.

(2) 조선의 정세 및 대응

① 5위제 붕괴와 방군 수포 증가

㉠ 5위제 붕괴

조선전기의 군사제도인 5위(의흥위·용양위·호분위·충좌위·충무위)는 정군의 감소와 갑사들

---

34) 중종 5년(1510) 계해약조 이후 3포에 거류한 왜인이 무역 제한에 불만을 품어 난을 일으켰다. 조선정부에서는 비변사를 「임시」로 설치하여 군사문제를 전담케 하였다.

35) 중종 39년(1544) 4월 대마도 왜인들이 사량진에서 난동을 부린 사건이다.

36) 명종 10년(1555)에 전라남도 해남군에 있는 달량포에 왜선 60여 척이 습격하였다. 이후 일본과의 교류는 일시 단절되었고, 을묘왜변을 계기로 비변사가 설치되었다.

의 녹봉 중단으로 대우가 하락하면서 군인의 질적 저하가 나타나기 시작하였다. 16세기 이후 중앙군의 경우에는 수포대역제(수포대립제), 지방군의 경우에는 방군수포제가 일반화되면서 5위 조직은 붕괴되기 시작하였다.

㉡ 방군수포제(放軍收布制)

조선초기의 진관체제가 15세기 말부터 16세기 전반 동안 점차 무너지기 시작함에 따라, 군역 의무의 일반적인 형태로 나타난 것이 중앙군의 경우 수포대립제(收布代立制 또는 수포대역제)였고, 지방군의 경우 방군수포제였다. 16세기부터 국가는 수포대립제를 양성화 하여 농민 장정이 1년에 군포 2필을 내면 군역을 면제해 주는 군적수포제를 실시하였다. 한편 지방군의 방군수포제는 15세기 말 16세기 초에 영진에 복무하는 지방의 군사를 집으로 돌려보내고 그 대가를 베로 받아들이는 제도였다. 그러나 이 제도는 이렇게 거둬들인 재물은 모두 병마절도사·수군절도사·첨절제사·만호 등과 그 휘하 관속들의 개인소유가 되었다. 그 결과 비록 제도적으로 진관체제를 갖추고 있었으나 지방군으로 남아 있는 군사는 얼마 되지 않아, 국방체제는 매우 약화되었다.

② 국론의 분열

임진왜란 전의 조선은 붕당정치[37]로 인해 군사적 준비가 부족하였고 군사력이 약화되는 방군수포제 현상이 나타났다. 이에 대하여 이이가 10만 양병설을 주장하였으나, 지배계층은 인식하지 못하였다.

2) 일본의 상황

(1) 전국시대 통일

도요토미 히데요시(풍신수길)가 전국시대를 통일하고 불평세력의 관심을 밖으로 쏠리게 하는 한편, 내부 단결을 도모하고자 조선과 명(明)에 대한 침략을 준비하였다.

(2) 정명가도(征明假道) 요구

일본은 조선 침략의 구실로 명(明)을 치러 가는 데 필요한 길을 열어 달라고 요청하였고, 조선이 이를 거절하자 침략을 단행하였다.

37) 붕당이란 이해관계나 주의(主義) 따위를 함께하는 사람끼리 뭉친 정치적 집단을 말한다. 우리나라에서는 조선시대에 접어들면서 「붕당」이 형성되었는데, 붕당은 현대식 정당보다 더 발달한 정치이념 집단이었다. 「붕당」정치는 공도(公道)와 공론(公論)을 중시하는 사림(士林)의 정치 이념에 바탕을 둔 것으로, 관료들의 정치 비판 기능이 커지고 개인의 의견보다 집단의 의사인 공론이 정치를 주도하게 되면서 형성되었다고 볼 수 있다. 1575년 정권을 장악한 사림 사이에 분열이 일어나 동인과 서인으로 갈라지면서 붕당정치가 시작되었다.

3) 왜란의 발발(1592년 4월)

왜군 20만이 침략을 개시하자 부산진과 동래성에서 송상현과 정발이 분전하였으나 끝내 함락되었다. 신립은 충주 탄금대에서 배수의 진을 치고 싸웠으나 패배하였고, 선조는 의주로 피난하였다. 왜군은 평양·함경도까지 침입하였고, 조선은 명(明)에 파병을 요청하였다.

◆◆ 임진왜란의 극복

구분		내용
국제 정세		• 조선: 붕당정치로 인한 사회 혼란, 일본에 사신을 보내 일본 정세 탐지[38] • 중국: 여진족의 성장 • 일본: 도요토미 히데요시(풍신수길)의 전국시대 통일
왜란의 극복	수군	※ 이순신의 활약 옥포해전(왜선 30척 격파, 최초 승리) → 사천전투(거북선 최초 사용) → 당(항)포해전(전라우수사 이억기와 경상우수사 원균 합세 적선 격퇴) → 한산도 대첩(학익진 진법 이용, 적선 100여 척 격파)에서 승리하면서 남해의 제해권 장악, 곡창지대인 전라도 지방 보존하여 왜군의 수륙병진작전 좌절시킴
	의병	※ 의병은 농민이 주축이 되어 전직 관리·사림·승려가 주도한 자발적인 부대였음 주요 의병장 ① 곽재우(최초의 의병장, 경상도 의령에서 거병), ② 정문부(함경도 경성에서 거병하여 경성·길주 회복, 숙종이 전승을 기념하여 북관대첩비 길주에 건립), ③ 조헌(충청도 옥천에서 거병, 금산에서 고경명 등과 함께 전사), ④ 고경명(전라도 담양·장흥에서 거병), ⑤ 김덕령(전라도 담양에서 거병, 이몽학의 난에 연루되어 죽음), ⑥ 휴정(서산대사, 묘향산에서 거병, 평양 탈환, 유정의 스승), ⑦ 유정(사명당, 금강산에서 거병, 평양 탈환, 왜란 이후 일본에 파견되어 포로와 함께 귀환)
	관군	• 김시민(1차 진주성 싸움), 권율(행주대첩) ※ 임진왜란의 3대 대첩: 한산도대첩(1592.7), 진주대첩(1592.10), 행주대첩(1593.2)
결과		• 왜군은 명(明)에게 휴전을 제의하였으나, 왜군의 무리한 조건으로 3년 만에 결렬됨 • 조선: 경작지·인구감소·신분제 동요(납속·공명첩에 의한 신분 상승)[39]·문화재 소실[40] • 중국(명): 조선과 명이 일본과 싸우는 동안 여진족 급속 성장(후금 건국, 1616) • 일본: 조선의 문화재 약탈 및 성리학자와 도공 등을 납치하여 일본의 성리학과 도자기 문화 발달할 수 있는 토대 마련

38) 선조(1590)는 왜의 동태가 수상하다는 판단에 따라 통신사 황윤길(서인), 부사 김성일(동인) 등을 왜국에 보내어 그곳 동향을 살펴보도록 하였다. 이듬해 돌아온 두 사람은 상반된 보고를 하였다. 통신정사 황윤길은 왜국이 전쟁 준비에 한창이라고 하면서 그들의 침략에 대비해야 한다고 했고, 반면 통신부사 김성일은 도요토미의 인물됨이 보잘 것 없고 군사 준비도 보지 못했기에 전쟁에 대비하는 것은 민심만 혼란스럽게 할 뿐이라고 했다. 이런 의견 대립은 서인과 동인의 정치적 대결 양상으로만 번졌고, 결국 동인 세력이 우세했던 까닭에 김성일(동인)의 주장대로 전쟁에 대비하지 않는 쪽으로 결론이 났다.

39) 공명첩은 재정 확충을 위하여 국가에서 부유한 사람들에게 재물을 받고 형식상의 관직을 부여하기 위해 발급해 주었던 "이름이 비어 있는 임명장"이다. 이러한 명예직 임명장인 공명첩이 남발되면서 신분제가 동요되었다.

40) 경복궁, 불국사, 서적과 실록을 보관하는 사고(단, 전주사고 제외) 등이 소실되었고, 반면 일본을 통하여 조총, 담배, 고추, 호박 등이 전래되었다.

2. 정유재란(1597년 1월)

1) 육전의 승리

조선과 명나라 연합군이 왜군을 직산에서 격퇴하였다.

2) 해전의 승리

명량대첩[41](원균의 수군 칠천량 해전에서 대패한 후, 이순신이 삼도수군통제사로 임명되어, 명량에서 왜군 대파) → 노량해전(노량 앞바다에서 패주하는 왜선 수백 척 격파, 이순신 전사)

3) 이순신의 3대 대첩

한산도대첩(임진왜란), 명량대첩(1597.9, 정유재란), 노량해전(1598.11, 정유재란)을 말한다.

3. 광해군의 중립 외교

제15대 광해군은 왜란 중에 세자로 책봉되어, 왜란을 극복한 후 선조의 뒤를 이어 광해군이 즉위하였고, 더불어 북인 정권[42]이 수립되었다.

1) 전후 복구

(1) 호적 및 양안(토지대장)을 재작성하여 국가재정기반을 확보하고, 산업을 진흥시켰고(양전사업과 호적정리), 군사력 강화를 위해 성곽과 무기를 수리하였다(국방력 강화).

(2) 소실된 사고를 5대 사고[43]로 재정비하였고, 허준의 「동의보감」이 편찬되었다.

---

41) 명량대첩: 지금 신에게 전함이 아직 열두 척이 있습니다. 죽을 힘을 다하여 막아 싸우면 어찌 승리할 수가 없겠습니까. 전함이야 적지만 신은 죽지 않았습니다. 적은 감히 우리를 업신여기지 못할 것입니다(난중일기).

42) 동인과 서인으로 붕당정치가 시작되었고, 1591년 서인의 지도자 정철이 쫓겨나자 그에 대한 처벌의 강도를 놓고 동인은 또 북인과 남인으로 갈라졌다. 정인홍이 이끄는 북인은 철저한 응징을 주장한 반면, 유성룡이 이끄는 남인은 온건한 입장이었다. 임진왜란 때 북인은 적극적인 항전의 태도를 취했으며, 의병장도 북인 출신이 많았다.

43) 사고(史庫)는 고려말기부터 조선후기까지 실록 같은 국가의 중요한 서적을 보관하던 서고를 말한다. 임진왜란 전까지는 춘추관·충주·전주·성주의 4대 사고가 있었으나, 임진왜란 때 사고 등이 소실되면서(단, 전주사고는 제외), 광해군이 5대 사고로 재정비 하였다. 5대 사고는 춘추관·오대산·태백산·묘향산(인조 이괄의 난 이후 묘향산 사고를 무주 적상산으로 옮김)·마니산(효종 때 불이 나서 마니산 사고를 정족산으로 옮김) 사고를 말한다.

2) 광해군의 대외 정책

(1) 후금의 건국(후일 청)

임진왜란을 겪는 동안에 조선과 명(明)의 힘이 약화된 틈을 타서 만주족인 누르하치가 부족을 통일하고 후금[44)]을 건국하였다.

(2) 명(明)의 원군 요청

서쪽으로 세력을 확장하던 후금은 명(明)에 대하여 전쟁을 선포하자 명(明)은 조선에 원군을 요청하였다.

(3) 광해군의 중립 외교(실리외교)

① 광해군은 명(明)의 후금 공격 요구를 거절할 수 없었고, 한편으로는 후금과 적대관계를 맺을 수도 없었다. 광해군은 강홍립을 도원수로 삼아 1만 3천 명의 군대를 이끌고 명(明)을 지원하게 하면서 한편으로는 후금에 항복하여 마찰을 피하도록 밀명을 내렸다.

② 그 후 조·명 연합군은 후금에게 패하였고, 강홍립 등은 후금에 항복하였다. 이후에도 명(明)의 원군 요청은 계속되었지만, 광해군은 이를 적절히 거절하면서 후금과 친선을 꾀하는 중립적인 정책을 취하였다. 그 결과 전쟁의 화가 미치지 않아 왜란 후의 전후 복구 사업에 크게 기여하였다.

(4) 인조반정(1623년)

① 원인

광해군의 중립외교는 대의명분(명에 대한 명분과 의리)을 강조하는 서인과 남인의 반발을 야기하였고, 그러던 차에 광해군과 북인 정권은 영창대군을 죽이고 인목대위를 폐위하자(계축옥사), 서인과 남인은 이 같은 패륜행위를 문제 삼아 반정(反正)[45)]을 일으켰다.

② 결과

㉠ 서인이 주도하고 남인이 참여한 반정으로 집권한 서인[46)]은 광해군을 강화도로 유배를

---

44) 1616년에 누루하치가 나라를 세울 때는 '후금'이라 했다가 '청'으로 바꾼 뒤 명(明)을 무너뜨리고 중국대륙을 차지하였다. 청은 중국에서 이민족(다른 민족)이 세운 나라 가운데 가장 오랫동안 중국을 지배했다. 한족의 정치가인 쑨원(손문)을 중심으로 신해혁명이 일어나 청은 1912년에 멸망했다.

45) 반정(反正)이라 함은 왕도(王道)를 지키지 못한 왕을 몰아내고 새 왕을 세워 종묘사직을 바로잡는 일을 말한다. 조선시대에는 중종반정(1506년)과 인조반정(1623년)이 있었다. 연산군을 몰아낸 중종반정에 대해서는 옳고 그름에 대한 시비가 없으나, 광해군을 몰아낸 인조반정의 경우에는 광해군이 과연 반정(反正)의 대상이었는지에 대해서는 아직도 많은 논란이 있다.

46) 인조반정 이후 북인 세력이 밀려나고 성리학의 원리원칙에 충실한 서인들이 집권하게 되는데, 이때부터 조선 후기가 시작된다고 보는 것이 지배적인 견해이다(강응천 외, 「타임라인 한국사」, 파주: 다산북스, 2015,

보내고 북인정권의 거두(이이첨·정인홍 등)들을 참수했다.

ⓒ 제16대 인조를 옹립한 서인정권은 명나라에 대한 의리(義理: 인간이 마땅히 행하여야 할 도리)를 더욱 강조하고, 후금을 배격하는 정책을 고수하였다.

3. 인조(1623~1649)

1) 호란의 극복

(1) 정묘호란(인조, 1627년, 후금)

① 원인

㉠ 친명배금정책

인조반정 이후 인조의 외교정책은 '중립 외교'에서 '친명배금정책'으로 바뀌면서, 후금을 자극하였다.

㉡ 가도사건(1623년)

명(明)나라 장군 모문룡이 후금이 차지한 요동지방을 빼앗기 위하여 평안도 가도에 주둔함으로써 후금을 긴장시켰다.

㉢ 이괄의 난과 후금과의 내통(1624년)

인조반정 후 일등공신이 되지 못한 것에 불만을 품은 이괄이 반란을 일으키고 진압되자, 그 잔당이 후금에 건너가 조선 정벌을 요구하였다.

② 경과

후금은 광해군을 위하여 보복한다는 명분을 내걸고 평안도 의주를 거쳐 황해도까지 쳐들어 왔다. 이를 정묘호란이라고 한다. 이때 철산 용골산성의 정봉수와 의주의 이립 등이 의병을 일으켜 관군과 합세하여 적에 맞서 싸웠다.

③ 결과

강홍립의 중재로 후금과 조선은 「형제관계」를 맺게 되었고(정묘조약),[47] 후금의 군대는 철수하였다.

---

p.1621).

47) 후금 황제 홍타이지(태종)는 강홍립을 앞세워 조선을 침략했으나, 후금의 목적은 조선을 정복하는 것이 아니라 조선과 명(明)나라 사이를 떼어 놓는 것이었다. 그래서 후금은 화의를 제안했고, 인조가 이를 받아들여 정묘조약(강화조약)을 맺게 되었다. 그 내용은 ① 강화조약을 맺은 뒤 후금 군대는 즉시 철수한다. ② 후금 군대는 다시는 압록강을 넘지 않는다. ③ 후금과 조선은 형과 아우 나라의 관계를 맺는다. ④ 조선은 후금과 화해하되 명나라와 적대하지 않는다는 것이었다.

(2) 병자호란(1636)

① 원인

㉠ 후금 황타이지(태종)는 중국을 장악한 후 국호를 '청'으로 고치고, 조선에 군신관계를 요구하자, 조선은 거부하였다.

㉡ 주전론[48]과 주화파의 대립

㉮ 김상헌(성리학자)[49]과 3학사(윤집·홍익한·오달제)[50] 등의 척화주전론자들은 청의 요구에 굴복하지 말고, 명분과 의리를 지켜 전쟁까지도 불사하자고 주장하였고, 반면, 주화론자인 최명길[51]은 군사적으로 청나라의 상대가 되지 않으므로, 조선을 끝까지 지켜 나가기 위해서는 명분과 의리를 굽혀 청과의 화의를 모색하여 국가의 위기를 극복하고 전쟁을 종식시켜야 한다고 주장하였다.

㉯ 주전으로 상황이 기울자 청태종은 인조 14년(1636)에 10만여 명의 군사를 이끌고 한양을 점령하였고, 인조는 남한산성에 피신하여 45일간 대항하였으나 결국 최명길 등 주화파의 건의에 따라 삼전도에서 청태종에게 항복하였다(삼전도 굴욕).[52]

② 결과

㉠ 청과 군신관계를 맺게 되었고 명(明)과의 관계가 단절되었다. 이때 청은 소현세자·봉림대군 등을 볼모로 삼고, 척화론자인 김상헌과 3학사(윤집·홍익한·오달제) 등을 청나라 심양으로 압송하였다. 소현세자는 볼모로 잡혀가 8년 뒤인 1645년에 귀국하였으나, 인조의 냉대를

48) 주전론(主战論)은 전쟁하기를 주장하는 의견이나 이론을 말한다. 반면 주화론(主和論)은 전쟁을 피하고 화해하거나 평화롭게 지내자고 주장하는 의견이나 이론을 말한다.

49) 김상헌(선조 3년~효종 3년)은 한국사에서 절개와 지조의 한 상징이다. 그 시대에 그의 판단과 처신이 옳았는가 하는 측면은 후대에 여러 의견이 있을 수 있지만, 분명한 것은 그가 자기의 이념을 철저히 실천했다는 점이다. 김상헌은 병자호란 후에 소현세자와 봉림대군과 함께 볼모로 잡혀 조국을 떠나면서 그 서글픈 우국(憂國)의 정과 비분강개한 심정을 노래한 작품이 「가노라 삼각산아」이다. "가노라 삼각산아, 다시보자 한강수(한강물)아, 고국산천(古國山川: 정든 고국)을 떠나기는 하겠다만, 시절이 하 수상하니(지금의 시대가 너무 어수선하고 혼란스러워) 올동말동하여라(다시 돌아올 수 있을지 모르겠구나)"(청구영언, 고금가곡).

50) 삼학사란 윤집·홍익한·오달제를 가리킨다. 병자호란 때 청(淸)나라와 화해를 반대하고 결사항전을 주장하다가 인조가 삼전도에서 항복한 후 중국 심양으로 압송되어 참형당하였다. 조정에서는 이들의 충절을 기려 모두 시호를 내리고, 모두 영의정으로 추증하였다.

51) 최명길에 대해 조선왕조실록상에는 실록 찬자(撰者: 글을 지은 사람)들이 "기민하고 권모술수에 능했다"고 했고, 더욱이 화의론을 주장하여 선비들로부터 버림을 받았다는 내용까지 노골적으로 기록하고 있으면서도, 위급한 경우를 만나면 앞장서서 피하지 않았고 일에 임하면 칼로 쪼개듯 분명히 처리하였으니, 역시 한 시대를 구제한 재상이라고 평가하기도 하였다. 이처럼 최명길은 척화론의 영수였던 김상헌과 비교해 볼 때 초라하고 평가 절하된 것은 그 당시의 사림의 주류가 대명사대주의(숭명배청)에 빠져 있었던 것도 그 이유 중의 하나이다. 최명길은 병자호란 이후 온갖 어려움을 무릅쓰고 전후의 문제들을 하나하나 해나가면서 조선을 위기에서 구해냈다.

52) 1637년 1월 인조는 성문을 열고 삼전도에서 청태종 앞에 세 번 절하고 아홉 번 머리를 땅에 찧는 항복의 식을 치렀다.

받다 결국 30세의 나이로 병을 얻어 죽었는데, 사실은 인조가 소현세자를 독살시켰다는 것이 정설로 받아들여지고 있다. 소현세자 사후 청나라를 싫어하는 동생 봉림대군이 왕위에 오르니, 이가 곧 제17대 효종이다.

㉡ 병자호란 후의 굴욕적인 역사(삼전도 치욕)를 남기게 된 것은 광해군의 실리주의 노선을 제대로 살리지 못하고, 당시 서인과 인조가 지나친 대명사대주의에 빠져 국제 정세를 제대로 읽어내지 못한 것이 근본적 원인이었다.

4. 효종(1649~1659)

인조가 죽고 소현세자 사후 세자가 된 봉림대군이 왕위에 올랐는데, 제17대 효종이다. 소현세자와는 달리 청나라에 적개심을 품고 있던 효종은 즉위한 뒤 은밀히 청나라를 정벌하는 '북벌'계획을 세웠다.

1) 북벌계획

(1) 북벌 준비

① 효종은 북벌계획을 추진하기에 앞서 당시 대표적인 친청세력인 김자점과 인조의 후궁 조귀인(조소용)을 모두 제거하고(김자점 역모사건), 이완·원두표 등의 무장을 중용하여 북벌을 위한 본격적인 군비 확충 작업에 착수했다.

② 효종은 송시열을 총책임자로 하고, '포도대장 이완'[53]을 훈련도감 대장으로 특별 임명해 훈련도감에서 군사들을 훈련시켰고, 북벌의 선봉 부대인 어영청을 중심으로 군대를 양성하였다. 한편, 왕위 친위부대인 금군을 기병화하는 동시에 군사도 600여 명에서 1천여 명으로 증강시켜 왕권을 강화하였다.

③ 1654년 3월 지방군의 핵심인 속오군의 훈련을 강화하기 위하여 인조 때 설치되었다가 유명무실화된 영장제도를 강화하였다.

(2) 효종의 북벌계획

① 효종은 즉위 후 삼전도의 치욕을 되새기며 북벌에 집념하여 군비 확충에 전념하였으나, 중국 내의 청나라에 대한 한족(漢族)의 반발이 수그러들면서 중국의 지배권을 청이 확실히 하게 되면서 국제 정세마저 여의치 않았다. 한편, 국내적으로는 군비보다는 현실적인 경제 재건을 주장하는 조신들과 마찰을 빚기도 하였다. 효종은 임금에 오른 지 10년 만에 세상을 떠나고 효

53) 1649년 효종 즉위 후 북벌정책에 핵심 무관으로 포도대장을 거쳐 1650년에는 어영대장에 올랐다. 효종 4년(1653) 최고 정예부대인 훈련도감의 대장에 종래 공신이나 외척의 임명되던 관례를 깨고 특별히 임명되어 제18대 현종 대에까지 16년 동안 직책을 유지하였다.

종의 죽음으로써 결국 북벌운동은 실천에 옮기지 못하였다.

② 효종의 북벌계획추진은 정묘호란과 병자호란의 책임을 져야 할 처지에 있던 서인들의 정권 유지를 위한 수단으로 이용되었다는 점에 그 한계가 있다.

2) 나선정벌

(1) 제1차 나선정벌

북벌을 준비하던 조선군이 청나라의 요청을 받고 청-러시아 국경에 충돌해 러시아군을 격퇴하였다. 본래 청나라를 정벌하기 위해 훈련된 조총군 100여 명과 여타 병력 50명(150명)의 파견은 조선의 자발적인 지원도 아니고, 북벌계획과는 무관하다. 그러나 청나라가 강력하게 원병을 요청하였기 때문에 병마우후 변급[54]을 지휘관으로 삼아 150여 명(조총군사 100명과 여타병력 50명)을 청나라에 보내어 청나라 군사와 함께 나선(羅禪)병력을 흑룡강 이북으로 격퇴시켰다(1654년 4월). 당시 러시아를 나선(羅禪)이라 했으므로, 이 원정을 제1차 나선정벌이라 한다.

(2) 제2차 나선정벌

효종 9년(1658) 6월에 청이 다시 원병을 요청하자 신유를 지휘관으로 하여 260명(조총부대 200명과 여타병력 60명)을 파견해 청나라 군대와 조선군이 함께 송화강과 흑룡강 합류 지점에서 러시아군을 물리쳤고, 그 후 흑룡강 부근에서 활동하던 나선군은 거의 섬멸되었다.

Ⅲ. 사림(士林)의 정치적 성장

1. 사림의 정치적 성장

사림은 조선중기에 정치와 사회를 주도한 세력을 가리키는 말이다. 제9대 성종 때 김종직과 그 문인들이 중앙정계에 진출하여 이조전랑(인사권 담당)과 3사(三司)의 언론기관직을 담당하여 훈구세력의 부정부패를 비판하였다.

54) 변급은 효종 5년(1654) 함경도 병마우후로 있으면서 왕명을 받고 제1차 나선정벌의 지휘관으로 출전하여 러시아군을 크게 격파하였다. 전라도 수군절도사·충홍도 수군절도사를 지냈으나, 변급의 출생과 집안 내력에 관해 알려진 바가 없다.

사림의 계보

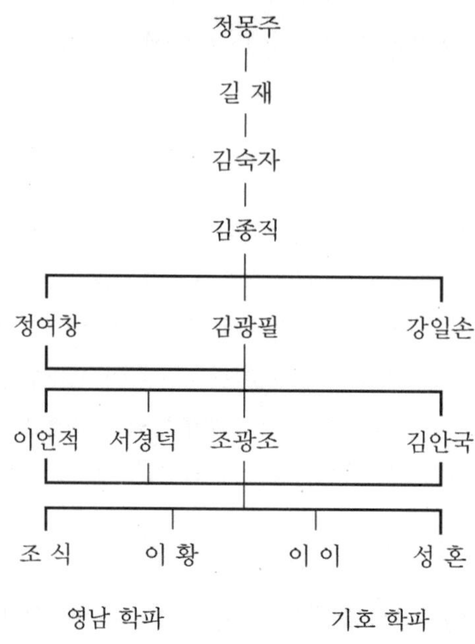

2. 사화[55]의 발생

성종 때에 사림파가 정치에 나서면서 사림과 훈구세력 간의 정치적·학문적 대립으로 발생하였다. 사림파는 4차례의 사화를 겪으면서 그 세력이 크게 꺾였다.

4대 사화

사건명	내 용
무오사화 (연산군 4년)	연산군 4년 유자광 중심의 훈구파가 김종직 중심의 사림파에 대해서 일으킨 4대 사화 가운데 첫 번째 사화이다. 김일손이 편찬하던 「성종실록」에 김종직(김일손의 스승)의 조의제문[56]이 실린 것을 트집잡아 세조의 왕위 찬탈 비판 및 왕위 정통성을 부정하는 것으로 훈구파는 해석하여 공격하였고, 그 결과 이미 죽은 김종직이 부관참시를 당하였고 김일손을 비롯한 사림파들이 제거되었다.

55) 사화(士禍)란 '사림의 화'를 줄인 말이다.

56) 연산군의 아버지인 성종이 승하하자, 김일손은 성종의 실록을 편찬하면서 조선의 7대 임금이며 조카인 단종을 쫓아내고 임금이 된 세조의 잘못을 지적하기 위하여 스승인 김종직이 지은 '조의제문(弔義帝文)'을 실록에 끼워 넣었다. 조의제문은 서초패왕 항우를 세조에, 의제(義帝)를 노산군(단종)에 비유해 세조가 단종을 쫓아내고 임금에 오른 것을 비난한 내용이다. 세조는 연산군에게는 증조할아버지가 되는 사람이다. 이 사실을 김일손에게 원한을 가졌던 유자광이 알게 되어 연산군에게 말하여 김일손을 비롯한 사림파들이

갑자사화 (연산군 10년)	연산군의 생모 폐비 윤씨가 사약을 받아 죽은 사건을 연산군이 알게 되자, 사약 공론에 참여한 훈구파(한명회 등 일부 훈구세력)와 김굉필·정여창 등의 대다수 영남 사림 세력들이 피해를 입었다.
기묘사화 (중종 14년)	제11대 중종이 다시 사림을 등용하였으나, 남곤·심정·홍경주 등의 훈구파가 성리학에 바탕을 두고 급진적 개혁을 주장하던 조광조[57]를 비롯한 사림세력들을 대부분 제거하였다.
을사사화 (명종 즉위년)	제13대 명종이 즉위하자 어린 명종을 대신하여 문정왕후가 수렴청정을 시작하면서, 제12대 인종의 외척인 윤임(대윤)과 제13대 명종의 외척인 윤원형(소윤)의 반목이 심화되었다.[58] 그 결과 윤임을 비롯하여 사림 10여 명이 처형되고 대윤은 몰락하였다.

3. 사림의 성장

사화이후 사림 세력은 크게 꺾였다. 이후 지방에서 서원[59]과 향약(鄕約)[60]을 통하여 향촌 사회에서 세력을 확대하고 16세기 후반 제14대 선조의 즉위를 계기로 척신정치(제13대 명종 때 외척에 의해 주도된 정치형태)가 일단 종식되면서 훈구세력을 몰아내고 정권을 장악하였다.

처형되고 귀양 보내졌다.

57) 중종이 조광조를 비롯한 사림파들을 등용하자, 조광조 등은 사림의 이상정치를 실현하기 위하여 ① 현량과 실시: 덕행 있는 사람을 추천에 의거 국왕이 직접 등용하는 제도(사림의 등용), ② 위훈 삭제: 훈구 비리 척결(훈구파 견제), ③ 불교·도교와 관련된 행사 폐지: 승과와 소격서(조선시대의 도교의 보존과 도교 의식을 위하여 설치한 예조의 속아문) 폐지, ④ 경연 활성화: 왕도 정치 강조, ⑤ 방납(防納: 농민이 그 지방에서 생산되지 않는 물품을 공납해야 할 경우 아전과 상인이 이를 대신 납부해 주고 중간 이윤을 취하던 행위)의 폐단 시정: 농민부담 해소를 위한 수미법(공납을 쌀로 납부하는 세제의 한 방법)을 건의, ⑥ 향약의 전국적 보급을 위한 노력: 향촌 자치 실현 등의 내용으로 급진적 개혁정치를 시도하였으나, '주초위왕(走肖爲王: 조광조가 왕이 된다)사건(기묘사화)'으로 조광조와 사림세력이 실각되고 말았다.

58) 중종의 제1계비 장경왕후는 세자(뒤의 인종)를 낳은 뒤 죽었다. 그 뒤 제2계비 문정왕후가 경원대군(뒤의 명종)을 낳았는데, 이들 두 계비는 파평 윤씨였다. 조정은 세자의 외삼촌인 윤임을 지지하는 대윤과 경원대군의 외삼촌인 윤원형을 지지하는 소윤으로 갈라지게 되었다. 중종이 죽고 인종이 즉위하자 대윤파가 득세하였고 인종은 사림을 많이 등용하였다. 그러나 인종이 재위 8개월 만에 죽고 제13대 명종이 즉위하자 소윤의 윤원형이 득세하여 윤임 일파를 역모죄로 무고하였다. 그 결과 윤원형을 비롯한 척신(왕실 외척)들이 윤임(대윤)을 몰아내고 정국을 주도하게 되었다.

59) 서원은 조선중기 이후 학문연구와 옛날 위인들을 제사지내기 위하여 사림에 의해 설립된 사설기관인 동시에 향촌 자치운영기구였다. 중종 38년(1543) 풍기군수 주세붕이 고려 말 학자 안향을 배향하고 유생을 가르치기 위하여 경상도 순흥에 「백운동서원」을 창건한 것이 그 효시이다.

60) 여씨 향약은 북송(11세기) 때 향촌을 교화·선도하기 위해 만들었던 자치적인 규약이었다. 이 책을 조선 중종 13년(1518) 여씨 향약을 김안국이 번역·출간하였고, 이를 조광조가 중종 15년(1502)에 사회개혁에 도움이 될 것으로 보고 받아들여 본격적으로 시행하게 된 것이다. 따라서 향약은 조선시대 향촌 사회의 자치규약으로, 사회질서 확립을 하는데 기여한 유교적, 도덕적 사회 규범을 말한다.

Ⅳ. 붕당정치의 전개

붕당은 학문과 이념에 따라 성립되었으며, 정파적 성격과 학파적 성격을 지녔다. 초기에는 강력한 왕권으로 형성이 불가능하였으나, 중기에 이르러 왕권이 약화되고 사림정치가 시작되면서 붕당이 형성되었다.

1. 선조

1) 붕당[61]의 출현

(1) 척신 정치의 잔재 청산을 둘러싼 갈등과 이조전랑[62]직을 둘러싼 대립으로 동인(東人)과 서인(西人)으로 분화되었다.[63] 제14대 선조 때는 동인이 집권을 하였다.

(2) 동인은 신진사림 출신으로 정치개혁에 적극적이었고, 지배자의 도덕적 자기절제를 강조하였다. 영남 사람이 많은 동인은 이황[64]·조식·서경덕의 학문을 계승하였는데, 이들을 영남학파(경상도지방)라고 부른다. 반면 서인은 기성사림 출신으로 정치개혁에 소극적이었고, 제도개혁을 통한 부국안민에 힘을 썼다. 서인은 이이·성혼 등의 문인들을 중심으로 구성되었는데, 이들을 기호학파(충청권)라고 부른다.

2) 동인의 분당(동인에서 남인과 북인의 분열)

(1) 정여립의 난[65]을 처리를 맡은 정철(서인)은 정여립과 가깝다는 이유만으로 이발 등 동인을 대거 처형하면서(기해옥사), 서인이 정권을 장악하였다.

---

61) 붕당이란 이해나 주의(主義) 따위를 함께 하는 사람끼리 뭉친 정치이념집단이라고 할 수 있다.

62) 이조전랑은 정랑(정5품)과 좌랑(정6품)을 합쳐 부른 말이다. 비록 관직이 낮았지만 언론기관인 삼사(三司)의 관리를 임명하고 그 자신의 후임을 추천할 수 있어서 그 권한이 매우 강했다.

63) 훈구파를 물리치고 정권을 잡은 사림은 선조 8년(1575) 훈구파에 대한 처리를 놓고 두 파로 나뉘었는데, 양측은 서로 자기편의 인물을 이조전랑에 임명하려 했다. 이를 계기로 사림이 동인과 서인으로 나뉘어 붕당정치가 시작되었다. 선조 8년(1575) 김효원을 이조전랑으로 임명하려 하자 심의겸이 반대하여 뜻을 이루지 못하였다. 후에 심의겸의 동생인 심충겸을 이조전랑에 임명하려 하자 이번에는 김효원이 반대하였다. 김효원의 집이 궁궐에서 동쪽에 있어 따르는 무리를 동인, 심의겸의 집은 궁궐의 서쪽에 있어 따르는 무리를 서인이라고 불렀다. 을해년에 일어나 '을해당론'이라 불리는 이 분열이 150여 년간 조선의 정치를 좌우할 붕당정치의 시작이었다.

64) 이황과 이이는 붕당정치와 직접적인 관련성이 없다. 이황은 '을해당론' 전에 죽었고, 이이는 끝까지 붕당에 반대하였다.

65) 정여립은 '천하에는 일정한 주인이 없으며, 누구라도 임금이 될 수 있다'고 주장하면서 모반을 준비하다가 발각되어 진안 죽도에서 자살한 사건을 말한다.

(2) 선조 24년(1591) 서인 정철이 선조가 싫어하는 광해군을 세자로 책봉하자고 건의했다가 선조의 미움을 받고 쫓겨나고 서인도 권력에서 밀려났다(건저의 사건).[66] 이때 정철에 대한 처벌을 둘러싸고 동인은 온건한 입장인 남인과 강경한 입장인 북인으로 나누어졌다.

◆◆ 남인과 북인

남 인	북 인
이황의 학통 계승, 온건파로 선조 초기에 정국을 주도(유성룡 등)	이이·서경덕·조식의 학통계승, 급진파로 임진왜란 후 정국 주도(이산해·정인홍 등)

2. 광해군

1) 북인의 정권 독점

북인은 급진파로 임진왜란 당시 의병을 일으키고 향촌 사회의 기반을 유지하여 전란이 끝난 뒤 광해군 때까지 정권을 장악하였다.

2) 광해군의 실정과 북인의 몰락

(1) 임진왜란 이후 정국을 주도적으로 이끌어 온 북인이 대북과 소북으로 나뉘어 당파 싸움을 벌이다가, 대북(정인홍·이이첨 등)이 반대파인 소북을 반역자들로 몰아 제거하였다(이후 소북파는 서인·남인에 흡수됨).[67] 광해군은 왕위를 지키기 위하여 이복동생인 영창대군을 살해하고 인목대비를 유폐하였으며(계축옥사),[68] 무리한 토목공사로 재정이 악화되고 민심이 이탈하였다. 이 사건은 인조반정의 빌미가 되었다.

(2) 광해군의 이러한 실정은 서인이 주도하고 남인이 참여한 인조반정으로 광해군과 북인(대북파)이 몰락하였고, 이후 정국 운영은 서인 주도하에 남인이 참여하는 권력구조가 만들어졌다.

---

66) 건저(建儲)는 왕의 자리를 계승할 왕세자를 정하던 일을 뜻한다. 정여립사건으로 동인을 대거 처형하면서 서인의 영수 정철은 좌의정에 오르게 되었다. 이에 동인은 원한을 품고 복수할 기회를 노리다가 건저의 문제로 정철이 강계로 유배되자, 기축옥사의 책임을 물어 북인은 철저한 응징을 주장한 반면, 유성룡이 이끄는 남인은 온건한 입장을 보였다.

67) 소북은 광해군의 이복동생인 영창대군을 지지했는데, 대북은 이들이 광해군을 제거하고 영창대군을 왕위에 올리려 한다고 모해하여, 소북(小北)의 유영경 일파가 몰락하고 대북의 정인홍·이이첨 등이 득세하였다.

68) 광해군은 즉위하자 인목대비의 아들 영창대군을 죽이고, 아버지(제14대 선조)의 계비(임금이 다시 장가를 가서 맞은 아내로, 후처인 비를 말함) 인목대비를 서궁에 유폐하였다가 폐서인시켰다. 이 사건은 계축년에 일어났으므로, 계축옥사라고 한다.

3. 인조·효종

1) 서인이 우세한 가운데 남인과 연합하여 공존

제16대 인조·제17대 효종 시기에는 서인의 우세 속에 남인 일부가 연합하며, 서로의 학문적 입장을 인정하는 토대 위에서 상호 비판적인 공존체제를 형성하였다. 그러면서도 서인은 어영청을 중심으로 한 군사적 기반을 갖추고 남인을 견제하였다.

2) 산림(山林)이 여론 주재(17세기 이후)

(1) 산림(山林)이란 학식과 덕망을 갖추었으나 벼슬을 하지 않고 숨어 지내는 선비로서, 유학자들로부터 존경을 받던 인물을 일컫는 말로써, 이들은 붕당정치기의 사상적 지주였다. 산림의 정계진출은 제16대 인조대부터 본격화되면서, 국가에서는 특별히 산림직을 신설해 우대하였다.

(2) 산림은 유교 사회의 상징적인 존재로서 17세기(인종·효종 연간)에는 숭명사상과 북벌론을 적극 지지하면서 정권의 당위성(정국의 안정과 유지를 위한 명분과 실리 제공)을 제공해 주었고, 재야에서도 산림이란 이름으로 여론을 주재하였다. 당시의 대표적인 산림으로는 김장생·김집·송시열·윤후·허목 등을 들 수 있다.

(3) 산림의 구실이 가장 두드러지게 정치적 표면에 나타난 것이 제18대 현종 때의 예송(禮訟) 논쟁이다.

4. 현종

1) 예송 논쟁

서인과 남인의 공존 관계에 분열이 생긴 것은 제17대 효종의 사망 후 상복을 몇 년 입어야 할 것인가가 문제가 되면서 부터이다. 이에 예송 논쟁은 효종의 왕위계승의 정통성과 관련된 사안으로 이로 인하여 두 차례의 예송이 발생하면서 서인과 남인의 대립이 격화되었다.

(1) 기해예송

제17대 효종은 인종의 큰 아들(소현세자)이 아닌 차남(적장자가 아님)으로서 왕위에 올랐다. 효종이 죽자 효종의 계모인 자의대비(조대비)가 1년상을 치러야 하는지, 3년상을 치러야 하는지 논쟁이 벌어졌다. 성리학의 예법에 따르면 자식이 부모보다 먼저 죽었을 때 적장자면 3년상, 아니면 1년상을 치르도록 되어 있었다.

① 송시열을 비롯한 서인은 효종이 적장자가 아니었으므로 예법대로 1년상이어야 한다고 주장한 반면 윤후·윤선도 등 남인은 효종이 비록 차남이지만 왕위를 계승하였으므로, 적장자(장남)와 다름없기에 3년상이어야 한다고 반론을 제기하였다.

② 이 논쟁은 장자와 차자(둘째 아들)가 죽었을 때 똑같이 1년상을 지내도록 규정한 「경국대전」 조문을 따르기로 하면서 서인이 승리하고 남인은 권력에서 물러나게 되었다. 이를 '기해예송(1666)'이라고 한다.

(2) 갑인예송

15년 후인 1674년 효종의 비(妃)인 인선왕후가 죽자 다시 자의대비(조대비)가 1년복(기년복)을 입을 것인가, 9개월짜리 상복을 입을 것인가(대공설)하는 문제가 쟁점으로 부각되었다.

① 제1차 예송(기해예송) 때처럼 서인측은 효종이 차남이라는 점을 강조하며 대공설(9개월)을 내세웠고, 반면, 남인 측은 그녀가 비록 자의대비(조대비)의 둘째 며느리이긴 하나 중전을 지냈으므로 큰 며느리나 다름없다면서 기년설(1년)을 내세웠다.

② 이 논쟁은 현종이 왕은 일반인과는 달리 보위에 오르면 적장자가 된다고 하는 남인 측의 기년설(1년설)을 받아들이면서 송시열 등 서인은 대거 쫓겨나고 남인이 정권을 잡게 되었다.

2) 하멜표류기

현종 1666년 제주도에 표류하고 여수 전라 좌수영에서 배치되어 노역을 하던 하멜 등 8명의 네덜란드인이 탈출하여 본국(네덜란드)으로 돌아가, 자신의 14년 억류 생활을 담은 보고서를 작성했다. 훗날 「하멜표류기」로 알려진 이 보고서는 조선의 정치·군사·풍속·지리 등을 유럽에 알린 최초의 문헌이다.

V. 붕당정치의 변질

조정에서 어떤 정책을 논의할 경우, 각 붕당은 그 정책이 이론적으로 타당한지 검토하고, 여론을 광범위하게 수렴하면서 토론을 벌였다. 이렇게 수렴된 여론을 공론이라 하는데, 공론이 중시되면서 합좌기구인 비변사와 언론기관인 3사의 기능이 중시되었다(공론중심의 운영). 그러나 17세기 후반 이후 사회·경제적 원인(농업생산력 증대와 상품화폐 경제발달), 그리고 정치적 쟁점이 사상적인 문제(예송논쟁)에서 군영(군사력·경제력 확보)을 장악하는 것으로 옮겨가면서 붕당정치가 변질되어 가기 시작하였다.

1. 숙종

제19대 숙종시대는 조선왕조를 통틀어 당파 간의 정쟁이 가장 심했던 기간이다. 이때부터 붕당 사이의 견제와 균형을 유지하던 붕당정치형태가 무너지면서, 비판 세력의 공존을 인정하지 않는 특정 붕당이 정권을 독점하는 일당전제화의 추세가 대두되었다.

1) 경신환국

(1) 서인이 노론과 소론으로 분열

숙종 6년(1680) 남인의 영수 허적이 조부 허잠의 시호를 맞이하는 잔칫날에 궁중의 천막을 마음대로 사용하여,[69] 남인들이 모두 처벌을 받게 되었다. 이때 같은 서인에서도 송시열을 중심으로 한 세력은 강경한 처벌을 주장한 반면, 윤증을 중심으로 한 세력은 관대한 처벌을 주장하였다. 이에 따라 송시열을 따르는 무리를 노론[70]이라 부르고, 윤증을 따르는 무리를 소론이라 부르면서, 서인의 분열을 가져왔다.

(2) 이 사건 후 얼마 지나지 않아 서인 김석주 등이 주동이 되어 남인의 영의정 허적의 서자 허견이 숙종의 5촌인 허복창 3형제(복창군·복선군·복평군) 등을 왕으로 옹립하려 한다고 모함한 이른바 '3복(三福)의 변'이 발생하였다. 이로 인해 허적 일가와 남인의 우두머리 윤후가 처형되고 관련된 남인들이 대거 축출되고, 서인이 정권을 독점하게 된다. 이 사건을 가리켜 경신환국[71] 또는 경신대출척이라고 하고, 이 사건을 계기로 조선의 정치는 여러 당파가 참여하는 붕당정치로부터 일당 전제의 형태로 바뀌었다.

2) 기사환국

(1) 숙종 15년(1689) 숙종이 총애하던 소의(昭儀: 내명부의 하나로 정2품) 장씨가 낳은 아들을 원자(元子: 아직 세자에 책봉되지 않은 임금의 아들)로 정하고 소의 장씨를 희빈으로 승격시켰다(장희빈).[72] 이에 대하여 서인의 노론 측 영수 송시열이 상소를 올려 정비 민씨(인현왕후)가 있는데, 후궁의 아들을 원자로 세우면 안 된다고 주장하였다. 이 때문에 송시열을 비롯한 서인

---

69) 숙종 6년(1680) 숙종은 남인의 영수 허적이 조부 허잠의 시호를 맞이하는 잔칫날에 비가 오자 숙종은 궁중에서 사용하는 용봉차일(기름칠을 해 비가 새지 않는 천막)을 보내도록 지시했는데, 이미 허적이 가지고 간 것을 알았다. 이에 노한 숙종은 남인에 대한 의심이 더욱 커져 남인을 요직에서 축출하고 서인을 등용했다.

70) 송시열을 따르는 무리는 나이가 많은 송시열로 인하여 노론(老論), 윤증을 따르는 무리는 윤증의 나이가 어려 소론(小論)이라고 불렀다.

71) 경신년에 일어난 「정국의 전환」이라는 뜻에서 '경신환국'이라 부른다.

72) 희빈 장씨(장희빈)는 역관 집안의 딸로 남인의 지지를 받고 있었으며, 인현왕후(민씨)는 서인 편이었다. 숙종과 왕비인 인현왕후 사이에는 아들이 없었다.

(노론계 정치인)들이 대거 유배되고, 이 사건과 관련된 중전 민씨(인현왕후) 또한 폐위되었다. 반면, 희빈 장씨(장희빈)가 중전에 앉고 원자 균이 세자로 책봉되었다.

(2) 이 사건을 계기로 서인(노론계)이 몰락하고 남인이 정권을 잡게 되는데, 이를 기사환국(己巳換局)이라고 한다. 기사환국으로 남인이 정권을 독점하게 되지만, 그 기간은 5년밖에 가지 못하였다.

3) 갑술환국

(1) 숙종(1694)은 중전 장씨에 대한 감정이 악화되어 있었고, 반면에 민씨(인현왕후)를 폐위시킨 것을 후회하고 있던 중에 서인(노론계와 소론계)들이 폐비 민씨 복위 운동을 벌였다. 그러자 남인(민암 등)은 이를 반대하면서 임금의 승낙 없이 폐비 복위운동 관련자들을 모두 체포했다. 그러자 숙종은 남인(민암 등)들의 행위를 미워하여 인현왕후를 복위시키고 왕비 장씨를 다시 희빈으로 강등시켰다.

(2) 숙종은 노론계의 송시열 등의 관직을 복구시키고 소론계를 등용하여 정국 전환을 꾀하게 되는데, 이 사건이 '갑술환국'이다. 갑술환국으로 남인들이 몰락하고 서인들이 재집권하였는데, 서인에서도 소론세력이 정권을 장악하였다. 그러나 소론은 7년 뒤에 발생한 '무고의 옥'으로 노론에게 정권을 내주게 된다.

4) 무고의 옥

(1) 숙종 27년(1701) 장희빈은 인현왕후(민씨)가 사망하였을 때 취선당 서쪽에 신당(神堂: 신령을 모셔 놓은 집)을 차려 놓고 인현왕후가 빨리 죽기를 빌었고, 이러한 사실이 발각되면서 장희빈과 이 사건에 관계된 무녀(巫女) 등이 사사(賜死: 사약을 받고 죽음)되었다. 그리고 희빈 장씨가 죽자 그녀를 지지하던 소론 세력이 대폭 축소되고, 다시 노론이 득세하게 되었다. 이 사건을 무속신앙에서 비롯되었다고 해서 '무고의 옥(巫蠱의 獄)'이라고 한다.

(2) 숙빈 최씨는 무수리(궁중에서 청소 등의 잔심부름을 담당하던 계집종) 출신으로 인현왕후를 모시며 궁궐생활을 하였으나, 숙종 15년(1689) 인현왕후가 폐출되고 희빈 장씨가 왕비가 되자 모진 구박을 받았다. 그러던 중 인현왕후의 복위를 위하여 기도하는 모습이 숙종의 눈에 띄어, 숙종 19년(1693)에 숙원(내명부의 4품 품계)이 되었다. 그리고 숙빈 최씨는 이듬해 갑술환국으로 인현왕후가 복위된 후 연잉군 이금(후일의 영조)을 낳은 뒤 정1품 숙빈에 봉해졌다.

(3) '무고의 옥' 이후 다시 노론이 주도권을 잡게 되었으나, 희빈 장씨가 죽은 뒤 노론과

소론 사이에 왕세자(장희빈의 아들, 제20대 경종)와 왕자(연잉군, 숙빈 최씨의 아들로 제21대 영조)를 둘러싼 싸움이 치열하게 전개되었다. 서인 가운데 노론은 희빈 장씨가 왕비에서 쫓겨난 이상 그녀의 아들인 세자도 바뀌어야 한다며 숙빈 최씨와 연잉군을 밀었고, 서인 가운데 소론은 한번 정한 세자를 바꿔서는 안 된다며 희빈 장씨와 세자 편을 들면서 점차 대등한 세력을 형성하게 되었다.

5) 정유독대

(1) 숙종은 1716년 소론을 배척하고 노론을 중용한 후, 1717년 세자가 병약한데다가 자식을 낳지 못한다는 이유로 노론 영수 이이명에게 숙빈 최씨의 소생인 연잉군(영조)을 후사로 정할 것을 부탁하였고(정유독대), 또 그해에 연잉군으로 하여금 세자를 대신하여 세자대리청정(세자를 대신하여 편전에 참석하여 정사를 배우는 것)을 명하였다.

(2) 연잉군의 대리청정이 결정되자 소론측이 '흠을 잡아 세자를 바꾸려 한다'며 반발하면서, 세자 균(제20대 경종)을 지지하는 소론과 연잉군을 지지하는 노론 간의 당쟁이 격화되었다. 이 같은 논란 속에 세자 균은 숙종이 죽자 1720년 제20대 왕으로 등극하게 되었다.

2. 경종

1) 노론과 소론의 대립

숙종이 죽고 세자 균이 제20대 경종으로 왕위에 오르면서 일단 소론이 승리하였으나, 왕세제(왕의 동생으로 왕위를 계승할 사람)가 왕을 대신하여 정무를 처리하는 대리청정 문제로 노론과 소론의 대립이 격화되었다.

2) 신임옥사(1721~1722)

신축옥사는 신축년에, 임인옥사는 임인년에 연이어 일어났다고 해서 '신임옥사' 또는 '신임사화'라고 한다.

(1) 신축옥사

경종 2년(1721) 실권을 장악한 노론은 연잉군(후일 영조)을 왕세제에 책봉하고 더 나아가 왕(경종)이 허약하니 왕세제(연잉군)가 대리청정하는 것이 좋겠다고 주장하자, 소론은 왕의 권위를 깎아내리는 것이라며 반격에 나섰다. 이 일로 노론 4대신[73]이 탄핵을 받고 유배되었는

73) 노론 4대신은 영의정 김창집·좌의정 이건명·영중추부사 이이명·판중추부사 조태채를 말한다.

데, 이 사건을 신축옥사라 한다. 그 결과 노론의 권력 기반이 무너지고 대신 소론 정권의 기반을 굳혔다.

(2) 임인옥사

① 이듬해 신축옥사로 조정을 장악한 소론은 과격파를 앞세워 노론 측 인사에 대한 축출 작업을 가속화하였다. 경종 3년(1723) 3월 소론의 강경론자들은 남인 서얼 출신 목호룡[74]을 시켜 노론이 경종을 시해하려 했다고 고발하게 함으로써, 유배를 갔던 노론 4대신을 비롯한 60여 명이 처형당하고, 170여 명이 처벌받았다.

② 신임사화 후 정권은 소론에 의해 독점되었다. 그러나 1724년에 병으로 경종이 죽고 영조가 들어서면서, 소론의 짧은 정권 독점기는 끝나고 말았다.

3. 영조(1724~1776)

1) 을사환국

제21대 영조 즉위(1724년) 직후 정국은 경종대에 이어서 여전히 소론이 주도하였으나, 다음해 1월(1725) 신임옥사를 일으킨 소론의 영수 김일경, 남인의 목호룡 등을 숙청하고 소론 대신들을 대거 축출하여 노론 인사들로써 정국을 구성하였다. 이를 을사환국이라고 한다. 을사환국 이후 영조는 경종 때에 있었던 신임옥사를 소론에 의한 무고로 판정하고, 이로 인해 죄를 입은 사람(노론 4대신 등의 복권)을 일체 신원(원통하고 억울한 일을 풀어 버리는 것)하는 이른바 '을사처분'을 단행하여 노론에게 노론 명분의 정당성과 집권의 논리적 기반을 마련해 주었다.

2) 정미환국

을사환국과 을사처분으로 노론이 집권하게 되자 노론은 소론에 대해 보복공격을 시작하였고, 이로 인해 정국이 계속 혼란스러웠다. 이에 영조는 붕당의 대립을 줄이고 인재를 고루 등용하는 '탕평책'을 펴고자 했기 때문에, 노론측의 소론에 대한 정치적 보복에 반대하고 나섰다. 그 결과 노론들을 대거 파면시키고 소론 측 인사들을 재등용하여 조정에 합류시켰다. 이 사건이 '정미환국'이다.

74) 목호룡은 남인 서얼 출신으로서 풍수를 공부하여 지관이 된 사람이다. 정치적 야심을 품고 있던 그는 풍수설을 이용하여 노론에 접근하여 왕세제편(후일 영조)에 섰으나 정국이 소론의 우세로 돌아서자 배반하여 이 같은 음모사실을 고변하였다.

3) 이인좌의 난과 소론의 약화

(1) 이인좌의 난(1728년)

경종이 죽고 영조가 즉위하자 정치적 기반을 위협받게 된 이인좌 등 과격 소론 세력 일부가 갑술환국 이후 정권에서 배제된 남인들을 포섭하여, 제21대 영조가 제20대 경종을 독살하는 데 관계했다면서 경종을 위한 복수를 해야 한다는 명분으로 반란을 일으켰다.

(2) 소론의 약화

이인좌의 난을 진압하는 데는 병조판서 오명항 등 소론 인사 등이 앞장섰으나, 주모자의 대부분이 소론측 인사였기 때문에 이후 정국의 주도권은 노론에게 넘어갔다.

◆◆ 붕당정치의 전개와 변질 과정의 사건들(제18대 현종~제21대 영조 2년)

사건	내용
기해예송(현종, 1666년)	예송논쟁으로 서인 승리, 남인 축출하고 서인 집권
→ 갑인예송(현종, 1674년)	예송논쟁으로 남인이 승리, 서인을 축출하고 남인 집권
→ 경신환국(숙종, 1680년)	서인이 남인을 역모로 몰아 축출, 서인 집권
→ 기사환국(숙종, 1689년)	원자(元子)를 정하는 문제를 계기로 남인이 서인 축출, 남인 집권
→ 갑술환국(숙종, 1694년)	숙종이 인현왕후 복위에 반대한 남인 축출, 서인 집권
→ 무고의 옥(숙종, 1701년)	장희빈이 신당을 차려놓고 인현왕후 빨리 죽기를 기도, 소론 제거되고 노론 집권
→ 정유독대(숙종, 1717년)	숙종이 노론 영수 이이명에게 세자 대리청정 부탁, 소론 반발과 숙종의 와병으로 실패
→ 신임옥사(경종, 1721~1722년)	신축옥사(1721)·임인옥사(1722), 왕세제(영조)의 대리청정 문제로 노론 축출되고 소론 집권
→ 이인좌의 난(영조, 1728년)	이인좌의 난으로 소론 축출, 노론 집권
→ 탕평책(영조 3년, 1729년)	영조 3년(1729) 기유처분으로 탕평정국의 기초를 다짐, 노론 집권

4. 붕당정치의 변질과 문제점

1) 정치운영의 변질

(1) 왕이 환국을 주도

국왕이 환국을 주도하여 왕실의 외척 및 왕과 직결된 집단의 정치적 비중이 증대되었다.

(2) 삼사(三司)와 이조전랑의 정치적 비중이 감소

환국이 거듭되는 동안 공론(公論)을 무시하고 자기 당의 이익만을 직접 대변하는 역할을 하는 3사와 이조전랑의 정치적 비중이 감소되었다.

(3) 비변사의 기능 강화

정치권력이 고위 관원에게 집중되면서 그들의 합좌기구인 비변사의 기능이 강화되었으나, 반면 언론기관이나 재야 사족(士族)의 정치 참여가 어려워지면서 붕당정치의 기반이 붕괴되었다.

2) 붕당정치 변질의 문제점

(1) 정쟁(政爭)과 사회분열

붕당정치는 공도(公道)와 공론(公論)을 존중하는 사림(士林)의 정치 이념에 바탕을 둔 것으로, 개인의 의견보다 집단의 의사인 공론이 정치를 주도하게 되는 정치운영의 한 형태라고 볼 수 있다.[75] 그럼에도 불구하고 붕당정치가 변질되어 공론과 공리(公理)보다 집권욕에만 집착하여 붕당 간의 균형관계가 깨져서 경쟁이 끊이지 않고, 사회가 분열되었다.[76]

(2) 왕권의 약화

붕당정치가 변질되면서 정치 집단 간의 세력 균형이 무너지고 왕권 자체도 불안하였다. 이에 강력한 왕권을 토대로 국왕이 정치의 중심에 서서 세력의 균형을 유지하려는 탕평론이 제기되었다.

Ⅵ. 탕평론의 대두(제21대 영조~제22대 정조)

1. 탕평론(탕평책)

1) 의미

탕평책(蕩平策)은 유교 경전 중의 하나인 「서경」에서 나오는 개념으로, 붕당을 가리지 않

75) 민병덕, 「한국사」, 서울: 혜원, 2008, p.311.

76) 조선후기 성호 이익은 곽우론(국가정책을 논한 책)에서 붕당정치를 감투싸움이라고 하였다. "붕당은 싸움에서 생기고, 싸움은 이해관계에서 생긴다. 이해관계가 절실하면 붕당이 깊어지고, 이해관계가 오래될 수록 붕당이 견고해지는 것은 당연한 형세이다. 이렇게 되는 이유는 무엇인가?. 지금 열 사람이 함께 굶주리고 있는데 한 그릇의 밥을 같이 먹게 되면 그 밥을 다 먹기 전에 싸움이 일어 날 것이다…(중략)…조정의 붕당도 어찌 이와 다를 것이 있겠는가"라고 설파하고 있다. 즉 이(利)가 하나이고 사람이 둘이면 곧 두 개의 당을 이루고, 이(利)가 하나이고 사람이 넷이면 네 개의 당을 이룬다. 따라서 열 사람이 굶주리다가 한 사발의 밥을 먹을 때, 필연적으로 당파가 갈릴 수밖에 없다"고 이익은 보았다. 사람들에게는 관직이 곧 밥그릇의 원천이었다(강응천 외, 「타임라인 한국사3」, 파주: 다산에듀, 2013, p.64).

고 능력에 따라 관리를 뽑아 쓰는 정책을 말한다.

2) 숙종의 탕평책

탕평책은 원래 제19대 숙종 때 처음 제기되었다. 숙종은 신권(臣权)의 강화를 막기 위하여 한쪽 붕당(당파)에 치우치는 정책을 추진하였다. 그 결과 발생한 것이 환국(경신환국·기사환국·갑술환국 등)이었고, 이러한 환국(换局: 정권이 갑자기 바뀌는 것)을 통하여 집권세력이 교체되면서 많은 희생자만 뒤따랐다. 따라서 숙종대의 탕평은 명목상의 탕평책에 불과하였고, 오히려 편당적인 인사관리로 빈번한 환국이 일어나는 빌미를 제공하였다.

2. 영조의 탕평책과 한계

영조의 탕평정책은 제19대 숙종 때의 '환국 형식'의 왕권 강화 방식이 많은 부작용을 낳은 데 대한 반성으로, 초당적 정치운용으로 왕권을 세우자는 발상으로 실시한 것이다.

1) 초기의 탕평책

(1) 제21대 영조는 즉위 직후(1725) 탕평 교서(教書)를 발표하여 어지러운 정국을 바로 잡으려 했으나, 영조 자신이 노론(을사처분)과 소론(정미환국)을 번갈아 등용하여 오히려 정국을 더욱 어지럽게 하였다. 그러나 한편으로는 탕평을 주장하던 조문명[77]·송인명 등을 모아 탕평세력을 구축하기 시작하였다.

(2) 영조 4년(1728) 소론의 일부와 남인의 급진세력이 경종을 위한 보복을 명분으로 왕권 교체를 기도한 이인좌의 난이 발생하였으나 진압되었다. 영조는 이 사건을 계기로 탕평책의 명분을 강화시킬 수 있었으며, 왕권의 강화와 정국 안정을 도모할 수 있었다.

(3) 영조 5년(1729)에 영조는 기유처분[78]으로 노·소론 내의 탕평세력 등을 고르게 등용

---

77) 조문명은 조선후기(숙종 6년~영조 8년)의 문신이다. 경종 때 왕세제로 책봉된 연잉군(후일 영조)의 보호에 힘쓰면서 김일경 중심의 소론과격파와 대립하였다. 조문명은 본래 소론가문 출신이었지만 당쟁의 폐를 걱정하여 붕당의 타파와 공평무사한 탕평의 실현을 정치 목표로 하였다. 실천방안으로 시비절충·쌍거호대(雙擧互對) 등을 제시하였다.

78) 기유처분이라 함은 영조 5년(1729) 경종 연간(경종 1년 때의 신축옥사, 경종 2년 때의 임인옥사)에 발생한 신임옥사에 대해서 양시양비론(兩是兩非論)을 내세워, 노론과 소론의 정치 의리를 절충하여 처분을 내린 사건이다. 즉 을사처분으로 정권을 잡게 된 노론의 주장으로 처단된 4대신이 복관되고 시호를 받게 되었고, 더 나아가 임인옥사에 대한 보복을 추진하였다. 이때 영조는 노론 측의 소론에 대한 정치적 보복을 반대하면서, 노론파들을 대거 파면시키고 소론을 불러들여 조정에 합류시켰다(정미환국). 정미환국으로 정권을 잡게 된 소론 측은 다시 임인년 사건을 들고 나와 4대신의 잘못을 탄핵하였다. 이에 영조는 노론의 4대

하여 탕평 정국의 기초를 다졌다. 이때 영조가 취한 정책은 쌍거호대(雙擧互對: 쌍방의 인재를 모두 벼슬자리에 올려 쓰면서 상대방을 견제토록 하는 것)[79]였다. 탕평책의 초기에는 재능에 관계없이 탕평론자를 중심으로 노론과 소론만 등용하다가(쌍거호대정책), 그 뒤 자신의 의도대로 정국이 수습되자 쌍거호대방식을 극복하고 인재 중심으로 인사정책을 펴 나갔다.[80]

2) 왕권 강화와 붕당의 기반 약화

(1) 완론탕평(緩論蕩平)

① 원래 탕평책은 붕당을 없애는 데 뜻이 있었지만, 정치적으로 당장 실현할 수 있는 성질의 것은 아니었다. 그래서 영조는 당파의 시비를 가리지 않고 어느 당파든 온건하고 타협적인 인물을 중심으로 탕평파를 육성하여 그들로 하여금 정국을 주도하게 하였다. 이를 완론탕평이라고 한다.

② 영조는 이러한 정국 구도에 따라 노론·소론·남인·소북 등 사색당파를 고르게 등용하여 탕평정책을 더욱 확대시켜 나갔다.

(2) 산림(山林)세력 제거와 서원 정리

영조는 탕평파를 육성하는 한편, 붕당의 뿌리를 제거하기 위하여 공론의 주재자로서 인식되던 재야산림의 존재를 인정하지 않았고, 그들(양반)의 본거지인 서원을 대폭 정리하고 사액(賜額: 임금이 사당·사원 등에 이름을 지어서 새긴 편액을 내리던 일)을 금지시켰다.

(3) 이조전랑의 권한 약화와 폐지

조정안에서 '공론'의 대변자임을 자처하던 이조전랑의 권한을 약화시키기 위한 방책의 하나로, 이조전랑 자신의 후임자 천거권과 삼사(三司) 선발권 제도를 폐지하였다.

(4) 탕평책의 결과

① 국왕 중심의 정국 운영

영조의 완론탕평책으로 붕당의 정치적 의미는 차츰 엷어졌고, 정치권력은 국왕을 중심으로 정국이 운영되었다.

신의 죄명을 씻어주고 관작만 삭탈하는 선에서 소론 측과 타협을 보았다. 이것이 기유처분이다. 기유처분은 새롭게 정국을 주도하게 된 탕평파의 집권명분을 확보하고, 정치세력의 조제(調劑: 분쟁을 중간에서 화해하게 하거나 서로 타협점을 찾아 합의하도록 하는 것)를 위한 의도가 있는 처분이었다. 이를 기점으로 노론과 소론의 연정이 구축되면서, 탕평 정국의 기초를 다졌다.

79) 쌍거호대정책은 노론의 홍치중을 영의정으로 삼고, 소론의 이태좌를 좌의정으로 삼아 상대하게 하고, 이조판서에 노론 김재로를 앉히면, 참판에 소론 송인명으로 하여금 상대하게 하는 정책을 말한다.

80) 박영규, 「한권으로 읽는 조선왕조실록」, 파주: 들녘, 1996, pp.360－361.

② 척신정치(세도정치)의 초기모습

㉠ 영조는 즉위 때부터 정통성 문제로 소론으로부터 공격을 받았다. 이에 영조는 탕평책이라는 방법으로 소론으로부터는 정통성의 인정을 강요하고, 노론에 대하여는 지나친 세력을 확장하지 못하도록 견제하였다. 따라서 영조의 탕평은 어디까지나 왕권강화를 목적으로 하는 정책이었다.

㉡ 영조 때의 탕평은 외형상 소론과 노론이 균형을 맞추고 있었지만 중요한 자리는 노론들이 차지하고, 영조는 노론들을 견제하기 위하여 탕평당(탕평파)을 구축하여 이를 제어하는 형국이었다. 결국 영조의 완론탕평은 당이 아니라 왕의 신임을 바탕으로 정치를 하는 척신정치, 즉 세도정치의 초기 모습의 형태라고 볼 수 있다.

3) 탕평책의 한계

(1) 일시적 해결책

탕평책은 강력한 왕권으로 붕당 사이의 치열한 다툼을 일시적으로 억누른 것에 불과하였고, 붕당정치의 폐단을 근본적으로 해결한 것은 아니었다.

(2) 노론의 우세와 소론의 약화

탕평 정국이 오래 지속되면서 나주 괘서사건 등 소론 강경파가 자주 변란을 일으켰으며, 각 당파들도 다시 정권을 독점하기 위한 계략을 꾸미기 시작했는데 그 대표적인 사건이 「사도세자 사건」[81]이다. 사도세자의 죽음을 계기로 영조를 지지한 노론이 절대적으로 우세해지고, 반면 소론의 정치적 입지는 약화되었다.

(3) 시파와 벽파의 대립

사도세자 사건을 계기로 노론은 다시 벽파와 시파로 분리되고, 소론과 남인이 시파에 합류해 조정은 시파와 벽파의 대결 양상으로 전개되었다.

81) 사도세자는 영조의 두 번째 왕자이면서, 세자로 책봉되었다. 영조는 왕비 2명(정성왕후 · 계비 정순왕후)과 후궁 4명을 두었는데, 왕비에게서는 후사를 보지 못했고 후궁에서만 효장세자와 사도세자를 얻었다. 그러나 큰 아들 효장세자(정빈 이씨의 아들)는 세자 책봉 후 요절했기 때문에, 둘째 아들 사도세자 선(영빈 이씨의 아들)이 세자에 책봉되었다. 영조(1749)는 건강상의 이유로 사도세자(15살)에게 대리청정을 시켰는데, 이때 남인 · 소론 · 소북세력 등은 그를 등에 업고 정권을 장악하려는 움직임을 보였고, 노론세력과 계비 정순왕후 김씨 등은 영조와 세자 사이를 벌려놓기 위하여 이간질을 하였다. 영조는 계비 정순왕후 등의 무고에 따라 자주 세자를 불러 질책하였으며, 이 때문에 세자는 정신병을 앓게 되었다. 급기야 친어머니인 영빈 이씨가 나서서 세자(사도세자)대신 세손(사도세자의 아들 영조)으로 왕위를 이을 것을 청할 지경이 되었다. 그 후 노론 측은 세자의 비행 10조목을 상소하였고, 이 때문에 영조는 분노를 참지 못하고 세자에게 자결을 명하였으나 세자가 이에 응하지 않자, 뒤주 속에 가두어 굶어 죽게 하였다. 영조는 이 사건 이후 세자를 죽인 것을 후회하고 세자의 죽음을 애도한다는 뜻으로 '사도(思悼)'라는 시호를 내렸다. 결국 사도세자사건은 노론과 소론의 정쟁과정에서 사도세자가 희생된 사건이다.

① 시파(時派)

시파는 '시류에 영합한다'는 의미로 붙여진 이름이다. 시파는 영조의 덕이 없음을 비난하고 사도세자의 죽음은 지나치다는 입장이었는데, 시파에는 노론의 일부와 불우했던 남인과 소론 계통이 많았다.

② 벽파(僻派)

벽파는 '시류는 무시하고 당론에만 치우쳐 있다'는 의미에서 붙여진 이름이다. 벽파는 사도세자의 근실하지 못함을 비판하고 사도세자의 죽음은 당연하다는 입장으로, 영조를 지지한 노론 강경파들이 많았다.

4) 영조의 치적

영조는 탕평책을 실시한 것 이외에 사회 전반에 걸쳐 여러 분야에서 많은 개혁을 하였다.

(1) 균역법 시행

양민들이 국방의 의무를 대신해 나라에 세금으로 내던 군포(포목)를 2필에서 1필로 줄이는 균역법을 시행하여, 백성들의 군역부담을 크게 감소시켰다.

(2) 수성윤음(守城綸音) 반포

영조 27년(1751) 9월 11일 한성부 5부의 백성들은 누구를 막론하고 수도 방위를 맡고 있는 훈련도감·어영청·금위영의 3군문에 소속되어, 유사시에 도성의 지정된 위치에 가서 수도를 방어하도록 하는 「수성윤음」을 반포하였다.

(3) 형벌제도 개선

관아에서 관습적으로, 그리고 권문세가 등에서 불법적으로 가해지던 압슬형·주뢰형·낙형(烙刑)·자자형(刺字刑)·난장 등을 폐지시켰고, 사형수에 대한 삼복법(삼심제)을 엄격히 시행하도록 하였다.

(4) 신문고 부활

신문고 제도는 제3대 태종 1년에 신설되어 운영되어 오다가 잠시 중단되었고(연산군~효종 연간), 제21대 영조 47년 신문고 제도를 다시 부활시켜 병조에서 주관하도록 하였다.

(5) 노비종모법(奴婢從母法) 시행

① 고려시대의 경우 천자수모법(賤者隨母法)[82]을 시행하여 노비의 숫자는 증가한 반면, 양

인의 숫자는 크게 감소하면서, 고려초기에는 군역 부담자(양인)의 감소라는 문제가 발생하였다. 조선시대에 들어서면서 태종 14년(1414)에 양인을 증가시키는 방법으로 종부법(從父法)[83]을 시행하여 많은 노비 소생을 양인으로 삼아 양인의 수를 늘렸다. 그러나 이에 따른 폐단이 생겨나자 시행과 폐지를 거듭하다가, 제7대 세조 때에 몇 가지 예외규정 외에는 다시 부모 가운데 한쪽이 노비이면 모두 노비가 되도록 하였다.

② 조선후기에 이르자 양인이 감소하여 보다 많은 양인이 필요하게 되자, 제21대 영조 때 아버지가 노비 신분이고 어머니가 양인인 경우, 그 자녀는 어머니 신분을 따라 그 자녀를 양인으로 삼을 것을 확정하였다.

(6) 청개천 준설 공사

청계천의 본래 명칭은 개천(開川)[84]이었다. 조선시대 청개천은 자연재해로 홍수가 나면 물난리와 오수 문제로 매우 불결하여 제3대 태종 때 처음으로 치수사업을 시작하였고, 제21대 영조 때에는 양안석축(兩岸石築: 강이나 하천 등의 양쪽 기슭에 돌을 쌓아 만드는 일) 등 본격적인 개천사업을 시행하여 하천 내의 흐름을 직선화시키고, 하수처리문제를 해결했다. 이러한 준설 공사는 제23대 순조·제26대 고종 때에도 계속되었고, 일제강점기 초에 「청계천」으로 이름을 바꿔 근대적 도시계획의 성격을 띤 대대적인 준설공사가 이루어졌다.

(7) 편찬사업

영조는 자신이 학문을 즐겼기 때문에 스스로 서적을 찬술하기도 하고, 신하들로 하여금 많은 서적을 편찬하게 하였다.

---

82) 고려시대에는 원래 노비는 노비끼리만 혼인하도록 규정되어, 자연히 그 자녀도 노비 신분이 되었다. 그러나 현실적으로 양천교혼(양인과 천인)이 생겨났고, 여기서 출생한 노비는 어머니 쪽을 따르는 제도가 정립되었다. 특히 아버지가 양인이고 어머니가 천인인 경우, 자녀도 어머니의 신분에 따라 노비가 되게 하여 양인의 증가를 억제하였다. 이를 천자수모법이라고 한다.

83) 양인남자와 천인 처첩 사이에 태어난 자녀의 신분은 부계를 따라 양인이 되게 하는 신분법이다.

84) 조선의 한양을 수도로 정할 때에는 당시 청계천은 자연하천 그대로였다. 개천(開川)은 조선이 건국된 뒤 한양의 수로를 개발하기 위하여 인공으로 하천을 만들었던 데서 유래한 것이다.

◆◆ 서적 편찬

구 분	내 용
속대전	「경국대전」을 보수한 뒤 새롭게 제도적으로 바뀐 것들을 재정리한 법령집
속오례의	「국조오례의」를 보완한 의례집
동국문헌비고	제도·문물을 정리한 우리나라 최초의 백과사전
증수무원록	세종 때의 법의학서인 신주무원록을 증보·간행, 관리들의 검안·검시에 관한 지침서
속병장도설	무예법을 재정리한 병서
수성윤음	영조가 도성수비에 대하여 내린 명령을 인쇄한 책
계주윤음	영조가 대신·재상 이하 백관에게 술을 금하도록 명령한 윤음(임금의 말씀)을 기록한 책

3. 정조의 탕평정치

제21대 영조가 「완론탕평」을 하였다면, 제22대 정조는 준론탕평(峻論蕩平)이었다.

1) 준론탕평

준론탕평은 각 붕당의 주장이 옳은지 그른지를 명백히 가리는 적극적이고, 좀 더 정치적인 균형을 중시하는 탕평책이었다.

(1) 강력한 탕평책 추진

사도세자의 죽음을 둘러싼 갈등을 겪은 정조는 강력한 탕평책을 추진하여 벽파를 물리치고 시파를 고루 기용하여 왕권의 강화를 꾀하였다.

(2) 척신·환관 제거와 남인 계열 중용

영조 때에 세력을 키워온 척신과 환관 등을 제거하고 노론과 소론 일부, 그리고 그동안 정치집단에서 배제되었던 남인 계열이 중용되었다.

(3) 능력 중시

제21대 영조 때와 마찬가지로 각 붕당의 입장을 떠나 의리와 명분에 합치되고 능력이 있는 사람을 중심으로 인사정책을 펴나갔다.

2) 왕권강화

(1) 규장각 육성

① 규장각은 본래 역대의 왕의 글과 책을 보관하기 위한 왕실 도서관의 기능을 갖는 기구로 설치되었다. 그러나 정조는 여기에 비서실의 기능과 문한(책·문서·글)기능을 통합적으로 부여하고, 과거 시험의 주관과 문신(文臣)교육의 임무까지 부여하였다. 따라서 규장각은 정조의 근위세력을 양성하는 곳이었다고 볼 수 있다.

② 정조 때의 규장각은 붕당의 비대화를 막고 국왕의 권력과 정책을 뒷받침하는 기구였으며, 박제가[85]·유득공[86]·이덕무[87] 등 서얼 출신도 검서관[88]으로 정치에 참여하였다.

(2) 장용영 설치

수도 한양과 수원 화성에 국왕의 친위부대인 장용영을 설치하여 병권을 장악하는 한편, 각 군영의 독립적 성격을 약화시켰다.

(3) 초계문신제(抄啓文臣制) 시행

초계문신제라 함은 37세 이하의 당하관 중에서 선발하여 본래의 직무를 면제하고 40세까지 규장각에서 교육을 시켰던 제도로서, 1개월에 2회의 구술고사와 1회의 필답고사로 성적을 평가하여 등용하였다. 정조가 친히 강론에 참여하거나 직접 시험을 보아 채점하기도 하였다.

(4) 수원 화성 건설

수원으로 사도세자의 묘를 옮기고 팔달산 아래 화성을 세워 정치적·군사적 기능을 부여함과 동시에, 자신의 정치적 이상을 실현하는 도시로 육성하고자 하였다.

(5) 수령의 권한 강화

수령이 군현 단위의 향약을 직접 주관하게 하여, 지방 사림의 영향력을 줄이고 수령의 권

---

85) 박제가는 조선후반기의 대표적인 실학자로서, 서얼 출신이었다. 대표적인 저서로는 「북학의」가 있다.

86) 유득공은 조선 정조 때의 북학파 학자이자 '규장각 4검서(檢書)'의 한 사람으로, 서얼 출신이다. 그는 저서 「발해고」를 통해 잊혀진 발해의 역사의 중요성을 강조함으로써, 이른바 '남북국시대론'의 출발을 알리는 계기를 마련하였다.

87) 이덕무는 '책만 읽는 바보'라는 뜻인 '간서치(看書癡)'라는 별명이 붙은 정도의 인물이었고, 서얼 출신으로 규장각 4검서 중의 1인이었다. 청(淸)의 고증학을 수용하여 조선에서 북학을 일으키는 데 공헌하였다.

88) 검서관은 조선후기 규장각에 두었던 실무 관직으로 정조 3년(1779)에 설치되었으며, 정원은 4인이었다. 주로 명망 있는 서얼 출신 학자들이 임용되어 5~9품에 해당하는 군직(軍職: 서반직)을 받고, 서적을 검토하고 필사하는 일을 받았다. 초대 검서관에 이덕무·유득공·박제가·서이수가 임명되었는데, 이들을 '4대 검서관'이라고 부른다.

한을 강화하였다.

(6) 숙위소 창설(왕궁 호위 강화)

① 숙위소는 정조 1년(1777) 11월 대전(大殿: 임금이 거처하는 궁전)을 숙위하는 금군(禁軍)의 신변숙위 실수를 염려하여 건양문 동쪽에 별도로 설치한 왕의 호위소를 말한다. 당시 세도가였던 홍국영이 숙위대장으로 제수되어 금군의 숙위를 통솔하였다. 당시 모든 관리들은 홍국영의 명령에 따라 움직였으므로, 이른바 '세도'라는 말이 생기게 되었다.

② 병조의 순검에 관한 모든 일도 숙위소를 통하여 거행하게 하였으므로, 모든 문서는 숙위대장을 거치게 되는 폐단이 나타났다. 정조 4년(1780) 홍국영이 대역죄로 폐출된 후 숙위소도 혁파되었다.

3) 정조의 치적

(1) 신해통공(辛亥通共)

통공정책이란 시전(市廛)상인의 독점특권인 금난전권[89]을 폐지하는 정책을 말한다. 정조 15년(1791) 1월 25일에 각 시전의 국역(國役)은 존속시키면서 도고(都賈)상업[90]에 대해 공식적으로 금난전권을 금지시키고, 저자의 백성들에게 육의전 이외에서도 매매하도록 허락하는 결단을 내렸다.[91] 1791년은 신해년이므로 「신해통공」이라 한다. 정조의 이와 같은 조치는 육의전과 도시상인들의 특권적 상업에 큰 타격을 주게 되었다.

(2) 서얼과 노비에 대한 차별 완화

박제가·유득공·이덕무 등 서얼 출신들을 규장각 검서관으로 등용하여 정치에 참여시켰으며, 노비에 대한 차별을 완화시켰다.

---

89) 금난전권이란 조선후기 육의전과 시전상인이 상권을 독점하기 위해 정부와 결탁하여 난전을 금지할 수 있었던 권리를 말한다. 금난전권과 관련하여서는 한성부의 사법적 경찰기능에서 구체적으로 기술하였다.

90) 도고(都賈)란 상품을 매점 또는 독점하는 상업 활동과 그것을 위해 만든 상업기구를 지칭하는 용어이다. 18세기 이후 상인들은 국가로부터 상업상의 독점적 특권을 얻는다거나 독점을 위해 생산을 지배한 방향으로 전환하였다. 따라서 시전상인들의 금난전권 확보와 이를 이용한 상업 활동은 그 자체가 곧 도고상업을 의미하는 것이다.

91) 정조실록 권32 정조 15년 1월 경자조.

(3) 편찬사업

구 분	내 용	구 분	내 용
대전통편	「경국대전」과 「속대전」 및 그 뒤의 법령을 통합해 편찬한 통일 법전	무예도보통지	병법서
동문휘고	조선후기의 대청 및 대일 관계의 교섭 문서를 집대성한 책	규장전운	이덕무 등이 편찬한 한자의 운(韻: 둘 이상의 낱말에서 유사한 소리가 반복되는 것)자에 대하여 기술한 사전에 해당하는 책
추관지	형률에 관한 법령집	일성록	정조가 세손 때부터 쓴 일기
탁지지	호조의 옛 사례를 모두 정리하여 편찬한 책	국조보감	조선 역대 국왕의 치적 중 모범이 될 만한 사실을 수록한 책
문헌비고	국초 이래 홍문관과 예문관의 문장을 모은 것	오륜행실	오륜을 잘 지킨 사람들의 행적을 설명한 책
홍재전서	정조의 개인 문집		

4) 규장각 중심의 정치와 시·벽파의 갈등

정조의 규장각 중심의 정치는 영조의 탕평책을 계승하고 있었고, 이 때문에 당쟁은 사색당파에서 시파와 벽파의 갈등이라는 새로운 양상으로 전개되었다.

(1) 벽파와 시파

제21대 영조 때 형성되었던 외척 중심의 노론은 끝까지 당론을 고집하며 벽파로 남고, 제22대 정조의 정치 노선에 찬성하던 남인과 소론, 그리고 일부 노론이 시파를 형성하고 있었다.

① 정조는 남인에 뿌리를 둔 실학파[92]와 노론에 기반을 둔 북학파 등 모든 학파의 장점을 수용하여 정국을 이끌어 가자, 조정은 당연히 정조의 통치이념에 찬성하던 시파 중심으로 운영되었다. 정조가 중용하였던 대표적인 인물로는 남인 계열의 채제공을 비롯하여 실학자 정약용, 이가환 등과 북학파의 박제가·유득공·이덕무 등이었다.

92) 실학파란 조선시대 때 실생활의 유익을 목표로 한 새로운 학풍을 말한다. 17세기부터 18세기까지 융성하였으며, 실사구시와 이용후생, 기술의 존중과 국민 경제 생활의 향상에 대하여 연구하였다. 실학은 세 방향에서 발전하였는데, ① 농업을 중시하는 중농학파로서, 유형원의 「반계수록」, 이익의 「성호사설」, 정약용의 「여유당전서」 등을 들 수 있다. ② 국학(역사·지리·국어)을 연구하는 것으로, 안정복의 「동사강목」, 한치윤의 「해동역사」, 유득공의 「발해고」, 이긍익의 「연려실기술」, 이중환의 「택리지」, 김정호의 「대동여지도」, 정약용의 「아방강역고」 등을 들 수 있다. ③ 상공업을 중시하는 중상학파로서, 이들은 청의 문물을 수입할 것을 주장하여 「북학파」라 불린다. 박지원의 「열하일기」, 박제가의 「북학의」가 대표적인 저서이다.

② 벽파는 정조 15년(1791)에 일어난 「신해박해」[93]를 기점으로 세력을 회복하기 시작하였고, 정조 19년(1795) 중국인 신부 주문모[94]의 밀입국 사건으로 조정의 권력은 벽파 쪽으로 기울여졌다. 이때 남인의 실학자로서 정치 중심에 서 있던 정약용이 수세에 몰려 외직으로 나가게 되었고, 4년 뒤 채제공이 죽자 남인 세력은 완전히 위축되었다. 이듬해 정조가 죽자 남인은 거의 축출당하였고, 그나마 친위세력을 형성하고 있던 시파들 역시 일부 노론 출신 외척세력만 남고 대부분 정계에서 밀려나게 되었다.[95]

③ 제23대 순조 초기 정순왕후 수렴청정기에 노론 벽파가 정국을 주도하게 되면서, 붕당정치가 아닌 세도 정치가 전개되었다.

Ⅶ. 세도정치(제23대 순조~제25대 철종)

1. 세도정치의 등장

1) 정조의 탕평정치로 국왕에게 권력이 집중되었으나, 정조 사후 정치 세력 간의 균형이 붕괴되고 왕실 외척 소수 가문 출신의 인물들에게 권력이 집중되었다.

2) 세도정치라 함은 순조 즉위년(1800)부터 흥선대원군이 정국을 주도하기 전까지(고종 1년) 약 60년간 왕의 위임을 받아 정권을 잡은 소수가문이 고위직을 독점하고 마음대로 국정을 휘두르는 비정상적인 정치형태를 말한다.

---

93) 신해박해는 정조 15년(1791)에 일어난 최초의 천주교도 박해사건으로 신해사옥·진산사건이라고 한다. 가톨릭교가 해서(황해도)·관동(강원도)지방의 민중 사이에 신봉되고 있는 동안은 문제가 일어나지 않았다. 그런데 1791년 전라도 진산군의 선비 윤지충과 권상연(윤지충의 외제)이 윤지충의 모친상을 당하여 신주를 불사르고 가톨릭교식으로 제례를 지냈다는 소문이 중앙에 들어오자, 유교·유학을 숭봉해야 할 사림에 속한 사람이 정치와 제도를 손상시켰다는 것이 큰 문제로 제기되었다. 가톨릭 신도들의 대부분이 당시 집권파였던 남인 계통에 속하였기 때문에, 이 문제로 남인은 다시 신서파(信西派: 가톨릭교 신봉을 묵인하자는 파)와 공서파(攻西派: 가톨릭교를 탄압하자는 파)로 대립하게 되었다. 이 사건으로 윤지충과 권상연은 사형에 처해졌고, 정조는 이 정도에서 가톨릭교에 대한 박해를 확대시키지 않았다. 그러나 조정은 이 사건을 둘러싸고 남인계통이면서도 신서파(채제공 중심)와 공서파(홍의호 중심)가 대립하여, 제23대 순조 1년(1801)의 신유박해로 신서파가 결정적인 타격을 받을 때까지 10년간의 암투가 계속되었다.

94) 주문모는 한국 최초의 외국인 신부로서, 정조 19년(1795)에 조선에 들어왔다. 탄압을 피해 서울에서 숨어지내며 전교 활동을 펴면서 정약종·황사영을 만났고, 왕실 여인들에게 세례를 베풀었다. 1801년 자수하여 새남터에서 순교하였다.

95) 박영규, 앞의 책, p383.

2. 세도정치의 전개 및 권력 구조

1) 세도정치의 전개

(1) 정조가 죽자 제23대 어린 순조를 대신하여 정순대비가 수렴청정을 하였다. 이 시기에는 노론 벽파가 정국을 주도하면서 신유박해를 이용하여 정조가 양성한 남인 계열의 시파 인재를 대거 제거하였고, 정조가 창설한 장용영도 혁파시켰다.

(2) 정순대비가 사망하자(1805년), 순조의 장인 김조순을 중심으로 하는 안동 김씨 일파의 세도정치가 전개되었다.

(3) 제23대 순조가 죽고 제24대 8살인 헌종이 즉위하자, 순조의 왕비인 순원왕후가 수렴청정을 했다. 그러다가 기해박해[96]가 일어난 외척인 풍양 조씨(조만영)가문이 득세하면서 세도가문은 안동 김씨에서 풍양 조씨로 옮겨갔다. 그러다가 풍양 조씨의 중심인물인 조만영이 죽자, 다시 세도는 안동 김씨로 넘어갔다.

(4) 헌종이 후사 없이 죽자 교육을 제대로 받지 못했던 제25대 철종을 왕위에 앉힌 안동 김씨는 임금을 마음대로 조종하면서 권력 기반을 단단히 굳히기 시작하였고, 대왕대비 순원왕후(안동 김씨 김조순의 딸)는 외척인 김문근의 딸을 철종의 왕비로 삼았다. 이후 김문근을 중심으로 하는 안동 김씨의 세도정치는 흥선대원군이 정국을 주도하기 전까지 지속되었다.

2) 세도정치기의 권력 구조

(1) 폐쇄적 정치집단(정치기반 축소)

세도정치기에는 붕당은 물론 탕평파나 반탕평파 같은 정치 집단사이의 대립적인 구조도 없어지고, 중앙 정치를 주도하는 정치집단은 소수의 가문출신으로 좁아지면서 그 기반이 축소되었다.

(2) 권력 구조의 변화(비변사로 권력 집중)

정2품 이상인 고위직만이 정치적 기능을 발휘하였고 중·하급 관리는 언론 기능을 상실한 채 행정실무만 담당하게 되었다. 한편, 의정부와 6조의 기능이 약화된 반면 유력한 가문 출신의 인물들이 차지한 비변사로 권력이 집중되었다.

---

96) 헌종 5년(1839)에 일어난 제2차 천주교 박해사건으로 기해사옥이라고도 한다. 이 사건은 표면적으로 볼 때 천주교를 박해하기 위한 것이었으나, 실제로는 노론 시파인 안동 김씨로부터 권력을 빼앗으려는 노론 벽파 풍양 조씨의 술책이었다. 이 사건으로 세도가문은 안동 김씨에서 풍양 조씨 가문으로 옮겨졌다.

3. 세도정치의 폐단

세도정치는 왕권도 정치에서 배제시키고 견제하는 세력도 없는 시기였기 때문에, 부정부패가 만연할 수밖에 없었다. 그 결과 세도정치체제하에서의 조선사회는 정치기강의 문란·사회적 통합 실패·경제적 수탈·농민들의 저항(민란)으로 많은 혼란을 겪게 되었다.

1) 개혁 능력 부족과 사회 통합 실패

19세기의 세도정권은 사회전반의 변화를 인식하지 못하고, 새로운 질서를 만들어 가려는 능력도 지니지 못하였다(개혁능력 부족). 그리고 세도정치는 정조가 등용하였던 남인·소론·지방사족들을 권력에서 배제하여 사회 통합에도 실패하였다(사회통합 실패).

2) 정치기강의 문란(과거제의 문란과 매관매직의 성행)

정치기강이 무너져 과거 시험의 부정과 합격자 남발 등이 행해지고, 관직을 돈으로 사고파는 매관매직이 공공연하게 이루어졌다. 따라서 관료들은 자신의 지위를 지키기 위해서 세도가의 비위를 맞추기에 급급하였다.

3) 수령권의 절대화와 경제적 수탈

향촌에서는 지방 사족을 배제한 채 수령이 절대권을 가지고 있었다. 따라서 매관매직으로 수령이 된 자들은 법에도 없는 각종 세금을 징수하는 등 탐관오리의 수탈이 극심해지고, 삼정(전정·군정·환곡)[97]이 문란해졌다. 그 결과 농촌경제는 피폐해지고, 상품화폐 경제는 둔화되었다.

4) 농민들의 저항

삼정의 문란을 참다못한 백성이 진주를 비롯해 전국 곳곳에서 민란을 일으켰다. 자연재해가 잇따라 기근과 질병이 널리 퍼지고 인구가 급속히 감소하였고, 농민의 조세부담은 더욱 무거워져 농촌사회의 불만은 극에 달하였다. 철종 13년(임술년, 1862) 탐관오리의 학정에 반발하여 민란이 일어났고, 이를 계기로 전국 71곳에서 민란이 일어났다. 이를 임술민란이라고 부른다.

---

97) 삼정은 ① 토지세를 거둬들이는 「전정」, ② 군대에 징집하는 대신 군포(베)를 걷는 「군정」, ③ 춘궁기에 곡식을 빌려주었다가 수확 후 돌려받는 「환곡」을 말한다. 19세기에 들어서면서 각 지방의 관아가 삼정을 집행하면서 백골징수(죽은 사람에게 군포를 걷는 것)·황구첨정(15세 이하 어린아이에게 군포 징수) 등의 비리를 저질러 백성을 쥐어짰다.

◆◆ 사림의 변천과정(총괄)

붕당정치의 시작	동인 ↔ 서인	선 조 (제14대)	사림 → 동인과 서인 분화(1575년)
			동인 → 남인과 북인 분화(1591년)
	북인 집권	광해군 (제15대)	북인 정권 장악(1608년)
	서인 집권 (남인 참여)	인 조 (제16대)	서인 정권 장악(1623년)
		효 종 (제17대)	
	서인 ↔ 남인	현 종 (제18대)	1차 예송(1659년) → 서인 우세(기해예송)
			2차 예송(1674년) → 남인 우세(갑인예송)
붕당정치의 변질	일당전제화 노론 ↔ 소론	숙 종 (제19대)	경신환국(1680년)
			기사환국(1689년)
			갑술한국(1694년)
		경 종 (제20대)	
탕평정치	노론 집권 (소론 참여)	영 조 (제21대)	탕평책 시작(1728년)
		정 조 (제22대)	탕평책 실시
			노론 → 시파와 벽파로 분화(노론 내부의 시파와 벽파의 분열 시기는 문헌상에도 3가지로 언급되어 있어 현재에도 논의의 대상이나, 정조 12년~19년 사이에 분열되었다고 보는 것이 일반적인 경향임)
세도정치	노론 집권	순 조 (제23대)	권력 장악: 안동 김씨(노론 시파, 1804년)
		헌 종 (제24대)	권력 장악: 풍양 조씨(노론 벽파, 1839년)
		철 종 (제25대)	권력 장악: 안동 김씨(1851년)

Ⅷ. 근대사회의 전개(고종 이후)

철종이 후사 없이 죽자 제23대 순조의 현손(증손자의 아들 또는 손자의 손자)인 흥선대원군의 둘째 아들이 왕위에 오르니, 이가 곧 제26대 고종이다. 수렴청정을 맡은 대왕대비(조씨)에게 전권을 위임받은 흥선대원군은 왕권강화를 위해 세도정치를 끝내려는 개혁정치에 들어갔다.

1. 흥선대원군의 개혁정책

1) 개혁정책의 기조

(1) 흥선대원군의 개혁정치는 조선왕조의 여러 모순과 폐단을 지양(止揚: 더 높은 단계로 오르기 위하여 어떠한 것을 하지 아니함)하려는 것이 아니라, 단지 탄압을 통한 왕권의 재확립을 기하려는 것이 목표였다. 따라서 대내적으로는 전제정치였으며, 대외적으로는 쇄국정치였다.

(2) 국내외 정세

① 국내적으로는 세도정치로 지배질서가 붕괴되면서 부정부패가 심화되고, 농민봉기가 각지에서 일어났다.

② 국외적으로는 이양선(異樣船)[98]이 출현하여 해안측량과 통상요구를 주장하고, 영국과 프랑스가 중국 베이징을 점령하였다.

2) 왕권 강화 및 통치 질서 확립

대원군은 왕권 강화 정책 및 통치 질서 확립을 위하여 다음과 같은 일련의 조치를 취하였다.

◆◆ 왕권 강화 정책

구 분	내 용	비 고
세도정치타파	안동 김씨 등 세도가문을 축출하고 능력에 따른 인재를 고르게 등용함	
정치기구 재정비 (비변사의 기능 축소·폐지)	비변사를 축소·폐지하여 의정부와 삼군의 기능을 부활	
법전의 정비	「대전회통」과 「육전조례」 등의 법전을 정비, 간행	조선시대의 법전은 경국대전(세조 때 편찬하기 시작하여 성종 때 완성) → 속대전(영조) → 대전통편(정조) → 대전회통(고종) 순으로 제정·편찬됨

98) 이양선은 조선후기에 우리나라 연해에 나타난 서양의 배를 뜻한다. 당시 서양의 배는 그 모습이 조선의 배와 달랐기 때문에 '모양이 이상한 배라는 뜻'에서 붙여진 이름이다.

경복궁 중건	• 실추된 왕실의 위엄회복을 위해 경복궁을 중건하였다. 경복궁 중건 공사비 마련을 위해 원납전(강제기부금)을 징수하여 양반과 백성의 원성을 샀고, 상평통보의 100전에 해당하는 당백전의 발행을 남발하여 재정파탄을 일으킴 • 경복궁을 중건하면서 백성들을 강제로 공사장에서 일을 시켰는데, 이에 따른 백성들의 어려움이 「경복궁 타령」에 잘 나타나 있음	• 당백전의 발행을 남발한 결과(가격이 법정가격보다 낮은 화폐) 인플레이션을 야기시켜 조선 전체의 경제가 흔들림 • 경복궁 타령: 을축년 4월초 경복궁 새 대궐 짓는데 헛방아 찧는 소리다. (중략) 도편수란 놈의 거동보소 먹통보고 갈팡질팡한다. (중략) 경복궁 역사가 언제 끝나 그리던 가족을 만나 볼까.

3) 국가재정 확충 및 민생안정책

대원군은 삼정의 문란을 시정하고 서원을 철폐함으로써, 국가재정 확충·백성들에 대한 양반 유생의 횡포 차단·붕당의 근거지를 혁파하였다.

◆◆ **민생안정책**

삼정의 문란 개혁 (전정·군정·환곡)	• 전정의 개혁 → 양전 사업을 실시하여 지방관과 토호의 토지겸병을 금지하고, 은결[99]을 찾아냄 • 군정의 개혁 → 「호포법」을 실시하여 종래에 상민에게만 징수하던 군포를 양반에게까지 징수 • 환곡제도를 개선하여 사창제(社倉制)를 부활시킴	
서원 철폐	• 붕당이 온상인 서원을 철폐·정리하여 국가재정을 확보하고 양반과 유생들의 횡포를 근절 • 1865년 만동묘 철폐(중국 명나라의 신종과 의종의 신위를 봉안하여 제사를 지내던 사당), 그리고 화양동 서원을 비롯해 전국의 서원(600여 개소) 가운데 47개의 사액 서원만 남기고 철폐함	• 서원 철폐에 대하여 최익현 등의 유생들은 흥선대원군 퇴진을 요구하며 격렬히 반발 • 서원 철폐와 관련하여 대원군은 "백성을 해치는 자는 공자가 다시 살아난다 해도 내가 용서하지 않을 것이다"라고 단호한 의지를 표명

4) 통상수교 거부정책

고종 3년 병인사옥(병인박해)과 동왕 8년의 신미양요사건은 대원군으로 하여금 쇄국정책을 보다 강력하게 추진할 수 있는 구실을 만들어 주었다.

99) 은결(隱結)은 조선시대에 탈세를 목적으로 전세(田稅: 토지세)의 부과 대상에서 부정·불법으로 누락시킨 토지를 말한다.

◆◆ 통상수교 거부정책

주요 사건(순서대로 기억)	내용
병인박해 (1866년 1월)	흥선대원군이 러시아의 남하 견제를 위하여 프랑스 신부를 이용하여 프랑스와 교섭시도하였으나 실패, 이후 운현궁(대원군이 머물던 궁)에도 서학(가톨릭)교인이 출입한다는 소문이 퍼지자 대원군은 가톨릭 교도를 탄압하기로 결심하고, 프랑스 선교사 9명을 학살한 후 불과 수개월 사이에 국내 신도 8,000여 명을 대거 처형시킨 사건을 말함
제너럴셔먼호 사건 (1866년 7월)	대동강을 거슬러 올라온 미국 상선 제너럴셔먼호가 교역을 요구하다 거절당하고 약탈과 방화를 자행하자, 제너럴셔먼호를 평양감사 박규수와 평양 군민이 격퇴함
병인양요 (1866년 9월)	• 원인: 병인박해를 이유로 로드제독의 프랑스군이 강화읍 점령 • 격퇴: 프랑스군에 맞서 양헌수 부대가 정족산성에서, 한성근 부대가 문수산성에서 프랑스군 격퇴 • 결과: 퇴각하는 프랑스군이 외규장각 문화재 약탈 • 외규장각 의궤와 도서 → 2011년 대여방식으로 145년 만에 귀환
오페르트 도굴 사건 (1868년)	독일상인 오페르트는 통상을 위해 흥선대원군의 아버지인 남연군묘를 도굴하려다 미수에 그침 → 서양에 대한 배척 기운 고조
신미양요 (1871년)	• 원인: 제너럴셔먼호 사건의 보복을 이유로 미국은 강화도의 광성보를 공격 • 격퇴: 어재연이 이끄는 조선의 수비대가 광성보, 갑곶 등에서 분전 → 미국 물치도로 철수
척화비 건립 (1871년)	대원군은 미국이 물러난 이후 전국 각지에 척화비[100]를 건립하고 통상수교 거부정책을 더욱 강력히 추진함

2. 개항과 불평등 조약체계(강화도 조약과 조·미 수호 통상조약)

1) 개항의 배경

(1) 동부승지 최익현이 흥선대원군을 탄핵하는 상소를 올렸고, 때맞춰 고종의 친정(親政: 임금이 직접 나라의 정사를 돌봄) 선포로 흥성대원군이 하야하게 되었다. 이후 민씨 정권(고종의 왕비 민씨와 그 친척)이 들어서게 되면서 박규수·오경석·유홍기 등이 통상 개화론을 주장하였다.

(2) 일본은 조선의 문호를 개방하기 위해 운요호(운양호)사건을 일으켜(1875년), 이를 기화로 조일수호조규(강화도 조약)를 체결하였다.

100) 척화비의 내용: "서양 오랑캐가 침범할 때 싸우지 않는 것은 곧 화의하는 것이요, 화의를 주장하는 것은 나라를 파는 것이다. 이를 자손만대에 경계하노라" 병인년에 비문을 짓고 신미년에 비석을 세운다(1871년)".

2) 강화도 조약(조일수호조규)

(1) 강화도 조약은 전문 12개조로 된 우리나라 최초의 근대적 조약이었으나, 해안측량권·치외법권(영사재판권) 등을 인정한 불평등 조약이었다.

(2) 강화도 조약의 주요 내용

조항	내 용	의 미
제1관	조선국은 자주국이며 일본국과 평등한 권리를 가진다.	일본은 청과 조선의 종속적 관계를 부인하고 청의 간섭을 배제하고자 하였다.
제2관	일본국 정부는 지금부터 15개월 후 사신을 조선국 서울에 파견한다. 조선도 사신을 동경에 파견한다.	조선에서 일본으로 수신사 파견
제4관	조선 정부는 부산과 제5관에서 제시하는 두 항구를 개방하고 일본인이 자유롭게 왕래하면서 통상할 수 있게 한다.	부산(1876년 경제적 목적) 원산(1880년 군사적 목적) 인천(1883년 정치적 목적)
제7관	조선국 연해의 섬과 암초는 극히 위험하므로 일본국의 항해자가 자유롭게 해안을 측량하도록 허가한다.	해안측량권를 인정한 불평등 조약 → 일본의 군사적 목적 내포
제10관	일본국 국민이 조선국이 지정한 각 항구에 머무르는 동안 죄를 범한 것이 조선국 국민에게 관계되는 사건일 때는 모두 일본국 관원이 심판한다.	치외법권(영사재판권)을 보장한 불평등한 조약

(3) 조약의 체결로 개항정책을 취하게 되어 점차 세계무대에 등장하는 계기가 되기도 하였으나, 불평등 조약이었기에 일본의 식민주의적 침략의 시발점이 되었다.

(4) 강화도 조약 이후의 부속조약

① 조·일수록조규부록(1876년)

강화도 조약을 보완하기 위해 조인된 조약을 말한다. 그 내용은 부산에서 일본인의 거류지 무역은 10리로 제한하며, 일본국 국민은 본국에서 사용되는 화폐로 조선국 국민이 보유하고 있는 물자와 마음대로 교환할 수 있다(거류지 무역과 일본 화폐 유통 허용)는 것 등이었다.

② 조·일통상장정(1883년)

㉠ 1875년 강화도 조약을 맺은 직후 조선과 일본 두 나라 사이의 통상관계에 대한 간단한 약조를 정한 「조일무역규칙」 등은, 서일본의 수출입 상품에 대한 「무관세 규정」, 쌀의 무제한

유출 등을 규정한 불평등 조약이었다. 이러한 불평등 규칙을 해소하기 위하여 1883년 7월 25일 조선과 일본 사이에 맺어진 전문 42조의 새로운 「조·일통상장정」이 맺어졌다.

㉡ 조·일통상장정에서 가장 주목되는 부분은 천재·변란 등에 의한 식량부족의 우려가 있을 때 방곡령[101]을 선포하는 조항(제37조)·조선화폐에 의한 관세 및 벌금 납입을 규정한 조항(제40조)·일본 상인에 대한 최혜국 대우(내지무역, 서울 개시 자동획득, 제42조)를 규정한 조약이다. 제37조의 조항과 제40조 조항은 일본 상인에 의한 식량약탈에 따른 국내의 식량부족이나 무질서한 일본의 조선 상권 침탈을 제도적으로 규제하려는 조선의 고유책이었다.

3) 조·미수호통상조약

(1) 일본에 2차 수신사로 갔었던 김홍집이 「조선책략」[102]이라는 책의 반입과, 청의 알선(청은 조선에 대한 종주권을 국제적으로 승인받고, 러시아와 일본 진출을 견제하기 위해 알선)으로 미국과 수교가 이루어지게 되었다. 청은 조선이 청의 속방이라는 규정을 넣고자 하였으나, 미국의 반대로 실패하였다.

(2) 최초의 서양과의 조약으로 치외법권·최혜국 대우·협정관세·거중조정조항[103] 등을 인정하는 불평등 조항이었다.

4) 각국과의 조약체결

청의 알선으로 영국·독일·프랑스 등과 외교관계를 수립하고, 러시아와는 직접 수교하였다.

---

101) 방곡령사건(防穀令事件)은 고종 21년(1884) 이후 곡물반출금지령으로 말미암아 야기된 조선과 일본 간의 외교적 분쟁사건을 말한다. 1889년(1차 방곡령사건)과 1890년(2차 방곡령사건) 황해도와 함경도에서 실시된 방곡령은 지방관들이 일본의 압력을 받은 정부의 지시를 무시하고 그대로 감행하여 외교적인 마찰로까지 확대되었다. 1차 방곡령사건은 1889년 5월 황해도 관찰사 조병철이 방곡령을 실시함으로써 처음 발생하였고(일본상인이 황해도에서 구입한 곡물 2,130석을 인천으로 반출하려다 저지됨), 2차 방곡령사건은 1890년 10월 함경도 관찰사 조병식이 원산항을 통해 해외로 수출되는 콩의 유출을 1년간 금지하는 방곡령을 발표하였으나, 예고기간이 짧았다는 이유로 오히려 일본에게 막대한 배상금만 지불하게 되었다.

102) 황준헌의 「조선책략」은 조·미수호통상조약을 맺는 데 영향을 미친 책으로, 친중국·결일본·연미국을 주장하면서 미국과의 수교 필요성을 강조하였다.

103) 조선과 미국 인민은 각각 영원한 화평우호를 지키되 만약 타국이 불경하는 일이 있게 되면 일차 조사를 거친 뒤에 반드시 서로 도와 잘 조처함으로써 그 우의를 표시한다(제1관). 제1관이 바로 「거중조정조항」이다.

3. 개화운동과 위정척사운동의 전개

1) 개화정책의 추진

개화운동의 두 흐름

구분	온건 개화파(사대당)	급진 개혁파(개화당)
개혁의 본보기	청의 양무운동[104] 모방	일본의 메이지유신[105] 모방
개혁의 방향	"우리의 유교적 전통문화를 유지하면서 서양의 과학기술을 받아들인다"는 입장 → 동도서기론[106] 입장	"서양의 기술뿐 아니라 사상과 제도도 받아들여 체제 개혁을 해야 한다"는 입장 → 문명개화론 입장
청에 대한 태도	청과 사대 관계 인정(민씨 정권과 결합)	청의 간섭 배제
개화 비용 마련	당오전 주조(전환국)	일본 차관 도입 시도(김옥균)
인물	김홍집, 어윤중, 김윤식	김옥균, 박영효, 홍영식, 서광범
활동내용	점진적 개혁추진 민씨 정권에 적극 참여 하여 1880년 초 개화 정책 주도	급진적 개혁추진 갑신정변(1884년) 주도

2) 개항 이후 정부의 개화 정책

1880년 초 민씨 정권의 주도로 추진되었으며, 동도서기론적 입장에서 개화파 인물들을 중심으로 정계에 기용하였다.

(1) 수신사 파견

1차 수신사 파견(1876년) 김기수, 2차 수신사 파견(1880년) 김홍집(조선책략 소개), 3차 수신사 파견(1882년) 박영효 귀국 후 박문국(조선후기의 신문·잡지 등의 편집과 인쇄를 맡아보던 출판기관)을 설치하였다.

---

104) 양무운동은 19세기 후반 중국 청나라에서 일어난 근대화 운동으로서, 서양의 문물을 수용해 부국강병을 이루려는 운동을 말한다.

105) 1868년 일본이 미국에 의해 개항된 후 지방의 무사들이 막부를 타도하고 왕정을 복고한 사건을 말한다. 일본은 메이지 유신으로 신분제도의 타파·의무교육 실시·서양문물 도입 등 과감한 개혁조치를 단행하여 아시아에서는 최초로 근대화에 성공하였다.

106) 동도서기 입장의 개화 주장

① 신이 변혁을 꾀하고자 하는 것은 기(器)이지, 도(道)가 아닙니다(개화유생 윤선학, 승정원일기 고종 18년 2월).

② 저들의 종교는 사악하다. 마땅히 음탕한 소리나 치장한 여자를 멀리하듯이 해야 한다. 하지만 저들의 기술은 아름답다(김윤식이 기초한 고종교서).

(2) 제도 개혁

① 관제의 개편

개화정책을 전담하기 위한 기구로 「통리기무아문」을 설치하고, 그 아래에 12사를 두어 외교·군사·산업 등의 업무를 분담하게 하였다.

② 병제(군제)의 개편

종래의 5군영을 2군영(무위영·장어영)으로 통합·개편했으며, 무위영 소속으로 신식군대인 「별기군」을 창설하여 일본인 교관으로 하여금 양반인 자제(80명, 임오군란 때는 400명)를 대상으로 군대식 군사훈련을 시켰다. 이에 따라 이른바 구식 군대의 원성과 반발을 사게 되었다.

③ 근대문물 수용을 위한 사찰단 파견

구분	내용		결과
조사시찰단[107] (신사유람단)	박정양 등을 일본에 파견, 일본의 정부기관과 각종 산업시업 시찰		보고서 제출
영선사	김윤식 등을 중국(청)의 톈진에 파견, 근대식 무기 제조 기술 습득		기기창 설치(1883년)
보빙사	조·미통상조약 이후 미국에 파견된 사절단	민영익·홍영식	우정총국 설치(1884년)
		유길준 (최초의 미국유학생)	서유견문 저술

3) 위정척사운동

위정척사운동은 1860년대 이후 이항로·기정진 등 보수적인 유학자를 중심으로(위정척사파) 형성된 반침략·반외세의 정치사상이다. 이들은 조선후기 성리학을 기반으로 한 세계관과 지배체제를 강화하여 일본과 서구 열강의 침략에 대응하려 하였다. 위정척사사상은 크게 통상반대운동(1860년대) → 개항반대운동(1870년대) → 개화반대운동(1880년대) → 의병 투쟁(항일의병운동)의 네 단계로 나누어 전개되었다.

(1) 통상반대운동(1860년대, 척화주전론)

이항로·기정진 등은 척화주전(서양인과 싸워야 한다)과 내수외양(內修外攘)[108]의 논리를 펼

107) 조사시찰단은 원래 신사유람단(벼슬아치들이 한가로이 돌아다닌다는 뜻임)으로 불렸다. 고종은 개화에 반발하는 여론 때문에 신사유람단이 공식 시찰단으로 비치지 않도록 부산까지 암행어사 신분으로 이동시켰다. 최근 사학계에서는 정부 차원의 공식 출장임을 감안해 신사유람단 대신 「조사시찰단」이라고 부르고 있다.

108) 군주와 집권 관료층들은 수양과 솔선수범을 하여야 하며(내수), 구체적인 실천 행위로는 서양문물의 배척과 양물금단(洋物禁斷: 서양 제품은 사지도 말고 쓰지도 말아야 한다)을 하여야 한다는 논리를 내세웠는데, 이를 「내수외양」이라고 한다.

치며, 흥선대원군의 통상수교거부정책을 뒷받침하였다.

(2) 개항반대운동(1870년대, 왜양일체론)

위정척사운동의 두 번째 단계는 1876년 일본과 맺은 강화도 조약을 전후로 하여 전개되었다. 이항로·기정진 등의 위정척사사상을 계승한 최익현·유인석 등은 개항불가론을 주장하고, 왜양일체론(일본과 서양은 한 통속이다)을 내세워 개항반대운동을 전개하였다.

(3) 개화반대운동(1880년대)

강화도 조약 이후 급격한 개화정책이 추진되었고, 이때 김홍집이 제2차 수신사로 일본에 다녀오면서 가져온 「조선책략」을 고종이 정부 관리뿐 아니라 유생들도 읽도록 하였다. 이에 반발하여 이황의 후손인 이만손·홍재학 등은 영남만인소(영남지방 1만여 명의 유생이 올린 상소문)를 올려 「조선책략」의 내용을 격렬히 비판하였다.

(4) 의병 투쟁(1890년대, 을미의병)

1894년 일본군이 경복궁을 점령하고, 이듬해 을미사변[109]을 일으키고 단발령 등을 내용으로 하는 을미개혁을 추진하자 유인석·이소응 등이 무장봉기를 하였다. 이는 근현대사에 있어 (개항 이후) 최초의 의병으로, 후일 항일의병운동으로 계승되었다.

4. 임오군란과 갑신정변

임오군란[110]은 보수세력(흥선대원군)과 개화세력(명성왕후)의 대립, 그리고 민씨 정권의 신식군대인 별기군 우대와 구식군대(2영) 차별 대우에 의해 구식 군대가 주도하여 일으킨 것으로, 고종 친정 이후 실각한 대원군이 다시 집권하게 된 정변을 말한다. 반면, 갑신정변은 고종 21년(1884) 김옥균을 비롯한 급진개화파가 개화사상을 바탕으로 조선의 자주독립과 근대화를 목표로 일으킨 정변을 말한다. 갑신정변은 근대국가 수립을 목표로 하는 최초의 정치개혁운동이었으나, 너무 일본에 의존하여 토지개혁에 소홀하는 등 민중의 지지를 얻지 못하였다.

---

109) 을미사변이란 고종 32년(1895) 일본공사 미우라 고로가 주동이 되어 명성왕후를 시해하고 일본세력 강화를 획책한 정변으로, 「명성왕후 시해사건」이라고도 한다. 이로 말미암아 조선국민의 대일감정은 극도로 나빠져 제천에서 을미의병이 일어났으며, 국제적으로도 거센 비난이 이어졌다.

110) 1882년 6월 구식군인들은 13개월간 급료를 받지 못하고 있다가 선혜청 도봉소에서 우선 1개월 치 급료를 지급하였으나, 이때 지급된 쌀이 물에 젖어 썩었거나 겨와 돌이 섞여 있었다. 분노한 무위영 소속 구 훈련도감 군병들이 도봉소를 습격하였고, 그 과정에 선혜청 당상 민겸호의 지시에 의거 4~5명의 군졸이 포도청에 잡혀가 고문을 당하였고 이에 남아 있는 군졸들이 구명운동을 전개하면서 도봉소사건은 거대한 군란으로 확대되어갔다. 도봉소사건은 정부의 개화 정책의 일환으로 군제개편이 단행되면서 구조적으로 소외된 5군영 소속 군병들의 불만이 집약되어 일어난 것으로, 임오군란의 발단의 원인이 되었다.

1) 임오군란과 갑신정변의 비교

구분	임오군란(1882년)	갑신정변(1884년)
배경	강화도 조약 이후 별기군 신설과 우대, 그리고 구식군대에 대한 차별 대우와 일본 상인의 침투로 양곡 유출에 따른 쌀 값 폭등 → 구식 군인들의 봉기와 도시 빈민층 일부가 임오군란에 다수 합류	임오군란 이후 친청세력이 개화당 탄압·청과 프랑스 전쟁(베트남)으로 청의 조선 주둔군 일부 철수·급진개화파의 일본 차관 도입 실패로 정치적 입지 위축·일본공사의 군사적 지원 약속·청의 내정간섭과 개화정책의 후퇴 등에 대한 반발로 급진개화파가 갑신정변을 일으킴
성격	개화 반대, 반민씨(反閔氏)	근대 국민 국가 건설을 목표로 한 위로부터의 근대화 운동(청의 간섭 탈피·근대적 입헌군주제 추구·신분제 타파를 통한 인민평등권 확립 등), 반민씨
과정	선혜청 도봉소사건이 발단이 되어 군란발생, 민씨 정권의 고관(민겸호 살해)을 공격하고 일본 공사관을 습격(호리모토 살해) → 흥선대원군 재집권(별기군 혁파·통리기무아문 혁파·5군영 부활) → 민씨 정권 요청으로 청군의 개입, 군란의 책임자로 흥선대원군 청으로 압송 → 민씨 재집권(친청 내각)	• 급진개화파(김옥균·박영효·서재필 등), 우정국(우리나라 최초의 우편업무 관청) 낙성 기념 축하연 이용하여 정변 개시 • 민씨 정권 주요 인물 살해 → 개화당 정부수립, 혁신정강 14개조 발표 → 민씨 정권 요청으로 청군이 개입하여 진압(일본공사관과 박문국 파괴), 3일 천하로 반정 실패 • 혁신정강의 주요 내용: 청에 대한 사대관계 폐지·신분제 타파를 통한 인민 평등·내각제도 확립(입헌군주제 추구)·근대적 경찰제도 도입·지조법(토지관련 세금법)의 개혁 등
결과	• 청군 주둔, 청의 간섭 심화(내정간섭, 경제침략) – 청은 재정(마젠창)·군사(위안스카이)·외교(묄렌도르프) 등 고문파견 – 조청상민수륙무역장정[111] 체결, 청 상인에게 통상 특권 허용 • 일본군 주둔: 임오군란시 군인들의 일본공사관 침입 빌미삼아 조선과 일본 간의 제물포조약체결(1882년)[112] – 일본공사관 주변 일본군 국내 주둔(최초 허용)과 배상금 지불 – 일본에 박영효 등 사죄사절단 파견(태극기 사용) • 민씨 일파가 재집권하게 되고, 청나라의 영향이 커지는 계기가 됨	• 청의 간섭 심화(묄렌도르프 추방, 위안스카이 간섭) • 한성조약: 고종 21년(1884)의 갑신정변 후 뒤처리를 마무리짓기 위하여 일본과 맺은 조약으로, 일본인 살해에 대한 배상금 지불과 일본 공사관 신축 비용 부담 • 톈진조약(천진조약): 중국 청과 일본 양국 사이에 체결된 조약(조선에 주둔한 청·일 양국군의 철수와 조선 파병시 상대국에 미리 알릴 것 등)

111) 조선과 청나라가 조청상민수육무역장정을 체결하기 이전에 외국상인들은 개항장에서 10리 이내에서만 장

2) 갑신정변 이후의 열강의 대립

(1) 거문도 사건(1885~1887)

갑신정변 이후 청의 내정간섭과 일본의 경제적 침략이 본격화되고, 러시아의 한반도 진출을 견제하기 위해 영국이 거문도를 불법으로 점령하였다. 이때 청나라가 중재에 나서 러시아로부터 거문도를 점령하지 않는다는 약속을 이끌어내자 영국은 거문도에서 철수하였고, 그 결과 청나라의 영향력은 더 강해졌다.

(2) 중립화론 제기

독일 부영사 「부들러」는 청·일의 충돌을 막기 위해 한반도의 중립화를 조선 정부에 건의하였고, 유길준 또한 열강의 침략으로부터 조선의 안전을 보장받기 위한 「중립화론」을 구상하였다.

5. 동학농민운동

1) 등장배경

(1) 동학은 조선말기 조선의 총체적 사회모순 속에서 보국안민의 기치를 내세우면서 등장했다. 조선사회를 지배하였던 성리학은 당시의 모순에 적극적으로 대처하지 못하였고, 서양세력의 접근을 막아내지 못하였다.

(2) 한편, 서양의 천주교(서학)가 조선 사회에 들어와 파급되기 시작하자, 서학의 침투에 대항하면서 성리학을 대신하여 새로운 이상 사회를 목표로 등장한 것이 동학사상이다.

2) 성격

전통적 민족신앙을 바탕으로(민족종교) 유교·불교·도교 세 종교의 교리를 통합한 종합적인 성격을 가졌으며, 기존 성리학과 부패한 불교를 비판하고 천주교를 배격하였다.

3) 확산 및 탄압

(1) 동학은 신분제도에 반대하였고 그 교리에 평등사상을 내포하고 있어 당시 사회에 불만을 품고 있었던 삼남지방(충청도·경상도·전라도)에 급속도로 파급되었다.

사를 할 수 있었지만, 「조청상민수륙무역장정」은 청나라 상인들에게 그 바깥에서도 장사를 할 수 있는 권리를 주었다. 이로써 청나라 상인들은 도성 안에서 상점을 열 수 있게 되었고, 그 결과 상인들은 한성부로 몰려왔다. 그리고 한국 화교가 형성되는 계기가 된 것도 바로 「조청상민수륙무역장정」이다.

112) 제물포조약으로 임진왜란 이후 289년 만에 일본군이 조선 수도인 한양에 처음으로 발을 디디게 되었다.

(2) 정부는 1863년 최제우를 비롯한 동학교도들을 혹세무민의 죄로 체포하고, 이듬해 최제우를 처형하였다.

4) 동학의 확대와 교조신원운동

(1) 동학의 확대

제2대 교주 최시형을 중심으로 동학의 경전인 「동경대전」,[113] 그리고 포교가사집인 「용담유사」 등의 교리 정비와 포접제(包接制)[114]를 통해 삼남지방을 거의 포괄할 정도로 성장하였다.

(2) 교조신원운동

① 1892년 동학교도들은 전라도 「삼례」에 모여 교조 최제우에 대한 신원(伸寃: 억울함을 해소해 한을 풀어준다는 뜻)과 동학의 인정 및 탐관오리 처벌을 요구하였다.

② 북접과 남접의 분화(1892～1893)

㉠ 1880년대 후반 이후 호남지역(빈농과 몰락 농민의 참여)에서는 전봉준·서인주 등의 새로운 지도자들이 교도들을 이끌었는데, 이들은 종교 활동보다는 탐관오리 처벌·외국의 선교사와 상인의 추방 등 농민의 이해에 바탕을 둔 사회개혁을 지향하였다.

㉡ 전봉준·서인주 등은 1890년대에 들어서 최시형·손병희(제3대 교주) 등의 동학 교단 지도부와는 독자적인 경향과 움직임을 나타냈다. 따라서 충청지방을 중심으로 활동했던 동학교의 교단 지도부를 「북접(北接)」이라 하였고, 그리고 이들을 「남접(南接)」이라고 불렀다.

㉢ 북접과 남접의 분화(1892～1893)는 교조신원운동 과정에서도 뚜렷한 차이를 보이며 진행되었다.

㉣ 삼례집회(1차 신원운동, 1892.11, 북접과 남접이 참석) → 복합상소(2차 신원운동, 1893.2, 손병희 등 교도대표 40명이 경복궁 앞에 모여 교조의 신원과 외국인 철수 요구), 당시 북접의 교단지도부는 고종의 전교를 받고 3일 만에 해산, 반면 남접 서인주 등은 '척왜양(일본과 서양을 척결)'의 괘서를 붙이며 정치운동 전개 → 보은집회(3차 신원운동, 1893.3)는 동학교도와 농민 2만여 명이 참가한 대규모 집회로서, 탐관오리의 숙청·척왜양창의(斥倭洋倡義: 일본과 서양을 물리치고 대의를 세운다) 등의 정치적 구호를 내세우는 등 단순한 종교운동의 차원(교조신원운동)을 넘어서 농민중심의 반봉건·반외세의 정치적 성격의 운동으로 변해 갔다. 이때 북접 교단 지도부는 고종의 윤음(임금이 신하나 백성에게 내리는 말)을 듣고 해산하였다.

5) 동학농민운동의 전개(1894년)

동학농민운동은 (1) 1차 농민봉기 반봉건적 성격(남접 참여) → (2) 휴전기 → (3) 2차 농민

---

113) 동경대전(東經大全)은 최제우가 지은 동학의 경전으로 용담유사(최제우가 지은 포교 가사집)와 함께 동학계 종교의 기본 경전이다.

114) 포접제는 각 지방에 포(包)와 접(接)을 설치하고 포(包)와 접(接)마다 포주(包主)와 접주(接主)를 두었다.

봉기 반외세적 성격(남·북접 참여) 순으로 전개되었다.

(1) 1차 농민봉기 반봉건적 성격(남접 참여)

고부[115]농민봉기(군수 조병갑의 횡포에 전봉준이 사발통문[116]을 돌리고 고부관아 점령)에, 조정은 조병갑 탄핵하고 안핵사 이용태 파견 → 안핵사 이용태 횡포(봉기관련자 역적으로 몰아 탄핵) → 1차 봉기(1894.4, 전봉준·김개남 등을 중심으로 고창군 무장에서 재차 봉기) → 백산(白山)에 농민군 집결(백산 창의문[117]과 4대강령 선포[118]) → 황토현전투(농민군 승리) → 장성 황룡촌 전투(정부군 격파) → 전주성 점령(4월 27일) → 민씨 정권 청에 원병 요청으로 청군 아산만 도착, 일본은 거류민 보호 구실로 일본군 파견 → 전주화약 체결(폐정개혁[119])을 조건으로 관군과 화약을 맺고 전주성에서 철수) → 전라도 53개 군에 집강소[120] 설치, 폐정개혁 추진 순으로 전개되었다.

(2) 휴전기

정부는 자주적 개혁을 추진하기 위하여 교정청 설치(6.11) → 일본은 개혁을 빌미로 철병

---

115) 고부는 지금의 전라북도 정읍시 고부면을 말한다.

116) 사발통문이란 호소문이나 격문 따위를 쓸 때에 누가 주모자인가를 알지 못하도록 서명에 참여한 사람들의 이름을 사발모양으로 둥글게 삥 돌려 적은 통문을 말한다. 사발통문의 내용은 ① 고부성을 격파하고 군수 조병갑을 효수할 것, ② 무기 창고와 화약 창고를 점령할 것, ③ 부정한 관리를 공격하여 징계할 것, ④ 전주성을 함락하고 서울로 바로 향할 것 등이다.

117) 창의문(倡義文)은 의병으로 일어날 것을 널리 호소하는 글을 말한다. 백산 창의문의 일부 내용을 보면, “우리가 의를 들어 이에 이르렀음은 그 뜻이 다른 데에 있지 않다. 백성을 도탄에 건지고 국가를 반석 위에 두자 함이라. 안으로는 탐학한 관리의 목을 베고 밖으로는 횡포한 강적의 무리를 구축하고자 함이다(이하 생략).”

118) 백산 4대강령
① 사람을 죽이지 말고 물건을 해치지 말라, ② 충효를 다하여 세상을 구하고 백성을 편안케 하라, ③ 일본 오랑캐를 물리치고 서울을 깨끗이 하라, ④ 서울에 들어가 권세가와 귀족을 모두 멸하라.

119) 동학농민군의 (폐정)개혁안 12개조
① 동학교도는 정부와의 원한을 씻고 서정에 협력한다.
② 탐관오리는 그 죄상을 조사하여 엄중히 징벌한다.
③ 횡포한 부호(富豪)를 엄중히 징벌한다.
④ 불량한 유림과 양반의 무리를 징벌한다.
⑤ 노비문서를 소각한다.
⑥ 7종의 천인 차별을 개선하고, 백정이 쓰는 평량갓은 없앤다.
⑦ 젊어서 과부가 된 여성의 개가를 허용한다.
⑧ 무명의 잡다한 세금은 일체 거두지 않는다.
⑨ 관리 채용에는 지벌(地閥)을 타파하고 인재를 등용한다.
⑩ 왜와 통하는 자는 엄중히 징벌한다.
⑪ 공채이든 사채이든 기왕의 것은 모두 무효로 한다.
⑫ 토지는 균등히 나누어 경작하게 한다.

120) 집강소는 전주화약에 의해 내정을 개혁할 목적으로 동학농민군의 전라도 53개 군에 설치한 농민 자치기구로서, 민정기관과 치안기구로서의 역할을 담당하였다.

을 미루다가 기습적으로 경복궁을 점령하고, 청·일전쟁 일으킴→1차 김홍집 내각(친일)이 구성되어, 제1차 갑오개혁(6.25, 교정청 해체·군국기무처 설치 등)이 진행되었다.

(3) 2차 농민봉기 반외세력 성격(남·북접 참여)

일본군이 경복궁 점령과 친일 내각을 세우고 침략을 본격화하자, 남접 전봉준 등의 동학농민군이 삼례에서 재봉기, 1차 봉기에서 참석치 않은 북접(손병희 등)이 논산에서 합세하여 남·북접 연합부대 형성(9월)→공주 우금치 전투에서 관군(정부군)과 일본군 등으로 구성된 진압군에게 동학농민군 대패(1894.11)→태인전투에서 또 다시 패배, 전봉준이 이끌던 농민군 주력부대 해산→패배 이후 민보군[121]의 무차별 공격으로 전봉준·손화중·김개남 등 대부분의 지도자 체포·처형됨→동학농민군 잔여세력 중 일부는 을미의병에 가담, 일부는 활빈당 등을 조직하여 항일 의병 투쟁 전개→2차 갑오개혁(11.21)으로 진행되어 갔다.

6) 동학농민운동의 의의 및 한계

(1) 의의

① 동학농민운동은 봉건사회를 타파하고 반외세를 외쳤던 민족운동이었고, 민중 주체의 아래로부터의 개혁운동이었다.

② 동학농민운동의 반봉건운동은 갑오개혁에 영향을 주었고, 성리학적 전통질서 붕괴가 촉진되었다. 한편, 반침략운동은 의병운동에 계승되어 일본에 맞서 구국항쟁을 전개하였다.

(2) 한계

근대국가 건설을 위한 구체적 방안 제시가 없었으며, 농민층 이외의 지지기반이 없었다.

Ⅸ. 갑오개혁 이후부터의 대한제국

1. 갑오개혁 이후의 전개과정

갑오개혁은 고종 31년(1894) 7월초부터 고종 33년(1896) 2월 초까지 약 19개월간 3차에 걸쳐 추진된 일련의 개혁운동을 말한다.[122] 이러한 갑오개혁기는 한국사적 측면이나 경찰사적

---

121) 민보군(民保軍)은 동학농민운동 때 농민군을 진압하기 위해 보수세력인 유생들이 조직한 민간 반동학의 자위조직인 군대를 말한다.

122) 갑오개혁은 양면성을 지닌다. 봉건사회의 문제를 해결하려는 조선 사회 내부의 개혁적 요구를 반영하고 있다는 점에서는 자율적 개혁의 성격을 지니지만, 일본의 영향력 아래에서 이루어졌다는 점에서 타율적

측면에서 볼 때 본격적인 근대화의 시발점으로서, 조선사회 내부의 여러 가지 개혁적 요구를 반영하였다. 그 후 일련의 사건들을 거치면서 일본의 짜여진 각본에 따라 대한제국(조선정부)의 모든 것이 장악되었고, 1910년 8월 22일 「한일합방조약」에 의해서 식민지로서 강점당함으로써, 대한제국은 멸망하였다.

2. 갑오개혁 이후의 주요 내용

갑오개혁 이후의 전개과정은 경찰조직의 변천 과정과 상당 부분이 중복되기 때문에, 중요 내용은 제7장 갑오개혁과 한국경찰의 근대화 과정에서 일괄 포함시켜 기술하였음을 밝혀둔다.

갑오개혁 이후의 주요 사건들을 간략하게 도표화하면 다음과 같다.

갑오개혁 이후의 주요 사건

주요 사건	동학농민운동(1894)	청일전쟁(1894~5)	삼국간섭(1895)	을미사변(1895)	아관파천(1896)	독립협회(1896)	대한제국(1897)
국내의 정세	동학농민운동은 대외적으로 청일전쟁의 도화선이 됨	청일전쟁에서 일본이 승리 · 청, 일간 시모노세키조약 체결, 일본은 청으로부터 요동반도(랴오둥 반도)와 타이완 할양받음	삼국(러·프·독)은 일본에게 요동반도[123] 포기요구 → 일본 요동반도 포기	명성황후 시해	고종 → 러시아공사관으로 피신, 열강의 이권 침탈 심화	1896년 4월 최초의 민간 신문인 독립신문 창간	고종이 대한제국을 선포하고 황제에 등극(505년 만에 조선에서 대한제국으로 이름바꿈), 청나라 연호 버리고 「광무」라는 독자 연호 사용
개혁운동 (갑오개혁→을미개혁[124]→광무개혁)	1차 김홍집 내각 <갑오1차 개혁> (친·일 내각) 대원군참여 [자율적 개혁]	2차 김홍집 내각 <갑오2차 개혁> (친·일 내각) 박영효 중심 [타율적 개혁]	3차 김홍집 내각 (친·러, 친·미 내각) 박정양, 이범진 중심	4차 김홍집 내각 <을미개혁> (친·일 내각) 유길준, 조희연 중심	아관파천으로 개혁 중단, 김홍집 피살 (친·러 내각 성립)	1896년 7월 독립협회 창립(친정부적 단체)	<광무개혁>

개혁의 성격도 지닌다.

123) 일본은 요동반도(랴오둥 반도)를 포기하는 대신 청나라로부터 요동반도 반환금 3,000만 냥을 받았다. 아관파천을 계기로 일본의 세력이 위축되고 러시아의 영향이 커졌으며, 이권이 속속 외국으로 넘어갔다.

124) 을미사변을 계기로 추진된 제3차 개혁(1985년 8월~1896년 2월)을 따로 분리하여 '을미개혁'이라고 부른다.

제3절 조선사회의 성격과 통치기구

Ⅰ. 조선사회의 신분제도

조선사회의 신분체제는 모든 제도·기구를 운영하는 데 기본적인 표준의 하나가 되어, 조선왕조를 형성·유지시켰다. 특히 그들 신분 간에는 엄중하고도 두터운 장벽이 막혀 있어 지위·직업·대우가 다르고, 신분관계의 여하에 따라서 관료로 나가는 길·형벌적용·의복·혼인 등에서도 현저한 구별이 있었다. 위와 같은 신분계급은 조선왕조사회의 기초를 이루는 골간이었다.

조선왕조는 이씨 왕족을 중심으로 한 귀족과 신흥관료가 지배적인 양반계급을 형성하였고, 피지배적인 계층으로 상민(常民)과 천인으로 구분하는 양천제도(良賤制度)를 법제화하였다. 그리고 양자 간의 매개적 지위에 있는 계층으로 양반관료들을 보좌하던 중인(中人)이 있었다. 따라서 조선사회는 양반과 상민 간의 차별을 두는 반상제도가 일반화되고, 양반·중인·상민·천인의 신분제도가 정착화되어 있었다.

1. 양 반

조선의 지배층인 양반은 문반(文班)·무반(武班)의 관료로서, 전제왕권의 정치적·행정적 실행자의 지위에 있었던 사대부계급(士大夫階級), 즉 최상급의 사회계급이었다.

1) 품계와 관직

(1) 18품 30계

① 조선시대의 모든 관직에는 그에 해당하는 품계가 정해져 있었는데, 전체를 정과 종으로 구분했고, 각각 1품에서 9품까지 나누어져 있어 모두 18품(정9, 종9)으로 되어 있었다.

② 18품을 다시 세분해서 종6품 이상은 각각 상계와 하계로 구분하였다. 다만 6품까지는 상, 하로 나누지만, 7~9품만은 그냥 '정'과 '종'으로 나누었다. 따라서 조선시대에는 18품 30계[125]의 직급이 형성되어 있었다.

③ 조선시대 정식 관직 명칭은 품계에 소속과 직위를 순서대로 붙여 불렀다. 예컨대 '정1품 영의정의 경우, 정식 명칭으로 부를 때는 대광보국승록대부(품계) 의정부(소속) 영의정(직위)이라는 긴 명칭을 사용하였다.

125) 6품까지는 정·종으로 구분하고 이를 다시 세분하여 "정"을 상·하로, '종'을 상·하로 구분하면 24계의 직급이고, 7~9품은 그냥 '정'과 '종'으로만 나누기 때문에 6계가 된다. 따라서 총 30계의 직급으로 나누어진다.

(2) 품계와 관직 이름

품	계	관직 이름	비고
정1품	상계	부원군(왕비의 아버지·1품 공신)3정승(영의정·좌의정·우의정)·영사(領事)[126]·도제조[127] 등	적출의 왕자는 대군, 서출의 왕자는 군(君)이라 하였고, 무품계였다. 조선시대의 군(君)은 종친과 왕비의 아버지 그리고 공신에게 한정되었다.
	하계		
종1품	상계	군(君: 종친1품)·좌찬성·우찬성·판사(무관의 경우) 등	
	하계		
정2품	상계	6조판서(이·호·예·병·형·공조)·5위도총관 등	정2품은 오늘날의 장관직으로 6조의 판서나 대제학을 받을 수 있는데, 판서 이상의 당상관을 「대감」으로 통칭하였다.
	하계	한성판윤·지사·홍문관 및 예문관 대제학·제조[128] 등	
종2품	상계	대사헌·동지사·5위부총관·한성좌윤과 우윤·겸사복장·내금위장 등	
	하계	제학·관찰사·부윤·포도대장·중군·제조 등	
정3품	상계	도승지·좌승지·참의·첨지사·부제조·부제학·병마수군절도사 등	정3품 이상(상계)은 지금의 차관급으로, 영감(令監)이라고 불렀다. 여기까지가 당상관이다.
	하계	성균관대사성·진영장·목사·병마절도사·수군절도사 등	정3품 이하(하계)를 당하관이라고 한다.
종3품	상계	사간 및 사헌부의 집의·대호군·도호부사 등	
	하계	병마우후첨절제사(병마절도사를 보좌하는 외관직 무관) 등	
정4품	상계	사헌부 장령·홍문관 및 예문관 응교·호군(5위 소속의 무관직)	호군은 고려 공민왕 때에 장군을 호군으로 개칭하였다.
	하계		
종4품	상계	경력·한성서윤·첨절제사·군수·만호 등	동첨절제사는 육군에만 두었고, 수군에는 두지 않았다.
	하계		

126) 영사는 주요 관서의 정1품 관직으로서 그 부서의 서무를 총리하는 업무를 맡았다. 의정부·돈녕부·춘추관 등의 특수부서에 두었는데, 대부분 겸직이거나 명예직이었다(예컨대, 영돈녕부사는 돈녕부의 설치와 함께 두었는데, 맡은 사무가 없는 명예직으로서 보통 왕비의 아버지가 당연직으로 임명되었다).

127) 도제조는 조선시대 6조의 속아문(소속관청)이나 군영 등 중요 기관에 설치한 자문명예직이다. 정1품 의정(議政)이나 의정을 지낸 사람을 임명하였으나, 실무에는 종사하지 않았다(조선 전·후기를 통하여 종부시·군기시·선혜청·훈련도감·비변사·수성금화사 등에 두었다).

128) 제조는 조선시대에 잡무와 기술계통 기관(어학·의학·천문·지리·배를 제작하는 영선 등)에 겸직으로 임명되었던 고위 관직이다. 즉 당상관 이상의 관원이 없는 관아에 정·종 2품의 품계를 가진 사람이 겸직으로 임명하여, 그 관아의 일을 지휘·감독하게 했다. 이렇게 겸직하는 것을 제조제도라고 하는데, 제조 위에 도제조를 둘 때는 정일품으로 임명하고, 제조 밑에 부제조를 둘 때에는 정삼품 당상관으로 임명하였다.

정5품	상계	지평·정랑(이조·병조정랑 등)·헌납·별좌·교리 등	
	하계	세자익위사(동궁시위관청)의 좌·우익 등	
종5품	상계	도사(의금부 등 중앙기관이나 지방관찰사 밑에 두었던 관직)·부교리·현령·종사관 등	외교사절로서 정사와 부사를 수행하는 종사관은 보통 문관 5·6품의 직계로 임시로 홍문관 교리의 직함을 받았다.
	하계		
정6품	상계	좌랑·주부·정언·감찰 등	
	하계		
종6품	상계	교수·주부·현감 등	
	하계	찰방·종사관(각 군영·포도청 등에 배속되어 지휘관을 보좌하던 관직) 등	정3품 하계 이하부터 종6품 이상을 「참상관」이라 하며, 조회에 참석할 수 있었다.
정7품 ~ 정9품	양반이 받는 최초의 관직은 종9품이었으나, 모든 관료가 반드시 종9품의 관직으로부터 시작하는 것은 아니었다. 과거의 등급이나 능력에 따라서(장원급제를 하면 정6품부터, 2~3등은 정7품부터 품계가 시작됨), 정9품으로부터 7품직까지 받게 되어 있었다.		7품 이하를 「참하관」이라 하며, 조회에 참석할 수 없었다.

2) 문반직

(1) 중앙

문관의 품계는 문산계라 부르는데, 품계는 정1품에서 종(從)9품까지 18등급으로 이루어졌고, 이 관계조직(官階組織)에는 크게 2개의 경계선이 그어져있었다.

① 당상관

㉠ 정3품(正三品)의 상계(上階: 문관은 통정대부) 이상을 당상관(堂上官)이라 하였다. 중신(重臣)인 당상관은 중요 정책결정에 참여하고 관찰사로 나아갈 수 있었다.

㉡ 당상관은 주요 관서의 책임자가 되는 것은 물론이고, 그 밖의 여러 관청의 책임자를 겸직하였다(제조제도).

② 당하관

정3품 하계(문관은 통훈대부) 이하를 당하관이라 하고, 당하관은 다시 조회에 참석할 수 있는 6품 이상을 「참상관」, 그리고 조회에 참석할 수 없는 7품 이하를 「참하관」이라 하여 각각 구별하였다. 목민관은 6품 이상인 참상관이 되어야 수령으로 나아갈 수 있었다.

(2) 지방(외관직)

조선시대에는 지방의 행정과 군사 방어 기지의 유지를 위하여 많은 수의 관리를 파견하였는데, 이들을 외관직이란 용어로 총칭하였다.

① 중앙에서 파견되는 행정직으로는 8개도의 장관으로 관찰사(종2품)를, 도(道) 아래 주(州)·부(府)·군(郡)·현(縣)에는 수령을 파견하였다.

② 외관직은 녹봉을 서울에서 받지 않고 해당 고을에 따로 녹봉에 상당하는 토지를 설정하여 해당 토지의 세금을 급료로 지급받았다.

③ 외관은 경관(京官: 중앙관리)에 비하여 고위직으로 진출하는 데에는 다소 불리하였다. 따라서 외관들 중 상당수는 서울의 경관직을 받아 상경하기를 원하였고, 이에 따라 부임하는 외관의 자질이 갈수록 저하되기도 하였다.

3) 무반직

(1) 중앙의 무관직

① 무관직은 품계로서 무산계를 받는데, 참하관인 7품 이하는 '부위(副尉)', 종6품으로부터 정5품까지는 '교위(校尉)'를 받고, 종4품으로부터 정3품까지는 '장군(將軍)'칭호가 붙은 품계를 받았다.

② 당상관직인 정3품 상위품계(上位品階)는 '절충장군'이었다. 무산계도 종2품 이상이 되면 무관도 문산계를 받을 수 있었다.

(2) 외관무직(지방관)

군사적 목적을 위하여 무관들도 파견되었는데, 이들은 지방의 군사적 요충지에 설치된 병영·수영진·수군진 등의 지휘관들이었다.

① 지방관으로는 정3품의 병마절도사(병사라고 칭함)·수군절도사(수사라고 칭함), 그리고 각 군(軍)의 첨절제사(종4품직), 하급의 권관(權管)·별장(別將)등 종9품직까지 있었다. 조선전기에는 외관무직으로 종6품 이상의 직만을 두었으나, 임진왜란 이후에는 종9품까지 확대되었다.

② 무관도 문관처럼 지방수령으로 나갈 수 있었으나, 당상관이 되려면 반드시 외직을 거쳐야 했다.

2. 중인(中人)

1) 중인(中人)의 개념

중인은 지배계층인 양반에는 미치지 못하고 피지배층인 양민보다는 우위에 있는 중간신분층이었다. 이러한 중인은 좁은 의미로는 기술관, 넓은 의미로는 양반과 상민의 중간계층을 의미한다.

(1) 협의의 중인

협의의 중인은 역관(譯官) 등 잡과시험[129]에 합격하거나 잡학취재를 거쳐 뽑힌 기술관만을 의미하며, 이들은 모두 동반소속의 관원이 된다. 이러한 잡과출신이 가장 우대를 받을 때는 세종대였다.[130]

(2) 광의의 중인

광의의 중인은 중앙의 기술관뿐만 아니라 서리·서얼[131]·토관[132]·장교·지방의 향리 등 행정실무자들까지도 포함하여 총칭하는 것을 말한다.

(3) 조선시대의 중인

① 조선시대 중인이라 함은 넓은 의미의 중인을 의미한다. 중앙관청의 기술관과 서리 그리고 지방의 향리는 직역을 세습하고, 같은 신분 안에서 혼인하였으며 관청에서 가까운 곳에 거주하였다.

② 양반의 첩에서 태어난 서얼은 「중인」과 같은 신분적 처우를 받았으므로 중서(中庶)라고도 불리었다. 이들은 「서얼차대법[133]」이라 하여 문과에 응시하는 것이 금지되었으나, 무반직에는 등용되었다.

---

129) 잡과(雜科)는 국가에서 필요한 기술관을 등용하는 고시로서 모든 양인에게 응시 자격이 열려 있었으나, 후대로 갈수록 중인 출신의 자제들이 주로 응시했다. 잡과는 3년마다 치르는 식년시에 따라 시행되었으며, 해당 관청과 예조에서 주관했다. 즉 역과는 사역원, 의과는 전의감, 율과는 형조가 소속관청이었다. 이들은 오늘날로 치면 외교관(통역관), 의사, 판·검사 등의 부류에 해당된다.

130) 세종대는 잡과출신뿐만 아니라 관노출신인 장영실 등을 발탁하여 혼천의와 자격루를 완성하는 등 15세기 전기에 우리나라 과학 수준을 세계사에 빛나는 업적수준으로 끌어올렸다. 장영실은 이러한 업적 등으로 세종 5년에 노비신분에서 면천되었고, 상의원(尙衣院: 궁중의 옷을 만드는 곳)별좌 벼슬을 시작으로 대호군(5위에 속해있던 종3품 무관직)이라는 높은 관직까지 받았다(세종실록 권82 세종 20년 9월 병신조; 박영규, 「한권으로 보는 조선왕조실록」, 서울: 들녘, 1997, p.79).

131) 서얼은 첩에서 난 자식 및 그 자손을 말하며, 서출이라고도 부른다. 이들은 양반의 신분에 속했다고는 하나 가정에서 천한 대우를 받았으며 상속권도 없었다. 그리고 문과시험에 응시자격을 주지 않았으나, 무과에 한해서 허용하기도 했다. 이러한 서얼제도는 고종 31년(1894) 갑오개혁 때 완전히 폐지되었다.

132) 고려 말 조선초기까지 함경도·평안도 지방의 토착민에게 주었던 특수한 지방 관직이었다. 조선 세종 때는 4군 6진 개혁으로 두만강 일대의 영토를 차지한 후, 남방의 백성들을 북방으로 이주시키는 사민정책을 실시하였다. 그러나 함경도 지방으로 가려는 관리가 없자, 그 지방 사람을 그 지방의 관리로 임명하였다. 조선시대 관리 임명은 그 지방 사람을 그 지방에 관리로 임명하지 않는 상피제도가 원칙이었으나, 세종 때 임시로 토관제도를 실시하였다. 세조 8년(1462) 2월에 토관제도는 폐지되었다.

133) 서얼차대법은 서얼은 문과나 생원, 진사과에 응시하지 못하도록 하는 제도를 말한다.

2) 중인의 신분층

조선시대 중인층은 다른 어떤 신분층보다 복잡하게 구성되어 있었다. 위로는 양반층과 비슷한 지위에 있는 기술관이 있는가 하면, 아래로는 칠반천역[134]을 담당하여 천인과 비슷한 지위를 가진 자들도 있었다.

(1) 상층

중인층 안에서도 상층은 정3품 당하관(正三品堂下官)의 한품(限品: 올라갈 수 있는 최고의 품계)인 기술관으로, 역관·의관[135]·문·무관 2품 이상의 양첩자손 등이 차지하고 있었다.

(2) 중층

중층은 정4품 이하 종6품까지의 참상관이 한품인 계층으로서, 하급기술관인 산관(산원)[136]·율관(律官)·금루(禁漏)·화원(畵員)[137]·문무관 2품 이상의 천첩자손·정7품이 한품인 중앙서리 등이 이에 속한다.

(3) 하층

하층으로는 7품 이하의 참하관이 한품이거나 품계가 없는 계층으로서, 말단서리(아전)나 지방의 육방향리 등을 들 수 있다.

3) 치안업무와 관련된 중인계급

중인계급 중에는 오늘날의 경찰업무를 수행하던 기술직 관리로서, 역관·율관 중의 검률·금루관 등이 있었고, 그리고 중앙과 지방에 아전 등이 있었다.

---

134) 조선시대 일곱가지 천대받는 구실아치로서 조례(皂隷: 관아에서 하급 일을 하는 사람)·나장(羅將)·일수(日守)·조군(漕軍)·수군(水軍)·봉군(烽軍)·역졸을 말한다. 원래 칠반천역의 일은 양인이 하는 역이었지만 역(役)이 고되므로, 후기 이후로는 세습하는 경향이 강해지고 천역시되면서 역을 담당하는 사람들도 양인보다 낮은 대우를 받게 되었다.

135) 대표적인 인물로 제13대 명종대의 태의 양예수, 제14대 선조대의 허준, 제18대 현종조의 마의(馬醫) 백광현 등을 들 수 있다.

136) 산원은 호조에 속한 관리로서 수학과 관련된 재정관련 업무를 수행하였다. 산학교수·산학박사(종7품)·계사(計士: 종8품)·산학훈도(정9품)·회사(會士: 종9품) 등이 있었는데, 이들을 모두 산원이라 불렀다. 이들은 수학교육을 받기도 하였지만, 그 이외에도 땅 크기와 수확량의 측정, 정부물품의 관리, 물품을 받는 공납업무 등도 처리하였다. 따라서 정도의 차이는 있지만, 비리가 심하였다(명종실록 권14 명종 8년 2월 병자조).

137) 화원(畵員)은 조선조 때의 잡직으로 도화서(圖畵書)에 소속되어 그림그리는 일을 맡아보았다. 정원은 30명인데, 1년에 4번(1·2·7·10월) 도화서의 추천으로 이조에서 임명하였다(대전회통). 화원들은 18세기 이후 영·정조의 초상을 그리는 어진화사(御眞畵師) 등으로 발탁될 기회가 많아지면서 지방수령으로 파견되는 경우도 상당수 있었다. 예컨대, 단원 김홍도가 충청도 연풍현감에 임명되어 흉년에 양곡을 마련하여 빈민들을 구제하는 등 서민적인 행정을 폈던 것을 대표적인 예로 들 수 있다.

(1) 역관(譯官)

① 역관은 조선시대 통역관을 선발하기 위한 잡과에 합격하여 관리로 진출한 자를 말한다. 역과의 종류에는 한학(중국어)·몽학(몽골어)·왜학(일본어)·여진학(후에 청학) 등이 있었다. 역과에 합격한 자는 종7품에서 종9품의 관계(官階)를 주었다.

② 이들은 외교업무·정보수집·무기제조법·고추·감자·고구마 등 외국문물을 들여오는 데도 중요한 역할을 하는 등, 오늘날 외사경찰업무의 일부분을 수행하였다고 볼 수 있다.

(2) 율관(律官)

율관은 형률에 밝은 사람을 뽑던 잡과에 합격하여 관리로 진출한 자를 말하며, 형조에 소속되어 있었다. 여기에는 율학교수(종6품)·명률(明律: 종7품)·심률(審律: 종8품)·율학훈도(律學訓導: 정9품)·검률(檢律: 종9품) 등이 있었는데, 이 중 검률(종9품)이 치안관련 관리였다.

① 검률의 선발

검률은 오늘날 사법경찰관과 검사역할을 동시에 수행하던 일종의 기술관이었다. 이들은 매년 두 차례 형조에서 시험에 의하여 선발되어 중앙과 지방 각 도의 관청에 배속되었다.

② 검률의 배치

검률은 형조에 2인(뒤에 1인)을 두었고 병조·한성부·승정원·사헌부·규장각·개성부·강화부 그리고 각 도에 1인씩을 두었다.

③ 검률의 업무

㉠ 검률은 법전에 의해 죄인의 형량을 정하는 관리였다. 중앙의 검률은 형사사건에 있어서 직접적인 재판사무 또는 그와 밀접하게 관련되는 업무를 관장했으며, 한편, 지방 8도에 파견된 검률은 해당 지방에서 발생하는 범죄를 조사하여 안률(按律: 법률을 살펴 참작함)하고 죄를 논하는 일을 맡았다.

㉡ 변사체가 신고되거나 발견되었을 때, 중앙에서 검시를 맡은 관부는 형조였다. 이때 형조의 관원은 검률과 의관(오늘날의 의사), 그리고 한성부의 서리와 오작인(仵作人)을 데리고 검시를 하였다. 따라서 검률은 현장의 변사체 검시에도 중요한 역할을 수행하였다.

④ 변사사건과 오작인

변사체 검시와 관련하여 빼놓을 수 없는 것이 오작인(仵作人)이였다. 오작인은 중앙과 지방관아에 속하여 사체를 임검할 때, 사체를 뒤집거나 만지는 등의 일을 하던 하인을 말한다.

㉠ 오작인은 중인계급이 아니고 양인계층으로서, 활인원(병자를 치료하는 기관)에서 근무하였다. 오작인의 업무 중에서 가장 중요한 것이 변사체 검시의 보조역할이었다. 오작인들은 현장에서 변사체의 사인(死因)과 관련하여 자살인지 타살인지, 그리고 타살인 경우에는 실제 원

인을 밝히는 것은 그들의 몫이었다.[138]

ⓛ 오작인들은 변사체 검시에서 없어서는 안 될 필수적인 존재였으나, 먹고 살기위한 방편으로 끔찍한 범죄를 저지르거나 범죄에도 자주 연류되곤 하였다.[139] 따라서 이들에 대한 그 당시의 사회적 인식은 이들이 오직 이익만을 탐내는 자이고 주검을 다루었던 천한 직업이기 때문에, 평소 사람들도 그들과 접촉하는 것조차 꺼려하였다.

ⓒ 경찰사적으로 볼 때 오작인은 조선시대에 변사체의 사인(死因)을 밝혀내는 최초의 직업인, 즉 변사체 검시원이었다.

(3) 금루관(禁漏官)

금루관(禁漏官)은 금루(물이 떨어지는 양을 재 시간을 알리는 물시계)를 관리하는 사람으로, 시간을 알리는 임무를 수행하던 관원이었다. 금루관의 업무는 하찮은 일이었지만, 치안적인 측면에서 볼 때는 상당히 중요한 역할을 담당하였다.

① 관상감 소속의 관원

관상감은 천문·지리학·각루(刻漏: 물의 증가 또는 감소로 시간을 측정하는 물시계) 등의 일을 맡아보던 관청으로, 여기에는 천문·지리·각루 등의 업무를 수행하던 관원들이 배치되어 있었다. 세종 7년에 고려 때의 서운관을 관상감으로 개칭할 때, 고려 때 서운관 관원 중 장루(掌漏, 종8품)가 종7품 직장(直長)으로 관직명이 바뀌었다고 추측되고, 이들이 금루관이라고 추정된다.

② 금루관의 임무

조선에 들어와 한양으로 도읍을 옮기고 보신각의 종을 완성한 뒤 '인정제도'를 시행하였다. 통행금지는 매일 밤 이경(10시경)에 종을 28번 쳐 시작을 알리는 인정(人定)을 울리고, 새벽 4시경인 오경삼점(五更三點)에 종을 33번 치는 파루(罷漏)를 울려 통행금지의 해제를 알렸다.[140] 이처럼 통행금지시작과 해제를 알리는 것이 금루관원의 주임무였다.

③ 금루관원의 종류

금루관원에는 금루관과 금루원이 있었다.

---

138) 성종실록 권159 성종 14년 10월 계유조. 당시 중앙이나 지방의 수령들은 시체를 보는 일조차 기피했기 때문에, 서리나 오작인들의 말을 믿고 그대로 검시보고서를 작성하는 폐단이 많았다.

139) 오작인들은 사체에서 옷을 벗겨 팔기도 하였고, 연산군 때 홍청에서 기생들이 낳은 애를 묻는 것도 이들의 몫이었다. 또 악질(惡疾)을 치료하기 위해 산 사람의 간담과 손가락을 먹으면 낫는다는 악습에 따라, 오작인들과 걸인들은 이것을 구하기 위하여 범죄를 저지르고 이 물건들을 비싸게 파는 등 범죄행위도 서슴지 않았다.

140) 인정을 알리는 28번의 종소리는 28수의 별자리를 상징하는 것이고, 파루를 알리는 33번의 종소리는 불교의 33천을 상징하는 것이다. 통행금지와 해제는 생활리듬으로서 두가지 의미를 지니고 있다. 하나는 인정이 들면 잠이 들고 파루에 일어나라는 뜻이고, 또 하나는 도적이나 반란을 방지하려는 목적도 있었다(김인호, 「조선의 9급 관원들」, 서울: 너머북스, 2011, p.131).

㉠ 금루관(중인계급)

금루관은 종7품인 관리로서 그리 높은 벼슬은 아니었지만, 금루관의 집안은 나라에서 요구하는 잡스러운 노동력 징발을 면제받는 특권을 부여받기도 하였다. 그러나 한편으로는 시간을 잘못 알리면 그에 상응하는 책임 또한 뒤따랐다.[141)]

㉡ 금루원

금루원은 양인계층으로서 하루 4번 교대하면서 낮에는 시간을 알려주고 밤에는 금루를 지키는 것이 임무였지만, 일정한 정원이 없었고 시험을 보지 않고 뽑았다.[142)] 양인(평민)들은 군대에 가거나 군역(軍役) 대신에 세금(베)을 내야 했기 때문에, 자신의 이름을 금루원(禁漏員)에 올리려고 노력하여 군역회피 수단으로 전락되기도 하였다.[143)] 이러한 폐단을 시정하기 위하여 정원을 30명으로 하고, 시험을 보아 금루원을 뽑았다.

(4) 아전(서리)

아전(衙前)은 중앙과 지방의 주·부·군·현의 관청에 속해 있던 하급관리를 말하며, 일명 서리(胥吏) 또는 이서(吏胥)라고 불렀다. 일반적으로 서리는 서울의 경아전(京衙前)을 지칭하고, 지방의 외아전(外衙前)은 향리로 통칭되었다.

① 경아전(중앙의 아전)

㉠ 동반아전

문관소속의 아전으로, 이조에서 관할하였다.

㉮ 상급의 녹사층은 「서리」에 비하여 임기가 짧고 종6품까지 승진이 가능하였고, 반면, 하급의 서리(書吏)층은 녹사에 비하여 임기가 길고 종7품 또는 8품까지 승진이 가능하였다.

㉯ 경아전의 녹사나 서리는 서얼(관원의 양·천첩의 자손)이나 중인층에서 뽑혔다. 이들은 비록 품계는 낮았지만, 각 중앙부서에 배치된 실질적인 실무자였다.

㉡ 서반아전

서반아전은 병조소속하의 무반아전을 말하며, 병조에서 급료를 지급하였다.

㉮ 중앙관서·종친·관리들에게 배속되어 시중 및 잡역에 종사하였다. 양인농민이 징발되어 3교대로 나누어 1개월씩 복무하였다.

---

141) 인조 12년 6월에 좌승지 정백창이 "…요즈음 금루관이 직무에 태만하여 오늘은 날이 막 밝으려는 때, 비로소 파루(罷漏)를 치기까지 하였습니다. 그 죄가 가볍지 않으니 해당 관원과 하인을 구금하고 중하게 추고(推考: 잘못된 점을 따져 살피는 것)하라"[1)]고 건의하니 임금이 따랐다.

142) 세종실록 권30 세종7년 11월 갑자조.

143) 김인호, 앞의 책, p.135.

㉯ 나장[144)]

중앙(의금부·형조·사헌부·사간원·병조·오위도총부·전옥서 등)의 사정(査正)과 형사업무를 맡는 관서에 소속되어, 순찰·옥졸 등 사령잡역에 종사하였다. 이들은 보통 깔때기를 쓰고 까치두루마기를 입었으며, 손에는 붉은 칠을 한 몽둥이(주장)를 들고 다녔다.

② 외아전(지방)

㉠ 아전의 종류

㉮ 영아전(營衙前)

영아전은 감영(監營: 관찰사가 거처하는 관청을 말함)에 속해서, 업무를 처리하던 아전을 말한다. 영리는 이·호·예·병·형·공의 6방으로 업무가 분장되어 실무를 담당하였다.

㉯ 아전

관찰사 이외의 지방수령이 있는 각급 행정관서에는 서원(書員)[145)]과 일수(日守)[146)]가 배치되었고, 역(驛)에는 「일수」만이 배치되었다. 그리고 절도사가 있는 주진(主鎭)·각급의 진(鎭)에는 나장과 차비군(差備軍)[147)]이 배치되었다.

㉡ 외아전의 운영실태

지방관서도 6방체제(이·호·예·병·형·공방)로 편성·운영되었는데, 이방청을 비롯한 6방청이 이들의 근무처였다. 6방청 중 치안과 직접 관련성이 있는 곳은 병방과 형방이다.

㉮ 병방

지방의 군사훈련·순찰·도로·봉수의 관리 등을 맡아보던 병방에 속한 아전(서리)이 이를 담당하였다.

㉯ 형방

지방의 법률·형옥·소송·노비 등에 관한 실무를 맡아보던 부서이다. 형방에 속한 아전들은 백성들의 소송사건과 치죄(죄를 다스림)를 담당하였다.

---

144) 나장은 부서별로 호칭을 다르게 불렀다. 사헌부 소속은 소유, 사간원은 창도, 의금부·형조·전옥서 등에 소속된 자들은 사령·나장·포졸 등으로 호칭하였다.

145) 서원은 중앙과 지방의 각 관서에 배속되어 주로 행정실무를 담당한 이속(품관 이외의 말달행정에 종사하던 하급관리직)을 말한다. 중앙의 서원은 서리가 없는 관청(병조·형조·승정원 등)에 배속되어 주로 문서작성·회계·공사 전달 등의 행정사무를 담당하였다. 한편 지방서원은 지방의 양인층에서 충원되었는데, 부(府)·대도호부·목·도호부·군·현에 배속되어, 해당 지역의 수령과 육방아전의 지시를 받으면서 세금징수·손실답험(한 해의 농사작황을 현지에 나가 조사하여 등급을 매겨 조세를 매기는 것) 등의 행정실무를 담당하였다.

146) 조선시대에 지방의 각 읍(邑)이나 각 역(驛)에 속했던 외아전으로서, 광범위한 잡역에 종사하였다.

147) 차비(差備)라 함은 특별한 사무를 맡기기 위하여 임시로 임명하는 것을 말하며, 신분에 따라 차비관(差備官)·차비군·차비노(差備奴) 등이 있었다. 차비군은 진장(鎭將)의 휘하에서 사령 등으로 불리우며 잡역에 종사하였다.

㉢ 지방아전의 권력남용과 부정부패

㉮ 지방아전의 녹봉은 지방의 수령이 관례에 따라 지급하였는데, 아전들은 이에 만족하지 않고 백성을 착취하였다.

㉯ 아전들은 과거를 통하여 입신출세를 하거나 양반행세를 한다는 것은 애초부터 거리가 멀었다. 따라서 아전들은 지금의 지위를 후손들에게 세습시키려 하였고, 이런 연유 등으로 백성들의 고혈을 짜서 부를 축적할 수밖에 없었다.

㉰ 조선후기에 들어서면서 지방의 아전들은 본디부터 간사하다는 간리론이 등장하였는데, 대표적인 것이 정약용의 간리론(奸吏論)[148]이다.

3. 양인

1) 조선시대의 신분은 상민과 천인을 구분하는 양천제도가 법제화되어 있었고, 사회신분적 측면에서는 양반·중인·양인·천인 등 네 신분으로 구분되었다.[149] 양인(良人)이란 평민(平民)·서인(庶人)·상민(常民) 또는 백성으로 불리며, 통상 양반이나 천인이 아닌 일반 백성으로서 주로 농민·수공업자·상업에 종사하는 자를 지칭한다.

2) 양인은 과거에 응시하는 것이 법적으로 금지되지는 않았지만, 양인이 과거에 응시하는 것은 시간이나 비용상 매우 어려웠다. 따라서 전쟁이나 비상시에 군공을 세우는 등의 경우가 아니면 양인의 신분상승은 그리 많지 않았다.

(1) 농민

대부분의 양인(농민)들은 조(租: 토지에 부과하여 곡물 징수)·용(庸: 사람에게 부과된 노동력 또는 그 대상물)·조(調: 가구에 부과된 토산물) 등의 의무를 지고 있었고, 특히 조세(租稅)는 때에 따라 양인들의 생계를 위협할 정도로 과중하였다.

---

148) 다산 정약용은 목민심서 '간리론'에서 지방의 아전(사령)들은 쥐꼬리만한 다섯가지 권력을 가지고 백성들을 못살게 굴고 부정을 저지르는데, 그 다섯 가지 권력은 첫째 문지기(문졸)가 소장의 내용이 아전과 관계되는 것이면 소장의 접수를 저지하는 것이고, 둘째 장권(杖權)으로 곤장을 칠 때 심하게 또는 가볍게 칠 수 있는 권한으로, 뇌물을 먹었다면 가볍게 치고, 심하게 치면 사적으로 원한을 분풀이 하는 것이고, 셋째 옥권(獄權)으로 형틀을 씌우고 벗기는 권한인데, 죄인에 따라 되게 조이거나 작게 하는 등 농간을 부리고, 넷째 저권(邸權)으로 백성들로부터 세금을 거두어들이는 권한으로, 이들의 횡포가 너무 심하고, 다섯째 포권(捕權)으로 죄인을 인도하는 권한으로, 이들의 횡포 또한 극심하다고 기술하고 있다(정약용, 박일봉 역저, 앞의 책, pp.275~276)

149) 한국고문서학회엮음, 「조선시대생활사」, 서울: 역사비평가, 1996, p.201

(2) 수공업자

수공업자들은 공장(工匠: 공방에서 연장을 가지고 물품 만드는 일을 전문으로 하는 사람)으로 불리며, 관영이나 민영수공업에 종사하였다. 이들에게는 공장세(工匠稅: 조선시대 공장의 생산물에 매긴 세금)가 부과되었다.

(3) 상인

상인은 시전(市廛)[150]상인과 보부상[151] 등이 있었는데, 국가의 통제 아래에서 상거래에 종사하였다. 이들에게도 상인세가 부과되었으며, 조선은 농본억상정책을 취하였기 때문에 상인은 농민보다 아래에 위치하였다.

(4) 신량역천(칠반천역)

양인 중에는 천역을 담당하는 계층이 있었는데, 이들을 신량역천(身良役賤: 양인 신분이면서 천역에 종사하던 부류)이라 하였다. 신량역천(칠반천역)은 7가지 천역(賤役)을 말하는데, 조례·나장·일수·조군(漕軍: 조졸)·수군(水軍)·봉군(烽軍: 봉수군)·역보(驛保: 역졸)가 이에 해당한다.

① 조군(漕軍)

㉠ 조군(漕軍)은 조졸(漕卒)이라고도 하는데, 이들의 임무는 지방에서 세금으로 거둬들인 곡식을 배에 실어 도성으로 운반하는 일 이외에 파손된 배를 고치거나, 소금을 제조하는 것 등이었다.[152]

㉡ 조졸은 신분은 양인이나 그 역(役)이 천시되어 누구나 기피하는 천역이기 때문에 칠반천역의 하나로 간주되었고, 거의 세습직이었다. 따라서 조졸은 국가에 의하여 강제로 지정되고 동원되었다.

② 수군(水軍)

㉠ 수군(水軍)은 오늘날 해군에 해당하는데, 세종 때에 수군 규모와 편제가 제도상으로 정비되었다. 그러나 양인들이 수군으로 편성되는 것을 기피하자 성종 때부터 수군을 세습화시키면서 수군의 천역화를 더 가속화시켰고, 후기에는 칠반천역의 하나로 간주되었다.

---

150) 시전은 고려시대의 수도 개성과 조선시대의 수도 한양의 시가지에 있던 큰 상점을 말하며, 그 상점이 있던 거리를 시전거리라고 부르기도 하였다. 시전상인은 이런 시전에서 장사하는 사람을 말한다. 조선 태조 1년(1392)에 시전상들을 관리하던 경시서(京市署)를 설치하였고, 세조 12년(1466)에 평시서(平市署)로 고쳤다. 제26대 고종 31년(1894)에 폐지되었다.

151) 보부상(褓負商)이라 하면 신라 이후 자연경제의 기반 위에 농업생산자·소가내 수공업자·시장상인 등과 소비자 사이의 물물교환을 매개하던 행상인을 말한다. 부보상(負褓商)이라고도 하며, 토기 같은 조잡한 일용잡화를 가지고 다니는 부상(負商)과 장식품 등 세공품을 팔러 다니는 보상(褓商)의 총칭이다.

152) 최완기, "조선초기 조운시고(漕運試考)", 백산학보20, 1967, pp.410-423.

㉡ 조선전기 수군은 양인개병제(良人皆兵制)의 원칙에 따라 양인만이 그 군역에 충당되었으나, 주로 양인 하층에 속하는 사람들이 대상이 되었다. 즉 세력과 재산이 없는 사람이 주로 편성되었다.

㉢ 수군은 1년에 6개월 정도 복무하였는데, 2교대로 1개월씩 근무하였다. 이들은 입번 때 군량과 각종 경비를 준비하여 선상(船上)에서 경계근무와 각종해상 훈련을 받았고, 이외에도 둔전·해산물채취·병선수리·중앙으로 보내는 공물과 진상품의 조달업무 등도 맡아 하였다.

③ 역보(驛保)

역보(驛保: 역졸·역리) 또한 칠반천역의 하나였다. 역(驛)은 원래 중앙관아의 공문을 지방관아에 전달하고, 벼슬아치가 여행하거나 부임할 때 마필을 공급하던 곳이다. 역은 대체로 30리 간격으로 주요 도로에 두었고, 이 역에 갖추어진 말이 역마(驛馬)다.[153]

㉠ 역졸(역리)의 임무

역졸(역리)은 역에 소속된 이(吏)로서, 왕명의 전달·공물의 운반·역마를 사육하는 등의 임무를 수행하였다. 역졸(역리)은 고려시대 이래 특히 반역인의 후손으로 간주되었으며, 실제에 있어서도 공노비와 마찬가지로 범죄인을 역졸(역리)로 충속시켜왔다.

㉡ 역졸의 세습

역졸(역리)은 관직으로 진출할 수 없었으며, 대대로 세습되어 당사자가 죽게 되면 자식이 그 신역(身役)을 대신하였다. 따라서 역졸 역시 고역(苦役)으로써, 모든 양인이 기피하는 칠반천역의 하나였다.

④ 봉군(烽軍)

㉠ 봉군(烽軍) 또는 봉수군(烽燧軍)은 국가안보 문제와 직접 연결되는 업무를 수행하였으나, 그들 역시 칠반천역의 하나였다. 봉수(烽燧)는 높은 산정에 봉화대를 설치하고 밤에는 횃불, 낮에는 연기로써 적의 기습 등의 정세를 중앙에 급히 전달하는 군사 통신 조직이었다. 이러한 봉수제는 조선 세종 때에 이르러 크게 정비되고 발전된 체제를 갖추게 되었는데, 봉수군은 출퇴근의 편의를 위하여 반드시 부근의 주민을 차출하였다.

㉡ 봉수를 관장하던 기관은 중앙의 경우 병조 예하의 3사(三司) 중의 하나인 무비사(武備司)가, 지방의 경우는 관찰사·수령과 병사(兵使)·수사(水使)·도절제사 등 모든 행정·군사책임자가 그 임무를 맡았다.

153) 역마는 통신매체이자 교통수단이었는데, 지금의 기차가 역마인 셈이다.

4. 천인(賤人)

1) 양천의 이분법적 체계

양천제(良賤制)라 함은 양인과 함께 천인의 신분범주를 이분법적으로 표현하는 법제적 규범이다. 조선시대에는 양·천의 이분법적 체계가 정비되면서 일반 양인의 법제적 지위가 향상된 반면, 양인과 천인의 신분차이가 선명히 드러나게 되었다.

2) 천인의 법제적 취급

(1) 천인은 동일한 범죄에 대해서도 천인은 양인보다 한 등급 무거운 처벌을 받았을 뿐만 아니라, 양인에게 주어진 벼슬할 수 있는 권리 및 과거 응시의 기회 등도 천인에게는 부여되지 않았다.

(2) 양인(良人)은 군역(軍役)을 담당하였으나, 천인은 원칙적으로 군역에서 배제되었다. 천인은 주로 팔천(八賤)이라 하여 사노비(私奴婢)·광대·공장(대장장이, 옹기잡이)·승려·백정(도살업자)·기생·무당·상여꾼을 말한다. 이 중 치안과 관련된 부류는 노비와 백정이다.

3) 노비와 백정

(1) 노비

① 노비의 종류

천인 중에서 대부분을 차지하는 것은 노비였다. 노비의 계급은 두 종류인데, 왕궁이나 관청에서 일하는 공노비(관노비)와 일반 민가에서 일하던 사노비(개인에 속한 사노비)가 있었다.

㉠ 공노비

공노비(관노비)들은 국가 소유노비로서 모든 관청과 지방향교 등에는 노비의 수가 정해져 있었고, 대궐의 장예원(掌隷院)이 이들을 관리하였다.154)

㉡ 사노비

사노비는 주인집에서 함께 사는 솔거노비와 주인과 떨어져 독립된 가옥에서 사는 외거노비가 있었다. 외거노비는 주인에게 노동력을 제공하지 않고 대신 신공(身貢: 일정기간 동안 노역에 나가지 않을 경우에 일정한 양의 현물을 바치는 것)을 바쳤다.

② 노비의 쟁송과 가격

㉠ 노비는 고대로부터 토지·가옥 등과 아울러 중요한 재산으로 간주되어 상속·매매·기

---

154) 세종실록 권3 세종 1년 3월 무진조. 예컨대, 세종 1년 1월에 "임금은 한확(韓確)에게 노비 10구(口)와 밭 70결(結)을 주었다."

증 등 사고 파는 물건 같은 신분이었다. 조선초기 노비의 쟁송을 위하여 형조도관(刑曹都官)과 노비변정도감[155] 등을 설치하여 그 시비를 가리기도 하였고, 부동산의 매매와 같이 일정한 형식을 갖추도록 하였다.[156]

㉡ 노비의 가격

노예는 사람이 아니라 시체나 가축을 헤아릴 때 쓰는 호칭인 구(口)라는 말로도 호칭되었는데, 이들은 인간이 아니라 가축 취급을 받았다. 노비의 가격은 들쭉날쭉 일정하지는 않았지만, 조선시대 내내 대개 쌀 20석 또는 말 1필에 해당하는 것이었다.

③ 노비의 범죄

㉠ 범죄의 종류

노비는 살인·강간·상해·절도 등의 범죄를 저지르는 경우가 상당수 있어, 이들 또한 치안을 어지럽히는 부류 중의 하나였다. 살인·상해는 노비 중 역노(逆奴)[157]라고 불리는 존재가 범죄를 행한 경우가 많았다.

㉡ 살인죄

주인을 살해한 노비는 그 원인여하를 불문하고 강상죄로 의율하여 극형에 처하였다. 반면 노비주인이 노비를 죽이는 경우에는 때에 따라 형사특권이 인정되는 경우가 허다하였다.

㉢ 강간죄

강간의 경우도 노비에게는 성적 자유가 없었고, 법적 구속력이 노비에게만 일방적으로 적용되었다. 따라서 양반이 자기 여자 종을 첩으로 삼거나, 상간(相奸: 강간)을 하더라도 당연시 되었다. 그러나 노비가 상전의 마누라와 간통하거나, 사족부녀자를 강간하였을 경우에는 강상(綱常)과 관련한 중죄로 보아 극형에 처했다.

(2) 백정

① 고려시대의 백정(일반농민)

조선시대 치안과 관련하여 가장 문제시 되는 부류가 백정(白丁)이었다. 백정은 고려시대의 경우 군역·역역(驛役) 등 특수한 직역을 부담하지 않고, 주로 농사에 종사하던 농민층을 일컬었다. 이들은 직역이 없었기 때문에 국가에서 받는 토지도 없었지만, 보통 조상으로부터 물려받은 조업전(祖業田)이나 개간지를 통해 생활을 영위하였다. 따라서 백정은 고려 때까지 일반

155) 조선초기 노비에 관한 쟁송을 관할하기 위하여 두었던 임시관청이다. 태조 7년 4월에 양천(良賤)이 분명하지 않은 자에 대한 처리 방법 등을 노비변정도감에 지시하였고(태조실록 권13 태조 7년 4월 경진조), 동년 5월에는 이름을 속여 다른 사람의 노비를 쟁송한 전 낭장(郎將) 김을남을 처벌하기도 하였다(태조실록 권14 태조 7년 5월 경인조). 이처럼 조선시대에는 노비와 관련된 쟁송사건이 허다하였다.

156) 경국대전, 대전회통형전(刑典) 사천조(私賤條).

157) 역노(逆奴)는 주가(主家: 주인집)의 통제를 벗어나기 위해 도망치거나, 주인집의 가족을 살해하거나 상해를 입힌 노예를 말한다.

농민을 가리키는 말이었다.

② 조선시대의 신백정의 의미

㉠ 조선시대에 들어서면서 고려 때 전국을 떠돌며 온갖 재주를 부리고 풍악을 울리며 춤을 추던 화척·재인을 '백정'으로 고쳐 부르게 했다. 이는 농업을 중요하게 여긴 조선왕조가 화척·재인을 농민으로 전환시키기 위한 하나의 수단이었다. 그러나 다른 백성들은 이들은 '신백정'이라 부르면서 여전히 업신여기고 천하게 보았다.

㉡ 조선시대에 소도살과 관련된 부류들은 재인(才人)이나 화척(禾尺)[158]들이었다. 이들 신백정(新白丁)들은 떠돌이 생활에 익숙하였으며 농사지을 땅도 없고 농사기술을 새로 배우기도 쉽지 않았다. 따라서 다시 노래와 춤을 파는 재인으로 돌아갔으며, 이들은 가축을 잡는 도살업을 하면서 생계를 이어나갔다.

③ 신백정과 치안문제

㉠ 조선초기 우마도살과 관련하여 중앙에서 신백정들을 조사해서 색출하기 시작한 것은 제3대 태종 11년(1411) 때부터인데, 그 이유는 이들이 소와 말을 잡는 주범으로 꼽혔기 때문이었다.

㉡ 본격적으로 우마를 훔쳐 도살하는 신백정들을 조사·탐색하여 각 해변고을로 거주지를 옮긴 것은 제4대 세종대부터였다. 이와 같은 조치는 종전에 신백정을 도성 밖으로 옮겨 놓았으나 다시 신백정들이 성안과 성 밑으로 모두 돌아와 살기 시작하면서, 우마를 훔쳐 도살하는 일이 빈번하게 발생하였기 때문이다.

④ 신백정의 범죄와 그 대책

㉠ 범죄의 집단화

한양에서 신백정들이 많이 모여 살던 곳은 바로 무악산 아래[159]였다. 무악산 아래에는 오늘날 지금의 연희동·홍제동 주변인데, 그곳에는 홍제천이 흐르고 있고 골짜기가 있었기 때문에 밀도살하기에는 최적지였다.[160] 중앙에서 가장 우려하는 것은 이들이 범죄집단화되는 것이었다. 이들의 범죄유형은 우마절도 도살행위, 방화, 강도, 그리고 신백정과 재인(才人)들로 구성된 절도단이었다.[161] 대표적으로 제13대 명종14년(1559)부터 3년간이나 전국을 들쑤셔 놓았

158) 재인(광대)이나 화척의 원조는 양수척(揚水尺: 무자리)이다. 무자리는 후삼국으로부터 고려시대에 걸쳐 떠돌아다니면서, 천업에 종사하던 무리들을 말한다. 대개 여진의 포로, 혹은 귀화인의 후예로 호적과 부역(賦役)이 없이 사냥과 버들그릇(버드나무 가지로 만든 그릇) 등을 만들어 파는 것을 업으로 삼았다. 광대·백정·기생들을 이들의 후예라고 보고 있기도 하다(이홍식 편, 앞의 책, p.492).

159) 세종실록 권30 세종 7년 12월 경오조. 병조판서 조말생(趙末生)이 "도성의 서쪽 무악산 아래에 새백정(신백정)들이 모여 살고 있습니다. 소와 말을 밀도살하는 것은 이 무리들이 하는 짓이니 마땅히 서울 밖으로 내몰아야 한다"고 건의하였다.

160) 김인호, 앞의 책, p.300.

161) 세종실록 권40 세종 10년 5월 경오조. 세종 10년 5월 경오조에 평안도 감사에게 내리는 전지(傳旨)를 보

던 백정 출신 임꺽정의 난을 들 수 있다.

㉡ 신백정의 범죄에 대한 대책

신백정들의 범죄대책은 단편적이고 임시방편적이었다. 고작해야 신백정들이 집단으로 모여 사는 곳을 폐쇄시키고, 변방이나 해변 각 고을로 분산시키는 정도였다. 그 후 추가된 대책으로, 신백정들이 도적질 하는 것을 막기 위하여 말을 사고 파는 것을 금지시키는 정도였고, 근본적인 해결책을 찾지 못하였다. 이처럼 신백정에 대한 범죄문제는 전국적인 현상이었기 때문에, 이들에 대한 처리문제는 심각한 사회문제 중의 하나였다.

Ⅱ. 조선사회의 통치기구

1. 개 요

조선왕조는 중앙집권적인 양반관료국가였다. 이러한 정치체제하에서는 모든 권력이 국왕에게 집중되게 마련이며, 이에 따라 국왕을 보좌하는 양반관료의 역할이 클 수밖에 없었다. 조선시대의 국왕은 최고권력자요 최고 명령자였다. 입법·행정·사법·군사권·경찰권이 모두 국왕을 통하여 실현되는 국가체제였다. 그러나 이러한 권한이 국왕 혼자만의 능력으로 수행되는 것은 아니었고, 양반관료들의 정책 입안과 토의 과정을 거쳐 실현되었다.[162]

조선왕조의 통치기구는 경국대전에 의하여 확정된 후 시대의 변천과 변화에 따라 다소의 관제변경 등이 있었으나, 대체로 큰 변수 없이 지속되다가 고종 31년(1894)의 갑오개혁에 이르러 크게 변동이 있었다.

2. 관제(官制)

조선시대의 관직은 중앙관직인 경관직[163]과 지방관직인 외관직으로 이루어져 있었다. 그리고 조선시대의 관료는 문관(文官: 동반)과 무관(武官: 서반)으로 구분되어 있었고, 동반과 서반의 벼슬아치를 합해 양반이라 하였다. 그리고 그 밑에 행정실무자들인 관리들이 있었다. 문관

면, "신백정들이 서로 모여 좀도둑질을 하다가 각 고을에서 잡으러 가면 그 처자들을 버리고 산속으로 숨었다고 하니, 굶주림이 막다른 지경에 이르면 장차 강도와 약탈을 마구 할 것이고, 마침내는 반드시 강(江)을 건너 달아날 것이니 방호소(防護所: 초소)를 설치하고 그들의 출입을 금하고 그때그때의 형편에 따라 살펴 헤아려서 폐해가 없게 하라"고 하명하고 있다.

162) 이성무, 「조선의 사회와 사상」, 서울: 일조각, 1999, p.1.

163) 경관직(京官職)은 중앙 관아(官衙)의 관직을 말하며, 국도(國都) 한성부와 구도(舊都: 옛 수도) 개성부는 경관직에 포함된다(한국정신문화연구원, 「역주 경국대전」 주석편, 서울: 조은문화사, 1986, p.121).

과 무관은 정책입안자층인 양반이었고, 기술관·서리·향리 등은 행정실무자층인 중인이었다. 문관·무관 중에도 정치를 주도하는 관료들은 문관이었는데, 이것은 조선왕조가 문치주의 국가였기 때문이다.

1) 중앙관제(중앙행정조직)

(1) 행정기관

조선시대의 통치조직은 중앙에 최고 관서인 의정부(議政府)가 있고[164], 그 밑에 일반정무를 분장하는 6조, 왕의 비서기관인 승정원, 감찰기관인 사헌부(司憲府), 간쟁기관(諫諍機關)인 사간원(司諫院), 군사훈련을 맡은 훈련원, 왕명을 받들어 죄인을 다스리던 의금부(순군만호부의 후신), 노비를 관리하는 장례원, 국방과 서울 방비를 맡은 오위도총부, 궁중호위를 맡은 내금위, 도둑이나 기타 범죄자 등을 잡는 포도청, 옥새·병부·마패 등에 관한 사무를 맡아보던 상서원, 통역일을 맡은 사역원 등이 있었다. 이 중 의정부·6조체제·삼사 등의 기구는 400년이 넘게 유지되었다.[165]

(2) 재판기관

조선시대 재판기관의 핵심은 중앙관서로 국왕을 보좌하는 사법기관인 의금부·형조·사헌부·한성부를 꼽을 수 있다. 의금부는 현직 관리의 처벌과 정치범을 담당한 특별사법기관이었고, 3법부인 형조·사헌부·한성부는 사건의 성질과 왕명에 따라 사법업무를 분장하여 재판하였다.

2) 지방관제

조선의 지방제도는 중앙집권체제의 강화에 역점을 두어 태조 때 약간의 개편을 거친 뒤, 제3대 태종 때부터 본격적으로 골격을 갖추기 시작하여 제7대 세조대에 완성했고, 후기로 내려오면서 정착되고 분화되었다.

(1) 태종 14년에 8도체제[166]가 완비되었는데,[167] 전국 8도에는 각각 그 도(道)의 중심지에 감영을 두어 관찰사를 임명하였다. 그리고 그 밑에 군현의 크기와 군사관계·생산력과 인구에 따라 대도호부(大都護府)·목(牧)·도호부·현(縣)으로 나누었고, 여기에는 지방관인 대도호부사· 목사·도호부사·현령·현감을 두었다. 이들은 관찰사인 방백(方伯)과 구분하여 수령(守

---

164) 의정부에는 수상에 해당하는 영의정·좌의정·우의정을 두었다.
165) 이이화, 「조선의 건국」, 서울: 한길사, 2000, p.203
166) 8도제는 고종 32년까지 계속되다가 23부 336군으로 바뀌었고, 고종 33년에 다시 전국을 13도제로 고쳤다.
167) 이이화, 앞의 책, p.206.

令)이라고 하였다. 조선시대에는 전국에 약 330여 개의 군현을 두었고, 고려시대까지 특수행정구역이었던 향·부곡·소(所)도 일반 군현으로 승격시켰다.

군현 아래에는 면·리(里)·통[168]을 두었는데, 면 밑에는 국가로부터 직접 파견되는 관리는 없었고, 유향소(향청)[169]를 운영하여 지방민의 자치를 허용하였다.

3. 병제(兵制: 군사조직)

1) 중앙의 군사제도

중앙군은 궁궐과 서울을 수비하는 5위로 구성되고, 그 지휘 책임은 문반관료가 맡았다. 중앙군은 정군(正軍: 장정으로 군역에 복무하던 사람)을 중심으로 갑사나 특수병으로 구성되었다.

(1) 오위(五衛)

① 오위의 구성과 편제

조선초기에는 고려말의 위병제(衛兵制)를 그대로 받아들여 의흥3군부(중·좌·우)를 두었다가, 제5대 문종대에 와서 오위도총부로 개칭하여 '5위'[170]를 통할하게 하였다.

5위의 편성은 지방별로 그 관할구역이 정해져 있었으나,[171] 병종(兵種)별로도 편성되는 2중편제로 되어 있었다. 대표적인 것이 수도방위를 전담하는 갑사(甲士)였는데 이 중 착호갑사가 치안문제와 깊은 상관성이 있다.

㉠ 갑사(甲士)

㉮ 갑사의 구성과 성격

갑사는 오위 가운데 중위(中衛)인 의흥위에 속한 병종(兵種) 중의 하나였다. 갑사(甲士)는 제3대 태종이 즉위하면서부터 왕자·공신들의 사병을 혁파하여 재편한 양반직업군이었다. 갑사는 비록 무반직이었으나 양반직(관료)이므로, 양반자제뿐 아니라 종친들도 선호하는 양반 병종(兵種)이었다.[172] 갑사에 대한 채용제도가 완비된 것은 제4대 세종 때 이후부터이다.

---

168) 다섯 집을 하나의 통으로 편성하고, 향민 중에서 각각의 책임자를 선임하여 수령의 명을 받아 인구파악과 부역징발을 주로 담당하게 하였다.

169) 유향소는 고을에서 부모에게 불효하는 자, 형에게 불경하는 자, 친족 간에 불복하는 자, 인척 간에 불화하는 자, 신의가 없고 남을 구출해 주지 않는 자가 있으면 유향소에서 그에 대한 징계를 의논하였고, 아전으로 백성의 재물을 침탈하는 자가 있으면 이곳에서 징계를 의논할 수 있었다.

170) 오위는 오위도총부에 예속된 무반경관직의 종2품관위(官衛)였다.

171) 예컨대, 오위 중 의흥위(중위)는 서울의 중부·개성·경기·강원·황해도를, 용양위(좌위)는 경기동부와 경상도를 각각 그 통할구역으로 하였다.

172) 문종실록 권10 문종 원년 11월 계유조.

㉯ 갑사의 종류

갑사에는 보갑사(步甲士: 보병)와 기갑사(騎甲士: 기병으로 본인이 말을 준비해야 함)로 구성되었는데, 기병(마병)이 주가 되었다. 그러기 때문에 말을 준비하지 못하는 가난한 자는 갑사취재에 응하기 어려웠다. 갑사의 종류에는 양계갑사(兩界甲士)[173]·기갑사(騎甲士)·착호갑사(捉虎甲士) 등 다양하였다.

㉡ 착호갑사

㉮ 호환

조선시대에 백성들의 삶을 위협하는 맹수의 처치는 국왕이 직접 챙겨야 할 치안문제 중의 하나였다. 이런 치안문제를 해결하는 호랑이[174] 전문사냥꾼이 착호갑사였다. 호랑이에 대한 폐해는 호환(虎患)이라 하여 조선시대에는 전염병과 더불어 가장 무서운 재앙 중의 하나였다.

㉯ 중앙의 착호갑사

호랑이는 조선초기부터 조선말기까지 일상생활에서 공포의 대상이었다. 이와 같은 호환에 대한 대책으로 세종 3년(1421)에는 당번(當番), 하번(下番: 다음번에 번을 서는 것) 칙호갑사를 각각 20인으로 제도화하였다.[175] 그 후 갑사의 정원이 증가됨에 따라 갑사 1만 4,800명 가운데 착호갑사는 440명이었다.[176] 특히 착호갑사는 무예 실력 이상으로 범(호랑이)을 잡을 수 있는 담력과 용기가 필요하였다. 이런 점 때문에 세종 7년(1425)에 병조에서는 활을 잘 쏘는 사람을 착호갑사로 배속시키는 것을 문제로 삼기도 하였다.[177] 착호갑사는 목숨이 위태롭다는 것이 문제였지만, 그만큼 출세와 기회의 포상도 따랐다.

㉰ 지방의 착호갑사

지방에도 착호갑사를 뽑았는데, 중앙처럼 시취(試取: 시험을 보아서 인재를 뽑는 것)에 의해서가 아니라 자원자를 우선적으로 채용하였다. 먼저 절도사가 군사(軍士) 및 향리·역리(驛吏)·공천(公賤: 공노비)·사천(私賤: 사노비) 중에서 자원(自願)을 받아 뽑아 정하고, 자원하는 사람이 없을 경우에는 장용(壯勇: 힘과 체격이 좋음) 한 사람을 골라 정하였다.[178] 지방의 경우 호랑이 사

173) 양계는 고려 때에 동계(東界)와 북계(北界)를 합쳐 부르던 명칭으로 지금의 평안도와 함경도 지역을 말하며, 이곳을 지키기 위한 정예부대가 바로 양계갑사이다.

174) 원래 호랑(虎狼)이란 '범과 이리'라는 뜻으로, 잔인하고 포악한 사람을 빗대어 이르는 말로 자주 쓰였다. 그런데 언제부터인가 「범」이라는 명칭 대신에 호랑이로 부르게 되었는데, 조선왕조실록상에 보면, 초기에는 호랑이와 표범으로 구별하여 쓰고 있으나, 후기로 가면서 호랑이라는 단어로 통용하여 쓰고 있다.

175) 병조에서 아뢰기를 "범을 잡는 갑사는 현재의 당번자와 다음에 번을 설 사람의 수를 모두 20명으로 정하였으나, 다만 전번에 임명한 착호갑사는 일정한 정원이 없으니, 20명으로 정하여 달라"고 하여 상왕(태종)이 그대로 따랐다고 세종실록은 전하고 있다(세종실록 권제11 세종 3년 3월 병자조).

176) 경국대전 권4 병전(兵典) 번차도목조(番次都目條).

177) 병조에서 아뢰기를 "새로 착호갑사에 소속된 자는 마땅히 용감한 자를 뽑아야 할 것이온데, 한갓 말타고 쏘는 자와 걸으며 쏘는 자만을 뽑았으니 부당합니다. 그러나 사람이 용감하였다는 것은 참으로 미리 알기가 어렵습니다"라는 구절에서 착호갑사는 담력과 용기가 필요하다는 것을 시사해 주고 있기도 하다(세종실록 권28 세종 7년 6월 을축조).

178) 경국대전 병전(兵典) 시취조(試取條) 착호갑사.

냥은 힘도 들고 목숨을 걸어야 하는 일이다보니 지원자가 많지 않았다.

(2) 오위도총부(五衛都摠府)

① 아문(衙門: 관청)

오위도총부는 오위를 지휘하는 감독기관으로, 최고사령관인 도총관은 문관이 겸임하였다. 오위도총부는 5위(五衛: 의흥위·용양위·호분위·충좌위·충무위)의 군무(軍務)를 총괄하던 무관(武官) 경관직(京官職)의 정2품아문(正二品衙門)[179]이었다. 세조 12년(1466)에 오위도총부라 하여 병조(兵曹)에서 독립시켜, 군령(軍令: 군사상의 명령)을 여기에서 관장토록 하였다.

② 오위도총부의 약화와 비변사 설치

제9대 성종 때에 동북과 서북에 야인(野人)의 침투가 심하였으므로 제11대 중종 때에 「비변사」를 설치하고, 제13대 명종 때에는 여기에서 변경과 관련된 일에 능통한 당상관(堂上官)들이 모여 군사(軍事)를 협의케 하였다. 그 후 임진왜란 후에 군국(軍國)의 사무를 「비변사」가 통할하게 됨으로써, 오위도총부는 점차 기능이 마비되어 유명무실화되었고 고종 19년(1882)에 군제개혁과 함께 폐지되었다.

2) 지방의 군사제도

조선시대의 군제에서 보다 중요한 것은 지방군이었는데, 제7대 세조 때 정비되었다. 세조 1년(1445) 이전에는 북방국경지대의 익군(翼軍)[180]과 남방의 영진군(營鎭軍)으로 이원화되어 운영되고 있었다. 즉 익군체제는 서북방지역을 담당하였고, 영진(진영)체제는 해안 방어를 담당하는 일반 향토예비군 제도였다.

(1) 군익도체제와 진영체제(영진체제)

① 군익도체제

세조 1년(1455)에 북방(평안·영안도)의 익군과 남방의 영진군(營鎭軍)으로 이원화되어 있던 군사조직을 북방의 예에 따라 군익도체제로 통일하였다. 군익도는 각 도를 몇 개의 군익도로 나누고, 각 군익도는 다시 중·좌·우 3익으로 편성하여, 인근의 여러 고을을 여기에 소속시켜 하나의 군사단위를 이루도록 한 것이다. 군익도체제는 2년 뒤 다시 진영체제(영진체제)로 바뀌어 지방군제가 완성되었다.

---

179) 경국대전 권4 병전(兵典) 경관직(京官職) 정2품 아문조.

180) 고려말의 병제(兵制)인 익군은 서북변에 설치된 5만호부(서경·안주·의주·이성·강계) 밑에는 각각 몇 개의 익군들로 구성되어 있었다. 즉 서북변은 국방상 요지인 까닭에 군정(軍政) 이외의 일반민호의 남자를 징집한 일종의 향토예비군이라 할 수 있는 「익군」을 두었다. 여기서 군정이라 함은 군사에 관한 군행정과 군재정의 총칭을 말하는데, 조선시대는 병농일치에 따라 병역대상자 가운데 일부가 현역병으로 복무하고 나머지는 농업에 종사하면서 군복무 중인 사람을 대신해서 그의 집안일과 농사일을 도와주도록 하였다.

② 진영체제(영진체제)

㉠ 조선전기의 지방군사제도는 군익도체제에서 발전한 진영체제를 바탕으로 조직되었는데, 진영(영진)체제는 주로 영(榮)이나 진(鎭)체제로 편성된 지방예비군 조직이었다. 진영체제는 병마절도사가 있는 영(營)을 본거지로 방어태세를 갖추고, 진군(鎭軍)은 첨절제사를 지휘관으로 하여금 진(鎭)을 지키게 하는데, 이때 진은 영(營)의 지휘를 받도록 하였다.

㉡ 진영체제의 근간을 이룬 것은 양인 농민이었다. 양인 농민들은 평상시에는 농업에 종사하다가 일단 징발되면 정군(正軍)으로서, 서울에 번상하거나 지방의 여러 진(鎭)에 부방(赴防: 다른 지방의 병사가 서북 변경의 국경지대나 지방요새지에 파견되어 방위 임무를 맡은 일)하였다.

(2) 진관체제(鎭管體制)

진영체제는 주로 연해요지(삼남지방)에 진(鎭)을 설치했기 때문에, 연해지대의 진이 무너지면 내륙지방은 무인지경이 되는 모순을 내포하고 있었다.[181] 이러한 모순을 극복하기 위해 세종 1년(1456)에 평안도·함경도에 설치된 군익도체제를 전국적으로 확장하였는데, 이것이 곧 「진관체제」의 선구가 된다.

① 육군

㉠ 진관체제는 전국 행정단위의 하나인 읍을 군사조직 단위인 진(鎭)으로 편성해 그 크기에 따라 주진(主鎭) → 거진(巨鎭) → 제진(諸鎭: 여러 진)으로 나누고 각 읍의 수령이 군사지휘권을 겸하게 하는 체제를 말한다.

㉡ 각 도에는 병마절도사가 주진(主鎭)에 있으면서 도내 각 진관의 육군·수군에 대한 군사지휘권을 행사하였다. 또 아래 거진(규모가 큰 진)에는 부윤·목사·부사가 절제사·첨절제사 등을 겸하면서 군사조직을 장악하였다. 그리고 말단인 진(여러 진)은 군수·현령·현감·만호[182] 등이 동첨절제사·절제도위 등을 겸하면서 그 진을 중심으로 스스로 적을 방어하는 소규모 방어위주의 전략체제였다. 따라서 진관체제는 방어선이 1선 → 2선 → 3선 등으로 단계적 대응이 가능한 지역단위 방위체제이다.

② 수군

수군도 육군의 진관체제에 따라 조직을 갖추었다. 각 도의 수군절도사 밑에 첨절제사·동첨절제사 등이 있고, 각 특수포구에는 육군과 마찬가지로 전담 무장인 만호가 배치되었다.

---

181) 조선초기의 지방군사조직은 북방국경지대에는 익군체제, 남방지대(주로 삼남지방)에는 영진체제로 운영하였다. 그러나 내륙지방은 모든 수령에게 병마직(兵馬職)을 겸하게 함으로써, 실제적인 군사조직이 이루어지지 못하였다.

182) 만호는 고려 말·조선시대의 무관직으로서 조선시대에 와서는 수군에서 이 관직명이 오래 남아 있었는데, 종사품 무관직이다.

③ 각 진관의 정병은 평상시 거주지역 방위력을 이루고 있다가 번차(순번)에 따라 상경하여 숙위하는 동시에, 한편으로는 요새지에 상주하는 유방병력(留防兵力)[183]으로도 활용되었다.

(3) 제승방략체제

① 전국적 방위망으로서의 진관체제는 성립기반이 너무 광범위해, 많은 외적의 침입시 실제 방어에서는 효력이 없었다. 더욱이 16세기 이후 북방의 야인이나 남방의 왜인의 침입마저 점차 다중화되어, 각 진관의 소수 병력으로는 이를 방어할 수가 없었다. 따라서 제승방략체제가 수립되었다.

② 제승방략이란 유사시에 각 읍의 수령들이 소속 군사를 이끌고 본진을 떠나 지정된 방위지역으로 가서, 서울에서 파견된 장수나 그 도(道)의 병사나 수사를 기다려 지휘를 받는 전술이다. 그러나 이것은 후방지역에 군사가 없어 1차방어선이 무너지면 그 뒤를 막을 방도가 없으므로, 임진왜란 초기 패전의 한 원인이 되었다.

(4) 속오군체제

① 제승방략체제는 임진왜란 초기에 패전의 한 원인이 되었기 때문에, 진관체제로 복구하고 속오법에 따라 군대를 편제하는 속오군체제로 정비하였다.

② 속오군은 군역(軍役)을 지지 않은 양인(良人)과 양반을 골라서 조직한 군대를 말한다. 평시에는 군포(軍布)를 바치게 하고, 유사시에는 국가방어에 동원되는 체제였다. 이러한 속오군제의 시행은 각 지방의 주민을 대부분 속오군에 편성시키는 결과를 가져왔다.

3) 조선시대의 군역제도

(1) 조선은 제3대 태종 이후 사병(私兵)을 모두 폐지하고, 16세 이상 60세 이하의 모든 양인 남자는 군역을 지게 하는 양인개병제를 실시하였다.

(2) 그 후 세조 8년(1468)에 진관체제를 뒷받침하기 위해 지방군의 명칭도 수군을 제외한 육군을 모두 정병(正兵)으로 일원화하였다. 즉 종래 남방 시대의 번상군인 정병, 지방 요새지에 부방하던 영진군(진영군), 그리고 북방지대의 익군인 정병 등을 합속시켜, 정병(正兵)으로 통칭하였다. 이로써 전국의 각 지역을 진관체제로 묶어 국방체제와 병력을 일원화(정병)하는 체제가 이루어졌다.

(3) 조선시대 모든 양인은 현역 군인인 정군(正軍), 그리고 정군의 비용을 부담하는 보인

---

183) 전국에 설정된 전략상의 특수지대, 즉 국방상의 요새지역에는 항상 군사가 체류하였다. 이들을 유방군(留防軍)이라고 하는데, 4교대로 부방근무하였다.

(保人: 봉족)[184]으로 편성되었다. 다만 현직 관료와 학생만 군역을 면제받았을 뿐, 종친과 외척·공신이나 고급관료의 자제들도 고급 특수군에 편입되어 군역을 부담하였다.

제4절 조선전기의 경찰

Ⅰ. 총 설

조선시대 국가정치의 지도원리가 된 유교사상은 경찰사적 측면에서도 상당한 영향을 끼쳤고, 이러한 기조하에서 경찰권이 행사되었다. 고려시대를 거쳐 조선시대에도 경찰기관은 오늘날과 같이 일원화되어 있지 않고 다원적(多元的)이었다. 그러나 고려말 조선초기의 순군만호부(순군부)가 제6대 단종 이전까지는 원시적이나마 전문직 경찰기관으로 대부분 경찰관련 업무를 수행하였다. 그 후 조선후기로 들어서면서 전문적 경찰기관인 포도청이 설치되기는 하였으나, 이 또한 다른 기관의 경찰업무까지 배제하고 독자적으로 경찰업무 전반을 담당하는 전담기구는 아니었다. 따라서 각각의 기관은 그 소관사무에 위반되는 행위에 대하여 단속·처벌하는 권한이 부여되어 있었기 때문에, 각 관아(官衙: 관청)는 거의 경찰기능을 수행하는 기관이었다고 볼 수 있다.[185]

Ⅱ. 경찰관제(警察官制)

조선왕조는 왕을 정점으로 하는 전제왕권국가였고 신분사회였다. 그러므로 구금·재판·감옥·순찰·소방 등의 모든 권한이 국왕에 귀결되고 있었고, 이러한 왕권은 군사권과 경찰권에 의해 유지되었다. 조선전기의 치안관련기관들은 경찰권을 바탕으로 왕조를 받드는 한편, 백성들 위에 군림해 오면서 한 시대를 이끌어 나간 제도적 기구였다. 조선전기의 중앙경찰기관으로는 의정부·의금부(순군만호부의 후칭)·사헌부·6조 중의 병조와 형조·순청(巡廳)·암행어사·수성금화사(修城禁火司)·평시서·사산참군(감역관) 등을 들 수 있다.

---

184) 조선시대 군사비 충당을 위하여 정군(正軍)에게 딸린 경제적 보조자를 말한다. 조선초기에는 봉족(奉足)이라 하여 군인에게 여러 명의 양정(良丁)을 예속시켜, 그들로부터 군사활동에 필요한 경제적 보조를 받게 하였다. 세조 10년(1464)에 보법(保法)을 제정하여 군사활동자는 정군(正軍)이라 일컫고 그에 딸린 경제적 보조자는 보인(保人)이라 하였다. 보인이 납부한 면포를 보포라 하며, 경국대전에는 보인 1명이 군사활동 기간의 정군에게 1개월에 면포2필을 넘지 못하게 하고, 정군이 직접 징수하도록 하였다(경국대전 권4 병전(兵典) 급보조(給保條).

185) 내무부치안국, 「한국경찰사」, 서울: 광명인쇄공사, 1972, p.224.

1. 중앙의 경찰기관

1) 의정부

의정부는 백관(百官)을 통솔하고 서정(庶政)을 총괄하던 조선시대 최고의 행정기관이었다. 따라서 조선전기에는 의정부가 치안정책을 결정하는 최고기관이었다.

2) 6조(六曹)

6조는 고려와 조선시대에 국가의 정무를 맡아보던 이조·호조·예조·병조·형조·공조에 대한 총칭이다. 6조에는 각각 판서(정2품) 1인, 참판(종2품) 1인, 참의(정3품) 1인을 두었고, 그 밑에 정랑(正郎, 정5품) 각 3~4인, 좌랑(左郎, 정6품)을 각 3~4인 두었다. 6조 중 치안업무와 직접적인 관련성이 있는 것은 형조와 병조였다.

(1) 형조(刑曹)

① 형조의 임무

㉠ 형조는 법률·재판·형옥(刑獄)·노예에 관한 사무를 관장하던 정2품 아문(관청)이다. 사헌부·한성부와 함께 3법사(法司)[186]라고 일컬어진다.

㉡ 고종 31년(1894년) 갑오개혁 때 법무아문으로, 동왕 32년(1895)에는 법부(오늘날의 법무부)로 개칭되었다.

② 상민재판소

형조는 의금부와는 달리 주로 구적(寇賊: 나라를 침범하는 외적)과 일반범죄자를 치죄하고, 형옥(刑獄)에 관한 것을 주관하는 등 상민을 대상으로 하는 법사(法司)의 하나였다. 따라서 형조와 의금부는 사물관할(事物管轄)을 달리하는 상호 독립된 수사 및 재판기관이었다.

③ 범죄의 분류와 이송

조정에서 처벌해야 될 중대한 범죄이거나 서울이나 지방에서 올린 소송도 반드시 형조에서 진술서를 받아서 각 사안에 따라 분류하여, ㉠ 관리에 관한 것은 의금부로, ㉡ 양민에 관한 것은 한성부로, ㉢ 도적에 관한 것은 포도청으로 이송하였고, ㉣ 그 나머지는 원고·피고 양편의 정상과 증거를 엄격히 조사한 뒤 율관으로 하여금 법에 따라 처단하게 하였다.[187]

---

186) 삼법사란 법을 다루는 기관으로 일반적으로 형조·한성부·사헌부를 가리킨다. 그러나 이외 노비의 소송문제를 다루는 장예원과 국가 중요 사건을 판결하는 의금부를 포함시키기도 한다. 따라서 모두 5개의 법사기관으로서 삼법사에 포함될 수 있다.

187) 추관지(秋官志) 제1편 관제 형조조.

④ 형조예하의 부서

형조의 업무를 분장하기 위해 그 예하에 상복사·고율사·장금사·장례사의 4사(司)를 두었다.[188]

㉠ 상복사(詳覆司)는 사죄(死罪: 사형에 해당하는 죄)를 상세히 복심(覆審: 한 번 심사한 것을 다시 심사하거나 조사하는 것)하는 사무를 맡는 곳이고,

㉡ 고율사(考律司)는 율령의 제정과 개폐 및 범죄자의 조사업무를 담당하며,

㉢ 장금사(掌禁司)는 형옥(刑獄)과 금령(禁令)에 관한 사무를 관장하였다.

㉣ 장례사(掌隷司)는 노예의 장적(帳籍) 및 포로에 관한 사항을 관장하였다. 4사(司) 중 장례사는 당초 장례원이라 하여 노예의 문서와 소송을 맡아보던 특수한 재판기관으로서의 독립된 관청이었다. 제21대 영조 40년에 장례원을 폐지하고 형조의 장례사로 그 업무를 이관시켰다.

⑤ 형조의 속아문(屬衙門: 소속관청)

형조의 속아문으로 장례원(영조 40년 형조의 장례사로 이관되기 전까지 노예의 장부와 소송에 관계되는 일을 맡아보던 관청)과 전옥서(죄수에 관계되는 일을 맡아보던 관청) 등을 두었다.[189]

(2) 병조(兵曹)

① 병조의 업무

병조는 군사관계 업무를 총괄하던 정2품 아문이었다. 병조는 많은 소관사무를 관장하였으나, 그중에서 숙위·서울의 성문과 경비·역참(교통)·순찰·금화 등의 경찰사무도 병조소관사항이었다. 따라서 병조는 사법경찰의 업무를 대부분 수행하였던 형조와는 달리, 주로 행정경찰기능을 주로 관장하였다.

② 병조의 속사(屬司: 하부기관)

병조의 하부기관으로는 무선사(武選司)·승어사·무비사(武備司)의 3사(司)를 두었다.

㉠ 무선사는 무관의 품계·고신(告身: 관원의 사령장)·무사선발·출정 등에 관한 일을 담당하였고,

㉡ 승어사는 왕·왕후의 의장에 관한 것·양마(養馬: 말을 키우는 것)·역참(우역)·보충대·노예·나장업무 등의 일을 담당하였고,

㉢ 무비사는 병기·군함·군사의 점검·무예시험·군영의 숙직·순찰·화포·봉화·금화(禁火) 등에 관한 일을 분담·처리하였다.

㉣ 3개 속사(屬司)에는 속사의 일을 분담하기 위하여, 정랑(正郎: 정5품)과 좌랑(佐郎: 정5품)이 각각 4인씩 모두 8인의 낭청이 있었는데, 이들 당하관은 모두 문관(文官)이었다.

---

188) 경국대전 권1 이전 경관직 6조조.
189) 경국대전 권5 형전(刑典).

③ 병조의 속아문(屬衙門: 병조에 속한 관청)

병조의 속아문(屬衙門: 병조에 속한 관청)으로 오위(五衛)·훈련원·사복시(司僕寺: 정3품아문으로 임금의 가마와 외양간과 목장을 관장함)·군기시(軍器侍: 병기제작 등 관련관청)·세자익위사(世子翊衛司)[190] 등을 두었는데, 병조는 이 기관들에 대한 인사권과 지휘감독권을 갖고 있었다.

④ 병조의 폐지

조선후기로 가면서 비변사가 설치되자 국방과 군무 전반에 걸친 사항이 비변사로 많이 이양되어 병조의 지위와 기능이 상대적으로 약화되었다. 그러나 병조는 경찰사적 측면에서 볼 때 포도대장이나 토포사를 겸한 지방의 진영장의 인사권까지 가지고 있었던 가장 막강한 중앙경찰관청이었다. 병조는 조선말까지 내려오다가 고종 31년(1894) 갑오경장 때 6조와 더불어 폐지되었다.

3) 승정원

(1) 승정원의 임무

승정원은 왕명을 출납(出納)하던 곳으로, 오늘날 대통령 비서실에 해당한다. 제3대 태종(1401년) 때 승정원을 설치하였다.

(2) 승정원의 구성

승정원은 6조체제에 맞춰 6방체제(이·호·예·병·형·공)를 갖추어 운영하였는데, 여기에 정3품 당상관인 6방승지를 두었다. 수장(首長)인 도승지(오늘날의 대통령비서실장)는 이방, 좌승지는 호방, 우승지는 예방, 우부승지는 병방, 좌부승지는 형방, 동부승지는 공방을 각각 맡아보았다. 그들은 고유 업무 이외에도 타기관의 업무를 겸하였다.[191]

(3) 승정원의 치안관련부서

치안과 관련하여 전체적으로 조율한 곳은 우부승지가 맡은 병방(兵房), 그리고 좌부승지가 맡은 형방(刑房)이었다.

① 병방은 병전(兵典)에 관한 일을 담당하여 경호·경비·순찰 등 일정 부분 치안업무에 대한 일을 조율하였고,

② 형방은 법률·형옥·소송 등 형전(刑典)에 관한 사법경찰업무 등을 조율하고, 임금에게

190) 동궁을 모시고 경호하는 일을 관장하던 정5품 아문이다.

191) 예컨대, 도승지는 홍문관과 예문관의 직제학, 승지는 경연의 참찬관(參贊官)과 춘추관의 수찬관(修撰官)을 겸직하였다. 이처럼 6승지가 여러 직을 겸직한 것은 왕의 보필을 위한 다양한 정보를 수집할 필요가 있었을 뿐 아니라, 왕명 출납을 용이하기 위한 조치였다.

보고하는 업무를 관장하였다.

③ 승정원에는 여섯 승지 이외에 실무진으로 주서(注書: 정7품)[192] 2인과 서리(書吏) 28인을 두었다. 따라서 승정원은 단순한 비서기관에 그치지 않고, 국정의 중추적 지위에 있는 관서라고 할 수 있었다.

4) 의금부(순군만호부의 후신)

고려 말 조선초기의 순군만호부는 정권쟁탈의 주도기관이었고, 조선왕조 초기까지는 국왕의 심복기관으로서 무한대의 권력을 휘두르기도 하였다. 따라서 순군만호부에서 의금부로 변천되어 가는 과정과 그 역할은 경찰사적 측면에서 볼 때, 포도청만큼이나 중요한 의미를 지닌다.

(1) 조선조 개창기의 순군만호부(순군)

① 조선초기 순군만호부의 지위

위화도 회군후 순군만호부는 이성계 심복 조준 등의 관장하에서 정권장악에 대한 전위역할을 수행하여, 신왕조(新王朝)건설에 주역을 담당하였다. 태조 이성계는 즉위 10일만인 1392년 7월 28일 즉위선언에서,[193] 사법(司法)관련 업무는 형조가 관장하고, 순군(巡軍)은 순찰·포도금란(捕盜禁亂)만을 관장하도록 선언하였다. 그럼에도 불구하고 순군부(巡軍府)는 종래와 다름없이 죄인을 심문하거나, 때로는 대간(臺諫)·형조(刑曹)의 관원과 합좌하여 치죄(治罪)하기도 하였다.[194]

② 순군만호부의 기능

고려말의 순군만호부(순군부)는 조선초기까지 그대로 유지되어 순찰·포도금란(捕盜禁亂)·반역혐의자에 대한 심문과 처형[195]·방수(防守: 국방의 업무로 막아서 지키는 것)의 해태[196]·관료

---

192) 주서는 승정원의 기록, 특히 「승정원일기」의 기록을 담당하여 청요직의 하나로 간주되었다.

193) 태조실록 권1 태조 1년 7월 정미조. "고려말기에는 형률(刑律)의 일정한 제도가 없어서, 형조(刑曹)·순군부(巡軍府)·가구소(街衢所)가 각기 소견을 고집하여 형벌이 적당하지 못하였으나, 지금부터는 형조는 형법(刑法)·청송(聽訟)·국힐(鞫詰: 국문)을 관장하고, 순군(巡軍)은 순작(巡綽)·포도(捕盜)·금란(禁亂: 각종 금제의 법령을 어기고 난동부리는 것을 금지 내지 방지하는 일)을 관장할 것이며…가구소(街衢所)는 폐지한다."

194) 태조 3년 2월에 대간(臺諫)과 형조에서 장계(狀啓)하여 "왕화(王和)·이흥무 등을 한곳에서 대질 심문을 하도록 청하니, 임금이 대간·형조·순군부에 각기 한 사람씩을 명하여 양광도 관찰사와 함께 수원부(水原府)에 모여서 대질 심문하도록 윤허하였다"는 기록에서 순군부 관원도 치죄하는데 참석하고 있는 사례가 보인다(태조실록 권5 태조3년 2월 신사조).

195) 태조 7년 8월 정도전을 주멸할 때 그의 아들 진(津)과 그 일당들도 순군부에 구인처형시켰고,(「태조실록」 권14 태조 7년 8월 기사조), 뒤에 방간의 난 때에도 그 일당과 연계자를 순군에 하옥시켜 처형된 사례(「정종실록」 권3 정종 2년 정월 갑오, 을미조) 등을 볼 때, 국가안위와 관련된 사안 등에 대하여도 순군이 직접 관여하였다.

196) 왜구침입에 대하여 불충실하게 대응한 자에 대한 징계나 지방병관(兵官)의 격려, 징계에도 직접 순군관을

의 직무상의 책임[197]을 묻는 정치상의 수단으로도 이용되었다. 이와 같은 권력집중 현상은 관제상의 형부의 권위와 위상을 훨씬 뛰어넘는 무소불위의 기관으로 공포의 대상이었다. 따라서 언관(言官)[198]이라 하더라도 왕의 뜻에 거슬리면 순군(巡軍)에 투옥되기가 일쑤였고,[199] 왕명을 준봉하지 않은 관원에 대한 징계도 순군에 의하여 이루어졌다.

(2) 태종대의 순군만호부의 변천과 기능

순군만호부는 제3대 태종 원년 편제에서 막강한 인력을 구축하였는데, 나장(螺匠)과 도부외의 수가 약 1,500명이었고 그중 도부외의 수는 1,000여 명에 달하였다. 이렇게 순군의 역할과 권한이 무소불위해지자 순군부(巡軍府)를 혁파하자는 주장이 제기되기도 하였으나[200], 오히려 순군에 의하여 간관의 언론이 봉쇄되는 등 그 업무가 확대되기도 하였다.

① 순위부(巡衛府)로의 변천과 그 기능

순군만호부는 태종 때에 순위부(태종 2년 6월) → 의용순금사(태종 3년 6월) → 의금부(태종 14년 8월)로 개칭되었다.

㉠ 순위부는 명칭에서 보듯이 왕성 순위의 업무를 위해 정규 중앙군과 함께 동원시킨다는 뜻에서 「순위부」로 개칭하였다고 추정된다.[201]

㉡ 순위부의 조직기구상의 직명(職名) 등은 순군만호부제와 동일하였고, 정규중앙군인 십사(十司)[202]와는 별개체제를 유지하면서 독자적인 순찰활동 등을 수행하였다. 따라서 종래의 순군만호부의 직능과 별다른 차이는 없었다.

파견하는 경우도 있었다. 태조 6년 6월 을유에 용강현에 노략질한 왜선을 잡지 못한 병마도절제사 이거역(李居易)을 순군지사(巡軍知事) 오계년을 보내어 국문하고 그 휘하 군관에게는 곤장을 때린 일도 있었다(태조실록 권11 태조 6년 6월 을유조). 이처럼 빈번한 왜구침략에 대한 방비격려를 위하여 순군을 직접 파견하거나, 위반자에 대하여 순군천호를 파견하여 순군옥에 투옥시키고 처형하는 일도 다반사였다(태조실록 권11 태조 6년 5월 기사조; 동상 5월 무인조).

197) 태조 5년 6월에 축성공사를 부실하게 한 제조(提調) 이성중을 순군옥에 가둔 사례나, 태조 6년 12월 여관(女官: 여자 관리)이 녹을 미처 받지 못하였다는 이유로 광흥창 관원 윤회 등 3명을 순군옥에 가둔 사건 등을 대표적인 예로 들 수 있다(태조실록 권11 태조 6년 12월 갑진조).

198) 임금에게 간언(諫言)하는 일을 하는 관원으로, 사헌부와 사간원의 관원을 통틀어 이르는 말이다.

199) 태조 3년 11월 경자조에 "병권(兵權)과 정권(政權)을 조준·정도전·남은 등이 장악하여 겸임하고 있으니, 실로 좋지 못하다"고 직언한 변중량 등을 순군옥에 가두기도 하였다(태조실록 권6 태조 3년 11월 경자조).

200) 태종실록 권1 태종 1년 정월 갑술조. 태조원년 정월에 문하부 낭사가 "순군의 직역은 사실상 형조의 그것과 중복되어 일직이관(一職二官)의 폐를 자아낼 뿐만 아니라, 그 순작(巡綽)의 임무도 부병(府兵)이 담당하고 있으니 순군부(巡軍府)는 혁파하여야 한다"고 주장하였다.

201) 이상식, "義禁府考", 역사학연구 Ⅳ, 1975, p.4.

202) 십사(十司)라 함은 조선 태조 4년(1395)에 정도전의 제의에 따라 십위(十衛)를 개편한 군대편제를 말한다. 좌군(左軍)·우군(右軍)·응양위·비순위·금오위·천우위·갑문위 등을 말하는데, 이때 고려 때의 2군 6위편제는 완전히 폐지되었고, 경찰부대인 금오위의 명칭도 역사상에서 소멸되었다.

② 의용순금사(義勇巡禁司)로의 변천과 그 기능

㉠ 의용순금사의 개칭과 상부직위 명칭 변경

태종 3년 6월에 일부관제가 개편되어지면서, 이와 동시에 순위부(巡衛府)는 다시 「의용순금사(義勇巡禁司)」로 개칭되었다. 이때 직제도 상호군(上護軍)·대호군(大護軍)·호군·사직·부사직으로 고쳐 중국 원(元)의 만호부제의 명칭으로부터 완전히 탈피하였다.

㉡ 의용순금사의 상부체계

의용순금사의 최상층에는 겸판사의용순금사사(兼判事義勇巡禁司事)를 두었고, 그 밑으로 상호군(정3품 무관직)·대호군(종3품 무관직)·호군(정4품 무관직)·사직(정5품 무관직)·부사직(종5품)이 있었으니, 바로 경찰 상부층이었다. 최상층인 겸판사의용순금사사[203]를 제외하고는 그 직제는 모두 무관직의 명칭이었다.

◆◆ 의용순금사(義勇巡禁司)의 구성표

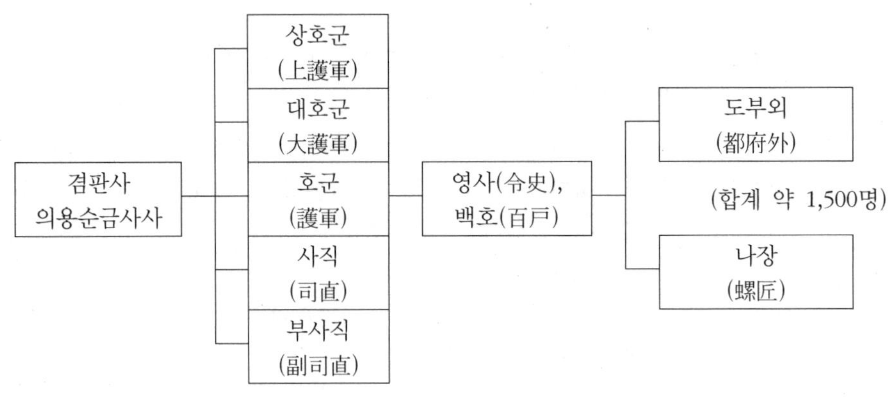

㉢ 의용순금사의 하부체계

의용순금사는 경찰상층부(순군관으로 통칭하기도 함)의 지휘 아래 막강한 하부조직으로 인력과 장비 등이 구비되어 있었다. 하급관리로는 영사(令史)·백호(百戸)·사법경찰관리인 나장 등이 있었다.

㉮ 영사(令史)는 고려 말 이후 감옥의 죄수(罪囚)를 다루며 도부외(都府外)와 나장(螺匠)을 거느리는 8품거관(八品去官: 8품위계까지밖에 승진하지 못하게 제한되는 것을 의미함)인 하급관리였다.[204] 의용순금사의 영사(의금부의 영사)는 단종 1년 11월 소위 계유정난 당시 수양대군의 반

203) 겸판사의용순금사사는 고급관리(홍문관대제학·이조판서 등 정2품 내지 종1품 품관·작위 칭호 가진 공신 등)를 겸직시켜 의용순금사를 통제하기 위한 제도였다. 따라서 겸판사의용순금사 사는 문관직 관리였다.

204) 세종 7년 9월 계축조에 "의금부 부속으로 영사 40명·나장 100명·백호 80명·도부외가 1,000명인데, 모

대파 제거에 이용되기도 하였고,[205] 때로는 의금부와 형조의 낭관(郎官)[206] 지휘 아래 나장·백호를 거느리고 수시로 순찰에 동원되기도 하였다. 그 후 차츰 그 권한이 축소되어 나중에는 의금부의 사무처리 등 사소한 일을 담당하였다.

㉯ 백호(百戶)

백호(百戶)는 2정(丁)의 봉족(奉足)을 가진 군인이자 경찰신분으로, 도부외의 사졸(士卒)이나 나장(螺匠)보다 높은 지위에 있었다. 백호는 죄인의 감시와 압송[207] 그리고 영사와 함께 순찰업무도 행하였는데, 40명씩 2교대로 나누어 6개월씩 근무하였다. 그 후 백호는 세조 12년 정월 의금부의 직제가 경국대전상에 체제화되는 일련의 과정 속에 혁파(革罷)되고 말았다.

㉰ 나장

나장(螺匠)은 순군만호부에서 의금부로 변천되는 과정 중에서도 도부외 다음으로 많은 숫자를 가진 군이자 경찰리(吏)였다.[208] 나장은 신문고 지키기, 순행원(巡幸員), 죄인의 압송, 죄인심문시 경비업무[209] 등에 주로 동원되었다. 그 후 나장은 도부외나 백호가 소멸된 뒤에도 그 수가 232명으로 증가되어 의금부의 유일한 실제 사법경찰력으로 남아 있었으나, 그 신세는 일반군사보다도 못한 칠반천역(賤役)으로 취급되었다.

㉱ 도부외

의용순금사 하부조직 중 그 수가 가장 많고 그 실체에 대하여 현재까지 논의의 대상이 되고 있는 기구가 도부외이다. 도부외는 수백명의 나장과 더불어 직접적인 순군부대를 구성하던

두 봉족(奉足)이 있어 실로 외람된다"고 하는 것으로 보아, 의금부의 방만한 운영에 대한 폐해가 만만치 않았음을 알 수 있다.

205) 단종 1년(1453) 10월에 수양대군(후일 세조)은 쿠데타를 일으켜 김종서·황보인 등 중신(重臣)을 살해하고, 친동생 안평대군을 제거한 사건을 계유정난이라 한다. 단종 1년 11월 을해조에 이조와 병조에 전지(傳旨)하기를 "의금부의 영사·백호·나장 등은 분주하게 일에 이바지하여 역시 공로가 있으니, 각각 도(到)50을 지급하라"는 구절을 보아도, 계유정난 때도 의금부(의용순금사의 후칭)의 관원들이 동원되었다는 사실을 알 수 있다(단종실록 권9 단종 1년 11월 을해조).

206) 세조 3년 3월 경진조에 병조에서 아뢰기를 "병조에서 순작하는 외에 의금부와 형조의 낭관(郎官)도 영사·나장·백호를 거느리고 일정한 때가 없이 다니면서 순찰하기 때문에, 이들에게(낭관)신표와 군호(軍號)를 줄 것을 청하고 있는"기록으로 보아, 순찰사무는 병조외에도 의금부 그리고 형조까지도 동원된 듯 싶다(「세조실록」 권7 세조 3년 3월 경진조). 여기서 의금부낭관(郎官)은 정2품인 진무2인·종3품인 부진무 3인·4품인 지사2인·5~6품인 도사(都事) 4인으로 모두 10인이며, 왕에게 직결되어 있었다. 이들은 추국(推鞫)이나 압송 외에 왕이 부여하는 특별한 임무를 맡고 있었다.

207) 계유정난 당시 수양대군의 반대파를 제거하는 데 의금부의 백호를 파견하여 체포·압송하는 사례가 단종시기에 곳곳에 산재하여 기술되고 있다(단종 1년 10월 갑오조: 동년 10월 을미조; 동년 10월 기해조; 동년 11월 신미조).

208) 의금부의 나장은 태종 원년에 500명이었는데, 세종 7년에 100명, 그리고 단종 원년(1453)에 100~200명까지 있었다고 추정되고 있다.

209) 세종이 황보인·김종서 등을 예조에 보내어 "본국의 변경에 침입하여 사람과 가축 등을 잡아간 사롱개의 아들 망가(忘家)등을 불러 추궁할 때 의금부의 나장·도부외를 좌우에 나열시켜 경계시켰다"는 대목에서, 죄인도주를 방지하기 위하여 나장이 동원되고 있음을 알 수 있다(「세종실록」 권96 세종 24년 6월 임진조).

핵심세력이었다.

조선초기 순군소속하의 도부외의 인원은 1,000명이었고, 그 인원은 경기인민으로 충당되었다.[210] 이러한 도부외의 1,000여 명은 의금부로 개편되기 전까지 경찰본래의 임무인 포도금란(捕盜禁亂)과 순작(巡綽)의 임무를 담당하는 주역으로 활약하였다.

도부외의 운영체제는 제4대 세종에서 제5대 문종 때까지 존속되다가, 제6대 단종 1년에 도부외 정원 450명을 122명으로 줄이고, 대신 나장 100명을 더 증가시켰다.[211] 이때 순찰(순작)의 임무가 완전히 군부(정규군)으로 이관되면서, 도부외는 역사적으로 소멸되고 말았다.

㉣ 의용순금사에서 의금부로의 변천

㉮ 의용순금사의 업무는 원래 방도금란(防盜禁亂)이었다. 그러나 점차 반역혐의자·유언비어유포자·임금의 명을 어긴 문무양반관료의 징계·국왕의 사정지지(私情之地: 개인감정의 처리장소)[212]·언관 등에 대한 구금 등[213] 그 대상과 범위는 무제한이었다. 그 결과 의용순금사는 모든 신권(臣權)위에 군림하는 왕권(王權)의 대행자로서, 전제왕권의 도구였다.

㉯ 의용순금사의 업무가 점차 국왕의 전제화를 위한 도구화로 변질되어가자, 업무의 중복성·재정의 결핍 등을 이유로 순군(순금사)을 혁파하자는 건의가 계속 제기되었고, 태종 14년 8월에 마침내 의금부(義禁府)로 개편되었다.

(3) 의금부(義禁府)의 성립과 기능

① 의금부의 성립

㉠ 의용순금사의 순위(임금의 호위)나 순찰 등의 업무는 모두 군사업무와 관련성이 있기 때문에, 병조소속의 기관이었다. 그러나 의용순금사는 다른 병조소속의 기관과는 달리 순찰 업무도 중요하였지만, 조옥(詔獄: 왕명에 의하여 죄를 다스리는 일)으로서의 임무를 처리하는 사법기관으로서의 역할도 중요한 기능 중의 하나였다.

㉡ 태종 14년에 의용순금사에서 의금부로 개편되면서 순찰과 순위(巡衛) 기능이 점차 제거되고, 드디어 병조의 소속에서 벗어나 부(府: 의금부)로 승격이 되었다. 그리고 세종과 문종을 거쳐 단종 때에 재판기관으로서의 기틀이 완전히 마련되었다.

---

210) 태종실록 권1 태종 1년 정월 갑술조. 도부외에 관한 구체적인 편제는 태종 원년 정월에 문하부낭사가 시정을 논하는 자리에서 "순군(巡軍)소속의 나장·도부외는 경기인민(京畿人民)으로 편성되어 수령이 이들에 대하여 차역(差役: 차출하여 부역시키는 것)을 못하는 반면에, 다른 민호(民戸)의 노고가 심대하다…따라서 도부외 1,000명은 그들의 주(州)로 돌려보내어 호역(戸役)에 보충시키자"고 건의하고 있다.

211) 단종실록 권9 단종 1년 12월 정해조.

212) 태종 3년 6월 순위부에서 의용순금사로 개칭되었는데, 이러한 의용순금사를 가장 악용한 것이 태종이었다. 의용순금사는 형조·관부가 탄핵한 죄인이라도 국왕이 가벼운 죄로 처벌을 바랄 경우에는 의용순금사로 돌려서 형을 감경시켜 주는 기구로도 이용되었다.

213) 대간(臺諫)은 흔히 국왕에게 바른 소리를 하는 것이 주임무이기 때문에, 국왕과 대립되는 입장에 서게 된다. 태종 때는 언관의 기능이 제약당하고 봉쇄되어 좌천·파직·구금·처형되는 경우가 왕왕 있었다.

② 순수한 사법기관(양반재판소)으로서의 정착과 기능

㉠ 제6대 단종 원년에 「순찰」 사무는 5위(군부)로 넘어가고 포도금란(방도금란)의 업무는 타기관(사헌부·형조·병조·승정원) 등에 분산·이관됨으로써, 고려 말에 설치된 순군만호부의 기능은 진갑(62년)을 1기(期)로 소멸되고 말았다.

㉡ 형조 등 다른 사법기관들은 모두 고유의 직무에 관계되는 범위 내에서만 사법권을 행사하였다. 반면 의금부는 왕의 교지를 받들어 범죄를 추구한다는 면에서는 다른 법사(法司)기관과는 비교가 안 되는 최고의 사법기관이자, 본래의 의미에서의 순수한 사법기관이었다.

㉢ 의금부에 딸린 감옥을 의금옥·조옥(詔獄)·왕옥(王獄)이라고 하였다. 의금부는 왕명에 따라 국가안위에 관계되는 모반사건 등의 대형사건을 주로 담당하였고, 그때마다 별도의 국청[214]을 개설하여 운영하였다.

㉣ 의금부가 일반경찰기관으로서의 기능을 완전히 탈피하고 양반재판소로 정착화된 것은 경국대전 성립전후로 보인다. 그 후 제7대 세조 12년 정월에 와서 의금부의 제조체제[215]가 「판사(判事)체제」로 바뀌어지면서, 의금부는 사법기관으로 조선 말까지 존속되었다. 직제 변천 과정을 도표화해 보면 다음과 같다.

◆◆ 의용순금사에서 의금부로 개편시의 의금부 직제(제조체제)[216]

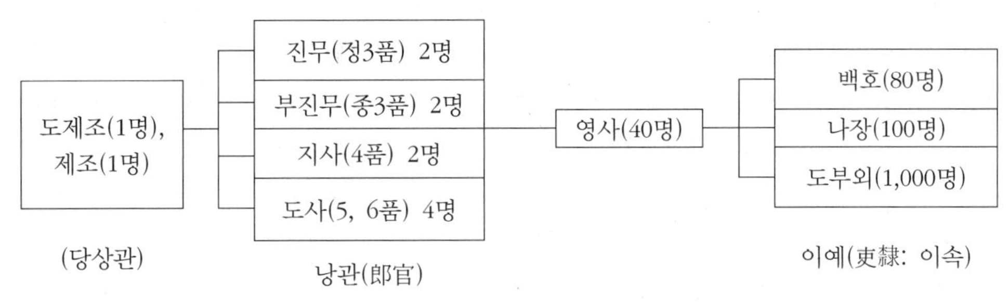

---

214) 국청이라 함은 상설기관인 의금부와는 별개의 기관이 아니라, 의금부 운영의 한 구체적인 형태라고 볼 수 있다. 국청은 왕명에 의하여 개설되었다가 치죄(治罪)가 끝나면 종료되는 비상설기관으로, 죄의 경중에 따라 친국·정국·추국·삼성추국(三省推鞫)이 있었다. 친국(親鞫)은 임금이 친림하여 신문하는데, 의금부 당상관·사헌부·사간원의 모든 관원·좌우포도대장·육방승지 등이 참석하였고, 정국(庭鞫)은 대체로 친국의 경우와 비슷하였다. 추국은 필요에 따라 친국·정국을 계속하는 것이고, 삼성추국은 3성합동(의정부·사헌부·의금부)으로 강상죄인(綱常罪人: 삼강과 오상, 즉 자기의 부모 또는 남편을 죽인 자, 노비로 주인을 죽인 자 등) 등을 국문하는 것을 말한다.

215) 태종 14년 8월에 의용순금사에서 의금부로 개편시의 의금부직제는 제조체제(提調體制)였다. 당시 의금부의 최상부 지휘체계는 도제조(정1품)1인, 제조(종1품이하)3인을 두었으나, 그 인원은 엄격히 지켜지지 않았다.

216) 오갑균, "조선시대 사법기구와 운영에 관한 연구", 단국대학교 박사학위논문, 1990, p.9의 도표 인용.

◆◆ 경국대전상의 의금부 직제

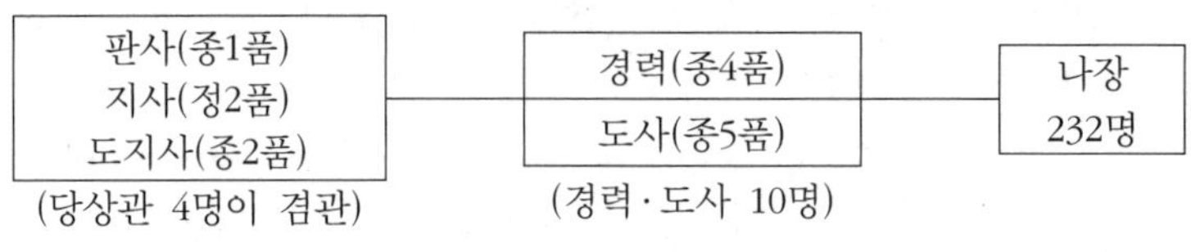

(4) 순군만호부(의금부)의 경찰사적 의미

고려 말의 순군만호부는 우리나라 고유의 제도는 아니지만 원(元)이 물러간 후에는 토착화되어 원시적이나마 근대적 전문경찰기관과 아주 유사한 조직체계를 갖추게 되었고, 후일 포도청이 창설되는 데 그 골격을 제공하는 기초가 되었다.

조선왕조 초기 순군만호부는 순군만호부 → 순위부 → 의용순금사 → 의금부로 개편되어 가는 과정을 거치면서 경찰상층부와 하부구조체계가 완전히 이루어져 막강한 인력을 가진 최고의 권력기관 중의 하나였다. 그 결과 권력과 밀착되어 조선을 건국하는 데 전위적(前衛的)역할을 수행하였다. 뿐만 아니라 국왕의 사적도구나 신하들에 대한 징계 기구로서 이용되는 등 무소불위의 권한과 업무범위로 인하여 조선후기의 포도청만큼이나 공포와 두려움의 대상이었다. 그 후 태종 8년에 의금부로 개편되고 단종 원년에 순찰사무는 군부(軍部)로 넘어가고, 포도금란의 업무는 타기관(사헌부·형조·병조·승정원 등)에 분산·이관됨으로써, 진갑(62년)을 1기(一期)로 소멸되고 말았다. 이때부터 포도청이 창설될 때까지 도적이 성행할 때는 임시로 포도부대(捕盜部隊)를 조직하여 운영하다가 평온해지면 없애고 하는 악순환을 겪게 되었다. 이것은 순군만호부 자체가 그 원인을 제공한 것으로, 독자적인 경찰기구 창설에 그만큼 타기관의 견제가 심하였다. 이런 이유 등으로 그 후 속대전 이하에 있는 포도청이 상설될 때까지 전문적 경찰관청은 정식관제에서는 찾아볼 수 없게 되었다.

5) 삼사(三司)

삼사는 언론을 담당한 사간원·사헌부·홍문관을 합해서 일컫는 말이고, 삼사 가운데 사간원과 사헌부를 양사(兩司) 또는 언론양사라고 하였다. 이들은 벼슬 등급이 높지 않았으나 학문과 덕망이 높은 사람이 주로 임명되었고(청요직), 특별한 일이 없는 한 나중에 판서나 정승 등 고위관직에 오를 수 있었다.

(1) 사간원(司諫院)

사간원은 임금의 잘못을 간(諫)하고 정책을 건의하는 정2품 아문(衙門)이다.[217] 사간원의 수장은 대사간이며, 정3품으로 삼사의 장관 중 가장 품계가 낮았다. 사간원과 사헌부의 두 기관의 관원을 대간(臺諫)이라고 불렀고, 양사 또는 언론양사라고 하였다. 삼사 중 사간원과 홍문관은 치안업무와는 직접적인 관련성이 없다.

(2) 사헌부(司憲府)

조선시대에 있어서의 형정관서(刑政官署)를 법사(法司)라고 하였는데 이는 금령(禁令)을 집행한다는 데서 연유한다. 조선시대의 형정관서로는 형조·사헌부·한성부·의금부·장례원 등을 가리키는데, 사법업무의 중요부분은 주로 형조·사헌부·한성부에서 행하여졌다. 따라서 이들을 보통 삼법사로 칭하였다.

① 기능

㉠ 사헌부는 국왕에 대한 간쟁·신하들에 대한 탄핵·당대의 정치·인사 문제 등에 대하여 언론을 담당하던 기관이었다. 그러나 성질상 사헌부의 주된 관장업무가 관료의 기강을 규찰하고 풍속을 바로잡는 업무를 수행했기 때문에, 이는 재판기관도 아니고 그렇다고 엄밀한 의미에서 형사검찰기관도 아니었다.[218] 따라서 사헌부는 오늘날의 감사원의 기능과 유사하나, 그 기능과 범위는 훨씬 더 방대하여 국회의원·언론인·검찰·경찰의 역할 등을 한 몸에 지니고 있었다.

㉡ 사헌부는 직수아문으로서 범법자를 구금·처벌하거나 속전의 징수도 관장했다. 그러나 조선후기로 갈수록 금주·금렵(수렵금지) 등 금제(禁制)조항이 확대되고, 삼법사(三法司)가 출금(出禁: 일제 단속)까지 참여하게 되면서, 단속상 혼돈과 비리 등 폐단이 심하였다.[219]

② 구성

㉠ 관원

㉮ 사헌부의 수장은 대사헌(종2품)이며, 그 밑으로·집의(종3품)·장령(정4품)·지평(정5품)·감찰(정6품) 등을 두었다.[220]

㉯ 감찰의 기능

사헌부의 감찰관원은 24명(정6품)으로 내외관(內外官)의 비위를 현장에 나가서 조사하는

---

217) 경국대전 권1 이전(吏典)경관진 사간원조

218) 서일교, 앞의 책, p.10.

219) 영조실록 권7 영조 1년 7월 신해조. 법사(法司)에서 일제단속을 할 때에 단속하는 관리(금리)가 한양에서 소란을 피우면서 함부로 속전을 징수하여 백성들이 견딜 수 없으니, 이러한 금리의 무리들을 엄중하게 처벌하여 도민(한양의 백성)의 폐단을 제거하라는 영조임금의 지시가 있었다.

220) 경국대전 권1 이전(吏典) 경관직 사헌부조.

감찰관 일에만 종사하였으나, 그 위세가 대단하여 노상에서 그를 만나면 대신(大臣)이라도 길을 피했을 정도였다. 감찰은 사헌부의 관원이기는 하지만 지평(정5품) 이상의 관원과는 직무성격이 완전히 구별되었고, 감찰방이라는 집무실이 따로 있었다.[221] 그러나 감찰은 막상 관리를 탄핵하거나 처벌을 주는 회의에는 참석하지 못하였다.

㉡ 아전

㉮ 동반아전(문관소속의 이속)

사헌부 소속의 문관이속으로는 검률(檢律)·서리(書吏)·장무서리·기별서리(寄別書吏)[222] 등이 있었다.

㉯ 서반아전(병조소속의 무반 아전)

사헌부에 소속된 무반아전에는 묵척(墨尺)[223] 16명·소유 61명·구종(驅從: 벼슬아치를 모시고 따라 다니던 하인) 8명·군사 16명·문서지기 2명 그리고 다모(茶母) 1명을 두었다. 다모의 경우에는 양반이나 관리들의 내정(內庭: 집안)에 들어가는 경우가 있기에, 사헌부의 업무 성격상 여자 수사관이 필요했기 때문인 것으로 풀이된다.

㉢ 지방의 감찰(분견어사)

사헌부에서는 백관을 규찰하기 위해 감찰을 지방에도 파견하였다. 그러나 후대로 내려오면서 분견어사라 하여 감찰 아닌 사람을 어사로 임명하게 되면서, 암행어사제도로 바뀌었다.

따라서 사헌부의 지방에 대한 규찰기능은 소멸되었고, 이에 따라 지방의 감찰기능은 약화되었다.

(3) 홍문관

홍문관은 궁중의 경서(經書)·사적(史籍)의 관리와 왕의 학문적·정치적 고문에 응하는 일을 관장하던 관서였다. 홍문관은 대제학(정2품)·제학(종2품)·부제학(정3품)·교리(정5품) 등을 두었다. 삼사 중에서 홍문관만은 직계아문(直啓衙門: 임금에게 직계할 수 있는 2품 이상의 아문)이 아닌 예조의 속아문이다. 실질적인 장은 정3품 부제학이며 그 위의 제학(종2품), 대제학(정2품)은 다른 관청의 관리가 겸직하며, 정1품 영사는 의정부의 의정(議政: 영의정·좌의정·우의정)이 겸직한다.

---

221) 경국대전 권3 예전 경외관회좌(京外官會座); 신증동국여지승람2경도(京都)하 사헌부조.

222) 승정원에서 발행하는 소식(조선시대에는 소식, 즉 기별지를 발행하던 기별청을 궁궐안에 두었다)을 각 관청의 기별서리들이 기별청에 와서 베껴서 가져갔다. 이들이 쓴 글씨체를 기별체라고 부르는데 베껴쓰기 위해 빠르게 흘려 썼기 때문에 보통 한문과는 달랐다. 지방의 경우는 기별문사라는 별도의 전령을 통해 며칠 분량을 한꺼번에 보냈다.

223) 제15대 광해 14년 6월에 남도감역관(南道監役官) 김진성이 소나무를 벌목한 사헌부 지평(정5품) 한종국의 종을 잡았는데, 어떤 사람이 사헌부의 묵척이라고 호칭하면서 체포된 한종국의 종을 빼앗아 가려고 한 사건이 있었다. 이로 보아 사헌부에는 묵척이라는 조례가 있었음을 알 수 있으나, 하는 일이 무엇인지는 정확히 진단할 수 없다(광해군일기 권178 광해군 14년 6월 갑신조).

(4) 삼사(三司: 사간원·사헌부·홍문관)의 기능

① 양사합계·삼사 합계

조선시대 삼사(三司)기관은 독자적으로 언론을 행하였지만, 중요정책에 관한 간쟁·논박은 사간원과 사헌부가 합의하여 양사합계(兩司合啓)하기도 하고, 때로는 홍문관과 합세한 세 기관이 함께 상소하기도 하였는데 이를 삼사합계라 한다.

② 합사복합

양사합계나 삼사합계에도 국왕이 따르지 않을 경우 삼사의 전관원이 대궐문 앞에 부복하여 국왕의 허락을 간청하는 합사복합을 하기도 했는데, 오늘날의 연좌데모와 같은 것이다.

6) 순청(巡廳)

순청은 궁궐에 도둑이 들지 못하게 하고 화재를 미리 막기 위해 야간순찰을 맡아보던 관아(관청)였다.[224] 순청은 조선초기부터 설치되어 세조 11년(1465)에 좌순청·우순청으로 편성·운영되어 오다가 고종 31년(1894) 갑오개혁 때 폐지되었다.

(1) 순청의 조직과 운영

순청의 관원으로는 순장·감군·순관(운령관)·이속(녹사·서리)·군사 등이 있었다.

① 순장(巡將)

㉠ 좌·우순청에 순장(巡將)을 각각 1명씩 두었는데, 순장은 순청의 지휘책임자였다. 순장은 병조가 중추부의 지사(知事)·동지사(同知事)·첨지사 이상을 왕에게 추천하여 임명하고, 부족하면 행직당상관(行職堂上官: 품계는 높고 직급은 낮은 당상관)을 왕에게 추천하여 임명하였다.

㉡ 병조 소속의 순장은 왕이 지정 임명하면 매일 신시(申時: 오후 4시)에 궁에 들어가 신고하고 대궐 안에서 패를 받고 다음날 반납하였다. 순장은 좌·우의 2개소에 아문(衙門: 관청 문)을 열고, 감군(監軍)의 보조를 받으면서 출직군사(出直軍士: 순찰을 담당하는 군사)를 영솔하고 순찰의 임무를 수행하였다.[225]

② 감군(監軍)

㉠ 순장 밑의 감군(監軍)은 순장과 함께 야간에 도성 내외의 순찰을 감독하는 것이 그 임무였다. 감군은 선전관·병조·(오위)도총부 당하관 가운데 왕의 재가를 받아 임명되었다.

㉡ 감군은 처음에는 패(牌)를 받지 않았으나, 제8대 예종 1년(1469)에 감군과 순장의 근무태만이 지적된 이후로, 대궐에 들어가 신고하고 감군패를 받았다. 패를 받거나 반납하는 절차

224) 한경식략권지2 궐외각사(闕外各司: 궁궐 이외에 설치된 각 사)좌순청조. "모두개국 초기에 처음 설치하고 밤에 순라도는 일을 맡았는데, 좌순청은 중부 정선방에 있고, 우순청은 중부 징청방(澄淸坊)에 있었다.

225) 세조실록 권38 세조 12년 1월 을축조.

는 순장과 동일하다.[226)]

③ 순관

순청에는 분대(分隊)를 단위로 한 "운(運)"[227)]을 지휘하는 자를 두었는데, 이들을 운령관 또는 순관(巡官)이라고 불렀다. 순관(운령관)은 상호군(上護軍)·대호군·호군으로 임명하고, 부족하면 별시위(別時衛)[228)] 6품 이상으로 임명하였다. 각 운령관이 받는 패는 순장이 한꺼번에 나누어 준다.

④ 이속

순청에는 녹사와 서리를 배치하여 순찰과 관련되는 서류를 처리하게 하였고, 서원(書員: 야간순찰팀) 6명과 군사 22명(좌·우청 각 11명)을 두었다.[229)]

(2) 순찰구역과 근무방법

① 순찰구역

좌청의 순찰구역은 종각에서 동쪽으로 혜화문·홍인문·광화문 등이고, 우청의 순찰구역은 종각에서 서쪽으로 숭례문·돈의문·창의문·숙정문 등이었다.[230)]

② 근무 방법

㉠ 조선시대는 2경 후부터 5경 전까지는 누구를 막론하고 통행이 금지되었다.

순장은 매일 신시(오후 4시)에 궁궐 내에서 패를 받고 좌·우 2개소로 나누어(좌·우 순장) 2경부터 5경까지 도성문의 자물쇠를 꼼꼼히 살펴보고, 여러 경수소(오늘날의 지구대나 파출소)[231)]를 두루 돌면서 실지로 근무하는지 여부를 확인하였다.

㉡ 감군은 2명으로 매일 신시에 궁궐 내에서 패를 받고 좌·우청으로 각 1명씩 배치되어 각 구역 내에서 5경까지 순찰하고, 사면(동·서·남·북)의 경수소에 가서 각문의 경첨[232)]을 수

---

226) 경국대전 권4 병전 행순조

227) "운"은 야간 순찰하는 당직군사를 임시적이고 비공식적으로 편성한 부대를 말한다.

228) 태종 1년(1401) 고려 말 이래 왕권보호를 수행한 성중애마(成衆愛馬)를 없애고 두었다. 처음에는 내금위(內禁衛)와 마찬가지로 왕 가까이에서 호위의 임무를 수행하던 금군(禁軍)의 성격을 띠었으며, 태종이 가장 신임한 병종(丙種)의 하나였다. 경국대전에 보면, 수는 그리 많지 않으나 갑사(甲士)보다는 오히려 우위에 두었다.

229) 육전조례 권지8 병전 순청조.

230) 만기요람 군정편 순라조.

231) 순라군들이 야간에 머물면서 순찰을 돌거나 도적을 지키는 곳으로 복처(伏處)라고도 한다(문종실록 권2 문종 1년 6월 을묘조). 경수소는 한성부 치안업무의 최말단 기관으로서(오늘날의 지구대나 파출소) 화재예방 및 도적방비를 겸하였다. 그 설치시기는 세종 이전인 것으로 보이며, 많은 경우는 도성 내외에 100여 개가 있었다(세종실록 권57 세종 14년 9월 계해조).

232) 야간 통행금지 시간에 도성 안의 여러 경수소에서 순찰원이 사용하던 증표이다. 비변사에서 이를 담당하였으며, 나무에 아무 경수소첨이라고 새겨 넣은 목패(木牌)이다. 특히 야간에 관원 혹은 백성에게 급병·

거하여 다음날 병조에 반납하고, 패(감군패)는 궁궐에 환납하였다.

(3) 순청의 야간통행금지 단속

① 대상

㉠ 순찰을 돌 때는 승정원에서 통행표신을 받고, 군호(軍號: 암호)는 병조에서 받아 그 관사(官司)의 아전과 사령을 거느리고 수시로 순찰한 후, 통행표신은 다음날 아침 승정원에 반납하였다.

㉡ 급한 공무·질병·사망·출생 등의 부득이한 일로 통행할 자는 스스로 순관이나 경수소에 신고하면, 순관이나 경수소가 사람을 시켜 경첨을 갖고 동행하여 목적지까지 데려다 주었다. 그리고 다음날 병조에 보고하여 그 사실을 확인하는 과정을 거쳤다.

② 위반자 처리

도성 내의 경우 순관 및 경수소는 사유 없이 통행하는 자를 체포하면, 차례로 이웃 경수소로 이관하여 순청에 가두었다. 즉 3품 이하는 곧바로 가두고, 당상관 및 사헌부·사간원 관원은 그 관원을 수행하는 종자를 가두었다.[233] 도성 밖에서는 경수소에 가두어 두었다가 새벽에 순장에게 보고하였다.

③ 야간통행금지의 예외

㉠ 야간통행금지가 일 년 내내 있었던 것은 아니었다. 순청에 통소기(通宵旗)를 세우면,

비록 표신(標信)이 없더라도 밤새도록 통행금지가 없었다. 통소기는 야간의 통행금지를 해제할 때 순청에 계양하는 깃발이다.

㉡ 명절이나 나라에 큰 경사가 있을 때, 임금이 거둥하거나 조하(朝賀: 조정에 나아가 임금에게 하례하는 일)하는 날 등은 임금이 야간통행금지를 해제하도록 삼군문·좌우순청·포도청에 패를 보내었다. 순청에는 통행표기(통소기)를 세우고, 이 날에는 밤이 새도록 야간통행을 금하지 않았다.[234]

(4) 순청 이속(무반직)의 월급

순청의 좌·우청에는 시유채(땔나무와 기름값으로 내어 주는 돈) 각 4량, 지채(종이값)가 각 2냥이었다. 한편 순청의 이속인 서원과 군사에게는 매월 금전 각 4량이 병조에서 지급되었다.

사망·출산 등이 있을 경우, 순관 혹은 경수소원(警守所員)이 이를 휴대하고 출행(出行)하였다.

233) 조회가 있는 경우 가장 나중에 나가는 이들은 사헌부와 사간원 관원들이었다.
예컨대, 사헌부에서 특별히 여는 야다시(밤에 차를 마시며 논의하는 자리)가 있으면, 이는 누군가 곧 잡혀 들어갈 것이라는 암시였다. 따라서 이들 양기관의 관원들에게는 야간통행에 대한 특혜가 부여되었다고 추정할 수 있다.

234) 경국대전 권4 병전 행순조.

7) 한성부(漢城府)

(1) 정2품 아문(관청)

한성부는 조선시대 서울특별시의 이름이며, 수도 한성지역을 관할하던 관청으로 6조와 같은 격의 정2품 아문(관청)이었다.[235] 사헌부·형조와 아울러 3법사(三法司)라고 칭한다.

(2) 한성부의 조직과 임무

① 한성부의 조직

㉠ 한성부의 장(長)인 판윤(判尹: 오늘날의 서울시장)은 경관직으로서 중앙의 6조판서와 같은 직급인 정2품이었다. 그러나 한성부 판윤은 다른 6조판서와는 달리 일반행정권은 물론이고 형조판서나 의금부판사에 버금가는 사법권을 가지고 있었다.[236] 판윤 밑에는 오늘날의 부시장과 같은 좌윤(종2품) 1인과 우윤(종2품) 1인을 두어 판윤을 보좌하게 하였다.

㉡ 낭청[237]

낭청에는 좌윤(종2품)과 우윤(종2품)을 두어, 6방의 업무를 분장·감독케 하였다.

㉮ 좌윤 밑에는 서윤(종4품)과 판관을 두었는데, 서윤은 이방 등 인사업무를 관장하였고, 판관은 시장·점포·호적 등을 관장하였다.

㉯ 우윤 밑에는 주부(종6품) 2명을 두었는데, 이들이 한성부 내 경찰업무를 주로 관장하였다. 주부 1명은 예방(산에 관한 소송·도성 내의 암매장 단속 등)과 병방(주간 순찰·통행금지와 해제를 알리는 좌경·금화 등)의 업무를 관장하였다. 또 1명의 주부는 형방(변사자 검시·폭력행위·채무불이행 등)과 공방(도로·차량 등 도로에 관한 업무 등)의 업무를 관장하였다.

② 한성부의 업무

한성부의 업무는 조직이나 기능면에서 중앙관서인 6조체제의 축소판처럼 운영되었으나, 다만 6조체제와는 달리 승정원과 같이 6방체제로 운영되었다. 한성부의 업무는 크게 행정업무와 사법업무를 나누어 볼 수 있다.

㉠ 행정경찰적 기능

서울의 호구·시장 및 점포와 가옥·교랑하천 등의 일반행정업무를 들 수 있고, 치안관련 업무로는 주간순찰·좌경·교통·금화 등의 일등을 관장하였다.

235) 경국대전 권1 이전(吏典) 경관직 정2품아문 한성부조.

236) 조신시대에 중앙관청이나 지방관청은 정도의 차이는 있지만, 일반행정뿐만 아니라 사법기능까지도 수행하였다. 따라서 이러한 점에서 오늘날의 행정관청과 뚜렷이 구별되는 차이점이라 볼 수 있다.

237) 낭청은 관서에 따라 정규직으로 직제화되기도 하고 겸직으로 충원되기도 하였다. 본래 낭관(郎官)과 같은 뜻으로 각 관서의 당하관을 지칭하였다. 그러나 명종 10년(1555) 비변사가 상설기구로 되어 12인의 낭청을 두면서부터 관직명의 하나로 쓰였는데, 한성부에도 낭청을 설치하고 서윤·판관·주부 등을 두고 6방을 관리케 하였다.

다만 금화(禁火)의 경우는 한성부가 주관하는 임무는 아니었고, 중앙에서 하달되는 업무를 집행하는 집행부서에 불과하였다.

◆◆ 한성부의 직제와 업무분장

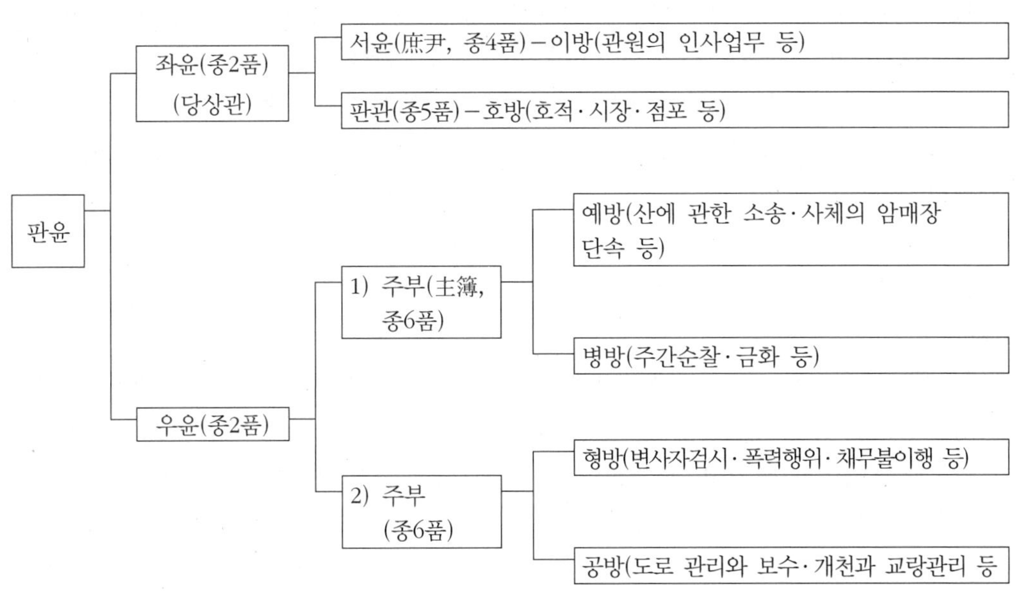

㉡ 사법적 기능

경미한 범죄처리·송사(소송업무)·형사사건·변사자 검시 등을 들 수 있다. 한성부에서 처음으로 형사사건을 처결하기 시작한 것은 태종 13년부터이다. 종래 형조에서 모두 관장하고 의율하던 죄수 중 중요사건은 형조에서 담당하고, 경미형사사건은 한성부에서 주관하게 되었다. 이때부터 범인을 구금심문할 때 칼을 씌우고 형장을 쓰게 되었다. 한성부의 사법(司法)업무는 송사(訟事)·옥사(獄事)·검시(檢屍)·쟁투(爭鬪: 다투고 싸움하는 것)·상해 등 형사사건, 그리고 서울의 질서유지를 위한 금제(禁制)의 단속 등이 주요 업무였다. 한성부의 사법(司法)업무는 주로 6방(房) 중 형방(刑房)이 담당하였으나, 산송(山訟: 묘소에 관련된 소송)은 예방(禮房)이 관장하였다.

㉮ 소송업무

한성부는 전택(田宅: 논밭과 집)을 관장하고,[238] 장례원은 노비를 관장하고, 형조는 전택·

238) 속대전형전(刑典)청리조(聽理條). 전택에 관한 소송에는 한성부가 1심에 한해서 전국적으로 관할권을 행

노비·법률 모두를 포괄하여 관장하였다. 따라서 한성부와 형조는 전택문제와 관련하여서는 그 업무가 중첩되고 있었다.

㉯ 민·형사사건

민·형사사건 중 서울에서 발생한 형사사건과 서울과 지방에서 올린 소송은 형조에 서 반드시 먼저 사안을 검토한 후, 사건을 해당관서에 배정하였다. 즉 형사사건 중 관원에 관한 것은 의금부로, 절도에 관한 것은 포도청으로, 전민(田民: 밭과 백성)에 관한 것은 한성부로 이송하였다. 그리고 그 이외의 사건은 형조에서 원고·피고 양편의 정상과 증거를 염격히 조사한 뒤, 율관(律官)으로 하여금 법을 적용시켜 처단하였다.[239] 따라서 소송 사건이나 형사범처벌문제 등에 대한 전체적인 조율은 형조가 관장하였다고 볼 수 있으나, 세부적으로는 사안에 따라 그 부서가 달랐다.

㉰ 검시

한성부의 업무 중 경찰과 관련된 업무 중의 하나가 변사자 검시(檢屍)였다. 검시는 한성부의 6방 중 형방이 관장하였다.

- 한성부(서울)에서 살인사건이 발생하면 한성부와 당해 각 부(部)관리가 초검실시 → 복검(두번째 검증)은 한성부 당하관(낭관)이 의관과 율관을 대동하고 시행한 후 형조에 보고 → 3검은 임금에게 보고 후 형조의 낭관을 보내어 검증하는 순서로 진행되었다.
- 지방의 경우, 지방의 검시를 한성부 낭관이 하라는 국왕의 재가가 나면 지방에 파견하여 검시케 한 후, 낭청에서 그 결과를 즉시 서면으로 보고하였다.
- 살인사건에 대한 옥사(재판)는 형조가 심리하고 재판을 담당하며, 한성부는 형조의 공문지시에 의하여 검시 후 보고하고 공동조사에 참여하는 데 그쳤다. 따라서 한성부는 살인사건과 관련된 사체검시 업무를 집행하는 관청에 불과하였다.

㉱ 금제단속

한성부의 가장 비중 있는 업무 중의 하나로 질서유지를 위한 금제(禁制)의 단속을 들 수 있는데, 이는 오늘날의 광의의 행정경찰개념에 해당된다.

- 금령(禁令)조항은 당시의 유교 윤리나 신분제도, 사회 분위기에 따라 사헌부나 6조 등의 관련 부서에서 수시로 건의하거나, 또는 국왕이 필요시에 전지로 금지조항을 하교하였다.
- 세종 11년 2월에 사헌부의 건의로 금령의 주문을 요약하여 광화문 밖과 도성의 각 문과 종루(鐘樓)등지에 41개의 금령조항을 내걸었고, 또 성종 3년 1월에는 중이 과부집에 출입하는 것을 금지하고, 상인들이 성 내에서 말을 타는 것을 금지하는 것 등 사치풍조에 대한 11개 금지조항을 하교하여 시행하기도 하였다.

사하였다. 따라서 지방에서는 수령을 불신하면 소장(訴狀)을 한성부에 낼 수 있었다.

239) 추관지 제1편 관제 형조조.

- 한성부와 관련된 금제조항은 주로 도성 안의 치안질서 유지와 관련된 일반적인 내용이었는데, 대표적인 예로 경성 10리 이내 묘소 조성이나 벌채금지·경성 10리 내 서민의 승마 금지·무속 및 승니에 관한 규제·가격조작과 도량형의 위조 등을 들 수 있다.
- 금령위반자에 대하여 한성부 단독 또는 병조·공조 등 여러 관련 부서와 합동하여 단속하기도 하였는데, 이러한 금법(禁法)을 단속하는 이예(吏隸: 구실아치와 하인배)들의 횡포와 부정비리 등이 극심하였다.

(3) 한성부의 말단 조직과 그 기능

① 부방제(部坊制)

조선시대에는 한성부를 비롯하여 개성·평양은 그 중요성 때문에, 지방의 면리제(面里制)와는 다른 부방제(部坊制)로 운영되었다. 한성부의 부방제는 태조 3년(1394)에 한양으로 천도한 뒤 2년만에 오부(동·서·남·북·중)로 나누고, 그 아래 방(坊)을[240] 정하면서 시작되었다. 이러한 방(坊)에는 관령을 두어 지방에서 이정(里正)[241]이 수행하는 것과 같은 역할을 부여하였다.

② 관령

㉠ 관령(管領)은 한성부·개성·평양의 각 부(部)에 소속된 각 방(坊)의 책임자였다. 성 내의 관령은 일반 장정의 동태와 호구수를 파악하고 도둑을 체포하는 것 등이 주요 임무였고, 성 밖의 관령은 풍속순화·권농의 장려·권선징악 등을 유도하는 임무를 수행하였다.

㉡ 한성부의 각 방(坊)에는 많은 현직 양반관리들이 거주하였기 때문에, 그들로부터의 위압을 방지하고자 조정에서는 이들 관령을 보호하였다. 따라서 비록 관령들이 잘못을 범한 것이 있더라도, 한성부와 소속 부(部) 외에는 일체 논죄하지 못하도록 하였다.

8) 기 타

조선시대에는 비직수아문(죄수를 구금할 수 없는 관청)이면서, 자기업무의 영역 안에서만 행정경찰권과 사법권을 행사하던 기관들이 상당수 있었다. 대표적인 것으로 암행어사·수성금화사·산림경찰·평시서 등을 들 수 있다.

(1) 암행어사

암행어사란 왕의 특명을 받고 지방군현에 비밀리에 파견되어 위장된 복장으로 암행을 했던 왕의 특명사신을 말한다. 암행어사는 조선시대에만 있었던 제도였는데, 조선시대 암행어사

---

240) 태조 5년(1396)에 5부 밑에 52방을 두었고, 제4대 세종 10년(1428)에는 49방이었다.

241) 조선시대에 지방행정조직의 최말단인 리(里)의 책임자를 말한다. 수령의 통제를 받는 면단위에 임명된 자의 아래 직위이며, 다섯 집을 통괄하는 통주(統主)보다 위의 직위였다.

제도를 가장 잘 활용한 국왕은 제22대 정조였다.[242)]

① 암행어사의 임명과 활동

조선시대의 암행어사는 은밀하게 파견되어 자기보다 품계가 두세 등급 높은 부사나 목사, 그리고 현령·현감의 비리를 들춰내어 죄가 심하면 봉고파직을 시키는 한편, 억울한 일을 당한 백성들의 원한을 풀어주고 효도와 정절을 권장하는 임무를 띠고 있었다. 암행어사가 각 도에 보내진 것은 제11대 중종 4년(1509)때였고,[243)] 제16대 인조 때부터 점차 제도화되어 조선 말 고종 때까지 유지되었다.

㉠ 암행어사의 선발과 임명

암행어사[244)]는 당상관 이상의 고위정치관료가 아니라 정3품 이하의 젊은 당하관 출신이었고, 이 원칙은 극히 예외적인 경우를 제외하고는 조선말까지 고수되었다. 이러한 원칙에 따라 암행어사가 선정되면 전국 360 군현(群縣) 중 죽통(대나무통)에서 암행시찰할 군현을 임의로 추첨을 하는데, 이를 추생(抽生)이라 하였다. 이때 뽑힌 군현(群縣)명은 암행어사에게 주는 봉서(封書)에 써두는 데, 암행어사 외에는 봉서를 절대로 개봉할 수가 없으며, 암행어사라도 사대문 밖을 벗어나기 전까지는 열어 볼 수 없었다.[245)]

㉡ 암행어사의 상징물

암행어사로 임명되면 봉서와 사목(事目)·마패·유척(鍮尺) 등을 수여받는데, 봉서에는 누구를 무슨 도의 암행어사로 삼는다는 신분표시와 임무의 내용이 적혀있었다.

㉮ 봉서·사목(事目)

봉서는 임명장임과 동시에 마패와 함께 암행어사 신분을 증명해 주는 또 하나의 증명서였다. 한편, 사목(事目)은 암행어사의 직무를 정한 규칙이다. 조선후기 제22대 정조 7년 10월에 비변사에서 여러 도(諸道)에 어사가 가지고 갈 제도어사 사목을 각 도에 부합하도록 구체화시

242) 정조18년(1794) 11년 16일에 경기 가읍에 정약용을 포함한 13명의 암행어사와 적간사관(摘奸史官: 호조에서 파견하는 정6품관) 5명을 파견하면서 “수령의 잘잘못을 규찰하고 백성들의 괴로움을 살피는 것이 어사의 직임이다…(중략)…백성들이 간절히 바라는 것은 오직 어사뿐이며, 관리들이 눈짓하며 두려워하는 것도 오직 어사일 뿐이다…보고 듣기에 전심하고 그 종적을 비밀스럽게 하는 데에는 무엇보다도 한 사람이 몇 고을을 넘지 않게 하는 것보다 좋은 방법이 없다…인(印)과 장부를 현장에서 잡은 경우가 아니면 혹시라도 경솔하게 먼저 창고를 봉하지 말라…”는 구절에서 어사를 파견하는 목적·감찰방법(암행)·감찰범위·직권남용 금지 등을 유시하고 있다.

243) 중종실록 권 중종 4년 11월 정묘조.

244) 조선시대 문관의 품계는 정1품에서 종9품까지로, 정3품 통정대부 이상은 당상관이며, 정3품 통훈대부 이하는 당하관이다. 당상관과 당하관은 관직 체제상 그 지위 등에 있어서 현격한 차이가 있었다. 예컨대, 왕의 명을 받은 봉명사신(奉命使臣)의 경우, 당상관은 사(使)라 하고, 당하관은 ‘어사(御史)’라고 하여 명칭상에도 엄격히 구분했다. 따라서 암행어사의 경우, 사(使)라고 호칭하지 않고 ‘어사’라고 부르는 이유도 여기에 있다.

245) 이성무, 앞의 책, p.232.

켜 만들었다.[246] 제도어사 사목은 행정·사법·재정·국방·인재기용·포폄(인사고과)·포상 등 암행어사가 정보를 수집하고 처리해야 할 국정 전반에 관련된 내용들이었다. 이러한 제도(諸道)어사 사목은 고종 29년(1892) 마지막 암행어사 이면상이 전라도 암행어사로 임명될 때까지 사용되었다.

㉯ 마패

마패는 역마와 역졸을 이용할 수 있는 증명서이자 권위의 상징이었다. 마패의 발급은 병조의 관할 아래에 있는 상서원에서 담당했으며, 왕의 허락을 받아 마패를 지급하는 것이 관례였다. 암행어사에게 급여된 마패의 종류는 3마패였다. 상등으로 1필, 하등으로 타는 말 1필, 짐싣는 말 1필이 사용 가능한 범위였다. 마패는 일반적으로 말 지급을 규정하는 의미가 있지만, 암행어사의 마패는 암행어사가 출도하여 자신의 신분을 증명할 때 필요한 것이었다. 특히 창고를 봉인하는 봉고(封庫)의 답인(踏印: 관인을 찍음)으로도 사용하였다. 따라서 암행어사의 마패는 그 직권의 표징이며, 인신(印信: 도장이나 관인 따위를 통틀어 이르는 말)이었다.[247]

㉰ 유척

유척(鍮尺)은 길이를 재는 자의 일종으로 암행어사는 마패와 함께 반드시 2개의 유척을 가지고 다녔다. 하나는 지방수령이 형벌 적용시 불법 형구를 사용하였는지, 또는 규정된 형구를 사용하였는지 그 여부를 조사할 때 사용하는 것이고, 다른 하나는 지방수령의 세금 징수를 과도하게 하였는지, 법에 규정된 도량형(度量: 길이를 재는 자와 양을 재는 되) 대로 세금 징수를 고르게 했는지 그 여부를 조사할 때 사용하기 위한 것이었다. 이처럼 암행어사는 2개의 유척을 가지고 다니면서 형벌이 남발되고 있는지, 세금 징수가 과하게 행해지고 있는 것은 아닌지를 살피는 것도 임무 중의 하나였다.

② 암행어사의 권한과 한계

암행어사는 미복(微服)으로 암행하면서 수행하는 서리들로 하여금 수령의 행적과 백성의 억울한 사정 등을 수집하게 하고, 필요한 경우에는 출도(出道)하여 그 신분을 밝혔다. 출도시에 시간적 제한은 없고, 어사가 원하는 시간에 출도할 수 있었다. 그 방법은 수령관부(수령이 머무는 관아)의 3문(門)까지 대동한 하리(下吏)나 역졸이 마패로 두드리면서 '어사출도'를 크게 외친다. 그러면 수령은 6방 이속을 대동하고 암행어사를 영입해야 할 의무가 있었다.

㉠ 암행어사의 권한

㉮ 봉고권

암행어사의 권한 중 가장 핵심은 봉고권과 파직권이었다. 암행어사는 문서와 창고를 점검하는데, 공물이나 세금 등의 장부와 결송문서, 그리고 창고에 있는 곡물을 일일이 대조하면서

246) 정조실록 권16 정조 7년 10월 정해조.
247) 이성무, 「조선의 부정부패 어떻게 막았을까」, 서울: 청아출판사, 2000, pp.248-249.

점검한다. 불법문서 등 비위와 탐오(貪汚: 욕심이 많고 하는 짓이 더러움) 등 수령의 잘못이 밝혀지면, 그 죄질에 따라 인신(印信)을 압수하고 즉시 봉고(封庫)파직[248]하여 직무집행을 정지시킨다. 이때 큰 종이에 '봉고'라는 두 글자를 쓰고 마패로 답인(관인을 찍음)하여 창고 문에 붙이는데, 군관이 이를 지키고 어사의 허락 없이는 아무도 접근을 못하였다. 그 다음 암행어사는 감옥에 갇힌 죄수의 점검 및 형구(刑具: 형벌을 가하거나 고문을 하는 데에 쓰이는 여러 가지 기구)를 규정에 따라 준수했는지 조사하고, 형옥을 심리하여 백성들의 억울함을 풀어주었다.

㉯ 파직권

암행어사의 권한 중 가장 막강한 권한은 파직권이였다. 파직권은 직단권의 일종이다.[249] 직단권은 원래 사헌부가 갖고 있었으나, 암행어사에게 직단권이 주어진 것은 제11대 중종 19년부터이다. 그러나 이 어사의 직단권에 대하여 특히 3공(三公: 영의정·좌의정·우의정)이 강하게 반발하자, 중종 34년(1539) 10월에 절충안으로 수령의 탐오와 불법은 먼저 파직한 후 추고(推考: 벼슬아치의 죄과를 추문하여 고찰함)할 수 있고, 불법 외의 사건은 추고한 후에 파직하도록 하였다.

㉰ 파직의 4단계

암행어사라도 수령의 파직은 독자적으로 결정할 수 없고, 수령을 파직시키기 위해서는 불법문서를 적발해서 왕이 보도록 하고, 그에 대한 비리를 증명할 수 있는 물적 증거(불법 문서)를 제시해야 했다. 불법문서 확보는 수령파직의 전제조건이었다. 암행어사의 파직권(직단권)은 불법문서의 적발 → 봉고 → 서계(암행어사가 봉서 또는 사목에 적시된 내용에 대하여 왕에게 올리는 조사 보고서를 말함) → 파직이라는 4단계를 거쳐야 했다.[250]

㉡ 암행어사 권한의 한계

암행어사는 임기가 끝나면 서계(書啓)에 수령의 행적에 대해서 상세히 기록하고, 별단(別單)에 자신이 보고 들은 민정과 효자·열녀 등의 미담을 적어 국왕에게 바쳐 지방행정의 개선을 촉구하였다.

그러나 한편 암행어사는 아래와 같이 여러 가지 제약을 받았다.

㉮ 암행어사는 봉서 또는 사목에 의한 제약을 받았다. 즉 봉서와 사목에 명기(名記)되어 있는 내용 이외에는 규찰을 하지 못하였으며, 다만 봉서와 사목에 들어있는 사안만을 전부 조사함으로써 그 임무를 마치었다.

㉯ 원칙적으로 암행어사는 추생지역, 즉 지정된 감찰지역 이외에는 규찰 권한이 없었다. 이러한 원칙은 조선시대 전 시기를 걸쳐 시종일관 강조되었다.[251] 그렇다고 해서 이 원칙이

248) 지방수령을 파면하고 관가의 창고를 봉하여 잠그는 것을 말한다.
249) 직단권이라 함은 왕의 봉명을 받은 사신들이 지방관들을 직접 처단할 수 있는 권한을 말한다.
250) 이성무, 앞의 책, p.271.
251) 인조실록 권34 인조 7년 3월 을해조. 제16대 인조 7년 3월 19일에 하교하기를 "당초 어사를 보낼 때에 읍명(邑名)을 제비 뽑으라고 했던 것은 사실 뜻이 있어서 한 일이었는데, 내 뜻을 이해 못하고서 다른 고을 수령들의 현부(賢否: 옳고 그름)까지도 서계(書啓: 보고)하고 있다. 그 많은 수령들을 가벼이 바꾸기

고수된 것은 아니었고, 예외적인 경우도 간혹 있었다.[252]

㉰ 불법 문서가 발견됐다 하더라도 관가 수령의 관인이 찍힌 문적이 없는 것은 봉고(封庫) 조건이 못되었다. 따라서 아전들이 갖다 바친 문서라도 수령의 인신(印信)이 있어야 하고, 암행어사 출도 전에 이미 작성된 문서라야 인정받을 수 있도록 그 한계를 규정하고 있다.

㉱ 암행어사 출도는 해당되는 감찰 주현(州縣)의 읍소재지나 수령관부 소재지에 한정되며, 지정된 감찰지역 이외의 읍에서의 출도는 금지되어 있었다.

㉢ 대표적 암행어사

암행어사는 이런 제약 등에도 불구하고 암행어사로 선발되는 것은 대단한 가문의 영광이었고, 조선시대 저명한 중앙관료 중에는 암행어사 출신들이 상당수 있었다. 그중 대표적인 인물로 조광조·퇴계 이황·박문수·정약용 등을 들 수 있다.

(2) 수성금화사(修城禁火司)

① 화재방지 담당관청

조선시대 금화(禁火), 즉 화재 예방은 포도(捕盜)와 더불어 주요한 기능 중의 하나로서, 광의의 행정경찰 업무에 속한다. 제4대 세종 때에 한성부 내에 대형 실화와 방화사건이 연이어 발생하기 시작하자,[253] 세종 8년(1462) 2월 26일에 우리나라 최초로 소방관서의 효시가 되는 금화도감(禁火都監)을 설치하였다. 그 후 제9대 성종 12년(1481) 3월에 화재가 자주 일어나고 도둑질을 위한 방화가 많아지자, 수성금화사(修城禁火司)로 격상되어 경국대전에 법제화되었다.[254]

② 임무

㉠ 수성금화사는 정사품아문(正四品衙門)[255]으로, 궁성과 도성(都城)의 수리, 궁궐·관아의 건물, 관할구역 내의 민가의 화재방지 등의 주임무였다. 수성금화사에는 상설소방대원인 멸화군(滅火軍: 불을 진압하는 군사) 50인을 두어 24시간을 대기시켰는데, 화재가 발생하면 금화사(禁火司: 수성금화사의 약칭)관원의 인솔하에 출동하여 소화 작업을 하였다.

는 어려울 듯하니, 제비 뽑힌 곳 이외의 수령들의 현부에 대하여는 거론하지 말라"

252) 제21대 영조 때 우의정 조현명은 수령의 비리가 적발된 이상 감찰대상 지역이 아니더라도 봉고파직해야 한다고 제안하여, 왕의 허락을 받아내기도 하였다.

253) 세종실록 권 31 세종 8년 2월 기묘조, 세종 8년 2월 15일에 한성부에 큰 불이 나 경시서(輕市署)및 북쪽의 해랑 106칸·중부(中部)의 인가 1630호(戶)·남부의 350호·동부의 190호가 연소되었다. 인명 피해는 남자 9명, 여자가 23명이었는데, 어린아이와 늙고 병든 사람으로서 타 죽어 재로 화해 버린 사람은 그 수에 포함되지 않을 정도로 대형화재가 발생하였다.

254) 경국대전 권1 이전(吏典) 경관직(京官職) 수성금화사조.

255) 수성금화사의 실질적인 장은 정4품 제검이며, 그 위의 도제조(종1품), 제조(정2품)는 다른 관청의 관리가 겸직하였다.

㉡ 수성금화사는 조선전기까지 설치·운영되어 오다가 속대전상에서 혁파된 관청이지만, 우리나라 최초의 소방경찰관청이라는 점에서 역사적 의미가 있다.

㉢ 수성금화사가 폐지된 이후에 금화업무는 주간에 한성부, 야간은 순청에서 맡았고, 수성(修城)업무는 병조로 이관되었다.

(3) 사산참군(四山參軍)

① 산림경찰

㉠ 사산참군은 오늘날로 치면 산림경찰로서 광의의 행정경찰업무에 속한다. 사산참군은[256] 서울의 도성(都城)이 연결된 도성의 내외산(內外山)을 동·서·남·북의 4산(四山)으로 나누어 각 1인이 담당하면서 성첩(城堞: 성과 성위에 쌓은 작은 담)·소나무벌채단속과 보호 등의 일을 맡아보던 무관직 관리였다.

㉡ 조선초기에는 북악산·인왕산·목멱산·타락산 등 4개의 산을 관리하기 위해 사산감역관(四山監役官) 4인을 두어 분장·관리케 하였는데, 제21대 영조 30년(1754)에 사산참군으로 개칭하였다.

(4) 평시서(平市署)

① 평시서는 조선시대의 시전(市廛)과 도량형기(度量衡器)[257]의 단속, 그리고 물건의 가격의 폭등과 폭락을 막는 등의 일을 맡아보던 관청이었다. 오늘날로 치면 수사과의 경제관련 조사 업무 중의 일부분을 처리하는 사법경찰관청이라고 볼 수 있다.

② 시전은 모두 평시서에 소속되어 각 등급에 맞추어 10푼에서 1푼까지 세금을 냈다. 이런 이유로 각 아문(衙門)·군문(軍門)·궁방(宮房) 등에서도 평시서에 공문을 보내지 않고서는, 시장상인을 잡아다 조사하는 것을 엄금하였다.

③ 평시서는 조선전기와는 달리 조선후기로 들어서면서 금난전권(禁亂廛權)[258]이 강화된 후에는 평시서가 각 시전에서 팔 물건의 종류를 정하고, 각 시전의 전매권을 보호해 주는 역할까지 담당하였다.

④ 그 후 제22대 정조 15년 1월 25일에 저자거리의 백성들에게 육전[259] 이외에서도 매매할 수 있도록 난전이 용인되면서,[260] 점차 평시서는 그 기능을 잃게 되었다. 그 결과 제23대

256) 사산참군은 성저(城底) 10리 지역과 깊은 상관성이 있다. 태조 초기부터 성 밖 10리까지의 지역에는 벌채나 죽은 사람을 매장시키는 것을 금지시켰다.
257) 시전에서 쓰는 자(尺)·말(斗)·저울 등의 기구를 말한다.
258) 금난전권은 조선후기에 난전(나라에서 허가한 시전 상인이외의 상인이 하던 불법적인 가게, 즉 허가 없이 길에 함부로 벌여 놓은 가게)을 규제할 수 있도록 나라로부터 부여받은 시전의 특권을 말한다.
259) 육전은 입전·면포전·면주전·포전·저전·지전이다.
260) 정조실록 권 32 정조 15년 1월 경자조.

순조 때에는 포도청에서 단속을 해야 물가가 안정되는 지경에까지 이르렀다. 평시서는 갑오개혁(고종 31년) 때 폐지되었다.

2. 지방의 경찰기관

조선왕조의 지방행정조직은 전국을 8도로 나누어 각각 관찰사를 두고 그 관할하에 수령(守令)으로서 부윤(府尹)[261]·대도호부사(大都護府使)·목사(牧使)·도호부사(都護府使)·군수(郡守)·현령·현감을 두었다. 이들은 외관직(外官職)으로서 지방행정기관의 장(長)이자, 바로 지방경찰기관이기도 하였다. 관찰사와 지방수령은 지방의 전권(全權)을 장악·행사하였고, 특히 '산천초목도 떤다', '추상(秋霜: 가을의 찬 서리) 같은 호령(號令)'이라는 표현들은 그들의 강력한 경찰권 행사에서 유래되었다고 볼 수 있다.

1) 관찰사(觀察使)

고려시대는 지방을 5도(道) 양계(兩界)로 하는 2원적 행정조직이었으나, 조선시대는 전국을 8도로 구분하는 1원적 행정체계를 갖추고 있었다. 전국 8도에는 경관직이 아닌 외관직 종2품 벼슬인 관찰사를 각각 1인씩 두었다. 오늘날의 도지사에 해당한다. 관찰사는 흔히 감사(監司)라고 불리며 또는 방백(方伯)·도백(道白) 등으로 일컬어지기도 한다. 그리고 관찰사가 행정업무를 보는 관청을 감영(監營)[262]이라고 하며, 관찰사의 사무집행방법은 중앙관제의 축소판이라 할 수 있었다.

(1) 관찰사의 지위 및 임기

① 행정장관·군사지휘관·사법재판관

관찰사는 도(道)의 행정·경찰·사법·군사의 전반을 통할하고, 관할 구역 내의 여러 수령을 지휘 감독하는 등 지방행정상 절대적 권력을 가졌다. 이러한 막강한 권한 때문에 관찰사는 보좌관인 수령관(首令: 경력·도사·판관)[263]과 더불어 경관(京官)으로 겸임시키고, 문신(文臣)으

261) 부사는 조선시대 동반(東班: 양반) 종이품 외관직으로 지방관청인 부(府)의 우두머리이다. 관찰사와 동격이나, 관찰사의 지휘·감독을 받았다. 경상도 경주부(慶州府)·전라도 전주부·함경도 영흥부·평안도 평안부와 의주부에 두었다. 전주·평양·함흥 부윤은 관찰사가 겸했고, 광주·경주·의주는 전임부윤이 파견되었다. 특히 유념해야 될 것은 이 밖에 한성부·수원부·광주부(廣州府)·개성부·강화부의 장(長)은 부윤(府尹)이라 하지 않고, 판윤(判尹), 또는 유수(留守)라 하였으며, 외관직이 아닌 경관직이었다는 점에 주목하여야 한다(경국대전 권1 이전 경관직). 대한민국 건국 뒤에는 부윤을 시장이라 부르고 있고, 현재는 특별시장, 광역시장 등으로 구분하고 있다.

262) 전국 관찰사가 행정업무를 보던 관아로는 경기관찰사의 경우 서울 또는 수원에, 충청관찰사는 충주 또는 공주에, 경상관찰사는 경주·상주·성주·달성(대구)·안동에, 전라관찰사는 전주에, 함경관찰사는 함흥·영흥에, 평안관찰사는 평양에, 황해관찰사는 해주에, 강원관찰사는 원주에 각각 그 감영을 두었다.

로만 교차하게 하였다.

② 임기

㉠ 조선초기에는 가족을 대동하는 것은 임기가 긴 평안도와 영길도의 관찰사뿐이었는데, 이는 부정과 정실의 소지를 막기 위한 조치였다. 그러나 감영이 생기고 가족을 대동하게 되면서 고정된 행정사무관으로 변했다.

㉡ 관찰사는 출신지에 임명되지 못하였고 그 임기도 초기에는 1년으로 제한하였다.[264] 그 후 경기도를 제외하고는 2년으로 연장하였고,[265] 조선후기에 발간된 대전통편에서는 경기도 관찰사의 임기도 2년을 한도로 규정하였다.[266]

(2) 관찰사의 권한

관찰사는 한 도(道)를 전제(專制: 국가의 권력을 개인이 장악하고 그 개인의 의사에 따라 모든 일을 처리하는 것)하는 독자적인 권한과 지위가 보장되었다. 제도적으로 보장된 관찰사의 권한은 크게 탄핵권·직계권(直啓權)·천거권·직단권 등으로 세분해 볼 수 있다.

① 탄핵권

㉠ 관찰사는 비록 업무 중 착오가 있더라도 중앙의 6조(六曹)에서 시비를 마음대로 논의하지 못하였다.

㉡ 내헌(內憲)인 사헌부가 공사(公私)에 있어 소문만 듣고도 모두 탄핵할 수 있는 것과 같이, 외헌(外憲)[267]의 역할을 담당하는 관찰사도 풍문에 근거하여 외관(外官)을 탄핵할 수 있었다.

② 직계권

㉠ 관찰사에게는 직계권(直啓權)[268]이 인정되었다. 조선시대에 임금에게 직계할 수 있는 경우는 2품 이상의 아문(衙門)·승정원·장례원·종부시(宗溥寺) 등이 있었고, 지방의 경우에는

---

263) 조선 초에 관찰사의 보좌관으로는 수령관으로 통칭되고 있는 경력(經歷)·도사(都事)·판관(判官) 등이 있었다. 경력(4품 이상)과 도사(5품 이하)는 세칭 아사(亞使)라고도 했으며, 그들은 감사를 보좌하고 문부(文簿: 문서와 장부)를 처리하였다(문종실록 권2 즉위년 7월 을미조). 경력의 경우 세조 12년(1466)에 혁파되고 도사 1인만이 남게 되었다.

264) 경국대전 권1 이전(吏典) 외관직조.

265) 속대전(續大典) 이전 외관직조.

266) 서울대학교 규장각, 대전통편 상권지1 이전 외관직조, 서울: 경인인쇄공업협동조합, 1988, p.122.

267) 관찰사는 자기 관할하의 수령을 규찰하고, 출척(出陟: 못된 사람을 내쫓고 착한 사람을 올리어 쓰는 것)할 수 있는 기능이 마치 사헌부와 같아서, 대사헌과 관찰사를 다같이 풍헌관이라고 하였다. 따라서 대사헌과 같은 종2품 벼슬인 관찰사를 '외헌(外軒)'이라고 불렀다.

268) 직계권이란 임금에게 계주(啓奏: 신하가 글로 임금에게 아뢰던 일)할 때, 중간에 상급관아를 경유하는 절차를 밟지 않고 문서로 직접 아뢰는 것을 말한다.

중앙에서 나가 있는 관찰사와 절제사, 제장(諸將: 오위장 및 겸사복장·내금위장을 가리킴) 등으로 제한되어 있었다. 다만 다른 관사(官司)에서도 긴급한 사안이 있을 때에는 제조(提調)를 통해 직계할 수 있었다. 따라서 이러한 경우를 제외하고는 대체로 상급기관을 거쳐야 했다.

㉡ 관찰사는 직계권을 가지고 중앙부서를 거치지 않고 국왕에게 직접 계를 올릴 수 있었고, 또 국왕의 명령이 직접 관찰사에게 하달되면 관찰사가 각급 수령에게 하달하였다. 그러나 관찰사 이외의 수령은 직계권이 없기 때문에, 관찰사를 통하여 장계(狀啓)[269]가 상달(上達)되었다.

③ 천거권

관찰사는 수령이나 만호(萬戶)[270]가 될 만한 자격이 있는 자를 추천할 수 있는 천거권(薦擧權)이 있었다.

㉠ 조선전기에는 추천된 자가 장오패상인(贓汚敗常人: 뇌물수수 등의 죄를 범한 자)[271]의 죄를 범하면 천거한 장본인도 함께 그 죄에 연좌시켰다.

㉡ 조선후기로 들어서면서부터 각 고을에서는 어떤 인물이 수령에 적합하다고 보증 추천을 하면, 그 사람의 성명을 초록하여 천망(薦望: 벼슬아치를 윗자리에 천거하는 일)할 수 있었다. 그러나 추천된 자가 명성과 실제가 부합되지 않거나 연령을 거짓으로 기록한 경우에는 보증 추천한 고을의 사람은 인재를 잘못 추천한 죄로서 논죄하고, 그 도(道)의 관찰사와 그 고을의 수령을 파면시켰다.[272]

(3) 관찰사의 기능

① 행정적 기능

관찰사의 행정적 기능으로는 규찰권·포폄권(褒貶權)·순력(巡歷) 등을 들 수 있다.

㉠ 수령규찰권(守令糾察權)

수령을 규찰(糾察: 어떠한 일을 조사하여 살피는 것)하는 권한은 관찰사 고유의 기능이다.

㉮ 조선왕조의 경우 풍속에 대한 규찰과 기강을 바로잡는 임무를 가진 기관은 중앙에서는 사헌부, 지방에서는 감사가 그 임무를 담당하였다.[273] 사헌부는 관찰사와 수령을 직접 규찰할

---

269) 장계는 지방에 나가 있는 신하가 자기 관할 내의 중요한 일을 왕에게 보고 하는 일을 말한다.

270) 조선시대 각 도(道)의 진(鎭)에 딸린 종4품 무관직이다. 원래는 몽골의 병제(兵制)를 모방한 고려의 군직(軍職)이었다. 조선전기에는 만호·부만호·천호·백호 등의 관직을 두었으나 점차 정리되고, 동첨절제사·만호·절제도위 등이 진(鎭)을 관할하게 되었다. 대개 병마동첨절제사(兵馬同僉節制使)와 절제도위는 지방수령이 겸직했으나, 만호(萬戶)만은 무장(武將)을 따로 파견하여 일선을 지키는 전담 무장이 되었다. 임기는 부임지에 가족을 데리고 가지 않을 때 900일이며, 대개 무예를 시험해 임명하였다.

271) 관아의 재산이나 백성의 재물을 부정하게 차지한 죄 따위로 처벌받은 벼슬아치로, 그 이름을 죄인 명부에 적어 두었다.

272) 제17대 효종 원년 7월 1일에 평안감사 심지원·북병사(北瓶使) 신경호·병조참판 김남중 등이 파직되었다. 그 이유는 이들이 천거한 사람이 모두 불법행위를 하다가 죄를 받았기 때문에, 수령천거법(守令薦擧法)에 따라 모두 연좌되었기 때문이다.

수 있는 데 반하여,[274] 관찰사는 외관직 외에 경관직을 규찰하거나 탄핵할 수는 없었다. 따라서 관찰사의 규찰권은 외관직으로 제한되었다.

㉯ 관찰사의 규찰대상은 수령 이외에도 각 도에 파견된 외관(도사·판관·찰방·교수·역승 등)은 모두 관찰사의 규찰 대상이었다.

㉡ 포폄권

관찰사(감사)가 수령을 규찰하는 데는 포폄(褒貶)[275]과 고과(考課)의 권한이 상당한 비중을 차지하였는데, 이러한 권한은 지방 수령의 승진·전출·파직에 직접 영향을 미쳤다.

㉮ 관찰사가 포폄한 자료는 국왕이 열람한 후에 승정원을 통하여 이조(吏曹)에 보내지고, 이조에서는 이를 장적(帳籍)에 적어두고 참고할 근거로 삼았다.[276]

㉯ 지방수령 등 외관에 대한 관찰사의 성적·평가보고는 외관의 포폄에 대한 절대적인 기준이 되었다.

㉢ 순력(巡歷)

㉮ 관찰사는 감영에서 보좌관(도사·판관 등)과 행정실무담당자의 보조를 받으면서 일반 행정, 즉 권농(농사권장)·시취(試取: 시험을 보아 인재를 뽑음) 등의 직무를 행하였다.

㉯ 순력은 관찰사의 중요한 업무 중의 하나였다. 관찰사는 끊임없이 도내를 순력(巡歷: 각처를 돌아다님)하면서, 현지에서의 공무처리 및 소장(訴狀)을 처결하고 지방수령이 7가지 일을 충실히 수행하고 있는가를 규찰하였다.

② 사법적 기능

관찰사가 외관이나 지방민에게 두려움의 대상이 되는 것은 사법상(司法上)의 권한이었다. 관찰사의 사법상의 권한은 도내에서 발생하는 행정·형사·민사에 이르기까지 광범위하고도 포괄적인 것이었다. 형사사건의 경우에는 유형(流刑) 이하를 직단(直斷)하는 권한이 있었으며, 민사사건의 경우에는 수령의 판결에 이의가 있으면, 다시 심의하는 권한도 가지고 있었다.

---

273) 태종 13년 6월 11일 사간원의 상소 중에 "안(중앙)에서는 (사)헌부가, 밖(지방)에서는 감사(監司)가 풍속을 바로잡는 것이 임무입니다"라는 구절에서 양 기관에게 규찰권이 있음을 알 수 있다(태종실록 권25 태종 13년 6월 무오조).

274) 세조 8년 4월 16일에 감사·수령 등이 법을 어겨 폐단을 일으킬 것을 염려하여, 예문 대제학 안관후 등을 분대(分臺: 사헌부의 대사헌 이하의 지평까지의 벼슬인 대관을 지방의 각 관아에 나누어 검찰하는 일)로 임명하여 팔도로 보내었다(세조실록 권28 세조 8년 4월 신사조). 이로 보아 사헌부의 규찰권은 감사(관찰사)에게도 미쳤음을 알 수 있다.

275) 포폄이라 함은 파직·평서(平敍: 임기가 끝나 벼슬길이 갈릴 때에 등급이 오르지 않고 같은 등급의 다른 벼슬에 머무르던 일)·좌천·승진·포상과 처벌 등을 행할 때, 근무성적을 평가하여 결정하던 일을 말한다.

276) 무릇 죄를 범한 자와 하등급의 성적을 받은 자는 장적에 적어 두고 (인사)고과에 반영하였다(경국대전 이전 고과조).

㉠ 직단권(直斷權)

㉮ 월부(鉞斧)

관찰사는 모든 외관(外官)의 상급기관이었다. 따라서 도내의 모든 경찰·군사·민사문제 그리고 형사일부를 지휘·통제했고, 이러한 제반업무를 처리하기 위하여 상당한 정도의 직단권(直斷權)이 주어졌다. 관찰사는 교서와 월부(鉞斧: 의장용으로 사용하는 일종인 도끼임)를 국왕이 하사함으로써 임명되었는데, 그 가운데 특히 월부는 관찰사가 3품 이하 지방관들을 직접 처벌할 수 있다는 권한을 부여하는 것이었다. 조선시대 관찰사에게 직단권을 주기 시작한 것은 제9대 성종대부터였다.

㉯ 직단권의 범위

형조·한성부·관찰사는 유형 이하를 직접 처단할 수 있었다.[277] 유형(流刑) 이하를 직단(直斷)할 수 있다는 것은 태형(笞刑)·장형(杖刑)·도형(徒刑)·유형(流刑)을 판결하여 집행한다는 것을 의미한다.[278] 그러나 태형 이하는 관찰사가 아닌 수령이 직접 처단하기 때문에, 실제로는 장형·도형·유형을 관장하였다.

㉰ 직단권의 예외

관찰사는 직단권이 있다고 해서 모든 것을 단독으로 처리할 수는 없었다. 2품 이상은 추문(推問)을 마치고 왕의 윤허를 받아야 하고, 3품 이하의 경우는 비록 공신이나 의친(議親: 왕의 일정한 범위의 친척)이라도 조율(照律: 법규를 구체적인 사건에 적용하는 것)하여 왕에게 아뢰도록 하였다. 또 문(文)·무(武)관원의 유음자손(有陰子孫: 조상의 공덕으로 관인이 될 수 있는 자격을 부여받은 자손)·생원(生員: 소과 생원시의 합격자)·진사(進仕: 소과 진사시의 합격자) 등은 10악(惡)·간음·도둑질·살인·왕법수장(枉法受贓: 법을 악용하여 뇌물을 받는 것)의 죄 등을 범한 경우 이외의 태형과 장형에 해당하는 죄는 모두 속전(贖錢)을 받도록 하였다.

㉡ 사법행정(司法行政)의 지휘·감독권

관찰사는 지방의 옥수(獄囚: 옥에 갇혀 있는 죄수)·수형자(受刑者: 형이 확정되어 정배된 자)·방송(放送: 죄인을 감옥에서 풀어주는 것) 등 주로 사법(司法)행정의 업무를 수행하였다.

㉮ 관찰사는 옥에 갇혀 있는 죄수의 관리에 대한 총괄적인 지휘·감독을 하였다. 지방에는 관찰사(감사)의 주재지(駐在地: 파견되어 머무르는 곳)에 도옥(道獄) 또는 부옥(府獄)이 있었고, 군현에도 옥(獄)이 있었다. 그리고 이러한 지방의 옥(獄)에 갇힌 죄수에 대해서는 관찰사가 검찰(檢察)하도록 되어 있었다.[279]

---

277) 경국대전 형전 추단조.

278) "관찰사는 유형 이하를 직접 처단하며, 그 외의 각 관아(官衙)는 태형 이하를 직접 처단한다"고 경국대전에 규정하고 있다. 따라서 지방 수령에게는 태형 이하의 직단권이 부여되고 있음을 알 수 있다(경국대전 권5 형전 추단조).

279) 관찰사는 옥사(獄舍)의 관리상황과 죄인의 치사(致死)·질병·구료(求療: 병자를 구원하여 치료해 주는 것)·학대·고신(拷訊: 고문) 등 일련의 상황을 점검·지시하고 허가하는 직무를 수행하였다.

㉯ 미결수가 옥중에서 사망하면 해당 수령은 인접한 고을(읍)에 공문을 보내어 검시(檢屍) 요청을 하여야 하고, 진상조사가 끝난 후에야 매장을 허락하였다. 이때 관찰사는 치사의 근본 원인·구제치료의 상황 등을 왕에게 보고하도록 되어 있었고, 비록 감금된 사람이 아닐지라도 고문 후에 사망한 자도 왕에게 보고해야 했다.

㉰ 관찰사는 범법자가 유형이나 도형의 판결을 받고 관할 내의 각 지역에 정배(定配: 배소를 정하여 죄인을 유배시킴)되는 경우, 지방수령으로부터 자기의 고을에 정배된 죄인의 관련 기록을 보고받고 그 달에 도착한 정배죄인을 수합하여 왕에게 보고하였다. 관찰사는 도내에 정배(定配)된 죄인의 수형(受刑)을 거부할 수는 없었으나, 한 고을에 정배죄인이 10인 이상이 될 때는 배소지(配所地)를 변경할 수 있는 재량권이 있었다.[280]

㉱ 관찰사가 방송(放送: 죄인을 감옥에서 풀어주는 것)할 수 있는 경우는 크게 지방수령이 서면으로 상관에게 보고하는 경우·사령(赦令: 사면)에 의한 경우·형기가 만료되는 경우 등이었다. 죄인을 석방하는 권한은 국왕과 관찰사에게 있었으나, 국왕의 경우는 어떠한 제약도 없이 이루어졌다.[281] 반면, 관찰사의 경우는 일정한 절차와 규정에 의해 엄격하게 시행되었다.[282]

③ 군사적 기능

관찰사는 이외에도 군사지휘권을 행사하는 군사적 기능도 수행하였다. 즉 관찰사는 각 도의 병마절도사(병사)와 수군절도사를 겸임하는 경우가 많았다. 그러나 별도로 병마절도사와 수군절도사가 파견되는 경우에는 관찰사의 우위를 제도적으로 보장하였고, 이들에게는 병부(兵符)[283] 발하는 권한을 주어 지방군 통수권자로서 직무를 수행하게 하였다.

2) 수령(守令)

수령은 조선시대에만 있었던 것은 아니었고, 수령제도는 신라시대부터 고려시대를 거쳐

---

280) 국왕의 사면령에 의한 경우 관찰사는 석방자와 미석방자의 명단을 작성하여 보고하고, 왕의 재가를 받은 석방자 명단을 형조에서 받아 이를 다시 각 읍의 수령에게 지시하여 즉시 석방한 후에, 석방 월일을 작성하여 왕에게 보고하였다. 한편 형기를 다 채운 죄수인 경우에는 지방수령의 보고에 따라 보고하고, 형조가 국왕의 전지(傳旨)를 받아 감사에게 석방지시를 하면, 이를 감사가 해당 수령에게 관련 공문을 보내어 석방케 하고, 해당 수령이 몇 월 며칠에 석방하였다는 보고를 하면, 석방사실을 받아 다시 보고하였다(오갑균, "조선시대 사법기구와 운영에 관한 연구", 단국대학교 박사학위논문, 1990, p.150).

281) 제21대 영조 6년 9월 18일에 조신(朝臣)으로서 귀양보내진 이태원을 방송(석방)하고 있고(영조실록 권 영조 6년 9월 갑신조), 제22대 정조 16년 6월 11일에는 형조의 죄수 유사문(柳師文)을 석방하고 있기도 하다(정조실록 권 정조 16년 6월 무인조).

282) 오갑균, 앞의 논문, p.161.

283) 군대를 동원하는 경우에는 발병부(發兵符), 즉 군대를 동원하는 표지로 쓰던 둥글납작한 나무패가 사용되었다. 한 면에 '발병(發兵)'이란 글자가 쓰여 있고, 또 다른 한 면에 '관찰사', '절도사' 따위의 글자를 기록하였다. 가운데를 쪼개서 오른쪽은 그 책임자에게 주고 왼쪽은 임금이 가지고 있다가 군대를 동원할 때, 교서와 함께 그 한쪽 면을 내리면 지방관이 두 쪽을 맞추어 보고 틀림없다고 인정하면 군대를 동원하였다.

조선시대에 와서 완전히 체계화되었다고 볼 수 있다.

(1) 의의

조선시대의 행정조직은 부(府)·목(牧)·군(郡의)·현(縣)체제로 되어 있었다. 수령으로는 부(府)에는 부사(府使), 목(牧)에는 목사, 군(郡)에는 군수, 현에는 현령·현감이 파견되었다. 그 품계는 종2품에서 종6품까지 다양하게 분포되어 있었는데, 이들을 총칭하여 수령이라 불렀고, 속칭 「원님」이라고도 불렀다.

(2) 수령의 자격과 제약

① 수령의 자격

수령은 통상 동반의 문관직이 임명되었으나, 서반의 외관직으로는 육군사령관 격인 병마절도사와 방어사를, 해군사령관격인 수군방어사와 통제사를 두었는데, 관찰사와 부사 등이 겸임하는 경우가 많았다. 한편 수령은 군지휘관인 방어사·절제사·첨절제사(僉節制使)·동첨절제사(同僉節制使) 등을 겸임하여 군사권도 장악하였다.

② 임기 및 고과평정

수령의 임기는 5년으로 관찰사와는 달리 가족을 데려갈 수 있었고, 처가 없는 수령은 첩을 데리고 부임할 수 있었다.284) 수령의 고과(考課)는 관찰사가 연 2회에 걸쳐 그 치적을 선(善)·최(最)·악(惡)·전(殿)의 4등급으로 구분하고, 성적을 산출하여 중앙에 보고하였는데, 이를 포폄(褒貶)이라고 한다.

③ 권한의 제약

지방수령은 권한만큼이나 그 제약 또한 엄격하였다. 수령을 거치지 아니한 자는 4품으로 올려 주지 못하게 하였고,285) 원칙적으로 자기 고향이나 자기의 땅이나 집이 소재하는 곳에는 수령으로 파견하지 못하게 하였다.286)

(3) 수령의 하부행정체계

① 6방체제

㉠ 수령의 하부행정체계는 중앙정부 조직을 축소한 형태였다. 수령을 돕는 이들을 관아의 앞 건물에서 일을 본다고 하여 아전(衙前)이라고도 하고 서리(胥吏)나 구실아치라고도 하였다.287)

284) 단종실록 권14 단종 3년 5월 무오조.
285) 세종실록 권89 세종 22년 2월 기미조.
286) 성종실록 권138 성종 13년 2월 정미조.
287) 이이화, 「조선의 건국」, 서울: 한길사, 2000, p.207.

㉡ 지방은 중앙의 6조체제를 따라 이·호·병·예·형·공방의 6방(房)을 두어 사무를 관장케 하였는데, 그 우두머리는 호장(戶長)이었다. 아전은 호장 이상은 승진할 수 없었는데, 이는 정식 품계에 드는 벼슬은 결코 받을 수 없음을 의미한다.

② 면(面)

㉠ 군현(郡縣) 아래에는 최말단 지방행정기관인 면(面)·방(坊)이 있고, 그 밑에 동(洞)·리(里)가 있었다. 면(面)의 장(長)을 집강(執綱)이라 하는데, 지금의 면장이나 읍장에 해당된다. 이들은 향청의 좌수나 별감의 천거에 의해 수령이 임명하였는데, 주로 주현(州縣)의 행정명령을 백성들에게 알리고 특히 조세 납부를 지휘하는 등 지방관청의 심부름을 하였다.

㉡ 그 이외에 권농관(저수지를 만들어 가뭄과 장마에 대비하는 일을 맡아보던 사람)·풍헌(風憲)·훈장(訓長: 서당의 훈장과 다름) 등이 있어, 농사를 권장하고 풍속을 바로 잡고 교육을 담당하는 일을 맡았다.

③ 이정·이장

이정(里正)과 이장(里長)은 수령의 통제를 받는 집강의 아래이며 다섯 집을 통괄하는 통주(統主)의 위에 있는 직위였는데, 수령과 서리의 지시사항을 전달하고 수행하였다.

(4) 수령의 직무

수령은 왕권을 위임받아 한 고을을 다스리는 목민관(牧民官)으로서, 행정·사법·경찰권을 갖고 있었다. 특히 수령은 한 고을을 직접 다스리는 관직이기 때문에, 경찰권의 행사는 백성들에게 직접적인 영향을 주었다.

① 수령의 행정적 기능

수령의 업무로는 수령7사(守令七事)·범죄예방(순찰)·포호(捕虎: 호랑이를 잡는 것) 등을 들 수 있다.

㉠ 수령7사[288]의 업무

㉮ 수령7사는 지방의 수령이 지방민을 통치할 때 힘써야 할 7가지 의무규정을 말한다. 수령칠사는 목민관이 명심해야 할 기본정치이며, 왕도정치의 바탕인 위민정치(爲民政治)의 기본

---

288) 수령이 해야 할 7가지 의무는
① 농사철에 알맞게 맞추어 씨를 뿌릴 것(농업진흥).
② 유생을 모아 유교경전의 뜻을 가르치고 제술을 시험하여 유학 및 문학에 정진하도록 할 것(학교진흥).
③ 소송(민사소송)을 간략하게 할 것(재판의 신속·공정).
④ 용모를 잘 관찰하여 간사스럽고 교활한 사람을 찾아내어 이를 없앨 것(교활한 향리 엄히 제지할 것).
⑤ 때에 맞추어 군사훈련을 실시하고 군기를 엄히 밝힐 것(군정을 닦을것).
⑥ 백성들을 편안하게 일하면서 살 수 있게 함으로써 스스로 사람들이 모여들게 할 것(치안확보).
⑦ 부역을 시키는 데에는 차별하지 말고 공평 균등하게 부과할 것(부역과 세금징수의 공정) 등이다.

방향이었다. 뿐만 아니라 관찰사가 수령의 직무를 평가하는 기준이기도 하였다.

㉯ 수령7사는 원래 조선조시대에 만들어진 것이 아니고, 고려말 우왕 1년(1375)에 원나라의 제도를 본떠 수령5사를 정하였는데, 조선 태종 때 7사로 늘어났고 그 내용이 경국대전에 법제화되었다.

㉡ 순찰 등 범죄예방

수령은 한 고을의 책임자로서 그 지역의 치안을 유지하는 치안책임자로서, 그중 순찰은 범죄예방의 주요한 핵심업무였다. 목민대방과 목민고의 내용을 보면 그 저자가 비록 개인의 사사로이 편찬한 책이지만,[289] 지방관이 강·절도 예방과 대책에 얼마나 무심하였는지를 보여주는 단적인 사례라고 볼 수 있다.

㉢ 포호(捕虎)의 책무

수령은 호랑이 등 맹수의 습격으로부터 백성들을 보호해야 할 책무(責務)또한 가지고 있었다. 이를 위하여 중앙에서는 호랑이를 전문적으로 사냥하는 착호갑사를 선발하여 운영하였고, 지방에서는 지원을 받아 뽑아 운영하였으나 자원자가 그리 많지 않았다. 그러나 이러한 조치에도 불구하고 호환은 수시로 전국 각지에서 발생하였고, 심지어 국왕(중종)이 직접 관찰사에게 명하여 호랑이를 사냥하라고 지시까지 내릴 정도였다.[290]

② 수령의 사법적 기능

수령의 사법적 기능은 도적을 잡는 포도(捕盜)·청송(송사)·단옥(斷獄: 옥사)·송사(訟事)·옥사(獄事)의 재판·휼수(恤囚: 옥에 갇힌 죄수를 보살핌) 등이 주업무였다.

㉠ 포도(捕盜)

수령은 범죄예방뿐만 아니라 범죄가 발생하면 범죄의 수사·피의자의 체포와 구금·신문(訊問)·재판에 이르기까지 포괄적인 사법적 기능을 가지고 있었다. 특히 도적을 잡는 문제는 조선왕조 일대에 걸쳐 치안상의 문제 중 초미의 관심사였다.

㉮ 수령은 도적을 체포하는 경우, 관찰사에게 보고하고 관찰사의 지시에 따라 수령이 신문(訊問)하여 죄상이 드러나면 관찰사에게 보고해야 할 의무가 있었고, 이것을 관찰사가 주관하여 처리하고 국왕에게 계문(啓聞)하는 일련의 절차가 있었다. 만약 수령이 도적을 직단(直斷)하는 경우에는 수령 자신이 논죄되었다.

---

289) 목민대방은 지방관을 위한 지방통치 지침서로서, 홍양호가 평안도 관찰사 시절에 저술하였다. 목민대방이나 목민고는 국왕의 명에 의해 편찬된 것이 아니라, 개인이 사사로이 편찬한 것이다.

290) 제11대 중종 17년(1522) 11월 3일에 "경기관찰사 김당이 청계산의 맹수사냥을 감당할 수 없으니 사냥 일을 잘 아는 무신을 장수로 하여 도내의 수령들을 거느리고 잡게 하는 것이 좋겠다고 건의하자, 사나운 짐승은 유독 청계산에만 있는 것이 아니니, 각 지방마다 함정을 파서 잡게 하는 것이 좋다"고 전교하고 있기도 하다(중종실록 권46 중종 17년 11월 을사조).

㈏ 절도발생과 책임

도적떼들이 수령의 관할권 안에 나타났을 때 이를 즉시 수색하여 체포하지 못하고 도적떼가 만연해지는 경우, 수령 및 토포사는 구금되어 심문을 받고 논죄되었고, 심지어 고을의 좌수·형리(刑吏)·토포장(討捕將)까지도 심문을 받고 유배되었다. 이처럼 수령은 행정·사법·군사권까지 행사하였으나, 치안유지와 관련된 포도(捕盜)의 직무는 최우선적인 업무 중의 하나였다.

㉡ 옥사(獄事)의 재판

㉮ 경미한 사건의 재판

수령은 한 고을의 행정기관장이면서도 사법기능을 가진 재판장이었다. 수령은 송사(訟事)와 옥사(獄事)의 재판과 집행을 관장하였는데, 민사재판을 사송(詞訟)이라 하고 형사재판을 옥송(獄訟)이라고 한다. 조선시대의 경우 민사적인 사송과 형사적인 옥송은 완전히 분리되지 않았고, 대체로 사송이 옥송으로 이어지는 것이 상례였다. 조선왕조에 있어서의 형사재판의 재판권은 왕이 직접 장악하고 있었으며, 단지 경미한 사건에 대해서만 관찰사와 수령에게 위임되어 있었다.

㈏ 직단권(태형)

수령에게는 5형(刑) 중 가장 가벼운 형(刑)인 태형(笞刑)에 해당하는 범죄에 대해서만 직단권이 주어졌다. 따라서 그 이상의 범죄에 대해서는 수사권만 있었고, 고문은 임금의 명에 의해서 시행하되 관찰사에게 보고 하였다. 태형은 작은 회초리로 볼기를 치는 형벌로서 범인을 옥에 가두지 못하므로, 아주 가벼운 죄를 저지른 경우에만 즉결처분으로 이루어졌다.

3) 경재소와 유향소

(1) 경재소

① 경재소(京在所)라 함은 조선전기 지방에 거주하는 유향품관(留鄕品官)[291]들이 군현별(郡縣別)로 유향소(留鄕所)를 구성하였는데, 이러한 지방의 유향소를 통제하기 위해서 설립한 중앙기구가 경제소이다.

② 경재소는 고려시대 사심관 비슷한 기구로서 중앙정부에 재직하는 고위 품관이 자기 출신 지역의 경재소를 관장하면서, 출신지역과 정부와의 중간에서 여러 가지 연락사항과 일을 주선하

---

291) 유향품관이라 함은 향촌에 거주하는 품관(品官)을 말한다. 품관이라 함은 품계는 있지만 맡은 직무는 없는 자를 말하는데, 고려말 왜구들의 침입시 공을 세운 자들을 위하여 첨설직(添設職: 고려말기에 군공을 포상하기 위해 설치된 실직 없는 관직)이 남발되면서 대량 배출되었다. 그 대상은 주로 지방사회의 실력자였던 향리층의 상층부인데, 이들은 실직 없는 관직이었으므로 향촌에 머물면서 유향소를 조직해 그 지역 출신 재경(在京)관인들의 기구인 경재소와 상호관계를 가지면서 향촌사회를 지배하였다. 이들은 토호적 존재로서 그 지역 백성을 탈법적으로 지배하고 민전(民田: 백성들의 논과 밭)을 겸병하며, 부역이나 환곡을 피하고 천택(川澤: 내와 못)의 이익을 독차지 하는 한편, 수령 및 관인(官人)들과 대립·충돌하기도 하였다.

였다.[292]

③ 경재소는 자체 일정한 예산을 갖고 경조비와 관찰사·수령의 전송비용(餞送費用: 서운하여 잔치를 베풀고 보내는 비용) 등에 충당했는데, 그 예산은 해당 고을의 유향소나 경저(京邸)[293]에서 공급되었다. 따라서 경재소와 유향소는 별개의 기구처럼 보이지만 서로 불가분의 표리관계에 있었다.

(2) 유향소

① 조선전기

㉠ 유향소는 지방 군현의 수령을 보좌하던 향촌 사회의 자치기구로서, 수령의 다음가는 관청이라고 하여 이아(貳衙)라고도 하였다. 이 제도는 고려시대의 사심관제를 모방해 고려 말 조선초기 지방 군·현의 유향품관 등이 자발적으로 유향소를 만들어 지방자치의 기능을 맡았다.

㉡ 조선초기의 유향소는 경찰권을 가진 수령을 견제하면서, 한편으로는 지방풍속을 교화하고 규율하는 순기능적 역할을 수행하였다. 그러나 유향소의 존재자체가 문제시되면서 폐지와 복구가 반복되었다. 그 후 제14대 선조 39년(1606)에 정비를 하여, 유향소는 수령휘하에서 그를 보좌해 행정 실무의 일부를 집행하는 기구로 성격이 변하였다. 이때부터 명칭도 향청(鄕廳)이라 하였다.

② 조선후기

조선후기로 가면서 유향소(향청)의 조직과 권한은 시대 또는 군현에 따라 현저한 차이를 보이고 있으나, 다른 문물제도와 마찬가지로 더욱 부패화되어 가기 시작하였다. 유향소는 수령의 경찰권을 능멸하기도 하고, 수령과 결탁하여 민폐의 근원이 되기도 하였다.

③ 유향소의 임원

유향소의 임원으로 좌수(座首)는 읍격에 관계없이 1읍 1인이며, 별감은 주(州)·부(府)에는 3인, 군(郡)·현(縣)은 2인이 일반적이었다. 이들은 향토양반 중에서 나이가 많고 인망이 있는 자를 좌수, 그 다음은 별감(別監)으로 선거에 의하여 뽑고 수령이 임명하였다. 임기는 대개 2년이었으나 수령이 바뀌면 다시 뽑을 수도 있었다.

---

292) 경재소에 소속된 품관들은 출신 지역의 고을 이름 개칭과 읍호(邑號)의 강등 및 승격·국가에 올리는 공물의 수량과 납부를 관리하는 일·지방 고을의 풍속을 관리하는 일·지방수령의 과도한 월권행위를 견제하는 일 등을 담당하였으나, 수령의 업무에 직접적으로 관여할 수는 없었다.

293) 경저(京邸)는 조선시대 각 지방에서 서울에 파견된 경저리(京邸吏: 조선시대 때 지방과 중앙의 연락을 맡아보기 위하여 파견된 각 지방세력가의 자제)가 임시로 묵으면서 그 지방관청의 일을 대행하던 곳을 말한다. 여기서 경저리는 통일신라시대 상수리, 고려시대 기인제도처럼 지방세력을 견제하여 왕권 강화를 위한 제도적 장치였다.

4) 찰방

(1) 찰방제도의 변천과정

① 찰방(察訪)이라 함은 조선시대에 각 도(道)의 역참(驛站)을 관장하던 종6품 동반(문관) 외관직이었다. 찰방제도는 조선초기 역승(驛丞)[294] 설치 → 찰방으로 대체 → 찰방도(찰방이 관장하는 역로)에 역승가설(역승을 두어 찰방을 보좌) → 「역승제도 완전폐지, 찰방체제」로 전환되는 과정을 거치고 있다.

② 찰방제도의 법제화

경국대전상에는 전국에 찰방(종6품) 23명과 역승(종9품) 18명을 두어 총 537역을 관장하는 것으로 법제도화되었다. 그 후 중종 30년(1535)에는 역승을 완전히 없애고 찰방체제로 전환시켰는데, 전국의 큰 역에 40명의 찰방을 두었으며 이를 찰방역[295]이라 하였다. 작은 역에는 역장과 역졸을 두어, 찰방이 여러 소관 역들을 관장하였다.

(2) 찰방의 임무

찰방은 원래 서리로서 오래 근무한 사람이 파견되었는데, 중종 30년 이후에는 문음자제를 취재(取才)하여 채용하였다. 찰방과 역승은 무록관(無祿官)이었다.[296] 찰방의 주요 임무 중의 하나는 시기에 따라 약간씩 다르지만 조선초기에는 지방수령의 탐학을 살피는 역할도 겸했는데, 이는 암행어사제도가 있기 이전의 일이다. 그러나 조선후기로 가면서 점차적으로 찰방의 직임에 대한 중요도가 강조되고 그에 대한 규제도 강화되었다.

① 찰방은 비록 종6품으로 수령과는 그 권한이나 기능면에서 현격하게 차이가 있지만, 그 직무의 중요성은 누구나 인정하고 있었다.[297]

조선시대에는 역로를 중심으로 역촌(驛村)이 형성되어 있었다. 따라서 찰방은 자기가 맡은 소관 역의 역장과 역졸을 다스리고, 그리고 역촌을 관장하는 질서유지권, 즉 그 지역 내에서 일

---

294) 역승은 고려 공양왕 원년(1389)에 설치된 5~6품의 외직(外職)으로 역로·마정(馬政: 말의 사육·계량·번식·수출입 따위에 관한 행정)의 관리와 역리(驛吏)의 진퇴 등의 업무를 맡아보았다. 조선 세종~세조대에 걸쳐 역승의 직무는 찰방에게 이관되었고, 따로 역승을 두어 찰방을 돕게 하였다. 그 결과 역승은 경국대전상에 종9품관으로 법제화되었다.

295) 전국에 걸쳐 있는 경기도 6개·충정도 5개·경상도 11개·전라도 6개·황해도 3개·강원도 4개·함경도 2개·평안도 2개 구역으로 각각 묶어서, 이것을 찰방도라 하고, 전국을 39찰방도로 편성하였다.

296) 무록관은 조선시대 녹봉을 지급받지 못하던 관리나 그 관직을 말한다. 조선시대의 관직에는 실직(實職)과 산직(散職: 일정한 직무가 없는 직책)이 있었다. 실직은 녹관과 무록관으로 대별되는데, 경관직(京官職) 뿐 아니라 외관직에도 널리 퍼져 있었다. 무록관은 경관직 정3품 당하관부터 종8품까지, 외관직은 종5품부터 종9품까지 광범위하게 존재하였다.

297) 숙종실록 권39 숙종 30년 5월 병인조. 숙종 30년 5월 28일 이조참판 이건명이 아뢰기를 "…찰방의 직책은 비록 수령과 다르나, 여러 경사(京司: 중앙의 관아)에 비해 직장(職掌)이 중요하다"고 강조하고 있다.

정부분 경찰권을 행사할 수 있었다.[298)]

② 찰방은 무록관이었지만, 찰방을 지낸 뒤에 수령으로 나아갈 수 있는 제도적 장치가 마련되어 있었다. 특히 제19대 숙종 때에는 중인(中人)이나 서얼 출신으로 벼슬길에 오른 자는 찰방을 지낸 뒤에 수령으로 임명하기도 하였다.[299)]

③ 찰방의 주요 임무 중 하나는 불법행위를 은밀하게 내사하여 왕에게 직계(直啓)하는 것이었다. 무관은 본래 궁마(弓馬)를 타야 하는데, 노병(老病)을 핑계로 교자를 타는 자가 많았다. 따라서 관찰사로 하여금 이러한 불법행위를 일일이 적발하여 보고하게 하였고, 만약 찰방이 이를 적발하지 못하면 역마를 빌려준 죄로 처벌받았다.[300)] 이처럼 찰방에게는 무관이 말을 타지 않고 가마를 타는 경우, 적발하여 보고할 의무가 있었다.

(3) 찰방의 역기능

① 찰방의 업무 중 말의 공급을 총괄하는 권한은 상당한 것이었다. 당시 공무를 수행하기 위해서는 유일한 교통수단인 말의 공급 총괄자인 찰방의 권한은 클 수밖에 없었고, 심지어 정보경찰기능까지 갖고 있었다. 따라서 이를 빙자한 찰방의 부정부패가 난무하였다.[301)]

② 겸찰방의 설치

찰방의 비행을 방지하기 위하여 중요한 요소에는 겸찰방(兼察訪: 찰방의 임무를 겸직함) 12인을 두어 찰방의 비행을 감시하게 하였으나, 별 효과를 보지 못하였다.

제5절 조선의 형사제도

Ⅰ. 총 설

조선왕조에 있어서의 형사제도는 고려왕조의 형사제도와 근본적인 차이는 없고, 고려왕조의 제도를 수정·보완하면서 정비·강화시킨 것이라고 볼 수 있다.[302)] 조선시대도 고려조와

---

298) 숙종 43년 3월 14일에 이인(利仁)찰방 성진령이 죄를 범한 범종을 비호하여, (사)간원의 하인을 묶고 곤장으로 위협한 사건으로 파직을 당하였다(숙종실록 권59 43년 3월 기사조).

299) 숙종실록 권31 숙종 23년 8월 경술조.

300) 숙종실록 권35중 숙종 27년 9월 무술조.

301) 숙종실록 권11 숙종 7년 1월 정사조. 숙종 7년 1월 3일에 "음패(淫悖: 음란하고 패악함)하고 권문세가와 결탁하면서 집에 짐바리의 왕래가 끊이지 않는 황산찰방을 사판(仕版: 벼슬아치의 명부)에서 삭제하라"고 사헌부 집의(執義) 안후태가 임금께 탄핵하였다.

302) 김용태 외, 「한국법제사개요」, 원광대학교 출판국, 1981, p.231.

마찬가지로 규문주의식 재판절차를 취하였다. 그러기 때문에 수사와 재판권이 분화되지 못하였고, 이런 연유로 수사와 재판절차를 명확히 구분할 수는 없다. 조선왕조에 있어서 국왕은 최고의 재판관인 동시에 수사의 최고책임자였고, 관서나 관원들은 이를 위임받아 행사한 것에 불과하다. 따라서 조선시대의 사법(司法)은 행정과 대립하는 의미에서의 사법처분(司法處分)이 아니라, 행정의 일환으로서 사법처분이라는 성격이 농후하였다.[303]

Ⅱ. 형법의 법원(法院)

1. 조선의 기본법전

법원(法源)이라 함은 법의 존재형식을 말하는데, 이러한 법원에는 법조문의 형식으로 정립한 성문법원과 관습법처럼 문서의 형식으로 표현되지 않은 불문법원이 있다. 조선시대의 기본법은 경국대전이며, 그 후 속대전·대전통편·대전회통이 편찬되었고, 그 이외의 하위법(추간지·6전조례·만기요람) 등이 발간되었다.

2. 경찰관련 기본법

조선시대의 경찰관련 단행법은 존재하지 않았고, 단지 각각의 경찰기능에 따라 해당부서에 그 임무가 규정되어 있었다.

1) 속대전·대전회통

속대전상에는 포도청의 임무가 규정되어 있고, 대전회통에는 포도대장의 추천이나 포도청의 관원에 대한 내용 등이 기록되어 있다.

2) 기타 하위법

(1) 법원의 다양성

경찰관련 하위법으로는 신주무원록·추관지·육전조례·포도청등록 등을 들 수 있는데, 이들 법령집은 경국대전과 함께 조선시대의 공적인 법원(法源)으로서의 기능을 수행하였다.

303) 김기춘 편저, 「조선시대 형전」, 서울: 삼영사, 1990, p.56.

(2) 교지(敎旨)

① 왕의 명령형식

조선시대에는 '왕의 명령' 형식으로 법이 제정되었다. 따라서 입법권은 원칙적으로 왕에게 있었다. 왕지(王旨)·교지(敎旨)·수교(受敎)등 왕의 명령인 교(敎)가 곧 법이었다.

② 교(敎)의 종류

㉠ 교지(왕지)

사안에 따라 중요한 것은 교지나 왕지(王旨)로, 일상적인 것을 전지(傳旨)로 구별하였다. 왕지(王旨)라는 용어는 제4대 세종 7년(1425) 이후부터 교지(敎旨)로 칭하였다.

㉡ 수교

수교(受敎)는 관서에 내린 교(敎)를 말한다. 대부분은 관서에서 해당직무에 관한 내용을 올려 결재받은 후 반드시 등록하여 직무상 규정으로 삼았는데, 경찰관련 수교집으로는 「포도청등록」 등이 있다.

3) 조선시대 주요 성문법원

조선왕조시대의 경찰관련 주요 법전을 도표화해 보면 다음과 같다.

◆◆ **조선시대 주요 성문법원(成文法源)**

편찬연도	법전 및 법령집	주요 내용
태조 4년 (1395년 추정)	대명률직해	명나라의 형법전 대명률을 이두로 번역하여 출판한 법전으로, 세종 28년(1446) 평안감영에서 중간(重刊)하였다. 대명률직해는 오늘날과 같은 범죄수사규칙 등에 관한 내용은 아니며, 주로 포도(捕盜)와 관련된 관리나 이에 종사하는 이속(吏屬) 등에 대한 처벌과 포상 등을 골자로 하고 있다
성종 16년 (1485)	경국대전	태조에서 세조대의 법령을 통합·정비한 조선왕조의 기본법전이다. 경국대전은 적지 않게 개수하였는데, 최종적으로 확정된 것이 「을사대전」이다. 오늘날 온전히 전해 오는 「경국대전」은 「을사대전」을 말하며, 이 「을사대전」은 우리나라에 전해 오는 법전 중 가장 오래된 유일한 것이다. 우리나라 형법전(刑法典)인 경국대전 형전 포도조항은 주로 포상위주로 규정되어 있어, 대명률 직해의 내용을 보완해 주고 있다. 경국대전에 규정된 포상규정은 제4대 세종대의 수교내용의 대부분이 경국대전 형전(刑典)에 법제화되었다. 경국대전 형전 추단조에는 체포·연행·고신(고문)·신문용 신장의 규격 등 수사와 심리절차에 관하여 전반적으로 규정하고 있다.

숙종 24년 (1698)	수교집록	숙종 24년에 이익·윤지완·최석정 등이 왕명을 받아 각 도 및 관청에 내려진 수교(受敎)·조례(條例) 등을 모아 편찬한 법전이다. 수교는 대명률직해·경국대전과 더불어 수사에 관한 근본법이다. 특히 수사활동과 관련하여 가장 큰 효력을 미친 것은 그 당시의 상황에 따라 내려진 국왕의 하교, 즉 수교(受敎)였다.
영조 22년 (1746)	속대전	영조 22년에 「경국대전」 시행 이후 공포된 법령 중에서 시행할 만한 법령만을 추려서 「경국대전」과 같은 격으로 편찬된 통일법전이다. 이로써 법전은 두 개로 되었는데, 경국대전과 병존하여 사용되었다. 속대전상에는 포도청이 경국대전 후에 창설되었음을 기록함과 동시에 포도청의 임무 및 그 구성원 등에 대하여도 언급하고 있다.
정조 9년 (1785)	대전통편	정조 9년에 「경국대전」과 「속대전」을 통합하고, 이후의 법령을 증보하여 편찬한 통합법전이다. 이 대전통편은 제3차의 대법전이다.
고종 2년 (1865)	대전회통	대전통편 이후의 법령을 정리하여 덧붙여 편찬한 조선 최후의 법전이다. 대전회통은 대전통편을 약간 증보한 것이라고 볼 수 있다.
기타하위법 (「대전」에 비하여 한 단계 낮은 법령집)	신주무원록	우리나라에서 검안과 검시에 관한 최초의 법의학 주석으로, 세종대에 중국의 「무원록」에 주석을 달아 편찬한 것이다. 그 후 영조 24년에 「증수무원록」이 중보·간행되었다.
	추관지	제22대 정조 5년에 편찬된 것으로 조선시대의 형사재판의 실체와 가치관 등을 이해하고 연구하는 데 귀중한 자료가 된다. 추관지 제4편에 기술된 금령·수교·전지·선례 등의 내용은 사법경찰업무와 직접적인 관련성을 갖고 있다.
	만기요람	제23대 순조 8년(1808)에 편찬된 것으로, 조선후기의 경제사뿐만 아니라 군사제도 및 군사정책을 연구하는데 매우 중요한 사료가 된다. 특히 만기요람 군정편 I 「포도청조」에는 포도청의 순찰구역과 순찰팀의 운영에 대하여 언급하고 있다.
	육전조례	6전조례는 행정법규와 사례를 편집한 일종의 행정법규집이다. 6전조례상의 병전(兵典)과 형전(刑典)에 실린 내용 등은 경찰업무와 관련된 행정법규집이라 할 수 있다(병전상의 병조·포도청·순청·그리고 형전상의 장금사·형방·의금부·전옥서·직수아문 등), 특히 6전조례 병전 포도청조에는 도성의 순찰구역과 순찰팀 운영 등이 기술되어 있다.

Ⅲ. 형벌(刑罰)

1. 정형(正刑)

조선왕조의 형법은 중국의 대명률을 계수하여 보통 형법으로 적용하였기 때문에, 명률의 형벌이 일반적으로 시행되었다. 대명률의 형벌체계는 태(笞)·장(杖)·도(徒)·유(流)·사(死)의 다섯 가지의 정형(正刑)제도를 골간으로 하고 있으나, 실제로는 오형 이외의 여러 가지 형벌 및 부가형이 첨가되어 있었다.

1) 태 형

(1) 경범죄

태형은 가벼운 죄를 범한 경우에 작은 형장(刑杖), 즉 작은 가시나무 회초리[304]로 죄인의 볼기를 치는 형벌이다. 10대에서 50대까지 5등급이 있고, 매 10대를 기준으로 형(刑)을 1등씩 가감하였다.[305] 그러나 형벌은 대부(大夫)에게 올라가지 않는다는 전통적 법사상에 따라, 사대부의 경우에는 한 대당 얼마씩, 지금의 벌금에 해당하는 속전(贖錢)을 받는 것으로 대신했다.

(2) 태형의 집행

태형의 집행은 죄수를 형대(刑臺: 형을 집행하기 위하여 만든 대)에 묶은 다음, 하의를 내리고 둔부를 노출시켜 회초리로 때렸다. 그러나 부녀자의 경우에는 홑옷을 입힌 채로 형을 집행하되, 종종 엉덩이에 물을 끼얹어 물볼기를 치기도 했다. 반면, 간음한 여자에 대해서는 예외적으로 옷을 벗기고 집행하였다.

(3) 태형의 예외

나이가 70세 이상이거나 15세 이하인 자와 폐질에 걸린 자는 태형을 집행하지 않고 속전을 받았으며, 임신한 여자도 70세 이상인 자에 준하여 처리하였다.

(4) 폐지

① 매를 때리는 형벌은 일제 때에도 사라지지 않고 그대로 남아 있었다. 1910년에 제정된 범죄즉결령(犯罪卽決令)에서는 경찰서장이나 헌병대장이 3개월 이하의 징역이나 태형을 즉결처분할 수 있었다.

---

304) 원래 대명률에서는 가시나무를 사용하도록 하였으나, 조선에서는 일반적으로 물푸레나무를 사용하였고, 없으면 다른 나무를 쓰는 경우도 있었다.

305) 예컨대, 태(笞) 50대의 형에서 1등을 감하면 태(笞) 40대가 되는 것을 의미한다.

② 1912년에는 조선의 관습을 존중한다는 미명하에, 「조선태형령」을 제정하여 조선인에게만 집행하게 하였다. 매는 통상 수십 대를 쳤는데, 매우 혹독해서 한 번 맞으면 걸어 나오지 못하고 다른 사람의 등에 업혀 나올 정도였다.[306] 이러한 태형은 조선 말 장형이 폐지된 후에도 존속하다가, 1920년에 가서야 완전히 폐지되었다.

2) 장형(杖刑)

(1) 곤형과 장형과의 비교

① 곤형의 정의

오늘날 일반적으로 태형과 장형은 배의 노처럼 길고 끝이 넓적한 것으로 둔부를 때리는 형벌이라고 인식하고 있으나, 이는 곤장(棍杖)[307]을 말하는 것이다. 곤장은 장형과는 다르며, 장(杖)과는 비교가 안 될 정도로 무겁고 두꺼운 널빤지였다. 따라서 곤형은 인명피해가 심한 악형중의 악형이었다.

② 장형의 정의

장형은 곤형과는 달리 태형 다음에 가는 형벌로서, 정확히 몽둥이라고 하기에는 너무 가늘고 회초리보다는 약간 굵은 매라고 볼 수 있다. 장형에는 60대에서 100대까지 5등급이 있으며, 매 10대마다 1등씩 가감하였다.

(2) 장형의 집행

형률상에 있어서 장형은 별도로 집행하는 경우도 있지만, 대체로 도형(徒刑)과 유형(流刑)에 병과(倂科)하여 집행하는 병과형(倂科刑)으로서의 성격을 가졌다. 형벌집행에 있어서 남형(濫刑)의 폐해가 가장 많은 것은 장형(杖刑)이었다.

(3) 장형에 대한 규제와 폐지

관리가 남형을 하는 경우 장(杖)1백에 도(徒) 3년에 처하고, 치사시킨 자는 장(杖)1백에 처하고 영구히 (관직에)임용하지 아니하였다. 장형의 집행방법은 태형과 같고 매의 규격만 달랐다. 고종 32년(1895)에 장형(杖刑)을 폐지하고 징역형으로 대체하였다.

---

306) 정연식, 「일상으로 본 조선시대 이야기」, 서울: 청년사, 2001, p.198.

307) 곤장에는 소곤·중곤·대곤·중곤(죽을 죄를 다스릴 때 쓰는 곤장)·치도곤(도둑을 다스릴 때 쓰는 곤장)의 다섯 가지가 있었다. 곤형은 중국의 형벌도 아니고 경국대전상에도 보이지 않는 형벌이다. 영조 때 제정된 속대전과 영조실록에 비로소 곤형의 규정이 나타나고 있다. 이로 보아 곤장은 영조 때 만들어진 조선시대 고유의 형벌로 추정된다. 곤장은 관찰사·병사(兵使)·수사(水使)·토포사 등이 군법을 집행하거나 도적을 다스릴 때 한해 사용되었고, 일반 고을 수령에게는 허용되지 않았다. 그럼에도 수령들은 큰 곤장만을 사용하는 경우가 많았다. 곤장은 10대 이상을 치지 못하도록 하였고, 참나무나 박달나무로 만든 형장은 쓰지 못하도록 하였다.

3) 도형(徒刑)

(1) 의의

도형은 비교적 중한 죄를 범한 자를 관아에 붙잡아 두고, 소금을 굽거나 쇠를 달구는 등의 힘든 일을 시키는 형벌이다. 관아에 구금하여 강제노역을 시킨다는 점에서 지금의 징역형과 비슷하다. 노역에 처하는 기간은 1년·1년반·2년·2년반·3년까지 5등급으로 나누어져 있었으며, 각각에 장(杖)60·장70·장80·장90·장100대가 뒤따랐는데, 이처럼 도형에는 장형이 반드시 병과(倂科)되었다.

(2) 판결기관

도형·유형을 선고할 수 있는 권한은 형조와 관찰사에게 있었다. 따라서 도형수(徒刑囚)의 배소(配所: 귀양살이 하는 곳)는 중앙의 경우 형조에서, 지방의 경우에는 관찰사가 결정하였다. 죄수가 도형·유형의 판결을 받으면 해당 관아에서 10일 이내에 배소로 보내도록 되어 있었다.

(3) 호송

호송 중에는 법의 규정에 따라 손에 나무로 만든 수갑을 채워서 압송하였다. 호송의 경우에도 품계에 따라 달랐다. 의금부 죄인 및 정2품 이상의 죄인은 도사(都事)가 압송하고, 그 외에는 서리(書吏)·나장(羅裝)등이 압송하였다. 형조의 일반죄인은 경역자(京驛子: 중앙의 역에서 일을 보던 사람)가 압송하는데, 각역(驛)에 전달방식으로 하였다.[308]

(4) 도형수(徒刑囚)의 집행과 대체형벌(충군형)

① 도형수의 관리 및 집행

㉠ 전국의 도형수에 대하여는 형조에서 전국 도형수의 명부를 비치하는 등 총괄·관리하였고, 지방에서는 관찰사가 직접 관리하였다.

㉡ 관찰사가 지방수령에게 만기·사면 등 그 변동사항을 보고받고, 관찰사가 이를 다시 형조로 보고하는 체제였다. 도형의 집행은 군·현 등의 관아에서 행하였다.

② 충군형(充軍形)

㉠ 도형(徒刑)에 복역하는 대신 군역(軍役)에 강제 노역시키는 도형의 일종인 충군(充軍)이라는 제도가 있었다. 충군(充軍)은 도형이나 유형에 처해진 자를 동시에 변방 현지의 군역(軍役)에 강제 노역시키는 것을 말하는데, 주로 군인이나 군관계의 범죄에 대하여 적용하였다.[309]

---

308) 김기춘 편저, 앞의 책, pp.94-95.
309) 김형중,「경찰학총론」, 서울: 청목출판사, 2014, p.171.

㉡ 충군에는 대체로 장(杖)100대에 충군, 장100대에 변방지역 충군, 장100대에 수군충군(水軍充軍)으로 분류하였는데, 이 중 수군충군이 가장 힘들고 고달픈 형벌이었다.

(5) 폐지

도형도 장형과 마찬가지로 고종 32년(1895) 4월 1일 법률 제3호에 의해 폐지되고, 정역형으로 대체되었다.

4) 유형(流刑)

(1) 의의

유형은 매우 중한 죄를 범한 자를 차마 사형시키지는 못하고, 먼 지방으로 귀양을 보내 죽을 때까지 고향으로 돌아오지 못하게 하는 형벌이었다. 오늘날의 무기금고형[310]으로 볼 수 있다. 유배보내는 거리에 따라 2,000리·2,500리·3,000리의 3등급이 있었으며, 각각에 장100대가 병과(倂科)되었다.[311]

(2) 계호와 처우

① 유배죄인에 대한 계호(戒護: 범죄자를 경계하여 지킴)와 처우 등의 책임은 그 지방의 수령에게 있었다.

② 의금부나 형조에서 유배형을 받는 경우에는 도사 또는 나장들이 지정된 유배지까지 압송하였다. 그곳에서 고을 수령에게 인계하고, 수령은 죄인을 다시 보수주인(保授主人)에게 위탁하였다. 보수주인은 그 지방의 유력자로서 집 한 채를 거주할 곳으로 제공하고, 유형수를 감호하는 책임을 졌다.

(3) 유형의 종류

유형의 종류로는 부처, 안치, 천사 등이 있었다.

① 부 처

부처 또는 중도부처(中途付處)는 주로 관원이나 유생에 대하여 과(科)하는 형벌로서, 일정한 지역을 지정하여 그곳에서만 유거(留居: 머물러 거처하게 함)케 하는 것을 말한다. 부처형이나 안치형은 정해진 기간이 없었고, 오직 국왕의 명(命)에 의해서만 석방될 수 있었다.

---

310) 유형(流刑)은 도형과 같이 징역형의 일종이었으나, 노역에 종사시키는 것은 아니었고 단순히 유배지에 유배시키는 것에 불과하였다.

311) 세종실록 권85 세종 21년 4월 을미조.

② 안치(安置)는 죄인을 격리시키는 형벌로서, 하급관리나 서민은 해당되지 않고 왕족이나 고위관리 등에게만 적용한 유배형이다. 안치는 유배지에서도 거주자의 행동을 강제로 제한하였기 때문에 두문불출(杜門不出)이라고도 불렀다.

㉠ 안치는 조선조 건국 초기부터 시행되었는데, 안치는 유배형 중에서도 가장 제약이 많았고 일반유형과는 달리 가족과 함께 기거하는 것이 금지되었다. 따라서 처와 첩·결혼하지 않은 자녀와는 동거할 수 없었고, 다만 부모와 결혼한 자녀 사이의 상봉만은 허락되었다.

㉡ 안치의 종류에는 본향안치(本鄕安置)·위리안치(圍籬安置)·절도안치(絕島安置)가 있었다.

㉮ 본향안치는 유배죄인에게 어느 정도 은전(恩典)을 베푸는 것으로, 죄인의 고향에서만 유배생활을 하도록 하는 가벼운 죄인의 안치를 말한다.

㉯ 위리안치는 본인의 거주지를 제한하기 위해 집 둘레에 울타리를 둘러치거나, 탱자나무 가시덤불로 싸서 외인의 출입을 금한 중죄인의 안치를 말한다. 위리안치의 경우 탱자나무가 많은 전라도 연해의 섬이 주로 이용되었다.

㉰ 절도안치는 본인 혼자 육지에서 멀리 떨어진 외딴 섬에 격리시켜 유형생활을 치르도록 하는 중죄인의 안치를 말하는데, 이는 심히 가혹했기 때문에 특별교지(特別敎旨)가 있는 경우에만 시행하였다.

③ 천사(遷徙)

㉠ 의의

천사(遷徙)제도는 조선전기 세종·세조·성종 3대에 걸쳐 북변(북쪽 변방) 개척을 위하여, 평안·함경 양도(兩道)에 타도민(他道民)을 이주시키는 이민정책을 말한다. 이때 이민의 대상이 된 자를 사민(徙民)이라고 하였다. 사민은 일단 이주 후에는 일반 양민과 동등한 생활을 유지할 수 있었으나, 주거지를 임의로 벗어나면 도주죄로 처벌하였다.

㉡ 전가사변(全家徙邊)

천사(遷徙) 중에서 가장 가혹하고 연좌제적 성격을 가진 것이 전가사변(全家徙邊)이다. 전가사변은 평안도와 함경도의 가장 변방 지역에 온 가족을 강제로 이주하여 정착시키는 형벌로서, 변방개척(사군·육진 등)이라는 국가 정책적 고려에서 시작되었다.

(4) 폐지

유형의 형벌은 고종 32년(1895) 4월 1일 법률 제3호에 따라 등급을 종신·15년·10년으로 나누고, 그 대상자도 국사범(國事犯)에 한해서 적용하고 유배지는 도서지역으로 한정하였다.[312]

---

312) 고종실록 권34 고종 32년 4월 1일조.

5) 사형(死刑)

(1) 교형(絞刑)

사형은 형벌 중에서 사람의 목숨을 빼앗는 극형으로서 대명률에 의하면, 교형(絞刑: 교수형)과 참형(斬刑: 참수형)의 2종이 있었다. 교형(교수형)은 신체를 온전한 상태로 두고 목을 졸라 죽이는 것으로 참형보다는 한 등급 가벼운 형벌이었다.

(2) 참형(斬刑)

참형은 칼로 목을 쳐서 죽이는 방법으로 가장 많이 행하여졌던 형벌이다. 참형(斬刑)은 사서(史書)에는 참(斬)이라고 기술되고 있는 것이 일반적이다. 원래 조선의 경우 사형에는 교수형과 참형 두 가지만이 형전(刑典)에 규정되고 있으나, 변형된 사형집행방법인 능지처사·거열형·육시형·효수·부관참시 등이 많이 사용되었다.

(3) 능지처사

사형의 집행방법 중 가장 가혹하고 잔인한 것은 능지처사(陵遲處死) 또는 능지처참이라고도 부르는 형벌이었다.

① 능지처사는 산 채로 온몸을 토막내고 칼로 썰어 천천히 죽이는 형벌이다. 대개는 팔다리와 어깨, 가슴을 잘라내고, 마지막에 심장을 찌르고 목을 베어 죽였다. 중국에서 능지처사형이 가장 활발히 진행되었던 시대는 명왕조(明王朝)시대였다.[313]

② 우리나라에서는 고려 제31대 공민왕 때부터 이 형벌에 대한 기록이 처음 보이고 있었으나,[314] 그 후 대명률의 형벌제도가 도입된 조선시대의 경우에는 능지처사형보다도 거열형이 주로 시행되었다.

(4) 거열형

거열형이나 능지처참은 사형수의 신체를 조각내어 죽인다는 점에서는 공통점이 있으나, 사형집행방법에서는 상당한 차이가 있다.

---

313) 평위진 지음, 김태정 옮김, 「십족을 멸하다」, 경기: 에쎄, 2013, pp.108−109, 명대에 유명한 능지처사 사례로 명조 제10대 무종 5년 환관 유근(劉瑾)의 모반사건을 들 수 있다. 황제 무종(武宗)은 그를 '3일간 능지에 처하고' 그런 후에 시체를 절단해 효수(梟首)하도록 특별히 지시하였다. 전례에 따라 유근은 3일에 걸쳐 최종적으로 3357번 살점이 베어졌다고 기록되어 있기도 하다. 중국에서 능지와 효수 그리고 육시(戮屍) 등의 법을 폐지하고, 모두 참형에 처하는 것으로 바꾼 것은 청조 덕종 31년의 일이었다.

314) 고려사 권40세가 권제40 공민왕 12년 윤월(閏月: 윤달) 신미조; 을미조, 공민왕 12년(1363) 반역을 도모한 김용(金鏞)을 주살하고 사지(四肢)를 찢어 전국으로 돌리고, 머리는 개경(수도)으로 보내져 저잣거리에 효시하고 있다.

① 능지처사와 거열형과의 차이점

능지처사는 죄인을 일단 처형한 뒤에 다시 그 시체를 머리·왼팔·오른팔·왼다리·오른다리·몸통의 순서 등 여섯 토막을 내어 잘라내어 각 지방에 보내 백성들에게 두루 보이게 하는 형벌로서, 중국에서 주로 시행하던 처형방식이었다. 즉 사형수의 신체를 작은 조각으로 하나하나 잘라내는 것을 말한다. 반면, 거열형은 사지(四肢)를 소나 말에 묶고 달리는 방법으로 신체를 찢어 죽인다. 따라서 양자는 죽이는 방법상에 차이가 있다.

② 조선의 경우는 능지처사를 대개는 환형(轘刑), 즉 수레에 팔다리와 목을 매달아 찢어 죽이는 거열형(車裂刑)으로 이를 대신하였다. 거열형도 능지처사와 마찬가지로 전국에 공개 회람하는 행위가 뒤따랐다.

(5) 육시형(戮屍刑)

① 의의

육시형(戮屍刑)은 죽은 자에 대하여 다시 과형(科刑)하는 것으로, 육지형(六支形)이라고도 한다. 우리나라 욕말 가운데 '육시할 놈'은 이미 죽은 시체에 참형 등을 가한다는 형벌상의 욕말을 의미한다. 이 육시형은 신라시대에도 시행되었으나,[315] 조선시대에 들어와서부터는 대역죄인에 대하여서만 능지처사나 거열형 또는 육시형에 처하였다.[316]

② 폐지

고종 31년(1894) 때 참형과 능지처사(육시형)의 형은 완전폐지되고, 법무아문(법무부)에서 형벌을 집행하는 데는 교수형만 적용하고, 군법에 의하여 집행하는 경우에는 총살형만을 적용시켰다.

(6) 효 수

① 의의

효수는 참형(斬刑)이나 능지처사 또는 육시형 후에 그 머리를 장대에 세우거나, 장대를 삼각으로 세워서 머리칼을 묶어 매어 달아 일반백성에게 공개 전시하는 형(刑)을 말한다. 일명 효시(曉示)라고도 한다. 원래 능지처사가 시체를 토막내는 것으로 종결되는 것이라면, 시체 토막을 기시하여(시장 등에서 참형하고 길거리에 버리는 것) 공개하거나, 각 도에 보내 회람시키거

315) 김헌창이 웅진성(지금의 공주)에서 자살하자, 그를 따르던 종자(從者)들이 그 머리를 자르고 그 몸을 감추었는데, 성이 함락되자 조정에서는 그 몸을 무덤에서 다시 찾아내어 육시하였다(삼국사기 권제10 신라본기 헌덕왕 14년 3월조).

316) 제7대 세조 때 사육신들은 산사람, 죽은 사람 할 것 없이 모두 군기감(軍器監) 앞길에서 거열형을 집행하였는데, 여기서 산사람은 능지처사형(능지처참)에 해당하고, 죽은 사람(박팽년·유성원·허조 등은 이미 거열형으로 죽은 자들임)은 육시형에 해당한다고 볼 수 있다.

나, 또는 머리만을 매달고 효시하는 효수 등은 사형 후에 후속되는 부가형이었다.

② 폐지

효수형벌도 고종 31년(1894) 12월 27일 참형과 능지처사형이 폐지되면서, 함께 사라졌다.

(7) 기시형

기시형(棄市刑)은 사람들이 많이 모이는 시장·네거리 등에서 죄인의 목을 베어, 그 시체를 길거리에 내다버리는 형벌을 말한다. 주로 반역범이나 부모·형제 등을 살해한 강상죄인에게 적용시켰다. 기시형은 삼국시대부터 조선시대까지 사형 후에 처해지는 행형(行刑)형식의 한 방법으로 사용되었다.

(8) 부관참시

능지처사나 육시형보다 더 잔인한 형벌로 부관참시(剖棺斬屍)를 들 수 있다. 말 그대로 죽은 사람의 묘를 파헤쳐 관을 쪼개고는 시체를 꺼내 목을 베는 형벌이다. 대표적인 예로 연산군 4년(1498)의 무오사화를 들 수 있다. 부관참시형이 언제 폐지되었는지는 정확히 진단할 수 없으나, 고종 31년 참형과 능지처사형이 폐지되면서 소멸된 것으로 보인다.

(9) 사 약

① 의의

목숨을 끊게 하는 방법으로 사약(賜藥)을 들 수 있다. 즉 왕이 내리는 독약을 마시고 자살케 하는 방법이다. 사약은 왕족이나 사대부(士大夫)가 중죄(重罪)를 범한 경우, 그 체면을 존중하여 극형을 집행하는 대신 과(科)하는 형의 일종이었다.

② 집행방법

사약은 예로부터 실시되어 온 방법으로 형전(刑典)상에 인정된 형벌은 아니다. 사약은 임금이 사람을 시켜 본인에게 내리기도 하고 또 일단 유배를 보낸 다음 내리는 경우도 있는데, 대개는 금부도사(禁府都事)에 의하여 전하여졌다.

2. 정형(正刑) 이외의 형벌

1) 부가형

부가형은 정형(正刑) 이외에 덧붙여 가해지는 형벌을 말한다. 조선시대 부가형적 성질을 가지는 것으로 금고·자자(刺字)·몰관(沒官: 관에서 죄인의 재산이나 가족을 몰수하는 것)·연좌형 등을 들 수 있다.

(1) 금고형과 징계벌

① 금고형(禁固刑)

㉠ 의의

조선왕조의 형벌에는 태·장·도·유·사(死)의 5가지 종류가 형법전에 정해진 형벌이었다. 그러나 이외에도 여러 가지 형벌이 시행되었다. 그중 오늘날의 자격상실과 자격정지에 해당하는 개념인 금고형이 관리들에게 적용되었다.

㉡ 금고의 종류

㉮ 종신금고형

종신금고는 오늘날의 자격상실과 유사하다. 조선시대의 금고는 형법전에 규정되거나, 국왕의 명(命)에 의하여 자격이 박탈되는 일종의 명예형적 성격을 가지고 있었다.

㉯ 기한금고형

기한금고형(期限禁錮刑)은 종신금고형과는 달리 범죄의 형태와 경중에 따라 그 기간이 정해져 있었다.[317]

② 벌봉제(罰俸制)

형벌은 아니지만 징계벌적 성격으로, 관리가 공무상 경한 죄를 범한 경우에 일정기간 녹봉(봉급)을 정지하는 제도를 말한다. 이는 오늘날의 징계법상의 감봉제와 거의 유사하나, 조선시대 벌봉제는 봉급을 삭제하는 대신 이에 준하여 태(笞)로 징벌했다는 점에 차이가 있다.[318]

(2) 자자형(刺字刑)

문신은 우리나라의 경우 삼한시대에서 삼국시대까지는 문신습속으로 이어져 오다가 고려시대부터 비로소 형벌문신으로 전환되고 있다. 고려시대의 자자형(刺字刑)이 송(宋)대의 체계화된 자자형을 도입·수용하였다면, 조선시대에는 중국 명나라의 대명률(大明律)을 근간으로 하여 경국대전에 법제도화되었다.

① 강도로서 사형에 처해지지 아니한 자는 율(律)에 따라 논죄한 후, 강도 두 글자를 얼굴에 새기고 재범하면 교형(絞刑)에 처한다. 와주(窩主: 범죄인을 제집에 붙어 있게 한 자)로서 율(律)이 사형에 이르지 않은 자는 논죄 후에, 강와(强窩: 강도를 제집에 붙어 있게 한자) 두 글자를 얼굴에 새긴다.[319] 자자 후 얼굴에 글자를 새긴 자리를 봉(封)하고 날인하여 가두었다가 3일이

317) 신보수교집록(新補受教輯錄) 이전(吏典) 수령조(守令條). 영조 12년 불법을 저지른 수령 중에 쌀 100석 이상의 범죄자는 3년간 금고형에, 쌀 200석 이상 자는 5년간 금고형에, 쌀 300석 이상 자는 10년간 금고형에 각각 처하라는 영조의 명(命)이 있었다.

318) 경국대전 권5 형전, 초범은 1개월 봉급을 정지하는 대신 태(笞)30으로 산정하여 처벌하였다.

319) 경국대전 권5 형전(刑典)장도조(贓盜條).

지난 뒤에 풀어주었다.[320)]

② 자자형을 받은 자는 고려시대와 마찬가지로 요시찰 인물로서 범인대장(犯人臺帳)에 기재되며, 절도범으로 자자형을 받으면 원적지에 돌려보내어 관(官)의 노역에 종사시켰다. 만일 자자한 사람이 그 글자를 제거하면 장(杖)60대의 형(刑)에 처하고, 다시 자자(刺字)하였다.

③ 조선시대의 유가적 신체관에 의해 신체를 의도적으로 훼손하는 자자형은 곧 불효자가 되는 지름길이었다.[321)] 그 결과 문신은 범죄자에게 내려지는 천형(天刑)이라는 부정적인 이미지에 불효라는 반인류적인 낙인을 찍으면서, 문신은 결정적으로 패륜적 행위로 인식되었다. 따라서 오늘날 우리가 문신에 대하여 가지고 있는 문신에 대한 부정적 이미지의 기원은 고려에서 시작하여 조선에서 고착화되었다고 볼 수 있다.[322)]

④ 노비와 문신

조선시대의 경우 공식적·비공식적으로 노비에게 자자형 문신은 공공연히 인정되었다.[323)] 영조 16년(1740)에 자자도구를 모두 불살라 버리고 이를 다시 사용하지 못하도록 하였다.[324)]

(3) 몰관(沒官)

몰관은 죄인의 가족이나 그 재산을 관(官)에서 몰수하는 것을 총칭하는 말이다. 몰관에는 적몰가산(籍沒家産)·몰수·추징 등의 세 종류가 있다.

① 적몰가산

적몰은 중대한 죄를 범한 자의 전 재산을 장부에 기록하여 관(官)에서 몰수하는 것이다. 적몰가산은 고려시대와 마찬가지로 재산형적인 부가형이며, 조선시대의 경우 모반이나 반역을 범한 자의 재산은 모두 몰수하였다.[325)]

② 몰수·추징

몰수는 부정품(不正品) 또는 범죄에 사용한 물건에 한정하는 처벌로서, 범인의 모든 재산을 몰수하는 적몰가산과는 차이가 있다.

---

320) 한국정신문화연구원, 「역주경국대전」 번역편, 서울: 조은문화사, 1985, pp.434-435.
321) 조현설, 「문신의 역사」, 서울: 살림, 2003, p.351.
322) 김형중, "한국형벌문신의 발전사와 현대적 의미에 대한 小考", 한국경찰학회 제15권 제3호, 2013, p.36.
323) 이규태, 「눈물의 한국학」 서울: 기린원. 자자형은 연산군 대에 이르러 노비들에게까지 확대되었는데, 주로 도망을 방지하기 위해 얼굴에 노비임을 표시해 두었다. 일부 양반들은 자신이 거느린 종들에게 '낙동이노(駱同李奴: 낙동에 사는 이씨의 남자 노예)', '제동박비(濟洞朴婢: 제동에 사는 박씨의 여자노예)' 하는 식으로 왼쪽 뺨이나 오른쪽 뺨에 문신을 하여 도망치지 못하게 하였다.
324) 영조실록 권51 영조 16년 5월 7일.
325) 세조실록 권4 세조 2년 6월 병오조. 제7대 세조 2년에 세조의 왕위 찬탈에 반발하여 단종복위를 꾀하다 거열형을 당한 박팽년·유성원·허조 등의 재산도 모두 적몰당하였다.

㉠ 몰수는 쌍방 모두 범죄를 저지른 경우의 장물뿐만 아니라, 국가에서 금지하는 물건(병기 및 소지 등) 등에 대해서도 관(官)에서 몰수하였다.

㉡ 장물이 이미 소비되었으면 그 가액(價額)을 추징하였으나, 만약 범인이 사망하였으면 추징하지 않았다.[326]

㉢ 몰수는 국가에서 몰수하는 것이 원칙이었다. 그러나 예외적으로 범인의 재산(가해자)을 강제 징수하여 피해자보상으로 돌려주는 특이한 형태의 몰수제도가 있었다.[327]

(4) 연좌형(緣坐刑)

연좌형은 범죄자와 일정한 친족관계가 있는 자에게 연대적으로 그 범죄의 형사책임을 지우는 제도를 말한다. 연좌형의 종류로는 ① 모반·대역과 연좌형,[328] ② 읍을 강등시키는 연좌형,[329] ③ 금고형의 연좌형을 들 수 있는데,[330] 이러한 연좌제도는 고종 31년(1894)에 폐지되었다.

2) 법외(法外)의 형벌

조선시대 형벌 중에는 법에 규정된 정형(正刑)과 부가형 이외에 실제 관아에서 관습적으로 행하여지던 형벌, 그리고 권문세도가에서 불법으로 행하여지던 사형벌(私刑罰)이 있었다. 이처럼 조선시대에는 법에도 없는 형벌이었지만, 위법으로도 간주되지 않는 등 일종의 관행 내지 관습에 의한 형벌이 다반사로 자행되었다.

(1) 관습적으로 관(官)에서 행하던 형벌로서 법전에도 없는 여러 가지 방법이 동원되었다. 이러한 형벌로는 주뢰형(周牢刑: 주리형)·압슬형·태배형·낙형·난장(亂杖) 등이 있었다.[331]

---

326) 김기춘 편저, 앞의 책, p.106.

327) 대명률 권제19 인명편(人命編) 채생절할인조(採生折割人條). 대명률직해 형률 인명(人命)편에 보면 살아있는 사람의 눈·귀·간담·지체(肢體)를 끊어 내어 약으로 파는 흉악범은 능지처사의 형에 처하고, 그의 재산을 몰수하여 피해자의 가족에게 주었으며, 과실치사나 과실치상을 하게 한 자는 각각 싸움하다가 치사·치상한 죄에 준하여 속전(贖錢)을 받아 장례비나 치료비에 쓰도록 피해자에게 주었다. 이는 오늘날 범죄피해자보상제도의 기원이라고 볼 수 있는 획기적인 형사제도이다.

328) 모반대역 죄인은 능지처사하고, 그 가족(반역자의 부와 16세 이상의 아들은 교형, 모와 처첩·형제자매 등)은 공신가의 종으로 삼고 모든 재산은 몰수하였다.

329) 지방(부·목·군·현)에서 강상죄인이 나오거나 반란이 일어날 경우, 읍(邑)을 강등하여 읍 전체에 대하여 연대책임을 가하였다. 이러한 연좌형은 대체로 강상죄를 범한 마을에 종종 적용되었다(수령은 파면하고, 심하면 죄인의 집을 파가저택하였다).

330) 금고형에는 (1) 영불서용(영원히 관리로 채용하지 않는 명예형), (2) 폐위서인(사대부를 서인으로 만드는 명예형)이 있었다. 이러한 연좌제도는 고종 31년(1894)에 폐지되었다.

331) 관습적으로 관(官)에서 행하던 형벌로는 (1) 양다리를 결박하여 주리는 트는 주뢰형, (2) 무릎 위를 압력으로 고문하는 압슬형, (3) 태(笞)로써 등 부위를 난타하는 태배형(笞背刑), 태배형은 세종 12년에 폐지되었는데, 그 이유는 사람의 오장(五臟)이 모두 등에 있기 때문에, 등을 때리면 인명을 상하게 하기 쉽다는 것 때문이었다, (4) 불에 달군 쇠로 낙인(烙印)시키는 낙형, (5) 여러 명이 장(杖)으로 난타하는 난장 등

(2) 반면, 권문세가에서 불법으로 행하던 사형벌(私刑罰)로서는, 의비형(劓鼻刑)·월형(刖刑)·비공입회수형(鼻孔入灰水刑)·고족형(刳足刑) 등이 있었다.[332] 이러한 법외의 형벌 등은 주로 몸에 과하는 육형(肉刑)이었는데, 제21대 영조 때 가서는 거의 폐지되었다.

Ⅳ. 범죄의 형태

조선왕조시대의 범죄형태에 관해서는 대명률직해·경국대전·속대전·대전통편 및 대전회통 등의 각 형전(刑典)을 참조하였다. 그리고 편의상 오늘날의 형법상의 기술체계에 따라 국가적 법익에 관한 죄, 사회적 법익에 관한 죄, 개인적 법익에 관한 죄로 대별하여, 도식화하였다.[333]

1. 국가적 법익에 관한 죄

왕권·왕실에 대한 범죄	모반·대역죄, 왕실의 권위를 침해하는 죄(어인이 찍힌 증서, 궁내 창고의 재물, 임금의 창고 등을 절취한 자), 유언비어날조죄 등
관리의 범죄	장오죄(수뢰죄), 좌장치죄(직무와 관계없는 뇌물수뢰죄), 재관구색차대인재물죄(위력에 의한 뇌물 수수죄), 관리청허재물죄(선물 등의 뇌물수수죄), 직무유기죄, 직권남용죄, 불법고문·치사죄, 남형(濫刑), 관(官)의 기강을 위반한 죄(창녀의 집에 유숙한 죄, 정권을 잡은 가문에 출입한 죄 등), 무고죄 등
관리에 대한 침해범죄 (백성의 관리에 대한 침해행위는 엄중형벌주의)	투구죄(구타죄), 매리죄(罵詈: 욕설죄), 죄인거포죄(공무집행방해죄), 옥수탈감급반옥재도죄(탈옥죄), 도류인도죄(徒流人逃: 유배지 등에서 도주죄) 등

이 있었다.

332) 권문세가에서 행하던 사(私)형벌로 대부분 노비를 대상으로 하였는데, (1) 코를 베는 의비형, (2) 아킬레스건(발뒤꿈치 힘줄을 끊어버리는 것)을 제거하는 월형, (3) 코에 잿물을 주입하는 비공입회수형, (4) 발을 쪼개는 고족형 등이 있었다.

333) 범죄의 형태에 관한 구체적 내용은 김형중,「한국경찰사」, 서울: 박영사, 2016, 1996, pp.595–638을 참조할 것.

2. 사회적 법익에 관한 죄

위조죄	위조범(관사의 인신, 순찰패, 소금의 판매증 등의 위조), 통화위조범(화폐는 삼베 → 무명 → 저화 → 동전 → 저화와 정포(正布)병행 순으로 통용됨)
방화죄, 실화죄	방화고소인방옥죄(방화죄) 장100, 실화죄(자기가옥 소실한 자 태형40, 관청이나 민간인 건물 소실자 태형50, 종묘나 궁궐 연소한 자는 교형).
도박죄	재물을 걸고 도박한 자 장(杖)80, 관직에 있는 자가 도박한 경우 죄1등 가중처벌(바둑·장기·쌍육놀이[334]·투전[335]·골패[336] 등)
성범죄	간음죄, 친속상간(친족 간의 간통죄), 노복과 고용인의 주인가족 등과의 간통죄, 상관이 소속 부하의 가족에 대한 간통죄, 피구금부녀 간음죄, 부모·남편의 상(喪)중에 간통죄, 승려·도사(道士)·여관(女冠) 등의 간통죄, 양민과 천인이 간통한 죄, 광대가 양민의 자녀를 처첩으로 삼은 죄 등

3. 개인적 법익에 관한 죄

살인죄	1) 모살인(謀殺人: 계획살인), 고살인(故殺人: 고의살인), 폭행·상해치사죄, 과실살해·과실상해죄, 연속살인·토막살인죄, 신체장기판매죄, 독살 등 2) 특례규정 (1) 조부모·부모·외조부모·남편·남편의 부모를 살해·음모한 경우에, 이미 살해하였으면 모두 능지처사, 음모를 이미 행하였으면 참형 (2) 처첩이 타인과 통간하고 간부(姦夫)와 공모하여 남편을 살해한 경우, 처첩은 능지처사하고 간부(통간한 남자)는 참형 (3) 강상죄인(삼강오륜을 범한 죄)[337] 형은 능지처사하였고 심하면 파가저택까지 하였음
폭행·상해죄	일반폭행, 상해죄, 중상해죄, 존속폭행·가장폭행 및 존속상해죄, 부부 간의 폭행 및 상해죄(아내나 첩이 남편을 구타한 경우, 남편이 아내나 첩을 구타한 경우, 처가 첩을 구타한 경우) 등

334) 쌍륙은 쌍륙판(말판)과 서른 개의 말 그리고 두 개의 주사위를 가지고 승부를 겨루는 놀이를 말한다. 쌍륙놀이에 대한 기록은 조선왕조실록상에서도 흔히 찾아볼 수 있는데, 유식층의 남녀 간에 또는 중류 이상 가정의 부녀자, 그리고 민간에게까지 널리 알려졌던 실내놀이 중의 하나이다. 쌍륙놀이는 오늘날 행해지고 있지는 않지만, 대한제국 말기까지 약 천 년 넘게 조상들이 즐겨왔던 놀이였다.

335) 투전은 골패와 함께 대표적인 노름이다. 투전의 도박성은 조선후기 영 정조대에 들어서면서 급속도로 퍼졌는데, 투전으로 말미암아 패가망신하는 자가 속출하였다. 다산 정약용은 목민심서에서 "여러 가지 도박 중에서 사람의 심성을 망치고 재산을 날려 부모와 친척들을 걱정시키는 것으로는 투전(마조)이 으뜸이며, 쌍륙과 골패(강패)가 그 다음"이라고 기술하고 있기도 하다.

336) 골패는 소·사슴 등 동물의 뼈를 나무에 덧붙여서 손가락의 마디 크기로 만들며, 구멍의 숫자와 모양에 따라 패를 맞추는 전통적인 놀이 및 도박 도구였다. 골패 역시 쌍륙·투전과 함께 도박성이 강한 놀이로서, 주로 양반·기생들이 즐겼다. 이러한 골패는 일본으로부터 화투가 들어와 급속도로 퍼지면서 점차 사라지게 되었다.

매리죄 (罵詈罪: 욕설한 죄)	일반매리죄, 조부모·부모에게 욕설한 죄, 노비가 주인 등에게 욕설한 죄 등	
재산범죄	강도죄	단순강도죄, 준강도, 강도살인, 강도강간죄
	절도죄	절도미수(태 50대, 자자형은 면제), 절도범(초범은 모두 오른 팔에 '절도' 두 자를 자자하고, 재범은 왼팔에 '절도' 두 자 자자, 삼범은 교형에 처함), 국외절도죄(중국 등 국경 밖에서 재물을 훔친 자는 교형에 처함) 등
	강도죄와 절도죄에 대한 친족상도례 조선시대에는 친족 간의 절도죄·강도죄·공갈죄·사기죄 등은 친속상도(친족상도)의 율에 의거하여 형을 감경하고 죄를 과(科)함	
	공하취재(恐嚇取財: 공갈죄)	절도범에 준하여 논죄하되, 죄 1등을 가중하고 자자형은 면제함
	사기관사취재 (詐欺官私取才: 사기죄)	관청이나 사인(私人)을 사기하여 재물을 취한자는 절도에 준하여 논죄하고, 자자형은 면제함

4. 위법성 조각과 형의 감경

존속고발과 불고지죄	자손·처첩·노비가 부모나 가장(家長)의 비행을 고발한 경우에 모반·반역을 제외하고는 고발한 자를 교형에 처함
살사간부죄(殺死奸夫罪: 간음현장에서의 살인죄)	처나 첩이 외인과 간통하는 것을 현장에서 포착하여 살해시는 불문. 만약 간통한 남자만을 살해시는 간통한 여자는 법에 의해 처단하거나, 데리고 살거나, 방매하거나, 임의대로 처분함
만상대반[338]의 경우	실질적으로 현장에서의 간음행위를 목격하지 않고 단지 만상대반의 행위를 했다는 이유만으로도 남편이 이들을 살해해도 불문에 붙이거나 형을 감경함
야무고입인가(夜無故入人家: 야간주거침입죄)	야간주거침입자는 장(杖)80의 형에 처하며, 집주인이 침입현장에서 범인을 살해한 경우에는 불문

337) 삼강오륜의 삼강(三綱)은 군신(君臣)·부자(父子)·부부의 도(道)를 말하는 것이고, 오륜은 부자·군신·부부·형제·붕우(친구) 간의 윤리를 말하는 것이다. 그러나 삼강오륜에는 이외에도 국상(國喪) 때 기생방에 출입하거나, 계모와 음증(淫蒸: 손아래 사람이 손위 사람과 간음하는 행위)하거나, 노비가 그 주인을 구타하거나 살해하는 경우 등도 강상죄에 해당한다. 강상죄(綱常罪)를 범한 마을의 경우 읍호를 강등시키고 수령을 파면하였고, 또 죄인의 처나 자녀는 노비로 삼고, 파가저택(破家瀦宅: 집을 헐고 그 집터에 웅덩이나 못을 만드는 것)을 하기도 하였다.

338) 만상대반이란 글자 그대로 '타인이 부인의 치마를 당기거나 한방에서 마주하여 밥을 먹는다'는 뜻으로, 조선시대 당시에 간통의 의미로 쓰던 말이었다.

존장위인살사화(尊長爲人殺私和: 살인에 대한 개인 간의 합의)	피해자의 자손이 복수를 아니하고, 관에 신고도 하지 아니하고 가해자와 임의로 합의하는 경우(조부모·부모·남편이 살해된 경우), 장(杖) 1백에 도(徒) 3년의 형에 처함
기타 감경사유	그의 어미와 타인이 간통하는 것을 그 아들이 간통한 남자를 죽이는 경우에는 유배형에, 아비가 타인에게 구타당하여 상처가 중한 경우 그 아들이 그 범인을 구타하여 죽음에 이르게 하였을 경우에도 사형을 감경하여 유배형에 처함

Ⅴ. 형사소송법규

1. 수사의 단서

조선시대에 있어서 범죄수사의 단서로는 1) 사인(私人)의 고소·고발에 의해서, 2) 관청이나 유사(有司: 직책을 맡고 있는 관리)가 직접 범죄를 인지하여 수사에 착수하는 경우 등을 대표적인 예로 들 수 있다. 다만 그 관아가 심판의 권한이 없을 때에는 그 사건을 해당 관아로 넘기도록 되어 있었다. 그러나 실제운영에 있어서는 이러한 규정이 잘 지켜지지 않았고, 각 사(司)·각 관방(官房) 등에서 구금(拘禁)과 남형이 수시로 자행되었다.

2. 수사의 실행

1) 법적근거와 상벌제도

범죄인은 관리만이 아니라 누구든지 잡을 수 있었다. 따라서 도망범인이나 도둑을 잡는 자 또는 범죄자를 관(官)에 고발하는 자에게는 포상[339]을 주는 한편, 범죄의 신고는 의무적 사항이었다. 그러나 존장에 대한 고소·고발은 도덕적·윤리적 측면에서 상당한 제약을 가하기도 하였다.

(1) 법적근거

조선시대의 수사 활동과 관련된 법규로서는 대명률직해·경국대전·수교(受敎) 등을 들 수 있다.

① 대명률직해·경국대전

대명률직해와 경국대전은 오늘날과 같은 범죄수사규칙 등에 관한 내용을 규정한 것은 아

339) 세종 17년 9월 6일 형조에서 "어린 아이를 버린 자를 현장에서 고발하는 사람에게는 면포 12필을 상으로 주고, 이를 일정한 법식으로 삼게 하자"는 건의에 따라 세종은 이를 법·제도화시키고 있기도 하다(세종실록 권69 세종 17년 9월 갑술조).

니었다. 그 내용은 주로 포도(捕盜)와 관련된 관리나 이에 종사하는 이속(吏屬)들에 대한 처벌과 포상 등을 골자로 하고 있다.

② 수교 등

수교는 대명률직해·경국대전과 더불어 수사에 관한 근본법이었다. 특히 수사활동과 관련하여 가장 큰 효력을 미친 것은 그 당시의 상황에 따라 내려진 국왕의 하교, 즉 수교(受敎)였다. 그 이외에도 행정법규집인 「6전조례」, 그리고 부검과 관련된 「신주무원록」 등도 수사상의 법적근거로 많이 활용되었다.

2) 체포·구금

(1) 직수아문

① 의의

조선시대 일대를 통하여 위법자를 체포하고 구금할 수 있는 기관, 즉 직수아문(直囚衙門)은 형조·병조·한성부·사헌부·승정원·장예원·종부시(宗簿寺) 등의 7개의 중앙관사(中央官司: 조선후기로 가면서 비변사, 포도청 등이 추가됨)와 그리고 지방의 관찰사·수령 등이 있었다.[340] 따라서 조선왕조에 있어서의 범죄수사권은 직수아문에 있었다고 볼 수 있다. 다만 직권에 속하는 위법자를 체포하는 경우에도 타기관의 그 업무영역과 관할구역을 침범하지 못하였다.[341]

② 체포·구금의 대상

직수아문기관이라고 하더라도 모든 사람을 대상으로 체포·구금이 가능한 것은 아니었다.

㉠ 범행이 있다고 고소·고발이 있거나, 또는 해당 관서에서 범행이 인지된 경우라도 그 범행이 장형(杖刑) 이상에 해당하는 경우에만 체포·구금할 수 있었다.

㉡ 문무(文武)의 관원 및 내시부(內侍府)·사족(士族)의 부녀 등은 왕에게 보고 한 뒤에 옥에 가두도록 되어 있었다. 다만 사죄(死罪)를 범한 자는 수금(囚禁)한 뒤에 아뢰도록 하였고, 승려로서 살인·도둑질·간음·상해를 범한 자도 동일하게 처리하였다.

㉢ 70세 이상 15세 이하는 강도·살인이 아니면 구금하지 아니하며, 이들이 도범(盜犯)인 경우에도 자자형은 면제하였다.[342]

③ 형구 사용

죄인이 수금되면 범죄의 경중·신분의 고하에 따라 형구(刑具)를 사용하는 것도 상당한 차이가 있었다.

---

340) 경국대전 권5 형전 수금조.

341) 예컨대, 중앙의 포도대장이 해당 관찰사 관내의 도적을 체포하려면, 국왕의 명을 받아 해당 관찰사에게 통고한 후가 아니면 체포할 수 없었다.

342) 경국대전 권5 형전 수금조.

㉠ 사죄(死罪)는 가(枷: 나무칼)를 목에 씌우고 추(杻: 수갑)와 족쇄(足鎖: 발에 채우는 쇠사슬)를 채우고,

㉡ 유형(流刑) 이하는 칼을 목에 씌우고 수갑을 채우며, 장형(杖刑)은 칼을 목에 씌운다.

㉢ 의친(議親)[343]·공신(功臣)·당상관·사족(士族)의 부녀가 사죄(死罪)를 범하면 항쇄(項鎖: 목에 채우는 쇠사슬)를 채우고, 당하관·서인(庶人: 관원이 아닌 사람)의 부녀가 사죄를 범하면 항쇄와 족쇄를 채우고, 장형(杖刑)이면 항쇄만 채운다.

3) 추단(推斷: 수사와 심리절차)

(1) 고신(拷訊: 고문)

조선의 형사소송절차는 규문주의 절차였다. 그 결과 범인의 자백은 「증거의 왕」의 지위를 점하였고, 고문이 법적으로 허용되어 있었다. 반면 이에 비례하여 남형을 방지하기 위한 여러 가지 제한 규정 등이 법·제도화되어 있었다.

① 고신의 절차

㉠ 모든 고신(拷訊)[344]은 임금의 지시를 받고서 집행하도록 하였다. 조선시대의 고신(고문)은 직접 또는 간접적으로 허용된 일종의 형벌로서, 형신(刑訊) 또는 형추(刑推)라는 용어로도 쓰였다.[345] 이러한 고신은 수사단계에서는 물론이고 재판과정에서도 허용되었는데, 이때 사용된 것이 신장(訊杖[346])이었다.

㉡ 지방에서의 고신

㉮ 지방에서는 관찰사에게 보고하고 고신을 하였으며, 제주 3읍(세 고을)[347]은 절도사(節

---

343) 의친은 범죄를 저질렀을 때 임금에게 보고하여 구인·심문해야 하는 8종의 계급을 말한다. 의친(왕가의 일정한 범위의 친척)·의정(議政: 왕가와 사귄지 오래된 친구)·의공(議功: 큰 공이 있는 자)·의현(議賢: 큰 덕행이 있는 현인군자)·의능(議能: 큰 재능과 학업이 뛰어난 자)·의근(議勤: 대소의 문무관원으로 직무에 성실한 유공자)·의귀(議貴: 관직이 1품이거나 관직이 3품 이상인 문무관 및 산관 2품 이상인 자)·의빈(議賓: 전대 군왕의 자손으로서 국빈 대접을 받는 자) 등이 있다. 이 중 의친과 의귀가 제일 중요하였다.

344) 고신이란 매질을 하면서 원하는 내용의 진술을 얻어 내려는 진술 강요수단으로서, 오늘날의 고문에 해당한다.

345) 속대전 형전 추단조 및 수교집록(受敎輯錄) 추단조 참조.

346) 신장(訊杖)은 고신(고문)에 쓰는 매로서, 태형과 장형(杖刑)에 쓰는 매와는 규격과 때리는 부위가 달랐다. 신문용 신장의 규격은 길이가 3척3촌(三尺三寸: 3자3치로 약 1m 정도)이었다. 고신(고문)하는 방법은 대명률직해 옥구지도(옥에서 쓰는 여러 가지 형벌도구)에서는 '볼기와 넓적다리'를 친다고 하였으나, 우리나라 국전(國典)인 경국대전·대전통편·대전회통에서는 일관되게 '무릎 아래를 치되 정강이에는 이르지 않게 하며, 한 차례에 30대를 넘지 못하도록' 규정하였다.

347) 제주(濟州)는 해도(海島)이기 때문에 일차적으로 목사의 겸직인 병마수군절제사(兵馬水軍節制使)가 추단권(推斷權)을 가지도록 하였다. 병마절제사는 처음에 전주와 경주에만 두었다가 후에 광주(廣州)와 의주(義州)에 두고 부윤(府尹: 종2품)이 겸임하였다. 수군절제사는 실제로는 없었고, 다만 제주도에만 목사(牧使: 정3품)가 병마수군절제사를 겸임하였다. 조선시대에는 진관체제(鎭官体制)의 설치와 함께 「절도

度使)[348]에게 보고하고 고신하였다.

㉯ 문무의 관원·내시부·사족(士族)의 부녀·승려는 관찰사가 왕에게 보고하며, 제주 세 고을의 경우에는 절제사가 관찰사에게 보고하여, 왕에게 아뢰는 절차를 밟았다.

② 고신의 폐해

조선조 일대를 통하여 고신(고문) 중에 장살(杖殺)되거나, 또는 여러 가지 형태의 남형(濫刑), 즉 법외의 고문으로 치사(致死)하는 사례가 허다하게 발생하였다.[349]

(2) 검험(檢驗: 변사체의 검시)

① 의 의

검험이라 함은 살인·치사(致死)사건·옥에 갇힌 죄수·유배 중인 죄인이 사망하였을 경우에, 해당 관리가 현장에서 사체를 검증하고 사망원인을 밝혀 검안서를 작성하던 검시제도를 말한다. 오늘날 변사체의 검시와 동일한 개념이라고 할 수 있다.

② 관련 법규

변사체검시와 관련된 법규정으로는 대명률직해 형률·신주무원록·경국대전·속대전·6전조례, 한성부에서 공포 간행된 검시장식(檢屍狀式: 검시의 보고서를 쓰는 서식) 등을 들 수 있다.

③ 변사체 검시과정

㉠ 초검

㉮ 신주무원록은 사건 현장에 도착하여 어떻게 검시할 것인지, 그리고 어떤 절차를 거쳐야 할 것인지에 대한 표준지침서였다. 검시는 3검제도(초검→복검→3검)를 원칙으로 하였다.

㉯ 초검 과정은 대개 사건접수→출동→현장묘사→시체묘사→검시 참여인들의 확인→시장(屍狀) 작성 및 사체보존 지시 후 관문을 복검관에게 발송하는 순으로 전개되었다.[350]

사」 아래에 절제사 또는 첨절제사가 생겨 전국에 걸쳐 중요한 군사거점에 설치된 거진(巨鎭)의 책임자로 임명되었다. 육군의 경우 대부분 부윤·대도호부사·목사·도호부사의 수령들이 절제사를 겸임했으며, 수군의 경우는 대부분이 전임직이었다. 따라서 제주 3읍의 경우 목사의 겸직인 절제사가 거진의 책임자로서, 절도사의 지휘·통제를 받았다.

348) 절도사는 병마절도사와 수군절도사의 총칭으로서, 병마절도사는 지방의 병마(兵馬)를 지휘하는 종2품이었고, 수군절도사는 해군을 통솔하는 정3품 무관이었다. 절도사는 각 도(道)의 군권(軍權)을 장악하였으며, 대개는 관찰사(종2품)가 겸임하였다.

349) 인조실록 권46 인조 23년 5월 기유조. 제16대 인조 23년 5월 28일 이조 참의 조석윤이 국정 전반에 걸쳐 직언하는 내용 중에 "요즘에 직사(直司: 직무에 따라 책임지고 맡아서 하는 사무)를 맡은 신하들이 서로 다투어 엄하고 혹독함을 숭상하는데, 그중에도 무관이 더욱 심하여 사소한 범죄에도 곤장을 쓰기 때문에, 기한(飢寒: 굶주리고 헐벗어 배고프고 추움)으로 병들어 파리해진 백성들이 비명에 죽은 자가 많고, 혹은 판결하기 어려운 옥사로서 오래도록 계류되어 옥에 갇혀 있는 자도 많다"고 하고 있는 것으로 보아, 당시의 실상을 충분히 짐작할 수 있다.

350) 왕여 지음, 최치운 주석·김호 옮김, 앞의 책, p.61.

이 중 현장과 시체에 대한 묘사과정이 검험의 핵심 사항이며, 이 실질적인 검시 과정에서 가장 필요한 문서가 시장(屍狀)이었다. 시장(屍狀)은 사건 현장에 가지고 가는 공문서로서 이를 바탕으로 검시관이 일일이 대조·기록하여 회신(回申)토록 규정하였고, 이를 위반시에는 사체검안불이행죄로 논죄되었다.

㉡ 복검

제1차 검험수사가 끝나면 제2차 검험을 하는데, 이를 복검(覆檢)이라고 한다.

㉮ 중앙에서는 한성부의 낭관을 검시관으로 차출하고, 초검의 순서대로 검험한다. 그리고 그 결과를 한성부에 보고하면 한성부는 이를 형조에 보고한다.

㉯ 지방의 경우 사건이 발생한 해당 군현의 수령이 초검을 하고, 이어 관문(공문서)을 보내어 인근 군현의 수령에게 복검을 부탁한다. 이때 초검관은 그 검험의 사정을 복검관에게 누설하지 못한다.[351]

㉰ 형조에서는 접수된 초·복검의 각 검안서를 대조하여 내용이 일치하고 별다른 쟁론(爭論)이 없으면, 시체를 친속에게 주고 친속이 없으면 그 마을에 맡겨 매장하게 하였다. 그러나 만일 검시관 사이에 논쟁이 있는 경우에는 절대로 시체를 내주어서는 안 되고 곧 구덩이를 하나씩 파서 거적 등으로 시체를 담아 구덩이 안에 안치(安置)하고, 그 위를 문짝 등으로 덮고 흙으로 봉토(封土)를 만들어 둔 후 재조사에 대비하였다.[352] 즉 두 검시관의 의견이 일치되지 않거나 또는 그 검험에 의혹이 있을 때에는 다시 3검(三檢)을 명하게 된다.

㉢ 삼검(3검)

㉮ 3검은 초검 또는 복검에 관한 검시내용이 만약 상반된 사실이 있는 경우에는 초기(草記)[353]한 뒤에 집행하되, 비답(批答: 임금이 내리던 답)의 내림을 기다려야 했다. 그러나 이를 기다리는 동안 혹 지체되는 경우가 있으므로, 한쪽으로는 초기(草記)하고, 한쪽으로는 검시를 개시할 수 있었다.

㉯ 3검을 한 뒤에 검험을 성실하게 하지 못한 관원·의생(醫生)·율생(律生) 또는 하리(下吏) 등은 모두 조사한 뒤에 논죄하였다.

㉰ 검험한 뒤에는 5일 이내에 초검관·복검관·형조의 당상과 낭관이 일제히 모여 자세히 다시 조사한 다음, 충분히 의심된 점이 없는 연후에야 비로소 완결하여 임금에게 상주하였다.

㉱ 사체(死體)를 매장한 지 약간 오래 되었다 할지라도 마땅히 검험하여야 할 경우에는 전례에 의하여 시체를 발굴하여 검험하되, 백골이 아주 오래된 것을 발굴하여 검시할 경우에는 반드시 먼저 임금께 글로 아뢴 뒤에 이를 거행하였다.

---

351) 상동 검험조,

352) 신주무원록 권하2 험법조(驗法條)

353) 초고로 쓰는 것 혹은 그런 기록을 말한다. 또는 중앙 각 관아에서 행정에 그리 중요하지 아니한 사실을 간단히 적어 임금에게 올리던 상주문을 말하기도 한다.

㉤ 지방의 경우 초검과 복검에 의해 조사된 검안보고서는 해당 도의 관찰사에게 올려보내지고, 관찰사는 형조에 다시 보고한다.

㉥ 변사체 처리는 중앙이나 지방의 경우 모두 왕의 최종적인 재가를 받아 처리하였다.

(3) 재 판

조선시대의 경우에 형사사건은 사건의 경중이나 또는 성질에 따라 이를 조사·처벌할 수 있는 사법기관(司法機關)이 달랐다. 그러나 어디까지 형사사건의 재판권은 왕이 직접 장악하고 있었으며, 단지 경미한 사건만이 관찰사·수령에게 위임되어 있었다. 따라서 왕이 재판할 경우에는 왕의 단독제 법원이라고 할 수 있고, 지방의 경우 관찰사·수령의 단독제 법원이라 할 수 있다.

① 사수삼복(死囚三覆: 사형수의 삼심제)

㉠ 사형죄인은 중앙과 지방을 막론하고 초심·재심·삼심을 거쳐 임금께 아뢰도록 하였다. 이를 삼복계(三覆啓)라 하며, 세종 초부터 제도화되었다.[354] 이러한 삼복제는 조선왕조가 멸망하기까지 지속되었다.

㉡ 수사와 재판에 관한 일체의 서류는 왕에게 상달(上達)되었으며, 왕은 이를 처리함에 있어 원칙적으로 서류심사만으로 재결하는 것으로 종결지었다. 다만 일정한 중범죄에 대하여는 국청(國廳)을 설치하여 사실심리를 다시 하는 경우도 있었다.

② 소원(訴冤)

㉠ 사형 이외의 유형 이하에 해당하는 범죄는 형조 또는 지방의 관찰사가, 태형인 경우에는 수령이 직접 처단하였다. 그러나 실제에 있어서는 소원제도[355]가 확립되어 있어, 유형이나 도형에 해당하는 사건도 왕의 재가를 받는 경우가 종종 있었다.

㉡ 원통하고 억울한 일을 호소하는 자는 서울은 주장관(主橵官: 주무관사의 장관)에게 올리고, 지방은 관찰사에게 올린다. 그렇게 한 뒤에도 억울한 때에는 사헌부에 고소하고, 그래도 또 원통하고 억울함이 있으면 신문고를 쳐 왕에게 직소(直訴)할 수 있었다.[356]

③ 심리기한

결옥일한(決獄日限)이라 함은 재판의 지연을 방지하기 위하여 사건을 대·중·소의 3등급으

---

354) 지방에서는 관찰사가 차사원(差使員)을 정하여 그 읍의 수령과 함께 신문하여 보고토록 하고, 또 차사(差使) 2명을 정하여 반복해서 심사케 하고, 다시 관찰사가 직접 신문한 후 형조를 거쳐 왕에게 보고토록 되어있었다. 여기서 차사원이라 함은 중요한 임무를 맡겨 파견하는 임시관원을 말한다. 조선초기에는 오직 관찰사만이 차사원으로 정하여 파견할 수 있었다(경국대전 권5 형전 추당조).

355) 소원이란 원통하고 억울한 사정을 관(官)에 호소하는 것으로, 오늘날의 고소·고발·진정 등에 해당된다.

356) 경국대전, 대전통편 및 대전회통 권지5 형전 소원조.

로 나누어 시한(時限)을 설정한 것을 말한다.

㉠ 대사(大事)는 30일, 중사(中事)는 20일, 소사(小事)는 10일을 기한으로 하였는데,[357] 사증(辭證: 당사자가 신청하는 증거)이 다른 곳에 있어서 그 사건에 참작하여 구명(究明)해야 할 경우에는, 그곳의 멀고 가까움에 따라 가고 오는 날의 수를 빼서 그 기한 안에 결옥(決獄)함을 마치도록 하였다.

㉡ 결송관리가 재판을 고의로 지연시키면 장(杖)100에 처하고 영구히 임용하지 아니하였고, 중앙관과 지방관이 형사사건을 빨리 처결하지 아니하고 죄수를 오랫동안 감옥에 넣어 두어 그 해가 지난 경우에는 조사 문책하여 파직시켰다.[358] 그러나 이러한 결옥일한(決獄日限)에 관한 규정이 있음에도 불구하고 실제로는 그대로 엄수되지 못하고, 오랫동안 감옥에 가둬 두는 사례가 빈번하였다.[359]

Ⅵ. 행형제도(行刑制度)

행형제도는 시대별·국가별로 형벌의 지향하는 목적에 따라 각기 상이하지만, 대체로 고대에서 근대 이전까지는 응보형주의에 입각하였다.

1. 행형관서(行刑官署)

조선시대의 형벌은 오늘날의 자유형(사형, 징역, 금고)과 같이 재판 후에 일정한 기간 죄인을 구속하는 것이 아니라, 형이 확정되면 곧 집행하는 것이 일반적이었다. 따라서 조선시대의 감옥은 미결수의 구금·기결수인 사형수·도형(徒刑)에 처해진 범죄자를 일시 구금하던 구류장소로서의 효용 가치가 있었다.

---

357) 사죄(死罪)에 해당하고 사증이 30일 거리에 있는 것을 대사(大事)라 하였고, 사건이 도(徒)·유형에 해당하고 사증이 20일 거리에 있는 것을 중사(中事)라 하였다. 소사(小事)는 태형·장형에 해당하면서 사증이 10일 거리 안에 있는 것을 소사(小事)라고 하였다(태종 15년 12월 신미조; 세종 25년 4월 기해조).

358) 대전회통 권지5 형전 결옥일한조.

359) 성종실록 권46 성종 5년 8월 임진조. 제9대 성종 5년 8월 10일에 형조 정랑 이의(李誼) 등 5인이 아뢰기를 "결송관리(決訟官吏)가 판결을 지연시키지 못하게 하는 법이 대전(大典)에 실려 있는데, 지방의 수령이 국법을 두려워하지 아니하고 위세에 겁이 나서 고의로 지연시켜서 혹은 10여 년 혹은 20~30년에 이르니, 그 법은 한갓 문구(文具: 실속은 없이 겉만 그럴듯하게 꾸밈)가 될 뿐이며, 세력이 없는 무리들은 세력이 뛰어난 자에게 제압당하여 억울함을 품고 일생을 바치는 자가 있다"고 하고 있다. 이로 보아 권력층의 압력에 결송(決訟)이 지연당하는 예가 적지 않았던 것으로 보인다.

1) 전옥서(典獄署)

(1) 전옥서의 변천과 관원

① 의의

㉠ 전옥서는 고려 초부터 옥에 수감된 죄수들에 관한 일을 담당하던 관청으로, 오늘날의 구치소와 유사한 기능을 수행하였다.

㉡ 전옥서는 태조 이성계가 조선을 건국하고 관제를 정할 때 이를 승계하여 영(令)·승(丞)의 관원을 두었는데,[360] 종7품아문이었다. 그 뒤 제7대 세조 12년 경국대전체제가 정비되면서, 종6품아문으로 정착되어 조선말기까지 계승되었다.

㉢ 전옥서는 형조의 속아문(屬衙門: 소속 관청)으로서, 직수아문의 여러 관사에서 추고(推考)한 죄인과 의금부에서 이송하는 죄인 등을 인계받아 가두었다.

② 관원

㉠ 관원으로 부제조(정3품 당상관) 1명은 형방승지가 겸임하였으나, 실질 책임자는 종6품인 주부(主簿)였다. 그 아래 봉사(奉事: 종8품) 1명, 참봉(參奉: 종9품) 1명, 그리고 이속으로 서리(書吏) 4명·나장 30명을 두었다.

(2) 전옥서의 구조

전옥서는 남자옥이 동쪽 3칸, 서쪽 3칸, 북쪽 3칸이었고, 여자옥이 남쪽 2칸, 서쪽 3칸 있었다.

2) 중앙의 옥(獄)

(1) 순군만호부의 옥(순군옥)

조선시대 전 과정을 거쳐 죄수를 전문적으로 가두는 곳으로 전옥서만 있었던 것은 아니었다. 고려 말 조선초기의 순군만호부(순군부)에 순군옥(巡軍獄)이 설치되어 운영되었고, 그 후 제3대 태종 때에 순위부→의용순금사→의금부로 명칭이 개칭되면서 감옥의 명칭도 순금사옥(巡禁司獄)→의금부옥(義禁府獄) 또는 조옥(詔獄)[361]으로 바뀌면서 그 기능을 수행하였다.

(2) 직수아문(直囚衙門)의 옥과 지방의 옥(獄)

조선전기에는 7개의 직수아문기관으로서 형조·사헌부·한성부·도총부·병조·사간원·종부시에도 부설된 옥사가 따로 있었다.[362] 그러나 이들 옥사는 규모나 시설 면에서 간이시설 정도

---

360) 태조실록 권제1 태조 원년 7월 정미조에 "전옥서는 수도(囚徒: 죄인)의 일을 관장한다. 영(令) 2인 종7품, 승(丞) 2인 종8품이고 사리(司吏)는 2인이다"라고 하고 있다.

361) 김형중, "조선초기의 순군만호부의 조직과 기능에 관한 연구", 역사와 경계 90, 2014, p.181.

362) 김기춘 편저, 앞의 책, p.117.

에 지나지 않았고, 다만 조선후기 초 좌·우 포도청의 부속옥사(附屬獄舍)가 전옥서에 버금가는 정도의 시설과 규모를 갖추고 있었다. 포도청의 옥사를 보통 좌옥(左獄)과 우옥(右獄)이라고 불렀다.[363)]

(3) 내수사옥

궁중에는 내수사(內需司)[364)] 에 죄인을 수금(囚禁)하는 옥사(獄舍)를 부설하여 운영하였는데, 이를 내수사옥(內需舍獄)이라 하였다. 내수사옥은 제19대 숙종 37년 6월 왕명에 의해 폐지되었다.[365)]

3) 지방의 옥(獄)

지방에는 감사(관찰사)의 주재지(駐在地: 파견되어 머무르는 곳)에 도옥(道獄) 또는 부옥(府獄)이, 수령이 있는 주재지에는 군옥(郡獄)·현옥(縣獄) 등이 있었다.

2. 형구(刑具)

넓은 뜻으로 볼 때 형구라 함은 고신(고문)에 사용되는 도구와 구금·징벌 등에 사용되는 도구를 말하는데, 일명 옥구(獄具)라고도 한다. 조선시대의 형구로는 태(笞)·장(杖)·신장(訊杖)·가(枷)[366)]·추(杻) [367)]·철삭(鐵索)[368)]·요(鐐)[369)] 등이 있었다. 따라서 형구는 크게 죄수나 피의자의 신체에 고통을 주는 데 사용되는 신체형구 및 고문구, 죄수나 피의자의 신체를 속박하는 데 사용되는 옥구 등으로 세분해 볼 수 있다.[370)]

---

363) 김기춘 편저, 앞의 책, p.119.

364) 조선시대 왕실 재정의 관리를 위해 설치되었던 정5품 아문(衙門)이다. 주로 왕실의 쌀·베·잡화 및 노비 등에 관한 사무를 관장하였다.

365) 숙종실록 권50 숙종 37년 6월 경진조. 숙종 37년 6월에 "내수사의 옥사(獄事: 크고 중대한 범죄를 다스리는 일)는 그 유래가 오래 되었으나, 마음은 항상 편안하지 못하니 이제부터 내수사옥을 혁파하라"고 하였다.

366) 가(枷)는 죄인의 목에 씌우는 나무칼로써, 마른 나무로 만들었다. 사형수에게는 칼을 목에 씌우고 수갑과 족쇄를 채우며, 유형 이하의 경우에는 칼을 목에 씌우고 수갑을 채웠다. 장형은 칼만을 목에 씌웠다. 여자인 경우 비록 사죄(死罪)라도 칼을 채우지 않고(여인물가) 항쇄만 채웠고, 조선후기(영조)에는 유생에게도 채우지 않았다(유생물가).

367) 추는 죄인의 손에 채우는 수갑으로 나무로 만들었다. 남자가 사죄를 범했을 때 채웠으며, 유죄 이하와 여자 사형수에게는 이것을 채우지 않았다. 추와 비슷한 형구로서 죄수의 발목에 채우는 차꼬는 좌우로 여러 죄수의 발을 교차로 집어넣어 빠지지 않게 채워 죄인을 감시할 때 쓰는 형구였다.

368) 철삭은 가벼운 죄를 범한 죄수에게 사용하는 쇠줄을 말한다. 철삭은 목에 채우면 항쇄, 발에 채우면 족쇄라고 하여 사용되는 신체부위에 따라 그 명칭이 달랐다.

369) 요는 죄인의 발목에 채우는 쇠뭉치가 달린 쇠사슬의 일종이며, 도형을 선고받은 죄인은 이 요를 발목에 차고 강제노역에 종사하였다. 요는 탈출방지와 고통을 가중시키기 위한 형구였다.

370) 대명률직해 옥구지도(獄具之圖); 경국대전 권5 형전 수금조(囚禁條).

3. 형의 집행

(1) 즉시집행과 예외

형이 확정되면 즉시 집행하는 것이 원칙이었으나, 경축일이나 기일(忌日) 등에는 금형일(禁刑日: 형을 금지하는 날)이라 하여 고신(拷訊: 고문)과 형의 집행을 금하였다.

(2) 사형집행

① 사형집행에는 대시수(待時囚)와 부대시수(不待時囚)의 구별이 있었다. 대시수는 사형수를 대기시켰다가 춘분 전, 추분 후에 집행하였다. 그러나 10악의 죄를 범한 자나 강도범 등 극악범은 부대시수라 하여, 형(刑)이 결정되면 즉시 집행하였다.

② 사형수는 마땅히 3복주(三覆奏: 세 번 거듭 조사하여 죄상을 왕에게 아뢰던 일)하여 회보를 기다려야 했는데, 이를 복주시보(覆奏侍報)라고 하였다. 따라서 사형수는 복주의 회답을 받고 3일이 경과한 후에 집행해야 하는데, 이를 어기고 바로 형을 집행한 자는 장(杖)80의 형에 처하였다.[371)]

4. 휼형제도(恤刑制度: 형을 신중하게 시행하는 일)

조선왕조는 전 시기를 통하여 죄수의 인권보장을 위하여 여러 가지 제도적 장치를 지속적으로 마련하였다. 이것은 역대 국왕들이 인정(仁政)의 상징으로서 휼형을 중시하였기 때문이었다. 조선시대에 죄수에 대한 휼형제도가 본격화된 것은 제4대 세종 때부터였다.

1) 법적 규정

(1) 경국대전

① 서울은 사헌부가, 지방은 관찰사가 옥에 갇힌 죄수를 검찰하였다. 만일 옥에 가두지 않았거나, 옥사(獄舍)를 깨끗이 하지 않았거나, 외부의 누통(漏通: 비밀을 누설하여 알려 줌)시키거나, 죄인을 침학(侵虐: 침범하여 포악하게 행동함)하는 일이 있으면 장100에 처하였다.

② 죄인의 죄명·처음 가둔 일월·고신 및 죄를 결정한 수(결죄수)를 각 관사는 매 10일마다 기록하여 왕에게 아뢰고, 지방은 계절의 끝 달에 아뢰도록 하였다.

③ 몹시 춥거나 심하게 더운 때에는(11월 초하루부터 정월 그믐까지, 5월 초하루부터 7월 그믐까지) 강상·횡령·도둑과 관련된 범죄자 중에서 남자는 장(杖) 60대 이상, 여자는 장 100대 이상의 처벌에 해당되는 자는 제외하고, 그 나머지 장(杖) 100대 이하는 모두 속전(贖錢)을 받도록

371) 대명률직해 권28 형률단옥 사수복주시보조(死囚覆奏侍報條).

하였다.372)

(2) 육전조례

육전조례에는 옥사 시설과 면회금지 등에 대하여 자세하게 규정하고 있다.373)

2) 보 방

보방이라 함은 건강이나 유교윤리상 수금(囚禁)이 적당하지 않다고 생각되는 일정한 경우에 일시적으로 석방하는 제도를 말하며. 오늘날의 보석제도와 유사하다. 보방은 크게 병보방(病保放)과 친상보방(親喪保放)으로 나눌 수 있다.

(1) 병보방(病保放)

병보방은 자신이 중요한 병에 걸려 수금(囚禁)을 참아내기 어려운 경우에 그 치료를 위하여 일시 석방하여 주는 제도였다. 병보방을 하기 위해서는 두 가지 요건이 갖추어져야 하는데, 그중 하나는 중대한 범죄를 저지르지 않아야 하고, 또 하나는 병이 극히 중하여야 하였다. 그러나 병보방을 허가받은 자는 일정한 지역 내로 거주지를 제한당하였다.

(2) 친상보방(親喪保放)

친상보방은 부모나 조부모의 상을 당한 경우에 일시 석방하여 주던 제도였다.

① 친상보방의 대상

㉠ 사형수 이외의 모든 죄수

친상보방의 대상은 사형수 이외의 죄수에게는 모두 허용되었으며, 보방의 기간은 성복시(成服時: 초상(初喪)을 당하여 상복을 만들어 입을 때까지를 말함)까지였다. 이 기간은 초상 후 약 3일에서 5일 정도로 추정된다.

㉡ 귀양 중 죄수

귀양 중에 있는 죄수에게도 친상보방은 허용되었으며,374) 이들에 대한 보방기간은 3개월 정도였다.

---

372) 경국대전 권5 형전 휼수조(恤囚條).

373) 6전조례 권지9 형전 전옥서 옥수조 및 감옥조. 이에 대하여는 필자의 「한국경찰사」, 서울: 박영사, 2016, pp.655–659를 참조할 것.

374) 숙종 31년 2월 6일 우의정 이유가 말하기를 "종전에도 귀양 간 사람들에게 돌아가 장사를 지내도록 허락한 것이 한두 번에 그치지 않았으니…이러한 일은 마땅히 규칙을 정하여 시행하도록 하자"고 건의하니 임금이 그대로 따랐다고 하고 있다. 따라서 숙종 31년 이전부터 이미 친상을 당한 경우에는 유배중인 자들에게 장사를 지내도록 허락한 것이 관례로 되어 있었다고 볼 수 있다(숙종실록 권41 숙종 31년 2월 경오조).

제6절 조선후기의 경찰

Ⅰ. 총 설(경찰사적 측면)

조선후기는 정치·사회·경제적 요인으로 말미암아 또한 상당히 불안한 상태였다. 당시 치안질서유지를 담당한 기구로는 중앙의 포도청과 지방의 토포사·수령 등을 들 수 있다. 그러나 이들 관아 중 서울의 치안을 담당하던 포도청이 경찰기관으로 최고의 관청이었고, 그 업무 또한 방대하였다.

조선후기의 포도청은 급격한 사회변화에 따른 신종범죄의 증가와 이에 따른 업무량의 확대, 또 한편으로는 왕권을 수행하는 역할도 수행하였다. 따라서 포도청의 권한과 기능 역시 이에 따라 강화될 수밖에 없었다. 특히 당시의 포도청의 활동과 수사업무 등에 대한 범죄수사기록이 오늘날 전해지고 있는데, 이것이 바로 「포도청등록」이다. 「포도청등록」은 영조 때부터 고종 때 임오군란 직후까지를 기록한 것으로 절도·강도·사전(私錢: 개인이 위조한 가짜 돈)·국경의 잠상(潛商)행위[375]·밀도살·천주교 박해 때의 심문 기록 등이 생생하게 기술되어 있다. 이러한 포도청은 고종 31년(1894) 갑오개혁 때 경무청으로 조직과 명칭이 바뀌면서 역사 속으로 사라지고 말았다.

Ⅱ. 경찰관제

조선후기로 들어서면서 가장 두드러지게 눈에 띄는 경찰관제로는 비변사·포도청·직수기관의 증가 등을 대표적인 예로 들 수 있다.

1. 중앙의 경찰

1) 비변사(備邊司)

(1) 의의

비변사는 조선시대 군국기무(軍國機務)를 관장한 문무합의기구로서, 일명 비국(備國)·주사(籌司)라고도 한다.

375) 법령으로 금하는 물건을 몰래 매매하는 장사 또는 그러한 장사를 몰래 하는 사람을 일컫는다.

(2) 비변사 설치과정

① 지변사재상중심의 문무협의기관

조선전기 6조 직계제가 시행되던 시기에는 국방부격인 병조에서 군사행정을 관장하였다. 그러나 외적의 침입 등 변방에 국가적 비상사태가 발생시 병조(문관) 단독으로 군사문제를 해결할 수 없게 되자, 의정부의 3정승, 6조의 대신, 그리고 변방의 일을 잘 아는 지변사재상(知邊司宰相: 경상도·전라도·평안도·함경도의 관찰사와 병사·수사를 지낸 종2품 이상의 무관 관원)으로 구성한 회의에서 이와 같은 문제들을 협의하고 결정하였다.

② 임시관청으로서의 비변사

비변사는 중종 12년(1517) 6월에 설치되었는데, 이때에는 병조의 3사(三司: 무비사·무선사·승여사) 이외에 1사(司)를 임시로 더 설치한 데 불과하였다. 비변사는 초기에 왜구침입이나 변방에 중대한 사건이 일어났을 때만 독자적으로 군사행동 등을 하였지만, 이것은 전시에만 설치된 임시관청이었다.

③ 관제상의 정식아문(정규관청)으로 전환

㉠ 비변사가 정규의 관청이 되어 독자적인 합의기관이 된 것은 제13대 명종 9년(1554) 때였다. 이때부터 비변사 당상관들은 종래처럼 빈청에 모이지 않고 비변사에 모여 변방의 군사문제를 논의하는 독립된 관청이 되었다. 명종 10년(1555)에 청사가 설치되고 관원(도제조·제조·낭청)이 임명되어, 관제상의 정식아문(관청)이 되었다. 그 결과 변방의 군무 외에도 전국의 군무를 모두 처리하였기 때문에, 주무대신인 병조판서와 국가최고행정기관인 의정대신(議政大臣)도 군사기밀을 알지 못하는 폐단이 생겨 행정체계가 무너진다는 비판이 일어 폐지론이 대두되기도 하였다.

㉡ 선조 25년(1592) 임진왜란이 일어나 국가의 모든 행정이 전쟁수행에 직결되자, 비변사의 기구가 강화되고 권한도 크게 확대되었다.[376] 이때부터 비변사는 국방문제뿐만 아니라 외교·산업·교통·통신 등 주요 국정전반을 토의·결정하는 기구로 전환되었고, 반면 의정부와 6조 중심의 행정체계는 유명무실해졌다.

④ 비변사 등록

비변사에서 토의·결정된 중요사항을 기록하여 1년에 1권씩 엮어 냈는데, 이것이 「비변사등록」이다. 현존하는 것으로는 광해군 9년(1617)부터 고종 29년(1892)까지 비변사등록 273권이 남아있다.

---

376) 비변사는 수령의 임명·군율의 시행·논공행상·공물진상·사체매장·훈련도감의 설치·산천제사·정절(貞節)의 표창 등 군정·민정·외교·재정에 이르기까지 전쟁수행에 필요한 모든 사무를 처리하였다.

⑤ 폐지

㉠ 비변사는 행정상의 질서, 기능상의 중복 그리고 권한의 한계성 때문에 폐지론이 여러 차례 제기되었다. 고종 1년(1864)에 대원군은 의정부와 비변사의 한계를 규정하여 국정의결권은 의정부에 이관시키고, 비변사는 외교·국방·치안관계만을 종전대로 맡아보게 하여 비변사의 기능을 약화시켰다.

㉡ 고종 2년에 비변사를 폐지하고, 그 대신 조선초기의 삼군부(三軍府) 제도를 부활시켜 군무(軍務)를 처리하도록 하였다.

⑥ 비변사의 경찰사적 의미

비변사는 조선후기 국가의 중요한 모든 업무를 협의하는 중추기관이었기 때문에, 중요한 치안업무도 당연히 논의의 대상이었다. 따라서 비변사는 중요 경찰업무를 최종적으로 협의·결정하는 최고기관이었다.

2) 포도청 창설 이전의 포도장제(捕盜將制)

조선전기에 순찰과 포도금란(捕盜禁亂)을 맡아보던 순군만호부가 최종적으로 의금부로 개칭되면서, 의금부의 기능은 순수한 사법기관인 양반재판소로 전환되었다. 그 결과 순군만호부는 진갑(進甲: 62년)을 일기(一期)로 경찰기구로서의 수명을 마치게 되었다. 그 후 속대전상의 포도청이 상설될 때까지 전문적 경찰관청은 정식관제에서는 찾아볼 수가 없게 되었다. 다만, 도적이 성행하면 포도장(捕盜將)을 임명하여 경찰군(警察軍)을 편성하고 포도(捕盜)에 종사하게 하였다가, 도적이 수그러들면 폐지하는 등 포도청이 창설되기까지 설치와 폐지를 거듭하였다. 이와 같은 과정과 행태는 아직까지도 포도청의 성립연대조차 정확히 구명(究明)치 못하는 결과를 가져오는 데 결정적인 요인으로 작용하였다. 조선왕조실록의 사료적 가치는 당대 벌어진 정치적 사안 등에 대해서 가능한 한 모든 것을 기록하고 전후 상황과 결말을 빼놓지 않고 상세히 서술했다는 점에서 어느 역사서와 다른 생동감이 있다는 것을 특징으로 들 수 있다. 그럼에도 불구하고 포도청의 기원이나 설치연대 등에 대한 정확치 못한 기현상은 위와 같은 이유 등에서 비롯되었다고 볼 수 있다.

(1) 포도장제(捕盜將制)

① 포도사목(捕盜事目)의 제정

제5대 문종 때부터 이미 의정부(議政府)에서 포도전담관을 설치하자는 논의가 있었고,[377]

---

377) 문종 1년 6월 4일 의정부에서 전담포도관 설치가 논의되었는데, 전담포도관이 필요하다는 견해(좌의정 홍보영·우의정 남지 등), 필요없다는 견해(좌찬성 김종서), 적극적으로 별도 도둑을 잡는 포도관직을 두어야 한다는 주장(좌찬성 안숭선)이 대립하고 있었다. 이때 문종은 김종서의 의견을 따라 몇 번 시행하다가

제9대 성종이 즉위하면서 포도(捕盜)에 관한 대책이 본격적으로 논의되기 시작하였다.

성종 2년 2월에 전국적으로 도적이 끊이지 않자 드디어 도적을 잡는 규칙인 포도사목(捕盜事目)을 제정하기에 이르렀다.[378] 이러한 포도사목의 내용은 포도장제를 제도화시키는데, 결정적인 역할을 하였다.

② 포도장제(捕盜將制)의 운영과 실태

㉠ 포도장제의 운영

조선왕조실록상에 포도장(捕盜將)에 관한 기록이 처음 보이는 것은 성종 때였다. 포도사목이 제정되고 약 3개월 후인 성종 2년 5월 25일에 조한신을 황해포도장으로, 홍이로를 경기포도장으로 삼고 각각 기병·보병 40명씩을 보냈는데, 포도장 명칭도 이때 처음으로 등장하고 있다. 그러나 이때의 포도장은 전국 각 도마다 임명한 것은 아니고, 특히 도적의 발호가 극심한 도(道)에만 파견하는 정도였다. 따라서 이러한 포도장제는 초기에 어디까지나 상설로 제도화된 것이 아니고, 임시로 설치한 데 불과하였다.[379]

㉡ 포도장의 증설

㉮ 포도장제는 성종 5년 1월에 폐지되었으나, 45일 후 동왕 5년 3월에 포도장제가 다시 설치되었다. 그 후 동왕 6년 1월 4일에 서울 도성 내의 인가에 고의로 불을 놓아 물건을 훔치는 도적이 발생하는 등 도적의 발호가 더욱 심해지자, 포도장을 좌변(左邊)·우변으로 나누어 2인의 포도장을 두었다.[380]

㉯ 좌변은 서울의 동부·남부·중부·경기좌도를 맡고, 우변은 서울의 서부·북부·경기우도를 맡았다. 따라서 성종 12년 3월 24일부터 포도장 2인이 서울과 경기도를 좌우로 분할하여 치안에 대한 책임을 지게 되었다. 당시의 포도장은 단독 관청이 아닌 병조소속하에서 운영되었다.[381]

효과가 없으면 안숭선의 의견을 따르는 것이 좋겠다고 결론을 지었다(문종실록 권8 문종 1년 6월 신미조).

378) 성종실록 권9 성종 2년 2월 신유조. 포도사목 8개항에 대한 구체적인 내용은 저자의 「한국경찰사」, 서울: 박영사, 2016, pp.675-676를 참조할 것.

379) 성종실록 권38 성종 5년 1월 신해조. 성종 5년 1월 25일에 도승지 이승원 등이 아뢰기를 "이양생은 포도장이 되어 튼튼한 병졸을 많이 거느리면서 도둑을 잡는다고 핑계대고 자기 집에서 일을 시켰으며, 만약 오랜 혐의가 있는 자가 있으면 비록 도둑이 아니더라도 얽어매어 채찍으로 때리는 등 하지 못하는 바가 없습니다. 그래서 그 위세에 겁을 먹고, 소를 잡는 무뢰한 무리들이 그 문(門)에 모여들어 공공연하게 뇌물을 받습니다. 신 등은 생각건대 포도장은 임시로 장수에게 명하여 도둑을 잡을 뿐이니, 포도장은 상설할 필요가 없습니다"라고 주장하여, 포도장 이양생은 권력남용으로 파직되었다. 이로보아 포도장직은 임시직에 불과하였음을 알 수 있고, 이때에 포도장제 역시 폐지되었다.

380) 성종실록 권51 성종 6년 1월 갑인조.

381) 성종 20년 9월 26일에 병조판서 정괄 등이 포도장의 증원을 건의하자, 포도장 증원은 병조에서 의논하여 보고하라고 왕이 하교하고 있다. 이로 보아 포도장은 병조소속하의 기관이라는 점이 분명해진다(성종실록 권232 성종 20년 9월 신사조).

㉢ 포도장제의 폐지와 복설

㉮ 제9대 성종초기에 설치된 포도장제는 치안유지에 기여한 공(功)만큼이나, 권력남용과 작폐 등의 과오 또한 적지 않았다. 따라서 포도장제의 폐지문제가 자주 거론되었고, 결국 성종 21년 2월 19일에 포도장제는 두 번째로 폐지되었다.

㉯ 포도장제가 폐지된 후 도성 내에 강도가 빈번히 민가에 침입하여 인명을 위협하고 재산을 강탈하는 사태가 자주 일어나자, 또다시 포도장 복설 문제가 제기되었다. 이때 성종(성종 21년 4월)은 포도장을 지금 복설하는 것은 불가하다고 하면서도 권설직(權設職: 임시직)으로 포도업무(捕盜業務)에 정통한 자 2명을 위촉하여 도둑잡는 임무를 맡기고, 또 당하관(堂下官) 가운데 문신(文臣) 2인과 무신(武臣) 2인을 종사관(從事官)[382]으로 삼아서, 만약 도둑맞은 곳이 있으면 즉시 보내어 잡도록 하라고 전교(傳敎)하였다.[383] 이와 같은 전교의 내용은 종전보다 종사관 4명이 더 보강되어, 실질적으로는 복설한 것보다 더 강화된 조치였다.

㉰ 성종 21년 4월의 이러한 조치 이후부터는 조선왕조실록상에 포도장을 폐지하자는 논의는 찾아볼 수 없고, 다만 포도장이 임무소홀이나 권한남용 등으로 탄핵을 받거나 교체되는 등의 기록만을 찾아볼 수 있다. 따라서 이때부터 포도장제가 정착되었다고 추정된다.

③ 포도장제의 정착화와 조직강화

㉠ 포도장제의 정착화

좌·우변 2인의 포도장제는 약 10년만인 성종 24년 윤4월 3일에 한성(서울)5부에 각각포도장 한 사람씩을 두고, 또 포도장을 보좌하는 문신 종사관 각각 1명씩을 두는 획기적인 조치가 있었지만(포도장 5인과 종사관 5인), 대체로 2인의 포도장제가 계속되었다.

㉡ 지방의 포도막 설치(조직강화)

성종 24년에는 중앙과는 달리 지방의 경우에는 이미 고을 요충지의 갈림길에 모두 포도막(捕盜幕)이 설치되어 도적에 대한 방비책을 강구하였으나, 그 폐단 역시 심하였다. 지방수령들은 관리들을 시켜 포도막에 종사하는 백성들을 불시에 점검하게 하고, 빠진 사람에게는 속전을 거두기도 하고 혹은(관리들이) 뇌물을 받기도 하였다.[384]

㉢ 지방에 포도장 파견과 포도부장직의 신설

제10대 연산군 시기는 치안혼란의 시대였다. 지배세력 내부에서는 연산군의 폭정 그리고 훈구대신의 이권 챙기기와 권력투쟁에 따른 사화가 연이어졌다. 이에 맞물려 도적과 강도가

382) 종사관은 조선시대 각 군영(軍營: 훈련도감·금위영·어영청 등)과 포도청에 소속한 종5~6품 관직이었다. 훈련도감에는 6명, 어영청에는 문무관 각 1명, 포도청은 좌·우 각 3명이 있었다. 포도청의 종사관에 대하여는 후술하였다.

383) 성종실록 권239 성종 21년 4월 무자조.

384) 성종실록 권283 성종 24년 10월 신사조. 정언(正言)유승종이 성종에게 "포도막을 설치하지 말고 각각 그 집에서 활과 화살을 갖추어서 도둑을 방비케 하자"는 건의는 그만큼 포도막 설치와 그에 대한 폐단이 많았다는 것을 입증하고 있다.

횡행하고 민중들의 저항이 꼬리를 물고 일어났다. 이에 따라 연산군 2년 윤3월 27일 일시에 전국8도에 강·절도 소탕령을 내리기도 하였다.[385)]

㉮ 지방에 포도장 파견

• 연산군은 포도장 정유지를 경기·충청 등지로 파견하여 도적을 잡게 하는 조치를 취하였다.[386)] 이것은 포도장의 지방파견금지를 금(禁)하던 선왕(先王: 성종)의 전교까지 무시한 처사였으나,[387)] 그만큼 지방의 치안상태가 극히 불안하였다는 것을 보여주고 있다.

• 홍길동 사건

홍길동은 조선의 3대도적으로 불리어지기도 하는데, 충청도 일대를 무대로 부자나 부정한 벼슬아치 집에 쳐들어가 강제로 재물을 약탈하였다. 연산군 6년(1500)에 홍길동이 잡혔다. 연산군 일기에는 그 과정이 자세히 기록되어 있지는 않지만, 이때 홍길동 일당의 연루자로 정삼품 지위까지 올랐던 엄귀손은 홍길동의 음식물을 받았고, 홍길동이 사는 집도 그가 주선하는 등의 비행이 구체적으로 기술되고 있다. 엄귀손은 처음에는 장(杖)100에 3,000리 유배조치를 받았는데, 나중에 옥중에서 장독(杖毒)으로 죽었다.[388)]

㉯ 포도부장직 신설

• 연산군 8년 12월에는 포도부장(捕盜部將)이라는 직책이 조선왕조실록상에 처음을 등장하고 있으나, 「포도부장」이라는 직책이 언제부터 설치되었는지는 정확히 진단할 수 없다. 다만 연산군 8년 12월 20일에 연산군이 「포도부장」으로 하여금 도둑을 잡게 하라는 전교로 보아, 연산군 8년 12월 20일 이전에 이미 설치되었다고 추정된다.[389)] 따라서 포도부장직이 신설되면서 연산군 8년(1502) 12월에는 포도장·문무종사관·포도부장 등 경찰상층부의 골격이 어느 정도 체계화되었다.

• 도직막 설치(서울)와 지방의 치안대책

연산군 9년에는 경기, 평안도 일대 그리고 서울 근방에서도 도적과 강도떼들이 시도때도 없이 출몰하였다. 이에 따라 서울 근처 곳곳에 도직막(盜直幕: 도적을 잡으려고 설치한 임시초소)을 설치하여 민관방범활동을 강화였으나 거의 효과가 없었다.[390)]

---

385) 연산군일기 권14 연산군 윤3월 갑술조.

386) 연산군일기 권26 연산군 3년 8월 갑오조.

387) 성종 24년 12월 9일 성종은 "포도장이 외방(지방)에 가면 폐단이 있으니 보내지 말라"(성종실록 권285 성종 24년 12월 기사조).

388) 연산군일기 권39 연산 6년 10월 기유조.

389) 연산군일기 권47 연산 8년 12월 무오조. 연산 8년 12월 20일에 "포도장을 추가로 더 설치할 필요는 없다. 「포도부장」으로 하여금 성문 밖에서 복병을 하였다가 도둑을 잡게 하고, 도둑을 잡은사람에게 후한 상을 주게 하라"는 전교가 있었다.

390) 중종실록 권17 중종 8년 2월 4일(계묘조). 연산군에 이어 중종 때에는 빙부(강에서 얼음을 떠내는 일을 직업으로 하는 사람·진부(나루를 지키는 사람)·거마부(소와 말을 부리는 일 꾼)·조례·서리 등을 시켜 도직막을 지키게 하였으나, 불려 나와서도 제대로 지키지도 않고 자주 소요를 일으키는 등 거의 효과가 없었다.

한편, 지방의 경우 평안도·경기김포 등지에서 무장 강도들이 활개를 치고 다녔는데, 대표적인 것이 평안도 안주의 도둑 홍자관을 들 수 있다.[391] 이에 따라 권농(勸農)·이정(里正)·포도(捕盜) 등 관리를 두어서 검찰하도록 시켰으나,[392] 이 또한 역부족이었다.

3) 포도청

경찰사적 측면에서 볼 때 중종시대는 상당히 중요한 의미를 지니고 있다. 왜냐하면 「포도장제」라는 경찰기구가 경찰관료제로서의 골격을 갖추면서, 결국 「포도청」이라는 독립관청으로 탄생된 시기이기 때문이다. 중종대의 포도청이 제도적으로 완비되어 가는 과정을 체계화시켜 정리하면 다음과 같다. 중종 23년 포도장(捕盜將)으로부터 포도대장으로의 직제의 승격·종사관·포도부장의 임용절차를 제정 → 동왕 26년 포도절목의 마련과 좌·우변 포도대장 휘하의 위장·부장·종사관 배치 → 동왕 33년 포도군관 등에 대한 인사개혁 단행 → 동왕 36년 좌·우변 포도대장 휘하에 포도부장 3명·포도군관 10명·군사 50명 상시적 배치 → 동왕 38년에 「포도군사 좌우변 각각 77명에다가 각각 20명씩 추가배치하여, 좌·우변 각각 97인으로 편성」되는 과정을 거치고 있다. 이와 같은 「포도장제」의 일련의 직제상의 형성발전은 필연적으로 경찰기구를 독립적으로 탄생시키는 결정적인 요인으로 작용하게 되었다.

(1) 포도청의 창설기

① 경찰사적 측면에서 볼 때 「포도청」의 설치시기는 상당히 중요한 의미가 있음에도 불구하고, 오늘날까지도 포도청의 창설시기에 관해서는 여전히 논란의 대상이 되고 있다.[393]

② 포도청에 관한 기록이 처음 보이는 것은 중종 35년(1540) 10월 7일자에서 그 근거를 찾아볼 수 있다. 덕양군 이기(李岐)의 하인들이 도적을 잡아 포도청에 신고했는데 받아주지 않는 것은 포도대장 부하들이 소홀하게 취급했기 때문이라는 내용이다. 그러나 「포도청」이라는 용어가 최초로 보인다고 하더라도 이때부터 설치된 것은 아니기 때문에, 별다른 의미를 부여할 필요는 없다. 다만 「포도청」이 이미 설치되어 항구화되어 가는 것을 확인하는 데는 도움이

---

391) 연산군일기 권50 연산 9년 9월 무자조. 연산 9년 9월 25일에 좌의정 이극균이 "평안도 안주에 도둑 홍자관 등이 사람들을 모아 떼를 지어 횡행하며 약탈하고, 사람 죽이기를 삼 베듯 하는데, 일찍이 그의 도둑질을 고발한 사람이 있자, 그 사람 부자를 다 베어 죽였다"고 왕에게 아뢰고 있다.

392) 연산군일기 권47 연산 8년 12월 20일(무오조).

393) 포도청의 창설시기에 관해서는 여러 가지 견해가 제시되고 있다. 첫째, 포도청의 설치시기를 제9대 성종으로 보는 견해(이상식, "의금부고", 역사학 연구 Ⅳ, 1975, pp.34−40), 둘째, 중종 23년 이전으로 보고 있는 견해(내무부치안국, 앞의 책, pp.225−236; 강욱 · 김석범 외, 「한국경찰사」, 경찰대학, 2006, p.96), 셋째, 중종 26년 이후에 포도청이 설치되었다고 보는 견해(허남오, 「너희가 포도청을 아느냐」, 서울: 가람기획, 2001, pp.93−94), 넷째, 중종 39년 1월로 보는 견해(김영철, "조선왕조 경찰제도의 사적 고찰−포도청을 중심으로", 건국대학교 석사학위논문, 1971, pp.44−45) 등이다

된다고 할 수 있다.

(2) 포도청의 설치시기

① 포도청은 성종 초기 포도장제가 권설직(權設職: 임시로 둔 관직)으로 출발하면서 그 싹이 트기 시작하였다. 그 후 일련의 과정을 거쳐서 중종 23년 11월 22일을 기점으로 포도청의 포도대장·종사관·포도부장·포도군관 등 임금이 임명하는 것으로 전환되면서 항구직화 되었다.

② 또 포도청의 하층구조인 포도군사는 중종 20년까지 전임직이 아니었으나, 이 또한 임금이 병조에 하명하여 포도군사의 수를 그때그때 상황에 따라 증원하는 등 정규화되어 가는 수순을 밟고 있다. 그리고 중종 36년 11월에는 포도군사 50여 명이 상시적으로 배치되어 하층구조마저 완비되었다. 따라서 중종 23년을 전후로 하여 포도청의 상하조직의 편제와 인원 그리고 운영체제 등이 대체로 윤곽이 정해졌다고 볼 수 있다. 이로 보아 포도청은 중종 23년을 기점으로 이미 포도청이 설치되었다고 보아야 한다.

(3) 포도청의 시대별 조직과 기능의 변천

중종 때에 포도청이 창설된 이후 전문적인 경찰기관으로서 정착화되어 가면서, 일련의 편제조정과 그 기능에도 여러 가지 주목할 만한 변화들이 발생하였다.

① 명종기의 포도청

㉠ 명종시기는 조선왕조시대를 통틀어 도적이 가장 극성을 부리던 시기였다. 제13대 명종 2년 4월 이전에는 이미 좌·우 포도청이 설치되어 운영되었으나, 그 체제가 허술하여 포도대장이나 그 소속 관원들의 위상 또한 확고하게 정립된 것도 아니었다.[394] 그러나 명종 14년에도 도적 임꺽정 일당이[395] 황해도 일대에 횡행하는 등 발호가 심해지자 포도청을 활용하는 빈도가 높아지기 시작하였고, 이와 같은 현상은 조선 말까지 지속되었다.

㉡ 제13대 명종 이전까지의 포도장(포도대장을 의미함)은 중앙의 제도로 존재하면서 지방에 피치 못할 대형사건(집단 도적 떼 등)이 발발했을 때, 극히 제한적으로 지방을 지원하는 체

---

394) 명종실록 권2 명종 즉위년 12월 기해조.; 명종실록 권5 명종 2년 4월 정미조; 명종실록 권5 명종 2년 4월 기유조. 명종 즉위년 12월 10일에 도성 내에 강도가 횡행하자 포도대장이 추국을 당하였고, 동왕 2년 4월 26일에 봉사(奉事) 신의충의 집에 강도가 재물을 강탈해 간 사건으로 포도대장과 (포도)부장 등이 추고 당하였다. 또 동왕 2년 4월 28일에 도성 안팎에서 강도가 사람을 해치고 죽이는 일이 곳곳에서 일어나자 직무에 충실하지 못한 죄를 물어 포도대장·포도부장·포도군관 등이 추고를 당하는 등 갖은 곤욕을 당하기도 하였다.

395) 명종 14년(1559) 양주의 백정출신 임꺽정은 도적떼를 끌어모아 황해도, 경기도 등 전국을 누비며 무려 3년 동안이나 관군을 괴롭혔다. 그들은 백성들 사이에서 홍길동처럼 의적으로 통하고 있었기에 그를 잡으러 다니는 관군이 오히려 민간인에게는 원흉으로 취급받기도 하였다.

제였다. 그러나 명종대부터 지방수령이 자체적으로 포도장을 뽑아 도적을 잡도록 함으로써, 포도장제는 전국적인 조직으로 체계화되었다. 뿐만 아니라 지방의 포도장은 공적에 따라 중앙관료로 진출할 수 있는 통로가 마련되었다.

② 선조기의 포도청

제14대 선조대에는 포도청의 편제와 관련하여서는 특이할 만한 것이 없고, 다만, 포도청의 임무가 다양한 분야까지 확대되어갔다. 포도청의 업무는 ㉠ 호랑이 잡기, ㉡ 벽서사건 연루자 체포, ㉢ 소도살자 체포, ㉣ 과거장의 과거 응시자 감시업무 등에까지 그 범위가 확대되었다.

③ 광해군에서 현종기까지의 포도청

제15대 광해군 때에는 경찰사적으로 유일무이한 편제가 시행되었다. 그것은 기존의 좌·우포도청의 두 기관에다 다시 새로운 좌·우포도청을 가설하여 포도청을 도합 4개의 관청으로 운영시켰다. 이처럼 포도청이 4개청으로 증설된 것은 조선왕조 일대를 통하여 광해군 때가 유일하며, 광해군이 축출된 후 다시 2개청(좌·우포도청)으로 환원되었다.

④ 탕평정치와 포도청(숙종·영조·정조)

이 시기에 포도청의 역할은 크게 두드러진 것은 없고, 제19대 숙종시기부터는 포도청 관원의 기강이 해이해져 권력남용과 부정부패가 발호되던 시기였다. 그 후 제20대 영조시기부터 포도청의 기강을 강화시키기 시작하였고, 제21대 정조 때에 들어서면서 포도청 관원의 근무해이와 비리에 대하여 강력한 처벌정책을 시행하여 포도청의 기능을 원래대로 회복시켰다.

㉠ 숙종시기의 포도청

제19대 숙종 때에 이르러 붕당정치 형태가 무너지기 시작하자, 숙종은 인사관리를 통하여 세력균형을 유지하려는 탕평책을 시도하였다.

㉮ 숙종시기에는 홍길동·임꺽정과 함께 조선의 3대 도둑이라고 일컬어지는 장길산 무리 이외에는 더 큰 도적은 나타나지 않았다. 장길산은 10여 년 동안 전국을 무대로 활동하면서 반역에도 연루되어 있었으나, 홍길동이나 임꺽정과는 달리 장길산의 체포기사는 찾아볼 수 없다. 따라서 장길산은 아마도 체포되지 않은 것으로 추정된다.

㉯ 포도청은 제19대 숙종 때에 들어서면서 그 기능이 점차 마비되어 갔고, 또한 민간에 대한 횡포가 심하여 부정부패를 스스로 조장하였다. 이런 와중에도 숙종은 당시 남인과 노론의 권력쟁탈에서 포도대장을 통하여 경찰권을 장악함으로써, 왕권을 확립해 나갔다. 반면, 왕권이 강화되자 상대적으로 포도청 관원의 기강이 해이해져 권력남용과 부정부패가 발호되는 특이한 현상이 나타나기 시작하였다.[396]

---

396) 숙종실록 권35상 숙종 27년 3월 무신조. 숙종 27년 3월 21일에는 "고(故) 판서(判書) 김휘의 서자 김숙만을 포도청에서 도적 떼라고 지적하고, 군관과 나졸을 파견하여 결박하고 난타한 후 후한 뇌물을 요구하였다. 이 사건으로 포도대장은 추고(推故)당하고 포도군관과 나졸은 옥에 가두어져 엄하게 처벌을 받았다.

㉡ 영조시기의 포도청

㉮ 영조는 이인좌의 난을 계기로 붕당 간의 관계를 조정하여 탕평파를 중심으로 정국을 운영하여 붕당의 정치적 의미를 상당히 희석시켰다. 그리고 왕권강화와 포도청의 기강확립 방안으로 포도대장을 수시로 교체하였고, 심한 경우 1개월을 넘기지 못하는 단기 인사를 감행하는 등 포도청의 기능을 다시 강화시켰다.[397)]

㉯ 포도대장 치정사건

영조 43년 7월 15일 포도대장 이태상[398)]이 도둑에게 배를 칼로 찔린 초유의 사건이 발생하였고,[399)] 진상조사 결과 포도대장 이태상과 이태상의 집 종(이남)이 여자 종 한 사람을 놓고 다투다가 발생한 희극적인 치정사건으로 판명되었다. 이 여파로 포도대장 이태상은 사임하였고, 종 이남은 그날로 효수되었다. 그리고 그의 세 아들인 전라좌수사 이한창·대구 영장(營將) 이한정·길주목사 이한풍이 경질되었다.

㉢ 정조시대의 포도청

㉮ 조선후기 포도청이 제대로 기능을 발휘한 것은 제22대 정조시기였다. 이때 포도대장은 그 관원 그리고 지방의 수령까지도 포도(捕盜)와 관련된 사안에 관해서는 군율로 다스리는 등 강력한 처벌 정책을 추진하였다. 그 결과 포도청과 지방의 수령들은 경각심을 갖고 포도(捕盜)에 주력하여 사회질서는 전반적으로 안정을 찾게 되었다.

㉯ 정조때는 조선왕조를 통틀어 경찰권이 가장 강력하게 행사된 시기였다. 포도대장의 위상을 격상시켜 포도대장이라는 자리가 국왕의 대리자로서의 경찰권 행사자임을 대대적으로 인식시켰고, 정조의 친위부대인 장용영의 부대 대장은 포도대장 출신[400)]을 주로 등용시켰다.

⑤ 세도정치와 포도청

세도정치시대의 포도청의 역할이나 포도대장의 임무는 본래의 소임보다 세도가의 입장을 옹호하는 영역 내에서 일을 추진할 수밖에 없었다. 대표적인 것이 천주교 탄압이었는데, 여기에 선봉장 역할을 한 것이 포도청이었다. 그 이외에는 뚜렷한 치안대책 등을 찾아볼 수가 없다.

---

397) 영조 1년 2월 28일에 신광하·이봉상을 포도대장으로, 동왕 1년 3월 19일에는 오중주를 포도대장으로 다시 임명하였다(영조실록 권3 영조 1년 2월 병신조; 영조실록 권4 영조 1년 3월 정사조).

398) 이태상은 충무공 이순신의 손자로서, 임피현감·고산리첨사·전라좌수사·경상좌병사·경기수사·북도병사·광홍유수·좌포대장을 두루 거쳤다. 그러나 고산리첨사·김해부사·북도병사·광홍유수로 재직시 여러 번 사간원 등으로부터 탄핵을 받은 문제의 인물이었다.

399) 포도대장 이태상의 피습사건을 보고받은 영조는 "이웃 나라에 알려지게 되면 안 된다. 3백 년 동안 없었던 망측한 일이 일어났는데, 범인을 잡지 못하면 나라의 기강이 어찌 되겠는가. 좌·우 포도청은 현상금을 걸어 금일 안으로 잡아들이도록 하라"(영조실록 권100 영조 43년 7월 정축조).

400) 장용영의 대장으로 이한풍·유효원·서유대·조심태·신대현 등을 들 수 있는데, 이들은 모두 포도대장직을 거친 인물이었다.

㉠ 순조시대의 포도청

㉮ 세도정치기(순조·현종·철종)에는 매관매직이 성행하고 관직의 부패가 극심하였다. 그 결과 각 처에서는 화적과 수적이 출몰하였고, 순조 11년(1811)에는 홍경래의 난 등이 일어나는 등 사회는 극도로 혼란한 상태에 이르렀다.

㉯ 포도대장직 역시 세도가에 의탁하는 인물이 임용되었다. 포도대장은 당연히 비변사 당상으로 임명되었기 때문에, 국정에 대하여 옳은 정책을 건의하여야 함에도 불구하고 자신의 소임보다는 세도가의 입장을 옹호하는 기구로 전락하였다.

㉰ 순조가 어린 나이로 즉위하자 정순왕후가 수렴청정을 하면서 정적인 시파와 남인들을 몰아내기 위한 수단으로 천주교를 탄압하기 시작하였는데, 천주교 박해에 선봉장 역할을 한 것은 포도청이었다. 순조 1년 천주교 금지령을 내리고 오가작통법을 실시하여 천주교도들을 단속함으로써, 전국적으로 수만에 달하는 희생자가 발생하였다.

㉡ 철종시기의 포도청 습격 사건

철종시대는 제23대 순조 때부터 시작된 안동 김씨의 세도 정치가 절정을 이루던 때여서, 탐관오리들의 전횡으로 말미암아 삼정(三政)의 문란이 극에 달해 백성들의 생활이 도탄에 빠져 있던 시기였다. 그리고 이러한 시대조류에 편승하여 포도청의 부정·부패 또한 예외는 아니었고, 특히 조선왕조 일대를 걸쳐 있을 수도 없는 포도청 습격 사건까지 발생하였다.

㉮ 「포도청 습격」

철종 11년 음력 5월 16일 12시경 경희궁에 목수들이 점심을 먹고 난 후, 손에 몽둥이를 들고 우포도청과 좌포도청 그리고 좌변 군관청에 난입하여 부수고 군관·교졸을 묶어 닥치는 대로 때린 초유의 사건이 발생하였다.[401)]

㉯ 습격 원인

경희궁 보수공사가 그 단초였다. 경희궁은 순조 29년(1829) 10월 큰 화재로 인해 대부분 소실되었고, 그리하여 순조 30년에서 31년까지 대대적인 중건을 하였다. 그 후 철종 10년(1859) 보수공사가 이루어져 철종 11년 여름에 끝낼 예정이었다. 이때 서울의 목수뿐만 아니라 개성·평양의 목수까지도 많이 차출되었는데, 이들은 품삯도 제대로 받지 않는 판에 늘 포졸들에게 돈을 뜯겼다. 특히 도급제이므로 도목수는 일정한 몫을 포도청에 상납해야 일을 제대로 할 수 있었다. 이런 상황에서 동료 백계창이 소량의 쇠못을 빼내다가 기찰 교졸에게 잡히자 이들의 감정은 드디어 폭발하기에 이르렀고, 백계창을 구원하기 위하여 좌·우포도청을 습격하게 된 것이었다. 이 난동은 그날 저녁 무렵에야 끝이 났다. 다음날 새벽부터 우포도대장 신관호의 지시에 따라 일하러 나온 목수들이 모두 우포도청으로 끌려갔고, 그 과정에서 서울에 사는 주모자 탁경순 등 11명의 목수들만 체포되고, 서울에 연고가 없는 개성·평양의 목수들은 행방이 묘연하였다.

---

401) 포도청등록 상 우포도청등록 제14책 경신(庚申) 5월 목수집단돌입작뇨조.

㉰ 결과

이 사건으로 좌·우 포도대장은 파직 후 유배되었고, 주모자 1명(탁경순)은 효수, 공범자 10명 중 3명은 장(杖) 30대 충군, 나머지 7명은 경중을 가려 곤장을 치거나 징계하여 석방시켰다. 그러나 그때 도망간 개성·평양의 목수들은 끝내 잡히지 않았다.

⑥ 고종시대의 포도청

1863년 철종이 죽은 뒤 고종이 12세의 어린 나이로 왕위에 오르게 되자, 국왕의 생부인 대원군의 섭정[402]이 시작되었다. 이때 포도대장의 위세는 제25대 허수아비 임금인 철종시대와는 비견할 바가 아니었다.

㉠ 제26대 고종 즉위년에 섭정의 대권을 위임받은 흥선대원군은 정치적 기반이 허약했기 때문에, 군사권과 경찰권을 장악하는 것이 급선무였다. 포도대장 임명은 고종 5년 이전까지는 삼군부(三軍府)[403]에서 천망(薦望: 3사람의 후보를 추천하면 그중 1명을 임금이 낙점하는 것)하는 형식이었다. 그러던 것이 고종 7년에는 의정부에서 특정인을 임금에게 추천하는 형식으로 전환시켜 경찰권을 장악하였다.[404]

㉡ 장관급으로서의 포도대장의 지위격상

㉮ 고종 8년 7월은 경찰사적 측면에서 대단히 중요한 의미를 가지는 관제상의 변혁이 있었다. 즉 좌·우포도대장을 삼군부의 무부제조(武府提調)[405]로 겸직케 하는 관제를 정하였다.

이때부터 병조소속하의 무관직인 포도청의 좌·우 포도대장은 병조판서와 같은 의정부 당상관의 동일 직위로 수직 상승되었다. 오늘날로 치면 장관급에 해당하는 직위였다.

㉯ 제도상의 폐단

포도대장의 무부제조 겸직에 대하여 의정부 당상관들은 이를 부당한 처사라고 생각하였고, 그런데다가 제도상 폐단도 수반되었다. 포도대장은 종래 궐문 밖에서 국왕의 명령을 기다

402) 섭정은 독단적으로 일정기간 임금을 대신해서 정치를 수행하는 것인데, 한말 제26대 고종의 섭정을 맡은 흥선대원군을 대표적인 예로 들 수 있다. 반면 청정은 어린 임금을 도와 '정사를 듣고 결단하는 제도'이다. 따라서 대비가 직접 조정에 나가 발을 드리우고 청정하는 것을 수렴청정이라고 한다.

403) 삼군부(三軍府)는 원래 조선 태조 초기의 군무(軍務)를 통할하던 관청으로, 의흥삼군부를 약칭한 것으로 세조 3년에 폐지되었다. 그리고 임진왜란 후에는 비변사가 외교·국방·치안·일반 행정도 모두 의논하여 결정하였다. 따라서 조선초기의 최고의 행정관청이던 의정부는 유명무실한 형식상의 최고 기관으로 남게 되었다. 그러다가 고종 2년(1865) 대원군은 비변사를 폐지하고, 그 대신 초기의 관제대로 삼군부를 다시 부활시켜 정치는 「의정부」에서, 군사는 「삼군부」에서 맡도록 하였다. 고종 5년(1868)에는 「삼군부」에 영사(領事)·판사(判事)·행지사(行知事)·지사(知事) 등의 관제를 마련하고 각각 관원도 배치하였다. 그리고 고종 7년에는 정1품 아문(衙門: 관청)으로 규정하여 의정부와 대등한 지위에 있게 하였다. 따라서 의정부를 정부(政府)라 하고 삼군부를 무부(武府)라고 지칭하였다.

404) 고종실록 권7 고종 7년 윤10월 5일조.

405) 무부제조라 함은 무부(武府)는 삼군부를 일컫는 말이고, 제조(提調)는 각 사(司)·원(院)·청(廳)의 관제상 종1품 또는 정·종2품(正·從二品)의 품계를 가진 사람이 겸직으로 임명되고, 그 관아의 일을 지휘·감독하게 하는 직책이었다. 따라서 포도대장은 이때부터 삼군부의 제조를 겸직하게 되었다.

리는 것이 원칙이었다. 그러나 포도대장이 정부당상(政府堂上)을 겸직하고부터는 대령하지 않고 의례히 등연(登筵: 중신이나 대신이 용무로 임금께 나아가 면대하는 것)하였기 때문에, 의전과 경호상의 문제가 파생되었다.

㉰ 결국 고종 11년(1874) 4월 25일에 포도대장이 무부제조를 겸임하던 규례가 폐지되고,[406] 11년 5월부터 다시 옛 지위로 환원되었다. 따라서 포도대장의 장관급 반열의 지위는 3년을 채 넘기지 못하였다.

㉢ 고종대의 포도대장

㉮ 고종시기는 국내외적으로 격변하는 시기였다. 고종초기, 즉 대원군 집정시에 포도대장은 국왕의 측근으로서 큰 비중을 차지하였는데, 이경하(李景夏)[407]가 대표적인 인물이었다. 이경하는 대원군이 천주교도들을 탄압할 때, 포도대장으로서 천주교도들을 수없이 학살하였다. 이때 죄인들을 낙동(駱洞)의 자기 집에서 심문하였으므로, 사람들이 그를 염라대왕처럼 무서워하여 '낙동염라'라고 부르기도 하였다.

㉯ 고종 말 개화기 전후기에 포도대장은 고종의 핵심세력으로 구성되었다고 볼 수 있다. 갑신정변 이전까지의 포도대장은 총융사[408] 등 무관을 겸직하는 예가 많았다. 대표적인 인물로 김기석·이종건·한규직과 한규설 형제 등을 들 수 있다.

㉣ 고종대의 포도청의 업무

포도대장은 고종의 핵심세력이었기 때문에, 포도청의 위상 또한 높아지면서 그 업무 영역도 무한대에 가까웠다. 고종 초기에는 천주교도들을 체포·신문하는 업무에서부터, 말기에는 관인위조·잠상(潛商)·밀도살·매점매석·방납(防納)·조운(漕運)·밀주(密酒) 등의 일까지 단속하고 치죄하였다. 이처럼 포도청의 업무가 방대해짐에 따라 그 관속들에 의한 권한 남용과 부정부패 역시 심하였다.

㉤ 포도청의 폐지

㉮ 고종 20년(1883) 정월 23일에 포도청의 핵심인 순찰기능에 중요한 변화가 일어났다. 해이해진 순찰업무를 강화하기 위하여 수도 한성부에 순경부(巡警府)가 설치되었고,[409] 그로부터

---

406) 고종실록 권11 고종 11년 4월 25일조.

407) 이경하는 조대비의 인척으로 1863년 고종이 즉위하고 대원군이 집권하자, 훈련대장 겸 좌포도 대장·금위대장·형조판서·한성부 판윤(判尹: 서울시장)·강화부유수·어영대장 등을 거쳤다. 이처럼 이경하는 대원군에게 깊은 신임을 받았으나, 오죽하면 대원군이 "이경하는 다른 장점은 없고 오직 사람을 잘 죽이므로 쓸 만하다"라고 말했을 정도로 성품이 잔인하였다. 고종 19년(1882) 무위대장(경호책임자)으로 임오군란의 책임을 지고, 고금도에 유배되었다. 그러나 2년 뒤 풀려나와 다시 좌포도대장을 지냈고, 그해(1884) 12월에 일어난 갑신정변 때에는 조대비·민비·세자(제27대 순종) 등을 그의 아들 이범진의 집에 피난시키기도 하였다. 이 정도로 이경하는 주로 군사와 요직을 맡아 군사와 치안을 장악했던 인물이었다(이홍식 편, 「국사대사전」, 서울: 한국출판사, 1982, p.1109).

408) 조선후기 5군영의 하나인 총융청의 으뜸 벼슬로 종2품 서반 무관직이었다. 제16대 인조 2년(1624)에 총융청을 설치하였는데, 총융사는 의례 비변사 당상을 겸임하였다.

1년 뒤 고종 21년 10월 22일에는 좌우포도청의 종사관과 군관·네 군영의 표하군(標下軍: 대장이나 각 장관의 수하 친위부대)을 각각 30명씩 차출하여 각국 공사관의 세 곳에 경비를 서게 하였다.

㈏ 고종 20년부터 도성 내외의 순찰활동은 수도 한성부의 순경부(巡警府)에서 전담하게 되었고, 동왕 21년 10월에는 각국 공사관의 파수는 좌·우포도청에서 전담하게 되었다. 이에 따라 포도청의 본래 기능은 점차 상실하게 되어갔다.

㈐ 그 후 고종 31년(1894) 7월 14일에 갑오개혁과 함께 경무청관제직장(警務廳官制職掌)이 제정되고, 한성부에 경무청이 설치되었다. 이로써 포도청은 410여 년만에 자동적으로 경무청으로 흡수되고 말았다.[410] 경찰사적 측면에서 볼 때 1894년 7월 14일은 한국 고유의 경찰기관이던 포도청이라는 명칭이 역사 속으로 사라지고, 타의에 의한 경찰제도가 우리나라에 도입된 날이기도 하다.

㈑ 고종에 이어 제27대 순종이 즉위하였지만, 실질적으로 고종이 조선의 마지막 왕이나 다름이 없었다. 순종이 집권하던 시기에는 일본에 의한 강제적인 보호 조약이 이루어졌고, 일본의 강권에 의해 왕위마저 퇴위당하였다. 뿐만 아니라 그 이후에도 경술국치를 보았고, 다시 9년을 더 살며 일본의 식민 통치를 목격한 외에는 어떠한 치적도 내세울 수 없는 비운의 국왕이었다.[411]

(4) 포도청의 조직과 임무

포도청의 소임은 도적과 수상한 자를 잡으며, 시간을 분담하여 야간순찰을 맡는 것이었다. 그리고 그 조직은 좌·우포도청으로 나뉘어져 도성 내외를 관할하였다.

① 위 치

좌포도청은 한성부 중부 정선방(貞善坊) 파자교(把子橋)[412] 동북(옛 단성사 자리)에 위치하여 서울의 동·남·중부와 경기좌도 일원을 관할했고, 우포도청은 서부 서린방 혜정교(惠政橋)[413] 남쪽에 두고 한성부의 서부·북부와 경기우도를 관할하였다.

② 관할구역

㉠ 성종 12년 3월 24일 포도사목(捕盜事目)을 제정하면서 좌변포도장은 서울의 동부·남부·중부와 경기좌도(京畿左道)를 맡고, 서울의 서부·북부와 경기우도는 우변이 맡도록 하였다. 따라서 포도청 성립 이전의 성종기에 있어 포도장제의 관할 구역은 도성 및 성저(城底) 10리 일대와 경기도에 한하였다.

409) 고종실록 권20 고종 20년 정월 23일조
410) 고종실록 권32 고종 31년 7월 14일조.
411) 박영규, 앞의 책, p.439.
412) 창덕궁의 동구 돈화문 앞에 있었음.
413) 경복궁의 전로에 있었음.

㉡ 그 후 포도청이 창설된 이후에는 순찰관할 구역의 일부가 대폭 변경되는 등 일련의 변화가 있었다. 포도청의 순찰구역으로 경기 좌·우도는 관할구역에서 제외되고, 대신 6강자내(六江字內: 도성 외의 교외)[414]가 관할구역으로 새로 편입되었다.

㉢ 좌포도청과 우포도청은 관할 구역도 다르지만 그 임무수행에도 차이가 있었다. 좌포도청은 북도(北道)를 담당한 탓으로 잠삼(허가 없이 몰래 홍삼을 만들어 팔던 일)·무삼(허가 없이 홍삼을 무역하는 일) 등을 주로 단속하였고, 반면 우포도청은 남도(南道)를 담당한 탓으로 조운·세미(조세로 바치던 쌀)·방납 등의 단속이 주업무였다.

㉣ 도성 내는 좌·우포도청으로 양분시켜 좌변8패(牌: 순찰팀), 우변8패로 나누어 순찰하였다. 도성 외에는 각 6강자내(六江字內: 한강, 뚝섬 등 6개의 강포구)를 두고, 가설군관과 도장군사로 하여금 순라에 종사케 하였다. 즉 좌변6강자내(왕십리·뚝섬·한강 등)에 가설군관(加設軍官: 가설부장이라고 함) 6명과 도장군사(都掌軍士: 순찰을 맡은 군사) 9명을 두어 주·야간 순찰을 시켰고, 우변6강자내(서빙고·용산·마포·서강 등)에도 가설군관 6명과 도장군사 29명을 배정하여 운영하였다.

③ 관원(官員)의 자격과 임무

포도청의 기구는 시대에 따라 증설되거나 증원되는 경향을 보이고 있다.

≪속대전≫에서는 좌·우포도청에 각각 포도대장(종2품) 1인, 종사관(종6품) 3인, 포도부장 4인, 무료부장(품계가 없는 부장)[415] 26인, 가설부장(겸록부장이라고 하며, 정원 외에 더 둔 부장)[416] 12인, 서원(書員: 문서작성, 회계 등 행정서무 담당) 4인씩을 두었다고 기술하고 있다.

≪만기요람≫에는 포도대장과 종사관은 이전과 같고, 포도부장은 없고 포도군관(포도부장과 포도군관을 통칭하는 말) 각 70인, 군사 각 64명으로 되어 있다.

㉠ 포도대장

㉮ 포도대장은 포도청을 지휘·감독하는 책임자로 종2품 서반 무관직이었다. 포도대장은 다른 무관과는 달리 오위도총부의 도총관을 겸할 수 없었다. 포도대장은 포도와 야간순찰 총괄, 왕의 행차 때 수행,[417] 국왕의 친국이나 정국 또는 왕이 명령한 죄인의 취조에 좌·우포도

---

414) 6강이라 하면 한강·뚝섬·서빙고·용산·마포·서강의 강포구를 말하며, 자내(字內)는 도성 내외의 각 관아의 경계 담당구역 내를 말한다.

415) 무료부장은 품계가 없는 무장으로 도적을 체포하는 일뿐만 아니라, 야간에는 여러 편으로 나누어서 수시로 순찰하는 임무를 맡았다. 무료부장은 오늘날로 치면 의용경찰관이라고 할 수 있다.

416) 겸록부장은 가설부장이라고 하는데, 숙종 29년(1703)에 한양의 근교에 도적이 자주 출몰하자 금군(禁軍: 내금위·겸사복 등)에 소속된 군관 가운데서 차출하여, 좌·우 포도청에 각각 배치하여 서울 근교에서 발호하는 강도 등을 색출하는 데 동원시켰다. 겸록부장(가설부장)은 정원 외에 더 둔 부장을 일컫는 말로, 이들은 포도부장을 보좌하면서 포도(捕盜)와 순찰 등의 업무를 담당하였다. 대개 임기는 1년이었고 근무기간 중 좋은 근무평점을 받고 다른 관직으로 진출하는 발판으로 이용되기도 하였다.

417) 국왕이 궁궐 밖으로 거둥할 때에는 포도대장 1인은 반드시 어가를 수행하였고, 만약 국왕이 숙박을 할 때에는 양 포도대장의 한 사람은 포도청에 머물면서 5영(북영·북1영·남영·서영·동별영을 총칭하는 것

대장이 참석하는 것 등이 주임무였다.

㉯ 포도대장의 자격은 아장(亞將)[418] 이상의 경력이 있는 사람 중에서 후보자로 세워 임명하도록 되어 있었고, 대전회통에는 한성부의 좌윤과 우윤을 역임한 문관을 후보자로 추천하여 임명하도록 규정하고 있다.

㉡ 종사관

㉮ 종사관은 임진왜란 후 훈련도감·금위영·어영청·포도청 등에 소속한 종5~6품관이었다. 대개 1인이었으나 포도청의 경우는 좌우 각 3인씩으로, 선전관(宣傳官: 선전관청에 속한 무관 벼슬)후보자 중에서 소속 장관이 자의로 추천하며, 1명은 실직(實職: 현직)을 맡은 자가 겸임하였다.[419]

㉯ 종사관은 포도대장을 보좌하는 관직으로, 어가수행·외국사절 영송·현장파견·사실확인(죄인이 진술한 내용의 진실 여부를 확인하기 위해 직접 현장에 내려가는 경우) 등의 업무를 수행하였다.

㉢ 포도부장

㉮ 포도부장은 포도청에 속해 있던 무관으로, 포도군관과 함께 포도군사를 지휘하는 중견 지휘관이었다. 이들은 자신의 병력(포도군사)을 거느리고 입직·순찰·체포·기찰 등 포도와 순찰실무를 주관하였다.

㉯ 포도부장은 범인을 잡을 때 제시하는 증명서인 통부(通符)를 차고 포도군관과 포졸을 거느리고 도성 안팎의 순찰 및 포도에 관한 업무를 담당했고, 포도군사는 허리에 붉은 오라를 차고 다니다가 붙잡힌 도둑을 결박하는 것이 그들의 임무였다.[420]

㉣ 포교(포도군관)

㉮ 포도군관의 임무

흔히 포교(捕校)라고 할 때는 포도부장과 포도군관을 통칭하는 말로서, 양자는 명칭은 다르지만 그 활동과 역할에서는 큰 차이가 없었다. 따라서 포도군관은 포도대장을 보좌하고 포도군사를 지휘하는 것이 주임무였다.

㉯ 포도군관의 특권

포교에게는 상당한 특권이 부여되었다.[421] 첫째, 패부군관(佩符軍官: 국왕으로부터 받은 부신, 즉 증명서를 패용한 군관을 말함)에 대하여는 포도대장 외에는 임의로 곤치(棍治)[422]하지 못

임)의 숙직군사와 초소근무자(포군)를 감독·순찰하는 등 특별 경계근무에 당하였다.

418) 아장은 대장(大將)에 버금가는 장수라는 뜻으로 포도대장·용호별장·훈련도감의 중군(中軍)·어영청의 중군·금위영의 중군·병조참판 등을 아울러 일컫는 말이다.

419) 만기요람 군정편1 포도청 총례조.

420) 한경식략 권지2 궐외각사(闕外各司)좌포청조. 포도부장(실부장)은 어인(御印: 임금의 도장)이 찍힌 병부(兵符)를 차고, 군병(軍兵) 64명은 허리에 붉은 오랏줄을 감추어 가지고 다니다가 도둑을 보면 잡아간다"

421) 육전조례 병전 포도청 총례조.

422) 곤치라 함은 군인(포교)이 범죄를 저지른 경우에 곤장으로 치며 취조하는 것을 말한다.

하였다.

둘째, 현행범인의 경우에는 혹 궁가(宮家: 궁방)나 고관의 저택에 숨어 있을지라도, 곧 들어가서 체포할 수 있었다.

셋째, 도망한 죄인을 체포하기 위하여 출사하는 포도군관이 공사초료(公事草料)[423]를 가지고 내려가는 경우에는 지방의 영읍진(營邑鎭: 감영·읍·진)에 직관(直關)할 수 있는 권한을 가지고 있었다. 여기서 직관이라 함은 계통을 밟지 않고 직접 관문(공문서)을 제출하는 것을 의미한다.

㉤ 이속

포도청의 이속(吏屬)으로는 서원(書員: 서리가 없는 관아에 두었던 벼슬아치)·사령(使令)·포도군사 등이 있었다.

㉮ 서원은 주로 문서작성·회계·공사(公事)전달 등의 행정서무를 담당하였던 하급관리였다. 반면, 사령은 중앙과 지방관청에서 심부름 등 여러 가지 천한 일을 맡아 처리하였는데, 하는 일에 따라 조례·문졸(門卒)·일수(日守)·나장 등으로 달리 불렀다.

㉯ 포도청 소속 이속 중 가장 말단으로 포도군사를 들 수 있다. 포졸이라 함은 포도청에 소속된 군사를 말하는데, 임무에 따라 포도군사 또는 도장군사(都掌軍士)가 있었다. 포도군사는 도성 안을 순찰하는 것이 주임무였고,[424] 반면, 도장군사는 도성 외의 강·포구 등을 중심으로 하여 순라를 맡은 군사를 지칭하는 용어였다.[425]

㉰ 이속의 급료

이속의 급료는 신분과 기능에 따라 달리 지급되었다. 서원인 경우에는 군자감(軍資監)에서 매달 쌀 6두·좁쌀 3두가 지급되었고, 병조에서는 금전 2량이 지급되었다.

반면, 사령은 금전 4량·군사는 간삭료(間朔料: 삭료는 한 달분의 월급을 말하며, 간삭료는 두 달에 한 번 지급하는 것으로 추정됨) 9량이 병조에서 지급되었다.[426] 따라서 이들 이속에 대한 급료는 최저생활을 면할 정도의 박봉이었다.

(5) 포도청의 행정경찰적 기능

포도청의 초기 직무는 포도(捕盜)·순라가 주된 임무였으나, 차츰 금화(禁火: 화재예방)·도

---

423) 공무로 내려가는 사람이 여행길에 관에서 받던 소정의 공급물(供給物)을 말한다. 종(從)과 마필 그리고 숙식도 제공받을 수 있었다.

424) 인조실록 권49 인조 26년 11월 신미조. 인조 26년 11월 11일 임금이 승정원에 하교하기를 "내관 4인이 며칠 밤을 계속하여 도성 안을 두루 돌았으나 포도군사를 보지 못했고 단지 한 곳에서만 보았다고 했다. 요즘 순찰을 돌지 않고 있는지, 자세히 알아보고 보고하라"고 하고 있다. 이로 보아 당시 도성 안을 순찰하는 것은 포도군사의 몫이었다.

425) 만기요람 군정편1 포도청 순라자내조; 류본예 저·권태익 역, 한경식략, 서울: 탐구당, 1981, pp.167-168.

426) 육전조례 병전 포도청 총례조.

박·우마도살 등을 단속하는 등 그 업무범위가 확대되었다. 포도청의 업무는 크게 행정경찰업무와 사법경찰업무로 대별해 볼 수 있다.

① 순 라

㉠ 순라관장기관과 순라구역

㉮ 포도청의 초기 행정기능의 핵심은 경(更: 시간)[427]을 나누어 야간에 순찰을 도는 것이 주임무였다. 궁성 안에는 5위가 맡고, 궁성외곽은 훈련도감·금위영·어영청의 3군에서, 광할한 시 내외의 순찰은 좌우순청·3군문·포도청이 담당했다. 그 후 조선후기 순조 8년(1808)에 도성 주위를 16패로 조직하여(좌우8패) 좌우변에 군관(포도군관) 각 1인이 군사 각 8명을 인솔하여 5경내내 복처를[428] 기점으로 관할 구역을 순찰하였다.

㉯ 조선말기로 들어서면서 포도청의 주요 임무인 순찰기능은 점차 포도청의 임무에서 멀어져 갔다. 고종 20년(1883)부터는 도성내외의 순찰은 한성부의 순경부(巡警部)에서 전담하였고, 포도청은 각국 공사관(公使館)의 파수만을 전담하게 되면서부터, 포도청의 본래의 순찰기능을 상실하게 되었다.

㉡ 순라확인 절차와 방법

㉮ 조선시대에 순라를 총괄하는 최상층 중앙기관은 6조 중의 병조였다. 그리고 순라를 전담하는 기관은 병조 산하의 순청이었으나, 그 이외에 3군문과 포도청 등이 구획을 정하여 자기 책임하에 순라업무를 수행하였다. 조선시대의 순라제도는 오늘날보다도 더욱 정밀하게 기획되어 운영되었다. 즉 군사점검과 해산·시각을 알리는 전루(傳漏)·암호지정 등이 그것이다.

㉯ 군사점검과 해산

순라에 동원된 군사의 점검과 해산은 순청이 관장하였다. 순청의 순장(巡將)은 군사를 초저녁에 점호하고, 새벽에 또한 점고하여 해산했다. 순라군의 출석 여부와 매 시간 무사 여부는 순장이 병조에 보고하였다. 궁성 각 문·군포·도성 8문의 경첨은 순청의 관할로서 아침에 병조에 반납하였으나, 다만 궁성 각 문만은 선전관청의 소관이었다.

㉰ 전루(시각을 알리기 위한 장소)

전루(傳漏)는 시간을 알리기 위해 설치한 장소이다. 전루는 18처(處)인데, 매처에 군사가 2명씩 배치되었다. 대궐 안 12개소는 기병이 번을 돌며, 주관은 결속색(結束色)[429]이 하였다. 대궐 밖 6개소는 병조 고립군(雇立軍)[430]이 번을 돌며 주관은 순청이 하였다.[431]

---

427) 경(更)이라 함은 일몰부터 일출까지 하룻밤을 다섯으로 나누어 부르는 시간의 이름이다. 밤 7시부터 시작하여 두 시간씩 나누어 각각 초경·이경·삼경·사경·오경이라고 부른다.

428) 복처라 함은 포도청의 관원이 상주하여 경내(境内: 일정한 지역의 안)를 순찰하는 기점을 말하며, 오늘날의 지구대·파출소·치안센터의 역할을 수행했다고 볼 수 있다.

429) 결속색은 조선시대 병조에 딸린 관아이다. 대궐 안에서나 또는 임금이 거둥할 때에 소란스럽게 떠드는 것을 금(禁)하는 일을 맡아보았다. 관원은 정5품 정랑(正郞) 2명이 있었는데, 2명 중 1명은 군관(軍官) 중에서 임명되었다.

㉱ 군호(말마기)

순라군은 서로 만나면 상호 간에 암호로 응대하면서 하룻밤을 계속 돌았다. 암호를 군호(軍號)라고도 하는데, 우리말로는 「말마기」라고 한다. 군호(말마기)는 보통 3자 이내로 썼는데, 병조에서 입직 당상관이 매일 신시(오후 4시)에 친히 써서 봉함하고 서명을 하면, 병조의 낭관이 직접 승정원에 올려서 결재를 받았다. 군호는 극비로 취급되었다. 따라서 사적으로 군호를 같은 대오(隊伍: 편성된 대열)의 군사에게 누설한 자는 병조에서 곤장으로 처벌하였고, 심지어 도성 내외의 각 담당구역의 패장(牌將)과 군사가 서로 만나면 군호(말마기)로 응대하였는데, 이때 통하지 않는 자는 통금위반자로 붙들어서 다스릴 정도로 중요하게 취급하였다.[432)]

㉢ 최말단순찰기관 경수소

조선시대 순찰행정에 관한 주무관청은 순청이었고, 각 지역을 분할하여 순찰팀을 운영한 곳은 삼군부와 포도청이었다. 이들 중앙의 순찰기관은 서울 한성내에 경수소를 두고 이를 기점으로 순찰을 돌았다.

㉮ 경수소의 의의

수도 한성 내외의 순찰업무를 실제로 집행한 전진기지는 경수소(警守所)였다. 경수소는 순라군들이 야간에 머물면서 순찰을 돌거나 도적을 지키는 곳으로, 복처(伏處)라고도 하였다.

㉯ 경수소의 관장기관

경수소는 한성부의 소관이 아니고 중앙정부의 관할 업무였다. 따라서 중앙정부는 도적의 예방·야간통금위반자 일시구금·화재예방 등의 주요 업무를 한성부 내의 주요 거점에 복처를 설치하여 직접 관장하고 처리하였다.

㉰ 경수소의 설치시기 및 설치 수

경수소의 설치시기는 제4대 세종 이전으로 보이며 많을 경우는 도성 내외에 100여 개 소가 있었고,[433)] 제7대 세조 때에는 도성 안에 87개소, 도성 밖에 19개소가 설치되어 모두 106개소가 있었다.[434)]

---

430) 고립군은 남을 대신하여 부역이나 병역 따위의 공역(公役)을 치르는 자를 말한다.

431) 만기요람 군정편 순라 전루조.

432) 만기요람 군정편 순라 군호조(軍號條): 정조실록 권25 정조 12년 6월 임진조; 정조 12년 6월 1일 순청에서 "야간 순찰 때 궁성 밖 각처 군보(軍堡: 군대가 주둔하는 곳)의 군사들이 대답한 '군호(軍號)'가 한결같이 잘못되었는데, 이는 대개 군호를 반포할 때 문자를 오인하여 다른 음으로 잘못 전했기 때문인 듯합니다"라고 보고하였다. 이에 정조가 전교하기를 "오인(誤認)이 무식에서 기인한 것이나, 잘못 반포한 것은 뒤에 큰 폐단이 된다"고 하면서, 병조판서 이갑을 서면진술에 의한 조사를 받게 하고, 포도대장 조심태를 파직하라고 명(命)하였다.

433) 세종실록 권57 세종 14년 9월 계해조. 세종 18년 3월에 도성 안팎의 경수소를 정비하여 산골벽지에 13개소만 남겨두고, 경수소 1개에 오원(五員: 경봉수에 속한 봉수군의 감독자)과 별군 2인만을 배치하여 숙직하게 하였다. 그러나 13개소의 경수소만으로는 부족하여 제5대 문종 즉위년 6월에 다섯 집마다 경수소 1개를 설치하고, 경수소마다 건장한 장정 5~6명을 배치하여 숙직하게 하였다(문종실록 권2 문종 즉위년 6월 을묘조).

434) 세조실록 권4 세조 2년 5월 임신조.

㉣ 도성 내외의 경수소 운영

도성 내외의 여러 경수소에는 보병(步兵)[435] 2인이 부근의 주민 5명을 거느리고, 그들이 지닌 궁·검·장(杖)[436] 등을 갖고 경첨을 수령하여 숙직하였다. 반면 도성 밖의 경수소인 경우에는 인가가 드물기 때문에 정병(正兵)이 숙직하였고, 도성 내의 마을에는 주민들이 숙직하였다. 그런데 방리인(坊里人: 주민) 중에는 노약자가 많아 도적을 만나면 잡지 못하고, 피해를 보는 일이 많았다. 이에 따라 세조 8년 6월 17일부터는 갑사·별시위[437]·파적위[438]·기병·보병 등을 동원하여 2명씩 배치시켜 방리인과 함께 숙직하게 하였고, 근무는 3일마다 교대하였다.[439]

㉤ 목생제도

목생제도는 경수소의 당직근무상태와 순관의 근무상태를 동시에 확인하기 위한 장치였다. 세종 14년 9월부터 목생(木牲: 나무로 만든 표지)을 만들어서 각 경수소에 나누어주고 순관들이 매경마다 한 번씩 순찰하면서 목생을 하나씩 거두어 다음날 병조에 바치면, 병조에서는 이것으로 순찰업무를 충실히 수행하였는지 확인하였다.[440] 그러나 이러한 제도는 순관들이 초경에서 5경까지 매경마다 순찰하면서 목생을 하나씩 가져가는 것이 아니라, 목생을 한꺼번에 거두어 가지고 가서 다음날 아침까지 순찰하지 아니하고 병조에 목생을 반납하는 예가 많아 한때는 유명무실하게 되기도 하였다.

이에 병조에서는 당직 낭청과 진무(鎭撫)[441]를 불시에 출동시켜 순찰과 경비근무 태만자를 적발하여 그 죄의 경중에 따라서 처벌하였다.

㉥ 지방의 경수소 설치

경수소는 제13대 명종 이전까지는 주로 도성을 중심으로 설치하였다. 그러나 경상·전라·강원·황해 일대 등 전국적으로 도적이 횡행함에 따라, 명종 6년(1551) 8월 30일에 전국 각지에

435) 보병은 도보로 싸우는 병종(兵種)이며, 마병(馬兵)과 상대되는 존재이기도 하다. 마병은 대개 경제적으로 부유한 가호(家戶)로 구성되어 있었다. 반면 보병은 그렇지 못하였고, 지급되는 봉족(奉足)의 수도 적었다. 이는 마병이 말을 준비해야 하는 이유 때문이기도 했지만, 그보다는 마병이 신분적으로 우월하였기 때문이다.

436) 긴 몽둥이(막대기) 류의 휴대용 병기를 말한다. 형구(形具)로서 사용되던 장(杖)과는 다른 것으로, 민간인이 숙직 등에 임시로 동원될 때 지참하던 약식병기를 말한다.

437) 별시위는 조선시대에 오위의 하나인 용양위에 속한 장교부대였다. 내금위의 취재에 뽑힌 사람과 무과 복시에서 화살 여섯 대 이상을 맞힌 사람을 뽑아서 편성하였다.

438) 파적위는 조선시대에 오위의 하나인 충좌위에 두었던 군대였다. 세조 5년(1459)에 목전(木箭: 나무로 만든 화살)·편전(片箭: 총통에 넣어서 쓰는 하나로 된 화살)·달리기·힘쓰기 네 가지 가운데 두 가지 이상에 합격한 군사로 조직하였다.

439) 세조실록 권28 세조 8년 6월 경진조.

440) 세종실록 권57 세종 14년 9월 계해조.

441) 진무는 조선초기 여러 군영에 두었던 군사실무 담당관직으로서, 정3품 당하관으로부터 종6품 참상관에 이르는 중견 무관들 중에서 임명되었다.

도적들이 통행할 만한 곳에 모두 경수소를 설치하였다.[442] 따라서 이때부터 도성 내외를 중심으로 설치했던 경수소(오늘날의 지구대나 파출소)가 전국 8도에 설치되어 조선후기까지 존속되었다.

② 금제(禁制) 단속

㉠ 조선후기에 들어서면서 경제여건이 변하고 신분질서가 재편되면서 다양한 범죄가 나타나기 시작하였다. 따라서 포도청은 도둑을 잡는 기관에서 사회질서 전체를 바로잡는 광의의 행정경찰업무기능까지 수행하게 되었다. 대표적인 것이 여러 가지 금령(禁令)을 위반한 자를 단속하는 금제단속 업무였다.

㉡ 조선후기의 주요 금제 대상

엽관운동을 하는 자·역말을 함부로 타는자·유생이나 부녀로서 절에 올라가는 자·선비로서 윤상을 무너뜨리거나 수뢰 및 횡령을 범한자·수령이 공무 외에 관할 경계를 넘는 자·소나무를 불법으로 베는 자·시중의 물가를 간사한 꾀로 올리는 자·과거에 거짓으로 참가하는 자·밀주를 만드는 자[443] 등이었다.[444]

(6) 포도청의 사법경찰적 기능

① 제1차적 수사기관

㉠ 포도청의 수사기능은 조선후기로 갈수록 확대되어, 차츰 각 지방의 중죄인을 형조·의금부로 이관(移官)하기 전의 사실조사까지 맡아보게 되었다. 이런 점에서 포도청은 중간 사법기관이라고 말할 수 있다. 즉 단순한 중죄인은 형조에 이관하고, 역모·사학죄인(邪學罪人)·강상죄(綱常罪) 등에 해당하는 중죄인은 의금부로 이관하는 중간기관이었다.

㉡ 포도청은 제1차적 수사기관으로서의 지위를 갖고 있었기 때문에, 변사체 처리와 옥수(獄囚: 죄수)관련 업무도 일부 처리하였다. 따라서 변사체처리 등의 업무는 한성부와 중복되는 일이 많았고, 죄수와 관련하여서는 감옥기구인 전옥서(典獄署) 등과도 업무가 중첩되기도 하였다.

---

442) 전라도 관찰사 정언각이 보고하기를, "고산현 한둔산에 웅거하는 도적의 수가 60~70인이나 되는데, 그들은 당상관의 의장(儀章)을 갖추고 날뛰면서 도적질을 하고 있으므로 모든 산림을 비밀히 수색하여 체포하였다"고 하고 있다. 이에 대한 대책으로 여러 도의 도적들이 통행할 만한 곳에 모두 경비(경수소)를 설치하자고 건의하였다(명종실록 권12 명종 6년 8월 을유조).

443) 포도청이 밀주를 단속하게 된 계기는 제21대 영조 39년(1763) 6월 20일에 영조가 경희궁 홍화문에서 한성 5부(部)의 백성들을 모아 놓고 금주령을 엄중하게 하달한 이후부터였다. 이때 금주령을 어긴 포도대장 정여직이 유배형에 처해졌고, 형조와 한성부의 여러 당상관들이 파직되었다. 제26대 고종 13년 9월에는 궁가(宮家)와 양반집에서 몰래 술을 많이 빚어 이익을 보는 폐단이 있자, 관청의 당상관과 좌우포도대장에게 이를 어긴 자들을 철저히 조사하여 처벌하도록 하명하였다(고종실록 권13 고종 13년 9월 23일조).

444) 한국법제연구원, 「대전회통연구 형전·공전편」, 1996, pp.91－131.

② 주요 사법경찰 활동

조선후기 포도청은 역모(괘서사건 포함)·화적(명화적)·침입절도범 등을 검거하는 것이 주요 사법적 업무였으나, 그 외에도 한때 천주교 탄압에 포도청이 동원되어 천주교도들을 체포·구금·신문하는 것이 그들의 주업무로 고정되다시피 한 적도 있었다.

㉠ 역모사건

역모사건이나 괘서사건 등의 제1차적 수사책임은 포도대장이었고, 범인을 잡지 못했을 때에는 포도대장에게 수시로 책임을 물어 파직시키는 경우가 허다하였다.[445)]

㉡ 화적(명화적)[446)]

화적(명화적)은 조선전기부터 나타나고 있는데, 이때는 대개 재인(才人)과 백정이 중심을 이루었다. 그러나 조선후기로 갈수록 화적행위에는 농민·노비 등 이외에 몰락양반·하급군인·관가의 이속 등이 가담하기도 하였고, 심지어 포졸·시전상인 등이 연결되어 장물을 처리하는 지경까지 이르게 되었다. 이러한 명화적에 대한 검거책임은 오로지 좌·우포도대장의 몫이었다.[447)]

㉢ 침입절도

조선후기로 가면서 전문적인 신주(神主: 죽은 사람의 위패)털이범부터[448)] 생활용기를 훔치는 좀도둑질에[449)] 이르기까지 침입절도범이 많았다. 특히 조선말기로 가면서 왕실과 관청 내에서 침입절도사건이 빈번하게 발생하였는데, 절도범은 상당수가 궁과 관청에서 잡일을 맡아하는 하례(下隷)들이었다.[450)]

---

445) 고종실록 권21 고종 21년 3월조. 고종 21년(1884) 3월 종각에 흉악한 괘서사건(지배층의 비리나 체제를 비방하는 정치 투쟁의 성격을 지닌 일종의 민중들의 대자보 투쟁)을 방지하지 못한 책임을 물어 좌포도대장 이봉의와 우포도대장 한규직이 파면되었고, 동시에(자기가) 맡은 동리를 잘 살피지 못한 해당 포도부장은 형조에 넘겨져 심하게 형장을 맞은 후 유배되었다.

446) 화적(명화적)이라는 명칭은 그들이 약탈할 때에 주로 횃불을 들고 다니면서 불로 공격했다는 점에서 유래한다. 명화적이 일반절도나 강도와 구별되는 가장 큰 특징은 단순강도가 4~5인 이하의 오합지졸의 모임인 반면, 명화적은 반드시 수괴인 우두머리와 수십 명이 대오를 조직하여 부유한 가정집을 선택해 공격했다는 점에서 차이가 난다.

447) 광해군일기 권57 광해군 4년 9월 을미조. 15대 광해군 4년(1612) 9월 4일에는 명화적이 서울의 도성 밑에까지 진출하여 조정의 관원 이예성을 죽이는 사태가 발생하였다. 이 사건으로 포도대장이 파직을 당하였고, 전국에 현상금을 걸어 이들을 체포하라는 임금의 전교까지 있었다.

448) 고종 36년(1899)에 도둑이 선조 때의 명신 윤두수의 신주를 훔쳐 가자, 그의 집에서 7,000냥을 주고 되돌려 받았고, 이때 이황의 서원에도 도둑이 들어 그 신주를 훔쳐 갔기 때문에, 예안군수가 파직되기도 하였다. 이처럼 조선후기에는 신주만 전문적으로 훔쳐 가는 전문털이범도 있었다.

449) 영조실록 권 영조 35년 12월 정축조. 영조 35년 12월 1일에 육상궁(숙종의 후궁이며, 영조의 생모인 숙빈 최씨의 사당)안의 장막을 도적질 당한 변괴가 일어나자 그 책임을 물어 포도대장이 파직되었고, 숙직하는 궁의 관리도 처벌을 받았다.

450) 고종 15년 10월 29일에는 궁궐에서 수많은 재물을 훔쳤다는 이유로 절도범 김록과 방한석이 효수되었다(고조실록 권15 고종 15년 10월 9일조).

㉣ 천주교 탄압

천주교 탄압은 제23대 순조 21년(1821)의 신유사옥으로 천주교의 교세가 몹시 꺾였으나, 제24대 헌종 2년(1836)에는 신도의 수가 9천을 넘게 되었고. 현종 5년(1839) 3월에 이르러 천주교도에 대한 제2차 대학살이 시작되었다. 이를 기해사옥 또는 기해박해라고 하는데[451] 이러한 옥사를 주도한 것이 풍양조씨였다.

이후 제26대 고종이 즉위하고 대원군이 집정하면서 대대적인 천주교도 수색이 이루어져 검거되었고, 포도청 감옥은 만원이 되었다.[452] 당시 천주교 탄압은 세도정치 세력간에 맞물린 정치적인 사건이었기 때문에, 포도청과 포도대장은 어쩔 수 없이 악역을 담당할 수밖에 없었다.[453] 따라서 포도청은 천주교도들을 기찰하고, 체포·구금·신문하는 것이 그들의 주임무로 고정되다시피 하였다.

③ 수사활동과 한계

㉠ 수사개시

포도금란(捕盜禁亂)을 위반한 자에 대한 단속의 총책임자는 좌·우포도대장이었고. 그 밑에 사법경찰관인 종사관·포교(捕校: 포도부장과 포도군관)가 사법경찰리인 포졸들을 데리고 수색하고 검거하는 임무를 수행하였다. 수사개시는 일반적으로 기찰(譏察: 범인을 체포하려고 수소문하고 염탐하는 일)·고소·고발·주민의 신고·범죄인지 그리고 국왕의 명(命)에 의하여 이루어졌으나, 고발의 경우에는 미풍양속의 견지(이들이 아버지를, 아내가 남편을 고발하는 것 등)에서 많은 제한을 두었다.[454]

㉡ 수사관의 신분증

수사관(포교)은 자신의 신분을 나타낼 수 있는 통부(通符)[455]를 가지고 다녔다. 포도청 종사

---

451) 포도청에서는 현종 5년 1월에서 2월에 걸쳐 교도 수십명을 잡아 형조로 이관였고, 이들에게 배교를 종용하고 배교를 하지 않는 자는 처형하였다.

452) 고종실록 권1 고종 3년 1월 20·21·23·25일조, 고종 즉위 3년(1866)의 기록에 보면, 1월 20일 천주교 죄인 남종삼·홍봉주 및 서양인 4명이 참형에 처해졌고, 1월 23일 천주교 죄인 전장운과 최형을 참형에 처하였다. 그리고 1월 25일 천주교 죄인 정의배·우세영과 서양인2명이 참형에 처해지는 등 1월달만 하더라도 천주교도 6명과 서양인 6명이 참형되었다.

453) 허남오, 앞의 책, pp.254−255. 포조들은 천주교도들을 잡아다가 배교할 것을 타일렀고, 신자들이 말을 듣지 않으면, 매로 타일러서 기어코 회개시키고자 하니 피부가 터지고 피가 포도청 마루에까지 튀어 올랐고, 죽일 때마다 교를 배반하겠는가 물으면 어린아이들도 그 부모를 따라서 천당에 오르겠다고 말하니, 대원군이 듣고 다 죽이라고 명하면서도 어린아이들만은 살려주라고 하였다.

454) 제16대 인조 7년 2월 6일에 김홍원의 아내 말치가 그의 남편이 윤운구·유인창 등과 더불어 모반을 하고 있다는 편지를 써 그의 친정오라비로 하여금 고발케 한 일이 있었다. 이때 인조는 국가변란을 미리 알리는 고변(告變)인데도 불구하고, 지아비를 고발하여 강상을 범한 말치를 사형에 처하였다(인조실록 권20 인조 7년 2월 임진조).

455) 통부는 야간에 공무로 길을 통행할 때나 궁궐문을 출입할 때 지녔던 부찰(付札: 부표)인데, 일종의 통행증이자 신분증이었다. 통부는 길이가 2치쯤 되고 두께가 1푼쯤 되는 단단한 나무조각의 중간에 포도대장의 수결(오늘날의 서명)을 새기고 그 수결이 있는 곳을 양쪽으로 쪼개어서 한쪽은 포교가 가지고 다녔으며, 다른 한쪽은 포도대장이 가지고 있었다. 포교들의 통부는 오늘날의 경찰관 신분증이라고 할 수 있다.

관과 포교(포도부장과 군관)들은 통상적으로 통부를 패용하고 현장을 지휘하는 것이 규정화되어 었다.[456] 따라서 통부는 검문과 체포를 할 수 있는 권한이 있음을 알리는 표식이었다.[457] 통상적으로 일반적인 통부는 주로 평민 이하 계층을 추포할 때에만 사용하였고, 양반을 잡을 때에는 자주통부(自主通符)를 사용하였다. 자주통부는 선전관청(宣傳官廳)에 보관되어 있었는데, 중대한 일이 생기면 선전관이 임금께 아뢰고 나서 포교에게 내주었다. 포교는 일단 이 자주통부를 받으면 반납하는 것이 아니라, 포교직을 그만둘 때까지 가지고 다녔다.

한편, 포졸(포도군사)에게는 그들의 신분을 상징하는 패는 지급되지 않았고, 다만 포졸복장과 육모방망이 그리고 붉은 오랏줄 등이 이들의 신분을 나타내는 상징물이었다고 추정된다.

㉢ 수사상의 용어

수사의 실제 활동은 순교·포교 등이 범죄내사에서부터 주로 시작되었는데, 이를 기찰(譏察: 탐문)이라고 한다. 기찰은 할 때는 변언(邊言)이라는 수사은어[458]를 사용하였다.

수사은어는 순찰·미행·검거·신문 등 전 과정을 통하여 그들만의 전문용어를 사용하고 있었지만, 반면 도적들도 자기들끼리 은어를 사용하여 포교·포졸들의 수사은어에 대응하여 피신책을 강구하기도 하였다.

㉣ 수사권의 한계

조선시대에는 수사권에 대한 지역적 한계도 있었지만, 포교들이라고 해서 모든 구역을 마음대로 수사할 수 있는 것은 아니었다. 사대부나 사족(士族)의 집을 수색할 경우에는 먼저 임금에게 보고를 해야 했고, 여성이 있을 경우 피신하고 나서 수색하는 것이 상례였다.[459] 또 왕족의 묘가 있는 부근에서는 도둑을 함부로 잡을 수 없었고, 특히 국왕이 사냥이나 야유를 했던 주요한 곳은 왕기(王旗)[460]에 금표를 세워 일반은 물론 포도관도 들어갈 수 없었다. 이처럼

456) 류본에 저·권태익 역, 한경식략 권지2 궐외각사 좌포청조.

457) 통부를 패용한 포교 등에 대하여는 포도대장 이외에는 임의로 다스릴 수 없었다. 숙종 7년 8월 3일에 병조정랑(병조에 둔 정5품 관직) 신엽이 밤에 순라군이 순찰하는 곳을 순검(巡檢)하는데, 그곳을 담당한 포도군관(捕盜軍官)이 정해진 순찰구역에 없었다. 그러다가 밤이 깊어 여러 번 부른 뒤에야 비로소 왔는데, 대답하는 말이 거칠고 사리에 맞지 않았다. 이에 화가 난 신엽이 그가 패용하고 있던 통부(通符)를 풀게 하고 간단하게 곤장으로 벌을 내렸다. 이에 대하여 숙종은 통부를 패용한 군관을 자기 마음대로 곤장을 쳤다고 하여 신엽을 파면하였다.

458) 순찰과 미행에 쓰이는 용어로는 「새벽녘이다」는 단서를 얻었다는 말이고, 「미꾸리다」는 새어 나갔다는말이고, 범인을 발견하면 크게 「파리」라고 암호를 하면 포졸 6명이 나오고, 「참새」라고 하면 포졸 전부가 나와서 범인을 포위하고 체포한다. 한편 신문할 때도 수사은어가 사용되었다. 「밥을 내라」고 하면 고문을 해서라도 불게 하라는 뜻이고, 「거문고를 타라」는 말은 예전에 죄인을 긴 나무틀에 엎어 놓고 잡아매는 것이 거문고를 타는 것과 비슷하므로 그것을 적용한 것이다. 또 「경을 쳐라」는 사정없이 때리라는 말이고, 「학춤을 추어라」는 학이 춤추듯이 두 팔을 뒤로 비틀어 매달아 고문하라는 말이었다. 반면, 도적들도 자기들끼리 은어를 사용하였는데, 「소리개 떴다. 병아리 숨어라」라고 하면 슬그머니 자취를 감추었다(김화진, 「한국의 풍토와 인물」, 서울: 을유문화사, 1973. pp.270－273.).

459) 중종실록 권56 중종 21년 2월 신미조.

460) 임금이 행차할 때에 임금을 상징하는 표시로서 내거는 기(旗).

조선시대에는 포교와 포졸들의 수사 활동에도 일정한 제약과 한계가 있었다.

ⓜ 숙지(熟知: 수사정보원)

포도청에는 숙지(熟知)라고 하는 특수정보원을 공식적으로 고용하여 도둑들을 체포하는 데 활용하기도 하였다.[461] 이러한 숙지제도는 특별한 경우지만, 강도 전력이 있는 자들을 포도청에 소속시켜 도둑을 잡는 데 활용했다는 점은 당시의 조정이 그만큼 치도(治盜)에 부심하였음을 입증해 주고 있는 것이다.

(7) 포도청에 대한 백성들의 저항

① 오래된 속담 중에 '목구멍이 포도청'이라는 말이 있다. 속뜻은 배가 고프면 못할 짓이 없다는 뜻이다. 즉 물건을 훔치면 포도청에 잡혀가 물고(物故: 죽임을 당함)를 치르게 될 거라는 걸 알면서도, 무슨 짓이라도 할 수밖에 없다는 의미이다. 조선시대의 경우에는 작은 도둑질이라도 갇히면 죽어서 나오는 경우가 다반사였다. 이렇다 보니 포교와 포졸들에 대한 백성의 저항도 만만찮게 이어져 왔다.

② 제25대 철종 때의 경희궁 목수들의 좌·우포도청 습격사건, 제26대 고종 19년 2월 11일에 동대문 부근 주민들이 좌포도청에 돌입한 폭동사건,[462] 고종 20년(1883) 10월 4일에 반인(伴人: 성균관에서 일하던 백정·도살꾼) 백여 명이 포도청의 옥문을 부수는 폭동사건이 일어났다.[463] 이처럼 조선시대 백성들은 일반적으로 경찰권에 순응하였으나, 부당하게 체포·구금당

461) 중종실록 권2 중종 2년 34월 신미조. 중종 2년 3월 28일 영의정 유순·좌의정 박원종·무령군 유자광이 아뢰기를 "백정 당래(唐來)와 미륵은 형제로서, 원종공신(原從功臣: 국가나 왕실의 안정에 작은 공을 세운 사람에게 준 공신의 칭호)에 올라 있는데, 그들은 날래고 용맹스럽기 짝이 없으나 또 겁탈하는 일이 많아서 강도라는 말을 듣고 있습니다. 그리하여 숨고 나오지 않으면서 말하기를, 국가에서 죄를 풀고 포도장에게 붙여 주면 도적들을 다 잡겠다고 합니다. (이미) 이들은 원종공신에 기록되어 있으니, 죄를 풀고 충찬위에 소속시키든가 혹은 포도장(捕盜將) 밑으로 소속시켜 도둑의 내막을 잘 아는 것을 이용하여 그들을 잡게 함이 어떻겠습니까?"라고 하였다. 이에 중종이 "강도를 충찬위에 소속시켜 대궐 안에 섞여 있게 할 수는 없다. 다만 포도장에 소속시켜 숙지(熟知)라고 칭명하여 도둑을 잡게 하는 것이 마땅하다"고 전교하고 있다.

462) 고종 19년 2월 11일에 포도청 포교들이 동대문 오원춘의 집에 돌입하여, 함께 살고 있던 시집 간 딸을 여령(女伶: 궁중에서 베푸는 각종 잔치에서 춤을 추고 노래하던 여자)으로 차출하여 가자, 동리 사람들이 포교를 쫓아가 집단 구타하고 빼앗아 왔으나, 임신 4개월이었던 딸은 놀라서 유산하게 되었다. 이에 오원춘과 동리 사람들이 이 억울한 사정을 호소하기 위하여 좌포도대장 한규직 집에 몰려갔다가 '죽도록 얻어맞고', 다섯 사람이 죽기에 이르렀다. 이를 기화로 동대문 부근의 주민들이 좌포청에 돌입하여 갇힌 자들을 꺼내오는 등 폭동사건으로 비화되었다. 이에 조정에서는 포졸들의 행위가 치도(治盜)가 아니라 살인행위라고 규정하고, 좌포도대장 한규직은 유배, 포교 2명을 포함한 9명은 변방으로 충군 정배되거나, 장(杖) 100대를 맞고 석방되었다.

463) 포도청등록(하) 좌포도청등록 제18책 계미 10월 반인백여명(泮人百餘名), 타파옥문작나사조(打破獄門作拏事條). 반인 원은식이 이현에서 자물쇠와 열쇠 등을 팔고자 했는데, 좌포청 기찰포교인 오진호가 장물인가를 확인하기 위하여 원은식을 포도청으로 붙잡아 갔다. 원은식의 형 원춘식 등 반촌인들이 좌포장에게 가서 억울함을 호소하려고 시도했는데, 이때 포교 오진호 등이 이들을 마구 때리고 내쫓아 보냈다. 다

하였을 경우 공동체적인 저항의식을 가지고 집단행동으로 표출하기도 하였다.

(8) 포도청이 갖는 역사적 의미

조선의 경우, 조선왕조실록을 통하여 보더라도 도적의 기사가 없는 시대는 없었고, 다만 정도에서 차이가 있을 뿐이었다. 도적의 무리는 동·서양을 막론하고 국가가 형성되면서 항상 존재해 왔고, 특히 사유재산제도가 확립되면서 절도는 전통적인 범죄의 하나로 특정되어졌다. 절도범죄는 그 사회의 치안지수와도 깊은 상관성이 있다. 그 사회가 정치·경제적으로 비교적 안정이 되는 시기에는 도적의 발호가 적었고, 반면 기근이 들고 관(官)의 기강이 문란하고 부정부패가 성행하면, 도적의 발호가 극심하다는 것은 역사가 이를 증명해주고 있다. 세계에서 우리나라 포도청만큼 오랜 역사를 가진 전문포도기관은 그리 많지 않다. 세계에서 가장 시민들에게 신뢰를 받고 있는 영국의 경우에도 1829년에야 비로소 계급·제도·정복을 착용한 신경찰제도가 창설되었다. 이에 반해 우리나라 포도청은 1500년대에 이미 설치되었다. 그러나 역사가 긴만큼 순기능적 측면도 많았지만, 역기능적 측면도 만만치 않았다. 포도청은 왕권의 수호기관으로 또는 치안을 유지하는 기관으로 공헌도 했지만, 한편으로는 백성들에게는 원망의 대상으로 포도청이 습격을 당하기도 하였고, 포졸들은 백성들에게 칠반천역의 하나로 천시받기도 하였다. 그럼에도 불구하고 조선시대에 독립적이고 전문적인 경찰기관으로서의 포도청이 존재했다는 사실은 경찰사적 측면에서 볼 때 매우 중요한 의미를 가진다. 조선시대 포도청 조직과 운영이 오늘을 사는 경찰관에게 주는 교훈은 무엇일까? 역사에서 배울 것이 없으면 버릴 것을 배우라는 경구가 있듯이, 포도청이라는 경찰기관은 타산지석(他山之石)이나 반면교사(反面教師)로 쓸 수 있는 내용이 무수히 많다. 이런 측면에서 포도청의 역사는 오늘을 사는 경찰인에게 존재가치가 있지 않을까 생각된다.

4) 다모(茶母)

(1) 의녀(다모의 기원)

조선시대에도 여자 형사가 있었다. 남녀구분이 엄격했던 조선사회에서 여성관련 범죄에는 여성을 범죄수사 일선에 투입할 수밖에 없었고, 이와 같은 기능을 수행한 것이 의녀와 다모다. 의녀는 요즘으로 치면 주업이 여의사 혹은 간호사로 볼 수 있지만, 조선 초·중기에는 약방기생(藥房妓生)[464]이라 해서 연회에 차출되기도 했고 형사업무를 수행하기도 하였다.

음날 10월 5일 원춘식의 주동하에 100여 명이 좌포도청에 돌입하여, 옥문을 부수고 원은식을 구출하고 다른 죄수들을 방면하였다. 그리고 원은식을 체포한 기찰포교 오진호 집도 다 때려 부수었다. 사건 후 주종자인 원춘식 등은 도주하여 행방불명이 되었고, 관련자 6명만 좌포도청에서 조사를 받았다. 결국 이 사건의 책임을 물어 좌포도대장 이봉의는 파직되었고, 기찰포교 오진호는 엄하게 형벌을 받은 후 함경도 갑산부에 충군되고, 반촌인들은 먼 곳으로 유배조치되었다.

464) 조선시대에 내의원(왕실 내에서 쓰였던 의약을 전담하는 기관)에 속한 의녀로서의 관기였다.

① 의녀의 자격

㉠ 중앙의 의녀

의녀의 신분은 한마디로 여자 종이었다. 각 관청에서는 허드렛일을 하는 공노비가 있었다. 의녀는 이들 중에서 나이가 13세 정도 되는 총명한 아이를 뽑았다.465) 의녀가 필요한 곳은 당연히 의료기관인데(초기에는 제생원, 세조 때 혜민서로 개칭), 혜민서가 의녀를 맡아서 필요한 교육 등을 시켰다.

㉡ 지방의 의녀

의녀는 서울뿐만 아니라 지방에도 필요했다. 그러나 조선초기에는 모든 도에 해당되는 것은 아니었고, 충청·경상·전라도의 경우에만 여자 종 중에서 나이 15세 이하 10세 이상의 영리한 동녀(童女) 각각 2명씩을 선택하여 제생원으로 올려 보내 교육을 시킨 후, 지방으로 돌아가 의술을 펼치도록 하였다.466)

② 의녀의 교육과 시험

㉠ 의녀 교육은 한문을 익히는 것으로부터 출발하였는데, 한자의 기초인 「천자문」·「효경」 등을 익혀 문자를 해독할 수 있게 된 연후에, 의학서적들을 익혔다. 그리고 나서 예조와 승정원에서 의녀들 시험을 매달 보았다(나중에는 혜민국 책임자가 이를 담당하였다).

㉡ 의녀의 인사고과는 제7대 세조 때부터 본격화되어 매달 성적이 좋은 세 사람을 보고해서 녹봉을 주었고, 반면에 책을 제대로 해석하지 못하는 일이 3번 반복되면 혜민국의 다모가 되었으며, 열심히 공부를 해서 3번의 보통 점수를 얻으면 다시 의녀로 돌아올 수 있도록 하였다.467) 따라서 다모의 명칭은 세조대에 처음으로 사용되었다.

㉢ 다모라는 명칭이 정착된 것은 제9대 성종 2년 5월 25일에 교육받는 의녀 중 시험을 쳐서 성적이 좋은 3인에게는 급료를 주고, 3개월 이내에 3번 통과하지 못한 자는 혜민서의 다모로 돌아가는 것이 규정화되면서부터이다.468)

③ 수사전담요원으로서의 다모

조선후기(16세기)로 갈수록 의녀는 궁전에서 의료보조업무 외에도 점차 기생과 같은 창녀

---

465) 태종 18년 6월 21일에 예조에서 "의녀는 제생원에 모두 7명이 있는데, 재예(才藝: 재능과 기예를 이르는 말)를 이룬 자는 5명으로, 여러 곳에 나누어 보내면 매양 부족합니다. 각사(各司)의 비자(婢子: 여자종의 자식) 안에서 나이가 13세 이하인자 10명을 더 정하는 것이 어떠하겠습니까"라고 건의하여 왕의 윤허를 받고 있다(태종실록 권35 태종 18년 6월 경자조). 이로 보아 의녀는 13세 정도의 여자 종을 뽑았음을 알 수 있다.

466) 세종 5년 12월 4일 외방(外方: 지방) 의녀는 충청·경상·전라도의 계수관(界首官: 도의 지시를 군현에 전달하면서 군현을 통괄하거나 자체 지역을 지배하던 벼슬아치, 중앙집권화되면서 차츰 소멸되었음)이 관비 중에서 각기 2명씩을 선택하여 제생원에 보내라고 임금이 하교하였다(세종실록 권22 세종 5년 12월 신해조).

467) 세조실록 권30 세조 9년 5월 경술조.

468) 성종실록 권10 성종 2년 5월 정유조.

로 취급되어 의기(醫妓)라고 불려지면서 기생과 의녀의 구분이 모호해졌다.[469] 그 후 제19대 숙종 27년 20일에 "포도청 다모간(茶母間)"이라는 용어가 조선왕조실록상에 처음으로 등장하고 있는데, 이로 보아 숙종 27년에는 이미 다모가 의녀대신 본격적으로 수사전담요원으로 활용되었음을 시사해 주고 있다.

④ 의녀의 기능

다모는 처음부터 수색이나 범죄사건 수사 등에 동원된 것은 아니고, 중종38년까지에는 의녀가 수사보조요원으로 동원되었다. 그러나 중종 38년 이후에는 조선왕조실록상에 의녀들을 동원시킨 기록을 찾아볼 수 없다.

㉠ 의녀가 하는 일은 궁궐에서 병을 치료하거나 의원들을 보조하는 것이 주임무였다. 그러나 그 이외에도 수색·사건수사 참여·부녀자의 사체 확인·사대부 부녀자 호송·호화혼수 단속 등에도 동원되었다.

㉡ 조선시대 의녀는 최초의 여성 의료전문직 직종이면서도, 촉탁 여형사로서의 기능도 수행하였다는 점에서 경찰사적 측면에서 상당히 중요한 의미를 지닌다. 그러나 조선후기로 갈수록 의녀는 기생과 비슷한 처지로 전락되면서 수사업무에 동원되는 것이 배제되고, 의녀의 대체 수단으로 범죄수사를 전담하는 여형사가 탄생하게 되었다. 이것이 오늘날 여형사의 기원인 다모이다.

(2) 다모

① 다모의 정의

다모란 월과 성적이 나쁜 여의(女醫: 여의사)를 혜민국의 식모로 배속시킨 데서 나온 말이다. 조선중기 이후부터 이들이 여성관련 범죄수사를 전담하면서 여형사의 별칭으로 정착되었다.

---

469) 의녀들이 연회에 본격적으로 참석하기 시작한 것은 제10대 연산군 때부터였다. 경복궁에서 연회를 베풀 때에는 진지의녀(임금의 분부를 받드는 의녀) 50명의 여인을 대내에 들였다가 날이 늦어서야 파하기도 하였고, 심지어 의녀가 음악을 하지 못하면 쫓아내고, 얼굴이 예쁜 사람을 의녀로 들이라고 전교하기도 했다(연산군일기 권56 연산군 10년 12월 무인조). 제11대 중종은 이러한 폐단을 없애기 위하여 관청에 소속된 의녀나 기녀를 불러 술을 못마시게 하는 금령(禁令: 관리는 장1백대, 기생과 의녀는 중벌에 처함)을 전교하였으나 별소용이 없었다(중종실록 권10 중종 5년 2월 1일조). 또 중종 30년 10월 15일에 혜민서에서 의녀를 가르쳐야 할 훈도(訓導)들이 의녀를 동원해 관청의 어린 관리와 소년 무뢰한들과 무리를 지어 함께 날마다 연회를 벌이고, 밤에는 잠자리를 같이 했다고 해서 파문이 크게 일기도 하였다(중종실록 권80 중종 30년 10월 병오조). 이처럼 의녀들은 기생처럼 여겨지면서 의기(醫妓)라고 불려지기도 했다.

② 문헌적 근거

㉠ 조선왕조실록

㉮ 다모라는 최초의 용어는 세조대에 의녀와 구분하여 처음으로 사용된 후, 숙종대에 "포도청 다모간(茶母間)"이라는 용어가 문헌상 두 번째로 보인다.[470] '다모간'은 다모들이 거처하던 곳으로 추정되며, 이로 보아 이미 숙종 때에는 다모들의 사무실이 따로 마련되어 운영되고 있었음을 알 수 있다.

㉯ 제22대 정조는 등극 후 궁궐 경호를 맡는 장용영(오늘날의 수도방위사령부)을 설치하였는데, 장용영의 하부조직으로는 군사(5152명) 이외에도 침의(鍼醫: 한의사) 1인, 화원(畵院: 화가) 1인, 사령(使令) 41인 등과 함께 다모 2인도 정식직제로 편성되어 있었다.[471] 다모가 장용영에 배치된 것은 아마도 왕실경호나 부대 내 부상자들을 구호하기 위한 수단으로 취해진 조치인 것 같다.

㉰ 다모는 중앙관서뿐만 아니라 지방관아에도 다수의 다모가 배치되었다. 제 21대 영조[472]·제 22대 정조[473]때에 지방의 다모와 관련된 기사가 기록되어 있는 것으로 보아, 영조·정조대에는 이미 지방관아까지 다모가 배치되어 있음을 알 수 있다.

㉡ 육전조례

㉮ 육전조례에는 사헌부에 다모 1명·병조에 다모군사(茶母軍士) 7명·훈련도감에 다모 4명 이 배치된 것으로 기술되고 있을 뿐,[474] 포도청·형조·의금부 등에는 조선왕조실록상의 기록과는 달리 다모를 두었다는 기록은 찾아볼 수 없다.[475]

㉯ 조선왕조실록과 육전조례의 두 문헌을 종합해 보면 중앙관청에 다모가 배치된 곳은 사

470) 숙종실록 권35 숙종 27년 10월 계유조. 숙종 27년 10월 20일에 국청(國廳: 국가적 중죄인을 심문·재판하기 위해 임시로 설치된 특별재판기관)죄인 윤보명과 조시경을 대질 조사하는 과정에서 윤보명이 조시경을 향하여 말하기를 "네가 포도청 앞길에서 나를 부르지 아니하였던가?…(중략)…나를 이끌고 포도청의 다모간으로 가서 오관서가 장대장(張大將: 장희빈의 오빠 장희재)의 안부와 장희빈이 상복을 입을지의 여부를 알고자 한다는 말을 네가 먼저 물었지 아니하였던가?"

471) 정조실록 권37 정조 17년 1월 병오조

472) 영조실록 권5 영조 1년 4월 갑오조. 사헌부 장령 이의천이 "조자빈은 아비의 권세를 믿고 탐학이 심하고, 금령(禁令)을 범했다는 이유로 여항의 여인을 붙잡아 제 집에 가두어 두고 밤이 지난 뒤에야 놓아 주는 등 토색질이 심합니다. 횡성 고을의 수령으로 있을 때에는 출가하지 않는 처녀를 횡성현(橫城縣)에 잡아두고 그 자색이 아름다운 것을 흠모하여 잠시 다모(茶母)의 일을 떠맡기고는 위협하여 간음하려는 계획을 삼았다가 그 여인이 정절을 품고 자결하려고 하였으니, 조자빈을 먼 섬으로 유배조치 하라"고 탄핵하고 있다.

473) 정조실록 권31 정조 14년 9월 갑신조. 정조가 "내수사관원이 빈 교자를 가지고 가 궁인(宮人)을 태워 온 것이 도대체 무슨 큰일이기에 관찰사는 잡아두고 길을 막으라고 서둘러 장계하는가. 해괴하기 그지없다. 명령을 받은 관원으로 하여금 휘장을 활짝 걷어 올리게 하고, 해당 고을「다모」를 불러다가 궁인의 모습을 확인하도록 했다. 만약 정말로 안치한 죄인이라면 어찌 이와 같이 의혹을 풀어줄 수 있었겠는가"라고 진노하여 감사마저 삭탈관직시켰다.

474) 육전조례 권지8 병전 병조 및 훈련도감조.

475) 육전조례 권지8 병전 병조 및 훈련도감조.

헌부·병조·훈련도감·포도청·장용영 등이었다.[476)]

㉢ 다모의 자격과 상징물

㉮ 다모의 자격

다모는 범인을 체포하기 위해서는 일반여성과는 다른 배짱이나 체격조건이 요구되었다. 송사 김화진에 의하면,[477)] 다모의 자격기준은 키가 5척 이상되고, 막걸리 세 사발은 단숨에 마시고 쌀 다섯 말을 번쩍 들어 올릴 수 있을 만큼 여장부여야 했다. 그러나 이는 현실적으로 가능한 이야기는 아니며, 아마도 기운이 세고 남성적이며 괄괄한 성격의 소유자를 선발했던 것에서 유래된 것이 아닌가 생각된다.

㉯ 다모의 상징물

통상적으로 포도청의 포도대장은 대장패와 전령패를 급여받았고, 종사관·포도부장·포도군관은 통부를 지니고 있었으나 예외적으로 자주통부를 부여받기도 하였다. 그러나 포졸에게는 신분을 표시하는 패 따위는 지급되지 않았고, 단지 복장이나 육모방망이 등의 휴대물이 포졸임을 나타내는 상징물이었다. 다모 역시 포졸과 마찬가지로 패 따위는 지급되지 않았고, 다만 쇠도리깨의 때리는 부분에 은실을 박은 쇠도리깨가 다모의 신분을 상징하는 것이었다.

㉰ 다모의 권한

다모는 치마 속에 2척쯤 되는 쇠도리깨와 오라를 차고 갔다가 죄가 분명한 사람의 집은 그 도리깨로 들창을 부수고 들어갈 수 있었고, 이 쇠도리깨로 살인을 해도 죽임을 당하지 않고 유배되는 정도였다고 전해지고 있다.[478)]

㉱ 다모의 급료

다모는 포졸(군졸)과 동일한 이속이므로 다모의 한 달 분의 급료는 포졸과 동일한 것으로 볼 수 있으며, 이것은 당시 최저생활을 면할 정도의 박봉이었다.

㉣ 다모의 임무

포도청 소속의 다모가 하는 임무는 조선전기 의녀가 하는 업무와 거의 차이가 없다. 다만 의녀가 고유 업무 이외에 수사업무를 병행하였다면, 다모는 경찰업무와 관련된 사안에 전종했다는데 큰 차이가 있다고 볼 수 있다. 다모의 주된 업무는 역적모의와 관련된 사건의 내탐과 정보수집[479)]·여성 피의자 수색이나 검시 참여·과부보쌈으로 인해 생기는 분쟁·세자빈의 간

---

476) 김형중, 「한국경찰사」, 서울: 박영사, 2016, p.744.

477) 송사 김화진은 야인으로서 1895년 출생해서 한일강제병합과 6.25 전쟁을 겪으면서 그동안 보고 겪은 것 등을 수집하여 「팔도와 풍속 인물」이라는 제목으로 잡지에 투고하였다. 그리고 이렇게 연재된 기록물을 한데 모아 발간한 것이 「한국의 풍토와 인물」이라는 책이다. 다모에 관한 이야기는 김화진 자신도 소년 시절 포교로 다니던 분에게 들은 이야기라고 술회하고 있다(김화진, 「한국의 풍토와 인물」, 1973, 서울: 을유문화사, pp.268－269).

478) 김화진, 앞의 책, pp.269－270.

479) 제14대 선조 23년(1590) 정여립 역모사건에 누명을 쓰고 억울하게 죽음을 당한 영남 선비 최영경도 다모가 체포했다고 기축록(己丑錄)에 쓰여 있고, 또 제16대 효종 2년(1651) 역적으로 잡힌 김자점·심기원의

택시에 규수의 행실조사·어염집 밀주단속[480] 등 이었다.

ⓜ 다모의 변천

㉮ 第26대 고종 31년(1894)에 갑오개혁과 함께 「경무청관제직장」이 제정되면서 한성부에 경무청이 설치되고, 이에 따라 포도청이라는 명칭은 410여 년만에 역사 속으로 소멸되고 말았다. 따라서 이때를 기점으로 다모 조직 역시 그 명칭과 함께 역사 속으로 사라졌다.

㉯ 다모의 변천과정을 보면, 다모폐지(고종 31년, 1894) → 경무부 공안국에 여자 경찰과와 서울·인천·부산·대구에 여자경찰서를 신설(1946.7.1.) → 치안국 여자경찰과 폐지(1950.3.31.) → 서울·인천·부산·대구에 여자경찰서 폐지 → 서울경찰국 여자교통경찰관제도 신설(1979.2.21.) → 경찰대학 여자에게 입학자격부여(1988.10.20.) → 서울경찰청 여자 형사 기동대가 발족(1991) 되었다. 오늘날 이 여자 기동대가 조선시대 여형사인 다모의 후신이라고 볼 수 있다.

ⓑ 다모의 경찰사적 의미

다모는 우리나라 여자경찰의 효시라고 할 수 있으며, 조선시대 여성범죄를 전담하던 최초의 여형사 기능을 수행했다는 점에서 중요한 의미를 지닌다. 그럼에도 불구하고 다모의 실체에 관한 연구는 전무(全無)하다. 그 이유 중의 하나가 다모와 관련된 문헌의 관련자료 부족을 가장 큰 이유로 들 수 있다. 특히 우리나라 사서(史書) 중 기록의 상세함으로 따지자면 조선왕조실록을 능가할 만한 문헌은 거의 없다고 볼 수 있다. 그러나 유교이념에 입각한 조선왕조실록의 기록은 사대부 중심의 통치라는 관점에서 서술되었기 때문에, 여종이라는 굴레를 쓰고 활동하던 다모에 관한 내용이 자세하게 기록될 리는 만무하다. 그만큼 다모라는 직책은 천시당하는 직종이기도 했다. 그러나 다모는 궁궐과 관청의 하위직으로서 사회적으로 천시받는 직업이었지만, 조선왕조시대에 부녀자 범죄를 전담하던 유일한 여자경찰관이었다.

다모의 시발점은 의녀로부터 시작된다. 조선시대 내외법에 의한 남녀유별사상은 여성관련 범죄 발생시 수사기관에 의한 수색과 체포에 일정한 한계가 있었다. 이와 같은 한계를 보완하고 수행하기 위한 제도적 장치가 의녀와 다모이다. 그러나 조선전기의 의녀가 촉탁형사의 기능을 수행했다면, 조선 중·후기의 다모는 수사업무를 전종(專從)했다는 점에서 큰 차이가 있다. 뿐만 아니라 다모는 병조(포도청) 등 중앙관서에만 배치된 것이 아니고, 점차적으로 지방관아에도 배치되어 전국적으로 정착화되었다. 그러나 이러한 다모제도는 고종 31년(1894) 갑오개혁과 함께 한성부에 경무청이 설치되면서, 포도청이라는 명칭과 함께 다모제도도 역사 속으

집 수사에 다모가 정탐한 뒤에, 의금부 나장(羅將)과 포교를 인도하여 잡았다는 전문 내용이 전해 오고 있다. 기축록은 선조 22년(1589) 정여립의 모반사건으로 발생한 기축옥사에서부터 인조 3년(1625) 이 옥사가 일단락될 때가지의 기록 및 문서를 편집한 책이다.

480) 조선말기로 들어가면서 다모는 금령(禁令) 등의 위반행위도 단속하는 등 그 업무가 갈수록 다양해지고 확대되었다. 송지양이 쓴 소설 다모전(茶母傳)에 보면 한성부 소속 다모 김여인이 금주령을 위반한 범인을 체포하였다는 기록이 보인다(심재우, 앞의 책, p.232). 이로 보아 어염집 밀주단속에도 다모가 동원되고 있음을 알 수 있다.

로 소멸되고 말았다. 역사를 반성하지 않거나 잊어버린 민족은 미래가 없다는 말이 있다. 다모의 뿌리를 찾는 것은 경찰역사의 일부분을 찾아보는 것이다.[481]

5) 한성부

조선후기의 한성부는 임진왜란과 병자호란을 거치면서 폐허가 되다시피 하였다. 그 결과 한성부는 평상시에 호구(戶口)가 8만이던 것이 임진왜란을 겪고 20여 년이 지난 후에도 수만 호가 채 되지 못하였다. 따라서 한성부의 기능도 다시 재정비되는 계기를 맞게 되었다.[482] 이에 따라 한성부 내의 치안업무도 당연히 일대 변화가 있었는데, 특히 순찰업무가 그러하다.

(1) 한성부의 행정경찰적 기능

조선시대에 수도 한성의 순찰업무는 중앙정부와 한성부 소관사항으로 대별할 수 있다. 일반적으로 중앙정부는 야간순찰 업무를 총괄하였고, 한성부는 주간순찰 업무를 담당하는 2원체제였다.

① 주간순찰(한성부)

조선초기의 수도 한성의 주간순라는 중앙의 순군만호부가 담당하였다. 그 후 순군만호부가 의금부로 변천해 가는 일련의 과정을 거치면서 주간순찰은 세종대 이후부터 한성부 소관업무로 이전되었다.[483] 그 후 주간순라는 경국대전상에 한성부의 소관업무로 명문화되었고, 이러한 기조는 조선후기까지 지속되었다.

② 야간순찰(한성부)

이후 조선 말 고종 20년 정월에 한성부에 순경부(巡警部)가 설치되면서, 야간순찰업무까지도 한성부가 맡아보게 되었다.

(2) 한성부의 사법적 기능

한성부의 사법적 기능은 조선전기에 반포된 경국대전상의 내용과 큰 차이는 없으나, 조선후기에는 출금(出禁)과 난전단속 등의 업무가 추가되었다.

① 출금(出禁)

출금(出禁)이라 함은 일제단속을 위한 출동으로, 일정한 지역 내에 하리(下吏: 서리 등)들을

---

481) 본서에 기술한 다모에 관한 내용은 필자가 학술등재지 한국공안행정학회보에 수록된 전체 내용 중에서 핵심만 요약하여 정리하였음을 밝혀둔다(김형중, "조선시대 다모의 실체에 관한 小考", 한국공안행정학회보 제59호, 2015, pp.39-66).

482) 한경식략 권지2 궐외각사 한성부조.

483) 세종실록 권29 세종 7년 9월 계축조.

보내어 범법행위를 단속시키는 것을 말한다. 한성부는 주간순찰 이외에도 3법사(三法司)의 하나로서, 금제(禁制)를 단속하고 질서를 유지하기 위해서 출금(出禁)의 기능도 수행하였다. 삼사(三司)에서 출금(出禁)하는 것은 오래전부터 시행되어 온 법이었으나,[484] 이에 대한 폐단도 상당하였다.[485]

② 난전

난전(亂廛)이라 함은 시전(市廛)상인의 명부인 전안(廛案: 국가가 물건의 판매를 허락한 사람들의 명단 및 물품을 등록한 문서)에 등록되지 않거나, 허가받지 않은 물품을 몰래 팔던 조선시대의 상인이나 또는 그러한 상행위를 일컫는 말이다. 난전이란 용어는 봉건적 상업질서를 어지럽힌다고 해서 붙인 이름이다. 난전은 조선전기부터 있었으나 사회적 문제가 되지 않았으나, 조선후기에 들어와서 난전이 성행하면서 사회적으로 상당한 문제가 되었다.

㉠ 난전의 단속은 중앙기관인 형조와 한성부, 그리고 일반인인 전인(廛人: 가게를 차리고 물건을 파는 사람)에게도 난전에 대한 체포권이 부여되어 있었다(금난전권). 영조 3년 6월부터 형조가 단속했던 난전단속권이 한성부로 완전히 이관되었다.[486]

㉡ 난전단속은 대한 비리와 부정을 조장시키는 하나의 요인이었다. 한성부의 관리나 이례(吏隷)들이 난전을 단속하면서 위반자에 대한 속전을 징수하게 되자, 여기에서 파생되는 민폐와 부정은 극심하였다.

㉢ 서리의 급료는 관서에서 속전을 받아 지급했는데, 속전의 확보를 위해서도 비리가 확대될 수밖에 없었다.[487] 본래 법사(法司)의 이례들에게는 급료를 지급하지 않았기 때문에, 난전 단속의 폐단이 이로 말미암아 생겼다고 볼 수 있다. 이러한 상황은 정조 15년(1791) 금난전권을[488] 폐지할 때까지 지속되었다.

---

484) 정조실록 권6 정조 2년 11월 12일(무술조).

485) 정조실록 권12 정조 5년 7월 신유조. 제22대 정조 5년 7월 21일에 사간(司諫) 이현영이 아뢰기를 "근래 사헌부에서 출금(出禁)하는 것이 너무 빈번하여 온 동네가 시끄러울 지경입니다. 또 저포(苧布: 모시옷감)를 금한다는 핑계로 사람을 만나기만 하면 번번이 체포하는데, 뇌물이 많고 적음에 따라 석방이 빨라지거나 늦어짐이 정하여 집니다. 혹 수감하기도 하고 구속하기도 하는데 값이 정하여져 있다는 이야기가 돌고 있습니다"라고 하고 있다.

486) 영조실록 권11 영조 3년 6월 경인조. 제21대 영조 3년 6월 5일에 "형조에서 시민(市民)이 난전을 금지하러 나가지 말고, 전적으로 한성부에 맡기라"고 분부하고 있다.

487) 영조실록 권104 영조 40년 10월 갑진조; 비변사등록 제146책 영조 40년 10월 26일: 한성부 주부 이복영이 난전단속의 폐단을 거론하면서 "평민들의 기름을 짜내 이서(吏胥)들의 배를 채우는 것은 어떠한 경우에도 이유가 될 수 없으니, 그 폐단을 막아야 합니다"라고 하고 있다. 또 "한성부가 난전을 단속하면서 난전하는 자를 잡아다가 그 물건 값에 따라 장속(杖贖: 장형을 면하려고 바치는 돈)을 받습니다. 저는 매번 법을 적용할 때마다 마음이 측은하여 오뉴월에도 등골이 오싹했습니다. 한성부에는 본시 관아의 원역배(員役輩: 벼슬아치 밑에서 일하던 구실아치의 패)들에게 줄 급료가 없으며, 그들의 급료는 모두 난전에서 나오는 속전으로 충당하고 있습니다. 급료를 주고 못주고는 속전에 달려 있으므로, 평민의 고혈을 취하여 이서의 배를 채우는 것이 됐습니다"라고 하고 있다.

2. 지방경찰기관

조선중기 이후 중앙에 포도(捕盜)의 전임관청으로 좌·우포도청이 운영되었다면, 지방의 경우는 수령 이외에 포도업무와 관련하여 토포사(討捕使)라는 기관이 있었다.

1) 토포사(討捕使)

토포사는 무장한 도적이나 반란세력을 토벌·진압하는 것을 임무로 하는 치안책임자, 군사책임자를 말한다. 지방에서 도적을 잡는 임무는 토포사와 수령이었다. 그러나 토포사는 조선후기 초까지는 전임관(傳任官)이 아니었고, 일반 지방수령이 겸임하다가 차츰 전국적으로 토포사가 배치되면서 제도화되었다.

(1) 토포사의 제도화과정

① 임시관직

토포사는 포도대장과 같이 대전(大典)상에 규정된 정식관직은 아니었고, 처음에는 필요에 따라 중앙에서 파견하거나 특정수령에게 겸임 발령하였다. 토포사를 중앙에서 파견한 대표적인 사례는 제13대 명종 때에 전국을 떠들썩하게 했던 임꺽정 사건[489]을 들 수 있다. 이때 조정에서는 황해도 토포사로 남치근을 임명하였는데, 이 경우는 중앙에서 남치근을 임시로 토포사에 임명한 것이지, 정식관직은 아니었다.

② 지방수령이 토포사 겸임

중앙에서 파견되는 토포사 이외에는 특정 지역의 지방수령을 토포사로 임명하여 겸임케 하고, 평시에는 도적을 잡고 전시에는 그 병력으로 적과 싸우게 하였다. 이와 같은 형태는 제14대 선조 때 임진왜란 과정에서 빈번하게 운영되었다. [490]

③ 토포사의 제도화

토포사는 제16대 인조시대에 정묘 및 병자호란을 겪는 과정에서 제도상으로 정착화되었다.[491] 그렇다고 해서 전국적으로 토포사가 배치된 것은 아니었고, 토포사가 배치되지 않은 지

488) 금난전권이라 함은 국가에서 시전상인들에게 도성으로부터 10리까지의 난전(허가받지 않고 물품을 팔던 상인)을 단속하는 일종의 경찰권을 부여한 것을 말한다.

489) 훗날 성호 이익은 조선의 3대 도둑으로 홍길동·임꺽정·장길산을 꼽고 있기도 하다.

490) 선조실록 권54 선조 27년 8월 병인조. 제14대 선조 27년 8월 21일 영의정 유성룡이 상주 목사 정기룡을 당상(堂上)에 올려 토포사(討捕使)로 삼아 왜적을 격퇴시키는 것이 좋겠다는 건의를 하였다.

491) 인조실록 권42조 인조 19년 5월 갑신조; 인조실록 권48 인조 25년 11월 을묘조. 인조 19년 5월 10일에 "전라감사 정세규가 흉년이 들면 백성이 궁해지고 백성이 궁핍하면 도적이 되지 않은 자가 드무니, (전라)좌도와 우도에 토포사를 두어야 한다"는 건의에 따라 지방에도 토포사가 정식으로 제도화되기 시작하였고, 동왕(同王) 25년 11월 19일에 사간원에서 "근일에 화적이 몰래 나타나는 것이 경기도 일대와 충청

역은 지방수령이 토포사를 겸임하는 곳도 상당수 있었다.[492)]

(2) 토포사와 토포영

① 토포사의 임무

토포사의 임무는 도적을 체포·신문하여 치죄하는 것이 고유의 기능이었다. 토포사는 제16대 인조 19년에 제도화되기 시작하여, 제18대 현종시기에 정착된 것으로 추정된다. 그러나 현존하는 문헌상 그 설치시기는 정확히 진단할 수 없다.

② 토포사의 형태

토포사는 크게 「토포영의 토포사」·「진영장겸 토포사」·「수령겸 토포사」의 3가지 형태로 운영되었다.

㉠ 토포영의 토포사

㉮ 토포영(討捕營)은 토포사가 근무하는 근무처였으나, 정확한 설치연대는 미상이다. 다만 제16대 인조 19년에 반란세력을 토벌·체포할 목적으로 설치되었다고 추정된다. 인조 25년 11월 19일의 기록을 보면,[493)] 여러 도(道)에 이미 토포사가 배치되는 등 토포사의 수가 대폭 증설되고 있는 것으로 보아 인조대에 토포영이 설치된 것만은 틀림이 없다.

㉯ 토포사는 그 관할구역의 크기에 따라서 몇 개의 군현을 관장하고 있었는데, 해당관할 수령은 도적을 체포·신문하여 자백을 얻으면 토포사에게 이송하도록 법·제도화되어 있었다.

㉰ 관찰사는 토포에 대한 최종 감독자로서의 기능을 수행하였다. 따라서 토포사는 포도청의 하급기관이 아니라, 관찰사의 지휘·감독을 받는 독립된 치안부서라고 할 수 있다.

㉱ 토포영은 기존의 군현 이외에도 그 지역이 광활하여 치안력이 미치지 못하는 곳에 별도로 운영되기도 하였으나,[494)] 토포영을 전국적으로 다 설치한 것은 아니었다. 또 토포영을 설치했다고 해서 토포사를 다 배치한 것은 아니었다. 이 경우에는 진영장이나 지방의 수령이 토포사를 겸직하였다.

남북도가 더욱 심하여 도로를 다닐 수 없는 지경이니, 여러 도(道)의 감사 및 토포사에게 명하여 특별히 신칙(申飭: 단단히 타일러서 경계함)하도록 해 달라"고 건의하여 왕의 재가를 받고 있다. 이로 보아 여러 도에 이미 토포사가 제도화되어 배치되고 있음을 알 수 있다.

492) 인조 21년 7월 3일에 신천(信川)군수(郡守) 유시성에게 황해 서변 토포사를 겸임시켜 도적에게 사람이 살해되는 사례가 없도록 기지를 발휘해 토포하라고 지시하고 있다(인조실록 권44 인조 21년 7월 갑오조).

493) 인조실록 권48 인조 25년 11월 을묘조.

494) 영조실록 권23 영조 5년 8월 기사조. 영조 5년 8월 27일에 평안감사 송인명이 입시하여 "양덕과 맹산은 북도의 영흥 등의 고을과 서로 등지고 있는데, 그 사이가 텅 비어 있기 때문에 노략질 하는 도둑이 많이 일어납니다. 그 지역은 두 도(道)의 인후(咽喉: 목구멍)가 되는 곳인데, 방어영(防禦營)이 매우 멀어 진실로 허술할 염려가 있습니다"라고 하면서, "양덕의 중간에 만일 하나의 토포영을 둔다면 좋을 듯합니다"라고 건의하고 있다.

㉡ 진영장겸토포사

㉮ 진영장의 설치

제16대 인조 때에는 토포영(토포사)이 지방에 설치되었고, 한편 동왕 5년(1627)에 금(金)의 침입을 받고 그해 3월에 금과 화약(和約)을 맺은 후, 4월 20일에 병조판서 이정구의 건의에 따라 처음으로 진영장이 각 도에 배치되었다.

㉯ 진영장의 품계 및 소속

진영장은 각 도의 지방군대를 관할하기 위하여 설치한 진영(鎭營)의 정3품 당상직 장관으로, 영장(營將) 또는 진장(鎭將)이라고도 한다. 이들은 중앙의 총융청[495]·수어청·진무영(鎭撫營) 등과 각 도(道)의 감영(監營)·병영에 소속되어 지방군대를 통솔하였다. 이들 모두는 겸직으로서 중앙은 판관(判官)이나 중군(中軍)[496] 및 경기 일원의 부사·목사가 겸임하였고, 이외의 각 도는 도내 각 주·군을 적당히 나누어 진영을 설치하고 그 지방 수령이 겸임하였다.

㉰ 진영장의 임무

각 도의 진영은 전(前)·후·좌·우·중(中)의 5영장이 있었으며, 필요에 따라서 별영(別營)을 설치하고 별영장(別營將)을 두기도 하였다. 이러한 진영장은 제16대 인조 때까지는 군졸들을 훈련시켜 유사시에 외침을 막는 것이 주임무였다.[497]

진영장이 토포사를 겸임하기 시작한 것은 18대 현종연간에 대신 홍명하의 건의에 따른 것이었다. 이때부터 수령이 겸직하던 토포사의 기능은 진영장의 임무로 전환되는 계기를 맞게 되었다. 그러나 처음부터 모든 영장(營將)에게 토포사를 겸임시킨 것은 아니었고, 그 후 차차 영장이 토포사를 겸임하게 되었다. 그리고 그 이후부터 점차 진영장의 임무는 평시에는 국내의 도적 소탕의 임무를, 전시에는 외침에 대비하는 임무로 전환되었다.

㉱ 진영장의 편제와 각 도(道)의 배치 수

진영장의 편제는 대체로 전(前)·후·좌·우·중(中)의 5영(營)을 한 도(道)안에 두는 것을 원형(原型)으로 하였다. 진영장의 각 도 배치는 경기 6인·충청 6인·경상 6인·전라 5인·황해 6인·강원 3인·함경 6인·평안 9인·강화부의 진무영[498]에 5인을 두었다.

---

495) 대전회통에 보면 총융청에는 사(使) 1인(종2품)·중군(中軍) 1인(종2품)·천총 2인(정3품)·진영장 3인(정3품: 전영장은 남양부사·중영장은 파주목사·후영장은 장단부사가 겸임한다)을 두었다(대전회통 병전 경관직 군영아문 총융청).

496) 중군(中軍)은 종2품 무관직으로 각 군영(軍營)의 대장 또는 사(使)에 버금가는 장관(將官)직이었다.

497) 인조 11년 12월 3일에 강원 감사 강홍중이 치계하기를 "영장의 설치는 오로지 군졸을 훈련시켜 위급할 때에 쓰려고 하는 것인데"라는 내용에서 진영장의 임무는 전시에 대비하기 위한 기구라는 점이 분명해진다(인조실록 권28 인조 11년 12월 신유조).

498) 진무영은 강화도에 본영(本營)을 두고 바다를 지키는 일을 맡아보았다. 숙종 26년(1700)에 설치되었고, 고종 3년(1866) 병인양요 이후 외국 선박의 침입이 잦아지자, 진무영은 국방상 중요한 군영으로 취급되어 조정에서는 진무영의 지위를 정2품 아문으로 승격시키고 기구를 대폭 강화하였다. 진무영의 관원으로는 강화유수가 겸임하는 정2품의 진무사 1인과 그 예하에 정3품의 중군(中軍) 1인·강화인근 고을의 수령들

㉤ 폐지와 복구

인조 14년 「금(金)」의 재침(병자호란)을 받고도 이 제도가 별 기능을 발휘하지 못하자 동왕 15년 2월 16일에 진영장제를 혁파하였다.[499] 제17대 효종의 북벌정책에 의하여, 다시 이 영장제(營將制)는 3남(三南: 충청·전라·경상도)을 중심으로 하여 복구되었다.[500] 그리고 제18대 현종 때부터는 수령이 겸임하던 토포사의 적임을 영장이 겸임하도록 하여 날로 증가하는 도둑을 잡도록 하였다.

㉥ 진영장겸토포사의 폐해와 폐지

조선후기로 가면서 진영장겸토포사의 권력남용과 비리 등이 극심하여 진(鎭)에 속한 백성들의 폐해가 악심하였다. 정조 17년 6월 13일 호서 안핵어사 홍대협은 "전 청주 영장 이문협은 도적을 잡는 일은 우선 장물부터 확보한 다음에야 비로소 도적을 찾아 체포하는 것인데도 장교와 나졸을 많이 풀어서 평민들만 억울하게 잡아들였고, 한결같이 병영(兵營), 비장(裨將)[501]의 말만 좇아 오직 죄를 엮는 것만 일삼았으니, 그 죄를 감안하여 처단해야 한다"고 서계(書啓: 암행어사와 같은 봉명관의 복명서)를 올리기도 하였다.[502] 이러한 진영장겸토포사 제도는 고종 32년(1895)에 철폐되었는데, 철폐 당시 각 도에 46명과 강화부 진무영에 5명이 배치되어 있었다.

㉢ 수령겸토포사

㉮ 원래 토포사는 제13대 명종 때 임시직으로 출발하여 제16대 인조 때 상설직화되기에 이르렀고, 이때 진영장제도가 도입되었다. 따라서 토포사·진영장겸토포사·수령겸토포사 등의 제도가 혼재되어 상당히 복잡스러운 체계로 운영되었다.

㉯ 지방의 경우 관할이나 치안수요에 따라 수령이 토포사를 겸하거나,[503] 또는 각 고을의 수령 중에서 몇 명을 뽑아 토포사로 차출하는 경우도 있었다.[504] 이처럼 수령겸토포사의 운영에도 여러 가지 방법 등이 채택되었다.

이 겸직하는 진영장 5인·강화부 경력(經歷: 주요 부서의 실무를 담당하던 종4품 관직)이 겸임하는 종4품의 종사관 1인·총관 4인·파총 10인·군관 15인 등이 있었다. 그리고 병력은 포군(砲軍)을 중심으로 3천여 인에 달하였다.

499) 제도(諸道: 여러 도)의 영장(營將)을 폐지하였다(인조실록 권34 인조 15년 2월 병술조).

500) 효종실록 권14 효종 6년 1월 17일(임인조).

501) 조선시대에 감사(監司)·유수(留守)·병사(兵使)·수사(水使)를 따라다니며 일을 돕던 무관벼슬을 말한다.

502) 정조실록 권37 정조 17년 6월 갑술조.

503) 현종개수실록 권18 현종실록 11월 삭일조(朔日條). 제18대 현종 8년 12월 27일에 영의정 홍명하가 사망하기 한 달 전인 11월에 경기 연해에 도적이 심하였다. 이에 홍명하가 건의하기를 "경기 연해에 좌·우토포사 밖에 없기 때문에 두루 살펴보는 것이 힘드니, 수원부사(水原府使)를 토포사로 겸임시키자"고 하여 왕의 윤허를 받고 있다. 이때 조치가 수령이 토포사를 겸임하게 되는 첫 계기가 되었다.

504) 이이화, 「한국사이야기 ⑬ 당쟁과 정변의 소용돌이」 서울: 한길사, 2001, pp.329−330. 제19대 숙종 21년 11월 이전까지는 황해도에는 토포사를 두지 않았다. 그러나 명화적이 황해도 지방을 휩쓸고 다니기 시작하면서, 각 고을의 수령 중에서 병법을 아는 자 몇 명을 뽑아 이곳 토포사로 차출하였다.

3. 지방의 수사체계

1) 관찰사·토포사·수령

(1) 조선후기

조선후기 중앙에는 포도청이 범죄수사를 주로 담당하였다면, 지방의 경우는 토포영의 토포사·진영장겸토포사, 그리고 토포사나 영장(營將)이 배치되지 않은 곳에는 수령이 범죄수사를 전담하였다. 중앙에는 좌우포도대장이 병조 예하에서 어느 정도 분리·독립되어 있었으나, 지방의 경우는 관찰사·토포사·진영장겸토포사·수령겸토포사·수령 등 그 체계가 상당히 복잡하였다.

① 관찰사는 사법체계상 최고책임자로서, 모든 것을 총괄하는 위치에 있었다. 그리고 토포에 대하여는 토포사(진영장겸토포사·수령겸토포사)가 실질적으로 모든 것을 수사지휘하였다.

② 특히 도적과 관련된 업무는 19세기 이후에는 진영장겸토포사가 주로 전담하여, 예하의 수령 등을 지휘하는 상위기관이었다. 따라서 수령이 도적을 체포하는 경우, 신문하여 자백을 얻으면, 토포사에 이송하도록 법·제도화되어 있었다. 따라서 토포사는 포도청의 하급기관이 아니라 관찰사의 지휘·감독을 받는 독립된 치안부서였다.

(2) 조선말기

조선후기로 가면서 수령이 함부로 형벌을 가하여 해독을 끼치는 사례가 빈번하게 발생하였다. 그러자 제21대 영조 1년 11월 27일에는 반드시 토포사에게 보고한 뒤에 족장(足杖: 발바닥을 때리는 형)을 적용할 것이며, 만약 보고하지 않고 함부로 이런 형벌을 사용하는 자는 관찰사가 먼저 파직하고 뒤에 추고(推考)하라고 지시하였다.[505] 이처럼 지방 수령이 토포사에게 보고하지 않거나 승인 없이 형벌을 가하는 경우에는, 관찰사가 먼저 파직부터 시킨 후 나중에 조사할 정도로 강력한 규제를 가하였다. 따라서 지방수령은 상위기관인 토포사·진영장겸토포사의 수사지휘를 받아야만 했다.

2) 수사부서

지방의 경우, 수사를 담당하던 부서는 병방(兵房) 중심으로 운영되었고, 반면 형방은 소송(민·형사사건)·형옥·법률·노비 등에 관계된 실무를 맡았다.

(1) 한성부의 경우 병방이 서울시 내의 군사자원과 수사업무를 주관하였는데, 그 예하에 70여 명의 사령(使令)과 구종(驅從: 관리를 모시고 다니던 하인)들이 속해 있었다.

---

505) 영조실록 권8 영조 1년 11월 신유조.

(2) 진영의 경우 진영의 병방 중 경찰업무를 담당하던 (토포)병방이 수사를 담당하였다. 지방수령은 상위기관인 5영의 진영장(전·좌·우·중·후) 중 중영(中營)의 장(長)인 중영장(中營長)의 지휘를 받아 범죄수사에 종사하였다. 따라서 수령의 토포는 실무상 1차적으로 중영장 소속의 (토포)병방을 거치게 되어 있었는데, 진영(鎭營)에 있는 (토포)병방은 대단한 위력이 있었다.[506] 그러나 병방에 소속된 (토포)병방리는 정식관리가 아니었고 단지 관리에 준하는 지위에 있었다. 그럼에도 불구하고, 탕건(宕巾: 벼슬아치가 망건의 덮개로 갓 아래에 받쳐 쓴 관(冠)으로 관직자만이 사용할 수 있었음)을 쓰고 뒷문과 정문의 옆문으로 출입하는 것이 허용되었다. 당시 서리 등은 탕건도 쓰지 못하고 뒷문으로만 출입케 하였는데, 이것은 대단한 특혜라고 볼 수 있다.[507]

(3) 토포사나 진영장이 배치되지 않은 곳에는 지방수령 산하에 병방이 군사훈련·경찰업무·도로·봉수 등의 업무를 담당하였는데, 병방은 3공형(이방·호방·형방)에 비하여 실권이 적었다. 그러나 군역과 사법업무는 지방민의 생활과 직결되어 있어, 그 위세가 대단하였다.

(4) 수령이 있는 지방관아에 좌수·별감이 우두머리로 있는 「향청」도 사실상 수사기관으로서의 역할을 수행하였다고 볼 수 있다. 그 이유는 고을에 도적이 들끓으면 조정에서는 수령과 함께 좌수·별감도 치죄를 당하였기 때문이다.

3) 수사요원

(1) 최하급 사법경찰관리

수사요원으로는 순교(巡校)[508]·(토포)병방(兵房)·포교(捕校)[509] 등을 들 수 있는데, 이외에도 각 도(道)·군(郡)에 따라 문졸(門卒)·일수·사령(使令)·나장(羅將)·포졸 등으로 통칭되었던 최하급 사법경찰보조요원이 있었다.[510]

(2) 민간수사요원

지방의 수사와 관련하여 포사(砲士)라는 민간 수사요원을 두기도 하였다. 포사는 도내(道內)의 군(郡)유지들이 자진 협의하여 만든 자치적 조직으로서, 자위적(自衛的) 입장에서 자체적으로

---

506) 현규병, 「한국경찰제도사」, 국립경찰전문학교, 1955, p.78.
507) 현규병, 앞의 책, p.78.
508) 조선후기에 각 부(部)와 제주목(濟州牧)에 두었던 하급 경찰관리였다. 주사(主事)의 다음으로 각 관아에 8명씩 두었다.
509) 다산은 목민심서에서 군교(軍校)에는 세 가지 직종이 있다고 하였다. 첫째는 장관(將官)으로서 천총(千總)과 파총(把摠)이 이에 속하며, 둘째는 군관(軍官)으로서 병방(兵房)·장무(掌務) 등이 이에 속하며, 셋째는 포교(捕校)로서 토포(討捕)와 도장(都將)이 이에 속한다고 하고 있다(목민심서 이전육조 제2조 어중조).
510) 목민심서 이전육조(吏典六條)제2조 어중조(馭衆條: 수령이 대중을 통솔함)에서, 문졸(門卒)은 일수(日守) 혹은 사령(使令) 또는 나장(羅將)이라고도 한다고 기술하고 있다.

범죄수사를 할 수 있었다.[511] 이들 포사에 대한 지휘명령권은 당연히 지방 수령에게 있었다.

4) 지방의 수사활동

(1) 범죄수사

지방의 경우 범죄예방과 검거에 대한 1차 책임은 당연히 해당지역의 수령이다. 먼저범죄가 발생하면 순교·병방·포교 등이 수령에게 보고하여 그 지휘를 받고, 만일 지명수배를 할 때에는 인상서(人相書: 오늘날의 몽타주)를 작성하여 배부하였다. 범죄수사가 개시되면 순교(巡校)나 포교는 수령의 명령서를 받는데, 그 명령서만 있으면 다른 군(郡)에 가더라도 숙박료·음식대 등은 무료였다. 이 밖에도 추전(追錢)[512]·헐장금(歇杖金)[513]·차사례(差使禮)[514] 등이 음성적으로 행하여졌다.

(2) 사법경찰관리의 부정과 행패

다산 정약용은 지방의 순교사 포교·포졸들의 부정과 행패에 대하여, "대개 성 안의 사람으로 배우지 못하여 글을 모르고 거칠고 패악(悖惡)하여 교화(敎化)에 따르지 않은 자들은 으레 군교(軍校)에 투신하는데, 이들은 기생을 끼고 술이나 마시는 일을 제 직분으로 삼으며 사람을 치고 재물을 약탈하는 것이 생리이며, 이들 포도와 군관(軍官)은 서울이나 지방을 막론하고 모두 큰 도적이다.[515] 그러기 때문에 수령이 된 자는 마땅히 군교나 포졸을 엄히 감독하여 이러한 폐단 등을 막아야 하며, 이들의 죄상이 밝혀지면 사정없이 곤장을 치고 무겁게 징계하여 백성들의 피해와 고통을 줄어야 한다"고 강조하고 있다.

Ⅲ. 병제(兵制: 군제)

조선시대의 관제(官制)는 병제(兵制)와 함께 살펴보아야 완전히 이해할 수 있으며, 특히 경찰사적 측면에서 볼 때는 더욱더 불가분의 관계에 있다고 볼 수 있다.

---

511) 헌규병, 앞의 책, p.78.

512) 추전은 부잣집에서 사건이 발생하면 수사비용 전부와 심지어는 순교나 포교의 유흥비까지도 부잣집에서 부담하는 것을 말한다.

513) 헐장금은 범인을 체포 인치(引致)하는 경우에 범인으로부터 쌀이나 돈을 받는 것을 말하는데, 이는 고문을 감경할 목적으로 주는 뇌물이었다.

514) 차사례는 범인으로부터 재물을 징수하는 규정으로, 수사관의 신분에 따라 차액을 두었다.

515) 다산은 목민심서에서 기술하기를, 포도와 군관은 도둑과 친교를 맺어 장물을 분배하고 도둑을 풀어 주고, 기밀을 누설하여 도둑들을 빨리 도망치게 하거나, 도적을 처형하려 하면 옥졸을 사주(使嗾)하여 고의로 도적을 놓아주게 하는 등 그들의 천 가지 만 가지 죄악을 이루다 말로 할 수 없다고 한탄하고 있다(목민심서 이전육조 제2조).

1. 중앙군제(5군영)

5군영은 임진왜란 때 설치한 훈련도감을 필두로 하여 제16대 인조 1년(1623)에 어영청, 동왕 2년(1624)에 총융청, 동왕 4년(1626)에 수어청, 제19대 숙종 8년(1682)에 금위영이 끝으로 설치되었다. 조선후기 5군영은 주로 국왕을 호위하고, 또 수도인 서울 일대를 방어하기 위한 조직이었다. 특히 3군문(훈련도감·어영청·금위영)은 포도청과 더불어 야간에 한성의 순찰 등의 임무를 수행하는 등 치안업무와 밀접한 관련성을 갖고 있다.

1) 훈련도감

(1) 편성(삼수군)

훈련도감은 일명 훈국(訓局)이라고도 하는데, 임진왜란 때 왜군의 조총에 대항하기 위하여 조총으로 무장한 부대였다. 처음에는 임시기구로 설치되었다가 점차 상설 기구화되었다. 훈련도감은 창설 당시 포수로만 이루어졌다가 이후, 포수(砲手)·살수(殺手)·사수(射手)의 삼수군으로 구성되었다.

(2) 관원 및 군사력

관원은 도제조(정1품)·제조(정2품) 2인·훈련대장(종2품) 1인·중군(종2품) 1인·별장(정3품) 2인·천총(정3품) 2인·파총(종4품) 6인·초관(종9품) 34인 등의 지휘관과 종사관(정6품) 6인 등이 있었다.516) 실질적인 지휘관은 훈련대장(종2품)이었고, 도제조(의정 가운데 1인)와 제조(호조판서와 병조판서, 당연직)는 겸임이었다. 군사력은 약 4,000여 명으로 조총과 화포로 구성된 포수가 주축을 이루었으며, 조선말기에는 대개 약 5,000명 정도의 군사력을 유지하였다.

(3) 임무와 혁파

① 삼수군은 장기간 근무를 하고 일정한 급료(매월 4~9말 정도)를 받는 상비군으로서, 의무병이 아닌 직업군인의 성격을 갖는 군인이었다. 훈련도감은 5군영체제가 갖추어지면서 어영청·금위영과 함께 삼군문(三軍門)으로 불리면서, 궁성과 서울의 방위를 맡았다.

② 훈련도감은 5군영 중 핵심중의 핵심으로, 국왕의 호위를 비롯해 궁성과 도성의 파수 및 순라 등의 임무를 수행하였다.

③ 고종 18년(1881)에 군제개혁으로 별기군(別技軍)이 설치되면서, 동왕 19년에 훈련도감은 폐지되었다.

---

516) 속대전 병전 경관직 군영아문; 대전통편 권지4 병전 군영아문 훈련도감조.

2) 어영청

(1) 인조반정 후에 인조 2년(1624) 이괄의 난을 계기로 국내정세가 어수선하고 국제적으로는 후금과의 관계가 위급해진 가운데 설치되었다. 어영청은 훈련도감과 더불어 중앙군의 핵심을 이루었다.

(2) 제17대 효종 때의 어영청은 별초병과 기병으로 구성된 정예부대로서, 경상·전라·충청·강원·경기·황해의 6도에 배치되는 등 북벌계획의 중심적인 기구였다. 고종 31년(1894) 갑오개혁 때 폐지되었다.[517)]

3) 총융청

인조 2년(1624) 서울의 외곽인 경기 일대의 방어를 목적으로 수원·광주(廣州)·양주·장단·남양의 5영(營)을 두었고, 군졸은 속오군으로 편성되었다. 총융청은 붕당정치기에 군사적 기반을 제공하는 기능을 지니고 있었다. 총융청은 고종 21년(1884)에 혁파되었다.[518)]

4) 수어청

(1) 조선후기 서울 일대를 방어하기 위하여 설치하였다. 인조 4년(1626) 광주(廣州)에 남한산성을 고쳐 광주 등 그 주변의 진(鎭)들을 지휘하기 위해 처음 설치했다.[519)] 동왕 36년(1636) 병자호란 후 수어사(守禦使: 정2품) 중심으로 하는 남한산성의 방어체제가 확립되었다.

(2) 그 후 수어청은 서울과 남한산성 사이를 이전하기를 몇 차례 거듭했으며, 수어사도 수어청이 서울에 있을 때는 한성부윤이 맡고, 남한산성에 있을 때는 광주유수가 겸임하였다.

(3) 정조 19년(1795)에는 왕권을 강화하기 위해 장용영(壯勇營)을 설치하면서, 수어청을 헐고 산성에 영구 설치하게 되었다. 수어청은 정조 이후 유명무실해져 사실상 명목만 유지하다가 고종 31년(1894)에 폐지되었다.

5) 금위영

(1) 금위영은 숙종 8년(1682)에 설치된 기병·보병 중심의 군대로, 훈련도감·어영청과 더불어 국왕호위와 수도방어의 핵심 군영의 하나였다. 그 임무가 중요해 병조판서가 대장직을 겸직했다.

---

517) 내무부치안국, 「한국경찰사」, 서울: 광명인쇄공사, 1972, p.203; 민족추진위원회, 「만기요람 군정편3 어영청」, 1971, pp.289－299; 증보문헌비고 직관고13 어영청조.
518) 내무부치안국, 앞의 책, p.204; 민족추진위원회, 앞의 책, pp.327－332.
519) 속대전 병전 군영아문 수어청조; 대전통편 권지4 병전 군영아문 수어청조.

(2) 금위영은 국가재정으로 운영되던 직업군인인 훈련도감병 5,707인 가운데 707인을 병조로 옮겨 국가재정도 충실히 하고, 수도방어의 군사력도 확보한다는 뜻에서 설치되었다. 그러나 점차 이들에 대한 운영은 재정부족과 보인(保人)에 대한 부담까지 가중시키는 결과를 가져왔다.

(3) 금위영은 흥선대원군이 집권했을 때는 한때 강화되기도 했으나, 고종 32년(1895)에 혁파되었다.[520]

2. 장용영(壯勇營)

1) 국왕의 친위부대

장용영은 일반군사조직이라기보다는 왕의 친병(親兵)이라 할 수 있다. 제22대 정조 8년(1784)에 정조는 생부 사도세자의 존호를 장헌세자로 바꾸고, 이를 축하하기 위한 경과(慶科)를 실시하여 무과(武科)에서 무려 2,000명을 합격시켰다. 동왕 9년(1785)에 홍복영의 역모사건이 일어나자 호위를 강화하기 위해 경과에 합격한 무사들을 흡수하여 장용위를 설치하였다.

2) 편제

(1) 처음에는 약 500명의 인원을 5대(隊)로 나누어 편제하였다. 동왕 17년(1793)에 그 규모를 더욱 확대시켜 하나의 군영으로 발전시키니, 이것이 곧 장용영이다. 장용영은 국왕의 호위에 주목적이 있었으므로 많은 토지와 군량을 보유했고, 소속병사의 숫자도 5천 명에 달해 한 때 5군영보다도 비중이 컸다.

(2) 장용영은 도성 중심의 내영(內營)과 그 외곽인 수원화성을 중심으로 하는 외영(外營)으로 이루어졌다. 내영의 장은 장용사(將勇使) 또는 장용영 대장이, 외영의 장은 수원유수가 겸임했다.

3) 혁파

제23대 순조 2년(1802) 장용영이 혁파될 때 서울의 본영(내영)은 없어지고, 수원의 외영은 총리영(總理營)으로 바뀌었다가, 고종 32년(1895)에 총리영도 철폐되었다.[521]

520) 법제처, 「6전조례 병전·형전편」, 1967, p.231; 증보문헌비고 직관고13 금위영조.
521) 정조실록 권37 정조 17년 1월 병오조; 증보문헌비고 직관고13 장용영조; 순조실록 권 순조 2년 7일 무신조.

3. 지방군제

1) 제승방략체제에서 진관체제로 전환

조선초기 5위를 중심으로 운영되던 중앙군이 임진왜란 이후 5군영체제로 전환되면서 지방군의 방어체제도 변화하였다. 조선초기에 실시되던 진관체제는 많은 외적의 침입에는 효과가 없었다. 이에 따라 16세기 후반에 제승방략(制勝方略)[522]체제가 수립되었다.

그러나 제승방략체제는 임진왜란 초기 패전의 한 원인이 되었기 때문에, 진관체제로 복구하고, 속오법에 따라 군대를 편제하는 속오군체제로 정비하였다.

2) 속오군

(1) 속오군은 군역(軍役)을 지지 않은 양인(良人)과 양반을 골라서 조직한 군대를 말한다. 평시에는 군포를 바치게 하고, 유사시에는 국가방어에 동원되는 체제였다. 이러한 속오군제의 시행은 각 지방의 주민을 대부분 속오군에 편성시키는 결과를 가져왔다.

(2) 속오군과 전담영장제 시행

① 제16대 인조 5년(1627) 정묘호란 직후에 속오군의 조직과 훈련을 위하여 전담영장제(全擔營將制)가 실시되었다. 전담영장은 겨울철 농한기에 속오군을 소집하여 진법훈련과 포술·검술 등 무예훈련을 실시하고, 매년 1회씩 도 전체의 병력을 소집하여 진법훈련을 시행하였다.

② 전담영장제 실시로 지방의 수령이 장악한 행정권과 군사권의 일부가 분리되었다. 수령은 속오군을 비롯한 병력의 소집과 동원만을 담당하고, 군사훈련은 영장이 전담하게 된 것이다.

③ 전담영장제 폐지

㉠ 전담영장제는 지방 수령의 반발과 유능한 무신의 부족·재정문제 등으로 효종 이후 폐지되고, 지방 수령이 병력의 관리·조직·훈련을 모두 맡는 겸영장제(兼營將制)로 전환되면서 속오군의 훈련은 유명무실해졌다.

㉡ 속오군은 소집기간 동안 훈련경비를 군인 스스로 조달하도록 하였기 때문에, 각 지방에서는 민폐를 줄인다는 명목하에 소집훈련은 전폐되다시피 하였다.

㉢ 제21대 영조 중엽부터는 속오군의 구성에 점차 양인은 제외되고 천인으로 채워지게 되면서, 마침내 속대전상에는 천예군(賤隷軍)으로 기록되기에 이르렀다.

---

522) 제승방략이란 유사시에 각 읍의 수령들이 소속 군사를 이끌고 본진을 떠나 지정된 방위지역으로 가서, 서울에서 파견된 장수나 그 도(道)의 병사나 수사를 기다려 지휘를 받는 전술이다. 그러나 이것은 후방지역에 군사가 없어 1차방어선이 무너지면 그 뒤를 막을 방도가 없으므로, 임진왜란 초기 패전의 한 원인이 되었다.

제7절 조선시대의 범죄예방과 통제

Ⅰ. 범죄예방

조선시대의 범죄예방은 2가지 측면에서 대별해 볼 수 있는데, 하나는 국가 공기관인 경찰과 군대, 또 하나는 민간에 의한 반자율적인 방범활동이다.

1. 국가기관에 의한 범죄예방

조선시대의 범죄예방의 대표적인 예로는 순라(巡邏)·호패법·야금제(夜禁制: 야간통행금지) 등을 들 수 있다.

1) 호패법

호패라 함은 오늘날의 주민등록증과 같은 것으로서, 고려 말에 중국 원(元)의 제도를 모방하여 군정(軍丁)에 한하여 실시한 바있다. 그러나 호패제는 조선시대에 와서 전국으로 확대되어 본격적으로 다목적 용도로 사용하게 되었다.

(1) 호패법의 목적

① 조선시대 호패는 제3대 태종 2년 중국 정세와 관련하여 군정(軍丁)의 등록대장을 만들면서 국내 백성의 수를 정확히 알기 위한 하나의 수단으로 시작되었다.[523] 그 후 제7대 세조 4년 4월 5일에 세조는 호패법 시행과 관련하여 ㉠ 호구(戶口)를 밝히는 것, ㉡ 양반과 천인을 변별하는 것, ㉢ 유망(流亡: 일정한 거처가 없이 떠돌아다님)을 금지하는 것, ㉣ 도적을 종식하는 것을 목적으로 한다고 하교하였다.[524]

② 호패법의 시행목적은 여러 가지 뜻을 내포하고 있으나, 경찰사적 측면에서 볼 때 호패의 패용은 기찰 과정에서 신분을 확인하고 도적을 방지할 수 있는 범죄예방적인 장치라고도 볼 수 있다.

(2) 호패법의 시행과 중지

태종 2년에 호패를 모든 사람에게 지급하였고, 동왕 13년에 호패법을 제정하여 전국민에게 호패를 패용하도록 하였다. 그 후 시행과 중지를 거듭하면서 조선 말(고종)까지 존속되었으

523) 태종실록 권4 태종 2년 8월 임자조.
524) 세조실록 권12 세조 4년 4월 5일(임술조); 세조실록 권37 세조 11년 10월 28일(임인조).

나, 실질적으로는 그리 큰 효과는 보지 못하였다. 왜냐하면 호패법의 실시에도 불구하고 유랑민은 감소되지 않았고, 양인들은 호패를 받으면 곧 호적과 군적에 올려지고 군정(軍丁)으로 뽑히거나 그 밖에 과중한 국역이 부담되어 이를 기피하였기 때문이다.

(3) 호패를 이용한 통제정책

① 대상

호패는 아래로는 양인·천인·승려(여승)·노예로부터 위로는 대신·백관에 이르기까지 모두 그 대상이었고, 16세 이상의 남자의 경우 성명·연령·주소·직업을 새기고 관(官)의 낙인을 찍은 후 차고 다니도록 되어 있었다.[525)]

② 호패의 기재내용

호패의 재료와 기재내용은 신분에 따라 상아·뿔·나무로 구분하였다. 기재내용은 3품 이상의 관리는 관직·성명·주소를 기재하였고, 일반서민은 성명·주소·얼굴색·수염의 유무 등을 기재하였다.[526)]

③ 호패의 관장 관서

호패는 서울은 한성부, 지방은 관찰사와 그 외 수령이 관장하였고, 본인이 사망한 경우에는 서울은 한성부, 지방은 소재한 고을에서 그 즉시 거두어서 불태웠다.[527)]

④ 벌 칙

호패법의 시행은 제7대 세조 때 강력하게 시행되었다. 호패를 받지 않은 자는 벌로 장(杖) 80대를 때리고, 호패를 받은 뒤에 차지 않은 자와 호패를 잃어버린 자는 태(笞) 50대를, 빌려서 찬자와 빌려준 자는 모두 장(杖) 80대를 때렸다.

2) 야금제(夜禁制: 야간통행금지제도)

조선시대 야간통행금지제도, 즉 야금제(夜禁제)는 각종 범죄를 예방하고 치안을 유지하기 위한 가장 핵심적인 제도적 장치 중의 하나였다.

(1) 야금제의 시행

① 도성 내 야간통행의 금지는 조선건국 시기부터 시행되었고, 제3대 태종 1년부터 초경 3점(點) 이후 5경(更) 3점 이전에 이를 위반한 자는 모두 가두었다. 그 후 제7대 세조대에 도적

525) 세조실록 권12 세조 4년 4월 5일(임술조); 세조실록 권13 세조 4년 7월 5일(경인조).
526) 세조실록 권13 세조 4년 7월 5일 경인조.
527) 세조실록 권19 세조 6년 2월 14일 신유조.

이 성행하여 피해가 많아지자, 통행금지시간·야간통행금지의 대상·범야자(犯夜者: 야간통행금지 위반자)의 구금(拘禁) 등에 관한 여러 가지 조치가 취해졌다.[528]

② 경국대전상의 법제화

㉠ 야금제와 관련하여 세조대에 규정된 조목들은 약간의 수정을 거치면서 경국대전에 법제화되어, 조선후기에 이르기까지 변동 없이 시행되었다.[529] 여기에는 긴급한 사정과 부득이한 일이 발생한 경우·위반자의 처벌·야간통행금지의 예외 등의 내용이 규정되어 있다.

㉡ 조선조 전 시기 동안 예외적인 사항 이외에는 야간통행을 엄격하게 금지시켰다. 따라서 조선시대의 야간경찰력은 여기에 집중되었다 해도 과언이 아니었고, 이러한 야금제의 효과성을 높이기 위하여 물금첩의 발행과 그 이외의 각종 시책 등이 시행되었다.

(2) 범야물금첩(犯夜勿禁帖: 야간통행증)

범야물금첩은 한마디로 야간통행증이다. 야간통행금지는 조선초기부터 매우 엄하게 시행되어, 직제학 이하의 사람은 밤에 다니지 못하도록 법제상으로 규정되어 있었다.[530] 그러나 물금첩(勿禁帖)을 받은 관속은 인정(人定) 후에도 야간통행이 허용되었다.

① 물금첩의 발행

물금첩은 비변사에서 매식년(每式年)[531]마다 각 관청에서 공무상 필요한 관리를 위하여 발급하였다. 이러한 물금첩은 사전에 삼군문과 좌·우포도청의 수결(手決: 싸인)을 받도록 하였으며, 순청의 경우는 수결을 하지 않고 좌우순청이라고 쓰기만 하면 되었다.[532]

② 물품첩의 분실 및 위조 등에 대한 처벌

물금첩을 분실했을 경우에는 비변사에서 50대의 장형(杖刑)을 집행한 후 신규증명서를 작성해 주었고, 야표(夜標: 물금첩)를 위조하거나 빌려주거나 빼앗을 경우는 도둑을 다스리는 예와 인신(印信)을 위조한 법률로 처벌하였다.

③ 물금첩의 남발과 통제

㉠ 물금첩의 남발

물금첩은 모든 관료에게 지급된 것은 아니었고, 승정원·삼사(三司)·각 상사(上司: 위 등급

---

528) 세조실록 권6 세조 3년 2월 병진조.

529) 야금법(야간통행금지법)의 내용(출행금지와 해제·야간통행금지 예외·위반자의 처벌 등)에 대하여는 순청에서 이미 구체적으로 기술한 바 있다.

530) 비변사등록 52책, 숙종 28년 10월 6일조에, 좌윤 윤취상이 아뢰기를 "우리나라는 야금(夜禁)이 매우 엄하여 직제학 이하는 밤에 다니지 못하는 것이 명백하게 법으로 되어 있습니다"라고 하고 있다.

531) 매식년은 자(子)·묘(卯)·오(午)·유(酉) 따위의 간지(干支)가 들어 있는 해를 말한다. 3년마다 한 번씩 돌아오는데, 이해에 과거를 실시하거나 호적을 조사하였다.

532) 내무부치안국, 앞의 책, p.265.

의 관청) 하인들에게 긴급한 공무로 야간에 왕래할 경우 발급되었다. 그러나 조선후기로 갈수록 물금첩이 남발되었을 뿐만 아니라,[533] 신첩과 구첩이 혼용되어 야간통행금지법을 혼란케 하는 요인이 되었다.[534]

㉡ 물금첩 남발에 대한 통제

제21대 영조 때에는 이러한 폐해를 불식시키고 야금을 강화하기 위해 물금첩과 패를 대조하는 방안을 마련하였다. 만약 물금첩과 패를 대조하여 서로 같지 않으면 아무리 상사(上司)의 하례일지라도 포도청에서 곧바로 곤장 20대를 치고, 패가 없는 자는 50대에 처하였다.[535]

(3) 야간통행금지위반의 실상

조선시대 야금제는 치안유지를 목적으로 하는 강력한 제도적 장치였지만, 이러한 규제에도 불구하고 국가의 통제를 벗어나려는 부류는 어느 시대나 있기 마련이었다. 대표적으로 조정의 관료나 권력기관의 하례 등을 들 수 있다.[536] 야간통행금지 위반과 관련하여 조선왕조실록과 승정원 일기 등에 가장 많이 기록되어 있는 부류는 액정서의 액례였다.

① 액정서의 액례

㉠ 의의

액정서(掖庭署)는 내시부에 속하여 왕명의 전달 및 안내 등을 맡아보던 관아였고, 액례는 액정서 소속의 하례였다. 이들은 대전·왕비전·세자궁·세손궁 등에 소속되어 왕의 관리와 통제를 받는 하급관리인데, 대전별감이나 무예별감 등이 이에 속한다. 오늘날 청와대 비서실 소속의 공무원으로 볼 수 있다.

㉡ 액례의 특권

액례는 왕의 사람(궁중하인)으로 인식되어 왕의 비호를 받았다. 그러기 때문에 액례와 관계된 일은 반드시 사소한 일이라도 왕에게 아뢰고 나서, 승정원에 올리는 것이 상례화되어 있었다. 따라서 액례(掖隷)가 야간통행금지를 위반하더라도 패장은 이들을 체포한 경위를 병조에

533) 물금첩은 각 관서마다 자체적으로 만들어 관원들에게 주었기 때문에 공적인 일이 아닌 사적인 일, 즉 술을 먹고 야금을 범해도 물금첩이 있어 면제가 되는 등 야간통행금지법을 문란하게 하는 한 원인이 되었다.

534) 승정원일기 836책, 영조 12년 10월 27일조. 제21대 영조 12년(1736) 10월 27일에 순라하는 장교가 범야인(犯夜人: 야간통행금지위반자)을 체포하였는데, 이들 중 의정부와 중추부의 서리가 포함되어 있었다. 그런데 소지하고 있던 물금첩이 3년 전의 구첩이었으므로, 순청에서는 이들을 야간통행금지 위반자로 처벌하였다.

535) 비변사등록 154책, 영조 46년 5월 29일조. 영조 46년 5월 29일에 승정원 사령 임덕홍이 물금첩은 있으나 패가 없자, 많은 사람들이 모인 종로의 한가운데에서 곤장 50대를 때리고 남문으로 내쫓았으며, 소지하고 있는 물금첩은 효주(爻周: 효자모양의 기호를 그려서 글을 지워버리는 것)하였다.

536) 영조 원년 9월 12일에 대전별감 김영원은 술에 취해 야금으로 잡으려는 순라 군관의 머리를 돌로 난타하였다. 이외에도 야금자가 단속하는 포도군관을 폭행한 사건들이 승정원일기에 산재되어 기술되고 있다(승정원일기 600책, 영조 원년 9월 12일조).

보고하고, 병조에서는 왕에게 계품하여 이에 따라 처리하는 것이 전례였다. 만약 이를 어긴 관리는 오히려 처벌을 받았다.[537)]

㉢ 액례의 직권남용

㉮ 액례는 왕의 신임을 빙자하여 그 직위를 남용하는 경우가 종종 있었다. 제21대 영조 1년 10월 5일에 야금을 범한 액정서 하례가 포졸을 구타하였기 때문에, 포도청에서 이 하례를 곤장과 족장(足杖)으로 다스렸다. 그러나 왕에게 계문하지 않고 처벌했다는 이유로 포도대장은 종중추고(從重推考: 죄과를 무거움과 가벼움에 따라 엄중하게 캐물어서 밝힘)를 당하였고, 포도부장은 곤장을 맞고 파직되었다.[538)]

㉯ 영조 43년 7월 29일에 액례가 밤을 틈타 길거리에서 의녀를 묶어 놓고 치마를 벗기고 추행하는 사건이 발생하였는데,[539)] 이처럼 액례는 궁중하인이라는 직위를 악용하여 비행을 저지르는 경우가 허다하였다.

② 기타 권력기관의 이속과 야금위반

권력을 빙자한 야금관련 위반행위는 조선후기로 가면서 액례뿐만 아니라 소속관사와 야금을 단속하는 포도청·순청·삼군문 등과의 갈등문제가 사회문제로 대두되기 시작하였다. 더 나아가 대신이나 종친들이 자신에게 보고하지 않았다는 이유로 나장을 잡아다가 곤장을 치는 사건이 비일비재하게 발생하자,[540)] 영조 때에는 범야인이 아무리 상사 소속이고 대신(大臣)의 하인이라 하더라도 먼저 곤장을 친 뒤에 나중에 계를 올리게 하여 야금에 대한 포도청·순청의 권한을 강화시켰다.[541)]

③ 단속기관의 권력남용에 대한 통제

㉠ 제21대 영조 이후부터 권력기관의 이속들이 야금위반행위를 엄격히 규제함과 동시에,

537) 영조실록 권7 영조 1년 7월 정미조. 제21대 영조 1년 7월 21일에 야금(夜禁)을 범한 액정서 하례를 상사에게 보고하지 않고 구속한 패장을 곤장으로 다스렸다. 이에 대해 병조판서 홍치중이 "야금의 설치는 오래된 법으로써 액정서의 소속이라고 이를 어기지 말라는 영이 없었고, 패장이 붙잡은 것은 진실로 그 직책을 다한 것입니다. 그럼에도 야금을 무시한 액정서의 하례는 무사하고, 법대로 한 패장은 엄중한 곤장을 면치 못하였으니, 이는 형평에 어긋나는 일이다"라고 건의하였다. 이에 영조가 답하기를 "임금이 타는 말에 경례를 하는 것은 공경을 넓히는 것이다. 그들이 비록 미천할지라도 이미 액정서의 하례인데, 먼저 구류를 시킨 것은 매우 놀랄 일이다. 이는 법을 굽히는 것이 아니라 곧 사리와 체면을 중시하는 뜻이다"라고 하고 있다. 즉 왕에 대한 공경을 무시하는 처사라 생각하고 액례를 구류한 패장을 처벌하였음을 밝히고 있다.

538) 영조실록 권8 영조 1년 10월 기사조.

539) 영조실록 권109 영조 43년 7월 신묘조.

540) 숙종 41년 6월 7일에 정언(正言) 조상경은 대신(大臣)의 겸종이 야금에 잡히자 대신이 자신에게 보고하지 않은 것에 대해 노하여 나장을 잡아다가 곤장을 친 사건을 거론하면서, "대신의 겸종들이 이런 것들을 본받아 서로 의지하고 본받고 있다"고 임금께 상소하고 있다(숙종실록 권56 숙종 41년 6월 신미조).

541) 비변사등록 105책, 영조 15년 9월 12일조.

범야인을 단속하는 포도청·순청 소속 관리들의 직무유기와 직권남용에 대해서도 처벌을 강화하였다.

㉡ 영조 46년 윤5월 3일 야간순라 때에 유생과 조사(朝士: 조정에서 벼슬살이를 하고 있는 관료)들을 체포하지 못한 죄를 물어 순장과 감군(監軍)을 잡아들여 조리돌림을 하고, 아울러 사대부를 잡지 않고 상한(常漢: 상놈)만을 잡은 순라군교를 처벌하였다.[542] 제22대 정조 즉위년 11월 11일에는 야금(夜禁)을 해이하게 해 도적을 횡행하게 한 죄로 좌·우포도대장을 교체하였고,[543] 동왕 20년 8월 7일에 야금을 제대로 살피지 못해 주의와 경계를 게을리한 훈련대장을 파직시키기도 하였다.[544]

④ 범야자(야간통금위반자) 처벌 및 처리과정

㉠ 처벌

야간통금을 위반한 자는 각 경수소에서 구류시켰다가 다음날 모두 해당되는 영(營)에서 치죄하였다.[545] 범야자는 초경에 곤(棍) 10대, 2경에 곤 20대. 3경에 곤 30대, 4경에 곤 20대, 5경에 곤 10대로 처벌하였다.[546]

㉡ 범야자에 대한 처리과정

야간위반자에 대한 처리과정도 신분에 따라 달랐다. 조정의 관료가 야금을 범했을 경우는 의금부로, 유학(儒學)의 경우는 형조로 이송하여 계를 올려 이의 처벌을 기다렸으며, 원례(院隷)나 액례도 초기(草記)를 올린 후 이들을 처벌하였다. 특히 액례, 즉 궁중하인으로서 홍의(紅衣)[547]를 입지 않은 자는 바로 곤장으로 치죄하였다.

(4) (야간통행금지제도)의 폐지와 역사적 의미

① 야금제의 폐지

야금제는 고종 32년(1895)에 폐지되었으나, 다시 부활되어 일제 강점기를 시작으로 미군정 시기를 거쳐 제5공화국 시절인 1982년 1월 5일에 야간통행금지제도가 마지막으로 폐지되었다.

② 야금제의 역사적 의미

조선시대 일대를 관통하는 야금제도는 절대군주의 권력을 이용하여 공공의 안녕과 질서유지라는 명목으로 백성을 통제하려는 국가의지의 소산이었다. 이러한 제도는 오늘날 헌법에 보장된 개인의 기본권을 제한하고 침해하는 주요한 통제적 도구 중의 하나였다고 볼 수 있다.

---

542) 영조실록 권114 영조 46년 윤5월 무신조.
543) 정조실록 권2 정조 즉위년 11월 11일 기묘조.
544) 정조실록 권45 정조 20년 8월 7일 기묘조.
545) 만기요람 군정편1 순라야행조.
546) 속대전 병전 행순조; 대전통편 권지4 병전 행순편.
547) 홍의는 각 전(殿)의 별감(別監)이 항시 착용하던 복장을 말한다.

4) 오가작통(吾家作統)

(1) 조선전기의 오가작통법

① 의의

오가작통은 다섯 집을 한 통(統)으로 묶은 행정자치조직을 말한다. 오가작통은 각 마을에서 부락방위상 자발적으로 조직된 것이 아니라, 조정에 의해 강제로 조직된 것이다.

② 기원

오가작통은 세종 10년(1428)에 제기되어 단종 3년(1428)에 처음 실시된 것으로 추정되며, 경국대전에 실리면서 법제화 되었다. 서울과 지방 모두에 다섯 집을 한 통으로 하여 통에는 통주(통의 대표)를 두었으며, 그리고 지방에는 매 5통마다 이정(里正: 리의 대표)을, (面)마다 권농관을 두며, 서울에는 매 1방(一坊: 서울 5부의 하부 편제 단위)마다 관령(管領)을 두었다.

③ 기능

오가작통의 구체적인 기능은 강도·절도방지·풍속의 교화와 유민(流民)방지·호적작성에 있어서의 탈루자 방지 등이었다. 그러나 실제 시행에 있어서는 많은 어려움 때문에 제 역할을 발휘하지 못했다.

④ 오가작통사목의 내용

제19대 숙종 1년(1675) 비변사에서 오가작통사목 21개조를 제정하고, 전국적으로 실시하였다. 오가작통사목에는 포도(捕盜)에 관한 내용도 상당수 포함되어 있었는데,

첫째, 성명을 통패(統牌)에 기재하지 아니한 자는 법적으로 보호를 받지 못한다. 둘째, 범죄 등의 신고와 이를 위반시 연대적으로 처벌한다. 셋째, 거주지를 이전할 때에는 반드시 허가를 받아야 한다는 것 등이었다. 이러한 오가작통법은 모두 21개 조항으로 규정되어 있었는데, 후대의 사관들은 이 제도를 혹독하게 비판하고 있다.[548)]

(2) 조선후기의 오가작통법

① 범죄고발의 수단

오가작통법은 조선후기로 가면서 호패와 함께 호적의 보조수단이 되었고, 한편으로는 역

---

548) 처음에 윤후가 중국의 관자(管子)를 모방하여 오가통(五家統)의 제도를 건의하였으나, 일을 행하기에 어려움이 많았다. 그리하여 숙종 1년 9월에 비변사에서 오가작통법 21조를 작성하였고, 허적·김석주·유혁연 등이 검토한 뒤 재작성하여 조직을 강화하였다. 이들을 윤후의 무리라고 사관은 평하고 있다(이홍식 편, 「국사대사전」, 서울: 한국출판사, 1982, p.944). "백성이 먹을 것이 없어 배를 곯아 괴로운데, 주구(誅求: 관청에서 백성의 재물을 강제로 빼앗음)를 더하고 밀속(密束: 남모르게 결속함)을 더 보태어 원성이 길에 가득하였는데도, 윤후의 무리는 이 제도를 백성들이 '기뻐하며 춤출 정도'라고 말한다면서, 이를 제도화시킨 자들의 위선됨을 우회적으로 비판하고 있다.

(役)을 피하여 호구의 등재 없이 이사·유랑을 반복하는 유민(流民)·도적의 은닉방지 그리고 고발 등에 주로 이용되었다.

② 오가작동법과 천주교 탄압

제23대 순조와 제24대 헌종 때에는 '한 집에서 천주교도가 적발되면 다섯 집을 모조리 처벌하는 방식'으로 오가작통제의 연대책임을 강조하여, 천주교도를 색출하는 수단으로 변질되기도 하였다.

③ 조선말 제26대 고종 때에는 다시 제도를 고쳐 주민 10호(戶)를 단위로 한 십가작통법을 운영했으나, 호구조사를 위한 제도에 그치고 말았다. 이처럼 조정은 조선말기에 이르기까지 공적사회제도인 오가작통법을 거듭 시행하여 민(民)에 대한 직접 지배의지를 관철하고자 했다. 그러나 조정의 의도대로 실행되지 않았기 때문에, 시대와 상황에 따라 강화와 이완을 되풀이하는 과정이 반복될 수밖에 없었다.

④ 오가작통법은 조선 일대를 관통하는 강제적 조직으로서, 제도 자체가 주는 폐해는 이루 다 말할 수 없었다. 그러나 범죄예방적 측면에서는 일정 부분 소기의 목적을 달성했다고 볼 수 있다.

2. 민·관·군의 방범체제

오늘날의 범죄예방, 즉 방범체제와 운영은 오로지 국가기관인 경찰이 책임지는 공적인 방범활동이 주류를 이루고 있지만, 조선시대의 경우는 강제적 혹은 반자율적으로 동원되어 군(軍)·관(官)·민(民)의 합동체제로 운영되었다. 이와 같은 체제는 서울뿐만 아니라 지방도 예외는 아니었다. 대표적인 것으로 좌경제도와 이문제도(里門制度) 등을 들 수 있다.

1) 좌경제도(坐更制度)

(1) 의의

좌경이라 함은 한성부의 각 가구(家口)에서 차출되어 야간에 교대로 복처(伏處)에서 숙직을 하던 일을 말한다. 좌경제(坐更制)는 제9대 성종 때 정해졌는데, 10가구가 1통이 되고 1통에서 2가구가 함께 도둑방지와 화재예방을 위해 숙직하도록 하였다.

(2) 좌경군

① 배치장소

종사(宗·社) 등의 소중한 곳·각 궁방(宮房)·전곡아문(錢穀衙門: 돈과 미곡을 관장하는 관청), 그리고 종로에 복처를 두었다. 여기에는 각각 2명의 수직(守直)이 담당하였는데, 이를 좌경군(坐更軍)이라 하였다.

② 차출대상

좌경군은 대군(大君)·왕자·공주·옹주·대신·맹인·혼자 사는 여자 이외에는 비록 종신(宗臣: 종친으로 관직에 있는 자)이라 할지라도 정1품의 대신과 보국판서(輔國判書) 이하는 모두 역(役)에 응하도록 되어 있었다. 이런 측면에서 보면 좌경제도는 반관반민의 형태였다.

③ 좌경군은 중부 15개소·동부 7개소·서부 26개소·남부 33개소·북부 17개소로 모두 98개소에 배치되었는데,[549] 이곳은 한성부 병방주부의 관장사무였다.

2) 이문제도(里門制度)

(1) 이문제(里門制)의 의의

① 이문(里門)은 도둑과 화재를 단속할 목적으로 전국의 마을 입구에 세운 문을 말한다. 그리고 이러한 이문(里門)을 활용하여 도둑과 화재를 예방하고 통제하는 제도를 이문제(里門制)라 하였다.

② 오가작통법과 이문제와의 관계

㉠ 조선초기에는 이(里)단위 행정조직 체계가 완전히 정비되지 못하였다. 그러다가 제4대 세종 10년 윤4월 8일 한성부에서 경성의 구역단위를 중국의 주(周)와 당(唐)의 제도에 따라 5가작통법과 이(里)의 제도를 답습하자는 제안을 시발점으로 하여,[550] 제6대 단종 3년(1428) 1월 19일에야 비로소 오가작통법이 시행되었다.[551]

㉡ 오가작통법의 시행은 행정조직의 가장 기초단위인 통(統)과 이(里)가 전국적으로 정비됨을 의미함과 동시에 이문제를 실시할 수 있는 제도적 기반이 완성되었음을 의미한다.

(2) 이문제의 설치과정 및 운영

① 이문제의 설치 동기

조선왕조 일대를 통하여 치안상 가장 골칫거리는 명화적의 발호였고, 이에 비례하여 이들을 어떻게 통제해야 할 것인가라는 문제가 조정의 최대관심사 중의 하나였다. 제4대 세종 때부터 발호하기 시작한 명화적은 제5대 단종을 거쳐 제6대 세조 때에 이르러서 점점 더 심해지자, 이문제(里門制)가 실시되었다.[552]

---

549) 만기요람 군정편1 순라 복처좌경군조.

550) 세종실록 권40 세종 10년 윤4월 기축조.

551) 단종실록 권13 단종 3년 1월 을축조.

552) 세조실록 권38 세조 12년 2월 무자조. 제7대 세조 11년(1465) 11월 8일에 경성(京城: 서울)의 여항(閭巷)에 이문(里門)을 짓고 형문(荊門: 두 기둥에다 한 개의 가로 막대를 질러 만든 허술한 대문)을 설치하도록 한성부에 지시하였고, 동왕 12년 2월 16일에는 병조에서 도성 안은 (각 마을 어귀에) 이문(里門)을 설치하고, 10호 이하의 이문에서는 밤마다 2인, 20호 이하의 이문에서는 3인, 30호 이하의 이문에서는 4인,

② 이문제의 실시와 운영

㉠ 전국적 설치

이문은 세조 11년 11월 8일에 서울 도성 안에 한정하여 설치하였으나, 동왕 12년 2월에 와서야 비로소 이문(里門)을 전국적으로 설치하였다. 다만 서울 이외의 모든 지방은 수령이 독자적인 판단하에 백성들이 많이 모여 사는 곳을 기점으로 하여 설치하도록 재량권을 부여했다.

㉡ 경수소와 이문제의 관계

경수소와 이문제는 서로 보완적인 성격의 기구였다. 경수소는 제4대 세종대에 이미 설치되어 도적을 막고 화재를 예방하는 주된 역할을 담당했는데,[553] 제7대 세조 2년에는 경수소가 106개소나 되었다. 이곳에는 각각 방리인(坊里人: 방과 이에 사는 백성) 5명과 보병 2명을 배치하여 숙직토록 하였다. 한편 세조 12년 2월 16일에 이문(里門)이 설치되면서, 중복되는 경수소는 폐지시켰다.

㉢ 이문제의 성격

좌경제도가 반관반민의 형태로 운영되었다면, 이문(里門)은 방리민(坊里民), 즉 민간인들에 의해 운영되었다는 점에서 그 차이가 있다.[554] 그렇다고 해서 이문이 완전히 자치적인 것은 아니었다. 그것은 조정의 순관(巡官)과 병조(兵曹)로 하여금 수시로 근무상황을 규찰하여 적발하도록 함으로써, 실질적인 운영에서는 국가의 관리·감독을 받았다.

㉣ 경찰력의 한계와 보완

이문을 설치한 가장 중요한 이유는 경찰력에 한계가 있었기 때문이었다. 조선왕조는 초기부터 도적 등 범죄가 기승을 부리자 공권력에 의한 순찰강화·호패법제정·야금제도·좌경제도 등 여러 가지 대응책을 강구하였다. 그러나 범죄예방과 통제에는 한계가 있었기 때문에, 행정조직의 가장 기초단위인 통(統)과 리(里)의 주민들을 동원시켜 마을 어귀에 설치토록 한 것이 바로 이문(里門)이다. 이러한 이문제(里門制)는 외부인의 출입을 통제하고 신고를 활성화하는 등 경찰력의 한계를 보완해 주는 제도적 장치라고 볼 수 있다.

㉤ 이문과 장승과의 관계

조선시대에는 마을 입구에 어김없이 장승이 세워져 있는데, 이러한 장승은 마을의 수호신이자 이정표 구실을 하였다. 이문(里門)은 바로 이러한 장승이 있는 곳에 주로 설치되었는데,

---

그 이상인 경우는 5인의 장정을 차출하여 돌아가며 숙직하게 하고, 순관(巡官) 및 병조로 하여금 때때로 규찰하여 적발토록 하라고 지시하였고, 이에 따라 이문제가 실시됨과 동시에 이문(里門)과 연달아 배치한 곳인 경수소는 폐지시켰다. 그리고 외방(지방)은 수령의 판단하에 백성이 조밀(稠密: 촘촘하고 빽빽함)하게 사는 곳을 골라서 설치하도록 하였다.

553) 세종실록 권43 세종 11년 1월 을미조.

554) 예종실록 권8 예종 1년 10월 임술조. 제8대 예종 1년 10월 12일에 원상(院相: 조선시대 왕이 죽은 뒤 어린 임금을 보좌하여 정무를 맡아보던 임시벼슬) 김질과 도승지 권감이 아뢰기를, "이문을 설치하는 것은 마을 사람들이 공동으로 하는 것이니, 더 설치하는 것이 무방합니다"라고 답변하고 있다. 이로 보아 이문제(里門制)가 자치적인 성격의 기구였다는 점은 분명해진다.

이런 점에서 보면 이문제는 장승과 깊은 상관성이 있다고 보인다.

(3) 이문제 운영상의 문제점

① 초기 이문제의 운영은 세조의 강력한 전제권 행사에 의하여 상당한 효과가 있었다. 이는 제8대 예종의 전지에서 "세조조에 이문을 설치하여 도적이 그쳤다"[555]는 대목에서도 이를 입증하고 있다. 그러나 제9대 성종대로 접어들면서 이문(里門)의 운영에 많은 문제점이 파생되었고, 이에 대한 대책이 마련되기도 하였다.[556]

② 그 후 조선후기 제21대 영조부터 제27대 순종까지의 조선왕조실록상에는 이문제의 운영과 관련된 기록들은 전혀 찾아볼 수가 없다. 오늘날 이문(里門)의 터로 인하여 그것이 지명으로 된 사례들을 볼 수 있는데, 서울특별시 동대문구 이문동·경기도 용인시 원삼면 좌향리, 그리고 충청북도 옥천군 옥천읍 문정리 등에 이문거리가 있는 것이 그것이다.

(4) 이문제의 경찰사적 의미

조선시대의 이문제(里門制)는 좌경제도와는 달리, 순수한 마을 주민들에 의해 공동체적으로 운영되었던 민간협력 치안제도라는 것에 경찰사적 의미가 있다 하겠다. 그러나 그 이면에는 자발적인 참여라는 미명하에 국가에 의하여 강요되고 조정되었다는 점에서 일정한 한계가 있었던 것만은 분명하다.

Ⅱ. 범죄통제

조선시대에 범죄통제에 관하여는 주로 형벌에 의한 처벌이 주류를 이루고 있었고, 이에 대해서는 조선의 형사제도에서 구체적으로 기술하였다. 여기서는 직수아문·신문고·격쟁 등에 한정하여 기술하였다.

555) 예종실록 권8 예종 1년 10월 임술조.

556) 성종실록 권227 성종 20년 4월 계축조. 성종 20년 4월 25일에 형조에 전교하시를 "각 방(坊)과 리(里)에 10가(家)로 통(統)을 만들어 돌아가면서 이문(里門)을 지켜 도둑을 막도록 하는 것은 이미 법이 있는데, 지금 벽현(壁嬛: 이문이 세워진 장소)이 어린애들의 놀이터로 되어 도둑질한 물건들이 버젓이 넘나들어 거리낌이 없다고 한다. 이것은 반드시 법이 해이해진 까닭이니, 방지하고 금하는 대책을 세우라"고 지시하였다. 이와 같은 현상은 성종대로 들어서면서 이문에 대한 조정의 관리감독소홀과 마을 주민들의 숙직 동원에 따른 불만요인 등이 상호작용하여, 이러한 결과가 나타난 것으로 보인다.

1. 직수아문(直囚衙門)

1) 조선전기의 직수아문

직수아문이라 하면 사법권(司法權), 즉 구금권이 부여된 관서로, 조선전기에는 중앙의 병조·형조·한성부·사헌부·승정원·장례원·종부시(宗簿寺)와 지방의 관찰사·수령 등 9개 관청이었다.[557] 그리고 9개 관청 이외에는 모두 형조에 이송하여 형조에서 구금하게 하였고, 이를 어긴 관리는 중한 벌로 처벌하였다.

2) 조선후기의 직수아문

조선후기로 가면서 비변사와 포도청이 새로 추가되었고,[558] 종부시의 경우는 전주 이씨의 족보를 편찬하는 작업이 진행 중일 때 외에는 직수아문에서 제외시켰다.

3) 조선말기의 직수아문

조선시대 말엽에는 의금부·종친부·의정부·중추원·의빈부(儀賓府)[559]·충훈부(忠勳府)[560]·돈녕부[561]·규장각·홍문관·권설도감[562]·기로소(나이가 많은 문신을 예우하기 위하여 설치한 기구) 등이 새로 직수아문으로 추가되었다.[563] 이러한 직수아문 제도는 각 아문(衙門)의 직권남용을 예방하고 형벌을 신중히 하기 위한 배려에서 마련된 것이었다.

4) 직수아문의 변질

(1) 직수아문은 최초의 취지와는 달리 조선후기로 가면서 중앙의 주요 관서는 모두 체포·구금의 권한을 행사할 수 있도록 변모해 갔다. 각 아문에서 태(笞) 50대까지는 자유로이 하게 하였고, 또 중죄가 아니면 형조에 통보하지 않고도 수금할 수 있게 하였다. 다만 녹관(祿官: 정규관원)·녹사(綠事)·장교 및 액례의 정실부인은 수금하지 못하도록 하였다.[564]

(2) 직수아문이라 해서 중앙의 각 아문(관청)이 사법전담기능을 가졌던 것은 아니었고, 각

---

557) 경국대전 권35 형전 수금조(囚禁條).
558) 속대전 권5 속대전 형전 수금조; 대전통편 권지5 형전 수금전.
559) 조선시대 정일품아문으로 공주와 옹주(왕의 적녀가 아닌 서녀)에게 장가 든 부마의 관청이다. 공주에게 장가든 자에게는 종일품 위(尉)를 처음 제수하였다가 후에 정일품 위(尉)로 올렸으며, 옹주에게 장가든 자에게는 종이품 위(尉)를 처음 제수하였다가 후에 정이품 위(尉)로 제수하였다.
560) 조선시대 공신(功臣)에 관한 사무를 관장하였던 관서를 말한다.
561) 조선시대 종친부에 들어가지 못하는 임금의 친척과 외척을 위해 설치되었던 관서다.
562) 국가의 장례나 국가의 결혼 또는 그 밖에 국가에 큰 일이 있을 때에 임시로 설치하여 그 일을 처리하게 한 기구를 말한다.
563) 육전조례 권지9 형전 직수아문조.
564) 대전통편 권지5 형전 수금조.

각 그 직무와 관련된 한도 내에서 부수적으로 그 권한을 행사할 수 있을 뿐이었다. 따라서 똑같은 직수아문이라도 수사와 심리를 할 수 있는 사법전담기관은 형조·의금부·포도청 등에 한정되어 있었다.

2. 신문고

신문고는 조선시대에 백성들의 억울한 일을 해결할 목적으로 대궐 밖에 설치한 북으로서, 백성들이 억울한 일이 있으면 이 북을 쳐서 임금에게 알렸다. 따라서 신문고는 넓은 의미에서 볼 때 범죄예방과 통제정책 중의 하나인 고발 기구라고도 볼 수 있다. 조선왕조실록상에는 신문고를 치는 것을 격고(擊鼓)라는 용어로도 기술하고 있다.[565] 그러나 엄격히 말하면 신문고와 임금이 행차할 때 행해지던 격고는 그 절차와 방법에서도 상당한 차이가 있다.

1) 신문고의 절차와 상벌규정

(1) 기원

신문고는 제3대 태종 1년(1401) 7월에 고(告)할 데가 없는 백성들의 원통하고 억울한 민원을 해결해 주기 위하여 등문고를 설치한 것이 그 기원점이 되는데,[566] 한 달 뒤인 8월에 의정부의 상소로 신문고로 고쳤다.

(2) 신문고의 절차와 상벌규정

① 절차

사헌부를 거쳐서도 해결이 안 되는 것을 최종적으로 왕에게 상소(上訴)하는 제도였다. 신문고를 통한 외방(지방)의 청원·상소·고발 등의 절차는 수령 → 관찰사 → 사헌부 → 신문고의 순이었다. 즉, 지방 사람은 수령에게 1차로 호소하고, 여기서 해결하지 못하면 재차 관찰사에게, 다시 해결하지 못하면 사헌부에, 여기서도 해결하지 못하면 최종적으로 궐문 곁의 신문고를 두드리게 하였다.[567]

② 신문고와 상벌규정

신문고는 태종 2년(1402)에 설치되었는데, 이때 각 사안에 따른 절차규정과 상벌규정을 마련하였다.[568]

---

565) 세종 13년 10월 28일에 세종이 신문고를 함부로 치는 자에 대해 하교하기를 "근래에는 함부로 고소하는 사람이 지나치게 많으니, 지금부터는 두 번씩이나 함부로 고소하고 「격고」하는 자는 1등을 감하여 죄를 다스리라"고 하고 있다. 이로 보아 신문고를 치는 것을 격고라는 용어로도 사용하고 있음을 알 수 있다(세종실록 권54 세종 13년 10월 기미조).

566) 태종실록 권1 태종 1월 을사조.

567) 태종실록 권1 태종 1년 11월 경자조.

㉠ 정치득실과 민생의 휴척문제(일반 백성들의 일상생활)인 경우에는 의정부(의정부에서 위에 아뢰지 않은 경우) → 신문고 순으로 그 절차를 간소화시켰고, 말이 쓸만 하면 바로 채택하여 받아들이고, 비록 말이 맞지 않는다 하더라도 너그럽게 받아들였다.

㉡ 억울함을 펴지 못하여 호소하고자 하는 자는, 서울 안의 경우 주장관(主掌官: 주무장관) → 사헌부 → 신문고 순으로, 지방에서는 수령이나 감사(관찰사) → 사헌부 → 신문고 순으로 그 절차를 규정하였다.

㉢ 반역 관련 사안이나 종친(宗親)과 훈구대신(勳舊大臣)[569]을 모함하여 해를 끼치려 기회를 만드는 자가 있는 경우에는 여러 사람이 북치는 것을 허용하였다. 말한 바가 사실이면 밭2백결(結)과 노비 20명을 상으로 주고, 유직자(有職者: 관계·관직 보유자)는 3등을 뛰어 올려 책록하고, 무직자(無職者: 관계·관직이 없는 경우)는 6품을 제수하며, 공사천인(公私賤人)은 양민이 되게 하는 동시에 7품직에 제수하고, 무고인 경우에는 반좌(反座: 남을 무고한 자는 무고를 입은 사람에게 과한 죄만큼 과죄함)의 율(律)로 처벌하였다.

③ 신문고의 폐지와 부활

신문고 제도는 제7대 세조 때 폐지 → 제9대 성종 때 부활[570] → 제10대 연산군 때부터 제17대 효종시기까지는 조선왕조실록상에 신문고에 대한 내용은 보이지 않고 있으며, 대신 격쟁제(징을 쳐서 알리는 제도)가 기술되고 있음(이 기간에는 신문고 제도가 폐지된 것으로 추정됨) → 제21대 영조47년 부활 → 조선말기까지 계속되었다.

2) 운 영

(1) 신문고 사용의 제한

신문고의 사용에는 일정한 제한이 있었다.[571] 그럼에도 불구하고 사건해결의 신속성을 얻기 위하여 사소한 사건에도 신문고를 이용하는 무질서한 현상이 나타났다.

(2) 신문고 제도의 활성화

① 신문고 제도는 제3대 태종대에서 제6대 문종 때까지 활발히 운영되었다. 그 내용도 관리에 대한 고발·사헌부 관리들과의 충돌로 인한 갑사들의 격고·노비송사·전직 관리비리·아

---

568) 태종실록 권3 태종 2년 1월 기유조.

569) 대대로 나라나 군주를 위하여 드러나게 세운 공로가 있는 신하를 말함.

570) 성종실록 권13 성종 2년 12월 임오조.

571) 경국대전 권5 형전 소원조. 이서(吏胥)·복례(僕隷: 종)로서 그 관원을 고소하는 자, 품관(品官: 품계를 가진 부류에 대한 총칭)·향리·상민(常民)으로서 관찰사나 수령을 고소하거나, 혹은 남을 사주하여 소장(訴狀)을 내게 한 자는 장 1백에 도(道) 3년에 처하고, 오직 종묘·사직 및 불법으로 살인하는 자 및 자기와 관계된 억울함을 호소하는 자에 대해서만 신문고를 치도록 하였다. 그리고 무고한 자는 장 1백에 유(流) 3천리에 처하였고, 품관·향리·상민은 향리(鄕里)에서 내쫓았다.

들이 아버지에 대한 선처·과거시험을 치게 해 달라는 상소 등 관리비리에서 사소한 내용까지 끝이 없었다.[572)]

② 이에 따라 조선초기에는 신문고를 지키는 (의용)순금사의 관리(官吏)들이 신문고를 쳐서 호소하는 자를 방해하는 경우도 종종 발생하자, 호소하는 자를 막거나 지체하는 자는 사헌부에서 규찰하고 신문해서 논죄하라고 지시하고 있기도 하다.[573)]

(3) 신문고 사용의 제한

조선후기로 가면서 신문고의 사용제한을 한층 엄격히 하였다. 제21대 영조 47년 11월 23일에 신문고 제도가 다시 부활되었다. 그러나 이때에는 ① 자기 자신에 관한 일, ② 부자지간에 관한 일, ③ 적첩에 관한 일, ④ 양천에 관한 일의 4가지 사건(사건사)에 관련된 것일지라도 장(杖)을 때리고, 사건사(四件事)에 관계되지 않는 자가 신문고를 치는 경우에는 호남의 연해에 충군(充軍)시켰다.

(4) 신문고의 효용

① 조선왕조 전 시기를 통하여 실제로 신문고의 이용은 주로 서울의 관리들에게만 사용되었다. 따라서 신문고 제도의 본래 취지와는 달리 일반 상민(常民)이나 노비, 또 지방에 거주하는 관민(官民)은 사용빈도가 거의 없었고, 효용가치도 그다지 많지 않았다. 대신에 격쟁에 의한 직소(直訴)의 이용이 급격히 증가하면서 신문고는 유명무실해졌다.

② 조선시대 신문고 제도는 민의상달(民意上達)의 대표적인 제도 중의 하나였다. 신문고는 백성들의 원통하고 누명쓴 일 등을 왕에게 직소(直訴)될 수 있다는 것을 관리들에게 경고하는 기능을 수행함과 동시에, 한편으로는 이들의 부정한 처분을 사전에 예방할 수 있는 사전예방적 기능도 일정부분 수행하였다고 볼 수 있다.

3. 격쟁(擊錚)

1) 의의

격쟁은 억울한 일을 백성이 임금에게 직접 호소하기 위해 임금이 거둥하는 길가에서 징이나 쟁(꽹과리)을 쳐서 임금의 하문(下問)을 기다리는 것을 말한다. 격쟁은 제21대 영조 22년에 발간된 속대전상에 정식으로 법제화되었다.[574)]

572) 태종실록 권2 태종 1년 8월 기사조; 태종실록 권6 태종 3년 11월 병신조; 태종실록 권12 태종 6년 윤7월 기미조; 태종실록 권11 태종 6년 2월 정해조; 태종실록 권17 태종 9년 3월 임신조; 세종실록 권24 세종 6년 6월 병진조; 세종실록 권31 세종 8년 1월 경술조.

573) 태종실록 권12 태종 6년 11월 갑자조.

2) 신문고와 격쟁

격쟁은 신문고와 병존하여 이용되기도 하였으며, 신문고가 폐지된 시기에는 격쟁이 유일한 민의상달 수단이었다. 제21대 영조 47년에 신문고 제도가 부활되면서, 민의상달의 수단은 신문고와 격쟁의 두 가지 제도로 운영되었다.

3) 격쟁의 도구

(1) 신문고는 본래 하층민의 여론을 상달(上達)한다는 취지에서 마련되었으나, 각종 제한이 많아 제대로 민의(民意)를 상달하는 기능을 수행하지 못하였다. 반면 하층민은 자신들의 억울함을 직접 호소할 수 있는 새로운 효과적인 수단으로서, 격쟁·상언(上言) 등을 등장시켰다.

(2) 격쟁에 동원되는 꽹과리·북 등은 이들이 농악에 사용되는 도구로서, 주변에서 쉽게 구하여 활용할 수 있는 것도 격쟁이 활발하게 이용되는 이유 중의 하나였다.

4) 격쟁의 종류

격쟁은 형태별로 크게 궐내격쟁(闕內擊錚)·위내격쟁(衛內擊錚)·위외격쟁(衛外擊錚)으로 구분된다.

(1) 궐내격쟁은 직접 대궐에 들어가 국왕에게 호소하는 형태이고,[575] 위내격쟁과 위외격쟁은 국왕의 거둥시에 행하는 것이다. 제11대 중종과 제13대 명종 때(16~17세기)에는 궐내격쟁이 대부분을 차지했고,[576] 18세기 후반 이후에는 위외격쟁이 주로 행해졌다.

(2) 이 밖의 격쟁의 형태로 하층민이 국왕의 거둥시에 커다란 나뭇가지 끝에다 글자를 크게 써서 임금의 눈에 뜨이게 하거나, 크게 소리를 질러 자신의 존재를 알리고 주목을 끌거나, 창틀에 매달리거나 높은 곳에 올라가 호소하는 방법을 쓰기도 하였다.[577]

574) 속대전 형전소원조에 "신문고는 지금 없다. 억울함을 하소연하고 싶은 자는 차비문 밖에서는 금속악기를 치는 것을 하락하였는데, 그것을 일러 격쟁이라 한다"고 기술하고 있다.

575) 중종실록 권20 중종 9년 2월 을미조. 중종 9년 2월 1일에 정병(正兵) 오윤창이 전정(殿庭: 궁전의 뜰)에서 격쟁하였기 때문에 치죄당하였는데, 이는 궐내격쟁의 대표적인 예이다.

576) 명종 15년 5월 2일에 승정원에서 아뢰기를 "요즈음 대궐 안에서 격쟁하는 소리가 끊이지 않는데, 상께서 번번이 추국하지 말라고 하시니 백성의 원통함을 생각하여 풀어 주고자 하시는 뜻은 지극합니다"라고 하여, 당시 대궐 안에서 격쟁하는 일이 다반사로 일어나고 있음을 시사해 주고 있다(명종실록 권26 명종 15년 5월 정묘조).

577) 성종실록 권133 성종 12년 9월 임진조. 성종 12년 9월 21일 밤에 정병(正兵) 김수의가 남장문 밖 나무꼭대기에 올라가 격쟁을 하니, 잡아다가 장1백대를 때리고 변방 고을의 종으로 예속시킨 사건을 대표적인 예로 들 수 있다.

5) 격쟁의 제한

(1) 격쟁은 합법적인 수단으로서 횟수의 제한이 없이 똑같은 문제를 가지고 반복할 수 있었다. 15세기 후반부터는 사소한 문제를 가지고도 격쟁이 남발되자, 중종 1년에는 격쟁인에 대한 처벌문제와 함께 격쟁을 할 수 있는 내용에 제한을 두었고, 격쟁의 내용이 무고로서 판명될 경우에는 장 80의 형(刑)으로 다스렸다.[578)]

(2) 격쟁과 관련된 처벌법규의 제정에도 불구하고 시간이 지날수록 격쟁이 더욱 빈발하자, 제21대 영조 20년(1744)에는 ① 자손이 조상을 위하여, ② 아내가 남편을 위하여, ③ 아우가 형을 위하여, ④ 노비가 주인을 위하는 것의 네 가지로 제한하였다. 제한 이외의 내용 등을 들어 함부로 격쟁하는 것에 대한 처벌규정도 한층 강화하여, 아무런 이유 없이 오로지 송사(訟事)를 좋아하여 격쟁하는 자는 전 가족을 함께 변방으로 유배시켰다.[579)]

(3) 제22대 정조대에 들어와서는 격쟁은 커다란 전기를 맞이하게 된다. 정조는 하층민의 고통을 구체적으로 파악하려고 대민접촉을 강화하는 한편 정조 1년에 위외격쟁을 허용하였고, 격쟁할 수 있는 사안의 내용도 이른바 '4건사(四件事)' 이외의 일반적인 사건으로까지 넓혔다. 이러한 정조의 시책은 고위관료의 심한 반발을 받기도 하였다.[580)] 그러나 이러한 격쟁내용이 하층민의 일반적인 애로사항으로 확대됨에 따라 종래의 개인적이고 가문적인 4건사 중심에서 벗어나, 점차 백성들이 현실 속에서 겪는 사회경제 전반적인 문제를 해결하는 수단으로 변화하는 계기가 되었다.[581)]

6) 격쟁제도의 역사적 의미

격쟁은 관리의 불법을 사전에 억제하는 효과가 있었음은 물론이고, 동시에 서민들의 원통하고 억울한 일을 구제하는 수단으로 유용하게 사용되었다. 따라서 격쟁은 조선시대 일대를 관통하는 민의상달(民意上達)의 가장 중요한 수단이 되었고, 동시에 하층민이 서서히 근대적 민권의식을 깨우쳐 가는 데 중요한 원동력이 되었다.

---

578) 중종실록 권1 중종 1년 11월 정축조.

579) 신보수교집록(新補受敎輯錄) 형전 소원조.

580) 정조 6년 3월 24일에 예조판서 김노진이 "성종조에서는 격쟁하는 사람에 대해 사헌부에서 서경(署經)하는 예와 같이 하여 청리(聽理: 송사를 듣고 심사함)할 만한 것만 청리하였으니, 지금도 지켜져야 할 것입니다"라는 언동으로 보아도, 관리들의 반발이 만만치 않았음을 알 수 있다(정조실록 권13 정조 6년 3월 신유조).

581) 정조 5년 윤5월 8일에 덕산의 백성 김성옥이 궁감(宮監: 조선시대에 세금을 거두기 위하여 각 궁(宮)에서 보내던 사람) 김웅두가 폐단을 부린 일 때문에 격쟁을 하였는데, 이에 궁감 김웅두를 논죄하였다. 이처럼 격쟁의 내용도 '4건사' 이외의 일반적인 사건 것까지 넓히는 계기를 마련하였다(정조실록 권11 정조 5년 윤5월 경술조).

제7장

갑오개혁과 한국경찰의 근대화 과정

제7장
갑오개혁과 한국경찰의 근대화 과정

제1절 갑오개혁기를 전후한 근대경찰 형성기

고종 3년(1984) 때의 갑오개혁은 경찰사에서 한 획을 긋는 분기점으로 볼 수 있는데, 그 이유는 이 시기에 근대경찰에 관한 조직법적·작용법적 근거가 마련되었기 때문이다. 이것은 종전과는 달리 경찰기능이 분권화되어 법·제도적 의미의 경찰로 탄생됨을 의미하는 것이기도 하다. 다만 이러한 개혁이 자의에 의해서가 아니라 일본에 의해 일본식 경찰 제도를 그대로 우리나라에 이식되었다는 것이고, 그 이면에는 우리나라를 지배하기 위한 장기적인 계략의 음모가 숨어 있었다는 것이 한국경찰사의 비극이라고 할 수 있다. 따라서 이 시점은 우리나라의 경찰역사에서 근대경찰의 출발임 동시에, 왜곡과 굴욕이 시작되는 출발선상이기도 하다.

Ⅰ. 갑오개혁과 근대경찰 형성

1. 갑오개혁의 배경과 갑오개혁

1) 시대적 배경

갑오개혁이란 고종 31년(1984) 7월부터 고종 33년(1896) 2월까지 추진되었던 일련의 개혁 운동을 말한다. 갑오개혁은 갑오년에 착수되어 을미년까지 계속되었기 때문에 제1차 개혁을 갑오개혁, 제2차 개혁을 을미개혁이라고 구별하여 부르기도 한다.

2) 갑오·을미개혁의 전개과정 및 특징

갑오·을미개혁의 주요 내용 등을 비교하면 다음과 같다.

갑오개혁과 을미개혁의 내용

구분	1차 갑오개혁(1894.6.25)	2차 갑오개혁(1894.11.21)	을미개혁(1985.8.20)
특징	• 일본군의 경복궁 점령, 청일전쟁 개시, 온건개혁파가 주도한 김홍집 내각이 「국군기무처」를 중심으로 자주적으로 추진, 흥선대원군 재집권함. • 갑신정변의 정강, 동학농민군의 개혁 요구가 많이 반영됨.	• 청일전쟁에서 일본 우세 → 국군 기무처 폐지, 김홍집·박영효 연립 내각 구성. • 삼국(러·프·독) 간섭으로 일본 세력이 약화됨.	• 을미사변 이후 김홍집 내각(4차)이 급진적 개혁 실시(김홍집·유길준 내각 구성). • 고종 아관파천으로 개혁 중단.
정치·행정	• 중국 연호 폐지하고, 「개국기원」[1]을 연호로 사용, 청나라와 대등한 관계임을 나타냄. • 중앙관계: 정부(의정부)와 왕실(궁내부)로 구별함 → 의정부 강화, 궁내부 신설. −6조제를 8아문으로 개편, 의정부 직속으로 함. −국왕의 인사권·재정권·군사권 등 박탈과 축소. • 과거제 폐지 → 일본식 관료제도 도입. • 서울에 경무청 설치(수도 치안 담당), 지방은 각 도 관찰사 아래 경무관 배치하여 행정권과 경찰권 구분함.	• 홍범 14조 발표[2] • 중앙관제: 내각제 도입(의정부 → 내각), 지방관 권한 축소(사법권·군사권 배제) • 8도를 23부(府) 337군으로 개편 • 8아문을 7부로 개편 • 훈련대 설치	• 고종 33년(1896) 1월 1일 「건양」 연호 사용.
군사	• 조선의 침략과 예속화를 꾀한 일본의 이해관계를 침해하지 않는 범위 안에서 이루어진 개혁이었기 때문에, 군사부분의 개혁은 미흡하였음.		• 친위대(중앙) 및 진위대(지방) 설치.
경제	• 탁지아문(국가재무를 총괄하였던 중앙행정관청)에서 재정에 관한 일체의 사무를 관장, 재정의 일원화 → 왕실과 정부의 재정 분리. • 은본위제 채택과 조세의 금납화(金納化) 실시. • 도량형 개편 → 일본식으로 통일.		

1) 개국기원(開國紀元)이란 개국한 연도(조선의 경우 1392년)를 기준으로 하여 기간을 세는 것을 말한다. 연호

사회	• 신분제 폐지(문벌·반상제도) →공·사 노비제도 폐지. • 고문과 연좌제 폐지 • 조혼금지 • 과부 재가 허용 등.	• 사법권의 독립 재판소 개설 →2심제 채택 • 신교육 실시 → 한성사범학교 설립, 외국어 학교 설치.	• 단발령 실시 • 태양력 사용 • 종두법 시행 • 우편사무 시작 • 소학교 설치
한계	조세제도에 대한 근본적 개혁이 없었음.	일본의 견제로 군제개혁을 시도하였으나, 성과가 없었음.	을미사변과 단발령 등으로 인해 반일·반정부·반개혁 감정이 고조 되었으며, 을미의 병의 계기가 되었음.

2. 갑오개혁에 대한 평가 및 의의

1) 긍정적 평가

신분제 타파 등, 정치·경제·사회 전 분야에 걸친 근대적 제도개혁으로 중요한 진전을 이루어, 근대 사회의 토대를 마련하였다.

2) 부정적 평가

(1) 일제의 강요에 의해 시작한 개혁(1차)이며, 타율적 성격의 개혁(2차, 을미개혁)이었으나, 토지개혁 소홀로 민중의 지지가 없는 개혁으로 전략하였다. 한편 군사제도 개혁 소홀로 일본 제국주의자들이 조선침략의 발판을 마련해 주는 계기가 되었다.

(2) 김홍집 등 중심인물들이 백성에게 살해되거나 일본으로 망명하는 것으로 귀결됨으로

는 원래 황제나 국왕이 자기 마음대로 정하는 것이다. 여기서 개국기원을 사용했다는 말은 갑오년(개국 503년)에는 개국으로부터 503년이라는 기간이 지났다는 연호를 사용했다는 말이 된다. 고종 31년(1894)에 청일전쟁에서 청나라가 패배하자, 지금까지 청나라의 연호를 사용하던 것을 "자주적 독립국"이라는 뜻으로 "개국"이라는 연호를 사용한 것이다. 따라서 고종 31년(1894)부터 32년(1895)까지 개국(開國)을 연호로 사용하였고, 고종 33년(1896) 1월 1일부터 양력을 사용하면서 건양(建陽)이라고 연호를 바꾸었다. 이 연호의 뜻 자체가 "양력을 세우다"라는 뜻이다. 그런데 이때 연호를 건양으로 바꿨던 것이 단발령 시행과 맞물려 약간의 반발을 사자, 고종 34년(1897) 8월 11일에 건양 연호를 폐지하고, 8월 16일에 광무로 바꾸었는데, 이 뜻은 "이제 나라를 새롭게 다시 잘 이끌어 보겠다"는 뜻으로 풀이된다. 고종은 그해 9월 대한제국 황제로 즉위하는데, 사실상 황제로 즉위하면서 연호를 바꾼 셈이 된다. 그리고 조선의 마지막 임금 순종은 「융희」라는 연호를 사용하였다.

2) 홍범 14조는 제2차 갑오개혁 후 고종이 선포한 정치혁신의 기본 강령이다. 청나라에 대한 의존적 태도를 버리고 자주독립국가의 체제를 갖출 것을 강조하였으나, 이는 일본의 한국 침략 수단으로 사용되었다. 이후 일본의 내정 간섭은 더욱 심화하였다. 홍범 14조는 자주권(자주독립의 기초를 세움)·행정(왕실 사무와 국정 사무 구별, 지방관리의 직권 제한)·관리 임용(문벌 가리지 않고 널리 인재 등용)·민권 보장(인민의 생명과 재산 보호) 등의 내용을 규정하고 있다.

써, 근대국가 수립이라는 원래의 목적을 제대로 실현시키지 못하였다.

Ⅱ. 갑오·을미개혁과 근대경찰 창설

갑오개혁을 추진하게 된 직접적인 배경은 안으로는 동학농민군의 개혁요구와 개화세력의 개혁 의지에 있었고, 밖으로는 일본의 조선침략을 위한 강요된 내정개혁에 의해 추진되었다고 볼 수 있다.

이에 따라 일본을 등에 업은 제1차 김홍집 내각은 군국기무처[3]를 설치하고 신분제도 철폐·과거제 폐지·과부의 재혼 허용·고문과 연좌제 법 폐지·지방관으로부터 사법권과 군사권의 박탈·행정기구로부터 사법권의 분리독립·경찰권의 일원화 등 위로부터 급속한 근대화 정책을 추진하였다(제1차 갑오개혁).[4]

제1차 갑오개혁기는 한국사적이나 경찰사적 측면에서 볼 때 본격적인 근대화의 출발로 받아들여지고 있는 것이 일반적인 경향이다. 이와 같은 모든 분야의 변혁 속에서 경찰조직이라고 예외일 수는 없었고, 오히려 가장 커다란 변혁을 가져온 것이 경찰조직이라고 볼 수 있다.

1. 갑오개혁기의 경찰의 창설과정

1) 일본의 각의에서의 한국경찰의 창설 결정

(1) 일본이 조선에 처음으로 경찰의 창설을 결정한 것은 고종 31년(1894) 6월 27일 일본 각의(日本閣議)에서 비롯되었는데, 여기에는 조선의 개혁대상의 하나로서 경찰제를 실시하는 것이 포함되어 있다.

(2) 대조공사(오토리공사)는 본국의 훈령을 받기 이틀 전인 고종 31년 7월 3일 이미 조선정부의 교섭통상사무아무 독판(督辦)[5] 조병직에게 5개조 「내정개혁방안강목」을 제출하였다. 이때 제출된 안(案) 중 경찰관련 내용은 단순하게 "국내의 민란을 진압하고 안녕을 유지하는

---

3) 갑오개혁에서 개혁을 주도한 기관은 바로 군국기무처였는데, 초정부적인 회의 기관이었다. 여기서 가결된 내용을 의안(議案)이라 하는데, 이 의안이 왕의 윤허를 얻고 시행되면 법령 적 성격을 띠게 되었다.

4) 이기백, 「한국사신론」, 서울: 일조각, 1990, pp.377－378.

5) 조선말기 통리기무아문의 장관을 말한다. 개항 후 대외통상의 새로운 과제에 대처하기 위하여 고종 17년(1880) 12월에 통리기문아문이 설치되었고, 동왕 19년(1882) 11월에 통리가문아문이 통리아문(외교아문)과 통리내무아문으로 분화되고, 동년 12월 4일 통리아문은 통리교섭통상사무아문으로, 통리내무아문은 통리군국사무아문으로 개칭되었다. 이 두 아문(관아)의 우두머리를 독판이라고 하였고, 그 밑으로는 협판(차관)·참의·주사가 있었다.

데 필요한 병비(兵備)를 설치할 것"이라고 제시하였을 뿐이고, 직접적으로 경찰과 관련된 내용은 없었다.[6)]

(3) 그 후(동년 7월 9일) 일본으로부터 훈령을 받은 대조공사(오토리공사)가 조선국위원에 제출한 「내정개혁방안강목」 제4조의 안(案)에는 「국내의 민란을 진정(鎭定)하고, 안녕을 유지하는데 필요한 경비 및 경찰을 설치할 것」으로 제목을 바꾸고, 제2항에 「경성 및 각 성읍(城邑)에 엄정한 경찰을 설치할 것」을 요구하면서,[7)] 그것도 2년 이내에 실시하여야 된다고 기한을 정하였다.[8)]

2) 경찰창설의 요구와 조선 정부의 거절

이러한 일본의 개혁안에 대하여 일본 측(대조공사)과 조선 정부 측 위원과 3차에 걸친 회담결과, 이 개혁안은 조선정부에 의해서 모두 거절되었다. 이에 대하여 일본 정부는 짜인 각본대로 일본정부의 이익을 위하여, 단독으로 개혁을 착수하겠다고 통고하였다. 그리고 7월 23일 일본은 군대를 출동시켜 경복궁을 점령함과 동시에 7월 24일 친일계와 중립계로 구성된 제1차 김홍집 내각(홍선대원군 섭정, 김홍집 내각)을 구성하였다.

2. 근대경찰의 창설

1) 경찰창설의 결정

(1) 법무부 소속의 경찰

일본군의 왕궁점령하에 세워진 친일 제1차 김홍집 내각은 개혁의 주무기관인 군국기무처 의안(議案)에 따라 고종 31년 7월 30일(음력 6월 28일) 각아문관제(各衙門官制: 각 관청의 관제) 중 법무아문은 "사법(司法)·행정경찰·사면에 관한 일을 관리한다"[9)]고 규정하여, 경찰의 기능을 법무아문(법무부)에 소속시켰다(고종 31년 7월 30일, 음력 6월).

(2) 내무부 소속의 경찰

경찰조직을 법무아문으로 소속시킨다고 결정하고 나서 3일 후인 8월 2일(음력 7월 1일)에 다시 "경무관제·직장(職掌)을 내무아문에 소속시킨다"고[10)] 결의하여, 이때부터 경찰조직은 내무아문으로 소속이 변경되었고, 비로소 경찰사무가 내무대신(과거의 내무부장관) 지휘에 속하게 되었다.

---

6) 현규병, 「한국경찰제도사」, 경찰전문학교, 1955, p.83; 내무부치안국, 「한국경찰제도사」, 서울: 광명인쇄공사, 1972, p.293.
7) 김정명 편, 「일한외교자료집성」4, 동경: 남당서점, 1967, p.57.
8) 고종실록 권31 고종 31년 6월 28일조.
9) 고종실록 권31 고종 31년 6월 28일조(음력).
10) 의안(議案)경찰관제·직장을 내무아문에 소속시키는 건(고종실록 권31 고종 31년 7월 1일조(음력)).

(3) 경찰조직법 및 경찰작용법 제정

고종 31년 8월 15일(음력 7월 14일)에는 「경무청관제직장」과 「행정경찰장정」을 제정하였다. 이처럼 비록 일본에 의해 타의적이기는 했으나 제1차 갑오개혁을 통하여 경찰에 관한 조직법과 작용법적 근거가 제정됨으로써, 외형상으로는 근대 국가적 경찰체제로 출발할 수 있는 법·제도적 장치가 마련되었다.

2) 근대적 경찰조직법 및 경찰작용법 등의 법규

(1) 경무청관계직장

경찰조직법은 경찰조직에 관하여 규정한 법이다. 즉, 경찰조직법은 경찰이 설치할 기관의 명칭·권한·관청 상호 간의 관계 등을 규정한 법이라고 할 수 있다. 따라서 고종 31년(1894) 8월 15일(음력 7월 14일)에 제정된 「경무청관제직장」은 우리나라 최초의 경찰조직법이라고 볼 수 있다.[11] 이러한 「경무청관제직장」, 즉 경찰조직법에 근거하여 창설된 것이 경무청이었다.

① 경무청관제의 특징

새로이 나타난 경무청은 종래의 좌·우포도청과 좌·우순청의 후신이다. 「경무청관제직장」은 일본 「경시청관제」를 본뜬 것이다. 따라서 경무사·경무관·총순·순검이라는 경찰계급도 일본의 경시총감·경시·정부·순사를 바꾸어 사용하는 등 약간의 차이는 있지만, 대체로 일본의 계급이 이식되었다.

경무청은 고종 31년(1894) 7월 14일에 의결되고, 신관제(新官制)가 일제히 시행되는 7월 20일에 발족되었다. 당시 경무청조직의 특징을 갑오개혁(1894) 이전의 경찰조직과 비교해 보면 다음과 같다.

㉠ 종래 좌포도청과 우포도청으로 나누어졌던 포도청을 하나로 통합하여 내무아문에 소속시키고, 경무청으로 하여금 한성부 5부 관내의 일체 경찰사무를 맡게 하였다.[12] 이것은 갑오개혁 이전까지는 포도청과 한성부가 중복으로 관장하던 서울5부의 경찰사무를, 이때부터 내무대신의 지휘하에 경무사가 경찰 및 감금사무를 도맡아 관할하게 되었음을 의미하는 것이다.

㉡ 갑오개혁 이전까지의 포도대장은 종2품이었다. 그러나 경무사는 정2품으로 품계가 한 단계 상승되었을 뿐만 아니라, 칙임관[13]이었다. 반면, 정2품이던 한성판윤은 3품 주임관(奏任

---

11) 고종실록 권31 고종 31년 7월 14일조(음력). 「경무청관제직장」은 1891년 일본의 「경시청관제」를 그대로 모방한 것이다.

12) 고종 31년(1894) 7월 1일 군국기무처에서 "경찰관제·직장과 일체 사의(事宜: 이치에 맞아 일이 마땅함)를 의정(議政)한 뒤 내무아문에 소속시킨다"고 제의하였고, 동년 7월 14일 군국기무처에서 「경무청관제와 직무」 등을 제의하여 "한성부 5부 관내의 일체 경찰사무를 맡도록 하였다."

13) 칙임관은 구한말 대한제국 및 일제시대의 계급의 하나로 국왕이 직접 임명하는 최고의 계급을 말한다. 구한말 고종시대에는 정1품에서 종2품까지의 관료를 말한다.

官)[14]으로 지위가 격하되었다(고종 33년에 판윤으로 다시 격상되었다).

㉢ 특히 종래의 포도대장은 병조(군부), 즉 서반(西班)에 속한 무관직이었으나, 경무사가 내무대신(內務大臣)의 지휘를 받게 됨으로써 무관(武官)체제에서 문관경찰제(文官警察制)로 전환되었다. 이러한 조처는 종래까지 무관으로 서반계열에 속하였던 경찰조직이 문관계열로 확정됨을 의미한다. 따라서 지금까지 경찰은 무관인가 문관이가라는 명제에 대하여, 문관이라고 명쾌하게 답을 줄 수 있는 단서가 바로 문관경찰제로의 전환이다. 이것은 경찰사적 측면에서 상당히 중요한 의미를 지닌다고 보아야 한다.

㉣ 갑오개혁 이전까지는 각 부(府)·각 아문(衙門)·각 군영(軍營)에서 사람들을 마음대로 체포하거나 형벌을 적용하였으나, 이를 폐지하는 의안(議案)이 통과되었다.[15] 이는 곧 직수아문의 폐지를 의미한다. 이와 관련하여 8월 6일에는 일체 높고 낮은 관리들이 사적(私的)으로 경무청에 소속된 인원을 불러 갈 수 없으며, 설사 각부·아문(衙門)이라도 공문으로 통지하지 않고서는 사적으로 소환하지 못하도록 하는 입법안이 통과되었다.[16] 이는 조선말기의 포도청의 하급관리들이 권력기관이나 고위급 관리들에게 사사로이 불려가 문초당하는 것을 금지시키는 입법이라고 볼 수 있다. 이와 같은 조치는 곧 경찰권을 강화시키려는 의도적인 계획이었다.

㉤ 조선말까지 행정경찰사무는 각 기관의 소관에 따라 독자적으로 처리하였다. 그러나 이때부터 행정경찰사항은 모두 경찰기관의 단속사항으로 입법화되었다. 따라서 당시 경찰업무는 광의의 행정경찰, 즉 오늘날의 보안경찰과 협의의 행정경찰을 포함하는 매우 광범위한 것이었다.

㉥ 조선말기 제26대 고종 20년부터 도성내외(서울내외)의 순찰은 좌·우순청과 삼군부 그리고 한성부의 순경부(巡警部)에서 전담하였고, 포도청은 각국 공사관의 파수만을 전담하는 기관으로 전락하였다. 그러던 것이 경무청이 설치된 후인 7월 26일에 각 군영(軍營)의 순찰업무가 전면적으로 폐지되었다.[17] 이와 같은 조치는 경찰의 고유업무인 순찰기능이 본래의 모습으로 회복되는 것을 뜻한다.

㉦ 전옥서(典獄署)의 업무, 즉 행형사무(行刑事務)가 경무청으로 이관되었는데,[18] 이 제도는 제27대 순종 1년(융희 원년) 경시청으로 개혁될 무렵까지 13년간 계속되었다. 뿐만 아니라 과거의 삼법사(三法司) 중의 하나인 한성부의 재판기능, 즉 한성부가 관장하던 일체의 소송사

14) 주임관은 각 해당 아문의 대신이 내각총리대신을 거쳐 주천(奏薦: 임금에게 상주하여 어떤 사람을 추천함)하여 시키는 관리로서, 내각의 직인이 찍힌 사령서로 임명되었다.
15) 고종 31년(1894) 7월 2일 「각 부·각 아문·각 군문의 체포·형벌의 시행을 불허하는 것」이 군국기무처에서 의안(議案)되었다(고종실록 권32 고종 31년 7월 2일조).
16) 고종 31년(1894) 8월 6일 「타관원이 사사로이 경무청소속 인원을 소환할 수 없는 건」이 제정되었다(고종실록 권32 고종 31년 8월 6일조).
17) 고종실록 권32 고종 31년 7월 26일조.
18) 고종실록 권32 고종 31년 7월 21일조.

건을 경무청이 맡게 되었다.[19] 이로써 경찰은 경찰고유의 업무이외에도 행형사무와 한성부가 관장하던 소송사무까지 전담하게 됨으로써, 방대한 권력기관으로 재탄생하게 되었다.

ⓞ 그 이외에도 관리복무규율 · 관리징계규례 · 관리의 품계 · 품계에 따른 월급표 등 경찰관련 규정들이 속속 제정되었다.[20]

ⓩ 이러한 개혁과 조치는 앞으로 국권을 피탈하여 조선을 식민지화하는 경우를 예상하여, 조선국민을 통치할 수 있는 강력한 무기로 경찰조직을 선택한 것이었다. 따라서 경찰조직과 경찰권을 강화시키는 일련의 법·제도적 개혁은 이미 짜인 각본에 의한 계획된 시도에 불과한 것이었다.

② 경무청의 조직(경무청관제직장)

㉠ 경무청의 임무

종래의 좌포도청과 우포도청을 합쳐서 창설된 경무청은 내무아문에 소속된 관청으로, 한성부 5부(五部) 내의 경찰사무를 관장하였다.

㉡ 관원

관원으로는 경무사 1명·부관 1명·경무관·서기관·총순·순검 약간 명을 두고, 경무청 내에 총무국을 설치하였다. 총무국은 (경무)부관이 주관하고 경무관 약간 명이 보좌하였는데, 그 업무는 무려 57개로서 경무청 총무국이 관장하지 않은 업무는 거의 없을 정도였다.[21]

③ 경무청의 기구

㉠ 내무대신(內務大臣)

갑오개혁 이후 경찰 관련 최고위층은 내무아문의 내무대신이었다. 경무청은 내무아문에 예속되어 었었고, 경무사의 수장인 경무사는 내무대신의 지휘·감독을 받도록 되어 있었다.

따라서 내무대신은 경찰업무 전반을 지휘·감독할 수 있는 위치에 있었고, 이런 점에서 내무아문의 수장인 내무대신은 경찰의 최고 관청이었다.

㉡ 경무사(警務使)

경무사는 경무청의 수장으로 칙임관이었다. 경무사는 내무대신의 지휘 · 감독을 받아 한성5부(漢城五部) 관내의 경찰업무 · 감금 사무(행형사무) · 그리고 범인의 체포 취조와 죄의 경중을 가려 법무당국(法務當局)에 이송하는 일을 총괄하였다.[22] 따라서 초기의 경무사의 관할 범위는

---

19) 고종실록 권32 고종 31년 7월 24일조. 고종 31년 7월24일에 군국기무처에서 "한성부 관하의 일체 소송은 경무청에 넘기고 단지 안팎의 장사하는 백성들에게 관계되는 일만은 해당 부윤(府尹)이 관할하는 해당 영사 등의 관리와 함께 죄를 범한 사유를 신문하여 밝힌 다음에, 문건에 자세히 기재하여 경무청에 넘기도록 하라"는 안건이 통과되었다.

20) 고종실록 권32 고종 31년 7월 16일조.

21) 총무국의 업무는 차마 · 건축 · 총포 및 화약 · 전염병예방 · 의약 · 가축 · 신문기타 인쇄물 등의 단속 등 엄청나게 방대하였다.

22) 경무청관제 · 직장 제1조와 제5조 내용(고종실록 권32 고종 31년 7월 22일조).

한성부 5부 관내에 한정되어 있었고, 전국적인 지휘권은 갖고 있지 않았다.

㉢ 경찰지서의 서장

㉮ 경무청 산하에 최초로 한성부 5부 관내의 경찰사무를 분담하기 위하여 「경찰지서(警察支署)」를 설치하여 경무관을 서장으로 임명하였다.

㉯ 갑오개혁 때의 동부·서부·남부·북부·중부의 5개 경찰지서는 조선후기 좌·우 포도청이 5개로 하향분산된 것으로 볼 수 있다. 따라서 5개의 경찰지서와 지서장은 오늘날의 경찰서와 경찰서장의 표시라고 볼 수 있다. 을미년에 「경무서」로 개칭되었다.

㉰ 경무지서 밑에는 순검번소(巡檢番所) 50개가 있었다.[23] 순검번소는 오늘날의 지구대나 파출소의 기능을 수행하는 최말단 기관이었다고 볼 수 있다.

㉣ 개항장 최초의 근대 경찰관 배치

㉮ 개항장은 외국인의 내왕과 무역을 위해 개방한 제한지역(항구)을 말한다. 고종13년(1876)부터 개항장에 감리서[24]를 두었고, 고종 20년(1883) 8월 19일에는 인천항 감리서 정4품의 감리[25]를, 부산항 감리서에는 종4품의 감리를, 원산항은 부사가 겸임하도록 하였다.

㉯ 개항장 중 부산과 원산항은 고종 22년(1822) 10월 29일에 신식 경찰관을 두었다는 기록이 문헌상 최초로 보인다. 문제는 인천항인 경우인데, 인천항에는 부산과 원산항에 경찰관이 배치되기 전에 이미 경찰관을 두고 있었다.[26] 따라서 오늘날 통용되고 있는 「경찰관」이라는 용어는 고종 22년(1822) 10월 29일 이전에 이미 사용되고 있었으나, 정확한 연월일을 알 길이 없다.

㉰ 감리서는 외국영사에 교섭을 담당하고 외국인 조계(租界)의 일체사무를 관장하던 관청이었다. 그러기 때문에 여기에 근무하는 경찰관은 외국어를 어느 정도 능숙하게 구사할 능력을 갖추어야 했다. 따라서 감리서에 배치된 경찰관은 오늘날로 치면 외사경찰이라고 볼 수 있으며, 이런 점에서 이들을 외사경찰의 효시라고 보아도 무방할 것이다.

㉱ 고종 31년(1894)에 "각 항구의 경찰관을 경무관으로 고쳐 부르고 이들을 경무청에 이

---

23) 고문경찰소지(顧問警察小誌)3엽(頁)

24) 감리서는 조선 제26대 고종 20년(1883)에 개항장 및 개시장(開市場)의 통상업무를 담당하던 관아이다. 고종 20년(1883)에 처음으로 인천·부산·원산(덕원)에 설치하였다가 고종 32년(1895)에 지방제도의 개편으로 이를 폐지하고, 그 소재지의 관찰사나 부사(副使)가 겸임하였다. 같은 해 지사서(知事署)를 두고 그 임무를 맡게 하였다. 그 후 고종 33년(1896)에 다시 감리서를 부활하여 전국의 8개 항구와 평양에 각각 설치했다가, 일본의 을사조약 강제체결로 인해 외교권을 박탈당하면서 고종 43년(1906, 광무 10년) 10월 폐지령에 의해 모두 폐지되었다.

25) 감리는 개항장의 최고 행정권자이다. 감리가 주재하지 않는 곳은 부사(府使)나 군수가 그 직권을 행사하였다. 감리는 부사직이나 군수직을 겸하였고 개항시장 내의 모든 섭외 사무를 담당하였다. 섭외사무는 지방제도에 따른 행정조칙체계의 상하관계를 떠나 동등한 권한을 행사하였다. 따라서 감리는 부사보다 상위에서 개항장 내를 감리하고 관리하였으며, 총책임을 지고 사무를 추진하였다.

26) 고종 22년 10월 29일에 통리교섭통상아문에서 "인천항에 이미 경찰관을 둔 이상 부산과 원산 두 항구에도 똑같이 두는 것이 어떻겠습니까"라고 건의하여 왕의 승낙을 받았다.

관시켜, 그들의 강직·승급 등 사무도 경무청에서 내무대신에게 신청하여 처리"하도록 하는 군국기무처 의안이 법제화되었고, 이때부터 각 개항장의 경찰관은 감리서장의 지휘를 받지 않고 경무청 경무사의 지휘를 받게 되었다. 그 후 일본은 강제체결에 의한 을사조약으로 외교권을 박탈하고, 고종 43년(1906)에는 각 항에 두었던 감리서를 모두 폐지시켰다.

㉤ 감옥서(監獄署)

㉮ 감옥은 갑오개혁 전까지 전옥서라 하여 형조소관이었다.[27] 전옥서는 형조·한성부·사헌부의 피의자를 수감(囚監)하였고, 공판이 있을 때면 피의자를 압송하고 신문이 끝나면 다시 받아 수감하였다.[28] 전옥서는 미결감(未決監)이었고, 기결(旣決)은 가두는 법이 없었다. 기결은 갑오개혁 이전까지는 태·장·도·유·사(死)로 대별되었는데, 고종 32년(1895) 4월 29일에 반포된 법률 제6호 「징역처결규례」가 일부개정되면서 도형(徒刑)과 유형(流刑)이 징역형으로 대체되었다.[29]

㉯ 고종 31년(1894) 7월 22일에는 종전까지 형조산하에 소속되었던 전옥서가 경무청으로 이관되는 의안(議案)이 통과되었다.[30]

경무청에는 따로 감금(監禁: 감옥의 장) 1명·부감금(감옥차장) 1명·감수(監守) 1명·감금서기(監禁書記) 1명·압뢰(狎牢: 죄인을 맡아서 지키는 관리) 10명을 두되, 압뢰는 순검(巡檢)이 겸임하도록 하였다.

㉰ 신감옥제도제정(고종 33년 2월 감옥규칙제정)

고종 33년 2월 다시 감옥규칙을 제정하여 감옥은 내무대신의 관할로 경무사가 관리하되 미결감과 기결감으로 나누고, 재판관과 검사[31]에게 감옥 순시권을 부여하였다. 신감옥규칙 내용 중에는 감수장(監守長)을 두어 새로 들어오는 입감자에 대해서는 재판소 또는 경무서에서 발급한 문서에 의해서만 신병(身柄)을 인수하도록 하였고, 3세 미만의 유아가 달린 여자죄수는 같이 데리고 들어갈 수 있도록 하는 것 등이 주요 골자였다.

---

27) 대전통편 권지1 이전(吏典) 정6품아문 전옥서조.

28) 증보문헌비고 권223 직관고(職官考)10 전옥서조.

29) 고종실록 권33 고종 32년 4월 29일조.; 고종실록 권34 고종 33년 4월 1일조. 종신유형은 종신징역으로… 10년 유형은 징역 10년으로, 도형 3년은 징역3년으로… 도형 1년은 징역1년으로 바꾸어 처결하도록 하고, 국사범(國事犯)인 경우에만 유형(流刑)을 그대로 존치시켰다. 그리고 다음해인 동왕 33년(1896) 4월 1일에 반포된 법률 제3호 「형률명례」에서, 형률은 크게 사형·유형·징역형·태형 4가지로 크게 구분하고, 이를 다시 세분화하였다.

30) 고종실록 권32 고종 31년 7월 22일조. 이때 군국기무처에서 제의된 안건을 "전옥을 경무청에 소속시키고 대소죄인을 물론하고 모두 경무청 조규(條規)에 의하여 일률적으로 판정하며, 범죄사안이 구명되기 어려울 경우에는 경무사가 문건을 갖추고 해당 관원을 시켜 해당범인을 법무아문으로 인도하고, 이를 법무아문에서는 신문하여 죄를 결정하도록 하였다."

31) 판사와 검사제도는 실지로는 고종 34년(1897) 3월에 가서야 재판구성법이 공포되면서 시행되었다. 재판소의 내력은 종래의 의금부를 고종 31년(1894) 7월 12일 의금사(義禁司)로 고쳐 대소(大小)관원의 공무범죄를 다스리게 하였다. 그 뒤 동왕 동년 12월 16일에 이를 법무아문 권설재판소(權設裁判所)로 대칭하였고, 종래 법무아문에서 행하던 지방의 재판 외의 것을 일체 관장토록 하였다.

㉣ 감옥사무 법부(법무부)로 이관

새로운 감옥규칙에 의한 감옥사무는 이후에도 계속 내무산하의 경찰소관으로 있다가, 순종 1년(1907) 12월 13일 경시청관제에서부터 다시 법부(法部)로 이관되었고, 감옥사무는 법부의 「감옥관제(監獄官制)」에 의해 시행되었다.[32] 따라서 감옥사무는 무려 13년 6개월 정도 경찰에서 관리하다가 마침내 법부(법무부)로 그 업무가 완전히 이관되었다.

㉤ 지방의 감옥서

각 지방의 경우에도 감옥서를 설치하고, 그 옥사(獄舍)는 종래 소유하던 옥사를 그대로 사용하는 것을 골자로 하는 칙령 제82호가 반포되었다.[33] 그 후 고종 3년(1909) 칙령 제89호로 감옥관제(규칙)폐지·칙령 제93호에 의한 감옥관의 복제 및 휘장 제정 규칙 등이 폐지되면서, 감옥사무마저 완전히 일본인이 장악하게 되었다.[34]

(2) 행정경찰장정(行政警察章程)

① 「행정경찰장정」은 한국 최초의 경찰작용법으로서, 「경무청관제」와 함께 경찰체제의 법·제도적 골간이라고 할 수 있다. 「행정경찰장정」은 일본의 행정경찰규칙과 위경죄즉결례(1875년)를 혼합하여 한문으로 옮겨 놓은 것이다. 「위경죄즉결례」는 오늘날 경찰서장의 즉결심판제도와 유사한 제도로서, 서장에게 범법자를 즉결할 수 있는 권한이 부여되어 있었다.

② 우리나라의 경우 「행정경찰」이라는 용어가 문헌상 처음 보이는 것은 유길준의 서유견문(西遊見聞)[35]에서부터 그 기원을 찾을 수 있다. 그는 경찰제도를 두 가지로 구별하여 행정경찰은 범죄예방적 측면의 기능을 수행하는 것이고, 사법경찰은 법익이 침해당했을 때 범죄를 수사하는 것으로, 양자는 표리관계를 이루는 셈이라고 결론짓고 있다.

③ 고종 31년(1894) 7월 14일의 「경무청관제직장」과 「행정경찰장정」의 제정을 통해 한국에서도 경찰의 조직법적 근거와 작용법적 근거가 처음으로 마련되었기 때문에, 이 시기의 경찰을 우리나라 최초의 근대적 경찰이라고 부른다.

---

32) 순종실록 권1 순종 1년(융희 원년) 12월 13일조.

33) 고종실록 권33 고종 32년 4월 24일조.

34) 순종실록 권3 순종 3년(융희 3년) 10월 28일조.

35) 서유견문은 유길준이 유럽과 미국을 둘러보고 쓴 기행문으로서 1895년 일본의 교순사(交詢社)에서 출판되었다. 1881년 유길준이 26살 되던 해에 신사유람단으로 일본을 처음 방문하면서 구상하였다. 그는 1883년 9월 민영익을 전권대신으로 한 보빙사의 수행원으로 선발되어, 이듬해 11월까지 미국에 체류하면서 얻은 갖가지 견문과 귀국할 때 유럽을 경유하면서 넓힌 견문과 지식을 바탕으로 이 책을 썼다. 한국 최초의 본격적인 국한문혼용체이며 모두 20편으로 구성되어 있다(유길준 지음, 허경진 옮김, 「서유견문」, 서울: 서해문집, 2004, p.292.).

3. 을미경찰관제

제1차 갑오개혁은 고종 31년(1894) 7월 27일 우리나라 개화파 관료들인 군국기무처의원들에 의하여 추진되었는데, 이 기간에 약 210건의 개혁안이 제정·실시되었다. 제1차 개혁의 중심적 목표는 정치제도의 개편이었다.

반면, 제2차 개혁은 주로 내무대신 박영효에 의하여 주도되었는데, 이를 제2차 을미(건양) 개혁이라고 한다. 을미개혁의 주요 내용으로는 정치적으로 대원군과 민비의 세력을 제거함과 동시에 군국기무처를 폐지하고 내각제로 바꾼 것, 그리고 제도상으로는 전국 8도를 23부제(府制)로, 또 재판소를 설치하여 사법권과 행정권을 분리한 것 등을 들 수 있다.

1) 중앙의 경찰관제

고종 32년(개국 504년, 을미) 내각관제[36]와 내각소속직원의 관제 등이 개정되어 개국 504년 4월 1일부로 시행되었다. 「내각」은 국무대신으로 구성된 합의체로서, 내각총리대신이 「내각회의」를 주재하였다.

(1) 내각제하의 내부대신

경찰관련 내부대신(內部大臣)은 갑오년(고종 31년)에는 내무대신으로 불리었으나, 아문(衙門)이 부(部)로 개칭되면서 내부대신(內部大臣)으로 바뀌었고, 이 호칭은 한일강제병합 때까지 계속되었다. 내부대신은 지방행정 업무와 「경찰·감옥·위생」 사무를 관리하며, 갑오년과 마찬가지로 지방관과 경무사를 감독하는 최고의 관청이었다.

(2) 경무청내의 지방국

제1차 갑오개혁시에는 경무청내에 경찰업무를 관장하는 내국(內局)이 없었고, 다만 「주현국(州縣局)」·토목국·위생국·회계국이 있었다.[37] 그 후 고종 32년에 칙령 제109호로 「주현국」을 「지방국」으로 개칭하고,[38] 이어 지방국의 관장사무에서 경찰과 감옥사무를 추가로 관장하도록 하였다. 이때부터 내부대신하에 경찰관련 보좌조직으로 내국(內局)인 지방국이 신설되었다.

---

36) 이에 앞서, 고종 31년(1894, 갑오년) 12월 16일 칙령 제16호로 국정(國政)을 각 대신에게 물어서 재결(裁決)하려고 의정부를 궁내수정전(宮內修正殿)으로 옮겨 「내각」이라고 개칭하였다.

37) 고종실록 권33 고종 32년 3월 26일조.

38) 고종실록 권40 고종 3년

(3) 경무청

제2차 을미개혁 시의 「경무청관제직장」은 제1차 갑오개혁기의 「경무청관제직장」의 의안보다 더 진일보한 내용을 담고 있다.

① 경무청의 구성

㉠ 경무사

경무청에 경무사 칙임관 1명·경무관 주임관 12명 이하·주사(판임관) 8명 이하·감옥서장(판임관) 1명·총순(판임관) 30명 이하·감옥서기(판임관) 2명 이하·간수장(판임관) 2명 이하로 그 인원을 대폭 증가시켰다. 최고의 책임자인 경무사는 내부대신의 지휘를 받아 전적으로 한성부 5부의 경찰·소방 및 감옥에 관한 일을 총괄하였다.

㉡ 관방(비서실)신설

경무청에 경무사 관방(비서실)을 신설하고, 2개과(서무과·회계과)를 두었다. 경무과 관방(비서실)에는 감독관 3명(주임관 5등 이하의 경무관)은 경무사의 명령을 받들어 관내 경찰사무를 순시 감독하는 한편, 내무대신의 명을 받아 각 지방의 경찰사무를 시찰하는 것이 임무였다. 따라서 비서실의 감독관은 단순한 수도경찰의 범위를 넘어 전국적으로 근무실태 등을 순시 감독하는 감찰기능을 수행하였는데, 오늘날의 외근감찰의 효시라고 보아도 무방하다.

㉢ 궁내경찰서 창설

궁내경찰서는 오늘날 청와대 내외곽을 경비하는 「101경비단」의 모태라고 볼 수 있으며, 그 책임자는 경무관이었다. 그 후 고종 37년(1900)에 「경부(警部)」 관제를 비준하여 반포하면서,[39] 황실보호를 위하여 궁내경무서를 설치하고 경무관 5인과 하부관리를 두었다. 이들의 임무 역시 국왕의 신변보호가 아니라,[40]궁성 내부 경비가 주임무였다.

㉣ 경무지서를 경무서로 개칭

제1차 갑오개혁시기에 「경찰지서(警察支署)」로 출발했던 한성부 5부의 경찰은 지(支)자를 탈락시켜 「경무서」로 이름을 바꾸고, 한성부 5부 구역 안에 5개의 「경무서」를 두었다.

한편, 제1차 갑오개혁시의 경무부사를 폐지하고 경무청에 총무국장을 두어 경무사 유고시 그 업무를 대행케 하였고, 한성부 5부 구역 안에 있는 경무서의 경우에도 서장이 유고 시에 총순이 대행토록 하는 권한대행을 규정하였다.

㉤ 하급경찰의 정원과 봉급 규정

고종 32년 6월 3일에 「각 부의 순검정원에 대하여」, 「각 부의 순검 봉급에 대하여」의 칙

39) 고종실록 권40 고종 37년 6월 12일조「칙령 제20호 경부관제」.

40) 국왕의 신변경호는 호위대가 이를 수행하였다. 고종 37년 6월 18일에 호위대 총관을 대리하는 육군부장 청안군 이재순이 호위대 사무가 점차 복잡해지자, 참령 1명을 증원시켜 달라고 건의하였다(고종실록 권40 고종 37년 6월 18일조).

령을 비준하여 반포하였다.[41] 이때부터 하급경찰의 정원과 봉급에 대한 규정이 최초로 시행되었다.

㉥ 근대식 경찰관 복장제도

근대식 경찰관 복장제도는 고종 32년 4월 19일에 칙령 제81호로「경무사 이하의 복장제도」를,[42] 동왕 32년 6월3일에는 칙령 제130호로「경무관 이하의 복장제도」를 비준하여 반포하였다.[43]

㉮ 일본의 경우 근대식 경찰복장을 착용한 것은 1871년 사법성시대부터였다. 이때 도쿄부(동경부)에 나졸(邏卒) 3,000명을 두었다. 이들은 서양식의 감색 양복에 모자를 쓰고 종전에 휴대하던 칼 대신 1m 길이의 곤봉을 휴대하였으며, 당시의 시민들은 이들을 경찰관이라 불렀다.[44]

㉯ 조선의 경우도 일본식 복장을 그대로 이식하여 신경찰관리의 복장은 양복으로 정하였다.

• 경무사 이하 총순에 이르기까지 동복은 진한 보라색의 융(絨)으로, 하의는 백색으로 하였다. 상의는 흉장(胸章)과 수장(袖章)을 달았으며, 모자는 진한 연보라색 융으로 꼭대기가 삐쭉하고 꼭대기에 은색이화장(銀色李花章: 왕실의 휘장)을 달고 밑으로 흰색 융의 띠를 여러 겹 둘렀다. 그리고 제복 앞에는 경무사 이하 총순까지는 금색이화장을 달았다.

• 경무사는 원지(原地)의 진한 보라색으로 3선(三線)이 보이게 하고 고급경무관과 총무국장은 두 줄, 경무관은 한 줄이 나타나게 두르고, 총순은 그저 흰 띠만 널찍이 보이게 하였다.

• 순검(巡檢)은 흰 띠가 없었으나, 반면 근위순검(近衛巡檢)은 가느다란 누런 띠를 네 줄 둘렀고 제복 앞에는 백동(白銅)이화장을 달았다.[45]

㉦ 경무청 처무세칙 개정(경찰청 사무를 처리함에 있어서 기본이 되는 규칙)

㉮ 고종 32년(1895) 5월 3일 경무청령 제1호로「경무청처무세칙」이 제정되면서, 경무청 내에 총무국을 두고 총무국장이 그 관장사무를 관장토록 하였다. 총무국장(오늘날의 경무국장)은 그 관장사무와 관련하여 상급자인 경무사를 경유치 않고, 바로 경무서장이나 감옥서장에게 지시할 수 있는 권한을 갖고 있었다. 따라서 단순한 경무사 보좌기관만은 아니었다. 총무국장 밑에는 계장과 계원을 두었다.

㉯ 경무청 처무세칙의 주요 내용

경무청 처무세칙에는 대민관계·복무관계(출근부 날인제 시행)·숙직관계(당직 등) 등을 구체적이고 세부적으로 규정하였고, 이에 관한 사항은 경무청 내 총무국에서 관장하였다.

---

41) 고종실록 권33 고종 32년 6월 3일조.
42) 고종실록 권33 고종 32년 4월 19일조.
43) 고종실록 권33 고종 32년 6월 3일조.
44) 김형중,「경찰학각론」, 서울: 형지사, 2014, p.93.
45) 내무부치안국, 앞의 책, p.335.

ⓞ 경무서 처무규정(경찰서 사무를 처리함에 있어서 기본이 되는 규칙)

고종 32년 윤5월 28일에 경무청훈령 제4호로 경무서의 처무규정(處務規定)이 발표되었다. 이 훈령 제4호는 경찰수장인 경무사가 일선 서장에게 내리는 최초의 훈령이라는 점에서, 경찰사적으로 상당히 중요한 의미를 지닌다고 보아야 한다.[46] 훈령 제4호에는 「서장의 역할」·「총순의 역할」·「순검의 역할」 복무시간 등에 대한 내부적이고, 세부적인 사항 등이 포함되어 있었다.

㉮ 순검의 역할

순검은 내근·외근으로 구분하여 업무를 수행하였다. 내근순검은 문서처리·회계 및 탐정에 종사하고, 외근순검은 행순(行巡: 순찰)·사찰(査察) 등에 종사하였다.

㉯ 복무기간

• 근무는 24시간으로 하되 서장과 내근요원은 아침·저녁으로 출퇴근하고, 외근요원은 갑·을 2개반으로 나누어 격일제(24시간)로 근무하였다. 교대 시간은 3월 1일부터 9월 말까지는 오전 8시까지, 10월 1일부터 2월 말까지는 오전 9시였다. 이러한 근무체제는 해방이 되어 경찰청으로 독립되는 1991년까지도 계속되었다.

• 당시의 일선 경찰관의 격일제(24시간) 근무는 타관청에 비하여 장시간 근무였고,[47] 오늘날 1일 3~4부제 근무와 비교할 때 상당한 중노동이었다.

㉰ 재판소구성법과 경찰

고종 32년(1895) 3월 25일 법률 제1호로서 「재판소구성법」이 반포되었다.[48] 이 「재판소구성법」은 근대식 형사사법제도의기본틀이 된 법령으로서, 오늘날의 법원조직법에 해당된다. 「재판소구성법」 제33조(판사와 검사) 이하에는 판사와 검사 그리고 경찰과의 관계를 규정하고 있는데, 그 내용이 주목할 만하다.

㉮ 판사과 경찰과의 관계

수석판사는 범죄의 성질에 따라 첫 조사가 필요하다고 생각될 때는 직접 조사하거나, 또는 판사나 경찰관으로 하여금 조사하게 할 수 있었다. 또 이날 반포된 칙령 제50호 「재판소사무처리규정통칙」에는 검사가 결원이 생기면 수석판사는 그 결원된 검사가 임명될 때까지 다른 판사 또는 경무관으로 하여금 임시로 그 직무를 수행하도록 지시할 수 있는 권한을 규정하였다.[49] 따라서 경찰관은 수석판사의 지시에 의하여 범죄사건의 첫 조사와, 그리고 예외적으로

46) 김형중 외, 「경찰행정법」, 서울: 박영사, 2014, pp.65－66. 원칙적으로 훈령은 경찰조직 내부에서의 작용으로 하급관청(경무서장)을 구속할 뿐, 일반국민은 구속되지 않는다.

47) 경찰관청과 일반관청의 근무시간은 현격한 차이가 있다. 일반관청은 곡우(穀雨: 양력 4월 20일경)에서 소서(小暑: 7월 7일부터 8일 사이) 사이에는 오전 9시~오후 3시(6시간)까지, 소서－백로(9월 8일경)에는 오전 8시에서 정오 12시(4시간)까지, 백로－곡우 사이는 오전 10시에서 오후 4시(6시간)까지 근무였다. 그리고 토요일은 12시까지, 일요일은 완전히 휴가였다.

48) 고종실록 권33 고종 32년 3월 25일조.

49) 본 칙령은 법률 제1호 재판구성법과 함께 개국 504년(고종 32년) 4월 1일부터 시행되었다(고종실록 권33 고종 32년 3월 25일조).

검사가 결원시에는 검사직무를 임시 수행할 수 있는 권한도 갖고 있었다.

㉯ 검사와 경찰과의 관계

검사는 직무상 사법경찰관에게 지시할 수 있고(재판소구성법 제39조), 또 검사는 사법경찰관에게 명령하여 범죄의 수색을 돕게 하고, 또한 영장을 집행하게 하며 피고인을 박치(縛致: 잡아 묶어서 끌어가거나 끌어오다)하게 할 수 있도록 하였다(법부의 명령 제2호 검사직제).

2) 지방 경찰관제

(1) 일반행정 관제 개편

제1차 갑오개혁 시까지는 조선말기의 지방제도가 그대로 유지되었다. 그러다가 제2차 을미개혁기인 고종 32년(1895) 5월 26일에야 비로소 전국을 8도제에서 23관찰부로 나누었다.[50] 그리고 종래의 부(府)·목(牧)·군·현의 명칭과 관리명칭(부윤·목사·군수·현령· 현감)을 모두 없애고 각급 고을의 명칭도 일률적으로 군(郡)으로 개편하였고, 고을장관의 벼슬명칭도 군수라고 하였다.[51]

(2) 지방경찰 관제 개편

고종 32년(1895) 5월 26일에 지방관제가 비준되어 반포되면서 지방경찰관제도 일부 개편되었는데, 이때서야 비로소 지방에도 경무관 이하 관리를 두기 시작하였다. 그러나 군(郡)에까지는 아직도 신식경찰리를 두지 않았다.

① 한성관찰부에는 경찰관인 경무관을 따로 배치시키지 않았는데, 그 이유는 한성부소재에는 한성의 치안을 담당하는 「경무청」이 따로 설치되어 있었기 때문이었다.

② 한성관찰부를 제외한 22관찰부에는 경무관 1인·경무관보 2인·총순 2인 이하로 하였고, 경무관은 주임관 4등 이하로 학, 경무관보 및 총순은 판임관으로 하였다.

이때의 지방의 경무관은 해당 관찰부 관찰사의 지휘를 받아 관내의 경찰사무를 처리하고 소속 직원을 감독하였고, 지방경찰의 직무는 모두 경무청의 경무의 직무에 준하도록 규정하였다.

③ 고종 33년(1896) 1월 8일에는 지방경찰규칙(地方警察規則)이 제정되어, 지방경찰의 작용 법적 근거를 마련하였다.[52] 지방경찰규칙의 내용은 「행정경찰장정」의 내용은 대동소이하다. 고종 31년(1894)의 갑오개혁과 고종 32년(1895)의 을미개혁 때의 경찰기구표를 도표화한다면 다음과 같다.

---

50) 한성부의 경우는 이미 갑오개혁 당시 고종 31년 8월 4일에 판윤(장관)을 없애고, 소윤(少尹)을 부윤(府尹)이라 개칭하여, 지방장관으로 격하시켰다.

51) 고종실록 권33 고종 32년 5월 26일조.

52) 내각제정 의안(議案)42 고종 33년(건양 원년) 1월 8일조.

◆◆ 갑오개혁시기의 경찰기구표

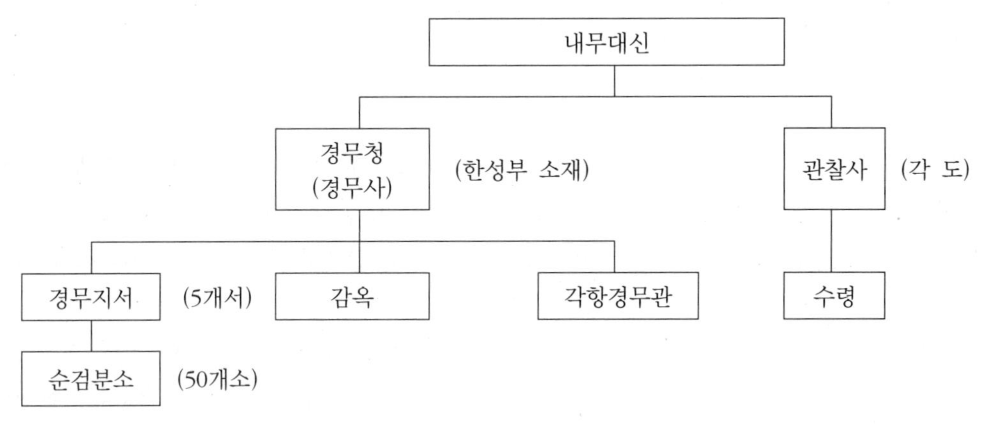

◆◆ 을미개혁시기의 경찰기구표

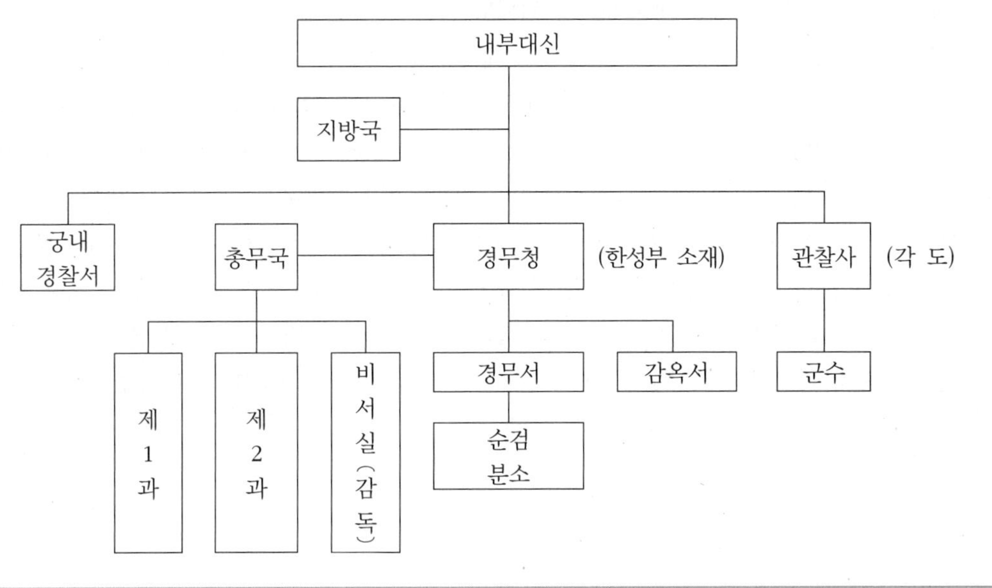

제2절 대한제국(건양(建陽)·융희)의 경찰조직

Ⅰ. 총 설

갑오개혁 당시 제1차 김홍집 내각은 고종 31년(1894) 7월 29일부터 우선 첫 단계로 국왕을 공식적으로 '군주'로부터 다시 '대군주'로 호칭하는 한편, 중국 연호를 폐지하고 조선왕조의 개국기원(開國紀元)을 사용하였다(개국 503년). 그리고 다음 단계로 고종 31년(1894) 12월 12일 국왕이 종묘에 나가 조상에게 서고문(誓告文)[53]을 바치는 형식으로 홍범14조를 공포하였다.[54]

그 후 조선에 대한 지배권을 둘러싼 일본과 러시아의 대립 속에서 일본에 의해 명성황후 시해사건이 일어나고(1895), 동왕 33년(1896) 2월 11일 고종의 '아관파천'으로 친일파 김홍집내각이 붕괴되어 갑오·을미개혁은 좌절되었다. 고종이 러시아 공사관으로 거처를 옮겨 약 1년간 생활하는 동안 조선 조정에는 친일 내각이 물러나고 친러·친미파 인물 중심으로 새로 내각이 구성되어 잠시 러시아의 영향을 받았다. 고종은 러시아 간섭에서 벗어나기 위해 1년 후 경운궁(지금은 덕수궁)으로 돌아와 고종 34년에 국호를 대한제국, 연호를 건양에서 광무[55]로 고치고 황제 즉위식을 거행하여 대한제국이 성립되었다.

건양·광무 시기에는 종전 내각(內閣)으로 개칭되었던 의정부가 부활되고, 23부(府) 지방제도가 13도제(道制)로 환원되는 등 일본식 제도가 상당히 우리식으로 조정되었다. 경찰관서제(警察官署制)도 중앙의 경우 경부시대(警部時代) → 대경무청시대 → 소경무청시대(小警務廳時代)로 전환시켜, 경찰의 조직과 업무를 축소시켰다. 반면, 지방의 경우는 각 개항장 및 시장(市場)에 경무서(警務署)의 신설, 함경북도 변계경찰서(邊界警察署: 나라의 경계가 되는 변두리의 경찰서)의 개설, 각 도(道)와 부군(府郡)에 경찰관리 배치 등 지방의 경찰력을 배가시켰고, 특히 지방 일부에 갑오개혁 이전의 「진영겸토포사」제도를 부활시키기도 하였다. 이와 같은 조치는 불안한 지방치안을 강화하려는 측면도 있지만, 한편으로는 우리나라 실정에 맞게 자주적으로 제도를 개혁하려는 의지의 소산으로도 볼 수 있다.

---

53) 임금이 종묘에 고(告)하는 내용을 쓴 글.

54) 고종실록 권32 고종 31년 12월 12일조. 홍범 제1조에 보면, "청나라에 의존하는 생각을 끊어버리고 자주독립의 터전을 튼튼히 세운다"고 선언하여 중국과의 관계에서 조선국왕을 중국 황제와 대등한 지위로 둠을 공포하였다.

55) 고종 34년(1897) 8월 16일 연호제를 바꿔 '건양'을 '광무(光武)'로 하여, '건양 2년'을 '광무 원년'으로 고쳤다.

Ⅱ. 경찰조직

1. 건양관제(建陽官制)의 경찰조직

1) 중앙의 경찰조직

(1) 내부대신의 격상

① 고종 33년(1896: 건양 1년) 9월 24일 내각제도를 폐지하고 의정부를 복설시키고 경찰의 최고관청인 내부대신(內部大臣)을 의정(議定)[56] 다음의 부수상격으로 하여, 각 대신보다 그 지위를 격상시켰다. 의정부는 의정(議政)과 각부대신 찬정(贊政)[57] 5인, 참찬(參贊)[58] 1인으로 구성되었다.

② 내부대신은 당연직으로 참정(參政)[59]을 겸하고, 그 외 각부대신은 찬정을 겸임하여 의정부회의를 개최하였다. 이때 참정(參政)을 겸임한 내부대신은 수상인 의정이 신병이나 기타 유고 시에 의정부회의가 열리면 수석이 되고, 또 필요한 경우에는 의정의 사무를 서리(署理)하도록 되어 있었다. 이 제도는 만 3년 가까이 시행되다가 동왕 35년(1898, 광무 2년) 6월 18일에 내부대신의 참정겸직을 폐지하고, 참정(參政)을 전임으로 임명토록 하는 관제로 바꾸었다.[60] 이때부터 내부대신은 의정부찬정만을 겸임하게 되어, 각부 대신과 동격으로 환원되었다.

(2) 경무청 관제(官制)

① 경무청 관제는 갑오·을미개혁기 때와 큰 변동이 없었다. 다만 고종 35년(1898, 광무 2년) 4월 14일에 경무청 관제를 개정하여 본래 30명 이하의 총순정원을 40인 이하로 증원하는 정도의 변경과,[61] 경무사 이하의 복제를 변경하여 평상복과 예복(禮服)의 규정이 정비되었을 뿐이다. 그러나 경찰관련 법규는 지속적으로 제정되었다.[62]

---

56) 의정부를 복설하고 「내각총리대신」을 의정(議政)으로 칭하였다. 의정은 종래의 영의정을 의미한다.
57) 찬정은 고종 33년(1896, 건양 1년) 9월 신설되었다. 찬정은 두 종류로 전임찬정과 각부 대신이 당연직으로 겸임하는 찬정이 있었다. 전임찬정은 5인이고, 겸임찬정은 각부 대신 7인(1898년 6월까지는 6인으로 각부 대신 중 내부대신이 참정을 겸하였다)으로 칙임관이었다. 찬정은 고종 33년(1896)부터 고종 42년(1905)까지의 의정부 소속 회의원을 말한다.
58) 참찬은 조선초기부터 있었던 의정부의 정2품 관직을 말한다. 고종 33년(1896) 9월에 내각을 다시 의정부로 환원하고, 칙임관인 총리대신·총서(總書) 등의 관원을 의정·참정·찬정·총무국장 등으로 개칭하면서, 다시 부활하였다. 고종 44년(1907)에 의정부가 폐지되고 내각제로 환원하면서 또 다시 소멸하였다.
59) 참정은 고종 33년(1896, 건양 1년)부터 고종 47년(1907, 광무 11년)까지의 의정부 직원이며, 의정대신(종래의 영의정) 다음 서열이다. 고종 33년 9월 신설 당시의 명칭은 참정이었고, 고종 42년(1905, 광무 9년) 2월 참정대신으로 개칭되었다. 칙임관으로 고종 35년(1898) 6월까지는 내부대신이 당연직으로 겸임하다가 고종 35년(1898) 6월 이후 별도로 임명되었으며, 고종 44년(1907) 6월 의정대신과 함께 폐지되었다.
60) 고종실록 권37 고종 35년 6월 18일자 칙령 제18호, 「의정부관제를 개정하는 건」.
61) 고종실록 권37 고종 35년 3월 14일자 경무청관제 가운데서 「총순의정원에 대한 건」.

② 경무청소관인 감옥서(監獄署)와 관련하여 갑오·을미개혁기의 「감옥규칙」보다 진일보한 「감옥세칙」이 공포되었다.[63] 예컨대, 면회규정·사식(私食)과 사물(私物)의 조항·모범수 규정 등이 새로 제정되었다.

2) 지방의 경찰조직

건양관제의 지방경찰은 13도제 실시, 그리고 최말단 군(郡)까지 신식 경찰관리인 순교(巡校) 등을 배치한 것을 그 특징으로 들 수 있다.

(1) 13도제(道制)의 실시

고종 33년(1896, 건양 1년)의 관제개혁은 지방에도 이루어져, 23부제(府制)를 폐지하고 13도제(道制)를 채택하였다.[64]

① 경찰의 지방관제

㉠ 갑오·을미개혁기 때에 23부제(府制)에 배치됐던 경무관과 경무관보는 폐지시켰고, 총순 2인과 순검 30인만을 배치하여 종전보다 인원을 반으로 줄였다. 이와 더불어 봉급도 전년도에 비해 훨씬 삭감되었다.[65]

㉡ 관찰사의 관할하에 있는 지방관청으로는 부(府)와 목(牧) 및 군(郡)을 두었다. 부(府)와 목(牧)은 모두 1등급이었고, 군(郡)은 339개로 1등급에서 5등급으로 나누었다.

㉢ 갑오·을미개혁기 때에 지방의 수령을 일률적으로 군수라 명칭하던 것을 다시 목사·부윤으로 명칭하고, 군수명칭은 그대로 두었다.[66]

(2) 신식경찰관리의 배치

갑오·을미개혁 때에는 군(郡)에까지 경찰관이 배치되지 않았으나, 이때부터 말단기관인 군(郡)까지 순교(巡校: 신식명칭의 경찰관리)가 처음으로 배치되었다.[67]

① 각 부(府)·목(牧)·군(郡)에는 순교(巡校)가 배치되었고, 특히 부(府)에는 순솔(巡率) 8명을 배치하였다. 이때부터 지방경찰조직에도 경찰하리(警察下吏)로 사령(使令)을 두었는데, 부

62) 고종33년(1896)1월의 「지방경찰규칙」, 4월 19일의 「순검·간수퇴사금 규칙」 등을 들 수 있다.
63) 고종실록 권37 고종 35년 1월 19일자 내부칙령 제11호, 「감옥세칙」.
64) 고종실록 권34 고종 33년 8월 4일자 칙령 제36호, 「지방제도와 관제의 개정 건」.
65) 총순은 전년(前年)의 5등봉(五等俸)에 해당하는 16원(元), 순검은 전년의 5급봉(五級俸)에 해당하는 6원(元)을 지급하도록 규정하였다.
66) 고종실록 권34 고종 33년 8월 4일자 칙령 제36호, 「지방제도와 관제의 개정건」; 8월 7일자 칙령 제45호, 「지방관리들이 응당 시행해야 할 체제」.
67) 고종 33년 8월 4일자 칙령 제36호, 「지방제도와 관제 및 봉급과 경비의 개정에 관한 건」: 순솔은 순교에 다음가는 경찰리(警察吏)로 추정된다.

(府)에는 10명, 목(牧)에는 8명을 두었다.

② 고종 34년(1897, 건양 2년) 7월 3일에는 도적이 심한 경기·충남·황해·강원도 관내 14개 부(府)·군(郡)에는 「별순교(別巡校)」[68] 각 10명씩, 그리고 청리(廳吏) 5명씩을 증원배치 하였다. 최말단행정기관인 군(郡)까지도 오늘날의 형사기능을 수행하는 신식형사가 처음으로 배치된 것은 건양시기였다.

3) 개항시장 경무서 신설

(1) 감리서 복구와 경무서 신설

① 갑오·을미개혁시기에 개항시장은 관찰사가, 그리고 부(府: 관찰부)가 없는 군(郡)소재지의 경우에는 그 군(郡)의 군수가 관장하였다.[69]

② 그 후 고종 33년(1897, 건양 1년) 8월 7일에 개항장(開港場)의 업무를 다시 감리서(監理署)를 두어 감리(監理)가 맡도록 함으로써, 감리서제(監理署制)가 복구되었다. 이어 8월 10일에는 각 개항장에 감리서 이외에 별도로 경무서(警務署)가 새로 설치되었다.

③ 개항장의 운영은 동왕 33년(건양1년) 8월 10일을 기준으로 하여 외부(外部)관하의 감리서가 있고, 별도로 내부(內部)관하의 경무서(警務署)가 설립되어 2원체제로 운영되었다.

(2) 경무서 설치 장소

감리서는 인천·동래·덕원·경흥의 4개처를 두었고, 경무서도 이 4개처에 설립되었다.

(3) 경무서의 구성과 구성원의 임무

① 경무서 구성

경무서에는 경무관·총순·순검·청리 및 압뢰(狎牢: 유치장 간수)가 배치되었는데, 이 제도는 수도(한양)의 경무청 경찰직무에 준하였다.

---

68) 별순교는 관찰사와 군수의 명을 받아 도적을 체포하는 것이 주임무이고, 청리는 경찰하리(下吏)로 사령과 그 성질은 동일한 것으로 추정된다. 별순교와 청리를 증원배치한 부(府)·군(郡)은 경기도 관하의 황주부·양주군·파주군·안성군, 충북관하의 제천군·옥천군, 충남관하의 홍주군·천안군, 황해관하의 평산군·안악군·곡산군, 강원도 관하의 철원군·황성군·강릉군이었다(고종실록 권35 고종 34년 7월 3일자 칙령 제26호, 「경기·충북·충남·황해도 관하 부(府)·군(郡)에 별순교 및 청리를 증치하는 건」).

69) 고종 32년(1895, 을미년) 윤5월 1일자로 지방제도 개혁의 일환으로 각 개항장의 감리서를 폐지하고, 그 권한과 기능을 각 개항장 소재지의 관찰사에게, 개항장 소재지에 부(府: 관찰부)가 설치되지 않은 경우에는 그 군(郡)의 군수에게 이속시켰다. 이후 고종 33년(1896) 1월 18일 칙령 제7호로 「지사서 관제」의 반포와 함께 「지사서(知事署)」가 함께 설치되었는데, 지사(知事)는 그 군(郡)의 군수가 겸임하도록 하였다(고종실록 권제34 고종 33년 1월 18일조).

② 경무관·총순의 임무

경무관은 당해 항(港) 감리(監理)의 지휘를 받고 부하직원을 감독하며, 총순도 당해 항 감리의 명(命)을 받아 경무관의 지휘에 의거 경찰업무에 종사하였다. 다만 경무관을 두지 않은 곳에서는 총순이 직접 감리의 지휘를 받아 소속직원을 감독하였다. 따라서 경무관은 서장이었고, 경무관을 두지 않은 곳에서는 총순이 서장이었다.

③ 경찰관리의 징계

순검 이하의 경우 서장이 징계권을 행사하였다. 그러나 경무관과 총순은 감리가 내부(內部)에 내신(內申)해서 시행하며, 감리는 고급경찰관에 대한 감독권이 있었다. 특히 경무관은 내부(內部)에 관한 사항은 감리(監理)를 거치지 않고 바로 내부(內部)에 보고하였는데, 이는 개항시장 경무서가 내부(內部) 소속이었기 때문이다.

4) 건양시기의 경찰사적 의미

고종 33년(1896) 1월 1일부터 동왕 34년(1897) 8월까지 약 1년 8개월의 기간을 건양의 시기라고 부른다. 조선말기부터 건양이라는 연호를 사용하기 시작하면서 외세에 의해 개혁된 갑오·을미년의 제도 등을 보완·절충해 나가면서, 주체적이고 자주적인 개혁을 착실하게 추진하였다. 특히 건양의 시기는 현대 경찰조직의 기본 틀을 이루는 많은 제도가 규정되었는데, 경찰사적으로도 중요한 시기였다고 볼 수 있다.

2. 광무(光武)의 경찰조직(대한제국의 수립과 경찰조직)

고종 34년 8월 16일 연호제를 '건양'에서 '광무(光武)'로 바꾸고, 동왕 10월 12일에 대한제국이 성립되면서 경찰조직에도 많은 변화가 이루어졌다. 즉 경부(警部) → 대경무청 → 소경무청시대로 일련의 변천과정을 거치게 되었다.

1) 광무개혁에 따른 경부경찰체제(警部警察体制)의 출범과 좌절

(1) 경부(警部)의 출범

경부는 고종 37년(1900년, 광무 4년) 6월부터 동왕 39년(광무 6년) 2월에 이르는 1년 8개월 동안 우리나라에서 처음으로 경찰이 내부(內部: 내무부)로부터 독립하여, 하나의 중앙관청인 국무부서(장관급)로서 존재하던 경찰기구였다.

이러한 경부제도는 경찰행정 사상 초유의 특기할 만한 것으로, 이 시기의 경부경찰체제를 제외한다면 한 번도 장관급 독립관청의 지위를 가지지 못했다. 다만 1991년 경찰법 제정으로 당시 내무부의 외청(오늘날 행정안전부, 차관급)으로 승격된 것이 가장 높은 지위라고 할 수 있다.

① 중앙

㉠ 경부의 조직과 관장범위

경부대신은 경찰의 최고관청으로 각 부 대신(大臣)과 동일한 직권을 가지며, 의정부 찬정(국무위원)을 겸하고 의정부회의에 참석하는 장관이었다. 예하에 협판(차관) 1인·국장 3인·경무관 17인·주사 14인·총순 44인·감옥서장 1인을 두었다. 이때 경부의 관장범위는 한성 및 개항시장의 경찰사무 및 감옥사무로 제한되어 있었다.

㉡ 경무분소 설치

경부관제가 시행되면서 종래 「경무청관제」에서 없었던 3개의 경무분소(警務分所)가 설치되었다. 한성부 5개 경무서 중 관할구역이 광활한 경무서서(警務西署)에 「마포경무분소」와 「서호경무분소」의 2개소, 경무남서(警務南署)에 「한강경무분서」 1개소가 신설되었다.

㉢ 경위원의 설치

궁내(宮內)에 경위원(警衛院)을 두었다.[70] 경위원의 주임무는 황궁 내외에 대한 경비·호위 및 법을 어기는 자를 규찰하고 체포하는 것 등이었다.

이때의 경위원은 을미개혁 때에 설치된 궁내경무서와는 달리 그 규모면에서나 구성원면에서도(총관 1명은 칙임관·총무국장 1명·경무관 5명·주사 6명·총순 16명 등)에서도 비교할 수 없을 정도로 방대하였고, 그 업무도 경비·호위·사법경찰권까지 행사하였다. 그 후 고정 42년(1905, 광무 9년)에 경위원을 폐지하고, 그 대신 주전원(主殿院)에 황궁경위국을 두었다.

② 지방

㉠ 한성부를 제외한 지방에는 종전처럼 관찰사가 경찰업무를 관장하고, 각 관찰부에 총순을 두어 관찰사의 경찰업무를 보좌하도록 하였다.

㉡ 고종 38년(1901, 광무 5년) 2월 16일에 함경북도 변계경찰서가 신설되었다.[71] 이는 국경지대의 개간민을 보호하는 목적으로 경부(警部)관할하의 경무관 2명·총순 4명·순검 200명이 배치되었는데, 그 구성자체는 최대 규모였다. 함경북도변계경찰서는 국경경찰서의 시초라고 할 수 있다.

(2) 경부의 폐지

중앙관청으로서 경부체제는 경찰권력의 강화에서 오는 폐단으로 인하여, 1년 8개월이 채 되지 않아 내부(내무부)소속하의 「경무청」으로 대체되고 말았다.

---

70) 고종실록 권41 고종 38년(광무 5년) 11월 16일자 궁내부지령 제77호, 「궁내부관제 중에 경위원을 더 설치하는 데 대한 건」.

71) 고종실록 권41 고종 38년(광무 5년) 2월 16일자 칙령 제5호, 「함경북도 변경에 경무서를 설치하는 데 대한 건」.

2) 대경무청(大警務廳)시대

(1) 중 앙(대경무청)

① 전국 경찰업무 관장

고종 39년(1902, 광무 6년) 2월 16일의 칙령 제3호 「경무청관제」를 통하여 다시 종전의 경무청이 경찰업무를 관리하게 되었으나, 과거 경무청(종전 경무청)에 비해 그 격과 업무범위에 상당한 차이가 있었다. 과거 갑오개혁시대의 구경무청(舊警務廳: 과거 경무청)은 한성부만을 관할하는 수도경찰관서인 데 반해, 광무개혁시기의 신경무청은 전국경찰업무를 관장하였다. 따라서 오늘날의 경찰청이 원형이라고 볼 수 있다.

② 내부(내무부)소속의 기관

㉠ 경부체제와는 달리 신경무청은 의정부의정(국무총리)과 내부대신(內部大臣)의 지휘·감독을 받게 되는 내부(內部)기관의 하나에 불과하였다. 따라서 한성부만을 대상으로 하는 구경무청을 「소경무청」으로, 전국을 관할하는 신경무청을 「대경무청」으로 호칭하여 양자를 구분하는 것이 일반적인 경향이다.[72]

㉡ 대경무청은 내부대신의 지휘·감독하에 있으면서도, 사법(司法)사무에 한해서는 법무대신의 지휘감독을 받았다. 그러나 그 이외에는 각부(府)·부(部)·원(院)의 장관과 동일하게 문서를 조회하고, 지방관찰사 이하에는 훈령 또는 지령을 내리는 등 사실상은 반독립적인 조직체였다. 이런 점에서 내부(內部)의 외청(外廳)이라고 볼 수 있다.[73]

③ 경찰복장규정 개정

경부(警部)체제가 「대경무청」으로 전환되면서, 경찰복장에도 변화가 있었다.[74] 경부체제하의 예복의 경우 경무관과 총순은 중앙과 지방으로 구분하여 차별화하였으나, 대경무청 시기에는 차별 없이 통일시켰다.

㉠ 패도(佩刀: 허리에 차는 칼)는 평상시 복장에도 찼는데, 경무사는 경부시대의 경부대신(警部大臣)과 같고, 경무국장은 전(前) 협판(차관)과 같으며, 이하 예도(禮刀: 예식 때 차는 칼)의 경우도 같았다.

㉡ 종전에는 권임(權任: 순검의 우두머리)은 칼을 차지 못했으나, 이때 권임도 칼을 찰 수 있도록 추가되었다. 다만 권임의 칼에는 태극(太極)이 없고, 무궁화 잎만 조각되어 있었다. 그리고 피스톨(권총)·장갑·구두 등은 경부시대와 동일하였고, 권임 또한 동등하게 추가되었다.

---

72) 내무부치안국, 앞의 책, p.459.

73) 내무부치안국, 상동.

74) 고종실록 권42 고종 39년(광무 6년) 8월 3일자 칙령 제11호, 「경무사 이하 예모와 예장을 경부복제에 의하여 참호 변통하는 건」; 칙령 제12호, 「경무사 이하 각 관찰부 총순의 평상시 모자, 복장을 경부복제에 의하여 변통하는 건」.

(2) 지 방

고종 43년(1906, 광무 10년) 6월에 전국 지방에 경무서·지서·분파소(分派所)를 설치하였고,[75] 동왕 44년(1907, 광무 11년) 2월에 각 개항장과 시장경무서, 그리고 함경북도 변계경무소를 폐지하였다.[76]

(3) 대경무청

대경무청은(고종 39년~42년)은 3년 1개월간 지속되었다. 대경무청의 수장인 경무사는 국내 일체의 경찰사무와 전국의 감옥서를 관장하였다. 그러나 대경무청시기에는 경무사의 경질만도 22명에 이르러, 통상 2개월을 넘지 못한 단명이었다.

3) 소경무청(小警務廳)시대

(1) 고종 42년(1905, 광무 9년) 2월 26일 칙령 제16호로 「경무청관제」가 다시 비준되어 반포되면서, 동왕 39년(1902, 광무 6년) 칙령 제3호로 제정된 「경무청관제」는 폐지되었다.[77] 이때 「대경무청제」가 폐지되고 경무청을 내부(內部)의 관할하에 두되, 한성(서울)안의 경찰과 소방·감옥사무만을 맡도록 그 업무가 축소되었다. 즉, 전국을 관할하던 「대경무청」체제와는 달리 갑오·을미년식의 한성(서울)만 관할하는 수도경찰청으로 환원시켜, 소경무청(小警務廳)체제로 바꾸었다.

(2) 한성 안에는 경무5서와 감옥서를 나누어 두고, 감옥서 안에는 감옥을 두되 남자와 여자를 분리하여 수감하였고, 이때 의사도 배치되었다.

제3절 을사조약과 한국경찰권의 상실

Ⅰ. 총 설

고종 41년(1904, 광무 8년) 러·일전쟁 이후 전세가 유리해진 일본은 한국정부에 대한 부분

75) 고종실록 권47 고종 43년(광무 10년) 6월 19일자 칙령 제29호, 「각 도의 관찰부에 경무서와 분서를 설치하는 건」.
76) 고종실록 권48 고종 44년(광무 11년) 2월 20일자 칙령 제8호, 「함경북도 국경경무서와 각 개항시장 경무서의 관제를 모두 폐지하는 건」.
77) 고종실록 권45 고종 42년(광무 9년) 2월 26일자 칙령 제16호, 「경무청관제」.

적 보호권을 정한 「한일의정서(韓日議定書)」를 동년 2월 23일 체결시켰다. 이어 「한일외국인 고문 용빙에 관한 협정서(1904년 8월 22일 제1차 한일협약)」와 을사보호조약(1905년 11월 17일)을 강제로 체결시켜, 외교권을 비롯한 국권의 일부를 강탈하였다. 그리고 동왕 43년(1906, 광무 10년) 2월 1일 서울에 통감부를 설치하여 대한제국을 장악하였다. 그 후 동왕 44년(1907, 광무 11년) 헤이그 밀사사건을 계기로, 7월 18일 고종황제를 폐위시킴과 동시에 7월 22일에 제2차 한일협약을 강제로 체결시켰다.[78] 여기에는 한국군대의 해산·사법권의 위임 등이 포함되어 있었으며, 특히 별도의 취극서(取極書)를 교환함으로써, 경찰권을 상실하는 단초를 제공하였다. 이런 일련의 과정을 거치면서 1907년 10월 30일 「경찰관리 임용에 관한 건」에 따라 일본인 고문경찰들이 한국경찰로 임용되면서, 실질적으로 한국경찰은 일본에 의해 장악되었다.[79] 그리고 1910년 8월 22일 이른바 「한일합방조약」에 의해서 식민지로 강점당함으로써, 대한제국은 멸망하게 되었다.[80]

Ⅱ. 경찰통제권의 침탈과 근대경찰 해체과정

고종 31년(1894)에서 1910년 한일강제병합 때까지의 경찰업무는 한국경찰 외에 일본 영사관경찰(이사청경찰)·고문경찰·일본헌병대까지 집행하는 체제였다. 일본은 동왕 42년(광무 9년) 고문경찰제도를 한국에 정착화시키면서 한국의 경찰권을 수중에 넣기 시작하였으며, 그 후 1910년 6월 24일 「한국경찰사무위탁에 관한 각서」에 의하여 완전히 경찰권을 강탈하였다.

◆◆ 「우리나라 경찰권의 상실과정」

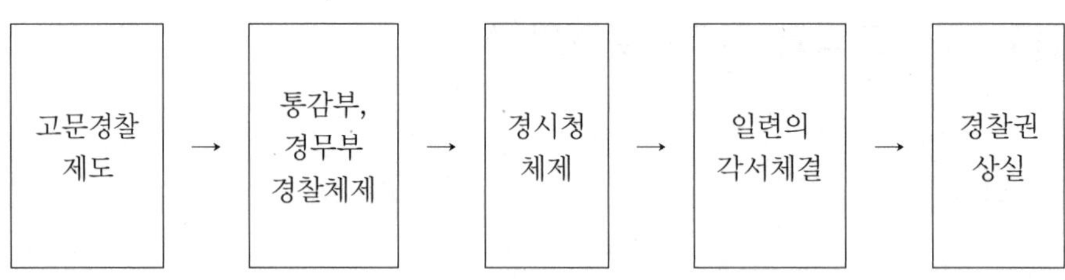

78) 순종실록 권1 순종 1년(광무 11년) 7월 22일조.
79) 순종실록 권1 순종 1년 10월 28일자 칙령 제29호, 「경찰관리 임용에 관한 건」.
80) 순종실록 권4 순종 4년 8월 22일자.

1. 고문경찰제도(顧問警察制度)의 도입(제1차 한일협약)

1) 고종 31년(1894) 11월에 일본은 내정개혁요항(內政改革要項)을 통해 「경찰권통일」을 요구하였다. 이 작업을 위해 한성부 소재 경무청은 고문관(顧問官)으로 일본인 경시(警視) 무구극조(武久克造)를 초빙하였는데, 이것이 경찰고문제도의 효시이다.

2) 고종 41년(1904, 광무 8년) 8월에 제1차 한일협약을 통하여 고문정치가 시작되었고, 경찰의 경우에는 환산중준(丸山重俊, 마루야마) 경시가 경무고문으로 용빙(傭聘: 사람을 쓰려고 맞아들임)되면서, 한국경찰제도에 관한 심의·기안권을 장악하였다.[81] 그 결과 한국정부는 일체의 경찰사무를 고문관의 동의 없이는 행사할 수 없게 되었다.

3) 경무고문은 경무청과 한성부 내 5개 경찰서 그리고 전국 각 지방에 경시와 경부 등을 배치하여 한국경찰을 통제하고 장악해 나가기 시작하였는데, 이 고문경찰제도의 시작은 경찰권 강탈의 제1보였다.

2. 통감부(統監府)시기의 경찰과 헌병경찰제

통감부시기라 함은 고종 42년(1905) 11월 을사조약 이후 통감부에 의한 통감(統監)정치가 개시되는 시점부터 1910년 8월 29일 "조선총독부"라는 새로운 통치기구를 설치하고 통감부를 폐지하던 시점까지를 말한다.

1) 경무고문부·경무부의 2원적 경찰체제(제2차 한일협약)

(1) 중 앙

고종 42년(1905, 광무 9년) 11월 17일 일본에 의해 불법적이고 강제적으로 을사조약이 조인되었다. 이를 계기로 동년 12월 21일 일본칙령 제267호로 「통감부 및 이사청(理事廳)관제」[82]가 제정되어 통감부에 의한 통감정치가 개시되었으며, 초대통감으로 이등박문이 임명되었다.

① 통감부에는 총무부·농상공부·경무부 등을 설치하고, 통감부 내의 경무부에는 경무총장

81) 고종실록 권45 고종 42년(광무 9년) 2월 3일조.

82) 일본은 강화도조약에 따라 각 개항지에 거주하는 일본인 범죄에 대해 일본의 법에 의한 재판권행사를 목적으로 일본경찰을 파견하여, 공사관과 영사관에 배치하였다. 고종 43년(1906, 광무 10년) 통감부가 개설되자 통감부(공사관)경찰과 이사청(영사관)경찰로 이원화시켰다. 통감부에 경무부(경무총장)를 두고, 경시·경부·순사를 배치하였고, 이사청소재지인 한성·부산·인천·원산·평양 등에는 당시 12개소의 경무서·경무분소 3개소·주재소 59개소를 설치하였다.

을 두어 경찰사무를 관장하게 하였고, 그 밑에 경시 7인·경부 50인·순사 500명을 배치하였다.

② 통감부는 통감부 내의 경무부와는 별도로 경무고문부(警務顧問部)와 각 도에 경무고문지부를 두었다. 고문부 이하의 소속관리는 직접 통감의 지배하에 두고, 경무 고문부의 관리가 직접 통감의 지휘를 받아 한국의 경찰을 사실상 지배해 나갔다. 따라서 통감부시기의 경찰체제는 통감부 내의 경무부(경무총장)가 경찰사무를 관장하고, 별도로 통감이 경무고문부를 통하여 전국 경찰에 대한 직접 지휘를 하는 2원체제로 운영되었다.

(2) 지 방

① 경무서(警務署)

㉠ 고종 43년(1906, 광무 10년) 6월 19일 칙령 제30호「지방 13도와 각 관찰부 경무소 및 분서 설치에 관한 건」을 통해 전국지방 13도 관찰부에 경무서·분서(分署)가 설치되고,[83] 4개월 후인 10월 18일에 「분파소」가 개설되었다.

㉡ 고종 43년(1906) 9월 24일 부(府)·군(郡)에도 순검이 배치되었고, 이때부터 종전에 배치된「순교」의 명칭은 사라졌다. 그리고 1년 후인 동왕 44년 2월 20일에 각 개항장·시장경무서, 그리고 함경북도 변계경무서를 폐지시켰다.[84]

㉢ 각 관찰부에 설치된 경무서의 경무관은 서장으로서 각 도의 관리층이었다.「지방경무관직무규정」에 따라 경무관은 각 도 직원으로 되어 있었고, 관찰사의 지휘를 받아서 관내 경찰사무를 맡아서 처리하였다. 한편 분서(分署)는 총순이 분서장이었는데, 분서장은 독자적인 관할 구역을 가지고 있었다.

㉣ 경무서는 1개도(道)에 한 곳, 분서는 두 곳, 그리고 경무서와 분서소재지 이외의 각 군(郡)에는 1분파소를 배치하는 것을 원칙으로 하였다. 따라서 수도의 경무청 관할 외에 13경무서·26분서·299분파소가 배치되었고, 고종 44년(1907) 1월에는 13경무서·37분소·298분파소 등 총 348개소로 증가하였다. 그 결과 수도 한성을 비롯한 전국 각 부(府)·군(郡)은 형편에 따라 서(署)·분소·분파소로 등급은 다르지만, 균일하게 1개씩 경찰단위체제가 확립되었다.

② 경무고문제에 의한 한국경찰의 통합과 정비

중앙과 지방의 경찰조직에 개한 일본의 조치는 한국의 경찰권을 장악하기 위한 치밀한 사전 포석의 하나였다. 이 과정에서 일본은 고종 44년(1907, 광무 11년) 2월에 고문경찰과 한국경찰과의 통합에 앞서, 미리 한국 내에 있는 일본경찰제도인 고문경찰과 이사청 경찰을 우선적으로 통합하였다. 따라서 지방의 작은 시읍에 양자의 기관이 병존하는 경우 그 하나를 폐지하

---

83) 고종실록 권47 고종 43년 6월 19일자 칙령 제28호,「지방제도 안에서 관찰사 다음에 경무관 1명을 더 두는 건」; 칙령 제30호,「각 도의 관찰부에 경무서와 분서를 설치하는 건」.

84) 고종실록 권48 고종 44년 2월 20일자 칙령 제8호,「함경북도 국경경무서와 각 개항시장 경무서 관제의 폐지 건」.

고 사무인계를 행하도록 하였고, 이러한 조치는 동년 3월 1일부터 시행하여 한국 내에 존치하였던 일본경찰부터 먼저 통합시켰다.[85)]

2) 일본헌병 경찰제도의 시작과 확장

(1) 일본헌병대의 조선주둔과 임무

① 일본헌병대[86)]의 조선주둔

고종 33년(1896, 건양 1년) 1월부터 주둔한 임시헌병대는 고종 40년(1903, 광무 7년) 12월 1일자로 한국주차헌병대(韓國駐箚憲兵隊)라는 이름으로 개칭하여, 일본인 한국주둔군사령관의 지휘를 받도록 하였다.

② 임무

㉠ 초기 이들의 임무는 한성(서울)의 경우 주로 군사경찰을 수행하고, 대구 등의 각 구대(區隊)는 한성과 부산 간의 전신선 및 철도시설의 보호를 담당하고 있었다. 그리고 동왕 41년(1904, 광무 8년) 3월부터 한국주차군사령부가 설치되면서, 그 예하부대로 한국주차헌병대가 편입되었다.[87)]

㉡ 동왕 42년(1905, 광무 9년)에 을사조약이 체결되자 헌병경찰은 군사시설을 보호한다는 명목으로 군사경찰 이외에도 의병토벌·항일인사체포·일본관민과 친일파 보호 등의 고등경찰활동[88)] 및 보통경찰활동에도 종사하였다. 따라서 이때의 헌병은 군사경찰 이외에도 행정경찰과 사법경찰업무를 수행하였으므로, 사실상 헌병경찰이었다.[89)]

(2) 통감부 설치 이후의 헌병경찰대

① 고종 43년(1906, 광무 10년) 2월 1일 서울에 통감부가 설치되면서 행정 및 사법경찰에

85) 강욱·김석범 외, 앞의 책, p.150.

86) 일본의 한국경찰권의 장악은 헌병경찰제도의 실행을 위한 전제로서 행하여졌다고 볼 수 있다. 육군대신 사내정의(통감으로 겸직 발령된 자로서, 합병 후의 헌병제도의 기본적인 틀을 만든 인물)와 명석원이랑(한국주재 헌병대 사령관)과의 사이에는 이미 한일합방과 그 후의 통치수단으로 헌병경찰을 활용하는 데 의견이 일치하고 있었다. 헌병은 일본제국주의 시절 육군에서 행정경찰·사법경찰을 맡은 병과였다. 일본 헌병대는 민간인에게도 일본경찰 업무를 실시하여, 민간인에 대한 검문·체포·구금·수사 등을 할 수 있었다.

87) 예컨대, 헌병대는 고종 42년(1905) 1월 고시로 「경성 및 그 부근에서 치안에 관한 경찰은 한국경찰을 대신하여 일군(日軍)이 담임」한다고 포고하였고, 또 「군사경찰 시행에 관한 내훈」을 통하여 「치안에 관련되는 경찰사항에 관하여 한국군대의 사용 및 경찰권의 집행을 허락하여야 한다」고 규정하였다. 그 결과 동년 10월에는 전국 12개 도시에 12개소의 헌병분대와 56개소의 헌병 분파소가 설치되었다. 이와 같은 조치는 통치수단의 하나로써 헌병경찰이라는 제도가 이미 기본 틀로 자리잡았음을 의미하는 것이다(강욱·김석범 외, 앞의 책, p.157; 김정명 편, 「일한외교자료작성」5, 동경: 암남당서점, 1967, pp.367-372 재인용).

88) 국가조직의 근본을 위태롭게 하는 행위(비밀결사, 비밀집회, 언론출판 등)를 방지함을 목적으로 하는 정치경찰을 의미한다. 일제 강점기에 활동이 활발하였다가 미군정기에 폐지되었다.

89) 김정명 편, 「일한외교자료집성 4」, 동경: 암남당서점, 1967, p.164.

관하여는 통감의 지휘를 받고, 군사경찰에 관하여는 군사령관의 지휘를 받도록 하였다. 따라서 한국에 있어서의 일제의 소위 헌병경찰제(비군산적인 것은 일본 고문경찰이, 군사상 필요한 곳은 헌병이 맡음)는 이 시기부터 시작되었다.[90]

② 동왕 10월 29일에 종전의 헌병조례를 개정하여 「한국주차헌병대」를 해산하고 제14헌병대로 개편하면서(대장은 영관급) 그 권한을 전에 비해 축소시켰다. 그러나 동왕 44년(1907) 7월 19일 헤이그 밀사사건으로 고종을 강제로 퇴위시키고 조선의 군대마저 해산시키자, 전국 각지에서의 의병 등의 반일활동이 활발해졌고 일제(日帝)는 이의 진압책으로 헌병대를 확충하는 조치를 취하였다.

③ 순종 1년(1907, 융희 1년) 10월 9일 편제를 개정하여 다시 「한국주차헌병대」로 승격시키고, 한국주차헌병대장으로 소장(少將) 명석원이랑(明石元二郎: 아카시 모토지로)[91]을 임명하였다.

아울러 이날에 「한국주차헌병에 관한 건」을 제정하였는데, 제1조에 헌병이 주로 「치안유지에 관한 경찰」을 장악하고, 그 직무의 집행에 있어 통감이 관장하도록 규정하였다.[92] 이때부터 헌병경찰이 치안유지를 하는 일반경찰업무를 주로하게 되었고, 병행하여 군사경찰 업무까지 맡게 되었다. 이것은 헌병의 임무가 군사경찰보다는 치안확보에 관한 일반경찰활동에 더 주안점을 두겠다는 포석이었다.

④ 순종 2년(1908, 융희 2년) 6월에 조선에 주차(주둔)한 헌병 병력이 부족하다는 이유로, 한국인 헌병보조원 4,065명을 제1차적으로 모집하였다. 이들의 임무는 헌병의 지휘·감독을 받아 경찰근무를 보조하는 것이었다.[93] 그러나 이는 어디까지나 형식상의 규정에 불과하였고, 같은 동족으로서 같은 동족에 대한 의병진압과 억압의 하수인으로 삼아 동족분열을 획책한 가장 비열하고 간악한 수단 중의 하나였다. 이러한 헌병보조원제도는 그 후 일제강점기시대의 순사보조원제도로 발전하여, 동족끼리 불신풍조를 조성하는 데 가장 큰 요인 중의 하나로 작용하였다.

3. 한·일 경찰의 강제통합(융희시대)

1) 개 설

고종 44년(1907, 광무 11년) 헤이그 밀사사건 이후, 일본은 고종을 강제로 퇴위시키고 순종을 등극케 하였다. 순종 즉위 직후인 고종 44년(1907, 광무 11년) 7월 24일 일제는 이른바 한일

90) 고종실록 권47 고종 43년 2월 1일조.

91) 명석원이랑(아카시모토지로)은 후일 통감겸육군대신 사내정지(데라우찌마사다께)와 함께 한국의 경찰권을 완전히 장악하고 합병 후의 헌병제도의 기본적인 틀을 만든 인물이다.

92) 일본명치 40년(1907) 10월 9일자 일본칙령 제323호, 「한국주차헌병에 관한 건」; 명치 43년 9월 10일자 칙령 제343호, 「조선주차헌병조례」.

93) 일본명치 44년 4월 8일자 조선총독부령 제45호, 「헌법보조원규정」.

신협약(정미7조약)을 강제로 성립시켜 국정전반을 간섭하는 계기를 만들었고, 정부 각부의 장관을 일본이 임명토록 하는 이른바 차관정치[94]를 시작하였다. 이렇게 내정간섭권을 획득한 일본은 곧 재정부족을 이유로 한국군대를 강제로 해산시켰으며, 순종 3년(1909, 융희 3년) 7월에는 기유각서에 의해 사법권마저 강탈해 갔다. 그리고 일본은 이완용·송병준·이용구 등 친일 매국노들을 앞세워, 동왕 4년(1910, 융희 4년) 8월 29일 한일합병조약을 강제로 성립시켰다. 이로써 조선은 27왕조 519년의 역사를 끝으로 막을 내리게 되었다.

2) 경시체제와 한일경찰의 강제 통합

(1) 중앙경찰조직

① 경시청

순종은 세자대리기간인 고종 44년(1907, 광무 11년) 7월 27일 칙령 제1호[95]로 「경무청관제」를 개정하여 「경무청」을 「경시청」으로 개칭하였고, 이 용어(경시청)는 조선조가 멸망할 때까지 사용되었다. 일본은 이러한 「경시청체제」하에서 한국경찰을 일본경찰에 통합시키는 작업을 진행하였고, 그 주요 작업 중의 하나가 한국의 경찰관청과 계급을 일본화하는 것이었다.

종래의 경무청을 경시청(警視廳)으로 바꾸었고, 경찰관의 계급호칭도 경무사를 「경시총감」으로, 경무관은 「경시」로, 총순을 경부(警部)로, 순검(巡檢)을 순사(巡査)로 개칭하였다.

② 1907년 「경찰관리임용에 관한 건」에 의하여 일본경찰을 한국경찰로 임용하면서, 한국에 있는 일본경찰은 한국경찰을 흡수 통합하여 한국경찰을 장악하기 시작하였다.

③ 순종 2년(융희 2년) 7월 20일 「경시청관제」를 다시 개정하여 경시청 관할구역을 한성부에 국한시켰으며, 그동안 경시청이 일시적으로 담당하던 경기도 일부지역(11개군)의 경찰사무를 경기도로 이관하였다. 그 후 「경시청관제」는 구한말까지 수차례에 걸쳐 개정되었고, 순종 4년(융희 4년) 2월 칙령 제13호로 개정된 것이 조선조 마지막 경시청관제였다.

(2) 지방의 경찰조직

① 경찰부 신설

㉠ 고종 44년(순종 1년, 융희 1년) 12월 27일 칙령 제49호 「지방관 관제」 개정을 통해 지방 각 도(道)에 내무부와 경찰부(警察部)를 신설하고, 경찰부장을 경시(警視)로 보하여 관찰사를 보좌케 하였다. 이러한 조치는 종래 관찰사의 지휘를 받아 경찰서장이 하던 것을, 지방에도 「경찰부」를 두어 지방경찰을 통괄하는 지방경찰체제가 출범하게 되었다.

---

94) 차관정치라 함은 1907－1910 구한말 일본의 통감이 임명한 일본인 차관이 구한국의 내정을 직접 집행하던 정치를 말한다(순종실록 권1 순종 1년(1907) 7월 24일조).

95) 순종실록 권1 순종 1년(광무 11년) 7월 27일자 칙령 제1호로 「경무청관제」를 개정하였다. 그리고 순종 1년 8월 2일에야 비로서 연호를 「융희」로 고쳤다.

㉡ 동일 날짜(순종 1년, 융희 1년 12월 27일) 내부령 제4호에 의거, 종래의 「분파소」가 「순사주재소」로 개정되었다.[96] 이때부터 「경찰서 → 순사주재소」의 체제가 시작되었다.

㉢ 현대식 지방경찰의 원형

순종 1년(융희 1년) 12월 27일 칙령 제 49호 「지방관제」의 개정으로 제도상 도(道)의 경찰체제는 도관찰사 → 경찰부 → (경찰부 산하의)경찰서 → 순사주재소체제로 골격이 갖추어져, 오늘날의 경찰기구와 거의 유사하게 완성되었다. 따라서 이 제도를 우리나라 현대식 지방경찰의 원형이라고 보아도 무방하다. 그리고 이러한 제도상의 정비는 자의든 타의든 간에 해방 후의 독립된 한국경찰 조직의 골간을 이루었다.

② 지방의 경찰지휘 체계

㉠ 관찰사

각 지방의 최고경찰관청은 관찰사였다. 관찰사 밑에 내무부(內務部)와 경찰부를 신설하여, 내무부는 행정(지방행정전반)을 담당하고, 경찰부는 지방경찰에 관한 사무를 맡아보도록 분장하였다.

㉡ 경찰부장

경찰부장은 경시(警視)로 보하여 관찰사를 보좌케 하면서(보좌기관) 부하 관리를 지휘·감독하게 하는 한편, 경찰부장에게는 경찰사무 집행에 관해서(경찰에 관한 사항·위생에 관한 사항·호적에 관한 사항·이민에 관한 사항) 경찰서장 이하를 지휘할 수 있는 권한을 부여하였다.

㉢ 경찰서(경찰서장)

㉮ 순종 1년(융희 1년) 12월 27일 칙령 제49호 「지방관제」의 개정과 더불어 같은 날 내부령 제4호로 종래의 경찰분서제(分署制)를 모두 「경찰서」로 승격시켰다. 이와 같은 조치는 도경찰부하에 지방경찰권의 분권(分權)이 크게 이루어졌다는 것을 의미한다.

㉯ 경찰서장은 경시 또는 경부로 보하되, 상관의 명(命)을 받아 경찰서의 업무를 처리하고, 부하직원을 지휘·감독하는 것이 주임무였다. 이때의 경찰서장이라는 용어는 오늘날에도 사용되고 있는데, 그 기원점은 여기에서 찾을 수 있다.

㉣ 하층구조의 통일과 일본경찰의 제도화

일본은 한국경찰을 일본경찰체제로 전환시키기 위하여 우선 종래의 경무청을 경시청으로 개칭하고, 계급호칭도 상급계급(경무사를 경무총감으로, 경무관은 경시로)에서 하층계급(순검을 순사로)까지 통일시켰다. 그리고 순종 1년(융희 1년) 내부령 제4호에 의해 종래의 분파소를 「순사주재소」로 개정하였다. 그 결과 한국경찰조직의 명칭과 계급, 그리고 하부조직체계까지 완전히 일본경찰제도와 동일하게 탈바꿈되었다.

---

96) 순종 1년(융희 1년) 12월 27일자 내부령 제4호 「경찰구획 개정 건」.

③ 최후의 지방관제 개편

㉠ 경찰관제와 지방관제는 7차례나 개편되면서 진행되었는데, 대한제국경찰의 마지막 개편은 순종 4년(융희 4년) 5월 4일에 있었다.[97] 이때 전국적으로 12개의 「순사주재소」가 감소되고, 17개의 경찰서가 증가되었다. 새로운 경찰서의 관할은 점점 좁아져 분권화되어 갔고, 1개 경찰서는 자기 관할을 합해야 평균 3개군을 관할하고 평균 3.3 정도의 「순사주재소」를 거느릴 정도였다.

㉡ 순종 4년(융희 4년) 5월 4일 마지막 개편에 의한 지방의 경찰관서는 104경찰서·1분서(分署)·372순사주재소로 총 477개였다.[98] 이와 같이 경찰서의 관할이 점점 좁아져 갔다는 것은 일제가 이미 경찰권에 의한 통제가 가능하도록 경찰편제가 완성되었음을 의미한다.

4. 한국경찰권의 완전상실

새로이 개편된 「경시청체제」하에서의 한국은 일본과 일련의 각서를 체결함으로써, 경찰권을 단계적을 상실하게 되는 과정을 겪게 되었는데, 각서 체결과정을 도표화하면 다음과 같다.

◆◆ 각서 체결과정

시기	각서의 체결 순서	내용	비고
1908.10.29	경찰사무에 관한 취극서(取極署)	재한국 일본인에 대한 경찰권	순종 2년 (융희 2년)
1909.3.15	재한국 외국인에 대한 경찰에 관한 한일협정	재한국 외국인에 대한 경찰권	순종 3년 (융희 3년)
1909.7.12	한국사법 및 감옥사무 위착에 관한 각서	한국의 사법과 감옥사무	순종 3년 (융희 3년)
1910.6.24	한국경찰사무 위탁에 관한 각서	한국의 경찰사무	순종 4년 (융희 4년)

97) 순종 4년 5월 4일을 기준으로 50일 후인 6월 24일 경찰권이 드디어 일제에게 박탈당하는 수모를 겪게 되었다.

98) 순종 4년(융희 4년) 5월 4일자 내부령 제9호, 「경찰서, 경찰분서, 순사주재소의 명칭·위치관할 구역표 개정 건」.

1) 각서 체결과정의 단계적 내용

한국경찰권의 피탈과정을 순차적으로 정리해 보면 다음과 같다.

(1) 1908년 10월 29일 처음에는 「한국 거주 일본인」을 보호한다는 명목으로, 한국의 내각 총리대신 이완용과 통감 이등박문과의 「경찰사무에 관한 취극서」에서 재한국(在韓國) 일본인에 대한 경찰사무지휘감독권을 일본관헌의 지휘·감독을 받아 일본계(日本界) 한국경찰관이 행사토록 위양함으로써 시작되었다.[99)]

(2) 두 번째 양도는 「한국 거주 외국인」을 보호한다는 명목으로, 1909년 3월 15일 「재한국 외국인에 대한 경찰에 관한 한일협정」을 통하여 재한국 외국인에 대한 경찰사무의 지휘·감독을 일본 관헌의 지휘·감독사항이 되도록 이양하였다.[100)]

(3) 세 번째 양도는 동년 1909년 7월 12일의 「한국사법 및 감옥사무 위탁에 관한 각서」에 의거 한국의 사법경찰권을 포함하는 사법과 감옥사무가 일본에 위탁됨으로써 한국경찰의 반은 일본에 넘어가 버렸다.[101)]

(4) 최종적으로 이루어진 1910년 6월 24일의 「한국경찰사무 위탁에 관한 각서」는 명목상으로는 「한국경찰제도」를 완전히 개선하기 위하여 경찰사무를 일본국 정부에 위탁하는 것이라고는 하지만, 실제로 헌병경찰제도를 통해서 식민지체제를 확고히 하는 「한국경찰권 상실」의 최종 확증서였다.

2) 경시청관제폐지와 경찰권 상실

(1) 순종 4년(1910, 융희 4년) 6월 30일 칙령 제 33호로 「내부관제」를 일부개정하여 경찰에 관한 규정을 삭제하고, 칙령 제34호로 「경시청관제」를 폐지하였다. 그리고 최종적으로 칙령 제35호에 의거 「지방관 관제」를 일부개정하여, 지방경찰에 관한 규정이 모두 삭제되었다.[102)] 다만 동일 날짜에 「경찰비용에 대한 건」에서 관한 것만 한국정부가 전부 부담하도록

---

99) 김형중, 「경찰학각론」, 서울: 청목출판사, 2014, p.154.

100) 김정명 편, 「일한외교자료작성」6下, 동경: 암남당서점, 1967, pp.1197－1198.

101) 순종 3년(융희 3년) 3월 15일에 사법과 감옥에 관한 사무를 일본정부에 위탁하는 약정서 중, 제1조에 "한국의 사법과 감옥에 대한 사무가 완비되었다고 인정될 때까지 한국정부는 사법과 감옥에 대한 사무를 일본정부에 위탁한다"고 약정하였다(순종실록 권3 순종 3년 7월 12일조). '사무가 완비되었다고 인정될 때까지'라는 구절은 일본 측에 완전히 재량권을 준 것으로, 영원히 돌려주지 않을 수도 있는 독소조항이었다.

102) 순종실록 권4 순종 4년 6월 30일조.

규정하는 등 불평등한 약정이 체결되었다.[103)]

(2) 경찰권 상실

이러한 각서 내용은 순종 4년 7월 1일부터 시행되었는데, 이로써 한국의 경찰권은 1945년 일본이 패전할 때까지 완전히 일본에게 침탈되고 말았다.

---

103) 대한민국국회도서관 편, 「한말근대법령자료집」 IX, pp.508-509.

제8장 일제강점기의 경찰

제8장 일제강점기의 경찰

제1절 총 설

일제 36년간의 강점기 기간 중 총독부 권력의 최대 무기는 헌병을 포함한 경찰력이었으며, 일본은 이 경찰력을 이용하여 식민지 지배체제를 공고히 하는 것이 주목적이었다. 일제강정기의 경찰제도는 (1) 무단통치시대의 헌병제도(1910년 한일합방~1919년 3·1운동), (2) 보통경찰제도(1919년~1930년), (3) 민족말살기의 경찰제도로 대별해 볼 수 있다.

1910년 8월 한일강제병합이 강행되자 일본 통감부는 자연 폐지되었고, 그 대신 「조선총독부」가 설치되는 동시에 통감부 경찰관서는 조선총독부 경찰관서로 개정되었다. 이 시대의 경찰제도의 특징은 무단정치를 위한 헌병경찰통합제도에 있었다.

헌병경찰통합제도는 그 후 10년간에 걸쳐 존속하였는데, 이는 1910년 9월 10일 한국주차헌병조령에 의해 헌병이 일반치안을 담당할 수 있도록 하는 법적 근거를 마련하면서부터 시작되었다. 헌병경찰의 임무는 첩보의 수집·의병의 토벌 등에 그치지 않고, 일본어 보급·민사소송의 조정 등에 이르기까지 광범위하였다. 특히 지방에서는 한국민(韓國民)의 생사여탈권을 쥐고 있었다고 할 정도로 그 위세가 대단하였다. 이러한 헌병정치 또는 무단정치는 결국 1919년 3·1운동을 계기로 하여 폐지되기에 이르렀고, 보통경찰제도로 전환되었다.[1)]

1919년 3·1운동 이후 조선총독부는 문화정치라는 미명하에, 동년 8월 조선총독부의 관제를 개정하였다. 이때 경무국을 설치하는 동시에 지방관제를 개정하여 지방경찰권을 도지사에 귀속시키고, 헌병을 경찰집행기관에서 제외하여 경찰사무를 경찰관서 단일체제로 환원시켰다.

즉 도(道)에는 도지사 밑에 경찰부를 두고 최고책임자인 경찰부장은 도사무관으로서 임명

1) 김형중, "행정경찰기능에 관한 법·제도사적 연구", 동의대학교 박사학위논문, 2004, p.116.

하고, 각 부·군(府·郡)에는 경찰서를 설치하여 경시 또는 경부를 서장으로 임명하였다. 반면, 종래의 한국인만으로 임명하였던 순사보의 계급을 폐지하여 일률적으로 순사로 하는 등 경찰관리의 대우를 개선하는 것처럼 회유책을 썼으나,[2] 이는 형식적인 포장에 불과하였다. 즉, 헌병경찰제도로부터 보통경찰제도로 전환시켰다고 하나, 이는 모두 표면상의 정치적 제스처에 불과하였다. 오히려 3·1운동을 계기로 정치범처벌법 및 일본에서 제정된 치안유지법까지도 우리나라에 적용시켜, 음성적인 탄압을 더욱 강화시켰다.

특히 전쟁 말기에는 징병제를 준비하면서 모든 산업을 군수산업으로 하고 독립운동에 대한 탄압을 강화하는 한편, 전시동원체제에 경찰을 총동원하였다.[3] 1942년 당시 전국의 경찰은 중앙의 경무국과 지방의 경무부를 중심으로, 경찰서 254개소·주재소 2,332개소·파출소 242개소였다. 이 시기 경찰의 특징은 탄압을 통한 제국주의 일본의 식민지배를 공고히 하는 데 있었다. 따라서 경찰의 대상영역도 인간의 사상이나 이념까지도 통제하는 사상경찰적(思想警察的) 영역까지 확대되었으며, 중일전쟁 이후에는 경제경찰 영역까지 확산되었다.

제2절 조선총독부의 헌병경찰시대(무단통치기의 경찰제도)

Ⅰ. 조선총독부의 구조

1. 조선총독부의 설치

일본은 1910년 8월 29일 한국의 국호를 대한제국에서 조선으로 환원하고, 「조선총독부 설치에 관한 건」을 통해 "총독부"라는 새로운 통치기구를 설치하고 통감부를 폐지하였다. 이러한 조선총독부는 36년 동안의 일제강점기에 전제적인 권력을 행사하였다.

2. 조선총독부의 권한

1) 조선총독의 지위

조선총독은 조선 통치의 최고 권력자로 역대 총독은 육군 및 해군의 대장 중에서 임명하였고, 총독은 일본 일왕에 직속되어 일본 내각의 통제를 받지 않고 입법·사법·행정·군사권 등의 모든 권한을 가지고 있었다. 따라서 조선총독은 총독부의 관료 · 군대·헌병·경찰 등 치

---

2) 서기영, 「한국경찰행정사」, 서울: 법문사, 1981, pp.313-314.
3) 김형중, 앞의 논문, pp.116-117.

안기구를 결합한 무단통치기구의 총사령관이었다.

2) 조선총독의 권한

(1) 제령권(制令權)

① 의의

조선총독은 제령권[4]이라는 일종의 입법권(立法權)을 가지고 있었는데, 이 제령권을 통하여 조선의 행정·입법·사법의 삼권을 장악하고 식민지체제를 유지하였다. 일본천왕의 독립명령권과 유사한 이 「제령권」은 조선총독부 권력의 핵심인 경찰권의 행사에 대한 법적 근거를 충족시켰을 뿐만 아니라, 헌병경찰제도의 창설이나 경찰작용에 관한 각종 법령의 법률적 근거가 되었다.

② 제령 위반자에 대한 처벌

직권 또는 위임에 의하여 조선총독부령이 발해지는 경우, 그 위반자에 대하여 1년 이하의 징역 또는 금고·구류·200환 이하의 벌금 또는 과료를 과할 수 있도록 벌칙규정을 두었다. 이는 조선총독부령의 통제성과 효율성을 동시에 노리는 통치수단 중의 하나였다.

(2) 경찰명령권

조선총독부 총독의 제령권과는 별도로 통감부 시절부터 이미 경시청의 경무총감과 지방의 경무부장은[5] 경찰명령권을 발할 수 있는 권한을 가지고 있었다. 따라서 조선총독의 제령권과 경찰명령권의 양자의 운영은 재량에 의한 입법을 통해 조선에 대한 지배권을 보다 더 강화할 수 있는 법적 토대를 마련하였다.

Ⅱ. 무단통치하의 헌병경찰제도

1. 한일강제병합과 헌병조례의 제정

무단통치체제는 다른 말로 헌병경찰통치체제라고도 한다. 1910년 한국을 강제병합한 일본

4) 1911년에 「조선에 시행할 법령에 관한 법률」 제30호가 제정·공포되었는데, 그 내용을 살펴보면 제1조에 "조선에 있어서 법률을 요하는 사항은 조선총독부의 명령으로 규정할 수 있다"라고 규정하고 있으며, 제6조에 "제1조의 명령은 제령(制令)으로 칭한다"고 하여 그 명칭을 부여하고 있다(산변건태랑, 앞의 책, p.12). 따라서 조선에서 별도 법률로 정해야 할 입법사항은 조선총독의 명령인 제령(制令)으로 정해 졌는데, 이를 제령권이라고 한다.

5) 경시청의 경무총감과 지방의 경무부장이라는 새로운 직명은 1910년 6월 29일 「통감부 경찰관서 관제」를 통하여 기존의 경시청 및 경무국을 폐지하고, 「경무총감부」를 설치하여 경무총감을 두어 헌병사령관으로 보하는 한편, 각 도는 헌병대장을 「도경무부장」에 보하였다. 따라서 이때부터 경시청장은 경무총감으로, 도경찰부장은 「도경무부장」으로 명칭이 바뀌었다.

은 의병운동과 계몽운동 등을 탄압하는 공포분위기 속에서, 정치·경제·사회·문화 등 전분야에 걸쳐 강제통치의 기반을 마련해 갔다.

1) 헌병과 경찰의 통합

(1) 경찰과 헌병의 통합은 한일강제병합 이전부터 진행되어 왔다. 통감부 시기인 1910년 6월 29일에 헌병경찰제의 기초가 되는 「통감부경찰관서관제」를 제정하여 통감부에 「경무총감부」를 설치하고, 「경무총감부」를 관리하는 「경무총장」에 육군장관을 임명하고, 서울과 황궁의 경찰사무는 경무총감부 직할로 하였다. 한편, 각 도의 「경무부장」에는 당해 도(道)의 헌병대장인 헌병좌관(佐官)을 발령하여 경찰권을 장악하였다.

(2) 같은 날(1910.6.29) 헌병장교가 경무총장·경무부장 또는 경시에, 헌병준사관 및 하사는 경부에 임용할 수 있는 길을 열어 놓아 헌병과 경찰이 통합되는 법적근거를 마련하였다.

(3) 헌병경찰통합제도는 그 후 10년간(1910~1919)에 걸쳐 존속하였는데, 이것은 1910년 9월 10일 칙령 제343호 「조선주차헌병조례」로부터 그 기원점을 찾을 수 있다. 이 조례에는 헌병이 일반치안을 담당할 수 있는 내용과 헌병의 병기 사용범위를 그들의 편의대로 규정해 놓았다.[6)]

2) 헌병경찰의 조직

일본은 한일강제병합 이전에 이미 헌병경찰제를 실시하기 위한 일련의 법·제도적 장치를 마련하였다. 그 과정을 보면, 통감부경찰관서관제(1910.6.29) → 조선주차헌병조례(1910.9.10) → 조선총독부경찰관서관제(1910.9.30) 순으로 칙령을 제정·반포하였고, 이를 근거로 조선총독의 지휘·감독하에 「경무총감부」와 「헌병대사령부」가 이원적 조직체계를 구축하면서 경찰권을 행사하였다.

(1) 중 앙

① 경무총감부

경무총감부의 경무총장은 조선주차헌병대 사령관이 겸임하였으며, 경무총감부에는 경찰관 출신의 경시와 헌병 좌위관(佐尉官)인 경시를 부관으로 두었다. 이들은 경찰의 중추기관으로서

---

6) 조선주차헌병조례 명치 43년 9월 10일 칙령 제343호 제1조 조선주차헌병은 치안유지에 관한 경찰 및 군사경찰을 담당한다. 제6조 헌병은 폭행을 당할 때나 병기를 사용하지 아니하고는 직무를 집행할 수 없을 때, 또는 사람 또는 토지 기타 물건을 방위하는 경우 병기의 사용이 아니면 다른 수단이 없을 때를 제외하고 병기를 사용할 수 없다. 이것은 여하한 경우 발포하더라도 법에 저촉되지 않고, 위법성을 피해 가는 방도를 강구한 조항이었다.

경찰사무를 총괄하고 또 서울의 경찰서를 직접 관할하였다.

② 편제

경무총감부에는 고등경찰과·서무과·경무과·보안과·위생과 등을 설치하였고, 그중에서도 민족탄압의 중심은 고등경찰과[7]였다. 고등경찰과는 미군정기에 들어서서 경제경찰과 더불어 제일 먼저 폐지되었다.

(2) 지 방

① 일반경찰과 헌병경찰의 연립체계

㉠ 경무부

㉮ 경찰은 헌병과 일반경찰의 두 조직체가 연립하였으나, 헌병이 치안 최고책임자로서 두 조직의 장을 겸하여 일원적인 명령계통을 이루었다.

㉯ 각 도에는 경무부를 두었으며, 수장은 경무부장이었다. 각 도의 경무부장에는 도 헌병대의 좌관(佐官)을 임명하고(헌병대장), 그 밑에 헌병경찰인 경시·경부(하사관)를 두고, 또 한편으로는 일반경찰인 경시·경부·순사를 배속하여 도 내의 경찰업무를 관할하도록 하였다.

㉡ 경찰서

종전과 같이 경찰서를 두고, 지휘관으로 경찰서장을 두었다. 경찰서장은 경시(警視) 또는 경부로서 보(補)하고, 상관의 명을 받아 경찰사무를 관장하며 부하직원을 감독하는 것이 주임무였다.[8] 그리고 경찰관서에는 순사와 순사보(신설) 및 순사보와 동격(同格)인 헌병보조원을 다수 채용하였다.

② 헌병분대의 설치와 운영

㉠ 경찰서의 역할은 일반경찰뿐만 아니라, 헌병분대도 경찰서의 역할을 수행하였다. 헌병분대의 설치는 1907년 10월 9일 일본칙령 제323호「한국주차헌병에 관한 건」에 의해 배치되기 시작하였다.[9]

㉡ 헌병분대는 처음에 6개 분대(경성·평양·천안·대구·영산포·함흥)를 배치하였으나, 1908년에는 전국에 7개(나남에 경성분대 추가) 헌병부대를 주둔시켰다.

㉢ 그 후 순종 4년(1910, 융희 4년) 8월 5일자에 통감부령 제42호[10]에 의거하여 76개의 헌병분대가 배치되었다. 따라서 통감부시기에는 전국의 경찰서는 97개소, 헌병분대는 76개소였

7) 소삼덕치(小森德治),「명석원이랑(明石元二郎) 상」, 대만일일신보사, p.486. 고등경찰과는 비밀경찰로서, 국내사찰과 정보수집·망명애국지사에 대한 미행·추격·감시·암살 등의 업무와 사상탄압 등을 주임무로 하였다.

8) 통감부경찰서관제(명치 43년 6월 29일 칙령 제296호 제10조).

9) 일본명치 40년(1907년 10월 9일) 일본칙령 제323호,「한국주차헌병에 관한 건」.

10) 명치 43년 8월 5일 통감부령 제42호,「경찰서의 직무를 행하는 헌병분대의 명칭·위치 및 관할구역의 건」

다.[11] 이때 배치된 「헌병분대」는 수개 군을 관할하는 경찰서급의 헌병분대였다는 것을 그 특징으로 하고 있다.

㉣ 일본은 한일강제합병 이후 조선총독부를 설치하고 나서 헌병분대하에 분파소·분견소를 상설하여 분산정책을 시행하였다. 이러한 헌병분산 정책시행은 그 후 「헌병주재소」의 증가로 나타나게 되었고, 그 결과 「헌병주재소」의 증가배치는 무단정치의 주축을 이루는 기반이 되었다.

3) 헌병경찰제도의 운영

헌병경찰제도는 양자의 특성을 살려 일반경찰은 개항지 및 철도연변을 비롯하여 주로 질서를 요하는 도시에 배치되어 행정 및 사법경찰을 주관하였고, 반면, 헌병은 군사경찰상 필요한 지역·국경지방·의병이 출몰하는 지방 등에 주로 배치시켰다.[12] 헌병경찰의 임무는 첩보의 수집·의병토벌 등에 그치지 않고, 민사소송의 조정·집달리업무·국경세관업무·일본어의 보급 등 그 업무가 광범위하였다. 무단통치시기의 경찰기구를 도표화하면 다음과 같다.

◆◆ 무단통치시기의 헌병경찰기구(1910~1919)

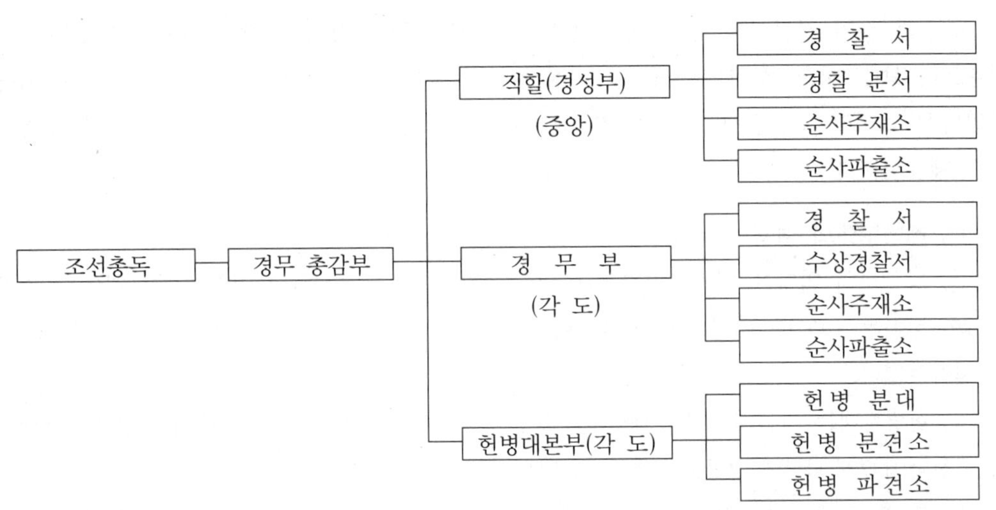

출처: 조선총독부, 「시정25년사」, 1935.

11) 내무부치안국, 앞의 책, p.725.
12) 김민철, 「(조선총독부 연구)식민지통치와 경찰」, 역사비평 24호, 역사문제연구소, 1994, p.210.

(1) 전국의 영찰관서와 헌병경찰의 배치

① 헌병경찰의 배치는 매우 치밀하고 정연하였으며, 그때그때의 치안상황과 행정구역개편에 따라 배치와 관할구역을 조정하였다. 조선총독부는 1911년부터 '의병토벌'이 종료되었다고 판단하여 분산배치제를 시행하였다. 지방의 경우 종전에는 주재소에 10여 명의 순사와 순사보[13]를 배치하였다. 그러나 이때부터 지방에 따라 헌병과 경찰관을 교체·배치하였는데, 일본인 순사 1~2명과 순사보 2~4명으로 감축시켜 분산·배치시켰다.

② 1914년 3월에는 행정구역상 부(府)－군(郡)의 통폐합에 따라 헌병경찰의 배치를 대폭 변경하여, 헌병경찰관서는 48개소가 증설되고, 평균 1군 1경찰서 또는 헌병관서를 설치하였다. 1914년 8월 7일자 전국에 배치된 경찰관서와 헌병경찰관서를 비교해 보면, 경찰계열(경찰서·경찰분소·순사주재소) 723개, 헌병계열(헌병분대·헌병분견소·헌병파견소) 990개로 도합 1,713개 기관이었다. 이처럼 일본제국주의는 헌병경찰을 통해 전 조선에 물샐틈없는 감시망을 구축해 갔으며, 해가 지날수록 기관과 임원을 늘려 통제를 강화해 나갔다.

(2) 헌병경찰관의 구성

다음은 경찰관의 계급별, 민족별 구성표이다.

◆◆ 경찰관의 계급별, 민족별 구성

	경찰부장	경시		경부		경부보		순사		합계		총수
	일본인	일본인	조선인	일본인	조선인	일본인	조선인	일본인	조선인	일본인	조선인	
1910	14	32	15	167	101	–	–	2,053	3,312	2,266	3,428	5,694
1915	14	28	9	165	92	–	–	2,137	3,127	2,344	3,228	5,572
1920	13	37	12	360	125	653	73	9,451	7,651	10,515	7,861	18,376

출처: 이여성·김세용, 「숫자조선연구(數字朝鮮硏究)」, 제4집, 경성: 한성도서주식회사, 1933, p.70.

① 조선은 일본의 식민지였던 만큼 각 도의 경찰업무를 총괄하는 경찰부장은 모두 일본인으로 구성되었다. 경시나 경부의 경우는 조선인 경찰에 비해 일본인이 약 2~3배 가량 많았고, 경부보는 일본인이 절대 다수를 차지하고 있었다.

② 순사보제도는 병합 이후 헌병보조원제를 모방하여 만든 것으로 그 임무와 대우는 헌병

13) 일반경찰의 순사보(巡査補)는 헌병보조원에 준하는 취급을 받는 존재였다. 1910년 9월 10일 칙령 제343호 「조선주차헌병조례」 제17조에 "헌병대에 헌병보조원을 둔다. 헌병보조원의 취급은 그 직무에 응하여 헌병 상등병 또는 육군 1·2등 졸(卒)에 준한다"고 규정하고 있다. 따라서 순사보는 순사를 보조하는 자로 이 규정에 준한 취급을 받았다.

보조원과 같았다. 헌병보조원제는 1908년 조선군 해산군인·경찰해직자·의병 투항자 및 무뢰한들을 그 선발대상으로 하여 만든 것으로, 일본헌병은 이들에게 의병수사·민정정찰 등의 반민족적 임무를 부여하였다.

③ 조선인은 비록 경찰에서 고급·하급을 막론하고 소수를 차지하였으나, 이들은 같은 민족을 탄압하고 식민통치자들에게 신임을 받은 반민족세력이었다. 즉, 헌병보조원이나 순사보는 일본헌병과 일본경찰의 수족으로서 민족분열책의 수행자였으며, 민족반역자였다. 그 후 1919년에 헌병보조원과 순사보는 「순사」로 채용되었는데,[14] 이들의 동족탄압에 대한 악영향은 오늘날도 「경찰」을 「순사」로 통칭하여 경멸하는 용어로 사용되는 데 그 근원을 제공하고 있다.

2. 치안입법과 경찰활동(헌병경찰활동의 법적근거)

1910년대 대표적인 악법으로는 신문지법(순종 1년, 조선인이 경영하는 신문발행금지)·보안법(순종 1년, 집회 및 대중운동제한 및 금지)·집회취재에 관한 법률(순종 1년, 정치집회금지)·범죄즉결례(1910, 처분즉결권)[15]·조선태형령(1912, 태형집행)[16]·경찰범처벌규칙(경범죄처벌법) 등이 있었다. 이러한 치안입법들은 전제주의적·제국주의적 경찰권 행사를 뒷받침하는 일제강점기하의 지배법규였다.

---

14) 강욱·김석범 외, 앞의 책, p.168.

15) 1910년에 제정된 「범죄즉결례」에 의해 경찰서장 혹은 이와 동등한 위치에 있는 헌병대장은 1) 구류, 태형, 과료의 형에 해당하는 자 2) 3개월 이하의 징역 또는 100환 이하의 벌금에 해당하는 자 3) 행정법규 위반에 해당하는 자 등을 즉결처분을 할 수 있도록 하고 있다. 따라서 헌병경찰은 「범죄즉결례」, 「경찰범처벌규칙」에 따라 정식 법 절차나 재판을 거치지 않고 조선인에게 벌금을 물리거나 구류 등의 처할 수 있었다.

16) 일제강점하에 지배법규로서 악명을 떨친 것은 조선태형령(朝鮮笞刑令)이었다. 그 대상은 3개월 이하의 징역 또는 구류에 처해야 하는 자, 100환 이하의 벌금 또는 구류에 처해야 할 자, 조선 내에 일정한 주소를 가지고 있지 않거나 또는 무자산자라고 인정될 경우 정황에 따라 벌금이나 과료 1환 또는 구류 1일을 태(笞) 1회로 환산하여 형을 집행하도록 규정되어 있었다. 조선태형령에 대하여 일본제국주의자들은 "태벌은 조선국정에 알맞고 범죄의 예방진압에 유효적절할 뿐만 아니라, 범죄에 대한 제재로서는 단기자유형 또는 소액의 벌금형에 비해 효과가 크고 그 집행방법도 편리하다"는 명분하에 실시하였다.

제3절 문화통치기의 경찰(보통경찰로의 전환)

Ⅰ. 통치체제의 변경

1. 문화통치로의 전환 배경과 전개

헌병경찰통합제도에 의한 무단정치는 1919년 3월 1일의 항일독립만세운동을 초래하였고, 이를 무력으로 탄압한 일제는 기존의 헌병경찰에 의한 군사통치에서 '문화의 발달과 민력(民力)의 충실'이라는 구호를 내건 이른바 '문화정치'[17]로 그 통치의 방식을 전환하였다. 이것은 조선인에게 '무단정치'에서 '문화정치'로의 전환을 하였다는 것을 보여주기 위한 일종의 연막전술이었다.

2. 경찰제도의 개혁(헌병경찰제도에서 보통경찰제도로의 전환)

1) 일본은 1919년 해군대장 재등실(사이토 마코토)을 총독으로 임명하고 헌병경찰에서 보통경찰로의 전환 등을 내용으로 하는 관제개혁을 단행하였는데, 이러한 개편은 여타 다른 기관의 관제보다 신속하게 진행되었다.

2) 일본은 1919년 8월 19일 종래 총독부 직속의 「경무총감부」를 폐지하고 그 대신에 총독부 밑에 경무국을 설치하였다. 신설된 경무국은 전국의 경찰사무와 위생사무를 감독하였고, 지방의 경우에도 각 도에 제3부(1920년에 경무부로 개칭)를 두어 경찰사무와 위생사무를 관장토록 하였다. 제도개정 이후 경찰기관을 도표화하면 다음과 같다.

---

17) 3·1운동을 무력으로 탄압한 일제는 '문화정치'로 그 통치의 방식을 전환하였다. 새로이 총독에 취임한 재등실(사이토 마코토)은 한일강제병합 이래의 지배정책에 대한 기본방침인 동화주의를 계승하고, 원경(하라)수상의 '내지연장주의(조선을 일본에 동화시키는 방침)'를 실시하면서 조선지배정책을 '문화정치'라는 새로운 말로 포장하여 제시하였다. 이에 따라 재등실(사이토 마코토)은 조선인의 민의수용, 조선인의 임용상의 차별폐지, 조선의 전통 존중 등을 비전으로 제시하였다. 그러나 이것은 조선인에게 '무단정치'에서 '문화정치'로의 전환을 하였다는 것을 보여주기 위한 일종의 연막전술이었을 뿐이고, 실제로는 이전보다 더 심한 수탈과 착취가 이루어졌다.

◆◆ 제도개정 이후 경찰기관

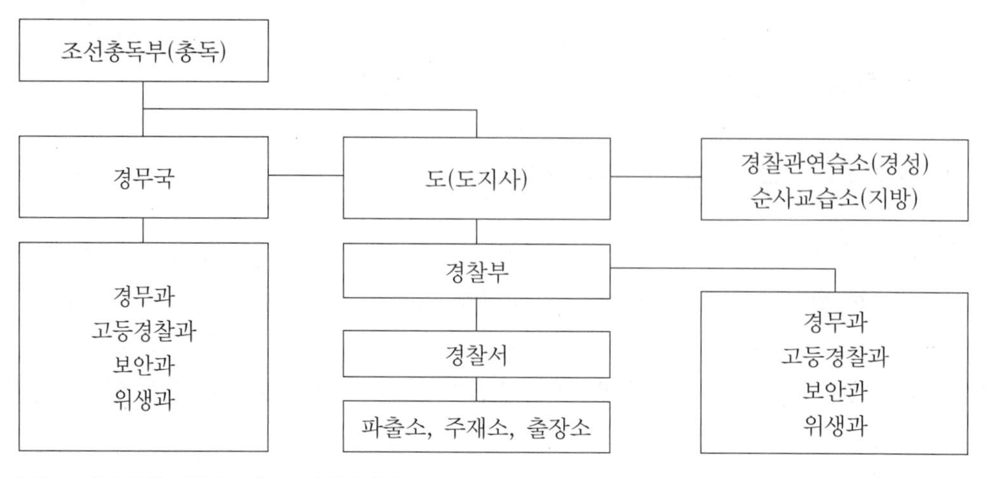

출처: 조선총독부 경무국, 「조선경찰지개요」, 1925, p.15.

3) 보통경찰제도의 조직과 구성

(1) 보통경찰제도의 조직

① 중앙에는 총독부에 경무국을 두고, 지방에는 도지사 밑에 경찰부를 두어 경찰의 지휘권을 도지사에게 위임시켜, 경찰을 도지사에 의하여 직접 지휘를 받도록 하는 체제로 전환시켰다. 이처럼 도지사에게 경찰권이 부여됨에 따라 도지사는 일반행정과 경찰행정을 통일적으로 운영할 수 있게 되었고, 그 결과 총독부와 도의 지배력이 크게 강화되었다.

② 경성의 경무국과 지방의 경찰부 밑에는 경무과·고등경찰과·보안과·위생과를 두었으며, 경찰 교육기관으로 경성에 경찰강습소를, 지방에 순사교습소를 두었다. 이러한 경찰제도의 개정은 종전의 헌병과 경찰이 혼합되어 헌병사령관인 경무총장의 지휘를 받던 것과는 달리, 경찰제도의 개정은 단일화되고 전문화된 경찰기구로 탄생하는 계기가 되었다. 그리고 이러한 체계는 1930년대 외사경찰과와 경제경찰과가 신설되는 등 약간의 변동 외에는 일제강점기가 종식될 때까지 그 골격이 그대로 유지되었다.

(2) 보통경찰제도의 구성

전국의 경찰기관은 1부(府)·1군(郡)에 1개 경찰서, 1면에 1개 주재소를 원칙으로 하는 한편, 경찰서장은 경시 또는 경부가 맡고 그 밑에 경부보와 순사를 두었다. 이때 경찰제도상 처음으로 「파출소」라는 명칭을 사용하였는데, 이 명칭은 오늘날에도 그대로 승계되어 호칭되고 있다.

(3) 보통경찰제도에 의한 통제방식

헌병경찰이 조선인의 무력적인 저항을 분쇄하고 일종의 군사적인 점령 형식을 띠었던 사회통제 방식이라면, 이 제도는 3·1운동으로 인해 나타난 말단 치안기구의 강화, 즉 세밀한 통제와 감시 장치의 확충이었다.

3. 경찰력의 강화

1) 경찰관서·경찰관의 증가

경찰제도의 개정으로 외형상 나타난 가장 큰 특징은 경찰력의 증강이라고 할 수 있다. 경찰관서의 경우 1919년에는 736개소였으나, 1920년에는 6,387개소로 증가하였다. 경찰관의 경우 1919년에는 헌병경찰이 14,341명이었으나, 1920년에는 경찰관이 20,083명으로,[18] 헌병경찰보다 경찰관수가 약 두 배로 증원되었다. 이처럼 일제는 문화통치를 표방했지만, 실제로 국민과 접촉하여 통제하는 경찰관서·경찰관 및 경찰예산을 무단정치에 비해 현저히 증가시켰다.[19]

2) 기타 경찰력 증강

일제는 경찰 기능을 높이기 위해 경비시설의 보강(경비전화 연장·경찰견제도 등)·경찰력의 무장화(소총 2.5배, 권총 약 4배 정도 급증시킴)·기동력(자동차 증원) 등의 강화를 도모하였다. 그 결과 조선에서의 순사 1인당 책임분담률은 1,295명이던 것이, 1919년 제도 개정 이후에는 순사 1인당 책임분담률은 919명으로 줄어들어 조선민족에 대한 감시망(행동과 사상)을 좁혀 나갔다.

Ⅱ. 문화통치기의 보통경찰제도에 대한 평가

3·1운동의 거국적인 민족운동으로 헌병통치체제가 '문화정치'로 바뀌면서, 경찰조직도 재정비되었다. 그러나 형식상으로만 헌병경찰제도를 폐지시켰을 뿐, 헌병이 일반경찰의 업무를 계속 맡는 등 실질적으로는 헌병경찰제도를 유지하려고 노력하였다. 반면, 군의 공백을 메우기 위해 질과 양(경찰관 및 경찰관서 증가, 경찰의 무장화)의 모든 측면에서 경찰력을 강화시켜 조선민족에 대한 감시와 탄압의 정도는 더해 갔다. 이러한 문화통치기는 헌병의 제복이 순사의 복장으로 옷만 바뀌었을 뿐, 그 외에는 아무 것도 변경된 것이 없었고 일제의 식민통치의 본질

---

18) 糟谷憲一, 「朝鮮總督府の文化政治」, 동경: 암파서점, 1992, p.131.
19) 조선총독부경찰국, 「조선경찰지개요」, 1925, pp.24–35.

에 있어서는 변함이 없었다. 결론적으로 문하통치체제하의 보통경찰제도는 민족을 기만하고 가혹한 식민통치를 은폐하기 위한 교활한 통치방식이라 평할 수 있다.

제4절 말기의 전시경찰제

Ⅰ. 민족말살기로의 전환

1. 통치체제 전환의 배경

1930년대에 들어와 일본 군국주의는 대륙침략을 본격화하면서 전쟁에 몰입하게 되었다. 일본은 1931년 민주사변, 1937년 중일전쟁, 그리고 1941년에는 미국을 상대로 태평양전쟁을 일으켰다. 일본은 그 과정에서 한국을 전쟁물자 보급창으로 사용하려는 이른바 '병참기지화정책' 및 황국신민화 정책(민족말살정책 등) 등을 펴면서, 한국의 완전한 일본화를 꾀했다.

2. 민족말살기의 정책

일제는 조선민족을 말살하기 위하여 1) 한국혼 말살정책(신사참배, 동방요배),[20] 2) 제도적 민족말살정책(창씨개명, 한국어·한국사 교육폐지 등), 3) 인적(징병, 강제동원 등)·물적자원(지하자원·곡식·총알 등 전쟁물자) 등을 마구잡이로 수탈하는 등 침략전쟁 수행을 위하여 제도적·경제적으로 모든 수단을 총동원하였다.

Ⅱ. 민족말살기의 경찰제도

1. 외사경찰과·경제경찰과의 신설

1) 외사경찰과 신설

외사경찰과를 시작으로 하는 경찰권의 강화는 전시체제의 이행을 위한 필수적인 요건이었

20) 신사는 일본에서 왕실의 조상이나 고유의 신앙 대상인 신 또는 국가에 공로가 큰 사람을 신으로 모신 사당을 말한다. 일본은 한국인을 '황국신민화(일본천황이 다스리는 나라의 신하된 백성으로 일본이 자국민을 이르던 말)'하려고 하여, 전국에 신사(神社)를 세우고 한국인들로 하여금 매일 정오에 신사를 참배토록 하였다. 한편, 일제는 일본 왕이 있는 동쪽을 향하여 절을 강요하였는데, 이를 동방요배라고 한다.

다. 따라서 1937년 11월에 경기도와 함경북도에 외사경찰과가 신설되었다. 외사경찰과는 국외에서 공산주의자의 조선 내 잠입을 경계하고, 방송·경비·금의 밀수출입 등을 통제하는 것이 주임무였다.

2) 경제경찰제도 도입

1938년에 일제는 국가총력전체제를 강화하기 위해 경제경찰제도를 도입하여, 경기도 경찰부에 경제경찰과를, 그리고 그 밖에 도(道)에도 경제경찰계를 계속 설치하여 그 규모를 늘려 나갔다. 경제경찰의 본질은 경제통제와 관련한 정보를 수집하고, 통제법령 위반자를 검거하며, 법령시행 상황을 감시·취재하는 것이었다.

2. 방공경호체제의 확립

1) 방호과 신설

침략전쟁이 장기화됨에 따라 1938년 총독부 경무국에 방호과를 신설하고 소방사무와 병행해서 방공경비태세를 갖추었고, 1941년에는 각 도경찰부에 방호과를 설치하여 방공업무를 일괄 관장하도록 하였다.

2) 경방단 창설

방공경비체제를 더욱 강화하기 위하여 종래의 하부조직이던 경방기관(방호단·소방조·수방단) 등을 「경방단」으로 통합하였다.[21] 경방단은 도지사와 경찰서장의 감독하에 방공·소화·수방(水防: 수해를 막음)·기타 경방에 대비했지만, 동시에 경찰의 보조기관으로서의 역할도 수행하였다.

3. 국민총력운동

1940년 일본은 전 조선을 전쟁수행을 위한 총동원체제로 전환시키면서(신체제 수립), 경찰과 경찰산하의 모든 보조기구를 국민총력조선연맹으로 흡수시켰다.

1) 국민총력조선연맹

전시체제하에서 핵심적인 기구로 총력연맹을 들 수 있는데, 이들은 황국사상에 대한 강요·결전생활(決戰生活)의 확립·필승생산력의 확충·징병제도 실시의 준비 등 전쟁에 대한 전면적인

---

21) 1939년 7월 부령, 경방단부칙(警防團府則) 참조.

협력을 강요하였다. 따라서 총력연맹은 수탈 기능까지 포함한 또 하나의 권력기구로서의 역할을 하게 되었다.

2) 국민총력운동하의 경찰 신체제 확립

(1) 국민총력운동에 대한 경찰의 신체제 요강 발표[22)]

1940년 이른바 신체제가 수립되면서, 경찰도 '경찰신체제요강'을 발표하였다. 경찰신체제요강의 핵심적인 내용은 '국민총력운동'의 중추적 역할을 맡게 된 경찰에게 경찰정신의 재무장과 경찰조직을 재정비하라는 것이었다.

(2) 총력운동에 대한 경찰의 활동

경찰은 국가권력기구로서 뿐만 아니라 총동원 조직의 일부로서 제1선에 서서 수송·징용·공출·경제통제 등의 전시임무까지 부여받아, 조선민족의 생활 전반을 통제하는 역할을 수행하였다.[23)]

4. 전시체제하의 경찰의 역할

일제 강점하의 전 기간에 걸쳐 경찰이 맡은 역할은 범죄 예방과 치안유지라는 경찰 본래의 기능 이외에도 사법·행정 사무에 대한 원조까지 포함되어 있었다. 전시체제하에서의 경찰의 주요 기능은 1) 사회주의자 및 조선민족에 대한 사상탄압, 2) 전쟁수행을 위한 전면적인 수탈을 일선에서 앞장서서 수행하였다는 점 등을 들 수 있다.[24)]

1) 경찰관들의 사상작업 및 사상탄압

경찰은 '사상선도(思想善導)라는 이름하에 일부지역에서 부락마다 강연회·좌담회 등을 개최하고, 종교계(특히 기독교 계열)에 대해 신사참배를 강요하는 등 사상작업에도 앞장섰다. 사상탄압의 대표적인 것으로는 사회주의자에 대한 철저한 감시와 더불어 전향제도(轉向制度)[25)]의

22) '경찰신체제요강', 경무신보, 소화 16년, p.10.

23) 박경식, 「일본제국주의의 조선지배」, 인천: 청아출판사, 1986, pp.378－380.

24) 조선총독부경무국, "제79회 제국의회설명자료", 1941, pp.475－502. 전시체제하에서의 경찰의 활동은 1) 총동원경비를 완수하여 비상사태에 대비하는 것(장기전과 경찰의 임무), 2) 방공·방첩사상의 강화, 3) 경제통제의 강화와 지방의 실정에 따라 조장(助長)행정에 협력, 4) 민심의 동향탐지와 언론기관의 지도 강화, 5) 인적 자원의 불량과 결핍은 무력전·경제전(經濟戰)에 악영향을 끼치기 때문에, 국민보건 향상에 대책을 수립하는 등 당시 총독의 시정방침에 따라 매우 다양하였다.

25) 독립운동가 및 사회주의자로서 전향하지 않은 자를 사상범이라 하여 사상보호관찰의 대상으로 삼고 이들에 대하여 이른바 '전향'을 강요하는 제도가 탄생하였는데, 이를 '전향제도'라고 한다. 후에 사상범에 대한 탄압을 더욱 확대하여 '예방구금제도'를 만들어 내기에 이르렀고, 비전향 사상범에 대한 예방구금을 결정하여

실시 등을 들 수 있다.

2) 전시수탈을 위한 경찰의 역할

(1) 전시체제하의 경찰은 2만 명이 넘는 인원과 중앙집권적인 명령 체계하에서의 탄탄한 조직력으로, 다른 관료집단보다 총제적 수탈체계에 앞장서서 악행을 저질렀다.

(2) 일본 노무동원 조직인 '노무보국회(勞務報國會)'는 일본 육·해국의 노무동원 명령에 따라 직접 조선에 와서 노무자들을 강제 연행하는 임무를 맡았는데, 이러한 업무도 조선 내 경찰관들의 협조를 받아서 진행되었다.[26)]

(3) 이외에도 경찰은 지원병·징병·여자정신대·근로보국대 등의 인적수탈과 경제통제, 그리고 미곡을 비롯한 농수산물 공출·광산자원 약탈 등 전 분야에 걸쳐 수탈을 강행하였다.[27)]

5. 문화통치기와 말기 전시경찰체제하의 치안입법과 경찰활동

1) 문화통치기의 정치범처벌법

헌병경찰제도로부터 보통경찰제도로 전환했다고는 하나, 그 직무내용과 권한에 있어서는 이전의 헌병경찰체제와 차이가 없었다. 오히려 1919년 3·1운동을 기화로 동년 4월 15일에 국내정치범뿐만 아니라 해외에서의 독립운동을 탄압하기 위하여 조선총독부제령 제7호로 「정치에 관한 범죄처벌의 건(정치범 처벌법)」이 제정되면서, 무단통치시기보다 실제로 억압적 지배체제는 한층 강화되었다.[28)]

2) 말기 전시체제하의 예비검속법

1941년 전시체제하의 말기에는 「예비검속법」이 제정되었다. 이 법은 "무슨 짓을 아직 하지도 않았지만 앞으로 무슨 짓을 할지 모른다는 이유"로 그냥 잡아다 가둘 수 있는 것이었다.

경성 서대문구치소에 강제수용을 시작하였다(김형중, 「한국경찰사」, 서울: 박영사, 2016, p.876.).

26) 吉田清治, 「나는 조선사람을 이렇게 잡아갔다: 나의 전쟁범죄 고백」, 1989, 서울: 청계연구소, pp.6-11.

27) 조선근대사사과, 우방협회, 1961, pp.84-85. 조선에 대한 수탈이 점점 더 강화되어 가자, 조선민중의 저항도 이에 비례하여 커졌다. 공출사무 담당 관리와 폭력적으로 충돌하는 사건도 자주 발생하였고, 충청남도에서는 송출을 독려하기 위해 온 경찰관을 살해하는 사건도 있었다.

28) 원래 「치안유지법」을 시행하기 이전(1925), 조선에서의 사상통제는 「보안법」과 「정치에 관한 범죄처벌의 건: 정치범처벌법」을 통해 이루어졌다. 그러나 민족해방운동의 새 지도이념으로서 탄생한 사회주의를 통제하기에는 미흡했기 때문에, 민족해방운동의 탄압을 위해 만들어진 것이 「치안유지법」이다.

3) 일제강점기하의 4대 악법

일제강점기하에 만들어진 치안악법 중 「보안법」·「정치범처벌법」·「치안유지법」·「예비검속법」은 흔히 4대 치안악법이라고 불린다. 이 중 「정치범처벌법」·「치안유지법」·「예비검속법」은 일본의 패전 후인 1945년에 폐기되었고, 가장 먼저 만들어졌던 「보안법」은 가장 늦은 1948년에 폐기되었다.

6. 문화통치기와 전시체제의 경찰의 평가

경찰은 방대한 업무와 무소불위의 권력을 가지고 전방위적으로 우리 민족을 탄압하는 도구로 이용되었다. 그 결과 오늘날에도 경찰에 대하여 부분적으로 사람들로부터 경원시되고 혐오스러운 존재로 인식되고 있는 것은 이 시기의 악행에 따른 잔영이 그대로 반영되고 있는 결과라고 볼 수 있다.

제5절 대한민국 임시정부하의 경찰

Ⅰ. 대한민국 임시정부의 성격과 경찰

임시정부라 함은 가정부(假政府)라고도 한다. 한 나라의 정부가 국제법상의 주체가 되려면 국제사회의 승인을 받아야 하는데, 대한민국 임시정부는 그와 같은 승인을 받지 못한 사실상의 정부를 말한다. 한국은 1910년 한일강제병합 이후 항일의병활동과 독립운동을 지속적으로 전개하였다. 그러나 일제의 본토로부터 증강된 군대와 경찰에 의하여 진압되어 거의 종적을 감추었고, 1915년을 기점으로 독립운동의 주류는 해외로 옮기게 되었다. 그리고 1919년 3·1 독립운동 후 나라의 독립을 되찾기 위하여, 중국 상하이에서 대한민국임시정부를 조직·선포하였다. 따라서 한일강제병합 이후 8년반 동안 공백으로 비어 있던 우리 정부가 비록 '임시'라는 단어가 붙었을망정 수립되게 되어, 한민족의 역사가 이어졌다는 점에서 중요한 의미를 지닌다. 다만 정식정부가 아닌 해외에 세운 임시정부이기 때문에 영토고권(領土高權)이 결여되어 있었고, 그 결과 경찰권의 법적인 효력이나 사법경찰권을 갖지 못하였다. 그러기 때문에 임시정부의 경찰이란 사회단체의 감찰기관의 성격을 벗어나지 못한 한계점이 있었다.

Ⅱ. 초기의 경찰제도(상해시기에서 이동시기)

우리나라 임시정부는 대한민국 원년 11월「대한민국 임시관제」를 제정하여 내무부에「경무국」을 두고, 경무국장하에 경호부장과 경호원을 두었다. 그리고 12월에는 연통제(聯通制: 지방제도에 해당되는 것으로, 엄격히 말하면 국내 각 지방의 연락제도)를 두고, 각 부(府)·군(郡)에는 경감(警監)을 두어 경찰·위생사무에 종사케 하고 그 밑에 경호원을 두게 하였다.[29]

1. 내무총장

1919년 11월 15일 법률 제2호 대한민국임시관제초(大韓民國臨時官制抄)에 의하면 내무총장을 경찰에 관한 최고관청으로 규정하고 있다(제2절 내무부 제1조). 대통령 관제상 초대내무총장은 이동녕이었다.

2. 경무국(警務局)과 분국(分局)

1) 경무국의 임무

경찰의 최고관청인 내무총장의 보좌기구로서 내무부에 비서국·지방국·경무국·농상공의 4국을 두었다. 경무국의 임무는 왜의 정탐활동에 대한 정보누출 등의 방지·왜의 공격에 대한 사전정보수집과 감시, 그리고 정면대결을 하는 것이 아닌 비밀리에 암투(暗鬪)하는 것이 주임무였다.[30]

2) 경무국의 구성

(1) 초대국장은 후에 주석이 된 김구가 취임하여 5년간 근무하였으며, 경무부장에는 여순근(呂淳根)이었다. 이들에게는 생활보조비가 지급되었는데, 내무총장은 은 80원, 내무국장은 은 50원, 경호원은 은 25원이었다.

(2) 경무국(警務局)은 우리 교포가 다수 거주하거나 내왕이 빈번한 곳에 분국을 두었는데, 당시 임시정부의 동향은 대부분 일제에게 파악되어 상부로 보고되고 있었다.[31]

---

29) 내무부치안국,「한국경찰사」, 서울: 광명인쇄공사, 1972, p.657.

30) 도진순(주해),「백범일지」, 서울: 돌베게, 1997, pp.301－309.

31) 1921년 11월 14일자 일제보고에 의하면 천진에 임시정부의 경무분국이 곧 설치되어 분국장과 국원(局員) 수명을 두어 경찰업무를 전담하고, 분국장에게는 박세훈이 추천되었다는 동향보고를 하고 있다(허남오,「한국경찰제도사」, 서울: 동도원, 1998, p.251).

3. 임시정부의 연통제와 경찰

1) 연통제

(1) 의의

임시정부는 조선의 영토가 비록 일제에 의해 빼앗겼다 하더라도 임시정부의 정책에 대한 연락과 선전 등에 종사할 기관과 정부재정의 필요성에 의해 지방제도가 필요하였는데, 그것이 바로 연통제(聯通制)이다. 연통제는 1919년 7월 10일 통합정부[32]가 서기 전에 상해임시정부에서 이미 연통제를 반포하였으나, 통합정부가 선 후인 1919년 12월 1일에 교령(敎令) 제2호로 개정·반포하였다.

(2) 임시지방 연통제

① 연통제의 기구

연통제[33]는 국내에만 설치하되 전국 13도(道)를 그대로 도(道)로 정하고, 각 도·군(郡)·면 단위별로 설치하였는데, 그 명칭은 달리 하였다. 도에는 감독부(조직원은 감독 1인, 부감독 1인, 서기 3인, 재무 2인), 각 군(郡)에는 총감부(조직원은 총감 1인, 부총감 1인, 서기 2인, 재무원 1인), 면에는 사감부(조직원은 사감 1인, 서기 1인, 재무 1인)를 설치하였다. 도의 행정기구로는 독판,[34] 군과 면에는 군감[35]과 면감을 두었다.

② 연통제의 조직체계

연통제는 약 반년 동안에 경상남북도와 강원도를 제외한 10도(道)에 조직되었는데, 군감(郡監)까지 임명된 것은 함경남북도·평안남북도·황해·경기·충북의 7개도였다. 연통제의 조직체계는 상하계통은 서로 알되 횡적으로는 서로 모르게 하였는데, 이는 보안유지 및 그네들의 신상을 보호하기 위한 일련의 조치였다.[36]

---

32) 3·1운동이 확산되는 가운데 당초 임시정부수립을 발표한 것은 7군데였다. 이는 식민통치하에서 상호 연락부족 탓으로 우선 각기 나름으로 정부수립을 추진할 수밖에 없었다. 그중 서울의 대조선공화국(大朝鮮共和國: 통칭 한성임시정부·블라디보스토크의 국민의회에서 수립한 통칭 노령정부(露領政府)·상해의 대한민국 임시정부·조선민국임시정부(삐라정부)·고려공화국·신한민국정부 등이 있었다. 그 후 노령정부와 상해임시정부와의 통합작업이 추진되었고, 1919년 9월 6일 한성정부와 상해임시정부가 일체화되면서 대통령중심제인 대한민국 임시정부로 통합되었다. 이로써 대한민국 임시정부는 한국독립운동선상에 정통정부로 군림하게 되었다.

33) 대한민국 원년 12월 1일자 개정 교령 제2호「임시지방 연통제」.

34) 독판은 내무총장에 예속하며, 각 부(部)의 주관업무에 관하여는 각부총장의 지휘 감독을 받아서 법령을 집행하고 관내의 행정사무를 관리하며 소속 관리(官吏)를 지휘·감독한다(제3조).

35) 부장(府長) 또는 군감(郡監)은 독판의 지휘·감독을 받아서 법령을 집행하고 관내 행정사무를 관장하며 부하의 관리(官吏)를 지휘·감독한다(제15조).

36) 내무부치안국, 위의 책, p.665. 대표적인 사례로 1920년(民國 2년) 8월에 함흥의 연통기관이 일제에게 탄로 나고, 이로 인하여 경기도와 평안남북도의 커다란 조직이 드러나 김인서 등 50명이 유죄판결을 받

Ⅲ. 임시정부 말기의 경찰제도(중경시기)

1. 중앙관제

1944년(민국 26년) 4월 「주 · 부주석제헌법」이 통과 · 시행되자, 5월 25일 정부조직이 개정되었다. 이때 개정된 「대한민국임시정부잠행중앙관제」에 의하면, 행정부의 최고기관으로 「국무위원회」가 있고, 행정 각 부(部)에는 내무 · 외부 · 법무 · 군무 · 재무 · 문화 및 선전의 7부(部)가 있었다. 각 부에는 부장(部長)이 있고 그 밑에 차장 · 비서 · 과장 및 과원(科員)의 직원을 두었으며, 사무분장을 위하여 과(科: 국에 해당함)와 특별위원회를 두었다. 경찰은 내무부에 속하며, 내무부 내국으로서 경무과(警務科)를 두어 경찰사무를 보조하였다.[37]

2. 경찰조직

1) 내무부장

행정 각 부(部)의 장(長)의 명칭은 초기에는 총장으로 불리었는데, 「주 · 부주석제헌법」 때부터 부장(部長)으로 개칭하였다. 따라서 내무부장이 경찰의 최고관청이었다. 내무부장은 헌정주비[38] · 의원선거 · 지방시설 · 교통 · 농상공무 · 종교 · 진휼구제(賑恤救濟: 굶주리거나 질병에 걸린 자 혹은 돌보아 줄 사람이 없는 자 등을 구제함) 및 인민단체에 관한 일체 사무, 그리고 경찰 · 위생에 관한 사무를 통할하였다.[39]

2) 경무과(警務科)와 경위대(警衛隊)

(1) 경무과

내무부에 총무과 및 민정과(지방국에 해당됨)와 함께 「경무과」가 내무부장의 경찰사무를 보조하였다. 경무과는 ① 일체 경찰에 관한 사항, ② 질서 · 기율에 관한 사항, ③ 국무 및 인구조사에 관한 사항, ④ 징병 및 징발에 관한 사항, ⑤ 국내정보 및 적정수집에 관한 사항을 처리하였다.[40]

았다. 이때 체포된 사람 중에는 총독부의 관리 · 학생 · 전도사(傳道師) 등의 유식층이 많아 사람들을 놀라게 하였다. 그러나 연통제는 일제의 감시와 탄압이 심하여 오래가지 못하고, 1921년 후반에 이르러 소멸되고 말았다.

37) 내무부치안국, 앞의 책, p.670.

38) 헌정(憲政)은 '입헌정치'를 줄여 이르는 말이다. 따라서 「헌정주비라」 함은 입헌정치(헌법에 따라 행하는 정치)를 하기 위하여 미리 계획하고 준비하는 것을 말한다.

39) 「대한민국임시정부잠행(潛行)중앙관제」 제6장 행정각부회 제2절 내무부 제49조.

40) 위의 중앙관제 제6장 행정각부회 제2절 내무부 제53조.

(2) 경위대(警衛隊)

경위대(호위부대)는 따로 두었는데, 그 규칙은「경위대조례」에 의한다고 규정하고 있다(내무부 제54조). 이때의 내무부장은 신익희였고, 경무과장(警務科長)은 이지일(李志一)이었으며, 경위대장도 이지일이 겸했다.

제9장 미군정(美軍政) 시기의 경찰제도

제9장
미군정(美軍政) 시기의 경찰제도

제1절 총 설

1945년 일본의 패망과 함께 일제강점기는 종식되었다. 승전국 미국은 한국을 일본제국주의 국가의 속국으로 보고, 패전국으로 취급하는 정책방침을 채택하였다. 그러기 때문에 한국은 독립의 대상이 아니라 점령통치의 대상이었다. 그 결과 미군은 조선총독부(1945년 9월 19일 미군정청으로 개칭)를 여전히 한국의 통치기관으로 활용하였고, 친일파 척결보다도 조선통치가 기능적으로 잘 유지될 수 있는가가 관심사였다. 따라서 미군정이 한국에 대해 실시한 점령정책의 기조는 개혁대상이 아니라 현상유지정책이었고,[1] 이러한 방침은 경찰의 경우에도 마찬가지였다. 즉, 조선총독부의 경무국과 지방의 도지사 밑의 경찰부가 그대로 답습되었다. 결과적으로 경무국은 군정청의 하부조직인 하나의 국(一局)으로 남게 되었고, 일제강점기의 경찰관들도 총사령부 포고 제1호[2]에 의해 현직을 유지한 채 새로운 체제를 맞이하였다. 그러므로 우리 경찰은 해방 이후 새롭게 창설된 것이 아니라, 일제강점기의 경찰을 그대로 유지한 데 지나지 않았다. 반면 패전국 일본은 타율적이기는 하지만, 미군정의 통치를 받으면서 경찰체제를 비롯한 모든 전제주의적·비민주적인 제도들이 청산되었다. 오늘날 일본경찰이 일본 내에서 가장 신뢰받을 수 있는 조직으로 발전할 수 있었던 것은 이때 이루어진 개혁조치가 원동력이 된 것이다.

---

1) 1945년 9월 18일 아놀드 소장이 군정장관(軍政長官)으로 취임하면서 군정이 실시되었고, 해방 이후 남북의 분할통치와 좌우의 대립이라는 혼란 상황하에서 질서유지세력은 경찰뿐이었다. 따라서 당시의 군정청은 ① 직접통치, ② 억압적 국가기구 확보, ③ 법률적 규제, ④ 친일파, 보수우익 중용 등 기존체제 유지를 위한 식민지 경찰제도와 인력을 그대로 활용하였다. 이러한 정책들은 역시 현상유지정책의 일환이라고 볼 수 있다.

2) 「태평양미군총사령부 포고 1호」는 군정의 실시와 일제하의 구관리가 현직을 유지할 것을 내용으로 하고 있다. 당시 군정청 경무부 내에 잔류하고 있는 일제강점기의 경위 이상 간부급 1,157명 중 949(82%)명이 그대로 현직을 유지하였다.

제2절 군정경찰(軍政警察)의 탄생과 조직개편

Ⅰ. 군정청의 경찰조직 개편

1. 군정경찰의 탄생과 경찰조직 정비

1) 성격

미군정 시기의 군정경찰은 미군정의 군사적 경찰이었으며, 동시에 대한민국 국립경찰을 종국적인 목표로 하는 임시적이고 과도기적인 경찰이었다. 즉, 군정경찰은 일면 군정권에 근거를 둔 경찰인 동시에, 또 한편으로는 국제적으로 보장된 자주독립 주권회복을 위한 준비적·과도기적 경찰이라는 양면성을 띠고 있었다.[3)]

2) 경찰기구의 개혁(경찰사무와 조직의 정비)

군정시대(軍政時代)의 과도기적인 치안을 위해 군정경찰이 탄생하였다. 이 기간은 대체로 조선총독부의 경찰조직을 거의 그대로 답습하였으나, 부분적인 경찰조직의 개편이 있었다.

(1) 비경찰화

군정경찰의 탄생시기(국방경비사령부 경무국 설치 전까지의 기간)에는 경찰사무와 조직개편은 소규모로 정비가 이루어졌다. 종래 광범위하게 이루어졌던 행정경찰사무가 경찰의 관할에서 분리되었다. 즉, 경찰이 담당했던 위생사무가 신설된 위생국으로 이관되는 등 비경찰화 작업이 진행되었다. 따라서 경찰과 일반행정의 분화(비경찰화)는 군정경찰의 탄생시기부터 이루어지기 시작하였다.

(2) 일제강점기의 악법폐지와 조직정비

① 일제강점기하의 치안악법 등의 법령이 폐지되고, 악명이 높았던 특별고등경찰과와 경제경찰을 폐지시키는 대신, 정보업무를 담당할 사찰과(정보과)를 신설하였다.

② 민중에 대한 협박과 위협의 도구였던 「경찰대검」을 폐지하고 「경찰봉」으로 대체하는 한편, 군정경찰의 표어인 「봉사와 질서」를 흉장으로 패용하는 등 경찰조직과 기구의 개혁이 획기적으로 이루어졌다.[4)]

---

3) 내무부치안국, 앞의 책, 1972, p.927.
4) 내무부치안국, 위의 책, p.928.

Ⅱ. 군정경찰권의 확립

미군정기의 치안정책은 크게 치안제도 도입기(제1기) → 치안제도 성장기(제2기) → 치안제도 확립기(제3기)로 나눌 수 있다.

1. 치안제도 도입기(제1기, 미군정 초기~1946.3)

1) 국립경찰의 창설

(1) 제1기는 기존의 군정경찰을 비롯한 군정통치구조가 출발하는 단계로, 「경무국」의 출범에 따른 군정경찰의 초기 출발단계를 말한다.[5] 1945년 10월 21일 군정청의 하나의 국(一局)으로서 경무국[6]을 창설하였는데, 이것이 곧 국립경찰의 창설이다.

(2) 군정청 경무국에는 관방·총무과·공안과·수사과·통신과를 설치하고, 지방은 도지사 아래에 경찰부를 두고, 그 소속기구로서 경무과·보안과·형사과·경제과·정보과(경기)·위생과 등 6과 내지 7과를 설치함으로써 군정경찰기구의 발족을 보게 되었다.

(3) 도경찰부의 독립

1945년 12월 27일 도지사 권한에서 경찰행정을 분리하여 도경찰부를 독립시키고, 그 예하에 총무과·공안과·수사과·사찰과·통신과의 5과를 두었다. 이때 시·도 경찰부장은 각 시·도 내의 법률과 질서를 유지할 책임을 시·도지사에게 지는 외에는 경찰의 조직·관리·재정·인사 등에 관한 것은 경찰부장의 권한이었다.

2) 경무부 시대

(1) 중앙(경무국에서 경무부로 승격)

① 1945년 10월 21일 군정청에 경무국을 창설하고 약 2개월 후인 1946년 1월 16일 「경무국 경무부에 관한 건」을 발포하여 조직·직능·정원·관명(官名) 등을 확정지었다. 이때 경무국을 「경무부」로 하고 종전의 과(課)를 국(局)으로 승격시켰고, 그 조직도 총무국·공안국·수사국·통신국·교육국의 5국으로 개편하였다.[7]

② 경무부는 제복경찰관 전부를 포함하며, 경무부의 관등은 경무부장·도경찰부장·도경찰

---

5) 김창윤, "미군정기의 치안정책 연구", 한국공안행정학회보 제17권 제4호, 2008, pp.17－42.

6) 1945년 10월 21일에 경무국을 창설하였다고 보는 것이 일반적인 경향이다. 그러나 실제로 「경무국」의 명칭은 조선총독부 문화통치기에 이미 설치되어 있었기 때문에(1919년 8월 19일), 새로이 창설되었다는 것은 무리가 있고 조선총독부의 관제를 그대로 사용하였다고 보아야 한다.

7) 내무부치안국, 「한국경찰사」, 광명인쇄공사, 1972, p.938.

부차장·총경·감찰관·경감·경위·경사·순경 순이었다. 중앙의 경무부에는 조선인 경무부장(종전의 경무국장)을 최고지휘관으로 하고, 경무부차장을 두어 경무부장을 보좌케 하였다. 그리고 그 밑에 국(局) → 과(課) → 계(係) → 반(班)을 설치하였다.

(2) 지 방(각 도)

① 각 도(道)에는 도경찰부장이 최고 지휘관이었고, 그 밑에 경찰부차장이 이를 보좌하였고, 소방·총무·문서·공안·형사·교통·통신의 여러 과(課)를 두었다. 과(課)의 장(長)은 과장으로 칭하고 총경으로 보하였고, 그 밑에 계와 반을 설치하였다.

② 경찰서장은 도경찰부장의 지휘·감독을 받으며, 경찰서장은 시(市)의 규모에 따라 총경·감찰관·선임경감 등으로 보하였다. 그리고 경찰관 주재소를 지서로, 주재소의 수석을 지서장(1946년 8월 26일 이후는 주임으로 다시 개칭함)으로 개칭하였고, 경찰서에 계(係)와 반을 설치하였다. 당시의 차장(次長)·총경·경위·경사·순경의 관등명칭이나, 과(課)·계(係)·반 등의 조직 구조상의 명칭은 오늘날까지도 그대로 존속되어 사용되고 있다.

(3) 경무부시대의 친일경찰 등용과 문제점

미군정이 총독부체제하의 관료를 재임용한 것은 1945년 9월 7일자 「미국태평양방면 육군 총사령관 포고 제1호」에서 비롯하였다.

① 미군의 이러한 조치는 남한에 대한 짧은 기간에 통치권을 인수받는 과정에서 관리의 임용에 대해 선별할 시간이나 정보가 부족하였던 것이 한 원인이고, 한편으로는 이들에게 반감을 가진 좌익세력을 막을 수 있는 세력은 일제경찰이라 보았다. 따라서 이들은 처벌의 대상이 아닌 동반자였다. 그 결과 일제시기의 경찰과 친일파들은 미군정의 권력기구에 실질적인 지위를 차지하게 되었고, 그중 가장 문제점은 일제경찰을 선별 없이 그대로 채용한 경위급 이상 간부경찰의 충원이었다.

② 그 후 대한민국 정부 수립 후에도 미군정기에 복무하던 경찰세력들이 경험자 위주로 선발하는 특채방식으로 재임용되었고, 이는 비단 경찰만의 문제가 아니었다. 일제강점기 때 참여했던 경찰·관료·군부·사법 분야에 근무하던 인물의 대부분이 미군정에서도 중요한 역할을 하였고, 정부수립 후에도 그대로 재충원되면서 사회문제화가 되었다.

2. 치안제도 성장기(제2기, 1946.4~1947.8)

1) 경찰기구의 신설

치안제도 성장기(제2기)는 1946년 3월 29일 군정법령(軍政法令)에 의해서 중앙에는 경무부,

지방에는 도경찰부(道警察部)가 관구경찰청[8]으로 개칭되는 등(1946.4.11) 경찰조직이 중앙집권화체제로 들어선 군정경찰 단계를 말한다.[9]

제2기는 1946년 4월 11일 「국립경찰조직에 관한 건」에 의해 경찰조직이 일대 개편되면서 시작되었다. 이때 종전의 「도경찰부」를 「관구경찰청」으로 개칭하였고, 각급 일선 경찰서도 지명위주의 경찰서 명칭에서 벗어나 구(區)번호제로 바꾸는 한편, 이외에도 많은 경찰기구들이 신설되었다. 따라서 치안성장기에는 경찰 전반에 걸친 조직과 편성·기타 예규 등 일체의 기본적인 업무에 대한 기초작업이 이루어졌다.

2) 중 앙

(1) 중앙의 경무부

① 1946년 1월 16일 「경무국 경무부에 관한 건」에 의해 경무국이 경무부로 승격되었고, 그 조직도 과(課)를 국(局)으로 하여 총무국·공안국·수사국·통신국·교육국의 5국으로 개편되었다. 그리고 약 두 달 후인 4월 11일 「국립경찰조직에 관한 건」에 의해 일대 개편이 단행되었다. 이 개편에서는 8개의 지방관구경찰청이 생겼으며, 계급도 중앙의 경무부장을 제외하고는 경찰계급의 호칭도 일부 개칭되었다.

② 중앙의 경무부장은 8개의 각 관구경찰청을 직접 지휘할 수 있는 지휘권을 가졌고 경찰의 인사·보급·행정절차 등에 관한 처리 또한 모두 그의 소관이었다.

(2) 경무총감부(관구경찰청의 감독기구)

① 군정당국은 1946년 9월 17일 각 관구경찰청의 감독기구로서 3개의 「경무총감부」를 신설하였는데, 그 관할구역과 명칭은 제1경무총감부(제1·2관구 관할, 본부는 서울)·제2경무총감부(제3·6·8관구 관할, 본부는 전주)·제3경무총감부(제4·5·6관구 관할, 본부는 대구)였다.

② 경무총감부의 경무총감은 경무부장이 임명하고 경찰부장을 대리하여 예하 관구청의 경찰활동을 일반적으로 감독하되, 경무부장의 명령이 없는 한 일반경찰사무에 대한 명령지휘권은 없었고 주로 감독이 주임무였다.[10] 경무총감 밑에는 총경 1명·감찰관 2명·경감 3명·경사 4명을 두었다.

3) 지방의 지방관구경찰청

(1) 9개의 지방관구경찰청체제

① 1946년 4월 11일 「국립경찰조직에 관한 건」에 의해 종전의 각 도경찰부를 관구경찰청

8) 각 도 관구경찰청에 관한 구체적인 내용은 필자의 「한국경찰사」, 서울: 박영사, 2016, pp.893-894를 참조할 것.
9) 김창윤, "미군정기의 치안정책 연구", 한국공안행정학회보 제17권 제4호, 2008, pp.17-42.
10) 내무부치안국, 앞의 책, p.950. 경무총감의 직무는 ① 각 관구 경찰활동의 일반적 감독 및 조정, ② 복무감찰, ③ 경무부장에 의하여 지시된 기타 직무 등을 감독·조정하는 것 등이었다.

으로 개칭하고, 각 도별로 8개의 관구(管區)에 8개의 관구경찰청을 두었고, 각 급 일선 경찰서도 지명 위주의 경찰서 명칭에서 구(管區)번호로 바꾸었다. 동시에 5개 내지 6개의 경찰서를 감독하기 위하여, 따로 관구경찰청과 경찰서 중간에 감찰관을 배치하였다.

② 경찰계급의 호칭도 바꾸어 지방의 경찰부장을 「경찰청장」으로, 경찰부차장을 부청장으로 개칭하였다. 따라서 경찰의 계급은 중앙의 「경무부장」을 제외하고, 각 지방 시·도에는 경찰청장 → 경찰부청장 → 총경 → 감찰관 → 경감 → 경위 → 순경의 8등급으로 되었다.

③ 1946년 8월 1일에는 제주도경찰이 제8관구경찰청(전남)에서 분리하여 「제주경찰 감찰청」으로 분할하였다. 그리고 동년 9월 18일 서울특별시[11]가 설치되어 경기도에서 분리되었다. 이에 따라 원래 경기도의 제1관구청에 속해있던 서울이 제1관구경찰청에서 분리되어 별도로 수도관구경찰청으로 창설되었다. 따라서 치안제도 성장기(제2기)의 경찰조직은 9개의 관구경찰청(수도관구경찰청 포함)과 그 밑에 시·군 단위로 152개의 경찰서를 두었다. 그리고 제1경무총감부가 새로 창설된 수도관구경찰청과 제1·2관구경찰청을 감독하게 되었다. 당시의 경찰지휘계통(1946.9.18)을 도표화하면 다음과 같다.[12]

◆◆ 미군정시기의 경찰지휘계통선(치안제도 성장기: 관구경찰청)

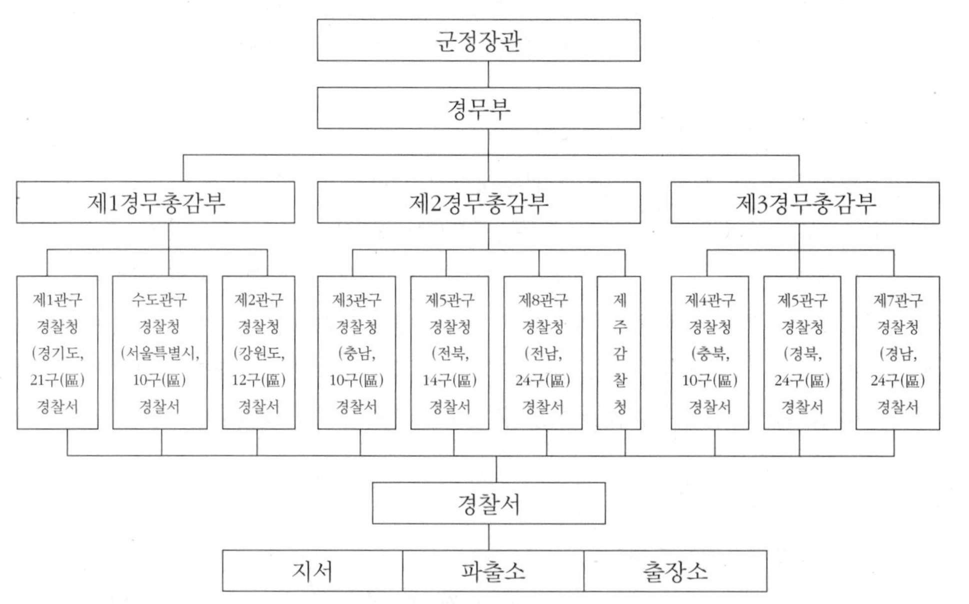

출처: 조선총독부 경무국, 「조선경찰지개요」, 1925, p.15.

11) 1949년 11월 4일 '서울지방자치법'이 제정되면서 서울특별시로 변경되었다. 김제정, "해방직후 수도 명칭의 결정과 1950년대 개정 논의", 서울학연구 제56호, 2014, p.87.

12) 경찰사편찬위원회, 「경찰50년사」, 경찰청, 1995, p.39 참조.

4) 기타 경찰기구의 신설

(1) 기마경찰대

① 1946년 2월 25일 공식적으로 우리나라에 최초의 기마경찰이 각 도경찰부 공안과 소속으로 발족되어, 기마경찰로서의 특수임무를 갖고 활동하기에 이르렀다.[13] 초기에는 경찰서장급인 경감이 대장으로 역임하다 기구가 축소되어 경위로 임명되었고, 한때 거의 유명무실해졌다.

② 기마경찰은 1990년대에 들어서면서 다시 부활하였고, 2006년부터 기마경찰대장 계급은 다시 경감으로 격상되었다. 현재는 순찰용 자동차에는 어울리지 않는 지역의 순찰이나 축제 등 중요행사 시 동원되고 있다.[14]

(2) 여자경찰

1946년 7월 1일 경무부 공안국에 여자경찰과(女子警察課)를 신설하였고(여자경찰의 효시), 그 후 서울(수도관구경찰청, 1947.2.17)·부산·대구·인천 등지에 여자경찰서가 창설되었다.

(3) 국립경찰전문학교와 도경찰학교 신설

① 미군정은 1945년 9월 13일 구경찰강습소를 복구하고 신임경찰관 2,000명을 모집하여 교육시킨 후 순경으로 임명하였고, 2달 후에 구경찰강습소를 '조선학교'로 개명하면서 각 도에서 선발된 경사급에게 일선경찰관에 대한 감독 및 지도방법 등을 교육시켰다. 이것이 우리나라의 경찰간부 교육기관의 시초였다.

② 1946년 2월 1일 조선경찰학교를 「국립경찰학교」로 승격시켜 간부급 경찰관교육을 담당하게 하였고, 6개월 후인 8월 15일에 「국립경찰전문학교」로 교명을 다시 바꾸고 중앙의 경무부장 직속기관으로 승격시켜 교육국을 신설하였다.[15] 한편 1946년 2월 1일에 지방의 각 관구경찰청 산하에 「경찰학교」를 개설하고, 각 학교는 교습과·보습과·강습과를 두었다.

3. 치안제도 확립기(제3기, 1947.9~1948.8)

제3기는 미·소공동위원회가 결렬된 후, 1947년 9월 한국문제가 UN에 이관되어 남한에서 단독정부수립이 추진되는 단계를 말한다.

---

13) 내무부치안국, 앞의 책, p.959. 기마경찰은 일제강점기에도 있었으나, 그것은 일종의 위엄을 나타내고 민중에 대한 공포심을 유발하기 위해 존재하였다. 그러나 군정경찰의 기마대는 일제강점기와는 달리 기동성과 질서를 유지하는 데 더 큰 목적이 있었다.

14) 현재 기마대는 서울, 인천, 전북지방경찰청 등에서 거의 상징적인 수준으로 운영되고 있다.

15) 경찰전문학교, 「경찰교육사」, 청구출판사, 1956, p.43.

1) 경찰조직의 정착화

(1) 제도정비

군정시대의 경찰은 치안제도 확립기로 들어오기까지 조직과 편성상에 많은 개폐과정을 겪으면서 기반을 굳혀 나갔다. 이것은 종전의 경찰에서 민주경찰로 나아가는 일련의 진통과정이었다.

① 경찰서 등급제도 신설

1946년 5월 5일 경찰서 등급제도를 신설하여, 경찰서를 1급지와 2급지로 구분하였다. 1급지 경찰서는 감찰관으로 서장을 보하였고, 2급지 경찰서는 경감을 보하였다.

② 고문금지의 법제화

미군정하의 군정경찰에서 가장 두드러진 특징은 일경(日警)들에 의해 공공연히 자행되던 고문을 폐지시킨 것이었다. 고문폐지는 1948년 6월 4일 당시의 경찰부장이었던 조병옥과 부장고문관(部長顧問官) H. E. 에릭슨의 양자명의로 「경찰에 의한 구타에 관한 건」이 작성되어 예하 각 경무총감·각 관구청장 및 각 관구 공안장교(公安將校)에게 발송되었다. 여기에는 국립경찰의 각 관급 공안장교에게 직·간접적으로 유치인이나 피조사인을 고문 혹은 구타하는 혐의가 있는 경찰간부나 하급경찰관을 정직시킬 권한 등을 부여하는 내용이 들어 있었다.

③ 공보실 설치

경찰홍보는 국민의 신뢰와 협조를 확보할 수 있는 효과적인 수단이며, 국민의 요구를 정책에 반영할 수 있는 계기를 제공한다. 미군정 경찰은 이러한 공보의 필요성을 인식하고 1947년 3월 6일 각 관구경찰청 및 제주도 경찰감찰청에 경찰공보실을 설치하였다.[16]

④ 중앙경찰위원회의 설치

㉠ 임무

1947년 11월 25일 중앙경찰위원회가 설치되었다. 중앙경찰위원회는 중요한 경무정책을 수립하고 경무부장이 회부한 경무정책과 운영에 대한 심의와 결정을 하였으며, 경찰관리(警察官吏)의 인사관리(소환·심문·임면·보직이동)에 대한 경찰통제가 이루어지는 등 민주적 요소가 강화되었다. 중앙경찰위원회는 오늘날의 「경찰위원회」의 효시라고 볼 수 있으나, 그 업무와 권한은 지금보다 훨씬 막강하였다.

㉡ 구성

중앙경찰위원회는 위원 6인으로 구성하며 군정장관(軍政長官)이 이들을 임명한다. 위원은 모두가 비경찰인으로 구성되고 각 부처장 중 2인, 심판관 1인, 검찰관 1인, 기타 2인과 그 외

16) 경찰사편찬위원회, 경찰50년사, 경찰청, 1995, pp.64–68.

에 경무부장이 참여했으나, 경무부장은 표결권을 갖지 않는 위원이었다.

⑤ 수사권과 경찰

일제강점기 검찰은 단순한 형사소추기관으로서의 지위만 가지고 있었던 것이 아니고, 범죄수사기관으로서 사법경찰권에 대한 지휘감독권을 가지고 있었으나, 미군정 실시 후 커다란 변동이 있었다.

㉠ 미군정 실시 후 법무국 훈령 제1호(1945년 11월 3일), 경무국장 통첩 제1호(1945년 12월 18일), 검사에 대한 법무국 훈령 제3호(1945년 12월 29일)에 의해 경찰에 독자적인 수사권이 부여된 반면, 검사는 소추기관으로만 인정하여 수사에서 배제되었다. 이때가 우리나라 현대경찰 역사상 처음으로 경찰에 독자적인 수사권이 인정되던 시기였다. 그러나 일제강점기 경찰의 잔재청산 실패와 근본적인 개혁이 없는 경무국장의 통첩 등은 사회 각층의 반발을 가져왔다.

㉡ 이에 따라 군정법령 제180호(1948년 3월 31일)와 군정법령 제213호(1948년 8월 2일)에 의해 검사에게 수사권·기소권·수사지휘권·재판의 집행지휘권 등이 인정되면서, 수사와 관련된 제반사항의 주도권은 다시 검찰로 넘어가게 되었다. 그러나 이때까지만 해도 사법경찰관에 의한 영장청구는 가능하였으나, 1948년 7월17일 서명·공포된 제헌헌법상에는 영장청구권조차 아예 제외되었다.

⑥ 과학수사의 도입(지문업무)

1945년 10월 30일자로 법령에 의하여 법무국 형사과 지문계에서 관장하던 지문록(指紋錄) 및 제반지문에 대한 직무·직능·문서·직원 등이 경무국으로 이관되었고, 1947년 3월 7일에는 경무부 수사국 예하에 「법의 실험소」[17]를 설치·운영하여 과학적 수사를 위한 토대를 구축하였다.

Ⅲ. 미군정기의 경찰의 역사적 의의

미군경찰은 다음과 같은 측면에서 역사적 의미를 가진다고 볼 수 있다.

1. 제2차 세계대전의 종전과 함께 미·영을 중심으로 하는 연합군에 의해 독일이나 일본에서 행했던 과거의 경찰사무의 정리, 이른바 비경찰화작업이 우리나라에서도 행하여졌다. 따라서 경찰이 담당했던 위생·소방·영업·출판물검열(활동사진 검열 등)·각종허가(목욕탕과 음식점 허가 등) 등이 업무가 다른 관청의 분장사무로 이관되어 경찰과 일반행정의 분화가 이루어졌다.

---

17) 법의(法醫) 실험소의 주요 업무로는 1) 부검과 의학적 시험에 관한 사항, 2) 혈액·체액·모발의 분석에 관한 사항, 3) 혈액·체액·모발·암석·마취제의 화학시험 감정에 관한 사항 등을 들 수 있다.

2. 영미법계의 「민주」 개념이 도입되었다.

종래에는 경찰의 임무가 제국주의적 치안유지에만 몰두하였는 데 반해, 이 시기에는 국민의 생명과 재산을 보호하는 것 또한 경찰의 업무로 삼아야 한다는 자각이 일어났다. 그리고 조직면에서도 「중앙경찰위원회」를 통한 경찰통제가 시도되는 등 민주적 요소가 강화되었다.

3. 미군정기의 경찰은 영구성을 가진 것이 아니라 임시적 경찰이었다. 그 결과 일제강점기 시대의 경찰조직과 인력을 그대로 활용하는 정책을 택함으로써, 경찰조직과 인적 구성원에 대한 청산작업이 부족하였다. 따라서 우리나라의 경우는 일본과는 달리 경찰을 개혁할 기회를 갖지 못하였으며, 이로 인해 독립 이후에도 국민이 경찰을 바라보는 이미지는 상당히 부정적이였다는 점이 아쉬움으로 남는다.

제10장 현대의 경찰

제10장
현대의 경찰

제1절 총 설

현대경찰은 해방 후 경찰의 목표와 기능이 뿌리내리기도 전에 정치적 소용돌이 속에서 순기능적 역할을 하지 못하고, 정권의 하수인이라는 국민의 질타를 받으면서 성장하였다. 따라서 한국경찰조직의 경직성과 복종성은 이러한 역사적·정치적 배경에서 그 근원을 찾아볼 수 있다. 그리고 6·25전쟁을 거치면서 후방을 지키는 전투경찰로서의 기능을 수행한 결과, 사회적 혼란에 국가를 수호한다는 명분으로 공권력에 의한 폭력이 암묵적으로 용인되기도 하였다.[1)]

본 서(書)에서는 현대경찰을 치안국시대(1948년 정부수립~1974년 치안본부), 치안본부시대(제3공화국, 1974년 이후), 경찰청시대(경찰법 제정 이후, 1991년 이후)로 구분하였다.

제2절 내무부치안국시대의 경찰제도

Ⅰ. 치안국시대의 경찰조직 및 신설기구

1. 내무부 소속

1) 1948년 8월 15일 대한민국 정부가 수립·선포되면서 미군정경찰은 종식되고, 대한민국 국립경찰로 새로운 발족을 하게 되었다. 이때의 우리나라의 경찰체제는 정부조직법(법률 제1호)

---

1) 김정미, 앞의 논문, p.82.

에 따라 내무부 소속의 일개 국(局)[2]으로서 치안국을 두게 되었는데, 이는 경찰조직이 과도정부의 경무부에서 국(局)으로 격하된 것을 의미한다.

2) 치안국 시대의 경찰은 건국초 극좌세력의 발호·6·25전쟁, 4·19혁명, 5·16군사정변, 10월유신 등 국가비상사태가 빈번하게 발생함에 따라서, 평시경찰체제보다는 주로 비상경찰체제로 경찰활동이 운영되었다고 볼 수 있다.[3]

2. 경찰기구의 개편

1) 중 앙

내무부장관을 정점으로 치안국은 총 9개과(경무과·보안과·경제과·사찰과·수사지도과·감식과·통신과·여자경찰과·소방과)를 두었다.

2) 치안국시대 경찰조직의 특징

(1) 경비과·도서과·위생과를 폐지하고 폐지되었던 경제과(경제경찰)를 복원시키고, 여자경찰과와 감식과를 승격시켰다. 그리고 교육국을 폐지하고 교육에 관한 업무는 경무과가 담당하고, 경찰과 한때 분리되었던 소방과가 다시 설치되었다.[4] 1949년 7월에 경제과가 폐지되고, 9월에는 다시 폐지되었던 교육과를 설치하였다.

(2) 1950년 6.25전쟁 발발 당시 태백산 및 지리산 경찰 전투사령부와 1953년 서남지구 전투경찰대를 발족하여 국가수호의 일익을 담당하였고, 1955년 3월 25일에는 비교적 이른 시기에 과학수사에 대한 중요성을 인식하여 「국립과학수사연구소」가 설치되었다.

(3) 1966년 서울과 부산시 경찰국에 외사과가 신설되고, 1967년 7월 동경주재관을 임명하는 등 해외주재 경찰관 파견에 대한 법적 근거를 마련하였다.

3) 지 방

(1) 각 시·도 경찰국을 포함한 지방경찰국은 시장·각 도지사의 보조기관으로 법·제도화되었고, 경찰국과 경찰서의 명칭도 번호가 아닌 지명(地名)에 의하여 부르도록 개정하였다.

---

2) 부(部)는 관청의 지위를 가지는 반면, 국(局)은 관청의 보조기관에 불과하다.
3) 김대원, "한국의 경찰정신에 관한 연구", 동국대학교 박사학위논문, 2000, pp.80-84.
4) 내무부치안국, 앞의 책, pp.70-73.

(2) 치안국시대에는 경찰(서)의 폐지와 통합 그리고 분화로 인하여 18회에 걸쳐 경찰기구의 설치 및 개편이 수시로 이루어졌다. 대표적인 예로 1949년 2월 23일 구왕궁을 관할하던 창덕궁 경찰서를 폐지하고, 경무대 경찰서를 신설하여 대통령 관저 및 중앙청 경비를 전담시켰다.

4) 경찰의 지휘계통

경찰조직이 내무부로 흡수되면서 경찰의 지휘계통은 내무부장관 → 치안국(장) → 시·도 경찰국(장) → 경찰서(장) 순으로 단순화되었다.

◆◆ 내무부 기구표

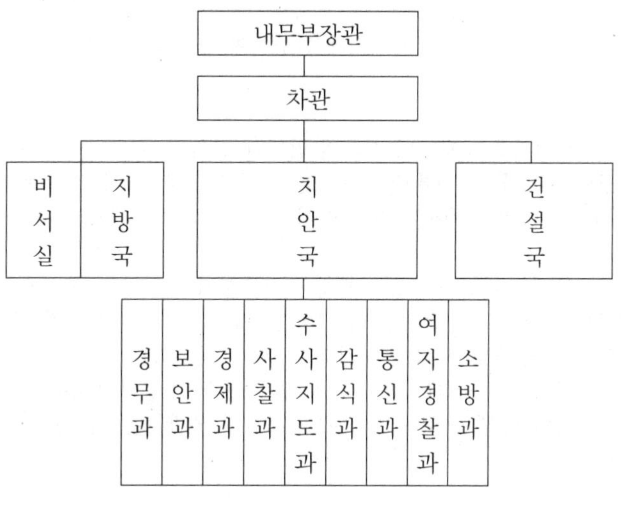

Ⅱ. 치안국시대의 경찰관련 법제 변화

1. 경찰관련사항 법제화

치안국시대의 경찰조직에 관련된 법제의 제정은 총 15회 정도로, 주요 법률제정사항을 보면 다음과 같다.

1) 1953년 12월 4일 「경찰관직무집행법」, 2) 1954년 4월 1일 「경범죄처벌법」(일제강점기 경찰범처벌규칙 폐지), 3) 1952년 3월 10일 「경찰승진시험규정」, 동년 8월 26일 「순경임용규정」, 4) 1969년 1월 7일 「경찰공무원법」 등이 제정·공포되었다.

2. 기타

1) 1957년 서울과 부산에 112번 전화를 가설하고, 다음해 체신부 산하 모든 112번에 이것을 적용시켜 범죄예방과 신속한 검거를 할 수 있는 계기를 마련하였다.

2) 1966년 경찰윤리헌장을 제정하여 경찰관이 봉사자로서 갖추어야 할 기본정신과 윤리적인 행동지표를 제시하였고, 그 후 이를 토대로 전문을 개정하여 경찰청 개청일인 1991년 8월 1일 「경찰헌장」을 선포하였다.

◆◆ 경찰헌장(1991년)

우리는 조국 광복과 함께 태어나, 나라와 겨레를 위하여 충성을 다하며 오늘의 자유민주사회를 지켜온 대한민국 경찰이다.

우리는 개인의 자유와 권리를 보호하며 사회의 안녕과 질서를 유지하며, 모든 국민이 평안하고 행복한 삶을 누릴 수 있도록 해야 할 영예로운 책임을 지니고 있다. 이에 우리는 맡은 바 임무를 충실히 수행할 것을 다짐하며, 우리가 나아갈 길을 밝혀 스스로 마음에 새기고자 한다.

1. 우리는 모든 사람의 인격을 존중하고 누구에게나 따뜻하게 봉사하는 친절한 경찰이다.
1. 우리는 정의의 이름으로 진실을 추구하며, 어떠한 불의나 불법과도 타협하지 않는 의로운 경찰이다.
1. 우리는 국민의 신뢰를 바탕으로 오직 양심에 따라 법을 집행하는 공정한 경찰이다.
1. 우리는 건전한 상식 위에 전문지식을 갈고 닦아 맡은 일을 성실하게 수행하는 근면한 경찰이다.
1. 우리는 화합과 단결 속에 항상 규율을 지키며, 검소하게 생활하는 깨끗한 경찰이다.

제3절 치안본부시대의 경찰제도

Ⅰ. 치안본부시대의 경찰조직 및 신설기구

1. 중 앙

1) 북한과 조총련의 지령을 받은 문세광이 쏜 총에 육영수 여사가 저격(1974년 8월 15일)을 당하면서, 1974년 12월에 정부조직법이 개정되었다. 이때 내무부치안국을 치안본부로 격상시켰으며, 치안국장도 치안본부장으로 그 명칭을 바꾸어 치안총수로서의 위상이 격상되었다.

2) 경찰은 격상된 위상만큼이나 지위도 승격되었으나, 「치안국」 때와 마찬가지로 관청으로서의 지위가 아니라, 내무부의 일개 보조기관에 지나지 않았다. 이와 같은 기조는 1991년 내무부의 외청으로 경찰청이 독립될 때까지 유지되었는데, 그 기간은 독립 이후 무려 40년간이었다.

2. 지 방

지방경찰 역시 시·도지사의 보조기관이었다. 다만 경찰서 혹은 경찰서장은 1948년 정부수립 이후부터 1991년까지 유일하게 행정관청으로서의 지위를 가지고 있었다.5)

◆◆ 치안본부시대의 경찰조직도

- 치안본부장
  - 제 1 부장
    - 경무과
    - 기획감사과
    - 인사교육과
    - 장비과
  - 제 2 부장
    - 보안과
    - 교통과
    - 경비과
    - 작전과
  - 제 3 부장
    - 수사지도과
    - 정보1과
    - 정보2과
    - 외사과

Ⅱ. 치안본부시대의 경찰관련 법제 변화

치안본부시대는 치안국에서 치안본부로 조직의 위상이 격상됨에 따라, 11회의 관련 법제 변화가 있었다. 이 중 대부분이 격상된 조직의 위상으로 인한 기구개편에 집중되어 있었다.

1. 긴급조치선포

1) 1974년부터 다음 해 5월까지 9회에 걸쳐 긴급조치가 선포되었다. 그중 긴급조치 9호는

5) 김형중, 「경찰학총론」, 서울: 형지사, 2014, pp.162-163.

유신헌법을 반대하거나 왜곡비방 혹은 개정 및 폐기하거나, 청원·선동 또는 이를 보도하는 일체의 행위를 금지하는 것이었다. 따라서 이를 위반한 자는 영장 없이도 체포가 가능하였다.

2) 긴급조치 9호에 의한 무분별한 검거·보호시찰처분·주거제한처분·보안감금처리제도 등을 통하여 국민의 기본권(정치적 자유권)이 억압당하였는데, 이 임무를 주로 담당한 것이 경찰조직이었다. 이로 말미암아 경찰 본연의 업무는 뒷전으로 밀려나고, 각종 사건에 경찰이 연루되는 사건이 발생하였다.[6] 이처럼 치안본부시대는 한국현대사에서 정치·경제·사회·문화 다방면에서 큰 변혁이 일어났던 시기였다.

2. 기구개편(신설)

1) 중 앙

(1) 1974년 12월에 정부조직법이 개정되어 내무부치안국을 「치안본부」로 격상시키고, 치안국장도 치안본부장으로 명칭이 바뀌고 대우도 차관급으로 격상되었다.

(2) 담당관제(치안감사담당관·방위담당관)를 폐지하고 치안본부 내에 제1부·제2부·제3부를 설치하여 각 부(部)의 부장을 치안감으로 보하였다. 제1부 내에 인사교육과를 신설하고, 제3부내에 전자계산소를 설치하였다.

2) 지 방

(1) 1974년 12월 31일 서울시경에는 서울시경국장 밑에 제1·제2담당관을 설치하고 담당관은 경무관으로 보하였고, 1978년 7월 27일에는 부산시경국장의 직급을 경무관에서 치안감으로 격상하고, 경무관급담당관 1인을 두었다.

3) 경찰교육기관의 증설

(1) 경찰대학의 신설

경찰대학설치법안이 1979년 11월 28일 법제사법위원회의 심의를 거치고 본회의를 통과하여, 1981년에 4년제 경찰대학이 개교하게 되었다.

(2) 중앙경찰학교 신설

신임순경과 의무경찰에 대한 교육전담을 목적으로 1987년 충북 청원군 상모면에 청사를

6) 1987년 1월 14일 박종철 고문치사 사건이 일어났고, 동년 6월 9일에는 연세대 2학년 이한열 군이 최루탄에 맞아 사망한 사건 등에 경찰이 직접적으로 연루됨에 따라 국가적으로 위기상황이 초래되기도 하였다.

준공하고 개교식을 거행하였다.

(3) 3원화된 교육기관체제완비

경찰대학은 4년제 대학생에 대한 교육과 경감급 이상의 경찰관에 대한 기본교육을 전담하고, 경찰종합학교(현 경찰교육원)는 기존 경찰관 직무교육 및 간부후보생 교육을, 중앙경찰학교는 신임과정을 전담하도록 하였다.

4) 경찰제도의 확충(치안보조 역량의 강화)

(1) 청원경찰

1962년 4월 3일 청원경찰법이 제정되었으나, 1970년 이전까지는 유명무실하였다. 그러다가 점차 청원경찰이 증가하면서 2차(1973, 1976)에 걸쳐 법이 개정되었다. 청원경찰의 주임무는 시설경비·수송경비·출입자통제·방범 등이다.

(2) 의무경찰제도

전투경찰대 설치법을 개정하여 1982년 12월 31일 치안업무의 보조를 임무로 하는 의무경찰제도를 도입하였다. 전투경찰법(2016년 1월 25일 일부개정으로 명칭이 의무경찰대 설치 및 운영에 관한 법률로 개정됨)상 전투경찰은 대간첩 업무·집회시위 대응을 주업무로 하였으나, 2013년에 폐지되었다. 반면, 의무경찰은 부족한 경찰력을 충당하기 위해 실시된 제도인데, 이들의 주업무는 주로 순찰·입초·교통보조·시위진압 등이다.

(3) 용역경비업법 제정

「용역경비업법」은 1976년 12월 31일(법률 제2946호)에 의거 제정되었다. 현재 용역경비업법을 토대로 설립된 경비업체들은 양적인 면에서나 질적인 면에서도 괄목할 만한 성장을 하고 있는데, 이들 경비업체의 경비원들은 부족한 경찰력을 일정 부분 보완하는 기능을 수행하고 있다.

제4절 경찰청시대의 경찰

Ⅰ. 경찰법 제정

1. 경찰법 제정과정

경찰법 제정은 여러 가지 논란의 과정을 거치면서 제정되었다. 제일 먼저 1955년 법무부의 경찰법안(대통령 직속의 경찰위원회) → 1959년 민주당 경찰중립화 법안(4·19로 무산) → 제2공화국 경찰의 정치적 중립을 위한 공안위원회 설치규정(5·16군사정변에 의해 무산) → 1989년 정부·여당 경찰법안 제출(경찰의 정치적 중립을 위한 독립적인 경찰청 설치) → 1991년 5월 31일 경찰법이 제정되었다.

2. 경찰법의 주요 내용

경찰법(법률 제4369호)은 전문 6장 24조와 부칙으로 구성되어 있는데, 경찰청은 치안에 관한 사무를 관장하게 하기 위하여 내무부장관 소속하에 두도록 규정하고 있다.

1) 중 앙

중앙의 경찰청에는 경찰청장을 두되 치안총감으로 보한다. 경찰청장은 경찰위원회의 동의를 얻어 내무부 장관의 제청으로 국무총리를 거쳐 대통령이 임명하도록 하고, 경찰청장 밑에는 차장을 두되 치안정감으로 보(補)한다. 한편 지방경찰청에는 지방경찰청장을 두되, 치안정감·치안감 또는 경무관으로 임명하도록 하였다.[7)]

2) 지 방

경찰청의 사무를 지역적으로 분담·수행하기 위하여 시·도지사 소속하에 지방경찰청을 두고, 지방경찰청장에는 치안정감, 치안감 또는 경무관으로 보하도록 하였다. 그리고 지방경찰청장 소속하에 경찰서를 두도록 명문화하였다.

Ⅱ. 경찰법 제정의 역사적 의의

우리나라 현대 경찰사에서 1991년 제정된 경찰법은 경찰의 조직과 위상에 근본적인 변화를 가져왔다.[8)]

1. 경찰법 제정은 종래 내무부의 보조기관이었던 치안본부가 내무부의 외청(현재는 행정안전부의 외청)으로 승격되었고, 지방경찰도 시도지사의 보조기관에서 독립된 관청으로 승격되었다. 경찰법 제정 이전에는 경찰관청으로 경찰서장이 유일하였으나, 경찰법 제정 이후 경찰업무를 수행하는 경찰관청은 경찰청장·지방경찰청장·경찰서장이다.

---

7) 경찰청 역사편찬위원회, 「韓國警察史 Ⅵ」, 서울: 금양문화사, 2015, pp.99－100.
8) 김형중, 「새로쓴 경찰학 총론」, 서울: 형지사, 2014, p.163.

2. 경찰법의 제정은 지금까지 각종 법령에 산재되었던 경찰조직에 관한 규정을 하나의 조직법적 체계로 정비했다는 점에서, 그 가치를 인정할 수 있다.[9] 다만, 경찰을 선거부처로부터 완전히 독립을 시키지 못함으로써, 정치적 중립성을 보장하지 못하였다는 점이 큰 한계점이라 볼 수 있다.[10]

Ⅲ. 경찰위원회

경찰위원회의 성격은 합의제 행정관청으로서 소관사무를 독립하여 처리하고 있는데,[11] 경찰위원회의 구성과 임무는 다음과 같다.[12]

1. 위원회 구성

경찰위원회는 행정안전부장관의 제청으로 국무총리를 거쳐 대통령이 임명하는 7인의 위원으로 구성되며, 위원장 및 5인의 위원은 비상임, 1인은 상임위원으로 정무직 차관급이다. 위원의 임기는 3년이며, 연임할 수 없다.

2. 위원회의 임무와 권한

위원회는 1) 경찰청장의 임명에 대한 동의권을 가지며, 2) 경찰의 인사·예산·장비·통신 등에 관한 주요 정책 및 경찰업무 발전에 관한 사항, 3) 인권보호와 관련되는 경찰의 운영·개선에 관한 사항, 4) 경찰임무 외의 다른 국가기관으로부터의 업무협조요청에 관한 사항, 5) 기타 행정안전부장관 및 경찰청장이 중요하다고 인정하여 위원회에 부의(附議)한 사항에 대하여 심의하고 의결하는 것 등이다.

9) 이운주, 「경찰학개론」, 용인: 경찰대학, 2001, p.95.
10) 김창윤 외 24인, 「경찰학」, 서울: 박영사, 2014, p.239.
11) 김성호, “경찰관리기관으로서의 국가지방경찰위원회의 모형 및 상호관계에 관한 연구”, 자치경찰제도공청회, 1988, p.207.
12) 김형중, 「경찰행정법」, 서울: 경찰공제회, 2007, p.448.

Ⅳ. 경찰청

1. 경찰법 제정과 기구개편

1991년「경찰법」제정을 통해 “경찰청”이 발족되었다. 경찰법의 도입으로 1991년 7월 26일에 경찰청의 직제가 크게 변하였다.

1) 경찰청은 1차장 4관 7국 5심의관 9담당관 11과로, 서울지방경찰청은 1차장 7부 2담당관 17과 7직할대로, 직할시 및 도지방경찰청에는 차장제가 신설되었다. 따라서 차장은 부산 및 경기에는 2인(현재는 각각 3인), 그 밖의 대구·충남·경남·전남에는 각 1인이 배치되었다.

2) 경찰청 직속기관도 기구개편이 되어 경찰병원과 3개의 교육기관(경찰대학·경찰종합학교·중앙경찰학교)은 경찰청의 발족과 더불어 내무부장관의 소속에서 경찰청의 소속기관으로 변경되었다.

2. 경찰법 제정 이후의 기구개편

1) 2006년에는 제주지방경찰청이 제주특별자치도지방경찰청으로 변경되었다. 이에 따라 경찰법을 개정하여 자치경찰에 대한 경찰청장의 지휘감독권의 한계를 정하였다.

2) 2014년 3월 11일에 직제 개정으로, “사이버안전국”이 신설되는 등 지속적으로 기구개편 등이 진행되고 있으며, 앞으로도 사회의 다변화·복잡화·전문화 등의 요구에 의해서 많은 기구개편이 있을 것이라고 예상된다.

저자 약력

· 김형중(金亨中)

〈약력〉

제주제일고등학교, 경북대학교 문리대 사학과 졸업, 건국대학교 대학원 행정학 석사, 부산경성대학교 대학원 행정학 박사(1996), 부산동의대학교 대학원 법학박사(2004)

〈경력〉

경찰간부후보생 제27기, 총경, 제주지방경찰청 수사과장, 경남지방경찰청 형사과장 · 경비교통과장, 부산지방경찰청정보과장 · 보안과장 · 외사과장, 부산지방경찰청 사하서 · 부산진서 · 연산서 · 남부경찰서장
(전) 부산 외국어대학교 법 · 경찰학부 교수
(현) (사)대한민국 경비협회 부산지방협회장

〈포상〉

치안본부장(1983) · 내무부장관(1984) · 총무처장관(1989) · 대통령표창(1990) · 경찰청장(2000) · 녹조근조훈장(2002) · 황조근조훈장(2016) 외 23회, 기타 부산외국어대학교 강의우수상(2011) · 부산외국어대학교 연구상(2014)

〈연구실적〉

- 고려시대 경찰관료제에 관한 연구(1996. 행정학 박사논문)
- 행정경찰기능에 관한 법 · 제도사적 연구(2004. 법학 박사논문)
- 고조선 시대의 경찰기능에 관한 연구, 한국경찰학회보 제13권 2호(2011.06)
- 고려전기 금오위의 조직과 기능에 관한 연구, 한국경찰연구 제10권 3호(2011.09)
- 동의대사건 등 희생자의 명예회복 및 보상에 관한 연구, 경찰학논총 제6권 2호(2011.11)
- 한군현시대의 경찰조직과 기능에 관한 연구, 한국공안행정학회보 제47호(2012.04)
- 고려전기의 감옥조직과 그 기능에 관한 연구, 교정연구 제57호(2012.12)
- 고려 국초 순군부(徇軍部)의 실체에 관한 연구, 경찰학연구 제13권 1호(2013.03)
- 고려 무신정권기의 경찰조직과 그 기능에 관한 연구, 한국공안행정학회보 제52호(2013.07)
- 고려 전기의 왕실호위제도의 조직과 기능에 관한 연구, 한국경호경비학회 제36호(2013.08)
- 한국 형벌문신의 발전사와 현대적 의미에 대한 小考, 한국경찰학회보 제15권 3호(2013.06)
- 한국과 일본의 형벌문신에 대한 역사와 사회 · 문화 · 법제도적 측면에 대한 비교연구, 한국경찰연구 제12권 4호(2013. 12)
- 조선초기의 순군만호부의 조직과 기능에 관한 연구, 역사와 경계 90(2014. 03)
- 조선시대 다모의 실체에 관한 小考, 한국공안행정학회보 제59호(2015. 06)

〈저서〉

「한국고대경찰사」 (수서원, 1991)
「한국중세경찰사」 (수서원, 1998)
「객관식 경찰행정법」 (경찰공제회, 2007)
「경찰학개론」 (청목출판사, 2009)
「범죄수사총론」 (청목출판사, 2012)
「범죄학」 (그린, 2013)
「새로쓴 경찰학총론」 (형지사, 2014)
「새로쓴 경찰학각론」 (청목출판사, 2014)
「새로쓴 경찰행정법」 (박영사, 2014)
「경찰행정학」 (박영사, 2015)
「한국경찰사」 (박영사, 2016)
「일반경비원 현장실무론」 (수정판, 박영사, 2020)

전면개정판
한국경찰사

초판발행 2016년 3월 9일
전면개정판발행 2020년 3월 6일

지은이 김형중
펴낸이 안종만 · 안상준

편 집 윤혜경
기획/마케팅 박세기
표지디자인 조아라
제 작 우인도 · 고철민

펴낸곳 (주) 박영사
서울특별시 종로구 새문안로3길 36, 1601
등록 1959. 3. 11. 제300-1959-1호(倫)
전 화 02)733-6771
f a x 02)736-4818
e-mail pys@pybook.co.kr
homepage www.pybook.co.kr
ISBN 979-11-303-0756-5 93350

정 가 35,000원